刑法学文丛

● 陈兴良 /著

判例刑法学 （上卷）

（第三版）

Case Criminal Law

中国人民大学出版社

·北京·

图书在版编目（CIP）数据

判例刑法学 . 上卷/陈兴良著 . -- 3 版 . -- 北京：
中国人民大学出版社，2024.1
（刑法学文丛）
ISBN 978-7-300-32246-9

Ⅰ.①判… Ⅱ.①陈… Ⅲ.①刑法－判例－中国
Ⅳ.①D924.05

中国国家版本馆 CIP 数据核字（2023）第 194640 号

刑法学文丛

判例刑法学（第三版）（上卷）

陈兴良　著

Panli Xingfaxue

出版发行	中国人民大学出版社		
社　　址	北京中关村大街 31 号	邮政编码	100080
电　　话	010 - 62511242（总编室）	010 - 62511770（质管部）	
	010 - 82501766（邮购部）	010 - 62514148（门市部）	
	010 - 62515195（发行公司）	010 - 62515275（盗版举报）	
网　　址	http://www.crup.com.cn		
经　　销	新华书店		
印　　刷	涿州市星河印刷有限公司	版　次	2009 年 5 月第 1 版
			2024 年 1 月第 3 版
开　　本	720 mm×1000 mm　1/16		
印　　张	45 插页 4	印　次	2024 年 1 月第 1 次印刷
字　　数	699 000	定　价	498.00 元（全两册）

总　　序

　　一个人开始对自己的学术生涯进行总结的时候，也就是学术创造力衰竭的时候。"刑法学文丛"这一作品集就是对我的刑法学研究生涯的一个总结，因此也是我的学术创造力衰竭的明证。

　　刑法学研究是我毕生从事的事业。与刑法学的结缘，始于1978年，这年2月我以77级学生的身份入读北京大学法律学系。1978年被称为中国改革开放的元年，这一年12月召开的中国共产党第十一届三中全会确定了改革开放的方针。至于说到法制的恢复重建，是以1979年7月1日刑法等7部法律通过为标志的。从1949年到1979年，在这30年的时间里我国是没有刑法，也没有民法的，更不要说行政法。1979年刑法是社会主义中国的第一部刑法，从1950年开始起草，共计33稿，至1979年仓促颁布。这部刑法的起草经历了我国与苏联的政治蜜月期，虽然此后我国与苏联在政治上决裂，但刑法仍然保留了明显的苏俄痕迹。同时，从1950年代成长起来的我国刑法学家，基本上都是接受苏俄刑法学的学术训练，他们在荒废了20年以后回到大学重新执教，恢复的是苏俄刑法学的学术传统，我们是他们的第一批正规学生。1979年7月1日通过的刑法，生效日期是1980年1月1日。而根据课程安排，我们这个年级从1979年9月开始学习刑法这门课程。也就是说，我们是在刑法尚未生效的时候开始学习刑法的，课程一直延续到1980年7月。一年时间，学完了刑法的总则与分则。对于刑法，我们只是粗略地掌握了法条，对其中的法理则不知其然，更不用说知其所以然。至于司法实务，更是因为刑法刚开始实施，许多罪名还没有实际案例的发生，所以不甚了然。大学期间，我国学术百废待兴，刚从"文化大革命"中走出来，受到摧残最为严重的法学学科几乎是一片废墟，我们经历了这个过程。现在很难想象，我们在整个大学四年时间里，每一门课程都没有正式的教科书，我们是在没有教科书的情况下完成学业的。也正是如此，我们阅读了大量非法学的书籍，基于本人的兴趣，我更是阅读了当时在图书馆所能借阅的大量哲学著作，主要是西方 17 世纪以来的，包括英国、法国、德国的哲学著作，对康德、黑格尔的德国古典哲学尤其着迷。因为原来就有一定的马克思主义哲学的基础，所以我对于马克思主义来源之一的德国古典哲学理解起来较为容易。这段阅读经历，在一定程度上培养了我的哲学气质，也对我此后的刑法研究产生了重大影响，我在 1980 年代后期至 1990 年代初期的刑法哲学研究，就是这段读书经历的衍生物。我在 1981 年年底完成的学士论文题目是《论犯罪的本质》，这就是一个具有本体论性质的题目。从这个题目也可以看出当时我的学术偏好。但这篇论文很不成功，只是重复了马克思主义关于犯罪的阶级性等政治话语，缺乏应有的学术性。因此，论文的成绩是良好而没有达到优秀。我的本科刑法考试成绩也只是良好，当时我的兴趣并不在刑法，后来只是因为一个偶然的原因才走上刑法的学术道路。

在我 1982 年 2 月大学毕业的时候，正是社会需要人才的时候，我们班级的大部分同学被分配到最高人民法院、最高人民检察院和中央机关，也有部分同学回到各省的高级法院和检察院，还有部分同学到各个高校担任教师，从事学术研究。而我们这些较为年轻的同学则考上了硕士研究生，继续在大学学习。我考上了中国人民大学法律系（从 1988 年开始改称法学院）研究生，师从我国著名的刑法学家高铭暄教授和王作富教授，开始了我的刑法学习生涯。

1982 年 2 月，我从北京大学来到中国人民大学。中国人民大学成为我接受法学教育的第二所大学。正是在这里，我接受了最为经典的带有明显苏俄痕迹的刑法学的学术训练。我的硕士论文是王作富教授指导的，题目是《论我国刑法中的正当防卫》,这是一篇贴近司法实务的论文,也是我最初的论文写作。该文答辩时是 4 万字,后来扩充到 20 余万字,于 1987 年以《正当防卫论》为书名在中国人民大学出版社出版,成为我的第一部个人专著。到 1988 年 3 月获得法学博士学位的时候,我娴熟地掌握了已经在中国本土化的苏俄刑法学,这成为我的刑法学的学术底色。

1984 年 12 月,我在硕士毕业的时候就已经办理了在中国人民大学法律系留校任教的手续,因此博士学位相当于是在职攻读。当然,当时课时量较少,没有影响博士阶段的学习。1988 年 3 月博士论文答辩获得通过,论文是高铭暄教授指导的,题目是《共同犯罪论》,有 28 万字。这是我第一次完成篇幅较大的论文。博士论文虽然以我国刑法关于共同犯罪的规定为基本线索,但汲取了民国时期所著、所译的作品,例如较多的是日本 20 世纪 30、40 年代的作品,试图将这些学术观点嫁接到我国刑法关于共同犯罪的理论当中。其中,以正犯与共犯二元区分为中心的理论模型就被我用来塑造我国刑法中的共同犯罪的理论形象。后来,我的博士论文被扩充到 50 余万字,于 1992 年在中国社会科学出版社出版。以上在硕士论文和博士论文基础上修改而成的两部著作,是我早期学习以苏俄刑法学为基础的刑法知识的产物,由此奠定了我的学术根基。

从 1984 年开始,我在中国人民大学法学院任教,从事刑法的学术研究。在中国人民大学法学院,我完成了从助教到教授的教职晋升:1984 年 12 月任助教、1987 年 12 月任讲师、1989 年 9 月任副教授、1993 年 6 月任教授、1994 年任博士生导师。及至 1998 年 1 月,我回到母校——北京大学法学院任教。在大学担任教职,培养学生当然是主业。但对于研究型大学的教师来说,学术研究也是其使命之所在、声誉之所系。因此,我将相当的精力投入刑法的学术研究,见证了我国刑事法治的演进过程,也参与了我国刑法学术的发展进程。在我自己看来,我在提升我国刑法研究的学术水平与拓展我国刑法研究的理论疆域这两方面作出了努力,有所贡献。我的研究领域主要在以下五个面向。

(一)刑法哲学

1992 年由中国政法大学出版社出版的《刑法哲学》一书,可以说是当时篇幅最大的一部刑法著作,也是我的成名作,这一年我 35 岁,距离大学本科毕业正好

10 年。《刑法哲学》一书可以说是我对过去 10 年学习与研究刑法的总结之作，完成了我对以苏俄刑法学为源头的我国刑法学的理论提升与反思，并且确定了我进一步研究的学术方向。这是我国整个法学界第一部采用哲学方法研究部门法的著作，因而受到瞩目。在《刑法哲学》的基础上，我于 1996 年在中国方正出版社出版了《刑法的人性基础》一书，并于 1998 年在中国人民大学出版社出版了《刑法的价值构造》一书。以上三部著作构成了我的刑法哲学研究三部曲，成为我的刑法学术研究的一个独特面向。

　　我的刑法哲学研究是在一种十分独特的学术生态环境下进行的，也是我在极度贫乏的我国刑法学中试图突破，寻求前途的一种学术能力。如前所述，当我在 1980 年代中期进入刑法学术界的时候，我国刑法理论还是苏俄刑法学的"拷贝"，当然也结合刚刚颁布的我国刑法进行了一些阐述。但从总体上来说，我国当时的刑法理论是十分肤浅的，这对于正处于知识饥渴阶段的我来说，是很不解渴的。1988 年当我获得博士学位的时候，现有的刑法知识我已经完全掌握了。当时我国学术尚未对外开放，在一个自闭的学术环境中，我基于对拘泥于法条的低水平解释的刑法理论现状的不满，以为刑法理论的出路在于从刑法解释学提升为刑法哲学。因此，在刑法哲学的名义下，我对现有的刑法知识进行了体系化的整理，并试图探索我国刑法学的出路。在刑法哲学的三部曲中，《刑法哲学》一书是在对苏俄刑法知识的系统化叙述的基础上，以罪刑关系为中心建构了一个刑法学的理论体系，可以看作是对苏俄刑法知识的哲理化改造。如果说，《刑法哲学》一书还是以叙述刑法本身的知识为主的，那么，《刑法的人性基础》与《刑法的价值构造》两书则是对刑法的形而上的研究，实际上可以归属于法理学著作而非刑法学著作。这是在学术境况晦暗不明的情况下，从哲学以及其他学科汲取知识，寻求刑法学的突破的一种努力。刑法哲学的研究从 1990 年持续到 1996 年，这是我从 33 岁到 38 岁这样一段生命中的黄金季节。尽管刑法哲学的研究给我带来了较高的声誉，但这只是我进入真正的刑法学研究的学术训练期。正是刑法哲学的研究使我能够把握刑法的精神与哲理，从思想的高度鸟瞰刑法学术。

（二）刑法教义学

1997年我国完成了一次大规模的刑法修订，从这时起，我将学术目光转向刑法条文本身。1997年3月，我在40岁的时候于中国人民公安大学出版社出版了《刑法疏议》一书，这是一部以法条为中心的注释性的刑法著作，是我从刑法哲学向刑法解释学的回归。《刑法疏议》一书中的"疏议"一词，是一个特定的用语，不仅仅具有解释的意思，而且具有疏通的含义。我国唐代有一部著名的著作，称为《唐律疏议》，流传千古，被认为是我国古代最为重要的律学著作。《刑法疏议》这个书名就带有明显的模仿《唐律疏议》的色彩，这也表明我试图从我国古代律学中汲取有益的知识。我国古代的律学，是一门专门的学问。律学与现在的法学还是有所不同的，法学是清末从国外移植的学术，主要是从日本，以及通过日本而吸收德国的刑法知识。因为该书是对刑法条文的逐条注释，随着时间的推移，该书的内容很快就过时了。该书成为我的著作中唯一一部没有修订再版的著作，这次也同样没有收入"刑法学文丛"作品集。

2001年我在商务印书馆出版了《本体刑法学》一书，这是继《刑法疏议》之后又一部关注刑法本身的著作。但《本体刑法学》完全不同于《刑法疏议》：后者是逐条逐句地注释刑法条文的著作；前者则是没有一个刑法条文，而以刑法法理为阐述客体的著作。《本体刑法学》是《刑法疏议》的后续之作，力图完成从法条到法理的提炼与升华。《本体刑法学》这个书名中的"本体"一词来自康德哲学，具有物自体之义。我将法条视为物之表象，把法理看作是隐藏在法条背后的物自体。因此，《本体刑法学》是纯粹的刑法之法理的叙述之作。这里应该指出，在整个1980年代我国刑法学还是在一种与世隔绝的状态下进行学术研究的。只是从1990年代初开始，随着我国对外开放，与国外的学术交流也随之展开。尤其是英美、德日的刑法学译著在我国的出版，为我国刑法学者打开了一扇学术之窗。从刑法的对外学术交流来看，最初是与日本的交流，后来是与德国的交流，这些都在相当程度上为我国的刑法学研究提供了学术资源。刑法学界开始对我国传统的刑法学进行反思，由此开启了我国当代的刑法知识的转型之路。

2003年我在中国政法大学出版社出版了《规范刑法学》一书，这是我的第一

本刑法教科书，或者也可以称为刑法体系书。该书以我国的刑法条文为中心线索，完整地展开对刑法总论和刑法各论的知识铺陈，以适应课堂教学的需要。该书到目前已经出版了第三版，篇幅也做了较大规模的扩充。《规范刑法学》对于刑法总则的法理阐述是较为简单的，其重点是对刑法分则的分析。我国刑法是一部所谓统一的刑法典，所有罪名都规定在一部刑法之中，有近 500 个罪名，其他法律中都不能设立罪名。《规范刑法学》对这些罪名逐个进行了构成要件的分析。对于重点罪名分析得尤为详细，这对于正确把握这些犯罪的法律特征，具有一定的参考价值。除了刑法规定以外，我国还存在司法解释制度，即最高人民法院和最高人民检察院可以就审判与检察中涉及的法律适用问题作出解释。这种解释本身就有法律效力，可以在判决书中援引。自从刑法实施以来，最高人民法院和最高人民检察院作出了大量的司法解释，这种解释实际上成为一种准法律规范。《规范刑法学》一书中所称的"规范"，不仅包括刑法规定，而且包括司法解释。因此，《规范刑法学》尽可能地将司法解释融合到法理叙述当中，并且随着司法解释的不断颁布该书也不断进行修订。

2010 年我在中国人民大学出版社出版了《教义刑法学》一书，这是一部以三阶层的犯罪论体系为中心线索，并对比四要件的犯罪论体系，系统地叙述德日刑法知识的著作。该书所称的教义刑法学，是指教义学的刑法学。该书以教义或曰信条（Dogma）为核心意念，以三阶层的犯罪论体系为逻辑框架，在相当的深度与广度上，体系性地叙述了刑法教义的基本原理，充分展示了以教义学为内容的刑法学的学术魅力。该书对三阶层的犯罪论体系和四要件的犯罪构成理论进行了比较研究，是对三阶层的犯罪论体系的本土化的知识转换，为引入三阶层的犯罪论体系清理地基创造条件。该书是我为推动我国当代刑法知识的转型，以德日刑法知识取代以苏俄刑法学为底色的刑法知识所做的一种学术努力。

（三）刑事法治

1998 年对于我来说又是人生道路上的一个转折点，这一年 1 月我回到了母校——北京大学法学院任教。与此同时，从 1997 年到 1999 年我在北京市海淀区人民检察院兼职担任副检察长，这段挂职经历使我进一步了解司法实务工作，尤其是对于我国刑事诉讼程序的实际运作情况有了切身的了解，这对于我此后进行的刑事法治研究具有重要助益。这也在一定程度上使我的学术视野超出刑法学，建立了刑事一体化，即整体刑法学的观念，从而开阔了理论视域。2007 年我在中国人民大学出版社出版的《刑事法治论》一书，就是这一方向的努力成果。这是一部面向法治现实之作，而且是以刑事司法实际运作为结构，贯穿了刑事司法体制改革的中心线索。该书讨论了刑事法治的一般性原理，基于刑事法治的理念，我对警察权、检察权、辩护权和审判权都进行了法理探究：寻求这些权力（利）的理性基础，描述这些权力（利）的运作机理，探讨这些权力（利）的科学设置。同时，我还对劳动教养和社区矫正这两种制度进行了研究。尤其是劳动教养，它是中国独特的一种带有一定的保安处分性质的制度。但由于保安处分的决定权被公安机关所独占，其被滥用日甚一日。我在该部分内容中明确提出了分解劳动教养，使其司法化的改革设想。

刑事法治，是我在过去 20 多年时间里始终关注的一个现实问题，也是基于对我国的社会现状所进行的刑事法的理论思考，为推进这个领域的法治建设所做的一份学术贡献。尽管现实与理想之间存在巨大的差距，这种差距难免使我们失望，但学术努力仍然是值得的。我国目前正处在一个法治国家建设的关键时刻，既需要改革的勇气，也需要改革的思想。

（四）刑法知识论

2000 年我在《法学研究》第 1 期发表了《社会危害性理论：一个反思性检讨》一文，这是我对深受苏俄影响的我国刑法学反思的开始。社会危害性是苏俄刑法学中的一个核心概念，被认为是犯罪的本质特征。正是在社会危害性的基础之上，建构了苏俄刑法学的理论体系。我国刑法学也承继了社会危害性理论，以及在此基础上的四要件的犯罪构成体系，由此形成我国刑法学的基本理论框架。对社会危害性理论的批判，成为我对苏俄刑法学的学术清算的切入口。2006 年我在《政法论坛》第 5 期发表《刑法知识的去苏俄化》一文，明确地提出了去除苏俄刑法知识的命题，从知识社会学的角度展开对苏俄刑法学的批判，并对我国刑法知识的走向进行了探讨。其结论反映在我发表在《法学研究》2011 年第 6 期的《刑法知识的教义学化》一文当中，这就是吸收德日刑法知识，建构我国的刑法教义学知识体系。在这当中，完成从苏俄的四要件到德日的三阶层的转变，可以说是当务之急。当然，我国的知识转型并没有完成，四要件的犯罪构成体系仍然占据着通说的地位，但三阶层的犯罪论体系已经开始普及，走向课堂，走向司法。围绕着以上问题的思考，我于2012年在中国人民大学出版社出版了《刑法的知识转型（学术史）》和《刑法的知识转型（方法论）》两书，为10年来我对我国刑法知识的研究画上了一个句号。刑法知识论的研究，使我从具体的刑法规范与刑法法理中抽身而出，反躬面向刑法学的方法论与学术史。这是一个刑法学的元科学问题，也是我的刑法学研究的最终归宿。

（五）判例刑法学

在我的刑法研究中还有一个独特的领域，这就是判例刑法学。我国传统的刑法学研究都是以刑法的法条为中心的，这与我国存在司法解释制度但没有判例制度具有一定的关联性。然而，判例对于法律适用的重要性是不言而喻的。因此，深入的刑法学研究必然会把理论的触须伸向判例。前些年，我国虽然没有判例制度，但最高人民法院公报以及最高人民法院刑事审判庭出版的案例选编等司法实际素材，为刑法的判例研究提供了可能性。我在法学院一直为刑法专业的硕士生开设案例刑法研究的课程，作为刑法总论与刑法各论学习的补充，受到学生的欢迎。在这种情况下，我以最高人民法院刑事审判庭出版的有关案例为素材，进行判例刑法学的研究，于2009年在中国人民大学出版社出版了《判例刑法学》（上下卷）一书。该书从案例切入，展开法理叙述，将案例分析与法理研究融为一体，成为刑法学研究的一个新面向。

2010年中国正式建立了判例制度，这是一种具有中国特色的判例制度，称为案例指导制度。这种判例制度完全不同于德日国家的判例制度，它是以最高人民法院不定期颁布指导性案例的方式运行的。最高人民法院颁布的指导性案例在下级法院审判过程中具有参照的效力。这里的参照，既非具有完全的拘束力，又不是完全没有拘束力，而是具有较弱的拘束力。这些指导性案例虽不能在判决书中援引，但判决与指导性案例存在冲突的，可以作为上诉的理由。尽管这一案例指导制度仍然具有较强的行政性，它是以颁布的方式呈现的，而不是在审判过程中自发形成的规则秩序；但它毕竟是一种新的规则提供方式，对于我国司法实践具有重要的意义。判例制度的关键功用在于通过具体判例形成具有可操作性的司法裁判规则，因此，对于裁判规则的提炼是一项重要的工作。我作为首席专家，从 2010 年开始承担了《中国案例指导制度》的国家社科重大项目，并于 2013 年年初在北京大学出版社出版了《人民法院刑事指导案例裁判要旨通纂》（上下卷）一书。该书在对既有的刑事指导案例进行遴选的基础上，提炼出对于刑事审判具有指导意义的裁判要旨，并对裁判要旨进行了法理阐述，以此为司法机关提供参考。

刑法学属于部门法学，它与公民权利具有密切的联系。因此，刑法学者不仅是一个法条主义者，更应该是一个社会思想家；既要有对于国家法治的理想，又要有对于公民社会的憧憬；既要有对于被害人的关爱之情，又要有对于被告人的悲悯之心。

罪刑法定主义是我所认知的刑法学的核心命题：它是刑法的出发点，同时也是刑法的归宿。在我的刑法理论研究中，罪刑法定主义占据着极为重要的位置。中国 1979 年刑法并没有规定罪刑法定原则，反而在刑法中规定了类推制度。及至 1997 年刑法修订，废弃了类推制度，规定了罪刑法定原则，由此而使中国刑法走上了罪刑法定之路。在我国刑法规定罪刑法定原则的前后，我先后撰文对罪刑法定主义进行了法理上的深入探讨。这些论文编入《罪刑法定主义》一书，由中国法制出版社于 2010 年出版。在该书的封底，我写了这样一句题记，表达了我对罪刑法定主义的认知："罪刑法定主义：正义之所归，法理之所至。"罪刑法定主义应当成为刑法的一种思维方式，并且贯穿于整个刑法体系。我国刑法虽然规定了罪刑法定原则，但这只是一个开端，还会经历一段罪刑法定司法化的艰难进程。在相当一个时期，我国刑法学者还要为实现罪刑法定原则而奋斗。

整体刑法学的研究也是值得提倡的。李斯特提出了整体刑法学的命题，这对于今天我国的刑法学研究仍然具有指导意义。北京大学法学院教授、我的前辈学者储槐植教授提出了刑事一体化的思想，追求刑法的内在结构合理（横向协调）与刑法运行前后制约（纵向协调）。作为一种方法论，刑事一体化强调各种刑法关系的深度融合。应该说，整体刑法学与刑事一体化都是从系统论的角度看待刑法，反对孤立地研究刑法，提倡把刑法置于整个法律体系与社会关系中进行分析。对于这样一种刑法研究的方法论，我是十分赞同的。因为刑法本身的研究领域是较为狭窄的，必须拓宽刑法的研究领域，并且加深刑法的研究层次。对于刑法，应当以教义学为中心而展开。如果说，刑法教义学是在刑法之中研究刑法，那么，还需要在刑法之上研究刑法的刑法哲学、在刑法之外研究刑法的刑法社会学、在刑法之下研究刑法的判例刑法学，等等。除了对刑法的学理研究以外，刑法学者还应当关注社会现实，关注国家法治建设。只有这样，才能使刑法学不仅是一种法教义学，而且具有经世致用的功效。

刑法是具有国别的，刑法效力是具有国界的；然而，刑法知识与刑法理论是具有普世性的，是可以跨越国界的。因此，我始终认为我国刑法学应当融入世界刑法学的知识体系中去，而不是游离于世界刑法学之外。在这种情况下，我国应当向德、日、英、美等法治发达国家学习先进的刑法理论。相对而言，由于历史的原因，我国借鉴的是大陆法系的法律制度，包括法律技术与思维方法。因此，吸收与汲取德日刑法知识是更为便利的。从1980年代以来中国刑法学演进的路径来看，其也是在学术上的对外开放当中发展起来的。最初是引进日本的刑法知识，后来是引进德国的刑法知识；开始是以引进刑法总论知识为主，后来逐渐引进刑法各论知识；从翻译出版刑法体系书（教科书），到后来翻译出版刑法学专著，经历了一个发展过程。这些来自德日的刑法知识对于中国刑法学的发展起到了重要的促进作用，推动了我国刑法学的发展。我国学者将这些舶来的刑法知识用于解决中国刑事立法与刑事司法中的问题，其实践功能也是十分明显的。可以说，我国刑法学正在融入德日刑法知识的体系之中。

"刑法学文丛"作品集将对已经出版的个人著作进行修订整理，陆续出版。我的著作初期散落在各个出版社，首先要对各个出版社的编辑在我的著作出版过程中付出的辛勤劳动，表示衷心感谢。自2006年起，我的著作列入中国人民大学出版社的"中国当代法学家文库"，出版了20余种。现在，我的个人专著以"刑法学文丛"的名义修订出版，作为本人学术生涯的一个总结。对于中国人民大学出版社的编辑在我的著作出版过程中的敬业、细致和认真的职业精神，表示敬意。30 年来以学术为旨归，以写作为志业，虽劳人筋骨，伤人心志，亦执着以求，守职不废。这对于一个学者来说，当然是本分。然此盈彼亏，心思用于学问多，则亏欠家人亦多。因此，对于夫人蒋莺女士长久以来对我的理解与襄助，深表谢意。

自从 1987 年我在中国人民大学出版社出版第一本个人专著《正当防卫论》以来，正好 30 年过去了。这 30 年是我学术研究的黄金时节，在此期间，出版了数十种个人专著，主编了数十种著作以及两种连续出版物，即《刑事法评论》（40 卷）和《刑事法判解》（9 卷），发表了数百篇论文。收入"刑法学文丛"的，是我在这 30 年间出版的个人专著，共计以下 14 种，分为 18 卷（册），计一千余万字：

1.《刑法哲学》

2.《刑法的人性基础》

3.《刑法的价值构造》

4.《刑法的知识转型（方法论）》

5.《刑法的知识转型（学术史）》

6.《刑事法治论》

7.《正当防卫论》

8.《共同犯罪论》

9.《刑法适用总论》（上卷）

10.《刑法适用总论》（下卷）

11.《规范刑法学》（上册）

12.《规范刑法学》（下册）

13.《判例刑法学》（上卷）

14.《判例刑法学》（下卷）

15.《本体刑法学》

16.《教义刑法学》

17.《口授刑法学》（上册）

18.《口授刑法学》（下册）

学术是一个逐渐累积的过程，每个人都只是一门学科所形成的知识链中的一个节点。我作为从 20 世纪 80 年代开始登上我国刑法学术舞台的学者，学术生命能够延续到 21 世纪 20 年代，正好伴随着我国刑事法治的恢复重建和刑法学科的起死回生，以及刑法知识的整合转型，何其幸也。"刑法学文丛"所收入的这些作品在刑法学术史上，都只不过是"匆匆过客"。这些作品的当下学术意义日渐消解，而其学术史的意义日渐增加，总有一天，它们会成为刑法学术博物馆中的古董摆设，这就是历史的宿命。

在"刑法学文丛"作品集的编辑过程中，总有一种"人书俱老"的感叹。我知道，这里的"书"并不是一般意义上的书，而是指书法的"书"。但在与"人"的对应意义上，无论对这里的"书"作何种理解都不重要，而对"俱老"的意识和体悟才是最为真实和深刻的。对于一个写作者来说，还有什么比亲笔所写的书，伴随着自己一天天老去，更令人激动的呢？

最后，我还要感谢中国人民大学出版社对我的厚爱。如前所述，我的第一本专著《正当防卫论》就是 1987 年在中国人民大学出版社出版的。从 2006 年开始人大出版社将"陈兴良刑法研究系列"纳入"中国当代法学家文库"，这次又专门为我出版"刑法学文丛"作品集。我还要感谢北京冠衡刑辩研究院院长刘卫东律师为作品集的出版慷慨解囊，提供资助。作为我指导的法律硕士，刘卫东在律师从业生涯中践行法治，成为业界翘楚。为师者，我感到十分荣幸。

是为序。

陈兴良

谨识于北京海淀锦秋知春寓所

2017 年 9 月 1 日

第三版出版说明

在《判例刑法学》第二版出版以后，我国的刑法立法与司法发生了重大变化。刑法立法的变化主要体现为《刑法修正案（十一）》的颁布。虽然《刑法修正案（十一）》对本书还没有直接影响，但已经并且将在未来继续影响司法，从而对判例研究也会产生影响。刑法司法的变化主要体现为最新指导性案例的颁布，尤其是其中的典型案例，不仅对司法活动具有影响，而且为判例刑法研究提供了大量的素材，这对于判例刑法研究具有重要意义。

在《判例刑法学》第三版的修订中，主要内容就是增加了两个指导性案例。其中，收入上卷的是于欢故意伤害案，收入下卷的是王力军非法经营再审改判无罪案。这两个案例都是在我国司法实践中具有影响力的案件，曾经引起社会公众的广泛关注。于欢故意伤害案涉及正当防卫与防卫过当的司法认定问题，可以说正是于欢故意伤害案激活了我国的正当防卫制度。在一个时期中，我国正当防卫制度没有充分发挥其作用，我称之为"僵尸条款"。在我国刑法中，立法与司法之间的差异之大，令人咋舌。我国刑法对正当防卫设置了特殊防卫，特殊防卫实际上是在一定条件下授予公民以无限防卫权。然而，长期以来在我国刑法司法中对正当防卫的认定极为苛刻，即使是对防卫过当的认定也极为严格。在这种情况下，正当防卫流于法条书面，难以成为公民保护自身合法权益的法律手段。于欢故意伤害案由于媒体在报道中突出辱母情节，因而进入社会公众的视野，受到公众广泛关注。在最高人民法院、最高人民检察院的高度重视下，该案从一审判处于欢无期徒刑，到二审以防卫过当改判其有期徒刑 5 年，获得了较好的社会效果和法律效果，成为一个标志性案例，对此后的正当防卫和防卫过当的司法认定起到了参照作用。王力军非法经营案是再审改判无罪的案例：王力军无证收购玉米，并没有扰乱粮食收购秩序，却被基层法院论以非法经营罪。对此王力军本人并未上诉，判决已经生效。最高人民法院指令再审本案，再审法院最终认定：王力军无证收购粮食不具备《刑法》第 225 条第 4 项"兜底条款"入罪所要求的严重扰乱经济秩序的特征，因而不构成非法经营罪。王力军非法经营案中对非法经营罪的认定，尤其是《刑法》第 225 条第 4 项这一"兜底条款"的司法适用具有重要参考价值。上述两个案件都是指导性案例，相对于其他普通案例，指导性案例中的裁判理由和裁判要点都更具有说理性和规范性，因而更为重要。最高人民法院、最高人民检察院颁布的指导性案例不断累积，为判例刑法研究提供了新案例、新资料和新观点，极大地充实与推动了我国判例刑法的理论研究。这是值得肯定的。

《判例刑法学》中的案例是在过去时期累积起来的，现在又收入了新的指导性案例，这使本书的内容得到更新，并不断适应司法实践的需要。

陈兴良

谨识于昆明滨江俊园寓所

2023 年 8 月 15 日

序

（一）

《判例刑法学》一书告竣，使我的心情稍感轻松。回想起本书的写作过程，甘苦自知，感慨系之。

本书的写作可以追溯到 2003 年年底。采用判例研究的形式进行法理的叙述，是我探讨刑法理论的一种尝试。我记得第一篇研究论文写于 2003 年年底，题目是《没有事前约定的事后受财行为之定性研究——从陈晓受贿案切入》，被刊登在陈泽宪教授主编的《刑事法前沿》第 1 卷（中国人民公安大学出版社 2004 年 2 月版）。该论文是对陈晓受贿案的一个学理探讨，由此形成判例刑法研究的基本写作模式。在 2004 年上半年，我开始了判例刑法研究系列论文的写作。当时的想法是选择 100 个判例进行研究，可谓雄心勃勃。在这期间，我写了 20 篇左右的判例刑法研究论文，先后发表在有关法学刊物上。这些论文后来被收入我的第四部论文集《当代中国刑法新径路》（中国人民大学出版社 2006 年版）。在 2006 年，我以《判例刑法研究》为题，申请了国家社会科学基金项目并获批准（批准号：06BFX057），但判例刑法研究的写作一直处于停滞状态。在此期间，我开始修订旧作、撰写新作，在中国人民大学出版社出版了"陈兴良刑法研究系列",无暇顾及判例刑法研究的写作。直到 2008 年 6 月,在《刑法知识论》和《刑事法治论》出版以后,我重新拾起判例刑法研究的写作。此时,距离 2004 年的写作已 4 年之久矣。从 2008 年 6 月开始,我全身心地投入《判例刑法学》的写作,及至 2009 年 2 月终于完成。

(二)

《判例刑法学》采用判例研究法,对刑法有关问题进行专题性的讨论,为刑法的判例教学提供资料。应当指出,我国目前尚未建立正式的判例制度,因此,判例一词不见于官方文献。近些年来最高人民法院一直在推行案例指导制度,例如最高人民法院颁布的《人民法院第二个五年改革纲要》明确提出,建立和完善案例指导制度是当前人民法院着力推进的司法改革。在上述文件中,提出了指导性案例的概念。这里所谓指导性案例,就是本书所称的判例,这是一种具有判例性质的案例。本书的判例主要从以下权威性刊物中选取:

(1) 最高人民法院编:《刑事审判参考》(第 1 期称为"期",第 2 辑至第 32 辑称为"辑",从第 33 集起称为"集")。《刑事审判参考》由最高人民法院刑法审判庭编写,由法律出版社出版,每年 6 集,于 1999 年创刊,至 2008 年年底已经出版61 集。《刑事审判参考》主要刊载的是对刑事司法工作具有重要指导意义的典型、疑难案例,也就是所谓指导性案例。《刑事审判参考》的编辑宗旨就是:"通过主要由最高人民法院审理的典型案例,加强对全国法院刑事审判工作的指导,以便更加准确、严格地执行国家法律、法规和司法解释,进一步提高刑事审判质量,促进依法治国方略的实施,为社会主义法制建设作出新的更大的贡献。"①《刑事审判参考》刊载的案例,一般被分为三个部分:一是基本案情,二是主要问题,三是裁判理由。"裁判理由"是判例编写者撰写的,主要是对案件定罪量刑根据的阐述,也是

---

① 最高人民法院编:《刑事审判参考》,第 1 期,"发刊词",北京,法律出版社,1999。

我主要研究的内容。

（2）最高人民法院编：《中华人民共和国最高人民法院公报》（以下简称《最高人民法院公报》）。《最高人民法院公报》创刊于 1985 年，是最高人民法院公开介绍我国审判工作和司法制度的重要官方文献，由最高人民法院办公厅主办，是最高人民法院对外公布司法解释、司法文件、裁判文书、典型案例及其他有关司法信息资料的法定刊物。《最高人民法院公报》刊登的案例是最高人民法院正式选编的各级人民法院适用法律和司法解释来审理刑事/民事/行政诉讼、国家赔偿等各类案件的裁判范例，对于指导各级人民法院审理相关案件具有重要的参考和借鉴作用。[①]《最高人民法院公报》刊载的案例更接近原始的判决书，其裁判理由也是判决书本身所具有的，未作更多的编写加工。

（3）最高人民法院编：《人民法院案例选》。《人民法院案例选》是最高人民法院中国应用法学研究所定期编辑的反映人民法院审判活动的一种审判业务书籍，它具有指导性、实用性、专业性、资料性和学术性。《人民法院案例选》所选的案例，都是在各个时期我国各级人民法院、专门法院审结的刑事、民事、商事、行政、海事等各类案件中的大案、要案、疑案，以及反映新情况、新问题的具有代表性的典型案件。每个案例包括案情、审判、评析三部分，除了如实介绍案件事实和审判情况，着重从适用法律和运用法学理论的角度评价办案得失，突出了真实、全面、及时、说理的编辑特色，力求案例能给人以启迪，收到举一反三的效果。[②]《人民法院案例选》中的"评析"，是对案例涉及的法理问题的补充性说明，可被视为裁判理由。《人民法院案例选》从 1992 年下半年开始由人民法院出版社分辑出版，在各年度出版刑事专辑以及其他专辑。

（4）国家法官学院、中国人民大学法学院编：《中国审判案例要览》。《中国审判案例要览》由中国高级法官培训中心（现为国家法官学院）和中国人民大学法学

---

① 参见《中华人民共和国最高人民法院公报》（2007 年卷），"编辑说明"，1 页，北京，人民法院出版社，2008。

② 参见最高人民法院中国应用法学研究所编：《人民法院案例选（2004 年刑事专辑）》，"说明"，1 页，北京，人民法院出版社，2005。

院组成的编审委员会共同编辑，从 1992 年起逐年选编一部审判案例综合本，分别收入前一年审结的案例。此后，又将选编的案例分四卷出版，即刑事审判案例卷、民事审判案例卷、商事审判案例卷、行政审判案例卷。《中国审判案例要览》在编写过程中，对案件事实、审判过程、裁判理由、处理结果等，都完全尊重办案实际，具有客观性、真实性。为了便于读者了解具体的审判过程，《中国审判案例要览》在收入案例时保留了各审级的审判组织、诉讼参与人、审结时间、诉辩双方的主张、认定的案件事实、采集的证据和适用的法律条文。为了使读者易于理解适用法律的理由和涉及的法学理论观点，由编者撰写"解说"，并对裁判的不足加以评点；有的版本还以附录形式加了少量的必要的法律名词解释。① 《中国审判案例要览》中的"解说"，同样可以被视为裁判理由。

（5）最高人民法院编：《经济犯罪审判指导与参考》。《经济犯罪审判指导与参考》由最高人民法院刑事审判第二庭主办，于 2003 年创刊。其办刊宗旨是：围绕经济犯罪案件审判实践中遇到的实体和程序问题，通过对人民法院最新审判的新型、疑难、典型案例进行评析，以及对法律及司法解释的适用进行阐释等形式，对经济犯罪案件的审判工作予以指导。其中的"刑案判例"栏目，选择最高人民法院和地方各级人民法院最新审判的具有指导意义的典型、疑难案例，从适用法律和政策、认定事实和证据等方面进行权威评析。② 在《经济犯罪审判指导与参考》中，我第一次发现它使用了"判例"一词。这些判例被分为基本案情、控辩意见及裁判和评析三个部分，尤其是在每个判例前概括出"要旨"，对判例中确立的规则加以归纳。"要旨"对于刑事审判工作具有重要的指导意义。《经济犯罪审判指导与参考》从 2003 年至 2005 年共出版了 10 辑，目前已经停刊。

在《判例刑法学》中，我选取的判例绝大部分来自《刑事审判参考》，只有个别的案例来自其他刊物。之所以如此，是因为《刑事审判参考》中的每个案例都有

---

① 参见国家法官学院、中国人民大学法学院编：《中国审判案例要览（2007 年刑事审判案例卷）》，"前言"，2 页，北京，人民法院出版社、中国人民大学出版社，2008。

② 参见最高人民法院刑事审判第二庭编：《经济犯罪审判指导与参考》，第 1 卷，"编辑说明"，1 页，北京，人民法院出版社，2003。

"裁判理由"部分，较为充分地阐述了判决的法理根据，对某些争议问题提出了明确的意见，具有某种说理性。除《最高人民法院公报》以外的其他刊物中的案例，也都有"评析""解说"等内容，相当于裁判理由，成为本书研究的对象。在我国人民法院虽然进行了司法裁判文书改革，力求增强判决书的说理性，但从总体来看，我国的判决书仍然只有结论而没有充分的论证。因此，只是根据判决书，无论判决书写得如何详细，都无法开展判例刑法研究。判例研究之所以区别于案例研究，是因为前者以裁判理由为研究对象，后者以案件本身为研究对象。后者是将研究者的角色定位为法官，其职责是解决案件的定罪量刑问题；而前者是使研究者充当法官之上的法官，其使命是对法官判案的思维过程与论证理据进行评判。显然，这两种研究在性质上是完全不同的。上述刊物刊载的案例，以各种形式将判决书中所没有展开的裁判理由加以陈述，从而为判例刑法研究提供了可能性。应当指出，裁判理由的撰写者，大多是各级法院的资深法官，有的是案件的承办人，也包括最高人民法院刑事审判庭的高级法官，甚至大法官。例如在本书中某些判例的裁判理由的撰写者是最高人民法院主管刑事的张军副院长。正是这些法官的辛勤劳动，为我从事判例刑法研究提供了丰富的第一手资料。这是首先需要感谢的。在本书中，涉及对裁判理由的评判，从学理上提出了一些探讨性的评论。这不是针对个人，甚至不是针对判决，而纯粹是一种学术研究，不涉及原判决的既判力与权威性。这是在此必须声明的。

（三）

在本书的写作过程中，我是随意选取我认为具有指导价值的判例进行研究，只是到了本书快要完成的时候，才根据刑法教科书的体例进行排列，并作了若干补写，以便使本书各专题之间互相衔接，从而具有某种体系性。当然，本书的内容并没有面面俱到，只是对刑法总论中的重要问题与刑法各论中的重点罪名进行探讨，以保持本书的学术性。由于《判例刑法学》一书内容较多、篇幅较大，因此我将

《判例刑法学》一书分为上下两卷，上卷属于刑法总论的范畴，下卷则属于刑法各论的范畴。当然，某些判例具有综合性，并且超越了总论与各论。我对这些判例进行了较为全面的阐述。有些专题涉及多个判例，我亦对这些判例涉及的法理相关问题进行了体系性的叙述。

《判例刑法学》一书以判例为经、以主题为纬，采用专题研究的方式，通过对刑法理论的阐述和对裁判理由的评判，交织勾勒出判例刑法学的基本面貌。本书内容主要涉及以下三个方面：

1. 刑法总论的一般理论

以往我国刑法学界关于刑法总论基本理论的研究，主要集中在对法条的理论诠释上，过于抽象，难以从司法实践中发现问题并解决问题。在判例刑法研究中，部分个案研究涉及刑法总论的一般原理，我力图从案例中提出问题，在刑法理论上加以阐述，然后将有关理论观点返回司法实践，用于解决个案中的疑难问题。这样一种从个别到抽象，然后又从抽象到个别，在一般法理与个别判例之间循环往返，互相观照的研究方法，对于提升我国刑法总论研究水平具有积极作用。例如共犯问题，是一个十分复杂的刑法总论问题。但我国现有的刑法理论仍然囿于对刑法条文的解释，在司法实践中也总是机械地适用法条。在本书的"基于索债目的帮助他人绑架行为之定性研究"一节中，对共同正犯的承继性与重合性问题作了具有相当理论深度的探讨。我采用部分犯罪共同说，认为在犯罪之间具有承继性与重合性的情况下，可以成立不同罪名之间的共同正犯。这一观点破除了在司法实践中根深蒂固的只有在同一犯罪之内才能成立共同犯罪的偏见。此外，关于未完成罪、竞合论等的有关章节，都结合个案作了深入研究，从而在刑法总论研究领域取得了前沿性成果。

2. 刑法分则的重点罪名

以往我国刑法学界对个罪的研究，存在就个罪论个罪的现象，未能拓展理论视野，因而相对于刑法总论一般理论研究而言，个罪研究停留在一个较低的学术水平上。在司法实践中，存在各种疑难问题，如果不能从法理上解决这些问题，就会影响我国的司法水平。在判例刑法研究中，我选择那些争议较大的判例，进行综合性的个罪研究，尤其侧重对裁判理由的分析。通过对个罪的透视，放大刑法理论的应用效果。例如，许霆案是在我国社会上曾经引起广泛争议的一个案件。我在"利用柜员机故障恶意取款行为之定性研究"一节中，从刑法专业与规范分析的视角对许霆案的定罪结论加以评判，强调对待许霆案的理性态度。在该节中，我运用民法上的不当得利理论，侵占罪、诈骗罪与盗窃罪等刑法分则理论，对许霆利用取款机的故障恶意取款的法律原理作了较为深入的分析，对于同类案件的处理具有参照意义。刑法分则理论是刑法总论原理在个罪中的运用，但又有其理论特点。以往我国刑法学界在一定程度上存在轻视个罪研究的偏见，这极大地妨碍了我国刑法理论的发展。事实说明，只有具备发达的刑法分则理论，才能形成成熟的刑法总论原理，而刑法分则理论的发展又离不开对个罪的深入研究。

3. 司法过程的思维方法

我国当前正在进行刑法知识转型，其中重要的内容之一，就是对犯罪构成理论的改造。我国司法机关在犯罪认定活动中究竟应如何运用犯罪构成理论？在犯罪构成理论的运用中都存在哪些问题？对这些问题的揭示，具有重要的理论意义与现实意义。在本书对个案的研究中，我将司法过程的思维方法纳入研究视野，对有关定罪的方法论问题进行法理探究。例如，我在"合法贷款后采用欺诈手段拒不还贷行为之定性研究"一节中，通过分析法官的裁判理由，没有从客观上不具备贷款诈骗行为而是从主观上不具有非法占有贷款目的方面，寻找被告人的行为不构成贷款诈骗罪的根据，引申出一个值得思考的问题：犯罪构成各个要件之间的关系应当如何界定？进一步地引申出：我们应当采用何种犯罪构成体系？对于这些关涉刑法方法论的重大理论问题，在该节中都作了较为深入的探讨，尤其是比较了我国目前的四要件的犯罪构成体系和大陆法系的三阶层的犯罪论体系，强调犯罪构成各要件之间在逻辑关系上应当具有递进性。这一研究结论，对于完善我国的犯罪构成理论具有方法论上的示范功能。

判例刑法研究是刑法理论研究的一种新思路，它的无论是对于我国刑法理论研究水平的提升作用，还是对于司法实践的指导意义，都是应当充分予以肯定的。我认为，在从文本刑法学到实践刑法学转变的过程中，判例刑法研究是一座必经的桥梁。在某种意义上说，判例刑法学是在今后相当长的一个时期内，我国刑法学的一个知识增长点。

（四）

　　《判例刑法学》一书的写作，前后历经数年，或有中断。随着法律与司法解释的出台，我对相关内容作了必要的增补。在本书的写作过程中，我的学生车浩、蔡桂生和邓德华等给我提供了各种帮助，使本书的写作得以顺利完成。对此我深表谢意。此外，我近年来一直在北京大学法学院为法学硕士和法律硕士开设"判例刑法学"的课程，在讲课过程中曾经与同学们就本书中的某些判例进行过讨论。因此，我还要对听课的同学表示深切的谢意。

　　储槐植教授曾经对刑法研究提出了以下见解：在刑法之上研究刑法——刑法的哲学研究，在刑法之外研究刑法——刑法的社会学研究、刑法的经济学研究等，在刑法之中研究刑法——刑法的规范研究。在此基础上，我还要加上一个刑法研究的向度：在刑法之下研究刑法——刑法的判例研究。在过去 20 年的前 10 年里，我在刑法的哲学研究领域完成了《刑法哲学》（中国政法大学出版社 1992 年版，2003 年修订 3 版）、《刑法的人性基础》（中国方正出版社 1996 年版，中国人民大学出版社 2006 年第 3 版）和《刑法的价值构造》（中国人民大学出版社 1998 年版，2006 年第 2 版）三部著作，称之为刑法哲学三部曲；在后 10 年里我在刑法的规范研究和判例研究领域完成了《本体刑法学》（商务印书馆 2001 年版）、《规范刑法学》（中国政法大学出版社 2003 年版，中国人民大学出版社 2008 年第 2 版）和《判例刑法学》（中国人民大学出版社 2009 年版）三部著作，可以称之为刑法体系书三部曲。上述研究，使我能够立体地、全方位地认知刑法、感悟刑法，为刑法知识的转型与刑法视阈的拓展作出贡献。这是足以令吾辈欣慰的。

　　是为序。

陈兴良

谨识于北京海淀锦秋知春寓所

2009 年 2 月 27 日

总目录

上　卷

下　　卷

上卷目录

IX

绪　　论

判例教学法：以法系为背景的研究

　　判例教学法，是英美法系国家在法学教育中采用的一种教学方法，它是以判例法制度为前提的，在采用成文法制度的大陆法系国家，包括我国，是否可以广泛引入这种判例教学法？本书的研究结论是：法学教育方法是与一个国家的法律制度和法学形态的类型密切相关的。在判例法国家，判例即法，通过判例学习法，这就决定了其法学教育必然采用判例教学法（case study）。在成文法国家，法条是法，通过法条学习法，这就决定了其法学教育必然采用法教义学（legal dogmatics）的方法。在成文法国家，判例教学法只是法教义学方法的补充，正如判例只是法典的补充。本书绪论将在对判例法制度和法学形态进行研究的基础上，探讨判例教学法的制度性基础，并对我国实行判例教学法的前景进行分析。

一、判例法的历史溯源

　　判例，作为司法活动的产物，具有悠久的历史。无论是判例法国家还是成文法国家，判例都是客观存在的，只是在不同的法律制度下其法律地位有所不同而已。应当指出，判例与判例法是不同的。判例法离不开判例，但判例的汇集绝不成其为判例法。当然，判例法是在判例的基础上发展起来的，因而探究判例法的历史形成，应当始于判例。

（一）中国古代的判例法

中国古代的法律以成文法为基本表现形式，但判例仍然起着重要作用。可以说，援引成案作为判处新案的根据，从而赋予成案的判决及其原则以法律效力，在我国有着悠久的历史。在1975年我国湖北云梦出土的睡虎地秦墓竹简的《法律答问》中存在"廷行事"制度，即判案以成例作为依据，这反映出在司法活动中根据以往判处的成例审理案件，在秦朝时已成为一种制度。此外，在《封诊式》中还收集了大量治狱案例，其中包括盗牛、盗马、盗钱、盗衣物、逃亡、逃避徭役以及杀伤等方面的内容，这些案例供有关官吏学习，并在处理时参照执行。[①] 例如，《法律答问》中有这样一个案例及其解答：

> 甲乙雅不相智（知），甲往盗丙，尢（才）到，乙亦往盗丙，与甲言，即各盗，其臧（赃）直（值）各四百，已去而偕得。其前谋，当并臧（赃）以论；不谋，各坐臧（赃）。

这段话的意思是：甲、乙素不相识，甲去丙处盗窃，刚到，乙也去丙处盗窃，与甲交谈，于是分别偷盗，其赃物各值四百钱，在离开丙处后同时被拿获。如有预谋，应将两人赃数合并一起论处；没有预谋，各依所盗赃数论罪。在此，通过一个案例，阐明了共犯与同时犯的区别。这表明中国人在秦时已经认识到作为一般之律与作为个别之例之间具有密切联系，以例说律更具有可比照性。更为重要的是，以判例的形式更能及时反映君主的意志，弥补成文法之不足。正如宁汉林教授指出：

> 廷行事，就是根据君主的命令对于某类犯罪决定应当判处的刑罚。这种判例体现了君主的诏令，以之作为成例，在以后遇有类似事件时，就以此作为定罪处刑的标准。随着历史的发展，刑法虽然有明文规定，然而君主也可以用命令指出对于某一犯罪应当如何定罪处刑，只要确定为判例，就被沿用作为定罪处刑的标准。这是一方面维护君主的刑罚权，只有依据

---

① 参见睡虎地秦墓竹简整理小组编：《睡虎地秦墓竹简》，149、244页，北京，文物出版社，1978。

君主所颁布的刑律和命令来定罪处刑，方能加强君主个人专制独裁的统治；另一方面便于结合形势来打击危害封建统治的犯罪。有了廷行事作为定罪处刑的依据，法外立法，就能更有效地维持封建地主阶级的统治。①

在上述论述中，廷行事被视为法外立法，是封建君主独裁的体现，虽然具有较浓的意识形态色彩，但如宁汉林教授所揭示，廷行事是中国古代较为正式的判例制度，它在封建法律制度中发挥着重要的作用。

在汉代，判例法称为决事比，指用以比照断案的判例汇编。汉代决事比始见于西汉初期，当时凡断案无法律明文规定的，可以比附近似的条文，上报皇帝定案。这种判例，汇编后再奏请皇帝批准，称为决事比，具有律令的效力，可作为以后断案的根据。汉武帝时，采用这种方法制定的《死罪决事比》多达13 472条。汉代决事比最著名的是春秋决事比，又称春秋决狱。汉武帝时董仲舒以《春秋》经义附会西汉法律规定进行判案量刑。董仲舒将232个判例汇编成书，作为汉时司法机关判案的根据。《后汉书·应劭传》记载："故胶西相董仲舒老病致仕，朝廷每有政议，数遣廷尉张汤亲至陋巷，问其得失。于是作春秋决狱二百三十二事，动以经对"。例如甲无子，拾于道旁弃儿乙，养之以为子，及乙长大而杀人，甲藏匿之，他人以状诉甲，甲当何罪？董仲舒断曰："甲无子，振活养乙，虽非所生，准与易之，传云螟蛉有子，蜾蠃负之，春秋之义，父为子隐，子为父隐，甲宜匿乙，而不当坐。"这就是春秋决狱的一例，实际上是将亲生父子之间相隐不为罪的原则扩大适用于养父子之间。汉代的决事比对于弥补当时成文法的不足发挥了一定的作用，但决事比过多过滥也造成了司法的混乱。正如班固指出："其后奸猾巧法，转相比况，禁罔浸密。律令凡三百五十九章，大辟四百九条，千八百八十二事，死罪决事比万三千四百七十二事。文书盈于几阁，典者不能遍睹。是以郡国承用者驳，或罪同而论异。奸吏因缘为市，所欲活则傅生议，所欲陷则予死比，议者咸冤伤之。"② 由此可见，判例如果不加以规范与整理，就会出现混乱，并对法制的统一性造成破坏。

---

① 宁汉林：《中国刑法通史》，第2分册，535～536页，沈阳，辽宁大学出版社，1986。
② 《汉书·刑法志》。

唐代是中国封建法制最为发达的时期，当时的法律渊源有律、令、格、式四种，并且"一断于律"，即令、格、式都不能违反律。唐代具有高度发达的成文法，判例在司法活动中作用较小，表现了高度的中央集权。唐代以成文法规范判例的适用，并将其纳入成文法之中。例如，唐代详刑少卿赵仁本曾撰《法例》三卷，"引以断狱，时议亦为折衷。后高宗览之，以为烦文不便，因谓侍臣曰：'律令格式，天下通规，非朕庸虚所能创制。并是武德之际，贞观已来，或取定宸衷，参详众议，条章备举，轨躅昭然，临事遵行，自不能尽。何为更须作例，致使触绪多疑。计此因循，非适今日，速宜改辙，不得更然。'自是，《法例》遂废不用"①。废除法例，并非在司法活动中完全摈弃判例。但在有唐一代，成文法占据主导地位，这是不争的事实。

　　自唐以降，各朝均以《唐律》为蓝本制定了刑律。对唐以后各代刑律具体条文的研究表明，法典中许多条文完全取自《唐律》。以《大清律例》为例，据一位学者估计，《大清律例》中30％～40％的条文完全取自公元653年的《唐律》，没有变化。另外还有许多条文，也只是作了字句上的简单变动。美国汉学家布迪、莫里斯对此评价说：

　　　　在中国人看来，法律作为道德规范的汇集，它超出时空的限制，而具有永久性效力。上述法律条文的沿袭性，正是中国人这种法律观的反映。当然，这种法律观实际上不可能完全实现。例如，即使《大清律例》有30％～40％的条文不加变动地仿照《唐律》，也仍然还有60％～70％的条文是清朝的发明，或者是对《唐律》相关条文的修正。实际上，在漫长的历史沿革中，一些旧的法律条文被删除，一些新的法律条文被确立，还有一些法律条文则不同程度地被修改，以适应变化中的社会状况。而在那些没有变化、原封保留的法律条文中，其中一部分只是作为一种无意义的文

---

① 《旧唐书·刑法志》。

字符号被保留在法典之中，很少或者根本没有真正实行。①

在这种情况下，皇帝可以通过诏令修正律条，甚至可以废弃律条的适用效力。皇帝的诏令可能只是针对某些具体诉讼案件有效，但有些诏令则可能长期具有普遍效力，还有一些诏令甚至可能被编入法典，进而具有律条的普遍效力。如果说，律是以保持法律的延续性与稳定性为主，那么，诏令对个案的处理就是为了使法律具有灵活性与应变性。明朝的时候，逐渐形成一套完备的体制，专门解决法律的变化问题，这种法律形式称为"例"。在日常语言中，"例"可表示原则、方式、概念或例证等含义。在明代法律体制中，"例"具有判例的意义，具体说来，它是一种在过去某个诉讼案件中作出的，对于后来一些诉讼案件的审判具有参考价值的判决。美国汉学家布迪、莫里斯认为，作为一个专门法律术语，"例"的真实名称应该是"亚律"（sub-statute），其实，也可以称为"准法律"。"例"作为法律规范的一种，是对基本法律规范——律的补充。"例"的原始来源有二：其一是皇帝的诏令，其二是刑部就具体案件所作出的并经过皇帝批准的判决。这两种来源中，可能后一种更为普遍。据《明史·刑法志》记载，1492 年，刑部尚书上奏皇帝，要求将零星存在的例汇集成编。1500 年，该书编成，取名《问刑条例》，共有 297 个案例。"例"是各朝皇帝为解决《大明律》的制定者预先不曾料及的特别情势所制定的，其作用在于补充"律"，发"律"所不及，而不是要废弃"律"。当然，在实际生活中，以例破律的情形也时有发生，甚至十分严重。《问刑条例》编成之后，成为《大明律》的辅助部分，共同发生效力。每当有新例产生，也很快被增补，编入《问刑条例》。到1549 年，通过这种增补方式，《问例条例》的例条数已由原 297 条增至 349 条。1585 年，明代法典的编纂方式发生重要变化，《问刑条例》中的例——此时例条数已增至 382 条——分别被编入《大明律》中相应的"律"后，进而合二为一，形成一部包含"律"与"例"两方面内容的独立法典，称为《大明律例》。这种律例合一的法典形式在清代被继承，形成《大清律例》。对此，美国汉学

---

① 〔美〕德克·布迪、克拉伦斯·莫里斯：《中华帝国的法律》，朱勇译，58～59 页，南京，江苏人民出版社，2008。

家布迪、莫里斯指出：

> 在一个存续较久的法律体系中，从其第一次编纂法典开始，它就需要一种能够补充正式法律条文的辅助性法律形式，以适应变化中的社会环境。以皇帝诏令或法院判决为其实际内容的例，最初可能只是针对某些非常具体的特定事项，它们必然要比它们所依附的律的适用面狭窄得多。在清代，普遍遵循这样一条原则：对于某一案件可以同时适用律和例时，通常以例为依据进行判决，而不是以律为依据；在例与律内容不相吻合，甚至互相发生冲突时，仍适用例，而不适用律。显然，例的优势在于它能解决那些法典制定者事先没有能预料到的特殊事件。但与此相联系，例的存在又常引起法律适用于某些特定的事项，越此一步，即失去适用意义；但另一方面，例一旦被收入法典，它也会像律一样具有某种稳定性，结果有时倒在其针对性已经丧失之后还保留在法典之中。《清史稿·刑法志》称："有例不用律，律既多成虚文，而例遂愈滋繁碎。其间前后抵触，或律外加重，或因例破律，或一事设一例，或一省一地方专一例，甚至因此例而生彼例。"①

由此可见，判例在中国古代法律体系中占有一席之地。当然，中国古代的"例"到底是否具有判例的性质，在我国法学界还是存在争议的，尤其是对中国古代是否存在判例法问题，更是莫衷一是。例如，我国学者在论及康熙《现行则例》时，认为《现行则例》保留有具体的案例，因此可以作为判例法看待。但这是一种具有中国特色的判例法，其不只是形形色色的案例汇集，更重要的是将典型案例奏准成为普遍适用的法条，条例、则例的产生就是如此，每一条例的背后都会有一个生动的案件或事例。② 我国还有学者甚至将中国西汉至近、现代的法律称为混合法，

---

① ［美］德克·布迪、克拉伦斯·莫里斯：《中华帝国的法律》，朱勇译，61～62 页，南京，江苏人民出版社，2008。

② 参见郑秦：《康熙〈现行则例〉：从判例法到法典化的回归》，载杨振山等主编：《罗马法·中国法与民法典化》，211 页，北京，中国政法大学出版社，1995。

既不是完成的成文法，也不是完全的判例法，而是两者的结合，因而自成一体。① 这里的混合法是成文法与判例法的统一。当成文法典宜于社会实际时，国家往往推崇成文法而排斥判例的创制与适用；成文法尚未出现或现行法明显不宜于社会生活时，则创制和适用判例，以此指导全国的司法活动。判例积累到一定程度，经国家的加工后上升为法条。以统治阶级法律意识为核心，成文法与判例法周而复始，循环运动。② 当然，这里的判例或者判例法，只是在一般意义上而言的，即判例可以在成文法没有规定的情况下作为定罪的根据。但如果根据英美判例法的特征来衡量明清时代的条例，包括康熙《现行则例》，就会发现，尽管有些条例包含有生动、具体的案情，但仍然属于文本的体系，是供法官在审断案件时直接引证的文本依据，而非归纳法律原则的出发点。③ 我认为，中国古代法有一种顽强的成文法倾向，即使是以判例为主要内容的"例"也被尽可能地纳入法典之中，形成律例合一、以例注律的法律格局。在这个意义上说，中国古代法仍然是成文法，判例只起到一种补充与辅助的作用。只要出现以例破律或例案滋多，就被认为是法制的一种失当而受到批评。

（二）大陆法系的判例法

大陆法系是以成文法为主要特征的，但作为大陆法系源头的罗马法，也曾经是判例法。法国学者达维德指出：公元 3 世纪盖尤斯撰写他著名的《法学阶梯》时，罗马法也是判例法。④ 这一说法有夸大其词的成分，但绝非危言耸听。不可否认，在罗马法中确定曾经有过判例法的因素，这主要是指长官告示。罗马的行政长官即最高裁判官（pretor），又叫大法官。所有最高裁判官在就职时都需要发表书面形式的特殊公告或命令，提出自己在任职内的施政方针和审理案件的原则措施，并在其

---

① 参见武树臣：《让历史预言未来——论中国法律文化的总体精神与客观样式》，载《法学研究》，1989 (2)，93 页。
② 参见武树臣等：《中国传统法律文化》，75 页，北京，北京大学出版社，1994。
③ 参见苏亦工：《明清律典与条例》，214 页，北京，中国政法大学出版社，2000。
④ 参见［法］勒内·达维德：《英国法和法国法》，潘华仿等译，26～27 页，北京，中国政法大学，1984。

就职后付诸司法实践。最高裁判官本来是不享有立法权的，但由于负责领导司法，经过国家认可，前任最高裁判官的告示对其继任者也具有因袭沿用的约束作用，所以在形式上与法律差别无几，一般称它为"官吏法"（Jus honora Lium）。长官的告示作为罗马法渊源之一，对罗马法的发展具有重大的影响。原因在于，国家只赋予他们颁发告示命令的特权，却不对这种特权的内容与形式设置硬性规定，这样就为行使特权拓宽了视野与领域，能够从实际出发补救旧法规范的不足和缺陷，使告示得以成为反映罗马法发展的一种灵活有效的形式。然而，在帝国时期皇权日益膨胀的情况下，它已经为加强皇权的进程所不容，渐渐变成了最高裁判官有名无实的权限。至公元 129 年，阿德里亚努斯任命法学家沙比鲁斯、优里恩普斯等人将以前所有裁判官的告示汇编成集，作为指导司法实践的判例通行全国，从此最高裁判官颁发告示的情形就极为少见，他们只能依据告示汇集行事，这就无异于取消了原有的权力。及至公元 3 世纪，成文法逐渐发达，到查士丁尼时进入法典编纂的高峰。正是在这个阶段，产生了查士丁尼的名言："审判不依判例而依法律"，由此奠定了成文法下司法活动的逻辑基础。

近代大陆法系国家继受罗马法，走上了成文法道路。但在法典化之前，大陆法系国家仍然存在判例法。对此，美国学者艾伦·沃森作了深入研究，并且对大陆法系国家法典化前的判例与英美法系的判例作了比较，认为存在以下三个特征：

（1）案情事实不如普通法陈述的那样详细。它们给人的强烈印象是，记录者相信只需要记载少部分与法律有关的事实即可，其原因可能是一案与另案之间的事实细节的差别，不应当成为作出不同判决的根据，或者是由于使案件具有法律意义的法规或原则，只取决于一少部分基本事实。在任何情况下，与普通法判决录相比而言，结果记录了更多的固定的法律和极少的确凿事实。

（2）判决似乎是对法学原理和其他有记载的判例经过深思熟虑之后才得出的结论，而那些原理和判例把这一判决归到一个理论系统的框架里。换言之，法庭所做的事似乎不是去寻找一个与一系列相应的事实有关的法律答案，而是将具体的实践问题与假设的一连串问题联系起来分析，以便提供一类适当联系着的法规。这种与普通法全然不同的态度最为重要，如果某人信奉法律的生命在于或应当在于"经验而非逻辑"的话，等到陷入刻不容缓的案件事实的困境中，普通法的法官们也会约束他们的经验。

（3）记录者的主要目的似乎要陈述判决所阐明的法规和原则。强调的重点完全置于一般性之上，而不是法律的具体性之上。①

在法典化以后的一定时期内，成文法占据绝对的权威地位，大陆法系的法官成为成文法的机械适用者，判案必须从成文法的条文出发，严格遵守成文法是大前提、案件事实是小前提、案件的判决则是推论出的必然结果这样一个司法三段论，因而判例只是从成文法之一般规则中引申出的个别结论，不具有任何价值，更不得作为处理案件的先例。此后，大陆法系国家为适应社会的发展变化，把绝对规则主义改变为相对规则主义，扩大了自由裁量的空间，判例的作用有所增强。当然，正如法国学者达维德指出：在罗马日耳曼法系各国，判例的作用只有同法律的作用联系起来才能弄清楚。由于在所有这些国家，法学家们的现有倾向是总要依据法律条文，判例的创造性作用总是或几乎隐藏在法律解释的外表后面。②达维德还谈到大陆法系国家判例法与成文法之间的区别，指出：

判例不让自己创制法律规范，因为照法官们的意见这只是立法者和受命补充立法者工作的政府或行政机构的事。尽管有这种谦虚的成见，是否应认为事实上法官在创制法律规范呢？无论如何，在判例法规与立法者制订的法律规范之间有两点重要差别。第一点是在一定的体系之内两者的相对重要性。判例是在立法者为法确立的框框之内活动，而立法者活动的目的正是为了确立这些框框。由于这个事实，判例法的影响是有限的，罗马日耳曼法系各国在这方面的情况正好同普通法各国所公认的情况相反。其次，判例确立的"法律规范"没有立法者确立的法律规范那样的威力。它

---

① ［美］艾伦·沃森：《民法法系的演变及形成》，李静冰、姚新华译，61～62页，北京，中国政法大学出版社，1992。

② 参见［法］勒内·达维德：《当代主要法律体系》，漆竹生译，125页，上海，上海译文出版社，1984。

们是不稳定的规范，在审理新案件时随时可能否定或变更。判例不受它已提出过的规范的约束；一般说，它甚至不能引用这些规范为它即将作出的判决辩解。如果在一项新判决中法官们应用一条他们以前已应用过的规范，这并不是因为他们应用过这个事实使这条规范取得了威力；事实上这条规范没有任何命令性质。判例的完全改变永远是可能的，法官并无说明其理由的义务。这种完全改变无关紧要；它既不威胁法的各种框框，也不影响法的原则本身。判例的规范只是因为法官们——每个法官——认为它好才继续存在与被应用。[①]

由此可见，在大陆法系，判例的作用是极其有限的，它只是也仅仅是成文法的补充，并且不能逾越成文法的樊篱。这与英美法系判例法的造法功能是无法同日而语的。

（三）英美法系的判例法

英美法系以判例法而著称，由此区别于大陆法系的成文法。英美法系又被称为普通法法系。这里的普通法具有以下三种含义：首先，在广义上，指 12 世纪以后通行于英格兰的法律，它是在中央集权下形成的，由国王领导下的国家法院统一加以适用。由此区别于英格兰领主法院等适用的习惯法，也区别于只适用于特殊阶层和行业的商人法。其次，在狭义上，指 12 世纪以后英格兰皇家法院创立、适用和加以发展的判例法。从表现形式上和产生的途径上，它区别于来自立法机构的制定法；从适用的主体上，它区别于由衡平法院所适用的衡平法。最后，从比较法的角度，泛指以英格兰法为基础、以判例法的主要法律渊源的国家或地区的法律制度，相对于以制定法特别是编纂法典为特征的大陆法系国家或地区的法律制度。由此可见，狭义的普通法以判例法为主要特征，它起源于 12 世纪。美国学者埃尔曼指出：

在英国，皇家巡回法官在他们的巡回审判过程中将广泛差异的地方习惯融为一种普通的习惯。一段时间以后，王国的普通法便被作为习惯法的同义词使用。这样，影响不断增大的法官和律师阶层便不仅创造着一种民族的法律文化，而且也将国家融为一个整体。普通法的创造是一场堪与其

---

① ［法］勒内·达维德：《当代主要法律体系》，漆竹生译，127 页，上海，上海译文出版社，1984。

他国家的包罗万象的法典编纂相匹敌的革命。在普通法国家的法律体系里，习惯与法院判决过去是，现在仍然是最基本的（尽管不是唯一的）法律渊源。①

由此可见，普通法以判例法为特征，最初是由英国皇家法院在司法实践中发展起来的。在普通法系国家，一项判决具有特殊的意义，不仅对特定案件具有直接的效力，而且成为后来法院处理相同或相似案件所应遵循的先例，从而每一类相似的案件判决都形成了前后相联系的链条。但联系这种链条的要素并不是判决本身，而是判决中所蕴涵的法律规则。它是先前同类判决中所含法律的继续，又是未来类似案件判决的法律基础。通过这种方式，这些国家形成了具有特色的判例法体系。英国判例法的形成，有其特殊的历史背景。

英国作为一个人口偏少、面积偏小、民族结构单一的岛国，一方面，统一的局面形成较晚，直到公元9世纪才形成统一的国家；另一方面，统一的局面易于巩固，除曾遭受丹麦侵袭被并入丹麦海岛帝国时期以外，一直维持了统一的格局。因此，在英国这样的国度，易于实行低度的中央集权和高度的地方自治。判例法制度正是英国在统一法律制度的过程中，中央迫于地方的压力并向地方妥协，以承认地方现存的习惯法作为统一全国法律制度的基础而逐步形成的。公元11世纪，法国诺曼底公爵威廉征服英国，在此之前，英国没有统一的法律制度，各个地方一直沿用各自从大陆移居英伦三岛以来逐步形成并发展起来的习惯法。为了巩固国家的统一，威廉登基之后，即着手改革这种法律制度支离破碎的状况，颁布统一施行于全国的法令，并设立国家最高审判机关王室法院，派出巡回法官定期到全国各地进行巡回审判，以贯彻并监督地方司法机关适用统一的法令。但是，习惯法制度根深蒂固，加之英国人民反抗征服者诺曼贵族的情绪浓厚，致使体现征服者诺曼贵族意志的统一法令很难推行。为此，威廉王朝被迫放慢立法进程，宣布保留英国各地原有的习惯法，并允许巡回法官依据各地与国家法令以及与诺曼贵族利益不相抵触的习惯法裁断。为了既维持地方习惯法与国家统一法令并存的局面，又维持全国法律制

---

① ［美］埃尔曼：《比较法律文化》，44页，北京，生活·读书·新知三联书店，1990。

度的统一性，王室法院不仅定期将派往全国各地的巡回法官召集在一起，交流各地的司法情况，并允许他们相互之间彼此承认对方的判决，以对方的判决作为今后审判同类案件的依据；而且定期公布重大案件的判决，作为各级法院法官审判同类案件的依据。到公元19世纪，经过近八百年的发展演变，英国终于形成先例原则，所有的下级法院都受上级法院的判例的约束，有些法院在某些时候或某些条件下也受自己的先例的约束，从而最终确立了判例法制度。

美国判例法是继受英国判例法的结果。当然，美国对普通法进行了改造，使之适应美国的国情。在美国，普通法传统的根基扎得如此巩固，即使伴随着革命而发生的对与英国相关的一切的敌视情绪也不能将其连根拔除。当然，不可否认，革命胜利后的美国曾经有过采纳法国法（大陆法系的成文法）的趋势，但这种趋势到1830年已经过去。美国人不是把普通法全部照搬过来，反而采纳了他们所处的不同环境没有要求他们舍弃的那些成分。因此，美国判例法与英国判例法仍然存在一定的差别。

二、法学形态的类型考察

法学是随着人类的法律活动（包括立法活动与司法活动）而发展起来的关于法的知识体系。在某种意义上说，法学形态是由法的内容与形式所决定的，尤其是成文法与判例法的重大差别，对法学形态具有重大的影响，同时法学形态对各国的法学教育也必然会有所影响。

（一）中国古代法学形态

"法学"一词，对于中国来说，是近代从日本引进的，是清末著名法学家沈家本的《法学盛衰说》一文使法学一词逐渐流行。中国古代没有法学，而只有律学与例学。可以说，律学与例学是中国古代的法学形态。

根据我国学者的考证，"律学"一词出现在魏晋以后，开始是指律博士（助教）这一学（官）职。至唐宋时期，律学才演变为研究法律的一门学问。[①] 尽管律学一

---

① 参见何勤华：《中国法学史》，第1卷，164～165页，北京，法律出版社，2000。

词的蕴涵直到唐宋才得以明确，但中国古代的律学始于秦汉。它是伴随着中国古代成文法的出现而产生的，它以对成文法的注释为主要内容。中国古代法律的发展，在春秋时期出现了一个重大转折，这就是商鞅"改法为律"。随着改法为律，"律"成为中国古代正式的一种法律载体。由此开始，秦律、汉律直至唐律、清律，一脉相传，构成中华法系的主体内容。律学是以"律"为研究对象而形成的一种知识体系，因此，在律学研究中，广泛采用的是注释的方法，律学也被称为注释法学。从中国古代的律学内容来看，其主要包括以下内容：一是法律用语的注释，这是律学的最基本内容，也是成文法所特有的一种研究方法。二是法律文意的解释，这也是律学的重要内容。三是法律沿革的阐述，从历史发展的角度揭示法律的内涵。四是法律背景的说明，从立法过程帮助理解法律的精神。中国古代的律学最初形态是以答问形式出现的，睡虎地秦墓竹简中，有大量法律答问的内容，在一问一答之中，对秦律加以解释。例如《睡虎地秦墓竹简》在解释"盗及者（诸）它罪，同居所当坐"这一法律条文时指出："可（何）谓'同居'？（同）户为'同居'，坐隶（奴隶犯罪，主人应同坐）隶不坐户谓也（主人犯罪，奴隶不连坐。）"① 这种法律答问对存在疑问的法律问题，尤其是对某些法律用语，都作了详尽的解答。由于法律答问是当时官府上下级之间解释法律的法定形式，因此其解答与法律具有同等的效力。

在秦汉之后，中国古代律学进一步发展，晋代著名律学家张斐的《律注表》成为律学的一个经典作品。在《律注表》中，张斐对一些常用的法律名词作了解释，例如对故意的解释："知而犯之谓之故"；对过失的解释："意以为然谓之失"；以及对某些典型罪名的解释："取非其有谓之盗"，"货财之利谓之赃"，等等。这些都是对以往律学成果的总结与概括，并对此后的律学发展产生了重大的影响。及至唐代，《唐律疏议》将律条与解释统一于一部法典之内，两者合为一体。在这种情况下，疏文插写在律文与注文的文句之间，与法律合为一体并被司法引用，事实上也

---

① 睡虎地秦墓竹简整理小组编：《睡虎地秦墓竹简》，160 页，北京，文物出版社，1978。

成了法律本身。① 这种将法律解释直接植入法律文本之内的做法，一方面使律学成果转化为具有法律效力的内容，另一方面也使官方垄断了法律解释权。这种垄断状态，到清代私家注律的现象出现以后才被打破。中国古代律学具有明显的工具性，直接依附于律条而存在。因此我国学者将律学视为以中国古代法律传统为原型，与实际应用紧密结合在一起的"术"，是紧紧围绕并且仅限于法律条文而展开的智识活动。② 例如，中国古人在长期对刑律的研习中总结出"律母"与"律眼"。律母是指以、准、皆、各、其、及、即、若八个字。古人云，必于八字义，先为会通融贯，而后可与言读法。律眼是指在整个法律体系中比较重要的一些关键词，与八个律母相对，如例、杂、但、并、依、从、从重论、累减、递减、得减、罪同、同罪、并赃论罪、折半科罪、坐赃致罪、从赃论、六赃图、收赎等。③ 上述内容被认为是中国古代律学的精华。

如果说，中国古代的律学是十分彰显的，那么，中国古代的例学就显得不那么张扬。事实上，例学是随着中国古代司法经验的积累而出现的，它成为律学的重要补充。以往在我国法史理论中，并未明确提出例学的概念，只是称为判例法研究，判例法研究的内容也只限于判例汇编等。④ 而现在，一种例学的概念已经提出，并且将其与律学并列，例学更多地表现为一种思维方法。我国学者提出：

> 这种例学思维表现为：一方面，先例是神圣的，例的比对工作也是相当严格的，正是在大量的遵循先例工作中，一种对法律权威的尊重之情内化了。同时，由于事物变幻万千，一种事情总是有多种处理方法，因此，也就总是有多种选择。前人的选择究竟是偶然还是一种聪慧的表现往往不得而知，但前人的选择，因为国家权威的支持已成规则，这些规则，很难说每一种都有大道理，但也难免有一定道理。而在承认这些规则和理由的同时，一种尊重前人经验的意识也牢固地树立起来。另一方面，例的形成

---

① 参见钱大群：《唐律研究》，45页，北京，法律出版社，2000。
② 参见梁治平：《法治进程中的知识转变》，载《读书》，1998（1）。
③ 参见（清）王明德：《读律佩觿》，何勤华等校，北京，法律出版社，2001。
④ 参见何勤华：《中国法学史》，第1卷，196页以下，北京，法律出版社，2000。

是经验的，案例与例的比较是具体的。大量的案例使治律之人看到纷繁复杂、无穷无尽的生活在涌来，这不是通过一个条文的推理，甚至也不是靠已经积累起来的那些成例与成案可以处理的。①

在中国古代，律学与例学相比，律学是更为发达的，而例学只是存在一些零碎的资料，缺乏系统的研究。

（二）大陆法系的法学形态

大陆法系的法学理论是在古罗马法的基础上发展起来的。在古罗马时代，法学家就已经发挥了充分作用，他们的主要任务在于解释法律。在共和国后期的形成年代，罗马法学家来自一些大的家族，他们把解释法律当作对公共生活的贡献。他们不是我们现在所说的专业人员，不接受报酬，法只是他们公共生活中的一部分，他们是精通法的政治家。② 因此，大陆法系的法学理论是从对法律的解释开始的。

及至中世纪，在罗马法复兴过程中，形成了注释法学派与评论法学派。③ 注释法学派将法学从修辞学中分离出来，成为一门独立的、系统的科学。注释法学派对罗马法进行说明、解释和阐述，其方法是对原典进行文献学的批判和文法学、逻辑学的说明，以从学术上重现古代罗马法律经典的原貌。评论法学派，又称为后期注释法学派，他们主要是通过引进辩证法的方法即逻辑推理的方法，来解决注释罗马古典法律文献中以及社会实践中遇到的问题。

中世纪的注释法学对于近代大陆法系法学理论之形成产生了深远的影响，使得法律注疏成为大陆法系法学理论的重要内容。例如，19世纪法国注释法学派就主要是围绕着对法国拿破仑法典的解释而形成的，它完全以法律为解释对象，只承认法律尤其是成文法的法源性，认为所有法律问题必须用成文的法律来规律，并且立足于予以规律的确信之上。法源只存在于成文的法律（loi）之中。这里，所谓法律，是技术性的意义上的概念，是指通过由国民的代表组成的议会的意志而决定的

---

① 俞江：《倾听保守者的声音》，载《读书》，2000（4）。
② 参见［英］巴里·尼古拉斯：《罗马法概论》，黄风译，27页，北京，法律出版社，2000。
③ 参见何勤华：《西方法学史》，62页以下，北京，中国政法大学出版社，1996。

法律规范，故这意味着寻找发现国民的一般意志。因此，他们不承认成文法律之外的法源，诸如习惯法、判例法和条理以及其他法的一般原则。同时，该学派还认为，法学的任务在于保障法律的严格适用，在严密的逻辑构造中捕捉法律的真正含义，并将其适用于法律条文所预想的具体案件，帮助法律忠实地达到这个目的，不得在解释之名义下另立他说、另行其事。① 尽管注释法学派存在着拘泥于法条的缺陷，但它在很大程度上塑造了大陆法系的法学理论的品格。

当然，在大陆法系的法学理论中，除注释法学的学术传统以外，还发展出多元的法学理论，例如社会学法学等。

（三）英美法系的法学形态

英美法系的法学理论是与判例法制度紧密相连的，判例法的产生对英美法学的形成起到了巨大的作用。我国学者在论及近现代英国法学的特征时指出：

> 英国近现代法学，基本上是一种判例法学。这是它与西欧大陆国家的法典注释学的最主要区别。在成文法主义之下，法、德等国的近现代法学具有法典解释学（包括概念法学）的特征。在英国，情况有所不同，无论是普通法，还是衡平法都是在诉讼令状、法院判决的基础上形成的。受此影响，英国近现代法学，仍是以法院的判例为中心。②

英美法系的判例法特征决定了英美法系的法学基本上是一种判例法学。判例在英美法学的法学理论中居于核心的地位，正如同法条在大陆法系的法学理论中所处的地位一样。英美法系的一些重要的法律原则、精神和价值，都是从判例当中挖掘出来的，判例是英美法系的法学理论的直接研究对象。正是这样一种性质所决定，判例的创造者——法官对于法学理论的发展起着十分重要的作用。例如，英国历史上最著名的法学家威廉·布莱克斯通（1723—1780），他对英国法产生了特有的影响。《英国法释义》（*Commentaries on the Laws of England*）一书为他赢得了巨大声誉，该书在他关于英国法所作的全部讲演的基础上整理而成，分为 4 卷。它系统

---

① 参见何勤华：《西方法学史》，139 页，北京，中国政法大学出版社，1996。
② 何勤华：《西方法学史》，355 页，北京，中国政法大学出版社，1996。

的叙述不仅涉及私法和程序法，还包括宪法和刑法。人们称赞这部著作风格明快，使用的法律命题准确，作者明智地将论述集中在主要的中心问题上。但《英国法释义》在法律材料的系统性和理论的根据上，当然没有达到同期欧洲大陆国家法学著作的水平。不过，布莱克斯通没有在大学讲授的长达数百年的古老传统可以依赖。布莱克斯通的重要地位在于，他在历史上首次对英国判例法中那种粗糙原始和杂乱无章的判例法进行了编排整理，而过去，这些判例法还往往因为制定法的介入变得更加混乱；他以清晰和简单易懂的形式，并且是以一种从文学和教育学的观点来看都是十分成功的方式，阐述了判例法；他的著作使受过教育的外行人士也能够像法律职业者那样了解英国法。① 布莱克斯通著作中所谓的英国法，就是指判例法。而《英国法释义》也就是对判例法的系统整理与阐述，由此构成英国法学的基本线索。

三、判例教学法的内容分析

判例教学法虽然以判例法为前提，但并非与判例法同时产生。在英国，从近代开始法律人才的培养就按照双轨制的方向发展。大学法学院以讲授罗马法为主，主要是培养法律研究人才；法律学院（Inns of Court）设在法院，主要培养法律实务人才。直到 20 世纪 70 年代，大学才逐步成为法律教育的主要阵地。② 由于受到英国判例法传统的影响，英国在法律学院的法律人才培养中，十分注意法律技能的培养，但并没有系统地采用判例教学法。

判例教学法在大学法学院中的广泛采用始于美国哈佛大学法学院院长兰德尔（C. C. Langdell，1826—1906）的有力倡导。兰德尔引入判例教学法，用判例教材（case book）代替过去的教本（text book）。兰德尔废除了以前那种整堂课都由老师

---

① 参见［法］K. 茨威格特、H. 克茨：《比较法总论》，潘汉典等译，356～357 页，贵阳，贵州人民出版社，1992。

② 参见何勤华：《西方法学史》，304～305 页，北京，中国政法大学出版社，1996。

讲授，学生只是被动地接受的传统教授法。判例教学法的具体做法是：学生先阅读教授事先发下的一定数量的资料，内容或为判决书，或为判决书加上法律条文与经济或社会学论著摘要，即修改了的案例法（modified case method）。在大部分课程中使用苏格拉底教学法：学生向教师指导下的一个小组阐述他读过的内容、看到的问题、诉讼的标的。另一方面，教师向他或其他学生提问，使学生们发现所讨论的问题与相近的问题之间的关系，变换问题的提法，询问大家在这种情况下处理办法是否也应改变。全小组参加讨论，在教师的严格控制下每个人提出问题并发表自己的意见。有几门课，尤其在三年级，使用讨论方法，教师很少引导讨论，而把这个任务交给学生，只是在学生没有讨论应该讨论的重要主题时，才进行干预。只在特殊情况下才上大课。在美国这样的环境中，苏格拉底方法取得了良好效果，大学生在老师面前不感到任何拘束。① 由此可见，判例教学法具有以下三个特点。

（一）把判例作为教学的主要内容

判例是法官审理案件的结果，它表现为对某一纠纷的法律裁断。在判例法国家，判例具有法律上的拘束力。在判例法的教学活动中，判例就成为教学的主要内容，被直接引入课堂。在这种情况下，发生了从 case book 到 text book 的转变。由于判例是活生生的司法素材，学生通过学习判例，获知判例得以作出的司法过程，可以培养一种法律思维与裁判技能。正如美国学者指出：

> 通过研究案例获得有关法律原则的知识重点在于实际程序及其后果。诉论与辩论的结果，而非社会价值的实现成为法律生活的中心。建立在司法先例基础之上并对范围广泛的立法抱着怀疑态度的普通法从结构上讲无疑有利于判例教学法，这种方法常常提供一种与人们在律师学院所获得者相差无几的学习经验。②

因此，判例教学法对于法律实务人才的培养大有助益。

---

① 参见［法］勒内·达维德：《当代主要法律体系》，漆竹生译，402 页，上海，上海译文出版社，1984。

② ［美］埃尔曼：《比较法律文化》，126 页，北京，生活·读书·新知三联书店，1990。

（二）苏格拉底方法的采用

在判例教学法中，灌输式的教学改变为启发式的教学。在这当中，苏格拉底方法发挥了重要作用。苏格拉底方法是指通过对话、追问、诘难去发现真理的一种方法。这种方法也许并非苏格拉底本人所创造的，而是从柏拉图等后人在著作中记载的苏格拉底与他人的对话中反映出来的。英国学者认为，苏格拉底方法很可能与当时雅典的法律诉讼程序有关，指出：

苏格拉底所使用的技巧是对智者使用的争辩技巧的一种适合于交谈的改变。智者们发展了一种通过提问进行的言词争辩形式；其中，一个说话者提出一个论点，他的对手则通过对他的蓄意提问而谋求迫使他陷入自相矛盾或沉默。此种技巧很可能是从雅典法律诉讼程序的特殊特征发展出来的。雅典的法律诉讼程序允许诉讼当事人让他的对手接受一连串希望作出简单的是/否回答（yes/no answers）的提问。智者们渐渐发展出了一种高度程式化的问答时限样式，展现带有时限和仲裁人的规范化论争。尽管它们会变质为基于蓄意含糊其辞的最无味和徒劳的文字操练，当富于操纵技巧的参斗者刻意要辨明某种真正有趣的论点之所长时，这样的论争将展示说话人让人印象深刻的争辩技巧。苏格拉底体会到，对一种主张的蓄意提问，可以用于检验它的一致性；如果连续提问能把处在讨论中的主张的辩护者带向从它推出矛盾的结论，那么，如果推理是有效的，该主张即被驳倒。既然苏格拉底仔细地基于由他的对话者真心接受的看法而引导整个论证，在他的手中，问答法就获得了特别的力量。这样的效果，是对话者的看法最终被驳倒时，他感受到一种真正的困境，而不只是感受到对他的提问者的聪明的愤恨。①

因此，苏格拉底式对话是一种技巧性很强的谈话方法，可以实际运用于法庭上的询问，使被询问人陷于自相矛盾的境地。苏格拉底方法是判例教学法中的一种形

---

① ［英］戴维·梅林：《理解柏拉图》，喻阳译，26 页，沈阳，辽宁教育出版社；伦敦，牛津大学出版社，2000。

式，不应将其与判例教学法并列。有某些学者将两者并列为法学院授课的两种技巧，例如美国学者指出：法学院的授课基本上运用两种技巧：苏格拉底式的对话和案例教学法。在这一混合教学中，教师追问每个学生有关事实和原则的问题，这些事实和原则被推定在上诉意见中会起作用。① 实际上，苏格拉底方法是判例教学法的重要内容，它不能离开判例教学法而独立存在。

（三）师生之间的平等交流

判例教学法从根本上改变了教师与学生之间的关系。在灌输式的教学模式中，教师与学生的关系是单向的，即教师是法律知识的传授者，而学生则只是法律知识的消极接受者，学生处于从属的地位。而判例教学法则引导学生自己去思考，教师只是提出问题并将问题向深处引导。哈佛法学院的沃伦·希维曾经十分形象生动地描述了在判例教学法中教师的作用，指出：

> 我觉得教授法律就像牧羊一样，你跟在学生后头时不时吆喝两声，把乱跑到山顶的学生驱赶回来。当你把他们的脑子搅得一塌糊涂时，他们反倒会水到渠成般地到达一处目的地。然后他们自己也会很奇怪自己是怎样得出结论的。最坏的情况莫过于完全由学生自由完成对一个案件的分析和评判。而最好的情形是教授喜欢向学生提出一些假设性的问题，甚至假想一些案例作为对真实案件的补充。在这种情况下案例教学法会变得非常有效。教授在课堂上提醒学生他提出的法律条例有可能在别的情形下产生不同的结果；提醒学生们注意有许多细微之处可能根本不会在真实的法庭上出现，尤其是当这些问题从无先例时，法庭几乎可以不加考虑。②

在这种情况下，学生学习的积极性得以充分发挥，学生通过学习不仅获得关于法律的知识，更重要的是掌握法律的思维方法。

尽管判例教学法存在优越性，在判例法国家更是如此，但这种教学法同样也存在一些缺陷。这些缺陷主要表现为，对判例过于重视，对诉讼过于重视，而对于法

---

① 参见［美］博西格诺等：《法律之门》，邓子滨译，422 页，北京，华夏出版社，2002。
② ［美］马丁·梅耶：《美国法律》，胡显耀译，90 页，南京，江苏人民出版社，2002。

律条文，对于更为广泛的法律性原则较为忽视，没有形成体系化的知识。尤其是随着判例法国家制定法的不断增加，对于法律条文的直接学习的情形有所增加，正如美国学者指出：由于法律从制定到实践需要一个缓慢的过程，而可供教学选择的判例大多出自过时的法律报告中，因此通过案例教学学习法律文本本身确实是一种艰难，甚至有点愚蠢的方法。大卫·莱斯曼在还是布法罗大学法学教授时就说过："法律中确定不疑的方面不会引起诉讼。判例教学法把法律的内容当成是在处理实际问题时因为需要而学习法律这个过程的副产品。"过分强调案例容易造成一种轻视法律条款的倾向，从而忽视立法机构随时都可能对法律作出的修改。弗兰克·C.纽曼指出：

> 今天的普通律师已经不从判例着手开始学习了，现在他们从法律本身开始。于是现在的一年级课程中已经加入了对真正的法律条款的学习课程，而不仅仅是在判例上喋喋不休。①

此外，针对判例教学法过于关注诉讼的缺陷，美国法学教育中从 20 世纪 60 年代开始逐渐发展起临床法（clinical method），我国也译为诊所式教学法，让学生在法学教授兼律师的监督下，在诉讼救助范围内，为真正的当事人出主意，做他们的诉讼代理人。② 临床教学法的兴起在一定程度上弥补了判例教学法的缺陷，它更注重学生的实际动手能力。临床教学法仿效医学院利用诊所实习培养医生的形式，通过指导法学院学生参与实际的法律应用过程来培养学生的法律实践能力。这种临床诊所式的法学教育方法被认为是一种平等式对话教学方式。③ 我认为，临床教学法不可能取代判例教学法，而只能成为其补充。

判例教学法之所以成为判例法国家的法学教育的主要方法，是因为具有其深刻的制度性基础。因为法学教育的根本目的是培养法律专业人员，主要是从事司法活

---

① ［美］马丁·梅耶：《美国法律》，胡显耀译，93 页，南京，江苏人民出版社，2002。

② 参见［法］勒内·达维德：《当代主要法律体系》，漆竹生译，402 页，上海，上海译文出版社，1984。

③ 参见莫洪宪：《临床法学教育与新世纪法学人才的培养——平等式对话教学方法的魅力》，载《法学家》，2002（2），117 页。

动的人员，因此，法律技术应为法学教育的主要内容。在判例法制度下，最基本的法律技术是区别技术，因为，先例原则是判例法的基础。而先例原则在司法活动中的应用又是以区别技术的采用为前提的。先例，又称为司法先例，是指法院先前对具体讼案作出的判决。在英国，早在13世纪末，法官在处理案件时就不断援引先例，到16世纪，援引先例的做法已被作为惯例确立下来。18世纪后半叶，英国著名法学家布莱克斯通在他的著作中对先例拘束力的理论曾予阐述。19世纪后期，随着法院组织的改革和统一，以及系统可靠判例汇编的出现，遵循先例的原则得以确立。遵循先例（stare decisis）是对下述拉丁语的简称：stare decisis et non quieta movere，意即遵从先例，不应扰乱已定问题。这一原则的基本含义是指：下级法院受上级法院判决的约束，某些上级法院受自己先前判决的约束。在英国，遵循先例原则主要表现为以下三种情况：（1）上议院判决对英国所有下级法院具有约束力，其先前的判决对自身亦具有约束力。（2）上诉法院的判决对自身和所属下级法院具有拘束力。（3）高等法院一名法官所作的判决对下级法院具有拘束力，但对高等法院内部其他法官不具有拘束力，只有说服力。[①] 在遵循先例时，其首先要将先例加以区分，这种方法称为区别技术（distinguishing technique）。判例法并不是指对某一案件的整个判决，而是指该判决中所包含的，能作为前例的某种法律原则或规则。同时，先例可以分为有拘束力与无拘束力两类。在这种情况下，对含有先例的判决中的事实和法律问题与现在审理案件中的事实和法律问题必须加以比较与区分，这一过程在普通法系的术语中，称为区别技术。任何一个案件，都可以分为事实与理由这两个部分，具有拘束力的是判决理由中所包含的法律原则。一个法官在审判过程中所作的法律陈述并非都是理由。因此，对判决进行剖析并从中抽出判决理由具有重要意义。一般认为，每一判决都包含下列基本成分：（1）对案件事实的裁决，可分为直接的和推论的两种；（2）法律原则的陈述，它适用于由案件事实引起的法律争执；以及（3）综合（1）（2）所作的裁决。对诉讼当事人本人及其利害关系人来说，（3）是判决的实质性要素，因为它最终决定了他们有关诉讼标的的权

---

① 参见由嵘主编：《外国法制史》，464页，北京，北京大学出版社，1992。

利和义务，这种裁决禁止当事人再行起诉。不过，就先例原则而言，（2）是判决必不可少的要素。实际上，它即为判决理由。因此，判决理由可以看作是对适用于由判决赖以成立的事实而引起的法律争执的法律陈述。判决中的其余两种成分，不是先例。（3）中的裁决没有先例拘束力（除直接对诉讼当事人本身有拘束力之外），事实裁决也无拘束力。只有对判决赖以成立的事实所作的法律陈述才有拘束力。严格说来，其他一切法律陈述都是多余的，它们称为判决附论。判决附论有两类：第一类是基于未经查实的或虽经查实但未证实为实质性事实的法律陈述。第二类判决附论是虽基于责任的事实但不构成判决的基础的法律陈述。在某些讼案中，法院作出一个判决，并进而陈述一个比判决要求适用的更为广泛的法律原则。在这种情况下，只有适用于法院审理的案件的客观事实的法律陈述才是判决理由，体现于该陈述中的更为广泛的原则是附论。① 正是通过先例区别，使遵从先例原则得以贯彻。因此，在英美法系国家，一个人如果不掌握区别技术是根本无法从事司法实际工作的。事实上，在判例中所包含的判决理由以及由此引申出来的法律原则在英美国家起着法的作用，只有通过判例才能掌握这些法律原则。因此，在英美判例法国家的法学教育中实行判例教学法是理所必然的。而在大陆体系国家，虽然存在判例，但判例并不像在英美法系国家那样具有法律拘束力，这种判例只有与一定的法律规范联系在一起才能产生作用。因此，大陆法系国家的判例只能起到解释法律的作用，不能单独成为判案的法律根据。在这种情况下，在大陆法系国家的法学教育中，只能通过系统地讲授法理来阐明法律规范的内容，法条与蕴涵在法条之中的法理才是法学教育的主要内容，而判例只对理解法条有一定作用。这也正是在大陆法系国家不可完全采用英美法系国家的判例教学法的根本原因。我国有学者曾经对法学教育与法律传统之间的关系作了考察，指出：

　　法律教育和法律传统之间互相发生影响。在欧洲大陆法系传统国家，
　　法律教育方式一般较理性化和正规化，这是法律教育的主要特色，由此而

---

① 参见［英］R.J. 沃克：《英国法渊源》，夏勇、夏道虎译，157～160 页，重庆，西南政法学院，1980。

带来的是法律规范结构的相对固定化，从而影响了法律的变化和发展。与此相反，在英美普通法系国家，法律教育（确切地说，应该称为法律工作者的职业训练）中的"投师见习制"（或"师徒制"），以及普遍采用的判例教学法，使法律教育带有浓重的行业主义、实用主义色彩。①

由此可见，英美法系国家采用判例教学法具有其法律制度与法律传统上的深刻根源。

四、判例教学法的中国前景

我国是一个基本上以成文法为主的国家，具有悠久的成文法的历史传统。在清末法律改革中，我国没有选择英美的判例法制度，而继受了欧洲大陆的成文法制度，并非是偶然的，而是有着深远的历史背景。在1949年新中国成立以后，我国又受到苏联的影响，而苏联当时虽然是一个社会主义国家，但从历史上来看其法律制度也属于大陆法系。新中国成立初期我国引入苏俄法制，有关立法工作也走上正轨。但在1957年以后由于受到当时法律虚无主义思想的影响，法制建设一度中断。及至1962年毛泽东针对当时法制建设的情况指出："不仅刑法，民法也需要，现在是无法无天。没有法律不行。刑法、民法一定要。不仅要制定法律，还要编案例。"在此，毛泽东将制定法律与编案例相提并论。响应毛泽东的号召，1962年12月最高人民法院颁发了《关于人民法院工作若干问题的决定》（以下简称《决定》），要求各级法院总结审判工作经验、选择案例，指导工作。《决定》指出：总结审判经验，是提高审判工作的一个重要方法，各级人民法院应当十分重视，在总结审判工作经验的基础上运用案例的形式指导审判工作，也是一种好的领导方法。《决定》对案件的选择等问题作了具体规定，一般要求按照下列条件选择案例：（1）有代表性，即各种类型案件中各种情况的典型案件，如性质容易混淆的案件，刑期难以掌握的案件，政策界限容易模糊的案件，在某种新情况下发生的特殊案件等；（2）判

---

① 刘作翔：《法律文化理论》，191页，北京，商务印书馆，1999。

决正确的案件，个别有教育意义的错案也可以选用；（3）判决书事实阐述清楚，理由阐明充分，论点确切，有示范作用的。《决定》还规定了案例的确立程序：选定案例的工作由最高人民法院和高级人民法院来做，中级人民法院和基层人民法院要积极提供材料和意见。高级人民法院在选用案例时，必须反复研究，经审判委员会讨论选定后，发给下级人民法院参考，同时上报最高人民法院备查。最高人民法院应当选定其中在全国范围内有典型意义的案例，报中央政法小组批准后，以最高人民法院审判委员会决议的形式，发给各级人民法院比照援用。应该说，上述文件的规定对于推动当时我国案例制度的发展起到了一定作用。但此后开始的"文化大革命"，使我国法制进程彻底中断，案例制度建设也无从谈起。

1979 年开始恢复法制，我国开展了大规模的法制重建工作，包括大量的法律出台。与此同时，1985 年《中华人民共和国最高人民法院公报》（简称《最高人民法院公报 》）创刊。在《最高人民法院公报》中开辟专栏刊登各种典型案例，这些案例虽然大多数不是最高人民法院直接审理的，但一般都是最高人民法院从各级人民法院的生效判决中精选出来的具有典型意义的判决。初期刊登的案例还往往有最高人民法院的按语，表明这些案例是经最高人民法院审判委员会讨论的，可供各级人民法院借鉴。从某种意义上说，这些案例具有判例的性质。此后，1999 年最高人民法院刑一庭开始出版业务研究和指导性刊物——《刑事审判参考》。这一出版物中刊登的主要是从全国各级人民法院审判的刑事案件中选择出来的在认定事实、证据和适用法律、司法解释定罪处刑等问题上具有研究价值，对刑事司法工作有指导意义的典型、疑难案例；并重点对裁判理由予以权威的阐释。[1] 应该说，这些案例对于司法适用具有重要的指导意义。

随着我国法治建设的发展，判例法在我国是否可行的问题越来越受到人们的重视。在这个问题上存在三种观点：第一种观点主张我国应采用判例法，第二种观点反对我国采用判例法，第三种观点认为我国不应采用判例法，但应实行判例制度，加强判例的作用。[2] 目前占主导的是上述第三种观点，我亦赞同这种观点。因为在我

---

① 参见最高人民法院编：《刑事审判参考》（合订本），第 1 卷，1 页，北京，法律出版社，2000。

② 参见何慧新：《刑法判例论》，103 页，北京，中国方正出版社，2001。

国以成文法典为基础的法制框架下，不可能像英美法系国家那样实行判例法。目前存在这样一种观点，即认为正在出现两大法系相互融合的趋势：在英美法系国家出现了大量的成文法，在大陆法系国家也更加重视判例的作用。我认为，这种说法在一般意义上说是正确的。但我们绝不能发生这样的误解，即认为成文法与判例法是可以在一个国家中并行不悖的。其实，大陆法系的成文法与英美法系的判例法在法律逻辑上是完全不同的。在英美法系国家，的确出现了越来越多的制定法，如在刑法领域，美国许多州都有自己的刑法典。就此而言，其与大陆法系国家在形式上并无不同。但法条在两大法系国家的意义是完全不同的。在大陆法系国家，法条是法官判案的直接根据，在刑事法领域，法条就是定罪量刑的根据；而在英美法系国家，尽管存在法条，但法条并不能直接成为法官判案的根据，它只有与一定的判例结合起来才能产生法律的拘束力。同样，在以法条作为法官判案的直接根据的大陆法系国家，判例不可能具有法律拘束力，不可能与法律并列为法源。事实上，判例只能在法律规定的范围内，对法律适用起到一种示范作用，这种示范作用相当于对法律的一种解释。

我国正在建立的案例指导制度，既不同于英美法系的判例法，也不同于大陆法系的判例制度。对此，我国学者指出：

> 正式意义上的"案例指导制度"在两大法系中均不存在，是我国司法实践特定历史阶段的产物。由于"判例"的含义可以从不同的角度进行理解，容易导致在司法实践中造成误解，加上我国宪法规定的人民代表大会制度是我国的基本政治制度，像英美法系国家中的判例法与我国的基本政治制度不符，使用"判例"或"判例法"等易产生歧义，所以选择"案例指导制度"，此称符合我国现实国情。这一称谓也表明，案例指导制度是一个审慎而折中的制度选择。它既表达了我们所欲实行的是一种"案例"指导制度，而不是"判例"约束制度，案例指导制度与判例法有着本质区别，同时也表明指导性案例同大量的普通案例有所不同，它的不同就是指导价值。在指导性案例制度中，"指导"是一个含义非常丰富的术语，具有参考、参照、示范、指引、启发、规范、监督等多重含义，需要我们全

面理解和把握。①

案例指导制度中的案例，是所谓指导性案例，以区别于一般案例。但所谓指导性案例，实际上就只相当于判例，还不如称判例更为简单明了。至于说"判例"一词容易和英美法系的判例法混淆，这种担心也是没有必要的，因为在实行成文法的大陆法系国家同样存在判例制度，根本就不存在与判例法混淆的问题。而且，"指导"一词虽然内涵丰富，但并非严格的法律术语，其法律性质不明，不如法律拘束力等用语规范。我认为，案例指导制度作为判例制度的雏形是可行的，但最终必然要向判例制度过渡。

我国法学教育秉承了大陆法系的传统，是以理论讲授为主的，通过法学理论的传授，使学生理解与掌握相关的法律知识。虽然在课堂讲授过程中可能会结合法学原理阐述讲解个别案例，或者在一个单元的授课任务完成以后，组织课堂讨论，进行案例分析，但案例分析从来不是法学教育的主要手段，而是一种加深对法学知识理解与熟悉的辅助手段。在这种情况下，我国有学者提出，应当在继续注重理论教育的同时，采用法律实践性教育方法和手段，引入案例教学法，以改变法律教育呆板、陈旧、僵化之状况，给法学教育增添活力，使法律专业的学生能适应社会之需要。② 事实上，我国各政法院校也始终在为法学教育方法的改革而努力，尤其在近年来我国大量地招收法律硕士的情况下更是如此。法律硕士培养目标是应用型人才，因而判例教学法作为一种法学教育方法更是受到人们的重视。我认为，在我国目前的法律制度下，判例教学法不可能取代法教义学方法而成为法学教育的主要方法，它只能是一种辅助性的法学教育方法。

判例教学法在我国之所以只能是一种辅助性的法学教育方法，主要有以下两个原因：第一，我国是一个成文法国家，判例只在司法活动起到指导作用的法制现状决定了判例法不可能成为法学教育的主要方法。尽管目前我国法学界都在呼吁加强判例在我国法制中的作用，但成文法典仍然是我国唯一的法源。因此，在法学教育

---

① 胡云腾、于同志：《案例指导制度若干重大疑难争议问题研究》，载《法学研究》，2008（6），7页。
② 参见刘作翔：《法学教育应当实行案例教学法》，载《中国法制报》，1986-04-07。

中，学生还是要通过学习法条来掌握法律专业的知识，而不可能抛开法律通过判例学习法律。尤其是我国目前虽然进行了司法文书的改革，判决书中更强调裁判理由，但从总体上来说，我国法官的素质还不够高，判决书说理也还不够，因而判例教学法所需要的判例并不能完全满足教学的要求。因而，目前实行判例教学法的条件并不具备。第二，我国的法学形态是以理论为主的，尤其是我国法学除继承了中国古代律学传统以外，还深受罗马法基础上积累起来的大陆法系的法学理论的影响，因此注重对法律的注释，由此形成源远流长的以法条为中心的注释法学与概念法学传统。这种法学形态也必然对法学教育方法产生重大影响。因为从事法学研究的人绝大部分是在各政法院校从事法学教育的人，他们在法学教育中也往往把本人的法学研究成果传授给学生。我国古代虽然在律学以外还有例学，但目前我国对于判例的研究是十分薄弱的。例如，我国目前案例与判例两个词还经常混用，在我国司法实践中，更为通用的是案例，判例则只有在介绍英美法系的判例法的时候使用。实际上，案例与判例是有区别的。我国有学者指出：

> 判例一词表示以某一判决作为审理同类案件的前例，而案例一词则表示以某个案件作为处理同类案件的前例。作为法学研究的对象来说，人们注意的不仅是案件事实，而是法院的具有典型性的判决，包括作出判决者对案件事实如何陈述和分析，如何在这种事实的基础上适用法律，进行推理，提出什么论据，最终作出什么判决，等等。只有这样的判例才能对同类案件的处理具有参考价值，甚至前例。[①]

因此，我们只有完成从案例研究到判例研究的转变，才能为采用判例教学法提供理论资源。

虽然判例教学法不能成为我国法学教育的主要方法，但我们仍然应当注重判例教学法的作用，至少它可以成为一种辅助性的法学教育方法。目前在我国的法学教育中，案例教学的辅助作用表现在以下两个方面：一是以案说法，即以案例例证法律，以剖析某一个案例为契机，条分缕析地介绍某一方面系统的法律规范和法律知

---

① 沈宗灵：《比较法总论》，465～466页，北京，北京大学出版社，1987。

识，使学生能够触类旁通，掌握全面的法律知识。在这种情况下，案例只是一种对法律规定的示范与说明，因此其中对案情的叙述是十分简单的。例如，在刑法中规定了四百多个罪名，对某些常见的罪名列举一些案例加以示范，使学生对这些罪名有一种直观的了解，这就是以案说法的功能。二是以法说案。这里的案例往往是疑难复杂的案例，存在各种争议。在这种情况下，运用法律知识去解析这些疑难案件，就其处理得出正确的结论。通过这种方法，使学生掌握运用法律解决疑难问题的能力。应该说，这两种方法与判例教学法还是有所不同的，判例教学法不能等同于案例教学法。在判例教学法中，更加应当关注的是裁判理由，对裁判理由加以法理分析，使学生掌握更为生动的法律知识。这才是判例教学法所要达到的目标。

第1章

刑法解释

第1节　组织男性从事同性性交易行为之定性研究

案名：李宁组织卖淫案

主题：客观解释论　主观解释论　解释方法

我国刑法中有组织卖淫罪之规定，按照通常理解，这里的卖淫是指女性向男性出卖肉体。但在现实生活中，同性之间进行性交易的现象时有发生，那么，组织男性从事同性性交易的行为是否构成组织卖淫罪呢？李宁组织卖淫案（以下简称"李宁案"）①的审理过程凸显关于这个问题的争议，该案在媒体上被披露以后，更是引起社会的广泛关注。本节试图通过对李宁案的分析，阐明刑法解释的立场与方法以及在罪刑法定原则下刑法解释的限度问题。

---

① 本案刊载于最高人民法院编：《刑事审判参考》，第 38 集，北京，法律出版社，2004。

一、案情及诉讼过程

2003年1月至8月，被告人李宁为营利，先后与刘某、冷某等人预谋后，采取张贴广告、登报的方式招聘男青年做"公关人员"，并制定了《公关人员管理制度》（以下简称《管理制度》）。《管理制度》规定："公关人员"台费每次80元，包间费每人50元（由客人付），包房过夜费每人100元；最低出场费每人200元，客人将"公关人员"带离工作场地超过30分钟，"公关人员"可索要出场费并交纳80元；客人投诉某一"公关人员"超过3次，除对该人员罚款外，还立即除名；"公关人员"上岗前需交纳管理费200元和身份证原件，上岗后需交纳押金300元；符合管理规定，离店时押金全部退还；离店需提前15天书面申请，否则不退押金；"公关人员"上岗前须经检查、培训，服务前自备用具；必须服从领导，外出30分钟必须向经理请假，经理或管理人员同意后方可外出，违者罚款80元；出场后，次日下午2：00前必须报到，每天下午2：00、晚7：30、夜3：00点名，点名不到罚款80元，等等。李宁指使刘某、冷某对"公关先生"进行管理，并在其经营的3间酒吧内将多名"公关先生"多次介绍给男性顾客，由男性顾客将"公关人员"带到××大酒店等处从事同性卖淫活动。

被告人李宁辩称，其行为不构成犯罪。其辩护人提出：刑法及相关司法解释对于同性之间的性交易是否构成卖淫未作明文规定，而根据有关辞典的解释，卖淫是指妇女出卖肉体的行为。因此，组织男性从事卖淫活动的，不属于组织卖淫，不危害社会公共秩序和良好风尚；依照罪刑法定原则，李宁的行为不构成犯罪。

江苏省南京市秦淮区人民法院认为：被告人李宁以营利为目的，招募、控制多人从事卖淫活动，其行为已构成组织卖淫罪，依法应予严惩。被告人李宁关于其行为不构成犯罪的辩解，其辩护人关于卖淫不包括男性之间的性交易的辩护意见不能成立。根据我国刑法规定，组织卖淫罪是指以招募、雇佣、引诱、容留等手段，控制、管理多人从事卖淫的行为；组织他人卖淫中的他人，主要是指女性，也包括男性。被告人李宁以营利为目的，组织"公关人员"从事金钱与性的交易活动，虽然该交易在同性之间进行，但该行为亦为卖淫行为，亦妨害了社会治安管理秩序，破坏了良好的社会风尚，故李宁的行为符合组织卖淫罪的构成条件。据此，依照《中华人民共和国刑法》第358条、第64条之规定，于2004年2月17日判决如下：（1）被告人李宁犯组织卖淫罪，判处有期徒刑8年，罚金人民币6万元。（2）被告人李宁违法所得1 500元予以追缴。

一审判决后，被告人李宁不服，以组织同性卖淫不构成犯罪、量刑过重为由，提出上诉。

江苏省南京市中级人民法院经审理认为：原审判决认定上诉人李宁的犯罪事实清楚，证据确实、充分，适用法律正确，审判程序合法，应予维持。上诉人李宁所提上诉理由不能成立。据此，依照《中华人民共和国刑事诉讼法》（1996年修正——引者注）第189条第（1）项之规定，于2004年4月30日裁定如下：驳回上诉，维持原判。

二、争议问题及裁判理由

李宁案发生以后，其处理过程并不顺畅。根据有关媒体的报道①，2003年8月17日，李宁等人归案。警方根据李宁等人的口供，以及掌握的其他证据，以涉嫌组织卖淫罪、协助组织卖淫罪，将李宁等人刑事拘留，随后向检察机关提请批捕。警方向检察机关提请批捕后，对案件如何定性出现了争议。江苏省南京市秦淮区人民检察院经过再三研究，最终认定刑法对组织同性卖淫行为没有明确界定，按照"法无明文规定不为罪"的刑法原则，李宁等人的行为并不构成组织卖淫罪，李宁

---

① 参见李飞等：《定性一波三折，凸显法律盲点》，载《人民法院报》，2004-02-07，4版。

等人应当"无罪释放"。此前，鉴于此类案件的特殊性，四川省成都市人民检察院曾拒绝受理同性恋卖淫案件。由于李宁案这类案件比较少见，警方为慎重起见，特地请教了南京市一些法律界人士。南京大学法学院刑法学教授、江苏省刑事辩护委员会主任孙国祥和南京市律师协会副会长薛济民律师都认为，刑法第358条规定的组织他人卖淫行为中的他人并没有特指女人，就应该理解为包括男人。因此，李宁案应按有罪论处。同时，警方还找出了全国其他城市的类似判例。检察院认为，上海等地对类似案件作出的有罪判决，并没有请示立法机关或相关上级司法机关，因此不具有借鉴性和参照性。此外，法律界人士的观点属于学理解释，也不宜引用。所以，李宁等人应被无罪释放。之后，检察院作出不批捕决定。按法律规定，李宁等人必须在最长刑事拘留时间30天之内获释，否则就是超期羁押。不得已，警方按法律规定，在向检察院申请复议的同时，将李宁等人释放。复议的最终结果是，检察院维持原来的意见。鉴于这起案件的特殊性，检察院、警方将案件向上级部门做了汇报。在江苏省政法委的协调下，江苏省级政法部门召开了案件研讨会。江苏省政法委有关负责人认为，李宁等人的行为已造成较为严重的社会危害，符合犯罪的基本特征，会议决定立刻由江苏省高级人民法院向最高人民法院请示。最高人民法院接到请示后随即向全国人大常委会做了汇报。2003年10月下旬，案件的特殊性引起了全国人大常委会的关注，人大常委会下属专业委员会听取案件汇报后，作出口头答复：组织男青年向同性卖淫，比照组织卖淫罪定罪量刑。由此可见，本案的最终定性经历了一个曲折的演变过程。本案争议的核心问题在于：组织男性从事同性之间性交易活动的，是否构成组织卖淫罪？而这个问题，又直接与卖淫一词的界定相关。法院将李宁组织男性从事同性之间性交易活动的行为认定为组织卖淫罪的裁判理由如下：

> 组织卖淫罪，是指组织他人卖淫的行为。所谓组织，根据1992年12月11日最高人民法院、最高人民检察院《关于执行〈全国人民代表大会常务委员会关于严禁卖淫嫖娼的决定〉的若干问题的解答》（以下简称《解答》）第2条的规定，是指以招募、雇佣、强迫、引诱、容留手段，控制多人从事卖淫的行为。所谓他人，从有关卖淫嫖娼犯罪的立法沿革不难

看出，应当是既包括女性，也包括男性。但是，何谓卖淫？对此，刑法本身及相关立法、司法解释均未作出明确界定。

本案中，被告人李宁的行为从其方式、对象看，显然符合组织卖淫罪的特征。具体而言：（1）李宁通过张贴广告、登报的方式招聘多名男青年作"公关人员"，并为他们制定了严格的《管理制度》进行约束。从《管理制度》的内容看，这些所谓"公关人员"的活动均由李宁及其同伙刘某、冷某等人安排、布置、调度，亦即均在李宁等人的控制之下。由此可见，李宁的行为明显属于组织行为。（2）李宁组织的虽是男性"公关人员"，但如前所述，组织卖淫罪的对象也可以是男性。因此，从对象上看，李宁的行为也符合组织卖淫罪的特征。但是，李宁组织下的男性"公关人员"所从事的活动是否属于、能否认定为卖淫呢？这是本案争执的焦点。在此问题上，辩方给出了否定的回答。其主要理由是，根据有关辞典的解释，卖淫是指妇女出卖肉体的行为，而涉案男性"公关人员"所从事的活动不符合这一特点；李宁的行为不构成组织卖淫罪。但控方及审判机关则作出了肯定的回答。他们认为，同性之间的金钱与性的交易活动，也属于卖淫的一种；对被告人李宁应当以组织卖淫罪论处。

我们赞同本案两审法院的意见。我们认为，卖淫，就其常态而言，虽是指女性以营利为目的，与不特定男性从事性交易的行为；但随着立法的变迁，对男性以营利为目的，与不特定女性从事性交易的行为，也应认定为卖淫；而随着时代的发展、社会生活状况的变化，卖淫的外延还可以、也应当进一步扩大，亦即还应当包括以营利为目的，与不特定同性从事性交易的行为（为论述方便，以下简称此种卖淫行为为同性卖淫）。对卖淫作如上界定，并不违背刑法解释原理和罪刑法定原则，相反，是刑法立法精神的当然要求，主要理由是：

（一）如上所述，至今，刑法本身及相关立法、司法解释均未曾对刑法中卖淫一词的内涵作出过明确界定，均未曾明确限定卖淫仅限于异性之间的性交易行为。鉴此，认为卖淫也包括同性卖淫，并不与现行立法和有效刑法解释相抵触；或者说，至少在形式上并不违背罪刑法定原则。

（二）由于种种原因，辞典，尤其是非专业性辞典对某一刑法用语的解释，往往与我们对该刑法用语所作的规范解释不尽一致，有的甚至与刑法本身规定相冲突。例如，根据有关辞典的解释，卖淫是指妇女出卖肉体，而如上所述，在《关于严禁卖淫嫖娼的决定》作出后，刑法中的卖淫已明显不只限于妇女出卖肉体，也包括男性出卖肉体。再如，根据有关辞典的解释，抢劫是指以暴力把别人的东西夺过来，据为己有，这一解释，不仅明显与刑法第263条关于抢劫是以暴力、胁迫或者其他方法强行劫取公私财物的规定不尽一致，同时也模糊了抢劫与抢夺之间的界限。等等。此种状况表明，辞典对刑法用语的解释不能成为我们办理具体案件的法律依据；不能以辞典的解释取代我们对刑法用语的规范解释；对刑法用语作出不同于辞典解释的专业解释并不必然违背罪刑法定原则，相反，在有些场合下，是坚持罪刑法定原则的当然要求。

（三）我们认为，刑法所规定的卖淫的本质特征在于，其是以营利为目的，向不特定的人出卖肉体的行为。至于行为人的性别是男是女，以及其对象是异性还是同性，均不是判断、决定行为人的行为是否构成卖淫所要考察的因素。之所以这样理解，是因为无论是女性卖淫还是男性卖淫，无论是异性卖淫还是同性卖淫，均违反了基本伦理道德规范，毒害了社会风气，败坏了社会良好风尚。从此角度看，将同性卖淫归入卖淫范畴，以组织卖淫罪追究组织同性卖淫的行为人的刑事责任，并不违背而是完全符合刑法有关卖淫嫖娼犯罪规定的立法精神。

（四）根据刑法解释原理，对刑法用语，应当适应社会发展，结合现实语境，作出符合同时代一般社会观念和刑法精神的解释。这并不违背罪刑法定原则，相反是贯彻罪刑法定的当然要求。因为：其一，一个词的通常的意义是在逐渐发展的，在事实的不断再现中形成的；法律制定以后，其所使用的文字还会不断产生新的含义；任何一种解释如果试图用最终的、权威性的解释取代基本文本的开放性，都会过早地吞噬文本的生命；

在解释刑法时，必须正视刑法文本的开放性，适应社会生活事实的发展变化科学界定法律用语的准确含义，不能将熟悉与必须相混淆，否则便会人为窒息刑法的生命，使刑法惩治犯罪、保护法益的功能无法有效实现。其二，坚持罪刑法定原则不仅要求做到法无明文规定不为罪，法无明文规定不处罚，也要求做到法有明文规定应为罪、法有明文规定应处罚；同时，将罪刑法定原则中的法无明文规定曲解为法无明确规定是教条的、错误的，在有的场合下，甚至可以说在很多场合下，即使刑法本身及有权刑法解释对某些行为（实质是某些刑法用语）未作出明确、具体的规定，但若能在准确把握刑法精神、科学运用刑法解释原理的前提下，将该行为解释进刑法的明文规定之中，则对该行为进行定罪处罚就并不违反罪刑法定原则，相反，恰恰是贯彻罪刑法定原则的当然要求。据此，结合目前社会生活事实的发展变化——已出现同性卖淫行为；现时代一般社会观念对男性之间以营利为目的的性交易行为的认识——人们已习惯用同性卖淫来指称这种现象；以及刑法精神——禁止任何有伤风化的淫媒行为，以组织卖淫罪追究本案被告人李宁的刑事责任，是符合罪刑法定原则的。

三、刑法解释的立场探究

李宁案能否定罪的关键是如何解释卖淫一词，裁判理由赞同两级法院对卖淫一词的解释，指出："对刑法用语，应当适应社会发展，结合现实语境，作出符合同时代一般社会观念和刑法精神的解释。这并不违背罪刑法定原则，相反是贯彻罪刑法定的当然要求。"这一阐述涉及刑法解释与罪刑法定原则的关系以及作者在刑法解释论上的立场，对此有必要加以适当分析。

刑法解释与罪刑法定原则的关系，确实是一个十分重要且又微妙的问题。从历史上看，罪刑法定原则的首倡者恰恰都是以反对刑法解释而著称的，由此表明其站在刑法解释与罪刑法定相对立的立场。例如，孟德斯鸠指出：

在共和国里，政制的性质要求法官以法律的文字为依据；否则在有关一个公民的财产、荣誉或生命的案件中，就有可能对法律作有害于该公民的解释了。[①]

根据孟德斯鸠的观点，法律是不经解释就可以直接适用的，解释会有损法律的原意。而贝卡里亚更是从罪刑法定原则出发得出结论：刑事法官根本就没有解释刑事法律的权利，因为他们不是立法者。贝卡里亚深入地阐述了否定法官的法律解释权的理由，指出：

> "法律的精神需要探询"，再没有比这更危险的公理了。采纳这一公理，等于放弃了堤坝，让位给汹涌的歧见。在我看来，这个道理已被证实。而在凡人看来却似乎是奇谈怪论，他们往往只感触到眼前的一些小麻烦，却察觉不出在一个国家已根深蒂固的荒谬原则所产生的致命而深远的结果。我们的知识和我们的观念是相互联系的，知识愈是复杂，观点的差距也愈大。每个人都有自己的观点，在不同的时间里，会从不同的角度看待事物。因而，法律的精神可能会取决于一个法官的逻辑推理是否良好，对法律的领会如何；取决于他感情的冲动；取决于被告人的软弱程度；取决于法官与被侵害者间的关系；取决于一切足以使事物的面目在人们波动的心中改变的、细微的因素。所以，我们可以看到，公民的命运经常因法庭的更换而变化。不幸者的生活和自由成了荒谬推理的牺牲品，或者成了某个法官情绪冲动的牺牲品。因为法官把从自己头脑中一系列混杂概念中得出的谬误结论奉为合法的解释。我们还可以看到，相同的罪行在同一法庭上，由于时间不同而受到不同的惩罚。原因是人们得到的不是持久稳定的而是飘忽不定的法律解释。[②]

这种法律不经解释即可直接适用的观点，是以存在一部明确而完备的刑法典为前提的，即一切事宜均已在刑法典中明白无误地加以规定。在这种情况下，刑法当然不经解释即可直接适用，解释反而添乱。但是，这一前提是根本不存在的。就像

---

①　[法] 孟德斯鸠：《论法的精神》，上册，张雁深译，76 页，北京，商务印书馆，1961。

②　[意] 贝卡里亚：《论犯罪与刑罚》，黄风译，12～13 页，北京，中国大百科全书出版社，1993。

本案中涉及的卖淫这一概念，在法律规定上不可谓不明确，但一旦涉及具体案件，就会出现卖淫是否包括同性之间的性交易这样一些疑难问题，而刑法解释就是以解决这些疑难问题为使命的。美国学者梅利曼曾经对大陆法系把否定法律解释的观点称为法规自动适用理论，指出：这种理论认为，立法机关制定的法规非常清楚，以至于它的适用成了一个自动实现的过程。然而，当这种理论面对现实时便不攻自破。自从革命（指法国大革命——引者注）时代以来，大陆法系法院在审判案件中总是以成文法规的表述作为判决的根据。这些法规常常被基层法院诉请修改或解释，上诉法院撤销原审判决的情况也很普遍。一个典型的法典中，几乎没有一个条款不需要作司法解释，因为它的意思不仅当事人及其代理人无法理解，有时就连法官自己也难定其义。[①] 由此可见，刑法解释本身对于法律适用来说是不可或缺的。

那么，刑法解释是否与罪刑法定原则相抵触呢？我认为，随着从绝对罪刑法定向相对罪刑法定的转变，正如罪刑法定并不绝对排斥法官的自由裁量一样，罪刑法定也并非绝对地与刑法解释不相容。关键在于：刑法应当受到罪刑法定的严格限制，例如不能进行类推解释等，否则就会违反罪刑法定原则。因此，刑法解释与民法解释或者其他法律解释在性质上还是有区别的，出于法律性质的考虑，刑法解释更应当受到法律文本的约束，这就是刑法应当严格解释的基本法理。例如，《法国刑法典》第 111—4 条明确规定了“刑法应当严格解释之”。刑法严格解释是罪刑法定原则的一个直接必然的结果。刑法之所以应当严格解释，是因为要防止法官以解释之名，在法律之外增加并专断地惩处立法者并未明文规定的行为，从而实现人权保障的刑法机能。当然，刑法应当严格解释，主要是指对不利于被告的解释应当加以限制，对有利于被告的解释则是不加限制的。关键问题在于：如何理解对不利于被告的解释应当加以限制？例如，在李宁案中，将同性之间的性交易解释为卖淫，当然是不利于被告人的。被告人的辩护人指出：刑法及相关司法解释对同性之间的性交易是否构成卖淫未作明文规定，依照罪刑法定原则，李宁的行为不构成犯罪。

---

① 参见 [美] 约翰·亨利·梅利曼：《大陆法系》，2 版，顾培东等译，42～43 页，北京，法律出版社，2004。

有关媒体上的舆论也有观点认为，对组织男青年向同性卖淫的行为比照组织卖淫罪定罪量刑是一种类推定罪，法院的判决在司法中再次开启了类推定罪的先例，是有悖于罪刑法定原则的。[①] 我不赞同上述观点。当然，比照组织卖淫罪定罪量刑的表述本身是有问题的，容易引起误解。因为，比照是类推的习惯用语。同性之间性交易是包含在卖淫含义之中的，而不是比照的问题。因此，刑法的严格解释并不意味着不能作出不利于被告人的解释，只要是法律规定本身能够容纳的，完全可以作出不利于被告人的解释。对此，法国学者指出：

> 刑法"严格解释规则"并不强制刑事法官仅限于对立法者有规定的各种可能的情形适用刑法。只要所发生的情形属于法定形式范围之内，法官均可将立法者有规定的情形扩张至法律并无规定的情形。例如，1810 年，《刑法典》在规定对盗窃罪进行惩处时，并未就"在电表上作假"进行偷电的行为作出规定，也未对直接与电力公司的输电网进行搭接连线进行"偷电"的行为作出规定。但是，判例并没有因此而对采取这些方法窃电的人不适用《刑法典》第 379 条的规定，并且法院认为"电是一种可以占有的动产物品"[②]。

当然，在理解上述论述时，对"法官均可将立法者有规定的情形扩张至法律并无规定的情形"这句话可能引起误解，即如何理解这里的"有规定"与"无规定"？我认为，对法律之有规定与无规定不能作机械的理解。刑法没有规定偷电是犯罪，从这个意义上说偷电似乎是法律没有规定，但将电解释为财物，从而将偷电行为涵括在盗窃之中以盗窃罪论处，在这种情况下，偷电就是法律有规定的，这种法律规定是通过刑法解释而得以彰显的。从表面上看，这好像是通过刑法解释使法律没有规定而变成法律有规定，但实际上，在法律解释之前，某一含义在逻辑上已经或者可能被某一概念所涵括，只是受到某种遮蔽而已。通过刑法解释，此种含义得以明

---

① 参见王兆京：《"类推定罪"借同性卖淫案"复活"？》，载《南方周末》，2004 - 02 - 26，6 版。

② ［法］卡斯东·斯特法尼等：《法国刑法总论精义》，罗结珍译，143 页，北京，中国政法大学出版社，1998。

确。因此，刑法解释并不能把法律文本所没有的东西加诸其中，而只能把法律文本所隐含的东西彰显。

刑法解释中包含一个方法论的问题，即站在何种立场上解释法律。对此，存在主观解释论与客观解释论之争议：

> 主观解释论认为，法律是立法者为社会一般人设计的行为规范，表达了立法者希望或不希望、允许或不允许人们从事什么样的行为的主观愿望。因而法律应该具有明确性。就刑法而言，刑法应以成文法的形式明确规定什么行为是犯罪以及应受何种和何种程度的刑罚处罚。依据法律规定的行为规范，人们就可以在社会生活中设计自己的行为方式，预见到自己行为的法律后果。法律的明确性同时促使法官严格依法办案，在法律规定的权限范围行使权力，禁止法官滥用职权，侵犯公民的合法权利，即使犯罪人也不应受到不应有的惩罚。法律的安全价值由此得到保障。因此，任何对法律的解释都是对立法者在立法时表达的立法原意的理解，亦即找出立法原意。由于这种法律解释的主张以立法原意为认识目标，企图达到立法者的主观状况，因而被称为法律解释上的主观解释理论。①

主观解释论之所谓主观，是指法律解释对象是主观的，即通过法律文本所体现出来的立法者的旨意。所谓法律解释就是探寻立法者的旨意。一般认为主观解释论的根据主要在于：（1）立法行为是立法者的意思行为，立法者透过立法来表示他们的看法和企图。借助于法律表明他们追求的社会目的，这些目的在法律解释中应表现出来。（2）立法者的意思是一种可以借助立法文献加以感知的历史的事实。只要每一个人取向于这种能历史地被探知的意旨，执法机关的裁判或决定便不会捉摸不定，执法机关应依法律裁判或决定，而法律只能由立法机关来制定。因此，立法者的意思，在法律的适用上应为决定性的因素，从而法律解释即应以探求立法者的意思为目标。②

> 客观解释论认为，法律是社会的产物，法律解释必须符合实际的社会

---

① 王平：《论我国刑法解释的有效性》，载《法律科学》，1994（2），30 页。
② 参见黄茂荣：《法学方法与现代民法》，265～266 页，北京，中国政法大学出版社，2001。

生活。因此，所谓客观在词义上是指客观的社会需要，以此对应于主观解释理论主张的立法者的主观状况。客观解释论者指出，法律并非死文字，而是具有生命的、随时空因素的变化而变化的行为规范。立法者一旦颁布了法律，法律便随着时间的变化而逐渐地并越来越远地脱离立法而独立自主地生存下去，并逐渐地失去了立法者赋予它的某些性质，获得了另外一些性质。法律只有在适应新的社会需要的情况下才能保持活力。激进的客观解释论者认为所谓立法意图只是一个纯属虚构的概念。从否定立法意图开始，法官对法律的解释逐渐演变成在法律解释的名义下对法律的创造，即法官造法。①

客观解释论之所谓客观，是指法律解释对象是客观的，即通过法律文本所表现出来的法律蕴涵本身。这种法律蕴涵是立法者想要表达的但并不以立法者的意志为转移，法律一经颁布，法律蕴涵就已经独立于立法者。因此，客观解释论的根据在于：（1）法律自从颁布时起，即与立法者脱离关系。法律思想也在那时确定下来。因此，裁判应在法律内，而不是法律外找依据。法律规范经常是从同时或先后颁布之不同的法律章节、条款摘取或归纳出来。这个事实也说明了法律与立法者（的意思）并非一体这一事实。（2）依据客观解释论的立场去做，可以提高法的安定性。法的安定性的保障，以文义解释为必要。当初法律就是由于习惯法的不确定性而被颁布。如果法律解释以立法者的意思为基准，那么人们势必再求助于那一堆一般人接触不到的庞杂、烦琐的立法资料。从而，事实上，受法律规范的人，将无法认知法律的所在。法律必须以那人人得认知的意旨为意旨，盖人民因法律而负义务，同时也依法形成自己的法律关系。除此而外，人民在这种情况下，也较容易对治权加以控制。② 在上述观点中，激进的客观解释论显然有悖于解释一词的原意，从而混淆了立法与司法的界限。在此，有必要对解释一词加以科学界定。解释一词，字面含义是指分析说明。在解释学（Hermeneutics，又译为释义学）中，解释（Hermes）来自一个希腊神话。古希腊神话中赫尔墨斯（Hermes）是专司向人传递诸神

---

① 王平：《论我国刑法解释的有效性》，载《法律科学》，1994（2），31 页。
② 参见黄茂荣：《法学方法与现代民法》，268 页，北京，中国政法大学出版社，2001。

信息的信使。他不仅向人们宣布神的信息，而且担任了一个解释者的角色，对神谕加以一番注释和阐发，使诸神的意旨变得可知而有意义。因此，解释主要是指在阿波罗神庙中对神谕的解说，由此衍生出两个基本的意思：（1）使隐藏的东西显现出来；（2）使不清楚的东西变得清楚。由此可见，解释不同于创作，而颇类似于翻译，它是以一定的客体（往往是文本）为前提的，是在对文本所包含的意义的理解基础上的阐发。创作虽然要有所本，但其所本的客体并非一定的文本，而是直接面对社会生活的一种精神性创造。立法，根据马克思的说法，是将一定的客观规律以法律条文的形式确认下来，虽然马克思在说明立法对客观规律的反映时使用过翻译一词，但这只是借喻而已。立法是否反映客观规律或者反映得好坏，是评价立法的一个客观标准，但立法者在立法的时候，有着充分的自由度；解释则有所不同，它受到文本的限制，不像立法那样是一种从无到有的确立，而是一种从隐到显的阐发。法律解释更是如此，它只是把已经或者应当包含在法律文本中的意义（可以称之为立法意蕴）阐发出来，因此，离开了法律文本的意义，像激进的客观解释论者所主张的那样，从根本上否认立法意图的存在，就已经不是在解释法律，而是在创制法律了。因此，只有从解释的特定含义出发，才能进一步阐发如何解释的问题。

应该说，主观解释论与客观解释论，两说均有其部分的真理，但亦有其不足。对此，德国学者进行了精辟的评价：

> 主观论的真理在于：法律与自然法则不同，它是由人类为人类所创造的，它表现立法者创造可能的——符合社会需要的——秩序的意志。法律背后隐含了参与立法之人的规定意向、其价值、追求，以及其对事物的考量。客观论的真理在于：法律一旦开始适用，就会发展出固有的实效性，其将逾越立法者当初的预期，法律介入——立法者当时不能全部预见的——多样而且不断变更的生活关系中，对一些立法者根本没有考虑到的问题，法律必须提供答案。一段时间以后，它渐渐地几乎发展出自己的生命，并因此远离原创者原本的想法。[①]

[①]　［德］卡尔·拉伦茨：《法学方法论》，陈爱娥译，198 页，北京，商务印书馆，2003。

因此，正确的解释方法，在这位德国学者看来，应当是各取主观解释论与客观解释论之所长，这实际上是一种折中解释论。因为，法律是原创者——企图创设完全或部分的法律规整之——意志的具体化，此中既有"主观的"想法及意志的目标，同时也包含"客观的"目标及事物必然的要求。如果想充分了解法律，就不能不同时兼顾两者。[①] 这种兼顾两者的态度其实就是一种折中的立场。当然，折中也并非完全地不偏不倚，或多或少地总有一定的倾向性：偏重于主观解释论或者偏重于客观解释论。

那么，我国在刑法解释上应当采用何种方法论呢？关于这个问题是存在不同观点的，换言之，同样存在主观解释论、客观解释论与折中解释论之争。[②] 在我看来，除绝对的自由解释论以外，主观解释论与客观解释论的分歧也许并没有我们想象的那么大。因此，较为现实的态度还是在两者之间寻找某种平衡。首先需要对立法原意本身作出正确的界定，即立法原意是指立法者制定法律时的意图还是法律文本中所蕴涵或者隐含的意图。就此而言，我们应当在后者而非前者的意义上理解立法原意。因此，我倾向于将立法原意改称立法意蕴，以免使人将立法原意误解为立法者主观上的意图。这样一种界定，使立法意蕴在一定程度上得以客观化，但又未脱离法律文本，因而也不与主观解释论的宗旨相背离。此外，客观解释论并不认为解释是没有限度的，明显的法律漏洞也是不能通过类推解释填补的。在李宁案的裁判理由中，作者还是强调刑法解释应当受到罪刑法定原则的限制，同时也阐明刑法解释应当适应社会发展，因而带有某种客观解释论的倾向性。对此，我是持肯定态度的。

四、刑法解释的方法分析

刑法解释存在各种方法，这些方法大体上可以分为：文义解释、体系解释、目

---

① 参见［德］卡尔·拉伦茨：《法学方法论》，陈爱娥译，199页，北京，商务印书馆，2003。

② 这些争论的观点综述，参见李国如：《罪刑法定原则视野中的刑法解释》，70页以下，北京，中国方正出版社，2001。

的解释、沿革解释等。在这些解释方法中，文义解释是一种最基本的解释方法。在李宁案中，对卖淫一词的解释，就属于文义解释的范畴。

文义解释是建立在词与物的对应关系的基础之上的。物是客观存在的，而词是对物的一种描述。法国学者福柯在《词与物——人文科学考古学》一书中，对词作了界定："词指定什么，这就是说，就其本性来讲，词是一个名词。它是一个专名，因为它总是指向一个特殊的表象，除此之外，它什么都不指。"① 因此，词总是与其所指称的物相对应的，是对该物的命名。正是这种词与物的对应性，才使词具有某种表意功能，使我们能够通过词来理解物。但是，词与物之间的这种对应性又不是绝对的，而是相对的。词是相对静止与停滞的，而物则是变动与发展的。在这种情况下，就会出现词与物之间的非对应性，甚至某些物已经不复存在而指称该物的词却依然保留，由此可以通过已经不存在与之相对应的物的词去进行考古，发现曾经存在过的物。例如，摩尔根正是通过易洛魁人对亲属的称谓与实际的家庭状况之间的脱节，揭示了这种称谓只不过是已经消失的某种家庭形式的遗留，由此发现一种更早期的家庭形式的存在。其指出：

> 家庭是一个能动的要素，它从来不是静止不动的，而是从较低级的形式进到较高级的形式。反之，亲属制度却是被动的；它把家庭经过一个长久时期所发生的进步记录下来，并且只有当家庭已经根本变化了的时候，它才发生根本的变化。②

当然，这种物亡词存的情形只是极少数的，更多的情形是词随着物的变动而演进的情形，这就是所谓语词的流变。卖淫一词就属于此种情形。《现代汉语词典》对卖淫的解释是，"旧社会妇女为生活或恶势力所迫而出卖肉体"③。这一解释给我们的印象是：卖淫这种现象是旧社会才有的（这里的旧社会是指 1949 年 10 月 1 日中华人民共和国成立以前），而在新社会卖淫现象已经被消灭，因此卖淫也就成为

---

① ［法］米歇尔·福柯：《词与物——人文科学考古学》，莫伟民译，130 页，上海，上海三联书店，2001。

② 转引自《马克思恩格斯选集》，3 版，第 4 卷，679 页，北京，人民出版社，2012。

③ 中国社会科学院语言研究所词典编辑室编：《现代汉语词典》，752 页，北京，商务印书馆，1978。

一个行将消亡的名词。此外，卖淫的内容是女性向男性出卖肉体，并且其动机是为生活所迫或被恶势力所迫。考虑到这一词典出版于 1978 年，当时我国确实不存在卖淫现象，该词只是对旧社会卖淫现象的一种描述，因而词典对卖淫一词的解释并无大错。在改革开放以后，我国卖淫现象死灰复燃。卖淫活动重新成为社会丑恶现象在我国出现的时间，最早是在 1979 年年底，以沿海开放城市和特区为甚。1983 年"严打"后，1984 年有所下降，1985 年起呈回升和逐步蔓延的趋势。此后，卖淫风从沿海刮到内地，从城市传到乡村，目前仍在继续发展中。[①] 而且，卖淫的形式也出现了变化，就是男性向女性卖淫现象以及同性之间卖淫现象的出现。正如我国学者指出：

> 传统的观念认为，卖淫是指女人自愿向男人性交而获取金钱的行为。然而，从当前卖淫嫖娼的情况来看，这一概念在很大程度上与现实存在着差距。主要表现在：（1）卖淫不再是只有女性才能实施的行为，在现实生活中，男性也与女性一样，向他人出卖自己的肉体供人为同性性行为或异性相淫行为，以赚取钱财。他们这种以肉体换取钱财的行为与女性以肉体换取钱财的行为，在本质上是完全一致的。（2）卖淫人员出卖肉体的对象不再仅仅是局限于男性。在传统观念和实践中，卖淫者是女性，女性出卖肉体的对象只能是男性。而今，卖淫人员不仅有女性而且也有男性，嫖客中不仅有男性而且同样也有女性。所以，出卖肉体的对象已不再仅限于男性，出现了女性嫖客。（3）卖淫人员把自己的肉体提供给他人不再仅以性交为内容。在传统的概念里，卖淫就是以男嫖客与女娼妓发生性交为内容的性与金钱之间的交易。而现在，有相当多的嫖客，尤其是男性嫖客与女性娼妓之间多不以性交为内容，他们只是想尝试口淫、鸡奸等等性交以外的满足性欲的行为。对于同性之间发生的卖淫嫖娼而言，性交不仅不是卖淫嫖娼活动的内容，也不可能是卖淫嫖娼活动的内容，他们只能实施同性

---

① 参见康树华主编：《犯罪学通论》，319 页，北京，北京大学出版社，1992。

之间的猥亵淫乱行为。①

在这种情况下，尽管法律采用了卖淫一词，但能够直接袭用上述在卖淫现象重现之前所编词典对卖淫的解释吗？显然不能。在此，需要考虑卖淫一词能否适应现实情况的发生。我国 1979 年刑法有关于强迫妇女卖淫罪、引诱、容留妇女卖淫罪的规定，由于在此明确地显示是"妇女卖淫"，因而这里的卖淫是指妇女向男子出卖肉体。当时出版的刑法教科书对卖淫作如是解释，也是完全正确的。但在 1991年全国人大常委会《关于严惩卖淫嫖娼的决定》颁布以后，将强迫妇女卖淫修改为强迫他人卖淫，1997 年刑法修订中吸纳了这一规定。这里的他人，既包括妇女，也包括男性。② 在这种情况下，卖淫的内涵已经从女性向男性出卖肉体扩大到包括男性向女性出卖肉体。由此可见，在法律规定修改以后，卖淫一词已经在内容上发生了变化。现在需要解决的问题是，卖淫能否包括同性之间的性交易？关于这种同性之间性交易行为，从国外立法例看，某些国家的刑法把男性从事以营利为目的的性交易行为规定为犯罪，例如，《奥地利刑法典》第 210 条规定："从事男性间以营利为目的的性猥亵行为，处二年以下自由刑。"③ 我国刑法无此规定，那么，是否可以通过法律解释将这种行为包含在卖淫一词之中呢？

值得注意的是，1995 年公安部《关于对以营利为目的的手淫、口淫等行为定性处理问题的批复》（公复字［1995］6 号，1995 年 8 月 10 日）中认为，"卖淫嫖娼是指不特定的男女之间以金钱、财物为媒介发生不正当性关系的行为"。该批复强调了发生性关系的男女的不特定性，且未限于男性给付金钱、财物，女性出卖肉体。这里的出卖肉体，一般认为是指性交。但 2001 年该批复被公安部《关于对同性之间以钱财为媒介的性行为定性处理问题的批复》（公复字［2001］4 号，2001年 2 月 28 日以下简称"2001 年批复"）所废止。2001 年批复认为，不特定的异性之间或者同性之间以金钱、财物为媒介发生不正当性关系的行为，包括口淫、手

---

① 欧阳涛主编：《当代中外性犯罪研究》，301～302 页，北京，社会科学文献出版社，1993。
② 参见胡康生、郎胜主编：《中华人民共和国刑法释义》，3 版，542 页，北京，法律出版社，2006。
③ 欧阳涛主编：《当代中外性犯罪研究》，301～302 页，北京，社会科学文献出版社，1993。

淫、鸡奸等行为，都属于卖淫嫖娼行为。在此，2001 年批复对性关系作了广义的解释，不限于异性之间的性交，而且包括与性有关的行为，例如手淫。从实际情况来看，其不仅包括手淫，其他各种满足他人性欲的具有猥亵性质的色情活动，都被包含在卖淫的概念当中。因此，在处理李宁案的时候，公安部的有关批复认为为同性提供性服务属于卖淫。问题在于，公安部的这一规定能否适用于卖淫嫖娼犯罪的认定。尤其是，上述公安部的规定没有区分性服务与色情服务，因此卖淫嫖娼的含义是相当宽泛的。例如，女性为男性提供手淫服务，即所谓"打飞机"，是否属于卖淫嫖娼，争议就极大。在处理治安案件过程中，这种行为是被认定为卖淫嫖娼的。但在对组织他人卖淫行为定罪的时候，各地法院的做法并不一致。有些地方法院根据 2001 年批复，将提供手淫服务的也认定为卖淫嫖娼，由此而把组织这种活动的行为认定为组织他人卖淫罪。但另外一些法院将提供手淫服务排除在组织他人卖淫罪的卖淫之外。

　　尽管公安部 2001 年批复对此作了规定，但在组织他人卖淫罪的认定中，能否将同性之间的性交易解释为卖淫，确实还是存在较大争议的。从刑法解释的角度来说，这里有一个是否存在解释余地的问题。申言之，同性性交易能够成为卖淫的"可能的字义"吗？基于对词物之间大致对应关系的认识，在语言学上提出了一种语言的核心/边缘理论。按照这种理论，每个语词都有个核心的含义，但语词的边界是含混的、富有弹性的，可以变化、延展的。为解决这个边界含混的问题，习惯的方法是强调定义，通过定义将语词的边界界定清楚。[1] 这种语词的边界应该就是语词的"可能的字义"。德国学者在论及语词的"可能的字义"时指出：我把"可能的字义"理解为：依一般语言用法，或立法者标准的语言用法（这可能只在特殊情况下才存在），这个用语还能够指称的意义。[2] 这里的"可能的字义"应当不是该词所明确禁止或被该词的限定条件所禁止。例如 1979 年刑法关于强迫妇女卖淫的规定，明确地将卖淫主体限于妇女，从而排除了将男性卖淫行为解释为刑法所规定

---

　　[1]　参见梁慧星：《民法解释学》，215 页，北京，中国政法大学出版社，1995。
　　[2]　参见〔德〕卡尔·拉伦茨：《法学方法论》，陈爱娥译，202 页，北京，商务印书馆，2003。

的卖淫概念中的可能性。即使现实生活中存在男性卖淫现象，也属于法无明文规定的情形。在词语没有明确禁止时，某一含义是否该词的"可能的字义"，要看它是否与该词的基本含义相抵触，若不相抵触则可以涵括在该词之中。以卖淫而言，其本质含义是性交易，在一般情况下指异性之间的性交易，但在某些特殊情况下，将同性之间的性交易包含在卖淫的内涵之中，并不违反该词的基本含义。因此，对卖淫一词作如此解释，显然是合乎解释原理的。

第 2 节　非家庭成员间遗弃行为之定性研究

案名：王益民遗弃案
主题：沿革解释　语义解释

我国刑法第 261 条规定了遗弃罪，在 1979 年刑法中，遗弃罪属于妨害婚姻、家庭罪，因而这里的遗弃是指家庭成员间的遗弃，对此并无异议。但在 1997 年刑法修订以后，取消了妨害婚姻、家庭罪的章名，将其所辖之罪归并入侵犯公民人身权利、民主权利罪。在这种情况下，遗弃罪是否可以扩大至包括非家庭成员间因职务、业务关系而具有扶助义务者的遗弃行为？这是一个值得研究的问题。本节拟从王益民遗弃案[①]（以下简称"王益民案"）入手，对非家庭成员间遗弃行为之定性问题进行法理上的分析。

一、案情及裁判结论

　　1996 年至 1999 年 8 月间，被告人刘晋新、田玉莲、沙依丹·胡加基、

---

　　①　本案刊载于国家法官学院、中国人民大学法学院编：《中国审判案例要览（2003 年刑事审判案例卷）》，北京，人民法院出版社、中国人民大学出版社，2004。

于永枝，在乌鲁木齐精神病福利院院长王益民的指派下，安排该院工作人员将精神病福利院的 28 名"三无"① 公费病人遗弃在甘肃省及新疆昌吉附近。经四病区科主任被告人刘晋新的认可和护士长田玉莲的参与，送走"三无"公费病人 4 次、病人 19 名。其中，1996 年 6 月由该院工作人员王新、王子茂乘火车将病人王某鹏、周某、荣某、沙某遗弃在甘肃省境内；1999 年 5 月由被告人刘晋新、田玉莲将张某、努尔某某、里提某遗弃在新疆昌吉附近；1999 年 7 月由王新乘火车将病人刘某、单某、郑某、王某、杜某新、"无名"遗弃在甘肃境内。经五病区科主任被告人沙依丹·胡加基的认可和护士长于永枝的参与，送走"三无"公费病人 4 次、病人 9 名。其中，1999 年 4 月被告人沙依丹·胡加基与张凤玲大夫将病人罗某珍遗弃在乌鲁木齐市红山附近；1999 年 5 月被告人于永枝与张凤玲大夫将病人"沙痴女"遗弃在新疆昌吉附近；1999 年 8 月被告人沙依丹·胡加基将"磕头"、库力某某、马某清、吴某珍、吴某遗弃在新疆昌吉附近；1999 年 11 月被告人沙依丹·胡加基、于永枝将病人曹某、"哑女"遗弃在新疆昌吉附近。以上被遗弃的"三无"公费病人中，只有杜某新已安全回到家中，其他 27 名被遗弃的病人均下落不明。

新疆维吾尔自治区乌鲁木齐新市区人民法院根据上述事实和证据认为：被告人王益民、刘晋新、田玉莲、沙依丹·胡加基、于永枝身为福利院的工作人员，对依赖于福利院生存、救助的"无家可归、无依可靠、无生活来源"的公费病人，负有特定扶养义务，应当依据其各自的职责，积极履行监管、扶养义务，而不应将被扶养的 28 名病人遗弃，拒绝监管和扶养。被告人王益民、刘晋新、田玉莲、沙依丹·胡加基、于永枝的行为均已触犯我国刑法中关于对于年幼、患病或者其他没有独立生活能力的人，负有扶养义务而拒绝扶养，情节恶劣的处五年以下有期徒刑的规定，构成了遗弃罪，应予惩处。公诉机关的指控事实及指控的罪名成立，予以

---

① 这里的"三无"是指无家可归、无依可靠、无生活来源。

采纳。被告人王益民及辩护人陈肃认为，指控遗弃病人是在王益民的同意和安排下一节事实不清，证据不足。现有被告人刘晋新、沙依丹·胡加基的供述以及证人的证言，证实被告人王益民安排四病区、五病区对尚无自理能力的病人进行遗弃，并在事前、事后积极作为，有证据予以印证，应予采信。而被告人王益民及辩护人主张的意见缺乏证据印证，且与查证属实的事实不符，本院不予采纳。辩护人陈肃、宋冰、杨林英、艾尼瓦尔、张沩认为被告人王益民、刘晋新、田玉莲、沙依丹·胡加基、于永枝不具有犯罪主体资格，其行为不构成犯罪的辩护意见，与事实不符。遗弃罪的主体是指法律上对被遗弃者有扶养义务的人。本案中的被告人依据国家法律、行政法规，担负着对精神病福利院公费病人的监护、扶养的义务，与病人之间已形成了监护、扶养与被监护、扶养的关系，具备特定的扶养义务主体资格。同时，被告人的遗弃行为，在社会上造成了恶劣的影响，具有严重的社会危害性和刑事违法性，理应受到刑事处罚，因此对辩护人的辩护意见，不予采纳。被告人王益民、刘晋新、田玉莲、沙依丹·胡加基、于永枝对病人的遗弃，符合共同犯罪的特征，系共同犯罪。被告人王益民起主要作用，系主犯；被告人刘晋新、田玉莲、沙依丹·胡加基、于永枝起次要辅助作用，系从犯，应当从轻、减轻处罚。

新疆维吾尔自治区乌鲁木齐新市区人民法院依照《中华人民共和国刑法》第 261 条，第 72 条第 1 款，第 73 条第 2 款、第 3 款，第 25 条，第 26 条第 1 款，第 27 条的规定，作出如下判决：（1）王益民犯遗弃罪，判处有期徒刑 2 年，缓刑 3 年；（2）刘晋新犯遗弃罪，判处有期徒刑 1 年，缓刑 2 年；（3）沙依丹·胡加基犯遗弃罪，判处有期徒刑 1 年，缓刑 2 年；（4）于永枝犯遗弃罪，判处有期徒刑 1 年，缓刑 2 年。

一审法院判决后，被告人于永枝不服，提出上诉。于永枝上诉称：原审判决认定事实不清。自己是一般医务人员，行为不构成犯罪，不符合遗弃罪的犯罪主体，原审对自己定罪处刑不正确。请求二审法院撤销原审对自己定罪处刑的判决。

新疆维吾尔自治区乌鲁木齐市中级人民法院经审理认为：上诉人于永枝、原审被告人王益民、刘晋新、田玉莲、沙依丹·胡加基身为福利院的工作人员，将依赖于福利院生存救助的"三无"公费病人 28 人遗弃，其行为均构成了遗弃罪。上诉人于永枝的上诉要求和理由与事实不符，也无法律依据，故不予采纳。原判认定事实清楚，证据确实充分，定罪准确，量刑适当，审判程序合法，应予维持。遂依照《中华人民共和国刑事诉讼法》（1996 年修正——引者注）第 189 条第 1 款之规定，作出如下裁定：驳回上诉，维持原判。

二、争议及裁判理由

本案在审理过程中，存在较大的争议，尤其是控、辩方之间分歧明显。控方认为，被告人王益民等人遗弃病人的行为已触犯刑法第 261 条的规定，构成遗弃罪。而辩方则认为，被告人王益民等人不具有遗弃罪的主体资格，其行为不构成犯罪。法院认为本案被告人王益民等人的行为已经构成遗弃罪，裁判理由指出：

认定 5 名行为人对被遗弃的 28 名"三无"病人有无扶养义务，这是认定他们是否符合遗弃罪特殊主体的关键，当然也是人民法院对他们应否以遗弃罪定罪处罚的关键。

扶养义务，主要来自法律的规定，有时有的也来自道德、职责和业务上的要求。这里的扶养义务应从广义上理解，它不仅包括平辈即夫妻和兄姐对弟妹间的扶养义务，也包括长辈即父母、祖父母、外祖父母对子女、孙子女、外孙子女的抚养义务，还包括晚辈即子女、孙子女、外孙子女对父母、祖父母、外祖父母的赡养义务。这些人的扶养、抚养、赡养义务是我国婚姻法所明确规定的，因此这些义务来自法律的规定，如果他们拒不履行扶养义务，遗弃被扶养人，情节恶劣的，无疑就要成为遗弃罪的主体，被追究遗弃罪刑事责任。除此之外，有的扶养义务还因道德、职责而产生。比如，实行全托制的幼儿园、精神病医院以及人民政府为给社会上那些年老、年幼或身有残疾的"三无"人员提供生活、治疗等救助而专门设立的诸如福利院等机构，他们虽然在法律上对这些对象没有扶养义务，但特定的职业道德和职责要求他们必须履行救助职责；如果他们有条件和能力履行这种救助职责而拒绝履行，应认为是遗弃行为，情节恶劣的，其负责人或其直接责任人就构成了遗弃罪主体，应依法追究其遗弃罪的刑事责任。

实际上，从我国刑法第261条规定的精神看，该条中所指的扶养义务是广义的，不仅包括亲属间的法定扶养义务，也包括职业道德、职责所要求必须履行的扶养义务。因为刑法在这里只是明确了对于年老、年幼、患病或者没有其他独立生活能力的人有扶养义务而拒绝扶养，情节恶劣的，即构成遗弃罪，而并没有明确必须是有法律上扶养义务的人实施遗弃行为才构成本罪。因此，从刑法第261条的立法精神来看，依特定的职业道德和职责应当对特定的对象履行救助职责而拒不履行的行为人，也可以构成遗弃罪的特殊主体。

本案5名行为人所在的精神病福利院，是当地人民政府为给"三无"病人提供救助所设立的专门机构，其开支费用由国家负担。5名行为人作为该精神病福利院的领导和部门负责人，对收留在该精神病福利院的所有"三无"病人，无论是在职业道德上还是职责上，都直接负有给他们提供食宿和治疗疾病等救助的义务。但他们在有能力和条件的情况下，拒不履行这种救助义务，将28名"三无"病人送到异地予以遗弃，情节甚为恶劣，人民法院认为他们分别构成了遗弃罪主体并以遗弃罪追究他们的刑事责任，符合上述刑法的规定。

本案审理中之所以遇到犯罪主体争议的问题，是因为我国刑法对遗弃罪主体范围的规定不够明确、具体，以致司法人员在理论上一般认为只是具有法定扶养义务的亲属遗弃被扶养人的，才能成为遗弃罪的特殊主体，将遗弃罪主体范围仅限于具有法定扶养义务的亲属间。从外国立法例看，遗弃罪主体的范围比较宽。如法国、德国、日本、奥地利等一些国家根据行为人对他人是否负有法律上、职责上、业务上或契约关系引起的扶助义务，而将本罪分为无义务遗弃罪、有义务遗弃罪。本案中 5 名行为人与被遗弃的 28 名"三无"病人无亲属关系，对他们没有法定的扶养义务，他们遗弃这 28 人的行为，如果按外国刑法的规定，他们无疑构成了无义务遗弃犯罪的主体，同样要受到审判，被处以刑罚。这类无义务遗弃犯罪绝非仅此一例，在其他地区可能也曾发生过，只是因为刑法对此规定不明确、不具体，往往被认为无明文规定不认为犯罪而放纵过去了。应该承认，这种无义务的遗弃犯罪的社会危害性，往往要比有义务的遗弃犯罪的社会危害性更严重，同样应当予以打击。因此，立法机关在修订刑法时，应当就无义务遗弃罪作出明确、具体的规定。

三、立法沿革及其解释

刑法第 261 条规定："对于年老、年幼、患病或者其他没有独立生活能力的人，负有扶养义务而拒绝扶养，情节恶劣的，处五年以下有期徒刑、拘役或者管制。"这就是我国刑法关于遗弃罪的规定。从立法沿革来看，我国刑法关于遗弃罪的规定存在一个演变过程[①]：

在 1950 年 7 月 25 日的《中华人民共和国刑法大纲草案》中，第 134 条对遗弃罪作了如下规定："（第一款）对于有养育或特别照顾义务而无自救力之人，有履行义务之可能而遗弃之者，处三年以下监禁。（第二款）犯前项之罪致人于死者，处四年以上十五年以下监禁。"在上述《刑法大纲草案》中，遗弃罪被规定在第十章侵害生命健康与自由人格罪中，而不是规定在第十二章妨害婚姻与家庭罪中，而且遗弃罪的义务包括特别照顾义务，因而并不限于家庭成员间之遗弃。

在 1954 年 9 月 30 日的《中华人民共和国刑法指导原则草案》中，妨

---

① 有关遗弃罪的立法沿革资料，参见高铭暄、赵秉志主编：《新中国刑法立法文献资料总览》（上），北京，中国人民公安大学出版社，1998。

害婚姻家庭罪并入侵犯人身权利的犯罪，遗弃罪被取消。

在 1956 年 11 月 12 日的《中华人民共和国刑法草案》（第 13 次稿）中，又在侵犯公民人身权利罪之外另设妨害婚姻、家庭罪专章，在第 260 条对遗弃罪作出以下规定："（第一款）对于年老、年幼、疾病或者其他没有自救能力的人，负有扶养义务而遗弃的，处三年以下有期徒刑、拘役或者管制。（第二款）犯前款罪，因而致被害人死亡的，处三年以上十年以下有期徒刑。"显然，这一遗弃罪是指家庭成员间的遗弃。

在 1957 年 6 月 27 日的《中华人民共和国刑法草案》（第 21 次稿）第 182 条对遗弃罪作了以下规定："对于年老、年幼、疾病或者其他没有独立生活能力的人，负有抚养义务而拒付赡养费、扶养费的，处三年以下有期徒刑或者拘役。"（第一款）"犯前款罪，致被害人死亡的，处三年以上十年以下有期徒刑。"（第二款）这一规定，与第 13 次稿的规定大体上相同，只是在法条表述上作了个别改动，尤其是把遗弃行为描述为"拒付赡养费、扶养费"，更表明这是一种家庭成员间的遗弃。

1957 年 6 月 28 日的第 22 次稿第 181 条对遗弃罪的规定未作改动。

1962 年 12 月的第 27 次稿第 167 条将遗弃罪修改为："对于年老、年幼、疾病或者其他没有独立生活能力的人，负有扶养义务而拒绝扶养的人，处三年以下有期徒刑或者拘役。"（第一款）"犯前款罪，致被害人死亡的，处三年以上十年以下有期徒刑。"（第二款）在此，又把"拒付赡养费、扶养费"修改为"拒绝扶养"，但该罪仍然属于妨害婚姻、家庭罪，其家庭成员间遗弃的性质并未改变。

1963 年 2 月 27 日的第 30 次稿第 170 条对遗弃罪的法定刑作了修改，一般遗弃改为处七年以下有期徒刑或者拘役。致被害人死亡的，改为处五年以上有期徒刑。

1963 年 10 月 9 日的第 33 次稿第 171 条对遗弃罪规定未作改动。

1978 年 12 月第 34 次稿第 198 条对遗弃罪的法定刑作了修改，一般遗弃改为处三年以下有期徒刑或者拘役。致被害人死亡的，改为处三年以上十年以下有期徒刑。

1979 年 2 月的第 35 次稿第 197 条对遗弃罪未作改动。

1979 年 3 月 31 日第 36 次稿第 190 条将遗弃罪修改为："对于年老、年幼、疾病或者其他没有独立生活能力的人，负有扶养义务而拒养扶养，致被害人重伤、死亡的，处七年以下有期徒刑"。这一规定，将历次刑法草案对遗弃罪的二款规定改为一款，且以致被害人重伤、死亡作为构成犯罪的条件，法定最高刑也有所降低。

1979 年 5 月 12 日的第 37 次稿第 181 条又将遗弃罪修改为："对于年老、年幼、患病或者其他没有独立生活能力的人，负有扶养义务而拒绝扶养，情节恶劣的，处五年以下有期徒刑或者拘役"。这一规定，将历次草案中的"疾病"改为"患病"，表述更为准确；并将构成犯罪的条件改为"情节恶劣"。这里的"情节恶劣"包含了因遗弃引起严重后果（如被害人走投无路被迫自杀，因生活无着落流离失所）；遗弃的动机十分卑劣；在遗弃的同时夹杂打骂、虐待行为；以及屡教不改，激起公愤等。[①]

1979 年 6 月 30 日的第 38 次稿第 183 条对遗弃罪未作改动。

1979 年 7 月 1 日通过，1980 年 1 月 1 日生效的《中华人民共和国刑法》第 183 条对遗弃罪的规定最终定稿为："对于年老、年幼、患病或者其他没有独立生活能力的人，负有扶养义务而拒绝扶养，情节恶劣的，处五年以下有期徒刑、拘役或者管制。"

1979 年刑法颁行以后，在刑法理论上都认为我国刑法中的遗弃罪是家庭成员间的遗弃，即遗弃罪的主体是负有扶养义务的家庭成员，遗弃罪的对象是缺乏独立生活能力、在家庭经济上处于从属地位的人。例如，高铭暄教授对条文中所规定的"扶养"一词作了界定，认为实际上包括婚姻法所规定的"扶养"（夫妻之间）、"抚养"（父母对子女）、"赡养"（子女对父母）三个含义在内。扶养不仅指经济上的供养，也包括生活上必要的照料和帮助。对于没有独立生活能力的家庭成员，负有扶

---

① 高铭暄：《中华人民共和国刑法的孕育与诞生》，246～247 页，北京，法律出版社，1981。

养义务而拒绝扶养，情节恶劣的，就构成本条的遗弃罪。[1] 由此可见，我国刑法中的遗弃罪是指家庭成员间的遗弃，是一种妨害婚姻、家庭的犯罪。

在司法实践中，也是把遗弃限于家庭间的，其犯罪主体是负有扶养义务的家庭成员。例如刘东华遗弃案[2]，就是如此。

刘东华遗弃案

1995 年 5 月 12 日，被告人刘东华之妻刘某香生下第二胎女孩，根据国家计划生育政策，应做结扎手术。由于被告人刘东华封建残余思想作怪，欲再生一男孩以传宗接代，便想把刚出生的第二胎女孩送人抚养，但一时又找不到抚养人，于是，5 月 18 日晚请其兄刘某梅帮忙，于次日凌晨 2 时许，将出生仅 6 天的亲生女儿用旅行袋装好，由刘某梅骑自行车载被告人及其女到武平县城。被告人将婴儿丢弃在平川镇西厢村寨角路 9 号石某门口后逃走，案发后，被告人于 1995 年 5 月 22 日到武平县公安局自首。

福建省武平县人民法院认为：被告人刘东华将出生仅 6 天的亲生女儿丢弃路旁，拒不履行抚养义务，且动机卑鄙，情节恶劣，其行为已构成遗弃罪。公诉机关指控被告人犯罪的事实清楚，证据充分，定性正确，应予认定。鉴于被告人刘东华案发后能自首，归案后认罪态度较好，且未造成严重后果，依法可以从轻处罚，对此，公诉机关及辩护人提出的从轻处罚意见均予以采纳。遂根据《中华人民共和国刑法》（指 1979 年刑法——引者注）第 183 条、第 63 条，作出如下判决：刘东华犯遗弃罪，判处有期徒刑 1 年。

宣判后，被告人刘东华表示服判，没有提出上诉。

在对本案裁判理由进行解说时，作者指出：遗弃罪是指负有扶养义务的人，对

---

[1]　参见高铭暄：《中华人民共和国刑法的孕育与诞生》，246 页，北京，法律出版社，1981。

[2]　本案刊载于中国高级法官培训中心、中国人民大学法学院编：《中国审判案例要览（1996 年刑事审判案例卷）》，北京，中国人民大学出版社，1997。

年老、年幼、患病或其他没有独立生活能力的人拒绝扶养、情节恶劣的行为。我国婚姻法（指 1980 年婚姻法——引者注）明确规定："父母对子女有抚养教育的义务"，"禁止家庭成员间的虐待和遗弃"。遗弃行为往往给被害人的生命、健康造成威胁，为舆论所不齿。我国刑法把家庭成员在家庭中享有的平等权利列入保护范围，大力宣传社会主义法制和社会主义道德，保障妇女、子女和老人的合法权益，保障公民的生命和健康权，以期造就一个"少有所养、老有所依、残有所扶"的良好的社会环境，维护社会的安定团结，促进社会主义婚姻家庭的巩固和发展，促进社会主义物质文明和精神文明建设。本案的行为人重男轻女，为了达到生子传宗接代、逃避计划生育政策的目的，竟遗弃刚出生不久的女婴，不履行应尽的抚养义务，动机卑鄙，情节恶劣。其行为已触犯了我国刑法，构成遗弃罪，理所当然应受到刑事追究。显然，这样一种对遗弃罪的理解，是符合立法精神的。

1997 年刑法修订中，涉及刑法分则章节的重新安排，其中对妨害婚姻、家庭的犯罪究竟是继续单设一章规定，还是归并到侵犯公民人身权利、民主权利罪一章中，争议较大，主要存在以下两种观点：第一种观点认为，家庭是社会的细胞，婚姻、家庭是否正常和稳定，直接影响到社会的安定。同时，在刑法中设立的妨害婚姻、家庭的犯罪与侵犯公民人身权利、民主权利罪相比，有它的特殊性和单独设章规定的必要。此外，从 1979 年制定的刑法生效以来，这一章罪的规定是基本上适当的，故无须将其归并到其他章节中去。第二种观点认为，从实质上讲，妨害婚姻、家庭的行为也是一种侵犯公民人身权利、民主权利的行为，二者之间应当是包容的关系。同时，在 1979 年制定的刑法分则所规定的 8 章罪中，唯有妨害婚姻、家庭罪只有 6 个条文，显得十分单薄，与其他章的犯罪规定相比极不协调。因此，主张将 1979 年制定的刑法单设一章的妨害婚姻、家庭罪归并到刑法分则第四章即侵犯公民人身权利、民主权利罪中。立法部门采纳了第二种意见，将修订前刑法分则原第七章的内容归并到第四章中。① 由于妨害婚姻、家庭的行为本身具有侵犯人身权利的性质，更何况在以往刑法草案中曾经将妨害婚姻、家庭罪包含在侵犯人身

---

① 参见周道鸾主编：《刑法的修订与适用》，522 页，北京，人民法院出版社，1997。

权利罪中，因而这一归并本身我认为并无不妥。当然，1997 年刑法将妨害婚姻、家庭罪并入侵犯公民人身权利、民主权利罪一章，使本章罪名十分庞杂。若能章下设侵犯公民人身权利罪、侵犯公民民主权利罪、妨害婚姻家庭罪三节，则条理更加清楚。①

　　应该说，在 1997 年刑法修订以后，妨害婚姻、家庭罪一章虽然归并入侵犯公民人身权利、民主权利罪一章，但由于刑法关于遗弃罪的规定未作任何修改，因而在我国刑法学界一般认为遗弃罪的含义并无变化。例如，我国学者指出：遗弃罪的客观方面表现为对没有独立生活能力或者不能独立生活的家庭成员，有扶养义务而拒绝扶养的行为。② 但我国学者张明楷教授认为新刑法将旧刑法中的妨害婚姻、家庭罪全部转移至侵犯公民人身权利、民主权利罪，将遗弃罪的法益解释为生命、身体的安全，并不存在太大的障碍。如果这一观点得以成立，那么，对遗弃罪的构成要件就必须重新解释。这种重新解释包括对遗弃罪的主体要件与对象的解释，即遗弃罪的主体与对象不需要是同一家庭成员。抚养义务不能仅根据婚姻法确定，而应根据不作为义务来源的理论与实践（如法律规定的义务、职务或业务要求履行的义务、法律行为导致的义务、先前行为导致的义务等）确定。基于同样的理由，遗弃罪的对象也不限于家庭成员。③ 赞同这一观点的周光权教授指出：

　　　　以往的中国刑法理论将其限定为被害人在家庭中的平等权利或者家庭成员之间互相扶养的权利义务关系。这种解释在 1979 年刑法将遗弃罪列入侵犯婚姻家庭罪一章时还有合理之处。但在修订后的刑法将该罪纳入侵犯公民人身权利、民主权利罪一章之后，仍然坚持原来的说法，显然并未得其要领，因为遗弃行为将使被害人的生命、身体陷于危险状态，有时还会造成被害人死亡的结果，所以其是危及生命、身体法益的危险行为，而不单纯是侵犯扶养权利义务关系。如果只将本罪的保护法益确定为扶养

---

① 参见陈兴良：《刑法疏议》，395 页，北京，中国人民公安大学出版社，1997。
② 参见周道鸾、张军主编：《刑法罪名精释》，3 版，488 页，北京，人民法院出版社，2007。
③ 参见张明楷：《刑法学》，3 版，649 页以下，北京，法律出版社，2007。

权利义务关系，那么，行为对象就可能被人为地缩小解释为家庭成员中的下列人员：因年老、伤残、疾病而丧失劳动能力，因而没有生活来源的人；虽有退休金等生活来源，但因年老、伤残、疾病而生活不能自理的人；因年幼尚无独立生活能力的人。但是，在实践中被遗弃的对象并不只是这些人。将遗弃罪的成立限于亲属之间乃是古代宗法社会以来的传统，立法者一直认为亲属之间不履行扶养义务，就对伦理规则有所违反。近代以来，生产力发达，事故频发，个人陷于危难境地、无法自救的可能性增强，因此，遗弃罪的适用范围往往不再局限于具有扶养义务的亲属者之间，遗弃罪的本质也不仅仅是对义务之违反，而且也是对于生命法益构成威胁的危险犯。这样，本罪的行为对象就应当扩大解释，例如在长期雇用的保姆发生严重疾病时，行为人拒不将其送到医院治疗，导致其错过救治的最佳时期而死亡的，就可能构成遗弃罪。这里的关键就是要对刑法第261条中其他没有独立生活能力的人给予合理说明，将其外延拓展至家庭成员以外无生命自救能力的人，换言之，遗弃对象除年老、年幼、患病者外还包括以下之人：负伤、精神陷入恍惚状态者、烂醉如泥者等。[①]

尽管主张这一观点的只是个别学者，但由于目前社会生活中存在较多类似王益民案的情形，它是一种对非家庭成员的遗弃。如果将我国刑法中的遗弃罪理解为家庭成员间的遗弃，此类案件就不能定遗弃罪；而如果将我国刑法中的遗弃罪解释为包括非家庭成员间的遗弃，则此类案件就可以定遗弃罪。显然，王益民案就是按照这种对遗弃罪的重新解释而定罪的案例。

四、理论分析

那么，到底如何理解我国刑法中的遗弃罪呢？我主张我国刑法中的遗弃罪是家庭成员间的遗弃，而不包括非家庭成员间的遗弃。这里，存在以下三个问题值得研究：

[①]　周光权：《刑法各论讲义》，81 页，北京，清华大学出版社，2003。

（一）扶养义务的界定

遗弃罪作为一种不作为的犯罪，是以具有扶养义务为前提的。那么，如何界定这里的扶养义务？在刑法理论上，对扶养义务都是从婚姻法上理解的。换言之，扶养义务是婚姻法所确认的一种法律义务。在亲属法上，扶养（Unterstuetzung, aliments, support）是指一定亲属间有经济能力者，本于身份关系，对于无力生活者，应予以扶助维持。有扶养之义务者，被称为扶养义务人；有受扶养之权利者，被称为扶养权利人。因此，亲属法上的扶养是一种私法上的义务，它不同于公法上的扶助及社会的扶助。① 我国学者在解释扶养的含义时指出：

> 在社会生活中所说的扶养通常概指各种社会关系中针对弱者所发生的经济供养和生活扶助，一般涵盖四个方面：（1）以国家为主体，在特定情形下体现社会福利的公力扶养，包括各种灾害救济、贫困救济、民政抚恤等；（2）以一定的社会组织、机构、单位为主体并逐步走向社会化、一体化的社会保障性扶养；（3）在自然人之间基于道义、感情、慈善等非法定权利义务而发生的自然的、事实上的扶养；（4）法律意义上的扶养。法律意义上的扶养又有广义和狭义之分。广义上的扶养是泛指特定亲属之间根据法律的明确规定而存在的经济上相互供养、生活上相互扶助照顾的权利义务关系，它囊括了长辈亲属对晚辈亲属的抚养，平辈亲属之间的扶养和晚辈亲属对长辈亲属的赡养三种具体形态。狭义上的扶养则专指平辈亲属之间尤其是夫妻之间依法发生的经济供养和生活扶助权利义务关系，具有主体界定的特定性。②

显然，我国刑法关于遗弃罪规定中的扶养，是指法律意义上的扶养。这种扶养义务是从扶养关系引申出来，因而是一种身份关系。只有具备一定亲属身份的人之间，才有可能存在这种扶养关系。亲属身份是扶养的前提，也是发生扶养的法律事实，扶养关系则是亲属身份的法律后果或法律效力，亲属身份之外的人不产生法定

---

① 参见史尚宽：《亲属法论》，4 版，676、677 页，台北，1980。
② 杨大文主编：《婚姻家庭法学》，258～259 页，上海，复旦大学出版社，2002。

的扶养义务。不仅扶养关系只能发生在家庭成员之间，而且扶养的内容是与家庭生活紧密相连的。在大陆法系国家，以瑞士民法为代表，根据亲属类型之不同，将扶养关系区分为夫妻间亲子间之生活保持义务与其他亲属间之扶养义务。前者扶养为具身份关系之本质上不可缺之要素，维持对方生活，即系保持自己生活，父母以其子女之生活为自己生活之一部而维持，夫养其妻即系保持夫自己之生活，其程度与自己之生活程度相等，虽牺牲自己地位相当之生活，亦不得不予以维持，故又可称为共生义务。反之，其他亲属间之扶养，乃为偶然的例外的现象，唯于一方无力生活，他方有扶养余力时，始有扶养之义务，即偶然的由外部受领生活上之扶助。扶养义务人唯于不牺牲自己地位相当的生活之限度，予以必要的生活费。① 根据我国《民法典》婚姻家庭编的规定，我国法律上的扶养包括以下四种情形：（1）夫妻间的扶养。我国《民法典》婚姻家庭编规定："夫妻有相互扶养的义务"。（2）父母子女间的扶养。我国《民法典》婚姻家庭编规定："父母对子女有抚养教育的义务；子女对父母有赡养扶助的义务"。（3）祖孙间的扶养。我国《民法典》婚姻家庭编规定："有负担能力的祖父母、外祖父母，对于父母已经死亡或者父母无力抚养的未成年孙子女、外孙子女，有抚养的义务。有负担能力的孙子女、外孙子女，对于子女已经死亡或者子女无力赡养的祖父母、外祖父母，有赡养的义务。"（4）兄弟姐妹间的扶养。我国《民法典》婚姻家庭编规定："有负担能力的兄、姐，对于父母已经死亡或者父母无力抚养的未成年弟、妹，有扶养的义务。由兄、姐扶养长大的有负担能力的弟、妹，对于缺乏劳动能力又缺乏生活来源的兄、姐，有扶养的义务。"上述规定确定的家庭成员间的扶养义务，就成为认定我国刑法中的遗弃罪的扶养义务的法律根据。

应当指出，随着社会的发展，扶养也呈现出社会化的趋势。例如各种养老院和福利院就成为专门的社会扶养机构。当然，这种社会扶养分为两种情形：一是有偿的社会扶养，二是无偿的社会扶养。有偿扶养是指由扶养义务人出资，而由营利性的社会扶养机构具体承担扶养工作。无偿扶养是指由国家出资或社会赞助、集资，而由非营利性的社会扶养机构具体承担扶养工作。在这种情况下，社会扶养机构就

---

① 参见史尚宽：《亲属法论》，4 版，677～678 页，台北，1980。

负有某种扶养义务，尽管这种扶养义务不同于家庭成员间的扶养义务。我国法律对这类社会扶养机构缺乏必要的法律规范，因而不履行这种扶养义务的遗弃行为在法律上如何处理属于法无明文规定的情形。

在这里，还应当把扶养义务与扶助义务加以区分。不履行救助义务同样存在一个遗弃问题，但它在性质上是不同于不履行扶养义务的遗弃行为的，两者不可混淆。这里的救助，是指在他人处于生命危难的状态之际，进行抢救或者扶助，使其脱离危险。这种救助义务是由职务、业务或者先行行为产生的，不能将之解释为扶养义务。我国学者认为，根据举重以明轻的解释方法，将他人的生命、身体置于危险境地，或者不救助他人的生命、身体的行为，也应属于拒绝扶养的遗弃行为。例如，甲驾车过失撞倒他人后，在旁人的要求下，拦一辆出租车，请求出租车司机乙协助将被害人送往医院抢救。去医院途中，甲谎称买烟送给医生而乘机逃走。乙见甲逃走，在行驶的途中将被害人拖下出租车，没有送往医院，被害人因失血过多而死亡。认定乙的行为构成故意杀人罪是非常牵强的，那么，其行为是否成立遗弃罪呢？论者倾向于得出肯定结论。首先，乙的先前行为使其负有将被害人送往医院的作为义务，即具有救助被害人生命的义务；特别是在甲逃走后，被害人的生命安全完全依赖于乙的救助行为，导致乙的救助义务程度更高。其次，乙能够救助而拒不救助，并且将被害人弃置路边，从而使被害人的生命从一种危险状态转变为更加危险的状态，进而造成了死亡的结果。最后，行为人主观上对自己的行为与结果具有不救助的故意心理状态。因此，乙的行为成立遗弃罪。[①] 我是不赞同这种观点的，这种不救助行为固然是一种遗弃行为，但不能由此得出结论，认为救助义务就属于扶养义务，拒绝救助就是拒绝扶养。对于这个问题，我国学者也曾经作过探讨，认为救助义务与扶养义务是完全不同的。[②] 由此可见，正确地界定扶养义务对于认定遗弃罪具有重要意义。

[①] 参见张明楷：《刑法分则的解释原理》，156～157 页，北京，中国人民大学出版社，2004。

[②] 参见金子桐、郑大群、顾肖荣：《罪与罚——侵犯财产罪和妨害婚姻、家庭罪的理论与实践》，245 页，上海，上海社会科学出版社，1987。

（二）解释方法的选择

对于扶养义务，存在一个如何解释的问题。根据语义解释，如上所言，扶养包括家庭成员间的扶养和社会扶养机构的扶养。就此而言，由于我国刑法第 261 条并没有将扶养义务明文规定为家庭成员间的扶养义务，因而将非家庭成员间的扶养义务，这里主要是指社会扶养机构的扶养义务解释为遗弃罪的扶养义务似乎并无不妥。但从立法沿革上来说，我国刑法中的遗弃罪从来都是家庭成员间的遗弃，而并不包括非家庭成员间的遗弃。这里存在一个问题，就是罪名归类的变化能否引起其实质内容的变动。对此，我国学者张明楷教授指出：

> 新刑法将旧刑法中的妨害婚姻家庭罪全部转移至侵犯公民人身权利、民主权利罪。在此不想探讨起草者进行这种转移的主观动机，而是想得出结论：既然遗弃罪已经归属于侵犯公民人身权利、民主权利罪，那么，就不能像旧刑法时代那样，认为其法益是家庭成员间的权利义务关系等。而应认为其法益是生命、身体的安全。一方面，犯罪类别的改变导致了法益的改变；另一方面，刑法关于本罪构成要件的表述并不能说明其是对婚姻家庭关系的犯罪。或许起草者以及立法者并没有这样的想法，继续认为遗弃罪的法益是婚姻家庭关系。但是，刑法是成文法，它通过文字（包括语词、体例、标点等）表达立法意图，因此，解释者应当通过立法者所使用的文字的客观含义来发现立法意图。文字是传递信息的工具。从一般意义上说，除文字外，还有其他许多传递信息的方法，但罪刑法定原则的成文法主义所要求的是用文字将罪刑固定下来。所以，立法者表达立法意图的唯一工具是文字，文字中渗透着立法意图，而文字又是具有客观含义的，故解释者必须从法文的客观含义中发现立法意图，而不是随意从法文以外的现象中想象立法意图。根据这种客观解释论的观点，再考虑遗弃罪的规定在刑法体系中的地位，得出"遗弃罪是对生命、身体的犯罪，其法益是生命、身体的安全"的结论，应当没有大疑问。[①]

---

① 张明楷：《刑法分则的解释原理》，155 页，北京，中国人民大学出版社，2004。

对于客观解释论，我是赞同的，但客观解释论并非完全不考虑立法意图，而只是在立法意图不明且又未超出可能语义的情况下可以根据客观需要加以解释。问题在于：1997 年刑法将遗弃罪归并入侵犯公民人身权利、民主权利罪，是否引起了论者所说的法益变更，因而需要根据变更后的法益进行重新解释？我的回答是否定的，因为罪名归类变化的原因是技术性的，即刑法修订以后增加了大量罪名，旧刑法中的妨害婚姻、家庭罪只有 6 条 6 个罪名，单设一章显得单薄，而且与其他章罪不协调。这样一个纯技术性原因导致的罪名归类变动，不能成为对遗弃罪进行重新解释的理由。而且，遗弃罪本身具有侵犯人身权利的性质，但这是指对于具有扶养义务的人之人身权利的侵害，而不能宽泛地解释为对社会一般人的人身权利侵犯。一个法律规定含义的变动，直接修改当然是主要原因，间接修改也同样是原因之一。在间接修改的情况下，某一法律规定本身虽未修改，但与之相关的其他法律规定被修改，从而导致该法律规定含义的变化。罪名归类的变动，既非直接修改也非间接修改，因而对法律规定的含义不能进行重新解释。

至于语义解释与沿革解释之间存在矛盾，到底是选择语义解释还是选择沿革解释，是一个值得研究的问题。自从萨维尼以来，法律解释方法一般都分为四种：语义解释、逻辑解释、历史解释和目的解释。关于这四种解释方法之间是否存在位阶关系，理论上并无定论。[①] 一般认为，虽然不能说各种解释方法之间存在着固定不变的位阶关系，但也不应认为各种解释方法杂然无序，可由解释者随意选择使用。[②] 我赞同这种观点，尤其是在两种解释方法存在冲突的情况下，应当根据一定的规则进行选择以便确保解释结论的合理性。在一般情况下，语义解释当然是应当优先考虑的，在语义是单一的、确定的情况下，不能进行超出语义可能范围的解释。但在语义是非单一的、不明确的情况下，则应根据立法沿革进行历史解释以符合立法精神。在这种情况下，沿革解释具有优于语义解释的效力。对于扶养的解释也是如

---

① 关于刑法解释方法的位阶关系的论述，参见苏彩霞：《刑法解释方法的位阶与运用》，载《中国法学》，2008（5），97 页以下。

② 参见梁慧星：《民法解释学》，244 页，北京，中国政法大学出版社，1995。

此，根据语义解释，扶养包括家庭成员间的扶养和非家庭成员间的扶养。那么，非家庭成员间的扶养是否包括在遗弃罪的扶养概念中呢？根据沿革解释，遗弃罪属于妨害婚姻、家庭罪，自不应包括非家庭成员间的扶养。如此解释，才是合乎法律规定的。

（三）外国立法的借鉴

在关于遗弃罪的讨论中，都涉及外国法律规定的借鉴问题。例如在王益民等遗弃案的裁判理由中指出：如果按外国刑法的规定，王益民等人无疑构成无义务遗弃犯罪的主体，同样要受到审判，被处以刑罚。[①] 但根据外国刑法构成遗弃罪并不意味着根据我国刑法也一定能构成遗弃罪，关键在于：外国刑法与我国刑法关于遗弃罪的规定是有所不同的。例如，日本刑法中遗弃的犯罪，是指将需要扶助的人置于不受保护的状态，由此使其生命、身体遭受危险的犯罪。该罪基本上是针对被遗弃者的生命、身体的危险犯，但是，也一并具有作为遗弃者对被遗弃者的保护义务懈怠罪的性质。[②] 因此，日本刑法中的遗弃犯罪分为单纯遗弃罪、保护责任者遗弃罪、不保护罪和遗弃等致死伤罪。由此可见，日本刑法中的遗弃罪是十分宽泛的，既包括不履行扶养义务的遗弃，又包括不履行救助义务的遗弃。确实，日本刑法关于遗弃罪的规定是值得我国立法借鉴的，但在刑法没有修改的情况下，不能根据日本刑法对遗弃罪的规定来解释我国刑法中的遗弃罪。

应当指出，我国目前非家庭成员间的遗弃以及不履行救助义务的遗弃行为是客观存在的，且有多发之趋势。例如，医院遗弃生命垂危而又无钱治疗的病人的情形就时有发生，甚至造成病人死亡。根据《华西都市报》2004 年 11 月 19 日报道，四川省南江县中医院院长林近安、副院长何文良、总务科长兼驾驶员贾正勇等人在接治一名无名氏妇女后，认为妇女身无分文又无人照料，是乞丐的可能性较大，遂将该妇女拉出去丢弃，致该无名氏妇女死亡。南江县人民法院以过失致人死亡罪判决

---

① 参见国家法官学院、中国人民大学法学院编：《刑事审判案例要览（2003 年刑事审判案例卷）》，224 页，北京，人民法院出版社、中国人民大学出版社，2004。

② 参见［日］大塚仁：《刑法概说（各论）（第三版）》，冯军译，69 页，北京，中国人民大学出版社，2003。

上述三被告人有期徒刑并适用缓刑，由此引起社会广泛关注。^① 林近安等人的行为是一种不履行救助义务的遗弃行为，在致人死亡的情况下，按照过失致人死亡罪论处并无不可。但从立法完善角度考虑，类似这种不履行救助义务的遗弃行为应当单独设立罪名。本节论及的王益民等人遗弃病人案中，由于精神病福利院具有社会扶养机构性质，因而其遗弃病人是一种不履行扶养义务的遗弃行为，若致被遗弃者死亡，定过失致人死亡罪也是可以的；但在没有致人死亡的情况下，以遗弃罪论处，则大可商榷。因此，借鉴外国立法只是对立法者而言的。对于司法者来说，只能根据我国刑法定罪而不能根据外国刑法规定解释我国刑法的规定。毕竟，罪刑法定是具有国别性的。

第 3 节　使用骗取的合法证件出境行为之定性研究

案名：顾国均组织偷越国（边）境案
主题：补正解释

组织偷越国（边）境罪是一种妨害国（边）境管理秩序的犯罪。自从 20 世纪 90 年代以来，随着中国对外开放，对外劳务输出以及移民现象开始出现。在对外劳务输出以及移民过程中，蛇头组织大规模地偷越国（边）境的案件时有发生。但在组织偷越国（边）境罪的认定中，通过骗取合法证件的方式，非法组织他人出境劳务或者移民的行为应如何定性，是一个值得研究的问题。本节通过顾国均组织偷越国（边）境案（以下简称"顾国均案"）^② 对骗取合法证件出境行为之定性加以分析。

一、案情及诉讼过程

2002 年 9 月 30 日，被告人顾国均、王建忠及王益明（另案处理）共

---

①　参见 http：//news. sina. com. cn/s/2004 - 11 - 19/04464280524s. shtml。
②　本案刊载于最高人民法院编：《刑事审判参考》，第 38 集，北京，法律出版社，2004。

同出资 10 万元注册成立了通州市三盟经济技术合作有限公司（以下简称三盟公司）。公司成立后，顾国均、王建忠在明知公司无对外劳务合作经营权和签约权及我国政府与马来西亚无劳务合作关系的情况下，伙同王益明从 2002 年 10 月 31 日起至 2003 年 4 月 8 日止，擅自招收和通过他人招收赴马来西亚的出国劳务人员，先后 11 次组织 140 余人以旅游的形式出境赴马来西亚非法务工，收取每人人民币 2.8 万元至 3.5 万元不等的费用，并通过通州市建筑职工中等专业学校为出国劳务人员非法办理了"职业资格证书"和"职业岗位技能证书"，又出高价请他人为劳务人员办理了赴马来西亚的旅游签证和飞机票。当劳务人员抵达马来西亚后，由王益明为他们安排工作，并通过马来西亚的关系人阿曼、谢老板以非正常途径办理了所谓的工作准证、安全证。被告人顾国均、王建忠归案后，能够坦白交代，并能检举他人，均有立功表现。被告人顾国均家属能够积极退赃。

被告人顾国均辩称：其不明知我国与马来西亚无劳务合作关系，自己没有实施组织他人偷越国（边）境的行为，公诉机关指控的罪名不能成立。其辩护人辩称：顾国均等人的行为是职务行为，其是在确信工人出国后能够取得合法手续的情况下才搞劳务输出，主观上没有组织他人偷越国（边）境的犯罪故意，且出国人员出国证照齐全、合法，并没有违反我国法律，顾国均的行为不符合组织他人偷越国（边）境罪的构成要件。

被告人王建忠辩称：通过旅游签证的正式形式从海关出境的行为不是偷渡。其辩护人辩称：（1）本案被告人并无组织他人偷越国（边）境的故意，相反是采用合法的手续运送他人出国（边）境，两被告人的行为不构成组织他人偷越国（边）境罪；（2）即使本案构成犯罪，被告人王建忠在整个犯罪中起次要作用，是从犯；（3）被告人王建忠犯罪情节较轻，社会危害不大，有立功表现，可以对其从轻处罚。

江苏省南通市中级人民法院经审理认为：被告人顾国均、王建忠违反国（边）境管理法规，明知三盟公司无对外劳务经营权及我国与马来西亚无劳务合作关系，为牟取非法利益，擅自招收出国劳务人员，以旅游签证的形式，非法组织他们赴马来西亚非法务工，其行为完全符合组织他人偷越国（边）境罪的主客观特征；且组织人数众多（140余人），其行为已触犯《中华人民共和国刑法》第318条第1款第（2）项，构成组织他人偷越国境罪。依照《中华人民共和国刑法》第25条第1款，第26条第1、4款之规定，两被告人顾国均、王建忠系共同犯罪，在共同犯罪中二被告人共同实施犯罪行为，均起主要作用，均是主犯。公诉机关指控的犯罪事实清楚，证据确实、充分，定性正确，应予支持。被告人顾国均、王建忠能检举他人犯罪，有立功表现，依法可以从轻处罚。被告人顾国均的家属积极筹款退出赃款，可以酌情从轻处罚。对被告人顾国均的辩解理由，经查，被告人顾国均在公安侦查阶段供述：到马来西亚是办不到劳务签证的，其知悉马来西亚和我国没有劳务合作关系，三盟公司没有直接的对外劳务经营权，不应以办理旅游签证的形式组织他人到马来西亚从事劳务，为这些人办理技术等级证书时，途径也是不合法的。证人黄某的证言证明其受被告人王建忠之托，违反规定和程序，安排张某为三盟公司出国劳务人员办理"职业资格证书"和"职业岗位技能证书"的事实。证人张某的证言证明其听从黄某的安排，经手为三盟公司出国劳务人员，在未经任何培训的情况下，先后5次办理了"职业资格证书"和"职业岗位技能证书"的事实。1993年9月4日最高人民法院颁布的《最高人民法院关于严厉打击偷渡犯罪活动的通知》第2条明确规定：以劳务出口、经贸往来以及进行其他公务活动等骗取护照、签证等出入境证件提供给他人，应以组织他人偷越国（边）境罪论处。故其辩解理由均不能成立。被告人顾国均辩护人的辩护理由，经查，被告人顾国均、王建忠成立三盟公司的目的就是为非法组织劳务出境，公司成立后又实施了该行为，应当认定为个人行为而非单位行为；被告人顾国均非法组织劳务输出的故意在公安侦查阶段交代非常明确，且经庭审质证无异议；被告人顾国均、王建忠以旅游为名骗取出入境证件，行非法组织劳工出境之实，违反我国国（边）境管理法规及相关法律法规禁止性规定，其行为符合我国《刑法》关于组织他人偷越国（边）境罪的犯罪构成要件。故其辩护人所提不构成犯罪的辩护理由不能成立。被告人王建忠及其辩护人的辩护理由，经查，被告人顾国均、王建忠非法组织 140 余人以旅游为名出境，目的并不是旅游，而是将不具备合法出境从事劳务条件的人员非法组织出境，故两被告人的行为已构成组织他人偷越国（边）境罪。被告人王建忠与被告人顾国均及王益明在整个共同犯罪过程中均共同策划、积极实施，虽分工不同，但在共同犯罪中作用相当，故被告人王建忠及其辩护人的一、二点辩护理由不能成立，不予采纳。但其关于被告人王建忠能够检举他人犯罪，有立功表现，建议对其从轻处罚的辩护理由，经查属实，予以采纳。据此，依照《中华人民共和国刑法》第 318 条第 1 款第（2）项、第 25 条第 1 款、第 68 条第 1 款、第 64 条，《最高人民法院关于审理组织、运送他人偷越国（边）境等刑事案件适用法律若干问题的解释》第 2 条，全国人民代表大会常务委员会《关于严惩组织、运送他人偷越国（边）境犯罪的补充规定》第 1 条第（2）项、第 2 条之规定，于 2003 年 9 月 8 日作出判决：被告人顾国均犯组织他人偷越国（边）境罪，判处有期徒刑 10 年，并处罚金人民币 10 万元；被告人王建忠犯组织他人偷越国（边）境罪，判处有期徒刑 11 年，并处罚金人民币 10 万元；没收已被公安机关追缴的非法所得人民币589 880元，上缴国库。

宣判后，被告人王建忠不服，以其行为构成骗取出境证件罪且系从犯、三盟公司退赃应认定为共同退赃等为由提起上诉。被告人顾国均未提出上诉。

江苏省高级人民法院经审理认为：上诉人王建忠、原审被告人顾国均等人为谋取非法利益，在明知三盟公司无对外劳务经营权及我国与马来西亚无劳务合作关系的情况下，伙同他人，以办理旅游签证的形式，非法大量招收、组织人员赴马来西亚务工，其行为严重破坏了国家对国（边）境的正常管理秩序，其行为已构成组织他人偷越国（边）境罪，且多次组织他人偷越国境，人数众多，应依法惩处。上诉人王建忠关于其行为构成骗取出境证件罪的上诉意见，不予采纳。且其与顾国均等人在共同犯罪中，均积极参与、实施犯罪行为，均起主要作用，其关于自己系从犯的上诉理由与事实不符，亦不予采纳。原判决认定事实清楚，但适用《全国人民代表大会常务委员会关于严惩组织、运送他人偷越国（边）境犯罪的补充规定》及《最高人民法院关于严厉打击偷渡犯罪活动的通知》，属于适用法律不当，依法应予改判。依据《中华人民共和国刑事诉讼法》（1996 年）第 189 条第（2）项，《中华人民共和国刑法》第 318 条第 1 款第（2）项、第 25 条第 1 款、第 26 条第 4 款、第 68 条第 1 款、第 64 条，《最高人民法院关于审理组织、运送他人偷越国（边）境等刑事案件适用法律若干问题的解释》第 2 条之规定，于 2004 年 2 月 17 日判决如下：（1）撤销江苏省南通市中级人民法院（2003）通中刑一初字第 17 号刑事判决；（2）顾国均犯组织他人偷越国（边）境罪，判处有期徒刑 10 年，并处罚金人民币 10 万元；（3）王建忠犯组织他人偷越国（边）境罪，判处有期徒刑 11 年，并处罚金人民币 10 万元；（4）没收已被公安机关追缴的非法所得人民币 589 880 元，上缴国库。

二、争议问题及裁判理由

本案主要涉及以下两个争议问题：（1）以骗得的合法出境证件出境，是否属于偷越国（边）境行为？（2）以旅游名义骗取出境证件，非法组织他人出境劳务，应如何定性？在这两个问题中，第一个问题是最基本的，也是本节将重点讨论的，而第二个问题则与本案直接相关，也需要加以探讨。针对这两个问题，法院的裁判理由阐述如下：

（一）不具备合法出境资格，而以骗得的合法出境证件出境，属于偷越国境行为

何谓偷越国（边）境，实践中有多种不同观点，如有的认为偷越是指

未经办理有关出入国（边）境证件和手续在未设关口处秘密越境的行为；也有的认为偷越不仅指在未设关口处秘密越境，还包括使用伪造、变造或其他欺骗手段在关口处蒙混出入境。上述观点均是对偷越国（边）境表现形式的概括，二者虽有不同，但实质上二者都认为"偷越"是指直接以非法的形式出入境。据此，如若行为人不是秘密越境或蒙混出入境，而是隐瞒真实的非法意图，骗得合法的出入境证件，再以所谓"合法"形式出入境，则不构成偷越国（边）境。我们认为，上述观点有失偏颇。偷越的实质在于该行为侵犯了国家国（边）境管理秩序。例如，行为人骗证出境，本质上不具备合法出境资格，不能出境，但为达到出境目的，隐瞒真实意图，骗取出境证件出境。此时，行为人出境证件的取得是非法的，出境资格是虚假的，行为人借此出境，无异于以欺骗手段越境，该越境行为当然侵犯了国家国（边）境管理秩序，属非法越境。该种非法越境行为虽与前述两种直接越境行为在直观表现上有所不同，但两者实质相同，即行为人均不具备合法的出境资格，其行为均侵犯了我国国（边）境管理秩序。

当前，在利益的驱使下，越来越多的人向往出境打工，他们多以旅游考察等名义，弄虚作假，骗取出境证件后出境，非法滞留国外打工。该类行为不仅造成了极坏的国际影响，而且严重破坏了我国国（边）境管理秩序，应予惩戒。若仅因其形式"合法"，而将其排除在偷越之外，显然不妥。

据此，我们认为，偷越应指不具备合法出入境资格而出入境，侵犯我国国（边）境管理秩序的行为。偷越的方法和手段亦多种多样，既有不在规定的口岸、关卡偷越国（边）境，或以假证件或其他蒙骗手段在关口蒙混出入境的，也有骗取出境证件，以所谓的"合法"的形式非法越境的。

（二）以旅游名义骗取出境证件，非法组织他人出境劳务，构成组织他人偷越国（边）境罪

关于本案的定性，审理过程中曾有不同意见：

第一种意见认为，本案被告人的行为不构成犯罪。此又分为两种不同

的观点：一种观点认为所谓偷越，是指使用伪造、变造的假证件在设关处越境，或在不设关处秘密越境。本案中，被告人所组织的成员均持真实有效的出国证件，经国家边防检查部门依法验证后出国，并非偷渡，所以被告人客观上无组织他人偷越国（边）境的行为，主观上亦无组织他人偷越国（边）境的故意，其行为不为罪。另一种观点认为，被告人以"合法"的形式掩盖非法的目的，组织他人在马来西亚打工，非法逗留在国外，其行为属组织他人偷越国（边）境的行为。但本案中两被告人的行为属职务行为，其责任应由所在单位三盟公司承担，而根据《刑法》的规定，组织他人偷越国（边）境罪的主体为自然人，所以对三盟公司不能认定为犯罪，更不应追究两被告人的刑事责任。

第二种意见认为，被告人的行为构成骗取出境证件罪。因为从立法上看，骗取出境证件实质上是组织他人偷越国（边）境行为的一种特殊情况，两者为特殊与普通的关系。本案被告人以出境旅游为名，弄虚作假，骗取出境签证，为组织他人非法出境打工使用，其行为符合骗取出境证件罪的构成特征，应以骗取出境证件罪定罪处罚。

第三种意见认为本案应以组织他人偷越国（边）境罪定罪。因为三盟公司成立的目的是非法组织劳务出境，公司成立之后又实际实施了该行为，根据相关司法解释的规定，两被告人的行为应认定为个人行为而非单位行为。另外，掩盖真实意图，骗取出境证件，以"合法"形式出境，属偷越的行为。所以，本案中被告人用骗取的旅游签证，以"合法"的形式组织他人非法出境打工，构成组织他人偷越国（边）境罪。两罪间为吸收关系，根据高度行为吸收低度行为的原则，应以组织他人偷越国（边）境罪定罪。

如前所述，以骗得的出境证件出境的属偷越国境的行为，因而第一种意见中的第一种观点不能成立。

二被告人的行为是否属职务行为呢？案件中两被告人虽是在成立法人公司（三盟公司）后，以公司的名义实施上述行为，但由于三盟公司成立即是以非法输出劳务为目的，成立后亦确实主要实施了该犯罪行为，根据《最高人民法院关于审理单位犯罪案件具体应用法律有关问题的解释》的规定，个人为进行违法犯罪活动而设立的公司、企业、事业单位实施犯罪的，不以单位犯罪论处。所以，本案不能以单位犯罪论处，而应直接追究两被告人的刑事责任。因此，第一种意见中的第二种观点亦不正确。

那么本案中，被告人骗取出境证件，组织他人出境非法劳务，应以骗取出境证件罪，还是以组织他人偷越国（边）境罪定罪呢？

根据《刑法》及相关司法解释的规定，组织他人偷越国（边）境罪是指违反国（边）境管理法规，采取煽动、拉拢、诱使、串联等方式，有计划地策划、指挥他人偷越国（边）境的行为。骗取出境证件罪，是指以劳务输出、经贸往来或者其他名义，弄虚作假，骗取护照、签证等出境证件，为组织他人偷越国（边）境的行为。可见，作为不同的犯罪，组织他人偷越国（边）境罪与骗取出境证件罪有着明显不同。然而，由于骗取出境证件罪的成立以行为人具有"为组织他人偷越国（边）境使用"的目的为必要，现实中骗取出境证件与组织他人偷越国（边）境往往密切交织在一起，因此，正确把握两罪的关系，对于区别此罪与彼罪、一罪与数罪，显得尤为重要。

对两罪的关系，学界有不同的观点。有观点认为，骗取出境证件罪是组织他人偷越国（边）境行为的一种特殊形式，骗取出境证件罪实质上是组织他人偷越国（边）境行为的一种特殊情况，只是由于这种犯罪日益猖獗，法律才将它规定为独立的犯罪，骗取出境证件罪在客观方面表现为，弄虚作假，以劳务输出、经贸往来或者其他名义，骗取护照、签证等出境证件，以"合法"的形式组织他人偷越国（边）境。有观点认为，组织他人偷越国（边）境罪的犯罪方法是多种多样的，骗取出境证件只是其中的一种犯罪方法，两者存在手段与目的行为的关系。行为人弄虚作假，骗取出境证件，组织他人偷越国（边）境，同时构成骗取出境证件罪与组织他人偷越国（边）境罪，由于二者为手段与目的行为的关系，成立刑法上的牵连犯，应从一重罪处罚。还有观点认为，骗取出境证件后又组织他人偷越国（边）境的，骗取行为实为组织他人偷越国（边）境的犯罪预备行为，两者为吸收关系，根据高度行为吸收低度行为的原则，应以组织他人偷越国（边）境罪定罪处罚。

我们以为，组织他人偷越国（边）境罪与骗取出境证件罪是不同罪名。二者在犯罪构成上有着明显的区别，不存在普通与特殊的关系。因为，从立法上看，罪与罪之间普通与特殊的关系，体现为一个法条所包含的构成要件在范围上为另一个法条的要件所包括。而组织他人偷越国（边）境罪与骗取出境证件罪在犯罪构成上有着明显不同：首先，侵犯的直接客体不同。根据《刑法》分则规定，两罪侵犯的同类客体虽均为我国国（边）境管理，但就直接客体而言，组织偷越国（边）境罪侵犯的是国家对出入国（边）境的正常管理秩序；骗取出境证件罪侵犯的是国家对出境证件的管理制度。其次，犯罪客观方面不同。组织他人偷越国（边）境罪客观方面表现为采取煽动、拉拢、诱使、串联等方式，有计划地策划、指挥他人偷越国（边）境；骗取出境证件罪则表现为以劳务输出、经贸往来或者其他名义，弄虚作假，骗取护照、签证等出境证件的行为。再次，犯罪主体不同。前罪为自然人犯罪，而后罪则自然人和单位均可构成。最后，两罪的主观方面亦有不同。即两罪虽均为故意犯罪，但构成骗取出境证件罪，行为人主观上须具有为组织他人偷越国（边）境使用的目的，若行为人为其他目的骗取出境证件，则不成立骗取出境证件罪。因此，虽然实践中骗取出境证件可成为组织他人偷越国（边）境的方法之一，但就构成要件而言，组织他人偷越国（边）境罪与骗取出境证件罪不存包含与被包含的关系。所以，二者不具有普通与特殊的关系，骗取出境证件罪并非为组织他人偷越国（边）境罪的特殊形式。行为人骗取出境证件后又组织他人偷越国（边）境的，不能仅以骗取出境证件罪定罪。此种情况下，骗取出境证件的行为，构成骗取出境证件罪；而利用骗得的证件组织他人偷越国（边）境的，同时又触犯组织他人偷越国（边）境罪。那么，两罪关系如何呢？成立牵连犯还是吸收犯？笔者更赞同前一种观点，因为根据刑法的规定，组织他人偷越国（边）境是行为人骗取出境证件的目的，当骗取出境证件后，行为人又实际组织他人偷越国（边）境，则组织他人偷越的行为是实现其骗取出境证件之目的行为，骗证与组织他人偷越的行为间显然是手段行为与目的行为的关系。因此，虽然从犯罪的发展阶段看，骗取出境证件为组织他人偷越国（边）境的预备行为，但由于两者间手段与目的的关系，使之更符合牵连犯的特征，因此，应根据牵连犯从一重罪处罚的原则，以组织他人偷越国（边）境罪论。

综上所述，本案中两被告人为组织他人偷越国（边）境，以赴马来西亚旅游为名骗取出境证件的行为，依法构成骗取出境证件罪；利用骗得的证件组织他人出境非法滞留马来西亚打工，该行为属组织他人偷越国（边）境的行为，成立组织他人偷越国（边）境罪；前后两行为属手段与目的行为关系，成立牵连犯，根据从一重罪处罚原则，本案应以组织他人偷越国（边）境罪论处。

三、立法沿革

关于侵犯国（边）境管理的犯罪，1979 年刑法分别规定了偷越国（边）境罪（第 176 条）和组织、运送他人偷越国（边）境罪（第 177 条）。这里的偷越，是指无合法有效证件而出入，对此并无争议。例如高铭暄教授指出：

> 按照出入国（边）境管理法规的规定，一切人员出入国（边）境，都必须持有合法的有效的证件，并按照指定的路线和开放口岸出入；如果违反这些规定而进出国（边）境，就是偷越的行为。①

有关刑法教科书则更为细致地将偷越区分为以下两种情形：一是无证出入国（边）境，即不履行必要的手续，不在规定的口岸、关卡私自出入我国国（边）境。

---

① 高铭暄：《中华人民共和国刑法的孕育和诞生》，237 页，北京，法律出版社，1981。

二是伪证出入国（边）境，即虽然经过规定的口岸、关卡出入，但是以伪造证件或其他手段蒙混过关。① 因此，当时偷越国（边）境的概念是十分明确的。在司法适用中，也不存在问题。

及至 20 世纪 80 年代末期，偷越国（边）境犯罪的情况发生了巨大的变化。一是人数变化。过去是个别人的或者是小规模的，后来则发展为人数众多，甚至是大规模的偷越国（边）境犯罪。二是动机变化。过去是为生活所迫而非法偷越国（边）境，目的地是周边国家或者我国港澳地区，后来则发展为劳务输出或者移民，目的地则大多为欧洲或者美国等经济发达国家。三是形式变化。过去是个别人的偷渡行为，后来则发展为在蛇头的组织下形成偷渡集团，具有严密的组织形式，尤其是出现了骗证出境新动向。为此，1993 年 9 月 24 日最高人民法院发出《关于严厉打击偷渡犯罪活动的通知》（以下简称《通知》），该通知第 2 条规定："以牟利为目的，组织、运送他人偷越国（边）境的犯罪分子，是打击的重点，应当依照刑法第一百七十七条的规定，从严惩处。对以牟利为目的，为他人提供伪造、变造的护照、签证等出入境证件，或者以劳务出口、经贸往来以及进行其他公务活动等骗取护照、签证等出入境证件提供给他人的，应以组织他人偷越国（边）境罪论处"。上述涉及两种行为：一是为他人提供伪造、变造的护照、签证等出入境证件，这种行为本身是组织他人偷越国（边）境罪的共犯，以该罪论处并无问题。二是为他人提供骗取的护照、签证等出入境证件，按照《通知》规定也以组织他人偷越国（边）境罪论处。这一规定的逻辑引申就是：使用骗取的合法证件出入国（边）境的行为，也是偷越国（边）境，或曰偷渡。这是第一次在司法解释中，将使用骗取的合法证件出入国（边）境的行为解释为偷越国（边）境。

1994 年 3 月 5 日全国人大常委会通过了《关于严惩组织、运送他人偷越国（边）境犯罪的补充规定》（以下简称《补充规定》），《补充规定》第 2 条规定，"以劳务输出、经贸往来或者其他名义，弄虚作假，骗取护照、签证等出境证件，为组织他人偷越国（边）境使用的，依照本规定第一条的规定处罚。单位有前款规定的

---

① 参见王作富主编：《中国刑法适用》，524 页，北京，中国人民公安大学出版社，1987。

犯罪行为的,对单位判处罚金,并对直接负责的主管人员和其他直接责任人员,依照本规定第一条的规定处罚"。这里的"本规定第一条的规定",指的就是关于组织他人偷越国(边)境的规定。这一规定可以说是将上述通知的内容通过立法形式予以确认。因此,《补充规定》第 5 条关于偷越国(边)境的规定,虽未对偷越国(边)境的概念作出界定,但从逻辑上来说,实际上是包含了这种使用骗取的合法证件出入国(边)境的情形。当时的全国人大常委会法制工作委员会主任顾昂然于1993 年 12 月 20 日在第八届全国人大常委会第五次会议上所作《关于〈严惩组织、运送他人偷越国(边)境犯罪的补充规定(草案)〉的说明》中明确指出:"近年来,出现以劳务输出、经贸往来、旅游或者其他名义,骗取主管部门批准,取得护照、签证等出境证件,组织他人从边境口岸非法出境的严重情况。这是当前组织他人偷越国(边)境犯罪出现的一种新情况。"显然,立法者是将这种行为作为偷渡犯罪加以惩治的。

在 1997 年刑法修订中,这种向他人提供骗取的出入境证件的行为不再规定为组织他人偷越国(边)境的共犯,而是规定为独立罪名。刑法第 319 条规定:"以劳务输出、经贸往来或者其他名义,弄虚作假,骗取护照、签证等出境证件,为组织他人偷越国(边)境使用的,处三年以下有期徒刑,并处罚金;情节严重的,处三年以上十年以下有期徒刑,并处罚金。单位犯前款罪的,对单位判处罚金,并对其直接负责的主管人员和其他直接责任人员,依照前款的规定处罚。"这一规定将骗取护照、签证行为予以犯罪化,并与组织他人偷越国(边)境罪相区分,这是可取的。但刑法又规定骗取护照、签证行为,只有"为组织他人偷越国(边)境使用的"才构成犯罪。这里的"为组织他人偷越国(边)境使用",一般理解为是指骗取护照、签证等出境证件的目的,必须是准备自己进行或者提供给别人进行组织他人偷越国(边)境犯罪使用。如果骗取护照、签证等出境证件,是为了本人或者他人出国,不是为组织他人偷越国(边)境使用的,不构成本罪。[①] 显然,这一规定是为了限制本罪的成立范围,属于刑法理论上所谓目的犯的立法例。但这一目的的

---

① 参见胡康生、郎胜主编:《中华人民共和国刑法释义》,3 版,480 页,北京,法律出版社,2006。

设置又似乎维持了使用骗取的护照、签证等证件出境的行为属于偷越国（边）境的逻辑。因此，在刑法修订以后，我国学者在论及关于行为人以偷越国（边）境为目的，借劳务输出、经贸往来等名义，骗取护照、签证出境，以第二国为中转，前往第三国行为的定性问题时明确指出：

> 这种情形，行为人以偷越国（边）境为目的，系采取欺骗手段出境，符合偷越国（边）境罪的特征。而且这种情形是当前偷越国（边）境犯罪表现的新特点。因此，对于这种行为，符合刑法第322条和司法解释关于偷越国（边）境罪的规定，应当以偷越国（边）境罪定罪处罚。①

由此可见，使用骗取的合法证件出境的行为被我国有的学者确认为偷越国（边）境的表现之一。

四、理论评判

尽管我国刑法理论上的通说都将使用骗取的合法证件出境的行为界定为偷越国（边）境行为，在司法实践中也往往把这种组织他人利用骗取的合法证件出境的行为认定为组织他人偷越国（边）境罪②，但我认为，这种界定是缺乏法理根据的，在逻辑上难以成立。

根据刑法第322条之规定，偷越国（边）境罪以违反国（边）境管理法规为前提。这里的违反国（边）境管理法规，包括违反《中华人民共和国公民出境入境管理法》《中华人民共和国外国人入境出境管理法》《中华人民共和国出境入境边防检查条例》等。③ 这些法律、法规中没有一部规定对持合法证件出入境的还要进行实质审查。《中华人民共和国公民出境入境管理法》（已失效）第9条规定："有下列

---

① 周道鸾、张军主编：《刑法罪名精释》，3版，637～638页，北京，人民法院出版社，2007。
② 浙江省温州市中级人民法院判决的李钟洵偷渡案中，偷渡者所持的证件均合法，签证也有效，实际上是组织他人进行非法移民。对被告人李钟洵一审以组织他人偷越国（边）境罪被判处无期徒刑，二审维持了原判。参见詹小红：《医学博士导演惊天偷渡案》，载《人民法院报》，2004 - 04 - 16，8版。
③ 这两部法律已于2012年被《中华人民共和国出境入境管理法》所取代，特此说明。

情形之一的，边防检查机关有权阻止出境，并依法处理：（一）持用无效出境证件的；（二）持用他人出境证件的；（三）持用伪造或者涂改的出境证件的。"第 14 条规定："对违反本法规定，非法出境、入境，伪造、涂改、冒用、转让出境、入境证件的，公安机关可以处以警告或者十日以下的拘留处罚；情节严重，构成犯罪的，依法追究刑事责任。"在上述规定中，都没有规定禁止使用骗取的合法证件出境。《中华人民共和国出境入境边防检查条例》第 8 条第 1 款规定："出境、入境的人员有下列情形之一的，边防检查站有权阻止其出境、入境：（一）未持出境、入境证件的；（二）持有无效出境、入境证件的；（三）持用他人出境、入境证件的；（四）持用伪造或者涂改的出境、入境证件的；（五）拒绝接受边防检查的；（六）未在限定口岸通行的；（七）国务院公安部门、国家安全部门通知不准出境、入境的；（八）法律、行政法规规定不能出境、入境的。"第 32 条规定："出境、入境的人员有下列情形之一的，处以 500 元以上 2 000 元以下的罚款或者依照有关法律、行政法规的规定处以拘留：（一）未持出境、入境证件的；（二）持用无效出境、入境证件的；（三）持用他人出境、入境证件的；（四）持用伪造或者涂改的出境、入境证件的。"上述规定也没有将使用骗取的合法证件出境行为规定为违法行为。由此可见，在使用骗取的合法证件出境的情况下，由于证件是合法的，其出境行为并非违反出入境管理法规的行为，当然也就不存在构成偷越国（边）境罪的问题。至于其骗取证件的行为构成犯罪的，应当另行规定并处罚。值得注意的是，1994 年全国人大常委会《补充规定》颁行以后，1994 年 7 月 13 日国务院批准修订，1994 年 7 月 15 日公安部、外交部、交通部发布施行，2011 年修订的《中华人民共和国公民出境入境管理法实施细则》（已失效）第 25 条规定了对骗取出入境证件行为的处罚规定，指出："编造情况，提供假证明，或者以行贿等手段，获取出境入境证件……情节严重，构成犯罪的，依法追究刑事责任。"但在该实施细则第 15 条第 1 款规定的边防检查站有权阻止出境、入境的四种情形中，同样不包括使用骗取的合法证件出境的情形。这四种情形是：（1）未持有中华人民共和国护照或者其他出境入境证件的；（2）持用无效护照或者其他无效出境入境证件的；（3）持用伪造、涂改的护照、证件或者冒用他人护照、证件的；（4）拒绝交验证件的。因此，按照该实施细则，持有这种骗取的合法证件出境的，也不能视为偷越，而只是对其骗取行为进行处罚而已。

在我国刑法学界，关于使用骗取的出入境证件而出入境的，是否属于偷越国（边）境的行为，存在着明显的意见分歧。从我国刑法第 319 条关于骗取出境证件罪以"为组织他人偷越国（边）境使用"为要件的规定来推论，使用骗取的出入境证件而出入境的，应属于偷越国（边）境的行为。但根据对偷越国（边）境罪中偷越一词的语义解释，明显不能得出使用骗取的出入境证件而出入境的行为属于偷越国（边）境行为的结论。在这种情况下，我国学者主张采用目的解释方法，指出：

> 从目的解释来看，刑法分则第六章第四节规定了妨害国（边）境管理罪、组织他人偷越国（边）境罪、偷越国（边）境罪与骗取出境证件罪，侵害的法益都是国（边）境管理秩序，而我国的国（边）境管理法规规定，公民在申请出入境证件时，申请理由必须真实、合法。组织他人使用以旅游、经贸往来等虚假理由骗取的出入境证件进出国（边）境的侵犯了国（边）境管理秩序，符合本罪的目的。①

我认为，这一目的解释以使用骗取的出入境证件而出入境的行为与偷越国（边）境行为一样，都以侵犯了国（边）境管理秩序为由，将前者解释为后者，是难以成立的。正如我们不能以故意杀人罪与过失致人死亡罪都侵犯了他人的生命权为由而将后者解释为前者一样，我认为，还是要作法内解释而不应作法外解释。在这一点上，张明楷教授的解释径路更为可取。张明楷教授提出的问题是：使用无效的出入境证件出入境的，属于偷越国（边）境。那么使用欺骗手段取得的出境证件出境，是否属于使用无效证件出境呢？张明楷教授对此持否定的态度，理由在于：

> 一方面，在行为人通过一定程序取得了出境证件后，即使是采取弄虚作假的手段取得的出境证件，也只有经过相应权威机构的确认，才能宣布为无效证件，不能随意将骗取的签证视为无效证件。另一方面，对出境所要求的出境证件，进行形式的判断即可，不必进行实质审查。况且，从现

---

① 苏彩霞：《刑法解释方法的位阶与运用》，载《中国法学》，2008（5），107 页。

实情况来看，由于签证种类繁多、签证手续过于复杂，人们为顺利取得签证，又为了减少麻烦，或多或少会使用某种欺骗手段。如果将使用类似采用一定欺骗手段取得签证并出境的行为认定为偷越国（边）境，必然造成打击面过宽的局面，不符合我国的刑事政策。[①]

从以上观点来看，无论是从法律解释上还是从刑事政策上来看，使用骗取的出入境证件而出入境的行为都不应解释为偷越国（边）境。对此，我是持完全赞同态度的。

那么，顾国均案这种持有合法出境证件出境的行为何以被认为构成偷越国（边）境罪呢？对此，在裁判理由中有这样一段话："行为人'骗证出境'，本质上不具备合法出境资格，不能出境，但为达到出境目的，隐瞒真实意图，骗取出境证件出境。此时，行为人出境证件的取得是非法的，出境资格是虚假的，行为人借此出境，无异于以欺骗手段越境，该越境行为当然侵犯到了国家国（边）境管理秩序，属非法越境。"这段话中，存在以下三个问题值得研究。

（一）出境的能与不能

出境的能与不能，这是一个关于出境权的问题。公民有无出境的权利？毫无疑问，公民是有出境权的，包括出国定居、移民、旅游、劳务、贸易、留学、探亲等各种内容，国家无权加以限制。我国在改革开放以前，处于一种闭关锁国的状态，不仅限制外国人来华从事政治、经济、文化等各项活动，而且对中国公民出境作了更为严格的限制。基于这种状态制定的出入境管理政策与办法，都是以禁止或者限制出境为主的。改革开放以后，这种情况有了巨大的变化：基于吸引外资和增加外汇收入的经济考量对外国人以及我国港澳台地区人的出入境限制首先逐步被取消。对中国人出境的限制则是一个逐渐开放的过程，开始是出国留学、探亲的开放，后来出国定居、旅游也逐渐开放。可以说，20 世纪 90 年代出现的偷渡高潮正是对以往限制，乃至于禁止我国公民正常出境政策与管理方法的一种反动。可以想见，在一个十分容易获得合法出境证件的社会，公民还需要采用偷渡等非法手段，甚至冒

[①] 张明楷：《刑法学》，3 版，802 页，北京，法律出版社，2008。

着生命危险出境吗？我国对公民出境的限制在逐渐放开，出入国（边）境管理政策处于一种调整过程之中。《中华人民共和国公民出境入境管理法》（已失效）第 5 条第 1 款规定："中国公民因私事出境，向户口所在地的市、县公安机关提出申请，除本法第八条规定的情形外，都可以得到批准。"这里的第 8 条规定是指，"有下列情形之一的，不批准出境：（一）刑事案件的被告人和公安机关或者人民检察院或者人民法院认定的犯罪嫌疑人；（二）人民法院通知有未了结民事案件不能离境的；（三）被判处刑罚正在服刑的；（四）正在被劳动教养的；（五）国务院有关主管机关认为出境后将对国家安全造成危害或者对国家利益造成重大损失的"。按照上述法律规定，我国公民只要不具备第 8 条规定的五种情形之一，其出境申请都应当得到批准。但与该法配套的《中华人民共和国公民出境入境管理法实施细则》（已失效）第 3 条及第 4 条对申请出境又规定了烦琐的手续。第 3 条规定："居住国内的公民因私事出境，须向户口所在地的市、县公安局出入境管理部门提出申请，回答有关的询问并履行下列手续：（一）交验户口簿或者其他户籍证明；（二）填写出境申请表；（三）提交所在工作单位对申请人出境的意见；（四）提交与出境事由相应的证明。"第 4 条规定，这里的"证明"是指：（1）出境定居，须提交拟定居地亲友同意去定居的证明或者前往国家的定居许可证明；（2）出境探亲访友，须提交亲友邀请证明；（3）出境继承财产，须提交有合法继承权的证明；（4）出境留学，须提交接受学校入学许可证件和必需的经济保证证明；（5）出境就业，须提交聘请、雇用单位或者雇主的聘用、雇用证明；（6）出境旅游，须提交旅行所需外汇费用证明。根据上述规定，公民的出境权受到了严格限制，并且将护照的申请与实际出境相联系，甚至与具体的出境事由相联系。如果具体的出境事由是虚构的或者与实际情况不符，就出现了一个骗取护照的问题。其不仅骗取护照，而且是骗取出境。按照裁判理由，这就是实质上的非法越境。显然，这是一种以公民无出境权为前提的逻辑。这种限制公民出境的做法与对外开放的政策是背道而驰的。为此，近年来出入境管理制度进行了一些改革，这种改革是以放宽对公民出境的限制为目标的。广州市从 2002 年 11 月 1 日开始市民可凭身份证、户口簿按需申领护照，除几类特殊身份人员以外，市民申领护照无须提交任何境内外证明材料。这一做法 2004 年 2

月 1 日起在北京也开始推行，并在全国范围内逐渐推行。这种被称为简化出国申请手续的措施，实际上是使护照申领与出境相分离，不出境的也可以申领护照，留待出境时使用。随着护照由审批制改为申领制，骗取护照的情形就基本上消失了。因为骗取护照是以护照审批制为前提的，在护照申领制的情况下，护照无须骗取，申领就可获得。由上述论述可知，公民是享有出境权的，当然，出境须办理手续。

（二）出境的合法与非法

出境的合法与非法，是一个关于出境性质的判断标准问题。如何界定这里的合法与非法？按照裁判理由，出境的合法与非法，是根据出境意图判断的，以旅游为名出境，实际上想在当地定居或者从事劳务，这就是非法出境。在这种情况下，对出境的合法与非法的判断，就不是一种形式判断，而是一种实质判断。显然，这种观点是不能成立的。我认为，出境的合法与非法是指出境证件的合法与非法。只要持合法证件出境，就属于合法出境。只有无证出境或者持有伪造、变造等证件出境，才属于非法出境。对出境进行实质审查既无必要，也无可能。公民只要持合法证件出境，就应当放行。至于出境以后做什么，例如在境外非法移民或者非法劳务，那是公民个人的行为，因为这些行为违反的是境外有关国家或者地区的法律的问题。裁判理由将骗取出境证件后出境，非法滞留国外的行为都界定为偷越国（边）境罪，换言之，只要申报出境的事由与实际出境事由不相符合的，均属于不符合出境资格而出境。这将极大地扩张偷越国（边）境罪的范围。实际上，骗取证件行为违法，只能对骗证行为加以惩罚，使用骗取证件的行为不应理解为无证件的行为。正如以骗取或者购买的驾驶执照驾驶车辆的，当发现该驾驶执照是骗取的或者购买的时候，应当对该行为加以处罚，并且可以吊销其驾驶执照，但并不能将其持骗取或者购买的驾驶执照驾驶汽车的行为定性为无照驾驶。驾驶仍然是有合法执照的，只不过该驾驶执照的来源上有问题。在使用骗取的证件出境的情况下，我们也应作如此理解：只要证件形式上是合法的，边防部门就应当放行。至于出境以后滞留不归的情况更加复杂，申请出境时事由是留学，但留学期间打工并滞留不归，能否说这就是偷越国（边）境呢？如果将此类行为都视为偷越国（边）境，则出境的合法与非法不再取决于出境证件的合法与非法，而取决于出境以后之所为与出境事由是否相符。这是难以成立的。

（三）偷渡与非法移民

偷渡与非法移民，涉及两者是否属于同一概念的问题。偷渡是指非法出入境，而非法移民则是指没有获得合法的移民手续的移民。偷渡与非法移民是两个既有联系又有区别的规定：非法移民可以采取偷渡方式，也可以采取合法入境方式。实际上，非法移民存在两种情形：一是合法入境非法居留，主要是指办理劳务输出、留学、旅游、观光、探亲、商务谈判等短期签证入境后，未经允许私自改变身份而逾期不归，滞留时间超过当地政府所准予逗留期限的人，即签证延长被拒绝或签证过期 3 个月以上，合法身份丧失而沦为非法移民。二是非法入境，主要是指持用伪造、变造的出入境证件、偷越国（边）境等手段离开居留国或移入前往国的人。①在非法入境而居留的情况下，其当然是非法移民；但在合法入境非法居留的情况下，只存在违反移民法的问题而不存在违反出入境管理法的问题。如果按照主观意图界定，那么这些合法入境者均成了非法入境。更为重要的是，就移民而言，有移出国与移入国之分。移民本身不是犯罪，只有非法移民才可能构成犯罪。而非法移民恰恰是相对于移入国而言的，是伴随着各国限制人口流动的政策、出入境管理制度而存在的。②而对于移出国而言，不存在非法移民的问题。因此，非法移民主要侵害的是移入国利益，具有打击非法移民迫切需求的也是移入国。而我国是一个移出国，尽管我国作为一个移出国同样应当反对非法移民，对于采取偷渡方法非法移民的行为同样需要予以惩处，但这种惩处的根据是非法出境而非非法移民。把持合法证件出境而有可能在境外逗留不归沦为非法移民的人都视为非法出境，显然不妥。在裁判理由中，对于骗证出境并滞留国外打工行为的社会危害性有以下一段论证：

---

① 参见田宏杰：《妨害国（边）境管理罪》，1～2 页，北京，中国人民公安大学出版社，2003。但该书把利用假证明骗取护照、签证等出入境证件也视为非法出入境，则是我所不同意的。

② 参见但伟：《偷渡犯罪比较研究》，7 页，北京，法律出版社，2004。

当前，在利益的驱使下，越来越多的人向往出境打工，他们多以旅游、考察等名义，弄虚作假，骗取出境证件后出境，非法滞留国外打工。该类行为不仅造成了极坏的国际影响，而且严重破坏了我国国（边）境管理秩序，应予惩戒。

　　我所不明白的是：在利益的驱使下出境打工有何之错、有何之罪？弄虚作假骗取出境证件当然是错误的，但如果能合法地办理出境证件又有何必要去弄虚作假骗取出境证件？非法滞留国外，违反的是外国的居留法或者移民法，与我国国际影响有何关系？至于严重破坏我国国（边）境管理秩序云云，持合法证件出境何妨害之有？凡此种种论调，都反映出一个如何对待我国公民出境打工的问题，就更大范围而言，是一个如何对待我国公民向境外移民的问题。我认为，我们应当对我国的移民政策进行反思，到底是鼓励移民还是限制移民甚至禁止移民？考虑到我国目前的人口压力，我认为鼓励移民是明智之举，当然，鼓励的是合法移民而不是非法移民。在鼓励移民的政策指导下，为合法移民创造更好的条件，是能够减少非法移民的。对于出国从事劳务活动也是这样：应当持一种积极鼓励态度，提供合法的出国渠道。我国在很大程度上将非法移民与偷渡相等同，又将偷渡等同于非法出境，由此发生罪名设立与法律解释上的逻辑错位。如上所述，非法移民不等于偷渡，偷渡也不等于非法出境。偷渡作为非法移民的一种方式，在更为确切的意义上是指非法入境。因此，在我国未设立非法移民罪的情况下，只能惩治偷越我国国（边）境的行为，而不能将合法出境而非法进入其他国家（地区）的行为也认定为偷越国（边）境罪。

五、补正解释

　　通过上述理论上的分析可知，偷渡只能是指非法偷越国（边）境，只要出境证件合法就不存在偷渡问题。因此，使用骗取的出境证件出境，需要惩罚的是骗取行为，不能由此否认出境的合法性。既然出境是合法的而不是偷越国（边）境，组织者当然也就不存在构成组织他人偷越国（边）境罪的问题。但从前文所述的立法沿革来看，全国人大常委会的《补充规定》是将这种组织他人骗取护照、签证等出境证件的行为按照组织他人偷越国（边）境罪论处的。在这种情况下，对于本案定罪当然是没有问题的，无论该刑法规定是否合理。但在 1997 年刑法修订中，骗取出境证件行为被单独成罪，只是为了限制该罪的构成范围，在关于该罪的目的中涉及"为组织他人偷越国（边）境使用"一词。由此引申出来的结论是：（1）使用骗取的合法证件出境的，也是偷越国（边）境。（2）他人可以通过骗取合法证件的方式构成组织他人偷越国（边）境罪或者运送他人偷越国（边）境罪。尽管从刑法第 319 条中可以引申出这样的结论，但刑法第 318 条组织他人偷越国（边）境罪、刑法第 321 条运送他人偷越国（边）境罪和第 322 条偷越国（边）境罪中，对此并无明文规定。在这种情况下，是按照刑法第 319 条的规定去界定刑法第 318 条、刑法第 321 条和刑法第 322 条，还是将其分别加以理解，并不以刑法第 319 条的逻辑引申去解释刑法第 318 条、刑法第 321 条和刑法第 322 条？我赞同后者而否定前者。换言之，应当对刑法第 322 条规定的"为组织他人偷越国（边）境使用"一词作补正解释。

补正解释是指刑法的文字表述等发生错误时，统观刑法全文加以补正，以阐明刑法真实含义的解释方法。我国学者指出：

> 补正解释的根据主要来自于两个方面：一是实质根据，即为了符合刑法的目的，为了实现刑法的正义。二是刑法的相关条文的根据，或者刑法整体规定的根据。[①]

显然，补正解释是法律解释中的一种极为特殊的解释方法，它是以刑法的文字表述有错误为前提的，由此进行补救性的解释。在刑法解释中，补正解释应当慎用，尤其应当受到罪刑法定原则的限制。补正解释不能入罪，即不能将法无明文规定的行为补正解释为犯罪。补正解释可以出罪，在这个意义上说补正解释又具有限制解释之功能。补正解释的适用需要解决三个问题，下面对刑法第 319 条中的"为组织他人偷越国（边）境使用"一语的补正解释进行阐述：

---

① 张明楷：《刑法分则的解释原理》，北京，中国人民大学出版社，2004。

（一）补正解释的适用前提

补正解释是以法律规定存在文字表述上的错误为前提的，无此前提则无补正解释。立法者不是神而是人，难免犯错误，因此法律规定之存在错误是在所难免的。正如我国台湾地区学者林山田教授指出：

> 刑法因其本质上之不完整性，故在刑法本质即存有为数甚多之漏洞。况且，刑法对于可罚行为仅就点，而非就面设定处罚规定，为数甚多之社会有害行为中，只有一些典型之不法行为，始经由刑事立法而成为科处刑罚之犯罪行为。此外，刑法并非就一个系统结构设计而成之法律，而是以道德规范为根源，逐渐进展而成者。因此，刑法之规定必然存在漏洞。①

法律漏洞在某种意义上说就是立法上的错误，当然，这种错误的情形是十分复杂的。在一般情况下，立法的错误只能通过立法加以纠正或者弥补，对于刑法来说尤其如此。在民法或者其他法部门，法官可以采用类推解释等方法加以补充。例如，我国民法学家梁慧星教授在论及法律漏洞补充方法时指出：

> 当法律被认定为存在漏洞时，即须对法律漏洞进行补充。其补充方法，可大别为三：其一，依习惯补充；其二，依法理补充；其三，依判例补充。其中，在法解释学上最具重要性的，当然是第二类依法理补充。②

在刑法中，法律漏洞，如果是实质性的漏洞，一般是不能通过法律解释加以补充的，因为它受到罪刑法定原则的限制。但如果这种漏洞是文字表述上的，则自然可以通过补正解释加以弥补。关键问题在于：这种文字表述上的错误是否存在？我认为，文字表述上的错误是否存在应当采用语言学和逻辑学的判断标准。从语言学上来说，当法律条文中存在编辑错误（Redaktiosfehler）时，可以进行校正。③ 从

---

① 林山田：《刑法通论》，增订 7 版，上册，112～113 页，台北，2000。
② 梁慧星：《民法解释学》，270 页，北京，中国政法大学出版社，1995。
③ 参见［德］汉斯·海因里希·耶赛克、托马斯·魏根特：《德国刑法教科书（总论）》，徐久生译，198 页，北京，中国法制出版社，2001。

逻辑学上来说，当根据法律条文的字面意思加以理解时会发生逻辑上的错误，亦应认为存在文字表述上的错误。就刑法第 319 条而言，如果将骗取出境证件罪的目的"为组织他人偷越国（边）境使用"理解为使用骗取的合法证件出境的行为也是偷越国（边）境，并以此界定刑法第 318 条组织他人偷越国（边）境罪、刑法第 321 条运送他人偷越国（边）境罪和刑法第 322 条偷越国（边）罪，则明显不符合逻辑，由此可以认定为文字表述上的错误。

（二）补正解释的适用范围

法律规定的文字表述上的错误是否能够通过补正解释方法加以纠正？我认为并非所有法律规定的文字表述上的错误都可以通过补正解释方法加以纠正。因此，只有在法律规定的文字表述上的错误可以通过补正解释加以纠正的情况下，才能采用补正解释。那么，刑法第 319 条的规定在文字表述上的错误能否通过补正解释加以纠正呢？我认为是可以的。这种纠正方法就是将"为组织他人偷越国（边）境使用"理解为骗取出境证件是为非法移民或者非法劳务输出使用，但并不认为使用这些证件出境的行为是偷越国（边）境，也不把组织使用这些证件出境的行为界定为组织他人偷越国（边）境。

（三）补正解释的正当根据

补正解释应当符合刑法的真实含义。这里的真实含义是指刑法的合理含义。因此，补正解释必须具有正当合理根据。对刑法第 319 条中的"为组织他人偷越国（边）境使用"一语进行补正解释之所以是正当的，主要理由在于：这种补正解释符合刑法修订的意思。如前所述，1994 年全国人大常委会《补充规定》曾将骗取出境证件为组织他人偷越国（边）境使用的行为规定为以组织他人偷越国（边）境罪论处。在这种情况下，立法者把骗取出境证件的行为作为组织他人偷越国（边）境罪的共犯以该罪论处。因此，"为组织他人偷越国（边）境使用"就成为构成共犯的必要条件，由此而确立了使用骗取合法证件出境也是偷越国（边）境的逻辑。但 1997 年刑法修订时，已经将骗取出境证件罪从组织他人偷越国（边）境罪中分离出来单独成罪。对于为什么作出此种修订，立法者并未说明理由，只是指出："本条规定的主要内容，全国人大常委会《关于严惩组织、运送他人偷越国（边）

境犯罪的补充规定》已有规定，本条作了适当修改后纳入新刑法。"① 而有些学者在论及骗取出境证件罪与组织他人偷越国（边）境罪的界限时指出：

> 两者在主观上都是以组织他人偷越国（边）境为目的；在客观上骗取出境证件罪是明知他人组织偷越国（边）境而给其提供证件，实际上是组织他人偷越国（边）境的共犯行为。因此，《关于严惩组织、运送他人偷越国（边）境犯罪的补充规定》第 2 条对这种行为规定按照组织他人偷越国（边）境罪处罚。1997 年修订刑法时，考虑到骗取出境证件，为组织他人偷越国（边）境使用的行为，与组织他人偷越国（边）境罪无论在客观方面还是其社会危害性都有一定的差别，因而决定单列罪名，修订的刑法施行后，对于明知他人组织偷越国（边）境介绍其提供出境证件的行为就不能再以组织他人偷越国（边）境罪处罚了；但是，如果骗取证件行为人同时还实施了其他组织行为的，对行为人则应以组织他人偷越国（边）境罪定罪处罚。②

这段话虽然就将骗取出境证件行为单独列罪的理由作了一定的论述，但仍然语焉不详。我认为，刑法将骗取出境证件行为单独设罪表明立法者对该行为的评价已经不同于《补充规定》，是将之作为一种独立的妨害国（边）境管理的行为。这是完全正确的。但在文字表述上，刑法仍保留了《补充规定》中的"为组织他人偷越国（边）境使用"一语，以至于使人误解为使用骗取的合法证件出境的行为也是偷越国（边）境行为。将该语理解为是文字表述上的错误，对其进行补正解释，与刑法修订的意思是相符的。而且，我国国（边）境管理制度已经随着社会发展进行了某些政策调整，这些政策调整措施必将影响到对刑法的解释。随着护照申请的逐渐放宽，由审批制改为申领制，尤其是护照申领与出境的分离，骗取护照的行为会逐渐减少。至于骗取签证，出境的签证是入境国（地区）有关机构签发的，这种行为侵犯的是外国或地区的入境制度，是否侵犯我国国（边）境管理制度都是值得质疑

---

① 胡康生、李福成主编：《中华人民共和国刑法释义》，451 页，北京，法律出版社，1998。
② 周道鸾、张军主编：《刑法罪名精释》，3 版，632 页，北京，人民法院出版社，2007。

的。在这种情况下，将为组织他人非法移民而骗取出境证件的行为单独予以惩罚即可，不应构成组织他人偷越国（边）境罪，更不能由此将使用骗取的合法证件出境的行为界定为偷越国（边）境罪。

六、本案定性

本案认定为非法组织劳务输出是正确的，但我国刑法并未设立非法组织劳务输出罪，因而该行为只有在触犯刑法规定的其他罪名时才能被定罪。根据法院认定的本案事实，被告人顾国均等人成立了三盟公司，该公司并无对外劳务合作经营权和签约权，而且我国政府与马来西亚也无劳务合作关系。在这种情况下，顾国均等人擅自决定向马来西亚输出劳务，为此，先后 11 次组织 140 余人以旅游的形式出境赴马来西亚非法务工。在这一过程中，以旅游名义办理出境证件，实际上是出国务工，申请出境事由与实际出境事由不符。在这种情况下，根据我国现行法律规定，将其认定为骗取出境证件罪是正确的。把这种组织出境行为认定为组织他人偷越国（边）境罪，我认为是不妥当的。因为出境是合法的，至于在马来西亚非法务工，违反的是马来西亚的法律，而不是违反我国法律。本案中骗取出境证件行为是由三盟公司实施的，属于单位犯罪，应适用刑法第 319 条第 2 款之规定。由于利用骗取的证件组织他人出境的行为不构成组织他人偷越国（边）境罪，因而也就不存在骗取出境证件罪与组织他人偷越国（边）境罪的牵连关系。

第 2 章

罪　体

第 1 节　妻子自杀不救助行为之定性研究

案名：宋福祥故意杀人案
主题：不纯正的不作为　不作为之作为义务

在现实生活中，自杀事件时有发生，因自杀而导致与自杀相关人员受刑事责任追究的案件也时有发生。宋福祥故意杀人案（以下简称"宋福祥案"）就是一个典型①，我主编的《刑事法评论》第 3 卷（中国政法大学出版社 1998 年版）开辟专栏对宋福祥间接故意、不作为故意杀人案进行了讨论。在此，我就宋福祥案涉及的不作为犯罪展开论述。

---

① 本案刊载于中国高级法官培训中心、中国人民大学法学院编：《中国审判案例要览（1996 年刑事审判案例卷）》，北京，中国人民大学出版社，1997。

一、案情及诉讼过程

1994 年 6 月 30 日晚，被告人宋福祥酒后回到自己家中，因琐事与其妻李某发生争吵厮打。李某说："三天两头吵，活着还不如死了。"被告人宋福祥说："那你就死去。"后李某在寻找准备自缢用的凳子时，宋喊来邻居叶某生对李某进行规劝。叶走后，二人又发生吵骂厮打。在李某寻找自缢用的绳索时，宋采取放任态度，不管不问不加劝阻，致使李某于当晚在其家门框上上吊自缢身亡。经南阳市卧龙公安分局刑事技术鉴定：李某系机械性窒息死亡（自缢）。

河南省南阳市人民法院经审理认为：被告人宋福祥目睹其妻李某寻找工具准备自缢，应当预见李某会发生自缢的后果而放任这种后果的发生，在家中只有夫妻二人这样的特定环境中，被告人宋福祥负有特定义务，其放任李某自缢身亡的行为，已构成故意杀人罪（不作为），但情节较轻。

河南省南阳市人民法院根据《中华人民共和国刑法》（1979 年刑法——引者注）第 132 条，作出如下判决：宋福祥犯故意杀人罪，判处有期徒刑 4 年。

上诉人宋福祥不服一审判决，提出上诉称：没有放任李某的死，根本想不到她这次会真的自杀，她上吊我不知道。一审判决认定事实错误，处理不当，要求依法改判无罪。

河南省南阳市中级人民法院经审理查明：1994 年 6 月 30 日晚被告人宋福祥同其妻李某生气，李要上吊，宋喊来邻居叶某生进行劝解，叶走后二人又吵骂厮打，后李寻找自缢工具时，宋意识到李要自缢却无动于衷，放任不管。直到宋听到凳子响声时，才起身过去，但其仍未采取有效措施或呼喊近邻，而是离开现场到一里以外的父母家中去告知自己父母。待其家人赶到时李某已无法挽救，宋实际是放任了李某的死亡。对此有宋福祥本人的供述、叶某生的证言等证实。

河南省南阳市中级人民法院认为：被告人宋福祥与其妻李某关系不

和，在争吵厮打中用语言刺激李某，致使其产生自缢轻生的决心。被告人宋福祥是负有特定义务的人，对李某自缢采取放任态度，致使李在家中这种特定环境下自缢身亡，其行为已构成故意杀人罪（不作为）。原审判决定罪正确、量刑适当、审判程序合法，被告人宋福祥的上诉理由不能成立，不予采纳。

河南省南阳市中级人民法院根据《中华人民共和国刑事诉讼法》（1979 年——引者注）第一百三十六条第（一）项之规定，作出如下裁定：驳回上诉，维持原判。

二、案件事实的认定

宋福祥案首先涉及的是一个案件事实认定的问题，而这一点也是容易被人所忽略的。

在一审判决认定的事实中，李某系自缢死亡这个事实是可以确定的，并且宋福祥和李某之间曾经发生过两次争吵。第一次争吵后，宋福祥曾经叫来邻居叶某生对李某进行规劝，这一事实也是可以确认的。在第二次争吵后，李某上吊自缢的时候，宋福祥的所作所为才是对定罪具有重要影响的事实。由于李某已经自缢身亡，因此法院对这一事实的认定除了宋福祥的口供，很难有其他事实加以佐证，这也为本案的事实认定带来困难。一审判决对此的认定简略为一句话：

在李某寻找自缢用的绳索时，宋采取放任态度，不管不问不加劝阻，致使李某于当晚在其家门框上上吊自缢身亡。

在一审判决以后，宋福祥提出上诉，上诉的理由并非法律适用错误，而是认为一审判决认定事实错误。宋福祥的上诉理由是：

没有放任李某的死，根本想不到她这次会真的自杀，她上吊我不知道。

显然，在宋福祥及其辩护人看来，放任的前提是宋福祥明知李某要自缢。因此，宋福祥所作的辩解是其不知道李某会自杀。在这种情况下，二审法院只有证明宋福祥对于李某的自杀是知道的，才能维持一审判决。二审判决认定的案件事实与一审判决认定的案件事实存在细微差别：

> 后李寻找自缢工具时，宋意识到李要自缢却无动于衷，放任不管。直到宋听到凳子响声时，才起身过去，但其仍未采取有效措施或呼喊近邻，而是离开现场到一里以外的父母家中去告知自己父母。待其家人赶到时李某已无法挽救，宋实际是放任了李某的死亡。

需要注意的是，在上述描述中有一句关键性的、也是对于宋福祥致命性的话："宋听到凳子响声"。这里的凳子响声，是指李某上吊自杀时发出的凳子响声。问题在于：这一事实认定的根据是什么？宋福祥明确否认知道李某自杀，他又怎么会陈述听到李某上吊的凳子响声呢？因此，到底是宋福祥听到了李某上吊自杀时的凳子响声，还是法官听到了李某上吊自杀时的凳子响声，这还真是一个问题。在本案的裁判理由中，裁判者对被告人宋福祥的主观心理状态作了以下论述：

> 本案犯罪构成的主观方面，即行为人宋福祥对死者李某的死亡所持的态度，也是一个值得探讨的较为复杂的问题。我国刑法理论在认定犯罪时，坚持主客观一致的原则。在认定构成不作为犯罪时，尤其需联系犯罪的主观方面和客观方面。就本案来说，如果行为人不知道李某要自杀，或在李某自杀时不是采取放任甚至希望的态度，那么本案被告人就不应负刑事责任。如果单单依据被告人在客观方面实施了不作为的杀人行为而认定被告人构成犯罪，这就是客观归罪，实在太勉强了。认定本案被告人构成犯罪必须将主客观联系起来，在确认本案被告人明知死者会自杀，并放任死者的自杀行为，在有条件、有能力救助的情况下而不救助，才能认定被告人构成故意杀人罪（不作为）。那么，本案行为人宋福祥对死者的放任心态是如何体现的呢？

> 我国刑法理论的犯罪构成的主观方面主要指的是犯罪行为人的心理态度，即行为人的认识因素和意志因素。行为人的心理态度，是比较抽象的，但它却是具体地表现于行为人的犯罪行为之中，因此，不仅要从行为人的供述中分析判断，而且更要从行为人的具体犯罪行为中去分析判断，

才能得出符合客观实际的结论。本案中，当行为人宋福祥的邻居叶某生走后宋与死者李某又吵骂厮打，后李某寻找自缢用工具时，宋福祥已意识到李要自缢，但他无动于衷，不加阻止。当其听到凳子响声时（这时他知道李已上吊），才起身过去。这时他本应呼喊近邻或采取其他有效措施来阻止李的死亡，但宋却没有，放任李某死亡的发生，到一里以外的父母家中告知其父母，以致李某未能得到及时抢救而死亡，宋实际上是放任了李死亡结果的发生。二审法院对此点的分析是很透彻的。

这一论证当然还是以宋福祥听到凳子响声，因而知道李已上吊为基础的。这里存在一个事实问题，除此以外还存在一个对事实的理论概括问题。尤其是，在案件事实的认定中还存在逻辑推理问题。这些都是保证案件事实得到正确认定所需的司法技术。事实和对事实的认识是两个不同层次的问题，对事实的认识和对这种认识的理论概括或者理论表述又是两个不同层次的问题。认识要符合事实，而表述又要符合认识的内容。那么，法院判决对于宋福祥的主观方面是如何表述的呢？我们可以来看一看二审判决中以下这句结论性的论断：

　　被告人宋福祥应当预见其妻会发生自缢死亡的结果，而放任这种结果的发生，且系负有特定义务的人，故其行为构成了故意杀人罪（不作为）。

在此，二审判决使用了"应当预见"一词。而我们知道，刑法第 14 条关于间接故意的规定，刑法使用的是"明知"一词。刑法第 15 条关于疏忽大意的过失的规定，才使用"应当预见"一词。那么，什么是应当预见呢？应当预见是以没有预见为前提的，只有对没有预见的行为人才能提出是否应当预见的问题。因此，疏忽大意的过失才在刑法理论上称为无认识的过失。二审判决认为宋福祥对其妻自杀是应当预见，正好说明宋福祥对其妻自杀是不知道的，只不过根据当时的情形应当预见而已。在这种情况下，宋福祥对于其妻的死亡就不是间接故意而是疏忽大意的过失。

由于李某自杀时只有宋福祥和李某两人在场，当时的客观真相确实已经很难重现。这里涉及的主要不是故意杀人与过失致人死亡的区分问题，而是案件事实的认定问题，这也是司法实践中遇到的疑难问题。本案一、二审法院为什么会对宋福祥定罪，曲新久教授作出了以下猜测性的论述：

我猜想，本案一、二审法院判决被告人宋福祥构成不作为间接故意杀人罪，是基于如下事实和刑事司法习惯：公安机关预审时宋福祥承认，叶某生走后，他们二人又发生争吵厮打，他看到其妻李某寻找自缢的工具，意识到李某要自杀，但是未加阻止，直到他听到凳子响时，知道李某已上吊，仍未加阻止和救护，而是到一里以外的父母家中告知其父母，结果等他与其家人赶到后，李某已经自缢身亡。到一、二审法庭调查时，被告人宋福祥翻供，否认以前承认的事实。但是，一、二审法院认为，被告人宋福祥预审时供述真实，审判时翻供是为了推托罪责，逃避惩罚，不足采信，所以，一、二审法院才会以被告人宋福祥的供述并结合其他间接证据认定其有罪。①

如果在预审中，宋福祥曾经作过听到李某上吊的凳子响声的供述，尽管二审时翻供，仍然对宋福祥定罪，这确实是像曲新久教授所说的那样，是我国司法实践中由来已久的一种审判习惯。当然，与其说是一种审判习惯，不如说是一种对待翻供的态度，或者一种证据掌握的标准。对此，我们当然是可以从证据法上加以探讨的。由于我们并不掌握宋福祥在预审时的口供，因而对于这样一种说法无从求证，只能是一种猜测。

不过，从案件事实认定的角度，我也可以提供另外一种解释，即对于宋福祥是否知道李某上吊自缢，二审判决采用的是一种使用并不熟练的推定方法。对于案件事实的认定，我认为具有两种方法：一是确认方法，二是推定方法。确认方法是指具有某种证据可以直接证明某一事实存在。例如，由一具尸体可以确认某人已经死亡这一事实，采用的就是确认方法。但在另外一些场合，并不存在这种可以证明案件事实存在的直接证据，需要根据客观事实加以推断。这种推断，就是指刑法理论上的推定。法律在对行为人主观意图的证明中，往往采用推定方法。例如，英国的法律对明知的推定问题作出了专门性的规定。英国刑法中规定了三种程度的"明

---

① 曲新久：《论间接故意之不纯正不作为犯》，载陈兴良主编：《刑事法评论》，第 3 卷，254 页，北京，中国政法大学出版社，1999。

知"，除实际的明知和故意的漠视之外，第三种程度的明知是推定的明知，它存在于一个人虽不知道、但他应当知道的情况中。① 由此可见，在外国刑法中推定是广泛采用的司法技术之一，尤其是在主观意图的认定上，推定的应用可以减轻控方的证明负担，但在我国司法实践中，推定方法并不普及，在有关法律与司法解释中缺乏推定的规则。凡此种种，都是值得我们关注的。

三、不作为之作为义务

尽管在宋福祥案中，主观上的明知如何认定，关系到间接故意与疏忽大意的过失之区分，但这并非本案关注的焦点问题，本案的法律问题主要还是集中在不作为的作为义务上。

可以说，宋福祥间接故意不作为杀人的罪名能否成立，关键的问题之一在于宋福祥对于其妻李某自杀是否存在防止义务。在此，有必要从刑法理论上对不作为犯罪的作为义务进行探讨，在此基础上对宋福祥间接故意不作为杀人案从作为义务的角度加以评判。

（一）不作为犯罪之作为义务的地位

日本学者日高义博教授在论述不真正不作为犯（不纯正不作为犯）时，提出了等置问题，即"不真正不作为犯和作为犯究竟是否可以等置于同一犯罪构成要件"的问题。② 我认为，等置的问题之提出意义十分重大，对于不纯正不作为犯尤其如此。对于纯正不作为犯来说，由于法律对此已经作出明文规定，因而法定性与等价性，都已经在法律上得到了解决。从这个意义上说，纯正不作为犯与作为犯存在相同的犯罪构成的结构，其犯罪性是不言而喻的。但在不纯正不作为犯的情况下，不作为犯与作为犯共用一个犯罪构成要件，但在犯罪构成的结构上两者存在着显著的

---

① 参见褚福民：《刑事诉讼中的推定论要》，载陈兴良主编：《刑事法评论》，第 22 卷，154 页，北京，北京大学出版社，2008。

② 参见［日］日高义博：《不作为犯的理论》，王树平译，94 页，北京，中国人民公安大学出版社，1992。

差异。日高义博教授将这种差异表述为结构上的间隙，指出：

> 在把不真正不作为犯和作为犯等置的情形中，两者存在结构上的空隙成为等置的障碍。因此，如果要使不真正不作为犯与作为犯能够等置，就要找到能够填补不真正不作为犯与作为犯存在结构上的空隙，即使两者在价值方面相等的媒介。所以，等置问题的核心就在于能否找到使两者在价值方面相等的媒介来填补不真正不作为犯与作为犯存在结构上的空隙。如果找不到克服不真正不作为犯与作为犯存在结构上的空隙的媒介，不真正不作为犯和作为犯就不能等置，这样就会由不能等置而必然得出处罚不真正不作为犯违反罪刑法定主义的结论。[1]

由此可见，等置问题在不纯正不作为犯的构成中具有重要地位。在刑法理论上，作为与不作为是两种基本的行为方式。一般认为，作为是违反刑法禁止规范的行为，而不作为是违反刑法命令规范的行为。如果把这里的不作为限定为纯正不作为，这一说法显然是能够成立的。但不纯正不作为是以不作为的方式犯作为也能实施的犯罪，例如，以不作为方式犯故意杀人罪。在这种情况下，不纯正不作为违反的是命令规范还是禁止规范？对此，在刑法理论上存在下述三种观点之聚讼[2]：

> 第一种观点认为，不纯正不作为犯违反刑法的禁止规范。这种观点认为，不纯正不作为犯的作为义务，并非直接由命令规范产生，而是来自"禁止不作为"的禁止规范而产生的。第二种观点认为，不纯正不作为犯既违反禁止规范又违反命令规范。这种观点认为，不纯正不作为犯的作为义务，虽然来自命令规范，但该项作为义务的事实，不但以不作为的方式侵犯了命令规范，同时在结果上又实现了禁止规范的构成要件，因此，又侵犯了禁止规范。第三种观点认为，不纯正不作为犯是违反命令规范的犯

---

[1]　［日］日高义博：《不作为犯的理论》，王树平译，94～95 页，北京，中国人民公安大学出版社，1992。

[2]　参见熊选国：《刑法中行为论》，155 页以下，北京，人民法院出版社，1992。

罪。这种观点认为，不纯正不作为犯的作为义务，只能来自命令规范，因此，违反作为义务的不作为，只能侵害命令规范，并非侵害禁止规范。因而，不纯正不作为犯是违反命令规范的犯罪。

在以上三种观点中，我赞同第二种观点。第一种观点认为不作为犯是违反禁止规范的行为，将不作为违反的规范与作为违反的规范视之若同。但依此观点，无法说明不作为的特点。至于把禁止规范理解为禁止不作为，无异于肯定违反的是命令规范而非禁止规范。因为命令规范与禁止规范只是对同一对象而言的，改变对象则混淆了两种规范的区别。例如禁止杀人与命令不杀人，同一含义，以此确定前者是禁止规范后者是命令规范，并否认两者的区别，实际上是偷换概念。第三种观点认为不作为犯是违反命令规范的行为，将不作为违反的规范与作为违反的规范的行为加以区分，这是可取的。但在不纯正作为的情况下，其作为义务虽然来自命令规范，即应为而不为，而其行为却是违反了禁止规范，例如以不作为方式杀人，不作为的义务来自命令规范，其杀人行为违反的是禁止规范。就此而言，对于不纯正不作为仅看到其作为义务违反命令规范，看不到其整体行为违反禁止规范，不能说是全面之论。因为不纯正不作为是以不作为而实施作为犯罪，因而不纯正不作为违反的规范具有双重性：既违command令规范又违反禁止规范。不纯正不作为，在其行为整体上违反的是禁止规范。在此意义上，它具有与作为犯罪的等价性。以故意杀人罪而言，刑法规定了杀人行为，提供了一种违法类型，只要符合杀人行为这一构成特征的，可以推定为具有违法性。至于这种违法的杀人行为，是以作为实施还是以不作为实施，法律没有限定。不作为杀人，同样是一种杀人行为，在其否定的社会价值上与作为犯罪无异，因此，也可以涵括在杀人行为这一违法类型之中，具有违反禁止规范的性质。但仅考虑不纯正不作为对禁止规范的违反，虽然论证了其与作为犯罪的等价性，却仍然没有解决不作为犯的构成要件的该当性问题。这是因为，禁止规范在刑法中是对某种行为的禁止，当行为人以积极的身体动作即作为违反这一禁止规范的时候，具有这一犯罪的构成要件的该当性，是十分明显的。但在不作为的情况下，如果是纯正的不作为犯，刑法的禁止内容也是十分明确的，例如遗弃罪，禁止的是遗弃行为。尽管是以不作为方式实施的，也具有构成要件的该当性。

如果是不纯正的不作为犯，在某种情况下发生了一定的法益侵害后果，这一法益侵害后果如果是由作为造成的，当然是违反了禁止规范而构成犯罪。但如果行为人并未实施一定的作为，那么其是否应对这一危害后果承担刑事责任呢？在此，其行为是否违反禁止规范的前提在于：其行为是否违反命令规范即对于一定危害后果的防止义务。因此，不纯正不作为犯违反的刑法规范具有双重结构：既违反命令规范又违反禁止规范。在命令规范与禁止规范这双重结构中，两种规范又不是等量齐观互相对等的，而是由于违反命令规范而违反禁止规范。这里的违反禁止规范是一切犯罪所共同的刑事违法性，而违反命令规范就是不作为犯所特有的义务违反性，这种义务违反性的内容就是对一定的作为义务的违反。不作为犯，尤其是不纯正不作为犯，只有在具有这种义务违反性的情况下，才具有刑事违法性。

论述至此，我们涉及了一个作为义务与违法性的关系问题。广而言之，这是一个作为义务在不作为犯罪构成中的体系性地位问题。关于这个问题，在刑法理论上存在以下三种观点：

一是因果关系说，认为在因果关系的领域中，存在着作为义务，仅对违反作为义务的不作为才认为是它的原因。二是违法性说。贝林和麦耶把作为义务理解为不作为的违法性问题，成为权威的学说；在日本，牧野博士提倡这种说法，（这种说法）至今还保持着通说的地位。这种学说认为，作为与不作为在构成要件该当性上是完全相同的；但不作为的情况异于作为的情况，就在于它的构成要件该当性不以违法性为标志。该当构成要件的不作为，原则上并不违法，只限于不作为义务时才构成违法。三是保证人说。为了克服违法性说的缺陷，那古拉把作为义务视为不作为的构成要件该当性问题，提出所谓保证人说。根据这种说法，由于依据作为义务，个人就成为有法律保证的使法益不受侵害的保证人。因此，只有这样，保证人的不作为才能与作为的实现构成要件具有同等价值，从而被认为该当构成要件。因此，保证人的地位（即作为义务）不是违法性问题，而是构成要件该当性问题，是实行行为的问题。威尔泽尔更进一步把保证人的地位视为限定不作为人的范围的构成要件要素，认为不纯正不作为犯是需要具有保证人身份的纯正身份犯。①

在以上三种观点中，因果关系说和保证人说都是从构成要件的意义上论述作为义务的地位，而违法性说则把作为义务视为一个违法问题。我认为，把作为义务视为一个违法问题是错误的。因为大陆法系的犯罪论体系，是按照构成要件该当性、违法性、有责性这样一个顺序递进的。如果把作为义务视为违法性的问题，则不具有作为义务的人也具有该当构成要件的不作为，只是因为不具有作为义务而阻却违法。显然，这是难以成立的。因果关系说把作为义务看作是一个犯罪构成客观方面，具体地说是因果关系的问题；而保证人说则把作为义务看作是犯罪构成主体要件的问题。在这两种情况下，都不是把作为义务看作是一个违法的问题。保证人说主张从不作为人和被害人之间的关系中探讨义务的实质内容。鲁道尔夫认为，所谓保证人就是在社会生活中行使应当回避紧迫的法益侵害的危险保护机能的人，称之为统括者（Zentralgestalt）。② 根据保证人说，作为义务决定了保证人的地位，因而不作为犯是一个身份犯的问题。这一观点有一定道理。大多数情况下，不作为犯，尤其是纯正不作为犯，其作为义务来自法律规定或者职责要求，因而属于特殊主体的犯罪，例如遗弃罪就是如此。但这种观点不能绝对化，在不纯正不作为犯的情况下，其作为义务可能来自先行行为，因而这种犯罪并非身份犯。例如，将邻居之子带去游泳，未能照顾好，邻居之子进入深水区，行为人未能及时抢救，结果邻居之子被淹死。在本案中，行为人构成不纯正不作为的故意杀人罪，其作为义务来自先行行为，但不能视为身份犯，而是非身份犯。

我认为，应当将作为义务与不作为的实行行为结合起来考察。在这个意义上，因果关系说是可取的。这种理论是李斯特等人的观点，从因果关系理论的角度出发，具有应当防止结果的作为义务的人，尽管有可能防止结果，却不履行作为义务，使其任凭自然演变而发生结果时，如果没有这种不作为，结果也就不会发生。

---

① ［日］福田平、大塚仁：《日本刑法总论讲义》，李乔等译，60～61 页，沈阳，辽宁人民出版社，1986。

② 参见黎宏：《不作为犯研究》，160 页，武汉，武汉大学出版社，1997。

在这一意义上，就和作为犯中的作为可以作同样的评价。因此，这种观点又称为不作为、作为同价值说。① 在刑法理论上，有些学者认为，不作为的因果关系意味着如果作出作为将能防止后果的产生，由于它与作为义务无关，所以认为因果关系说是欠妥当的。② 我认为，不作为因果关系并非与作为义务无关，离开了作为义务，就不能科学地说明不作为的因果关系，因此，不能从作为义务与因果关系无关来否定因果关系说。应当说，就作为义务与因果关系两者的关系而言，恰恰是作为义务决定因果关系，而不是因果关系决定作为义务。总之，我认为，只有把作为义务纳入不作为的犯罪构成，才能科学地说明作为义务的体系地位。正如我国学者指出：

> 违反特定作为义务实际上反映了犯罪构成中客观方面的主要情况，它代表了基本的犯罪事实和犯罪情节，是决定犯罪能不能成立，以及犯罪属于何种性质的主要根据，因此理应包括在犯罪构成之中。③

由此可见，不作为犯罪，尤其是不纯正的不作为犯罪，在构成要件上不同于作为犯罪。

（二）不作为犯罪作为义务的性质

不纯正不作为犯罪的作为义务，是其犯罪构成的核心要素。没有这种作为义务，也就不能构成不纯正不作为犯。在此，有必要对义务问题进行专门论述。

义务是与权利相对而言的，但义务与权利的关系在法哲学上并非一个得到完美解决的问题。美国学者范伯格认为，权利和义务的关系存在两种学说④：一是权利和义务的道德关联学说。这种学说认为，没有义务就不可能有权利，并且，获得和拥有权利的先决条件是承担义务与责任的能力和意愿，接受义务是任何人为了获得权利而必须付出代价。二是权利和义务的逻辑关联学说。这种学说认为，赋予一个

---

① 参见［日］木村龟二主编：《刑法学词典》，顾肖荣等译，141 页，上海，上海翻译出版公司，1991。
② 参见［日］福田平、大塚仁：《日本刑法总论讲义》，李乔等译，60 页，沈阳，辽宁人民出版社，1986。
③ 陈忠槐：《论我国刑法中的不作为犯罪》，载《硕士研究生论文集》，227 页，西安，西北政法学院，1983。
④ 参见［美］范伯格：《自由、权利和社会正义——现代社会哲学》，王守昌、戴栩译，87 页以下，贵阳，贵州人民出版社，1998。

人的权利在逻辑上至少需要有一个对他负有义务的他人存在。权利拥有者自身必须拥有义务在逻辑上绝不是一个必然命题。毫无疑问，权利和义务的道德关联学说和逻辑关联学说在一定意义以及一定范围内都具有其合理性。但这种理论都是在与权利相对应的意义上使用义务的概念，使得义务的概念受到极大的限制。范伯格指出了与权利无关的义务的概念，他指出：现在看来确实存在许多与权利不相关的义务的明显例子，这可能是由于义务一词的发展而使之具有新的、更为广泛的意义。尽管在初始的意义上，义务往往是与权利相关的，无论是道德上的关联，还是逻辑上的关联，但也不能不承认，存在着与权利没有关联的义务。在不纯正的不作为中，这种作为义务，既可能是与一定的权利相关联的，也可能是与权利无关联的；前者如法律规定的特定义务，后者如先行行为引起的特定义务。

应当指出，作为不作为犯罪的前提之义务，并非泛泛的法律义务。而是特定的义务，这种特定义务的内容就是一种作为义务。所谓作为义务，是指必须实施一定行为的义务，因而是一种积极义务，它是相对于消极义务或不作为义务而言的。事实上，并非只有不作为犯罪与一定义务之违反有关，作为犯罪与一定之义务违反同样有关。例如，我国宪法明文规定"保守国家秘密"是公民的基本义务之一。如果违反这一义务，以作为的方式泄露国家重要机密，情节严重的，就构成故意泄露国家机密罪。但是，作为犯罪所违反的这种义务，是一种不作为的义务，即一种消极的义务。在法律上，义务可以分为两种：一种是要求人们实施一定积极行为的义务，例如纳税的义务等。这是积极义务。积极义务的实质是要求人们实施一定的行为，因而是作为义务，即应为义务。在这种情况下，违背义务就表现为"应为而不为"，构成不作为犯罪。另一种是要求人们不实施某种行为的义务，即抑制人们实施某种行为的义务。这是消极义务。消极义务的实质是要求人们不实施一定的行为，因而是不作为义务，即不应为义务。在这种情况下，违背义务就表现为"不应为而为"，构成作为犯罪。因此，不作为犯罪所违反的是作为义务，据此可以把它与作为犯罪所违反的义务加以区别。

不作为犯罪的义务不仅是一种作为义务，而且是一种特定的义务，是基于某种特定的条件而产生，随着条件的改变而变化的。在这个意义上说，不作为犯罪的义务是一种特殊义务。特殊义务是相对于一般义务而言的，一般义务又称绝对义务、无条件义务。只要具有责任能力，一切人都应该遵守的义务，就是一般义务。而特殊义务是针对特定人的，并且附有某种条件的义务。因此，在认定不作为犯罪是否违反作为义务的时候，应当和一定的条件联系起来综合考察。如果具有这些条件，则负有特殊义务。如果不具有这些条件，则不负有特殊义务。如果先前具有这些条件，现在这些条件已经消失，则先前负有特殊义务，现在不负有特殊义务。

义务表示人在一定的社会关系中所处的地位及其应负的责任。但从性质上来说，义务有法律义务、道德义务、习惯义务之分。违反不同的义务，会给行为人带来不同的责任后果。例如，违反法律义务可受法律制裁，违反道德义务可受道德谴责。那么，不作为犯罪所违反的到底是什么性质的义务呢？对此，在刑法理论上存在不同的观点。通常认为不作为犯罪所违反的义务只能是法律义务。例如日本刑法学家指出：作为义务应属于防止产生构成要件结果的法定义务，不能单纯把它认为是道德义务。例如，见到与自己无关的人落水而不拯救，或过路人明知他人被非法监禁而不全力救助时，这些都不能构成不纯正不作为犯。[1] 在刑法理论上，也有的学者主张对不作为犯罪违反的义务进行实质的、扩展的解释，从而涵括了道德或者道义上的义务。例如，日本著名刑法学家牧野英一指出：

> 违反义务不应仅仅局限于违反义务一点上，还有违反与结果相对的有关系的公序良俗的行为也可以不作为形式犯之，不作为在违反义务这一点上，便可以认为是违反公序良俗。因此，同作为的违法性一样，不作为的违法性问题也得从违反公序良俗中去寻找，即"即使依据法令的各条款的解释，仍不能判定作为义务的时候，应依据法律全体的精神乃至事物的性质来把握"[2]。

这种从公序良俗中推导不作为犯罪的作为义务的关系，明显地将不作为的作为

---

① 转引自［日］福田平、大塚仁：《日本刑法总论讲义》，李乔等译，61 页，沈阳，辽宁人民出版社，1986。

② ［日］牧野英一：《改订日本刑法》，113、123 页，东京，有斐阁，1935。

义务从法律义务扩展到道德义务。我国刑法学者也有类似的观点，主张公共秩序和社会公德要求履行的特定义务也作为作为义务的发生根据，指出：

> 在一般情况下，刑法所保护的社会关系处于危险状态，只要不是在场人的行为所引起的，刑法便不要求他履行排除和采取某种措施避免危险的发生的义务，但是，在特定的场合、关系和条件下，刑法则要求其履行这种义务，在不损害自己较大利益且有能力履行义务的基础上，他不履行这种义务从而造成严重后果的，也应认为是犯罪的不作为。①

我认为，不作为犯罪所违反的义务，只能是基于特定的法律事实而产生的特定法律关系中，行为人应当承担的法律责任。道德义务，当然是指单纯的道德义务，并非以国家强制力实施的，不产生刑事责任。即使是在特定的场合、关系和条件下，只要刑法没有规定，不履行一定的道德义务，就不存在构成不作为犯罪的问题。

如上所述，不作为犯罪所违反的义务是法律义务，但并非一切违反作为的法律义务都能够构成不作为犯罪。这种义务还必须与刑法相联系，具有刑事强制性。正如我国学者指出：

> 不论某一特定义务是规定在何种法律部门之中，抑或是未在法律中明确规定，都必须和一定的刑事法律后果相联系，即只有当某种法律规范的制裁部分具有刑事制裁的内容时，其相应的法律义务才可以成为不作为犯罪的特定义务；不履行并不必然引起刑事法律后果时，该义务就不能作为认定不作为犯罪的根据。如在经济合同法律关系中，一方当事人不履行合同所规定的义务，只能引起某种经济上的法律后果，则其负有的实施一定行为的义务就不是不作为犯罪的特定义务。②

当然，我们说不作为犯罪所违反的是法律义务而非道德义务，并非意味着不作为犯罪所违反的义务与道德毫无关系。事实上，许多不作为犯罪所违反的法律义务是由道德义务转化而来的，因此，它与道德义务有密切联系。但在司法实践中，由

---

① 马克昌主编：《犯罪通论》，172 页，武汉，武汉大学出版社，1991。
② 李学同：《论不作为犯罪的特定义务》，载《法学评论》，1991（4），55 页。

于不作为犯罪所违反的义务并不是都有明确具体的法律规定，因此，在许多情况下，行为人违反的义务的性质往往难以确定。例如，值班医生面对要求抢救的生命垂危的病人，以病人一时交不出大额押金为由推出不管，致使病人未能得到及时抢救而身亡。在这种情况下，值班医生是违反职业道德的义务还是违反了法律义务呢？如果是前者，只是一个批评教育的问题；如果是后者，则是一个构成不作为犯罪的问题。对于这种情况，我认为应当区分纯粹的道德义务与上升为法律义务的道德义务。事实上，道德义务与法律义务往往是紧密地联系在一起的，只有违反纯粹的道德义务才不发生不作为犯罪的问题；如果违反包含着道德义务的法律义务，则毫无疑问地产生不作为犯罪的问题。

（三）不作为犯罪之作为义务的来源

不作为犯罪之作为义务的来源，就是作为义务的分类问题，也就是一个作为义务范围的确定问题，即哪些义务可以认为是不作为犯罪中的作为义务。这个问题，直接关系到不作为犯罪构成的范围问题。在我国 1979 年刑法中，对不作为犯罪根本未予涉及。在刑法修改中，我国学者推出应在刑法中增设不纯正不作为犯的概念，表述为：法律上负有防止义务的人而不防止，或因自己行为将发生一定危害社会的结果，有防止义务而不防止，以致发生这种结果的，亦为犯罪。[1] 尤其值得注意的是，中国人民大学法律系刑法总则修改小组提交的《刑法修改理论案（总则）》中对不作为犯及其作为义务作了规定。上述理论案第 19 条规定，"行为人依法律义务应防止危害社会结果而不防止时，应当负刑事责任"。第 20 条规定，"因自己的行为导致合法权益遭受损害危险时，行为人有义务排除该危险"[2]。在此，第 19 条将作为义务限于法律义务，第 20 条则将作为义务扩大到先行行为产生的义务。可惜立法机关没有采纳这一建议，因而不作为犯罪的作为义务成为一个理论问题。这不能不说是一种定义权（实际上是立法权）的旁落。在各国（地区）刑法中，一般

---

① 参见高憬宏：《不作为犯论》，载《全国刑法硕士论文荟萃（1981—1988 届）》，161 页，北京，中国人民公安大学出版社，1989。

② 赵秉志主编：《新刑法全书》，1853 页，北京，中国人民公安大学出版社，1997。

都有关于不作为犯罪之作为义务的明文规定。例如,《德国刑法典》第 13 条第 1 项规定:"对属于刑法所定构成要件之结果,不防止其发生者,唯限于在法律上负有防止该结果发生处以刑罚时行为人应依法负有防止其结果发生之义务。"《奥地利刑法典》第 2 条规定:"法律规定对造成一行为结果予以处罚的,如果行为人依法有义务避免结果发生,以维护法秩序,而未避免其发生,不避免结果发生与通过作为而实现法定构成要件相当的,亦处罚。"《澳门刑法典》第 9 条第 1 款规定了不作为犯:"如一法定罪状包含一定结果在内,则事实不仅包括可适当产生该结果之作为,亦包括可适当防止该结果发生之不作为,但法律另有意图者,不在此限。"该条第 2 款还对不作为犯罪之作为义务专门作了规定:"以不作为实现一结果,仅于不作为者在法律上负有必须亲身防止该结果发生之义务时,方予处罚。"在此,也强调不作为犯罪之作为义务仅限于法律上的义务。正如我国学者指出:判断不作为者是否应当作出某种行为和防止危害结果的发生,唯一的标准是看不作为者在法律上是否负有这方面的义务;只有当不作为者在法律上负有义务时,才可追究其刑事责任。①当然,法律的规定尚有笼统之嫌,仍需在刑法理论上加以梳理,再作进一步的分类。关于这个问题,在刑法理论上存在各种分类法。日本刑法学者一般将作为义务分为:

　　(1) 法令情形。(2) 基于法律行为(契约、事务管理)的情形。(3) 从公共秩序、良好习俗出发的作为义务,其中又包括:1) 习惯上的情形;2) 管理者的防止义务;3) 紧急救助义务;4) 基于自己先行行为的防止义务。②

我国台湾地区学者一般将作为义务分为:

　　(1) 以法律或法令明文规定者。(2) 基于契约或其他之法律行为者。(3) 法令及契约虽无该作为义务之根据,但依习惯、条理以及公序良俗之观念,或依交易上之诚实信用之原则而应发生一定之作为义务者,其中又

---

① 参见赵国强:《澳门刑法总论》,40 页,澳门,澳门基金会,1998。
② [日] 木村龟二主编:《刑法学词典》,顾肖荣等译,143~144 页,上海,上海翻译出版公司,1991。

包括：1）诚实信用上之告知义务；2）习惯上之保护义务；3）基于先行行为之防止义务；4）管理或监护者之防止义务；5）紧急救助之义务。①

我国刑法学界通常认为作为义务包括：

（1）法律上的明文规定；（2）职务上或业务上的要求；（3）法律行为；（4）行为人先前的行为。②

由此可见，我国刑法学者所主张的作为义务的范围从总体上来说要小一些，主要是对于基于公共秩序、良好习俗（或曰公序良俗）而产生的作为义务。我国刑法学界一般没有将其纳入不作为犯罪的作为义务范围，但职务或职业上的作为义务要比其他国家的广泛一些。这种情况是与一个国家的特定社会关系相适应的，不能简单地作出孰是孰非的判断。即使是在我国，随着社会成员协作的加强和经济体制改革的深入，不作为犯罪特定义务的范围也不是固定不变的，而是会有逐步扩大的趋势。③

我认为，我国刑法中不作为犯罪的作为义务可以分为以下四类：

1. 法律明文规定的作为义务

法律明文规定的作为义务，是不作为犯罪的主要义务来源之一，这也是罪刑法定主义的必然要求。在纯正不作为犯罪中，其作为义务都是由法律明文规定的。这里的法律规定，是指由其他法律规定而由刑法予以认可。因此，所谓法律规定，既指其他法律的规定，又指刑法的规定，即具有法律规定的双重性。例如，刑法第261条规定，对于年老、年幼、患病或者其他没有独立生活能力的人，负有扶养义务而拒绝扶养，情节恶劣的，构成遗弃罪。遗弃罪所违反的这种扶养义务，是由《民法典》规定的，但经由刑法认可。如果只有其他法律规定，未经刑法认可，则不能成为不作为犯罪的作为义务。

① 洪福增：《刑法理论之基础》，168～170 页，台北，三民书局，1977。
② 高铭暄、马克昌主编：《刑法学》，72～73 页，北京，北京大学出版社、高等教育出版社，2000。
③ 参见李学同：《论不作为犯罪的特定义务》，载《法学评论》，1991（4），56 页。

2. 职务或者业务要求的作为义务

职务或业务要求的作为义务,是指一定的人由于担任某项职务或者从事某项业务而依法要求履行的一定作为义务。在不纯正不作为犯罪中,其作为义务通常是职务或业务要求的义务。在我国刑法中,职务或者业务要求的作为义务是十分广泛的。职务或者业务要求的作为义务,一般都规定在有关的规章制度中,这些规章制度具有同样的法律效力,因此可以成为不作为犯罪的义务来源。

3. 法律行为引起的作为义务

法律行为是指在法律上能够引起一定的权利和义务的行为。在社会生活中,人的法律行为是多种多样的,从广义上来说,不仅行为人按照有关法律规定实施的行为,而且凡是自愿承担了某种实施一定行为或者防止损害结果发生的义务,行为人都自然产生一定的法律义务,因而也属于法律行为。在我国法律及现实生活中,能够引起作为义务的法律行为主要是合同行为。合同是规定当事人之间权利义务的法律文件。根据民法的规定,合同一经签订,即产生法律效力。在一般情况下,合同一方当事人不履行合同所规定的一定义务,只产生违约的法律后果,并不产生不作为犯罪的作为义务。只有在不履行合同所规定的义务给刑法所保护的社会关系造成严重危害时,这一义务才能成为不作为犯罪的作为义务。例如,一个妇女自愿被某人雇用,当后者小孩的保姆。这样,该妇女就具有看护小孩,防止其遭受意外伤害的义务。如果保姆不负责任,不加看护,致使小孩从楼上摔下死亡,该保姆就应负法律责任。当然,法律行为引起的作为义务存在一个产生、消失和转移的问题。以合同行为为例,它产生于合同生效,消失于合同届满失效。因此,不能把法律行为看作是绝对的、超越时空的。

4. 先行行为引起的作为义务

由于行为人先前实施的行为(简称先行行为),使某种合法权益处于遭受严重损害的危险状态,该行为人产生积极行动阻止损害结果发生的义务,就是先行行为引起的作为义务。先行行为之作为不作为犯罪的作为义务,是由德国刑法学家斯鸠贝尔所首倡的,他从生活的实际感觉以及明白的法感情归纳而得出这一结论。及至1884 年 10 月 21 日,德国判例首次确认了先行行为与法律和契约同样是作为义务的发生事由。该判例指出："由不作为者的先行或者附随行为而产生的作为义务，或者，由不作为法律上所存在的作为义务被侵害的场合中，无论是在一般理论的意义上还是在刑法典的意义上不作为都是作为。"① 我国刑法对不作为犯罪的作为义务没有明文规定，但在刑法理论上认为先行行为所产生的作为义务是不作为犯罪的特定义务之一。

在认定先行行为引起的作为义务时，以下问题值得探讨：（1）先行行为是否限于违法行为？先行行为是限于违法行为还是包括合法行为？对此，在刑法理论上存在争论。有些学者认为前行为只要足以导致构成要件该当结果发生之危险者，即为已足，系合法或违法行为，在所不问。多数学者之通说则认为，前行为除必须具备导致结果发生之迫切危险外，尚需具备义务违反性。② 我认为，先行行为只要足以产生某种危险，就可以成为不作为的义务来源，而不必要求先行行为具有违法的性质。例如，带领邻居小孩去游泳以至发生危险而不予救助的，其救助义务产生于先行行为，而带领邻居小孩去游泳这一行为不能认为是违法行为，但并不妨碍其成为不作为犯罪之作为义务的来源。因此，无论是合法行为还是违法行为，都可以成为先行行为。我国学者进一步将违法行为分为一般的违法行为和犯罪行为是有一定意义的，例如，先行行为与不作为之间具有牵连关系，构成牵连犯。③ （2）先行行为是否限于有责行为？先行行为是限于有责行为还是包括无责行为？对此，刑法理论上也存在争论。有些学者认为，先行行为必须出于故意或者过失，才能发生作为义务。还有些学者则认为，先行行为只要足以导致构成要件该当结果发生之危险者，即为已足，系有责或无责行为，在所不问。我认为，先行行为是否必须有责，只是对先行行为的法律评价问题，如果行为人对于先行行为显然无责，但该先行行为引起作为义务，行为人应当履行而不履行，也就是说，行为人对于不作为具有责任，那么，无责之先行行为，完全可以成为不作为的义务来源，因此，先行行为并不限

① ［日］堀内捷三：《不作为犯论》，12 页，东京，青林书院新社，1973。
② 参见林山田：《刑法通论》，2 版，302 页，台北，三民书局，1986。
③ 参见李学同：《论不作为犯罪的特定义务》，载《法学评论》，1991（4），57 页。

于有责行为。（3）先行行为是否限于作为？先行行为，在通常情况下都是作为。例如，某人骑自行车不慎将一老人撞倒受伤，从而产生了送受伤老人去医院抢救治疗的义务。但先行行为并不限于作为，不作为也完全可以引起作为义务。例如带有子弹之手枪，未予妥善保管，他人取枪想玩玩时，又未加阻止，致使他人因手枪走火致死。

（四）宋福祥案之作为义务的评析

宋福祥不作为故意杀人案中，如何理解其作为义务，是一个关系到不作为犯罪能否成立的关键问题。控方指认被告人宋福祥系有特定义务的人[①]，而辩方则辩称宋福祥对其妻之死没有特定救助义务。那么，法院是如何认定的呢？一审判决理由是：

> 被告人宋福祥目睹其妻李某寻找工具准备自缢，应当预见李某会发生自缢的后果而放任这种后果的发生，在家中只有夫妻二人这样特定的环境中，被告人宋福祥负有特定义务，其放任李某自缢身亡的行为，已构成故意杀人罪（不作为），但情节较轻。

我注意到，在一审判决理由中，表述被告人宋福祥的主观认识因素时采用了应当预见一词，没有直接指明其明知李某会自缢。尤其值得注意的是，在论证宋福祥的作为义务时，强调这种特定义务来自"在家中只有夫妻二人这样特定的环境中"。那么，这种特定义务是法律明文规定之义务，还是职务或业务上之义务，或者是法律行为或先行行为引起之义务，未予明确。由此可见，一审判决对作为义务的论证并不充分。二审判决理由是：

> 被告人宋福祥与其妻李某关系不和，在争吵厮打中用语言刺激李某，致使其产生自缢轻生的决心。被告人宋福祥是负有特定义务的人，对李某自缢采取放任态度，致使李在家中这种特定环境下自缢身亡，其行为已构成故意杀人罪（不作为）。

在此，二审判决强调李某自缢轻生的决心是因宋福祥语言刺激而产生的，在此

隐含着其特定义务来自先行行为的意思，但并未予以明确。同时，二审判决也强调了"李在家中这种特定环境下自缢身亡"对于本案成立的意义。应该说，二审判决对作为义务的论证也是不充分的，没有展开。由此使我想到，西方国家的判决书动辄上万言，甚至有数十万言的，俨然是一篇（本）法学论文（专著）。而我国的判决书只是寥寥数百字，该讲理处不讲理。正如我国学者指出：目前存在的普遍问题是，判决书的内容过于简略，多数判决书只是简单交代案件的大致情况和双方当事人的主张，对于双方当事人提出的证据缺乏必要的阐述，尤其是缺乏对不采信的证据的说明，不交代不采信的理由。在援引法律方面，多存在笼而统之的倾向，不交代具体的法律条文（包括条、款、项）及其内容。有些复杂的案件中，涉及法律的解释和法律漏洞补充，法官虽然做了这方面的工作，但却不在判决书中加以说明。①这样的判决书只能说是不讲（法）理的判决书。在裁判理由中，对宋福祥的特定义务作了如下论述：

> 就本案来说，本案行为人和死者是夫妻关系，夫妻间相互负有义务，在我国现行法律中，只有婚姻法规定了夫妻间有相互扶养的义务。法律没有明文规定夫妻间负有相互救助的义务。本案行为人宋福祥应是负有特定作为义务的行为人，这是基于家这个特定的社会环境，夫妻这种特定的社会关系以及社会公德和社会公共秩序的要求而产生的。本案行为人宋福祥在家中不可能有第三人在场的特定环境中，与其妻子——死者李某——发生口角并引起厮打，当李说"三天两头吵，活着不如死了好"，宋说"你死就死去"。后宋发现李上吊时也未采取有效措施或呼喊近邻，而是到一里以外的父母家中去告知自己的父母。待其家人赶到时李已无法抢救。由于发生在家中这种特殊的环境中，又无第三人在场，夫妻这种具体社会关系、社会公德要求行为人对死者履行救助义务，被告人又有能力、有条件实施救助义务，在行为人不履行抢救义务的这种情况下，造成李某的死亡后果，人民法院追究行为人的刑事责任，以（间接）故意杀人罪（不作

---

① 参见武树臣：《裁判自律引论》，载《法学研究》，1998（2），27 页。

为）判处宋福祥有期徒刑 4 年的处理是正确的。

上述裁判理由反映出关于不作为犯罪的作为义务值得研究的以下问题：

1. 夫妻之间的扶养义务能否推论出救助义务？

本案被告人宋福祥与死者李某之间具有夫妻关系，这种特定关系显然对于本案的认定发挥了重要作用。根据《民法典》的规定，夫妻之间负有相互扶养的义务。如果不履行这种义务，就有可能构成遗弃罪。法律没有规定夫妻之间的救助义务，那么，夫妻之间的救助义务是法律义务还是道德义务呢？显然，由于法律没有规定，因而救助只是夫妻之间道德关系的内容，而非法律上的义务。扶养与救助两者相比较而言，扶养是基本的要求，因而作为法律义务予以明文规定。救助只是在个别情况下偶然发生的要求配偶一方实施的行为，法律未予规定。对于这种法律未予规定的情况，能否通过类推解释涵括在内呢？例如，通过"举轻以明重"的方法，认为夫妻之间具有扶养义务，在发生生命危险的情况下，对救助义务更应予以承认。据此，从夫妻之间的扶养义务中推论出救助义务。我认为，这种推论是不可取的。尤其是在罪刑法定原则的支配下，在法律解释上不能采取类推解释方法。对不纯正的不作为犯的定罪，本来就有违反罪刑法定原则之嫌，更不允许通过类推解释扩大法律义务的范围。因此，我认为，本案之作为义务不可能是法律明文规定的义务。

2. 家庭这一特定的社会环境能否引申出救助义务？

本案的一审判决与二审判决在论述不作为犯罪的作为义务时都强调了"家"这一特定的社会环境。本案发生在家里，这是毋庸置疑的。但这种环境的因素是否能够引申出救助义务呢？我认为，单纯的社会环境这一因素与不作为犯罪的作为义务是没有必然联系的。某种作为义务更多的与主体的身份以及行为有关，而与一定的时间和地点无关。如果有救助义务，无论是发生在家里还是发生在其他地点，这种救助义务都是客观存在的，反之亦然。因此，本案的自杀发生在家里这一客观事实，并不能成为被告人宋福祥具有救助义务的充分必要条件。

3. 救助义务是否属于不作为杀人的作为义务？

在本案中是否存在救助义务当然是可以讨论的，另外一个与之相关但更为重要的问题是：如果存在这种救助义务，其不履行就可以构成不作为故意杀人罪么？这个问题的实质是救助义务是否属于不作为故意杀人罪中的作为义务。关于这一点，我国学者作了以下论述：

> 既然夫妻一方自杀，另一方因夫妻关系所担负的义务只能是给予救助的行为义务，而不能是防止危害的结果义务，那么，就不能以宋福祥违反了救助义务为由，认定其不救助行为构成不作为故意杀人罪。如果认为宋福祥案件情形下的行为人负有的作为义务是救助义务，又判决其构成故意杀人罪，那就是从根本上混淆了作为义务的性质。因为不纯正不作为犯的作为义务一般都是防止结果发生的义务，这是其不同于纯正不作为犯的地方之一。不作为的杀人罪的作为义务不是救助义务，而是防止结果发生的义务。[①]

这种观点力图将救助义务与结果防止义务加以区分，认为违反救助义务的只能构成纯正不作为，例如日本刑法中的保护责任者遗弃罪等，而不构成不纯正不作为杀人。这一观点本身是有一定道理的，当然救助义务的内容如果排除结果防止，则无从界定。关键问题还是在于这种需要防止的结果是否为行为人所制造，即所谓危险设定问题。宋福祥对其妻的救助义务应当属于纯正不作为犯罪的作为义务，而不是不纯正不作为犯的作为义务，对于这一点我是完全赞同的。张明楷教授认为，我国刑法没有规定遗弃致死伤的结果加重犯，这也是认定宋福祥的行为构成故意杀人罪的一个原因。[②] 这一说法是有道理的，如果我国刑法中设立了不救助罪或者保护者遗弃罪等纯正不作为犯，对宋福祥是不可能以不作为故意杀人罪论处的。但是，这一情况不能成为对宋福祥以不作为故意杀人罪论处的理由，否则的话，因为刑法没有设立轻罪而以重罪论处，显然违反罪刑法定原则。

4. 社会公德和社会公共秩序的要求能否产生不作为犯罪的作为义务？

从社会公德和社会公共秩序中，理所当然地可以引申出夫妻之间的救助义务，

---

① 叶慧娟：《见危不助犯罪化的边缘性审视》，270～271 页，北京，中国人民公安大学出版社，2008。

② 参见张明楷：《论不作为杀人罪》，载陈兴良主编：《刑事法评论》，第 3 卷，277 页，北京，中国政法大学出版社，1998。

但这只能是一种道德上的义务。那么，这种道德义务能否成为不作为犯罪的作为义务呢？对于这个问题，学说上存在争议，但通说均认为不作为犯罪的作为义务不能是单纯的道德义务，否则，就会扩大犯罪范围，而这是违反罪刑法定原则的。对此，我亦持相同的观点，已如前所述。

5. 先行行为是否是本案的作为义务来源？

从本案的情况来看，对于不作为犯罪中的作为义务来源，唯有从先行行为寻找。在本案的判决理由中，也提到了这一点。确实，在李某自杀的原因中，被告人宋福祥与之发生口角并厮打是一个主要的因素。那么，这一因素能否成为引发不作为犯罪的作为义务的先行行为呢？关于何种行为属于引发不作为犯罪的作为义务的先行行为，在学说上缺乏深入研究。我国学者指出：

> 如果行为人由于自己的行为给法律保护的利益造成了一定的危险，他就有责任保证这一危险不会转变为损害法益的现实即构成要件的该当结果。但是，由于先行行为而产生的监控义务必须具备以下条件：首先，先行行为必须导致了结果发生的现实危险；其次，先行行为必须客观上是违反义务的（但不必是有责的）；最后，这一义务违反必须体现为旨在保护这一具体法益的法律规范的违反。①

尽管在先行行为是否必须是违法行为这一点上尚可商榷，但在强调作为不作为犯罪的作为义务来源的先行行为必须导致结果发生的现实危险这一点上，应该是一种共识。那么，在本案中，被告人宋福祥同其妻李某吵架并厮打是否具有导致李某自杀的现实危险性呢？这是一个有待研究的问题。当然，我们不是说吵架并厮打行为与自杀之间具有因果关系，否则，就是作为的杀人罪。但吵架并厮打作为引发不作为犯罪的作为义务的先行行为，应当具备导致自杀（死亡）这一结果发生的现实危险性。但这种现实危险性似乎不太容易证实。换言之，自杀是李某本人意思决定的，更何况，李某第一次自杀时，被告人宋福祥已经找来邻居进行规劝。

---

① 李海东：《刑法原理入门（犯罪论基础）》，165~166 页，北京，法律出版社，1998。

第 2 节　殴打致使他人跳水溺亡行为之定性研究

案名：李宁故意杀人案

主题：作为与不作为的区分　间接故意与过于自信的过失的区分

在司法实践中，间接故意与过失如何区分往往是一个较为疑难的问题。反映在具体罪名中，涉及间接故意杀人与过失致人死亡之间的区分问题。在李宁故意杀人案（以下简称李宁案）① 中，关于对被告人的行为究竟如何定罪，在司法机关之间存在较大分歧，值得我们深入研究。本节拟通过对李宁故意杀人案的分析，就殴打致使他人跳水溺亡行为之定性问题进行法理上的考察。

一、案情及诉讼过程

1999 年 3 月 26 日晚被告人李宁、王昌兵与吐逊江在阿克苏市一歌舞厅饮酒时，被害人阎世平进入李、王的包间与之攀谈，其间阎提出与李、王合伙挣钱，李宁等人再三追问如何挣钱，阎称准备绑架一市长的儿子。后被告人李宁、王昌兵乘坐吐逊江驾驶的白色奥拓车将阎拉至阿克苏市团结路一茶园处，李、王等人追问绑架何人，阎世平不说，李宁、王昌兵等遂对阎拳打脚踢。期间，与被害人阎世平相识的一出租车司机上前劝阻，李、王等人停止了殴打并乘车离开，阎世平乘机躲进该茶园地下室通道处。后被告人李宁、王昌兵又返回茶园处，找到阎世平，并将其强行拉上车带至西湖后湖堤处。李宁、王昌兵等人将阎拉下车，拳打脚踢逼问其欲绑架的具体对象，并以此敲诈其钱财。后被害人阎世平为摆脱李宁、王昌

---

① 本案刊载于最高人民法院编：《刑事审判参考》，第 47 集，北京，法律出版社，2006。

兵等人的殴打，趁其不注意跳入西湖中。李宁、王昌兵等劝其上岸，并调转车头用车灯照射水面，见阎仍蹚水前行、不肯返回，被告人王昌兵让李宁下水拉阎一把，李称其水性也不好。三人为消除阎之顾虑、促其上岸，遂开车离开湖堤。后阎世平的尸体在西湖后堤附近被发现。法医尸体检验报告证实，阎世平肺气肿、肺水肿，全身体表无明显损伤；结论为溺水死亡，排除暴力致死。

新疆维吾尔自治区阿克苏地区中级人民法院认为：二被告人殴打被害人，迫使其跳湖逃生，以致溺水死亡。其二人的行为构成（间接）故意杀人罪，且均系本案主犯。公诉机关指控二被告人犯寻衅滋事罪不当，不予支持。被告人李宁在服刑期间不能如实坦白自己的余罪，故对其从重处罚。遂依照《中华人民共和国刑法》第 232 条、第 25 条第 1 款、第 36 条第 1 款、第 69 条、第 70 条、第 57 条第 1 款、第 26 条和《中华人民共和国民法通则》（已失效——引者注）第 119 条之规定，于 2003 年 7 月 31 日判决如下：（1）被告人李宁犯故意杀人罪，判处无期徒刑，剥夺政治权利终身，与 2000 年 9 月因犯抢劫罪所判有期徒刑 4 年（已执行完毕）并罚，决定执行无期徒刑，剥夺政治权利终身；（2）被告人王昌兵犯故意杀人罪，判处有期徒刑 15 年，剥夺政治权利 5 年；（3）被告人李宁、王昌兵共同赔偿附带民事诉讼原告人童某云抚养费、交通费、丧葬费、尸体检验费等共计 10 047.50 元。

一审宣判后，被告人李宁、王昌兵均不服，向新疆维吾尔自治区高级人民法院提起上诉。

被告人李宁上诉称：原判认定在西湖发现的尸体是其 3 月 26 日殴打之人，缺乏合法有效的证据证明，该尸体未让其及证人辨认，且证人也未能证明当晚殴打阎世平的是其和王昌兵，原判定性不当，适用法律错误，被害人阎世平溺水而亡的后果超出正常人的预想之外，自己不存在主观上的故意和过失，认定自己为累犯与刑法规定相悖，应宣告其无罪。

被告人王昌兵上诉称：原判认定事实错误，确定的作案时间无任何根据，现场勘查笔录也未能证实死者的死亡时间；其与李宁殴打之人与死者阎世平是否为同一人，未经辨认程序，也无其他人指认；原判定性错误，自己不符合杀人罪的主观要件，也未实施杀人行为，认定自己承担赔偿责任不妥。

新疆维吾尔自治区高级人民法院经审理认为：原判认定事实清楚，证据确实、充分，但定性不准确。上诉人李宁、王昌兵出于猎奇和敲诈财物的心理殴打被害人，致使被害人为摆脱殴打和纠缠而跳入湖水中。二上诉人预见到其行为可能产生的后果，却自以为是地认为其离开后被害人会返回上岸，最终导致被害人溺水死亡，其二人的行为构成过失致人死亡罪。二上诉人对确认被害人身份及作案时间问题提出的上诉理由，无事实依据和证据支持，予以驳回；但其提出的定性不当、适用法律错误的上诉有理，予以采纳；且原判对上诉人李宁适用数罪并罚条款不当，予以纠正。遂依照《中华人民共和国刑事诉讼法》（1996 年修正——引者注）第 189 条第（2）项和《中华人民共和国刑法》第 233 条、第 36 条第 1 款之规定，于 2004 年 1 月 6 日判决如下：（1）维持阿克苏地区中级人民法院刑事附带民事判决中的民事部分；（2）撤销阿克苏地区中级人民法院刑事附带民事判决中对上诉人李宁、王昌兵的定罪量刑部分；（3）上诉人李宁犯过失致人死亡罪，判处有期徒刑 7 年；上诉人王昌兵犯过失致人死亡罪，判处有期徒刑 5 年。

二、分歧意见的初步分析

对于本案被告人李宁、王昌兵的行为，检察机关以故意杀人罪、寻衅滋事罪提起公诉，一审法院定故意杀人罪，二审法院改为过失致人死亡罪，在法律定性上存在相当大的差别。在司法机关讨论当中，关于对被告人李宁、王昌兵的行为的性质如何认定，存在以下三种分歧意见：

第一种意见认为：二被告人对被害人的殴打，迫使被害人跳水逃跑，使被害人的生命安全处于危险状态，二被告人因此有采取有效措施、积极防止被害人被淹死这一危害后果发生的义务。二被告人置被害人的安危于不顾，不履行因自己先前行为产生的救助义务，主观上对被害人死亡结果的出现持放任态度，构成不作为形式的犯罪，故二上诉人的行为构成（间接）故意杀人罪。

第二种意见认为：二被告人实施的是将被害人强制带到异地限制其人身自由并进行殴打的行为，其行为符合非法拘禁罪的特征。此后，被害人为了摆脱二被告人的纠缠和殴打，跳水逃跑。二被告人对其未积极施救，但也未进一步实施加害行为，而任由其自行选择出路。其对被害人溺水死亡的结果既不追求，也不放任，而是一种过失行为。由此，二上诉人的行为构成非法拘禁（致人死亡）罪。

第三种意见认为：二被告人对被害人殴打并将其强制带至西湖进行殴打，逼问绑架对象，且威胁被害人拿出钱财，否则，将其送交公安机关。二被告人向被害人勒索钱财的目的十分明显。在被害人跳水以求摆脱之后，二被告人实施了一定的劝阻行为，并离开现场，意欲让被害人消除顾虑，尽快脱离危险。由此可见，二被告人并没有杀人的故意。其基于勒索财物的目的而纠缠、威胁并殴打被害人的行为符合敲诈勒索罪的特征，应以敲诈勒索罪对二被告人定罪处罚。

从上述诉讼过程中的分歧意见可以看出，涉及的罪名达五个之多：故意杀人罪、过失致人死亡罪、寻衅滋事罪、非法拘禁罪和敲诈勒索罪。在此，我先对本案涉及的后三个罪名加以分析：

（一）关于寻衅滋事罪

根据我国刑法第 293 条的规定，寻衅滋事罪是指在公共场所无事生非，起哄捣乱，无理取闹，殴打伤害无辜，肆意挑衅，横行霸道，破坏公共秩序的行为。从立法原意上看，寻衅滋事是一种破坏公共秩序的行为。因此，公共秩序是本罪的法益。这也是本罪与一般的侵犯人身权利的犯罪与侵犯财产权利的犯罪的根本区分之所在。但是，仅仅根据某一侵犯人身权利或者侵犯财产权利的犯罪行为是否具有破坏公共秩序的性质，仍然不能将其与寻衅滋事罪相区分。因为在侵犯人身权利的犯罪中，在公共场所伤害他人致其重伤的，同样具有破坏公共秩序的性质，但不能定寻衅滋事罪而应定故意伤害罪。在侵犯财产权利的犯罪中，在公共场所公然抢劫或者抢夺的，同样具有破坏公共秩序的性质，但也不能定寻衅滋事罪而应定抢劫罪或者抢夺罪。在这个意义上说，我赞同张明楷教授的以下观点：

> 刑法关于寻衅滋事罪的规定，具有补充性质，凡是故意造成他人伤害的，暴力、胁迫手段取得财物的行为达到抢劫、敲诈勒索罪程度的，以及故意毁坏公私财物数额较大或者情节严重的，应分别认定为相应的犯罪，不宜认定为寻衅滋事罪。[①]

这里所谓补充性质，是就客观行为而言的。当然，仅此还不能为寻衅滋事罪的认定提供足够的根据。在这里，涉及寻衅滋事的主观构成要素，即本罪是否需要具备特定的目的。由于本罪是从1979年刑法中的流氓罪分离出来的，因此这里的特定目的指的就是流氓动机。这里将流氓动机称为目的，似乎有混淆动机与目的之嫌。但在刑法理论上，目的有两种情形：一是直接故意中的目的，这种目的与动机是相区分的。二是目的犯的目的，即所谓主观的违法要素，它指的就是动机，这种目的与动机是可以互换的。而寻衅滋事罪中的流氓动机，指的就是目的犯之目的。

关于寻衅滋事罪在主观上是否包括流氓动机，在我国刑法学界一般均肯定流氓动机是本罪的主观构成要素。例如立法机关在解释寻衅滋事的四种行为时，都把要威风、取乐、寻求精神刺激等目的作为主观违法要素。[②] 在我国司法实践中，一般认为寻衅滋事罪的犯罪动机有的是逞强争霸，显示威风；有的是发泄不满情绪，报复社会；有的是开心取乐，寻求精神刺激，获取某种精神上的满足。[③] 然而，我国学者张明楷教授认为：

> 寻衅滋事罪虽然是从旧刑法（指1979年刑法）的流氓罪中分解出来的，但是，在现行刑法之下，没有必要也不应当将所谓"流氓动机"作为

---

① 张明楷：《刑法学》，3版，768页，北京，法律出版社，2007。

② 参见胡康生、郎胜主编：《中华人民共和国刑法释义》，3版，448页，北京，法律出版社，2006。

③ 参见周道鸾、张军主编：《刑法罪名精释》，3版，570页，北京，人民法院出版社，2007。

本罪的主观构成要件要素。例如，即使没有流氓动机，而是为了取得财物，但强拿硬要行为扰乱了公共秩序，不构成侵犯财产罪的，也应认定为本罪。[①]

我认为，寻衅滋事罪属于非法定的目的犯，流氓动机是本罪必不可少的主观违法要素。在寻衅滋事行为中，其他三种行为存在流氓动机，在刑法学界认识较为一致，唯独对于强拿硬要或者任意损毁、占用公私财物是否应当具有流氓动机存在意见分歧。这里的强拿硬要或者任意损毁、占用公私财物，是指以毫不讲理的手段，强行拿去、强行索要市场、商店的商品以及他人的财物，或者随心所欲地损坏、毁灭、占用公私财物。那么，这种寻衅滋事行为与抢劫罪、故意毁坏财物罪如何区分呢？从字面上来看，强拿硬要伴随着一定的强制性，它与抢劫罪的区别主要在于强制程度较低。除此以外，还要求行为人主观上具有流氓动机。任意损毁财物，如果损毁财物的损失数额已经达到故意毁坏财物罪的起刑点，当然应以故意毁坏财物罪论处。虽然没有达到故意毁坏财物罪的起刑点，但具有流氓动机的，则构成寻衅滋事罪。因此，流氓动机作为寻衅滋事罪的主观违法要素对于认定本罪具有重要意义，起到了一种限缩的作用。

在李宁案中，检察机关除起诉了故意杀人罪以外，还起诉了寻衅滋事罪。寻衅滋事的犯罪事实，主要是指李宁、王昌兵对被害人阎世平拳打脚踢。法院对寻衅滋事罪没有认定，但没有说明理由，只是简单地说："公诉机关指控二被告人犯寻衅滋事罪不当，不予支持。"我认为，在本案中李宁、王昌兵对被害人的殴打行为之所以不构成犯罪，主要是基于以下两个理由：一是不存在流氓动机，即并非随意殴打他人。李宁、王昌兵对被害人拳打脚踢是为了追问绑架何人，具有某种特定目的，而不是为了耍威风、取乐等目的。二是没有达到情节恶劣的程度。这里的随意殴打他人情节恶劣，是指多次无故殴打他人、无故殴打多人，或者殴打他人手段残忍等。显然，在本案中不符合上述特征。

---

① 张明楷：《刑法学》，3 版，768 页，北京，法律出版社，2007。

（二）关于非法拘禁罪

根据我国刑法第 238 条的规定，非法拘禁罪是指非法拘禁或者以其他方法非法剥夺他人人身自由的行为。因此，非法拘禁的本质特征是在一定时间内非法剥夺他人的人身自由。刑法第 238 条第 2 款是关于非法拘禁罪的结果加重犯的规定，包括非法拘禁致人重伤和非法拘禁致人死亡两种情形。这里的致人重伤，是指在非法拘禁过程中，由于捆绑过紧、长期囚禁、进行虐待等，致使被害人身体健康受到重大伤害的；被害人在被非法拘禁期间不堪忍受，自伤自残，身体健康受到重大伤害的。致人死亡，是指在非法拘禁过程中，由于捆绑过紧、用东西堵住嘴导致窒息等，致使被害人死亡的，以及被害人在被非法拘禁期间自杀身亡的。[①] 由此可见，只有在行为构成非法拘禁罪的前提下，才可能构成非法拘禁罪的结果加重犯。

本案争议的第二种意见认为，被告人李宁、王昌兵的行为构成非法拘禁（致人死亡）罪，即非法拘禁罪的结果加重犯。对于这种意见，裁判理由作了以下驳斥：

> 首先，非法拘禁罪侵犯的客体是他人的人身自由权利，行为人的主观目的主要是剥夺、限制他人人身自由，客观表现是非法拘押、禁闭他人。本案中二被告人虽对被害人实施了一定的强制限制行为，但其主要目的是为获知被害人绑架对象和借此敲诈被害人，非法拘禁的客观表现并不明显。其次，非法拘禁致人死亡通常是由被告人的拘禁、伤害行为造成的，大都发生在对被害人的人身自由进行限制的过程当中。而本案中二被告人对被害人的人身自由的限制行为并没有对被害人产生重大伤害，被害人的死亡并不是伤害行为造成的；而且死亡结果发生在对被害人的人身自由限制解除之后，即跳湖逃跑之后。因此，二被告人的行为不构成非法拘禁罪。

在这一裁判理由中，第一点讲的是非法拘禁的客观表现并不明显，第二点讲的是死亡结果并非拘禁行为所造成。因此，被告人的行为不构成非法拘禁罪的结果加重犯。这里的关键问题是：被告人是否存在非法拘禁的行为？从案情介绍来看，疑

---

① 参见胡康生、郎胜主编：《中华人民共和国刑法释义》，3 版，369 页，北京，法律出版社，2006。

似非法拘禁的是指以下行为：被告人李宁、王昌兵乘坐吐逊江驾驶的白色奥拓车将阎拉至阿克苏市团结路一茶园处，后又将其强行拉上车，带至西湖后湖堤处。在这过程中，被告人李宁、王昌兵在一定程度上限制了被害人的人身自由，但并非只要限制了被害人的人身自由就一定构成非法拘禁罪。从司法实践看，非法拘禁他人时间较长的；多次非法拘禁他人或者非法拘禁多人，造成很坏影响的；非法拘禁造成其他严重后果的，等等，应以非法拘禁罪论处。如果非法拘禁行为情节显著轻微，危害不大的，则不构成犯罪。[①] 从本案的情况来看，被告人限制他人人身自由的情节轻微，远远没有达到构成犯罪的程度。由于该行为本身不构成非法拘禁罪，因此也就不存在构成非法拘禁罪的结果加重犯的问题。在这一点上，裁判理由是正确的：被害人死亡并非非法拘禁行为所造成。

（三）关于敲诈勒索罪

根据我国刑法第274条的规定，敲诈勒索罪是指以非法占有为目的，对公私财物的所有人、保管人使用威胁或者要挟的方法，勒索公私财物，数额较大或者多次敲诈勒索的行为。敲诈勒索罪是复行为犯，其行为由敲诈的方法行为与勒索的目的行为所构成。在李宁案中，涉及敲诈勒索罪的只有一句话："李宁、王昌兵等人将阎拉下车，拳打脚踢逼问其欲绑架的具体对象，并以此敲诈其钱财。"在这里，存在拳打脚踢的殴打行为，又存在敲诈钱财的意图，因而认定为敲诈勒索罪。显然，这种意见是十分形式化地看待犯罪，因而是不能成立的。对此，裁判理由正确地指出：

> 二被告人虽对被害人实施了强制威胁手段，意欲非法从被害人处强行索取财物，被害人也因此产生了恐惧心理，但敲诈勒索罪属于结果犯，必须是敲诈勒索公私财物数额较大的才能构成此罪。本案中被害人并未交出财物，被告人没有实现其勒索财物的目的，则当然不构成敲诈勒索罪。同时，二被告人敲诈勒索的行为与被害人死亡的结果之间没有必然联系，也不存在法律上的因果关系，故本案亦不能以敲诈勒索罪处理。

---

① 参见周道鸾、张军主编：《刑法罪名精释》，3版，434页，北京，人民法院出版社，2007。

三、作为还是不纯正的不作为：罪体的分析

李宁案在定性上的主要分歧还是表现在是定故意杀人罪还是定过失致人死亡罪。其中，一审法院定故意杀人罪，二审法院定过失致人死亡罪。但一、二审判决对本案定性的分析，均侧重于主观罪过，对客观行为的性质则未作分析。这是存在缺陷的。无论是定故意杀人罪还是定过失致人死亡罪，被告人的实行行为是什么、实行行为与死亡结果之间的因果关系又如何确定，这些问题在裁判理由中都未予以涉及。

我们先对一审判决认定的故意杀人罪加以分析。一审判决认定被告人殴打被害人，迫使其跳湖逃生，以致溺水死亡的行为构成（间接）故意杀人罪。这里的问题是：殴打被害人的行为何以被认定为杀人行为？被害人系跳湖逃生时不幸溺水死亡，殴打行为与死亡结果之间并不存在因果关系。从否认本案应定故意杀人罪的裁判理由中，我们似乎看到的是不作为的间接故意杀人的定罪思路。当然，裁判理由对此是持否定观点的。裁判理由指出：

> 从本案来看，被害人跳水虽是二被告人侵害行为所致，但被害人作为成年人，有完全的判断和认知能力，能够控制自己的行为和意识，其选择跳水逃走，说明其具备一定的自我救助条件和能力；而且，从本案现有的证据反映，二被告人并不具备对被害人施救的能力。故二被告人不符合行为人负有某种特定义务并能够履行的不作为犯罪的前提，不属于不作为的间接故意犯罪。因此，本案不构成（间接）故意杀人罪。

因此，如果一审判决认定被告人李宁、王昌兵构成故意杀人罪，应该是不作为杀人。这里的不作为，主要是指对被害人不履行救助义务。就此而言，被告人的行为是否构成不作为的故意杀人罪，关键在于如何认定其救助义务。

关于救助义务的问题，我在宋福祥案中已经作了较为充分的论述。从本案的情况来看，首先涉及的是被告人对被害人的殴打行为与跳湖行为之间的因果关系问题。应当指出，在本案中，被害人并不是在被告人的殴打下直接跳湖，而是为躲避

殴打而跳湖。无论如何，殴打与为逃避殴打而跳湖之间是存在因果关系的。那么，能否就此而认为这就是被告人应对死亡结果承担刑事责任的因果关系呢？显然不能。因为殴打行为并没有直接致他人死亡，被害人是为逃避殴打而跳湖并因此溺水死亡，这一溺水死亡与殴打之间并无因果关系。一审法院之所以对本案以故意杀人罪论处，就是把殴打行为当作致人死亡的原因行为，因而本案的行为是作为而非不作为。例如一审裁判理由指出：

> 二被告人殴打被害人，迫使其跳湖逃生，以致溺水死亡。其二人的行
> 为构成（间接）故意杀人罪。

在上述裁判理由的逻辑思路中，殴打被害人是构成要件的行为，而跳湖逃生以致溺水死亡是构成要件的结果。我认为，这是刑法评价上的错位：殴打行为本身并非杀人行为，它也没有造成死亡结果。因此，在本案中只有对溺水死亡的结果不予防止的不作为才是刑法评价客体。

二审判决对本案的定性从作为的间接故意杀人改为不作为的过失致人死亡，不仅在主观罪责形式上发生了重大变化，而且在客观行为方式上发生了变化。在二审裁判理由中并没有论及不作为问题，而只是对于为什么不是间接故意而是疏忽大意的过失作了简单论证。这是有所不足的。实际上，一审判决结论的主要失误不在于把过失判断为间接故意，而是把不作为判断为作为，在刑法评价客体上完全混淆。当然，在本案的裁判理由中，对不作为问题有所论及，指出：

> 在本案中，二被告人的行为已经表现出不希望被害人死亡的明确意
> 愿，不具有既不追求也不反对的主观心态。而不作为的犯罪以行为人负有
> 某种特定义务并能够履行为前提，即：首先，行为人负有某种特定的义
> 务，这种义务是法律赋予的或是行为人职务或业务上的要求，或者行为人
> 因先前行为具有发生一定危险结果的危险而负有的防止其发生的义务；其
> 次，行为人有能力履行该种义务，这种能力包括身体素质、技术条件、环
> 境因素、客观可能等方面环节。在这种情况下，履行该特定义务是刑法的
> 要求。

本案被告人对于被害人溺水死亡结果是否具有防止义务，因而是否构成不作

为，才是本案定罪的关键问题。

关于不作为的作为义务，我国刑法学界通常讨论作为义务的来源，即四种来源：（1）法律明文规定的义务；（2）职务或业务上要求的义务；（3）法律行为引起的义务；（4）先行行为引起的义务。① 这种关于不作为的作为义务的观点基本上属于形式的作为义务论。在德日刑法理论中，作为义务论存在一个从形式的作为义务论到实质的作为义务论转变的过程。日本学者西田典之教授论述了早期的形式性三分说：

> 从历史上看，最初的学说为了限定不真正不作为犯的成立范围，仅以法律、合约为作为义务的根据。例如，限于具有民法上的抚养义务、监护义务，或者存在抚养合同、养育合同时，才认定具有作为义务。但并未提出法律上的义务为何能成为刑法上的作为义务。总之，考虑到将范围限定得过窄，其后又加上了条理（社会一般观念）。这就是所谓的形式性三分说（法律、合约、条理）。但因加入了条理这一相对暧昧的根据，使形式性三分说丧失了其本身的形式性，作为义务论也更多地融入了伦理性义务。②

由以上论述可见，最初的形式的作为义务论，是为了避免不纯正不作为犯的作为义务毫无边界，会不适当地扩大作为义务的范围，因而从规范的观点提出形式的作为义务论加以限制。最初的形式，仅限于法律规定，主要是指民法的规定，后来扩大到合约，最后又进一步扩大到条理。因为条理属于不成文的道德义务，因而将条理作为不作为犯的作为义务加以确定，既有混淆道德与法律之嫌，又有暧昧不明之弊，于是引起较大争论。正如日本学者西田典之教授所言，包含了条理的作为义务已经突破了形式的界限。

在上述形式的作为义务三分说中并不包含先行行为，将先行行为吸纳到作为义务来源当中，更在很大程度上违背了形式说的标准。先行行为作为作为义务的发生

---

① 参见高铭暄、马克昌主编：《刑法学》，72～73页，北京，北京大学出版社、高等教育出版社，2000。
② ［日］西田典之：《日本刑法总论》，刘明祥、王昭武译，93页，北京，中国人民大学出版社，2007。

根据之一，是德国学者斯鸠贝尔的见解，他从生活的实际感觉及明白的法感情中归纳出了这个结论。后来在 19 世纪中叶所展开的不作为的因果性的争论中，先行行为作为作为义务的发生根据逐渐在理论上被确认。[①] 就先行行为之作为作为义务是从法感情中推论出来而非从法规范中引申出来而言，其是一种明显的实质论。但把法律、合约、先行行为确定为不作为的作为义务来源，采取了一种列举的方式，只要具备刑法理论所列举的作为义务来源之一，就认为具备不作为之作为义务。这又是一种典型的形式判断。形式的作为义务论存在明显的缺陷，这就是不能科学地揭示处罚不作为犯的实质根据，因而难以区分纯正的不作为犯与不纯正的不作为犯。在刑法没有规定纯正不作为犯的情况下，容易因刑法没有规定而将本应作为纯正不作为犯处罚的行为作为不纯正不作为犯处罚。例如，在不救助的场合，简单地认为只要具有救助义务而不救助就是不作为杀人，有可能扩大不纯正不作为犯的范围。我国学者试图把救助义务区分为行为义务与结果义务，认为不履行救助的行为义务只是一个纯正不作为犯问题，只有不履行防止危害的结果义务才构成不纯正不作为犯。[②] 这种观点虽然具有一定新意，然而救助的行为义务与结果义务之间的区分具有不可操作性。即使是在刑法对纯正不作为犯已有明文规定的情况下，仅根据作为义务的形式也很难区分两种根本不同的犯罪类型，例如故意杀人罪与遗弃（致人死亡）罪。父母具有抚养子女的义务是法律义务，对一名刚满月的婴儿不履行抚养义务而致其死亡与对一名已满 15 周岁的少年不履行抚养义务而致其死亡，从抚养义务之不履行上来说是完全相同的。但是，将这两种情形在刑法上都评价为杀人行为或都评价为遗弃行为是不妥当的。前者是杀人，后者是遗弃。对此，不能从形式的作为义务上寻求根据，而必须在具备形式的作为义务的基础上，再进一步进行实质判断。这就是作为义务的实质论。我国学者在论及实质的作为义务论之提出时指出：

> 本世纪（指 20 世纪——引者注）60 年代以来，西德的刑法学者们便

---

① 参见黎宏：《不作为犯研究》，124 页，武汉，武汉大学出版社，1997。
② 参见叶慧娟：《见危不助犯罪化的边缘性审视》，270 页，北京，中国人民公安大学出版社，2008。

避开作为和不作为构成上的差别，而从不作为者与危害结果或不作为者与被害者之间的特殊关系出发来确认不作为犯的作为义务的实质根据，并取得了丰硕的成果。其中有阿米·考夫曼及亨克尔（Herkel）的同价值的作为义务说；安德鲁·那克斯（Androulakis）的社会保护关系说；乌儿夫（E. A. Wolf）的本来的依存关系说；威尔普（Welp）的特殊的依存说；贝尔汉格鲁（Bärwinkel）的社会的作用说；鲁德尔夫（Rudolphi）的统括者说；等等。这些学说由于抛开作为与不作为存在结构上的差异而从不作为者所起的社会作用及所处的社会环境来研究作为义务的实质内容，而被称为社会的不作为犯论。其共同特点是对传统的义务违反说中规范的形式的方法进行反省而向存在论的实质性的研究方法过渡。这种研究方法论上的变化，给其他国家以很大的影响。①

从形式的作为义务论到实质的作为义务论是一种研究方法的转变。但实质的作为义务论并不是对形式的作为义务论的否定，毋宁说，在两者之间存在一种逻辑上的位阶关系：形式的作为义务论是对作为义务的形式判断，实质的作为义务论是对作为义务的实质判断。只有在对作为义务进行形式判断，确认形式的作为义务存在的基础上，才能进一步对作为义务进行实质判断。形式的作为义务是存在论意义上的作为义务，而实质的作为义务是价值论意义上的作为义务。

在实质的作为义务的认定中，我以为应当强调以下三种观点：

1. 主体具有保证人的地位

在对不作为犯之作为义务作实质判断的时候，主体是否具有保证人的地位是重要根据之一。保证人说是德国学者纳格勒（Johannes Nagler，1876—1951）首倡的。纳格勒指出：

> 所谓保证人（Garant），是指在发生某种犯罪结果的危险状态中，负有应该防止其发生的特别义务的人。保证人虽然能够尽其保证义务，却懈怠而不作为时，就能成为基于不作为的实行行为。因此，必须把不真正不

---

① 黎宏：《不作为犯研究》，127 页，武汉，武汉大学出版社，1997。

作为犯中的作为义务理解为构成要件的要素。[①]

不作为犯所处的这种保证人地位，使其承担防止结果发生的实质性义务，如果不履行这种义务，则应对法益侵害结果承担刑事责任。正如德国学者指出：

> 在不纯正的不作为犯情况下，保证人被赋予避免结果发生的义务，结果的发生属于构成要件，违反避免结果发生义务的保证人，应当承担构成要件该当结果的刑法责任。[②]

因此，主体是否具有保证人地位就成为实质的作为义务的一种判断标准。

2. 行为具有等价值的性质

这里的行为等价值，是指作为与不纯正的不作为之间具有等价值性。因为作为与不纯正的不作为是共用一个构成要件，刑法对不纯正的不作为并未作出专门规定。在这种情况下，只有与作为具有等价值性的不纯正的不作为才能认定为犯罪。例如刑法只规定了杀人行为，如果是作为的杀人，当然可以被刑法关于杀人的规定所统摄。在不纯正的不作为杀人的情况下，应当考察与作为杀人的等价值性。这种构成要件的等价值性理论是日本学者日高义博教授提出来的，日高义博教授指出：

> 填补不真正不作为犯与作为犯存在结构上的空隙而使两者价值相等，这种等价值性的判断标准必须在构成要件相符性阶段来考虑。也就是说，为了解决等量问题，首先在犯罪成立的第一步构成要件相符性阶段，不真正不作为犯和作为犯必须是等价值的。[③]

等价值性理论为我们对作为义务进行实质判断提供了一个方向，对于认定不纯正的不作为具有重要意义。

① 转引自［日］大塚仁：《刑法概说（总论）（第三版）》，冯军译，136 页，北京，中国人民大学出版社，2003。

② ［德］汉斯·海因里希·耶赛克、托马斯·魏根特：《德国刑法教科书（总论）》，徐久生译，727 页，北京，法律出版社，2001。

③ ［日］日高义博：《不作为犯的理论》，王树平译，105～106 页，北京，中国人民公安大学出版社，1992。

3. 原因设定与结果支配

在认定不纯正的不作为犯的时候，对作为义务的实质判断中，是否具有原因设定和结果支配，是重要的根据。原因设定是指不作为者在该不作为成立之前，必须自己设定倾向侵害法益的因果关系，它是具有实质性意义的等价值的判断标准。这一观点是日本学者日高义博教授提出的，也称为实质的原因设定性理论。[1] 原因设定与作为和不作为的等价值性判断密切相关，但它也可以成为一种独立的判断根据。原因设定的观点与危险创制的观点具有相似性，它为作为义务的存在提供了实质性的根据。结果支配是指对结果发生具有支配性。德国学者许乃曼在 1971 年《不纯正不作为犯的基础和界限》一文中，提出了对造成结果的原因有支配的对等原则：只有当不作为人针对造成法益受侵害之事实的法律地位，以对结果归责具决定性的观点与作为行为人的法律地位可加比较时，以作为犯的构成要件处罚不作为才属适当。[2] 日本学者进一步地强调这种对结果的支配是一种排他性支配。例如日本学者西田典之教授指出：

> 不作为要与作为具有构成要件性等价值，不作为者就必须将正在发生的因果流程控制在自己的手中，即获得基于意思的排他性支配。[3]

这种结果支配的观点对于认定不纯正不作为犯的作为义务同样具有指导意义。

根据以上不纯正不作为之作为义务的理论分析李宁案，可以看出本案的形式意义上的作为义务来源于先行行为，即被害人为逃生跳湖，有溺水死亡危险时，被告人具有救助义务，这种义务是其殴打的先行行为引起的。在具有这种先行行为引起的救助义务的基础上，再进一步进行实质的判断：被告人的行为使被害人处于某种危险境地，如果不履行这种救助义务就会发生死亡结果，因而从客观上来说，作为义务之不履行与死亡结果发生之间是存在因果关系的，构成不纯正的不作为。

---

① 参见黎宏：《不作为犯研究》，132 页，武汉，武汉大学出版社，1997。

② 参见［德］许乃曼：《德国不作为犯学理的现况》，陈志辉译，载陈兴良主编：《刑事法评论》，第 13 卷，397 页，北京，中国政法大学出版社，2003。

③ ［日］西田典之：《日本刑法总论》，刘明祥、王昭武译，94 页，北京，中国人民大学出版社，2007。

四、间接故意还是过于自信的过失：罪责的分析

本案中一审判决与二审判决之间的分歧更多的是集中在罪责形式上：到底是间接故意还是疏忽大意的过失。裁判理由对于被告人李宁、王昌兵的行为构成过失致人死亡罪作了以下论证：

> 过失犯罪中，行为人对危害结果的发生既不追求，也不放任，而是应当预见而没有预见，或已经预见却轻信能够避免，主观上反对危害结果的发生。本案中，被告人李宁、王昌兵殴打被害人阎世平，致使被害人跳水逃走以摆脱李、王二人的殴打和纠缠。李宁、王昌兵在阎世平跳水之后，未进一步实施加害行为，而是调转车头用车灯照射水面，劝被害人上岸。见被害人仍蹚水前行、不肯返回时，被告人王昌兵还曾让李宁下水拉阎一把，李因水性也不好，不敢下水。后二人为消除阎世平的顾虑，促使其上岸，遂开车离开湖堤。由此可见，二被告人既不希望也不放任被害人死亡结果的发生。二被告人离开现场的目的是让被害人消除顾虑，尽快脱离危险之地，并非置被害人于水中而不顾。二被告人对于被害人可能会出现的后果是有所预见的，但轻信被害人在其离开后会返回岸上。因此，二被告人对被害人可能出现的死亡后果是持一种过于自信的过失心态。

> 综上，二被告人的侵害行为和对可能出现的被害人死亡后果的过失，最终导致了被害人溺水身亡的结果。因此，二被告人的行为构成过失致人死亡罪。

在司法实践中，放任法益侵害结果发生与过于自信而导致法益侵害结果发生，确实是难以区分的一个问题。在刑法理论上，对于如何区分间接故意与过于自信的过失也存在各种观点的聚讼。[1] 我认为，对于间接的故意与过于自信的过失，还是应当从认识因素与意志因素两个方面加以界分。

---

① 参见李兰英：《间接故意研究》，183 页以下，武汉，武汉大学出版社，2006。

从认识因素上来说，间接故意是以明知结果可能发生为前提的。这里的明知，是一种概然性认识，并且这种概然性程度还是较高的。在这一点上，间接故意和过于自信的过失是存在明显区分的。过于自信的过失是预见到结果可能发生，虽然预见的内容同样是结果可能发生，但这只是一种预见而非明知，因此，结果发生的概率是较低的。当然，在具体案件中，判断结果发生的可能性大小还是有一定难度的。在本案中，被害人溺水死亡是一种客观结果，如果被告人当时履行救助义务是可以避免这种结果的，那么，被告人主观上对这种溺水死亡结果有认识还是没有认识？根据当时的情况，被告人对被害人溺水死亡的可能性是有认识的，换言之，认识到被害人可能发生溺水死亡的结果。然后我们还要进一步追问：被告人认识到被害人溺水死亡的可能性程度是多少？从具体案情来看，当被告人放弃救助，离开现场时，溺水的危险状况并没有出现，而是在被告人离开现场以后才发生了溺水死亡的结果。因此，我认为被告人认识到被害人溺水死亡的可能性程度是较低的，只是一种抽象可能性而非现实可能性。

　　从意志因素上来说，间接故意是放任结果发生。放任心理的本质是对结果的容认，即结果发生并不违反行为人的本意。这是放任之所以构成间接故意的主要根据之所在。而过于自信的过失则轻信结果可以避免，因而对结果持一种轻率的态度。从实际情况来看，过于自信的过失一般有两种情形：一是因为轻信结果可以避免而没有采取任何防止结果发生的措施（简称"防果措施"），二是因为轻信结果可以避免而采取了不足以防果措施。因此，正如我国学者指出：以是否具有防果措施来考察行为人对于结果的心理态度，只能作为判断是否为有认识过失的重要依据之一，而是否为唯一可行的标准却存在质疑。[1] 当然，在采取了防果措施的情况下，较为容易认定为过于自信的过失。但也不能把没有采取防果措施的情形，一概认定为间接故意。在本案中，被告人对于被害人溺水死亡确实没有采取防果措施，但被告人是抱着消除被害人的顾虑、促使其上岸的心理而开车离开现场的，表明被告人对于被害人溺水死亡的结果是不希望其发生，因而属于过于自信的过失。

---

　　① 　参见李兰英：《间接故意研究》，182 页，武汉，武汉大学出版社，2006。

第 3 节　持刀追砍致人溺水死亡行为之定性研究

案名：赵金明等故意伤害案

主题：因果关系　事实因果关系　法律因果关系

行为人的追赶行为致使他人跳入湖中或者河中，结果导致他人溺水死亡的类似案件时有发生。在这些案件中，被害人系自身跳入水中溺水而死，那么，追赶人是否对该死亡结果承担刑事责任呢？这里涉及行为的认定、因果关系的判断和主观心理状态等法律问题，需要从法理上加以探讨。本节以赵金明等故意伤害案①为例，对持刀追砍致人溺水死亡行为之定性加以讨论。

一、案情及诉讼过程

被告人赵金明与马某超曾经有矛盾，案发前赵金明听说马某超放风要把自己砍掉，决定先下手为强。2003 年 8 月 14 日晚 7 时许，被告人赵金明在汉川城区××商城得知马某超在紫云街出现后，邀约被告人李旭及韩成雄、韩愈杰、韩波、汪冲、谢泉（均另案处理）前往帮忙，并在一租住处拿一尺多长的砍刀 7 把，一行人乘"面的"到紫云街。在车上被告人赵金明发给每人砍刀一把，车行至紫云街看见马某超正在街上同人闲聊后，被告人赵金明等人下车持刀向马某超逼近，距离马某超四五米时被马发现，马某超见势不妙立即朝街西头向涵闸河堤奔跑，被告人赵金明持刀带头追赶，被告人李旭及韩成雄、韩愈杰、韩波、汪冲跟随追赶。当被告人赵金明一行人追赶四十余米后，马某超从河堤上跳到堤下的水泥台阶上，

---

① 本案刊载于最高人民法院编：《刑事审判参考》，第 55 集，北京，法律出版社，2007。

摔倒在地后又爬起来扑到河里，并且往河心里游。被告人赵金明等人看马某超游了几下，因为怕警察来了，就一起跑到附近棉花田里躲藏。等了半小时未见警察来，被告人等逃离现场。同年 8 月 16 日马某超的尸体在涵闸河内被发现。经法医鉴定，马某超系溺水死亡。

　　汉川市人民法院认为：被告人赵金明、李旭等为报复被害人，主观上有故意伤害他人身体的故意，客观上实施了持刀追赶他人的行为，并致被害人死亡后果的发生，其行为均已构成故意伤害（致人死亡）罪。被害人被逼跳水的行为是被告人等拿刀追赶所致，被害人跳水后死亡与被告人的行为有法律上的因果关系，即使被告人对被害人的死亡结果是出于过失，但鉴于事先被告人等已有伤害故意和行为，根据主客观相一致原则，亦应认定构成故意伤害（致人死亡）罪。被告人李旭明知被告人赵金明等有伤害他人的故意，且明知拿刀会有伤人的后果，受邀约参与并持刀进行了追赶，构成故意伤害（致人死亡）罪的共犯，但系从犯，根据其地位作用及本案具体情况，可减轻处罚。遂依照《中华人民共和国刑法》第 234 条第 2 款、第 25 条、第 26 条、第 27 条、第 56 条之规定，于 2006 年 7 月 7 日判决如下：（1）被告人赵金明犯故意伤害罪，判处有期徒刑 15 年，剥夺政治权利 3 年。（2）被告人李旭犯故意伤害罪，判处有期徒刑 10 年。

　　一审宣判后，被告人赵金明、李旭不服，提出上诉。

　　孝感市中级人民法院经审理认为，上诉人赵金明、李旭等人为报复马某超持刀对其追赶，致马某超在追逼下跳水溺水死亡，其行为均已构成故意伤害（致人死亡）罪。原审判决认定事实清楚，证据充分，定性准确，量刑适当，审判程序合法。依照《中华人民共和国刑事诉讼法》（1996 年修正——引者注）第 189 条第（1）项之规定，裁定驳回上诉，维持原判。

二、方法论考察

关于本案被告人赵金明等人的行为是否构成犯罪以及构成何种犯罪，应当根据犯罪构成理论加以分析。在这个意义上说，犯罪构成是认定犯罪的一种方法论。但是，如何根据犯罪构成理论来认定犯罪，绝不是一个简单的问题，而是必须遵循一些基本规则。而客观判断先于主观判断，正是犯罪认定的基本规则之一。本案的裁判理由却不是按照这一规则进行思维的，因而首先需要对客观判断先于主观判断这一定罪规则加以阐述。

任何犯罪都可以分为客观要素与主观要素，并且在这两种要素之间存在对应关系，即客观要素与主观要素具有共时性。故意与过失是行为人实施构成要件行为时的主观心理状态，因此，故意与过失等主观要素不仅具有对行为与结果等客观要素的依从性，而且在时间上是同时发生的。从这个意义上说，主观要素是犯罪的内在方面，它与作为犯罪的外在方面的客观要素共同构成犯罪。

在犯罪构成体系中，对于犯罪的客观要件与主观要件的关系如何处理，是一个值得研究的问题。在大陆法系三阶层的犯罪论体系中，客观要件在逻辑位阶上是先在于主观要件的。在犯罪认定中，总是先确定是否存在构成要件该当的行为，然后才考虑故意或者过失等主观要件。德国著名刑法学家贝林曾经形象地把行为比喻成一个钩子，指出：

> 实务中，法官首先会在犯罪种类（独立的犯罪类型）范畴内一如既往地考察，某行为可以构成哪些犯罪类型。法官就相当于有了一个钩子，他可以把案件悬挂在这样一个钩子上面。因为所有犯罪类型（独立、直接的或者附属、间接的）都离不开一个作为指导形象的法定构成要件，然后分别进行排除，即客观方面的相关行为是否充足（genügen）法定构成要件（一般称为构成要件符合性，这是由揭示犯罪形态而与构成要件建立联系的问题），也即是处于优先考虑地位的问题，因为所有后继研究都赖于该问题的解决，该问题本身相对于其解决的答案则具有独立性。[1]

贝林上述论断充分说明构成要件的行为在犯罪论体系中所处的重要地位。大陆法系的犯罪论体系，虽然通常是三阶层——构成要件该当性、违法性和有责性，但

---

① ［德］贝林：《构成要件理论》，王安异译，30 页，北京，中国人民公安大学出版社，2006。

有些学者也将行为作为独立要件，在构成要件该当性、违法性与有责性之前予以讨论，由此形成四阶层的犯罪论体系。之所以强调行为在定罪判断中的独立性，就是因为要把行为当作犯罪论体系的中心线索，贯穿于犯罪认定全过程。例如日本学者西原春夫教授就主张采用将行为作为犯罪成立首要条件的犯罪论体系。[①] 日本学者尤其强调构成要件的故意规制机能，例如日本学者大谷实教授指出：

犯罪原则上必须出于故意，但是，由于故意的内容是对符合构成要件的客观事实的认识和实现的意思，因此，在结局上，决定成立故意所必要的事实范围的还是构成要件。构成要件具有规制故意内容的机能，这一机能被称为故意规制机能。[②]

大谷实教授在此所讲的构成要件，是指客观构成要件；这里的规制，是指限定其范围。由此可见，客观要件在逻辑上是先在于主观要件的。可以说，在大陆法系的犯罪论体系中，无论采取何种理论，无论其要素如何调整，客观判断先于主观判断这一原则是不可动摇的。

在我国四要件的犯罪构成体系中，通常的排列方式是犯罪客体、犯罪客观方面、犯罪主体、犯罪主观方面。尽管这一排列方式是将客观要件排在主观要件之前的，但这只是一种排列顺序而非逻辑位阶关系。因此，我国也有学者不赞同上述排列顺序，主张以犯罪构成各要件之间的内在逻辑关系作为犯罪构成共同要件排列的标准，据此，犯罪构成共同要件应当按照如下顺序排列：犯罪主体、犯罪主观方面、犯罪客观方面、犯罪客体。理由如下所述：

犯罪构成要件在实际犯罪中发生作用而决定犯罪成立的逻辑顺序是这样的：符合犯罪主体要件的人，在其犯罪心理态度的支配下，实施一定的犯罪行为，危害一定的客体即社会主义的某种社会关系。在这四个要件中，犯罪主体排列在首位，因为犯罪是人的一种行为，离开了人就谈不上

① 参见［日］西原春夫：《犯罪实行行为论》，戴波、江溯译，46～47 页，北京，北京大学出版社，2006。

② ［日］大谷实：《刑法讲义总论（新版第 2 版）》，黎宏译，103 页，北京，中国人民大学出版社，2008。

犯罪行为，也谈不上被行为所侵犯的客体，更谈不上人的主观罪过。因此，犯罪主体是其他犯罪构成要件成立的逻辑前提。在具备了犯罪主体要件以后，还必须具备犯罪主观方面。犯罪主观方面是犯罪主体的一定罪过内容。犯罪行为是犯罪主体的罪过心理的外化，因而在犯罪主观方面下面是犯罪客观方面。犯罪行为必然侵犯一定的客体，因而犯罪客体是犯罪构成的最后一个要件。[①]

按照这一观点，在犯罪构成体系中，犯罪主观要件是排列在犯罪客观要件之前的。这种犯罪构成要件可以随意排列组合的特点，恰恰说明在这四个要件之间是不存在逻辑上的位阶关系的。四要件之间互相依存、缺一不可、同等重要，至于哪个排列在前面、哪个排列在后面，并无严格限制。这种将犯罪主体、犯罪主观方面排列在犯罪客观方面、犯罪客体前面的观点，实际上是以犯罪发生机制为根据的。从犯罪学意义上来说，这种从主观到客观的观察与分析的思路是合理的。但犯罪构成体系的功能并不在于描述犯罪发生的规律，而在于为司法机关认定犯罪提供法律标准，因此必须符合司法的逻辑。而认定犯罪的司法进程，恰恰是以行为为起点的：首先确定是否存在构成要件的行为，能否将某一结果归因于该行为，然后再考察行为的违法性，追究行为人的责任。这样一个径路，正好是从客观到主观的思路。由于我国四要件的犯罪构成体系并没有确认客观判断先于主观判断的原则，因而在犯罪认定中对各要件的认定存在逻辑上的混乱。

本案的裁判理由对犯罪的论证就存在这样的问题。裁判理由在论证被告人赵金明等人持刀追砍致使他人泅水逃避致溺水死亡的行为应当认定为故意伤害（致人死亡）罪时，阐述了以下两点理由：第一，被告人赵金明等人主观上具有伤害的故意；第二，被告人赵金明等人持刀追砍的行为与被害人溺水死亡之间具有刑法上的因果关系。使我感到惊诧的是：为什么不首先讨论被告人赵金明等人是否具有伤害行为？只有确认存在伤害行为，才说得上考察是否存在伤害故意的问题。在没有认定伤害行为的情况下考察伤害故意，容易作出错误判断。也许作者认为伤害行为是

[①]　赵秉志、吴振兴主编：《刑法学通论》，84～85 页，北京，高等教育出版社，1993。

不言而喻的，正如死亡结果客观存在不经论证一样，但这样的观点是难以成立的。在本案中，首先需要讨论：存在故意伤害罪的构成要件的伤害行为吗？

三、伤害行为的分析

构成要件的行为是被告人所实施的行为。那么，在本案中被告人赵金明等实施了什么样的行为呢？这一点是明确的，被告人赵金明等人实施的是持刀追砍的行为。因此，在此需要论证的问题是：持刀追砍的行为是伤害行为吗？这里的伤害行为是指构成要件该当的伤害行为，也就是伤害的实行行为。裁判理由虽然没有对此进行论证，但其结论指出：

> 赵金明等人持刀追砍被害人马某超时已具有伤害的故意，且已着手实施犯罪，该伤害行为本身具有致人死亡的高度危险，其持刀追砍的行为与被害人死亡结果之间具有刑法意义上的因果关系。根据主客观相一致的定罪原则，可以对赵金明等人以故意伤害罪定罪处罚。

我认为，持刀追砍的行为是否属于伤害行为，是一个需要加以论证的问题。在刑法理论上，伤害是指损害人体健康的行为，这种对人体健康的损害，主要包括两种情形：一是破坏人体组织的完整性，二是破坏人体器官的正常机能。由此可见，伤害行为是指造成某种伤害状态的行为，在刑法评价上侧重于伤害结果，任何行为只要造成了伤害结果就是伤害行为。刑法对于伤害方法本身并没有限制，无论是暴力的还是非暴力的、是作为的还是不作为的，都可以构成伤害。在理解伤害行为的时候，应当将伤害与殴打加以区分。关于两者的区分，从客观上说，主要是后果的不同，即伤害是对人体健康的损害，而殴打只是造成表皮损伤。从主观上说，故意的内容也有所不同，不能把伤害看作是殴打的结果加重，只有在对伤害后果有认识并希望或者放任其发生的情况下才能认定为故意伤害罪。如果基于殴打的故意，即使造成重伤或者死亡的后果，也不能认定为故意伤害罪，而应当认定为过失致人重伤罪或者过失致人死亡罪。

在本案中，赵金明等人持刀追赶的行为并没有造成对被害人马某超的伤害，从后果上并不能得出持刀追赶的行为是伤害行为的结论。关键问题在于：持刀追赶行为是伤害行为的着手吗？如果可以认定为着手，那么持刀追赶的行为虽然没有达到造成伤害后果的程度，但也已经开始实施，因而在性质上可以认定为伤害。关于实行行为的着手，在刑法理论上存在各种不同的认定标准，讨论起来可能较为烦琐。在本案中，判断赵金明等人持刀追赶的行为是否属于伤害行为，其实还有一个较为简单的方法，就是持刀追人但并没有追上，在这种情况下能否认定是故意伤害罪的未遂犯？因为如果认为持刀追人是伤害行为的着手，那么由于意志以外的原因未能得逞的，就属于犯罪未遂。但十分明显，对于这种情形在司法实践中是不可能作为故意伤害罪的未遂犯论处的。由此可以得出结论：持刀追赶本身不是伤害行为。

那么，在本案的裁判理由中，为什么会把持刀追赶当作伤害行为，而且似乎是不证自明呢？我认为，这是因为作者对伤害故意作了错误理解，然后从伤害故意反推出伤害行为。我们来看裁判理由是如何论证被告人赵金明等人主观上具有伤害的故意这一判断的：

> 本案中，根据赵金明等人因得知被害人马某超要搞自己，产生先下手为强要将马某超砍伤的作案动机，随即伙同被告人李旭等人拿刀追砍被害人马某超的事实，可以从以下方面分析其主观故意：一是从双方力量对比来看，被告人赵金明一方为多人，而被害人马某超仅一人徒手，双方力量悬殊；二是从作案工具看，赵金明等人使用的作案工具为长砍刀7把，在一般情况下，足以致人伤亡；三是从赵金明等人实施的行为看，其持刀追砍，且一下车即拿刀追赶，未与被害人有任何言语的交流和缓冲，来势凶猛；四是从被告人当时的心态来看，其在被害人跳水之后才停止追砍，又跑至附近一棉田内躲藏至少半小时，对被害人的生命持漠视态度。综上事实，可以充分认定赵金明等人主观上具有伤害的故意。

在上述论述中，提及作案动机，也就是所谓犯罪动机。应该说，犯罪动机与犯罪目的是存在根本区别的，当然，这里的犯罪目的是指直接故意所包含的犯罪目的而非目的犯之目的。犯罪动机是促使行为人实施犯罪行为的内心动因，因此，犯罪动机是产生在实施犯罪行为以前的。犯罪目的则不然：犯罪目的是行为人的犯罪行为所要实现的结果,作为直接故意的内容,犯罪目的存在于行为人实施犯罪行为的过程之中,它与犯罪行为具有共时性。因此,在犯罪行为着手实施以前,不存在犯罪目的,只存在犯罪动机。在本案中,没有论证伤害行为的存在,怎么可能成立伤害故意呢?从根本上看,裁判理由还是把伤害动机等同于伤害目的,然后再等同于伤害故意。其实,在持刀追赶时,被告人赵金明等人主观上具有的是伤害的意图,而非伤害故意,只有在实施伤害行为时才可能存在伤害故意。这种把伤害的意图等同于伤害的故意的错误判断之出现,就是没有论证伤害行为存在就先行讨论伤害故意的思维方法所造成的。

我们再看看裁判理由认为成立伤害故意的四个理由:一是双方力量对比,二是作案工具,三是实施情况,四是当时的心态。在这四点中,前三点都是客观情况,只有第四点是主观情况,即心态。但从具体内容来看,停止追赶、躲藏等仍是客观情况。那么,这些客观情况怎么说明存在伤害故意呢?按照我的理解,裁判理由是想采用推定方法证明被告人赵金明等人主观上存在伤害故意,但对主观故意的推定也只能建立在客观上已经实施了某一犯罪构成要件行为的基础之上。在本案中,由于伤害行为并不存在,因而不可能通过推定方法确认伤害故意的成立。

四、因果关系的论证

虽然我认为在本案中不存在伤害行为,因而也就谈不上伤害行为与死亡结果之间的因果关系,但被告人赵金明等人持刀追赶的行为造成被害人溺水死亡,对于持刀追赶行为与死亡之间的因果关系,仍然是需要论证的。应该说,本案的裁判理由对于被告人赵金明等人持刀追赶的行为与被害人溺水死亡之间具有刑法意义上的因果关系这一判断作了较为充分的论证,由此可以了解刑法上的因果关系理论在司法实践中的适用情况。当然,在刑法因果关系问题上也还存在一些问题值得研究。

(一)刑法因果关系的判断方法

关于刑法因果关系问题,大陆法系刑法理论上存在条件说、原因说和相当因果关系说等各种观点,但在司法实务中并不像理论聚讼那样混乱,一般都形成了普遍遵循的判断方法。例如日本学者西田典之教授指出：

> 关于如何判断因果关系的问题，日本的通说与判例一般认为，可分两个阶段判断是否存在因果关系：第一个阶段是判断是否存在条件关系，第二个阶段是在此基础上再判断是否存在相当因果关系。所谓条件关系，是指明确行为与结果之间是否存在事实上的关联（结合关系），而所谓相当因果关系，则是以存在条件关系为基础，进一步就客观性归责的范围，作规范性限定。[①]

而在德国，因果关系的判断方法分为客观归因与客观归责两个层次。例如，德国学者指出：

> 某人是否引起了结果的发生问题，在德国主要借助于所谓的条件理论（Bedingungstheorie）来回答：如果结果不消失，这个行为就不能从思想上赶走，那么，这个结果就由这个行为所引起。易言之，行为必须表明结果的条件关系（conditio sine qua non），其中，结果的所有条件均被等而视之（相当），因此，条件理论也称为相当理论（Aquivalenztheorie）。结果条件中如果有数个行为的，则它们是共同原因，因为在刑法中的因果概念层面上，是不能区分重要的因果关系和不重要的因果关系的。通过下列三个修正来对由因果关系而建立的非常广泛的责任联系加以限制，即客观归责理论、构成要件的行为要素与故意和过失的要求。[②]

在确定条件关系上，日本与德国的学说是一致的，这是判断事实因果关系的方法。但在判断法律因果关系上，日本刑法理论与司法实务采相当因果关系说，而德国刑法理论与司法实务采客观归责理论。应当指出，上述引述中将条件理论称为相当理论，这里的相当理论并非相当因果关系理论，而是指全条件同价值说，即在条件关系中，各种条件对于结果发生的价值是等同的，不能区分重要的条件与次要的

---

① ［日］西田典之：《日本刑法总论》，刘明祥、王昭武译，68 页，北京，中国人民大学出版社，2007。

② ［德］汉斯·海因里希·耶赛克、托马斯·魏根特：《德国刑法教科书（总论）》，徐久生译，339 页，北京，中国法制出版社，2001。

条件。若加以区分，就不是条件说而是原因说。但原因说对于各种条件的价值区分无法提供可操作的标准，因而为各国司法实务所不采。客观归责理论，是德国学者罗克辛教授创立的，正是客观归责理论完成了从归因到归责的革命性转变。客观归责的判断可以分为以下四个层次：

> 第一阶段形成条件关联——这一阶段的关联是说明事实之间的关联，意味着借助于经验规律意义上的因果概念而查明行为和结果之间的最低限度的关联；第二阶段形成相当性关联——这一阶段是通过客观合目的性或然律的补充来分析行为与结果之间的被确定性关联，从而确定事实之间的关系具有进行刑法评价的价值；第三阶段是风险性关联——这一阶段所要说明的是行为对谨慎义务的违反和结果发生之间的详细联系，从而在规范的意义上评价行为与结果之间所具有的确切联系在刑法上有相当的重要性；第四阶段是保护目的性关联——必须要说明所出现的结果是在被损害的规范的保护范围内。①

由此可见，在客观归责中引入了实质判断与价值判断，但这种实质判断与价值判断是以条件关系的形式判断与规范判断为前提的，因而是一种以归因为前提的归责。

在我国刑法理论中，对刑法因果关系的讨论没有按照条件说与相当因果关系说的思路，而是引入哲学上必然性与偶然性这对范畴，形成因果关系必然说、偶然说与必然性和偶然性统一说等理论。② 那么，我国司法实践中是如何运用因果关系理论的呢？本案提供了一个实例。在本案的裁判理由中，作者对刑法因果关系作了以下界定：

> 因果关系是哲学上的一个重要范畴。一般认为，引起一定现象发生的现象是原因，被一定现象引起的现象是结果，这种现象与现象之间的引起

---

① 吴玉梅：《德国刑法中的客观归责研究》，135 页，北京，中国人民公安大学出版社，2007。

② 关于采用必然性与偶然性的范畴对刑法因果关系进行分析的理论，可参见侯国云：《刑法因果关系新论》，南宁，广西人民出版社，2000。

与被引起的联系，就是因果关系。刑法上所关注的因果关系，是危害行为同危害结果的关系。其目的是确定危害社会的结果是由谁的行为所引起的，从而为追究刑事责任提供客观基础。这一特定目的就决定了刑法上的因果关系关注的是，在具体案件中，当一特定的危害结果发生时，行为人的行为对危害结果是否起了作用、起了多大作用，行为人应承担多大的责任。因此，在对具体案件中的危害行为与危害结果之间的因果关系进行判断时，主要从以下三个方面考察：

（1）行为人的行为是否属于引起危害结果的原因，即是否存在事实上的因果关系。刑法因果关系成立的前提是行为与危害结果之间首先存在事实上的因果关系。所谓事实上的因果关系，就是先行为与后结果之间引起与被引起的关系。从逻辑上讲，也就是必要条件关系，这种必要条件关系是指"如果没有被告人的行为，就不会发生这一危害结果"。

（2）行为对于危害结果产生所起作用的程度。事实因果关系除存在有与无之别外，还存在程度之别，即行为对结果产生所起作用的大小问题。这种程度直接影响到行为的责任认定。由于客观上引起危害结果产生的因素很多，从逻辑上说，这些众多因素都是该结果产生所不可缺少的必要条件，但事实上，对于危害结果的产生来说，有的行为可能起了决定性的作用，有的行为对于结果产生所起的客观作用相对较小，有的行为对于结果的产生只起了比较轻微的作用。同样，行为与危害结果的联系方式也是多种多样的。因此，在审判实践中，必须根据行为与结果联系的紧密程度、行为导致危害结果产生的力量大小、犯罪构成对行为与结果之间联系的要求程度等因素综合评判。在作具体分析时，必须全面弄清对结果起作用因素的分量，分析各种因素对结果起作用的程度，在对所有这些因素进行全面分析的基础上，确定具体的危害行为在其中起了什么作用；如果有多个危害行为同时存在，则还应分析多个行为之间的关系。

（3）行为的社会危害程度。根据刑法规定，只有达到一定严重程度的行为才能构成犯罪。因此，在确定刑法因果关系时，应注重考察下述3

点：一是客观上危害行为实际造成的危害结果的严重程度。危害结果越严重，客观责任也就越大。如果案件中涉及多人的危害行为，那么需要承担责任者的范围也就相应越大；反之亦然。二是危害行为本身所具有的造成特定危害结果产生的可能性程度，也就是行为中所包含的造成危害结果产生的具体危险性。一般来说，如果行为造成某一结果需要起配合作用的因素愈多，这一行为造成结果产生的可能性也就愈小；反之亦然。这种行为造成结果的概率，在一定程度上表明了行为当时具有的社会危险性大小以及行为人的受谴责程度。三是危害行为本身客观上违反社会规范的程度。对于明显严重违反国家法律的行为，其行为对社会正常秩序的威胁严重，归责的必要性就大，对这种危害行为与危害结果之间的因果关系联系程度就可能要求较弱；而对行为违规程度较轻的，对于行为与结果之间的因果联系要求一般也就可能较高。如果行为本身没有违反社会规范，在通常情况下，其行为与结果之间的因果关系就可能不认为具有刑法意义。

在以上对刑法因果关系的判断中，作者没有采用必然因果关系与偶然因果关系的这种提法，当然仍然提及哲学上的因果关系。作者提出了刑法因果关系判断的三个方面：一是行为是否引起原因，二是行为对结果的作用程度，三是行为的社会危害程度。现分别评论如下：

1. 行为人的行为是否属于引起危害结果的原因

那么，行为人的行为是否属于引起危害结果的原因是根据什么标准加以认定的呢？本案的裁判理由提出了必要条件关系，这种必要条件关系是指"如果没有被告人的行为，就不会发生这一危害结果"，即所谓"若无前者，即无后果"的关系。作者认为，具备这一关系的，就应当认为具有事实上的因果关系。值得注意的是，本案的裁判理由在此提出了事实上的因果关系这个概念。而本案的一审判决中又提到法律上的因果关系概念。由此可见，事实因果关系与法律因果关系的分析范畴被本案的裁判理由所接受。

事实因果关系与法律因果关系的范畴，在我国传统刑法教科书中是没有的。如前所述，当时采用的必然因果关系与偶然因果关系的分析范式，当然是从苏俄刑法学引入的。在《刑法哲学》（1992 年初版）一书中，我较早地在因果关系认定中引入价值判断，指出：因果关系的价值评判是必要的。这种价值评判是指在纯行为事实的因果关系的基础上，确认因果关系在刑法上的意义。[①] 此后，我国学者张绍谦提出了事实因果关系与法律因果关系的范畴，指出：

> 刑法因果关系首先是事实关系，但是，作为追究刑事责任客观根据的刑法因果关系仅仅限于有事实关系还不行，这种关系还得具有刑法上的价值。也就是说，还需要对之进行刑法上的价值判断，才能作为法律因果关系产生法律后果。不经价值判断的事实因果关系不可能直接对刑事责任产生作用。这种从法律上对因果关系的作用所作的限制性评价，就使刑法因果关系表现出法律性特征。这一特征表明，刑法因果关系并非简单的事实关系，而在本质上是一种为法律所规定或要求的法律上的关系。因此，刑法因果关系是事实关系与法律关系的统一。[②]

这里所说的法律因果关系，我国学者张绍谦教授认为是指明确地或蕴含地规定在法律之中，作为司法机关定案标准的、定型的因果关系。这一定义当然是正确的，关键是如何判断。相当因果关系说从预见可能性切入，提供了某种判断标准。当然如果引入客观归责理论，则在区分归因与归责的基础上，完全消解了法律因果关系问题。

从本案的裁判理由中可以看到，事实因果关系与法律因果关系的概念已经被司法实务部门所接受，尤其是以条件关系解释事实因果关系，这是较为可取的。当然，法律因果关系如何判断，则是迫切需要解决的问题。

2. 行为对于危害结果产生所起作用的程度

本案的裁判理由论及一个程度的概念，这到底是指原因力的程度还是指相当性的程度，所指不明。而且，上述第一点是论证事实因果关系成立，那么，接下来的第二点和第三点是论证法律因果关系还是其他问题呢，也没有明确说明。按照我的

---

① 参见陈兴良：《刑法哲学》，修订 3 版，98 页，北京，中国政法大学出版社，2003。

② 张绍谦：《刑法因果关系研究》，120 页，北京，中国检察出版社，1998。

理解，作者似乎是在事实因果关系的基础上，进一步论证法律因果关系。然而法律因果关系的论证又没有采取相当因果关系的理论，而是采用实质的价值判断，即在多种条件造成结果发生的情况下，只有对于危害结果产生所起作用较大的条件行为才能被认为是原因。显然，这种论证方法就是原因说的观点。原因说意图防止条件说对因果关系范围的不当扩大，从造成结果发生的诸条件中，根据某种标准寻找出被称为原因的条件，即所谓原因条件。只在这种原因和结果之间，承认刑法上的因果关系。因此，原因说又称为原因与条件区别说。原因说由于是想从全体条件中找出原因，根据具体事态判断因果关系，因此又被称为个别化说。但由于条件与原因区分标准不同，形成了以下各种观点：对结果而言在时间上处于最后的条件是原因的最终条件说，违反生活上常规而实施的行为是原因的异常条件说，为结果的发生提供决定性方向的条件是原因的优势条件说，对结果而言最有力的条件是原因的最有力条件说，为结果发生提供了动力的条件是原因的动力条件说等。以上诸说标准各异，聚讼不定。因此，在刑法理论上不采原因说。例如日本学者大塚仁教授指出：

> 原因说欲避免条件说的不合适意图是正当的，但是，从指向犯罪结果的多个条件中只取出一个条件视为原因，不仅是极其困难的，而且，未必是实际的。结果的发生，常常并非只依存于单一的条件，在不少事态中应该承认由复数的条件竞合在一起形成的共同原因，即使优势条件和最有力条件是有意义的，也很难说容易作出具体的认定。而且，在最终条件中也可能存在往往缺乏重要性的东西。①

本案的裁判理由未能从被告人主观上的预见可能性对于追砍行为与死亡结果之间的因果关系是否具有相当性，采用相当因果关系理论加以判断，而是采用原因说，从客观上加以论证，可能与对因果关系的客观性的误解有关。例如我国学者在对相当因果关系说进行批判时，认为该说的错误在于违背了刑法因果关系的客观性原理，指出：相当因果关系说把人们的经验作为第一性的东西，以此来判断是非。

---

① ［日］大塚仁：《刑法概说（总论）（第三版）》，冯军译，162 页，北京，中国人民大学出版社，2003。

这是一种主观唯心论的表现，其主要错误在于把一般人或者行为人的主观认识混为一谈，背离了因果关系的客观真理性。[①] 不过，相当因果关系说是在条件说所确认的事实因果关系的基础上引入主观要素，因此根本就不存在违反因果关系客观性原理的问题。

3. 行为的社会危害程度

本案的裁判理由还在第三点对行为的社会危害程度作了论述，从行为造成结果的严重程度、具体危险性以及违反社会规范程度等方面加以分析，尤其是在论述中提及归责或者客观归责等概念。虽然没有明确采用客观归责的理论，但作者似乎是想从归责的角度对刑法因果关系进行论证。

从以上三个方面对因果关系的理论考察来看，虽然这三个方面的逻辑关系还不够明确，但本案的裁判理由并未简单地重复刑法教科书的观点，而是作了具有一定新意的论述。

（二）刑法因果关系的具体认定

在对刑法因果关系理论进行一般性讨论的基础上，本案的裁判理由对本案涉及的因果关系加以具体分析。裁判理由认为，赵金明等人持刀追砍的行为与被害人死亡的结果之间具有刑法上的因果关系。主要理由如下：

（1）赵金明等人持刀追砍被害人的行为，具有严重的社会危害性。赵金明等人手持利刃在大街上追砍被害人，不仅直接危及被害人的生命和健康，而且对现场周围公民的生命和健康也构成了潜在的威胁，严重地破坏了正常的社会秩序，属于事先有预谋、有组织的共同故意伤害行为。

（2）被害人马某超泅水逃避的行为，是一种在当时特定条件下正常的自救行为。面对 7 名持刀暴徒近距离的追砍，被害人必然逃避，被害人快速奔跑是其自救的本能反应。由于现场紧邻河道，被害人的主观选择受到较大限制，其根据自身会水的特点选择泅水逃生既是被迫无奈的行为，又是在当时特定条件下正常的行为。

---

① 参见李光灿等：《刑法因果关系论》，66 页，北京，北京大学出版社，1986。

（3）被害人溺水身亡在特定的条件下具有较高的现实可能性。虽然在一般情况下，一个会水的成年人溺水死亡的可能性并不大，但基于本案的具体情况，该可能性转化为现实性的概率大大增加：一是被害人在狂奔和跳下河堤摔倒的情况下仓促下水，没有做下水前必要的准备活动；二是案发时系夜晚，在被害人下水的河段不安全因素较多；三是逃生的恐惧心理将大大影响被害人正常的思维判断和体能发挥。在泅水逃生中，由于上述种种不利因素的汇集，加上被害人自身的原因，导致溺水死亡结果的发生具有较高的现实可能性。

由此可见，上述事实原因、中介因素与危害结果之间环环相扣、紧密衔接，应该认定赵金明等人持刀追砍行为与被害人溺水身亡的结果之间存在刑法中的因果关系。本案中因果关系的联系方式属于间接联系类型，即事实原因与危害结果之间没有发生直接联系，而是介入了一些被害人个人因素，这时原因行为与危害结果之间的联系就是间接联系。

裁判理由是在将持刀追赶行为视为故意伤害行为的基础之上，讨论行为与死亡结果之间的因果关系的。值得注意的是，裁判理由将这一因果关系确认为间接联系类型，其中，持刀追砍是事实原因，被害人泅水逃避是中介因素，被害人溺水死亡是结果。

作者没有将持刀追赶与泅水逃避视为死亡的共同原因，而是把泅水逃避看作是中介因素。那么，这种中介因素是否属于原因呢？持刀追砍与溺水死亡之间是间接联系，那么是否属于间接因果关系呢？这些问题都是值得进一步深入讨论的。

应该说，在本案中，论证赵金明等人的持刀追赶行为与被害人死亡之间的事实因果关系并不困难，问题在于：法律因果关系如何论证？在裁判理由列举的三点理由中，第一点是对持刀追赶行为的社会危害性的分析，第二点是对泅水逃避行为性质的分析，第三点是对溺水死亡的现实可能性的分析。虽然裁判理由认为上述三点是环环相扣、紧密衔接的，但在我看来仍然只是对作为原因的持刀追赶行为与作为结果的溺水而亡分别作了分析，而对两者之间的法律上的因果关系仍然语焉不详。现在的问题是：如何将这一溺水死亡的结果归责于被告人赵金明等人的持刀追砍行为？如果不引入相当因果关系理论，实在是难以作出回答。相当因果关系中相当性之判断，主要是基于经验法则。例如日本学者西田典之教授主张经验性相当性说，指出：

> 无论是行为之时的危险，还是行为后的危险（因果过程），只要属于经验法则上罕见的情况、通常不可能出现的情况，均不得予以考虑。也就是，如果行为时的罕见危险实现于结果，或者行为时的危险经过罕见的因果过程而实现于结果，这均不具有相当性。①

换言之，根据经验法则，其结果并非罕见的、异常的，就应当认为存在刑法因果关系。本案属于被害人行为介入的情形，在某些情况下，被害人的介入在刑法因果关系评价上是无须考虑的。例如投毒杀人，毒药系被害人自己吸食，该吸食毒药的被害人介入因素，在认定投毒行为与死亡结果之间的因果关系时不予考虑，直接认定投毒行为与死亡结果之间存在因果关系。但在某些情况下，被害人的介入在认定刑法因果关系时是应当考虑的，这里的考虑要点是该被害人的行为是否非常罕见或者十分异常。例如日本学者西田典之教授所引日本最高裁判所判例：遭受激烈暴行的被害人在逃跑过程中，闯入高速公路而被车撞死的所谓高速公路事件。日本最高裁判所认为，考虑到被害人的心理状态，其（闯入高速公路的）行为并非极不自然，也难言并不恰当，从而肯定存在因果关系。在本案中，日本最高裁判所明确地考虑了因果过程的相当性与通常性。② 根据这样一种思路论证本案的刑法因果关系，就要论证在被告人赵金明等人持刀追赶的情况下，被害人马某超泅水逃避的行为是否正常。关于这一点，裁判理由第二点作了论证，认为被害人泅水逃生是在当时特定条件下正常的行为，由此可以得出结论：持刀追砍行为与死亡结果之间存在法律上的因果关系。而第一点关于持刀追赶行为性质的论述与第三点关于结果发生可能性的论述，均非对法律上的因果关系的论证。可见，在本案中刑法因果关系是存在的，关键是如何论证以及采用何种理论加以论证。

---

① ［日］西田典之：《日本刑法总论》，刘明祥、王昭武译，80 页，北京，中国人民大学出版社，2007。
② 参见 ［日］西田典之：《日本刑法总论》，刘明祥、王昭武译，83 页，北京，中国人民大学出版社，2007。

五、定性结论

根据以上分析，在本案中持刀追砍行为本身并非伤害行为，其与死亡结果之间存在刑法上的因果关系。对于死亡结果的主观心理态度虽然裁判理由没有论及，但其为过失是当然的。在这种情况下，被告人赵金明等人的行为就应认定为过失致人死亡罪。

第 4 节　特殊体质与介入因素导致被害人死亡行为之定性研究

案名：洪志宁故意伤害案　陈美娟投放危险物质案
主题：因果关系　特殊体质　介入因素

因果关系是刑法上的一个重要问题。在一般情况下，因果关系不难认定。但在某些复杂情况下，例如被害人具有特殊体质，因伤害行为导致被害人死亡的，究竟如何认定因果关系？本节拟通过对洪志宁故意伤害案和陈美娟投放危险物质案[①]的分析，对导致被害人心脏病发作猝死情况下的因果关系加以研究。

一、洪志宁故意伤害案的案情及诉讼过程

被告人洪志宁与曾某均在福建省厦门市轮渡海滨公园内经营茶摊，二人因争地界曾发生过矛盾。2004 年 7 月 18 日 17 时许，与洪志宁同居的女友刘某酒后故意将曾某茶摊上的茶壶摔破，并为此与曾某同居女友方某发

---

① 洪志宁故意伤害案刊载于最高人民法院编：《刑事审判参考》，第 49 集，北京，法律出版社，2006；陈美娟投放危险物质案刊载于最高人民法院编：《刑事审判参考》，第 36 集，北京，法律出版社，2004。

生争执。正在曾某茶摊上喝茶的陈某（男，48 岁）上前劝阻，刘某认为陈某有意偏袒方某，遂辱骂陈某，并与陈扭打起来。洪志宁闻讯赶到现场，挥拳连击陈某的胸部和头部，陈某被打后追撵洪志宁，追出二三步后倒地死亡。洪志宁逃离现场，后到水上派出所轮渡执勤点打探消息时，被公安人员抓获。

经鉴定，陈某系在原有冠心病的基础上因受吵架时情绪激动、胸部被打、剧烈运动及饮酒等多种因素影响，诱发冠心病发作，管状动脉痉挛致心跳骤停而猝死。

厦门市中级人民法院认为：被告人洪志宁故意伤害他人身体，致被害人死亡，其行为已构成故意伤害罪。被告人洪志宁在刑满释放后五年内再犯应当判处有期徒刑以上刑罚之罪，系累犯，应从重处罚。鉴于被告人洪志宁归案后能坦白认罪，且考虑被害人原先患有冠心病及有心肌梗死的病史，其死亡原因属多因一果等情节，可以从轻处罚。遂依照《中华人民共和国刑法》第 234 条第 2 款、第 65 条第 1 款的规定，判决如下：被告人洪志宁犯故意伤害罪，判处有期徒刑 10 年零 6 个月。

宣判后，被告人洪志宁不服，上诉提出：其只是一般的殴打行为，原判定罪不准；被害人死亡与其只打两三拳没有关系，不应负刑事责任，请求二审给予公正裁判。

福建省高级人民法院经审理认为，上诉人洪志宁故意伤害他人身体致人死亡的行为，已构成故意伤害罪。洪志宁关于原判对其定罪量刑错误的上诉理由，经查，首先，上诉人拳击行为发生在被害人与其女友刘某争执扭打中，洪志宁对被害人的头部、胸部分别连击数拳，其主观上能够认识到其行为可能会伤害被害人的身体健康，客观上连击数拳，是被害人死亡的因素之一，因此，对上诉人应当按照其所实施的行为性质以故意伤害定罪。虽然死亡后果超出其本人主观意愿，但这恰好符合故意伤害致人死亡的构成要件。故原判定罪准确，洪志宁关于定罪不准确的上诉理由不能成立。其次，上诉人的拳击行为与被害人死亡结果之间具有刑法上的因果关系。上诉人对被害人的胸部拳击数下的行为一般情况下不会产生被害人死亡的结果，但其拳击的危害性为，与被害人情绪激动、剧烈运动及饮酒等多种因素介入诱发冠心病发作，导致了死亡结果的发生。被害人身患冠心病，上诉人事先并不知情，是一偶然因素，其先前的拳击行为与被害人死亡结果之间属偶然因果关系，这是上诉人应负刑事责任的必要条件。因此，上诉人的行为与被害人死亡的结果具有刑法上的因果关系，洪志宁关于对被害人死亡不负刑事责任的上诉理由不能成立。原判认定事实清楚，证据确实、充分，定罪准确，审判程序合法。上诉人洪志宁系累犯，依法应从重处罚。鉴于本案的特殊情况，原判对洪志宁的量刑过重，与其罪责明显不相适应，可在法定刑以下予以减轻处罚。据此，撤销厦门市中级人民法院刑事判决中对上诉人洪志宁的量刑部分，以洪志宁犯故意伤害罪，在法定刑以下判处有期徒刑五年，并依法报送最高人民法院核准。

最高人民法院经复核后认为：被告人洪志宁殴打他人并致人死亡的行为，已构成故意伤害罪。洪志宁曾因犯罪被判刑，刑满释放后五年内又犯罪，应依法从重处罚。但被害人患有严重心脏疾病，洪志宁的伤害行为只是导致被害人心脏病发作的诱因之一。根据本案的特殊情况，对被告人洪志宁可以在法定刑以下判处刑罚。一、二审判决认定的事实清楚，证据确实、充分，定罪准确，审判程序合法。二审判决量刑适当。遂依照《中华人民共和国刑法》第 63 条第 2 款和最高人民法院《关于执行〈中华人民共和国刑事诉讼法〉若干问题的解释》第 270 条的规定，裁定核准福建省高级人民法院以故意伤害罪，在法定刑以下判处被告人洪志宁有期徒刑 5 年的刑事判决。

二、陈美娟投放危险物质案的案情及诉讼过程

被告人陈美娟与被害人陆某两家东西相邻。2002 年 7 月下旬，两人因修路及其他琐事多次发生口角并相互谩骂，陈美娟遂怀恨在心，决意报

复。2002 年 7 月 25 日晚 9 时许，陈美娟从自家水池边找来一支一次性注射器，再从家中柴房内的甲胺磷农药瓶中抽取半针筒甲胺磷农药后，潜行至陆某家门前丝瓜棚处，将农药打入瓜藤上所结的多条丝瓜中。次日晚，陆某及其外孙女黄某食用了被注射有甲胺磷农药的丝瓜后，出现上吐下泻等中毒症状。其中，黄某经抢救后脱险；陆某在被送往医院抢救后，因甲胺磷农药中毒引发糖尿病高渗性昏迷低钾血症，医院对此诊断不当，而仅以糖尿病和高血压症进行救治，陆某因抢救无效于次日早晨死亡。

陆某死后，其亲属邻里在门前瓜棚下为其办理丧事中，发现未采摘的丝瓜中有的有小黑斑，遂怀疑他人投毒，故向公安机关报案。经侦查，陈美娟被抓获。

南通市中级人民法院认为：被告人陈美娟因与被害人发生口角而心怀不满，故意在被害人所种植的丝瓜中投放甲胺磷农药，危害公共安全，造成二人中毒、其中一人死亡的严重后果，其行为已构成投放危险物质罪。陈美娟归案后，认罪态度较好，可酌情从轻处罚。陈美娟对其犯罪行为给附带民事诉讼原告人所造成的经济损失，合理的部分应予赔偿。对被告人及其辩护人关于被害人的死因并非被告人投放甲胺磷必然导致的辩解及辩护理由，经庭审查明：被害人系因有机磷中毒诱发糖尿病高渗性昏迷低钾血症，在两种因素共同作用下死亡，没有被告人的投毒行为在前，就不会有被害人死亡结果的发生，故对该辩解和辩护理由不予采纳。遂根据《中华人民共和国刑法修正案（三）》第 2 条，《中华人民共和国刑法》第 115条第 1 款、第 48 条第 1 款、第 57 条第 2 款、第 36 条第 1 款，《中华人民共和国民法通则》（已失效——引者注）第 119 条的规定，于 2002 年 12月 24 日判决如下：（1）被告人陈美娟犯投放危险物质罪，判处死刑，缓期二年执行，剥夺政治权利终身。（2）被告人陈美娟赔偿附带民事诉讼原告人黄某花医药费及交通费人民币 269.20 元，被害人陆某抢救费及交通费人民币 1 535.20 元、丧葬费人民币 3 000 元，合计人民币 4 804.40 元。（3）驳回附带民事诉讼原告人的其他诉讼请求。

一审判决宣告后，被告人陈美娟及附带民事诉讼原告人没有上诉，检察机关没有抗诉。南通市中级人民法院依法将本案报送江苏省高级人民法院核准。

江苏省高级人民法院经复核认为：被告人陈美娟与被害人陆某因修路等邻里琐事发生口角而心怀不满，故意在被害人所种植的丝瓜中投放甲胺磷农药，危害公共安全，其行为已构成投放危险物质罪。南通市中级人民法院对被告人陈美娟的定罪量刑正确，审判程序合法。遂根据《中华人民共和国刑事诉讼法》（1996 年——引者注）第 201 条和最高人民法院《关于执行〈中华人民共和国刑事诉讼法〉若干问题的解释》（已失效——引者注）第 278 条第 2 款第（1）项的规定，于 2003 年 5 月 7 日裁定如下：核准江苏省南通市中级人民法院以投放危险物质罪判处被告人陈美娟死刑，缓期二年执行，剥夺政治权利终身的刑事判决。

三、刑法因果关系的法理分析

因果关系是定罪的客观根据之一，但在刑法中对于因果关系并未作具体规定。因此，如何认定因果关系就成为刑法理论上的一个重要问题。

从刑法理论上看，因果关系存在一个从条件说到相当因果关系说的演变过程。近些年来德国学者罗克辛教授倡导客观归责理论，又对因果关系理论带来巨大冲突。

条件说是建立在"若无前者，即无后者"的公式基础之上的，它同等地看待引起结果发生的各种案件行为，因而又称为全条件同价值说。例如德国学者李斯特主张因果行为说，把因果法（Kausalsatz）看作是刑法中的一种重要思维方法。李斯特指出：

如果在身体活动和结果之间有联系，我们则称身体活动是结果的原因，结果是身体活动的后果；也就是说，我们在身体活动与结果的关系上使用了因果性这一范畴（作为我们认识的一种形式）。这同时说明，对刑法研究来说，原因（Verursachung）和诱因（Veranlassung），原因（Ursache）和条件（Bedingung）是重合的，说得更确切些，结果的诱因总是充分的，它的原因则不是必须的。对因果关系而言，结果的全部条件有时同样重要。并存的共同原因（Mitursache）同样是法律意义上的原因。原因概念不得排除同时或者后续发生的共同原因。[①]

条件说的因果关系确定了一个客观的范围，对于因果关系的认定具有重要意义。但条件说带有明显的形式主义的、客观主义的特征，回避对原因力作实质判断。这样就带来刑法因果关系范围过于宽泛的弊端。尽管李斯特提出因果关系中断说加以弥补，并主张对原因问题与责任问题应当作出严格的区分[②]，但是，条件说的缺陷还是显而易见的。

在条件说的基础上，为限制条件范围而提出了原因说。德国学者论及原因说的产生时指出：

> 由于条件理论适应因果关系的经验的符合法则性，它在理论上将导致无穷尽：根据该观点，即使是被谋杀者的父母和祖父母，也同样可以就造成被谋杀者的死亡共同负有责任。因此，人们尝试按照普通有效的方法，从依据因果概念产生的众多结果条件中挑选出在法律上具有重要意义的原因。据此，因果关系概念的任务，只是表明在进行法律评价时可能予以考虑的所有事实，而刑法责任则是在该最大的可能性范围内来确定。[③]

原因说试图从客观上对条件说加以限制，并且对行为与结果之间的联系进行实质判断。但由于判断标准不同，又出现了各种学说，例如必生原因说、直接原因说、最重原因说、决定原因说等。在这种情况下，原因说莫衷一是，难以在司法实践中被采用。对此，李斯特进行了以下批评：

---

① ［德］李斯特：《德国刑法教科书》，修订译本，徐久生译，184 页，北京，法律出版社，2006。

② 参见［德］李斯特：《德国刑法教科书》，修订译本，徐久生译，185、188 页，北京，法律出版社，2006。

③ ［德］汉斯·海因里希·耶赛克、托马斯·魏根特：《德国刑法教科书（总论）》，徐久生译，347 页，北京，法律出版社，2006。

将其中的一个条件上升为原因的任何一种观点的危险性在于，它必将导致拒绝共同原因（Mitursache）概念，其结果是刑事司法不可能存在（也许私法不同）。所以讲所有这些观点均是错误的，原因在于研究方法混乱不堪，以自然科学—力学的研究方法代替逻辑—认识论的研究方法，而法学家是无论如何都不得这么做的。①

尽管李斯特是站在条件说的立场上对原因说进行批评的，但确实在一定程度上冲击了原因说的要害。因此，原因说为各国刑法理论所不采。取代原因说的是相当因果关系说，又称为相当理论（Adaequanztheorie），是德国学者冯·克里斯教授提出来的。德国学者指出：

相当理论有助于在因果关系范围内限制刑法上有重要意义的责任关系。该理论要求，行为人在实施犯罪行为时由其所引起的结果的发生在一定程度上必须是可能的，以便能将该行为视为结果发生的原因。条件与结果必须是适当（相当），而只有那些能够典型地导致结果发生的条件才能被认为是适当的。相当思想的实质在于，接受为法律所指责的风险能够与禁止性规范的意义相适应，只有实现了风险的结果是可归责的。②

相当因果关系理论具有一定的归责性质，它不再将对将行为与结果之间关系的判断局限在客观事实上，而是引入价值判断，即所谓生活经验法则，以此作为相当性的认定标准，尤其是在相当性的判断中引入可预见性（Berechenbarkeit）的概念。对此，李斯特批评这是把原因问题与责任问题相混淆了，指出：

如果它（指相当理论——引者注）从客观上规定可预见性，那么，它就会无可挽救地陷入无法解决的矛盾之中。如果行为人事前估计到非典型的发展过程，它不得不要么将行为人无罪释放，要么以主观的预见替代客观的预见。克吕克曼（Krueckmann）负责任地认识到，应将普遍的可预

---

① ［德］李斯特：《德国刑法教科书》，修订译本，徐久生译，191 页，北京，法律出版社，2006。
② ［德］汉斯·海因里希·耶赛克、托马斯·魏根特：《德国刑法教科书（总论）》，徐久生译，348 页，北京，法律出版社，2006。

见性与具体的可预见性统一归纳到控制（Beherrschung）概念之下（持类似观点的还有拉马施），由此，该理论的统一性就不复存在了。[1]

相当因果关系理论尽管在德国似乎并不受欢迎，但在日本刑法学界十分流行，几成通说。日本学者提出了相当因果关系的主观说、客观说与折中说，例如日本学者大谷实教授对上述各说的适用情况作了以下说明：

主观说、客观说、折中说的解决方法　如在 A 用刀将甲刺成轻伤，甲因血友病出血不止而死亡的场合。按照条件说，无论如何要肯定因果关系。按照主观说，由于是否具有因果关系的判断基础是行为人是否知道，或者是否能够判断对方患着血友病，因此，是否具有因果关系，和一般人是否能够认识到患有血友病无关。按照客观说，甲的血友病是裁判时所客观存在的事实，即便是使该血友病患者身负轻伤，但由于出血过多而死亡则是在一般经验上所可能具有的事实，因此，不考虑行为人有无认识，均能肯定因果关系。按照折中说，在行为当时，行为人和一般人都不能肯定甲患有血友病的话，就应当将血友病这一事实从判断的基础中除外，A 的行为和甲的死亡之间显然具有条件关系，但并不具有刑法上的因果关系。但是，在行为人知道对方是血友病患者的时候，由于该事实是判断的基础，因此，应当肯定因果关系。[2]

目前日本的通说是上述三说中的折中说。相当因果关系说从条件说所确定的各种条件中，挑选出具有相当性的条件，承认其与结果之间具有因果关系，因而具有对条件说的限制作用。在判断相当性的时候，引入一般社会观念或者社会经验法则作为标准。无论是一般社会观念还是社会经验法则都具有主观的性质，因而落实在预见可能性，据此将那些不具有预见可能性的、十分偶然的情形从因果关系中予以排除。虽然德国兴起了客观归责理论，以取代相当因果关系理论，但日本学者并不以为然，仍然坚持相当因果关系理论。

---

①　[德] 李斯特：《德国刑法教科书》，修订译本，徐久生译，192 页，北京，法律出版社，2006。

②　[日] 大谷实：《刑法讲义总论（新版第 2 版）》，黎宏译，197 页，北京，中国人民大学出版社，2008。

值得注意的是，在日本刑法理论中，在因果关系问题上，刑法理论与司法实践之间存在较大的脱节。换言之，在日本判例中更多地采用条件说。对此，日本学者西田典之教授指出：

> 概言之，判例的态度为，当具有明确的物理法则上的原因关系之时，即便存在异常的介入情况，仍肯定因果关系；在不能认定这种结合关系时，便采取以"诱发"行为的贡献程度为标准的相当性说。这可称为二元说，也就是，既考虑物理性结合关系的"原因说"，也采取判断有无盖然性的"相当性说"。如果盖然性判断是一种因果法则，在只要行为与结果在法则性上结合在一起便肯定因果关系这一意义上，可以说判例依然采取的是条件说。①

我国刑法学界在因果关系问题上引入了苏俄的必然因果关系与偶然因果关系的理论，对条件说、原因说与相当因果关系说均持批判的态度。例如，我国刑法教科书在论及因果关系的必然联系与偶然联系时指出：

> 从实践中看，因果关系一般表现为两种观念之间有着内在的、必然的、合乎规律的引起与被引起的联系。这是因果关系基本的和主要的表现形式。通常也只有这样的因果关系，才能令人对其行为引起的结果负责任。但是，是否只有这样一种必然联系，才能确定为因果关系呢？对此在国内外刑法学界有争论。我们认为，自然和社会现象是十分复杂的，因果关系的表现也不例外，除大量存在的必然联系之外，客观上还可能发生偶然联系的因果关系（通常简称偶然因果关系）。后者所指的情况是某种行为本身不包含产生某种危害结果的必然性（内在根据），但是在其发展过程中，偶然又有其他原因加入其中，即偶然地同另一原因的展开过程相交错，由后来介入的这一原因合乎规律地引起了这种危害结果。这种情况下，先行行为与最终之危害结果之间的偶然联系，即称为偶然因果关系。②

---

① ［日］西田典之：《日本刑法总论》，刘明祥、王昭武译，85 页，北京，中国人民大学出版社，2007。
② 高铭暄、马克昌主编：《刑法学》，84 页，北京，北京大学出版社、高等教育出版社，2000。

这里的必然因果关系与条件说相近。由此可见，我国刑法理论接近于因果关系的条件说。当然，近年来我国也开始引入日本相当因果关系说与德国的客观归责理论。但在司法实践中，必然因果关系与偶然因果关系的理论仍然占有主导地位。

四、洪志宁故意伤害案：特殊体质与因果关系

在洪志宁故意伤害案审理过程中，对于故意伤害行为导致被害人心脏病发作猝死的，被告人是否应对被害人的死亡后果承担刑事责任的问题，存在以下三种不同意见：

第一种意见认为，被告人洪志宁的行为不构成犯罪。理由是：本案中，导致被害人死亡的原因是多方面的，法医鉴定认为，胸部两拳是被害人死亡的诱因之一，诱因与直接原因不同；被害人自身的冠心病、情绪激动、饮酒等因素被告人不可能预见到，死亡结果与这些自身因素都分不开。由于不能确认被告人的拳击行为与被害人死亡结果之间具有刑法上的因果关系，故应宣告被告人洪志宁无罪。

第二种意见认为，被告人洪志宁的行为构成过失致人死亡罪。理由是：被告人洪志宁既没有伤害的故意，也没有杀人的故意，只是由于应该预见而没有预见，才造成被害人死亡结果的发生。因此，应定过失致人死亡罪。

第三种意见认为，被告人洪志宁的行为构成故意伤害罪。理由是：被告人洪志宁对被害人头部、胸部分别连击数拳的行为，其主观上能够认识到可能会伤害被害人的身体健康，虽然死亡后果超出其本人主观意愿，但符合故意伤害（致人死亡）罪的构成要件。

该案的裁判理由指出：

（一）被告人洪志宁的伤害行为与被害人陈某的死亡之间具有刑法上的因果关系，被告人应当对被害人死亡的后果承担刑事责任

故意伤害罪，是指故意伤害他人身体健康的行为。被告人洪志宁发现

其女友刘某与他人发生争执扭打后，即对上前劝阻的被害人陈某的头部、胸部连击数拳，其主观上应当认识到对被害人要害部位猛击的行为，可能会造成伤害被害人身体健康的后果，却连续击打。此时，被告人的伤害故意、伤害行为均已经成立。但刑法上的故意伤害罪是以被害人的身体实际受到伤害，造成轻伤、重伤甚至死亡的后果为构罪条件的。只有伤害的故意和行为，没有伤害的结果，在一般情况下，并不必然构成故意伤害罪。本案中，出现了被害人死亡的后果，因而符合故意伤害致人死亡的构成要件。

认定被告人洪志宁的行为是否构成犯罪的关键在于，能否确认其拳击行为与被害人死亡结果之间具有刑法上的因果关系。没有因果关系，行为人就没有承担刑事责任的客观根据，当然其行为就不构成犯罪。由于被告人的加害行为等原因，共同诱发被害人冠心病发作，管状动脉痉挛致心跳骤停而猝死，所以，被告人的伤害行为与被害人的死亡有一定的因果关系。虽然，在一般情况下，被告人对被害人的胸部拳击数下的行为不会产生被害人死亡的结果，被告人的拳击行为对致人死亡这一结果来说，是一个偶然现象，但被害人身患冠心病，在情绪激动、剧烈运动及饮酒等多种因素下，对其胸、头部击打就有可能致其死亡。被害人身患冠心病，被告人事先并不知情，但这仅是一种表面的、偶然的现象。表面、偶然的背后，蕴含着本质、必然。被告人的拳击行为，其本质是一种故意伤害的行为，其必然后果是对被害人造成一定的伤害，至于是死亡、重伤、轻伤还是轻微伤，则是偶然的。总之，如果被告人不对被害人进行击打，就可能不会诱发被害人冠心病发作，猝死的结果也就可能不会发生。因此，认为被告人的行为不构成犯罪，既没有法理依据，也没有法律依据。

在司法实践中，故意伤害致人死亡与过失致人死亡往往容易混淆，也多有争议。因为它们在客观方面都造成了被害人死亡的结果，在主观方面都没有杀人的动机和目的，也不希望或者放任死亡结果的发生，在致人死亡这个后果上均属过失。但它们之间的根本区别在于，故意伤害致死虽然无杀人的故意，但有伤害的故意，而过失致人死亡既无杀人的故意，也无伤害的故意。从本案来看，被告人主观上具有伤害他人身体的故意，客观上实施了伤害他人的行为，虽然致人死亡的后果超出其本人主观意愿，但符合故意伤害致人死亡的构成要件。

（二）对被告人洪志宁可经法定程序报最高人民法院核准在法定最低刑以下判处刑罚

根据《刑法》第 234 条第 2 款的规定，故意伤害他人致人死亡的，应在十年以上有期徒刑、无期徒刑或者死刑的法定幅度内量刑。本案被告人洪志宁故意伤害致他人死亡，虽然不具有法定减轻处罚的情节，而且还具有累犯这一法定从重处罚情节，但是，被害人的死亡，系一果多因，其死亡的直接原因是冠心病发作，管状动脉痉挛致心跳骤停而猝死，被告人的伤害行为只是导致被害人心脏病发作的诱因之一。根据刑法的一般原理，被告人只对自己的行为负责，当其行为与其他人的行为或一定自然现象竞合时，由他人或自然现象造成的结果就不能归责于被告人。如前所述，被害人心脏病发作的诱因众多，将这些诱因共同产生的被害人心脏病发作而死亡这一后果之责任，全部由被告人承担，显然与其罪责不相适应。但是，刑法对故意伤害他人致人死亡的法定刑，是以故意伤害行为系被害人死亡的直接原因甚至唯一原因作为标准配置的。一审对被告人洪志宁判处 10 年零 6 个月的量刑明显过重，与其罪责不相适应。二审考虑即使在法定最低刑量刑仍属过重，遂依据《刑法》第 63 条第 2 款规定，在法定刑以下对被告人洪志宁判处 5 年有期徒刑，并报最高人民法院核准，这是符合罪刑相适应原则及特别减轻处罚法定核准程序的。

洪志宁故意伤害案涉及特殊体质情况下的因果关系问题。为了正确地分析该案，首先需要从刑法理论上对特殊体质情况下的因果关系问题进行法理上的讨论。

特殊体质情况下的因果关系，是刑法因果关系认定中的一个较为疑难的问题，通常也是检验各种因果关系理论的试金石。

在日本刑法中，特殊体质情况下的因果关系问题反映出在刑法理论与判例之间的巨大反差。在刑法理论上，日本学者在采用相当因果关系理论考察特殊体质情况下的因果关系时，指出：

　　在被害人的疾病或特异体质等成为死亡结果的条件的场合成为问题。例如，在行为人对他人实施了轻微的伤害行为，由于被害人是一般人所不能认识的特异体质的患者而死亡的场合，一般人能够认识和预见的事情不过是对普通健康状态的人实施轻微伤害而已，因此，在此要判断的是该种程度的伤害能否导致健康人的死亡，如果结论是否定的话，那么，该行为就仅是伤害而已。与此相对，行为人如果知道被害人是特异体质的人而进行伤害的话，被害人的特异体质就成为判断的基础，就得考虑对特异体质患者进行该种程度的伤害是否会导致死亡的结果，如果结论是肯定的话，就是伤害致死。①

相当因果关系是要排除偶然的、并非一般人所能预见的特殊情况，除非这种特殊情况为行为人所认识或所能认识。因此，从相当因果关系理论出发，对特殊体质情况下的因果关系大多持否定的态度。在日本判例中，对特殊体质情况下的因果关系却持条件说。例如日本学者指出：

　　在被害人患有特殊疾病，并因此而死亡的场合，判例无一例外地肯定行为与结果之间具有因果关系。（1）A 对 B 施加暴力，B 因患有脑梅毒，脑内存在病巢而死亡，对此，判例判定构成伤害致死罪（若判昭和 25·3·31 刑集 5 卷 3 号 469 页［脑梅毒事件］）；（2）强盗犯人用被子捂住某老妇人，因该老妇人有心脏病，引起急性心脏麻醉而死亡，对此，判例判定构成强盗致死罪（若判昭和 46·6·17 刑集 25 卷 4 号 567 页［老妇人捂被事件］）；（3）A 对 B 施加暴力，B 入院接受治疗，B 因患有未知的结核病巢，引发心力衰竭而死亡。对此，第一审认为，即使作为专家的医师也未能预见 B 患有结核病巢，因而否定存在因果关系，但最高裁认为，即便是

---

　　① ［日］大谷实：《刑法讲义总论（新版第 2 版）》，黎宏译，204 页，北京，中国人民大学出版社，2007。

因 A 的暴行与 B 的特别病变相互作用才引起死亡的结果，仍可肯定存在因果关系。①

对于上述三个判例，日本学者西田典之教授认为，就（1）（3）认定存在因果关系，这并不妥当；而在（2）中，由于被害人是具有相当年龄的老人，因而认定存在因果关系这一结论应属妥当。②

在我国刑法理论中，特殊体质情况下的因果关系问题是在因果关系的条件性和具体性的命题下讨论的，基于偶然因果关系的观点，一般都肯定因果关系的成立。例如我国传统刑法教科书指出：

> 任何刑事案件的因果关系都是具体的、有条件的，一种行为能引起什么样的结果，没有一个固定不变的模式。因此，查明因果关系时，一定要从危害行为实施时的时间、地点与案等具体情况出发来考虑。例如，甲、乙二人在打篮球中发生争执，甲一怒之下朝乙腹部打了一拳，乙当时倒地，疼痛难忍。甲与他人急送乙去几十里外的县医院抢救，乙中途死亡，尸体解剖证明乙患先天性脾脏过大，这种脾脏在遭外力打击时极易破裂。医生还证明，若抢救及时，乙不至于死亡。在这个案件中，如果乙的脾脏正常，在一般情况下打一拳不会造成脾脏破裂；如果离县医院近，乙也可以得救，但并不能由此否定甲的拳击行为与乙的死亡之间的因果关系，因为甲的拳击行为正是发生在乙这个特异体质的对象以及离县医院较远等具体条件下，并且由此造成了乙的死亡。③

在以上所论及的两个案件中，地点距离医院远近与行为本身无关，因而在因果关系的认定中可以不予考虑。死者的特殊体质是结果发生的主要原因，在这种情况下对因果关系是具有较大的影响的。对于特殊体质情况下的因果关系的肯定，实际上是采条件说的观点。

---

①　[日] 西田典之：《日本刑法总论》，刘明祥、王昭武译，82 页，北京，中国人民大学出版社，2007。

②　参见 [日] 西田典之：《日本刑法总论》，刘明祥、王昭武译，82 页，北京，中国人民大学出版社，2007。

③　高铭暄、马克昌主编：《刑法学》，83～84 页，北京，北京大学出版社、高等教育出版社，2000。

洪志宁故意伤害案是一个典型的特殊体质情况下因果关系认定的案件。从在本案审理过程中提出的分歧意见来看，司法实践中还是存在一定混乱的。围绕本案，应该讨论的是因果关系有还是没有的问题，至于是构成过失致人死亡罪还是构成故意伤害罪，那是在确认存在因果关系基础上进一步需要讨论的问题。在本案的有关分歧意见中，还是把因果关系问题与刑事责任问题混为一谈。即使是在裁判理由中，也是把被告人洪志宁的伤害行为与被害人陈某的死亡之间具有刑法上的因果关系与被告人应当对被害人死亡的后果承担刑事责任这两个问题放在一起论述的。

　　在对因果关系的讨论中，虽然并不否认在一般情况下被告人对被害人的胸部拳击数下的行为不会产生被害人死亡的结果，但仍然认定拳击与死亡之间存在因果关系，认定因果关系的逻辑是："如果被告人不对被害人进行击打，就不会诱发被害人冠心病发作，猝死的结果也就可能不会发生。"这是一种十分典型的基于"若无前者，即无后果"的条件关系确认因果关系的条件说。由此可见，虽然在刑法理论中存在必然因果关系与偶然因果关系、相当因果关系与客观归责等学术讨论，但在司法实践中条件说还是十分盛行。

　　在确认因果关系的基础上，需要进一步讨论责任问题。由于结果对于被告人来说，是一个偶然现象，这一点裁判理由也是承认的，那么，被告人对于被害人死亡结果是否存在过失？这是无论认定为故意伤害罪还是认定为过失致人死亡罪，都不可回避的一个问题，因为我国刑法第 16 条规定："行为在客观上虽然造成了损害结果，但是不是出于故意或者过失，而是由于不能抗拒或者不能预见的原因所引起的，不是犯罪。"其中，损害结果是由不能预见的原因所引起的，就是刑法上的意外事件。这里的不能预见，是指根据行为人的主观情况和发生损害结果当时的客观情况，行为人不具有能够预见的条件和能力，损害结果发生完全出乎行为人的意料。[①] 因此，在本案中，虽然认定被告人的拳击行为与被害人的死亡之间存在因果关系，但在此基础上还需要讨论被告人对于死亡结果的预见可能性，从而确定被告

---

①　参见胡康生、郎胜主编：《中华人民共和国刑法释义》，3 版，19 页，北京，法律出版社，2006。

人对于被害人的死亡结果是否存在过失。因为无论是故意伤害罪还是过失致人死亡罪，都要求被告人对于被害人的死亡结果存在主观上的过失。然而，本案的裁判理由并没有围绕是否存在过失展开讨论，而是围绕定故意伤害罪还是定过失致人死亡罪而展开讨论，似乎认定被告人的拳击行为与被害人的死亡结果之间存在因果关系，就已经解决了被告人对该结果应否承担刑事责任的问题，剩下的只是承担何种刑事责任的问题。

值得注意的是，根据我国刑法第 234 条第 2 款的规定，故意伤害致人死亡的，应处 10 年以上有期徒刑、无期徒刑或者死刑。但二审法院又认为对于本案即使判处法定最低刑 10 年仍然明显过重，因而报经最高人民法院核准予以特殊减轻。之所以特殊减轻，主要理由也是因果关系问题。本案的裁判理由的以下这句话应当引起我们重视：

> 根据刑法的一般原理，被告人只对自己的行为负责，当其行为与其他人的行为或一定自然现象竞合时，由他人或自然现象造成的结果就不能归责于被告人。

现在的问题是：被害人死亡的结果到底是不是被告人的行为造成的？被告人是只对伤害后果负责，还是也应对死亡后果负责？如果认定被告人的拳击行为与被害人的死亡结果之间存在因果关系，那么被告人就应当对该死亡结果承担刑事责任。因果关系作为构成要件中的一个重要内容，本来是要排除那些由偶然因素所引起的结果，但如果采用条件说，因果关系的这一机能显然不能发挥作用。刑法关于故意伤害致人死亡的法定刑，本来就是为在一般情况下伤害行为引起他人死亡的情形而设立的。当将这一法定刑适用于像本案这种特殊体质情况下的伤害行为时，就会感到判处法定最低刑仍然明显过重。这恰恰说明本案因果关系的认定是有问题的，被告人应当对伤害后果承担刑事责任，而不是对死亡后果承担刑事责任。即使是在我国目前的刑法中，否认被告人的拳击行为与被害人死亡之间的因果关系，仍然可以根据行为的伤害性，认定为一般的故意伤害罪，例如轻伤害。在这种情况下，依法裁量刑罚就可以获得罪刑均衡的判决结果而无须特殊减轻。

五、陈美娟投放危险物质案：介入因素与因果关系

陈美娟投放危险物质案的审理过程中，争议较大的问题是被告人陈美娟的行为与被害人死亡之间是否存在因果关系。对于这个问题，本案的裁判理由明确指出，被告人陈美娟的涉案行为与被害人陆某的死亡结果之间存在刑法上的因果关系。裁判理由指出：

> 从案情看，基本可以确认本案属于以杀害特定人为目的实施的危害公共安全的投毒行为案件（对此，下文将作进一步分析）。无论被告人陈美娟的涉案行为与被害人陆某的死亡结果之间是否存在刑法上的因果关系，其行为都已既构成投放危险物质罪，亦构成故意杀人罪，属刑法理论上所主张的想象竞合犯。尽管如此，讨论陈美娟的涉案行为与陆某的死亡结果之间是否存在刑法上的因果关系对本案的正确处理仍有着十分重要的意义。一方面，它直接影响着对被告人的刑罚适用；另一方面，它对本案的最终定性也有相当的影响。具体而言，如果上述两者之间存在刑法上的因果关系，则意味着陈美娟应当对陆某的死亡结果依法承担刑事责任，陈的行为属于投放危险物质罪的结果加重犯与故意杀人罪的基本犯既遂的想象竞合，依照从一重处断的原则，就应当对陈以投放危险物质罪论处，并在10年以上有期徒刑、无期徒刑或者死刑的刑度内裁量适用刑罚；相反，如果上述两者之间并不存在刑法上的因果关系，则意味着陈无须对陆的死亡结果承担刑事责任，陈的行为就属于投放危险物质罪的危险犯与故意杀人罪未遂的想象竞合，依照从一重处断的原则，对陈可能就应当以故意杀人罪（未遂）论处，进而，即使决定对其适用故意杀人罪的基本刑度，也应当同时适用刑法总则有关未遂犯可以比照既遂犯从轻或者减轻处罚的规定。由此可见，准确判断陈美娟的投毒行为与陆某的死亡结果之间是否存在刑法上的因果关系，是审理本案首先要加以解决的问题。

　　对这一问题，在本案审理过程中认识并不统一。陈美娟及其辩护人提

出，被告人使用一次性注射器向数条丝瓜中注射半筒农药，其毒性有限，被害人因农药中毒诱发其自身患有的高血压和糖尿病，引起高渗性昏迷低钾综合征，加之医院诊断不准，贻误救治时机，故被告人的投毒行为与被害人的死亡结果之间并不存在刑法上的因果关系。而有关人民法院则认为，"被害人系因有机磷中毒诱发糖尿病高渗性昏迷低钾血症，在两种因素共同作用下死亡，没有被告人的投毒行为在前，就不会有被害人死亡结果的发生"，因此，被告人的投毒行为与被害人死亡结果之间具有刑法上的因果关系，陈美娟及其辩护人的上述意见不能成立。我们认为，有关人民法院认定本案被告人的投毒行为与被害人的死亡结果之间存在刑法上的因果关系，是正确的，但其裁判理由尚有进一步补充的必要。

对于本案被告人的投毒行为与被害人的死亡结果之间是否存在刑法上的因果关系之所以产生上述认识分歧，无非是因为在上述行为和结果之间还存在如下两项事实：（1）被害人陆某自身患有糖尿病，正是因为陆患有这一疾病，才导致其在食用有毒丝瓜后诱发高渗性昏迷低钾血症；（2）陆某因中毒昏迷被送往医院救治后，院方未能正确诊断出其病因，仅以糖尿病和高血压症进行救治，结果导致陆因抢救无效于次日死亡。鉴于此，要讨论被告人的投毒行为与被害人的死亡结果之间究竟是否存在刑法上的因果关系，主要应当围绕下列问题展开，即：上述两项事实能否切断被告人的投毒行为与被害人的死亡结果之间的刑法意义上的联系？对此问题，我们的观点是：

1. 被害人陆某自身患有糖尿病，并不能成为否认被告人陈美娟的投毒行为与其死亡结果之间存在刑法上的因果关系的事由。这是因为，因果关系具有条件性和具体性。一种行为能引起什么样的结果，得取决于行为时的具体条件，并没有一个固定不变的模式。申言之，即便在通常情况下，某一行为并不足以导致某种看似异常的结果，但若因行为时的具体条件特殊，最终造成该异常结果出现的，则并不能以行为时所存在的特殊的具体条件为由，否定行为与结果之间的因果关系，相反，仍然应当肯定两者之间存在刑法意义上的因果关系。通过类比，也许更容易说明这一问题。

在刑法论著中，我们经常会看到这样的案例：甲轻伤乙，乙因流血不止而死亡。后经查乙是血友病患者。如果暂不考虑本案中的医院诊治失误这一情节，则本案在基本构造上与上述案例就十分类似。而对于上述案例，现在一般均认为乙的特异体质并不影响甲的轻伤行为与其死亡结果之间的刑法意义上的因果关系的成立。① 鉴此，基于相同的道理，也应当认为，被告人的投毒行为与被害人死亡结果之间所存在的因果联系，并不因被害人自身患有糖尿病这一事实而受到任何影响。

2. 从本案的具体案情看，医院在抢救被害人陆某过程中所存在的诊治失误这一介入因素，并不足以切断被告人的投毒行为与被害人死亡结果之间的因果关系。② 在刑法理论上，一般认为，在因果关系发展进程中，如果介入了第三者的行为、被害人的行为或特殊自然事实等其他因素，则应当考察介入情况的异常性大小、对结果发生的作用力大小、行为人的行为导致结果发生的可能性大小等情形，进而判断前行为与结果之间是否存在因果关系。其中，如果介入情况并非异常、对结果发生的作用力较小、行为人的行为本身具有导致结果发生的较大可能性的，则应当肯定前行为与结果之间存在刑法上的因果关系；反之，则应当认为前行为与结果之间不存在刑法上的因果关系，或者说因果关系已经断绝。据此分析，应当认为，在本案中，尽管有医院诊治失误这一介入因素，但被告人的投毒行为与被害人的死亡结果之间仍存在刑法上的因果关系。主要理由是：首先，被害人因被告人投毒行为所诱发的糖尿病高渗性昏迷低钾血症是一种较为罕见的疾病，这种疾病通常都是基于某种外在诱因而引发，一旦患病后，

---

① 至于甲是否要对该死亡结果承担刑事责任，是另外一个问题，此取决于甲对乙患有血友病这一事实是否有认识、是否应当认识。

② 介入因素对因果关系的影响，实质是各种因果关系学说都要探讨的问题，只不过因基本立场不一，探讨的角度有所不同而已。

往往就很难正确诊断。这说明，医院在抢救被害人的过程中，出现诊治错误，是较难避免的。其次，在本案中，被告人共投放了半针筒甲胺磷农药，剂量不大，而且是向数条丝瓜中分别注射的。被害人在食用有毒丝瓜后，并未出现非常强烈的中毒症状，这就加大了医院准确诊断其病因的难度。此外，本案被害人中毒后，对其进行施救的是当地的镇医院。由于该医院的医疗条件和医疗水平有限，在遇有这样一个罕见病症时，出现诊治失误，从某种意义上说，也是可以理解的。综上可见，本案被告人的投毒行为与被害人的死亡结果之间出现医院诊治失误这一介入情况并非异常，该介入情况对死亡结果发生的作用力较小，被告人本身的投毒行为具有导致被害人死亡的较大可能性，因此，仍然应当认定被告人的投毒行为与被害人的死亡结果之间存在刑法上的因果关系。

相对于洪志宁故意伤害案，陈美娟投放危险物质案更为复杂。因为在陈美娟投放危险物质案中，一方面，被害人陆某存在特殊体质；另一方面，医院诊断失误，存在介入因素。关于被害人特殊体质问题，本案的裁判理由也是以因果关系的条件性和具体性为根据的，对此我已在洪志宁故意伤害案中予以讨论，在此不赘述。这里我想主要讨论介入因素对因果关系的影响。

在刑法理论上，影响因果关系的介入因素一般可以分为以下三种情形：（1）被害人行为的介入；（2）行为人行为的介入；（3）第三者行为的介入。[①] 此外，还有自然力的介入等。在存在介入因素的情况下，产生了一个先前的因果关系是否中断的问题。因果关系中断的问题，是李斯特为限制条件说范围过于宽泛而提出来的。李斯特在论述因果关系中断时指出：

> 当意思活动所针对的结果被一个新的、独立的原因链所造成，则意思活动与结果的因果关系尤其应当被排除。如果 A 伤害船主 B 致死，在 B 死亡前，B 因船被意思以外的暴风掀翻而溺水死亡。在这种情况下，A 的

---

① 参见［日］西田典之：《日本刑法总论》，刘明祥、王昭武译，82～84 页，北京，中国人民大学出版社，2007。

意思活动与已经发生的死亡结果之间缺少因果关系，且 A 只能因杀人未遂而被判刑，如果必需的刑法上的先决条件具备。相反，如果新的原因链是因为先前的意思活动或者只有与先前的意思活动共同起作用才导致结果发生的，意思活动和结果之间的因果关系就已出现。在上案例中，如果受伤的船主 B 正是因为受伤而不能驾驶风帆以适应变化着的风向，并因此而使船颠覆的，则 A 具备造成 B 溺水死亡的原因。

如果新的原因链是以行为人以外的第三人的意思活动所造成，上文最后一句仍可适用之。如果该新的意思活动没有先前的意思活动即不可能出现，那只有与先前的意思活动有因果关系才能促使结果的产生，就得认为有因果关系。①

根据上述论述，如果第三人的行为不以先前行为为必要而独立造成结果发生，则因果关系中断。如果第三人的行为与先前行为共同造成结果发生，则因果关系不中断。在后一种情况下，就出现了因果关系的竞合问题。

在日本刑法中，学者对第三者的行为介入情况下的因果关系问题都有专门讨论。例如日本学者大谷实教授指出：

在行为人的实行行为和结果发生之间介入了第三者的过失行为的场合，如在受到必须治疗程度的伤害之后，在治疗过程中，由于医生的医疗过失而致死的场合，判断承认具有因果关系。但是，在行为的当时，作为一般人所能预见的事情是接受医生的治疗，从该种治疗行为是否会引起死亡的相当性的经验判断来看，在行为当时，由于医生的过失而引起死亡这一点是一般人所不能预见的，所以，这一判例并不妥当。在有他人的故意行为、自然灾害等行为当时通常不能预测的行为介入的场合，应否定因果关系。②

由此可见，在日本刑法中，刑法理论与司法判例对于介入因素情况下的因果关系判断问题的理解也并不一致。

---

① ［德］李斯特：《德国刑法教科书》，修订译本，徐久生译，187～188 页，北京，法律出版社，2006。
② ［日］大谷实：《刑法讲义总论（新版第 2 版）》，黎宏译，205 页，北京，中国人民大学出版社，2008。

我国学者认为，介入因素的出现是否对因果关系的成立产生影响，需要进行相当性判断，这种相当性判断，应当综合考虑具有客观性质的三方面情形：（1）最早出现的实行行为导致最后结果的发生可能性高低；（2）介入因素异常性的大小；（3）介入因素对结果发生的影响力。① 因此，对于介入因素是否中断因果关系，不可一概而论，而应当根据介入因素的性质、对结果影响力的大小等方面加以考察，以便确定是否中断因果关系。在介入医生的治疗行为的情况下，尤其是要考虑先前行为造成伤害的严重程度。

从陈美娟投放危险物质案的裁判理由来看，是肯定被告人的投毒行为与被害人的死亡结果之间存在因果关系的。在论证过程中，该案的裁判理由强调的是医院诊断失误具有难以避免性，即医院失误较小，因而认定介入因素对死亡结果发生的作用力较小。这一思路我以为是有一定道理的。就医院治疗上的过失行为是否中断因果关系而言，如果这种医疗过失行为未能阻止先前行为造成的因果进程，则一般不能否定先前行为与结果之间的因果关系。如果这种医疗过失行为成为结果发生的一个独立原因，则应当中断先前行为与死亡结果之间的因果关系。例如，甲殴击乙致其轻伤，在治疗过程中，医生丙处置不当，引起病毒感染导致乙死亡。在这种情况下，丙的医疗过失行为就足以中断甲的殴打行为与乙的死亡结果之间的因果关系。因此，陈美娟投放危险物质案的裁判理由关于介入因素与因果关系的论述具有合理性。

第 5 节　正当防卫成立条件之研究

案名：于欢故意伤害案
主题：正当防卫　防卫过当

正当防卫是我国刑法规定的出罪事由，也被称为违法阻却事由。根据我国刑法

---

① 参见周光权：《刑法总论》，149～150 页，北京，中国人民大学出版社，2007。

第 20 条的规定，正当防卫是指为保护国家、公共利益、本人或者他人的人身、财产和其他权利而对正在进行的不法侵害采取的反击行为。正当防卫在外观上符合犯罪的构成要件，因而十分容易混同于犯罪，因此如何正确区分正当防卫与犯罪行为之间的界限，就成为一个十分重要的问题。本节通过对最高人民法院指导案例（第93号）于欢故意伤害案的分析，对正当防卫的成立条件，以及正当防卫与防卫过当的区分等问题进行深入分析。

一、案情及诉讼过程

被告人于欢的母亲苏某在山东省冠县工业园区经营山东源大工贸有限公司（以下简称源大公司），于欢系该公司员工。2014 年 7 月 28 日，苏某及其丈夫于某 1 向吴某、赵某 1 借款 100 万元，双方口头约定月息为 10%。至 2015 年 10 月 20 日，苏某共计还款 154 万元。其间，吴某、赵某 1 因苏某还款不及时，曾指使被害人郭某 1 等人采取在源大公司车棚内驻扎、在办公楼前支锅做饭等方式催债。2015 年 11 月 1 日，苏某、于某 1 再向吴某、赵某 1 借款 35 万元。对于其中 10 万元，双方口头约定月息为 10%；对于另外 25 万元，通过签订房屋买卖合同，用于某 1 名下的一套住房作为抵押，双方约定如逾期还款，则将该住房过户给赵某 1。从 2015 年 11 月 2 日至 2016 年 1 月 6 日，苏某共计向赵某 1 还款 29.8 万元。吴某、赵某 1 认为该 29.8 万元属于偿还第一笔 100 万元借款的利息，而苏某夫妇认为是用于偿还第二笔借款。吴某、赵某 1 多次催促苏某夫妇继续还款或办理住房过户手续，但苏某夫妇未再还款，也未办理住房过户。

2016 年 4 月 1 日，赵某 1 与被害人杜某 2、郭某 1 等人将于某 1 上述住房的门锁更换并强行入住，苏某报警。赵某 1 出示房屋买卖合同，民警调解后离去。同月 13 日上午，吴某、赵某 1 与杜某 2、郭某 1、杜某 7 等人将上述住房内的物品搬出，苏某报警。民警处警时，吴某称系房屋买卖纠纷，民警告知双方协商或通过诉讼解决。民警离开后，吴某责骂苏某，并将苏某头部按入座便器接近水面位置。当日下午,赵某1等人将上述住房内物品搬至源大公司门口。其间,苏某、于某1多次拨打市长热线求助。当晚,于某1通过他人调解,与吴某达成口头协议,约定次日将住房过户给赵某1,此后再付30万元,借款本金及利息即全部结清。

4月14日,于某1、苏某未去办理住房过户手续。当日16时许,赵某1纠集郭某2、郭某1、苗某、张某3到源大公司讨债。为找到于某1、苏某,郭某1报警称源大公司私刻财务章。民警到达源大公司后,苏某与赵某1等人因还款纠纷发生争吵。民警告知双方协商解决或到法院起诉后离开。李某3接赵某1电话后,伙同么某、张某2和被害人严某、程某到达源大公司。赵某1等人先后在办公楼前呼喊,在财务室内、餐厅外盯守,在办公楼门厅外烧烤、饮酒,催促苏某还款。其间,赵某1、苗某离开。20时许,杜某2、杜某7赶到源大公司,与李某3等人一起饮酒。20时48分,苏某按郭某1要求到办公楼一楼接待室,于欢及公司员工张某1、马某陪同。21时53分,杜某2等人进入接待室讨债,将苏某、于欢的手机收走放在办公桌上。杜某2用污秽言语辱骂苏某、于欢及其家人,将烟头弹到苏某胸前衣服上,将裤子褪至大腿处裸露下体,朝坐在沙发上的苏某等人左右转动身体。在马某、李某3劝阻下,杜某2穿好裤子,又脱下于欢的鞋让苏某闻,被苏某打掉。杜某2还用手拍打于欢面颊,其他讨债人员实施了揪抓于欢头发或按压于欢肩部不准其起身等行为。22时07分,公司员工刘某打电话报警。22时17分,民警朱某带领辅警宋某、郭某3到达源大公司接待室了解情况,苏某和于欢指认杜某2殴打于欢,杜某2等人否认并称系讨债。22时22分,朱某警告双方不能打架,然后带领辅警到院内寻找报警人,并给值班民警徐某打电话通报警情。于欢、苏某想随民警离开接待室,杜某2等人阻拦,并强迫于欢坐下,于欢拒绝。杜某2等人卡于欢颈部,将于欢推拉至接待室东南角。于欢持刃长15.3厘米的单刃尖刀,警告杜某2等人不要靠近。杜某2出言挑衅并逼近于欢,于欢遂捅刺杜某2腹部一刀,又捅刺围逼在其身边的程某胸部、严某腹部、郭某 1 背部各一刀。22 时 26 分，辅警闻声返回接待室。经辅警连续责令，于欢交出尖刀。杜某 2 等四人受伤后，被杜某 7 等人驾车送至冠县人民医院救治。次日 2 时 18 分，杜某 2 经抢救无效，因腹部损伤造成肝固有动脉裂伤及肝右叶创伤导致失血性休克死亡。严某、郭某 1 的损伤均构成重伤二级，程某的损伤构成轻伤二级。

山东省聊城市中级人民法院于 2017 年 2 月 17 日作出（2016）鲁 15 刑初 33 号刑事附带民事判决，认定被告人于欢犯故意伤害罪，判处无期徒刑，剥夺政治权利终身，并赔偿附带民事原告人经济损失。宣判后，被告人于欢及部分原审附带民事诉讼原告人不服，分别提起上诉。山东省高级人民法院经审理于 2017 年 6 月 23 日作出（2017）鲁刑终 151 号刑事附带民事判决：驳回附带民事上诉，维持原判附带民事部分；撤销原判刑事部分，以故意伤害罪改判于欢有期徒刑 5 年。

二、争议问题及裁判理由

于欢故意伤害案在法律适用方面的争议焦点主要有两个方面：一是于欢的捅刺行为性质，即是否具有防卫性、是否属于特殊防卫、是否属于防卫过当；二是如何定罪处罚。裁判理由对这两个问题作了以下论述：

（一）关于于欢的捅刺行为性质

《中华人民共和国刑法》（以下简称《刑法》）第 20 条第 1 款规定："为了使国家、公共利益、本人或者他人的人身、财产和其他权利免受正在进行的不法侵害，而采取的制止不法侵害的行为，对不法侵害人造成损害的，属于正当防卫，不负刑事责任。"由此可见，成立正当防卫必须同时具备以下五项条件：一是防卫起因，即不法侵害现实存在。不法侵害是指违背法律的侵袭和损害，既包括犯罪行为，又包括一般违法行为；既包括侵害人身权利的行为，又包括侵犯财产及其他权利的行为。二是防卫时间，即不法侵害正在进行。正在进行是指不法侵害已经开始并且尚未结束的这段时期。对尚未开始或已经结束的不法侵害，不能进行防卫，否则就是防卫不适时。三是防卫对象，即针对不法侵害者本人。正当防卫的对象只能是不法侵害人本人，不能对不法侵害人之外的人实施防卫行为。在共同实施不法侵害的场合，共同侵害具有整体性，可对每一个共同侵害人进行正当防卫。四是防卫意图，出于制止不法侵害的目的，有防卫认识和意志。五是防卫限度，即尚未明显超过必要限度造成重大损害。这就是说正当防卫的成立条件包括客观条件、主观条件和限度条件。客观条件和主观条件是定性条件，确定了正当防卫"正"的性质和前提条件，不符合这些条件的不是正当防卫；限度条件是定量条件，确定了正当防卫"当"的要求和合理限度，不符合该条件的虽然仍有防卫性质，但不是正当防卫，属于防卫过当。防卫过当行为具有防卫的前提条件和制止不法侵害的目的，只是在制止不法侵害过程中，没有合理控制防卫行为的强度，明显超过正当防卫必要限度，并造成不应有的重大损害后果，从而转化为有害于社会的违法犯罪行为。根据本案认定的事实、证据和我国刑法有关规定，于欢的捅刺行为虽然具有防卫性，但属于防卫过当。

首先，于欢的捅刺行为具有防卫性。案发当时杜某 2 等人对于欢、苏某持续实施着限制人身自由的非法拘禁行为，并伴有侮辱人格和对于欢推搡、拍打等行为；民警到达现场后，于欢和苏某想随民警走出接待室时，杜某 2 等人阻止二人离开，并对于欢实施推拉、围堵等行为，在于欢持刀警告时仍出言挑衅并逼近，实施正当防卫所要求的不法侵害客观存在并正在进行；于欢是在人身自由受到违法侵害、人身安全面临现实威胁的情况下持刀捅刺，且捅刺的对象都是在其警告后仍向其靠近围逼的人。因此，可以认定其是为了使本人和其母亲的人身权利免受正在进行的不法侵害，而采取的制止不法侵害行为，具备正当防卫的客观和主观条件，具有防卫性质。

其次，于欢的捅刺行为不属于特殊防卫。《刑法》第 20 条第 3 款规定："对正在进行行凶、杀人、抢劫、强奸、绑架以及其他严重危及人身安全的暴力犯罪，采取防卫行为，造成不法侵害人伤亡的，不属于防卫过当，不负刑事责任。"根据这一规定，特殊防卫的适用前提条件是存在严重危及本人或他人人身安全的暴力犯罪。本案中，虽然杜某2等人对于欢母子实施了非法限制人身自由、侮辱、轻微殴打等人身侵害行为，但这些不法侵害不是严重危及人身安全的暴力犯罪。其一，杜某2等人实施的非法限制人身自由、侮辱等不法侵害行为，虽然侵犯了于欢母子的人身自由、人格尊严等合法权益，但并不具有严重危及于欢母子人身安全的性质；其二，杜某2等人按肩膀、推拉等强制或者殴打行为，虽然让于欢母子的人身安全、身体健康权遭受了侵害，但这种不法侵害只是轻微的暴力侵犯，既不是针对生命权的不法侵害，又不是发生严重侵害于欢母子身体健康权的情形，因而不属于严重危及人身安全的暴力犯罪。其三，苏某、于某1系主动通过他人协调、担保，向吴某借贷，自愿接受吴某所提10%的月息。既不存在苏某、于某1被强迫向吴某高息借贷的事实，又不存在吴某强迫苏某、于某1借贷的事实，与有关司法解释对以借贷为名采用暴力、胁迫手段获取他人财物以抢劫罪论处的规定明显不符。可见杜某2等人实施的多种不法侵害行为，符合可以实施一般防卫行为的前提条件，但不具备实施特殊防卫的前提条件，故于欢的捅刺行为不属于特殊防卫。

最后，于欢的捅刺行为属于防卫过当。《刑法》第20条第2款规定："正当防卫明显超过必要限度造成重大损害的，应当负刑事责任，但是应当减轻或者免除处罚。"由此可见，防卫过当是在具备正当防卫客观和主观前提条件下，防卫反击明显超越必要限度，并造成致人重伤或死亡的过当结果。认定防卫是否"明显超过必要限度"，应当从不法侵害的性质、手段、强度、危害程度，以及防卫行为的性质、时机、手段、强度、所处环境和损害后果等方面综合分析判定。本案中，杜某2一方虽然人数较多，但其实施不法侵害的意图是给苏某夫妇施加压力以催讨债务，在催债过程中未携带、使用任何器械；在民警朱某等进入接待室前，杜某2一方对于欢母子实施的是非法限制人身自由、侮辱和对于欢拍打面颊、揪抓头发等行为，其目的仍是逼迫苏某夫妇尽快还款；在民警进入接待室时，双方没有发生激烈对峙和肢体冲突，当民警警告不能打架后，杜某 2 一方并无打架的言行；在民警走出接待室寻找报警人期间，于欢和讨债人员均可透过接待室玻璃清晰看见停在院内的警车警灯闪烁，应当知道民警并未离开；在于欢持刀警告不要逼过来时，杜某 2 等人虽有出言挑衅并向于欢围逼的行为，但并未实施强烈的攻击行为。因此，于欢面临的不法侵害并不紧迫和严重，而其却持刃长 15.3 厘米的单刃尖刀连续捅刺四人，致一人死亡、二人重伤、一人轻伤，且其中一人系被背后捅伤，故应当认定于欢的防卫行为明显超过必要限度造成重大损害，属于防卫过当。

（二）关于定罪量刑

首先，关于定罪。本案中，于欢连续捅刺四人，但捅刺对象都是当时围逼在其身边的人，未对离其较远的其他不法侵害人进行捅刺，对不法侵害人每人捅刺一刀，未对同一不法侵害人连续捅刺。可见，于欢的目的在于制止不法侵害并离开接待室，在案证据不能证实其具有追求或放任致人死亡危害结果发生的故意，故于欢的行为不构成故意杀人罪，但他为了追求防卫效果的实现，对致多人伤亡的过当结果的发生持听之任之的态度，已构成防卫过当情形下的故意伤害罪。认定于欢的行为构成故意伤害罪，既是严格司法的要求，又符合人民群众的公平正义观念。

其次，关于量刑。《刑法》第 20 条第 2 款规定："正当防卫明显超过必要限度造成重大损害的，应当负刑事责任，但是应当减轻或者免除处罚。"综合考虑本案防卫权益的性质、防卫方法、防卫强度、防卫起因、损害后果、过当程度、所处环境等情节，对于欢应当减轻处罚。

被害方对引发本案具有严重过错。本案案发前，吴某、赵某 1 指使杜某 2 等人实施过侮辱苏某、干扰源大公司生产经营等逼债行为，苏某多次报警，然吴某等人的不法逼债行为并未收敛。案发当日，杜某 2 等人对于欢、苏某实施非法限制人身自由、侮辱及对于欢间有推搡、拍打、卡颈部等行为，于欢及其母亲苏某连日来多次遭受催逼、骚扰、侮辱，导致于欢实施防卫行为时难免带有恐惧、愤怒等因素。尤其是杜某2裸露下体侮辱苏某对引发本案有重大过错。案发当日，杜某2当着于欢之面公然以裸露下体的方式侮辱其母亲苏某。虽然该行为发生时距于欢实施防卫行为间隔约二十分钟，但于欢捅刺杜某2等人时难免带有报复杜某2辱母的情绪，故杜某2裸露下体侮辱苏某的行为是引发本案的重要因素，在刑罚裁量上应当作为对于欢有利的情节重点考虑。

杜某2的辱母行为严重违法、亵渎人伦，应当受到惩罚和谴责，但于欢在民警尚在现场调查，警车仍在现场闪烁警灯的情形下，为离开接待室摆脱围堵而持刀连续捅刺四人，致一人死亡、二人重伤、一人轻伤，且其中一重伤者系于欢从背部捅刺，损害后果严重，且除杜某2以外，其他三人并未实施侮辱于欢母亲的行为，其防卫行为造成的损害远远大于其保护的合法权益，防卫明显过当。于欢及其母亲的人身自由和人格尊严应当受到法律保护，但于欢的防卫行为明显超过必要限度并造成多人伤亡的严重后果，超出法律所容许的限度，依法也应当承担刑事责任。

根据我国刑法规定，故意伤害致人死亡的，处10年以上有期徒刑、无期徒刑或者死刑；防卫过当的，应当减轻或者免除处罚。如上所述，于欢的防卫行为明显超过必要限度造成重大伤亡后果，减轻处罚依法应当在3至10年有期徒刑的法定刑幅度内量刑。鉴于于欢归案后如实供述主要罪行，且被害方有以恶劣手段侮辱于欢之母的严重过错等可以从轻处罚情节，综合考虑于欢犯罪的事实、性质、情节和危害后果，遂判处于欢有期徒刑5年。

三、正当防卫的法理阐述

《刑法》第20条第1款规定："为了使国家、公共利益、本人或者他人的人身、财产和其他权利免受正在进行的不法侵害，而采取的制止不法侵害的行为，对不法侵害人造成损害的，属于正当防卫，不负刑事责任。"刑法关于正当防卫的这一法定概念，正确地揭示了正当防卫的内容，对于司法机关认定正当防卫行为，科学地区分正当防卫与防卫过当具有重要意义。

（一）正当防卫的概念

在刑法教义学中，正当防卫存在狭义、广义和最广义之分。狭义上的正当防卫是指自我防卫，简称自卫。自卫是指本人的人身权利、财产权利遭受正在进行的不法侵害的情况下，为保护本人利益而对不法侵害人所实行的反击。因此，自卫是以防卫权为根据的，它具有天然的正当性。广义上的正当防卫除自卫以外，还包括紧急救助。紧急救助是指为保护他人的人身权利、财产权利而对正在实施不法侵害的行为人所采取的救助。因此，紧急救助是以他人防卫权为依据的，具有代行他人防卫权的性质。最广义上的正当防卫，除自卫和紧急救助以外，还包括为保护国家利益、公共利益而对正在实施不法侵害的行为人所采取的防卫措施。相对于自卫和紧急救助是为个人利益的防卫，为保护国家利益、公共利益的防卫属于为社会利益的防卫，可以简称为社会防卫。各国刑法典对正当防卫的规定各不相同，大部分国家刑法典都规定了自卫和紧急救助，而我国刑法则同时规定了自卫、紧急救助和社会防卫。十分明显，紧急救助和社会防卫具有见义勇为的性质，它们是与犯罪行为作斗争的行为。根据刑法的规定，对于正当防卫的内容可以从以下三个方面来理解。

1. 正当防卫是目的的正当性和行为的防卫性的统一

根据刑法规定，目的的正当性是指正当防卫行为的目的在于使国家利益、公共利益、本人或者他人的人身、财产等合法权利免受正在进行的不法侵害。正当防卫的目的明确地揭示了正当防卫的社会、政治内容：我国刑法中的正当防卫不仅是免除正当防卫行为的刑事责任的法律依据，而且是公民和正在进行的不法侵害作斗争的法律武器。正当防卫的目的在正当防卫的概念中占有主导地位，它对于理解我国刑法中的正当防卫的本质以及确定正当防卫的构成要件都具有重要的意义。行为的防卫性是指正当防卫具有防卫的性质，它对于正在进行不法侵害的违法犯罪分子的人身或者财产所实施的暴力手段，是基于保护国家、公共利益和其他合法权益的需要而采取的，是对正在进行的不法侵害的反击。正当防卫目的的正当性和行为的防卫性之间具有密切的联系：首先，目的的正当性制约着行为的防卫性，它表明正当防卫不是报复、侵害，更不是对不法侵害人的惩罚，而是一种有限度的防卫行为。其次，行为的防卫性体现着目的的正当性，是目的的正当性的客观体现。它充分说明了正当防卫行为仅仅是一种在紧急情况下，为保护国家、公共利益和其他合法权益而采取的救济措施，因而具有一定的限度，这一限度就是正当防卫的目的得到实现的必要限度。离开了行为的防卫性，也就没有目的的正当性可言。

2. 正当防卫是主观上的防卫意图和客观上的防卫行为的统一

在正当防卫的情况下，防卫人主观上具有防卫意图。这里所谓防卫意图，是指防卫人意识到正在进行的不法侵害，而为使国家、公共利益、本人或者他人的人身和其他权益免受正在进行的不法侵害，对不法侵害人实行正当防卫的心理状态。因此，正当防卫行为在主观上区别于一般的违法行为。正当防卫行为在客观上对不法侵害人造成了一定的人身或者财产的损害，因此具有犯罪的外观。但是，正当防卫行为和犯罪行为有着内在本质的区别，我们只有透过正当防卫对不法侵害人造成一定的人身和财产损害，因而具有不法或者犯罪的外观这一现象，看到正当防卫制止不法侵害，保护国家、公共利益和其他合法权益的本质，才能真正把握正当防卫不负刑事责任的根据。正当防卫的主观上的防卫意图和客观上的防卫行为的统一，清楚地表明它不具备犯罪构成，这正是正当防卫不负刑事责任的理论根据。

3. 正当防卫是社会、政治评价和法律评价的统一

正当防卫的目的是使国家、公共利益、本人或者他人的人身、财产等合法权益免受正在进行的不法侵害，而且客观上具有制止不法侵害、保护合法权益的性质，因此，正当防卫没有法益侵害性，这是我国刑法对正当防卫的肯定的社会、政治评价；正当防卫不具备犯罪构成，没有刑事违法性，因此，正当防卫行为不负刑事责任，这是我国刑法对正当防卫的肯定的法律评价。在这个意义上说，正当防卫是排除社会危害性和阻却刑事违法性的统一。

（二）正当防卫的本质

正当防卫的本质是指正当防卫的正当性根据。对此，在我国刑法学界存在个人法益保护说和社会秩序维护说的一元论与二元论之争，其中：一元论是指在个人法益保护原则与法秩序维护原则中选择其一，以此揭示正当防卫的本质。二元论则认

为，个人法益保护原则与法秩序维护原则两者都是正当防卫的本质，只不过，应当以个人法益保护原则为主，以法秩序维护原则为辅。我国刑法学界的通说是二元论，认为我国刑法中的正当防卫不仅具有保护个人法益的功能，而且具有维护社会秩序的功能。

1. 个人法益保护

个人法益保护是指正当防卫具有对公民个人的人身权利、财产权利和其他合法权利的保护功能，并且以此作为正当防卫的正当性根据。正当防卫是法律赋予公民的权利，这是从公民角度观察所得出的结论。正当防卫通常是指一种行为，然而，它同时又是指一种权利，即防卫权。在法治社会，公民的人身权利和财产权利受到法律保护，这就是所谓公力救济。对于犯罪行为应当根据刑事诉讼程序予以刑罚惩治，由此保护被害人的合法权益。只有在公民受到突发的不法侵害，来不及获得公力救济的情况下，法律赋予公民以防卫权，借此保护公民个人的法益免受不法侵害。这种防卫行为具有一定的自力救济的属性，同时它还是一种排除不法侵害的权利行为。权利行为赋予了正当防卫法律上的正当性，它受到法律的保障。

2. 社会秩序维护

社会秩序维护是指正当防卫具有对社会秩序的维护功能，并且以此作为正当防卫的正当性根据。我国刑法中的社会防卫，就是以维护社会利益为目的而设立的，因而它不同于个人防卫。在我国刑法中，将保护国家利益和公共利益的正当防卫与自卫防卫、防卫他人相并列，因而法秩序维护就不再隐身于个人法益保护之后，而是直接成为决定正当防卫本质的要素。这也反映出我国刑法中正当防卫立法规定的特殊性，只有从这种特殊性出发，才能正确地揭示正当防卫的本质。

3. 个人法益保护与社会秩序维护的二元论

个人法益保护和社会秩序维护都只是论证了正当防卫正当性根据的某个侧面，不能全面地说明正当防卫的本质。其实，在正当防卫中个人法益保护和社会秩序维护是不可分离的。例如，自卫作为最为典型的保护个人法益的正当防卫，具有一般预防功能。正当防卫通过对不法侵害的反击，在保护个人法益的同时，也确证了法秩序。如果说，正当防卫对不法侵害人是个人预防性保护，那么，对于其他意欲实施不法侵害的人同时也就施加了一般预防的效果。在这个意义上说，在自卫的情况下，个人法益保护与社会秩序维护这两者不是并列的，社会秩序维护隐身在个人法益保护之后发生作用。至于紧急救助和社会防卫因其具有见义勇为、与犯罪作斗争的性质，其社会秩序维护功能显而易见。而在维护社会秩序的同时，它也具有保护个人法益的间接作用。如果说，个人法益保护只是反映了正当防卫所具有的个别公正，那么，法秩序维护就是反映了正当防卫所具有的一般公正。只有从个人与社会两个维度，才能正确揭示正当防卫的正当性根据，这是对正当防卫本质的全面诠释。

（三）正当防卫的构成

正当防卫是公民依法享有的权利，行使正当防卫权利的诸条件的统一，就是正当防卫的构成。根据刑法第 20 条关于正当防卫概念的规定，我认为，正当防卫的构成是主观条件和客观条件的统一。现分述如下：

1. 防卫起因

不法侵害是正当防卫的起因，没有不法侵害就谈不上正当防卫，因此，防卫起因是正当防卫构成的客观条件之一。作为防卫起因的不法侵害，必须具备两个基本特征：1）法益侵害性。这里所谓法益侵害性，是指某一行为直接侵害国家、公共利益、本人或者他人的人身、财产等合法权益，具有不法的性质。2）侵害紧迫性。这里所谓侵害紧迫性，一般来说是指那些带有暴力性和破坏性的不法行为，对我国刑法所保护的国家、公共利益和其他合法权益造成的侵害具有一定的紧迫性。只有同时具备以上两个特征，才能成为正当防卫的起因。行为的法益侵害性，是正当防卫起因的质的特征，没有法益侵害性就不存在正当防卫的现实基础，因此不发生侵害紧迫性的问题。侵害紧迫性是正当防卫起因的量的特征，它排除了那些没有紧迫性的不法侵害成为防卫起因的可能性，从而使正当防卫的起因限于为实现正当防卫的目的所允许的范围。总之，作为正当防卫起因的不法侵害，是具有法益侵害性的不法侵害，确切地说，是危害国家、公共利益和其他合法权益，并且达到了一定的紧迫程度的不法侵害。

不法侵害是正当防卫的起因，没有不法侵害，也就没有正当防卫可言。根据

《指导意见》的规定，"正当防卫的前提是存在不法侵害。不法侵害既包括侵犯生命、健康权利的行为，也包括侵犯人身自由、公私财产等权利的行为；既包括犯罪行为，也包括违法行为。不应将不法侵害不当限缩为暴力侵害或者犯罪行为。对于非法限制他人人身自由、非法侵入他人住宅等不法侵害，可以实行防卫。不法侵害既包括针对本人的不法侵害，也包括危害国家、公共利益或者针对他人的不法侵害。对于正在进行的拉拽方向盘、殴打司机等妨害安全驾驶、危害公共安全的违法犯罪行为，可以实行防卫。成年人对于未成年人正在实施的针对其他未成年人的不法侵害，应当劝阻、制止；劝阻、制止无效的，可以实行防卫"。因此，只有在不法侵害真实地发生的情况下，才存在正当防卫的问题。在现实生活中，往往发生这样的情形，即一个人确实由于主观认识上的错误，在实际上并不存在不法侵害时误认为存在，因而对臆想中的不法侵害实行了所谓的正当防卫，造成他人的无辜损害。这就是刑法理论上的假想防卫。我认为，假想防卫属于刑法中的认识错误，具体地说，是行为人在事实上认识的错误，是行为人对自己行为的实际性质发生错误认识而产生的行为性质的认识错误。因此，对于假想防卫应当按照对事实认识错误的一般原则解决其刑事责任问题，即：1) 假想防卫不可能构成故意犯罪。2) 在假想防卫的情况下，如果行为人主观上存在过失，应以过失犯罪论处。3) 在假想防卫的情况下，如果行为人主观上没有罪过，其危害结果是由不能预见的原因引起的，则是意外事件，行为人不负刑事责任。

　　2. 防卫客体

　　正当防卫是通过对不法侵害人造成一定损害的方法，使国家、公共利益、本人或者他人的人身、财产等合法权益免受正在进行的不法侵害的行为。正当防卫的性质决定了它只能通过对不法侵害人的人身或者财产造成一定损害的方法来实现防卫意图，因此，防卫客体的确定对于正当防卫的认定具有重要意义。我认为，防卫客体主要是不法侵害人的人身。因为不法侵害是人的积极作为，它通过人的一定的外部身体动作来实现其侵害意图，为了制止这种正在进行的不法侵害，必须对其人身采取强制性、暴力性的防卫手段。应当指出，在某些特定情况下，物也可以成为防卫客体。根据《指导意见》的规定，"正当防卫必须针对不法侵害人进行。对于多人共同实施不法侵害的，既可以针对直接实施不法侵害的人进行防卫，也可以针对在现场共同实施不法侵害的人进行防卫。明知侵害人是无刑事责任能力人或者限制刑事责任能力人的，应当尽量使用其他方式避免或者制止侵害；没有其他方式可以避免、制止不法侵害，或者不法侵害严重危及人身安全的，可以进行反击"。

正当防卫的性质决定了其防卫客体主要是不法侵害人本身，而缺乏防卫客体的防卫第三者的行为，不得被视为正当防卫。所谓防卫第三者，就是对第三者实行了所谓的正当防卫，即加害于没有进行不法侵害的其他人，使之遭受损害。我认为，对于防卫第三者应当根据以下三种情况处理：1）防卫第三者而符合紧急避险的条件的，应以紧急避险论，行为人不负刑事责任。2）防卫第三者而出于侵害之故意的，应以故意犯罪论。3）防卫第三者而出于对事实的认识错误，但主观上具有过失的，应以过失犯罪论。

3. 防卫时间

正当防卫的时间是正当防卫的客观条件之一，它所要解决的是在什么时候可以进行正当防卫的问题。正当防卫是为制止不法侵害而采取的还击行为，必须面临正在进行的不法侵害才能实行。所谓不法侵害之正在进行，是指侵害处于实行阶段。这个实行阶段可以表述为已经发生并且尚未结束。因此，关于防卫时间可以从以下两个方面进行认定：1）开始时间。这里的关键是要正确地认定不法侵害行为的着手。我认为，在确定不法侵害行为的着手，从而判断正当防卫的开始时间的时候，不能苛求防卫人，而是应该根据当时的主观和客观的因素全面分析。例如，对于入室犯罪来说，只要已经开始入室，未及实施其他侵害行为的，也应当视为已经开始不法侵害。在个别情况下，不法侵害虽然还没有进入实行阶段，但其实施已逼近，侵害在即，形势十分紧迫，不实行正当防卫不足以保护国家、公共利益和其他合法权益的，可以实行正当防卫。2）终止时间。在不法侵害终止以后，正当防卫的前提条件已经不复存在，因此，一般不再发生防卫的问题。所以，必须正确地确定不法侵害的终止，以便确定正当防卫权利的消灭时间。我认为，我国刑法中正当防卫的目的是使国家、公共利益、本人或者他人的人身、财产等合法权益免受正在进行的不法侵害，因此，判断不法侵害的终止应以不法侵害的危险是否被排除为其客观标准。在以下三种情况下，应当认为不法侵害已经终止，不得再实行正当防卫：第一，不法行为已经结束；第二，不法侵害行为确已自动中止；第三，不法侵害人已经被制伏或者已经丧失侵害能力。在以上三种情况下，正当防卫人之所以必须停止防卫行为，是因为客观上已经不存在危险，或者不需要通过正当防卫排除其危险。

　　不法侵害之正在进行是正当防卫的时间。正确认定不法侵害的着手和终止，对于判断正当防卫是否适时具有重大意义。关于如何准确把握正当防卫的时间条件，《指导意见》指出："正当防卫必须是针对正在进行的不法侵害。对于不法侵害已经形成现实、紧迫危险的，应当认定为不法侵害已经开始；对于不法侵害虽然暂时中断或者被暂时制止，但不法侵害人仍有继续实施侵害的现实可能性的，应当认定为不法侵害仍在进行；在财产犯罪中，不法侵害人虽已取得财物，但通过追赶、阻击等措施能够追回财物的，可以视为不法侵害仍在进行；对于不法侵害人确已失去侵害能力或者确已放弃侵害的，应当认定为不法侵害已经结束。对于不法侵害是否已经开始或者结束，应当立足防卫人在防卫时所处情境，按照社会公众的一般认知，依法作出合乎情理的判断，不能苛求防卫人。对于防卫人因为恐慌、紧张等心理，对不法侵害是否已经开始或者结束产生错误认识的，应当根据主客观相统一原则，依法作出妥当处理。"据此，凡是违反防卫时间条件的所谓防卫行为，在刑法理论上称为防卫不适时。防卫不适时可以分为两种形式：1）事前防卫，是指在不法侵害尚未发生的时候所采取的所谓防卫行为。在这种情况下，不法侵害没有现实地发生，因此，其行为不得被视为正当防卫。2）事后防卫，是指不法侵害终止以后，对不法侵害人的所谓防卫。公民实施防卫行为，已使不法侵害人丧失了侵害能力，在有效地制止了不法侵害以后，又对不法侵害人实施侵害的，属于不法行为。这种不法侵害行为构成犯罪的，行为人应当负刑事责任。

　　4. 防卫意图

　　正当防卫是公民和正在进行的不法侵害作斗争的行为，因此，防卫人主观上必然具有某种防卫意图，这就是正当防卫构成的主观条件。所谓防卫意图，是指防卫人意识到不法侵害正在进行，为了保护国家、公共利益、本人或者他人的人身、财产等合法权利，而决意制止正在进行的不法侵害的心理状态。因此，防卫意图可以包括两个方面的内容：1）对于正在进行的不法侵害的认识，即正当防卫的认识因素。这里所谓对不法侵害的认识，是防卫人意识到国家、公共利益、本人或者他人的人身、财产等合法权益受到正在进行的不法侵害。因此，认识内容包括防卫起因、防卫人产生正当防卫意志的主观基础，是对客观存在的不法侵害的正确反映。没有对不法侵害的认识，就不可能产生正当防卫的意志，也就没有防卫意图可言。2）对于制止正在进行的不法侵害的决意，即正当防卫的意志因素。正当防卫意志体现在对防卫行为的自觉支配或者调节作用，推动防卫人实施防卫行为，并且积极地追求保护国家、公共利益或其他合法权利等正当防卫的目的。因此，防卫意图是正当防卫的认识因素和意志因素的统一。

防卫意图作为正当防卫构成的主观条件，对于正当防卫的成立具有十分重要的意义。最高人民法院、最高人民检察院、公安部《关于依法适用正当防卫制度的指导意见》（以下简称《指导意见》）指出："正当防卫必须是为了使国家、公共利益、本人或者他人的人身、财产和其他权利免受不法侵害。对于故意以语言、行为等挑动对方侵害自己再予以反击的防卫挑拨，不应认定为防卫行为。"由此可见，根据行为人主观上是否具有防卫意图，可以将那些主观上没有防卫意图的行为排除在正当防卫之外。

某些行为，从形式上看似乎符合正当防卫的客观条件，但由于主观上不具备防卫意图，因而不能被视为正当防卫。这种情况可以包括以下三种：1）偶然防卫。在刑法理论上，偶然防卫是指行为人出于一定的犯罪故意实施其行为，但该行为在客观上发生了防卫效果的情形。例如，在甲枪杀乙时，恰好丙出于杀害甲的意图向甲开枪，将其杀死，从而在客观上使乙免遭甲的杀害。在这种偶然防卫的情况下，丙的行为客观上具有防卫效果，但由于主观上不存在防卫意图，因而其行为不得被视为正当防卫。2）防卫挑拨。在刑法理论上，把故意地挑逗对方进行不法侵害而借机加害于不法侵害人的行为，称为防卫挑拨。在防卫挑拨中，虽然存在一定的不法侵害，挑拨人也实行了所谓的正当防卫，形式上符合正当防卫的客观条件，但由于该不法侵害是在挑拨人的故意挑逗下诱发的，挑拨人主观上具有犯罪意图而没有防卫意图，客观上实施了犯罪行为，因而其行为依法构成犯罪，不得被视为正当防卫。3）互相斗殴。在刑法理论上，互相斗殴是指参与者在其主观上的不法侵害故意的支配下，客观上所实施的连续的互相侵害的行为。在互相斗殴的情况下，由于行为人主观上没有防卫意图，其行为也不得被视为正当防卫。《指导意见》就准确界分防卫行为与相互斗殴论述如下："防卫行为与相互斗殴具有外观上的相似性，准确区分两者要坚持主客观相统一原则，通过综合考量案发起因、对冲突升级是否有过错、是否使用或者准备使用凶器、是否采用明显不相当的暴力、是否纠集他人参与打斗等客观情节，准确判断行为人的主观意图和行为性质。因琐事发生争执，双方均不能保持克制而引发打斗，对于有过错的一方先动手且手段明显过激，或者一方先动手，在对方努力避免冲突的情况下仍继续侵害的，还击一方的行为一般应当认定为防卫行为。双方因琐事发生冲突，冲突结束后，一方又实施不法侵害，对方还击，包括使用工具还击的，一般应当认定为防卫行为。不能仅因行为人事先进行防卫准备，就影响对其防卫意图的认定。"

5. 防卫限度

正当防卫的必要限度是它和防卫过当相区别的一个法律界限。根据我国刑法第20 条第 1 款的规定，认定防卫过当应当同时具备"明显超过必要限度"和"造成重大损害"两个条件，缺一不可。因此，关于正当防卫的必要限度，可以从防卫行为是否过当和防卫结果是否过当这两个方面进行考察。

（1）防卫行为是否过当。《指导意见》规定："防卫是否'明显超过必要限度'，应当综合不法侵害的性质、手段、强度、危害程度和防卫的时机、手段、强度、损害后果等情节，考虑双方力量对比，立足防卫人防卫时所处情境，结合社会公众的一般认知作出判断。在判断不法侵害的危害程度时，不仅要考虑已经造成的损害，还要考虑造成进一步损害的紧迫危险性和现实可能性。不应当苛求防卫人必须采取与不法侵害基本相当的反击方式和强度。通过综合考量，对于防卫行为与不法侵害相差悬殊、明显过激的，应当认定防卫明显超过必要限度。"根据上述规定，在考察防卫行为是否超过必要限度的时候，应当采取综合的标准，从以下三个方面进行考察：

1）不法侵害的强度。在确定必要限度时，首先需要考察不法侵害的强度。所谓不法侵害的强度，是指行为的性质、行为对客体已经造成的损害结果的轻重，以及造成这种损害结果的手段、工具的性质和打击部位等因素的统一。对不法侵害实行正当防卫，如果用轻于或相当于不法侵害的防卫强度不足以有效地制止不法侵害的，可以采取大于不法侵害的防卫强度。当然，如果大于不法侵害的防卫强度不是为制止不法侵害所必需，那就超过了正当防卫的必要限度。

　　2）不法侵害的缓急。不法侵害的强度虽然是考察正当防卫是否超过必要限度的重要因素，但我们不能把侵害强度在考察必要限度中的作用绝对化，甚至认为它是唯一的因素。在某些情况下，不法侵害已经着手，形成了侵害的紧迫性，但侵害强度尚未发挥出来，那么，无法以侵害强度为标准，只能以侵害的缓急为标准，确定是否超过了正当防卫的必要限度。所谓不法侵害的缓急，是指侵害的紧迫性，即不法侵害所形成的对国家、公共利益、本人或者他人的人身、财产等合法权益的危险程度。不法侵害的缓急对于认定防卫限度具有重要意义，在防卫强度大于侵害强度的情况下，考察该大于不法侵害的防卫强度是否为制止不法侵害所必需，更应以不法侵害的缓急等因素为标准。

　　3）不法侵害的权益

　　不法侵害的权益，就是正当防卫保护的权益，它是决定必要限度的因素之一。根据不法侵害的权益在确定是否超过必要限度中的作用，可以作出以下判断：为保护重大的权益而将不法侵害人杀死，可以认为是为制止不法侵害所必需，因而没有超过正当防卫的必要限度；而为了保护轻微的权益，即使是非此不能保护，造成了不法侵害人的重大伤亡，仍可以认为是超过了必要限度。

　　（2）防卫结果是否过当。根据《指导意见》的规定，防卫结果超过必要限度是指造成重大损害。这里的重大损害，是指造成不法侵害人重伤、死亡。造成轻伤及以下损害的，不属于重大损害。防卫行为虽然明显超过必要限度但没有造成重大损害的，不应认定为防卫过当。因此，只有在防卫行为超过必要限度，同时造成重大损害的情况下，才能认定为防卫正当。

四、于欢正当防卫行为的司法认定

在于欢故意伤害案一审审理期间，对案件的定性，在控、辩、审三方之间就存在较大的分歧。辩方认为，被告人于欢系防卫过当，被害人对本案的发生具有严重过错。但控方只认可被害人一方对本案的发生具有过错，可以从轻处罚；并且提出了判处无期徒刑以上刑罚的量刑建议。一审法院认为：被告人于欢持尖刀捅刺多名被害人腹背部，虽然当时其人身自由权利受到限制，也遭到对方辱骂和侮辱，但对方均未有人使用工具，在派出所已经出警的情况下，被告人于欢和其母亲的生命健康权利被侵犯的现实危险性较小，不存在防卫的紧迫性，所以于欢持尖刀捅刺被害人不存在正当防卫意义的不法侵害前提，辩护人认为于欢系防卫过当，以此要求减轻处罚的意见本院不予采纳。因此，一审法院没有认定于欢的行为是正当防卫，即使是防卫过当也未予以认定，而是认为本案被告人于欢的行为根本就不具有防卫性质。在一审判决宣判以后，媒体报道了于欢故意伤害案，该案因死者具有辱母情节而引发社会的广泛关注。随着最高人民检察院和最高人民法院的介入，于欢的命运发生了巨大的变化。二审判决认定于欢具有防卫情节，但属于防卫过当，因而改判于欢有期徒刑 5 年。在二审判决生效以后，于欢故意伤害案被最高人民法院以指导案例 93 号的名义公布，对于此后司法机关正确认定正当防卫和防卫过当具有重要指导意义。

那么，在本案中，于欢捅刀子的行为是否构成正当防卫呢？对于这个问题，指导案例的意见认为，于欢的行为具有防卫性质，但其防卫行为明显超过了必要限度，因而构成防卫过当。笔者认为，于欢的行为具有防卫性质，这是没有疑问的，但其防卫行为是否超过必要限度构成防卫过当，值得进一步商榷。因此，我从以下四个方面对于欢故意伤害案进行评析。

（一）本案是否存在不法侵害？

正当防卫是对不法侵害的反击行为，因此，不法侵害是正当防卫的起因。如果没有不法侵害，当然也就不存在对不法侵害的正当防卫。判断本案中于欢的行为构成的是正当防卫还是防卫过当，首先需要考察在本案中是否存在不法侵害。

　　本案起因于讨债，这是没有问题的。如果是单纯的讨债，即使是讨要非法债务，则当然不能视之为不法侵害，也不存在正当防卫问题。关键是讨债人在讨债过程中采取的手段是否属于不法侵害，如果属于不法侵害，则完全可以进行正当防卫。一审判决认为："虽然当时其人身自由权利受到限制，也遭到对方辱骂和侮辱，但对方均未有人使用工具，在派出所已经出警的情况下，被告人于欢和其母亲的生命健康权利被侵犯的现实危险性较小，不存在防卫的紧迫性，所以于欢持尖刀捅刺被害人不存在正当防卫意义的不法侵害前提。"这一裁判结论否定了在本案中存在不法侵害，因而否定了于欢的行为具有防卫性质。一审判决一方面肯定在讨债过程中存在侮辱言行和限制人身自由的现象，另一方面又认为人身受到侵害的现实危险性较小，不存在防卫的紧迫性。

　　如前所述，在讨债过程中，讨债人对于欢母子进行了极其下流的辱骂。更为出格的是，被害人杜某2脱下裤子，在近处将下体对着于欢母子。该行为明显属于侮辱行为，性质极为恶劣。当然，在杜某2实施上述侮辱言行的时候，于欢并没有当场进行防卫。因此，侮辱言行并不是本案的防卫起因，只是为此后的防卫提供了心理动因。在本案中最为明显的不法侵害还是非法拘禁行为。值得注意的是，一审判决并没有将讨债人的扣押行为认定为非法拘禁，而是界定为限制人身自由权利的行为。这里存在对我国刑法中的非法拘禁罪的理解问题。根据我国刑法第238条的规定，非法拘禁罪是指非法拘禁他人或者以其他方法非法剥夺他人人身自由的行为。因此，非法拘禁罪的本质特征是非法剥夺他人人身自由，至于采取何种方法并无限制。显然，非法剥夺人身自由与非法限制人身自由在性质上是不同的。我国刑法第241条第3款规定，在收买被拐卖的妇女、儿童的情况下，限制其人身自由就可以构成非法拘禁罪。这是一个特别规定。在通常情况下，只有剥夺人身自由才构成非法拘禁罪，限制人身自由则不能构成非法拘禁罪。问题在于：本案中讨债人的行为是构成对于欢母子人身自由的限制还是剥夺？本案中的讨债从案发当天下午4点开始一直延续到晚上10点，并且，从证言描述来看，是将于欢母子扣押在一个特定场所，不让外出，吃饭也有人跟着。尤其是晚上8点杜某2来到现场以后，将于欢母子拘禁在接待室长达两个小时。在此期间，对于欢母子进行辱骂和殴打。我国刑法第 238 条第 3 款专门规定了索债型非法拘禁罪："为索取债务非法扣押、拘禁他人的，依照前两款规定处罚。"对照本案中讨债人的行为，难道讨债人不正是对债务人实施了扣押和拘禁行为吗？根据最高人民检察院于 2006 年 7 月 26 日发布的《关于渎职侵权犯罪案件立案标准的规定》，非法剥夺他人人身自由，实施殴打、侮辱行为的，构成非法拘禁罪。因此，本案中讨债人的行为已经构成非法拘禁罪，这是一种十分明显的不法侵害。

缺乏紧迫性是一审判决否定于欢的行为具有防卫性质的一个主要理由。那么，什么是这里的紧迫性呢？笔者认为，作为防卫起因的紧迫性是指正在面对不法侵害，需要通过防卫来消除不法侵害。在这个意义上说，防卫的紧迫性也就是防卫的必要性，即不防卫无以排除侵犯。在本案中，面对的不法侵害主要是非法拘禁。那么，对非法拘禁行为是否可以进行正当防卫呢？对此，在刑法理论上存在争议。第一种观点认为，非法拘禁罪所侵害的犯罪客体是公民的人身自由，而被害人实行正当防卫也是为了解除拘禁，保护本人的人身自由，因此，对于非法拘禁行为可以实行正当防卫。第二种观点认为，在非法拘禁的情况下，尽管现实的不法侵害尚未结束，但行为人的人身权益并没有处在现实、紧迫的威胁中，在该过程中进行正当防卫是不合适的。这种观点认为非法拘禁行为不具有即时性和迫切性，因此不能对其进行防卫。笔者认为，这是对正当防卫之性质错误理解所致。事实上，只要存在客观现实的不法侵害，为了避免这种侵害，公民都可以对不法侵害人实行防卫，而没有忍受不法侵害的义务，除非侵害结果已经发生，不能通过防卫予以排除。非法拘禁具有对人身自由的侵害性，这是没有问题的。而且，非法拘禁罪属于继续犯，将他人予以扣押以后，他人的人身自由被剥夺的整个期间都属于犯罪行为进行的时间，被害人完全可以通过防卫解除非法拘禁的状态。至于是否过当，这是另外一个需要考察的问题。在本案中，非法拘禁持续时间长达六个多小时，在此期间不法侵害人未间断地对于欢母子进行辱骂、殴打和精神折磨，使于欢处于极度的心理紧张状态。在民警来到现场以后，于欢要求出去。这里的"出去"，应当被理解为解除非法拘禁状态。但讨债人仍然对此加以阻止，并且使用暴力殴打。在这种情况下，于欢使用从办公桌上拾起的水果刀捅刺杜某 2 等讨债人，不能否定存在侵害的紧迫性。因此，在非法拘禁案件中，为解除对自己的非法拘禁，对拘禁人采取适当的暴力措施，应当被认为具有防卫的性质。从整个案件看，于欢确实是针对不法侵害采取了防卫措施，存在防卫起因。

（二）本案的不法侵害是否正在进行？

不法侵害正在进行是正当防卫的时间要件，只有对正在进行的不法侵害才能实行正当防卫。在针对非法拘禁行为进行防卫的情况下，因为非法拘禁罪具有继续犯的性质，所以，在非法拘禁持续的时间内，都应当认为不法侵害正在进行，可以实行正当防卫。从本案的案情来看，从下午 4 点到晚上 10 点都处于非法拘禁行为持续的时间。问题在于：经过报警以后，民警来到拘禁现场，此时是否消除了非法拘禁？一审判决在裁判理由中也强调在派出所已经出警的情况下，被告人于欢和其母亲的生命健康权利被侵犯的现实危险性较小，不存在防卫的紧迫性。这里涉及对民警出警效果的判断，值得深入分析。其实，民警到场以后并没有意识到讨债人在对于欢母子进行非法拘禁，因此并没有制止讨债人的不法侵害，而只是说"讨债可以，但是不能打人"，说完就要离开。民警出警，应当被视为公权力的介入。于欢母子在受到讨债人的非法拘禁的情况下，通过报警获得公权力的救济，是法律赋予的权利。可惜的是，出警的两位民警并没有及时解救于欢母子，这就使于欢陷入绝望，也成为压垮骆驼的最后一根稻草。假设没有民警到场，这场讨债活动也许还会持续下去，如何收场当然无从得知。反倒是民警来而又去，刺激了于欢。于欢在也要走出拘禁场所而又遭受杜某 2 等人暴力制止的情况下，正好发现办公桌上有一把水果刀。事态由此直转急下，血案瞬间酿成。综观全案，在本案中不法侵害处于长时间的持续之中，于欢持刀捅刺之时，不仅针对非法拘禁行为，而且针对暴力阻止行为，存在防卫时间。

（三）本案是适用刑法第 20 条第 2 款还是第 3 款？

这主要涉及对刑法第 20 条关于正当防卫之三款规定的理解。我国刑法第 20 条第 1 款对正当防卫的概念作了规定，第 2 款对防卫过当作了规定，第 3 款对无过当防卫作了规定。因此，这三款分别涉及正当防卫、防卫过当和无过当防卫这三种情形。关于这三款规定之间的逻辑关系，笔者认为：第 2 款以第 1 款为前提，而第 3 款是第 2 款的例外，即：在一般情况下，正当防卫超过必要限度构成防卫过当，而防卫过当应当被追究刑事责任；但在符合第 3 款之规定的情况下，就不存在过当问题。这里应当注意：根据第 3 款，只有当不法侵害严重危害人身安全且具有暴力犯罪性质时才能适用。如果这样认定，本案就要考虑是否存在暴力犯罪以及暴力犯罪是否达到了严重危害人身安全的程度。根据笔者的理解，刑法第 20 条第 3 款规定的严重危害人身安全的暴力犯罪，除强奸和绑架以外，其他情形应当达到致人死亡或者致人重伤的严重程度。从本案的情况来看，可能还没有达到这一程度。因为对方是来讨债的，其目的是为债权人实现债权，且在讨债过程中虽然存在拘禁、殴打和辱骂等不法侵害行为，但这是为了对债务人施加精神压力，以便达到让债务人还债的效果。从这个意义上说，本案中的讨债人并没有想导致于欢母子人身伤亡的目的和行为。因此，本案中于欢的行为不具备刑法第 20 条第 3 款规定的无过当防卫的适用条件。

（四）若本案适用刑法第 20 条第 2 款，那么防卫是否超过必要限度？

在承认本案中于欢的行为构成正当防卫的情况下，于欢捅死一人、捅伤三人的防卫行为是否超过正当防卫的必要限度构成防卫过当？这是一个在主张本案存在防卫前提的情况下，仍然存在争论的核心问题。应当指出，我国刑法第 20 条第 2 款规定，防卫过当是指防卫明显超过必要限度。也就是说，即使超过必要限度，也不一定就构成防卫过当，而是还要考察是否明显超过正当防卫的必要限度。

在本案中考察于欢的防卫行为是否过当的时候，需要考虑以下因素：一是人数对比：对方人高马大，有 11 人，能够控制局面；于欢母子 2 人，处在弱势局面。二是存在严重侮辱行为。虽然侮辱行为在前，但明显会引发于欢的激愤情绪，对于后来于欢采取反击措施在心理上有刺激作用。三是侵害的时间长达 6 个小时，不是一般的拘禁，而是在持续的殴打和侮辱中长时间拘禁。四是警察出警之后不能有效解除不法侵害，使于欢感到绝望。私力救济是在不能得到公力救济的特殊情况下，权利人为维护自己的人身、财产安全而采取的措施。在本案中以民警出警为代表的公力救济虽然到场，但未能有效制止不法侵害。此时，于欢才寻求私力救济。五是于欢母子要出门时，对方暴力阻止，存在殴打行为，从而刺激了于欢。六是作案工具不是刻意准备的，而是于欢随手从桌上拿的，这说明其具有随机性。如果当时没有这把水果刀，于欢就不会实施捅刀子的防卫行为。所以，就地取材拿刀防卫具有一定的合理性。七是将多人捅伤是于欢在对方围上来阻拦其出去并对其进行殴打情况下的应激反应，具有一定的消极被动性。基于以上因素，不能简单地以死伤结果论，认为捅死捅伤人了就是过当。笔者认为，于欢的防卫行为没有明显超过正当防卫必要限度，不构成防卫过当，即使根据刑法第 20 条第 2 款的规定，也不能认为是防卫过当。因为对方采取了长时间的侮辱和殴打等非常过分的侵害手段，于欢是在公权力介入不能及时解除不法侵害的情况下实施防卫行为的，所以不应认为其行为超出了正当防卫的必要限度。在考虑正当防卫的必要限度时，不仅应当从客观上的暴力程度、力量对比来考察，还要考察行为人受到长时间折磨产生的压力和激怒，这些主观因素是免责的事由。虽然我国没有明确规定，但在考察是否超过必要限度、行为人是否需要承担刑事责任时，还是应当考虑这些主客观因素，综合进行分析。

值得注意的是，对于本案，二审判决认定于欢的行为具有防卫性，但同时认定防卫行为构成防卫过当。二审判决指出："评判防卫是否过当，应当从不法侵害的性质、手段、紧迫程度和严重程度，防卫的条件、方式、强迫和后果等情节综合判定。根据本案查明的事实及在案证据，杜某 2 一方虽然人数较多，但其实施不法侵害的意图是给苏某夫妇施加压力以催讨债务，在催债过程中未携带、使用任何器械；在民警朱某等进入接待室前，杜某 2 一方对于欢母子实施的是非法拘禁、侮辱和对于欢拍打面颊、揪抓头发等行为，其目的仍是逼迫苏某夫妇尽快还款；在民警进入接待室时，双方没有发生激烈对峙和肢体冲突，当民警警告不能打架后，杜某 2 一方并无打架的言行；在民警走出接待室寻找报警人期间，于欢和讨债人员均可透过接待室的玻璃清晰看见停在院内的警车警灯闪烁，应当知道民警并未离开；在于欢持刀警告不要逼过来时，杜某 2 等人虽有出言挑衅并向于欢围逼的行为，但并未实施强烈的攻击行为。即使四人被于欢捅刺后，杜某 2 一方也没有人对于欢实施暴力还击行为。因此，于欢面临的不法侵害并不紧迫和严重，而其却持利刃连续捅刺四人，致一人死亡、二人重伤、一人轻伤，且其中一人即郭某 1 系被背后捅伤，应当认定于欢的防卫行为明显超过必要限度造成重大损害。"

在以上对防卫过当的认定中，二审判决强调了以下因素：第一，不法侵害人在催债过程中未携带、使用任何器械。第二，不法侵害行为表现为非法拘禁、侮辱和对于欢拍打面颊、揪抓头发等行为。第三，在于欢实行防卫时，民警并未离开而且不法侵害人只是对于欢围逼，没有强烈的攻击行为。第四，不法侵害人之一郭某 1 系被背后捅伤。第五，造成了一人死亡、二人重伤、一人轻伤的严重后果。如果对于欢面对的不法侵害孤立或者分散地进行分析，确实会得出防卫过当的结论；而且在当前司法实践中大量防卫行为被认定为普通犯罪的情况下，二审判决将于欢的行为认定为防卫过当，已经是一种进步。然而，对于于欢的行为是否超过正当防卫的必要限度，笔者认为还是存在探讨空间。应当承认，本案中的不法侵害是具有特殊性的，这就是前述的持续性和复合性。因此，在判断是否超过正当防卫的必要限度的时候，同样应当考虑到不法侵害的特殊性，从整体的视角进行分析。例如，二审判决强调对方没有使用器械而于欢动刀了，由此得出武器不对等。但于欢一方只有母子 2 人，而对方有 11 人之多。这种人数上的严重不对等，在是否过当的判断中却没有受到重视。二审判决强调不法侵害并不严重，只是非法拘禁和侮辱、殴打等，没有造成伤害后果。但死者杜某 2 的辱母情节没有得到强调。当然，辱母情节可以被包含在侮辱行为之中。但辱母并不是通常的贬低人格，而是性质十分恶劣的性羞辱，并且是当着于欢的面对其母进行侮辱。虽然在辱母的当时于欢并未进行防卫，而是在辱母以后二十多分钟才发生捅刀子事件。但不可否认，辱母以及整天的殴打和拘禁、辱骂累积的情绪，对于此后爆发捅刀子事件，起到了重要的作用。因此，对于于欢的防卫是否过当，不能仅将面对围逼此时此刻的暴力程度作为判断基准，而是要结合前后一天内不法侵害人的所作所为进行综合判断，只有这样才不至于得出于欢面临的不法侵害并不紧迫、并不严重的结论。至于一人死亡、二人重伤、一人轻伤的后果，从表面来看是严重的，但于欢对这四个围逼自己的不法侵害人每人都只是刺了一刀，就此而言，还是有节制的，而且，于欢并没有追赶不法侵害人。二审判决中提及的郭某 1 系被背后捅伤，是于欢出手以后郭某 1 见状转身逃跑所致，而不是郭某1逃跑以后，于欢从背后刀刺所致。总之，在肯定于欢的行为构成防卫的前提下，其防卫行为很难说是明显过当。本案中防卫过当的认定未能充分考量本案不法侵害的特殊性，不能不说是平衡正与不正双方之利益的结果。这是令人遗憾的。

　　本案中作为控方的检察机关是以故意伤害罪起诉的，而没有认定防卫情节。这里涉及检察机关在正当防卫或者防卫过当认定中的作用问题。检察机关是公诉机关，对于公安机关移送的刑事案件，具有审查的职责。在审查起诉环节，检察机关如果认为犯罪嫌疑人的行为属于正当防卫，可以决定不起诉；如果认为犯罪嫌疑人的行为属于防卫过当，可以决定不起诉，也可以决定起诉。根据笔者所掌握的数据，全国范围内从2014年至2016年三年期间，检察机关在审查起诉过程中，因正当防卫或防卫过当而决定不起诉的案件共计91起。其中，因正当防卫决定不起诉的有76起，因防卫过当决定不起诉的有15起，平均每年30起。由此可见，这个数量是极少的。对于大量应当被认定为正当防卫或者防卫过当的案件，检察机关并没有作出正确认定，而是以普通犯罪起诉到法院。本案就是十分典型的例子。虽然检察机关的职责是指控犯罪，推进刑事司法程序，但检察机关在刑事诉讼过程中，同样具有保障犯罪嫌疑人的合法权利的职责。在对公安机关移送的案件审查起诉的过程中，根据事实和法律正确认定是否具有正当防卫或者防卫过当的性质，就是检察机关的重要职责。然而，检察机关在审查起诉的时候，更多考虑的是打击犯罪，而未时刻铭记保护人民的根本宗旨，这是十分令人遗憾的。

　　当案件被起诉到法院以后，如何正确认定正当防卫或者防卫过当，对于法院来说，也是一个考验。在本案中，一审法院没有正确认定正当防卫或防卫过当，而是简单地以检察机关建议的无期徒刑对于欢判刑。如果不是在全国具有重大影响力的媒体《南方周末》在2017年3月23日刊载了《刺死辱母者》一文，对本案进行了较为真实的报道，由此引发全国民众的关注，同时也引起最高人民检察院和最高人民法院的关注，本案可能会悄无声息地消失在刑事案件的汪洋大海之中。

第 6 节　特殊防卫成立条件之研究

案名：叶永朝故意杀人案　李小龙故意伤害案
主题：正当防卫　特殊防卫

正当防卫是我国刑法中一项十分重要的制度，其赋予公民以正当防卫的权利，意在鼓励公民与正在进行的不法侵害作斗争，维护本人、他人与国家的合法权益。尤其是在 1997 年刑法修订中，我国专门设立了特殊防卫制度，进一步扩大了公民的正当防卫权。在司法实践中，关于如何认定特殊防卫存在一些疑难问题。本节以叶永朝故意杀人案和李小龙故意伤害案[①]为例，对特殊防卫的成立条件加以探讨。

一、特殊防卫的立法背景

我国 1979 年刑法第 17 条规定了正当防卫制度，但从当时的司法实践情况来看，由于在 1979 年刑法实施不久我国就开始了"严打"运动，因而正当防卫制度在司法适用中遇到强大的阻力。虽然立法上对正当防卫的规定是十分明确的，但司法实践中往往将正当防卫作为防卫过当来加以认定，将防卫过当作为普通犯罪来加以认定，例如发生在 1984 年的孙明亮故意伤害案。[②] 在该案中，不法侵害人郭鹏祥及郭小平、马忠全 3 人尾随少女图谋不轨，不法在先。经孙明亮及其友蒋小平干涉制止后，郭小平、马忠全和郭鹏祥又叫来 6 人，加上他们 3 人共计 9 人，寻找孙明亮、蒋小平进行报复，并对孙明亮、蒋小平进行殴打。在这种情况下，孙明亮才掏出随身携带的弹簧刀将郭鹏祥刺伤致其死亡。一审法院认定孙明亮的行为是打架斗

[①]　叶永朝故意杀人案刊载于最高人民法院编：《刑事审判参考》，第 6 辑，北京，法律出版社，2000；李小龙故意伤害案刊载于最高人民法院编：《刑事审判参考》，第 34 集，北京，法律出版社，2004。
[②]　孙明亮故意伤害案刊载于《最高人民法院公报》，1985（2）。

殴，其对死亡结果承担故意伤害的刑事责任，并判处有期徒刑 15 年。检察机关则认为孙明亮的行为是（间接）故意杀人罪，判处其 15 年有期徒刑尚觉畸轻，因而提起抗诉。二审法院虽然认定孙明亮、蒋小平与郭鹏祥之间并非流氓分子之间的打架斗殴，而是公民积极同违法犯罪分子作斗争的正义行为，应予以肯定和支持，因而认定孙明亮的行为具有防卫性质，但与此同时又以郭鹏祥是徒手实施不法侵害，郭小平手持砖头与同伙一起助威，孙明亮在这种情况下持刀将郭鹏祥刺伤致死，其正当防卫行为超过必要限度，造成不应有的危害后果，属于防卫过当，构成故意伤害罪，因而改判孙明亮有期徒刑 2 年，缓刑 3 年。这一防卫过当性质的认定，完全是根据工具不对称、后果严重这样一种判断思路得出的结论，但却没有考虑到孙明亮是见义勇为，并且不法侵害方人数达 9 人之多。虽然郭鹏祥是徒手殴打孙明亮，但郭小平是在用砖头助威，孙明亮的人身安全受到不法侵害的严重威胁。在这种情况下，孙明亮用随身携带的、用于防身的弹簧刀进行防卫，即使致人死亡，也不能简单地根据后果认定其行为是防卫过当。当然，从一审法院判处其有期徒刑 15 年，到二审法院判处其有期徒刑 2 年，缓刑 3 年，处刑上大幅度地减轻，但对行为性质的认定仍然存在可质疑之处。但就这样一个判决结果或可质疑的案件居然受到当时的最高人民法院审判委员会的肯定，并且最高人民法院审判委员会将它作为指导性案件在《最高人民法院公报》予以刊出，其中对该案作了以下评论：

　　　　最高人民法院审判委员会 1985 年 6 月 5 日第 226 次会议，依照《中华人民共和国人民法院组织法》第 11 条第 1 款的规定，在总结审判经验时认为，对于公民自觉地与违法犯罪作斗争，应当予以支持和保护。人民法院在审判工作中，要注意把公民在遭受不法侵害而进行正当防卫时的防卫过当行为，与犯罪分子主动实施的犯罪行为区别开来，做到既惩罚犯罪，又支持正义行为。甘肃省高级人民法院对该案的提审判决，正确认定了孙明亮的行为的性质，且适用法律得当，审判程序合法，可供各级人民法院借鉴。

　　虽然最高人民法院在这里提出的防卫过当行为与一般犯罪行为相区分、既惩罚犯罪又支持正义行为的精神是正确的，但具体到孙明亮故意伤害案这个个案的处理上，又反映出司法机关对正当防卫制度的理解与立法本意的严重偏离。这一切，都与"严打"有关。正是在 1983 年"严打"以后，打击不力成为悬在司法机关头上的一把达摩克利斯之剑，随时可能掉下来。在这种情况下，在正当防卫的认定上，就出现了明显的偏差。尤其是公诉机关，往往不敢轻易认定正当防卫，甚至都不敢认定防卫过当；在防卫过当与普通犯罪的界限不明时，宁可认定为普通犯罪也不敢认定为防卫过当。

这样一种宁枉不纵、宁重勿轻的思想在孙明亮故意伤害案中也表现得十分明显。对于孙明亮的见义勇为的行为，公诉机关不仅不认定为正当防卫，反而认定为流氓斗殴，甚至认为是一种间接故意杀人行为，要求判处重刑。这是一种典型的"严打"思维。一审法院基本上按照公诉机关的指控认定为普通犯罪，只是在犯罪性质上改为故意伤害罪。二审法院则正确地认定了孙明亮的行为具有正当防卫性质，但在正当防卫必要限度的认定上作出了不利于孙明亮的判断。应该说，对于孙明亮故意伤害案在当时的"严打"氛围下，能够作出这样一种处理，法院已经克服了相当大的阻力，因而是很不容易的。最高人民法院对这一案例的肯定，意义也正在于此。在我们今天看来，孙明亮的行为应当被认定为正当防卫，当时认定为防卫过当都能够得到最高人民法院的肯定，这说明在当时司法实践中，对正当防卫界限的把握偏离立法本意相当严重。

在 1997 年刑法修订中，讨论的热点问题之一就是如何扩大公民的防卫权。在关于扩大公民防卫权的讨论中，主导性的意见是应当扩大防卫权，但对于如何扩大防卫权，尤其是否应当规定无限防卫权，则存在分歧意见。无限防卫权是指法律赋予防卫人对不法侵害者任意处置的权利。鉴于当时社会治安形势严峻、犯罪现象激增，人民群众对违法犯罪行为束手无策、不敢防卫的现状，有人提出应在较大范围内给予公民无限防卫权。为避免防卫权利的滥用，稳定社会秩序，也有人认为，可以考虑放宽防卫的条件，但不宜给予公民无限防卫权。从现代各国的刑事立法看，完全赋予公民无限防卫权的国家几乎没有，但是，也有个别国家允许公民对相当一部分犯罪侵害实行无限防卫。例如，印度刑法规定，对故意杀人、故意伤害、强奸、绑架、抢劫、夜间破门侵入房屋、放火等侵害行为，防卫人可以故意致侵害人死亡或者伤害。

如何修改刑法中的正当防卫规定，立法机关实际是在两难之中进行选择：一方面，试图鼓励公民积极利用正当防卫与违法犯罪行为进行斗争；另一方面，又唯恐导致公民滥用防卫权，造成新的混乱。经过反复权衡，比较多种方案，最终形成现有的规定。立法机关认为，正当防卫的立法要修改的问题较多，但是，这次修改的重点是关于正当防卫的规定不利于打击违法犯罪、保护公民利益的部分。至于文字表述的缺憾，不修改也不至于引起歧义。①

立法机关在听取各方面意见的基础上，对正当防卫制度作了较大幅度的修改。修改以后的条文如下：

第二十条　为了使国家、公共利益、本人或者他人的人身、财产和其他权利免受正在进行的不法侵害，而采取的制止不法侵害的行为，对不法侵害人造成损害的，属于正当防卫，不负刑事责任。

正当防卫明显超过必要限度造成重大损害的，应当负刑事责任，但是应当减轻或者免除处罚。

对正在进行行凶、杀人、抢劫、强奸、绑架以及其他严重危及人身安全的暴力犯罪，采取防卫行为，造成不法侵害人伤亡的，不属于防卫过当，不负刑事责任。

应当指出，1997 年刑法关于正当防卫的修订，在一定程度上回应了司法实践中在认定正当防卫案件中出现的问题，对于强化对公民防卫权的刑法保护具有重大意义。在 1997 年刑法修订中，正当防卫规定的修订幅度是较大的，这种修订主要体现在设立了特殊防卫制度。

在 1997 年刑法中，特殊防卫之规定也许是争议最大的。特殊防卫是针对特定犯罪适用的，这些犯罪是指行凶、杀人、抢劫、强奸、绑架以及其他严重危及人身安全的暴力犯罪。立法机关之所以作出特殊防卫的规定，主要是基于两点考虑：一

---

① 参见高西江主编：《中华人民共和国刑法的修订与适用》，105～106 页，北京，中国方正出版社，1997。

是考虑了当时社会治安的实际状况。当时，各种暴力犯罪猖獗，不仅严重破坏社会治安秩序，也严重威胁公民的人身安全。对上述严重的暴力犯罪采取防卫行为作出特殊规定，对于鼓励群众勇于同犯罪作斗争，维护社会治安秩序，具有重要意义。二是考虑了上述暴力犯罪的特点。这些犯罪都是严重威胁人身安全的，被侵害人面临正在进行的暴力侵害，很难辨认侵害人的目的和侵害的程度，也很难掌握实行防卫行为的强度。如果对此规定得太严，就会束缚被侵害人的手脚，妨碍其与犯罪作斗争的勇气，不利于公民运用法律武器保护自身的合法权益。因此，修订刑法时，对一些严重破坏社会秩序、危及公民人身安全的暴力犯罪，作了不存在防卫过当的特殊规定。① 立法机关的这一考虑当然有其合理性，尤其是考虑到此前的司法实践中对正当防卫案件的认定出现的严重偏差。

当然，这一规定也有矫枉过正之嫌。对此，我国学者进行了批评，认为特别防卫权的立法化，不仅在立法和司法上存在着弊端，而且因防卫权异化的不能完全避免，在一定程度上潜藏着破坏法治秩序的危险。② 这一批评不无道理。然而，特殊防卫的规定引起我思考的还有另外一个问题，这就是立法与司法的分野，以及立法的限度问题。诸如正当防卫必要限度这样一些问题，在立法上只能作出概然性规定，具体的裁量权由司法机关行使。在这个意义上说，1997 年刑法修订前，司法实践中关于正当防卫的案件在认定上出现的偏差并非立法的责任，而是司法的问题，尤其与"严打"的刑事政策具有一定的关联性。但在 1997 年刑法修订中，立法机关试图通过立法解决这个问题。对此我国学者亦有肯定的观点，认为特殊防卫之规定把原由司法机关自由裁量的问题，由立法机关直接作出明确规定，这样做显然对于公民大胆行使防卫权和司法机关处理案件都具有较强的操作性，利于贯彻正当防卫的立法主旨。③ 这里其实涉及立法的限度问题。我认为，立法总是针对一般情形的，因而具有抽象性；而司法是针对个别案件的，因而具有具象性。立法不

---

　　① 参见胡康生、李福成主编：《中华人民共和国刑法释义》，28～29 页，北京，法律出版社，1997。

　　② 参见田宏杰：《刑法中的正当化行为》，264 页，北京，中国检察出版社，2004。

　　③ 参见段立文：《对我国传统正当防卫观的反思——兼谈新刑法对正当防卫制度的修订完善》，载《法律科学》，1998（1）。

应，也不能替代司法的判断。特殊防卫的规定，虽然在强化公民防卫权方面有所得，但在防止防卫权滥用方面必有所失。这里的得失平衡，不可能由立法来获得，而是应当通过司法活动来达致。

二、叶永朝故意杀人案：特殊防卫之认定

在 1997 年刑法修订以后，尽管刑法第 20 条第 3 款对特殊防卫作了明确规定，但该款规定在司法适用中仍然存在问题。叶永朝故意杀人案就是在刑法修订后适用特殊防卫规定的第一案，从这个案件的处理中可以看出司法机关在特殊防卫认定上所作的努力。

1997 年 1 月上旬，王某友等人在被告人叶永朝开设的饭店吃饭后未付钱。数天后，王某友等人路过叶的饭店时，叶向其催讨所欠饭款，王某友认为有损其声誉，于同月 20 日晚纠集郑某伟等人到该店滋事，叶持刀反抗，王等人即逃离。次日晚 6 时许，王某友、郑某伟纠集王某明、卢某国、柯某鹏等人又到叶的饭店滋事，以言语威胁，要叶请客了事。叶不从，王某友即从郑某伟处取过东洋刀往叶的左臂及头部各砍一刀。叶拔出自备的尖刀还击，在店门口刺中王某友胸部一刀后，冲出门外侧身将王抱住，两人互相扭打砍刺。在旁的郑某伟见状即拿起旁边的一张方凳砸向叶的头部，叶转身还击一刀，刺中郑的胸部后又继续与王某友扭打，将王压在地上并夺下王手中的东洋刀。王某友和郑某伟经送医院抢救无效死亡，被告人也多处受伤。经法医鉴定，王某友全身八处刀伤，左肺裂引起血气胸、失血性休克死亡；郑某伟系锐器刺戳前胸致右肺贯穿伤、右心耳创裂，引起心包填塞、血气胸而死亡；叶永朝全身多处伤，其损伤程度属轻伤。

台州市路桥区人民法院认为：被告人叶永朝在分别遭到王某友持刀砍、郑某伟用凳砸等不法暴力侵害时，持尖刀还击，刺死王、郑两人，其行为属正当防卫，不负刑事责任。遂依照《中华人民共和国刑法》第 12

条第 1 款、第 20 条第 1 款、第 3 款的规定，于 1997 年 10 月 14 日判决如
下：被告人叶永朝无罪。

一审宣判后，台州市路桥区人民检察院向台州市中级人民法院提出抗
诉，主要理由是：叶永朝主观上存在斗殴的故意，客观上有斗殴的准备，
其实施行为时持放任的态度，其行为造成二人死亡的严重后果。叶永朝的
犯罪行为在起因、时机、主观、限度等条件上，均不符合《中华人民共和
国刑法》第 20 条第 3 款的规定。

台州市中级人民法院经审理认为：叶永朝在遭他人刀砍、凳砸等严重
危及自身安全的不法侵害时，奋力自卫还击，虽造成两人死亡，但其行为
属正当防卫，依法不负刑事责任。遂依照《中华人民共和国刑事诉讼法》
(1996 年——引者注) 第 189 条第 (1) 项的规定，于 1998 年 9 月 29 日裁
定如下：驳回抗诉，维持原判。

叶永朝故意杀人案，检察机关是在 1997 年 9 月 2 日起诉到法院的，此时 1997
年刑法尚未生效。1997 年刑法是 1997 年 10 月 1 日生效的，而一审判决是在 1997
年 10 月 14 日即刑法生效后半个月内作出的。当时，检察机关是按照防卫
过当起诉
的，其起诉根据是 1979 年刑法第 17 条。但一审法院认定被告人叶永朝的行为属于
1997 年刑法第 20 条第 3 款规定的无过当防卫（特殊防卫），因而宣告无罪。一审宣
判以后，在二审判决书中所记载的检察机关提出的控诉理由是：

一审判决定性不准，适用法律不当。被告人叶永朝有斗殴的故意，有
斗殴的准备，持放任的态度，造成严重的后果，明显超过必要的限度。二
审检察员认为本案不属正当防卫，一审判决适用法律错误，应定故意杀
人罪。[1]

在最高人民法院《刑事审判参考》所引的案情中，抗诉理由认为，叶永朝的犯
罪行为在起因、时机、主观、限度等条件上，均不符合刑法第 20 条第 3 款的规定。

---

[1]　叶永朝故意杀人案一审判决书、二审判决书刊载于王幼璋主编：《刑事判案评述》，16～21 页，北京，
人民法院出版社，2002。

上述内容存在差异：叶永朝的行为到底是防卫过当还是不属于特殊防卫？这个问题是值得研究的。对于叶永朝故意杀人案，最高人民法院的裁判理由指出：

当前，各种暴力犯罪在一些地方较为猖獗，严重危害公民人身安全，也严重破坏了社会治安秩序，《刑法》第 20 条第 3 款这一新规定有利于鼓励人民群众同严重危及公民人身安全的暴力犯罪作斗争，弘扬正气，震慑犯罪，这是该款立法目的之所在。

该款规定不同于一般的正当防卫，我们称之为特殊防卫，有人称其为无限防卫。它具有以下特点：

特殊防卫的前提必须是严重危及公民人身安全的暴力犯罪。首先，不法侵害行为是针对人身安全的，即危害公民的生命权、健康权、自由权和性权利，而不是人身之外的财产权利、民主权利等其他合法权益，对其他合法权益的不法侵害行为采取防卫行为的，适用一般防卫的规定。这是特殊防卫区别于一般防卫的一个重要特征。如抢夺犯罪行为，所侵犯的客体是财产权利，对抢夺行为进行的防卫则不应当适用特殊防卫。其次，针对人身安全的不法侵害行为具有暴力性，属于犯罪行为。这与一般防卫的只属不法性侵害有明显不同。如行凶、杀人、抢劫、强奸、绑架行为，均属严重犯罪行为。应当指出的是，对杀人、抢劫、强奸、绑架应作广义的理解，它不仅仅指这四种犯罪行为，也包括以此种暴力性行为为手段，而触犯其他罪名的犯罪行为，如以抢劫为手段的抢劫枪支、弹药、爆炸物行为，以绑架为手段的拐卖妇女、儿童行为。此外，针对人的生命、健康采取放火、爆炸、决水等其他暴力方法实施侵害，也是具有暴力性的侵害行为。再次，这种不法侵害行为应当达到一定的严重程度，必须是严重危及人身安全，即这种危害有可能造成人身严重伤害，甚至危及生命。对一些充其量只能造成轻伤害的轻微暴力侵害，则不能适用特殊防卫。因此，对行凶行为要注意区分危害的严重性程度。该款规定的行凶行为仅指严重危及人身安全的非法伤害行为，如使用凶器暴力行凶，有可能致人重伤的伤害行为。

根据该款规定，只要符合以上条件，防卫人采取的防卫手段、造成的结果法律没有限制，即使造成不法侵害人伤亡的，依法也不属防卫过当，不负刑事责任。这是特殊防卫区别于一般防卫在防卫后果上的本质特征。这一规定，是针对这类严重危及人身安全的暴力犯罪具有侵害性质严重、手段凶残的特点作出的。对此类犯罪行为，防卫人往往处于被动、孤立、极为危险的境地，在这种情况下，如对防卫人限制过苛，则难以取得制止犯罪、保护公民人身权利不受侵害的效果，亦不利于鼓励人民群众同犯罪行为作斗争。

本案中，被告人叶永朝向王某友追索饭款是合理、合法的行为，王某友吃饭后不但不还欠款，在被合理追索欠款后，还寻衅报复滋事，在本案的起因上负有责任。叶永朝虽准备了尖刀随身携带，但从未主动使用，且其是在王某友等人不甘罢休、还会滋事的情况下，为防身而准备，符合情理，并非准备斗殴。斗殴是一种违法行为，其特征是斗殴参加人互相均有非法伤害的故意，双方均属不法行为。本案中，王某友纠集人员到叶永朝所开设的饭店滋事，并持东洋刀向叶永朝左臂、头部砍击两刀，属严重侵害他人人身安全的行凶行为。叶永朝在被砍两刀后，持尖刀反击，其间，向持凳砸自己的郑某伟反击一刀，并在夺过王某友的东洋刀后，停止了反击的防卫行为。这表明叶永朝是被迫进行防卫，其在防卫的时间、对象上均符合法律的规定。

叶永朝在防卫行为开始前和开始防卫后，身受犯罪分子行凶伤害致轻伤，能否认定王某友等人的行为系严重危及人身安全的暴力犯罪？首先，法律并未规定特殊防卫的行为人必须身受重伤、已被抢劫、强奸既遂等才可以进行防卫。因此，叶永朝身受轻伤，只要其受伤情形足以表明对方侵害的严重暴力性质，就符合法律规定。其次，防卫的目的恰恰是使行凶、杀人、抢劫、强奸、绑架等暴力犯罪不能得逞，因此，即使防卫人根本没有受到实际伤害，也不应当影响特殊防卫的成立。本案中王某友等人手持东洋刀，且已砍在防卫人身上，如不对其进行有力的反击，如何制止其犯罪行为？因此，行为人放任甚至不排除希望将对方刺伤、刺死，在适用本条款规定时，不应成为障碍。因为叶永朝在受到严重人身侵害的情况下进行防卫，是法律允许的，具有正义性，虽造成两人死亡的严重后果，但仍符合《刑法》第 20 条第 3 款的规定，故不负刑事责任。一、二审法院的判决、裁定根据从旧兼从轻的原则适用该款规定是正确的。

　　毫无疑问，《刑法》第 20 条第 3 款是人民群众同严重危害人身安全的犯罪行为作斗争的有力武器。但在实际审判业务中，此类案件往往情况复杂，造成的后果严重，因此要注意案件发生的前因后果，把握住正当防卫的正义性这一基本要素，排除防卫挑拨、假想防卫等情况，既要保护人民群众依法维护公民合法权利的行为，又要防止坏人假借防卫而犯罪，以体现刑法本条款的立法原意。

　　应该说，上述裁判理由对特殊防卫及叶永朝故意杀人案的论述是正确的，对于特殊防卫的司法认定具有参考价值。在本案中，还存在以下三个具体问题值得研究。

（一）防卫起因

　　叶永朝故意杀人案是由于王某友等人吃饭不付钱所引起的，在叶永朝讨要以后，王某友等人到饭店滋事，从而引起争斗。这是一个基本事实。但检察机关的抗诉理由认定叶永朝有斗殴的故意，把由此而引发的防卫行为定性为斗殴。这是明显不妥的。对此，正如有关法官在评述本案时指出：

　　　如果本案是检察机关认为的那样，对叶永朝的行为就不能定为防卫过当。因为相互斗殴，双方都有对对方实行不法侵害的故意，客观上都实施了侵害对方的行为，叶永朝就不具备正当防卫的主观条件，也谈不上存在防卫过当的问题。检察机关的观点本身就自相矛盾。检察机关的这一错误认识，主要是没有抓住实质问题，即正当防卫的目的。防卫必须有反击，否则不能制止不法侵害，这种防卫加害是合法的，不能够将这一防卫加害行为看成是与不法侵害者斗殴的行为，斗殴与防卫有着本质的区别，否则，也就没有正当防卫可言。事实上，叶永朝的行为符合正当防卫的前提条件、时间条件、对象条件、主观条件，这是明显的。从本案发生的起因看，王某友、郑某伟在饭店吃饭后未付钱，在他人催讨后，不仅不付钱，反而去寻衅滋事，进行行凶报复。这无疑是一种不法侵害行为。叶永朝是在这种不法侵害正在进行时，为了自己的合法权益免受侵害的前提下进行反击，应当说是一种合理、合法的正当防卫行为。因为叶永朝的反击行为不是为了不法利益。二审出庭的检察员认为本案不属正当防卫，这一错误认识，显然是背离了正当防卫的前提条件和正当防卫的主观目的。①

防卫起因问题，实际上是一个是否存在不法侵害的问题，以此区分正当防卫、防卫过当与互相斗殴。互相斗殴是双方均为不法，因而不存在防卫问题。抗诉理由特别指出叶永朝存在斗殴故意，但只有认定其行为是斗殴性质，才可将主观状态认定为斗殴故意。在本案中，客观上存在他人的不法侵害，其行为属防卫，因此也就不能认为主观上具有斗殴故意。在正当防卫包括无过当防卫的认定中，判断不法侵害是否客观存在，首要地决定着能否正确地认定正当防卫及无过当防卫。在任何一起防卫案件中，都存在被害与加害的关系，因此仅从形式上看，似乎都可以认定为互相斗殴。在这种情况下，正确方法是追溯引起争斗的起因。如果从起因来看，一方合法、另一方不法，就不能认为是互相斗殴，而应把合法的一方的行为认定为对不法侵害的防卫。

（二）防卫工具

在叶永朝故意杀人案中，叶永朝使用了事先准备好的尖刀，这就是抗诉理由所称的斗殴的准备。对此，有关法官评述指出：

> 叶永朝在不法侵害人纠集人员前来挑衅报复之后，自备尖刀，携带在身，以备自卫，完全合乎情理。在受到不法侵害前，其没有首先使用尖刀。在夺过王某友的东洋刀后，已制止了不法侵害，其就停止了防卫行为，没有再使用尖刀砍刺。叶永朝在反击防卫时，该不该使用尖刀？法律并没有规定防卫一定要采用何种工具。如果叶永朝就地取材，随手拾起石

---

① 王幼璋主编：《刑事判案评述》，26 页，北京，人民法院出版社，2002。

块反击，同样可能会造成不法侵害人伤亡。因此，防卫人使用何种工具去防卫并不重要，重要的是要看不法侵害属何种形态、不法侵害的严重程度如何，然后再看防卫加害程度与不法侵害程度是否相适应。本案如果不去考察这一问题，只看到造成两人死亡的严重后果，就认为是防卫过当，那是片面的。这正是导致检察机关对本案错误定性的原因所在。[①]

我认为，自备工具防卫是十分常见的，不能仅以防卫工具是事前自备的，就将这一自备工具行为看作是斗殴准备，并把此后的防卫行为认定为互相斗殴。关键还是要看，是否存在正在进行的不法侵害。

（三）如何理解特殊防卫之前提条件

特殊防卫之所以不同于普通正当防卫，原因就在于它是针对正在进行行凶、杀人、抢劫、强奸、绑架以及其他严重危及人身安全的暴力犯罪而采取的防卫行为。这里的行凶，是指造成他人伤害之原因。那么，这种伤害应当达到何种程度呢？这个问题在叶永朝故意杀人案中也是存在争议的。对此，有关法官评述指出：

> 叶永朝受伤程度属轻伤，是否就不能适用特殊防卫的规定呢？认为不能适用特殊防卫的理由也就是叶永朝受到轻伤，说明王某友、郑某伟的侵害行为没有达到严重危及叶永朝的人身安全的程度。这种理由不符合逻辑，显然是站不住脚的。防卫人受到轻伤或者没有实际受伤，应该说是防卫行为起作用才减轻或免受不法侵害，无论如何无法得出侵害人的侵害行为并不严重的结论。不能以防卫人实际受到的损伤结果来确定侵害人的侵害行为是否严重危及人身安全，否则，就会失之偏颇，背离了法律规定。刑法并没有规定，只有防卫人受到严重伤害或者已被抢劫、强奸既遂才可以适用特殊防卫。特殊防卫的目的本身就是要使不法侵害的暴力犯罪不能得逞。因此，叶永朝有没有受到实际伤害，或者伤轻伤重，并不影响其特殊防卫的成立。只要当时的情势足以表明侵害人的侵害行为是严重危及人

---

① 王幼璋主编：《刑事判案评述》，26～27 页，北京，人民法院出版社，2002。

身安全的暴力性质，就符合特殊防卫的条件。[1]

我认为，以上评述意见是正确的。1997 年刑法关于特殊防卫的规定中所说的"严重危及人身安全的暴力犯罪"，是指其不法侵害的性质，而不是指已经造成严重危及人身安全的严重后果。

三、李小龙故意伤害案：行凶的正确理解

2000 年 8 月 13 日晚 21 时许，河南省淮阳县春蕾杂技团在甘肃省武威市下双乡文化广场进行商业演出。该乡村民徐某红、王某军、王某富等人不仅自己不买票欲强行入场，还强拉他人入场看表演，被在门口检票的被告人李从民阻拦。徐某红不满，挥拳击打李从民头部，致李倒地。王某富亦持石块击打李从民。被告人李小伟闻讯赶来，扯开徐某红、王某富，双方发生厮打。其后，徐某红、王某军分别从其他地方找来木棒、钢筋，与手拿鼓架子的被告人靳国强、李凤领对打。当王某富手持菜刀再次冲进现场时，赶来的被告人李小龙见状，即持 T 型钢管座腿，朝王某富头部猛击一下，致其倒地。王某富因伤势过重被送往医院，经抢救无效死亡。经法医鉴定，王某富系外伤性颅脑损伤，硬脑膜外出血死亡。徐某红在厮打中被致轻伤。

武威地区中级人民法院经审理后认为：被告人李小龙、李从民、李小伟、靳国强、李凤领在遭被害人方滋扰引起厮打后，其行为不克制，持械故意伤害他人，致人死亡，后果严重。其行为均已构成故意伤害罪。公诉机关指控罪名成立。被告人李小龙在共同犯罪中，行为积极主动，持械殴打致人死亡，系本案主犯，应从严惩处。被告人李从民、李小伟、靳国强、李凤领在共同犯罪中起辅助作用，系本案从犯。考虑被害人方在本案中应负相当的过错责任，对各被告人可减轻处罚。各被告人的犯罪行为使

---

① 王幼璋主编：《刑事判案评述》，27～28 页，北京，人民法院出版社，2002。

被害人及其家庭所遭受的物质损失，应依法据实判赔。遂根据《中华人民共和国刑法》第234条第2款、第25条第1款、第26条第1款、第27条和《中华人民共和国民法通则》（已失效——引者注）第119条之规定，于2001年6月22日判决如下：（1）被告人李小龙犯故意伤害罪，判处有期徒刑14年。（2）被告人李从民犯故意伤害罪，判处有期徒刑9年。（3）被告人李小伟犯故意伤害罪，判处有期徒刑7年。（4）被告人靳国强、李凤领犯故意伤害罪，各判处有期徒刑4年。（5）李小龙等五被告人共同赔偿附带民事诉讼原告人王某国医疗费710.2元、丧葬费1 200元、死亡补偿费7 000元。五被告人互负连带责任。

一审宣判后，上述各被告人均以其行为属于正当防卫，不应负刑事责任及民事责任为由，提出上诉。

甘肃省高级人民法院经审理后认为：在本案中，被告人一方是经政府部门批准的合法演出单位。被害人一方既不买票，又强拉他人入场看表演。被告人李从民见状要求被害人等人在原来票价一半的基础上购票观看演出，又遭拒绝，并首先遭到徐某红的击打，引发事端。双方在互殴中，被害人持木棒、钢筋等物殴打上诉人。当王某富持菜刀冲进现场行凶时，被李小龙用钢管座腿击打到头部，致其倒地。此后，李小龙等人对王某富再未施加伤害行为。王某富的死亡，系李小龙的正当防卫行为所致。徐某红的轻伤系双方互殴中所致。本案中，被害人一方首先挑起事端，在实施不法侵害行为时，使用了凶器木棒、钢筋、菜刀等物，其所实施的不法侵害行为无论强度还是情节都甚为严重；并且在整个发案过程中，被害人一方始终未停止过不法侵害行为，五上诉人也始终处于被动、防御的地位。根据《中华人民共和国刑法》第20条的规定，为了使国家、公共利益、本人或者他人的人身、财产和其他权利免受正在进行的不法侵害，而采取的制止不法侵害的行为，对不法侵害人造成损害的，属于正当防卫，不负刑事责任。同时，该条第3款规定了无过当防卫条款，即：对正在进行行凶、杀人、抢劫、强奸、绑架以及其他严重危及人身安全的暴力犯罪，采取防卫行为，造成不法侵害人伤亡的，不属于防卫过当，不负刑事责任。其目的就是鼓励公民同违法犯罪行为作斗争，保护国家、公共利益、本人或者他人的人身、财产和其他合法权利不受侵害。五上诉人的行为符合上述规定，其主张正当防卫的上诉理由成立，予以采纳。遂依照《中华人民共和国刑事诉讼法》（1996 年——引者注）第 189 条第（2）项、第 197 条及《中华人民共和国刑法》第 20 条第 1、3 款之规定，于 2002 年 11 月 14 日判决如下：（1）撤销甘肃省武威地区中级人民法院（2001）武中刑初字第 20 号刑事附带民事判决；（2）对上诉人（原审被告人）李小龙、李从民、李小伟、靳国强、李凤领宣告无罪。

李小龙故意伤害案涉及无过当防卫认定中的一个重大问题，即正在进行的行凶、杀人、抢劫、强奸、绑架以及其他严重危及人身安全的暴力犯罪如何认定。对此，本案的裁判理由指出在认定暴力犯罪中的以下两个要点：

1. 必须是正在进行的暴力犯罪行为。暴力犯罪，简言之，就是以暴力为手段实施的犯罪行为。对非以暴力为手段实施的其他严重犯罪行为，不能实施特殊防卫。对以非暴力手段实施的抢劫、绑架等条文明确列举的犯罪行为，一般也不宜实施特殊防卫。正在进行的暴力犯罪，是指暴力犯罪行为已经着手实施，尚未实行完毕。在暴力侵害行为尚未着手的情况下，显然是不能进行特殊防卫的。也就是不能以严重的暴力犯罪正在预备、马上就要付诸实施为借口，实施特殊防卫。值得注意的是，刑法规定特殊防卫的条件是暴力犯罪，是否构成犯罪，严格地说应由司法机关依照法定程序判定。对防卫人而言，由于特殊防卫都是在现实的、紧迫的危急状态下实施的，无法要求防卫人判定正在实施的暴力侵害行为已然构成犯罪，才可以实施特殊防卫。法律之所以使用暴力犯罪这一表述，意仅在强调正在进行的暴力侵害行为，其对他人的人身危险性已足以达到相当严重的程度。

2. 足以严重危及人身安全。人身安全主要包括他人的生命安全、健康安全、妇女的性的不可侵犯的权利。非针对他人人身安全的暴力犯罪行为，如对抢夺等针对物所实施的暴力犯罪行为，就不能实施特殊防卫。所谓严重危及人身安全，主要是强调暴力侵害行为对他人人身安全危害的现实性、急迫性和严重性。如暴力侵害程度足以危及他人的生命安全，足以对他人的健康造成严重损害后果的，无疑都是可以实施特殊防卫的。但需要说明的是，暴力侵害也有程度之分，对轻微的暴力侵害，就不能实施特殊防卫。对正在进行的暴力侵害行为，能否实施特殊防卫，关键要看该行为是否足以严重危及他人的重大的人身安全。特殊防卫是以可以杀死不法侵害人为代价的，因此，特殊防卫所要保护的也必须是相等的公民的重大法益。只有他人的生命安全、重大的健康安全、妇女的性的不可侵犯的权利，才可以视为相等的重大的法益。

我以为以上两个要点对于正确理解特殊防卫的前提条件是极为重要的。本案的裁判理由中以下两个内容是应当引起我们重视的：一是对于刑法第20条第3款规定的抢劫、绑架等严重犯罪行为，也应当限于以暴力手段实施的情形，才能实行无过当防卫。因为抢劫、绑架，包括强奸，都可以分为以暴力手段实施与以非暴力手段实施两种情形：对于以暴力手段实施的上述犯罪，适用特殊防卫之规定；对于以非暴力手段实施的上述犯罪，不能适用特殊防卫之规定，如果符合防卫过当之规定，应以防卫过当论处。二是严重危及人身安全，应理解为足以严重危及人身安全，即具有危及人身安全的现实性、急迫性和严重性。这里的现实性，不是指暴力犯罪已经实施，更不是指暴力犯罪已经造成他人的重伤或者死亡。即使暴力犯罪尚未具体实施，但正要实施，具有足以严重危害人身安全的紧迫性，也可以实行特殊防卫。

在行为人实施了刑法第20条第3款所明文列举的有关暴力犯罪的情况下，对特殊防卫的适用条件还较为容易把握。但刑法所规定的行凶如何理解，是特殊防卫的司法适用中的一个疑难问题。行凶是一个日常生活用语，在我国刑法中第一次出现，因而对于在我国刑法中采用行凶一词，我国学者持批评态度。例如我国学者指出：

现行刑法在特别防卫权的规定中使用行凶一词不妥。这是因为，首先，严格说来，行凶并不是一个法律术语，更不是一个独立的罪名，将其与杀人、抢劫、强奸、绑架等其他罪名并列在一起，不符合逻辑要求。其次，根据前所述及的行凶一词的本义，行凶一般是指故意伤害或者故意杀人的行为。而现行刑法典第20条第3款将行凶与杀人并列，表明这里的行凶是不包括杀人行为在内的。那么，伤害行为、聚众斗殴等暴力犯罪行为是否包括在行凶之内呢？对此，法律没有明确的说明，这难免导致人们在理解上发生歧义。再次，从立法上规定特别防卫权的宗旨出发，行凶必须是程度严重的危及人身安全的暴力犯罪，否则，不能进行特别防卫。既然如此，行凶完全可以为后面的"其他严重危及人身安全的暴力犯罪"所包容。由此可见，现行刑法关于行凶的规定，未免多余，有重复规定之嫌。所以，我建议，立法机关在今后修改刑法时，应当取消行凶一词的规定，除明确列举的4种具体的暴力犯罪罪名外，其他可以适用特别防卫的暴力犯罪，最好也予以明确列举，实在无法列举而又恐发生遗漏的，用"其他严重危及人身安全的暴力犯罪"予以概括，即可严密法纲。而在现行刑法修改之前，为确保特别防卫权的正确适用，保证执法的统一，建议立法机关或者最高司法机关对行凶一词作出明确的立法解释或者司法解释，将行凶限于使用凶器的暴力行凶，即使用凶器，对被害人进行暴力袭击，严重危及被害人的人身安全的行凶，并强调，只有在这种行凶情况下，才能对之进行特别防卫。[①]

以上观点主要是站在立法论角度批评立法的。从行凶确实是一个并非规范的法律术语的意义上说，这种批评并非没有道理。但在刑法修改以前，行凶一词如何获得统一而正确的理解，对于司法适用也许意义更为重大。对此，李小龙故意伤害案的裁判理由对行凶作出了以下界定：

> 何谓行凶呢？我们认为，对行凶的理解应当遵循上述关于特殊防卫条件的基本认识，即首先行凶必须是一种已着手的暴力侵害行为，其次，行

---

① 田宏杰：《刑法中的正当化行为》，257～258页，北京，中国检察出版社，2004。

凶必须足以严重危及他人的重大人身安全。故行凶不应该是一般的拳脚相加之类的暴力侵害，持械殴打也不一定都是可以实施特殊防卫的行凶。只有持那种足以严重危及他人的重大人身安全的凶器、器械伤人的行为，才可以认定为行凶。

以上对行凶一词的界定，我以为是较为严格，也是较为科学的。根据这一界定，行凶不是一般的殴打，也不是一般的持械伤人，而是持凶器或者能够造成他人严重伤害的器械危及他人的人身安全。基于这一关于行凶的界定，李小龙故意伤害案的裁判理由对本案的定性作了以下论述：

本案中，被害人一方仗势欺人，滋事生非，自己不买票，还强拉他人入场看表演。当被告人李从民为息事宁人作出让步，要求被害人等人在原来票价一半的基础上购票看演出时，又首先遭到被害人方的不法侵害。在被告人方进行防卫反击时，被害人一方又找来木棒、钢筋、菜刀等足以严重危及他人重大人身安全的凶器意欲进一步加害被告人方，使被告人方的重大人身安全处于现实的、急迫的、严重的危险之下，应当认定为行凶。此时，被告人李小龙为保护自己及他人的重大人身安全，用钢管座腿击打王某富的头部，符合特殊防卫的条件，虽致王死亡，但依法不负刑事责任。本案其他被告人在防卫反击中，致徐某红轻伤，防卫行为没有明显超过必要限度，且也未造成不法侵害人重大损害，故同样不负刑事责任。二审法院依法宣告本案各被告人无罪的判决是正确的。值得注意的是，2020年 8 月 28 日最高人民法院、最高人民检察院、公安部《关于依法适用正当防卫制度的指导意见》对行凶如何理解作了明确规定，指出，根据刑法第 20 条第 3 款的规定，下列行为应当认定为"行凶"：（1）使用致命性凶器，严重危及他人人身安全的；（2）未使用凶器或者未使用致命性凶器，但是根据不法侵害的人数、打击部位和力度等情况，确已严重危及他人人身安全的。虽然尚未造成实际损害，但已对人身安全造成严重、紧迫危险的，可以认定为"行凶"。

通过李小龙故意伤害案对特殊防卫适用条件中严重危及人身安全的暴力犯罪尤

其是行凶一词的界定，我们看到司法机关如何在扩大防卫权与避免滥用之间取得平衡，这对于特殊防卫的司法适用具有借鉴意义。

第7节　患者明知他人没有医生执业资格而求医行为之定性研究

案名： 周某某非法行医案
主题： 被害人承诺　治疗行为　同意他人造成的危险

非法行医罪是我国刑法中一个较有特点的罪名，该罪名具有行政犯与刑事犯、行为犯与结果犯（结果加重犯）复合的性质，因而该罪的各种构成要素，例如非法的认定、因果关系的认定、主观罪责的认定，都具有一定的疑难性。本节以周某某非法行医案[①]为例，讨论被害人承诺这一罪体排除事由。

一、案情及裁判理由

2002 年 10 月，被告人周某某在未取得医生执业资格和未办理医疗机构执业许可证的情况下，在某市某区私设诊所擅自从事行医活动。2002 年 11 月 2 日 9 时许，周某某应孕妇蒋某某亲属之邀出诊为蒋接生。23 时许，周某某用手触摸检查后感到胎动，认为有生产迹象，遂给蒋肌肉注射催产素 1 支（1 毫升）。至次日凌晨，蒋仍未生产且腹部疼痛加剧并直冒冷汗，周又给蒋注射病毒灵 1 支、安乃静半支，蒋稍感平静。凌晨 6 时许，周某某用手触摸检查后告知蒋家胎儿、孕妇均正常，可去医院作进一步检查并收取 80 元后离去。2002 年 11 月 4 日上午，蒋某某去重庆市红十字会医院检查，被诊断为：胎儿已死于腹中。该院随后对蒋某某进行了引产

[①]　本案刊载于最高人民法院编：《刑事审判参考》，第 40 集，北京，法律出版社，2004。

术。某市法医验伤所法医学尸体解剖鉴定结论认定，蒋某某的胎儿系在脐带、胎盘病变的基础上，因肌肉注射催产素 1 毫升引起强烈宫缩，导致胎儿在宫内窒息死亡。同日，蒋某某的亲属将周某某扭送至公安机关。

蒋某某住院治疗 3 天，共花去各项医疗费用 1 118 余元。

某市某区人民法院认为：被告人周某某未取得医生执业资格，擅自从事行医活动，致就诊孕妇的胎儿死亡，情节严重，其行为已构成非法行医罪。周某某对其行为造成附带民事诉讼原告人蒋某某的经济损失，应承担赔偿责任。周某某关于胎儿的死亡与其行为无关的辩解，经查与事实不符，不予采纳。遂依照《中华人民共和国刑法》第 336 条第 1 款和《中华人民共和国民法通则》（已失效——引者注）第 119 条之规定，于 2003 年 4 月 18 日判决如下：（1）被告人周某某犯非法行医罪，判处有期徒刑 2 年 6 个月，并处罚金 1 000 元。（2）被告人周某某赔偿附带民事诉讼原告人蒋某某医疗费、交通费、营养费、护理费等各项经济损失共计人民币 2 227.15 元。

一审宣判后，被告人在法定期限内未提出上诉，公诉机关也未提出抗诉，判决已发生法律效力。

本案的案情并不复杂，诉讼过程也较为简单。现有材料不能显示，在审理过程中，控辩双方就患者明知他人不具有医生执业资格而求医的行为能否排除被告人周某某的犯罪性问题曾经展开辩论。但在案外，裁判理由提出了患者自愿求医能否阻却非法行医罪的成立这样一个颇有理论价值的问题，并对此进行了以下论证：

在非法行医案件中，患者有可能是误认为行为人取得了医生执业资格而求医，也可能是明知对方没有医生执业资格而求医。在患者自愿、主动求医的情况下，能否阻却行为人非法行医罪的构成？这涉及被害人承诺问题。

刑法理论一般认为，被害人的承诺，符合一定条件的，可阻却犯罪的成立。此属于非法定的或者说超法规的排除犯罪事由。总体而言，只有在以违反被害人意志为前提的犯罪（如强奸罪、非法侵入住宅罪）中，被害人的承诺才可能排除犯罪性；而在其他一些不以违反被害人意志为成立条件的犯罪（如拐卖妇女、儿童罪）中，被害人的承诺并不能排除行为人的犯罪性。具体而言，被害人的承诺只有齐备以下条件时，才能阻却犯罪的成立：第一，承诺只能是对自己具有处分权限的利益承诺他人侵害；第二，承诺者必须具有承诺能力；第三，承诺必须基于承诺者的真实意志；第四，事实上必须存在承诺①；第五，基于承诺所实施的侵害行为不得超过承诺者的处分权限，也不能违反法秩序。

　　据此，在非法行医案件中，即使行为人非法行医时得到患者的承诺，也不能阻却其犯罪的成立。这是因为②：第一，非法行医属于危害公共卫生的犯罪，侵害的是社会法益；任何人对社会法益都没有承诺权限，故患者的承诺是无效的。第二，对治疗行为的承诺，只能是一种具体的承诺，而且这种承诺只是对医疗行为本身的承诺，不包括对不当医疗行为致死、致伤结果的承诺。在行为人非法行医的情况下，患者只是承诺行为人为其治疗，这是一种抽象的承诺。在被害人并不了解非法行医者的具体治疗方案的情况下，非法行医者的具体治疗行为并没有得到承诺。患者求医当然是希望医治疾病，因此不可能承诺对自己造成伤亡。所以，非法行医者致患者伤亡的行为，也不可能因为被害人承诺而阻却犯罪的成立。第三，在许多情况下，患者是因为不了解非法行医者的内情才去求医的，即非法行医者或者谎称自己具有医生执业资格，或者谎称自己具有高明的医术，使患者信以为真，从而在不了解真相的情况下向非法行医求医。这显然不能认为是患者的真实意志，即患者在了解真相的情况下将不会向其求医。

---

　　①　关于承诺的形式，刑法理论有不同认识。有人主张意思方向说，认为只要被害人具有承诺的现实，即使没有表示于外部，也是有效的承诺。有人主张意思表示说，认为承诺的意思必须以语言、举动等方式向行为人表示出来。与此问题有一定关联的是：对于被害人承诺的成立是否要求行为人必须认识到被害人的承诺，也有不同认识。有人持必要说，有人持不要说（参见张明楷：《刑法学》，2 版，278 页，北京，法律出版社，2003）。对这两个问题可以进一步讨论。

　　②　参见张明楷：《刑法学》，2 版，856～857 页，北京，法律出版社，2003。

由于患者求医是基于误解，因而其承诺也是无效的。第四，非法行医行为违反了法秩序，即使非法行医行为取得了患者的同意，也是法律所禁止的。

由此可见，在非法行医案件中，如果行为人隐瞒其未取得医生执业资格的事实，从而致使被害人错误作出同意其对自己实施医疗行为的承诺的，则因该项承诺并非出自被害人的真实意志，故而不能构成可以排除行为人犯罪性的承诺。即便在行为人已告知被害人其未取得医生执业资格的事实，被害人仍然同意或者请求其为自己医疗的情况下，由于被害人的同意或者请求（承诺）仅是对医疗行为本身的抽象承诺，并不包括对非法医疗行为可能引致的伤亡结果的承诺，故也不能构成可以排除行为人犯罪性的承诺。甚至，在行为人已告知被告人其未取得医生执业资格的事实，被害人仍然同意或者请求其为自己医疗，并明确表示自愿承担医疗风险的情况下，由于被害人对公共卫生这一社会法益并无承诺权限，其承诺仍然是无效的，仍然不能因此排除行为人非法行医行为的犯罪性。

根据以上分析，在本案中，未取得医生执业资格的被告人周某某固然是应孕妇蒋某某亲属之邀出诊为蒋接生的，但其违规用药，引起蒋强烈宫缩致胎死宫内，应当认为其行为已至少达到《刑法》第 336 条规定的情节严重的程度，故认定其构成非法行医罪是正确的；周某某系应他人之邀为蒋某某接生这一情节，并不能排除其非法行医行为的犯罪性。

该案的裁判理由根据被害人承诺的法理，对于患者明知他人没有医生执业资格而求医的行为能否排除非法行医的犯罪性问题进行了论证。在论证中，引述了张明楷教授的有关观点，赞同被害人的承诺不阻却非法行医的违法性。[①] 这是我所见到的第一份将被害人承诺的法理适用于司法实践的案例。但如上所述，控辩双方都未提及被害人承诺问题，因而我怀疑法官以及控辩双方，在本案审理过程中，根本没有意识到本案涉及被害人承诺问题。这多少有些令人遗憾，也削弱了该案的裁判理

---

① 参见张明楷：《刑法学》，3 版，815～816 页，北京，法律出版社，2007。

由的理论价值。

二、被害人承诺的法理分析

是被害人承诺还是被害人同意，是否应当区分承诺与同意，这个问题本身在我国刑法理论中就是一个没有得到解决的问题。这个问题与德国刑法理论中被害人承诺逐渐地从违法阻却事由向构成要件该当性的排除事由的转变有关。

最初的被害人承诺，是作为违法阻却事由确立的。在罗马法中存在"被害人同意并不构成行为人无罪"（Volenti non fit injuria）原则，后来这一原则的普遍性受到了怀疑，在某些轻微的故意伤害或过失伤害情形下，有关法律赋予同意以合法化意义。这种同意是阻却违法性事由，并且从私法问题上升为一个刑法问题。正如德国学者李斯特指出：

> 只要具有阻却违法之同意，处置的效力就不应当依据私法，而是依据刑法观点进行认定。因此，它总是涉及是否能够鉴于受害人精神和道德上的发展，赋予受害人同意以放弃其利益的意义。[1]

此后，被害人承诺逐渐地被作为一个构成要件该当性的问题而不是违法性的问题，在刑法理论上展开讨论。例如德国学者罗克辛教授对同意（Einwilligung）和认可（Einverständnis）的区分以及充满变化的历史作了叙述，尽管稍长一些，但我还是引述如下：

> 在麦兹格之后，传统的观点就区分认可和同意了。根据这种理论，认可的作用是排除行为构成（指构成要件——引者注，下同）的，是在下面这样的行为构成中加以考虑的。在这些行为构成中，行为构成的行为在概念上，是以一个行为违背了或者不具有受损害人的意志（invito laesio，根据外行人的表述方法）为条件的。在这里首先需要提到的是强制罪（Nötigungsdelike）：在一个人同意他人的要求时，就不是不存在正当化的

---

① ［德］李斯特：《德国刑法教科书》，修订译本，徐久生译，247 页，北京，法律出版社，2006。

根据，而是完全不存在强制（第 240 条，指《德国刑法典》——引者注，下同）；在诸如一位妇女同意与他人睡觉时，这个男子的举止行为在行为构成符合性方面就不是强奸罪（第 177 条第 2 款第 1 项）；等等。法律还能提供许多其他的例子：在房屋的合法所有人欢迎来访者进入时，就缺乏了"闯入"，即那个侵害住宅安宁罪的行为构成条件（第 123 条）；在一个人同意其他人从自己的控制范围内拿走了自己的东西，就不存在第 242 条意义上的"拿走"，因为该条所要求的"打破"（Bruch）他人的保管就不存在了；当一个人在财产所有人允许时使用了他的汽车时，就不能满足第 248b 条的行为构成，因为根据这条法律的原文文字，这个行为构成要求一种违背有关人意志的行为。所有这些案件都有一个共同点，即这种认可从一开始就都是排除对受保护法益的侵害的；意志控制自由，房屋权，保管权，等等，在有关人员同意行为人的行为时，就都没有被侵害。

相反，对于狭义的同意来说，当各种法益的承担人给出这种同意时，它就仅仅具有正当化的效力，而不是排除行为构成的实现。重要的例子是毁坏财产和身体伤害。当财产所有人允许其他人损坏或者毁坏自己的物品时，那么，根据主流理论，同意并不能改变物品被损害和他人财产以符合行为构成的方式被损害的状态。根据这种观点，同意排除的就仅仅是违法性，而这种排除的基础，大多是在同意中存在着一种对法律保护的放弃。作为个人自决权的结果，这种放弃在习惯法上或者以宪法的行为自由（《德国基本法》第 2 条第 1 款）为根据，就具有了正当化的力量。[①]

如果将上述法理引入我国刑法理论，就存在以下三个问题值得研究。

（一）称谓问题

我国的被害人承诺中的承诺一词来自日语。在我国 20 世纪 40 年代出版的刑法教科书中，称其为被害人之承诺，但又在括弧中注明"又可称曰同意"，当时是被

---

① ［德］罗克辛：《德国刑法学总论》，第 1 卷，王世洲译，354～355 页，北京，法律出版社，2005。

作为加害行为的违法阻却之原因讨论的。[①] 此后，日本刑法学界转而采用同意一词，或者将承诺与同意并用。在这种情况下，我国的译法是否也应当随之而改变？对此，我国学者中存在不同的观点，其中，较为保守的态度是仍然主张采用约定俗成的被害人承诺一词。例如冯军教授在《被害人承诺的刑法涵义》一文的注中指出：

> 被害人的承诺，是德文 Einwilligung des Verletzten 的翻译。在法益主体对他人侵害自己可以支配的法益的行为表示允许的情况下，该法益主体就很难说是被害人，因此，用权利人的同意来表述所谓被害人的承诺的情形或许更准确。但是，鉴于被害人的承诺一词已在中外刑法学中广为使用，遵约定俗成之例，本文沿用之。不过，在德语文献中论及被害人的承诺时，也往往使用"相关人的同意"（Zustimmung des Betroffener）一语。[②]

因此，冯军教授仍采被害人承诺一词，只不过将由于承诺的存在而不成立犯罪的情形，采用德国学者格尔茨的表述，分为阻却构成要件的被害人承诺（简称为合意 Einverstaendnis）与阻却违法性的被害人承诺（简称为同意 Einwilligung）。

王世洲教授在翻译罗克辛教授的《德国刑法学总论》（第1卷）时，把德语的 Einverstaendnis 译为认可，而将 Einwilligung 译为同意，但在认可与同意的上位概念上采广义上的同意一词。虽然在定义中，罗克辛教授认为认可的作用是排除构成要件，而同意的作用是正当化事由，但在构成要件中，罗克辛教授主要讨论的是同意理论而非认可理论。在违法性中则没有讨论同意，而只是讨论了推定的同意。从引文表述来看，罗克辛教授在论及正当化事由的同意时，采用了狭义上的同意一语[③]，似乎广义上的同意包括认可。

从日本的情况来看，早期日本学者大多使用汉语承诺一词，中国学者在翻译为中文的时候，保留了承诺的用语。因此，早期的日本刑法著作的中译本均称为被害

---

① 参见陈瑾昆：《刑法总则讲义》，145～146页，北京，中国方正出版社，2004。

② 冯军：《被害人承诺的刑法涵义》，载赵秉志主编：《刑法评论》，第1卷，62页注1，北京，法律出版社，2002。

③ 参见［德］罗克辛：《德国刑法学总论》，第1卷，王世洲译，355页，北京，法律出版社，2005。

人承诺。此后，随着日本学者越来越多地采用同意一词；我国学者亦开始较多地译为同意，或将同意与承诺并用。在我国刑法学界，也有学者主张采用同意一词，例如车浩博士指出：

> 在我国刑法学的语境中，二者（指承诺与同意）指向的对象是完全一样的，即所有得到被害人许可的情况。但承诺一词系日本翻译德语 Einwilligung 而来，而按照以往德日刑法学的通说，所谓的承诺适用范围很窄，仅仅用于身体侵害和财产毁坏的案件，与我国刑法学界所说的承诺的范围是大不一样的。因此，被害人承诺是一个直接移植概念的语词形式而忽略概念内涵的典型例子，使用它可能会带来术语本身与所指称对象之间的错位和混乱，这种混乱已经反映在国内很多学者的论述中。从汉语的意义和使用习惯来讲，同意比承诺更加适合表述刑法中出现的相关情况，也更加贴近德语中"Einwilligung"的本意。大部分学者在论及那些不属于被害人承诺而应该属于被害人合意、认可的情况时，不加区别地直接使用来自日本刑法学的承诺这一概念。近年来，很多日本学者也在使用同意而非承诺一词，在教科书和专著中使用同意字眼的更是占了多数。①

从德国的情况来看，用语的改变是与从二元论到一元论的发展相关的。在二元论的情况下，Einverstaendnis（合意或认可）和 Einwilligung（承诺）是用两个词来表达的：前者是构成要件排除事由，后者是违法性阻却事由。此后出现了一元论，不再对合意与承诺加以区分，统称为同意（Einwilligung，有时将承诺称为狭义上的同意），都是构成要件排除事由。② 从德语来看，是以 Einwilligung 取代了 Einverstaerdis。在日本则是用同意取代了承诺。

合意与承诺能否合二为一，当然是一个涉及被害人承诺的体系性地位问题。但从语言表达来看，是否有必要用同意取代承诺，还是值得商榷的。在汉语中，承诺

---

① 车浩：《论被害人同意的体系性地位》，载《中国法学》，2008（4）。

② 关于二元论与一元论之争，参见车浩：《论被害人同意的体系性地位》，载《中国法学》，2008（4）。

是对某项事务答应照办，而同意是指对某种主张表示相同的意见。① 由此可见，两个用语都有与他方合意之义，但两者之间又存在些微区别：承诺包含对后果承受之意，而同意则具有赞同之意。承诺一词已经约定俗成，并且是一个法律术语，例如民法中的承诺，是指为当事人一方对他方提出的要约表示完全同意。② 在这种情况下，我赞同冯军教授的观点，倾向于维持被害人承诺一词，使之包含德语中的 Einwilligung 与 Einverstaendnis 这两个用语的含义，即将构成要件的排除事由与违法性的阻却事由都称为被害人的承诺。

（二）含义问题

如上所述，二元论主张区分排除构成要件的被害人承诺与阻却违法性的被害人承诺，而一元论则主张统一于排除构成要件的被害人承诺。在此，首先需要解决的是在事实以及语义上，这两者是否存在区别。我认为，这种区别是客观存在的，即使一元论也不应否认这种区别。排除构成要件的被害人承诺是使符合构成要件的行为本身不存在，阻却违法性的被害人承诺不能使符合构成要件的行为本身不存在，只能使违法性被否定。例如，具有性承诺能力的妇女承诺男子与其性交，就是一种排除构成要件的被害人承诺。在这个意义上，妇女根本不是被害人，因而称为权利人承诺更为合适。由于存在权利人的承诺，在该妇女与男子之间只存在性交行为，而不存在强奸（强制性交）行为，所以，符合强奸罪的构成要件的行为不存在。但是在毁坏财物的情况下，无论财物所有人是否承诺，都不能改变毁坏财物这一行为的性质，只是在财物所有人承诺的情况下，对他人财物的故意毁坏不具有违法性而已。以上区分是客观存在的，也是我们理解被害人承诺的含义时必须加以区分的。正如上所说，以上两种情况严格来说都不是被害人的承诺，而是权利人的承诺。但由于被害人承诺一词已约定俗成，仍然可以保留，只是对这里的被害人需要加以特别说明。

---

① 参见中国社会科学院语言研究所词典编辑室编：《现代汉语词典》，5 版，175、1369 页，北京，商务印书馆，2006。

② 参见邹瑜、顾明主编：《法学大辞典》，1130 页，北京，中国政法大学出版社，1991。

（三）地位问题

被害人承诺的地位，是指它在犯罪构成体系中的地位。如上所述，在这个问题上，德国刑法学中存在二元论与一元论之争。我认为，这一争论的关键在于：对构成要件是作形式解释还是作实质解释？如果形式地理解构成要件该当的行为，则只有具有性承诺能力的妇女承诺男子与其性交的行为，才能排除构成要件该当性；而财物所有人承诺他人故意毁坏本人所有财物的行为仍是具有构成要件该当性的，只是在违法性阶层作实质考察，才予以排除。如果对构成要件作实质解释，则故意毁坏财物行为必须具有实质上的法益侵害性，在财物所有人承诺他人故意毁坏本人所有财物的情况下，这种法益侵害是不存在的，因而根本就不是刑法所要求的故意毁坏财物行为，当然也就不具有构成要件该当性。从二元论到一元论的转变，是随着构成要件从形式化向实质化演变而出现的。在德国刑法学中，罗克辛教授坚定地倡导一元论，并以自由的、与个人有关的法益理论为基础加以论证。[1] 但耶赛克教授显然并不赞成一元论的观点，而是主张继续将同意作为合法化事由来理解。如果将罗克辛教授的法益理论作为排除构成要件该当的被害人承诺的根据，则存在法益概念的主观化，即对个人法益的意义不能从社会共同体的客观价值角度加以公正评价。[2] 我个人不赞同一元论，因为虽然构成要件的实质化具有一定意义，但这种实质化是事实上的实质化而非价值上的实质化。构成要件基本上属于一个事实判断问题，将客观归责等纳入构成要件当中，克服构成要件过于形式化之弊，我是赞成的。但如果将价值判断也并入构成要件中考察，其结果是取消违法性要件，使之合而为一，这将使三阶层的犯罪构成体系无法维持。当然，将排除构成要件该当性的被害人承诺类型化的努力也是值得肯定的，它与阻却违法性的被害人承诺可以并存，在不同阶层成为出罪事由。

① 参见［德］罗克辛：《德国刑法学总论》，第 1 卷，王世洲译，357 页以下，北京，法律出版社，2005。

② 参见［德］汉斯·海因里希·耶赛克、托马斯·魏根特：《德国刑法教科书（总论）》，徐久生译，453 页，北京，法律出版社，2000。

三、医疗行为中的承诺

周某某非法行医案不仅涉及被害人承诺问题，而且涉及医疗行为，尤其是医疗行为中的就诊人承诺。

医疗行为是一种超法规的违法阻却事由，是指以治疗为目的，采用医学上一般所承认的方法，对病人身体所进行的医疗活动。在医疗活动，尤其是治疗活动中，涉及对就诊人的人身伤害或者不确定风险的承担。因此，医疗行为正当化的根据中，就包含了就诊人的承诺或者推定的承诺。在医疗行为正当化的根据中，存在（1）以被害人的同意以及以推定同意的代理为根据的见解，（2）以保护优越法益和尊重病人意思为依据的见解，（3）以社会相当性为根据的见解，（4）以治疗目的为根据的见解之间的对立。日本学者大谷实教授认为，为了尊重患者的自己决定权，应当重视在充分说明基础上的同意（informed consent），在此意义上讲，第一种学说妥当。① 因此，对于医疗行为中的就诊人承诺问题也应当专门加以讨论。

医疗行为中的就诊人承诺与一般意义上的被害人承诺在承诺内容上存在何种差别，是一个需要研究的问题。② 对于这个问题，刑法理论上认为，这里的患者的同意与在违法性论中一般论述的被害人的同意不一定完全相同。作为治疗行为的侵袭身体，是由于医学的适应性与医术的正当性优越地维持患者的身体利益的行为。从这点看，在阻却违法的阶段讨论同意问题时，比单纯的侵害法益行为中的同意，其要件更宽，其效果范围应作更广的理解。③ 对于这一观点，我是赞同的。在某些情况下，医疗行为中的就诊人承诺与被害人承诺的内容是相同的，都是对某一特定后

---

① 参见［日］大谷实：《刑法讲义总论（新版第2版）》，黎宏译，241页，北京，中国人民大学出版社，2008。

② 关于医疗上的就诊人承诺问题的详尽探讨，参见林东茂：《医疗上患者同意或承诺的刑法问题》，载《中外法学》，2008（5）。

③ 参见马克昌：《比较刑法原理——外国刑法学总论》，406页，武汉，武汉大学出版社，2002。

果的承诺，例如为治疗需要而采取的截肢。但在更多的情况下，就诊不是对某一特定后果的承诺，而是对可能发生的后果（例如治疗失败、并发症、副作用等）的承诺。这种可能发生的后果具有一定的不确定性，它与其说是后果，不如说是一定的风险。

在这种情况下就发生了一个问题：被害人承诺是否包括对行为的承诺？这是一个承诺的对象问题。关于这个问题，在德、日刑法理论中存在行为说与结果说之争。① 要想厘清两说，首先需要对行为与结果加以界定，其次还要对故意犯与过失犯加以区分，等等，在此不展开讨论。我个人倾向于结果说，这主要是指阻却违法的被害人承诺。对某一行为承诺，但对于可能发生的结果是排斥的，在无法避免而发生时又不得已承受的情形下，与其采用被害人承诺的法理，不如采用被害人同意风险或者危险接受理论。我国学者指出，被害人同意风险与被害人承诺似有共同之处，区别在于：被害人对风险的同意是一种冒险行为，在本质上排斥实际危害结果的发生；而在被害人承诺的情形中，被害人对结果的发生持肯定或者希望的态度。② 德国学者罗克辛教授是从客观归责角度讨论同意他人造成的危险这一问题的。虽然主流观点以及经常出现的司法判例，试图使用后来受到伤害的人的同意这种法律形象来解决这个问题，但罗克辛教授明显倾向于承认同意他人造成的危险这种法律形象具有一种独立的意义这一观点，指出：

> 同意他人造成的危险这个法律形象还期待着更进一步的信条性深入探讨。然而，在行为构成的作用范围这种观点下对这个法律形象的理解，还具有进一步的好处：这类迄今以来几乎仅仅在过失理论中讨论的案件，能够安排在对客观行为构成归责的一般理论中，并且也能够由此对故意案件作出很多成果来。③

从客观归责中考虑同意他人造成的危险问题，将其作为归责不能的事由，排除

---

①　参见张明楷：《外国刑法纲要》，2 版，183 页，北京，清华大学出版社，2007。

②　参见杨丹：《被害人过错的刑法含义》，载冯军主编：《比较刑法研究》，173 页，北京，中国人民大学出版社，2007。

③　[德] 罗克辛：《德国刑法学总论》，第 1 卷，王世洲译，271 页，北京，法律出版社，2005。

构成要件，应该是有一定道理的。它与被害人承诺存在明显的不同，这里存在的是被害人的自我答责问题。[1]

在医疗行为中，就诊人的承诺实际上分为两个方面：一方面是对确定后果的承诺，这可以适用被害人承诺的法理。另一方面是对不确定后果的承诺，这属于客观归责问题。前者主要在于对故意犯的违法性的阻却，后者主要在于对过失犯的构成要件的排除。

四、周某某非法行医案的分析

根据我国刑法第 336 条第 1 款的规定，非法行医罪是指未取得医生执业资格的人非法行医，情节严重的行为。我国刑法规定的非法行医罪包括三个罪刑单位：基本犯，以情节严重作为构成要件，属于情节犯；加重犯，以严重损害就诊人身体健康作为构成要件；特别加重犯，以造成就诊人死亡作为构成要件。我国刑法理论认为，非法行医罪是故意犯，这里的故意是指明知是非法行医而有意实施的主观心理状态，但其对于加重结果是过失的，在这个意义上说，非法行医罪在结果加重犯的情况下，实际上是未取得医生执业资格的人犯医疗事故罪。我国刑法第 335 条规定，医疗事故罪是指对医务人员来说，其行医是合法的，只有在过失造成医疗事故的情况下才构成犯罪。因此，医疗事故罪是典型的业务过失犯。非法行医罪则是行医行为本身就非法，情节严重的才构成犯罪。在非法行医过程中，过失造成医疗事故的，行为人要承担更重的刑事责任。从法定刑比较来看，犯医疗事故罪，造成就诊人死亡或者严重损害就诊人身体健康的，处 3 年以下有期徒刑或者拘役。犯非法行医罪的基本犯，就处 3 年以下有期徒刑、拘役或者管制，并处或者单处罚金；严重损害就诊人身体健康的，则处 3 年以上 10 年以下有期徒刑，并处罚金。两者相比，非法行医罪的法定刑比医疗事故罪的法定刑要高得多，比过失致人重伤罪（第 235 条）、过失致人死亡罪（第 233 条）的法定刑还要重，几乎与故意伤害罪的法定

---

[1]　关于被害人的自我答责的详尽论述，参见冯军：《刑法中的自我答责》，载《中国法学》，2006（3）。

刑相当。这里当然存在双重处罚：一是对故意的非法行医行为的处罚，二是对过失的医疗责任事故的处罚。

论及非法行医罪的就诊人承诺问题，首先要对具体承诺情形加以区分：一是就诊人明知非法行医而就诊，二是就诊人不知而就诊，三是就诊人被骗而就诊。对后两种情形在此不加讨论，重点讨论的是第一种情形。

那么，就诊人承诺阻却的是何种意义上的违法性？是行医的非法性还是非法行医的法益侵害性？我认为是后者而非前者。非法行医的非法，是指未取得医生执业资格而行医。根据我国《执业医师法》以及相关法规的规定，只有通过医师资格考试，取得医师资格，并且经医师注册取得执业证书后，才能合法地从事医师执业活动，否则，就是非法行医。这个意义上的非法，与违法性阻却中的违法是两个完全不同的概念：前者是规范判断，后者是价值判断。① 无论就诊人如何承诺，都不可能否定行医的非法性，因为这种非法性是根据一定的法律规范确认的，具有客观性，不以人的主观意志为转移。因此，在非法行医案件中讨论的就诊人承诺是一个与行医主体资格无关的问题。对此，日本学者大塚仁教授指出：

> 治疗行为被阻却违法性，不问是具有执照、作为业务实施的人的行为还是不具有执照的人的非业务行为。但是，治疗行为是需要用医学上一般承认的方法实施的，不少必须由具有医学的知识、经验或者特别治疗能力的人实施。因此，从设立执照制度的趣旨来看，无执照者的行为被阻却违法性的范围，在很多情形中，有必要比有执照者的情形作更为狭窄的理解。另外，在实验性地使用医学上尚未承认的方法时，即使结果上有治疗之实，其行为也是违法的。②

因此，未取得行医资格的人同样适用被害人承诺的法理。例如：未取得行医资格的人施行外科手术，经就诊人同意，出于治疗目的，进行截肢。虽然行为人行医

---

① 关于两种违法性的区分，参见陈兴良：《违法性理论：一个反思性检讨》，载《中国法学》，2007 (3)。

② ［日］大塚仁：《刑法概说（总论）（第三版）》，冯军译，361～362 页，北京，中国人民大学出版社，2003。

是非法的，但这一截肢仍然被视为医疗行为而阻却其违法性。

在周某某非法行医案中，裁判理由提出的问题是：在患者自愿、主动求医的情况下，能否阻却行为人非法行医罪的构成？这一问题的真正含义是什么？是指阻却行医的非法性还是阻却行医后果的非法性？我认为，这一点是极不明确的，有些似是而非。裁判理由引用张明楷教授的论述：非法行医罪属于危害公共卫生（社会法益）的犯罪，任何人对社会法益都没有承诺权限，故患者的承诺是无效的。[1] 这个意义上的被害人的承诺不阻却非法行医的违法性，似乎是指行医的非法性？但正如我以上所论，这根本不是一个违法性阻却的问题，而是一个非法行医之非法性的认定问题：是根据法律规范认定还是就诊人承诺可以排除行医的非法性？至于张明楷教授所述第二点理由，这种承诺只是对医疗行为本身的承诺，而不包括对死伤结果的承诺。[2] 在非法行医案件中，如上所述也存在对死伤结果的承诺是否阻却非法行医的非法性，换言之，是否适用被害人承诺或者医疗行为的法理的问题。这本身就是一个问题。如果说，张明楷教授在非法行医罪中讨论的"被害人的承诺不阻却非法行医的违法性"，根本不是在刑法总论中违法性阻却事由框架中讨论的，而只是针对个罪——非法行医罪中的非法性认定问题展开的，其实与被害人承诺及医疗行为等法理无关，那么，至少要说明两者之间的关联，才不至于使人误解。而裁判理由明显发生了这种误解，从而将被害人的承诺是否阻却非法行医的违法性问题与刑法理论上的被害人承诺问题混为一谈。

其实，在周某某非法行医案中涉及的是同意他人造成的危险的法理。因为就诊人明知他人没有取得行医资格仍然就诊，这本身就包含了对一定危险的同意，但这种同意能够排除构成要件，成为阻却归责的事由吗？这是一个在客观归责中需要研究的问题。关于这一点要从行为人的谨慎义务是否履行、危险转化为实害的因果流程等方面加以深入考察。在周某某非法行医案中，被告人违规用药造成胎儿死亡，显然不能排除其行为的犯罪性。

①　参见张明楷：《刑法学》，3 版，815 页，北京，法律出版社，2007。

②　参见张明楷：《刑法学》，3 版，816 页，北京，法律出版社，2007。

第 3 章

罪　　责

第 1 节　吸毒影响责任能力而实施杀人行为之定性研究

案名：彭崧故意杀人案
主题：限制责任能力　原因上的自由行为

在我国刑法中吸食毒品行为本身并非犯罪，但吸毒往往诱发其他犯罪，在毒性发作的情况下，可能导致杀人、伤害以及其他侵犯人身权利的犯罪。由于吸食毒品会对行为人的责任能力产生一定影响，因此吸毒影响责任能力而实施犯罪行为，是否以及如何承担刑事责任，就成为一个值得研究的问题。本节通过对彭崧故意杀人案[①]的分析，探讨原因上的自由行为理论在我国司法实践中的运用。

[①]　本案刊载于最高人民法院编：《刑事审判参考》，第 55 集，北京，法律出版社，2007。

一、案情及诉讼过程

2005 年 5 月 5 日凌晨，被告人彭崧因服食摇头丸药性发作，在其暂住处福州市某小区单元房内，持刀朝同室居住的被害人阮某胸部捅刺，致阮某抢救无效死亡。当晚 9 时许，被告人彭崧到福建省宁德市公安局投案自首。经精神病医学司法鉴定，彭崧系吸食摇头丸和 K 粉后出现精神病症状，在精神病状态下作案，被评定为限定刑事责任能力。

福州市中级人民法院认为：被告人彭崧故意非法剥夺他人生命，并致人死亡，其行为已构成故意杀人罪。被告人彭崧作案后能主动投案，并如实供述自己的罪行，可认定为自首，可以从轻处罚。被告人关于其行为不构成故意杀人罪的辩解不能成立。遂依照《中华人民共和国刑法》第 232 条、第 67 条第 1 款、第 57 条第 1 款之规定，于 2006 年 5 月 10 日判决如下：被告人彭崧犯故意杀人罪，判处无期徒刑，剥夺政治权利终身。

一审宣判后，被告人彭崧不服，提起上诉。其上诉理由和辩护人的辩护意见为：彭崧作案时属于无刑事责任能力人，即使构成犯罪，也只构成过失致人死亡罪，且具有自首情节，被害人本身有过错，应对其从轻、减轻处罚。

福建省高级人民法院审理认为，上诉人彭崧吸食毒品后持刀捅刺他人，致一人死亡，其行为已构成故意杀人罪。上诉人作案后能主动投案，如实供述自己的罪行，具有自首情节，可以从轻处罚。吸毒是国家法律所禁止的行为，上诉人在以前已因吸毒产生过幻觉的情况下，再次吸毒而引发本案，其吸毒、持刀杀人在主观上均出于故意，应对自己吸毒后的危害行为依法承担刑事责任，其吸毒后的责任能力问题不需要作司法精神病鉴定。因此，上诉人及其辩护人认为上诉人作案时是无刑事责任能力人，要求重新进行司法精神病鉴定，以及上诉人仅构成过失致人死亡罪的辩解、辩护意见不能成立，不予采纳。原判认定事实清楚，证据确实、充分，定罪准确，量刑适当，审判程序合法。遂依照《中华人民共和国刑事诉讼法》（1996 年——引者注）第 189 条第 1 项，《中华人民共和国刑法》第 232 条、第 67 条第 1 款、第 57 条第 1 款之规定，于 2007 年 2 月 28 日裁定驳回上诉、维持原判。

二、归责根据的探寻

本案被告人彭崧在吸食毒品以后，出现精神病症状，在辨认和控制能力减弱的情况下杀人，是否具有可归责性？对此，存在不同层面上的问题：被告人及辩护人认为被告人在作案时无刑事责任能力，要求重新进行司法精神病鉴定。在侦查期间，经精神病鉴定，被告人属于限定刑事责任能力。而法院则认为吸毒后的责任能力问题不需要作司法精神病鉴定，言下之意是，即使司法精神病鉴定属于无责任能力人，亦应承担刑事责任。本案的裁判理由对此引用了原因自由行为的理论加以论证：

具有辨认、控制能力的行为人，故意或者过失使自己一时陷入丧失或者尚未完全丧失辨认、控制能力的状态，并在该状态下实施了符合犯罪构成的行为，依法应当承担刑事责任，刑法理论称此为原因自由行为。使自己陷入丧失或者尚未完全丧失辨认、控制能力状态的行为，称为原因行为；在该状态下实施的犯罪行为，称为结果行为。由于行为人可以自由决定自己是否陷入上述状态，故称为原因自由行为。由上述定义，根据实施原因行为时的主观心态，原因自由行为可以分为故意陷入丧失或尚未完全丧失辨认、控制能力状态的情形与过失陷入丧失或尚未完全丧失辨认、控制能力状态的情形。

虽然本案被告人彭崧在杀人时控制、辨认能力已经减弱，但这种状态的出现是由于他吸毒所致，因此，其杀人行为可以归责为其吸食毒品的行为。而且在本案中，彭崧在以前已因吸毒产生过幻觉的情况下，明知自己吸食后会出现幻觉仍故意吸食，进而出现精神障碍将阮某杀死，主观上应当认定为故意使自己陷入该状态，其应承担故意杀人罪的刑事责任。

法院由此得出结论：

> 吸毒是国家法律所禁止的行为，被告人彭崧在以前已因吸毒产生过幻觉的情况下，再次吸毒而引发本案，其对自己吸毒后的杀人行为应当依法承担刑事责任。

这是我所见到采用原因上自由行为理论的第一个案例，因而具有重要理论意义。在此，首先需要对原因上的自由行为加以界定。

原因上的自由行为（actio libera in causa），亦称原因自由行为，是指行为人故意或者过失地使自己处于丧失责任能力或者限制责任能力的状态，在这种状态下实施构成要件的行为并造成一定的法益侵害结果的情形。因为在实施构成要件行为的时候，行为人处于丧失责任能力或者限制责任能力的状态，因而缺乏意志自由或者意志自由程度有所降低，即无责任或者减轻责任。但由于行为人在使自己处于丧失责任能力或者限制责任能力状态的时候，具有意志自由，因而称为原因上的自由行为。在原因上的自由行为中，存在先后衔接的两个行为：一是故意或者过失使某人陷于丧失责任能力或者限制责任能力状态之行为，可称为原因行为；二是在丧失责任能力或者限制责任能力的状态下实施的法益侵害行为，可称为结果行为。两者合称为原因上的自由行为（actio libera in causa，亦简称 alic）。原因上的自由行为从文字上来看，似乎是一个行为的问题，但实质上是一个责任能力的问题，因而大陆法系刑法理论都在有责性中研究原因上的自由行为。

原因上的自由行为，是一个十分古老的问题。该问题可以追溯到古罗马法，中世纪罗马法就有关于酩酊状态中之违法行为不能阻却刑事责任的规定。及至 17、18 世纪德国普通法的时代，已经对原因上的自由行为展开讨论，当时是承认原因上的自由行为之可罚性的。萨维尼对此采取否定的态度，并且对立法产生了重大影响。[1] 现在，德、日刑法均承认原因上的自由行为具有可罚性，但其可罚性的理论根据并

---

① 关于原因上的自由行为的沿革，参见徐文宗：《论刑法的原因自由行为》，15 页，北京，北京大学出版社，2006。

没有得到圆满解决。一般来说，在原因上的自由行为可归责性问题上，主要存在以下两种理论论证思路：一是例外模式，二是构成要件模式。对此，德国学者罗克辛教授作过以下描述：

> 例外模式是赫鲁斯卡最先提出来的，并且作了最有力的发展。根据这种模式，原因自由行为的刑事可罚性表现为一种由习惯法加以正当化的第20条基本原则的例外，即行为人"在实施构成行为时"必须是有罪责能力的。因此，这个人将为自己在心醉神迷状态下的举止行为受到刑事惩罚，虽然他在那时是没有罪责能力的。相反，在司法判决和理论中是行为构成（指构成要件——引者注）模式占据着统治地位。根据这种理论，归责不是与处在迷醉状态下的举止行为相联系的，而是与自己喝酒或者其他造成排除罪责的那种行为相联系的。这种先前的举止行为，就意味着故意地或者过失地并且由此还意味着可能应受刑事惩罚地造成了符合行为构成的结果。根据这种观点，对原因自由行为的刑事惩罚并不是第20条的例外，相反，这种先前的举止行为表现为一种实施时有罪责的对行为构成的完成。①

罗克辛教授在上述论断中提及的第20条，是指《德国刑法典》第20条。该条规定："行为人行为时，由于病理性精神障碍、深度的意识错乱、智力低下或其他严重的精神反常，不能预见其行为的违法性，或依其认识而行为的，不负刑事责任。"这是德国刑法关于无责任能力的规定，从法条表述中可以看出，无责任能力是与行为时相对应的。此外，《德国刑法典》第21条还规定了限制责任能力，它也是与行为时相对应的。这里的行为，是指该当构成要件的犯罪实行行为。按照这一规定，在实施构成要件行为时，如果行为人处于丧失责任能力或者限制责任能力的状态，则对其行为要么不负刑事责任（在丧失责任能力时），要么减轻其刑罚（在限制责任能力时）。而原因上的自由行为，若自陷于丧失责任能力状态，则亦应不负刑事责任；若自限于限制责任能力状态，则亦应减轻其刑罚。但这显然是不合理

---

① ［德］罗克辛：《德国刑法学总论》，第1卷，王世洲译，600页，北京，法律出版社，2005。

的。为使原因上的自由行为具有可归责性，必须从法理上加以证明。

例外模式就是这种理论论证之一。如上所述，刑法关于刑事责任能力的规定，都强调行为时丧失责任能力而不负刑事责任，或者行为时限制责任能力而减轻刑事责任，由此引申出责任能力与实行行为同在原则。而例外模式，就是说对原因上的自由行为应负刑事责任是对责任能力与实行行为同在原则的例外。我曾经是赞同例外模式的，指出：

> 之所以确立责任能力与实行行为同在原则，是为了防止客观归罪，从而坚持责任主义的立场。但原则必有例外，只要这种例外并不违背设立原则的初衷，就是合理的，就应当承认这种例外。因此，我认为与其对实行行为作牵强的扩大解释，不如径行承认原因上的自由行为是责任能力与实行行为同在原则的例外。[1]

现在看来，这一结论有失偏颇。这里主要存在理与法之间的冲突：承认原因上的自由行为的可归责性是合理的，但却与刑法规定发生了矛盾。尽管有些学者采用目的性限缩的方法，将原因上的自由行为从刑法关于责任能力规定的范围中予以排除[2]，但目的性限缩，若适用于有利于被告人的情形，则具有合理性；若适用于不利于被告人的情形，则确实存在与罪刑法定原则相抵牾的问题。对此，我国台湾地区学者指出：

> 例外模式的论点，主要系建构在自然法的适用上，唯其与刑法罪责原则，及罪刑法定原则间，具有相当不相容的特质。依例外模式的认定，如忽略前行为与作为归责基础的结果间之因果连接关系，则主观要件的故意与过失将丧失其对行为之关系，而终使得罪责原则与法定原则的基础受到动摇，盖原因自由状态下之行为，并未落入法定构成要件的评价范围中，而陷入无责状态下之行为，却又非罪责规范的范围。故而例外模式在超越

---

[1]　陈兴良：《本体刑法学》，331 页，北京，商务印书馆，2001。
[2]　参见黄丁全：《刑事责任能力研究》，253 页，北京，中国方正出版社，2000。

法定原则及罪责原则的情况下，其正当性的论据，不免受到质疑。①

应该说，这一评论是有道理的，例外模式确实存在有悖于罪刑法定原则之虞。

构成要件模式，是在坚守责任能力与实行行为同在的原则下寻找原因上自由行为的归责根据，但因论证角度不同又可分为以下诸种观点：一是前置理论。这种理论也可以说是一种因果关系说，即把原因上的自由行为看作是实行行为的原因，而实行行为则是其结果。这种理论将原因上的自由行为本身看作是可罚行为，但这仍然是缺乏法律根据的。二是间接正犯理论，即把丧失责任能力或者限制责任能力的行为看作是间接正犯中的被利用行为，而把原因上的自由行为看作是间接正犯的利用行为，认为这是一种自我利用的间接正犯。应该说，间接正犯理论是对原因上的自由行为的归责根据的一种十分精致的论证，具有逻辑上的合理性。尽管对这种理论也存在批评，认为这仅是从原因自由行为结构性之观察，作纯粹逻辑性之推演而已，其根本上忽略了支配关系的要求②；但在他人利用的间接正犯情形下的支配关系与在自我利用的间接正犯情形下的支配关系，应该有所不同而不必强作相同的要求。三是扩张理论，亦称统一行为说。该说将原因设定行为与丧失或者限制责任能力情况下实施的行为一并看作是犯罪的实行行为，即对实行行为作扩大解释，因此，刑法关于刑事责任能力之规定中的行为，不仅是指造成具体法益侵害的行为，而且包括原因设定行为。通过这种对行为的扩大解释，来满足责任能力与实行行为同在原则。

从以上刑法理论关于原因上的自由行为可归责性的观点来看，尽管大陆法系刑法学的通说承认原因上的自由行为的可归责性，但在理论的论证上尚存在相当大的分歧，各种观点均有其道理，但也未能十分圆满地解决原因上的自由行为的归责根据问题。

在我国刑法学界，早期的刑法教科书一般都没有论及原因上的自由行为，因为我国刑法学来自苏俄，而在苏俄刑法学中并不存在原因上的自由行为的概念及理

---

① 柯耀程：《变动中的刑法思想》，144～145 页，北京，中国政法大学出版社，2003。
② 参见柯耀程：《变动中的刑法思想》，146 页，北京，中国政法大学出版社，2003。

论。此后，随着德、日刑法学的引入，我国学者在有关著作中对原因上的自由行为作了较为深入的研究。例如，熊选国在其博士论文《刑法中行为论》中，将原因上的自由行为作为一种特殊危害行为类型加以讨论，认为：在原因上的自由行为中，虽然原因行为与无责任能力状态下实施的侵害行为间的心理联系可能隔断，但行为人在实施原因行为时，已具有对危害结果发生的预见或者预见可能性。而且后一行为是由前一行为所引起，也是沿着前者的轨道在发展。因此，现实的侵害行为，实际上是原因行为到达结果的因果关系的过程事实，两者应被视为一个行为。[①] 而冯军则在其博士论文《刑事责任论》中，主张以责任能力的特殊表现形式的名义对原因上的自由行为同一原则予以严格的维持，并根据不同情况确定责任能力是存在于原因行为之时还是存在于结果行为之时。[②] 显然，上述两种观点，关于原因上的自由行为的归责根据在论证思路上是有所不同的：熊选国主张的是一种扩张理论，倾向于把原因行为与结果行为视为统一的实行行为，以此对应于责任能力。而冯军则区别不同情况解决原因上的自由行为的可归责性问题，强调意思决定，认为只有意思决定包含着发生结果的现实危险性时，原因上的自由行为才具有可归责性，因此，责任能力应当与意思决定的行为相对应：如果原因设定行为具有意思决定性质，则责任能力与原因设定行为同在；如果结果行为具有意思决定性质，则责任能力与结果行为同在。

　　原因上的自由行为主要是一个大陆法系刑法学上的问题，我国刑法学对于如何处理这个问题，尤其是在我国司法实践中如何适用原因上的自由行为，是缺乏探讨的。彭崧故意杀人案的裁判理由采用原因上的自由行为理论解决彭崧的刑事责任问题，当然是值得肯定的。但该案的裁判理由对原因上的自由行为之可归责性本身是缺乏论证的，由此也存在理论上的隐患。例如，在该案裁判理由中，作者提出被告人彭崧的杀人行为可以被归责于其吸食毒品的行为这样一个命题，在理论上就是值得推敲的。何谓杀人行为被归责于吸食毒品的行为？因为杀人行为是在限制责任能

---

①　参见熊选国：《刑法中行为论》，225~226 页，北京，人民法院出版社，1992。

②　参见冯军：《刑事责任论》，150 页以下，北京，法律出版社，1996。

力状态下实施的，而这种限制责任能力的状态又是吸食毒品行为造成的。就此而言，吸食毒品行为是杀人行为的原因行为。正确的表述应当是：杀人行为可以归因于其吸食毒品的行为。这里的归因是客观的，它只是解决了原因行为与结果行为之间的客观联系，尚未解决原因上的自由行为的主观归责问题。

在彭崧故意杀人案中，即使采用原因上的自由行为理论，被告人的主观罪过仍然是一个值得推敲的问题。这里的问题在于：原因上的自由行为中的犯罪故意或者犯罪过失，是指原因行为的故意或者过失，还是指结果行为的故意或者过失，抑或同时指两者？如果将这些要素组合排列，就会形成以下四种情形：（1）原因行为与结果行为均为故意；（2）原因行为与结果行为均为过失；（3）原因行为为故意，结果行为为过失；（4）原因行为为过失，结果行为为故意。

在上述第一种场合，行为人构成故意犯罪应无争议。应当指出，这里的故意，是指具有连续性的故意，即在原因行为之时就对结果行为具有故意。例如在彭崧故意杀人案中，彭崧必须是为故意杀人而故意使本人陷于限制责任能力的状态。这种情形被日本学者西田典之教授命名为双重故意，其指出：

> 要将原因上的自由行为作为实行行为加以处罚，除首先必须与结果行为之间具有相当因果关系之外，其次，还必须在原因行为之时存在故意，而且这一故意实现于结果行为。也就是必须存在故意的连续性，即结果行为受原因行为之时的故意所支配。①

因此，这里的原因行为的故意并非故意吸食毒品，而是基于杀人的故意而吸食毒品使本人处于丧失或者限制责任能力状态，因此才构成故意杀人罪。在本案二审法院的判决中，强调被告人彭崧的吸毒、持刀杀人在主观上均出于故意，因此，认定为故意杀人罪。在裁判理由中，并没有强调杀人时出于故意，而是从故意使自己陷入限制责任能力状态，就得出其应承担故意杀人罪的刑事责任。在这种情况下，如果不能认定原因设定时具有意图在丧失责任能力或者限制责任能力的状态下实施犯罪的故意，即不能证明原因设定时的故意与结果行为时的故意之间具有连续性，

---

① ［日］西田典之：《日本刑法总论》，刘明祥、王昭武译，237 页，北京，中国人民大学出版社，2007。

就不能认定为原因上的自由行为的故意犯，至多只能构成过失犯。[①]由此可见，在我国司法实践中采用原因上的自由行为理论，还应对该理论本身进行深入研究。

三、罪刑法定的理解

关于原因上的自由行为可归责性的理论根据，在刑法学界聚讼难息。那么，根据通说对原因上的自由行为追究刑事责任，是否具有法律根据呢？这里存在一个如何看待理论与法律之间关系的问题。

如前所述，主张原因上的自由行为具有可归责性的观点，都是在对刑法关于责任能力的规定作各种解释，以便使原因上的自由行为不适用刑法关于刑事责任能力的规定。例如我国刑法第 18 条第 1 款规定："精神病人在不能辨认或者不能控制自己行为的时候造成危害结果，经法定程序鉴定确认的，不负刑事责任，但是应当责令他的家属或者监护人严加看管和医疗；在必要的时候，由政府强制医疗。"第 3 款规定："尚未完全丧失辨认或者控制自己行为能力的精神病人犯罪的，应当负刑事责任，但是可以从轻或者减轻处罚。"在上述第 18 条第 1 款的规定中，存在"在不能辨认或者不能控制自己行为的时候"的表述，即所谓行为时。如果这里的行为时，是指结果行为时，则在丧失责任能力情况下的原因上的自由行为就不负刑事责任；在限制责任能力情况下的原因上的自由行为就可以从轻或者减轻处罚。但如果把这里的行为时理解为包括原因行为时，甚至原因上的自由行为就是指原因行为，则对原因上的自由行为不适用上述规定，因为原因行为是自由的，在原因设定时行为人并没有丧失或者限制责任能力。若对刑法规定作此理解，则虽然关于原因上的自由行为法无明文规定，但可以通过对刑法规定的解释来解决其法律适用问题。这就是刑法理论对法律规定所起的补充作用。事实上，法律规定是有限的，大量问题是刑法没有规定的，对此应通过刑法理论加以弥补。所谓法无明文规定不为罪，主要是指刑法分则的规定，而不包括总则。我的这一对罪刑法定原则之"法"的理

---

① 参见徐文宗：《论刑法的原因自由行为》，48 页，北京，北京大学出版社，2006。

解，曾经受到质疑。① 对此，我在《"法无明文规定不为罪"之"法"的理解》一文中作了以下回应：

关于这个问题，我国刑法理论上以往一般鲜有论及。这里涉及刑法总则与刑法分则的界分。总则与分则的分立始于 1810 年《法国刑法典》。一般认为，刑法总则是关于犯罪与刑罚的一般性规定，而刑法分则是关于具体犯罪的构成要件及法定刑的规定。因此，一个行为到底是不是犯罪，归根结底是由刑法分则的罪状规定的。在这个意义上说，"法无明文规定不为罪"之"法"就当是指刑法分则。一个行为，无刑法分则的明文规定不得入罪。我国刑法总则虽然有关于犯罪概念的一般规定，但这只是一个原则性的规定，它对于具体犯罪的认定具有指导意义，但一个行为绝不能根据刑法总则关于犯罪概念的一般规定而认定为犯罪。当然，这里的刑法分则规定应作广义上的理解，它既包括刑法典中的分则规范，也包括单行刑法与附属刑法中的分则规范。为进一步说明这个问题，我们还可以从中外刑法关于罪刑法定原则的表述来加以分析。1810 年《法国刑法典》是世界上第一部规定罪刑法定原则的刑法典，该法第 4 条规定："不论违警罪、轻罪或重罪，均不得以实施犯罪前未规定之刑罚处罚之。"这里的"未规定"，当然是指对违警罪、轻罪或重罪的规定，这种规定当然是指刑法分则规定。及至 1994 年《法国刑法典》第 111—3 条对罪刑法定原则作了以下更为具体的规定："构成要件未经法律明确规定之重罪或轻罪，不得以其处罚任何人；或者，构成要件未经条例明确规定之违警罪，不得以其处罚任何人。如犯罪系重罪或轻罪，法律无规定之刑，不得以其处罚任何人；如犯罪系违警罪，条例无规定之刑，不得以其处罚任何人。"显然，这里对违警罪、轻罪或重罪之构成要件作出规定的应当是指刑法分则。我国刑法关于罪刑法定原则的规定，最早出现在 1910 年《大清新刑律》，表述为："法律无正条者，不问何种行为，不为罪。"这里的正条，是中国古

---

① 参见《法学家茶座》，第 6 辑，159 页，济南，山东人民出版社，2004。

代刑法对规定具体犯罪与刑罚的法条的称谓，即现代刑法中的分则条文。例如《唐律》就有"诸断罪而无正条"的规定，由于《唐律》并无罪刑法定原则，而是按照"出罪，举重以明轻；入罪，举轻以明重"的方法实行类推。我国现行刑法第 3 条将罪刑法定原则表述为："法律明文规定为犯罪行为的，依照法律定罪处刑；法律没有明文规定为犯罪行为的，不得定罪处刑。"这里的法律，我认为也应当是指刑法分则条文。当然，刑法分则是受刑法总则制约的，因此，罪刑法定原则中的"法"，对于具体犯罪的规定而言，当然是指刑法分则规定，但在对某一具体犯罪定罪量刑的时候同样离不开刑法总则的规定。在这个意义上，刑法总则规定对于罪刑法定原则的实现也是具有重要意义的，或者说，刑法总则规定同样应当贯彻罪刑法定原则。我们必须看到，刑法总则规定，在性质与功能上与刑法分则规定是存在重大差异的。刑法总则规定更为原则，规定也较为简单，在没有规定的情况下可由刑法理论加以补充。例如，我国刑法总则并无不作为之规定，但并不能以法无明文规定为由认为不纯正的不作为一般不构成犯罪（纯正的不作为在刑法分则有明文规定）。此外，我国刑法总则只规定了数罪并罚中同种刑罚如何并罚，而没有规定异种刑罚如何并罚。在这种情况下，我们也不能以法无明文规定为由对异种刑罚不予并罚。正是为了强调这一点，我主张"法无明文规定不为罪"之"法"应是指刑法分则条文。唯此，才能正确地理解罪刑法定原则。[①]

原因上的自由行为主要是一个刑法总则的问题，它涉及刑法关于刑事责任能力之规定的适用范围。如果通过刑法解释能够解决，当然是求之不得的。当然，我们也必须看到，在某些国家的刑法中对于原因上的自由行为还是作出了明文规定，这种规定分为以下两种立法例：

一是作为对责任能力的例外规定在刑法总则中加以规定。例如，《意大利刑法典》第 85 条第 1 项规定："无责任能力人之行为，不罚。"第 87 条规定："意图犯

---

① 《法学家茶座》，第 7 辑，147～148 页，济南，山东人民出版社，2005。

罪或预谋免责而自陷于无辨别及意思能力状况者，不得适用第 85 条第 1 项之规定。"意大利学者在解释这一规定时指出：

> 这个规定的基础即所谓原因中的自由行为（actio libera in causa）。在这种情况下，构成犯罪的 actio（行为）本身并不是 libera（自由的）（因为主体在行为时处于无能力状态），但 in causa（在原因中），即作为犯罪行为起因的行为，却是自由的（因为使自己陷入无能力状态是主体出于实施犯罪的目的，在有能力的情况下自由地作出的选择）。按照原因中的自由行为理论，犯罪行为实际上是被提前到了使自己陷入无能力状态的行为，而真正构成犯罪的事实只是先前自愿行为的结果。按照通行的说法，通过原因中的行为，主体将自身变成了自己实施犯罪的工具。因此，行为人对自己在无能力状态中实施的行为应承担何种责任，从根本上取决于主体使自己陷入无能力状态时的心理态度：如果实施的犯罪与行为人的预谋相合，行为人就应承担直接故意的责任；如果实际实施的不是主体预谋的犯罪，只要在主体陷入无能力状态前应预见的范围之内，行为人都应承担过失犯罪的责任。[①]

从上述论述来看，意大利学者对原因上的自由行为的归责根据是采用间接正犯说的，这与意大利刑法的规定也相吻合，因为《意大利刑法典》第 86 条规定的就是间接正犯。

二是作为独立罪名在刑法分则加以规定。例如，《德国刑法典》第 323 条规定：（1）故意或过失饮酒或用其他麻醉品使自己处于无责任能力的醉酒状态下实施犯罪行为的，处 5 年以下自由刑或罚金。（2）所处刑罚不得重于其在醉酒状态下实施的犯罪的刑罚。当然，关于该条规定与原因上的自由行为的关系，在德国刑法理论上尚存在争议。事实上，《德国刑法典》第 323 条的规定，其适用范围是有限的，并不能完全解决原因上的自由行为的法律适用问题。因此，德国学者指出：无责任能

---

① ［意］杜里奥·帕多瓦尼：《意大利刑法学原理（注评版）》，陈忠林译评，175～176 页，北京，中国人民大学出版社，2004。

力状态下行使的盗窃（第 242 条）和作伪证（第 154 条），因为行为人在符合构成要件的行为开始之前，操纵整个过程时完全具有责任能力（原因行为），所以其行为具有可处罚性（不得仅依第 323 条处罚）。①

在我国，刑法总则与分则均无关于原因上的自由行为的明文规定。在这种情况下，是否存在适用原因上的自由行为理论的余地？对此，彭崧故意杀人案的裁判理由认为，吸食毒品后犯罪应负刑事责任不违反罪刑法定原则；并作了以下论证：

> 首先，从刑法总则的规定看，行为人实施了犯罪行为，除非法律明文规定不负刑事责任的，都要承担刑事责任。刑法第三条规定，"法律明文规定为犯罪行为的，依照法律定罪处刑；法律没有明文规定为犯罪行为的，不得定罪处刑"。罪刑法定原则有两个方面的含义：一方面在于法无明文规定不定罪、不处罚；另一方面在于法有明文规定的，要定罪、要处罚。如果法律已经明确为犯罪行为的如故意杀人、故意伤害等，除法律明确规定不负刑事责任外，应当依法定罪处罚。我国刑法对不负刑事责任的情形作了明文的列举规定，即刑法第十五条第二款规定，法律没有规定应负刑事责任的过失犯罪；刑法第十七条规定，不满十六周岁的人，除已满十四周岁犯八种犯罪外，不予刑事处罚；第十八条规定，精神病人在不能辨认或者不能控制自己行为的时候造成危害结果，经法定程序鉴定确认的，不负刑事责任；第二十条规定，正当防卫不负刑事责任；第二十一条规定，紧急避险不负刑事责任。可见，刑法并没有规定被告人吸食毒品后影响其控制、辨别能力而实施犯罪行为的，不负刑事责任。
>
> 其次，根据举轻以明重的解释方法，吸毒的人犯罪，应当负刑事责任。我国刑法第十八条规定，醉酒的人犯罪，应当负刑事责任。吸食毒品在我国属于违法行为，吸食毒品后犯罪，比醉酒的人犯罪，性质更严重。唐律中有关举重以明轻、举轻以明重的规定，是司法解释的一个基本方

---

① 参见［德］汉斯·海因里希·耶赛克、托马斯·魏根特：《德国刑法教科书（总论）》，徐久生译，533 页，北京，中国法制出版社，2001。

法。至今，刑事司法工作中仍然沿用。依此原理，可以认为，虽然法律只规定醉酒的犯罪应当负刑事责任，但举轻以明重，吸毒的人犯罪，也应当负刑事责任。

在以上两个理由中，第一个理由涉及对我国刑法中罪刑法定原则的理解。我国刑法第 3 条规定的罪刑法定原则，在表述上确实不同于其他国家的刑法的规定。我国学者认为，我国刑法第 3 条关于罪刑法定原则的规定，可以分为两个方面：第一个方面，可称之为积极的罪刑法定原则；第二个方面，可称之为消极的罪刑法定原则。① 积极罪刑法定原则乃我国刑法所特有，但其内容能否概括为 "行为人实施了犯罪行为，除非法律明文规定不负刑事责任的，都要承担刑事责任"，则是殊为可质疑的。如果按照这一理解，则超法规的违法性阻却事由在我国刑法中都应当按照犯罪处理。例如，经被害人承诺出于特定目的（例如防疫）而烧毁其带有传染病菌的衣物，如果价值数额较大的，是否都应认定为故意毁坏财物罪呢？显然不能。由此可见，所谓积极的罪刑法定原则，并不能理解为只要刑法规定为犯罪就一定要定罪处罚，而是指 "只有法律将某一种行为明文规定为犯罪的，才能对这种行为定罪判刑，而且必须依照法律的规定定罪判刑"②。由此可见，所谓积极的罪刑法定原则仍然是对司法权的限制，强调定罪处刑的合法性。原因上的自由行为，包括丧失责任能力与限制责任能力两种情形。在丧失责任能力的情况下，如果没有原因上的自由行为理论，则其行为时因缺乏责任能力而不构成犯罪，怎么还要承担刑事责任？在限制责任能力的情况下，如果没有原因上的自由行为理论，则其行为时因责任能力减弱而应当从轻或者减轻处罚，同样不存在不负刑事责任的问题。事实上，只有在不适用原因上的自由行为理论的前提下，对原因上的自由行为追究刑事责任才有违反罪刑法定原则之虞。因此，第一个理由的论证与逻辑不合。

第二个理由是关于能否类推醉酒人犯罪规定的问题。我国刑法第 18 条第 4 款规定："醉酒的人犯罪，应当负刑事责任。" 这里的醉酒，在我国刑法理论上是指生

---

① 参见何秉松主编：《刑法教科书》，修订版，上卷，63 页，北京，中国法制出版社，2000。
② 胡康生、郎胜主编：《中华人民共和国刑法释义》，3 版，4 页，北京，法律出版社，2006。

理性醉酒而不包括病理性醉酒。因此，故意或者过失使本人陷于病理性醉酒状态，在丧失责任能力或者限制责任能力的情况下实施刑法分则规定的构成要件行为的，仍然应根据原因上的自由行为理论解决其归责根据问题。在生理性醉酒的情况下，确实存在丧失责任能力或者限制责任能力而实施法益侵害行为的情形。对此刑法明文规定应当负刑事责任。但这里"应当负刑事责任"的理论根据问题仍然应采用原因上的自由行为而予以解决。[①] 现在的问题是：能否从"醉酒的人犯罪，应当负刑事责任"的规定而引申出"吸毒的人犯罪，应当负刑事责任"的规则？裁判理由是以举轻以明重的解释方法来论证的。但举重以明轻和举轻以明重都应当受到罪刑法定原则的限制，尤其是入罪时不得轻重相举，否则就是类推。我认为，若根据刑法理论已经从刑法关于刑事责任能力的规定的范围中将原因上的自由行为予以排除，就没有必要再寻找其他法律根据。

四、精神病人的定义

因吸食毒品而产生精神障碍，在精神障碍状态下实施法益侵害行为的，应当如何处理，是一个世界各国都面临的问题。对此，某些国家的刑法作了专门规定。例如《意大利刑法典》第 91 条是关于意外事件或不可抗力的醉酒状态的规定，第 92 条是关于自愿的、过失的或者预先安排的醉酒状态的规定。第 93 条规定："当行为是在麻醉品作用下实施时，也适用前两条的规定。"第 94 条第 3 款规定，当沉溺于使用麻醉品的人在麻醉品作用下实施犯罪时，也适用本条第一部分规定的加重处罚。第 95 条规定："在因酒精和麻醉品造成的慢性中毒状态中实施行为的，适用第 88 条和第 89 条中的规定。"这些规定，为处理麻醉品中毒者的刑事责任提供了法律根据。根据上述规定，意大利学者认为，对麻醉品中毒应按下列不同情况分别

---

① 参见熊选国：《刑法中行为论》，231 页，北京，人民法院出版社，1992。

处理①：

(1) 如果行为人无认识或控制能力的状态是由不可预见或不可抗拒的原因引起的，即主体对这种状态的形成没有任何过错，应当排除主体的刑事责任能力；如果行为人的能力因上述原因而极大地减弱，则应减轻处罚（刑法典第 91 条）。

(2) 如果中毒状态是行为人有意或过失地造成的，或者说按刑法典第 92 条第 1 款的规定，不是由意外事件或不可抗力造成的，行为人无能力的状态在刑法上就没有意义，即应将主体视为有刑事责任能力的人。

(3) 如果行为人的无能力状态是由慢性中毒造成的，按刑法典第 95 条规定，这种情况属于精神缺陷范畴，应按刑法典第 88 条和第 89 条的规定处理。②

由此可见，《意大利刑法典》对麻醉品中毒情形下的刑事责任作了较为具体的规定，以便于司法适用。其他国家虽然没有对麻醉品中毒者的刑事责任作出明确规定，但该责任被包含在某一法律规定中。例如，《德国刑法典》第 20 条（精神病患者不负刑事责任）规定："行为人行为时，由于病理性精神障碍、深度的意识错乱、智力低下或其他严重的精神反常，不能预见其行为的违法性，或依其认识而行为的，不负刑事责任。"第 21 条（限制责任能力）规定："因第 20 条规定的各项原因，行为人行为时由于认识能力显著减弱，或依其认识而行为的，可依第 49 条第 1 款减轻其刑罚。"在此，《德国刑法典》将导致丧失或者限制责任能力的原因分为四项：病理性精神障碍、深度的意识错乱、智力低下、其他严重的精神反常。在此，病理性精神障碍可以分为外源性精神病与内因性精神病。外源性精神病是指精神病的原因是外部因素侵入器官组织，而内因性精神病是指精神病的原因是身体内部出

---

① 参见［意］杜里奥·帕多瓦尼：《意大利刑法学原理（注评版）》，陈忠林译评，180～181 页，北京，中国人民大学出版社，2004。

② 这里的《意大利刑法典》第 88 条是关于完全心智丧失（相当于日本刑法中的心神丧失）不负刑事责任的规定，第 89 条是关于部分心智丧失（相当于日本刑法中的心神耗弱）减轻处罚的规定。

现病变。德国学者罗克辛教授认为，毒品性迷醉引发的精神病，属于外源性精神病。[①] 因此，如果是毒品中毒引发精神障碍，属于丧失责任能力或者限制责任能力的情形，除非存在原因上的自由行为。在此，以德国波恩州法院审理的一起故意杀人未遂案为例加以说明：被告人哈逊姆·马斯洛因长期吸食大麻，逐渐经历了幻觉。其于 2001 年 12 月 7 日实施故意杀人行为，未遂。在该案判决书中，法官布伦、马尔贝特、赖因霍夫指出：

> 根据神经病学和精神病学的专业女医生杨考斯基博士的判断——很多提交给法庭的鉴定报告表明她是极其值得信赖的和内行的专家，在对被告人进行检查——也包括由专家教授施泰因迈尔博士所进行的检测心理学的附加检查——时并未出现任何线索表明存在深度的意识障碍（刑法典第 20 条第 2 个选项）、智力低下（刑法典第 20 条第 3 个选项）或者其他严重的精神病态（刑法典第 20 条第 4 个选项）。

> 但是，这个女专家诊断出被告人存在心理病理学的综合征，它是慢性的、毒品产生的精神分裂的偏执狂的幻觉性精神病。此外，被告人还存在大量的后遗性综合征（缺陷状态），典型地出现在精神分裂的精神病之中。

> 这个疾病状况符合刑法典第 20 条第 1 个选项意义上的疾病性精神障碍的各个前提。

> 与女专家仅仅根据她在莱茵巴赫司法执行设施进行的检查所暂时作出的鉴定不同，女专家根据在主要程序审判中获得的印象所得出的结论是：被告人存在的这种疾病性精神障碍并未导致缺乏刑法典第 20 条意义上的认识能力或者控制能力。[②]

在上述案件中，被告人因长期吸毒而产生精神障碍，精神病专家认为精神障碍并没有导致被告人责任能力的完全丧失。当然，判决指出，虽然不存在刑法典第 20

---

① 参见［德］罗克辛：《德国刑法学总论》，第 1 卷，王世洲译，583～585 页，北京，法律出版社，2005。

② 《德国波恩州法院关于一起故意杀人未遂案的判决书》，冯军译，载冯军主编：《比较刑法研究》，451 页，北京，中国人民大学出版社，2007。

条意义上的排除刑法答责性的各种前提，但是，根据各位专家的判断，法庭认为被告人显著降低了其刑法典第 21 条意义上的控制能力。也就是说，判决时按照《德国刑法典》第 21 条的规定，对被告人减轻处罚。在这个案件中，判决时对被告人并没有采用原因上的自由行为理论。由此可见，德国司法机关对原因上的自由行为之适用采取了较为谨慎的态度：在原因上的自由行为的故意犯情况下，要求双重故意（故意的双重地位）。而在原因上的自由行为的过失犯情况下，要求对于实现某一特定的过失犯罪的构成要件能够预见。① 而在我国刑法中，对于适用原因上的自由行为的条件缺乏严格限制。甚至彭崧故意杀人案的裁判理由中提出了"吸食毒品而致精神障碍的，不属于刑法意义上的精神病人"的命题，并对此作了以下论证：

> 刑法第十八条规定，精神病人在不能辨认或者不能控制自己行为的时候造成危害结果，经法定程序鉴定确认的，不负刑事责任。该条规定对不负刑事责任设定了三个条件：一是精神病人，即行为人在实施危害行为前就已经是精神病人；二是精神病人实施危害行为时不能辨认或者不能控制自己的行为，也即说如果实施危害行为时该精神病人能够辨认或者控制自己的行为，亦应当负刑事责任；三是程序条件即须经法定程序鉴定。本案情况表明，被告人彭崧是一个心智正常的人，其实施杀人行为时虽在辨认、控制能力上与其没吸食毒品时有区别，但其当时出现精神障碍，并非精神病发作的原因，而显然是受吸食毒品的影响，故被告人彭崧并非刑法意义上的精神病人。

这里涉及对我国刑法第 18 条第 1 款所规定之精神病人的理解。这里的精神病人，是指精神障碍者。精神障碍是一种丧失辨认或者控制自己行为能力的状态。只要存在这种状态，就是精神障碍者，至于引起这种精神障碍的原因在所不问。如前所述，在精神病学上把精神病分为外源性的精神病与内因性的精神病。在外源性精

---

① 参见［德］汉斯·海因里希·耶赛克、托马斯·魏根特：《德国刑法教科书（总论）》，徐久生译，534～535 页，北京，中国法制出版社，2001。

神病中，存在一种所谓中毒性精神病（intoxication psychoses；intoxikation psyo-hosen），是指由各种药物及毒物所引起之急性或慢性之精神错乱。① 因此，不能简单地认为吸食毒品而致精神障碍者，不属于精神病人。恰恰相反，吸食毒品而致精神障碍的，同样是精神病人。至于是否属于丧失责任能力或者限制责任能力的人，应对其行为时的辨认能力与控制能力加以司法精神病鉴定。当然，如果属于故意或者过失的原因上的自由行为，则应追究刑事责任。

五、结论

被告人彭崧在作案时具有限制责任能力，但这种限制责任能力状态是吸食毒品后药性发作所致。从法院认定的案情来看，被告人彭崧是在主观上故意的支配下实施杀人行为的，就此认定为故意杀人罪似无不可。但能否适用原因上的自由行为理论，则是存疑的。我认为，该案不存在适用原因上的自由行为理论的余地，应按一般的限制责任能力人犯罪处理。

此外，吸毒以及其他原因引起的精神障碍，同样是精神病。正如醉酒犯罪，不能因为刑法第 18 条第 4 款规定了醉酒的人犯罪应负刑事责任，就不再对醉酒的人进行责任能力的认定。如果是病理性醉酒，属于精神病，同样需要进行司法精神病鉴定。因此，以下结论是不能成立的：

> 鉴于被告人吸食毒品后实施犯罪行为，其犯罪行为归责于吸食毒品的行为，且吸食毒品后出现的精神障碍并不属于刑法意义上的精神病，所以，对吸毒后犯罪的被告人作司法精神病鉴定对本案的处理不产生任何影响。换言之，被告人吸食毒品后的责任能力问题，不影响其对自己吸食毒品后的危害社会行为依法承担刑事责任，故对被告人吸食毒品后的责任能力不需要作司法精神病鉴定。

---

① 参见黄丁全：《刑事责任能力研究》，155 页，北京，中国方正出版社，2000。

第 2 节 非法占有贷款目的之认定研究

案名：郭建升贷款诈骗案
主题：非法占有目的 司法推定

贷款诈骗罪在司法实践中是一种较为疑难的犯罪，尤其是关于贷款诈骗罪的非法占有目的如何认定，控辩双方往往产生重大分歧。最高人民法院的《刑事审判参考》刊登了郭建升贷款诈骗案①，被告人郭建升因非法占有目的的证据不足而被法院宣告无罪。本节由此切入，对贷款诈骗罪的非法占有目的认定问题进行研究。

一、案情及诉讼过程

1993 年 9 月，被告人郭建升通过向北京市宣武区大栅栏联社（现更名为北京市大栅栏工商实业总公司）借款人民币 30 万元及个人投入部分资金，在工商部门申请注册成立了北京市糊涂楼饭庄（集体所有制性质），挂靠于北京市朝阳区离退休人才开发服务中心，后变更隶属于北京市大栅栏工商实业总公司。郭建升与该公司签订承包经营协议，任饭庄法定代表人兼总经理，每年上缴管理费，并按月报送财务报表。因饭庄经营较好，郭建升等人先后在本市、外埠及澳大利亚和美国设立分店、分公司十余家。1995 年 10 月，郭建升与张某、鲜某为管理北京市糊涂楼饭庄及所属分店、分公司的经营及火锅研制开发项目，三人共同出资人民币 300 万元（大部分为北京市糊涂楼饭庄固定资产折价，少部分为投入资金），注册成立了北京市升宏餐饮有限责任公司（以下简称升宏公司），郭建升为该公

---

① 本案刊载于最高人民法院编：《刑事审判参考》，第 14 辑，北京，法律出版社，2001。

司法定代表人、董事长。该公司为其他混合所有制性质的有限责任公司。

1996 年 7 月 20 日，升宏公司经董事会研究决定，通过无业人员郭某瑞介绍向原招商银行北京分行中关村营业部（现更名为招商银行北京分行中关村支行，以下简称中关村营业部）提出贷款人民币 300 万元申请，用于购进生产多用途火锅原材料。该申请书中所列企业经营业绩、企业发展自我陈述和企业财务状况等项目，均按北京市糊涂楼饭庄及分店的业绩、发展情况和财务状况进行填写。升宏公司提交给银行的资产负债表、损益表（均为 1996 年 6 月 30 日）中的数字，部分为饭庄及分店的汇总数额，部分为会计推算和照抄郭某瑞提供的一份报表数字。

北京市大栅栏工商实业总公司经中关村营业部对该公司的担保能力等核保后，为该贷款申请出具了不可撤销担保书。中关村营业部对升宏公司此次贷款未做贷前调查，原因是：北京市糊涂楼饭庄和升宏公司在 1995年 8 月 22 日和 1996 年 5 月 2 日，先后从该营业部贷款人民币 100 万元和200 万元（本息均已归还），这两次贷款的申请书和担保书与升宏公司此次贷款人民币 300 万元的申请书内容基本相同，信贷员何某曾多次到该公司和饭庄查验营业执照、财务账目及现场营业情况，并听取被告人郭建升关于两企业为一体经营和报送的财务报表系饭庄及分店的汇总表等情况的介绍，因此对升宏公司本次贷款，何某经核保后便填写了贷前调查报告，并按照审批程序批准同意贷款人民币 300 万元。同年 8 月 2 日，中关村营业部将贷款人民币 300 万元转入升宏公司在该营业部设立的账户内，贷款期限 10 个月。

8 月 6 日，升宏公司将贷款人民币 195 万余元用于北京市糊涂楼饭庄及本公司的经营，余款人民币 104.062 5 万元，被告人郭建升以支票形式支付给北京市建工集团总公司房地产开发经营部，以个人名义购买了本市朝阳区××北里××园 16 号楼 1209 号、1210 号房产两套。1997 年年底，该房产由北京市糊涂楼饭庄原聘用人员刘某梅以人民币 80 余万元的价格转卖给他人，后被告人郭建升又用卖房所得之款以个人名义购买了河北省三河市燕郊××园别墅 6 号、15 号房产两幢。同年 12 月 16 日，被告人郭建升将该房产抵押给中国金谷国际信托投资有限责任公司，以升宏公司的名义贷款人民币 200 万元用于公司经营。

升宏公司贷款人民币 300 万元后，先后支付银行贷款利息及罚息 7 次，共计人民币五十余万元，至 1998 年 1 月停止付息。1997 年 6 月 1 日贷款期满，中关村营业部分别给升宏公司和担保单位北京市大栅栏工商实业总公司发出贷款到期催收函，两公司均复函表示同意履行还款及全额担保还款义务。因升宏公司和北京市糊涂楼饭庄在贷款逾期前后经营不善，资金周转发生困难，中关村营业部曾多次与被告人郭建升联系还款。郭表示因经营资金困难暂无还款能力，待经营好转收回资金后再还款。至案发时升宏公司未能偿还该贷款。

北京市第一中级人民法院认为：被告人郭建升所任职的升宏公司与北京市糊涂楼饭庄及分店虽分别注册登记为独立法人单位，但在实际经营管理运作过程中，两单位确有着密不可分的关系。升宏公司的多次贷款均是为饭庄的经营所用，升宏公司也实际上起到管理公司的作用。升宏公司在贷款时提供了有效担保，对北京市大栅栏工商实业总公司签订的不可撤销担保书及所附手续，招商银行有关部门经核保后认为真实无误。同时，郭建升没有与担保单位恶意串通欺骗银行的行为，升宏公司向银行提供的贷款担保是真实有效的，符合有关法律规定。贷款到期后，因公司经营管理不善等客观原因致使贷款不能按期归还，但升宏公司曾表示尽快归还贷款本息。据此，起诉书关于被告人郭建升编造虚假事实，骗取贷款人民币 300 万元并非法占有的指控，缺乏证据。被告人郭建升系单位的法定代表人，代表公司提出贷款请求系单位行为，不应视为个人行为；在取得贷款后，郭用其中人民币一百余万元以个人名义购买了房产，其余贷款用于单位经营，而后将房产抵押给金融机构以公司名义再次贷款用于企业经营的支出，亦不应认定被告人郭建升个人挥霍贷款。北京市人民检察院第一分院指控被告人郭建升犯贷款诈骗罪的证据不足，指控的犯罪不能成立。遂

依照《中华人民共和国刑事诉讼法》（1996 年——引者注）第 162 条第
(3) 项的规定，于 1999 年 11 月 2 日判决如下：（1）被告人郭建升无罪。
(2) 扣押在案的物品予以发还（附清单）。

一审宣判后，原公诉机关北京市人民检察院第一分院提出抗诉，主要
理由是：原审被告人郭建升在贷款人民币 300 万元的过程中，欺骗银行信
贷员并将北京市糊涂楼饭庄经营业绩冒充为升宏公司的业绩，伪造虚假的
申报材料，在骗得银行贷款人民币 300 万元后又将贷款用于其个人经营及
挥霍。郭建升主观上有非法占有国有财产的犯罪故意，客观上实施了虚构
事实、隐瞒真相的诈骗银行贷款、逾期拒不归还的犯罪行为，且数额特别
巨大。

原审被告人郭建升的辩护人提出：检察机关指控郭建升主观上具有恶
意占有银行贷款资金，是没有事实依据的；郭建升在申请 300 万元贷款的
整个过程中，不存在采取编造事实、蒙蔽、欺骗银行工作人员等欺诈手段
骗取银行贷款的犯罪事实；郭建升不存在实际非法占有银行贷款资金，并
将贷款用于个人经营活动及个人挥霍的事实，其逾期未还贷款亦非拒不归
还贷款。

北京市高级人民法院经审理查明：

升宏公司是在工商行政管理机关正式登记注册的其他混合所有制性质
的有限责任公司。该公司成立时，郭建升参股时在总资产中（指升宏公司
注册资金）80%的股份均来自北京市糊涂楼饭庄的固定资产折价。升宏公
司与北京市糊涂楼饭庄名义上是两个独立的法人，但两个公司（企业）之
间又确实存在密不可分的联系，且升宏公司成立的初衷及国家工商行政管
理机关核发的营业执照中，升宏公司也确实有"管理公司咨询"及火锅的
研制开发与生产（此项目系糊涂楼饭庄的主营项目）。郭建升既是升宏公
司的法定代表人，又是北京市糊涂楼饭庄及第一分店的法定代表人。案发
前，升宏公司也实际起到管理公司的作用。郭建升作为升宏公司的法定代
表人，在以本公司名义向招商银行申请贷款的过程（先后 2 次，一次 200

万元，一次即本案的 300 万元）中，并未欺骗、隐瞒本公司与北京市糊涂楼饭庄及分店的关系。郭建升在此次申报 300 万元所需填报的企业资产负债表、损益表中部分数字有夸大和不实的情况下，违规行使法人职权，予以签字、盖章，确属错误，但其目的是获取贷款用于公司经营活动，并非诈骗银行贷款资金。郭建升在以升宏公司名义向招商银行申请贷款过程中，多次按照规定向银行申报了担保单位，而银行也多次对该担保单位进行了核保，并与该单位签订了具有法律效力的"不可撤销担保书"。同时，郭建升没有与担保单位存在恶意串通，共同诈骗银行贷款的事实。升宏公司在申请贷款之前及至本案案发前并非不具有申请及偿还贷款的能力，招商银行经审查和核保后向其先后发放了人民币 600 万元贷款，其中 300 万元均已如期偿付利息及本金，对其余逾期未还的贷款，升宏公司及担保单位均已书面承诺偿还。因此，检察机关指控郭建升在升宏公司"不具备还款能力"的情况下骗取银行贷款资金，显然缺乏事实依据，亦与银行提供的贷款审核报告等证明是不相符的。

另查明：升宏公司及北京市糊涂楼饭庄及分店均属正式登记注册成立的法人，而郭建升作为前述公司、企业的法定代表人，其在申请银行贷款的过程中，始终是在以公司、企业的法定代表人名义，行使其法定代表人的职务行为，而并非郭建升的个人行为。郭建升确实已将申请到的 300 万元贷款中的绝大部分共计人民币 195 万余元贷款用于了升宏公司及糊涂楼饭庄及分店的经营活动。此外，郭建升虽违规使用了贷款人民币 104 万余元购置房产，并以其个人名义登记产权，但此系郭建升根据公司股东会关于购置房产以待升值后用作固定资产抵押再行贷款的决议而为的单位行为，其以个人名义登记产权，也系公司股东认可的。况且，最终郭建升在将前述两处房产变卖购入两套别墅后，又确实用于抵押，而从其他金融机构贷款所得人民币 200 万元也用于了公司及糊涂楼饭庄及分店的经营。贷款人民币 300 万元未能归还并非郭建升个人恶意占有及用于个人经营和挥霍所致。郭建升作为公司、企业的法定代表人，因经营决策的失误，导致公司投资规模、范围过大过宽及违规使用了部分贷款，陷入经营不善，资金周转困难，是造成本案 300 万元贷款未能及时归还的重要原因。此外，银行在贷款到期仍未归还的初始阶段，确曾几次向郭建升所在单位及担保单位催告，郭建升所在单位向银行也支付了逾期加罚利息达半年之久，并一再表示将承担还贷责任及违约责任；担保单位亦表示一定履行担保责任，并帮助郭建升做好公司及饭庄的经营，以便尽快偿还贷款。在银行后来按照正式程序向郭建升所在单位及担保单位发出贷款催收函后，升宏公司及担保单位均在回复函上表示一定归还贷款，担保单位更未拒绝担保，仍承诺其有不可撤销的担保责任。

北京市高级人民法院认为：原审被告人郭建升身为集体所有制和其他混合所有制企业、公司的法定代表人，在行使法定代表人职权，以本公司名义向银行申请贷款的过程中，虽在财务报表中对部分数字的申报有推算和虚假成分，但不影响其代表本公司与银行签订的贷款人民币 300 万元的借款的效力，且此项贷款业务已由有关单位提供经银行确认为真实、有效的担保保证，郭建升亦最终将贷款人民币 300 万元分别以现金形式或者以所购房产用作贷款抵押等方式用于了企业经营活动，而并非用于其个人经营活动及挥霍；贷款未能如期归还，确因郭建升等人对公司、企业经营管理不善所致，但该公司始终表示将尽快归还贷款本息，且担保单位亦未拒绝承担担保责任。综上，原审被告人郭建升在向银行为本公司申请贷款人民币 300 万元的过程中，确无个人非法占有贷款的犯罪目的和犯罪故意及诈骗犯罪行为。北京市人民检察院第一分院所提抗诉意见缺乏充分的事实及法律根据，故不予采纳；原审被告人郭建升及其辩护人分别所作郭建升无罪并请求维持一审法院判决的辩解及辩护意见成立，予以采纳。北京市第一中级人民法院根据郭建升在本案中行为的事实、性质、情节所作的判决，认定事实清楚，证据确实、充分，适用有关法律认定起诉书指控被告人郭建升犯贷款诈骗罪的证据不足，指控的犯罪不能成立，对其宣告无罪正确，审判程序合法，应予维持。遂依照《中华人民共和国刑事诉讼法》

（1996 年——引者注）第一百八十九条第（一）项的规定，于 2000 年 9 月
30 日裁定如下：驳回北京市人民检察院第一分院的抗诉，维持原判。

二、裁判理由

郭建升贷款诈骗案是司法实践中因主观上不具备非法占有目的而被法院判决无
罪的案例之一。从案情来看，虽然行为人向银行申请贷款的财务报表含有虚假项
目，但郭建升最终将贷款人民币 300 万元分别以现金形式或者以所购房产作贷款抵
押等方式用于企业经营活动，而并非用于其个人经营活动及挥霍；贷款未能如期归
还，确因郭建升等人对公司、企业经营管理不善所致，但该公司始终表示将尽快归
还贷款本息，且担保单位亦未拒绝承担担保责任。因此，郭建升所在公司之所以未
归还银行贷款，是由于客观不能归还。法院对本案判决无罪的裁判理由如下：

根据 1997 年《刑法》第一百九十三条的规定，贷款诈骗罪是指以非
法占有为目的，用虚假事实或者隐瞒真相的方法，骗取银行或者其他金融
机构的贷款，数额较大的行为。构成贷款诈骗罪，客观方面必须实施了下
列行为之一：（1）编造引进资金、项目等虚假理由；（2）使用虚假的经济
合同；（3）使用虚假的证明文件；（4）使用虚假的产权证明作担保或者超
出抵押物价值重复担保；（5）以其他方法诈骗贷款。主观方面必须具有非
法占有贷款的目的。在司法实践中，认定是否构成贷款诈骗罪，不仅要看
其是否具有前述行为之一，而且还要看行为人是否具有非法占有目的。

关于如何认定行为人主观上具有非法占有目的，最高人民法院 2001
年 1 月 21 日印发的《全国法院审理金融犯罪案件工作座谈会纪要》（以下
简称《纪要》）指出："应当坚持主客观相一致的原则，既要避免单纯根据
损失结果客观归罪，也不能仅凭被告人自己的供述，而应当根据案件具体
情况具体分析。对于行为人通过诈骗的方法非法获取资金，造成数额较大
资金不能归还，并具有下列情形之一的，可以认定为具有非法占有的目
的：（1）明知没有归还能力而大量骗取资金的；（2）非法获取资金后逃跑

的；（3）肆意挥霍骗取资金的；（4）使用骗取的资金进行违法犯罪活动的；（5）抽逃、转移资金、隐匿财产，以逃避返还资金的；（6）隐匿、销毁账目，或者搞假破产、假倒闭，以逃避返还资金的；（7）其他非法占有资金、拒不返还的行为。"

在本案中，被告人郭建升身为集体所有制和其他混合所有制企业、公司的法定代表人，在向银行申请贷款的过程中，提交的财务报表对部分数字的申报有推算和虚假成分，尽管不影响其代表该公司与银行签订的贷款人民币 300 万元的借款的效力，且此项贷款业务已由有关单位提供经银行确认为真实、有效的担保保证，但是其利用含有虚假项目的财务报表向银行申请贷款的行为，可以认定归属于贷款诈骗的"其他方法"。但是该行为是否构成贷款诈骗罪，还必须进一步借助其他的行为事实来证明郭建升主观上是否具备非法占有目的。

综合本案中贷款的使用、不能归还贷款的原因以及郭建升对偿还贷款的主观态度等事实来分析，并不能证实郭建升在申请贷款的过程之中以及取得贷款之后具备非法占有贷款的目的。具体来说，郭建升最终将贷款人民币 300 万元分别以现金形式或者以所购房产用作贷款抵押等方式用于了企业经营活动，而并非用于其个人经营活动及挥霍；贷款未能如期归还，确因郭建升等人对公司、企业经营管理不善所致，但该公司始终表示将尽快归还贷款本息，且担保单位亦未拒绝承担担保责任。因此，利用含有虚假项目的财务报表进行申请贷款，能否认定为"以其他方法诈骗贷款"而构成贷款诈骗罪，关键在于结合案件的其他事实来证明行为人主观上是否具备非法占有贷款的目的。根据《纪要》的上述精神，分析本案中对郭建升行为的不同定性，检察院主张郭建升主观上具有非法占有目的并构成贷款诈骗罪，显然是未能正确区分贷款诈骗罪（刑事违法行为）与贷款诈欺（民事违法行为）在主观方面的界限，而法院认定郭建升因主观上不具备"非法占有目的"而不构成贷款诈骗罪，则准确地把握了两者主观方面的界限。

随着市场经济的发展和金融活动领域的扩大，贷款不能归还的风险也可能加大，贷款纠纷也会增加。因此，要准确区分贷款诈骗与贷款纠纷的界限。特别应当注意的是，根据《纪要》的规定，对于合法取得贷款后，没有按规定的用途使用贷款，到期没有归还贷款的，不能以贷款诈骗罪定罪处罚；对于确有证据证明行为人不具有非法占有目的，因不具备贷款的条件而采取了欺骗手段获取贷款，案发时有能力履行还贷义务，或者案发时不能归还贷款是因为意志以外的原因，如经营不善、被骗、市场风险等，不应以贷款诈骗罪定罪处罚。总之，在处理具体案件的时候，对于有证据证明行为人主观上不具有非法占有目的的，就不能单纯因贷款不能归还而按金融诈骗罪论处。

三、非法占有目的司法推定

本案被告人郭建升在贷款以后客观上未归还贷款，是一个事实。但仅有这一事实尚不能追究被告人的刑事责任，关键在于：这种未归还是否属于贷款诈骗以后的非法占有行为？为此，必须考察被告人客观上有无贷款诈骗行为与主观上有无非法占有的目的。从客观来说，本案裁判理由认为，被告人利用含有虚假项目的财务报表向银行申请贷款的行为，可以认定归属于诈骗的"其他方法"。在这种情况下，被告人的行为是否构成贷款诈骗罪，取决于主观上是否具备非法占有目的。

非法占有目的，是行为人的一种主观心理状态，但它又不是完全脱离客观外在活动而存在的，因此，应当结合行为人的客观行为加以认定。在此，存在一个通过客观行为推定其主观上的非法占有目的的问题。这里涉及推定的方法。对此以往我国刑法理论鲜有论及，我认为应当加以深入研究。在英美法系刑法中，推定，尤其是司法推定，是被大量运用的一种事实或者法律认定的技术。英国学者指出：

> 根据对某个事实的证明，陪审团可以或者必须认定另外某个事实（通常称推定事实）的存在，这就叫做推定。其中，推定又可以分为法律的推定与事实的推定。"可以"和"必须"是区分法律的推定和事实的推定的

依据。在陪审团必须认定事实的存在时，推定是法律的推定。如果陪审团根据对某一其他事实的证明而可以认定推定事实的存在，推定是事实的推定。英国学者认为，事实的推定往往是能够证明被告人心理状态的唯一手段，因而在刑事司法中起着非常重要的作用。法官应该对陪审团作出这样的指示，即它有权从被告人已经实施的违禁行为的事实中，推定出被告人是自觉犯罪或具有犯罪意图，如果被告人未作任何辩解，推断通常成立。[①]

由此可见，推定是在对被告人的主观意图认定中经常采用的一种司法技术。从逻辑上来说，推定是指通过证明某一已知事实的存在来推断另一事实的存在。因而，在已知事实与推断事实之间必须存在某种内在联系，否则，这种推定就缺乏科学性。因此，推定的基础事实的确定是十分重要的，直接影响着推定结论的正确性。

对于贷款诈骗罪的非法占有目的的认定，司法解释作了明文规定。例如，根据《全国法院审理金融犯罪案件工作座谈会纪要》（以下简称《审理金融案件纪要》）的规定，非法占有目的推定的基础事实是：

（1）明知没有归还能力而大量骗取资金的；（2）非法获取资金后逃跑的；（3）肆意挥霍骗取资金的；（4）使用骗取的资金进行违法犯罪活动的；（5）抽逃、转移资金、隐匿财产，以逃避返还资金的；（6）隐匿、销毁账目，或者搞假破产、假倒闭，以逃避返还资金的；（7）其他非法占有资金、拒不返还的行为。

应当指出，上述七种情形中除第一种情形以外，其他六种情形都是事后对贷款资金的处置，这些处置可以作为认定行为人非法占有贷款目的的基础事实，是以贷款是行为人采用欺骗方法获取为前提的，如果没有这一前提，贷款是合法获取的，当然也就不存在构成贷款诈骗罪的问题。值得注意的是，除上述司法解释明文列举的情形以外，比照《审理金融案件纪要》和有关司法解释的精神，下列特定情形下

---

① ［英］鲁珀特·克罗斯、菲利普·A. 琼斯：《英国刑法导论》，赵秉志等译，55～56 页，北京，中国人民大学出版社，1991。

也可以推定行为人具有非法占有的目的：（1）以支付帮助获取资金的中间人高额回扣、介绍费、利差、提成的方式非法获取资金，并由此造成大部分资金不能返还的；（2）将资金大部分用于弥补亏空、归还债务，导致资金事实上无法归还的；（3）没有实际经营可以预期的赢利业务而大量骗取资金的，导致资金用于高风险营利活动，造成亏损，致使资金无法归还的（符合借款合同约定的用途除外）；（4）将资金用于高风险的非营利活动（如借出），置资金安全于不顾的；（5）获取资金明显超过自身经营所需，而随意处置所获取资金的；（6）为继续骗取资金，将资金用于亏损或不营利的生产经营项目的；（7）其他没有归还能力而大量骗取资金的。

上述基础事实，都为非法占有目的的推定提供了逻辑前提。在司法实践中，推定行为人主观上具有非法占有的目的，应当具备以下三个条件。

（一）通过欺诈方法获取贷款

贷款诈骗的前提是要有欺诈行为，其贷款系骗而所得。如果没有欺诈的事实，也就根本不存在贷款诈骗的问题，因而更谈不上非法占有贷款的目的。关于贷款诈骗罪的欺骗方法，刑法第 193 条列举了五种情形，前四种是明确规定，第五种是概括规定。在理解"以其他方法诈骗贷款"中的其他方法时，应当注意它与前四项规定在性质上的一致性。

（二）到期没有归还贷款

贷款诈骗罪是以侵犯银行或者其他金融机构的贷款所有权为特征的犯罪，其主观意图是非法占有贷款。如果行为人到期已经及时归还贷款，那就没有贷款诈骗可言。因此，到期没有归还贷款是认定贷款诈骗罪的非法占有目的的事实前提。

（三）贷款时明知不具有归还能力或者贷款后实施了某种特定行为

贷款时明知不具有归还能力，是指在贷款的时候，已经知道不具备归还可能性。在这种情况下采取欺诈手段获得贷款，可以推定行为人主观上具有非法占有的目的。这里的明知不具有归还能力，仍然是行为人的一种主观心理状态，因而需要正确认定。贷款后实施了某种特定行为（就是前文列举的各种推定的基础事实），就可以推定行为人主观上具有非法占有的目的。通过推定，将主观心理的认定转换成为客观行为的认定，为司法机关认定非法占有的目的提供了便利。当然，推定的事实与客观的事实本身还是有所不同的，因此，推定是允许反驳的，如果存在反证则可能推翻。

四、本案之分析

本案被告人郭建升以升宏公司的名义向招商银行北京分行中关村营业部贷款 300 万元，在贷款当时，提供的公司财务状况材料存在虚假成分，因而存在一定的欺诈行为。而且，贷款期满后升宏公司未能偿还该贷款。在这种情况下，被告人郭建升的行为是否构成贷款诈骗罪，取决于主观上是否具有非法占有的目的。而正是在这一点上，检察院与法院的意见存在分歧：

检察院指控被告人郭建升主观上具有非法占有的目的，主要理由有二：第一，郭建升在升宏公司不具备还款能力的情况下骗取银行贷款资金。第二，郭建升在骗得银行贷款人民币 300 万元之后又将贷款用于其个人经营及挥霍。

法院则认为被告人郭建升主观上没有非法占有的目的，其主要理由是：第一，升宏公司在申请贷款之前及至本案案发前并非不具有申请及偿还贷款的能力。第二，贷款人民币 300 万元未能归还并非郭建升个人恶意占有及用于个人经营及挥霍所致。

上述分歧，主要还是对案件事实的认定与判断问题。其中，以下两个问题是需要在此提出加以讨论的。

（一）还款能力问题

有无还款能力，是企业的一种客观状态。但对于担保贷款来说，只要担保是真实的，贷款企业本身的还款能力并不重要，因为担保意味着还款义务的转移：在贷款企业不能归还贷款的情况下，应由担保单位履行向银行归还贷款的义务。本案中的，恰恰是一种担保贷款。根据法院认定的事实，郭建升在以升宏公司名义向招商银行申请贷款的过程中，多次按照规定向银行申报了担保单位，而银行亦多次对该担保单位进行了核保，并与该单位签订了具有法律效力的不可撤销担保书。如此说来，从担保贷款这一事实就可以得出结论，升宏公司在贷款时是否具有归还贷款能力对于本案之定罪是没有关系的。检、法两家围绕这个问题展开争论，可以说是没有切中要害。

（二）个人挥霍问题

本案中确实存在违规使用贷款的现象，将 300 万元贷款中的 104 万余元用于购置房产，并以郭建升个人名义登记产权。检察机关所指的个人占用，大概指的就是这一情况。但法院经查，认为此系郭建升根据本公司股东会关于购置房产以待升值后用作固定资产的决议行事。况且，最终郭建升在将前述两处房产变卖又购入两套别墅后，又确实用于抵押，而从其他金融机构贷款所得人民币 200 万元也用于了公司及糊涂楼饭庄及分店的经营。因此，法院得出结论：贷款人民币 300 万元未能归还并非郭建升个人恶意占有及用于个人经营及挥霍所致。应当说，法院的认定是正确的。

综上所述，推定被告人郭建升主观上具有非法占有目的的基础事实都是不存在的，因而不能认定郭建升主观上具有非法占有的目的。

五、进一步的思考

本案涉及的一个重要问题是贷款诈骗与贷款舞弊如何区分。在本案裁判理由中，论及正确区分贷款诈骗罪（刑事违法行为）与贷款舞弊（民事违法行为），以及正确区分贷款诈骗与贷款纠纷的界限问题。一般来说，贷款纠纷是在贷款以后未能及时归还贷款而引发的纠纷，它与贷款诈骗罪的界限还是较为明显的。不易区分的是贷款诈骗罪与贷款舞弊行为。贷款舞弊行为也存在一定的诈欺性，那么它与贷款诈骗的诈欺到底有何不同呢？这里涉及对诈欺一词的法理上的界定。

诈欺的法律渊源可以追溯到古罗马法。在古罗马法中，诈欺可以分为两种：第一种是作为法律行为瑕疵之诈欺（dolus faudus），指以欺骗手段使相对人陷于错误或利用相对人的错误使之成立不利的法律行为。第二种是作为私犯的诈欺（dolus malus)，指行为人用欺骗手段使对方为或不为某种行为。[①] 在现代民法理论中，这两种诈欺又分别称为法律行为制度中的诈欺与侵权行为法中的诈欺，两者的构成要件并不相同：法律行为制度中的诈欺以导致被诈欺人的错误意思表示为最终构成要件，而侵权行为法中的诈欺以导致被诈欺人的实际损失为最终构成要件。并且，两者的法律后果有所不同：法律行为制度中的诈欺法律后果仅限于构成无效的法律行为，而侵权行为法中的诈欺法律后果则在于使诈欺人承担赔偿责任。当然，当法律行为制度中的诈欺行为成立而导致实际损害后果时，也不妨嗣后构成侵权行为法中的诈欺行为。[②] 在刑事诈欺中，也有类似于上述民法中的两种诈欺。例如，我国有学者在论及贷款诈骗时指出：存在两种意义上的贷款诈骗。狭义上的贷款诈骗是指只要行为人以诈欺的方法获取银行贷款，便构成此罪，其故意的内容不包括占有贷款不予归还。广义上的贷款诈骗既包括骗取由正常方式无法获得的贷款的行为，也包括骗取并占有贷款的行为，还包括骗取贷款授信资格后，进一步骗取他人财产的行为。[③] 这里所谓以诈欺的方法获取银行贷款的贷款诈欺相当于民法上的法律行为制度中的诈欺，以使诈欺人陷于错误的虚假陈述为内容。在这个意义上，其只是骗用贷款。而所谓骗取贷款并占有贷款的贷款诈欺相当于民法上的侵权行为法中的诈欺，以非法占有他人财物为必要。在这个意义上，可以说其是骗取并占有贷款。显然，我国刑法中规定的贷款诈骗罪是以非法占有为目的，因而属于非法占有财物的贷款诈欺。但我国刑法并没有将虚假陈述的贷款诈欺予以犯罪化，因而在一个贷款诈欺的案件中，只要不具有非法占有的目的，就不构成犯罪，只能作无罪处理。在本案中，郭建升在向银行申请贷款的过程中，存在虚假陈述行为，并且在获取贷款以后，违反规定改变贷款用途，最终未能归还贷款。如果在刑法中设有以虚假陈述为构成要件的贷款舞弊罪，对郭建升就可以该罪论处。但由于刑法中未设该罪，而又不能证明郭建升主观上具有非法占有的目的，因而只能作无罪处理。

---

①　参见周枏：《罗马法原论》，下册，590～794 页，北京，商务印书馆，1994。

②　参见董安生：《民事法律行为》，152～153 页，北京，中国人民大学出版社，1994。

③　参见白建军：《金融诈欺及预防》，35 页，北京，中国法制出版社，1994。

此外，本案还涉及贷款诈骗罪是否可以由单位构成的问题。刑法没有规定单位可以构成贷款诈骗罪，在这种情况下，是否可以追究单位中的直接负责的主管人员和直接责任人员的刑事责任，在刑法理论上是存在争议的。对此，《审理金融案件纪要》明确规定：

> 对于单位实施的贷款诈骗行为，不能以贷款诈骗罪定罪处罚，也不能以贷款诈骗罪追究直接负责的主管人员和其他直接责任人员的刑事责任。但是，在司法实践中，对于单位十分明显地以非法占有为目的，利用签订、履行借款合同诈骗银行或其他金融机构贷款，符合刑法第二百二十四条规定的合同诈骗罪构成要件的，应当以合同诈骗罪定罪处罚。

我认为，在刑法没有规定单位可以成为贷款诈骗罪主体的情况下，不能以贷款诈骗罪追究单位中的直接负责的主管人员和直接责任人员的刑事责任，这是正确的。但在这种情况下，转而以合同诈骗罪追究刑事责任，尽管有一定法理基础，但不无牵强之处，而且与对单位贷款诈骗行为不追究刑事责任的立法规定不符。在本案中，同样涉及单位贷款诈骗问题。从检察机关指控被告人郭建升将贷款用于其个人经营和挥霍来看，实际上是认定郭建升个人犯罪。而法院则认为，被告人郭建升系单位的法定代表人，代表公司提出贷款请求系单位行为，不应视为个人行为。因此，按照法院的观点，本案即使构成犯罪，也应定合同诈骗罪，同时追究单位和郭建升的刑事责任。当然，由于本案被判无罪，也就不存在这个问题。

六、补记

本节写作于 2005 年，发表在我主编的《刑事法判解》第 8 卷（法律出版社 2005 年版）。在本节第五部分，我讨论了设立贷款舞弊罪的问题。2006 年 6 月 29 日全国人大常委会《刑法修正案（六）》第 10 条增设了骗取贷款罪，指以欺骗手段取得银行或者其他金融机构贷款，给银行或者其他金融机构造成重大损失或者其他严重情节的行为。这里的骗取贷款，就是我所称的贷款舞弊。我认为，骗取贷款这一用语容易与贷款诈骗相混淆，还是贷款舞弊这一用语更为贴切，因为以欺骗手段取得贷款就是在申请贷款过程中弄虚作假，它与贷款诈骗罪的主要区别就在于不具有非法占有的目的。

第 3 节　不以骗取税款为目的的虚开发票行为之定性研究

案名：芦才兴偷税案①
主题：目的犯　非法定的目的犯

虚开发票行为是指刑法第 205 条规定的虚开增值税专用发票、用于骗取出口退税、抵扣税款发票的行为。因此，虚开发票行为包括以下三种：一是虚开增值税专用发票，二是虚开用于骗取出口退税发票，三是虚开抵扣税款发票。由此构成的犯罪是虚开增值税专用发票、用于骗取出口退税、抵扣税款发票罪。为行文方便，本节将本罪简称为虚开特定发票罪或在涉及具体发票时予以详称。

一、引论

虚开特定发票罪涉及的一个重要法理问题是：本罪是否以骗取税款为目的？刑法第 205 条第 1 款规定：

> 虚开增值税专用发票或者虚开用于骗取出口退税、抵扣税款的其他发票的，处三年以下有期徒刑或者拘役，并处二万元以上二十万元以下罚金；虚开的税款数额较大或者有其他严重情节的，处三年以上十年以下有期徒刑，并处五万元以上五十万元以下罚金；虚开的税款数额巨大或者有其他特别严重情节的，处十年以上有期徒刑或者无期徒刑，并处五万元以上五十万元以下罚金或者没收财产。

---

① 根据 2009 年《刑法修正案（七）》第 3 条的修订，偷税罪改为逃税罪，特此说明。

根据这一规定，只要有虚开行为即可构成本罪，并且根据虚开税款的数额大小规定了轻重不等的法定刑。显然，刑法对虚开特定发票罪没有规定以骗取税款为目的。同时，刑法第 205 条第 1 款只规定了虚开行为构成犯罪，虚开以后又骗取税款的如何处理没有规定。然而刑法第 205 条第 2 款规定："有前款行为骗取国家税款，数额特别巨大，情节特别严重，给国家利益造成特别重大损失的，处无期徒刑或者死刑，并处没收财产。"① 根据这一规定，虚开特定发票而骗取国家税款，数额特别巨大，情节特别严重，给国家利益造成特别重大损失的，以虚开特定发票罪处无期徒刑或者死刑，并处没收财产。显然，在这种情况下骗取国家税款的行为被虚开特定发票罪所包含，这是一种法条竞合。虚开特定发票罪是整体法，骗取税款的诈骗罪是部分法，后者被前者所包容，两者之间存在着整体法与部分法之间的法条竞合关系。但虚开特定发票而骗取国家税款，数额没有达到特别巨大，情节没有达到特别严重，没有给国家利益造成特别重大损失的，如何处理？刑法并未规定。对此，我国刑法学界存在以下三种观点②：第一种观点认为，虚开特定发票行为本身就构成犯罪，再用虚开的特定发票骗取国家税款，属于加重行为。第二种观点认为，该种情况属于犯一罪同时触犯数法条的法条竞合。按照特别法（刑法第 205 条）优于普通法（刑法第 204 条第 2 款）的原则，应以刑法第 205 条论处。第三种观点认为，虚开增值税专用发票后又实施骗税行为的，完全符合牵连犯的情况，依照牵连犯从一重处断的原则论处。我认为，刑法第 205 条第 1 款的规定是存在缺陷的，它只规定了虚开行为，对于虚开后的骗取行为未作规定，由此与第 2 款的规定不相协调。在这种情况下，应当比照第 2 款的规定弥补第 1 款的规定的立法缺陷。因此，实施刑法第 205 条第 1 款的虚开行为而又骗取税款的，应以虚开特定发票罪论处。在本节中，我并不想深入讨论这个问题。之所以论及这个问题，是想表明虚开特定发票行为与骗取税款行为是密切相连的。虚开特定发票而未骗取国家税款的（简称开而未骗），应以本罪论处；虚开特定发票而骗取国家税款的（简称开且骗），同样应以本罪论处。

---

① 2011 年 2 月 25 日《刑法修正案（八）》第 32 条删除了该规定，从而废除了本条犯罪的死刑。
② 参见高铭暄主编：《新型经济犯罪研究》，171 页，北京，中国方正出版社，2000。

在开且骗的情况下，行为人主观上当然是具有骗取税款目的的。但在开而未骗的情况下，行为人主观上是否必须具有骗取税款目的？换言之，如果没有骗取税款目的是否构成本罪？进而言之，如果没有骗取税款目的但有其他犯罪目的并实施了其他犯罪行为，是定虚开特定发票罪还是定其他犯罪呢？这才是本节所要讨论的问题。

　　在我国刑法理论中，关于构成虚开特定发票罪是否须具备以骗取税款为目的的必备要件，存在以下两种观点：第一种是肯定说，例如张明楷教授指出：本罪属于抽象的危险犯，司法机关应以一般的经济运行方式为根据，判断是否具有骗取国家税款的可能性。如果虚开、代开增值税等发票的行为根本不具有骗取国家税款的可能性，则不宜认定为本罪。例如，甲、乙双方以相同的数额相互为对方虚开增值税发票，并且已按规定缴纳税款，不具有骗取国家税款的主观目的与现实可能的，不宜认定为本罪。再如，代开的发票有实际经营活动相对应，没有而且不可能骗取国家税款的，也不宜认定为本罪。① 第二种是否定说，认为一般来说行为人主观上都是以营利为目的的，但法律上并未规定以营利为目的是构成本罪在主观方面的必备要件。因此，如果以其他目的虚开增值税专用发票的，也构成本罪。② 在上述两种观点中，我是赞同肯定说的，主张虚开特定发票罪是目的犯。这一观点，在芦才兴偷税案③中得到确认。

二、案情及诉讼过程

　　1997 年 7 月至 1998 年 12 月，被告人芦才兴以每月支付 500 元管理费的形式挂靠宁波旭日联运有限公司（以下简称旭日公司），又以支付车辆租金、风险抵押金的形式承租宁波远航集装箱仓储运输公司（以下简称远航公司），并从上述两公司分别获取了全国联运业货运统一发票（以下简

---

① 参见张明楷：《刑法学》，3 版，613 页，北京，法律出版社，2007。
② 参见周道鸾、张军主编：《刑法罪名精释》，3 版，346 页，北京，人民法院出版社，2007。
③ 本案刊载于最高人民法院编：《刑事审判参考》，第 17 辑，北京，法律出版社，2001。

称联运发票)和浙江省宁波市公路集装箱运输专用发票及浙江省公路货运专用发票等运输发票。

被告人芦才兴在以旭日公司名义经营运输业务期间,为少缴应纳税款,先后从自己承租的远航公司以及北仑甬兴托运站等5家运输企业接受虚开的表明营业支出的联运发票、浙江省宁波市公路集装箱运输专用发票及浙江省公路货运专用发票等运输发票共53张,价税合计人民币6 744 563.77元,并将上述发票全部入账,用于冲减其以旭日公司名义经营运输业务的营业额,实际偷逃营业税200 379.25元、城建税14 026.55元、企业所得税333 965.41元,合计偷逃税款548 371.21元,且偷逃税额占其应纳税额的30%以上。

为帮助其他联运企业偷逃税款,被告人芦才兴将旭日公司联运发票的发票联共50张提供给浙江省鄞县古林运输公司江北托运部等5家运输企业,将远航公司浙江省宁波市公路集装箱运输专用发票的发票联3张提供给宁波环洋经贸有限公司用于虚开,虚开的发票联金额总计4 145 265.32元,存根联或记账联金额为54 395元。以上虚开的运输发票均已被以上接受发票的运输企业用以冲减营业额,实际偷逃营业税122 728.84元、城建税8 591.01元、企业所得税204 548.07元,合计偷税税款335 867.92元。

宁波市中级人民法院认为:被告人芦才兴在挂靠运输企业经营运输业务期间,违反国家税收法规,故意采用虚假手段,虚增营业开支,冲减营业数额,偷逃应纳税款计人民币548 371.21元,且偷逃税额占应纳税额的30%以上;又提供或虚开运输发票,帮助其他运输企业虚增营业开支,冲减营业数额,偷逃应纳税款,计人民币335 867.92元,其行为已构成偷税罪。公诉机关指控芦才兴犯罪的事实清楚,证据确实、充分,但指控被告人芦才兴的行为构成虚开抵扣税款发票罪依据不足,指控罪名错误,应予纠正。遂依照《中华人民共和国刑法》第201条第1款、第52条之规定,于2000年4月25日判决如下:被告人芦才兴犯偷税罪,判处有期徒刑6年,并处罚金人民币100万元。

一审判决后，被告人芦才兴服判。宁波市人民检察院抗诉提出：本案中运输发票具有抵扣税款的功能，被告人芦才兴虚开了具有抵扣功能的发票，其行为已触犯《中华人民共和国刑法》第 205 条的规定，构成虚开用于抵扣税款发票罪。一审判决因被告人没有将虚开的发票直接用于抵扣税款而认定被告人的行为构成偷税罪不当。

浙江省高级人民法院审理后认为：本案中所有用票单位都是运输企业，均不是增值税一般纳税人，无申报抵扣税款资格。因此本案被告人为别人虚开或让别人为自己虚开的发票在运输企业入账后，均不可能被用于抵扣税款。被告人芦才兴主观上明知所虚开的运输发票均不用于抵扣税款，客观上使用虚开发票冲减营业额的方法偷逃应纳税款，其行为符合偷税罪的构成要件，而不符合虚开用于抵扣税款发票罪的构成要件。原审判决定罪和适用法律正确，量刑适当，审判程序合法。遂依照《中华人民共和国刑事诉讼法》（1996 年——引者注）第 189 条第（1）项之规定，于 2000 年 12 月 29 日裁定驳回抗诉、维持原判。

三、争议及裁判理由

本案二审判决作出以后，由于涉及虚开发票是否以骗取税款为目的等重要法理问题，因而被最高人民法院编的《刑事审判参考》在加上裁判理由后刊登。因此，关于本案的裁判理由，可以被视为法院在本节所讨论问题上的观点。

虚开可以用于抵扣税款的发票冲减营业额偷逃税款的行为如何定性？在审理本案的过程中，对于被告人芦才兴的行为如何定性存在两种不同意见：检察机关认为，刑法第 205 条规定的虚开用于抵扣税款发票罪是行为犯，被告人只要实施了虚开可以抵扣税款的发票（包括使用此种发票）的行为，不管其主观意图是想以虚增成本的方法偷税，还是想用虚开的发票非法抵扣税款，都只构成虚开用于抵扣税款的发票这一种罪。被告人芦才兴虚开的运输发票属于抵扣税款的发票，其行为构成虚开用于抵扣税款发票罪。一、二审法院认为，刑法第 205 条规定的虚开用于抵扣税款发票罪中的抵扣税款具有特定含义,被告人虚开可以抵扣税款的发票,如其主观意图不是用于抵扣税款,客观上也没有去抵扣税款,而是为了其他目的去使用虚开的发票,则不能以虚开抵扣税款发票罪定性。被告人芦才兴采用虚开运输发票的手段,达到偷逃税款的主观目的,其所虚开的运输发票均未用于抵扣税款,因此,其行为不符合虚开用于抵扣税款发票罪的构成要件,应构成偷税罪。

一、二审判决理由如下:

(一)被告人芦才兴挂靠的旭日公司和承租的远航公司属于交通运输企业,无申报抵扣税款资格,其为自己和其他交通运输企业开具的运输发票不能用于抵扣税款。

根据刑法第 205 条的规定,虚开抵扣税款发票罪,是指故意违反国家发票管理法规,为他人虚开、为自己虚开、让他人为自己虚开或者介绍他人虚开用于抵扣税款的专用发票的行为。虚开抵扣税款发票罪的成立,必须同时具备以下条件:

1. 行为人实施了虚开用于抵扣税款的发票的行为。所谓虚开,是指没有购销货物或者没有提供、接受应税劳务而开具用于抵扣税款的发票,或者虽有购销货物或者提供、接受了应税劳务但开具内容不实的用于抵扣税款的发票的行为。仅从这一点来说,被告人芦才兴的行为符合虚开抵扣税款发票罪的构成特征。

2. 犯罪对象必须是可以用于抵扣税款的发票。所谓抵扣税款,是指增值税纳税义务人抵扣增值税进项税额的行为。根据《中华人民共和国增值税暂行条例》(1993 年,本节下同——引者注)第 8 条的规定,增值税纳税人购进货物或者接受应税劳务所支付或者负担的增值税额即进项税额,准予从销项税额中抵扣。能够被用于抵扣税款的发票,除增值税专用发票以外,还有运输发票、废旧物品收购发票以及农业产品收购发票等其他特定发票。如根据有关规定,增值税纳税义务人购进货物(不包括固定资产)和销售货物所付运输费用,根据运费结算单据(运输发票)所列运费金额(不包括随运费支付的装卸费、保险费等杂费),按照 7% 的扣除率计算准予抵扣的进项税额，其计算公式是：进项税额＝运费金额×7%。因此，在我国税收征管制度中，除增值税专用发票以外，运输发票、废旧物品收购发票以及农业产品收购发票等其他特定发票也具有抵扣税款功能。本案被告人芦才兴为自己和他人虚开可以用于抵扣税款的运输发票，可以构成虚开抵扣税款发票罪。

3. 行为人必须具有抵扣税款的资格。由于抵扣税款只发生在增值税的纳税环节，即增值税纳税义务人（因大多数小规模纳税人销售货物或者提供应税劳务，实行简易办法计算应纳税额，不存在抵扣税款问题，抵扣税款主要适用于增值税一般纳税人）在缴纳增值税时，将其购进货物或者接受应税劳务所支付或者负担的增值税额予以抵扣的活动。根据《中华人民共和国增值税暂行条例》第1条的规定，"在中华人民共和国境内销售货物或者提供加工、修理修配劳务以及进口货物的单位和个人，为增值税的纳税义务人"。因此，只有在我国境内销售货物或者提供加工、修理修配劳务以及进口货物的单位或者个人，才有抵扣税款的资格，其虚开可以用于抵扣税款的发票，可以构成虚开抵扣税款发票罪（为非增值税纳税义务人虚开可以用于抵扣税款的发票，不能以虚开抵扣税款发票罪追究刑事责任）。非增值税纳税义务人，如营业税、所得税、城市建设维护税的纳税人不存在抵扣税款问题，其为自己虚开或者让他人为自己虚开可以用于抵扣税款的发票，不能以虚开抵扣税款发票罪定罪处罚；只有为增值税纳税人虚开或者介绍他人为增值税纳税人虚开可以用于抵扣税款发票的，才能以虚开抵扣税款发票定罪处罚。本案中，被告人芦才兴所挂靠和承租的企业，以及接受芦才兴虚开运输发票的企业，均为交通运输企业，依照有关税收法规的规定，不是增值税的纳税义务人。其虚开的发票也不能作为申报抵扣税款的依据。因此，被告人芦才兴为自己虚开和为其他交通运输企业虚开可以用于抵扣税款的运输发票的行为，不构成虚开抵扣税款发票罪。

4. 行为人必须具有抵扣税款的故意。虽然虚开抵扣税款发票罪是行为犯，只要行为人实施了虚开用于抵扣税款的发票，就可构成犯罪，至于是否已将发票用于抵扣税款，不影响虚开抵扣税款发票罪的成立；但行为人没有抵扣税款的故意，即使实施了虚开抵扣税款发票的行为，也不能以虚开抵扣税款发票罪定罪处罚。在这里，对刑法第205条中的"用于抵扣税款"的理解不能过于宽泛，"用于"应指主观上想用于和客观上实际用于，而不包括虽然可以用于但行为人主观上不想用于、客观上也没有用于，也不能将行为人使用发票意图不明的视为准备用于。

综上，本案被告人芦才兴为自己和他人虚开可以用于抵扣税款的运输发票，在客观上虽然造成了少缴应纳税款88.423 913万元的后果，但因芦才兴在主观上是为了少缴应纳税款，而不是为了抵扣税款，在客观上因无申报抵扣税款的资格，既没有也不可能用于抵扣税款，因此，不能对被告人芦才兴以虚开抵扣税款发票罪定罪处罚，检察机关指控的罪名不能成立。

（二）被告人芦才兴通过虚开运输发票，虚增营业开支，冲减营业数额，以偷逃应纳税款的行为，构成偷税罪。

虚开可以用于抵扣税款的发票，不是为了抵扣税款，而是出于其他目的的，应当结合行为人的犯罪故意和实施的客观行为择定其他罪名定罪处罚。根据刑法第201条的规定，纳税人采取伪造、变造、隐匿、擅自销毁账簿、记账凭证，在账簿上多列支出或者不列、少列收入，经税务机关通知申报而拒不申报或者进行虚假的纳税申报，不缴或者少缴应纳税款，偷税数额1万元以上并且占纳税人应纳税额的10%以上，或者因偷税被税务机关给予两次行政处罚又偷税的，构成偷税罪。偷税罪的主体是纳税人，即负有纳税义务的单位和个人，不受是否具有申报抵扣税款资格的限制；偷税的手段是"伪造、变造、隐匿、擅自销毁账簿、记账凭证，在账簿上多列支出或者不列、少列收入，经税务机关通知申报而拒不申报或者进行虚假的纳税申报"；采取上述手段的目的是不缴或者少缴应纳税款；偷税数额1万元以上并且占纳税人应纳税额的10%以上，或者因偷税被税务机关给予两次行政处罚又偷税的，是构成偷税罪与非罪在数额和情节上的界限。

　　本案中，被告人芦才兴以个体运输户的名义挂靠旭日公司和承租远航公司后，依法成为营业税、企业所得税、城市建设维护税的纳税人，为了少缴应纳税款，采取了虚开交通运输发票以虚增营业开支、冲减营业数额的方式，进行虚假的纳税申报，因此少缴营业税 20.037 925 万元、城建税 14.026 55 万元、企业所得税 33.396 541 万元，计偷逃税款 54.837 121 万元，且偷逃税额占其应纳税额的 30% 以上。此外，被告人芦才兴为帮助其他联运企业偷逃税款，还将运输发票提供给其他运输企业进行虚开，用于冲减营业额，接受虚开发票的运输企业因此实际偷逃税款 33.586 792 万元。被告人芦才兴的行为已构成偷税罪，并且应在 "三年以上七年以下有期徒刑，并处偷税数额一倍以上五倍以下罚金" 的量刑档次和幅度内判处刑罚。一、二审法院根据刑法、刑事诉讼法和最高人民法院《关于执行〈中华人民共和国刑事诉讼法〉若干问题的解释》（1998 年，已失效——引者注）第 176 条第（2）项的规定，改变起诉不当的罪名，以偷税罪判处被告人芦才兴有期徒刑六年并处罚金人民币 100 万元，是正确的。

四、裁判理由的评判

　　从芦才兴偷税案的裁判理由中，我们可以看到，一、二审法院认定被告人芦才兴的行为不构成虚开特定发票罪的理由主要有两点：一是被告人芦才兴所在企业以及接受其虚开的企业，根据当时法律，均非增值税的纳税义务人，因而不具备抵扣税款的资格。二是被告人芦才兴不具有抵扣税款的故意。对于上述两点理由，我想重点讨论第二点，即被告人芦才兴不具有抵扣税款的故意。

　　值得注意的是，检察机关和法院都认为虚开特定发票罪是行为犯，但检察机关认为，刑法第 205 条规定的虚开用于抵扣税款发票罪是行为犯，行为人只要实施了虚开可以抵扣税款发票的行为，不管其主观意图是偷税还是其他目的，客观行为上是否实施或完成了抵扣税款的行为，都只能构成虚开用于抵扣税款发票之罪。① 而法院则认为，虽然虚开抵扣税款发票罪是行为犯，只要行为人实施了虚开用于抵扣税款的发票，就可以构成犯罪，至于是否已将发票用于抵扣税款，不影响虚开抵扣税款发票罪的成立；但行为人没有抵扣税款的故意，即使实施了虚开抵扣税款发票的行为，也不能以虚开抵扣税款发票罪定罪处罚。这里涉及对行为犯的理解。在刑法理论上，行为犯是相对于结果犯而言的，结果犯是指以一定的法定结果作为犯罪构成要件的犯罪，而行为犯是指以刑法规定的一定行为作为构成要件的犯罪。只要实施了一定的构成要件的行为，不论结果是否发生，都构成犯罪。虚开特定发票罪是行为犯，对此并无异议，因此，只要实施虚开行为即可构成犯罪，这一点也没有错。但这只是罪体要素的问题，而未涉及罪责要素。实际上行为犯又可以分为两种情形：一是单纯的行为犯，二是短缩的行为犯。这种短缩的行为犯，也译为短缩的二行为犯，这里涉及两个行为：第一个行为是法定的行为，即刑法所规定的构成要件行为，无此行为即无该犯罪。第二个行为是附带的行为，构成该罪并非一定要有该行为，但实施了该行为也仍属于该罪的情形。这种情形之所以称为短缩的二行为犯，是因为该罪有两个行为，但刑法规定并不以两个行为都实施为必要，只要实施第一个行为即可构成犯罪，但是，主观上需要具有实施第二个行为的目的。因此，短缩的二行为犯是目的犯的一种情形，目的犯的另一种情形是断绝的结果犯。因此，本案被告人芦才兴是否构成虚开特定发票罪，关键不在于罪体要素，而恰恰在于罪责要素，即被告人芦才兴是否具有骗取税款的目的。根据以上分析，我认为检察机关对本案从行为犯这一点进行论证，未触及要害。本案的关键在于：虚开特定发票罪是否以骗取税款为目的？这是一个目的犯的问题，而不是一个行为犯的问题。

在刑法理论上，目的犯可以分为两种：一是法定的目的犯，二是非法定的目的犯。关于法定的目的犯，在刑法上有明文规定，在理解上也不会发生歧义。而关于

---

① 参见邹志刚：《从两案例看虚开用于抵扣税款发票罪之犯罪构成》，载《浙江检察》，2003（11）。这里的两案例是指芦才兴偷税案和郑时杰偷税案，关于郑时杰偷税案在后面讨论。由于本文作者的身份关系，本节将该文的观点作为检察机关对这两个案例的观点对待。特此说明。

非法定的目的犯，则往往发生争议。刑法第 205 条虚开特定发票罪，刑法对以骗取税款为目的并无明文规定，显然该罪不是法定的目的犯。至于是否属于非法定的目的犯，如前所述，在刑法理论上存在争议。从芦才兴偷税案的判决来看，一、二审法院确认虚开特定发票罪应以骗取税款为目的，因而该罪属于目的犯。从该案的裁判理由中可以引申出以下规则：

> 虚开增值税专用发票、用于骗取出口退税、抵扣税款发票罪，行为人即使实施了虚开行为，如果主观上没有抵扣税款意图的，不构成本罪。

法院在其裁判理由中，并没有使用目的犯这个概念，而是使用了"没有抵扣税款的故意"这样一个用语。我认为这是不准确的，也表明法院虽然对这个问题作出了正确的判断，但在理论根据上未能自觉地运用目的犯理论。一个犯罪只有一个犯罪故意，而不可能有两个犯罪故意，这是刑法理论之常识。虚开用于抵扣税款发票罪当然具有虚开的故意。所谓虚开的故意，是指明知是虚开增值税专用发票、用于骗取出口退税、抵扣税款发票的行为而有意实施的主观心理状态。[①] 根据裁判理由，构成虚开特定发票罪，行为人还须具有抵扣税款的故意。这种抵扣税款的故意是以抵扣税款行为为前提的，没有实施抵扣税款的行为，行为人主观上也就不具有抵扣税款的故意。如果要求行为人在客观上必须实施抵扣税款的行为，那么与裁判理由也主张的虚开特定发票罪是行为犯的观点又是自相矛盾的。因此，这里的抵扣税款的故意应当表述为抵扣税款的目的或者意图。这种抵扣税款的目的或者意图是超越的主观要素。这里所谓超越的主观要素，是指主观要素超越客观要素。在通常情况下，在犯罪构成范围内，主观要素与客观要素是相对应的，也就是我们通常所理解的主观与客观相统一。而在目的犯的情况下，主观与客观不相一致，即主观要素超越客观要素。对此，日本学者大塚仁教授指出：

> 目的犯的目的通常超出构成要件客观要素的范围，称其为超过的内心倾向（überschießßerde Innentendenz）。在这一点上，要把目的与故意区别开来，故意需要以符合构成要件的客观事实作为行为人表象的对象。只

---

① 参见陈兴良：《规范刑法学》，2 版，下册，627 页，北京，中国人民大学出版社，2008。

是，目的犯的目的中也并非没有处在构成要件客观要素的范围之内的。例如，通说、判例认为作为横领罪要件的不法领得的意思，就是以与横领行为共同的范围为对象，只不过是对其进行规整并且赋予其意义。这种目的，被称为赋予意义的目的（sinngebende Absicht）。①

这种主观超过客观的情形，在刑法上并不鲜见，而是一种经常采用的立法例。我国台湾地区学者在分析目的犯（即所谓意图犯）时，将构成要件的主、客观要件的关系分为以下两种基本的形态：

第一种是主、客观完全相符的构成要件。一般而言，刑法的构成要件通常是主、客观完全相符，亦即主观要件所要求的内容与客观要件所规定者相当，即所谓一致的构成要件（kongruente Tatbestände）。此种构成要件，主观要件的要求乃以故意为已足。而该构成要件该当的先决条件，必须主观要件涵盖所有的客观事实情状。而此种完全相符的情状，即主观要件的要求＝客观要件的规定。第二种是主、客观不相符的构成要件。立法者在设定若干犯罪类型的构成要件时，时常使用所谓不一致的构成要件（inkongruente Tatbestände），即在此种构成要件中，主观要件的内容，较客观要件所规定者为多。而对于此种犯罪类型，一般上对于涵盖客观要件的主观要件，亦以故意要求之，但对于超出客观要件规定范围的主观要件则称为意图或超出的内在倾向（überschiessende Innenterdenz）。

在一般情况下，主、客观要件相一致，两者之间存在对应关系：客观要件是主观要件的实现。在目的犯的情况下，主、客观要件则不一致。这种主客观不一致之所以并不妨碍刑事责任的追究，是以主客观相一致为前提的，即基本的行为与故意是相符合的。只不过在此基础之上，主观方面还额外地要求具有一定的目的，而与这一目的相对应的客观要件并非构成犯罪所必需。因此，这一目的是超越基本的行为的主观要素。理解了这一点，我们再来分析虚开特定发票罪，就可以发现，对于

---

① ［日］大塚仁：《刑法概说（总论）（第三版）》，冯军译，124 页，北京，中国人民大学出版社，2003。文中的横领罪，是直译，相当于我国刑法中的侵占罪。

虚开发票罪来说，虚开行为与虚开故意都是必须具备的构成要件，并且两者是主客观相一致的。关键问题在于：本罪的成立是否还需要抵扣税款的目的？

由于虚开特定发票罪是非法定的目的犯，从法条的字面来看，是对法律规定作了某种限制解释。那么，这种限制解释的正当根据何在？这是一个值得进一步探讨的问题，它涉及本罪的立法意图。检察机关认为，虚开用于抵扣税款发票罪侵犯的客体是国家对增值税专用发票和可用于骗取出口退税、抵扣税款的其他发票的监督管理制度。[①] 按照这种观点，行为人只要有虚开行为，即违反了国家对增值税专用发票和可用于骗取出口退税、抵扣税款的其他发票的监督管理制度，因而也就构成了本罪。但也有学者认为，虚开特定发票罪的客体是复杂客体，即国家的发票管理制度和税收征管制度。[②] 还有的学者更是认为，虚开特定发票罪的客体是我国的税收征收管理制度，具体主要是发票管理制度尤其是增值税专用发票管理制度。从广义上说，发票管理制度实际上是税收征收管理制度的重要内容。虚开增值税专用发票、用于骗取出口退税、抵扣税款发票行为正是通过对发票管理制度的违反，来破坏我国增值税和其他有关税款的征收管理制度。[③] 显然，对虚开特定发票罪的客体的不同理解，可能会导致对虚开特定发票罪是否为目的犯的不同解释。我赞同对虚开特定发票罪作实质性的解释，立法者之所以将虚开行为规定为犯罪，主要是因为这种行为侵犯了税收征管制度，刑法第 205 条第 2 款将骗取税款的行为包含在本罪中也说明了这一点。因此，如果行为人主观上没有抵扣税款的目的，只是一般的虚开，它不会侵犯税收征管制度，是一般的违反发票管理的行为，不能构成本罪。当然，从立法完善的角度来说，我主张将这种一般的违反发票管理的行为予以犯罪化。

---

① 参见邹志刚：《从两案例看虚开用于抵扣税款发票罪之犯罪构成》，载《浙江检察》，2003（11）。类似观点参见周道鸾、张军主编：《刑法罪名精释》，3 版，345 页，北京，人民法院出版社，2007。从这种观点中，往往引申出本罪不以抵扣税款为目的的观点。参见周道鸾、张军主编：《刑法罪名精释》，3 版，296 页，北京，人民法院出版社，2007。

② 参见高铭暄、马克昌主编：《刑法学》，444 页，北京，北京大学出版社、高等教育出版社，2000。

③ 参见高铭暄主编：《新型经济犯罪研究》，153 页，北京，中国方正出版社，2000。

五、相关问题的分析

在芦才兴偷税案处理过程中，还存在以下三个问题需要作法理上的进一步分析。

（一）为他人虚开而他人未用于抵扣税款行为之定性

在芦才兴偷税案中，存在两种行为：一是让他人为自己虚开，二是为他人虚开。因此，在本案处理中还存在一种观点，认为被告人在经营运输企业期间，将联运发票空白提供或虚开给其他运输企业，情节严重，其行为应当构成虚开用于抵扣税款发票罪。该观点认为联运发票是可用于抵扣税款的发票。根据税收征管的有关规定，联运发票的受票单位为运输企业的，不能抵扣增值税，但被告人或空白提供或虚开，其他非运输企业获得发票抵扣联仍可用于抵扣税款，因此，被告人为他人虚开联运发票的行为，不管受票单位是运输企业还是非运输企业，均可构成虚开用于抵扣税款发票罪。但该观点同时又认为被告人在经营运输企业期间，利用空白或者虚开的联运发票冲减营业收入，多列支出，偷逃国家税额的行为只构成偷税罪，不构成虚开用于抵扣税款发票罪。[1] 这一观点，在裁判理由中并未论及，我认为还是需要讨论的。裁判理由虽然没有明确批驳这种观点，但根据"本案被告人为别人虚开或让别人为自己虚开的发票在运输企业入账后，均不可能被用于抵扣税款"的认定，可推定法院的观点是：为他人虚开的发票同为本人虚开的发票一样，是不可能被用于抵扣税款的，因而都不构成虚开特定发票罪。而上述观点则认为，为他人虚开的联运发票，当受票单位是运输企业时不能抵扣增值税，但其他非运输企业获得发票抵扣联仍可用于抵扣税款。因此，被告人为他人虚开联运发票的行为，不管受票单位是运输企业还是非运输企业，均可构成虚开用于抵扣税款发票罪。我认为，这一观点着眼于客观上的可能，而未顾及主观上的所知，因此具有一定的客观归罪的色彩。实际上，在本案中被告人芦才兴为其他单位虚开运输发票，明知接受

---

① 参见邹志刚：《从两案例看虚开用于抵扣税款发票罪的犯罪构成》，载《浙江检察》，2003（11）。

发票的是运输企业，也明知其他运输企业用于偷税。在这种情况下，按照帮助其他运输企业偷税来认定其行为的性质，我认为是较为贴切的。

（二）为他人虚开而他人用于抵扣税款行为之定性

在芦才兴偷税案中，行为人为他人虚开，接受虚开发票的企业均为运输企业，运输企业不可能将虚开的发票抵扣税款，而是用于偷税，因此法院对此行为以偷税罪论处。但如果行为人为他人虚开，接受虚开发票的企业不是运输企业，可以并且实际已经将虚开发票用于抵扣税款，则对这一行为应以虚开特定发票罪论处。在处理芦才兴偷税案的同时，浙江省宁波市中级人民法院、浙江省高级人民法院审理的郑时杰偷税案①说明了这一点，在此予以一并讨论。

　　1997 年年初，被告人郑时杰与鄞县古林汽车运输公司签订承包合同，以每年上交承包基数 3 000 元的形式经营该公司的江北托运部（以下简称江北托运部）并取得联运发票及有关印章，单独核算，承包期 1 年。1998 年承包期满后，被告人郑时杰未与该公司续签合同，但仍以原合同的形式继续经营江北托运部至案发。鄞县古林汽车运输公司未表示异议。

　　被告人郑时杰在以江北托运部的名义经营运输业务期间，先后从宁波市港机厂劳动服务公司等单位虚开运输发票 58 张，共计金额为4 509 116.51 元，偷逃营业税 222 689.81 元、城建税 11 114.79 元、企业所得税 87 681.72 元。

　　为帮助其他联运企业，被告人郑时杰将江北托运部的联运发票的发票联提供或虚开给宁波市港机厂劳动服务公司等单位 63 张，虚开金额共计4 732 265.30 元，并偷逃营业税 233 344.87 元、城建税 13 095.76 元、企业所得税 233 102.81 元。

　　被告人郑时杰还伙同他人将盖有鄞县五乡甬兴托运站发票专用章或宁波市港机厂劳动服务公司发票专用章的联运发票提供给宁波市北仑区柴桥镇穿山南北托运部等单位 44 张，虚开发票金额为 3 226 874.80 元，并偷

---

① 参见邹志刚：《从两案例看虚开用于抵扣税款发票罪的犯罪构成》，载《浙江检察》，2003（11）。

逃营业税 159 444.02 元、城建税 9 267.13 元、企业所得税 194 817.25 元。

1999 年年初，被告人郑时杰让他人虚开抬头为宁波市港机厂劳动服务公司的联运发票 6 张，虚开金额共计 459 184.46 元，并偷逃营业税 22 705.97 元、城建税 1 592.17 元、企业所得税 22 568.47 元。

1998 年期间，被告人郑时杰介绍宁波市北仑区柴桥镇穿山南北托运部从宁波旭日联运有限公司虚开联运发票 8 张，虚开的发票联金额为 576 860.13 元，存根联金额为 7 600 元，并偷逃营业税 28 463 元、城建税 1 415.55 元、企业所得税 57 306.01 元。

2000 年 4 月 7 日，浙江省宁波市人民检察院以被告人郑时杰犯有虚开用于抵扣税款发票罪向宁波市中级人民法院提起公诉。2000 年 6 月 1 日，宁波市中级人民法院以偷税罪判处被告人郑时杰有期徒刑 6 年 6 个月，并处罚金人民币 140 万元。同年 6 月 13 日，宁波市人民检察院以一审判决认定事实错误、适用法律不当向浙江省高级人民法院提出抗诉；浙江省人民检察院出庭支持抗诉。浙江省高级人民法院经开庭审理并于 2000 年 12 月 29 日作出判决：(1) 撤销浙江省宁波市中级人民法院（2000）甬刑初字第 76 号刑事判决。(2) 被告人郑时杰犯虚开用于抵扣税款发票罪，判处有期徒刑 5 年，并处罚金人民币 45 万元；犯偷税罪，判处有期徒刑 4 年 6 个月，并处罚金人民币 100 万元，决定执行有期徒刑 8 年，并处罚金人民币 145 万元。

我们可以看出，郑时杰偷税案与芦才兴偷税案的犯罪事实既有相同之处，又有不同之处。相同之处在于：郑时杰和芦才兴让他人为自己虚开发票，均未用于抵扣税款，而是用于偷税。因此，对此法院以偷税罪论处。不同之处在于：芦才兴为他人虚开发票，他人均为运输企业，因而未用于抵扣税款而是用于偷税，因此法院将这一行为认定为帮助其他企业偷税。而郑时杰偷税案中，从案情介绍来看，接受其虚开的企业有宁波市港机厂劳动服务公司、宁波市北仑区柴桥镇穿山南北托运部等单位，这些单位中哪些属于运输企业、哪些属于非运输企业，在案情中没有说明。但从诉讼过程来看，浙江省高级人民法院对两案是同一天（2000 年 12 月 29 日）作出二审判决的,郑时杰被认定构成虚开用于抵扣税款发票罪和偷税罪两个罪名,因此可以推定,在接受郑时杰虚开发票的企业中有些是非运输企业,这些企业可以将这些发票用于抵扣税款,因而郑时杰为其虚开的行为构成虚开用于抵扣税款发票罪。

(三)没有骗取税款目的而有偷税目的的行为之定性

在一般虚开发票的案件中,行为人虽然实施了虚开行为,但主观上没有抵扣税款的目的,其行为不构成虚开特定发票罪,但在具有其他目的的情况下,应以其他犯罪论处。在本案中,被告人芦才兴虽然没有抵扣税款的目的,但具有偷税的目的,以偷税罪论处是正确的。这里应当区分偷税的目的与骗税的目的。我认为这两种目的是有所不同的。偷税的目的是以行为人具有纳税义务为前提的,应当缴纳税款而故意采用伪造、变造、隐匿、擅自销毁账簿、记账凭证,在账簿上多列支出或者不列、少列收入等方法偷逃税款。而骗税的目的,是不以具有纳税义务为前提的,例如通过虚开增值税发票的方法抵扣税款,实际上,虚开是骗税的预备行为,虚开的目的是骗税。立法者考虑到骗税行为的危害性,将处罚对象提前到虚开,只要为骗税而虚开就构成犯罪。因此,在只有虚开行为而没有骗税目的但有偷税目的的情况下,不能定虚开特定发票罪而只能定偷税罪。我发现,检察机关在一定意义上将两种目的混为一谈。例如,检察机关认为,被告人芦才兴、郑时杰为达到偷税目的,各自以大头小尾形式为他人虚开或让他人为自己虚开的行为,完全符合虚开用于抵扣税款发票罪犯罪构成的特征。[①] 在此,就把偷税目的当作虚开特定发票罪的主观要件来认定。这显然有悖于法理。

那么,在构成偷税罪的情况下,如何认识虚开行为在偷税罪的构成要件中的地位呢?从本案情况来看,虚开行为由于没有骗税目的而不能被评价为虚开特定发票罪,但行为人将虚开的发票入账,用于冲减经营运输业务的营业额,以达到偷逃税款的目的。因此,这种虚开发票的行为属于刑法(1999 年)第 201 条规定的伪造账簿的偷税方法。在本案讨论中,检察机关认为,本案中被告人虚开运输发票所涉及

---

① 参见邹志刚:《从两案例看虚开用于抵扣税款发票罪之犯罪构成》,载《浙江检察》,2003 (11)。

的偷逃税款的行为，由于目前此情况是作数罪并罚还是从一重处并无明确的法律规定或司法解释，因而，根据刑法理论和司法实践，对虚开抵扣税款发票案中涉及偷税行为的以从一重处较为妥当。[①] 这种观点是以虚开发票行为构成发票罪为前提的。实际上认为这是刑法理论上的牵连犯：手段行为——虚开发票，构成虚开特定发票罪；目的行为——偷逃税款，构成偷税罪。但如前所述，虚开发票行为由于缺乏主观上的骗税目的而不能单独构成虚开特定发票罪。在这种情况下，被告人的行为只能构成偷税罪。

六、申论

芦才兴偷税案之所以没有认定为虚开特定发票罪，从案件审理过程来看，是与其所虚开的发票在客观上不能抵扣税款有关的。裁判理由正是从客观上不能抵扣税款，而推导出行为人主观上不具有抵扣税款的故意。在裁判理由中，没有涉及目的犯问题，因而法理论证还不够充分。实际上，虚开特定发票罪是目的犯，只要没有抵扣税款的目的，即使在客观上实施了虚开发票的行为，也不构成本罪。而且，这里的抵扣税款，由于是不应抵扣而抵扣，因而是一种骗取税款的性质。如果行为人客观上有虚开行为并且已经抵扣税款，但主观上不具有非法占有税款目的，仍然不能构成本罪。下面这个案例说明了这一点，特此进行进一步讨论。

因河南省云阳钢铁总厂等单位欠宿州市机械电子有限公司增值税专用发票没有开具，被告人崔孝仁为了"平衡"公司账目于 1999 年年初找到山西省孝义市兑镇镇韩家滩村曙光洗煤焦化厂厂长李某，让李为其开增值税专用发票。李积成伙同吉某以山西省临汾物资局津临公司（该公司不存在）名义与被告人崔孝仁签订一份购 5 000 吨生铁的假工矿产品购销合同，崔在合同上签字并加盖其单位安徽省宿县地区机械电子供销公司（现宿州市机械电子有限公司）合同专用章。1999 年 4 月李某按照崔的要求先后两

---

① 参见邹志刚：《从两案例看虚开用于抵扣税款发票罪之犯罪构成》，载《浙江检察》，2003（11）。

次来宿州将票号为 NO：00781014 至 00781023 的假山西省增值税专用发票 10 张（每张均载明购生铁 500 吨，价税 64.4 万元，税款 9.357 265 万元）交给被告人崔孝仁。10 张增值税专用发票合计价税款 644 万元，税款 93.572 65 万元，该税款已在宿州市国税局申报抵扣。被告人崔孝仁以管理费的名义按价税款 5% 给李某汽车 3 台。

本案经审理，安徽省宿州市甬桥区人民法院于 2002 年 6 月 23 日作出以下一审判决：

被告人崔孝仁的辩护人当庭出示的宿州市机械电子有限公司中与河南省云阳钢铁总厂等单位之间的债权债务转让协议与本案指控的事实并无直接联系；被告人崔孝仁与李某签订的 5 000 吨生铁工矿产品购销合同及补充协议，因无实际交易内容发生，均不能为开具增值税专用发票的行为提供合法依据；被告单位通过其法定代表人崔孝仁与山西省临汾物资局津临公司在无生铁业务往来情况下，让他人为其开具增值税专用发票的行为侵害了国家对增值税专用发票的管理制度且所开税款金额巨大，具有严重的社会危害性。被告人崔孝仁为达到平账的目的与他人协商虚开增值税专用发票事宜，虚开的主观故意是明显的，且根据《中华人民共和国发票管理办法》（1993 年——引者注）关于开具发票应按规定的时限、顺序、逐栏、全部联一次性如实开具，任何单位和个人不得转借、转让、代开发票的规定，以及《增值税专用发票使用规定》（1993 年——引者注）关于专用发票必须票物相符、票面金额与实际收取的金额相符，不得开具伪造的专用发票的规定，其客观上实施了让他人为本单位开具票物不符的假增值税专用发票的行为，由于本罪属于行为犯，即只要有虚开的故意和行为，无论山西省临汾物资局津临公司是否存在，无论虚开所使用的增值税专用发票是否是合法票据，无论行为人是否有骗取税款的车利目的或故意以及事实上是否造成国家税款的损失（当然，造成税款损失属构成该罪的其他严重情节），均不影响本罪的成立。故对被告单位、被告人崔孝仁及辩护人的相关辩护意见均不予采纳。综上，本院认为，被告单位宿州市机械电子有限公司及其法定代表人崔孝仁违反增值税专用发票管理规定，让他人为其虚开增值税专用发票用以申报抵扣税款，数额巨大；被告人崔孝仁作为单位直接负责的主管人员，为单位利益以单位名义实施上述行为，均已构成虚开增值税专用发票罪。公诉机关指控的罪名成立，本院予以确认。

根据刑法第 205 条第 1、3 款规定，被告人崔孝仁犯虚开增值税专用发票罪，判处有期徒刑七年。

一审判决以后，被告人崔孝仁提起上诉。安徽省宿州市中级人民法院经审理于 2003 年 9 月 23 日作出以下二审判决：

对于上诉人崔孝仁认为其不构成虚开增值税专用发票罪的上诉理由进行审查认为，上诉人崔孝仁为了达到平衡账目的目的，在与山西省临汾物资局津临公司无生铁业务的情况下，让李某为其开具增值税专用发票的行为，应属让他人为自己虚开增值税专用发票的行为。但是本罪的构成要件规定，其主观方面表现为直接故意，即行为人不但明知自己在虚开增值税专用发票，而且还明知这种虚开行为可能导致国家税款的减少、流失；行为人一般都具有获取非法经济利益、骗取抵扣税款的目的。上诉人崔孝仁主观上不具有通过虚开增值税专用发票骗取国家税款的直接故意。从上诉人崔孝仁多次供述及其他证据来看，云阳钢厂等多家单位确实存在欠崔孝仁所在公司增值税专用发票的情况，而且这些单位和个人所欠税额远远超过已开具并抵扣的税额。虽然崔孝仁所在公司与李某所在单位之间债权债务转让手续不完备，但根据云阳钢厂等的证明，说明欠税票和债权债务转让事实的存在。另外从 1999 年 4 月至案发 3 年时间，崔孝仁所在公司没有让云阳钢厂等单位为其再开增值税专用发票，也说明崔孝仁没有重复开取税票的故意。崔孝仁和李某的供述说明签订工矿产品购销合同的初衷并不是履行供货付款义务，而是实现债权转让。对接受增值税专用发票的单位崔孝仁所在公司而言，主观上必须有明知开票单位是假的，还将增值税专用发票予以接受并抵扣，从而骗取国家税款的故意。对于虚开增值税专用发票的犯罪，不仅要有虚开行为，还应有骗取国家税款的直接故意。现有的证据材料说明，崔孝仁和李某签订工矿产品购销合同的目的和动机，不是非法获取抵扣款，而是落实其债权债务，无通过虚开增值税专用发票骗取国家税款的直接故意。上诉人崔孝仁代表其单位所实施的行为不具备社会危害性。从崔孝仁所在公司的行为来看，与云阳钢厂等多家单位的经营业务确实存在，接受李某为其开具的增值税专用发票的数额没有超出外部单位和个人所欠的税额，这些单位和个人所欠崔孝仁所在公司的进项税额理应在税务机关抵扣而未予抵扣，崔孝仁所在公司的行为不会造成国家税款的减少或流失。虽然以工矿产品购销合同的形式和名称不当，但不会因此而侵犯刑法所保护的相应的社会关系，即该行为不具备社会危害性。

本院认为，被告单位宿州市机械电子有限公司及其法定代表人崔孝仁为了平衡公司账目而虚开增值税专用发票的行为，其主观上没有骗取国家税款的直接故意，故不应认定为犯罪。原判认定上诉人崔孝仁及原审被告单位宿州市机械电子有限公司的行为构成虚开增值税专用发票罪的定性错误，依法应予纠正。上诉人崔孝仁的上诉理由以及其辩护人的辩护意见成立，本院予以采信。依照《中华人民共和国刑事诉讼法》（1996 年——引者注）第 189 条第（2）项、第 162 条第（2）项之规定，判决如下：（1）撤销安徽省宿州市甬桥区人民法院（2002）甬刑初字第 610—1 号刑事判决；（2）上诉人崔孝仁及原审被告单位宿州市机械电子有限公司无罪。

在崔孝仁案中，一审法院与二审法院在事实认定上并无根本差别，对于宿州市机械电子有限公司与河南省云阳钢铁总厂等单位之间的债权债务转让协议，一审法院认为与本案无关，被告单位及被告人只要实施了虚开行为并抵扣了税款就构成本罪，因而作出有罪判决。而二审法院则认为，债权债务转让协议与本案有关，证明被告人主观上没有骗取国家税款的直接故意。因此，二审法院把骗取国家税款理解为虚开特定发票罪的故意的内容，遂作出无罪判决。尽管从刑法理论上来说，骗取税款并非虚开发票故意的内容，而是故意之外的一种主观目的，但二审判决的结论我认为是正确的。

在崔孝仁案中，被告人实施了让他人为自己虚开的行为，并且以虚开的发票抵扣了税款。从形式上来看，似乎符合了虚开特定发票罪的犯罪构成。但是，虚开特定发票罪设立的初衷是惩治骗取国家税款的犯罪行为。而在本案中，由于客观上存在云阳钢铁总厂等单位对被告单位拖欠税票，并且所欠税额远远超出已开并抵扣税款的数额，被告人崔孝仁在不能得到云阳钢铁总厂税票，因而无法正常抵扣税款的情况下，将债权转让给李某，并由李某给被告单位虚开发票，并据以抵扣税款。此后，被告人未再找云阳钢铁总厂为其开税票。因此，这是一种采用不正常甚至违法的方式来实现其税权的行为，国家税收并没有受损失，因而不构成虚开增值税专用发票罪。

相对于芦才兴偷税案而言，崔孝仁案是更为复杂的，它不仅涉及虚开特定发票罪是否为目的犯的理论争论，而且涉及形式上符合某一犯罪的构成要件，但实质上不具有法益侵害性的行为是否构成犯罪的问题，这又涉及实质违法性的理论。对此本节无法从理论上予以展开。我认为，二审法院对本案作出的无罪判决是正确的，也是难能可贵的。在虚开特定发票罪的构成上，我赞同进行实质解释的以下观点：

> 在刑法中，虚开增值税专用发票罪是一个重罪，法定最高刑为死刑。刑法为什么对虚开票据的行为的刑罚规定得如此之重？是因为形式上的虚开行为就可以造成很大的社会危害性吗？不是，是因为这种犯罪的危害实质上并不在于形式上的虚开行为，而关键在于行为人是通过虚开增值税专用发票抵扣税款以达到偷逃国家税款的目的，其主观恶性和可能造成的客观损害，都可以使得其社会危害性程度非常之大。所以，刑法虽然没有明确规定该罪的目的要件，但是偷骗税款的目的应当作为该罪成立的必要条件。[①]

这也是本节的结论。

七、补记

本节写作于 2004 年，并曾以《不以骗取税款为目的的虚开发票行为的定性研

---

① 郑鲁宁、肖中华：《从实质特征上解释虚开增值税专用发票罪的构成》，载《人民法院报》，2002 - 11 - 11，3 版。

究——非法定的目的犯的一种个罪研究》为题，发表在《法商研究》2004 年第 3
期。值得关注的是，这一问题始终是司法实践中的一个疑难问题。有关法律和司法
解释未对该问题作出明确规定。2004 年 11 月 24 日至 27 日最高人民法院在苏州市
召开的全国部分法院经济犯罪案件审判工作座谈会上，与会人员对虚开增值税专用
发票罪的性质问题进行了讨论，主要围绕该罪是行为犯、目的犯还是结果犯展开争
论，形成了以下观点：

　　对于结果犯的观点，大家基本持否定态度，因此，问题的焦点最终归
结为行为犯和目的犯之争。一种观点认为，根据刑法第二百零五条的规
定，并未将行为人具有偷、逃税目的作为虚开增值税专用发票犯罪构成的
必要要件，因此，只要行为人着手实施犯罪并达到法律要求的程度就是完
成了犯罪行为。至于行为人有无偷逃税的目的，以及行为人有无实际骗
取、抵扣税款，并不影响犯罪的认定。由此可见，该罪属于行为犯而不属
于目的犯。另一种观点同意上述观点的结论性意见，但同时认为，刑法将
虚开增值税专用发票规定为犯罪，主要是为了惩治那些为自己或为他人偷
逃、骗取税款虚开增值税专用发票的行为。对于确有证据证实行为人主观
上不具有偷骗税目的，客观上也不会造成国家税款流失的虚开增值税专用
发票行为，不应以虚开增值税专用发票犯罪论处，构成诸如提供虚假财会
报告罪等其他犯罪的，应以其他犯罪定罪处罚。第三种观点则认为，行为
犯是故意犯罪的一种既遂形态，属于犯罪停止形态理论范畴体系，目的犯
是故意犯罪的一种类型，属于罪过形式理论范畴体系，因此，行为犯和目
的犯并非一对逻辑上的全异关系的概念，而是具有交叉关系，两者并行不
悖。虚开增值税专用发票罪既是行为犯，也是目的犯。尽管刑法第二百零
五条并未将其规定为目的犯，但刑法将其规定为危害税收征管罪，具有偷
骗税款的目的应当是该罪的应有之意。正如有的金融诈骗犯罪，刑法并未
明确规定行为人必须具有非法占有的目的，但并不妨碍对其进行目的犯的
认定一样。质言之，虚开增值税专用发票犯罪的客体问题与性质认定问题
属于一个问题的两个方面，侵犯国家税收征管制度的客体要求客观上决定

了该罪的目的犯性质。

尽管上述第二、三两种观点对虚开增值税专用发票犯罪性质的认识有异，但得出的结论一致，都认为，对行为人主观上不具有偷、骗税目的，客观上也不会造成国家税款流失的虚开行为，不应以虚开增值税专用发票犯罪论处。因此，持上述两种观点的论者认为，对于实践中下列几种虚开行为，一般不宜认定为虚开增值税专用发票犯罪：（1）为虚增营业额、扩大销售收入或者制造虚假繁荣，相互对开或环开增值税专用发票的行为；（2）在货物销售过程中，一般纳税人为夸大销售业绩，虚增货物的销售环节，虚开进项增值税专用发票和销项增值税专用发票，但依法缴纳增值税并未造成国家税款流失的行为；（3）为夸大企业经济实力，通过虚开进项增值税专用发票虚增企业的固定资产，但并未利用增值税专用发票抵扣税款，国家税款亦未受到损失的行为。①

以上争论，仍然是在行为犯与结果犯这一框架下展开的。从刑法关于虚开增值税专用发票罪的规定来看，虚开增值税专用发票罪当然是行为犯而非结果犯。而且，虚开增值税专用发票是骗取国家税款的预备行为。在这个意义上说，虚开增值税专用发票罪是独立预备犯。在上述座谈会中，否定了结果犯的观点，这是完全正确的。实际上在行为犯与目的犯之间并不存在对立，就此而言，第三种观点是成立的。从座谈会综述来看，其只是罗列了在虚开增值税专用发票罪是否属于目的犯问题上否定的与肯定的这两种观点，但似乎又没有十分明确的倾向性意见。

应当指出，在虚开增值税专用发票罪是否为目的犯的问题上，最高人民法院业务庭室有关人员发表了以下见解，值得我们参考：

> 笔者认为，探求立法原意和界定犯罪构成，应以刑法条文的明确规定为基础。从刑法第二百零五条第一款的规定看，虚开增值税专用发票罪的犯罪构成，表现为行为人客观上具有虚开行为，主观上有虚开的故意，并

---

① 茅仲华、叶巍：《经济犯罪案件中的法律适用问题——全国部分法院经济犯罪案件审判工作座谈会研讨综述》，载最高人民法院编：《刑事审判参考》，第 41 集，157～158 页，北京，法律出版社，2005。

不要求有偷逃、骗取税款的目的。而该条第四款［2011 年《刑法修正案（八）》修正后改为第三款——引者注］进一步明确规定："虚开增值税专用发票或者虚开用于骗取出口退税、抵扣税款的其他发票，是指有为他人虚开、为自己虚开、让他人为自己虚开、介绍他人虚开行为之一的。"其中，为他人虚开和介绍他人虚开的行为，很难说行为人必然要以偷逃或者骗税为目的。对于为他人虚开和介绍他人虚开放任偷逃或者骗税的行为，因行为人无偷逃或者骗税目的而绝对不以犯罪论处，恐怕并不符合立法原意。因此，无论是通过字面解释或者逻辑解释，我们都不能得出虚开增值税专用发票罪是目的犯的结论。

对于不具有严重社会危害性的虚开增值税专用发票行为，可适用目的性限缩的解释方法，不以虚开增值税专用发票罪论处。所谓目的性限缩的解释方法，是基于规范意旨的考虑，依法律规范调整的目的或其意义脉络，将依法律文义已被涵盖的案型排除在原系争适用的规范外。可见，目的性限缩解释方法的适用，并不是从是否为目的犯而是从立法目的的角度考虑问题，它是司法实践中法律适用的重要方法。刑法将虚开增值税专用发票规定为犯罪，主要是为了惩治那些为自己或为他人偷逃、骗取国家税款虚开增值税专用发票的行为。因此，对于确有证据证实行为人主观上不具有偷、骗税目的，客观上也不会造成国家税款流失的虚开增值税专用发票行为，不以虚开增值税专用发票犯罪论处，构成其他犯罪的，以其他犯罪定罪处罚。据此类推，在货物销售过程中，一般纳税人为夸大销售业绩，虚增货物的销售环节，虚开进项增值税专用发票和销项增值税专用发票，但依法缴纳增值税，并未造成国家税款损失的，不应以虚开增值税专用发票犯罪论处。为夸大企业经济实力，通过虚开进项增值税专用发票虚增企业的固定资产，但并未利用增值税专用发票抵扣税款，增值税款亦未受到损失的，也不应以虚开增值税专用发票罪定罪处罚。①

---

① 牛克乾：《虚开增值税专用发票、用于骗取出口退税、抵扣税款发票犯罪法律适用的若干问题》，载最高人民法院编：《刑事审判参考》，第 49 集，139～140 页，北京，法律出版社，2006。

以上论述，在虚开增值税专用发票罪是否为目的犯问题上，是持否定观点的，其理由仅仅是刑法条文中没有对目的加以规定。这一观点实际上也否定了非法定的目的犯。论者同时又认为，对不具有严重社会危害性的虚开增值税专用发票行为，可适用目的性限缩的解释方法，不以虚开增值税专用发票罪论处。实际上，非法定的目的犯正是采用目的性限缩的解释方法对刑法条文进行解释的结果，而且是一种类型化的结果。在可以采用非法定的目的犯解释方法的情况下，就没有必要采用其他的目的性限缩的解释方法。而且，是否具有严重的社会危害性，是一种个别性判断，以此作为是否限缩的标准，将使法官在个案判断上具有过大的自由裁量权。而如果通过非法定的目的犯解释方法，则可以通过一种类型性判断，较为明确地区分罪与非罪的界限。当然，若能通过司法解释的方式对非法定的目的犯予以确认，使非法定的目的犯在一定程度上通过司法解释法定化，则将使对虚开增值税专用发票罪的认定具有明确的法律根据。

此外还应说明，2009 年 2 月 28 日全国人大常委会通过的《刑法修正案（七）》第 3 条对刑法第 201 条偷税罪的罪状作了重大修订，罪名也相应地改为逃税罪。本节讨论，以修订前的刑法第 201 条为根据。特此说明。

八、增补

不以骗取税款为目的的虚开发票行为到底是否构成我国刑法第 205 条规定的虚开增值税专用发票、用于骗取出口退税、抵扣税款发票罪？这个问题在刑法理论上的观点逐渐统一，但各地司法机关的处理结果不一。及至 2016 年 11 月 16 日《人民法院报》刊登了最高人民法院法官姚龙兵的《如何解读虚开增值税专用发票罪的"虚开"》一文，在该文中，作者指出："在此问题上，最高人民法院的态度一贯明确。2001 年最高人民法院答复福建省高级人民法院请示的泉州市松苑锦涤实业有限公司等虚开增值税专用发票一案中，该案被告单位不以抵扣税款为目的，而是为了显示公司实力以达到与外商谈判中处于有利地位而虚开增值税发票。据此，最高人民法院答复认为，该公司的行为不构成犯罪。因此，本罪的'虚开'与日常生活中的'虚开'不同，必须从实质意义上对其进行解读，必须要有通过虚开骗取国家税款的目的。"为此，我找到了该文提及的泉州市松苑锦涤实业有限公司等虚开增值税专用发票案。① 该案案情及诉讼过程如下：

> 2000 年 5 月间，林建基在福建省泉州市松苑锦涤实业有限公司（以下简称松苑公司）向陈某某推销节能器材过程中，得悉陈为提高公司现有设备价格，以显示公司经济实力，欲购买一些伪造票据做公司账目。林建基即表示愿意提供，陈某某提出虚开票据数额为三千七百余万元人民币。双方商定，由陈某某按虚开面额千分之五的比例支付酬金给林建基，并向林建基提供了 3 张松苑公司向江苏扬州惠勇物资有限公司、江苏盐城华强化纤机械有限公司、江苏苏州凯美化工有限公司购买设备所开具的增值税专用发票作样式。施某某在陈某某的授意下，根据该公司现有设备虚列了一张价格三千七百余万元人民币的设备清单，通过杨某交给林建基，林建基则根据陈某某、施某某提供的发票样式及设备清单，从他处买来伪造的增值税专用发票 942 份以及发票专用章 12 枚，并以松苑公司为受票人开具发票 326 份，面额总计 37 087 001.15 元，税额 5 388 709.57 元。同年 6 月 23 日，林建基指使杨某将开具的 326 份伪造的增值税专用发票拿到松苑公司，经施某某核对后交由陈某某，陈某某付款人民币 18.54 万元给林建基。案发后，公安机关在林建基家中搜出开错税率及空白的伪造增值税专用发票和伪造的印章 12 枚。

> 福建省泉州市人民检察院以被告人林建基犯虚开增值税专用发票罪、购买伪造的增值税专用发票罪，被告单位松苑公司、被告人陈某某和施某某犯虚开增值税专用发票罪，向福建省泉州市中级人民法院提起公诉。

> 被告单位松苑公司及其辩护人辩称，松苑公司虚开增值税专用发票不是用于抵扣税款，犯罪情节轻微，可以不认为是犯罪。

---

① 参见牛克乾：《福建省泉州市松苑锦涤实业有限公司等伪造、出售伪造的增值税专用发票案——虚开增值税专用发票罪与非罪之认定》，载《人民司法·案例》，2008（22）。

被告人林建基及其辩护人辩称，林建基在公安机关主动交代为松苑公司虚开增值税专用发票的事实，构成立功，应从轻、减轻处罚。

被告人陈某某及其辩护人辩称，陈某某虚开增值税专用发票不是为了抵扣税款，归案后认罪态度好，应从轻处罚。

被告人施某某及其辩护人辩称，施某某没有虚开增值税专用发票的主观故意和客观行为，不是本案单位犯罪的直接责任人员，施某某不构成犯罪。

福建省泉州市中级人民法院经审理认为：被告人林建基违反国家对增值税专用发票的管理规定，为牟取非法利益，购买伪造的增值税专用发票942份，并从中为被告单位松苑公司虚开326份，面额总计37 087 001.15元，税额5 388 709.57元，虚开数额巨大，其行为已构成虚开增值税专用发票罪及购买伪造的增值税专用发票罪；被告人陈某某、施某某分别是松苑公司的法定代表人和副总经理，为公司牟取非法利益，故意让他人以公司的名义虚开增值税专用发票，且虚开的税款数额巨大，其中被告人陈某某系直接负责的主管人员，被告人施某某系直接责任人员。被告单位松苑公司及被告人陈某某、施某某均已构成虚开增值税专用发票罪。林建基在被公安机关查获其伪造的增值税专用发票及印章的情况下，才交代赃物去向及其他同案犯的犯罪事实，故其辩护人提出林建基有立功情节的辩护理由不能成立。被告单位松苑公司违反国家对增值税专用发票的管理法规，虚开增值税专用发票数额巨大，社会危害性大，故其辩护人提出被告单位犯罪情节轻微、可以不认为是犯罪的辩护理由于法无据。被告人陈某某为谋取单位非法利益，与被告人林建基商定虚开增值税专用发票事宜，指使被告人施某某列虚设备清单，是主犯，其辩护人提出陈某某虚开增值税专用发票不是为了抵扣税款、归案后认罪态度好，建议从轻处罚的意见可以采纳。陈某某在缓刑期间犯罪，应撤销缓刑，数罪并罚。被告人施某某明知陈某某为显示松苑公司经济实力，在其授意下为虚开增值税专用发票以而开具公司生产设备价格清单、验收虚开增值税专用发票的事实，有同案人供述，并有扣押的虚开的生产设备清单、虚开的增值税专用发票可佐证，施某某辩称事先不知道要虚开增值税专用发票以及其辩护人提出的施某某没有虚开增值税专用发票的主观故意和客观行为、不是本案单位犯罪的直接责任人员、施某某不构成犯罪的辩解和辩护意见均无事实和法律依据，不予采纳。鉴于施某某系在陈某某的指使下实施犯罪行为，在本案犯罪中起次要、辅助作用，是从犯，对被告人施某某应比照陈某某减轻处罚。遂依照《中华人民共和国刑法》（1999 年——引者注）第 205 条第 1、2 款，第 208 条第 1 款，第 30 条，第 31 条，第 25 条第 1 款，第 216 条第 1 款，第 27 条，第 77 条第 1 款，第 69 条，第 64 条之规定，于 2001 年 3 月 20 日判决如下：（1）撤销石狮市人民法院（1995）狮刑初字第 173 号刑事判决中以偷税罪判处被告人陈某某有期徒刑 3 年，缓刑 5 年的缓刑部分之判决。（2）被告单位泉州市松苑锦涤实业有限公司犯虚开增值税专用发票罪，判处罚金人民币 30 万元。（3）被告人林建基犯虚开增值税专用发票罪，判处有期徒刑 13 年，并处罚金人民币 10 万元；犯购买伪造的增值税专用发票罪，判处有期徒刑 3 年，并处罚金人民币 5 万元。决定执行有期徒刑 15 年，并处罚金人民币 15 万元。（4）被告人陈某某犯虚开增值税专用发票罪，判处有期徒刑 10 年，合并原偷税罪有期徒刑 3 年，决定执行有期徒刑 12 年。（5）被告人施某某犯虚开增值税专用发票罪，判处有期徒刑 5 年。（6）继续追缴被告人林建基违法所得人民币 18.45 万元，上缴国库。

一审宣判后，被告单位松苑公司及被告人林建基、陈某某、施某某均不服，提出上诉。

被告单位松苑公司及其辩护人上诉称：该公司在招商引资过程中，为了提高公司设备的价格以显示公司的实力而购买一些伪造的发票做公司的账目。本案购买的伪造增值税专用发票，由于注明是固定资产，不能从销项税额中抵扣税款，因而，该公司及其法定代表人都不具有虚开增值税专用发票偷逃税款的主观故意和行为，不构成虚开增值税专用发票罪。该公司只是具有购买伪造的增值税专用发票的行为，鉴于主观恶性较小，没有给国家造成经济损失，请求法院从轻判处松苑公司罚金人民币 10 万元，并对法定代表人陈某某从轻判处。

林建基及其辩护人诉称：（1）林建基虽然购买了伪造的增值税专用发票，但这只是犯罪的手段，购买发票是为了虚开，其实施的犯罪与其方法之间存在牵连关系，因而应以虚开增值税专用发票一罪认定，而不应实行数罪并罚；（2）原判对林建基量刑偏重。本案中林建基同样系从犯，却比主犯陈某某判处了更重的刑罚，显失公平；（3）林建基在公安机关主动交代了为松苑公司虚开的事实，应认定具有自首、立功情节。

陈某某及其辩护律师诉称：（1）陈某某只是购买了伪造的增值税专用发票，应以购买伪造的增值税专用发票罪定罪；（2）陈某某购买伪造的增值税专用发票只是做内部账目，没有抵扣税款，没有给国家造成损失；（3）陈某某主观恶性小，归案后认罪态度较好，其是泉州民营企业家，每年给国家上缴税款上千万元，对当地经济建设有一定贡献，请求从轻判处。

施某某及其辩护律师诉称：（1）松苑公司只是实施了购买伪造的增值税专用发票的行为，不构成虚开增值税专用发票罪；（2）施某某是在陈某某的授意下开具生产设备清单，不知是用于购买增值税专用发票，因而本人不构成犯罪。

福建省高级人民法院认为：上诉人林建基违反国家对增值税专用发票管理规定，为牟取私利，受人之托，从他人处购买了伪造的增值税专用发票 942 份，从中出售给松苑公司 326 份，其行为已构成出售伪造的增值税专用发票罪。因其购买时即明知不是为了抵扣税款，也没有将抵扣联交给买方，未给国家税款造成损失，综合考虑本案的情节及后果，对林建基可予从轻处罚。林建基及其辩护人关于只构成虚开增值税专用发票一罪和具有自首和立功情节等辩护意见，经查与法律、事实不符，不予采纳。上诉单位松苑公司和上诉人陈某某、施某某向他人购买伪造的增值税专用发票的行为，不是以抵扣税款为目的，而是为了提高购进设备价值，显示公司实力，以达到在与他人合作谈判中处于有利地位的目的。根据国家税法的规定，注明为固定资产的增值税专用发票不能抵扣税款，且陈某某也没有要抵扣联，国家税款不会因其行为而受损失，松苑公司、陈某某、施某某的行为不具有严重的社会危害性，因此不构成犯罪。各被告人及其辩护人的有关辩护理由，予以采纳。原审以虚开增值税专用发票罪对松苑公司、陈某某、施某某定罪处刑不当，应予撤销。原审认定上诉人林建基出售伪造的增值税专用发票的事实清楚，但定罪不当。遂依照《中华人民共和国刑事诉讼法》（1996年——引者注）第189条第（2）项及《中华人民共和国刑法》第206条第1款、第64条之规定，于2002年5月31日判决如下：（1）撤销泉州市中级人民法院（2000）泉刑初字第196号刑事判决；（2）上诉人林建基犯出售伪造的增值税专用发票罪，判处有期徒刑5年，并处罚金人民币5万元；（3）上诉单位泉州市松苑锦涤实业有限公司、上诉人陈某某和施某某无罪。

本案的裁判理由指出：

本案中，对于被告单位松苑公司，被告人陈某某、施某某为了提高购进设备价值，显示公司经济实力，向他人购买虚开的伪造增值税专用发票的行为如何定性，存在较大分歧。

第一种观点认为构成虚开增值税专用发票罪。理由是：刑法第205条规定："虚开增值税专用发票或者虚开用于骗取出口退税、抵扣税款的其他发票的，处三年以下有期徒刑或者拘役，并处二万元以上二十万元以下罚金"。从法条规定看，虚开增值税专用发票罪是行为犯，立法并未将抵扣税款或骗取出口退税的目的和国家税款流失的犯罪结果作为该罪的构成要件。对于增值税专用发票，一经虚开达到一定数量，即构成犯罪。被告单位松苑公司，被告人陈某某、施某某的行为属于让他人为自己虚开增值税专用发票，且数额巨大，已经构成虚开增值税专用发票罪。不过，对于这种不以抵扣税款和骗取出口退税为目的的犯罪，可以根据其犯罪情节适当从轻处罚。

　　第二种观点认为构成购买伪造的增值税专用发票罪。理由是：刑法第205条规定的立法本意是保障国家流转税制，不仅仅是为了保护发票秩序，打击的锋芒是利用增值税专用发票非法抵扣国家税款和骗取出口退税款。对于类似本案被告不以偷骗税为目的虚开增值税专用发票的行为，不宜认定构成虚开增值税专用发票罪。刑法第 208 条第 1 款规定："非法购买增值税专用发票或者购买伪造的增值税专用发票的，处五年以下有期徒刑或者拘役，并处或者单处二万元以上二十万元以下罚金。"被告单位松苑公司和被告人陈某某、施某某实施了购买伪造的增值税专用发票的行为，从罪刑相适应的角度看，购买伪造的增值税专用发票罪的法定刑较虚开增值税专用发票罪的法定刑为轻，因此，对上述被告单位或被告人可以按购买伪造的增值税专用发票罪定罪处刑。

　　第三种观点认为不构成犯罪。理由是：本案中，被告单位松苑公司和被告人陈某某、施某某之所以虚开增值税专用发票，是为了增加其公司现有设备的价格，提高其固定资产的数量，以便在和外商谈判时处于有利的地位。而根据国家税法的规定，注明为固定资产的增值税专用发票不能抵扣税款，且涉案被告单位或被告人根本没有要增值税专用发票的抵扣联，因此国家税款不会因其行为而受损失。综合考虑，被告单位松苑公司，被告人陈某某、施某某的行为不具有严重的社会危害性，因此不能以犯罪论处。

我同意第三种观点。理由是：

1. 被告单位松苑公司，被告人陈某某、施某某为了提高购进设备价值，显示公司经济实力，向他人购买虚开的伪造增值税专用发票的行为不具有严重的社会危害性

我国刑法第 13 条规定："一切危害国家主权、领土完整和安全，分裂国家、颠覆人民民主专政的政权和推翻社会主义制度，破坏社会秩序和经济秩序，侵犯国有财产或者劳动群众集体所有的财产，侵犯公民私人所有的财产，侵犯公民的人身权利、民主权利和其他权利，以及其他危害社会的行为，依照法律应当受刑罚处罚的，都是犯罪，但是情节显著轻微危害不大的，不认为是犯罪。"这一犯罪定义表明，严重的社会危害性是犯罪的本质特征。准确把握这一特征，是我们结合刑事法律界定一种行为罪与非罪的前提。根据罪刑法定原则，对于刑法没有明文规定的具有严重社会危害性的行为不能定罪，同时，对于不具有严重社会危害性的行为，即使从字面上看为刑法条文所规范，也必须适用限缩解释的方法将之排除在犯罪圈外。行为的社会危害性是主、客观要素的统一，因此，在确定行为是否具有严重的社会危害性时，不仅要考察行为的客观危害性，而且要关注行为的主观危险性。

本案中，被告单位松苑公司，被告人陈某某、施某某从林建基处以人民币 18.54 万元购得伪造的增值税专用发票 326 份，面额总计 37 087 001.15 元，税额 5 388 709.57 元，并用于提高公司设备的价值，以显示公司的实力。虽然从表面上看，松苑公司、陈某某、施某某实施了购买虚开的伪造增值税专用发票的行为，且涉案数额巨大，但与人民法院审理的大量虚开增值税专用发票案件相比，在社会危害性上具有本质区别：主观方面，涉案被告单位或被告人是为了虚夸公司实力，以便在和外商谈判时处于有利的地位，并不具有偷、骗税款故意，且无证据证实其具有获取其他非法利益的动机和目的；客观方面，根据国家税法的规定，注明为固定资产的增值税专用发票不能抵扣税款，且涉案被告单位或被告人根本没有要增值税专用发票的抵扣联，所以国家税款不会因其行为而遭受损失，且无证据证实有其他严重危害后果。因此，本案被告单位或被告人购买伪造的增值税专用发票和接受虚开增值税专用发票的行为，从本质上讲不具有严重的社会危害性。

2. 考察立法原意，对刑法第 205 条和第 208 条应基于体现谦抑的价值立场作限缩解释，被告单位松苑公司，被告人陈某某、施某某的行为不具有刑事违法性

刑事违法性是犯罪的法律特征，是行为的严重社会危害性在法律上的表现形式。犯罪是严重社会危害性与刑事违法性的统一，其中，社会危害性是第一性的，刑事违法性是第二性的，行为不是因为违法才具有社会危害性，而是因为具有社会危害性才违法。因此，对刑事违法性的判断，我们不能仅从法律规范本身去理解，而应结合社会危害性来考察。如前所述，对于不具有严重社会危害性的行为，即使

从字面上看为刑法条文所规范，也必须适用限缩解释的方法将之排除在犯罪圈外。目的性限缩的解释方法是广义的限缩解释方法的一种，它是司法实践中法律适用的重要方法，是指基于规范意旨的考虑，依法律规范调整的目的或其意义脉络，将依法律文义已被涵盖的案型排除在原系争适用的规范外。对增值税专用发票犯罪相关刑法条文的理解和适用，也必须照应目的性限缩解释方法的运用。

从刑法第 205 条第 1 款的规定看，虚开增值税专用发票罪的犯罪构成表现为，行为人客观上具有虚开行为，主观上有虚开的故意，并不要求有偷逃、骗取税款的目的。但查立法资料可知，1997 年刑法修改时没有注意到类似本案的虚开增值税专用发票情况，也没有考虑到对这种问题的处理。刑法第 205 条的立法本意是保障国家流转税制，打击的是利用增值税专用发票非法抵扣国家税款和骗取出口退税款的行为。因此，对于确有证据证实行为人主观上不具有偷、骗税目的，客观上也不会造成国家税款流失和其他严重后果的虚开增值税专用发票行为，虽然从字面上看其符合刑法第 205 条的规定，但认定其具备刑事违法性恐怕并不符合立法原意。

同时，认定本案行为难以被刑法第 205 条所规范，也是基于刑法谦抑的价值立场所应得出的结论。刑法事关生杀予夺，对其可能的扩张和滥用必须保持足够的警惕，谦抑是刑法较之其他部门法独特的价值立场。所谓刑法的谦抑性，又称刑法的经济性或者节俭性，是指用刑之道应力求以最小的支出——少用甚至不用刑罚（而用刑罚替代措施），获取最大的社会效益——有效地预防和抗制犯罪。刑法的谦抑性要求慎用刑罚，准确贯彻存疑时有利于被告人的原则，为行政处罚、经济制裁等非刑罚的社会调控措施留下足够空间。据了解，关于类似本案行为是否定罪，理论界和实务部门都存在不同看法。在这种分歧观点争执不下的情况下，选择有利于被告人的谦抑立场，更加符合法无明文规定不为罪、法无明文规定不处罚的罪刑法定原则的要求。同理，刑法第 208 条购买伪造的增值税专用发票罪的规定，亦应将本案这种购买伪造的增值税专用发票用于提高购进设备价值、显示公司经济实力的行为排除在外。综上，本案被告单位松苑公司，被告人陈某某、施某某的行为不具有严重的社会危害性和刑事违法性，不宜以犯罪论处，二审法院依法予以改判是正确的。

由此可见，在 2001 年最高人民法院相关业务部门已经就不以骗取税款为目的的虚开发票行为到底是否构成我国刑法第 205 条的虚开增值税专用发票、用于骗取出口退税、抵扣税款发票罪这个问题进行过个案答复，明确了不构成该罪的意见。只是因为这是个案性的意见，未能及时公布，只是在相关讨论文章中涉及。随着这一答复的披露，我认为在这个问题上最高人民法院的意见已经是明确的，应当参照执行。当然，如果能够以指导性案例的形式予以确认，则效果更好。

　　值得注意的是，随着刑事法治的向前发展，尤其是在防止对经济行为的过度刑事干预，保障市场经济秩序的思想指导下，最高人民法院和最高人民检察院对于虚开增值税专用发票罪采用目的犯说的倾向性越来越明显。在这种情况下，最高人民法院于 2018 年 12 月 4 日公布了典型案例——张某强虚开增值税专用发票案。[①]

　　　　2004 年，被告人张某强与他人合伙成立个体企业某龙骨厂，张某强负责生产经营活动。因某龙骨厂系小规模纳税人，无法为购货单位开具增值税专用发票，张某强遂以他人开办的鑫源公司名义对外签订销售合同。2006 年至 2007 年间，张某强先后与六家公司签订轻钢龙骨销售合同，购货单位均将货款汇入鑫源公司账户，鑫源公司并为上述六家公司开具增值税专用发票共计 53 张，价税合计 4 457 701.36 元，税额 647 700.18 元。基于以上事实，某州市人民检察院指控被告人张某强犯虚开增值税专用发票罪。

　　　　某州市人民法院一审认定被告人张某强构成虚开增值税专用发票罪，在法定刑以下判处张某强有期徒刑三年，缓刑五年，并处罚金人民币五万元。张某强在法定期限内没有上诉，检察院未抗诉。某州市人民法院依法逐级报请最高人民法院核准。

　　　　最高人民法院经复核认为，被告人张某强以其他单位名义对外签订销售合同，由该单位收取货款、开具增值税专用发票，不具有骗取国家税款的目的，未造成国家税款损失，其行为不构成虚开增值税专用发票罪，某州市人民法院认定张某强构成虚开增值税专用发票罪属适用法律错误。据

---

　　①　参见中华人民共和国最高人民法院（2016）最高法刑核 51732773 号刑事裁定书。

此，最高人民法院裁定：不核准并撤销某州市人民法院一审刑事判决，将本案发回重审。该案经某州市人民法院重审后，依法宣告张某强无罪。

在本案的"典型意义"指出：本案张某强借用其他企业名义为其自己企业开具增值税专用发票，虽不符合当时的税收法律规定，但张某强并不具有偷逃税收的目的，其行为未对国家造成税收损失，不具有社会危害性。一审法院在法定刑之下判决其承担刑事责任，并报最高人民法院核准。虽然对于本案判决结果，被告人并未上诉，但是最高人民法院基于刑法的谦抑性要求认为，本案不应定罪处罚，故未核准一审判决，并撤销一审判决，将本案发回重审。最终，本案一审法院宣告张某强无罪。这是最高人民法院以"典型案例"形式公布的一个案例，它虽然不具有指导性案例所具有的权威性，但其对于处理同类案件的参考价值是不言而喻的。

此后，2020 年 7 月 22 日最高人民检察院发布了《关于充分发挥检察职能服务保障"六稳""六保"的意见》（以下简称《意见》），《意见》第 6 条规定："依法慎重处理企业涉税案件。注意把握一般涉税违法行为与以骗取国家税款为目的的涉税犯罪的界限，对于有实际生产经营活动的企业为虚增业绩、融资、贷款等非骗税目的且没有造成税款损失的虚开增值税专用发票行为，不以虚开增值税专用发票罪定性处理，依法作出不起诉决定的，移送税务机关给予行政处罚。"在此，《意见》将是否具有骗取国家税款目的作为区分一般涉税违法行为与涉税犯罪的标准，明确规定对于那些不具有骗取国家税款目的，没有造成国家税款损失的虚开增值税专用发票行为，不以虚开增值税专用发票罪定性处理。

第 4 节　数额认识错误的盗窃行为之定性研究

案名：沈某某盗窃案
主题：客观处罚条件　数额认识错误

盗窃罪是一种财产犯罪。行为人主观上是为了获取财物，对于财物数量来说，当然是多多益善。因此，在一般盗窃案件中，根据盗窃财物的数额对犯罪分子定罪量刑是没有问题的。但在某些案件中，行为人对所窃财物的价值发生重大认识偏差。在这种情况下，还能不能以财物价值作为对行为人定罪量刑的根据，是一个值得研究的问题。本节以沈某某盗窃案[①]为例，就对盗窃物品价值认识错误情况下的定罪量刑问题进行研究。

一、案情及诉讼过程

　　2002 年 12 月 2 日晚 12 时许，被告人沈某某在某市高明区皇家银海大酒店 3614 房与潘某某进行完卖淫嫖娼准备离开时，乘潘不备，顺手将潘放在床头柜上的嫖资及一只伯爵牌 18K 黄金石圈满天星 G2 链带男装手表拿走，后藏匿于其租住的某市某区荷城甘泉街 90 号二楼的灶台内。次日上午，潘某某醒后发现自己的手表不见，怀疑系沈所为，便通过他人约见了沈某某。潘询问沈是否拿了他的手表，并对沈称：该表不值什么钱，但对自己的意义很大，如果沈退还，自己愿意送 2 000 元给沈。沈某某坚决否认自己拿走了该表。潘某某报案后，公安机关遂将已收拾好行李（手表仍在灶台内，被告人未予携带或藏入行李中）准备离开某市的沈某某羁押。沈某某在被羁押期间供述了自己拿走潘手表的事实及该手表的藏匿地点，公安人员据此起获了此手表，并返还给被害人。另经查明，在讯问中，沈某某一直不能准确说出所盗手表的牌号、型号等具体特征，并认为该表只值六七百元；拿走潘的手表是因为性交易中潘行为粗暴，自己为了发泄不满。经某市某区价格认证中心鉴定：涉案手表价值人民币 123 879.84 元。

　　某市某区人民法院审理后认为：被告人沈某某秘密窃取他人数额较大以上的财物，其行为已构成盗窃罪。虽然被害人将手表与嫖资放在一起，但被害人并未申明手表亦是嫖资的一部分，该手表仍为被害人所有；被告

---

　　① 本案刊载于最高人民法院编：《刑事审判参考》，第 40 集，北京，法律出版社，2005。

人拿走嫖资同时顺手拿走手表时，虽被害人没有睡着，但被害人对此并未察觉，故被告人的行为仍然符合秘密窃取的特征。因此，公诉机关指控被告人犯盗窃罪的罪名成立，应予支持。被告人沈某某关于其行为并非秘密窃取的辩解和其辩护人关于被告人沈某某不具有非法占有目的的辩护意见，均无事实根据，不予采纳。被害人将价值巨大的手表与嫖资放在一起，一方面足以使对名表缺乏起码认识的被告人产生该表价值一般（而非巨大）的错误认识，另一方面也可能让一个以卖淫为生计的被告人产生谋小利的贪念。被告人在被羁押后、知悉其所盗手表的实际价值前，一直误认为其所盗取的只是一只价值数百元的普通手表。结合被告人的出身、年龄、职业、见识、阅历等状况来看，被告人误认所盗手表的价值是真实可信的，并非被告人故意规避。此节也可以从被告人始终不能准确说出该表的牌号、型号等能体现价值巨大的特征，以及在盗得手表后没有马上逃走或者将财物及时处理掉，乃至收拾好行李准备离开某市时手表仍在灶台内并未随身携带或藏入行李中得到验证。被害人在向被告人追索手表的过程中，虽表示愿意用2 000元换回手表，但仅称该表对自己意义重大，并未明确表明该表的实际价值，相反却明确表示该表并不太值钱。此节事实，并不足以使被告人对所盗手表的实际价值产生新的认识，相反，更可能加深被告人对该表价值的误认。综上，被告人顺手拿走他人手表的行为，虽主观上有非法占有他人财物的目的，但被告人当时没有认识到其所盗手表的实际价值，其认识到的价值只是数额较大，而非数额特别巨大。也就是说，被告人主观上只有非法占有他人数额较大财物的故意，而无非法占有数额特别巨大财物的故意。由于被告人对所盗物品价值存在重大误解（或者认识错误），其所认识的数额远远低于实际数额，根据主客观相统一的刑法原则，故不能让其对所不能认识的价值数额承担相应的刑事责任，而应按其盗窃时所能认识到的价值数额作为量刑标准。鉴于被告人犯罪后主动坦白其盗窃事实，且所盗手表已被追缴并退还失主，属于犯罪情节轻微。遂依照《中华人民共和国刑法》第264条、第37条的规定，作出如下判决：被告人沈某某犯盗窃罪，免予刑事处罚。

一审宣判后，某市某区人民检察院以被告人沈某某犯盗窃罪数额特别巨大、原判量刑畸轻为由，向某市中级人民法院提出抗诉。

由于被告人下落不明，二审中该案依法中止审理。

在《刑事审判参考》中刊登的案例，一般都是使用真名实姓，审判机关亦明示在案。唯独本案隐去被告人与被害人之名，也许是为维护当事人的隐私。

二、盗窃数额的法理分析

我国刑法第 264 条关于盗窃罪的规定，根据数额大小，分别规定了三个罪刑单位：

盗窃公私财物，数额较大的，或者多次盗窃、入户盗窃、携带凶器盗窃、扒窃的，处三年以下有期徒刑、拘役或者管制，并处或者单处罚金；数额巨大或者有其他严重情节的，处三年以上十年以下有期徒刑，并处罚金；数额特别巨大或者有其他特别严重情节的，处十年以上有期徒刑或者无期徒刑，并处罚金或者没收财产。

从上述规定来看，在我国刑法中盗窃数额对于盗窃罪的定罪与量刑具有重大影响。可以说，我国刑法将盗窃数额作为盗窃罪的定罪量刑根据的立法方式，秉承了我国古代刑法对盗窃罪以及其他财产犯罪计赃论罪的司法传统。在《秦律》中就有关于盗窃数额的规定，例如《秦律》规定：盗窃 110 钱者，耐为隶臣；超过 220 钱而不到 660 钱的，黥为城旦；超过 660 钱的，黥劓以为城旦。[1] 从立法逻辑来说，我国刑法的规定与《秦律》的这一规定，可以说是如出一辙。及至汉代，刘邦入关约法三章，特别提到"伤人与盗抵罪"。师古注曰："抵，至也，当也。"即对盗窃罪的处理，要根据赃物的多少来判处不同的刑罚。[2] 因此，《汉律》承接了《秦律》确立的以赃计罪的司法原则。《唐律》的盗窃分为强盗与窃盗，其盗又分为计赃与

---

[1]　参见赵秉志主编：《侵犯财产罪研究》，138 页，北京，中国法制出版社，1998。

[2]　参见乔伟：《唐律研究》，221 页，济南，山东人民出版社，1985。

不计赃两种：计赃的是凡盗，不计赃的是"盗大祀神御之物"等特殊盗罪。其中，关于凡盗的规定指出："诸窃盗，不得财笞五十；一尺杖六十，一疋加一等；五疋徒一年，五疋加一等，五十疋加役流。"《唐律》还规定，当不计赃的盗罪因减罪而轻于凡盗时，若计赃重，则应计赃，以凡盗论加一等。[①] 这些规定对于理解我国现行刑法关于盗窃数额的规定都具有参考价值。当然，以赃计罪的司法传统，即使是在古代也曾被质疑。例如宋人曾布（1036—1107）指出：

> 盗情有重轻，赃有多少。今以赃论罪，则劫贫家情虽重，而以赃少减免，劫富室情虽轻，而以赃重论死。是盗之生死，系于主之贫富也。[②]

曾布在此论及在盗罪中"情"与"赃"的关系：情轻赃重与情重赃轻。如果仅计赃论罪不顾及盗罪之犯情，则对盗罪处罚并不公允。因此，如何在以数额作为盗窃罪的定罪量刑主要根据的同时考虑其他犯罪情节，是一个在盗窃罪处罚中应当注意的问题。我国 1997 年刑法对盗窃罪定罪量刑，虽然在数额以外考虑了多次盗窃以及是否具有其他严重情节或者特别严重情节，但在盗窃罪的定罪量刑上还是存在较为明显的以赃计罪的痕迹。

从关于盗窃数额的立法转入盗窃数额在盗窃罪犯罪构成中的体系性地位问题，是一个在刑法理论上存在争议的问题。在大陆法系三阶层的犯罪论体系中，在构成要件该当性中讨论盗窃行为，并不涉及盗窃数额。因此，盗窃数额并非构成要件要素。日本刑法未对盗窃数额加以规定，从法律逻辑上来说，即使盗窃一厘钱也构成盗窃罪。但日本大审院在一厘事件的判例中，明确指出：

> 零细的反法行为，只要不是在应该认为犯人具有危险性这种特殊情况下坚决实行的，就不能认为在共同生活的观念中存在应该要求通过刑罚制裁进行法律保护的法益侵害，就没有必要以刑罚处之，就没有必要施加刑罚制裁，不得不说立法的趣旨也在于此。[③]

---

① 参见《唐律疏议》，刘俊文点校，386 页，北京，法律出版社，1999。
② 高潮、马建石主编：《中国历代刑法志注释》，420 页，长春，吉林人民出版社，1994。
③ 转引自［日］大塚仁：《刑法概说（总论）（第三版）》，冯军译，316 页，北京，中国人民大学出版社，2003。

在日本刑法理论上，关于这种特别轻微的违法行为不处罚如何解释，一般是采用可罚的违法性理论。例如佐伯博士主张，零细的反法行为因其违法性极其轻微，没有达到法所预定的程度而不成立犯罪。但藤木教授则认为，犯罪构成要件中以其典型事态为中心，预定了一定类型性程度的严重性，没有满足这种程度的违法性的行为就缺乏构成要件符合性。[①] 值得注意的是西田典之教授认为，可以把轻微违法分为绝对轻微型与相对轻微型。一种类型是绝对轻微型，也就是说，在受害程度极小的场合，根据缩小解释而否定具有构成要件该当性；另一种类型是相对轻微型，具体是指尽管受害程度并非轻微到可以否定构成要件该当性，但考虑到行为的状况、目的、其他相对立的价值的实现等因素，而认为其并未达到可以处罚的程度之时，可根据《日本刑法》第 35 条的规定而否定其具有实质违法性。[②] 也就是说，绝对轻微型是一个构成要件该当性不具备的问题，而相对轻微型是一个违法性不具备的问题。

在我国四要件的犯罪构成体系中，盗窃数额以及情节严重等描述违法程度的要素究竟属于四个要件中的哪一个要件，或者是四个要件之外的一个独立要件？关于这个问题在刑法理论上是存在争议的。早在 20 世纪 80 年代，我国学者论及盗窃数额对于认定盗窃罪的作用时，就提出了两种观点：一是构成要件说，二是处罚条件说。[③] 构成要件说主张盗窃数额是盗窃罪的构成要件，而处罚条件说主张盗窃数额是盗窃罪的量刑条件。就上述两种观点而言，处罚条件说明显不妥。盗窃数额，在这里是指作为起刑点的数额较大，当然是定罪要件而并非仅处罚条件。但把盗窃数额界定为构成要件，又存在一个它属于四要件中的哪一个要件的问题。我国早期的刑法教科书把数额纳入危害结果，以此作为犯罪客观方面的要素。[④] 但情节严重、

①　参见 [日] 大塚仁：《刑法概说（总论）（第三版）》，冯军译，314 页，北京，中国人民大学出版社，2003。

②　参见 [日] 西田典之：《日本刑法总论》，刘明祥、王昭武译，156~157 页，北京，中国人民大学出版社，2007。

③　参见高铭暄、王作富主编：《新中国刑法的理论与实践》，593 页，石家庄，河北人民出版社，1988。

④　参见高铭暄主编：《刑法学》，修订版，123 页，北京，法律出版社，1984。

情节恶劣等要素，既包含客观内容又包含主观内容，如何确定其构成要件的归属呢？对此，我国学者张明楷教授提出了犯罪构成的综合要件的命题，指出：情节严重、情节恶劣不属于犯罪构成某一方面的要件，而是一个综合性的构成要件，它涉及客观方面、主体、主观方面的内容。[①] 此后，尽管张明楷教授提出的犯罪构成共同要件从原先的三个（犯罪客观要件、犯罪主体、主观构成要件）改为两个（客观构成要件、主观构成要件），但仍然主张在论述了客观构成要件与主观构成要件之后，再论述情节严重的内容，因为情节是否严重，需要通过分析案件的全部情况进行综合判断。[②] 但对于情节严重是否属于独立于犯罪构成共同要件之外的一个要件，张明楷教授语焉不详。当然，我国也有学者认为情节是该类犯罪的犯罪构成中的独特要件，因为它不能与犯罪构成中的其他要件相互包容。[③] 我认为，对于犯罪成立数量要素在犯罪构成体系中的地位不加以正确地界定，会影响犯罪构成理论的逻辑性。

将盗窃数额作为犯罪的构成要件，这是正确的。但是，大陆法系三阶层的犯罪论体系中的构成要件与我国四要件的犯罪构成体系中的构成要件，在语义上是存在重大差别的。在大陆法系三阶层的犯罪论体系的语境中，将盗窃数额视为构成要件，就意味着它不是违法性的排除要素。因此，在大陆法系三阶层的犯罪论体系中，盗窃数额较大之类的内容是不可能被视为构成要件的，一般都作为违法性考察的内容。在我国四要件的犯罪构成体系中，犯罪构成要件是犯罪成立条件的总和，因此，不仅大陆法系三阶层理论中的构成要件该当性、违法性、有责性属于犯罪构成要件，而且客观处罚条件等也属于犯罪构成要件。如果把盗窃数额放在犯罪客观要件中，就存在一个需要行为人在主观上对盗窃数额具有认识的问题，因为犯罪故意中的认识对象就是客观的构成要件要素。关于对犯罪数额是否应当认识以及是否适用对象认识错误理论，我将在后文论及。在此我只是想强调，犯罪数额如果成为犯罪故意的认识内容，必将带来一系列刑法理论上与司法实务上的难题。因此，我

① 参见张明楷：《犯罪论原理》，146 页，武汉，武汉大学出版社，1991。
② 参见张明楷：《刑法学》，3 版，109 页（注 22），北京，法律出版社，2007。
③ 参见李翔：《情节犯研究》，112 页，上海，上海交通大学出版社，2006。

主张在犯罪客观要件——罪体和犯罪主观要件——罪责之外，确立罪量要件，将数额、情节等对于犯罪成立具有重大影响的要素单独设置为一个犯罪构成要件。[①]

在大陆法系刑法理论中，存在应受处罚的客观条件（objektive Bedingungen der Strafbarkeit）的概念，亦简称为客观处罚条件。德国学者在论及客观的处罚条件时指出：

> 应受处罚的客观条件，是指这样一些情况，它们与行为直接相关，但既不属于不法构成要件，也不属于责任构成要件。这些虽都属于实体上的应受处罚性要件，但在其内部都呈现着多样的形态，因为，它们部分构成纯正的特殊类型，部分与构成要件要素相似。由于存在这样的差异，应受处罚性的客观条件应当按照完全相同的原则来处理：对于应受处罚性问题，仅仅取决于客观上存在或者不存在这样的事实，没有必要将故意或者过失牵扯进来。这就意味着，如果行为时存在应受处罚性的客观条件或者行为后发生该客观条件，即使行为人对此没有认识或者没有预见其发生，即他也会因未遂受处罚；如果他相信存在或发生该客观条件，而实际上并不存在或者并没有发生，行为人均应受处罚。[②]

客观处罚条件本身并非构成要件，但它对于行为人是否应受处罚具有重大影响。因为它不是客观构成要件，所以也就不要求行为人主观上对其认识。我认为，将我国刑法中的罪量要件与客观处罚条件相比，二者具有某种功能上的相似性；它们都是刑事政策的产物，限定了刑罚的处罚范围。当然，关于这个问题也还存在争议，存在质疑的观点。例如我国学者黎宏指出：

> 在我国的犯罪构成体系当中，根本就没有属于客观处罚条件的超过的客观要素的存在余地。从犯罪是应受刑罚处罚程度的社会危害行为的角度来看，所谓超过的客观要素，作为和行为人的实行行为具有某种关系的结

[①] 参见陈兴良：《规范刑法学》，2 版，上册，194 页，北京，中国人民大学出版社，2008。

[②] ［德］汉斯·耶赛克、托马斯·魏根特：《德国刑法教科书（总论）》，徐久生译，667 页，北京，中国法制出版社，2001。

果，是表明该行为达到了应受刑罚处罚程度的具体体现，作为说明该行为达到了应当受到刑罚处罚程度的社会危害性的标志，应当在行为人的认识范围之内，而不可能超出其外。①

这里的超过的客观要素的命题，是张明楷教授提出来的，它也在一定程度上借鉴了客观处罚条件的理论。承认超过的客观要素主要是为了解决对某些客观要素的主观认识问题，这些要素虽然与客观构成要件相关，但如果被纳入客观构成要件，要求行为人主观上加以认识，就会带来故意与过失区分上的困难。黎宏教授认为应当将这些所谓超过的客观要素纳入行为人的主观认识范围，否则会带来一系列理论上的混乱。但我认为，如果不承认客观处罚条件，同样会带来理论上的混乱，而且会带来实务操作上的困难。例如在本案中，沈某某对于贵重手表的价值是否应当认识？如果盗窃数额是客观构成要件，当然需要有这种认识。但如果没有这种认识又怎么处理呢？黎宏教授认为，这种认识不一定是确定的认识，也可以是一种可能的认识。② 我认为，可能的认识也未必能解决这个难题，在以具体的盗窃数额作为定罪量刑标准的法律语境中，主观认识的模糊无法应对立法及司法解释规定的明确。在这种情况下，将盗窃数额作为类似于客观处罚条件的罪量要件，并不要求行为人具有认识，只要客观上具有盗窃行为，主观上具有盗窃故意，就具备了盗窃罪的本体要件。应当指出，我虽然认为不要求行为人对财物的数额有认识，换言之，财物数额本身是犯罪构成的数量要件，但主张对于财物本身还是应当有认识的，如果对财物本身缺乏认识，则不可能具有对这一财物的盗窃或者实施其他财产犯罪的故意。例如，行为人窃取他人一件棉袄，该棉袄本身并不值钱，行为达不到盗窃罪的数额标准。但事主在棉袄内藏了 1 万元现金，行为人对此并不知情。在这种情况下，虽然行为人窃取的财物中包括这 1 万元现金，但由于行为人对这 1 万元现金没有故意，因而不构成盗窃罪，因为罪量要件是以具备罪体与罪责这两个犯罪构成的本体要件为前提的。当然，如果行为人在窃取时对棉袄里的 1 万元现金并不知情，

---

① 黎宏：《刑法总论问题思考》，201 页，北京，中国人民大学出版社，2007。
② 参见黎宏：《刑法总论问题思考》，202 页，北京，中国人民大学出版社，2007。

但在窃取以后发现了这 1 万元现金并据为已有，那么在这种情况下，就具备了对这 1 万元现金的盗窃故意，因而构成盗窃罪。总之，盗窃数额较大作为一个罪量要件，只是基于刑事政策的考量，决定盗窃行为应受刑罚处罚的界限的一个指数而已。

三、盗窃物品价值的认识错误

如前所述，因为在德、日刑法中数额价值并非盗窃罪构成的一般要件，当然也就没有关于盗窃物品价值的认识问题。在我国刑法中，因为数额较大是盗窃罪构成的一个必备要件，所以就涉及对盗窃物品的价值是否应当认识，以及发生了对盗窃物品价值的认识错误应当如何处理的问题。

关于这个问题，我国刑法学界以往通常讨论在盗窃罪的故意中是否包括对数额的认识问题。对此，存在否定说与肯定说之争。

否定说认为，盗窃故意中的认识因素并不包括对盗窃数额的认识。例如我国学者姜伟认为，犯罪故意的认识内容并不包括犯罪构成中的情节因素，由于论者所界定的情节包含数额，因此其结论自然及于数额。具体理由如下：

其一，罪与非罪、罪重与罪轻的界限并不是由行为人的自我认识决定的，而是由司法机关根据法律和事实确定的，行为人的自我认识对定罪量刑毫无影响；

其二，行为人在故意犯罪过程中对说明犯罪客体、犯罪客观方面的事实的认识，事实上已经认识到情节的一部分内容，再要求行为人认识情节无异于重复认识；

其三，犯罪故意表明的是行为人必然反社会的主观倾向，情节是综合评价罪与非罪、罪轻罪重的因素，对犯罪故意的成立与否毫无影响；

其四，如果要求行为人的犯罪故意认识情节因素，不仅是徒劳的，也是有害的，会为行为人逃避罪责提供托词。[1]

---

① 姜伟：《罪过形式论》，104 页，北京，北京大学出版社，2008。

上述理由当然是有一定说服力的，但论者并没有从情节在犯罪构成体系中的地位来论证，还是有所欠缺的。因为如果承认情节，包括数额是构成要件事实，就没有理由不要求行为人主观上认识。由于论者否认犯罪故意之成立必须具有对数额的认识，所以具体数额更不是犯罪故意的认识内容。

　　肯定说则认为数额是盗窃故意的认识内容。例如我国学者在论及盗窃罪之犯罪故意的认识因素时指出：

　　　　行为人主观上必须预见到盗窃财物的数额达到了较大，或明知盗窃财物的行为达到了多次盗窃。根据犯罪构成必须是主客观相一致的原理，当盗窃数额较大是盗窃罪客观方面必不可少的要件时，行为人在主观方面也必须预见到所要窃取的财物达到了数额较大，这样才能主客观相统一。如果行为人根本就没有预见所要窃取财物的数额达到了较大，则很难说行为人对盗窃犯罪结果有认识。因此，行为人只有预见到所要盗窃公私财物的数额达到较大，才可能形成盗窃罪故意。[1]

　　肯定说是在定罪的意义上论及对盗窃数额的认识（当然，这种认识是指预见到盗窃财物的数额达到较大程度），但对财物具体价值的认识则没有论及。在这种情况下，肯定说与否定说在财物数额是否属于盗窃故意认识的内容这一点上的对立是明显的，但在对盗窃财物具体数额是否应当认识的问题上，还没有进一步展开讨论。此后，在我国司法实践中出现了两个特殊的盗窃案件，才使这个问题的对立性得以凸显。这两个案件，一个是天价葡萄案，另一个是天价豆角案。

天价葡萄案

　　2003 年 8 月 7 日凌晨，4 名民工在北京香山附近盗窃了 47 斤科研用葡萄。被害单位称：它们是北京农林科学院林业果树研究所葡萄研究园投资 40 万元，历经 10 年培育研制的科研新品种。案发后，北京市物价局价格认证中心对被偷的葡萄进行估价，被偷葡萄的直接经济损失为 11 220 元。2004 年 4 月，经过检察院两次退回补充侦查后，天价葡萄的最终估价

---

① 董玉庭：《盗窃罪研究》，67 页，北京，中国检察出版社，2002。

按照葡萄的市场价格估算，价值仅为 376 元，远未达到当时北京地区实行的盗窃财物价值 1 000 元以上才追究刑事责任的标准。此后，检察机关对本案作出了不起诉决定。

天价豆角案

2004 年 7 月 6 日，哈尔滨市一个窃贼从一个蔬菜大棚里偷摘了两袋看似一般的豆角，卖了 110 元钱。他没有想到，他进的是哈尔滨市农业科学院蔬菜花卉分院的实验棚，偷的是该院投资数万元、历经 4 年苦心研究培育的太空豆角。据悉，犯罪嫌疑人刘某被警方以涉嫌盗窃刑事拘留。受害方介绍，这些用于科研的豆角是他们经过 4 年时间培育，用经过太空育种后的 CHC55 号种子培育出来的。这样的种子一共仅有几十粒，极为珍贵。这些正处在种子成熟期的豆角被盗，使整个试验的完整性受到影响，并使实验数据失去了准确性，直接导致整个研究链断裂，其损失不是可以用价格来估算的。

以上两个案件在媒体上被披露以后，引发广泛的争议。由于这两个案件中的天价葡萄与天价豆角，都属于科研试验品，因此，存在一个如何计算葡萄与豆角的价格的问题。从这个意义上来说，这两个案件对于研究对盗窃数额的认识错误问题并非典型，而是极端的案件。但是，这两个案件确实引发了我国刑法学界对盗窃数额认识错误问题的理论思考。正如我国学者王作富教授在论及讨论天价葡萄案的意义时指出：

> 这个案例虽然小，但它涉及刑法的一些基本原则，如定罪的主客观相一致原则。当主观的心理状态与客观的实行行为造成的损害不一致时应该怎样处理，理论上还没有作过深入细致的研究，学术界也没有一个通说，有关部门也没有相关的司法解释，所以遇到问题就会产生困惑。这些讨论和困惑也从一个侧面反映出我国刑法的基础理论研究还需进一步加强。基础理论的研究水平往往决定刑法学的整体研究水平，也直接影响司法实务部门对刑法条文的理解和适用。①

---

① 尚晓宇：《刑法学家王作富求解"天价"葡萄案》，载《检察日报》，2003 - 08 - 15。

关于这个问题，我国刑法学者大多从责任主义出发，要求盗窃故意包含对数额较大的认识。例如张明楷教授认为，只有认识到所盗窃的财产数额较大时，才可能成立盗窃罪。近年来司法实务中发生的天价葡萄案和天价豆角案等案例中的行为人不成立盗窃罪，是因为行为人缺乏盗窃故意的认识要素。张明楷教授甚至认为：

> 虽然行为人认识到所盗财物数额较大，但如果财物的真实价值为数额巨大甚至特别巨大，而行为人根本没有认识到数额巨大与特别巨大时，只能选择数额较大的法定刑，而不能选择数额巨大与特别巨大的法定刑。责任主义要求行为人主观上具有刑法所规定的责任能力、故意或过失以及期待可能性。责任主义的实际机能表现在两个方面：其一是归责中的责任主义，即只有当行为人对符合构成要件的违法行为具有主观责任时，其行为才成立犯罪；其二是量刑中的责任主义，即刑罚的程度必须控制在责任的范围内，或者说，刑罚的程度不能超出责任的上限。归责中的责任主义，决定了超出主观责任范围的结果是不可归责的结果，不属于刑法评价的对象。因此，行为人不能预见的结果，既不能在定罪中起作用，也不能在量刑中起作用。如果在量刑时将一切结果作为从重处罚的情节，就意味着将行为人没有罪过的结果也作为从重量刑的依据，进而意味着将行为人没有罪过的结果也作为从重量刑的依据，进而意味着行为人对自己没有罪过的结果承担刑事责任。这便违反了责任主义原则。所以，影响量刑的结果，只能是可以归责的结果。由于责任错误或者认识错误所导致的结果，如果行为人没有相应的罪过，就不能作为从重量刑的情节，更不能适用加重的法定刑。①

按照张明楷教授的上述观点，盗窃财物的数额不仅是一个客观数额，而且因要求行为人主观上认识到数额较大、数额巨大或者数额特别巨大而是主客观相统一的数额。其最终结果是：数额对定罪量刑的影响完全取决于行为人对数额的认识，其不可操作性是显见的。理论上的问题在于：盗窃数额真的像张明楷教授所说的那

---

① 张明楷：《论盗窃故意的认识内容》，载《法学》，2004（11）。

样，是犯罪结果吗？我认为，盗窃的行为客体只是财物，取得财物是盗窃的结果。至于财物数额本身并非盗窃的结果，它只是这种结果的罪量要素，因而不能将其纳入盗窃故意的认识范围。此外，周光权教授引用《日本刑法典》第 38 条第 2 款的规定——"实施了本应属于重罪的事实，但行为时不知属于重罪的事实的，不得以重罪处断"，由此得出结论：在行为人无法对盗窃财物属于数额巨大、数额特别巨大有所认识时，对其不按照盗窃罪中的重罪处理，也是对主客观相统一原则的贯彻。[①] 但《日本刑法典》第 38 条第 2 款是对事实错误的规定，而事实错误是按照是否属于同一构成要件的错误来解决的。《日本刑法典》第 38 条第 2 款是关于不同构成要件之间错误的规定，对此，日本学者大塚仁教授指出：

> 关于不同构成要件间的错误，刑法第 38 条第 2 款规定，"虽然实施了应该相当于重罪的行为，但是，行为时不知道成为相当于其重罪的事实的人，不能用重罪对其处断"。也即，在上述打算杀他人的狗而误杀了人的情形下，行为人以犯轻的甲罪的意思而发生了重的乙罪的犯罪结果时，不能认为成立其重的乙罪（杀人罪）。[②]

因此，适用于不同构成要件之间的错误的《日本刑法典》第 38 条第 2 款，不能用作处理同一构成要件之内的错误的借鉴。值得注意的是，我国还有学者直接提出了数额认识错误的命题，指出：所谓数额认识错误，就是行为人对表现为货币或财物的行为对象的经济价值量的认识错误。数额认识错误主要表现为以下两种情况：

（1）积极的数额认识错误。这种数额认识错误，是指行为人在实施危害行为时，主观上认为其侵害的行为对象的经济价值高于该对象的实际经济价值。

（2）消极的数额认识错误。这种数额认识错误，是指行为人在实施危

---

① 参见周光权：《偷窃"天价"科研试验品行为的定理》，载《法学》，2004（9）。

② ［日］大塚仁：《刑法概说（总论）（第三版）》，冯军译，193 页，北京，中国人民大学出版社，2003。注意，冯军翻译的《日本刑法典》第 38 条第 2 款与其他文本不同，本引文予以保留。

害行为时，主观上认为其侵害的行为对象的经济价值低于该对象的实际经济价值。在这种情况下，如果行为人主观上认为的行为对象的经济价值尚未达到某一基本犯罪构成要件的要求，而该对象的实际经济价值达到了该犯罪构成要件的要求，就应当阻却犯罪故意的成立。[①]

在上述两种数额认识错误中，我主要关注的是消极的数额认识错误。论者认为在消极认识错误的情况下，可以阻却故意。这里需要深入追问的是：盗窃故意的内容是什么？明知是财物而予以窃取，这就是盗窃故意。在数额较大才构成犯罪的情况下，盗窃罪的故意与盗窃故意存在区别吗？更进一步说，盗窃数额巨大财物的故意与盗窃数额特别巨大财物的故意，它们之间又存在区别吗？我认为，盗窃故意是一种概括故意，只要在这一故意的支配下实施了盗窃行为，财物都是在盗窃故意的支配下取得的，就都不影响盗窃罪的成立。至于数额大小，只是一个刑事政策掌握问题。从法理上来说，只有把数额以及情节视为一个独立于罪体的要件，不要求行为人认识，才能从犯罪构成理论上解决这个问题。

至于天价葡萄案、天价豆角案，与其说是一个盗窃数额的认识错误问题，不如说是一个对财物性质的认识问题。但问题在于：如果行为人明知葡萄、豆角是科研试验品，那么对其行为就不是定盗窃罪而是定破坏生产经营罪。如果行为人不知是科研试验品，能否将科研投入计算到财物价值当中去？这是一个财物价值的评判问题，而不是数额认识错误问题。前述的沈某某盗窃案所涉问题，才属于严格意义上的数额认识错误问题。

四、裁判理由的评判

在沈某某盗窃案中，裁判理由认为被告人沈某某对所盗手表的价值存在重大认识错误，基于此，认为虽然沈某某的行为构成盗窃罪，但可以免予刑事处罚。裁判理由作了以下论证：

---

① 杨志国：《数额认识错误初论》，载《时代法学》，2007（4）。

行为人对所盗物品价值是否存在重大认识错误，不能仅凭被告人的供述或辩解来认定，否则，行为人均可以自称对所盗物品价值有重大认识错误，来规避或逃脱其应负的法律责任。判断行为人是否对所盗物品价值存在重大认识错误，主要应从行为人的个人情况以及其行为前后的表现来综合分析：本案被告人沈某某出生于贫困山区，从没有见过此类手表，也不知道或者听说过有此类名贵手表；沈某某年龄不大，从偏远农村来到城市时间不长，其工作环境又是一普通发廊，接触外界人、事、物相当有限，基本上无从接触到戴有如此昂贵手表的人；案发地附近的市场上也没有此类名表出售，最好的商场内出售的最好的手表也不过千元左右。因此，以本案沈某某的出身、作案时的年龄、职业、见识、阅历等状况来看，其对所盗手表的实际价值没有明确的或概括的认识是有可信基础的。被害人将价值如此巨大的手表与几百元的嫖资随便放在一起，也有使对手表本来就缺乏认识的沈某某产生该表价值一般（而非巨大）错误认识的客观条件。被告人沈某某到案后，在历次讯问中，始终不能准确说出该表的牌号、型号等具体特征，而且一直认为该表只值几百元钱。这表明其对名表确实一无所知，也不关心该表的实际价值。在盗得手表后，沈某某既没有马上逃走，也没有将财物及时处理掉，乃至收拾好行李准备离开某市时手表仍在灶台内，未予随身携带或藏入行李，也说明被告人对该表的实际价值既没有明确的认识，也没有概括的认识。如果被告人对该表的实际价值有所认识，按常理是不可能不随身带走或转卖的。被害人在追索手表的过程中，虽表示愿意以 2 000 元换回手表，但其仅称该表对自己意义重大，并未明确表明该表的实际价值，而只表示该表并不太值钱。此节事实，并不足以使被告人对所盗手表的实际价值产生新的认识，相反却更可能加深被告人对该表价值的误认。综上，我们认为，被告人顺手拿走他人手表的行为，主观上虽有非法占有他人财物的目的，但被告人当时确实没有认识到（包括概括的认识）其所盗手表的实际价值。其认识到的所盗手表的价值只是数额较大而已，而非事实上的数额特别巨大。也就是说，被告人主观上只有非法占有他人数额较大财物的故意内容，而无非法占有数额特别巨大财物的故意内容。因此，被告人对其所盗手表存在重大的认识错误，是可以确认的。

行为人对所盗物品价值有重大认识错误，属于刑法理论中所讲的一种对象认识错误。刑法上的认识错误，包括事实认识错误和法律认识错误。事实认识错误，是指行为人主观认识的事实与客观的事实不一致，主要包括对象认识错误、行为性质和手段认识错误、因果关系认识错误等等。对象认识错误，是指行为人主观所认识的行为对象与其行为所实际侵害的对象不相一致。

本案属于对所盗物品价值的对象认识错误。这种认识错误，包括对价值有无和高低的认识错误。对于将无价值的东西误认为有较大、巨大或特别巨大价值的东西而盗走的，实践中一般可不作犯罪处理。对于将有较大、巨大或特别巨大价值的东西误认为是无价值的东西而随手拿走，如将别人所有的名家手迹或名画误认为是无价值的普通书画作品拿走，如果当其发现具有价值后，若没有继续非法占有，一般不应作犯罪处理；对于盗窃对象价值高低的认识错误，一般应当按照盗窃对象的实际价值定罪处罚。但对于将价值高的东西误认为价值低的东西拿走是否全部按实际价值定罪呢？我们认为，个别情况也应因具体案情而定。因为行为人认为无价值的东西很少被拿走，绝对无价值的东西也是少之又少的。多数行为人可能是认为价值低而拿走，而很少认为该物品无任何价值。如陕西一农民为方便将邻居一"瓦盆"偷回家用来喂猪，数月后才发现该"瓦盆"是一地下出土的文物，实际价值数万元，该农民知道后即将该物退还邻居。

本案中，被告人沈某某对事实存在严重的认识错误，其所认识的数额远远低于实际数额，不能让其对行为所不能认识的财物数额承担犯罪的责任。从对犯罪构成主客观统一的原则来看，被告人所认识的数额即使接近"数额较大"的起点，但因其行为也造成了严重后果（手表的实际价值特别巨大等），根据最高人民法院《关于审理盗窃案件具体应用法律若干问题的解释》(已于 2013 年 4 月 4 日失效——引者注)(以下简称《解释》)第 6 条的规定,被告人的行为亦构成盗窃罪。

对此类案件认定为事实认识错误并不放纵犯罪。持反对意见的人主要是担心,在行为人既有盗窃故意又有盗窃行为,事实上也盗窃到了所想盗窃的财物时,如果行为人都辩解说对财物的价值数额有错误认识,不就都可以从轻甚至免除处罚吗?出现上述意见分歧,主要是因为在司法实践中,认定具有盗窃罪的明知,只要求行为人认识到盗窃他人财物会造成他人财物损失并希望这种危害结果发生就够了,并不要求行为人当时明知所盗财物是否达到数额较大的标准,更不要求行为人对财物的实际价值有准确认识,而且在许多情况下,要求其认识到所盗财物价值已达到数额较大或对所盗财物价值有准确认识也是不现实的。

就本案而言,我们认为,只要被告人认识到是在盗窃他人手表就够了,其意图非法占有的是他人的手表,实际上非法占有的也是该手表,该手表的价值在被非法占有前后并无任何变化,被告人预见到的犯罪结果与其追求并实际发生的犯罪结果是一样的,至于该表的具体价值多少,则不需要强求其认识到,而应以鉴定结论为依据。对此类带有特殊性的盗窃,应从以下几方面予以把握:一是从主观上进行考察,即行为人是否认识到或应当认识到。除考察其供述、个人情况外,还要综合分析其行为的时间、地点、条件,行为人与被害人等。同时,应从一般人的角度来分析,一般人均能认识的,应视为行为人认识到,以避免行为人推脱责任。对于那些抱着"能偷多少偷多少,偷到什么算什么"心态的行为人来说,其主观故意属于概括性的犯罪故意,无论财物价值多少都不违背行为人的本意,自应以实际价值论。二是从手段上进行考察,即行为人采取特定手段进行盗窃即视为具有概括性的故意,犯罪数额以实际价值论。如惯窃、扒窃、入室盗窃、撬锁盗窃、团伙犯罪等,因其行为的严重性,推定其为概括性的犯罪故意,以实际价值认定其盗窃数额。在推定为概括性犯罪故意时,需要注意的是,行为人辩称其不知财物的真实价值,也有充分理由相信其辩解，而行为人又主动退回的，则应对退回部分不作犯罪处理。三是从场合特定性上进行考察，即只能发生在行为人有合法（合理）机会接触被盗物品的顺手牵羊场合。被盗物品价值大又容易被误以为小的时候，才会产生认识错误问题。应当注意的是，事实认识错误只影响到刑事责任的承担与否，而不影响责任的大小。因此，只有在特定环境和条件下才能认定被告人是否对盗窃对象的价值存在严重的认识错误，避免出现客观归罪或主观归罪的现象。

根据刑法第 264 条的规定，数额是盗窃罪定罪量刑的重要标准，但不是唯一的依据。处理本案，一要对被告人按事实认识错误来对待，根据主客观相一致原则来认定盗窃数额；二要考虑其行为的社会危害程度是否达到了应当追究刑事责任的程度。从本案看，被告人沈某某虽然对所盗手表的价值有重大认识错误，但其确实盗走了他人数额特别巨大的财物。根据《解释》第 6 条关于盗窃公私财物接近数额较大的起点，但造成严重后果或者具有其他恶劣情节的，可以追究刑事责任的规定，对被告人沈某某的行为应认定为犯罪。因此，公诉机关指控被告人的罪名成立。被告人沈某某辩解其拿走潘某某手表时，潘并没有睡觉，但当时被害人没有察觉，因此，该辩解并不影响盗窃罪中秘密窃取要件的构成。其辩护人辩称被告人没有非法占有的目的，也没有事实和法律依据。但对被告人的处罚应按其盗窃时主观认识的数额作为量刑标准。

关于本案的处刑，有一种观点认为，鉴于本案中被告人犯罪情节的特殊性，可以对被告人在 10 年以下量刑，但应依照刑法第 63 条第 2 款，虽然犯罪分子不具有本法规定的减轻处罚情节，但是根据案件的特殊情况，经最高人民法院核准，也可以在法定刑以下判处刑罚。我们认为，该条规定主要是解决具有特殊情节的个别案件的法律适用问题，而本案主要是对案件事实即被告人盗窃数额的认定问题，因此不宜适用此规定。结合本案具体情况，根据刑法第 37 条"对于犯罪情节轻微不需要判处刑罚的，可以免予刑事处罚"的规定，鉴于被告人沈某某对所盗手表的价值有重大认

识错误，且所盗手表已追缴并退还失主，其行为属犯罪情节轻微的犯罪，
对被告人沈某某免予刑事处罚是适当的。

　　对沈某某免予刑事处罚这一判决结果我也认为是合适的，但这一判决结果得出
的理由是否成立，是另外一个值得考虑的问题。在本案中，沈某某对手表的价值确
实存在错误认识，即没有想到手表那么值钱。本案裁判理由对沈某某的数额认识错
误，采用了事实认识错误理论。正如我在上文指出：事实认识错误理论并不适用于
数额认识错误的情形。

　　事实认识错误排除故意，这是事实认识错误的一般规则。但事实认识错误排除故
意不是绝对的，而是应当具备一定条件的。在这里，首先涉及的是事实认识错误的范
围问题。在刑法理论上，关于事实认识错误的最重要的界定是同一构成要件范围内的
事实认识错误与不同构成要件之间的事实认识错误，前者是具体的事实认识错误，后
者是抽象的事实认识错误，至于何种程度上成立事实认识错误，在刑法理论上存在
法定符合说、具体符合说与抽象符合说等观点之争。[①] 在刑法理论上，通说是法定
符合说，要求行为人对在法定的构成要件范围内被类型化了的事实具有认识，而这一
认识范围是被构成要件所界定的。因此，同一构成要件范围内的认识错误，无论是对
象错误还是方法错误，都不影响故意存在；只有不同构成要件之间的错误，才影响故
意的存在。而数额认识错误，属于同一构成要件内的认识错误，怎么能够阻却故意
呢？显然，适用事实认识错误理论解决数额认识错误问题是缺乏法理根据的。

　　在论及数额认识错误问题时，我国学者通常都强调主客观相统一原则，认为让
行为人对没有认识到的财物价值承担刑事责任，是一种客观归罪，不符合主客观相
统一原则，或者说违反责任主义。我认为，主客观的统一是相对的，没有绝对的主
客观统一。主客观的统一是针对不同构成要件而言的，在同一构成要件范围内不存
在主客观统一问题。例如误认枪支为一般财物而予以窃取，已经超出了同一构成要
件范围，基于主客观相统一原则，对行为人不能定盗窃枪支罪。但如果误认电视机

---

　　① 参见［日］大谷实：《刑法讲义总论（新版第 2 版）》，黎宏译，165 页，北京，中国人民大学出版社，
2008。

为录像机而予以窃取，尽管行为人发生事实认识错误，但其不影响定罪，这并不违反主客观相统一原则。

问题在于：在数额认识错误而财物价值相差不大的情况下，按照财物的实际价值认定，并不存在问题。但在财物的实际价值与主观认识的财物价值相差甚大的情况下，按照财物的实际价值认定，似乎对行为人不甚公平。像在本案中，被告人沈某某以为手表只值千把块钱，没想到手表价值10多万元。在这种情况下，从被害法益来说，被害人损失10多万元，这是一个客观事实。而被告人所认识的财物价值与财物的实际价值之间存在巨大差距，这也是一个事实。对于定罪来说，我认为应以财物的实际价值为准，至于被告人对财物价值的认识错误，只能当作一个情节在量刑时予以考虑。在本案中，沈某某窃取手表的实际价值为12万余元，属于数额特别巨大。刑法规定的数额较大、数额巨大或者数额特别巨大，都是指财物的实际价值。但本案裁判理由以被告人沈某某当时认识到的价值只是数额较大而非数额特别巨大为由，按照被告人所认识的价值数额作为量刑标准，即将本案盗窃数额认定为较大而非特别巨大。这样，就使刑法规定的数额较大、数额巨大或者数额特别巨大，从一个客观的标准改变为主观的标准。这显然是不妥的。我认为，本案的盗窃数额仍然是特别巨大，但考虑到被告人主观上所认识的财物价值与财物的实际价值之间存在巨大差距，在这种情况下，仍然适用盗窃财物数额特别巨大的法定刑明显过重，应当适用刑法第63条第2款规定的特别减轻制度。

本案的特殊性在于：被告人沈某某窃取手表后没有销赃，如果已经销赃，且获利达10万元或者接近这个数额，那么，尽管在实施窃取行为时存在数额认识错误，但事后予以认可，就不会再对其定罪量刑问题发生争议。当然，如果是以低价销赃，可能还是存在这个问题。因此，这里涉及的另一个问题是：在行为人对数额产生错误认识的情况下，其事后行为对于定性会产生什么影响？对此，我国学者提出了行为人的后续行为的概念，提出：

> 如果行为人在案发后发现了此种意料外结果，立刻去自首或将此物送还被害人，则应当按行为人主观所预见的认定其行为性质，超出预见的多余部分不应计算在盗窃数额内，应属于意外事件，行为人不必对此承担刑

事责任，以防止客观归罪。但是如果行为人发现误盗真相后，没有采取有效措施，而是把预见外的部分非法占为己有，此种情况就应根据行为人的后续行为推定其在实施盗窃行为时对全部财物有所预见。这属于一种特殊的事后故意盗窃，行为人应按实际窃得的财物数额承担既遂的责任。[①]

应该说，上述观点根据后续行为对数额认识错误的处理作了一些区分，较之那种笼统地认为只要是数额认识错误就应当阻却故意的观点，是更为合理的；但在具体分析上，其仍存在一些法理上的问题值得推敲。例如，在事后返还的情况下，该观点将行为认定为意外事件而不负刑事责任，但这种行为与意外事件并不相同。又如，其把事后占有的行为认为是一种事后故意，也与事后故意的性质不符。况且，事后故意的概念是否能够成立，本身就是存在疑问的。

我个人认为，数额认识错误，主要是指财物价值实际数额大于行为人所认识的数额，一般并不影响定罪。在司法实践中，应当按照财物价值实际数额确认数额较大、数额巨大或者数额特别巨大，依此适用相应的量刑幅度。在具体裁量刑罚时，将数额认识错误作为一个情节予以考虑。如果行为人事后知道财物实际价值以后予以占有，这一情节对量刑基本没有影响；如果行为人事后归还或者尚不知道财物实际价值即告破案的，则应根据数额认识错误的具体情况，予以减轻或者特别减轻处罚。因为数额和情节一样，都不是罪体要素，并不要求行为人主观上认识，所以认识错误也不发生阻却故意的问题。在这个意义上说，数额认识错误根本就不是一个主观故意的问题，而只是一个量刑问题。

第 5 节　意外事件致人死亡行为之定性研究

案名：廖钊朋过失致人死亡案
主题：意外事件

---

① 董玉庭：《盗窃罪研究》，80 页，北京，中国检察出版社，2002。

意外事件是我国刑法第 16 条规定的一种出罪事由，在我国司法实践中有所援引。在刑法理论上，如何对意外事件的法律性质加以科学阐述，是一个值得研究的问题。本节从廖钊朋过失致人死亡案①（以下简称廖钊朋案）切入，对无罪过事件进行法理上的研究。

一、案情及诉讼过程

2001 年 5 月 4 日上午 9 时许，被告人廖钊朋在龙江镇龙山市场卖鱼给受害人赖某时，因短斤少两问题双方发生争吵，并互相向对方推打了一拳。接着，赖某打电话叫其妻兄等人来帮忙。被告人廖钊朋见状也打电话叫李四珠来帮忙。后被告人廖钊朋见赖某叫来了五六个人，且李四珠未到，便拨打 110 报警。后经群众劝解赖某及其亲友向市场外离去。

此时，李四珠带着一男子赶到，并问被告人廖钊朋与谁争吵，被告人廖钊朋即指着赖某，并与李四珠及其带来的男子一起追赶赖某。被告人廖钊朋的妻子梅某芳见状即上前抱住廖钊朋，叫廖钊朋不要再打，但被告人廖钊朋挣脱梅，带着李四珠等人追上赖某。李四珠及其带来的男子追上赖某后，即分别用拳头向赖的头、胸部打了多拳。稍后，接报警而赶到的公安人员，将被告人廖钊朋和赖某等人带回龙山派出所调查处理。后赖某在问话结束后即昏迷倒地，经送医院抢救无效而死亡。经法医鉴定，赖某符合在冠心病、陈旧性心肌梗死、慢性心包炎的基础上，在受到外部诱因（如外伤）作用下致心性猝死。

佛山市顺德区人民法院经审理认为：被告人廖钊朋、李四珠殴打受害人赖某，受害人赖某在受到外部诱因（如外伤）作用下致心性猝死的事实，证据充分，应予以认定。被告人李四珠提出是劝架、没有伤害过赖某

---

① 本案刊载于国家法官学院、中国人民大学法学院编：《中国审判案例要览（2004 年刑事审判案例卷）》，41~45 页，北京，人民法院出版社、中国人民大学出版社，2004。

的辩解，经查，被告人廖钊朋及多名证人均证实其有殴打受害人赖某的行为，故该辩解本院不予采纳。自诉人起诉的事实清楚，但指控两被告人的行为构成犯罪的理由不够充分。被告人廖钊朋、李四珠的行为不构成犯罪。主观上，首先，被告人廖钊朋、李四珠没有故意或者过失的心理态度，即没有刑法上的罪过。受害人及其家人不知道受害人有如此严重的疾病，被告人更不可能知道。其次，被告人与受害人素不相识，对于一般的殴打会造成死亡的后果无法预见，也不可能预见。客观上，法医鉴定结论证实受害人的损害程度不足以致死，但没有对其损害程度作出鉴定。从受害人在派出所的问话中的表现来看，受害人没有什么大碍，在正常情况下，被告人的殴打行为，不会造成轻伤以上的伤害。行为在客观上虽然造成了损害结果，但不是出于故意或者过失，而是由于不能预见的原因所引起的，不构成犯罪。两被告人虽有殴打受害人的情节，但其伤害程度未达到需予以刑事处罚、承担刑事责任的起点。两被告人殴打受害人的行为与受害人的死亡结果有因果关系，但根据犯罪构成去衡量，两被告人不应承担刑事责任。由于两被告人实施了侵害行为，有一定过错，具备民事侵权行为的构成要件，两被告人应承担民事赔偿责任。但由于本案中认定两被告人不构成犯罪，故自诉人关于由于被告人的犯罪行为而遭受物质损失的诉讼请求应予驳回，民事赔偿可另行提起民事诉讼。

佛山市顺德区人民法院依照《中华人民共和国刑法》第16条，《中华人民共和国刑事诉讼法》（1996年，下同——引者注）第77条第1款，最高人民法院《关于执行〈中华人民共和国刑事诉讼法〉若干问题的解释》（已失效——引者注）第176条第（3）项、第205条的规定，判决如下：（1）被告人廖钊朋无罪。（2）被告人李四珠无罪。（3）驳回附带民事诉讼原告人梅某、赖某和、赖某贤、赖某旋、左某的民事赔偿的诉讼请求。

一审判决后自诉人提起上诉，要求撤销一审判决，依法追究被上诉人的过失致人死亡的刑事责任。

佛山市中级人民法院经审理认为：由于两被上诉人廖钊朋、李四珠实施了侵权行为，造成了一定的损害结果，且该侵权行为与损害结果之间有因果关系，具备民事侵权行为的构成要件，两被上诉人廖钊朋、李四珠应承担民事赔偿责任。另查明，被害人赖某有兄弟四人。参照《广东省2001年度道路交通事故损害赔偿计算标准》，两被上诉人廖钊朋、李四珠的侵权行为所造成损害为：医疗费1 066.50元，丧葬费4 705元，死亡补偿费75 177.60元，被抚养人生活费14 100元（受害人之父赖某旋为200元×120月÷4＝6 000元，受害人之母左某为200元×120月÷4＝6 000元，受害人之子赖某利为200元×17月÷2＝1 700元，受害人之女赖某贤为200元×4月÷2＝400元），共计为：95 049.10元。鉴于本案中被害人对损害结果的发生也有一定的过错，故两被上诉人廖钊朋、李四珠应当承担80％的民事赔偿责任，即两被上诉人廖钊朋、李四珠应赔偿上诉人梅某等人民币共计：95 049.10元×80％＝76 039.28元。上诉人梅某等提出的精神损害赔偿，依照有关法律规定，本院不予采纳。据此，原判驳回上诉人梅某等的诉讼请求，属适用法律不当，依法应予纠正。

佛山市中级人民法院依照《中华人民共和国刑事诉讼法》第189条第（2）项、最高人民法院《关于执行〈中华人民共和国刑事诉讼法〉若干问题的解释》第205条之规定，判决如下：（1）维持佛山市顺德区人民法院（2003）顺刑初字第692号刑事附带民事判决第一、二项，即被告人廖钊朋无罪、被告人李四珠无罪。（2）撤销佛山市顺德区人民法院（2003）顺刑初字第692号刑事附带民事判决第三项，即驳回附带民事诉讼原告人梅某、赖某利、赖某贤、赖某旋、左某的民事赔偿的诉讼请求。（3）两被上诉人廖钊朋、李四珠赔偿上诉人梅某等人民币76 039.28元。

二、意外事件的法理界定

在廖钊朋案中，法院的判决中虽然没有提到意外事件这个概念，但定案结论援引了我国刑法第16条，并且在判案理由中明确指出：行为在客观上虽然造成了损害结果，但不是出于故意或者过失，而是由于不能预见的原因所引起的，不构成犯罪，以此作为本案被告人无罪的法理根据。由此可见，本案是根据意外事件作出无罪判决的一个案例。为使我们对本案的判决理由有充分了解，首先有必要对意外事件从法理上加以界定。

我国刑法第 16 条规定：行为在客观上虽然造成了损害结果，但是不是出于故意或者过失，而是由于不能抗拒或者不能预见的原因所引起的，不是犯罪。我国早期的刑法教科书将刑法的这一规定称为意外事件。① 此后，我国学者姜伟指出：不可抗力的行为人往往认识到自己的行为将发生危害社会的结果，只是无法避免。将这种意料之中的事件称为意外事件显然是不贴切的。其实，意外事件和不可抗力虽可以统称为无罪过事件，但应该分别加以说明。② 应该说，这一论述是言之有理的，后来成为我国刑法学界的通说。现在，我国刑法教科书大多将意外事件与不可抗力通称为无罪过事件。

在我国刑法理论上，故意或者过失是犯罪成立的主观要件，把无罪过事件作为不具有故意或者过失，因而不构成犯罪的排除事由，从正反两个方面确认了我国刑法中的罪过原则。这一结论，从刑法第 16 条关于无罪过事件的规定来看，是具有法律根据的。然而，从法理上来看，这一结论尚存在可推敲之处。我认为，意外事件是一个不存在故意或者过失的问题，属于罪责的消极要件；但不可抗力并不是一个主观的问题，而是不存在行为的问题，属于罪体的消极要件。因此，对意外事件应在罪责中讨论，对不可抗力则应在罪体中讨论。在此，我主要讨论意外事件，对于不可抗力偶尔涉及。

意外事件是由不能预见的原因所引起的，因而在理解意外事件的时候，关键是要正确地界定"不能预见的原因"。这里的不能预见是指没有预见，并且不可能预见。其中，没有预见是结果，不可能预见是原因。因此，在一个具体案件中首先应当查明是否预见，如果已经预见到危害结果的发生，那就可能构成故意或者过于自

---

① 参见高铭暄主编：《刑法学》，154～155 页，北京，法律出版社，1982。
② 参见姜伟：《罪过形式论》，269 页，北京，北京大学出版社，2008。

信的过失，而不可能是意外事件。在确认没有预见的基础上，进一步追问是否能够预见：如果确实不能预见，就构成意外事件。如果能够预见，则构成疏忽大意的过失。在我国刑法理论上，一般将不能预见的原因分为以下情形：

（1）突发性的自然灾害、技术故障，如司机照章行车，至人行过道处踩刹车减速停车，但刹车因故障突然失灵，酿成重大事故；（2）被害方的过错行为，如被害人违反交通规则，骑自行车时搭机械车辆蹭坡，以致发生交通事故；（3）人体内部的潜在性疾病，如患有严重脑血管病的人与他人争吵、推搡，因气愤、激动致脑血管破裂，发生死亡的结果；（4）日常生活中的偶发事件，如到他人家吃喜酒时误将他人室内桌上用葡萄酒瓶装的无水钠即烧碱当葡萄酒分给同桌客人喝而导致伤亡事故发生。①

从以上列举的不能预见的原因来看，如果能够预见这些情形，是可以避免结果发生的。因此，意外事件纯粹是一个主观上是否具有过失的问题。因此，在罪责的构成要素中讨论意外事件是合适的，因为对于它所涉及的是故意或者过失是否存在的问题。

当然，关于意外事件在刑法中的体系性地位，也并非没有争议。例如《意大利刑法典》第45条明文规定因意外事件而实施行为的，不受处罚。但在刑法理论上，意大利学者认为"意外事件"（il caso fortuito）在刑法体系中一直是一个"无家可归的流浪者"，因为对于它在刑法体系中究竟属于何种范畴，刑法学界从来没有定论。在意大利刑法学界，关于意外事件的体系性地位主要存在以下三种观点：

第一种观点主张意外事件应属于因果关系研究的问题。第二种观点认为意外事件应属于研究行为是否出于主体意志与意识时所探讨的范畴。第三种观点，也是占统治地位的观点，认为意外事件是从一个侧面界定过失的标准，因为意外事件就等于不可预见性。②

---

① 赵廷光主编：《中国刑法原理（总论卷）》，361页，武汉，武汉大学出版社，1992。
② ［意］杜里奥·帕多瓦尼：《意大利刑法学原理（注评版）》，陈忠林译评，225～226页，北京，中国人民大学出版社，2004。

由此可见，关于意外事件在刑法体系中的地位是存在较大争议的，这个问题主要涉及过失行为、过失犯的因果关系以及过失的心理内容等重大理论问题。一般而言，过失的行为主要表现为注意义务的违反，也就是对某一结果缺乏预见。就此而言，意外事件与过失行为具有共同性，因而难以在行为范畴内排除意外事件。至于因果关系，在主张条件说的情况下当然会肯定意外事件情形下存在因果关系。即使是相当因果关系说，也会基于社会一般人的经验法则的判断肯定意外事件是存在因果关系的。因此，将意外事件看作是因不能预见而排除过失的情形，在刑法理论上是可以被接受的。

　　在大陆法系刑法理论上，无论是因果行为论、社会行为论还是目的行为论，都强调行为本身所包含的意志因素，即有意性。例如，贝林把行为界定为有意的身体举止（有意行为），指出：

　　　　行为的主观（心理）方面，是对活动身体或不活动的意志（有意性）。在此意义上的意志，是人们对其身体的支配，是一种自我决定，这种意志引起了肌肉的紧张，或者使肌肉无所作为。①

　　此外，李斯特也指出：

　　　　行为的概念首先以意思活动（Willensbestaetigung）为先决条件（行为是具体化了的意思）。每一个任意行为都是意思活动，也就是说，每一个行为都是由人的思想所决定的，与机械的或生理上的强制无关。因此，在痉挛状态下损害他人财物，因昏厥而使其履行义务受阻，因绝对的不可抗力而迫使其主动地或被动地行为的，均不是（刑法意义上的）行为。②

　　由于在《德国刑法典》中没有关于不可抗力和强制的规定，因而在德国刑法理论中，在不可抗力的情形下的举止，被从刑法中的行为中排除出去。当然，如何理解这里的有意性，在刑法理论上是存在争议的。

　　日本学者野村稔教授认为，作为行为性的要件，在现实的意思决定的意义上要

---

①　［德］贝林：《构成要件理论》，王安异译，65 页，北京，中国人民大学出版社，2006。
②　［德］李斯特：《德国刑法教科书》，修订译本，徐久生译，177 页，北京，法律出版社，2006。

求有意性实属过分。在可能予以规范的控制的意义上，对于行为的意思支配可能性是必要的，只要具备这一条件就足够了。因此，野村稔教授主张以意思支配的可能性取代有意性。但无论如何，日本学者承认行为概念中包含意思的要素。野村稔教授指出：

> 将意思要素从行为概念中完全排除是不恰当的。如果将意思要素从行为概念中排除，那么单纯的反射运动、无意识的行动，以及受到绝对强制的行动也被作为违法行为，因而导致仅仅是缺乏责任要素所以不构成犯罪这样不当的结论。①

显然，野村稔教授认为，在不可抗力下的举止并非缺乏责任要素而不构成犯罪，而是因为缺乏行为要素而不构成犯罪。

在苏俄及我国刑法理论中，行为的有意性也是被承认的。例如特拉伊宁指出：在刑法设定的范围内，表明行为特性的意识这个特征，具有特殊的意义。在不可抗拒的身体强制下作出某种动作的人，他的这种动作也不是刑法意义上的行为。② 在《苏俄刑法典》中，一直没有关于无罪过事件的规定，直至 1996 年的《俄罗斯联邦刑法典》第 28 条才对无罪过造成损害作了规定：

> （1）如果实施行为的人没有意识到而且根据案情也不可能意识到自己行为（不作为）的社会危害性，或者没有预见而且根据案情也不应该预见到或者不可能预见到可能发生危害社会的后果，则该行为被认为是无罪过的行为。（2）如果实施行为的人尽管预见到自己行为可能发生危害社会的后果，但由于其生理、心理素质不符合极度异常条件的要求或者不适应精神心理过重负担而未能防止这种后果发生，其行为也是无罪过行为。

这里的无罪过造成损害与我国刑法中的无罪过事件是不同的，它只是相当于我国刑法中的意外事件，并不包括我国刑法中的不可抗力。值得注意的是，《俄罗斯

---

① ［日］野村稔：《刑法总论》，全理其、何力等译，122～123 页，北京，法律出版社，2001。
② 参见［苏］A. H. 特拉伊宁：《犯罪构成的一般学说》，王作富等译，111～112 页，北京，中国人民大学出版社，1958。

联邦刑法典》在第八章"排除行为有罪性质的情节"中专门对身体或心理受到强制作了规定。该法典第 40 条规定：

（1）如果一个人由于身体受到强制而不能控制自己的行为（不作为），则由于身体受到强制而对受刑法保护的利益造成损害的，不是犯罪。（2）由于心理受到强制而对受刑法保护的利益造成损害，以及由于身体受到强制，但一个人仍可能控制自己行为时而对上述利益造成损害，其刑事责任问题应考虑本法典第 39 条的规定予以解决。

在此，第 1 款规定的是身体受到强制的不可抗力，第 2 款规定的是精神受到强制的情形，法律规定对此应考虑是否符合紧急避险（第 39 条的规定）予以解决。虽然《俄罗斯联邦刑法典》对身体强制的不可抗力作了专门规定，但从逻辑上来说，这是一个行为的构成问题。俄罗斯学者在对刑法中的行为进行分析时明确指出：

在不可抗力条件下——非常自然情况（地震、江河泛滥、森林火灾）或人为造成的环境中（事故、颠覆、剥夺自由）也没有选择行为的自由。例如，医生由于救护车事故未能及时赶到病人那里，没能给病人提供救助的，也不是行为。同样，身体受到强制的人不具有选择的自由，也不具有刑法意义上的行为。[①]

由于《俄罗斯联邦刑法典》对意外事件与不可抗力分别加以规定，所以它们在刑法理论体系中分别具有不同的归属当然是合乎法理的。但和我国刑法极为相似的是《意大利刑法典》第 45 条对意外事件或者不可抗力作的规定："因意外事件或者不可抗力而实施行为的，不受处罚。"此外，其第 46 条还对身体强制作了规定："因遭受他人采用的、不可抵抗的或者不能以其他方式避免的暴力而被迫实施行为的，不受处罚。在此种情况下，采用暴力的人对受强迫者实施的行为负责。"在意大利刑法理论上，一般认为身体强制也是一种不可抗力，属于广义上的不可抗力。

---

① ［俄］Н. Ф. 库兹涅佐娃、И. М. 佳日科娃主编：《俄罗斯刑法教程（总论）》（上卷·犯罪论），黄道秀译，127～128 页，北京，中国法制出版社，2002。

尽管《意大利刑法典》是在同一条文中规定意外事件与不可抗力的，但在意大利刑法学体系中，对意外事件与不可抗力分别在典型事实与罪过中加以讨论。在典型事实中涉及行为中的意识与意志问题，意识与意志是刑法中行为成立的条件，而不可抗力（forza maggiore）和身体受强制（constringimento fisico）被认为是两种典型的排除意识与意志因素的情况。不可抗力则是一种外在的自然力，它决定主体的身体不可能用其他方式行动。因此，所谓不可抗力就是不允许主体选择行为的自然力量（如山崩、突遇狂风等）。身体受强制，实际上也是一种不可抗力，它与前者的区别在于，这种力量是一种由他人实施的物质性暴力。① 根据意大利刑法理论，这里的身体强制是一种绝对的强制，使人丧失意志自由，因而属于排除意识与意志的行为。如果是相对强制，则行为仍然构成，只是属于排除罪过（责任）的原因，即可原谅的理由（le scusanti）。至于意外事件，则是在排除心理联系的原因中予以讨论的。尽管对于意外事件的体系性地位在意大利刑法理论中尚存在争议，但占统治地位的观点认为，意外事件是从一个侧面界定过失的标准，因为意外事件就等于不可预见性。因为，以可预见性作为归罪的标准，只在认定一般过失时才具有意义。② 对同一法条的规定，在刑法理论体系的归属上作不同处理，我认为这正是规范刑法学所具有的理论整合功能，它依据法条但又在一定程度上超越法条。

　　我国刑法教科书初期不仅没有将意外事件与不可抗力区分，而且将其纳入犯罪过失中加以研究。③ 在此后的刑法教科书中开始将不可抗力与意外事件分而论之，在危害行为中论及不可抗力，指出：假如一个人是在不可抗力或者身体被强制之下，完全不能按照自己的意志而行动，那就不能认为是他实施的危害行为，从而也不能让他负责。④ 但这里并没有把不可抗力作为排除行为要素的事由加以明确。同

　　① 参见［意］杜里奥·帕多瓦尼：《意大利刑法学原理（注评版）》，陈忠林译评，112 页，北京，中国人民大学出版社，2004。

　　② 参见［意］杜里奥·帕多瓦尼：《意大利刑法学原理（注评版）》，陈忠林译评，226 页，北京，中国人民大学出版社，2004。

　　③ 参见高铭暄主编：《刑法学》，155 页，北京，法律出版社，1982。

　　④ 参见高铭暄主编：《中国刑法学》，97 页，北京，中国人民大学出版社，1989。

时，其在犯罪过失中论及意外事件，即不能预见的原因所引起的损害结果，指出：意外事件之所以不认为是犯罪，就是因为行为人的行为缺乏犯罪的主观要件——故意或者过失。① 我国刑法教科书还明确指出：

> 人的任何行为都是在其意识和意志的支配下实施的。离开了意识和意志的支配，便不能视为人的行为。在不可抗力的情况下，损害结果发生的原因是不可抗拒，即行为人受到一种外力的冲击或者限制，或者遇到了一种不可克服的困难，无法阻止损害结果的发生。这种行为实际上已经超过了行为人的意志所能支配的范围，因而不能认为是行为人的行为。既然不是行为人的行为，当然也就不能让行为人对这种行为负担刑事责任。②

尽管如此，我国还是有些刑法教科书，无论是 1997 年刑法修订之前的刑法教科书③，还是 1997 年刑法修订之后的刑法教科书④，都将不可抗力和意外事件纳入犯罪的主观要件加以讨论。我在《规范刑法学》（第一版）中，把不可抗力和意外事件统称为无罪过事件，放在罪责中加以研究。⑤ 现在看来，这种对不可抗力在刑法学中体系性地位的安排显然是不妥当的。之所以存在这样的安排失当，除刑法规定的原因以外，主要还是缘于我国犯罪构成体系所具有的扁平结构、缺乏阶层性。在《规范刑法学》（第二版）中，我已经将不可抗力作为罪体的消极要素，将意外事件作为罪责的消极要素加以确立。⑥ 我认为，这种调整是十分必要的，也是犯罪构成体系完善的努力之一。

犯罪构成要件之间的位阶性，是指各个要件之间的先后顺序。它是犯罪构成体系的逻辑性的体现。犯罪构成要件的位阶关系的基本逻辑含义是：各个犯罪构成要

---

① 参见高铭暄主编：《中国刑法学》，135 页，北京，中国人民大学出版社，1989。
② 马克昌主编：《犯罪通论》，344~345 页，武汉，武汉大学出版社，1991。
③ 参见赵秉志、吴振兴主编：《刑法学通论》，138 页以下，北京，高等教育出版社，1993。
④ 参见屈学武主编：《刑法总论》，185 页以下，北京，社会科学文献出版社，2004；刘艳红主编：《刑法学总论》，126 页以下，北京，北京大学出版社，2004；曲新久等：《刑法学》，49 页以下，北京，中国政法大学出版社，2004；周光权：《刑法总论》，193 页以下，北京，中国人民大学出版社，2007；等等。
⑤ 参见陈兴良：《规范刑法学》，90 页以下，北京，中国政法大学出版社，2003。
⑥ 参见陈兴良：《规范刑法学》，2 版，上册，137、169~179 页，北京，中国人民大学出版社，2008。

件的序位不是随便排列的，后一犯罪构成要件以前一犯罪构成要件为前提，前一犯罪构成要件则独立于后一犯罪构成要件而存在。以犯罪构成的客观要件与主观要件而言，客观要件是主观要件存在的前提，因为故意或者过失是指行为时的主观心理状态，只有确定构成要件行为的存在，才能进一步追问该行为是在何种主观心理状态支配下实施的。如果构成要件的行为根本不存在，则没有必要判断是否存在故意或者过失。犯罪构成要件之间这种位阶关系的存在，使犯罪判断更为精确，并且由此形成精致的犯罪构成体系。对此，德国学者罗克辛教授指出：

　　　　学术性和体系性的工作，明显地不仅限于建立这些初步的基本概念。在很大程度上，这个工作包括了具体确定各类犯罪范畴的条件以及明确它们之间的关系。①

由此可见，明确各个犯罪构成要件之间的关系是犯罪构成理论的应有之义。犯罪构成要件之间的位阶性，决定了大陆法系的犯罪构成体系是一种递进式的逻辑关系，各种问题都被纳入这个体系的不同阶层加以解决。正如我国台湾地区学者指出：

　　　　固然犯罪判断最终所在意的是要不要处罚行为人，但是弄清楚是否予以处罚的理由何在、处罚轻重的理由何在，才真正能决定处罚的成效。当一个人不真正知道为什么被责罚，那么他也无从知道如何能免于被责罚，无从知道将来如何行为，犯罪阶层理论提供的犯罪判断构造，从分析和定位构成要件要素，可以提供一个精确判断犯罪成立与否的步骤，借以确保刑罚制裁制度的合理和有效。②

因此，尽管不可抗力和意外事件根据我国刑法第 16 条的规定，都不被认为是犯罪，但不可抗力是因为没有刑法意义上的行为而不被认为是犯罪，而意外事件是因为没有故意或者过失而不被认为是犯罪，两者在刑法上的理论意义是不同的，必须加以区分。

---

① ［德］罗克辛：《德国刑法学总论》，第 1 卷，王世洲译，121 页，北京，法律出版社，2005。
② 许玉秀：《当代刑法思潮》，59 页，北京，中国民主法制出版社，2005。

三、裁判理由的评判

本案的裁判理由认为，被告人廖钊朋、李四珠的行为不构成犯罪，其法律根据是意外事件；并从主观与客观两个方面对无罪理由作了论证：

主观上，没有故意或者过失的心理态度，即没有刑法上的罪过。之所以说没有罪过，是因为：（1）被告人不知道受害人有如此严重的疾病。（2）被告人不可能预见一般的殴打会造成死亡的后果。客观上，虽然两被告人殴打受害人的行为与受害人的死亡结果之间有因果关系，但在正常情况下，被告人殴打行为，不会造成轻伤以上的伤害。行为虽然在客观上造成了损害结果，但不是出于故意或者过失，而是由于不能预见的原因所引起的，不构成犯罪。

在上述论证中，我以为存在以下三个问题值得研究。

（一）过失犯罪的实行行为

从本案证据来看，被告人廖钊朋叫来另一被告人李四珠，确实对死者赖某进行了殴打。法医的鉴定结论是：赖某在冠心病、陈旧性心肌梗死、慢性心包炎的基础上，受到外部诱因（如外伤）作用下致心性猝死。殴打，就是这里的外部诱因。从案件的客观情况来看，被告人对被害人只是进行了一般性的殴打，没有达到伤害程度。由于被害人存在特殊体质，因而引发死亡的结果。在这种情况下，首先应当确认：在本案中是否存在构成要件该当的行为？在我国刑法中，只规定了伤害罪（故意伤害与过失致人重伤），一般的殴打行为并不构成犯罪。这与某些国家在刑法中规定了殴打罪或者暴行罪的情形是有所不同的。但能否由此就否认在本案中被告人的行为不是构成要件该当的行为呢？我的回答是否定的。因为我们在认定本案的时候，并不是孤立地考察被告人的行为，而是在发生了死亡结果的情况下考察被告人的行为。因此，虽然殴打行为本身并不构成犯罪，但是若这一殴打行为引起了他人死亡结果，则在被告人主观上存在过失的情况下，是可以构成过失致人死亡罪的。就此而言，本案被告人的行为是构成要件该当的行为。

这里涉及过失行为的类型化的问题,这个问题又和过失行为与故意行为的区分有关。过失行为即过失实行行为的特殊性,是随着过失理论的发展而逐渐受到重视的。在刑法理论上,过失理论经历了一个从旧过失论到新过失论的演进。根据旧过失论,过失纯粹是一个责任的问题,基于"违法是客观的,责任是主观的"这一命题,只在责任论中论及过失,在构成要件该当性与违法性中完全不考虑责任问题。由此必然得出以下结论:在行为的构造上,故意犯罪与过失犯罪是完全相同的。这也就是故意实行行为与过失实行行为相同论的观点。新过失论是随着规范责任说取代心理责任论而出现的一种过失理论。新过失论认为,过失不仅是一个责任论的问题,构成要件、违法性判断阶段也应考虑主观要素,包括过失。过失犯的本质不在于行为人的主观过失,而在于行为人违反了结果避免义务,在这种情况下,过失实行行为才引起关注。[1] 目前大陆法系刑法理论对过失实行行为的界定主要存在注意义务违反与客观归责两种理论:前者将注意义务的违反作为过失实行行为的本质;后者将实质的危险作为过失实行行为的本质,通过判定结果可否归责于行为来认定行为是否具有实行性。[2] 从过失犯罪理论的发展来看,过失行为构成犯罪的条件日趋苛刻:从旧过失论主张只要存在预见可能性即可构成犯罪,到新过失论强调结果回避义务即注意义务是否违反,再到客观归责理论关注如何将虽然违反注意义务但却并不存在引起法益侵害结果的危险的行为排除在构成要件之外。

那么,这种过失理论的发展,对过失犯罪的认定带来何种影响呢?我以为,随着过失理论的发展,过失犯罪与故意犯罪的区别不再局限在主观上,在构成要件的行为即实行行为上亦有所体现。尤其是客观归责理论出现以后,从实行行为的形式判断转到实质判断,因而在犯罪的认定上,从过去的递进式演变为回溯式。所谓递进式的犯罪认定方法,就是按照行为结果因果关系主观要素这样一个顺序依次展开。在这种情况下,对行为往往只作形式判断,唯此才能使认定过程逐渐推进。这

---

① 参见何荣功:《实行行为研究》,86 页以下,武汉,武汉大学出版社,2007。

② 参见高洁:《过失犯罪实行行为论》,载陈兴良主编:《刑事法评论》,第 20 卷,418 页以下,北京,北京大学出版社,2007。

种认定方法，对于故意犯罪较为适宜，因为在故意犯罪的情况下，实行行为的定型性程度较高，其行为往往可以脱离结果而存在。例如故意杀人行为，即使死亡结果没有发生，也可以依其行为性质认定为杀人行为。因此，对故意犯罪以处罚未遂为必要。但过失犯罪并非如此：过失犯罪都是结果犯，当然也有个别过失危险犯。在过失结果犯的情况下，过失行为对于结果具有依赖性，只有当结果发生才是构成要件该当的行为；如果结果没有发生，则不是构成要件该当的行为。例如高空过失坠物，击中他人并致其死亡，则该行为是过失致人死亡的行为。如果并未击中他人，或者虽然击中他人但未致人重伤或者死亡，则其行为并非过失致人死亡罪的构成要件该当的行为。在这一点上，过失实行行为与故意实行行为是有区别的：如果是高空故意向往往行人掷物，意图伤人，即使未击中他人，也可能构成高空抛物罪。故意实行行为与过失实行行为如何认定？在司法实践中，一般是以结果作为立案的条件，只有发生了一定的构成要件结果，我们才会去追究引起这一结果发生的原因行为是否构成犯罪。因此，面对一起命案（死亡结果），我们要先看是谁的行为导致死亡结果的发生，再考虑主观上的故意或者过失。这一逻辑顺序本身没有错误，但在判断是否具有实行行为的时候，应当独立于结果进行，否则，实行行为的判断就丧失了独立价值。在这种实行行为的判断中，对于过失犯罪来说，违反注意义务的行为是否存在具有重要意义。例如在交通肇事案件中，交通安全法规是注意义务的法律化，是否违反交通安全法规是注意义务是否违反的客观认定标准。如果虽然违反了交通安全法规，但没有造成交通肇事罪所要求的构成要件结果的，则其违反注意义务的行为并不是交通肇事罪的构成要件该当的行为。但交通肇事案件都是在发生了构成要件结果的情况下才考虑立案追究有关当事人的刑事责任，因此，当这种肇事结果是违反注意义务的行为所引起时，这一违反注意义务的行为就是交通肇事罪的实行行为。在这个意义上说，虽然犯罪的过失行为是以结果发生为转移的，但在司法判断上，犯罪的过失行为还是可以在逻辑上独立于结果并且单独予以判断的。在这个意义上说，对于过失犯罪的认定，递进式的判断方法仍然是可以成立的。

客观归责理论所带来的回溯式的认定方法，其实并不是对递进式方法的否定，而是在其基础上的实质化。以下是客观归责理论所经常讨论的一个教学案例：

一家画笔厂的厂长没有遵照规定事先消毒，就给了他的女工们一些中国的山羊毛进行加工。4 名女工因此被感染上炭疽坏疽杆菌而死亡。后来的调查表明，规定的消毒措施对当时欧洲尚不知道的这种杆菌本来是没有作用的。关于这个案例，厂长的行为是否构成过失致人死亡罪，递进式的认定方法的逻辑是：首先考察厂长是否具有构成要件该当的行为。显然，厂长没有按照规定消毒，这是违反注意义务的行为，因而实行行为是存在的。然后考察有无结果，死亡结果也存在。接下来看行为与结果之间是否存在因果关系，因为即使消毒也不能避免死亡结果的发生，因而不存在因果关系。按照递进式的认定方法，厂长是因缺乏因果关系而出罪。但按照客观归责理论，在这里，行为人在事先判断时，通过轻视消毒而创设了一种重大的危险，但是，如事后应当确定的那样，这种危险并没有实现。如果人们把这个结果归责于他，那么，他就要为违反了一项即使履行了也没有用的义务而受刑事惩罚。[①]

    显然，按照德国学者罗克辛教授的观点，在这种情况下，并非没有因果关系，而是其行为并非过失的实行行为，因此而出罪。在这种情况下，出罪的根据前移了，并且对于实行行为结合是否可将结果归责于该行为作了实质判断。应该说，客观归责理论是一种更为精确的理论，当然，它对于犯罪认定只具有补充价值。

    前文所述的过失行为的认定，大多是指业务过失犯罪。业务过失犯罪违反注意义务的特征较为明显，并且这种违反注意义务往往被法定化，从而为司法认定提供了法律依据。但在普通过失犯罪中，违反的注意义务是在日常生活中形成的注意义务，这种注意义务具有不成文性，从而为司法认定带来一定的困难。尤其是在本案中，被告人实施的是殴打行为，这种殴打行为是在主观故意的支配下实施的。但殴打行为本身并非故意犯罪的构成要件该当的行为。在这种情况下，它何以成为过失犯罪的构成要件该当的行为呢？这里首先涉及过失实行行为的类型区分。在过失犯罪中，存在过失行为与故意行为之分。过失行为是指构成要件的行为本身是过失

---

① ［德］罗克辛：《德国刑法学总论》，第 1 卷，王世洲译，254 页，北京，法律出版社，2005。

的，对于结果当然也是过失。例如过失违反交通法规过失造成他人死亡，在这种情况下不仅对结果是过失的，而且行为本身也是过失的。故意行为是指构成要件的行为本身是故意的，但对于结果则是过失的。例如故意违反交通法规过失造成他人死亡，在这种情况下行为是故意的，结果则是过失造成的。在故意行为的情况下，作为过失犯罪的构成要件该当的行为并不在于故意实施的行为本身，例如故意闯红灯，这一故意行为本身不是犯罪，而在于在实施该故意行为时对于可能造成结果的注意义务之违反。这种注意义务的违反，仍然是过失实行行为的本质。因此，在本案中，虽然殴打行为是不构成犯罪的，但对于殴打行为可能造成的他人死亡结果，如果存在注意义务之违反，则这种殴打行为背后所包含的注意义务之违反是过失实行行为的内容，而不能把殴打行为本身视为过失的实行行为。

通过客观外在要素把握过失行为的本质特征，对于过失行为的认定来说具有重要意义。在过失行为的构造中，规范特征表现得十分明显，因此过失行为是一种规范的构成要件。

（二）过失犯罪的因果关系

如前所述，在本案中被告人对于死亡结果的发生存在注意义务的违反，这就具备了构成要件该当的行为。在此基础上，还要进一步考察该行为与死亡结果之间的因果关系问题。

关于过失犯罪的因果关系是否具有不同于故意犯罪之因果关系的特殊性，在刑法理论上一般是予以否认的。例如日本学者大塚仁教授指出：

> 故意犯的因果关系和过失犯的因果关系，都是以实行行为和构成要件性结果之间存在条件关系的前提，能够承认基于折中说的相当因果关系时，才应该肯定因果关系的存在，两者在这一点上没有什么不同。以前有见解对故意犯遵从条件说，对过失犯则支持相当因果关系说，但是，进行这种区别是不妥当的。只是，对过失犯，作为折中说的判断基础，在犯罪性质上，当然要提出一般人和行为人曾经能够认识、预见的东西。[①]

---

① ［日］大塚仁：《刑法概说（总论）（第三版）》，冯军译，169 页，北京，中国人民大学出版社，2003。

当然，大塚仁教授是站在相当因果关系说的立场上对此作出评论的。尽管如此，大塚仁教授明确地否定了过失犯与故意犯在因果关系上的差别。这一观点对于我们具有一定的参考价值。

在我国刑法理论中，在相当长的一个时期内是采用必然因果关系与偶然因果关系的观点[1]，对条件说、原因说和相当因果关系说都是持否定态度。[2] 必然因果关系与偶然因果关系的理论，以哲学上的必然性与偶然性原理为理论基础，注重的是行为与结果之间的实质联系。但在司法活动中难以对必然联系与偶然联系作出科学判断，因此在我国刑法理论上逐渐摈弃该观点，在司法实践中也不再采用该观点。在本案中，一审判决明确指出两被告人殴打受害人的行为与受害人的死亡结果有因果关系，但关于这种因果关系是根据何种标准认定的，并未予以阐述。本案的裁判理由对因果关系的认定作了以下论述：

> 本案殴打行为与死亡结果之间有因果关系，但廖钊朋不应承担刑事责任。因果关系的认定是一个非常复杂的问题，学理上众说纷纭，莫衷一是。实践中要坚守因果关系的客观性，把握因果关系的法律地位，才能得出正确的判断。通俗地讲，因果关系的客观性是指因果关系是事物本身之间的客观联系，不要为了某种目的或为了得出某个所谓的合理的结论而人为地掺杂主观因素，进行任意的限制。坚持了因果关系的客观性，也就是以条件说为标准判断因果关系的有无。其公式为，如果没有 A，就没有 B，那 A 就是 B 的原因。本案中，如果没有廖钊朋的殴打行为，也就不会有被害人赖某在这一特定时间死亡的结果。廖钊朋的殴打行为与被害人的死亡结果之间有因果关系。其次，要明确因果关系的法律地位，因果关系与刑事责任是两个不同的概念，有因果关系并不一定就承担刑事责任，因果关系仅仅确定的是承担刑事责任主体的范围，它并不决定具体承担刑事责任的人。换句话说，与危害结果的发生具有因果关系的人只是具备了承

---

① 参见高铭暄主编：《中国刑法学》，106 页以下，北京，中国人民大学出版社，1989。
② 参见李光灿等：《刑法因果关系论》，89 页以下，北京，中国人民大学出版社，1987。

担刑事责任的可能性，而并不必然承担刑事责任。不能将因果关系与刑事责任画等号。有因果关系是否承担刑事责任，还要根据犯罪构成去衡量。因此，没有必要担心坚持条件说会扩大刑事责任的范围。虽然本案廖钊朋的行为与被害人死亡的结果具有因果关系，但廖钊朋并不承担刑事责任。

根据以上裁判理由，本案的因果关系是根据"如果没有 A，就没有 B，那 A 就是 B 的原因"这一条件说认定的。在我国刑法理论上，关于刑法因果关系，张明楷教授采条件说，即行为与结果之间存在着没有前者就没有后者的条件关系时，前者就是后者的原因。张明楷教授认为在我国偶然因果关系说似乎已成通说，但如前所述，所谓的偶然因果关系，实际上是条件关系。既然如此，不如直接承认条件说。[①]但周光权教授倾向于相当因果关系说，认为条件说基本上是妥当的，在我国刑法理论上以及刑事司法实践中，应当从总体上坚持条件说。不过，由于条件说也存在一些不足，所以，在个别情况下，用相当因果关系理论修正条件说也是必要的。相当因果关系理论强调通过具体的相当性判断确认因果关系是否存在，明显比条件说高出一筹。[②]可以说，条件说是纯客观地对待因果关系，而相当因果关系说则在相当性的判断中引入行为人的认识或者认识可能性，因而往往被批评为否认了因果关系的客观性。但正如在行为的构造中包含行为人的意识与意志一样，而作为刑法因果关系的原因的是人的行为，因此在刑法因果关系的判断中当然应当将行为人的认识或者认识可能性考虑进去。由于它是独立于判断者的主观要素，因而并不会损害因果关系的客观性。相当因果关系说又可以分为主观的相当因果关系说、客观的相当因果关系说和折中的相当因果关系说。主观说以行为人的认识或者认识可能性为判断标准；客观说则以社会一般人的认识或者认识可能性为标准；折中说则在一般情况下以社会一般人的认识或者认识可能性为标准，当一般人不能认识但行为人能认识时以行为人的认识为标准。在刑法理论上，一般认为折中说是妥当的。

本案的特殊性在于被害人具有特殊体质，这种特殊体质是异于常人的。因此，

---

① 参见张明楷：《刑法学》，3 版，167、168 页，北京，法律出版社，2007。
② 参见周光权：《刑法总论》，147 页，北京，中国人民大学出版社，2007。

同一行为，若是对正常体质的人实施不会发生某种危害结果，而对具有特殊体质的
人实施则有可能发生某种危害结果的，如何认定具有特殊体质情形下的因果关系
呢？特殊体质下的因果关系问题，确是一个十分复杂的问题。日本学者西田典之教
授对被害人特殊情况下的因果关系问题，结合有关判例进行了以下论述：

> 在被害人患有特殊疾病，并因此而死亡的场合，判例无一例外地肯定
> 行为与结果之间具有因果关系。(1) A 对 B 施加暴力，B 因患有脑梅毒，脑
> 内存在病巢而死亡。对此，判例判定构成伤害致死罪（最判昭和 25・3・11
> 刑集 4 卷 3 号 469 页 [脑梅毒事件]）。(2) 强盗犯人用被子捂住某老妇
> 人，因该老妇人有心脏病，引起急性心脏麻醉而死亡。对此，判例判定构
> 成强盗致死罪（最判昭和 46・6・17 刑集 25 卷 4 号 567 页 [老妇人捂被
> 事件]）。(3) A 对 B 施加暴力，B 入院接受治疗，B 因患有未知的结核病
> 巢，引发心力衰竭而死亡。对此，第一审认为，即使作为专家的医师也未
> 能预见 B 患有结核病巢，因而否定存在因果关系。但最高裁认为，即便是
> 因 A 的暴行与 B 的特别病变相互作用才引起死亡的结果，仍可肯定存在
> 因果关系（最判昭和 49・7・5 刑集 28 卷 5 号 194 页 [未知的结核病巢事
> 件]）。

对于上述判例，日本学者西田典之教授评论指出：

> 就 (1)(3) 认定存在因果关系，这并不妥当；而在 (2) 中，由于被
> 害人是具有相当年龄的老人，因而认定存在因果关系这一结论应属妥当。①

从以上情况可以看出，虽然在刑法理论上大多数日本学者都主张相当因果关系
说，但日本判例并未完全采用，而更多的是采用条件说。日本学者野村稔教授对日
本判例在因果关系问题上的立场作了以下描述：

> 在判例中也有明确的以相当因果关系为根据而否定因果关系的事件。
> 此外，还有几个判例使用了相当因果关系说的表述，而肯定了因果关系的

---

① [日] 西田典之：《日本刑法总论》，刘明祥、王昭武译，82 页，北京，中国人民大学出版社，2007。

存在。但是，判例一般都是采用条件说。[①]

从日本判例对因果关系判断标准的采用情况来看，即使在日本，刑法理论与司法实务之间的落差也是客观存在的。但在判例中采用条件说，并不妨碍在刑法理论上采相当因果关系说。

对于特殊体质下的因果关系问题，我国传统刑法教科书是在"因果关系只能是在一定条件下的因果关系"的命题下予以承认的。例如我国学者指出：

> 我们在确定某种危害行为与某种危害结果之间有无因果关系时，绝不能脱离该种行为实施时的具体条件孤立地加以考察。例如，甲同乙有宿仇，某日甲被一群流氓抓住围攻时，乙乘机报复，向甲胸部打了一拳，甲当即倒地休克，在被送往医院途中死亡。经医院检查证明，甲之所以一拳毙命，是因为他原来患有胸腺淋巴体质病。在这个实例中，如果甲不患有胸腺淋巴体质病，在一般情况下，打一拳是不会造成甲的死亡的。正因为甲是一个特异体质的人，所以，乙的拳击行为才合乎规律地引起甲死亡结果的发生，也即乙的行为与甲的死亡结果之间具有因果关系。[②]

由于当时我国刑法理论不采条件说、原因说与相当因果关系说，把根据相当因果关系说认为在特殊体质情况下，由于乙的行为在一般情况下不会造成人的死亡，其非一般人的经验常识所能判断，也非乙所能预料，乙的行为不是甲的死亡结果发生的标准原因，所以不存在因果关系这一观点，批判为以人的主观判断为转移认定因果关系，为资产阶级法官的任意专横提供了理论根据。[③] 因此，在特殊体质的情况下承认因果关系，并非采用条件说的结果，而与偶然因果关系说较为接近。

现在我国刑法学界也有学者基于条件说而承认在特殊体质情况下存在因果关系。例如周光权教授指出：在我国刑法中，遇到被害人体质特殊的案例，原则上应当根据条件说或者客观的相当因果关系说，得出因果关系存在的结论。[④] 此外，还

---

①　[日] 野村稔：《刑法总论》，全理其、何力译，136 页，北京，法律出版社，2001。

②　高铭暄主编：《刑法学》，修订本，130 页，北京，法律出版社，1984。

③　参见高铭暄主编：《刑法学》，修订本，133 页，北京，法律出版社，1984。

④　参见周光权：《刑法总论》，148 页，北京，中国人民大学出版社，2007。

有我国学者依照客观归责论的分析方式，认为应该对被害人特异体质问题按照制造风险与实现风险两阶层进行判断，这将有助于更清晰地了解被害人特异体质问题在不同阶层所展现的特征，以期就该问题获得较好的解决方式。① 根据这一观点，以在制造风险阶段为例，如果行为人已经知道被害人是血友病患者，则用刀刺伤被害人的行为，从客观上讲，根据社会一般经验，就是制造了被害人死亡的风险，也即制造了法所不容许的风险；反之，如果行为人不知道被害人的特殊体质，那么轻微殴打行为或者刺伤胳膊行为只是制造了一般的风险，或者制造了伤害的风险，从通常情况分析，不会产生死亡的结果，也就是没有制造死亡的风险。以上观点与相当因果关系说是极为相似的。我认为，条件说与相当因果关系说或者客观归责论之间的分歧在于，在讨论因果关系的时候，能否纳入行为人的主观认识因素，由此可以将因果关系理论分为客观主义与主观主义。但主观主义又是建立在条件说基础之上的，因此它更具有合理性。应该说，在因果关系判断时考虑行为人的主观认识，并不会否认因果关系的客观性，因为因果关系的客观性是通过条件说确认的，在条件说确认的事实因果关系范围内，根据一般人的认识或者行为人的特别认识确定刑法因果关系，并不违反因果关系的客观性原理。因此，我赞同在认定特殊体质情形下的因果关系时，不是采条件说，而是采相当因果关系说。对于那些缺乏相当因果关系的情形，在因果关系判断中应予以排除。

从本案情况来看，应当属于被害人具有特殊体质的情形，但法院是根据条件说承认因果关系的，由此也可以看出我国司法实践中因果关系认定的实际状况。

（三）过失犯罪的主观心理状态

在本案中，裁判理由的基本思路是：本案中殴打行为与死亡结果之间具有因果关系，但廖钊朋对被害人的死亡结果不具有罪过——既不具有过失又不具有故意，因而廖钊朋不负刑事责任。在此，主要涉及过失的认定，因为没有故意是毫无疑问的。在论证被告人廖钊朋对于被害人的死亡没有过失时，裁判理由指出：

过失犯罪的前提是行为人有预见义务应当预见。本案廖钊朋与被害人

---

① 参见张亚军：《刑法中的客观归属论》，226 页，北京，中国人民公安大学出版社，2008。

素不相识，而且被害人外表上不具有患心脏病的表面特征，被告人没有认识到，也不可能认识到被害人有心脏病，从而去认识到自己的一般殴打行为具有可能致人死亡的性质。不能因为出现了死亡结果，认定行为人有过失。

在此，裁判理由把没有认识到，也不可能认识到被害人有心脏病作为行为人缺乏主观过失的主要根据。但正如前面我在讨论因果关系时指出的：如果坚持相当因果关系说，则在条件说所确认的事实因果关系的范围内，在考察是否存在相当性以便确认是否存在法律因果关系时，需要考察行为人对于被害人的心脏病是否明知以及能否预见。在这种情况下，被告人是否认识到或者可能认识到被害人有心脏病，就是因果关系有无的标志，而非主观过失有无的标志。而只有在对因果关系问题采条件说的情况下，才把这个问题当作主观过失的判断标准。那么，主观过失究竟应当如何判断呢？

过失的本质在于注意义务之违反，而注意义务可以分为客观的注意义务与主观的注意义务。过失犯罪在客观上表现为违反客观的注意义务，由此构成过失实行行为；过失犯罪在主观上表现为违反主观的注意义务，由此构成过失的主观心理。在论及过失行为的主观方面——违反主观的注意义务时，日本学者大谷实教授指出：

> 过失就是不注意，不注意以本来应当使精神紧张，并且也能够紧张但却没有紧张的内心态度为基础，所以注意义务以应当采取一定的内心态度的义务即主观的注意义务为其本质。另外，与作为构成要件的主观要素的过失相对应的故意，是以认识符合构成要件的客观事实，并基于该种认识而实施行为的意思为本质的，因此，在不注意的过失中，必须是行为人如果注意的话，就能预见到违反客观注意义务的作为、不作为（实行行为）以及结果，并回避该结果。①

大谷实教授在此所讲的不注意的过失，就是指疏忽大意的过失，即违反主观注意义务的过失，这种过失的主观特征在于疏忽。疏忽是一个十分生活化的用语，其

---

① ［日］大谷实：《刑法讲义总论（新版第 2 版）》，黎宏译，183 页，北京，中国人民大学出版社，2008。

法律含义就在于违反主观的注意义务。因此，在判断行为人是否违反客观上的注意义务的基础上，进一步判断违反客观注意义务的行为与结果之间是否存在因果关系，最后才判断行为人是否违反主观上的注意义务。过失犯罪的认定过程，就是一个层层递进的过程。这种对过失犯罪从过失实行行为、过失因果关系到主观上的过失心理状态的分解与认定，表明现代刑法中的过失犯罪具有构造上的复杂性。

按照上述过失理论来分析本案，我认为本案被告人廖钊朋对殴打行为造成具有特殊体质的被害人赖某死亡的结果不应承担刑事责任这一判决结论是正确的。但为什么无罪，其理由如何从法理上加以正确阐述，则是值得研究的。裁判理由采用主观上没有过失，客观上虽然殴打行为与死亡结果之间存在因果关系但殴打行为不构成犯罪、属于意外事件这样一种平面的论证方法，反映出逻辑上的混乱。实际上，本案被告人廖钊朋的出罪事由，可能是缺乏过失实行行为，也可能是缺乏因果关系（如果采用相当因果关系说），还可能是缺乏过失。这三种事由不可能同时存在，若第一个事由成立，则第二、三个事由不必讨论，依此类推。只有采用这种立体的递进式的判断方法，才能正确地阐述本案被告人无罪的理由。

第6节　肇事交通工具单位主管人员管理不善行为之定性研究

案名：梁应金交通肇事案
主题：监督过失　管理过失　共同过失犯罪

随着我国经济的迅猛发展，对各种生产安全管理提出了更高的要求。但由于生产安全管理尚存在某些不足，各种责任事故频繁地发生。在这种情况下，如何运用过失理论追究有关责任人员的刑事责任，就成为一个刑法理论上的重大课题。本节拟通过梁应金交通肇事案①对监督过失与管理过失进行理论探讨。

---

① 本案刊载于最高人民法院编：《刑事审判参考》，第 13 辑，北京，法律出版社，2001。

一、案情及诉讼过程

被告人梁应金以榕山建筑公司名义经批准建造短途客船榕建号。该船于 1996 年 7 月经合江县港航监督所船舶所有权登记，合江县榕山建筑公司为船舶所有人，法定代表人为梁应金。1997 年 7 月 11 日，经船舶检验，核定该船乘客散席 101 人，每年 5 月 1 日至 9 月 30 日洪水期准载 70 人；除大客舱允许载客外，其余部位严禁载客；应配备船员 6 人。梁应金聘请只有四等二副资格的周守金驾驶，安排其子梁如兵、儿媳石萍及周某任船员。榕建号在 1996 年 7 月 16 日试航时，就因未办航运证和严重超载等违章行为被港监部门责令停止试航，但梁应金不听制止，仍坚持试航，事后受到港监部门通报处理。在榕建号营运期间，梁应金为多载客，决定将驾驶室升高 80 厘米，顶棚甲板上重新焊接栏杆。该船改装后没有向船舶检验机构申请附加检验。梁应金长期不重视营运安全，对该船超载问题过问很少，使该船长期超载运输，埋下了事故隐患。

2000 年 6 月 22 日晨 5 时 40 分左右，被告人周守金、梁如兵驾驶榕建号客船从合江县榕山镇境内的长江河段徐家沱码头出发，上行驶往榕山镇，由本应负责轮机工作的石萍负责售票。该船在下浩口码头接乘客后，船舱、顶棚甲板及驾驶室周围都站了人，堆满了菜篮等物，载客 218 名，已属严重超载。客船行至流水岩处时河面起大雾，能见度不良，周守金仍冒雾继续航行。船至银窝子时，河雾越来越大，已经不能看到长江河岸。周守金迷失了方向，急忙叫被告人梁如兵到驾驶室操舵，自己则离开驾驶室到船头观察水势。因指挥操作不当，被告人梁如兵错开"鸳鸯"车（双螺旋桨左进右退），致使客船随即倾翻于江中，船上人员全部落水，造成 130 人溺水死亡、公私财物遭受重大损失。

四川省合江县人民法院认为：被告人梁应金身为榕建号客船所有人，即榕山建筑公司的法定代表人，对客船有管理职责。但梁应金不吸取违章试航被处罚的教训，又决定对该船驾驶室等进行改造，未经船舶检验机构检验就投入营运，违反了《中华人民共和国船舶检验规则》，并为该船顶棚甲板非法载客创造了条件；被告人梁应金不为客船配足船员，所聘驾驶员只具有四等二副资格（应具备四等大副资格），使之长期违章作业；被告人梁应金不履行安全管理职责，使该船长期超载运输，均违反了《中华人民共和国内河交通安全管理条例》（1986 年——引者注）第十条和第十六条的规定。被告人梁应金违反交通运输管理法规的行为与造成榕建号客船翻沉的严重后果有直接的因果关系。被告人周守金不具备四等大副资格而受聘驾驶榕建号客船，在 6·22 翻船事故中，冒雾超载航行，迷失方向后指挥操作失误，是造成翻船的主要原因。被告人梁如兵盲目追求经济利益，使该船严重超载，操舵时错误使用左进右退"鸳鸯"车，造成客船急速右旋翻沉。被告人石萍不履行轮机职责而售票，未限制上船人数，造成严重超载。上述被告人的行为均违反了《中华人民共和国内河交通安全管理条例》等交通运输管理法规。被告人梁应金、周守金、梁如兵、石萍违反交通运输管理法规，造成水上交通事故，致 130 人死亡，后果严重，情节特别恶劣，已构成交通肇事罪，应予依法从重处罚。遂依照《中华人民共和国刑法》第 133 条之规定，于 2000 年 10 月 7 日判决如下：（1）被告人梁应金犯交通肇事罪，判处有期徒刑 7 年；（2）被告人周守金犯交通肇事罪，判处有期徒刑 7 年；（3）被告人梁如兵犯交通肇事罪，判处有期徒刑 7 年；（4）被告人石萍犯交通肇事罪，判处有期徒刑 5 年。

一审宣判后，各被告人均未上诉，检察机关亦未抗诉，判决已发生法律效力。

二、监督过失与管理过失的法理阐述

在本案中，除梁应金以外的其他三名被告人系榕建号客船的驾驶人员，其构成交通肇事罪是没有问题的。那么，梁应金作为榕建号客船的主管人员，是否构成交通肇事罪呢？这里涉及监督过失与管理过失（以下简称监督过失）的理论。

监督过失的理论来自日本，日本学者在对食品药品事故、工地工厂事故、火灾事故的有关判例进行研究的基础上形成了监督过失理论。例如，日本学者指出：

> 有关管理过失、监督过失的讨论，在昭和 40 年（1965 年）前后，曾在食品药品事故的领域，以及以北海道大学附属医院发生的电烙铁事件为代表的医疗事故领域，重点展开过讨论，但是，昭和 50 年（1975 年）以后，其重心就逐渐转到工厂爆炸事故以及大规模火灾事故方面来了。特别是，随着最高法院有关大规模火灾事故的判决相继作出，有关其判决结果妥当与否的论文相继问世，使这一问题成为刑法学的争论中心之一。①

日本刑法理论中的监督过失理论与日本刑法中过失理论的发展存在密切联系。日本刑法中的过失理论经过了旧过失论、新过失论、危惧感说的演变。可以说，监督过失理论是在危惧感说的背景下形成的。

旧过失论，又称传统过失论，是一种心理过失论，将过失的本质确认为违反结果预见义务。旧过失论把过失与故意相对应，认为故意是积极的恶意，过失则是消极的恶意，过失是非故意。例如德国学者贝林认为，符合构成要件的过失，通常是指：因为行为人没有认识到或者没有容认这种具有构成要件意义的行为，对不注意心理态度在构成要件的方向上进行非难，所以行为人并非故意。② 旧过失论把过失看作是一种心理现象，从认识角度揭示过失的心理本质。

新过失论是以规范责任论为基础的，强调过失的本质是违反结果回避义务，而结果回避义务是以结果预见为前提的，因此，新过失论认为过失的成立，不仅违反结果预见义务，而且违反结果回避义务。在新过失论的前提下，产生了被允许的危险、信赖原则等理论，进一步深化了过失理论。相对于旧过失论而言，新过失论对过失的成立提出了更为严格的条件，在一定程度上限缩了过失的成立范围，因而适

---

① ［日］大塚裕史：《企业灾害和过失论》，载高铭暄、赵秉志主编：《过失犯罪的基础理论》，86 页，北京，法律出版社，2002。

② 参见［德］贝林：《构成要件理论》，王安异译，117 页，北京，中国人民公安大学出版社，2006。

应了工业革命以后过失犯罪复杂化的情势。

危惧感说，又称新新过失论，是在新过失论的基础上进一步发展起来的过失理论。危惧感说是日本学者藤木英雄首倡的，其历史背景是日本 20 世纪 60～70 年代以后经济高速发展，公害现象、企业灾难成为日益严重的社会问题。新过失论强调的是结果回避义务，是以行为人有具体的结果预见可能性为前提的。如果不存在具体的结果预见可能性，就不能要求行为人为避免其预见的可能结果而采取必要的措施，因而也就无所谓结果回避义务。随着高科技广泛运用于企业生产领域，一方面企业提高了生产率，另一方面其也给社会带来了极大危险，例如环境污染、食品中毒等，情节严重者，往往危及公共安全、公民大众的生命健康。对于类似这种因技术开发而产生的企业灾难，企业有关人员一般无具体的结果预见可能性，但如果仅因无具体的预见可能性而不追究有关人员的过失刑事责任，于社会安全的维护、大众健康的保障，显然不利。基于此，日本学者藤木英雄提出了危惧感说，并认为这是对责任主义的发展。藤木英雄教授指出：

> 在科学技术的无限发展和扩大的同时，未知的危险对我们人类的威胁越来越大，这一点已被人们清楚地认识到了。就这一点来说，要想利用科学技术，就必须具有社会性的责任。如果这种见解是正确的，那么，作为结果来说，即使是不能具体地预想到会有什么样的危险发生，但由于存有不知道会对人的生命和健康发生何种破坏的有害结果的危惧感，在这种情况下，为了能足以消除这种危惧感，防止结果发生起见，令其有合理的负担，应该说是理所当然的了吧！①

这样，危惧感说就把是否具有危惧感作为是否具有预见可能性及结果回避义务的征表，从而扩大了过失责任的范围。当然，这里的危惧感如何认定，是危惧感说存在的一个致命缺陷。如果认定不当，就会使过失犯罪丧失边界，而这显然不利于实现刑法的人权保障机能。

日本学者前田雅英教授对旧过失论、新过失论、危惧感说的内容作了以下列表

---

① ［日］藤木英雄：《公害犯罪》，丛选功等译，62 页，北京，中国政法大学出版社，1992。

对比①，使我们对这三种过失理论的关系有更加深刻与直观的把握：

过失的意义	旧过失论	新过失论	危惧感说
体系论	责任要素	违法要素	违法要素
注意义务	预见义务中心	回避义务中心	回避义务中心
预见可能性	具体的	具体的	危惧感
处罚范围	—	限定	扩大

根据前田雅英教授的上述比较，在犯罪论体系中，旧过失论处于心理责任论时代，因而把过失作为一种责任要素讨论；新过失论则处于规范责任论时代，过失不再是责任要素，而是违法要素，也就是主观的构成要件要素。在过失的体系性地位上，危惧感说与新过失论是相同的。在过失本质注意义务的理解上，旧过失论强调的是结果预见义务，只要具有结果预见义务就存在过失；新过失论则要求结果回避义务，而结果回避义务是建立在结果预见义务基础上的。在过失本质上，危惧感说与新过失论也是相同的。在预见可能性上，旧过失论与新过失论都要求具体的预见可能性，而危惧感说则要求抽象的预见可能性，这主要表现在具有危惧感。在处罚范围上，以旧过失论的处罚范围为标准，新过失论是限制了过失犯罪的处罚范围，危惧感说则是扩大了过失犯罪的处罚范围。对于危惧感说，日本的判例与通说均持否定态度。例如，日本学者西田典之教授指出：

> 这种危惧感说是一种结果论，并不具体探讨行为之时的预见可能性，认为只要具有某种危惧感即可，便要求行为人采取事后所明白的结果回避可能的措施，这最终属于追究结果责任，从责任主义的观点看，不应该被允许。②

危惧感说虽然现在不被承认，但在监督过失理论形成中发挥了重要作用。例如在日本 1955 年发生的森永奶粉事件中，法院的判决指出：

---

① 参见［日］前田雅英：《刑法总论讲义》，4 版，270 页，东京，东京大学出版社，2006。
② ［日］西田典之：《日本刑法总论》，刘明祥、王昭武译，210 页，北京，中国人民大学出版社，2007。

预见可能性不要求是必须预见到具体的因果关系的可能性，而是为了规避结果的发生，就要采取适当的行动，而这种行动又必须是建立在能够预见结果发生的基础上，因而不仅需要把这种预见的可能性提高到预见义务的高度上来，而且还应该把结果的预见可能性作为结果规避义务的前提加以考虑。

以往，总是习惯于过多地考虑过失，即有无违反结果预见义务，但是，过失行为最要紧的是首先应该抓住具有危害发生的客观过失。如果是因为有过失，那就必须按照加害行为的时间去认定加害者应尽而没有尽到的义务，而认定上述义务的具体内容，就是结果规避义务，若把科以结果规避义务作为前提，那么结果预见的可能性就成为问题了。在这种情况下的预见可能性，如果能保证对防止结果的发生科以某种义务是合理的，那当然好了，但这种情况下的预见可能性是不需要有预测因果关系的可能性的，虽然什么事情也特定不了，然而如果能够具有不能无视某种危险是绝对没有的这种程度的危惧感的话，也就足够了。①

在这一判决中，强调了预见可能性并不是必须预见到具体的因果关系的可能性，而是将过失建立在危惧感的基础之上。对此，日本学者指出：

从新过失论的立场出发的、主张回避结果义务的前提的预见可能性是发生结果的危惧感的危惧感说，以森永奶粉事件为契机，得到了提倡。

判例和通说，虽然从一般意义上来讲，对危惧感说持批判态度，但是就具体事件的解决来看，很多场合下，其结论和危惧感说并没有太大的差别。在森永奶粉事件中，认定制造科长有罪的结论，不仅得到了主张危惧感说的学者的支持，而且也得到了主张具体的预见可能性说的学者的支持，这一点耐人寻味。它意味着，在现实的处罚要求前，具体的预见可能

---

① 〔日〕藤木英雄：《公害犯罪》，丛选功等译，70～71 页，北京，中国政法大学出版社，1992。

性的内容被理解得相当缓和。[①]

危惧感说的命运是值得我们关注的：对于普通过失包括业务过失而言，要求较为具体的结果预见义务是合理的。因此，将危惧感说适用于普通过失案件，确实存在过于扩张过失范围之虞。但在监督过失的情况下，监督者、管理者之行为与侵害法益结果之间的关系是较为间接的。在这种情况下，要求监督者与管理者对结果具有较为具体的预见义务，自然是不现实的，其必然结论就是无法追究背后的责任者。而当社会达成共识，对这些监督者与管理者必须追究责任的时候，危惧感说就成为一种合适的理论根据，即使是旧过失论者，也不得不将预见可能性予以相当缓和的处理。就此而言，虽然危惧感说作为一般的过失论被否定，但其精神蕴含在监督过失理论中得到保留。这确实是耐人寻味的。值得注意的是，危惧感说是在日本 20 世纪 60 年代前后为应对企业事故频发而产生的一种过失理论，随着 20 世纪 80年代以后日本经济进入一个平稳的发展阶段，各种企业安全法规与制度得到健全与完善，企业事故大幅度减少，危惧感说也就完成了它的历史命运。目前我国处于经济蓬勃发展，然而，由于生产安全制度落实不到位，各地企业安全责任事故屡有发生，死伤人数多，财产损失大。例如三鹿奶粉事件以及其他矿山安全事件、药品安全事件，在社会上产生了震动。在这种情况下虽然没有必要让危惧感说复活，但监督过失理论的引入并适用于我国的司法实践，是具有重要意义。

监督过失有狭义与广义之分。广义的监督过失，是指处于监督引起直接结果的行为人（直接行为人）的立场的人的过失。它可以分为因为对直接行为人的指挥监督不当而成立过失的监督过失（狭义），以及（不通过直接行为人的不当行为）通过管理者的物质配备、人事制度的不完善自身和引起结果之间的关系而成立过失的管理过失。只是，在管理过失的场合，在命令从业人员完善物质配备、人事制度的时候，也存在对该从业人员的行为进行监督的问题。因此，其和监督过失（狭义）

---

① ［日］大塚裕史：《企业灾害和过失论》，载高铭暄、赵秉志主编：《过失犯罪的基础理论》，98 页，北京，法律出版社，2002。

的区别是相对的，将二者进行区别，并不具有理论上的意义。① 尽管如此，我们还是要把监督过失与管理过失加以区分，这种区分主要表现在监督过失的对象是人——被监督者，因而监督过失往往与被监督者过失之间发生竞合。例如日本学者大塚仁教授就是在过失的竞合名目下讨论监督过失的，指出：

> 这种情况中，相竞合的过失行为是由处在下位者与上位者、被监督者与监督者的关系之上的各过失行为人实施的，与由在法上处于平等关系的人实施的通常过失的竞合不同。在对下位者的过失行为没有尽到其监督义务时就肯定上位者的过失。因此，可以称其为监督过失。②

不同于以人为对象的监督过失，管理过失的对象是体制，包括人事制度、安全体制、物质配备等。虽然管理过失经常与监督过失发生竞合，但在管理过失单独成立的情况下，不存在与他人过失的竞合。

三、监督过失在我国的适用

正如上文所言，我国目前正处在经济腾飞的阶段，情形正与日本 20 世纪 60～70 年代相似，监督过失理论大有用武之地。但是，监督过失理论是 20 世纪 90 年代末才开始引入我国并引起我国刑法学界重视的。在以往案件处理中，虽然涉及管理者的过失责任，但没有采用这一理论作为判案根据。例如 1994 年 12 月 8 日新疆克拉玛依特大火灾案件，烧死 323 人，烧伤 132 人，直接经济损失 3 800 余万元。检察机关指控阿不来提·卡德尔等 4 人犯重大责任事故罪、蔡兆锋等 10 人犯玩忽职守罪。③ 我和赵秉志、邓又天、赵长青 4 人受聘担任被害人及其亲属的委托代理人，在法庭上发表了以下代理意见：

---

① 参见 ［日］ 大塚裕史：《企业灾害和过失论》，载高铭暄、赵秉志主编：《过失犯罪的基础理论》，85～86 页，北京，法律出版社，2002。
② ［日］ 大塚仁：《刑法概说（总论）（第三版）》，冯军译，211 页，北京，中国人民大学出版社，2003。
③ 本案刊载于中国高级法官培训中心、中国人民大学法学院编：《中国审判案例要览（1996 年刑事审判案例卷）》，北京，中国人民大学出版社，1997。

被告人阿不来提·卡德尔、陈惠君、刘竹英、努斯拉提·玉素甫江等
4 人作为友谊馆的主要负责人或具体管理人员，严重违反规章制度及《中
华人民共和国消防条例》（现已失效——引者注）第八条之规定，其行为触
犯了《中华人民共和国刑法》（1979 年刑法——引者注，下同）第 114 条之
规定，构成重大责任事故罪。被告人岳霖、孙勇、赵忠铮作为友谊馆的上级
主管领导，被告人蔡兆锋作为友谊馆的第一负责人，不抓安全工作，不采取
有效措施消除事故隐患；被告人赵兰秀、方天录、唐健、况丽、朱明龙作为
"12·8"演出活动的具体组织者和领导者，对汇报演出事先没有向友谊馆或
其上级主管机关提出安全要求，没有采取安全措施；火灾发生时又没有有
效地组织指挥、疏散、抢救场内人员，而是个人仓皇逃走，他们大多数很
快逃出火灾现场，况丽躲进厕所直到大火被扑灭。这 10 名被告人均触犯
了《中华人民共和国刑法》第 187 条之规定，构成玩忽职守罪。①

　　在上述代理意见中，论及有关被告人的管理责任，但并没有采用监督过失等法
理加以论证。因此，这种管理责任与领导责任如何区分，就成为一个争议问题。因
为在我国司法实践中，领导责任一般来说是不包括承担刑事责任的。像上述案件中
的赵兰秀，作为副市长，最初并没有确定予以追究刑事责任，是在被害人及其代理
人的强烈要求下才被追究刑事责任的。在法庭上，赵兰秀的辩护人提出的辩护意见
认为：

　　　　被告人赵兰秀同意组织学生出场汇报演出，没有提出火灾安全要求，
最后突发了火灾，造成了严重后果，所负的责任只能是一种领导责任，应
予以党纪、政纪处理；被告人赵兰秀发现舞台起火后，立即让人打电话报
警，让人拉电闸断电，并迅速跑到舞台南侧疏散孩子，这些都应视为组
织、疏散、抢救的行为。当舞台起火后，允许她能够进行组织、疏散、抢
救的时间只有两三分钟。在此短时间内，她作出的上述行为，应该说是正

---

　　① 赵秉志、陈兴良、邓又天、赵长青：《克拉玛依"12·8"特大火灾案代理词》，载《法学家》，1995
(6)。

确履行了法定职责和特定义务。因此被告人赵兰秀不应承担刑事责任。

最终，法院对本案 14 名被告人都作出了有罪判决。有关裁判理由指出：

第一，认定被告人阿不来提·卡德尔、陈惠君、努斯拉提·玉素甫江、刘竹英构成重大责任事故罪是于法有据的。《中华人民共和国刑法》第一百一十四条规定，重大责任事故罪是指工厂、矿山、林场、建筑企业或其他企业、事业单位的职工，由于不服从管理、违反规章制度或者强令工人违章冒险作业而发生重大伤亡事故，造成严重后果的行为。就本案而言，被告人阿不来提·卡德尔身为友谊馆副主任，对友谊馆存在的多处安全隐患不积极采取有效措施整改，而继续开放友谊馆，严重违反了 1987 年 3 月 16 日颁布的《中华人民共和国消防条例》的有关规定。被告人阿不来提·卡德尔应当预见将存在多处安全隐患的友谊馆开放，可能会导致严重后果的发生，但他却轻信能够避免，以至于 1994 年 12 月 8 日中、小学生文艺汇报演出时发生火灾，造成严重后果。他的行为具备了重大责任事故罪的全部构成要件。

被告人陈惠君、努斯拉提·玉素甫江、刘竹英是友谊馆的服务人员，当班时只开启一个正门，未在场内巡回检查，火灾发生后又没有打开其他疏散通道。其中刘竹英还脱岗外出。她们都违反了《中华人民共和国消防条例》实施细则第二十一条关于礼堂、影剧院、俱乐部、文化宫等人员集中的公共场所必须做到"……管理人员应当坚守岗位，加强值班和检查，确保安全"的规定，造成了严重的后果，其行为也具备了重大责任事故罪的全部构成要件。

第二，认定蔡兆锋、孙勇、赵兰秀、唐健等 10 名被告人构成玩忽职守罪定性准确。根据我国刑法，构成玩忽职守罪必须具备三个条件，一是犯罪主体是国家工作人员；二是在客观方面，行为人必须具有违反工作纪律、规章制度、擅离职守，不尽职责义务或者不正确履行职责义务，致使公共财产、国家和人民利益遭受重大损失的行为；三是在主观方面是由过失构成。最高人民检察院 1987 年 8 月 31 日下发的《关于正确认定和处理玩忽职守罪的若干意见（试行）》（以下简称《意见》）（现已失效——引者注）列举了玩忽职守犯罪十三个方面的行为，在安全生产管理方面列举了七种行为，其中第三种行为是对"屡次违章作业或违章指挥作业，熟视无睹不加制止，造成重大伤亡的"，第四种行为是"已发现隐患或有重大事故预兆，不及时采取有效措施，造成重大伤亡的"，第五种行为是"对有关部门或个人所提出的消除不安全因素或加强安全防范的合理意见、建议不采纳，造成重大伤亡的"；在文教方面列举了"教育工作人员严重失职，造成学生重大伤亡的"。本案被告人蔡兆锋是友谊馆的主任，对友谊馆存在安全隐患不采取有效措施，对消防部门提出的整改意见不采纳；被告人孙勇、赵忠锋、岳霖都是友谊馆的上级领导，明知友谊馆存在多处安全隐患，而不督促友谊馆采取有效措施整改，对存在多处安全隐患的友谊馆违章开放，他们熟视无睹不加制止，其中岳霖还在 1994 年 12 月 6 日签字批准使用友谊馆举办大型活动，以至于 12 月 8 日中、小学生文艺汇报演出使用友谊馆时发生火灾，造成严重后果。被告人蔡兆锋、孙勇、赵忠锋、岳霖的行为具备了玩忽职守罪的构成要件，符合最高人民检察院在《意见》中列举的行为特征，构成了玩忽职守罪。

被告人赵兰秀和方天录是分别主管克拉玛依市、新疆石油管理局教育工作的副市长和副局长，又是迎接新疆维吾尔自治区"两基"评估验收工作领导小组组长，对组织"12·8"演出活动未提出安全方面的要求。被告人唐健、况丽、朱明龙、赵征是此次演出活动的具体组织者和实施者，对中、小学生的人身安全疏忽大意。12 月 8 日文艺汇报演出时，被告人赵兰秀、方天录、唐健、况丽、朱明龙、赵征对中、小学生负有保护的法定职责和义务。但他们严重失职，未正确履行法定职责，造成了中、小学生重大伤亡的严重后果，具备了玩忽职守罪的全部构成要件，也符合最高人民检察院在《意见》中列举的玩忽职守罪在文教方面的行为。

在上述裁判理由中，被告人阿不来提·卡德尔主要是作为管理者而承担刑事责任的，其责任在于对友谊馆存在的安全隐患未能采取有效措施整改。蔡兆锋等人也主要是在管理工作中玩忽职守，因而承担刑事责任。若依火灾现场的表现，除个别被告人以外，其余被告人都履行了救助义务，确实不应当承担刑事责任。当然，由于当时未能采用监督过失理论加以论证，因而虽然法院判决有罪，被告人仍然一直不服判决。现在，我国已经有学者从监督过失角度解决该案，指出：1994 年 12 月 8 日新疆克拉玛依特大火灾案中，14 人严重违反规章制度，其中友谊馆主任蔡兆锋、副主任阿不来提·卡德尔未对职工进行安全教育和制定应急防范措施，对馆内安全隐患未进行有效的整修，对事故的发生负有监督过失责任。[①] 我认为，这一观点是能够成立的。当然，监督过失在我国司法实践中如何正确适用，还存在需要深入研究的问题。

本案提出一个关于监督过失在我国适用的重要问题，也就是玩忽职守罪是否属于监督过失。日本刑法上只有业务过失犯罪而没有职务过失犯罪。例如日本刑法第 211 条规定了业务过失致人死亡罪，这里的业务是指基于社会生活上的地位而进行的活动即职务、职业、营业等，如反复持续驾驶汽车的人，不论是基于娱乐而驾驶还是作为职业而驾驶，也不论是专职还是兼职，都负有同样的注意义务，所以，社会生活上的地位不是业务的要件，作为要件的应该是社会生活上的事务。从此意义上讲，本罪中的业务，是除自然的或个人的生活活动（教育孩子、做家务、饮食等）之外的事务的总称。[②] 由此可见，日本刑法中的业务过失致人死亡罪中的业务概念的外延是极为宽泛的，包含职务、职业、营业等各种社会活动。在这一点上，我国刑法的规定是十分不同的。我国刑法根据各种不同的业务种类，分别设立了各种业务过失罪名，仅在责任事故犯罪中，就设立了重大飞行事故罪（第 131 条）、铁路运营安全事故罪（第 132 条）、交通肇事罪（第 133 条）、重大责任事故罪（第 134 条第 1 款）、强令、组织他人违章冒险作业罪（第 134 条第 2 款）、危险作业罪（第 134 条之一）重大劳动安全事故罪（第 135 条）、大型群众性活动重大安全事故

---

① 参见彭凤莲：《监督过失责任论》，载《法学家》，2004（6）。

② 参见［日］大谷实：《刑法讲义各论（新版第 2 版）》，黎宏译，51 页，北京，中国人民大学出版社，2008。

罪（第 135 条之一）、危险物品肇事罪（第 136 条）、工程重大安全事故罪（第 137 条）、教育设施重大安全事故罪（第 138 条）、消防责任事故罪（第 139 条）等罪名。此外，我国刑法还根据主体身份设立了职务上的过失犯罪，包括玩忽职守罪等。日本刑法学者之所以创立监督过失理论，是为使被监督者、被管理者与监督者、管理者共用一个罪名。例如在业务过失致人死亡的情况下，行为人对死亡结果具有预见可能性，构成本罪当然没有问题。但对于监督者与管理者来说，其与死亡结果的关系是较为间接的，预见可能性也并不明确。在这种情况下，才有必要采用监督过失理论，使监督者与管理者入罪。在我国刑法中，情况较为复杂，现在分别加以说明。

在重大责任事故犯罪中，现在有关司法解释主要通过扩张主体的方法使监督者、管理者入罪。例如 2000 年 11 月 15 日最高人民法院《关于审理交通肇事刑事案件具体应用法律若干问题的解释》（以下简称《交通肇事刑事案件解释》）第 7 条规定："单位主管人员、机动车辆所有人或者机动车辆承包人指使、强令他人违章驾驶造成重大交通事故，具有本解释第二条规定情形之一的，以交通肇事罪定罪处罚。"据此，交通肇事罪的主体从直接肇事人员扩大到单位的主管人员、机动车辆所有人和机动车辆承包人。此外，2015 年 12 月 14 日最高人民法院、最高人民检察院《关于办理危害矿山生产安全刑事案件具体应用法律若干问题的解释》（以下简称《关于办理危害生产安全刑事案件适用法律若干问题的解释》）第 1 条将《刑法》第 134 条第 1 款规定的重大责任事故罪的主体界定为：对生产、作业负有组织、指挥或者管理职责的负责人、管理人员、实际控制人、投资人等人员，以及直接从事生产、作业的人员。其第 2 条将《刑法》第 134 条第 2 款规定的强令违章冒险作业罪的主体界定为：对生产、作业负有组织、指挥或者管理职责的负责人、管理人员、实际控制人、投资人等人员。其第 3 条将《刑法》第 135 条规定的重大劳动安全事故罪的主体界定为：对安全生产设施或者安全生产条件不符合国家规定负有直接责任的生产经营单位负责人、管理人员、实际控制人、投资人，以及其他对安全生产设施或者安全生产条件负有管理、维护职责的人员。上述司法解释把实际控制人、投资人等纳入刑事追究范围，解决了因这两类人员名义身份与实际身份存在差异导致的应否承担刑事责任的问题。这些人员之所以应当成为犯罪主体，是因为根据《安全生产法》及国务院《关于预防煤矿生产安全事故的特别规定》，实际控制人与煤矿企业负责人一样，对预防煤矿生产安全事故负主要责任。投资人对劳动安全设施或者安全生产条件的投入和维护负有资金投入义务。基于投资权益，投资人享有生产经营管理权，理应对生产安全事故负责。[①]

上述司法解释意图通过扩大有关责任事故犯罪的主体而使那些监督人员、管理人员入罪。但主体只是犯罪构成的要素之一，这些人员成立犯罪，还必须在主观上具有过失，这也就是所谓监督过失与管理过失。有关司法解释没有对监督过失与管理过失的认定，例如预见可能性的判断、注意义务的设定等问题作出规定，只是扩大犯罪主体。这对于刑事追究来说还是存在一定困难的。

另一个问题是我国除业务过失犯罪以外，还专门规定了职务过失犯罪，例如玩忽职守罪。那么，在玩忽职守罪的情况下，其过失是否属于监督过失或者管理过失呢？对此，张明楷教授认为，我国的司法实践，一直追究监督过失的责任，许多具体的玩忽职守罪表现为监督过失；现行刑法事实上也肯定了监督过失（参见刑法第135 条、第 138 条、第 139 条）。[②] 我认为，玩忽职守罪是否属于监督过失不可一概而论。在某些情况下，存在监督者与被监督者的关系，存在共同过失，监督者是国家工作人员，应定玩忽职守罪；被监督者是非国家工作人员，应以一般的业务过失犯罪论处。但也存在国家工作人员玩忽职守直接造成国家和人民利益重大损失的情形，这就不是监督过失。对此，应当区别对待。

四、裁判理由的评判

梁应金交通肇事案（以下简称梁应金案）中关于被告人是否构成交通肇事罪，

---

① 参见逄锦温、邱利军：《〈关于办理危害矿山生产安全刑事案件具体应用法律若干问题的解释〉的理解与适用》，载最高人民法院编：《刑事审判参考》，第 55 集，65～66 页，北京，法律出版社，2007。

② 参见张明楷：《刑法学》，3 版，245 页，北京，法律出版社，2007。

也是从主体角度提出问题的，即：肇事船舶的单位主管人员能否构成交通肇事罪？对此，裁判理由指出：

> 四川合江沉船造成 130 人死亡的严重后果，依法严惩肇事者，是社会各界、被害人及其家属的强烈呼声。其中，被告人周守金、梁如兵、石萍作为直接从事内河客运的人员，应当知道违章驾驶的严重后果，但仍违反交通运输管理法规，超载运输、冒雾航行，致使榕建号终因操舵时错误使用左进右退"鸳鸯"车造成客船急速右旋而发生船翻人亡的重大事故，根据《刑法》第 133 条的规定，构成交通肇事罪是没有疑问的。本案的焦点在于被告人梁应金作为榕建号船舶所有人的法定代表人，并没有直接从事榕建号的运输工作，能否以交通肇事罪追究刑事责任。我们认为：
>
> 首先，根据《刑法》第 133 条的规定，违反交通运输管理法规，因而发生重大事故，致人重伤、死亡或者使公私财产遭受重大损失的行为，构成交通肇事罪。交通肇事罪的犯罪主体是一般主体，司法实践中，虽然交通肇事罪主要由从事交通运输的人员构成，但从 1997 年刑法取消了 1979 年刑法第 113 条从事交通运输的人员和非交通运输人员之分的立法本意来看，立法肯定了交通肇事罪既可以由从事交通运输的人员构成，也可以由非交通运输人员构成。这里所说的从事交通运输的人员，既包括交通运输业的直接经营人员，也包括交通运输业的管理人员。非交通运输人员是指与交通运输的经营、管理无关的人员。
>
> 其次，非交通运输管理人员违反交通运输管理法规，也可以引起重大交通事故。如根据《中华人民共和国道路交通管理条例》（1988 年公布，现已失效——引者注）第 7 条的规定，行人必须走人行道，借道通行时，应当让在其本道内行驶的车辆优先通行。《道路交通事故处理办法》（1992 年公布，现已失效——引者注）第 17 条规定，当事人有违章行为，其违章行为与交通事故有因果关系的，应当负交通事故责任。最高人民法院《解释》（指最高人民法院《关于审理交通肇事刑事案件具体应用法律若干问题的解释》，下同——引者注）第 1 条规定："从事交通运输人员或者非

交通运输人员，违反交通运输管理法规发生重大交通事故，在分清事故责任的基础上，对于构成犯罪的，依照刑法第一百三十三条的规定定罪处罚。"因此，非交通运输人员，如行人在借道通行时未避让在本道内行驶的车辆，致使在本道内行驶的车辆发生碰撞，造成人员伤亡或者重大公私财产损失的，应以交通肇事罪追究行人的刑事责任。

最后，船舶所有人属于对船舶的营运安全负有管理职责的人员。根据《中华人民共和国内河交通安全管理条例》（1986 年）第 10 条的规定，船舶的"所有人或者经营人必须对其所有的或者所经营的船舶、排筏、设施的安全负责，并且应当做到下列各项：一、加强对船舶、排筏、设施的安全技术管理，使之处于适航状态或者保持良好技术状况；二、配备的船员、排工或者人员必须符合国家有关规定，不得任用无合格职务证书或者合格证件的人员担任船长、轮机长、驾驶员、轮机员、报务员、话务员、驾长、渡工和排头工；三、加强对船员、排工和其他人员的技术培训和安全教育，不得强令所属人员违章操作；四、根据船舶的技术性能、船员条件、限定航区和水文气象条件，合理调度船舶；五、接受主管机关的监督检查和管理"。无论船舶的所有人是否亲自、直接经营交通运输业，都应当对船舶的营运安全负责。船舶的所有人不履行或者不正确履行自己的职责，指使或者强令船舶的经营人违章驾驶，造成重大交通事故的，应当以交通肇事罪处罚。

本案中，被告人梁应金作为榕建号客船所有人的法定代表人，对榕建号客船的营运安全具有管理职责，在榕建号船舶未达到适航状态之前，不应将榕建号船舶投入运营，但其违反《中华人民共和国内河交通安全管理条例》，聘用不具备资格的驾驶员周守金，安排无合格职务证书的梁如兵、石萍和周良全任船员，并且未按规定配足船员，在擅自改造船舶，决定升高驾驶舱后，未经检验即投入营运。也就是说，被告人梁应金将不具备适航条件的榕建号投入运营，实质上是指使周守金等人违章驾驶。在榕建号投入营运后，被告人梁应金对船舶长期超载运输不予管理，听任周守金等长期违章驾驶，最终导致榕建号因违章驾驶而倾覆，造成 130 人死亡的特大交通事故。参照最高人民法院《解释》第 7 条 "单位主管人员、机动车辆所有人或者机动车辆承包人指使、强令他人违章驾驶造成重大交通事故"，以交通肇事罪定罪处罚的规定，被告人梁应金的行为，完全符合交通肇事罪的构成要件，应当以交通肇事罪追究其刑事责任。

梁应金是否构成交通肇事罪，我认为并不是一个主体问题，而是一个是否存在监督过失的问题。在本案的裁判理由中，虽然论及被告人梁应金对船舶长期超载运输不予管理，表示其具有监督过失与管理过失，但并没有对此加以深入分析，尤其是未能引入监督过失理论。这是十分遗憾的。从监督过失理论出发，对于被告人梁应金是否构成交通肇事罪，应从以下四个方面加以考虑。

（一）实行行为

在监督过失犯罪中，实行行为是什么，是首先应当加以确认的。从刑法理论上来看，过失犯罪的实行行为是指违反客观注意义务。因此，在分析过失实行行为的时候，首先应当确认注意义务的存在，然后再讨论这种客观注意义务是否被违反。在本案中，被告人梁应金作为肇事船舶所有人的单位主管人员，具有保证船舶营运安全的义务。对此裁判理由引用有关法规作了说明。现在的问题是：被告人梁应金是如何违反这一客观注意义务的？这里存在一个是作为还是不作为的问题。对于监督过失来说，少数是由于监督者制订不适当的计划方案或者监管失当这一作为而导致发生结果，大多数还是由于没有实施有效监督或者疏于管理的不作为而导致发生结果。从判决书的表述来看，被告人梁应金不履行安全管理职责，使该船长期超载运输，这显然是一种不作为。但裁判理由认为：被告人梁应金将不具备适航条件的榕建号投入运营，实质上是指使周守金等人违章驾驶。从这一论述来看，被告人梁应金的行为似乎又是作为而非不作为。之所以要将被告人梁应金的行为解释为实质上的指使，是为参照适用《交通肇事刑事案件解释》第 7 条关于 "单位主管人员、机动车辆所有人或者机动车辆承包人指使、强令他人违章驾驶造成重大交通事故"以交通肇事罪论处的规定。也就是说，只有在具备指使、强令行为的情况下，相关人员才能构成交通肇事罪。这种指使、强令都是故意行为，并且是作为。在具备这一规定的情况下，是否排除了监督过失存在的余地，是一个值得研究的问题。对此，我国学者周光权教授指出：

> 对于交通肇事中监督过失责任的范围，司法解释作了限制性解释，因此在实践中不能过于扩大，那么，单位主管人员等人员，如果不是指使、强令驾驶人员违章驾驶，而是因为疏于监督管理，驾驶员独立驾车外出导致事故的，管理、监督者不构成交通肇事罪。例如，公交公司经理明知其手下的汽车司机在春运期间经常为多挣钱而严重超载，仍放任、纵容司机违章驾驶，因而发生重大交通事故的，监督者对于事故发生可能只有抽象的、模糊的危险感觉，谈不上有具体的预见，不宜认定为具有监督过失；根据司法解释的精神，这种行为也不成立交通肇事罪，因为该解释只明确了上述人员指使、强令他人违章驾驶造成重大交通事故的情形，才能按照本罪定罪处罚。①

在上述这段论述的注释中，周光权教授特别提到了梁应金等交通肇事案，认为这是在实践中存在的扩大监督过失适用范围的倾向。这是一个十分吊诡的问题：裁判理由为参照有关司法解释规定，把疏于管理的情形实质解释为指使行为。而周光权教授则认为既然是指使，就不存在监督过失。在我看来，以指使、强令作为构成犯罪的条件，确实排除了监督过失的存在可能性。就此而言我是同意周光权教授的观点的。但在梁应金案中，被告人梁应金本来不属于《交通肇事刑事案件解释》的适用范围，在司法解释未作限制的情况下，完全可以直接按照监督过失理论进行论证。因此，被告人梁应金构成监督过失，其实行行为并非指使，而是疏于监督，即对被监督者过失行为防止义务的违反，具有玩忽职守性质，这是一种不作为。

（二）因果关系

在监督过失（这里是指狭义上的监督过失）的情况下，监督者与被监督者具有过失竞合，并且对于结果来说，被监督者的过失是直接过失，而监督者的过失是一种间接过失。在这种情况下，监督过失的因果关系也往往表现为一种间接因果关

---

① 陈兴良、周光权：《刑法学的现代展开》，458 页，北京，中国人民大学出版社，2006。

系。对此，我国学者指出：

> 在监督过失中实际上存在着两个因果关系的链条：第一个链条是监督
> 人的监督过失行为与被监督者的过失行为之间的因果关系，第二个链条是
> 被监督者的过失行为与其危害结果之间的因果关系。这两个因果关系以被
> 监督者的过失行为为中介而紧密联系在一起。被监督者的过失行为是第一
> 个因果链条的结果，同时又是第二个因果链条的原因。可见，被监督者的
> 过失行为也是特定因果关系中的结果。监督者主要不是直接对被监督者的
> 过失行为引起的危害结果承担刑事责任——这主要应归责于被监督者，而
> 主要是对自己的监督过失行为引发的直接结果——被监督者的过失行为承
> 担刑事责任。[1]

上述论述以双重因果关系描述监督过失的因果关系，从而揭示监督过失因果关系的特殊性，这是正确的。但监督者与被监督者的过失形成结果发生的共同原因，监督者仍然是对被监督者的过失行为造成的法益侵害结果负责，这是必须明确的。在梁应金案中，榕建号船舶的倾覆与周守金等人的操作失误具有直接关系，但梁应金作为榕建号船舶的单位主管人员将不具备适航条件的榕建号投入运营，对该船舶长期超载运输不予管理，是发生船舶倾覆导致人员重大伤亡的重要原因，因而属于共同因果关系，梁应金与周守金等人都应对后果负责。

监督过失具有双重因果关系的特点，因而在判断的时候可以采用合法行为的替代这一方法。所谓合法行为的替代，是指在行为人违反规则或者违反日常生活中应当注意的事项引起法益侵害结果的场合，如果存在"即便行为人谨慎行为，也仍难以避免该结果发生"这种假设性事实，则过失犯罪不存在。当然，过失犯罪不存在的根据是否定不作为犯的因果关系还是否定预见可能性或者回避可能性，在刑法理论上是存在争议的。[2] 我认为，这个问题与不作为的因果关系有关。在监督过失的情况下，被监督者的过失行为与结果之间存在因果关系，但监督者的过失行为（这

---

①　彭凤莲：《监督过失责任论》，载《法学家》，2004 (6)，62 页。
②　参见黎宏：《刑法总论问题思考》，292 页以下，北京，中国人民大学出版社，2007。

里主要是指不作为的过失行为）与结果发生是否也具有因果关系呢？这就要看如果监督者履行了监督职责，结果是否还会发生。如果回答是否定的，那就说明虽然监督者存在过失，但这种过失与结果发生无关，不能以此追究其监督过失的责任。例如在日本大洋百货火灾事件中，法院认为"即便被告人（贩卖科长）平常就对 3 号楼的营业人员进行防止火灾燃烧的训练，但也很难说，在本案中的火灾蔓延到 3 层店铺之前，能够有效地采取关上 C 号楼梯的防火门的防火措施"，因此，否定了因果关系。反之，如果回答是肯定的，那就说明监督者的过失行为与结果发生之间存在因果关系。例如在日本川治王子饭店事件中，法院认为被告人如果事先制作消防计划并据此实施避险指导训练，同时，设置前述的防火门、防火区域的话，由于有这两种措施相配合，就能避免本案中火灾事故造成住宿客人等伤亡的结果，从而肯定了因果关系。[1] 在梁应金案中，不仅应当认定梁应金存在管理上的疏失，而且要确认这种管理上的疏失与船舶倾覆结果之间的因果关系。方法之一就是，假设梁应金没有管理上的疏失，船舶倾覆的结果是否还会发生。这种因果关系的判断方法虽然具有一种假定性，但在理论上仍然是一种有效的方法。

（三）预见可能性

在监督过失中，预见可能性的判断是较为困难的，有关过失理论也正是在这一点上发生分歧。问题在于：监督者对于结果的预见可能性是一种具体的预见可能性还是抽象的预见可能性，甚或只要具有危惧感就可以认定这种预见可能性的存在？对此，我国学者认为，不管是管理过失还是狭义的监督过失，在疏忽大意过失的场合，都以行为人对结果具有具体的预见可能性为前提，不能以抽象的、一般的危惧感为根据认定过失责任；在过于自信过失的场合，应以具体结果的回避可能性为前提。[2] 但对于监督者来说，这种具体结果的预见可能性是有些难以认定的。我个人还是倾向于对于法益侵害结果的较为抽象的预见可能性，以此区别于被监督者的较

---

① 参见［日］大塚裕史：《企业灾害和过失论》，载高铭暄、赵秉志主编：《过失犯罪的基础理论》，97 页，北京，法律出版社，2002。

② 参见张明楷：《刑法学》，3 版，245 页，北京，法律出版社，2007。

为具体的预见可能性。在梁应金案中，对于船舶倾覆的具体结果无法预见，但被告人梁应金对于可能发生事故这一点是具有预见的。可见，监督过失的预见可能性具有不同于普通过失的预见可能性的特殊性。

（四）共同过失犯罪

梁应金案还涉及共同过失犯罪，尤其是在监督过失中的共同过失犯罪问题。我国刑法第 25 条第 1 款规定："共同犯罪是指二人以上共同故意犯罪。"同时，该条第 2 款规定："二人以上共同过失犯罪，不以共同犯罪论处；应当负刑事责任的，按照他们所犯的罪分别处罚。"上述规定表明，我国刑法中的共同犯罪是指共同故意犯罪，不包括共同过失犯罪。但在司法实践中，共同过失犯罪的情形是客观存在的，并且它和过失竞合犯罪之间存在某种性质上的区分。共同过失犯罪在各过失犯罪人之间存在共同过失。这里的共同过失是以共同注意义务的违反为中心的，正是这种共同注意义务使各个过失犯罪人形成一个义务共同体，每个人因身份与地位的不同而相应地承担不同的注意义务。这种共同注意义务本身就包含了对其他与自己活动有关的行为内容所具有的监督义务。而在过失竞合犯罪的情形下，各过失犯罪人之间并不存在共同注意义务，而是数个单独的注意义务之违反共同造成某一构成要件结果。正如我国学者指出：

> 需要研讨的是监督过失或者管理过失中的共同注意义务问题。如大兴安岭特大火灾事故中，人民法院对有关人员处以不同罪名：对有关领导以玩忽职守罪论处，对林场工人以重大责任事故罪论处，而对外流人员则以失火罪论处。表面上看，是因为这些人主体身份不同，构成一般主体与特殊主体的竞合犯罪，对一般主体，按一般主体的过失犯罪定罪处罚，对特殊主体则以特殊主体的过失犯罪定罪处罚。究其根源，是这些人身份的不同决定了各行为人注意义务的来源不同，注意义务的内容也有所不同，即缺乏共同的注意义务。他们之间也没有意思联络，因而他们的行为并不构成过失共同犯罪，而是过失竞合犯罪。换言之，是玩忽职守的过失行为、重大责任事故的过失行为以及失火行为共同作用的结果，在因果关系上表现为多因一果。由于这些原因对危害结果发生的作用力大小有所不同，决

定了他们在刑事责任承担上有所不同。而该沉船案中,梁某虽然处于监督、管理地位,但其与同案犯共同从事交通运输活动,均应遵守相关交通法规,其与同案犯之间不但负有共同的注意义务,还负有共同注意的义务。可见,在监督过失或者管理过失场合,判断共同注意义务有无需要透过现象看本质,要将共同注意义务与注意义务的来源区分开来。[①]

以上从注意义务的来源角度对共同注意义务认定的分析,我认为是具有理论意义与现实意义的。在监督过失的情况下,共同过失犯罪中的共同注意义务,并非每种注意义务在性质上都完全相同。因各个过失犯罪人所处的地位不同,可能形成监督者的监督义务与被监督者的注意义务构成的共同注意义务。因此,这是一种特殊的共同注意义务。正是对这一共同注意义务的违反,构成具有监督过失性质的共同过失犯罪。对梁应金案也适合采用共同过失犯罪理论进行分析,这一分析于对各过失犯罪人的定罪量刑都具有重要意义。

---

① 王松波:《肇事交通工具单位主管人员能否构成交通肇事罪的主体——兼论过失共同犯罪》,载谢望原、赫兴旺主编:《中国刑法案例评论》,第 1 卷,167、168 页,北京,中国法制出版社,2007。

第4章
未完成罪

第1节　以抢劫为目的搭乘出租车行为之定性研究

案名：黄斌抢劫案

主题：犯罪预备　独立预备罪　从属预备罪

犯罪预备是犯罪的未完成形态之一种。由于犯罪预备处于着手实行犯罪之前的阶段，距离犯罪完成较远，因而如何正确地处理犯罪预备无论是在事实认定上还是在法律适用上都存在一些疑难问题。本节以黄斌抢劫案[①]为例，对犯罪预备的认定加以研究。

一、案情及诉讼过程

1998年3月的一天，被告人黄斌邀被告人舒修银去外地抢劫他人钱

[①]　本案刊载于最高人民法院编：《刑事审判参考》，第22辑，北京，法律出版社，2001。

财，并一同精心策划，准备了杀猪刀、绳子、地图册等作案工具，从湖南省芷江侗族自治县流窜到贵州省铜仁市伺机作案，并在该市购买了准备作案用的手套两双。3 月 20 日晚 7 时许，黄斌、舒修银在铜仁汽车站以 100 元的价钱骗租一辆车号为贵 D-30306 的豪华夏利出租车前往湖南省新晃侗族自治县，准备在僻静处抢劫司机吴某夫妇驾驶的出租车。当车行至新晃后，黄斌、舒修银仍感到没有机会下手，又以 50 元的价钱要求司机前往新晃县波洲镇。当车行至波洲镇时，由于司机夫妇有所警觉并向波洲镇政府报案，黄斌、舒修银的抢劫未能着手实行。黄斌、舒修银被捕后，对其准备作案工具、图谋抢劫出租车的事实供认不讳。

新晃侗族自治县人民法院认为，被告人黄斌、舒修银以非法占有为目的，企图以暴力手段抢劫他人驾驶的出租车，并为此而准备工具、制造条件，其行为已构成抢劫罪。在准备实施抢劫行为时，由于意志以外的原因而未得逞，属于犯罪预备，依法可以从轻处罚。在共同犯罪中，被告人黄斌起主要作用，系主犯，且有前科，应从重处罚；被告人舒修银起次要作用，系从犯，可从轻处罚。遂依照《中华人民共和国刑法》第 263 条、第 22 条、第 25 条第 1 款，第 26 条第 1 款、第 4 款，第 27 条和第 64 条的规定，于 1998 年 7 月 13 日判决如下：（1）被告人黄斌犯抢劫罪（预备），判处有期徒刑 4 年，罚金人民币 3 000 元；（2）被告人舒修银犯抢劫罪（预备），判处有期徒刑 2 年，罚金人民币 2 000 元；（3）作案工具杀猪刀一把，纱手套 2 双，地图册 1 本，尼龙线 2 支，予以没收。

一审宣判后，被告人黄斌、舒修银不服，以自己的行为是犯罪中止为理由，提出上诉。

湖南省怀化市中级人民法院经审理后认为：被告人黄斌、舒修银以非法占有为目的，准备以暴力手段抢劫他人驾驶的出租车，其行为均已构成抢劫罪。黄斌、舒修银准备工具、制造条件后，在欲实施犯罪时由于意志以外的原因而未能着手，属于犯罪预备。黄斌、舒修银上诉称其行为是犯罪中止的理由与客观事实不符，不予采纳。在共同犯罪中，黄斌系主犯，且有前科，舒修银系从犯。原审法院认定的事实清楚，证据确实、充分，量刑适当。审判程序合法。遂依照《中华人民共和国刑事诉讼法》（1996年——引者注）第 189 条第（1）项的规定，于 1998 年 11 月 12 日裁定如下：驳回上诉，维持原判。

二、预备犯的法理分析

自从贝卡里亚在《论犯罪与刑罚》一书中提出刑法不处罚犯意、刑法只对着手以后的行为才处罚的观点以后，刑法不处罚预备犯已经成为大陆法系刑法的基本原则。德国学者在论及预备行为不受刑罚处罚原则时指出：

> 如果法律规定，某人杀死或者企图杀死某人（第 212、22 条）要受到刑法处罚，要处罚的正好是这些被禁止的行为，而非其预备行为。若将预备行为定义为，时间以及客观上位于真正的符合构成要件的犯罪实行行为与相应的未遂之前的行为，那么从概念上而言，预备（仍然）是应受刑罚处罚的行为之前的，不受罚的先前阶段。比如，购买胡椒粉，以图在实施抢劫时撒向被害人的脸上，还不是法律所规定（第 249 条）的使用暴力或者企图使用暴力的行为。①

对预备行为之所以不处罚，主要原因还是在于其危险性较小。这里所讲的危险性主要是指客观上的危险性。因此，不处罚预备犯，通常是为刑法客观主义所坚持的。因为，正如德国学者所说的那样，实质意义上的预备行为从其外在形象来看，在大多数情况下完全符合社会规范的要求。例如，上述引文中所提到的购买胡椒粉的行为，仅从客观意义上考虑，就是一种购物行为。只有从行为人主观上看是出于抢劫的意图而购买胡椒粉的时候，才能将这一购买行为认定为抢劫的预备行为。因为在预备的情况下，行为人主观上是具有犯罪意图的，具有主观上的危险性，因而

---

① ［德］冈特·施特拉腾韦特、洛塔尔·库伦：《刑法总论》，Ⅰ·犯罪论，杨萌译，250 页，北京，法律出版社，2006。

刑法主观主义一般是主张处罚预备犯的。

大陆法系国家的刑法虽然以不处罚预备犯为原则，但也例外地处罚预备犯。这里的例外地处罚预备犯，主要是指在刑法分则中设立预备罪。例如德国学者指出：

预备行为（Vorbereitungshandlung），原则上是不处罚的，因为预备行为毕竟离既遂行为还有很大的距离，以至于尚不可视为对法益造成重大的威胁。再加上预备行为的犯罪故意，在多数情况下也是不能够明确加以证明的。

立法者只是以特殊的刑事政策为依据，例外地将预备行为置于刑罚之下。

首先，涉及特定构成要件的非独立的扩展，其特点要求特别早地采取措施，因为否则的话刑罚就不可能达到任何目的，如在叛国行为（第 83 条）、刺探国家机密（第 96 条第 1 款）、绑架犯罪的预备行为（第 240 条 a）或者劫持飞机的预备行为（第 316 条 a）等情况下，即如此。

其次，具有典型特征和高度危险性的犯罪预备，被作为独立的犯罪受刑法处罚，行为人没有必要已经实施一个完整的特定的犯罪，如伪造货币的预备行为（第 149 条）、销售堕胎药物（第 219 条 b）、诈骗保险金（第 265 条）、预备侵略战争（第 80 条）。

最后，第 30 条中规定的因共犯心理上的内在联系，共犯预备行为的特别危险的情况，要受刑法处罚。[①]

对预备犯的例外处罚范围，各国存在差异。在德国学者所指出的上述处罚预备行为的情况中，第三种情况是指共犯中的预备行为，例如示意他人犯罪、接受他人的犯罪请求或与他人约定犯罪，也就是所谓预备犯的共同正犯问题。至于前两种情况，就是日本学者所说的独立预备罪与从属预备罪。例如日本学者指出：

有见解认为，刑法将准备行为作为独立犯罪加以规定的场合，就是独

---

① ［德］汉斯·海因里希·耶赛克、托马斯·魏根特：《德国刑法教科书（总论）》，徐久生译，627～628 页，北京，中国法制出版社，2001。

立预备罪；将构成要件修正之后加以规定的场合，就是从属预备罪。这一区别与后述的共犯的关系上，在认为独立预备罪有实行行为，而从属预备罪中则没有实行行为的意义上，具有意义。①

无论是独立预备罪还是从属预备罪，都是以刑法分则的个别规定即特别规定的形式而出现的。

对预备犯的处罚从例外到原则，这一转变是由苏俄刑法完成的。当然，对预备犯之罚与不罚，经历了一个较为曲折的转变过程。对此，苏俄学者作过以下描述：

> 依据 1919 年的《指导原则》（指《苏俄刑法指导原则》——引者注），预备犯罪与未遂均处刑。而且《指导原则》强调：预备行为与未遂其自身并不得减轻刑罚；其制裁的方法，依《指导原则》的规定，系由犯罪者自身的危险程度来决定。因此，《指导原则》于法庭选择刑罚方法时，对于犯罪意图实行之程度，并不予以重视。

> 1922 年《苏俄刑法典》，不同于《指导原则》，它依照一般常例，承认犯罪之预备行为得不处罚。只有在实行某种犯罪之预备行为其自身已包含有别种既遂罪的犯罪构成时，其行为始负刑事责任。但是，1922 年的《苏俄刑法典》第 12 条，到 1923 年即予以修正，将援引法典第 46 条所规定之社会保护方法，即放逐、禁止担任此种或别种公职、禁止从事此种或别种活动或职业等。

> 1926 年的《苏俄刑法典》，也依据《基本原则》（指 1924 年《苏联和各加盟共和国刑事立法基本原则》——引者注）规定：不仅未遂应受刑事处分，预备行为也应受刑事处分。1926 年的《苏俄刑法典》，在犯罪行为发展阶段问题上，不同于 1922 年的《苏俄刑法典》的主要差别，也就在这里。②

---

① ［日］大谷实：《刑法讲义总论（新版第 2 版）》，黎宏译，328 页，北京，中国人民大学出版社，2008。

② ［苏］苏联司法部全苏法学研究所主编：《苏联刑法总论》，下册，彭仲文译，423～425 页，上海，大东书局，1950。

自此以后，在刑法总则中对处罚预备犯作出一般规定，就成为苏俄刑法的特色之一，现行的《俄罗斯联邦刑法典》仍然在第 30 条对预备犯作了一般规定。

　　我国刑法关于犯罪预备的规定是仿照苏俄刑法的，因而不同于大陆法系国家在刑法分则对预备犯处罚作特别规定的模式，在刑法总则中对处罚预备犯作了一般规定。除此以外，我国刑法分则中仍然存在日本刑法中所谓独立预备犯。例如，伪造、变造金融票证是票据诈骗罪的预备行为，但刑法第 177 条将伪造、变造金融票证行为规定为一个独立罪名。又如，虚开增值税专用发票、用于骗取出口退税、抵扣税款发票是（税款）诈骗罪的预备行为，但刑法第 205 条将虚开增值税专用发票、用于骗取出口退税、抵扣税款发票行为规定为一个独立罪名。当然，从立法上看我国刑法关于预备犯的处罚范围似乎规定得较为宽泛，但在司法实践中，只有那些严重犯罪的预备犯才受处罚。此外，对预备犯的处罚还受到证据的制约。

　　我国刑法第 22 条第 1 款规定："为了犯罪，准备工具、制造条件的，是犯罪预备。"在相当长一个时期，我国刑法教科书都把这一规定视为关于犯罪预备的一般概念。[①] 其实，这只是关于犯罪预备行为的概念，而不是犯罪预备的概念。对此，本案的裁判理由正确地指出：

　　　　《刑法》第 20 条第 1 款，只是犯罪预备行为的概念，却非预备犯的完
　　整内涵。完整的预备犯概念，还需提示出犯罪预备与犯罪未遂以及犯罪预
　　备过程中的犯罪中止的区别。

　　我国刑法中犯罪预备的完整概念，最早是马克昌教授提出来的，马克昌教授指出：

　　　　我国刑法（指 1979 年刑法——引者注）第 19 条规定："为了犯罪，
　　准备工具、制造条件的，是犯罪预备。"这一定义提示了犯罪预备的本质
　　特征，但还不能说是预备犯的概念，根据我们的理解：已经实施犯罪的预
　　备行为，由于行为人意志以外的原因而未着手实行犯罪的，是预备犯。[②]

────────────

① 参见高铭暄主编：《刑法学》，修订本，174 页，北京，法律出版社，1984。
② 马克昌：《论预备犯》，载《河南法学》，1984（1），18 页。

这里的预备犯，其实是指与犯罪未遂相对应意义上的犯罪预备。马克昌教授厘清了犯罪预备与犯罪预备行为这两个不同的概念，这是完全正确的。从刑法关于犯罪预备的规定来看，与犯罪未遂的概念（第 23 条第 1 款）、犯罪中止的概念（第 24 条第 1 款）相对应，本来应该规定的是揭示犯罪预备所有特征的犯罪预备的概念，我国刑法却只规定了犯罪预备行为的概念。这不能不说是一个立法上的失误。

三、犯罪预备的认定

根据以上犯罪预备的概念，在认定犯罪预备的时候，应当从以下三个方面加以考察。

（一）已经开始实施犯罪预备行为

已经开始实施犯罪预备行为，是犯罪预备的首要条件，也是犯罪预备与犯意表示相区别的根本界限。从刑法规定来看，对于犯罪预备行为，是从主观与客观两个方面加以界定的，因此在认定犯罪预备行为的时候，也应当从这两个方面入手。本案的裁判理由对此作了以下论述：

犯罪预备具有以下两个基本特征：（1）行为人主观上是为了犯罪，即行为人实施准备工具、制造条件的行为，是为了顺利地实行犯罪，具有犯罪的目的性。这是预备犯主观犯意的体现，也是预备犯在一定条件下要承担刑事责任的主观根据。认定犯罪预备时，不能忽视该主观特征的重要意义。司法实践中，有的预备行为本身就可以明显地反映出行为人所具有的犯罪目的，但也有的预备行为本身并不能明确或排他地反映出行为人的犯罪目的，如某人买了把刀，究竟是为了犯罪还是用于其他正当目的，就无法定论。这时，就需要查明并运用其他证据在充分证明行为人买刀确是为了犯罪后，才能认定是犯罪预备，反之，即便有嫌疑，也不能认定。（2）行为人客观上实施了准备工具或制造条件的行为。准备工具、制造条件的方式是多种多样的，但必须有具体的行为，这是区别犯罪预备与犯意表示的根本所在。犯意表示仅是行为人犯罪意图的单纯言词流露，如扬言杀人，如无进一步的行为，就不可能有什么实际的危害，因而，不具有刑法意义上的社会危害性，属不可罚的行为。而犯罪预备则不然，其已超越了犯意表示，实行了预备行为，具有刑法意义上的社会危害性，因而，也就有了可罚性的客观基础。

在以上论述中，我以为最值得关注的还是主观目的。因为在犯罪预备行为中，客观上的预备行为在通常情况下具有正常社会行为的属性，那些具有反常性的社会行为，即使是预备行为，也往往已经被刑法规定为独立预备罪。在这种情况下，对于犯罪预备行为来说，从客观上往往难以确认其犯罪性。只有查明主观上是为了犯罪，才能使某一种在客观上正常的社会行为转变成为犯罪的预备行为。在这个意义上说，为了犯罪这一主观目的是犯罪预备行为的主观违法要素，犯罪预备具有目的犯的性质。正因为主观目的对于犯罪预备行为的认定具有决定性意义，所以如何证明行为人主观上是为了犯罪，就成为犯罪预备行为认定中的一个疑难问题。在认定犯罪预备行为的主观要素时，应当注意以下三个问题。

1. 犯罪预备的目的

我国刑法将犯罪预备主观目的的含义规定为"为了犯罪"。那么，这里的"为了犯罪"如何理解呢？我国学者认为，"为了犯罪"应理解为为了实行犯罪，并且，为了实行犯罪包括为了自己实行犯罪（自己预备罪）与为了他人实行犯罪（他人预备罪）。[①] 我认为，这一理解是完全正确的。刑法中的犯罪有狭义与广义之分：狭义上的犯罪指正犯，即实行犯。广义上的犯罪则包括预备罪与共犯，包括教唆犯、帮助犯与组织犯。刑法总则中规定的预备，是对实行犯罪的预备，不包括对预备犯的预备，也不包括对共犯的预备。预备犯之预备，大多属于犯意表示，并不构成犯罪；个别属于阴谋，只有在法律明文规定阴谋犯的情况下才构成犯罪。至于共犯的预备，包括共同正犯的预备、教唆犯的预备、帮助犯的预备与组织犯的预备等，都属于共犯理论所要解决的问题。

---

① 参见张明楷：《刑法学》，3 版，279~280 页，北京，法律出版社，2007。

2. 犯罪预备的故意

犯罪预备是故意实施的，只有直接故意犯罪才存在预备的问题。在这个意义上，犯罪预备属于故意犯。那么，什么是犯罪预备的故意呢？这里的主要问题在于：预备故意与实行故意是否同一？关于这个问题，在刑法理论上莫衷一是，并且大多将预备故意与实行故意加以混淆。例如苏俄学者 A. H. 特拉伊宁在论及预备行为和未遂之间的相互关系时认为，可以用公式表示如下：

> 预备行为＝故意＋不是构成因素的行为
>
> 未遂行为＝故意＋是构成因素的行为-结果

特拉伊宁指出：

> 从上面所列的公式中可以看出，在预备行为和未遂这两个犯罪实施阶段中，只有故意这个因素是相同的，另外一个特征——行为——看起来似乎相同，这是由于把这两种行为——作为身体活动的行为和作为形成构成因素的行为——混同起来所致。①

在此，特拉伊宁正确地将预备行为与未遂行为（其实是实行行为）加以区分，但却将预备故意与实行故意相混淆，至少没有厘清。在一般意义上所讲的犯罪故意，是指犯罪实行的故意。在犯罪未遂的情况下由于已经着手实行犯罪，因而行为人主观上具有实行故意，只是这种实行故意不完整而已。而在犯罪预备的情况下，由于行为人没有着手实行犯罪，当然也就不存在犯罪实行故意，而只能是犯罪预备故意，即支配着犯罪预备的主观心理状态。正如我国学者指出：

> 按照我国刑法关于犯罪故意的规定，犯罪预备的故意应理解为：明知自己的预备性质的行为是为犯罪创造条件，而决意为之。就是说，犯罪预备的故意具有不同于犯罪实行的认识内容：从目的多样性上说，无论预备犯罪人是为了预备犯罪而准备，还是为了着手实行而准备，抑或为了完成犯罪而准备，以及为了在实行或完成犯罪后逃脱而准备，均是为了便利犯

---

① ［苏］A. H. 特拉伊宁：《犯罪构成的一般理论》，王作富等译，253 页，北京，中国人民大学出版社，1958。

罪而实施的准备行为。①

因此，只有结合犯罪预备行为，才能正确地提示预备故意的内容，并且将其与实行故意加以区分。

3. 犯罪预备主观要素的证明

如果说，犯罪预备的目的与故意是一个纯粹的理论问题，那么，犯罪预备的主观要素如何证明，就是一个实践问题。在黄斌抢劫案中，裁判理由强调：在预备行为本身就可以明显地反映出行为人所具有的犯罪目的时，应从预备行为来证明行为人主观上预备目的及故意的存在。而在预备行为不能反映行为人的预备目的及故意时，就需查明并运用其他证据来证明行为人的预备目的及故意。我认为，这一观点是正确的。在犯罪预备主观要素的证明上，应当绝对杜绝对口供的依赖。如果只有被告人的口供而没有其他证据能够证明犯罪预备主观要素的，就不能认定为犯罪预备。从黄斌抢劫案来看，两个被告人预谋策划抢劫，准备了杀猪刀、绳子、地图册等作案工具，并且上了出租车。应该说，犯罪预备行为已经完成，并且十分接近于着手实行犯罪。在这种情况下，被告人犯罪预备的主观要素是可以从其客观表现上得到印证的。

（二）未能着手实行犯罪

未能着手实行犯罪，是犯罪预备与犯罪未遂相区分的主要标志。这里主要存在一个如何判断实行行为的着手的问题。关于着手问题，黄斌抢劫案的裁判理由指出：

> 是否已经着手实行犯罪，是犯罪预备和犯罪未遂的本质区别。倘若行为人已经着手实行犯罪，那就不可能再有犯罪预备的问题了。判断是否着手，刑法理论上向有客观说和主观说的纷争。如有的客观说者认为，着手是犯罪实行行为的开始，只有当行为人已开始实行某种犯罪法定构成要件的行为才是着手；有的主观说者认为，凡是根据行为人的行为能够明显识别其犯罪意图时，就可以认定为犯罪着手。理论上的争论，其意无非是为

---

① 邢志人：《犯罪预备研究》，62 页，北京，中国检察出版社，2001。

司法认定犯罪着手提供一个整齐划一的标准。我们认为，由于各罪的实行行为千差万别，因而，各罪的"着手"也各有不同，力图总结出一个通用标准，用意虽好，但难免会以偏概全。

该案的裁判理由对着手的客观说与主观说作了介绍，当然介绍并不完整。问题在于：裁判理由否认在着手问题上存在一个统一的标准，而是主张个案处理。这种观点反映出一种在着手标准问题上的虚无主义态度，我以为是不可取的。这里存在一个如何对待五花八门的学说的问题。初步考察德、日刑法，就会发现在德、日刑法中，对于某一个理论问题往往存在各种各样的不同学说，佐之以各种判例，令人无所适从。其实，这些不同观点背后都有其一以贯之的理论在起支撑作用，关键还是要掌握基本的理论脉络。以下，结合关于着手的各种观点加以论述。

在着手问题上的主观说，被认为是一种主观主义的刑法理论。该说强调刑法处罚的是行为人而不是行为，把行为人的危险性放在着手判断的首要位置上，而这里的行为人的危险性就是指犯罪意思。以犯罪意思作为刑法处罚的根据，体现了犯罪征表说的立场。因此，主观说把犯罪意思视为着手判断的根据，容易将着手时间提前，而与预备发生混淆。对此，日本学者西田典之教授指出：

> 主观说认为，当出于杀人的目的而准备毒药之时，或者出于入室盗窃目的而购买切割玻璃用的工具之时，由于杀人或盗窃的意思已经表现于外部，因而可认定为未遂。然而，这不仅使得预备与未遂的区别极其不明确，而且，从法益保护的观点来看，不得不说对未遂处罚的时期过早。因此，主观说逐渐失去了支持，现在，主张根据客观性标准来决定实行的着手的客观说处于通说地位。①

由此可见，主观说已经不被采信，它是一种"死"的观点。在刑法理论中，之所以还必须提及主观说，完全是因为使在着手问题上的学术脉络明晰的理论叙述之需要，而非实际的要求。在关于着手之判断的客观说中，又可以分为形式的客观说与实质的客观说，而且应当进一步加以区分。例如日本学者指出：

---

① ［日］西田典之：《日本刑法总论》，刘明祥、王昭武译，243 页，北京，中国人民大学出版社，2007。

客观说不是从行为者犯意的危险性，而是从行为所具有的侵害法益的危险性中寻求处罚未遂犯的根据，以客观的标准确定实行的着手时期。客观说又分为，认为实行正是符合犯罪基本构成要件的行为，这种行为的开始不能成为实行的着手，根据所谓犯罪构成要件的该行为（实行行为）开始的形式·类型的标准而确定着手时期的形式客观说，以及认为把实行行为即包括直到犯罪构成要件的实现为止的现实性危险性的行为的开始理解为实行的着手，并且，将未遂犯当作是具体危险犯，用结果所发生具体危险的紧迫性来确定实行的着手那样的，实际上通过判断侵害法益的危险性来确定实行的着手的实质客观说。①

　　形式的客观说与实质的客观说，坚持采用客观主义的立场认定实行行为之着手，强调行为的危险性。二者在这一点上是共同的，从而区别于主观说。但形式的客观说更侧重于从形式判断着手，即只要开始实施该当构成要件的行为之一部分即为实行的着手。而实质的客观说则认为开始实施构成要件行为尚不能认定为着手，只有在实行行为造成了既遂结果发生的具体性危险时，才能认为是着手。例如日本学者西田典之教授以隔离犯为例说明了形式的客观说与实质的客观说之间的差别：

　　　　例如，妻子计划毒死丈夫，将毒药混入丈夫的威士忌之中，丈夫可能在第二天，也可能在 1 周之后，还可能在半年之后喝该威士忌。但不管丈夫何时喝威士忌，只有在丈夫正要喝混有毒药的威士忌之时，才发生杀人的具体性危险，在此之前只能认为是杀人预备行为。诚如形式性客观说所言，将毒药混入威士忌，妻子的自然行为即告结束，从该行为可以发现妻子存在杀人这一反规范性意思。但是，因为如此便肯定作为未遂犯处罚根据的行为无价值，进而肯定成立未遂犯，则这种观点与已被否定的主观说实质上并无不同。结果无价值论认为，应从未遂结果的发生中寻求未遂犯的处罚根据，因而对象仍为妻子将毒药混入威士忌这一投毒行为，只是实

---

　　① ［日］野村稔：《刑法总论》，全理其、何力译，332 页，北京，法律出版社，2001。

行的着手时期是出现了结果发生的危险之时。①

在刑法理论上，隔离犯是指行为与结果之间存在一定时间上的间隔而构成的犯罪。隔离犯区别于即成犯，后者的行为与结果之间并不存在时间上的间隔。按照上述论断，行为无价值论主张形式的客观说，而结果无价值论则主张实质的客观说。行为人实施投毒行为，无论被害人是否开始食用毒物，其实行行为都已着手，是形式的客观说的观点。在形式的客观说看来，行为的危险是实行行为所包含的，只要开始实施构成要件的实行行为，其危险性自在其中，因此，危险性的判断被实行行为开始的判断所取代。但实质的客观说则将未遂犯看作是具体危险犯，应对危险性作出具体的判断。根据具体危险到底是行为的危险还是结果的危险，实质的客观说又可以进一步分为实质的行为说与结果说。对此，张明楷教授指出：

> 实质的客观说分为实质的行为说与结果说。实质的行为说认为，开始实施具有实现犯罪的现实危险性的行为时就是实行的着手。结果说则认为，当行为发生了作为未遂犯的结果的危险性（危险结果）时，即侵害法益的危险达到紧迫程度时，才是实行的着手。事实上，就一般犯罪的着手而言，实质的行为说与结果说得出的结论没有区别，只是在隔离犯的场合，二者的结论可能存在差异。例如，行为人通过邮局将毒药寄给外地的某人，希望某人饮用后死亡。实质的行为说一般认为，行为人在寄送毒药时，就已经着手实行犯罪，因为该行为本身具有致人死亡的危险（寄送主义）。但结果说往往认为，只有当被害人收到毒药时，才产生紧迫的危险，此时才能认定为着手实行犯罪（到达主义）。②

由此可见，在隔离犯问题上，实质的行为说与形式的客观说所得出的结论是一致的。西田典之教授主张的是结果说，认为被害人食用毒药才是实行的着手。我认为，结果说的最大问题在于：投毒行为，在被害人没有食用毒药时被发现，因为没

---

① ［日］西田典之：《日本刑法总论》，刘明祥、王昭武译，244～245 页，北京，中国人民大学出版社，2007。

② 张明楷：《刑法学》，3 版，285 页，北京，法律出版社，2007。

有具体危险性发生，所以被认为是预备行为。当被害人已经食用毒药但未发生死亡结果时，因为存在具体危险性，所以被认为是实行行为。这种观点，对于同一行为因是否发生具体危险而作出两种不同评价，会混淆预备行为与实行行为的界限。因此，我是不赞同的。

就上述形式的客观说与实质的客观说而言，实质的客观说是日本的通说。当然，行为无价值论主张实质的行为说，结果无价值论则主张结果说。

我国传统刑法理论批判主观说与客观说，而主张主客观统一说。例如我国学者指出：

> 中国刑法理论中关于实行的着手的概念和特征的通说是科学的。依据通说全面地认识犯罪实行行为的着手，犯罪实行行为的着手是主观与客观的统一，它在实质上具有侵害刑法所保护的法益的侵害的紧迫危险性，同时又具有符合刑法分则规定的具体犯罪构成客观方面这一形式上的特征。可以说，犯罪实行行为的着手既是主客观的统一，又是实质与形式的统一。[1]

这种主客观统一说，或称构成要件说，在我国刑法理论中是十分常见的。它在一定程度上似乎与折中说相类同，但又不能等同于折中说。例如在日本刑法理论中，关于着手的折中说又可以分为主观的折中说与客观的折中说：前者认为，应以行为人的整体的计划为基础，对构成要件的保护法益造成直接危险的行为明确地表现出行为人的犯罪意思时，就是实行的着手。后者认为，行为是主客观的统一体，实行的着手也必须从主、客观两个方面认定，因此，在故意犯罪的场合，主观上具有实现犯罪构成要件的意思（构成要件的故意），客观上实施一部分符合构成要件的行为时，就是实行的着手。[2] 我国刑法中的主客观统一说，与上述折中说中的客观的折中说较为接近。然而，折中说中具有一定新意的还是主观的折中说，它强调犯罪计划在着手认定中的重要性。当然，具有犯罪计划的犯罪只是极少一部分，因

---

① 赵秉志：《犯罪未遂形态研究》，2 版，88 页，北京，中国人民大学出版社，2008。

② 参见张明楷：《刑法学》，3 版，285 页，北京，法律出版社，2007。

而折中说并无太大的实际意义。而我国的主客观统一说，还包含一层意义，即主观说与客观说都割裂了主观与客观的关系，而只有将主观与客观相统一才是唯一正确的。这是对主观说与客观说的误解。如果说，主观说还有一定的超越客观说单纯根据行为危险性判断着手的性质，那么客观说，无论是形式的客观说还是实质客观说，都是以行为人具有主观意思为前提的。在相当程度上，我国的主客观统一说就是日本刑法理论上的形式的客观说。例如周光权教授指出：

> 形式客观说是中国刑法学的通说，但此观点不解决实际问题，因为这种形式的客观说没有从实质上回答什么叫实行行为，也没有回答什么是着手和如何认定着手，同时这种学说可能使着手的认定过于提前或推后。[①]

在这种情况下，我国学者张明楷教授、周光权教授均主张实质的客观说，只不过从对隔离犯是以被告人行为之着手为着手还是以被害人行为之着手为着手可以看出，周光权教授主张实质的行为说，张明楷教授主张结果说。

应该说，形式的客观说以是否在形式上开始实施构成件行为为标准认定实行行为的着手，具有标准上的统一性，便于司法机关操作。但形式的客观说所界定的未遂犯的范围较为宽泛，使某些犯罪的着手时间过于提前，又不尽合理。实质的客观说则在形式上符合着手标准的基础上，进一步进行实质的，也是个别的判断，从而严格限制了着手的时间，因而具有合理性。值得注意的是，在根据实质的客观说认定着手的时间时，对危险的判断并非完全不考虑行为人的主观意思，而必须同时考虑主观意思。但在考虑主观意思的时候，应当区分故意与计划。例如我国台湾地区学者陈子平教授指出：

> 有主张，以行为人之故意作为危险性判断对象之行为人意思内容，亦即所考量之该行为人之主观意思，应为故意（平野龙一、福田平、大塚仁、大谷实，日本通说、实务见解）。另有主张，作为危险性判断对象之行为人意思内容，应为行为人之计划，而非故意（西原春夫，德国通说）。例如：甲在路上强行拉乙女上车，欲载至荒郊野外强奸（强制性交）。若

---

① 周光权：《刑法总论》，266 页，北京，中国人民大学出版社，2007。

依前见解，由于判断有无侵害性自主（性自由）之危险性，是同时考量行为人之故意（性侵害之故意），亦不考量行为人之计划，从而当甲强行（施强暴、胁迫）将乙女拉上车时，已然能判定有侵害性自主之现实危险性，即已属于强制性交（强奸）之着手；若依后见解，由于判断有无侵害性自主之危险性，是同时考察行为人之计划（性侵害之计划），并非考量行为人之故意，从而当甲强行（施强暴、胁迫）将乙女拉上车时，尚不能算是对于乙女之性自主已有现实危险性，必须其依计划载往目的地，将乙女拖下车时，始得认为有侵害性自主之现实危险性，始得为强制性交之实行之着手。①

由此可见，实质的客观说在形式判断的基础上进行实质判断，坚守了形式判断先于实质判断的原则。因此，基于实质的未遂论的立场，在实行行为着手的判断上，应当从形式的客观说向实质的客观说转变。

本案的裁判理由否定着手判断的一般标准是不足取的。当然，根据一般标准认定具体犯罪的着手的时候，仍然离不开具体判断。对此，裁判理由结合本案的具体认定还是具有参考价值的：

司法实践中，判断是否着手，还是应根据具体案件的具体情况，结合刑法条文的有关规定，具体分析、认定。具体到抢劫案件而言，由于抢劫罪的成立，必须以行为人已实施了暴力、威胁等法定的犯罪方法为要件，因此，只有行为人已开始了实施上述特定的方法行为，才能视为犯罪着手。本案中，两被告人虽与欲抢劫的对象同在一车，并具有随时实行抢劫犯罪的条件和可能，但自始至终毕竟尚未开始实施暴力、威胁等方法行为。因而，应当说，被告人的行为仍停留在预备阶段，还不是抢劫罪的着手。

从上述裁判理由来看，本案被告人的行为之所以还不能被认定为抢劫罪的着手，主要是因为被告人尚未开始实施抢劫罪的构成要件行为。抢劫罪的构成要件行

---

① 陈子平：《刑法总论》，267～268 页，北京，中国人民大学出版社，2009。

为具有复合行为的性质：方法行为是暴力、胁迫等，结果行为是取得财物。在通常情况下，抢劫犯罪总是方法行为在前、取财行为在后，并且两种行为之间存在因果关系。在本案中，被告人没有实施暴力、胁迫等抢劫罪的方法行为，即应认定为没有着手实行抢劫罪，因而认定为尚未着手实行犯罪。

（三）意志以外的原因

犯罪预备之所以未能着手实行犯罪，是由于行为人意志以外的原因。在这个意义上，犯罪预备可以说是预备阶段的犯罪未遂。

意志以外的原因是我国刑法中的犯罪预备区别于预备阶段的中止的根本标志。在本案中，被告人上诉称其行为是犯罪中止，但从现有材料看，未能见到详细的理由。关键问题在于：被告人是因为抢劫条件不具备而未能实施抢劫行为，还是自动地放弃了抢劫行为？对此，裁判理由作出以下分析：

> 本案中，两被告人并非自动放弃，而是在欲继续租车伺机作案时，出租车司机警觉报案，才使两被告人的抢劫犯罪未能着手实行。因此，两被告人的上诉理由不能成立。

> 综上，在本案中，两被告人出于抢劫他人出租车的犯罪目的，共同策划，准备了刀、绳等作案凶器，选定了抢劫对象，并将出租车诱骗开往他们的预定路线。但这一系列行为毕竟只是为实施抢劫做准备，仍属于准备工具和制造条件范畴，尚未着手实施抢劫犯罪。两被告人未着手实施抢劫犯罪行为，并非他们自动放弃，而是他们本人一直觉得时机不够成熟的缘故。在两被告人继续寻机作案时，出租车司机因及时警觉而报案，从而使两被告人的犯罪行为最终被迫停顿在犯罪的预备阶段。因此，一、二审法院认定两被告人是抢劫罪的预备犯，是正确的。

应该说，一、二审法院对本案犯罪预备的认定，确如裁判理由所说，是正确的。当然，这只是个案的正确。如何保证犯罪预备司法认定的一般性正确，尚应从刑法理论上提出法理根据与标准。

四、犯罪预备的处理

我国刑法第 22 条第 2 款规定了犯罪预备的处罚原则："对于预备犯，可以比照既遂犯从轻、减轻处罚或者免除处罚。"在此，存在从轻、减轻和免除这三个可供选择的幅度。那么，如何进行选择呢？本案的裁判理由提出了对预备犯裁量刑罚时的一般规则，并结合本案作了以下阐述：

> 对预备犯是否定罪，如何量刑，是否从轻，是从轻、减轻还是免除处罚，总的来说，要看其预备行为的社会危害性程度。而衡量犯罪预备行为的社会危害性程度，又无外乎要借助以下因素加以分析，这包括预备实行的犯罪的性质、所准备的工具的类型、制造条件的充分程度，等等。显然，行为人欲实行犯罪的性质越严重，所准备工具的凶险性、杀伤力越大，制造的条件越充分，犯罪对象面临的危险性越大，预备行为的社会危害性程度也就越大，反之亦然。就本案而言，两被告人预谋流窜抢劫出租轿车，预备实行的罪行相当严重；为排除被害人的反抗，准备了刀、绳等十分凶残的作案工具；为反侦查，精心准备了作案手套；为制造条件，准备了地图册，选定豪华出租车作犯罪对象，选择夜晚为犯罪时间，选择偏僻的行车路线为犯罪地点；以 150 元车费为诱饵，骗乘出租车司机作案，离犯罪着手仅一步之遥，其预备行为的社会危害性程度相当之大。由于小型出租车不属公共交通工具，不构成抢劫罪中应判处十年以上有期徒刑、无期徒刑或者死刑的法定情形，因此，法院依法对有犯罪前科的主犯黄斌以抢劫罪预备犯，在三年以上十年以下有期徒刑的幅度内，判处其有期徒刑四年，并处罚金人民币三千元；对另一被告人，决定减轻判处其有期徒刑二年，并处罚金人民币二千元，可以说是较为恰当的。

我国刑法的犯罪预备处罚是比照既遂犯的法定刑而裁量的，没有自身独立的法定刑。在这种情况下，法官如何进行个案裁量就显得十分重要。从日本刑法来看，其第 237 条规定了抢劫预备罪，这是一种独立预备罪，其法定刑是 2 年以下有期徒刑，较我国刑法规定抢劫的预备犯的法定刑稍轻。考虑到犯罪预备毕竟没有着手实行犯罪，尚未造成法益的实际损害，对预备犯的处罚应当尽可能减轻处罚。

第 2 节　误认尸块为毒品予以运输行为之定性研究

案名：张筠筠运输毒品案
主题：不能犯未遂　相对不能　绝对不能

犯罪未遂是犯罪的未完成形态之一种。在犯罪未遂中，我国刑法理论将其分为能犯未遂与不能犯未遂，其中，不能犯未遂涉及不能犯的问题。本节以张筠筠运输毒品案①为例，对不能犯问题进行法理上的探讨。

一、案情及诉讼过程

1997 年 11 月初，被告人胡斌因赌博、购房等原因欠下债务，遂起图财害命之念，先后准备了羊角铁锤、纸箱、编织袋、打包机等作案工具，以合伙做黄鱼生意为名，骗取被害人韩某的信任。

1997 年 11 月 29 日 14 时许，被害人韩某携带装有 19 万元人民币的密码箱，按约来到被告人胡斌的住处。胡斌趁给韩某倒茶水之机在水中放入 5 片安眠药，韩喝后倒在客厅的沙发上昏睡。胡见状即用事先准备好的羊角铁锤对韩的头部猛击数下致韩倒地，又用尖刀乱刺韩的背部，致使韩因严重颅脑损伤合并血气胸而死亡。

次日晨，被告人胡斌用羊角铁锤和菜刀将被害人韩某的尸体肢解为 5

---

① 本案刊载于最高人民法院编：《刑事审判参考》，第 5 辑，北京，法律出版社，1999。

块，套上塑料袋后分别装入两只印有"球形门锁"字样的纸箱中，再用印有"申藤饲料"字样的编织袋套住并用打包机封住。嗣后，胡斌以内装"毒品"为名，唆使被告人张筠筠和张筠峰帮其将两只包裹送往南京。被告人张筠筠、张筠峰按照胡斌的旨意，于 1997 年 11 月 30 日中午从余姚市乘出租车驶抵南京，将两只包裹寄存于南京火车站小件寄存处。后因尸体腐烂，于 1998 年 4 月 8 日案发。

上海铁路运输中级法院认为：被告人胡斌为贪图钱财而谋杀被害人韩某，并肢解尸体，其行为已构成故意杀人罪，且手段残忍、情节严重，依法应予严惩；被告人张筠筠、张筠峰明知是"毒品"仍帮助运往异地，均已构成运输毒品罪，但因二人意志以外的原因而犯罪未得逞，系未遂，应依法从轻处罚。被告人张筠筠、张筠峰均辩称不知包裹内藏有"毒品"的理由与事实不符，不予采纳。遂依照《中华人民共和国刑法》第 232 条，第 347 条第 1 款、第 4 款、第 25 条、第 23 条、第 57 条第 1 款、第 64 条、第 36 条第 1 款和《中华人民共和国刑事诉讼法》（1996 年——引者注）第 108 条的规定，于 1999 年 1 月 19 日判决如下：（1）被告人胡斌犯故意杀人罪，判处死刑，剥夺政治权利终身；（2）被告人张筠筠犯运输毒品罪，判处有期徒刑 2 年，并处罚金人民币 2 000 元，于判决生效后一个月内一次缴清；（3）被告人张筠峰犯运输毒品罪，判处有期徒刑 1 年 6 个月，并处罚金人民币 1 000 元，于判决生效后一个月内一次缴清；（4）查获的作案工具予以追缴；（5）被告人胡斌赔偿附带民事诉讼原告人王某经济损失共计人民币 14.6 万元。

一审宣判后，被告人张筠筠不服，向上海市高级人民法院提出上诉，但在二审时又表示服判，要求撤回上诉；附带民事诉讼原告人王某以原判赔偿金额不足为由，亦提出上诉。

上海市高级人民法院经审理认为：原审被告人胡斌为贪图钱财，谋杀被害人韩某并肢解尸体，已构成故意杀人罪，且手段残忍、社会危害性极大，依法应予严惩；上诉人张筠筠、原审被告人张筠峰明知是"毒品"仍帮助运输，均已构成运输毒品罪，依法应予处罚；原判鉴于张筠筠、张筠

峰运输"毒品"的行为因意志以外的原因而未得逞，系未遂，依法予以从
轻处罚并无不当；上诉人张筠筠提出撤回上诉的请求予以准许；原审对附
带民事部分的判决于法有据；附带民事诉讼原告人王某的上诉理由不能成
立。遂依照《中华人民共和国刑事诉讼法》第 189 条第（1）项、最高人民
法院《关于执行〈中华人民共和国刑事诉讼法〉若干问题的解释》（已失
效——引者注）第 239 条的规定，于 1999 年 8 月 23 日裁定如下：（1）准予
上诉人张筠筠撤回上诉；（2）驳回王某的上诉；（3）维持原审各项判决。同
时依法裁定核准对原审被告人胡斌判处死刑、剥夺政治权利终身的判决。

二、不能犯理论：德、日的比较

在上述判决中，虽然没有提到不能犯这个概念，但该案显然涉及不能犯的问
题。在本案中提出讨论的问题，都与不能犯有关：第一个问题是：误认尸块为毒品
予以运输的，能否认定运输毒品罪（未遂）？第二个问题是：因对象不能犯形成的
犯罪未遂，是否可以从轻处罚？因此，欲对本案的裁判理由进行评判，首先必须对
不能犯问题从法理上加以界定。

不能犯是相对于能犯而言的，是指因认识错误而不能构成犯罪既遂的情形。这
里的不能，是指不具有构成犯罪既遂的客观可能性。在理解不能犯的时候，首先需
要将不能犯与事实的欠缺这两个概念加以厘清。事实的欠缺是德、日刑法理论上的
一个概念，又称为欠缺事实、构成要件的欠缺，是指虽然行为人实施了类似于实现
构成要件的行为，但由于缺少构成要件要素的一部分，而否定构成要件的实现的情
形。事实的欠缺可以分为主体的事实的欠缺、客体的事实的欠缺、行为状态的事实
的欠缺、手段的事实的欠缺等。关于事实的欠缺与不能犯的关系，在刑法理论上存
在以下各种观点：一是等同于不能犯，二是等同于幻觉犯，三是具有独立意义，四
是区别对待。[1] 从上述各种观点来看，等同说是可取的。因为事实的欠缺与不能犯

---

① 参见张德友：《不能犯——刑事上的法外空间》，137 页以下，长春，吉林人民出版社，2002。

的概念在内涵上是相重合的，只不过描述了同一现象的不同侧面：事实的欠缺是从原因角度来说的，之所以不能达到犯罪既遂，是因为构成要件要素事实的欠缺；而不能犯是从结果角度来说的，正因为欠缺构成要件要素的事实，才不可能达到犯罪既遂。因此，我们可以把事实的欠缺与不能犯相等同。当然，这里还要把事实的欠缺，实际上也就是不能犯与事实认识错误加以区分。事实的欠缺通常是因为对事实产生错误认识而引起的，在广义上也可以把事实的欠缺看作是事实认识错误。但狭义上的事实认识错误应当不包括事实的欠缺。① 我国传统刑法教科书是采广义的事实认识错误的观点，因此将事实的欠缺混同于事实认识错误，导致在事实认识错误和未遂犯中重复地讨论不能犯问题。例如在对象的错误中包括具体的犯罪对象不存在，行为人误以为存在而实施犯罪行为的情形，以及在工具的错误中包括行为人误把白糖、碱面等当做砒霜等毒药去杀人，误用空枪、坏枪、臭弹去射杀人，从而未能发生致人死亡的结果的情形。② 目前在我国刑法学界，采狭义的事实认识错误的学者越来越多，在事实认识错误中只讨论同一构成要件的事实认识错误（具体的事实认识错误）与不同构成要件的事实认识错误（抽象的事实认识错误），而对不能犯则在未遂犯中加以讨论。在这种情况下，就有必要对事实认识错误与事实的欠缺，其实也就是不能犯加以区分。关于这种区分，我国学者指出：

> 由于事实的欠缺是以行为人主观上的认识错误为条件的，因而与事实的认识错误极为相似。二者的主要区别在于，事实的认识错误通常表现为某种犯罪事实本来存在而行为人误以为不存在，或者把本来是重的犯罪事实误认为轻的犯罪事实；事实的欠缺则正好相反，符合构成要件的事实本来不存在而行为人误以为存在。③

在以上关于事实的欠缺与不能犯是等同还是不等同的观点中，存在所谓区别对待说。这里的区别对待，是指将犯罪的主体、方法以及行为状况的事实的欠缺与客

---

① 关于广义与狭义上的事实认识错误的区分，参见刘明祥：《刑法中错误论》，79 页，北京，中国检察出版社，1996。

② 参见高铭暄、马克昌主编：《刑法学》，126 页，北京，北京大学出版社、高等教育出版社，2000。

③ 刘明祥：《错误论》，20 页，北京，法律出版社，1996。

体的事实的欠缺加以区别：前者属于不能犯，后者构成未遂犯。① 这种观点主要为日本学者大塚仁教授等所主张，它涉及不能犯与未遂犯的关系，因而有必要对这一问题加以深入研究。

关于不能犯与未遂犯的关系，应当从主观的未遂论与客观的未遂论切入进行考察。我国学者张明楷教授对主观的未遂论与客观的未遂论的基本观点作了以下概括：

> 主观的未遂论的基本观点是：未遂犯的处罚根据在于显示出犯罪人的性格危险性的、与法相敌对的犯罪意思；如果某种行为将这种犯罪意思表现在外部，则未遂犯的意思与既遂犯的意思没有差异；既然如此，未遂犯就应与既遂犯受到同等处罚。

> 客观的未遂论的基本观点是：未遂犯的处罚根据在于发生构成要件结果的客观危险性或者法益侵害的客观危险性；即使认定存在犯罪意思，但如果没有发生结果的客观危险性，则不能作为未遂犯予以处罚。②

在以上两种学说中，主观的未遂论是主观主义刑法理论在未遂犯问题上的体现，注重行为人的主观犯意，由此得出两个结论：一是在未遂犯的构成上以行为人的主观意思为标准，二是在未遂犯的处罚上采用与既遂犯的同等处罚主义。而客观的未遂论则是客观主义刑法理论在未遂犯问题上的体现，注重行为人的法益侵害行为及法益侵害结果，由此也得出两个结论：一是在未遂犯的构成上以法益侵害行为及结果为标准；二是在未遂犯的处罚上采用与既遂犯的区别处罚主义，通常采得减说。

不能犯作为一个与未遂犯密切相关的问题，在很大程度上与上述主观的未遂论和客观的未遂论相关。

在不能犯与未遂犯区分的问题上，最初的客观论与主观论的对立，发生在 19世纪德国学者费尔巴哈与冯·布黎之间。根据德国学者李斯特的叙述，我们可以还

---

① 参见张明楷：《未遂犯论》，310～311 页，北京，法律出版社，1997。
② 张明楷：《未遂犯论》，34、35 页，北京，法律出版社，1997。

原这段历史：

> 在 19 世纪，费尔巴哈（Feuerbach，1808 年教科书第 4 版）冷静地提出了该问题（指不能犯未遂——引者注）；其后，关于不能犯未遂处罚问题的争论又变得热烈起来了。费尔巴哈只想处罚危险的犯罪未遂行为，因此，他要求行为——根据其外在特征——与行为人所追求的结果之间存在因果关系。他的这一要求导致区分手段不能犯（Untauglichkeit des Mittels）和客体不能犯（Untauglichkeit des Objekts），并将之进一步区分为绝对的和相对的手段不能犯，或绝对的和相对的客体不能犯……该观点的主张者认为，应处罚相对不能犯，而不处罚绝对不能犯；该观点的反对者则主张，无论是绝对不能犯还是相对不能犯，均应处罚之……其后，各种观点出现了引人注目的根本性转变。自 1872 年起，冯·布黎在发表了一系列论文之后成为主观理论的新的创始人。主观理论认为，特定的已实行的行为在造成特定的结果方面，要么只能是能犯的未遂，要么只能是不能犯未遂，也就是说，要么有因果关系，要么没有因果关系，而不存在或多或少的因果关系。缺少客观构成要件的未遂的本质特征，存在于行为人的意志的体现上，而行为人这种意志的体现以同样的方式也存在于所谓的不能犯未遂中。①

从费尔巴哈的客观主义到布黎的主观主义，是在未遂犯与不能犯关系问题上的一个转折。根据费尔巴哈的观点，相对不能是未遂犯——不能犯未遂，而绝对不能是不能犯，即在未遂犯以外存在不能犯。但根据布黎的观点，不能犯都是未遂犯，未遂犯之外不存在不能犯，从而使不能犯与未遂犯这两个概念完全相等。布黎的观点在刑法理论上被称为纯粹主观说，当然，即使是纯粹的主观说也认为迷信犯不可罚，在这个意义上还是例外地承认了不能犯。

在主观说中，除纯粹主观说以外，还有主观的危险说。主观的危险说又称为抽象的危险说，它虽属于主观说的范畴，但又不同于完全不考虑危险的纯粹主观说。

---

① ［德］李斯特：《德国刑法教科书》，修订译本，徐久生译，340～341 页，北京，法律出版社，2006。

日本学者大塚仁教授指出：

> 主观的危险说认为，以行为当时行为人认识了的事情为基础，从客观的见地判断有无危险，如果按照行为人的预期进行计划，一般认为会实现犯罪时，就承认有抽象的危险（abstrakte Gefahr），即对法秩序的危险（Gefahr für die Rechtsordnung），成立未遂犯，但是，认为不能实现犯罪时，就是不能犯。例如，以杀人的目的使他人吃了砂糖，认为砂糖是氰化钾时，是杀人罪的未遂，但是，如果认为砂糖具有杀伤力，就是不能犯。[①]

主观的危险说虽然提出了危险这一概念，以此作为区分未遂犯与不能犯的实体标准，但在危险的判断上，又是完全以行为人主观上如何认识为根据，因而仍然属于主观说的范畴。但危险概念的提出，对于未遂犯与不能犯的区分还是具有实质意义的。正是在主观的危险说之后，德国学者李斯特提出了客观的危险说。李斯特对其学说作了以下论述：

> 意思活动的危险性，亦即其导致结果发生的客观特征，对刑法上的未遂概念具有重要意义。由此可认为，不危险的（"绝对不能犯"）未遂犯并非刑法意义上的未遂犯，而是一个幻觉犯（Wahnverbrechen），由此不处罚。[②]

那么，如何判断这里的危险呢？李斯特提出了事后判断的方法。这里的事后判断，其实就是客观判断，即根据行为时的犯罪手段的情况，并借助于行为人对事实的认识加以判断。这与单纯地根据行为人对危险的认识加以判断的主观的危险说是完全不同的。正因为根据客观的危险说，危险的判断是以客观事实为标准的，所以该判断具有个别性，应当遵循具体案件具体分析的判断方法。对此，李斯特作了以下示范性的判断：

> 如果行为人想以砒霜杀人，但使用了过小的剂量，则对评判人而言该

① ［日］大塚仁：《刑法概说（总论）（第三版）》，冯军译，228 页，北京，中国人民大学出版社，2003。
② ［德］李斯特：《德国刑法教科书》，修订译本，徐久生译，342~343 页，北京，法律出版社，2006。

问题具有下列含义：使用此等剂量在行为时就可以辨认之情况下，是否能够证明发生死亡的较大可能性？如果行为人由于疏忽大意使用白糖，则同样的问题也相应地适用于白糖，而且——这是每个客观理论所坚持的——即使当行为人错误地认为，他使用的是砒霜的情况下，亦如此。在第一种情况下，死亡危险是存在的，可认为存在未遂犯；后一种情况则不同，它不存在未遂犯问题。如果行为人用未装子弹的手枪瞄准他人，意图射杀之，或者行为人使用杀伤力不够强的武强，属于一般可辨认的事实，只是使用射击武器本身，不包括偶然未装子弹或该枪支的杀伤力不够大，因为这后两种情况只是在其后的事情经过之后才被发现的。因此，可以认为在这两种情况下，同样存在未遂犯问题。使用超自然的（祈求他人死亡，施魔力杀人等）永远不构成应处罚的未遂犯，根据以上所述就无需再作进一步的记述。①

应该说，李斯特的客观的危险说为区分未遂犯与不能犯提供了一个大致合理的理论框架，此后，又不断得到完善。目前德国刑法学界采用的是寻求主观说与客观说折中的印象说。印象说为德国学者麦兹格所创，该说认为危险说原则上是正确的。在此基础上，基于刑法的一般预防目的的考虑，该说又认为未遂的可罚根据在于行为印象动摇了法益的安全性。因此，麦兹格将危险说与印象说直接联系起来，从而使印象说成为危险说中的一种学说。印象说所重视的是行为者对法的敌视意思（法敌对性），当行为人的行为给外部以开始可罚的行为的印象时，换言之，给予外部侵害法秩序的印象时，就存在危险，就成立未遂。② 尽管印象说是以法益的精神化为基础的，其影响主要限于德国，但这种理论还是在一定程度上深化了危险说，无论是主观的危险说还是客观的危险说，因而具有积极意义。

在日本刑法理论中，居通说地位的是具体的危险说。具体的危险说是在客观的

---

① ［德］李斯特：《德国刑法教科书》，修订译本，徐久生译，344～345 页，北京，法律出版社，2006。

② 参见陈家林：《德国的不能犯理论及对我国的启示》，载陈兴良主编：《刑事法评论》，第 20 卷，461页，北京，北京大学出版社，2007。

危险说的基础上发展起来的，大体上属于客观说的范畴。具体的危险说在判断危险是否存在的时候，引入了一般人的观念常识。例如日本学者指出：

> 不能犯中有无危险性的判断，应以行为人特别认识到的事实以及一般人能够认识到的事实为基础，以行为时为基准，从一般人的立场出发在认为具体发生构成要件结果的现实危险的场合，就是未遂犯；没有的场合，就是不能犯。[①]

上述对具体危险的判断，与对相当因果关系的判断是极为相似的。正如我国学者所说，德、日刑法理论之所以肯定因果关系说与具体危险说之间的关系，其根本原因就在于，始终把因果关系论中的可能性概念作为可罚未遂犯中的危险性概念的核心和基础。[②] 在这种情况下，具体的危险说虽然可以追溯到李斯特，但其判断标准已经不同于客观的危险说，客观的危险说中的危险是指结果发生的物理意义上的可能性，而具体的危险说中的危险则是指结果发生的规范或者价值意义上的可能性。即使客观的危险说与具体的危险说同属于客观说，这也是不可否认的。

应该指出，不能犯理论在德国和日本之间还是存在较大差别的，主要在于：德国刑法学界承认不能犯未遂的概念，将具有危险性的不能犯，不论依何种标准判断，视为未遂犯的一种类型，只有不具有危险性的不能犯才是与未遂犯对应意义上的不能犯。这与《德国刑法典》的规定有关，该法典第 22 条规定了未遂犯，第 23 条第 3 款规定："行为人由于对犯罪对象和手段的认识错误，其行为根本不能实行的，法院可免除其刑罚，或酌情减轻其刑罚。"德国学者评论这一规定时指出：

> 第 23 条第 3 款在系统上的真正效果也就是，恰恰没有如客观论所希望的那样，将不能犯未遂规定为不受处罚。这条规定其实要求得出相反结论，即撇开严重无知这一情况不谈，未遂的可罚性并不取决于它的危险性。确切地说，法律基本上采纳了主观的未遂理论，这不仅是帝国最高法院在这场争论中从一开始就选择的立场，也是理论界经过数十年的抵抗

---

①　[日]大谷实：《刑法讲义总论（新版第 2 版）》，黎宏译，343 页，北京，中国人民大学出版社，2008。

②　参见郑军男：《不能未遂犯研究》，293 页，北京，中国检察出版社，2005。

后，最终在很大程度上同意的观点。①

因此，不能犯未遂是《德国刑法典》明确规定的一种未遂犯的类型。从危险性判断来看，德国刑法似乎倾向于主观的危险说。在这种情况下，德国刑法中的未遂犯（包括不能犯未遂）范围较为广泛，不可罚的不能犯的范围较小。但在日本刑法中，对不能犯未遂未作规定，因此刑法理论将不能犯与未遂犯加以区分，认为行为要构成未遂犯，仅仅在形式上符合构成要件还不够，还必须未实施完毕的行为具有引起构成要件结果发生的现实危险。没有这种危险的行为就是不能犯。换句话说，不能犯是行为人基于实现犯罪的意思实施了行为，但该行为在其性质上不可能引起结果发生。② 根据这一定义，不能犯是以行为不具有发生法益侵害结果的具体性危险为本质的。由于日本刑法学界通说采用的是具体的危险说，因而相对而言，日本刑法中的不能犯的范围比德国刑法中的不可罚的不能犯的范围要更宽泛一些，并且日本刑法理论上不存在不能犯未遂的概念。尽管如此，在德、日司法判例中，不能犯与未遂犯的区别可能并没有我们想象的那么大。

三、不能犯理论：中国的嬗变

我国刑法中的不能犯理论，来自苏俄刑法学，是以不能犯未遂形式出现的，而这一理论又与德国不能犯理论有较大的相关性。苏俄刑法学把不能犯未遂分为工具的不能犯未遂与客体的不能犯未遂。苏俄学者指出：

> 不能犯的未遂，照一般常例，应依其他一切未遂犯之理由论罪。不能犯的未遂是社会危险行为，因为犯罪者自觉的期望达成犯罪的结果，并且使用了对社会主义法律秩序具有实际危险性的那些工具。如果某人以为他人之钱囊中有贵重物品，伸手窃取，虽未达到目的，然此种行为无论对社

---

① ［德］冈特·施特拉腾韦特、洛塔尔·库伦：《刑法总论》，Ⅰ·犯罪论，杨萌译，267 页，北京，法律出版社，2006。

② 参见 ［日］大谷实：《刑法讲义总论（新版第 2 版）》，黎宏译，338～339 页，北京，中国人民大学出版社，2008。

会主义法律秩序，或对公民之个人财产来说，都表现了实际的危险性。只因为某种偶然的情况（该人的贵重物品不在该处，而置于另一囊中），才使犯罪者未能实现其犯罪之意图。只有在犯罪主体各极端无知与迷信，将其犯罪的阴谋置于实际上绝对不能实现的错误的因果关系假定之上的时候，才可以承认在其不能犯的未遂中，未包含犯罪意图实现之实际可能。此种不能犯的未遂不适合于未遂之一般概念，因此，亦不能负刑事责任。①

以上关于不能犯未遂的理论几乎被原封不动地引入我国刑法教科书。在不能犯中，除迷信犯不可罚以外，其他不能犯均可罚。由于直接采用不能犯未遂一词，不能犯这一概念亦无存在余地。在以上论述中，苏俄学者还是强调了不能犯未遂中的实际危险性，这与社会危害性理论是契合的，只是没有提供危险性的具体判断标准与方法，因而不同于德国刑法理论。

我国在相当长一个时期内，都采用苏俄刑法学中的不能犯未遂理论。20 世纪末期，随着日本不能犯理论被引入我国，我国学者开始质疑不能犯未遂的通说，其中以张明楷教授为代表。张明楷教授是以客观的未遂论为根据，对我国不能犯未遂的通说进行反思的。其观点如下：

首先，上述通说没有考虑行为在客观上是否侵犯了法益，导致客观上完全不可能侵犯法益的行为也成立犯罪未遂。

其次，通说没有坚持主客观相统一的原则，导致主观归罪。因为抽象的危险说不是根据行为的客观事实判断该行为有无侵害法益的危险，而是根据行为人的认识内容判断有无危险。只要行为人对实行行为有认识（有故意），不管客观上有无实行行为，都认为有危险，但这实际上属于主观归罪。

再次，与上述两者相联系，通说必然扩大刑法的处罚范围。这主要表现在，客观上完全没有危险性的行为，仅因为行为人的认识错误就作为犯

---

① ［苏］苏联司法部全苏法学研究所主编：《苏联刑法总论》，下册，彭仲文译，436 页，上海，大东书局，1950。

罪来处罚。

最后，通说也存在自相矛盾之处。

通过以上论述，张明楷教授得出以下结论：

> 为了坚持主客观相统一的原则，为了贯彻客观的未遂论，笔者主张，只有当行为人主观上具有罪过，其客观上实施的行为具有侵害法益的危险时，才能认定为犯罪未遂；行为人主观上具有犯意，其客观行为没有侵害合法权益的任何危险时，就应认定为不可罚的不能犯。至于客观行为是否具有侵害法益的危险，则应以行为时存在的所有客观事实为基础，站在行为时的立场，根据客观的因果法则进行判断。[①]

张明楷教授将我国通说归结为抽象的危险说，并站在客观危险说的立场上对此进行了批判。我国学者周光权教授认为我国的通说实际上是纯粹主观说，指出：

> 仅仅以行为人主观上的危险性为判断依据来认定犯罪未遂和犯罪成立，采取了从主观到客观的思考方法，有主观归罪之嫌，是刑法主观主义的集中体现，是应当受到批评的刑法学立场。[②]

周光权教授赞成具体的危险说，以此作为区分不可能与未遂的判断标准。值得特别关注的是赵秉志教授在不能犯未遂问题上的立场转变。在早期著作中，赵秉志教授是采通说的观点的，认为不能犯未遂是指犯罪人因事实认识错误而不可能完成犯罪、不可能达到既遂的犯罪未遂。[③] 在这一关于不能犯未遂的概念中，他把不能犯的原因描述为事实认识错误，这就有把事实的欠缺与事实认识错误混同之嫌；尤其是没有指出行为具有危险而构成犯罪未遂，因而在逻辑上把没有具体危险的不能犯也包括进去，在不能犯未遂的判断上实际上是采纯粹的主观说。在上述著作第 2 版中，赵秉志教授转而赞同具体危险说，指出：

> 笔者以前也曾赞同通说的观点，认为所有因认识错误而致不能达到犯

---

① 张明楷：《刑法的基本立场》，243~247 页，北京，中国法制出版社，2002。
② 周光权：《刑法总论》，272 页，北京，中国人民大学出版社，2007。
③ 参见赵秉志：《犯罪未遂的理论与实践》，173 页，北京，中国人民大学出版社，1987。

罪既遂的行为原则上均应成立不能犯未遂并按照未遂犯予以处罚。现在看来，有必要对此观点予以反思。正如批评通说的学者所指出的，通说观点将由于认识错误而客观上不能达到犯罪既遂的行为一概认为属于可罚的未遂犯，对某些一般人看来并无任何侵害法益的危险性的行为也按照未遂予以处罚，在一定程度上的确存在主观归罪的倾向，容易造成处罚范围的不当扩大。应当明确的是，刑法上处罚未遂犯的根据，不在于未遂犯存在主观恶意，而主要在于未遂犯具有侵害法益的危险性。所谓犯罪的实行行为也必须具有导致法益的危险，究竟应当如何理解？虽然刑法理论上尚存争议，但是像中国刑法理论通说中那样几乎完全以行为人的主观认识作为判断危险性的根据，则明显不够妥当。因此，笔者认为，应当通过对侵害法益之危险性的界定来排除部分由于认识错误而客观上不能达到犯罪既遂之行为的可罚性，而不应像通说那样对此类行为的可罚性予以普遍的承认。①

我认为，赵秉志教授的这种学术态度是值得充分肯定的，因为学术是随着时间向前发展的，学术观点也会随之而更改。这是十分正常的学术现象。

我国刑法关于不能犯的理论存在一个从抽象的危险说或者纯粹的主观说向客观的危险说或者具体的危险说的转变。一时间，客观的危险说与具体的危险说大有取代抽象的危险说之势。当然，也有个别学者明确地站出来为我国现行不能犯理论辩护，指出：

　　　　具体的危险说与客观的危险说不是十全十美的学说，而学者们对抽象的危险说的批评并不正确。恰恰相反，抽象的危险说在理论上存在着诸多的优点。②

这种勇于挑战潮流的学术勇气是值得嘉许的。但我认为，抽象的危险说除了标准统一这一优点，具体的危险说除了标准不统一这一缺点，两相比较，还是具体的危险说更为可取。根据抽象的危险说，在不能犯中，除迷信犯以外，无论是否具有

① 赵秉志：《犯罪未遂形态研究》，2 版，193 页，北京，中国人民大学出版社，2008。
② 陈家林：《为我国现行不能犯理论辩护》，载《法律科学》，2008（4），126 页。

法益侵害结果发生的客观危险性，都一概作为未遂犯处罚。而根据具体的危险说，在不能犯中，只有那些存在具体危险的情形才能作为未遂犯处罚，没有具体危险的情形则是不能犯，不具有可罚性。

这样，就将那些形式上具备未遂犯的特征，但实质上不具有危险性的情形从未遂犯中予以排除，将未遂犯看作是具体的危险犯，从而贯彻客观的未遂论。我以为这是正确的观点。

四、危险的具体判断：以本案为例

在张筠筠运输毒品案中，其将尸块误认为毒品而予以运输，这是一种客体不能犯。那么，这种不能犯是否构成犯罪未遂而应当处罚呢？裁判理由的结论是：误认尸块为毒品予以运输，应以运输毒品罪（未遂）定性。其具体论证如下：

被告人张筠筠、张筠峰意图运输毒品，实际运输尸块的行为，属刑法理论上行为人对事实认识错误的一种，因此不能实现其犯罪目的，属对象不能犯。对于不能犯能否予以治罪，应当区分绝对不能犯与相对不能犯两种情形作出处理。

所谓绝对不能犯，是指行为人出于极端迷信、愚昧无知而采取没有任何客观根据，在任何情况下都不可能产生实际危害结果的手段、方法，企图实现其犯罪意图的情况，如使用烧香念咒、画符烧纸、香灰投毒等方法杀人等。

所谓相对不能犯，是指行为人在对自己行为的性质及实现行为目的的方法、手段的性质没有发生错误认识的前提下，由于疏忽大意等心理状态造成了对实施犯罪的工具或手段的误认，以致选择了实际上不可能实现其犯罪意图的工具或手段的情况，如误把白糖当砒霜用来毒人等。

绝对不能犯与相对不能犯的主要区别在于：前者意欲实施的行为与其实际实施的行为是一致的，但因使用的手段与目的之间的因果关系是建立在反科学、超自然的基础上，故该种手段行为在任何情况下都不可能引起危害结果发生，不具有实质的社会危害性；后者所认识到的手段与目的之间的因果联系是真实的、有科学根据的，只是因为行为人一时疏忽致使意欲实施的行为与其实际实施的行为形似而质异，才未能造成犯罪结果，否则，其所使用的手段或工具就能合乎规律地引起危害结果发生，实现其犯罪目的。因此，刑法理论上一般认为，绝对不能犯不构成犯罪，而相对不能犯则构成犯罪未遂。

本案被告人张筠筠、张筠峰的行为不属于手段或工具不能犯，当然不能归属绝对不能犯。因对象不能犯不影响对行为人犯罪故意的认定，只对其犯罪形态产生影响，故对两名被告人误认尸块为毒品予以运输的行为，应以运输毒品罪（未遂）定罪。

上述裁判理由将本案定性为对象（客体）不能犯，这是完全正确的。同时，在不能犯问题上，裁判理由引入绝对不能犯与相对不能犯的范畴，将迷信犯看作是绝对不能犯，而把其他的不能犯看作是相对不能犯，由此得出结论：绝对不能犯不可罚，相对不能犯具有可罚性。

这里应当指出，绝对不能犯与相对不能犯的范畴是费尔巴哈提出来的，李斯特在介绍费尔巴哈的观点时指出：

如果行为所使用的手段和攻击之客体不可能达到目的，即为绝对不能犯（如使用未上膛的手枪杀人未遂，杀已经死亡的人未遂）；如果所选择的手段或所攻击的客体虽在一般情况下是适当的，但在具体情况下由于情况的特殊性而表明是不适当的，即为相对不能犯（如用击发时已经损坏的手枪谋杀未遂，被害人穿有防弹衣而杀人未遂）。[①]

从以上费尔巴哈关于绝对不能犯与相对不能犯的定义来看，绝对不能是指在一般情况下不能，而相对不能是指在特殊情况下不能。由此可见，本案裁判理由关于绝对不能犯与相对不能犯的理解并不合乎费尔巴哈所界定的含义。我认为，绝对与相对的区分本身就是相对的，以此作为区分可罚与不可罚的标准并不可取。

---

① ［德］李斯特：《德国刑法教科书》，修订译本，徐久生译，340 页，北京，法律出版社，2006。

在这个意义上，危险说具有其可取之处，尤其是具体的危险说，为区分不能犯的可罚与不可罚提供了一个可供掌握的标准。当然，即使都赞同具体的危险说，在个别案例的判断上也会得出不同的结论。以下，以陈新故意杀人案为例加以分析。

陈新故意杀人案

1982 年 4 月 10 日下午，被告人陈新上厕所时把女儿放在外面靠篱笆站着。陈在厕所听到女儿哭声，出来见她扑倒在地，便将其抱起，发现其脸上、嘴上都是鸡屎，于是怀疑是站在女儿身边的杨某（男，4 岁）推倒的，陈便抓住杨某的左肩使劲一推一转，将杨推倒在地，头部碰到石头上，杨倒下去脚蹬了几下。陈将女儿脸擦干后转身一看，杨仍扑在地上，就将杨抱起，发现地上、石头上都是血，并听见杨的喉咙里像打鼾一样响了一声，且脸色苍白，四肢瘫软，不哭不哼。陈害怕承担刑事责任，就将杨抱进自己的猪屋，然后将地上有血的石头、树叶扔进厕所，用铁锹铲净地上的血土。陈第二次进猪屋时，见杨仍躺着未动，即解散一捆稻草盖在其身上。尔后出屋张望，见无人影，又第三次进猪屋。这时，陈好像见覆盖的稻草动了一下，怕杨活了，顺手拾起一块大石头向杨的头部砸去，并用一个石磨压在杨的身上。三天后陈将杨的尸体转移到河边洞里。后尸体被水冲了出来，侦查机关侦破此案。经法医鉴定，杨某头部被砸伤痕系死后伤，在陈用石头砸之前，杨已死亡。

对于上述案件，按照传统关于不能犯未遂的通说，陈新用石头砸已经死亡的杨某的行为构成故意杀人未遂，是不能犯未遂。因为通说采抽象的危险说，其论证方法为：主观上具有杀人故意，客观上具有杀人行为，如果对事实不发生认识错误，那么犯罪结果就会发生。[①] 显然，这种观点并没有对危险加以判断。现在，我国已经有些学者主张客观的危险说与具体的危险说，但关于客观危险或者具体危险如何判断，则仍然存在不同见解。例如张明楷教授以陈新在实施砸石头的行为时，杨某

---

① 参见朱荣华、夏吉先：《我们对误认尸体为活人加以杀害如何定罪的看法》，载《法学》，1983（9），43 页。

是否还具有活着的可能性为标准加以区分：在杨某已经死亡的情况下，上述客观行为就不是剥夺其生命的杀人行为。剥夺生命的杀人行为以存在生命为前提，既然杨某已经死亡、不再具有生命，针对杨某的行为就不可能成为剥夺生命的行为，没有侵害法益的危险性，当然就不能认定为故意杀人罪。如果陈新在实施砸石头的行为时，杨某还具有活着的可能性，或者说有存在生命的可能性，则陈新的行为具有剥夺他人生命的可能性，则可能认定为故意杀人未遂。[①] 这种观点，是以是否存在活着的可能性为基础进行判断的，这种活着的可能性是客观的、事后的判断。按照这一思路，则不能犯范围较宽而未遂犯范围较窄。张明楷教授的这种观点，可以被认为是客观的危险说。但也有学者从具体的危险说的立场分析本案，认为：对于陈新案件不能以杨某活着的可能性这一事实为根据进行判断，而应当以一般人和行为人是否相信杨某可能还活着为标准：在这种行为人实施杀人行为的当时，一般人和行为人本人都相信被害人可能还活着的情况下，行为人出于杀人的故意而实施了足以剥夺他人生命的行为，显然完全符合故意杀人罪的构成要件，故应成立故意杀人罪。只是由于从事后的判断来看，在行为人实施足以剥夺他人生命之行为的当时，被害人已经死亡，即出现了被告人意志以外的、不可能实现故意杀人罪的犯罪结果的原因，所以，陈新的行为构成故意杀人罪的不能犯未遂。[②] 根据这一观点，被害人是否可能活着不是一种事后判断的客观事实，而是在当时一般人和行为人的主观认识。也就是说，不能犯是由于认识错误引起的，例如在陈新故意杀人案中，陈新对杨某是否死亡发生了错误认识：误死为活。但是，在当时这种错误认识是否不可避免？如果错误认识是不可避免的，即一般人和行为人都认为杨某已经死亡，则其行为属于不能犯。如果错误认识是可以避免的，即一般人和行为人都认为杨某可能活着，则其行为属于未遂犯。

在张筠筠运输毒品案中，虽然也是客体不能犯，但它与陈新故意杀人案存在明显区别。根据通说，也就是抽象的危险说，张筠筠的行为构成运输毒品罪的未遂

[①]　参见张明楷：《刑法的基本立场》，248～249 页，北京，中国法制出版社，2002。
[②]　参见黎宏：《从一案例看未遂犯和不能犯的区别》，载《中国刑事法杂志》，2001 (3)，105～106 页。

犯，尽管本案的裁判理由引入绝对不能犯与相对不能犯的范畴，但其结论与通说并无不同。在我国有关司法解释中，对于这种基于毒品认识错误而实施的行为如何定性，曾经作过规定。例如 1994 年 12 月 20 日最高人民法院《关于执行〈全国人民代表大会常务委员会关于禁毒的决定〉的若干问题的解释》（已失效）第 17 条第 1 款规定：

　　明知是假毒品而冒充毒品贩卖的，以诈骗罪定罪处罚。不知道是假毒
品而当作毒品走私、贩卖、运输、窝藏的，应当以走私、贩卖、运输、窝
藏毒品犯罪（未遂）定罪处罚。

在上述司法解释中，同样是贩运假毒品的行为，根据行为人是否明知是毒品而分别以诈骗罪与贩卖毒品罪的未遂论处。据此可以看出该司法解释所表现出来的较为明显的主观主义色彩。对此，张明楷教授指称具有主观归罪之嫌。[①] 如果按照这一司法解释的逻辑推论，则误将尸块认为毒品的行为也应以运输毒品的未遂犯论处。由此引出的问题是：运输"非毒品"是否具有客观上的具体危险？运输毒品行为的危害性在于为贩卖毒品提供条件，而"非毒品"的运输不可能为贩卖毒品提供条件。就此而言，运输"非毒品"的行为是没有具体危险的。从这个意义上来说，我赞同对不能犯与未遂犯据以区分的危险从客观上加以判断。这一思想不仅对于认定不能犯是具有现实意义的，而且对于认定未遂犯是十分重要的。对于未遂犯，不仅要摒弃主观的未遂论、走向客观的未遂论，而且应当否定形式的未遂论、提倡实质的未遂论。

五、实质的未遂论之提倡

我国刑法中的未遂犯承担刑事责任的根据到底是什么？我国通说的观点是主客观相统一的刑事责任理论。[②] 对于这种通说，我国学者也提出了质疑的观点。[③] 实

---

① 参见张明楷：《刑法的基本立场》，251 页，北京，中国法制出版社，2002。
② 参见赵秉志：《犯罪未遂形态研究》，2 版，56 页，北京，中国人民大学出版社，2007。
③ 参见张永红：《未遂犯研究》，55 页，北京，法律出版社，2008。

际上，这种主客观统一说虽然是以社会危害性理论为基础的，但在未遂犯的认定上最终走向形式的未遂论。所谓形式的未遂论，就是把未遂犯视为抽象的危险犯，只要具备构成要件之着手的行为，即使没有发生既遂结果，也认为具有可罚性。这种形式的未遂论导致将不能犯全部当作未遂犯处罚，除迷信犯以外。而实质的未遂论，则是指在具备未遂犯的形式特征的基础上，再对未遂行为作实质判断，将未遂犯从抽象的危险犯转为具体的危险犯，只有具备这种具体危险的，才构成未遂犯，否则就是不能犯。

关于未遂犯是否属于具体的危险犯，在日本刑法学界是存在争议的，例如日本学者大谷实认为，在杀人罪、盗窃罪等实害犯中，其危险犯当然是具体危险犯。但是，未遂犯在对有人居住的建筑物放火罪等抽象危险犯中也被广泛规定，在这些场合，未遂犯是不能被解释为具体危险犯的。[①] 根据这一观点，实害犯的未遂当然是具体危险犯，但抽象危险犯的未遂就不是具体危险犯。在广泛存在抽象危险犯的日本，这一观点当然是能够成立的。但在我国刑法中，这种抽象危险犯的规定本身就少，作为未遂犯处罚的更少。在这种情况下，将未遂犯作为具体危险犯还是具有合理性的。

基于未遂犯是具体危险犯这一命题，在认定未遂犯的时候，不仅要满足未遂犯成立的形式特征，而且要对未遂犯所具有的法益侵害的具体危险进行判断。这种判断，是一种实质判断。在这个意义上的未遂犯，可以称为实质的未遂犯。就未遂犯的形式判断与实质判断而言，不是在完成形式判断以后作一次性的实质判断，而是将实质判断贯穿于对未遂犯的三个特征的认定过程中，例如在对未遂犯的三个特征的认定过程中，对着手的认定、对未得逞的认定以及对意志以外原因的认定，都应当采取实质判断的方法。只有这样，才能限缩未遂犯的处罚范围，实现刑法的谦抑机能。

---

① 参见［日］大谷实：《刑法讲义总论（新版第 2 版）》，黎宏译，331 页，北京，中国人民大学出版社，2008。

第 3 节　轮奸中个别犯罪人未完成强奸行为之定性研究

案名：姜涛强奸案　施嘉卫强奸案
主题：犯罪中止与犯罪未遂的区别

轮奸是强奸罪的一种加重事由。刑法第 236 条第 3 款第 4 项规定：二人以上轮奸的，处 10 年以上有期徒刑、无期徒刑或者死刑。在司法实践中，二人以上轮奸过程中，往往出现其中一人奸淫未成或者放弃奸淫的情形。在这种情况下，对于未成者或者放弃者是否应以未遂或者中止论处，是在司法实践中和刑法理论上都存在争议的问题。本节通过姜涛强奸案和施嘉卫强奸案的对比，对轮奸中个别犯罪人未完成强奸行为的定性问题进行法理上的探讨。

一、姜涛强奸案[①]：未成者成立未遂

1990 年 3 月的一天下午，被告人姜涛与杨某（已判刑）一起，窜至辽河油田沈阳采油二大队女工龚××的宿舍，以要龚陪他们出去吃饭为名，强行将龚拉出房外。龚××说要去上班，杨某即用双手掐住龚的脖子，威胁说"不走就掐死你"。姜涛劝杨某不要掐她的脖子。随后，杨、姜二人把龚××挟持到张某忠（已判刑）家。当杨、张、姜三人预谋强奸时，张某海赶到。杨某、张某忠相继将龚××强奸，接着姜涛不顾龚哭泣，趴到她身上欲行强奸，因饮酒过多而未能得逞。张某海又过去将龚强奸。轮奸后，张某海、姜涛先后离去，杨未让龚走。当晚张某忠再次将龚强奸，次

---

① 本案刊载于最高人民法院中国应用法学研究所编：《人民法院案例选（刑事卷）》（1992—1996 年合订本），360～364 页，北京，人民法院出版社，1997。

日早晨才将龚放走。龚××回到宿舍后，姜涛主动找龚××要同她谈恋爱，并劝她不要去告发。姜、龚二人谈恋爱一个多月后，龚发现姜已有对象，便与姜断绝往来。案发后，姜涛的认罪态度较好。

辽宁省人民检察院辽河油田分院以被告人姜涛犯强奸罪向辽宁省辽河油田中级人民法院提起公诉。被告人姜涛辩解说，他是被诱骗参与犯罪，因怜悯被害人而强奸未成，且认罪态度好，要求从轻处罚。其辩护人辩解说，姜涛的行为属于犯罪中止，依法可减轻处罚。

辽宁省辽河油田中级人民法院经过不公开开庭审理后认为：被告人姜涛参与挟持和轮奸妇女，其行为已构成强奸罪，应予惩处。姜涛不顾被害妇女哭泣，趴在她的身上实施强奸，其犯罪行为已经着手，只因饮酒过多这一主观意志以外的原因而未能得逞。其行为既非被诱骗犯罪，又非犯罪中止，显系犯罪未遂，姜涛及其辩护人的辩护意见不能采纳。鉴于姜涛系本案从犯，又系犯罪未遂，案发后认罪态度较好，可予从轻处罚。据此，该院依照《中华人民共和国刑法》（1979 年，下同——引者注）第 139 条第 1 款和第 4 款、第 20 条、第 22 条第 1 款、第 24 条的规定，于 1993 年3 月 25 日判决如下：被告人姜涛犯强奸罪，判处有期徒刑 4 年。

宣判后，被告人姜涛不服，以原判决量刑重为理由提出上诉。姜涛的辩护人以姜的行为是犯罪中止，在犯罪过程中曾经劝说杨某不要掐被害人的脖子，事后与被害人谈过恋爱等理由，提出辩护。

辽宁省高级人民法院经过二审审理认为：原审判决认定被告人姜涛的犯罪事实清楚，证据确实、充分，定罪准确，审判程序合法。辩护人所提姜涛的行为属于犯罪中止，经查被害人的证词和姜涛本人的供词均证实，姜涛已经着手实施强奸，只因饮酒过多而强奸未遂，并非自动中止犯罪，其辩护理由不能成立。至于辩护人所提姜涛在犯罪过程中有劝阻行为，事后与被害人谈过恋爱的情节属实，可以采纳。根据姜涛在本案中的具体犯罪情节，对姜涛可以在原审判决的基础上再予从轻处罚。该院依照《中华人民共和国刑事诉讼法》（1979 年——引者注）第 136 条第（2）项的规定，于 1993 年 5 月 6 日判决如下：上诉人姜涛犯强奸罪，判处有期徒刑 3 年，缓刑 4 年。

在本案审理过程中，对于被告人姜涛的行为构成强奸罪没有异议，但对于其犯罪行为是既遂还是未遂有不同意见。

第一种意见认为：被告人姜涛与他人一起轮奸妇女，属于共同实行犯。共同实行犯是共同实施犯罪的人，他们在共同犯罪中既有共同犯罪的故意，又有共同犯罪的行为，彼此联系，互相配合，形成一个整体。其中任何一个人的犯罪行为所造成的结果，都是他们共同希望发生的。只要共同实行犯中有一人犯罪既遂，全体实行犯的犯罪目的就都已实现。因此他们都应当负犯罪既遂的刑事责任。不能因为其中有的实行犯的行为未能得逞、有的实行犯的行为已经得逞，就分别认定为未遂和既遂。在本案中，虽然姜涛的强奸行为未能得逞，但其他同案犯的强奸行为已经既遂，姜涛也应承担强奸既遂的罪责。

第二种意见则认为：共同实行犯的犯罪既遂与未遂问题，是一个比较复杂的理论问题，不可一概而论。对绝大多数犯罪来说，共同实行犯中虽然有人的行为未能得逞，但如果其他实行犯的行为得逞，对全体共同实行犯均应以犯罪既遂论处，不能对行为未能得逞的实行犯论以未遂。例如，甲、乙二人预谋共同杀丙，甲开枪未能击中丙，乙举刀将丙杀死，甲、乙二人均应负故意杀人既遂的罪责，不能认为甲是杀人未遂、乙是杀人既遂。但是，对有些犯罪来说，情况并非如此。例如，在强奸、脱逃、偷越国（边）境的共同犯罪中，由于其犯罪构成的特点不同，每个人的行为有其不可替代的性质，各个实行犯的既遂或未遂就表现出各自的独立性。一个共同实行犯的未遂或既遂并不标志着其他共同实行犯的未遂或既遂，每个共同实行犯只有在完成了犯罪构成要件的行为以后才能构成犯罪既遂。在这种情况下，就出现了共同实行犯中有的既遂而有的未遂这种既遂与未遂并存的现象。就强奸罪而言，其犯罪目的是强行与妇女发生性行为，这种犯罪目的决定了每个共同实行犯的行为具有不可替代的性质，只有本人的强奸行为达到既遂才算既遂，如果已经着手实施强奸，因本人意志以外的原因而未得逞，即使其他共同实行犯的强奸行为已经得逞，对强奸未得逞的实行犯来说，仍是犯罪未遂。本案被告人姜涛与他人一起轮奸妇女，在着手实施强奸后因饮酒过多而未能得逞，虽然其他共同实行犯已经强奸既遂，对他也只能以强奸未遂论处。

本案一、二审法院根据上述第二种意见，认定被告人姜涛的行为为强奸未遂，是正确的。

在姜涛强奸案中，律师辩护是犯罪中止，法官认定为犯罪未遂，显然存在中止与未遂之争。但在本案审理过程中，法院内部的争论并不在于是犯罪中止还是犯罪未遂，而恰恰在于是犯罪未遂还是犯罪既遂。轮奸到底是否存在未遂，是司法机关经常产生的疑难问题之一。我到各地司法机关讲课，都会被问及这个问题。令我记忆深刻的是某基层法院法官给我寄来一个类似案例，因为该院与上级法院对此看法不一，基层法院认定为未遂，上级法院认定为既遂，让我从刑法理论上给个说法。就此，我还专门写了一份专家意见寄给他们以供参考。可见，在刑法理论上讨论这个问题实在是必要的。

本案的案情十分简单，姜涛在杨、张二人对龚某行奸后，不顾龚哭泣，趴到她身上欲行强奸，因饮酒过多而未得逞。根据这一犯罪事实的认定，姜涛之行奸未成"非不为，不能也"，当然不构成犯罪中止。至于是否构成未遂，关键在于在强奸中是否采用一人既遂即为全体既遂的原则。

一人既遂即为全体既遂本是刑法理论上的通说，它主要适用于共同正犯。一人既遂即为全体既遂原则的理论根据是共同正犯中实行的部分行为之全体责任的共犯观念。共同犯罪并非单独犯罪的简单相加，因此，在共同正犯的情况下，各共同犯罪人无须实施全部正犯行为，只要实施其中一部分即可。这就是共同正犯中实行行为的分担。对此，韩忠谟教授指出：

　　共同正犯既以共同实施为其客观要件，则其实施仅以数人共同即为已足，无论其为犯罪事实之实行，或为犯罪事实一部之分担，皆为实施之共同。[①]

尽管在共同正犯中，共同犯罪人只实施了共同犯罪行为的一部分，但都要对全

---

① 韩忠谟：《刑法原理》，197 页，北京，中国政法大学出版社，2002。

部行为承担责任。这是共犯责任原则之不同于单独犯之所在；在单独犯罪的情况下，犯罪人应对自己的行为承担刑事责任，对他人行为是不承担责任的。这是罪责自负原则的体现。因此，在所谓同时犯的场合，各人应对自己的行为负责。这里所谓同时犯，是指两个以上的行为者没有共同实行犯罪的意思联络，同时或在近乎同时的前后对同一目标实行同一犯罪的情况。例如，甲、乙二人都拟杀害丙，两人没有意思联络，一日各自埋伏在丙经过的路旁，甲开枪向丙射击未中，接着乙开枪将丙击毙。甲、乙二人的行为就是同时犯。在刑法理论上一般认为，同时犯是同时实行犯罪的两个以上的单独犯，因而行为人应各自对自己的行为承担刑事责任。共同正犯则与之不同，在共同正犯的情况下，各共同犯罪人之间主观上存在意思联络。意思联络是指共同犯罪人以明示或者暗示的方法表明愿意共同实施某种犯罪。正是通过意思联络，各共同犯罪人的犯罪故意结成一体，转化为共同犯罪故意。在共同犯罪故意的范围之内，各共同犯罪人不仅对自己的行为负责，而且对他人的行为负责。只有对于超出共同犯罪故意情况下的实行过限行为，其他共同犯罪人才不负刑事责任。在这种情况下，一人既遂即为全体既遂的原则是能够成立的。姜涛强奸案中的第一种意见，就以"只要共同实行犯中有一人犯罪既遂，全体实行犯的犯罪目的就都已实现，因此他们都应当负犯罪既遂的刑事责任。不能因为其中有的实行犯的行为未能得逞、有的实行犯的行为已经得逞，就分别认定为未遂和既遂"为由，否认姜涛的行为构成犯罪未遂。

那么，在轮奸犯罪中是否也贯彻一人既遂即为全体既遂原则呢？姜涛案中的第二种意见是否认的。这种意见提出，某些共同正犯中每个人的行为具有不可替代的性质，各个实行犯的既遂或未遂就表现出各自的独立性。在这种意见中，涉及一个重要概念：实行行为的不可替代性。这一概念是赵秉志教授在其关于犯罪未遂的硕士论文中首次提出的，记得当时秉志教授在硕士论文写作过程中专门与我探讨过这个问题，对于这个概念我是深表赞同的。赵秉志教授认为，对于共同正犯是否可以有既遂、未遂并存，应当分为两类犯罪分析：

在第一类犯罪里，整个犯罪既遂所要求的就是一种犯罪结果或危险状态的出现，无论是数人的实行行为，还是其中一个人的实行行为，都可以直接造成这种犯罪结果或危险状态。因此，只要属于整个犯罪的行为有机整体中任何一个实行犯的行为直接造成了这种犯罪结果或危险状态，整个犯罪便告完成和达到既遂，全体共同实行犯都须负犯罪既遂之责。而在第二类犯罪里，整个犯罪既遂所要求的是每个共同实行犯均完成其实行行为，各个实行犯又都只能完成自己的犯罪行为而不能代替他人完成犯罪，犯罪过程中所可能发生的意志以外的原因，又往往阻止某些实行犯使其不能完成犯罪，这样就会出现有人既遂有人未遂，既遂、未遂并存一案的情况。①

上述引文中提到的"各个实行犯又都只能完成自己的犯罪行为而不能代替他人完成犯罪"，就是犯罪实行行为具有不可替代性的最初表述。此后，在我执笔的《中国刑法适用》一书的第十二章"共同犯罪"中，当论及共同实行犯的未遂时我指出：

强奸、脱逃等犯罪以实施一定的犯罪行为为其犯罪构成的充足要件。在这种情况下，犯罪行为是否完成便成为认定犯罪是否得逞的标准。在这类犯罪中，每个人的行为都具有不可替代的性质，因此，共同实行犯中各共犯的未遂或既遂表现出各自的独立性。例如，甲、乙、丙三人对某女实行轮奸。甲、乙先后对该女实施了强奸行为，轮到丙时，该女见有行人路过，大声呼救，惊动路人，当场将三人抓获，丙强奸没有得逞。在这种情况下，甲、乙是强奸既遂，而丙则只能是强奸未遂。②

此后，我在博士论文《共同犯罪论》中也对这一问题作了专门研究。③ 应该说，我们这些观点在司法实践中发生了一定的影响，姜涛强奸案的一、二审法院都采纳了这一观点。

当然，我们是在根据实行行为是否具有可替代性将共同正犯区分为结果犯与行

---

① 赵秉志：《犯罪未遂形态研究》，2 版，232～233 页，北京，中国人民大学出版社，2008。
② 王作富主编：《中国刑法适用》，191～192 页，北京，中国人民公安大学出版社，1987。
③ 参见陈兴良：《共同犯罪论》，2 版，360～362 页，北京，中国人民大学出版社，2006。

为犯的基础上讨论共同正犯中既遂与未遂是否可以并存的问题的。值得注意的是，我国学者提出亲手犯不宜按一人既遂即为全体既遂原则处理，指出：

> 亲手犯只有具有一定身份或特殊情况的人亲身实行犯罪行为，才能完成犯罪。对亲手犯的共同实行犯来说，如果有人未完成犯罪，有人完成了犯罪，就应分别情况，对完成犯罪者论以犯罪既遂，对未完成犯罪者论以犯罪未遂，这才与亲手犯的原理相符合。例如，在押犯甲、乙共谋将牢房墙壁挖穿脱逃，共同在山墙上挖了个洞，甲穿洞逃走后，乙正着手穿洞逃跑时因被发觉而未得逞。甲构成脱逃罪既遂，乙构成脱逃罪未遂。①

这里提及的亲手犯，又称为自手犯，是大陆法系刑法理论中的一个概念，我国刑法理论鲜有论及。日本学者指出：

> 所谓自手犯，是指必须由正犯亲手实行的犯罪。行为本身的违法性内容具有法益侵害的危险性的场合，作为例外行为与法益侵害的危险性密切相连的时候，或者与行为本身的违法性的内容不相连接的义务违反性和特别的主观的违法要素也包括在内的场合，也承认为自手犯。由于自手犯要求必须是正犯亲手实行，因此利用他人的行为实行犯罪的间接正犯，以及利用他人行为实行自己的犯罪的教唆均不能成立。②

日本学者是在犯罪的类型中讨论亲手犯的，而且更多的是在间接正犯中论及亲手犯。我认为，间接正犯的存在是有一定限制的。在刑法理论上，为了将间接正犯限制在一定范围内，把不能构成间接正犯的各种犯罪涵括在一定的概念之内加以理解，亲手犯就是适应这一需要而出现的一个概念。因此，亲手犯是以限制间接正犯为己任的。我直截了当地将亲手犯定义为以间接正犯的形式不可能犯的犯罪，换言之，是为了它的实现，以由行为人亲自实行为必要，利用他人不可能实现的犯罪。③现在看来，我对亲手犯的理解过于狭窄，对亲手犯的功能认识不足。如果将亲手犯

---

①　马克昌主编：《犯罪通论（根据 1997 年刑法修订）》，3 版，594 页，武汉，武汉大学出版社，1999。
②　〔日〕野村稔：《刑法总论》，全理其、何力译，115 页，北京，法律出版社，2001。
③　参见陈兴良：《共同犯罪论》，2 版，459 页，北京，中国人民大学出版社，2006。

理解为实行行为不可替代的犯罪，那么就可以提出亲手犯的共同正犯与非亲手犯的共同正犯这样一对范畴。在非亲手犯的共同正犯中，行为不必亲自实行，可由他人替代，因而通行一人既遂即为全体既遂原则。在亲手犯的共同正犯中，行为须亲自实行，他人不可替代，因而是一人既遂即为全体既遂原则的例外，既遂与未遂可以并存。轮奸，作为一种必要的共同正犯，且属于亲手犯的共同正犯，既遂与未遂可以并存。因此，从姜涛强奸案可以引申出以下规则：

在非亲手犯的共同正犯中，通行一人既遂即为全体既遂原则。

在亲手犯的共同正犯中，存在一人既遂即为全体既遂原则的例外。

二、施嘉卫强奸案[①]：放弃者不成立中止

2000 年 5 月 16 日下午，冯某纠集张烨、施嘉卫及"新新"等人强行将被害人曹某（女，21 岁）带至某宾馆，进入以施嘉卫名义租用的客房。冯某、张烨、施嘉卫等人使用暴力、威胁等手段，强迫曹某脱光衣服站在床铺上，并令其当众小便和洗澡。嗣后，被告人张烨对曹某实施了奸淫行为，在发现曹某有月经后停止奸淫；被告人施嘉卫见曹某有月经在身，未实施奸淫，而强迫曹某采用其他方式使其发泄性欲。之后，冯某接到一电话即带被告人施嘉卫及"新新"外出，由张烨继续看管曹某。约一小时后，冯某及施嘉卫返回客房，张烨和施嘉卫等人又对曹某进行猥亵，直至发泄完性欲。2000 年 5 月 24 日，施嘉卫在父母的规劝下到公安机关投案。

上海市长宁区人民法院认为：被告人张烨、施嘉卫伙同他人，违背妇女意志，以暴力、胁迫的手段，强行与被害人发生性关系，其行为均已构成强奸罪；被告人张烨、施嘉卫又伙同他人，以暴力、威胁等方法强制猥亵妇女，其行为均已构成强制猥亵妇女罪，依法应予两罪并罚。被告人张烨在强奸共同犯罪中起主要作用，系主犯。被告人施嘉卫在被告人张烨实

---

① 本案刊载于最高人民法院编：《刑事审判参考》，第 20 辑，北京，法律出版社，2001。

施强奸的过程中，先用语言威逼，后站在一旁，对被害人有精神上的强制作用，系强奸共同犯罪中的从犯；其本人主观上具有奸淫的故意，后自动放弃奸淫意图而未实施奸淫行为，是强奸犯罪中止；其经父母规劝后向公安机关投案，如实供述自己的罪行，应当认定为自首。遂依照《中华人民共和国刑法》第 236 条第 1 款、第 237 条第 2 款、第 24 条、第 27 条、第 67 条第 1 款、第 69 条和最高人民法院《关于处理自首和立功具体应用法律若干问题的解释》第 1 条的规定，于 2000 年 12 月 21 日判决如下：(1) 被告人张烨犯强奸罪，判处有期徒刑 9 年，剥夺政治权利 2 年；犯强制猥亵妇女罪，判处有期徒刑 6 年 6 个月；决定执行有期徒刑 15 年，剥夺政治权利 2 年；(2) 被告人施嘉卫犯强奸罪，判处有期徒刑 1 年 6 个月；犯强制猥亵妇女罪，判处有期徒刑 6 年；决定执行有期徒刑 7 年。

一审宣判后，被告人张烨和施嘉卫均不服，向上海市第一中级人民法院提出上诉。张烨上诉提出，在强奸过程中，必然会有猥亵行为，故其行为不构成强制猥亵妇女罪。施嘉卫则提出，猥亵行为已包含在强奸犯罪的过程中，因而，一审认定其犯强制猥亵妇女罪不当。检察机关亦提起抗诉，理由是：被告人张烨和施嘉卫主观上都具有奸淫被害人的故意。在共同强奸犯罪过程中，被告人张烨对被害人实施了奸淫，被告人施嘉卫实施了暴力、威胁等帮助张烨奸淫的行为。被告人施嘉卫虽未实施奸淫行为，但并没有自动放弃奸淫意图。原判认定被告人施嘉卫属强奸犯罪中止，违背了法律有关犯罪中止的规定，适用法律不当，影响了对被告人的量刑。

上海市第一中级人民法院经审理查明：2000 年 5 月 16 日下午，上诉人张烨、施嘉卫伙同冯某等人，将被害人曹某强行带至某宾馆客房，其中张烨对曹某实施了奸淫和猥亵行为，施嘉卫帮助张烨实施强奸并且实施了猥亵曹某的行为。

上海市第一中级人民法院认为：上诉人张烨和施嘉卫伙同他人，违背妇女意志，以暴力、胁迫等手段强行与被害人发生性关系并强制猥亵被害人，其行为均分别构成强奸罪和强制猥亵妇女罪，依法均应予两罪并罚。

上诉人张烨在强奸共同犯罪过程中起主要作用，系主犯；上诉人施嘉卫在强奸共同犯罪中起次要作用，系从犯；上诉人施嘉卫有自首情节，依法可以从轻处罚。施嘉卫的行为不能认定为犯罪中止，其行为具有严重的社会危害性，原判对施嘉卫适用减轻处罚不当，依法应予以改判。检察机关抗诉意见正确，上诉人张烨和施嘉卫的上诉理由均不能成立。遂依照《中华人民共和国刑事诉讼法》（1996 年——引者注）第 189 条第 2 项、《中华人民共和国刑法》第 236 条第 1 款、第 237 条第 2 款、第 56 条、第 55 条第 1 款、第 25 条第 1 款、第 26 条第 1 款及第 4 款、第 27 条、第 67 条第 1 款、第 69 条和最高人民法院《关于处理自首和立功具体应用法律若干问题的解释》第 1 条的规定，于 2001 年 3 月 26 日判决如下：（1）驳回上诉人（原审被告人）张烨、施嘉卫之上诉。（2）维持上海市长宁区人民法院（2000）长刑初字第 559 号刑事判决的第 1 项，即被告人张烨犯强奸罪判处有期徒刑 9 年，剥夺政治权利 2 年；犯强制猥亵妇女罪判处有期徒刑 6 年 6 个月；决定执行有期徒刑 15 年，剥夺政治权利 2 年。（3）撤销上海市长宁区人民法院（2000）长刑初字第 559 号刑事判决第 2 项，即被告人施嘉卫犯强奸罪判处有期徒刑 1 年 6 个月；犯强制猥亵妇女罪判处有期徒刑 6 年；决定执行有期徒刑 7 年。（4）上诉人（原审被告人）施嘉卫犯强奸罪，判处有期徒刑 4 年；犯强制猥亵妇女罪，判处有期徒刑 6 年；决定执行有期徒刑 9 年。

施嘉卫强奸案刊登在最高人民法院编《刑事审判参考》中，并且发生在 1997 年刑法生效以后，故相对于姜涛强奸案，施嘉卫强奸案更具有权威性。在《刑事审判参考》中，最高人民法院有关业务庭室在研究了施嘉卫强奸案以后，对该案作了以下论述：

　　本案涉及两个法律问题：一是二上诉人的行为是触犯一个罪名，还是触犯两个罪名。二是上诉人施嘉卫的行为是否成立强奸罪的犯罪中止。本文主要讨论第二个问题：公诉机关主张，两名被告人主观上均具有奸淫目的，客观上张烨实行并完成了强奸行为，施嘉卫在强奸共同犯罪中起到了帮助作用，在其帮助行为实施以后施嘉卫仍未放弃奸淫的犯罪故意，故不属强奸犯罪中止。一审判决对犯罪中止的认定有误，建议二审法院予以纠正。

裁判理由认为，本案中，施嘉卫的行为不构成共同强奸犯罪中止：

刑法第二十四条规定，"在犯罪过程中，自动放弃犯罪或者自动有效地防止犯罪结果发生的，是犯罪中止"。据此，犯罪中止的构成要件是：一是中止的及时性，即犯罪中止必须发生在犯罪过程中。如果预定的犯罪已经完成，则不存在犯罪中止的问题。如犯罪既遂后自动返还原物、赔偿损害等行为，就不是犯罪中止，而只能作为对行为人从宽的一个量刑情节考虑。二是中止的自动性，即行为人在犯罪过程中放弃犯罪或有效防止犯罪结果的发生，必须是出于本人主观上的自由、自愿。如果是因为行为人意志以外的原因被迫放弃犯罪或因为行为人意志以外的原因阻却犯罪结果的发生，则是犯罪未遂。三是中止的彻底性，即行为人主观上必须是彻底放弃原来的某种犯罪意图。如果行为人仅是基于某种外在原因客观上暂时放弃实施具体的犯罪行为，而主观上仍保留该犯罪意图，只是等待时机适当时再实行犯罪，那么，其实质是行为人实行犯罪的时机选择问题，不是犯罪中止。换句话说，成立犯罪中止，不仅要求行为人客观上放弃了犯罪行为，而且还要求行为人主观上必须自动、彻底地放弃该犯罪意图。四是中止的有效性，即在犯罪行为实行终了而犯罪结果尚未发生的情况下，要成立犯罪中止。仅消极地停止犯罪行为还不够，行为人还必须采取积极措施有效地防止犯罪结果的发生。倘未能有效地防止犯罪结果发生，则行为人仍不能成立犯罪中止。总之，犯罪中止必须是主客观的统一，主观上行为人必须自动彻底地放弃了犯罪意图，客观上行为人必须放弃了犯罪行为或有效地防止了结果的发生。司法实践中，根据上述规则认定个人单独犯罪的中止问题，一般而言是较容易的。但是共同犯罪不同于单独犯罪，共同犯罪的中止较单独犯罪的中止又复杂些。由于共同犯罪的各个行为之间相互联结，相互补充、利用，形成有机整体，与犯罪结果之间存在着整体上的因果关系，因此，各犯罪人不仅要对本人行为负责，还要对其他共同犯罪人的行为负责。故一般情况下，共同犯罪的中止要求在放弃本人的犯罪行为时，还必须有效地制止其他共同犯罪人的犯罪行为，防止犯罪结果的发生。易言之，在共同犯罪的场合，犯罪一经着手，单个的共同犯罪人，仅是消极地自动放弃个人的实行行为，但没有积极阻止其他共同犯罪人的犯罪行为，并有效地防止共同犯罪结果的发生，对共同犯罪结果并不断绝因果关系，就不能构成中止犯，也不能免除其对共同犯罪结果的责任。就本案而言，从客观方面看：被告人施嘉卫先前与其他被告人实施了强迫被害人脱衣服等行为，这表明其参与了张烨共同强奸被害人的犯罪活动。在张烨完成强奸行为后，施嘉卫见曹某身体不适才放弃了继续对曹某实施奸淫的行为。这时，张烨实行强奸、施嘉卫帮助强奸的共同犯罪行为已然完成，共同犯罪结果已经产生，因而也就不存在共同犯罪的中止。从主观方面看：被告人施嘉卫具有明确的强奸故意，且正是在这一主观故意的支配下，帮助张烨实施并完成了强奸行为。施嘉卫虽放弃了实施奸淫行为，但并没有放弃犯罪的意图，而是基于被害人曹某身体的特殊情况，将奸淫的意图转变为猥亵的意图。因此，无论是客观还是主观方面，均不符合犯罪中止的要求。虽然在共同强奸犯罪过程中，施嘉卫所起的作用较小，可以认定为从犯，但不能因此而否定其构成强奸罪。这也就是说，在共同强奸犯罪过程中，随着主犯张烨完成强奸行为，已经成立犯罪既遂，作为从犯的施嘉卫也随之承担既遂犯的责任。

从施嘉卫强奸案来看，一审法院认定被告人主观上具有奸淫的故意，后自动放弃奸淫意图而未实施奸淫行为，是强奸犯罪中止。公诉机关虽然承认被告人未实施奸淫行为，但认为没有自动放弃奸淫意图，因而不应认定为犯罪中止。二审法院采纳了公诉机关的观点，并且在裁判理由中强调施嘉卫在张烨实行强奸时有帮助行为。由此可见，本案中涉及一些重大的法理上的分歧。

在共同正犯中如何认定犯罪中止，始终是一个值得关注的理论问题。一般来说，在以下两种情况下，共同正犯成立犯罪中止，在刑法理论上并无分歧：一是各共同犯罪人共同中止，当然成立共同正犯的犯罪中止。二是共同犯罪人中的一部分人基于中止之意而制止其他共同犯罪人，使犯罪结果未发生的，对于制止者来说应成立犯罪中止，而对被制止者来说则成立犯罪未遂。但在共同正犯中，个别共同犯罪人仅本人中止，未阻止他人，是否可能成立犯罪中止？对此存在两种不同观点：第一种观点认为，在这种情况下，仍应贯彻一人既遂即为全体既遂的原则，个别人中止不构成犯罪中止。换言之，共同正犯中个别人的中止应以制止他人犯罪为前提。例如张明楷教授指出：如果共同正犯中的一部分正犯中止自己的行为，但其他正犯的行为导致结果发生时，均不成立中止犯，而应成立既遂犯。因为共同正犯者之间具有相互利用、相互补充的关系，形成一个有机整体，即使中止了自己的行为，也不能认为中止了犯罪。例如，甲、乙、丙三人共谋对丁女实施轮奸，共同对丁女实施暴力后，甲、乙实施了奸淫行为，但丙自动地放弃实施奸淫行为。对此，不得认定丙成立强奸罪的中止。因为对共同正犯采用部分实行全部责任的原则，丙不仅要对自己的行为及结果负责，还要对甲、乙的行为及其结果负责。既然甲、乙的行为已经造成了侵害结果或者说已经既遂，丙理当对甲、乙的犯罪既遂承担刑事责任。所以，丙只是放弃了自己的行为，并没有中止犯罪。当然，丙放弃奸淫行为的情节，对丙而言是一个十分重要的酌定量刑情节。[①] 第二种观点则认为，在共同正犯中，虽然在一般情况下个别共同犯罪人的中止应以制止他人犯罪为条件，但在犯罪的实行行为具有可替代性的情况下，个别共同犯罪人放弃实行犯罪的，应以犯罪中止论处。例如，我国学者指出：在司法实践中，对于强奸、脱逃等行为犯的情况，由该种犯罪的特征所决定，其中止犯的成立也具有独立性，即只要共同实行犯中的一人消极中止自己的犯罪，即可成立中止犯，而不以采取积极措施阻止了他人实行犯罪为必要。[②] 应当指出，这种观点虽然承认个别共同犯罪人可以单独成立犯罪中止，但对其成立中止的理由并未阐述。对于这个问题，我在《共同犯罪论》一书中将共同正犯与犯罪中止分为以下两种情形：一是以制止其他共同实行犯为条件

---

① 参见张明楷：《刑法学》，3 版，305 页，北京，法律出版社，2007。
② 参见赵廷光主编：《中国刑法学（总论卷）》，469 页，武汉，武汉大学出版社，1992。

的犯罪中止，二是不以制止其他共同实行犯为条件的犯罪中止。关于第二种犯罪中止成立的理由，我作了以下分析：

那么，是不是说在一切共同实行犯中毫无例外地都是以制止其他共同犯罪人的犯罪行为作为成立中止的条件呢？回答是否定的。这个结论在大多数情况下适用，但不能绝对化。在本章第二节第一部分共同实行犯与犯罪未遂中，我们曾经谈到在大多数情况下，共同实行犯中一人既遂全体均为既遂。而在个别行为犯情况下，犯罪行为具有不可替代的性质，例如强奸、脱逃等，只有每个人完成了本人的行为才能视为既遂。如果没有完成本人的行为，即使其他共同犯罪人既遂，也不能认为他是既遂。这样，就出现了在共同实行犯中既遂与未遂并存的现象。一般来说，在上述一人既遂全体均为既遂的犯罪中，某一共同犯罪人想要中止犯罪，必须以制止其他共同犯罪人的犯罪为条件。而在犯罪行为具有不可替代性质的个别犯罪中，例如强奸、脱逃等，共同犯罪人想要中止犯罪，只要放弃本人的犯罪行为即可，不以制止其他共同犯罪人的犯罪为必要。例如，甲、乙、丙三人共同强奸妇女，甲、乙强奸后，丙因畏惧没有实施强奸行为，虽然丙没有制止甲、乙二人的强奸犯罪，仍可成立犯罪中止。脱逃也是如此。在上述犯罪中成立中止的条件之所以不同于其他犯罪，是由其犯罪构成的特殊性所决定的：在其他犯罪，例如杀人罪中，共同犯罪目的是要杀害某一个人，不论谁杀，都能实现这一杀人的意图。因此，如果共同实行犯中的某一个共同犯罪人只是消极地放弃犯罪，没有制止其他共同犯罪人的行为，那么，被害人死亡的结果仍会发生，就谈不上中止犯罪或有效地防止犯罪结果发生。而在强奸、脱逃犯罪中，虽然是共同实行犯罪，但每个人的行为又有其相对的独立性和不可替代性，法律惩罚的是其犯罪行为。在这种情况下，只要自动中止了本人的犯罪行为，即使没有制止他人实行犯罪，也应以犯罪中止论处。①

---

① 陈兴良：《共同犯罪论》，2 版，372～373 页，北京，中国人民大学出版社，2006。

我在这里论证不以制止其他共同实行犯为条件的犯罪中止的理由，就是认为在这种情况下，犯罪的实行行为具有不可替代性。显然，一审法院是采用上述第二种观点，认定被告人施嘉卫的行为是强奸犯罪中止。当然，具体裁判理由没有载明。而二审法院则采用上述第一种观点，认为施嘉卫的行为不能认定为犯罪的中止。在裁判理由中根据部分行为之全体责任的共犯原理，认为在共同犯罪中个别共同犯罪人仅消极地自动放弃个人的实行行为，不构成犯罪中止。这一理由对非亲手犯的共同正犯是适用的，但对于亲手犯的共同正犯是否适用，裁判理由没有论及，给人的感觉是没有对这种亲手犯的共同正犯的中止问题予以格外关注。

　　值得注意的是在裁判理由中涉及以下两个认定被告人施嘉卫的行为不构成犯罪中止的特殊理由：

　　第一个理由：被告人施嘉卫没有放弃犯罪意图。这一理由，公诉机关在抗诉理由中表述为"被告人施嘉卫虽未实施奸淫行为，但并没有自动放弃奸淫意图"。而裁判理由则表述为"施嘉卫虽放弃了实施奸淫行为，但并没有放弃犯罪的意图，而是基于被害人曹某身体的特殊情况，将奸淫的意图转变为猥亵的意图"。这一理由的事实基础是被告人施嘉卫见曹某有月经在身，未实施奸淫，而强迫曹某采用其他方式使其发泄性欲。那么，这一理由是否成立呢？这里涉及刑法理论中的一系列基本原理。首先，奸淫意图和强奸故意之间到底是什么关系？奸淫意图实际上是指与妇女发生性关系的主观意图。而这种奸淫意图的实现方式是各种各样的，包括通奸和强奸。当然，通过猥亵实现的已经不是一般意义上的奸淫意图，而是发泄性欲而已。强奸故意当中包含奸淫意图，这是没有疑问的。但在强奸行为放弃以后，通过强奸实现其奸淫意图的故意也就放弃了。至于通过猥亵发泄其性欲，是否可称为没有放弃奸淫意图，本身就是值得推敲的。我想，裁判理由之所以以此作为否定施嘉卫的行为是自动中止的理由，就是因为其认为施嘉卫不具有中止的彻底性。在裁判理由中，对中止的自动性作了如下论述：

　　　　行为人主观上必须是彻底放弃原来的某种犯罪意图，如果行为人仅是基于某种外在的原因客观上暂时放弃实施具体的犯罪行为，而主观上仍保留着该犯罪意图，只是等待时机适当再实行犯罪，那么，其实质是行为人实行犯罪的时机选择问题，不是犯罪中止。

　　显然，二审法院认为被告人施嘉卫放弃强奸行为，但后又对曹某进行猥亵以实现其犯罪意图，不具备中止的彻底性。显然，这种对中止的彻底性的理解是不能成立的。实际上，中止的彻底性是指行为人彻底放弃了原来的犯罪。例如我国学者指出：中止的彻底性这一特征意味着，行为人在主观上彻底打消了原来的犯罪意图，在客观上彻底放弃了自认为本可能继续进行的犯罪行为，而且从主客观的统一上行为人也不打算以后再继续实施此项犯罪。[①] 因此，只要放弃了原来的犯罪，而不是等待时机再次实施同一犯罪，就应认为具备了中止的彻底性。在本案中，被告人施嘉卫放弃了强奸行为，也不可能等待时机再次实施强奸行为，就应当认为其放弃了强奸的犯罪意图。至于此后对被害人曹某进行猥亵，其行为已经构成强制猥亵罪，不应成为否认其先行的强奸行为中止的理由。

　　第二个理由：被告人施嘉卫帮助张烨强奸的行为已然完成，因此，在张烨的强奸罪既遂的情况下，施嘉卫也应负犯罪既遂的刑事责任。这里涉及共同正犯与帮助犯在犯罪未完成形态上的区别。在这种轮奸的场合，如果另有一人在现场帮助，他本人并无强奸意图，属于事中帮助而非共同正犯。因此，应以被帮助人的犯罪既遂为其既遂，对此并无异议。当然，在刑法理论上关于这种事中帮助是实行行为还是帮助行为，是存在争议的。我国有些学者认为，这种现场帮助实际上是构成要件行为，例如强奸中的暴力、胁迫等，尽管本人不欲发生性行为，也应视为实行而非帮助。即使是妇女，也可以与男子共同构成强奸罪的共同正犯。例如张明楷教授指出：

　　　　在强奸罪中，虽然妇女本人不能直接实施与妇女性交的行为，但是妇女为了让男子的强奸得逞，能实施暴力、胁迫手段，这一行为正是强奸罪的实行行为的一部分。这就表明，妇女可以直接实施属于强奸犯罪构成客观要件的某种行为。因为，妇女也可以成为强奸罪的实行犯。所以，当妇女为男子实行强奸而实施暴力、胁迫等行为时，妇女与该男子构成共同实

① 参见高铭暄、马克昌主编：《刑法学》，162 页，北京，北京大学出版社、高等教育出版社，2000。

行犯。①

我是不赞同这种观点的。从形式上来说，妇女的行为确实是构成要件行为，但从规范的意义上来说，我认为这仍是一种帮助行为。在这种情况下，就出现了以下情形：同一行为，由有身份者实施的是实行行为，由无身份者实施的就是帮助行为。例如，国家工作人员家属明知是贿赂而予以收受的，是受贿罪的帮助行为而非实行行为。只有国家工作人员亲手收受的，才是受贿罪的实行行为。与此同理，对被害妇女使用暴力、胁迫，使其屈从于被奸境地，对于强奸者来说是实行行为的一部分，对于主观上没有奸淫意图的人或者不可能实施奸淫的妇女来说是帮助行为。强奸罪的共同正犯的唯一形式就是轮奸，即两名或者两名以上男子在同一时间内，轮流强奸同一妇女。更何况，我国司法解释明确规定妇女只能成为强奸罪的教唆犯与帮助犯，实际上否定了妇女可以成为强奸罪的实行犯的可能性。阐明了在轮奸中各共同犯罪人是在互相利用中遂行本人奸淫的意图，我们就可以得出结论：尽管在轮奸中，各共同犯罪人互相之间存在利用、协助的一面，但这只是本人实行行为的一部分。共同正犯的存在就否认了其中单独成立帮助行为的可能性。因此，在本案中，不能以被告人施嘉卫存在对另一被告人张烨的强奸帮助行为而张烨的强奸犯罪已经达到既遂为由，否定施嘉卫的行为构成犯罪中止。

三、两案法理比较：判例的一致性问题

以上我对姜涛强奸案与施嘉卫强奸案分别作了论述，我的观点是：姜涛成立犯罪未遂的裁判理由是可以成立的，施嘉卫不成立犯罪中止的裁判理由是不能成立的。这里引起我思考的一个问题是：上述两个判决之间存在矛盾吗？我的回答是肯定的。尽管两案涉及共同正犯中是否成立未遂与是否成立中止这样两个不同

---

① 张明楷：《浅论强奸罪的主体》，载《法学评论》，1988（5）。更近的结论性观点，参见张明楷：《刑法学》，3 版，652 页，北京，法律出版社，2007。这种观点，在日本是通说。参见［日］大塚仁：《刑法概说（总论）（第 3 版）》，冯军译，284 页，北京，中国人民大学出版社，2003。

的问题，但这两个问题又是存在联系的。因为按照部分行为之全体责任的共犯观念，在共同正犯中，个别共同犯罪人的未遂与中止都是不能成立的。只有将强奸罪、脱逃罪的共同正犯视为亲手犯，由于其实行行为不具有可替代性，才能视为是部分行为之全体责任的一种例外，单独成立未遂与中止。当然，在刑法理论上，部分行为之全体责任的共同正犯承担刑事责任原则是否存在例外以及例外的根据能否成立这些问题，在刑法理论上都是值得讨论的，并且对此可能存在不同观点。

诚然，上述两案处理时间有所不同，姜涛强奸案判决的时间是 1993 年 5 月 6 日，而施嘉卫强奸案的判决时间是 2001 年 3 月 26 日，两案相距 7 年。从判决级别上来说，姜涛强奸案的终审判决是辽宁省高级人民法院作出的，施嘉卫强奸案的终审判决是上海市第一中级人民法院作出的。从案例发表的刊物来看，姜涛强奸案是最高人民法院中国应用法学研究所搜集编辑的，发表在《人民法院案例选》。施嘉卫强奸案是最高人民法院刑一庭搜集编辑的，发表在《刑事审判参考》。应当说，两案的判决都有一定的权威性。但是，两案的裁判理由是不同的，如果以后案否定前案是没有根据的，两案都有效，分别参照，又会出现法理上的矛盾。在这种情况下，就出现了一个判例的一致性问题。

在判例制度的建构过程中，判例的一致性是值得研究的。判例的一致性是法制统一的必然要求，判例不一致，就会以例破律，显然是不可取的。为做到判例的一致性，我认为在制作判例的时候应当统筹考虑，在涉及对以往判例的裁判理由修改时，应当有所交代。只有这样，才能保证判例的合法性与有效性。

四、附论：轮奸之未完成形态的定性

在确认轮奸犯罪中，个别共同犯罪人可以成立犯罪未遂与犯罪中止的情况下，对其行为如何定性，也是一个存在争议的问题。例如我国学者指出：

成立轮奸各行为人均需亲自实施奸淫既遂，如果一个人实施强奸既遂，另一行为人未既遂，则不能认定为轮奸。[1]

按照这种观点，轮奸本身存在既遂与未遂问题。按照上述观点，一人既遂、一人未遂或者一人中止的，不构成轮奸，那么，二人既遂、一人未遂或者一人中止的，既遂者构成轮奸，未遂与中止者是否也不构成轮奸？我认为，这种观点实际上是把轮奸视为一个罪名了。我国刑法著作都一再强调，轮奸不是独立的罪名，而只是一个加重处罚的事由。在这种情况下，只要具有轮奸情节，即成立轮奸，未遂者或者中止者的行为也属于轮奸。对此，我曾经指出：

> 轮奸是强奸罪的共同正犯，二男以上必须都具有奸淫的目的，即使其中一人因意志以外的原因未得逞的，其性质仍属轮奸，但对未得逞者应以强奸未遂论处。[2]

因此，在轮奸中存在未遂或者中止的，将共同行为定性为轮奸，应当引用轮奸条款作为量刑幅度，对于未遂者或者中止者再引用未遂条款或者中止条款作为从轻处理的情节。

---

① 王作富主编：《刑法分则实务研究》，3 版，中册，903 页，北京，中国方正出版社，2007。
② 陈兴良：《规范刑法学》，2 版，下册，693 页，北京，中国人民大学出版社，2008。

第 5 章
共同犯罪

第 1 节　基于索债目的帮助他人绑架行为之定性研究

案名：高海明绑架、郭永杭非法拘禁案
主题：共同正犯　承继性　重合性

　　共同犯罪是刑法中的一种特殊形态，大陆法系已经形成完整的共同犯罪理论，并且存在各种学说的激烈争论。在我国司法实践中，对共同犯罪案件的处理，往往涉及一些较为疑难的法律问题。这些疑难问题的解决不能不借助于共同犯罪的理论，但由于大陆法系的共同犯罪理论在我国司法实践中尚未普及，因而司法人员往往只是根据对法条的理解去解决这些疑难问题。作为刑法理论工作者，我们有必要从法理上对裁判理由进行分析，从而为在司法实践中贯彻共同犯罪理论奠定基础。本节以高海明绑架、郭永杭非法拘禁案[①]为例，对共同正犯的承继性与重合性问题

---

　　① 　本案刊载于国家法官学院、中国人民大学法学院编：《中国审判案例要览（2001 年刑事审判案例卷）》，北京，中国人民大学出版社，2002。

进行法理研究。

一、案情及诉讼过程

（一）一审情况

1. 浙江省绍兴市越城区人民检察院指控称

被告人高海明与方某通、方某均、赵某荣、赵某康等人（均另案处理），经事先商量，于 2000 年 4 月 17 日中午，由高海明出面，以做生意为名，将被害人沈某良、史某明、高某来骗至诸暨后，由方某通、方某均、赵某康、赵某荣等人出面将史、高、沈三人强行带至三都山上一小屋关押，后又转移至诸暨市五泄风景区的一间小木屋等地，采用暴力、胁迫的方法共向三被害人勒索人民币 20.03 万元。沈某良等三人被关押后，被告人郭永杭一直为高海明等人送饭或负责看管三被害人。2000 年 4 月 19 日和 5 月 16 日，被告人郭永杭和高海明先后被公安人员抓获归案。案发后，19 万元赃款已被依法冻结，其余赃款被追回发还被害人。依照《中华人民共和国刑法》第 239 条，第 25 条，第 26 条第 1 款、第 3 款，第 27 条之规定，被告人高海明、郭永杭之行为均已构成绑架罪。被告人高海明系主犯，被告人郭永杭系从犯。

2. 被告人的答辩及其辩护人的辩护意见

被告人高海明辩解其是为索要与三被害人合伙做生意期间产生的损失费而实施了上述行为。被告人高海明之辩护人辩称被告人高海明是以索债为目的而实施的犯罪行为，公诉机关指控被告人高海明构成绑架罪有误，应定非法拘禁罪；且被告人高海明在共同犯罪中并非起主要作用，不应定主犯。

被告人郭永杭辩解其事前并不知方某均等人让其找山上的房子作何用，后在知道高海明等人是在讨回生意上的损失费的情况下，也跟着别人参与了此事。被告人郭永杭之辩护人辩称本案被告人为索取债务而采用了非法拘禁的手段，故本案应定非法拘禁，而非绑架；且被告人郭永杭与高海明事前既无通谋，事后又无共同犯罪的事实，不能认定郭永杭与高海明系共同犯罪；郭在犯罪中作用极为次要，要求对被告人郭永杭从轻处罚。

3. 一审事实

浙江省绍兴市越城区人民法院经公开开庭审理查明：

被告人高海明于 2000 年 3 月下旬的一天，经人介绍认识了方某通、方某均、赵某荣、赵某康等人（均另案处理），提出让方某通等人帮助其向沈某良、史某明、高某来追讨损失费，并商定以关押沈某良等三人的方法索讨。同年 4 月 16 日晚，被告人高海明与上述人员在绍兴市区一饭店再次商订作案计划。次日中午，被告人高海明按计划以做生意为名，将与其并无经济纠纷的沈某良、史某明、高某来三人骗至诸暨市，后伙同方某通等人强行将沈某良、史某明、高某来三人带至由被告人郭永杭事先找好的三都山上的一小屋内，后又转移至诸暨市五泄风景区及萧山市临浦镇等地关押。在此期间，高海明及赵某荣等人采用暴力、胁迫的方法，向三被害人共索得人民币 20.03 万元。在沈某良等三人被关押期间，被告人郭永杭明知方某通等人在为高海明追讨生意上的损失费，仍为高海明等人送饭或负责看管三被害人。案发后，19 万元赃款已被依法冻结，其余赃款被追回发还被害人。

4. 一审判案理由

浙江省绍兴市越城区人民法院根据上述事实和证据认为：

被告人高海明以勒索钱财为目的，伙同他人使用暴力、胁迫方法绑架他人，其行为已构成绑架罪。被告人郭永杭在事前与高海明并不相识，事中在得知被告人高海明等人在追讨债务的情况下，仍对高所关押的人施行看管，其行为已构成非法拘禁罪。因被告人郭永杭主观上以帮他人索取债务为目的，而不明知被告人高海明是以勒索钱财为目的，其与高海明没有共同的犯罪故意，故两被告人不属共同犯罪。公诉机关指控被告人高海明犯绑架罪罪名成立，予以支持；指控被告人郭永杭犯绑架罪罪名及指控两被告人系共同犯罪有误，应予纠正。被告人高海明之辩护人提出被告人高海明之罪名应定为非法拘禁罪的意见，不予采纳。被告人郭永杭之辩护人提出郭永杭系犯非法拘禁罪的意见及两被告人不属共同犯罪的意见，予以采纳。

5. 一审定案结论

浙江省绍兴市越城区人民法院根据《中华人民共和国刑法》第 239 条第 1 款，第 238 条第 1 款、第 3 款，第 56 条第 1 款，第 55 条第 1 款，第 64 条之规定，于 2000 年 10 月 23 日作出如下判决：(1) 高海明犯绑架罪，判处有期徒刑 12 年，并处罚金人民币 5 万元，剥夺政治权利 2 年（刑期从判决执行之日起计算，判决执行以前先行羁押的，羁押 1 日，折抵刑期 1 日，即 2000 年 5 月 17 日起至 2012 年 5 月 16 日止；罚金款限在判决生效后 10 日内缴清）。(2) 郭永杭犯非法拘禁罪，判处有期徒刑 1 年 6 个月（刑期从判决执行之日起计算，判决执行以前先行羁押的，羁押 1 日折抵刑期 1 日，即自 2000 年 4 月 21 日起至 2001 年 10 月 20 日止）。(3) 侦查机关冻结的人民币 19 万元，分别发还给各被害人，公诉机关移送的墨镜 2 副系作案工具，依法予以没收。

（二）二审情况

1. 二审诉辩主张

一审法院判决后，高海明不服，提出上诉，上诉理由是：原判定罪错误，其所犯的是非法拘禁罪，并非绑架罪；原判未认定其系从犯和犯罪未遂。其辩护人以同样理由进行辩护。

2. 二审事实和证据

浙江省绍兴市中级人民法院经二审审理查明：

原判认定被告人高海明、郭永杭分别实施绑架、非法拘禁的时间、地点、对象及被告人高海明勒索人民币的数额等基本事实清楚，有被害人沈某良、史某明、高某来的陈述；证人赵某江、张某凤、高某林、钱某娥、黄某章、丁某水、陈某、王某明的证言及作案工具墨镜两副；书证公安机关出具的情况说明、农行存款凭证、金穗理财卡、取款凭条、存款冻结通知书、扣押清单、领条及被告人高海明、郭永杭的供述和辩解等证据证实。

3. 二审判案理由

浙江省绍兴市中级人民法院认为：

上诉人高海明以勒索钱财为目的，伙同他人使用暴力、胁迫方法绑架他人，其行为构成绑架罪；原审被告人郭永杭在事前与高海明并不相识，事中在得知高海明等人在追讨债务的情况下，仍对高海明所关押的人员实施看管，其行为已构成非法拘禁罪。上诉人高海明与原审被告人郭永杭虽对同一对象共同实施了犯罪行为，但其二人的犯罪故意和目的不同，故不属共同犯罪。高海明及其辩护人对本案定性提出的异议及高系本案从犯与未遂犯的上诉理由和辩护意见，与本案事实和法律规定不符，不予采纳。原审判决定罪及适用法律准确，量刑得当，审判程序合法。

4. 二审定案结论

浙江省绍兴市中级人民法院根据《中华人民共和国刑事诉讼法》（1996 年——引者注）第一百八十九条第（一）项之规定，于 2000 年 12 月 13 日作出如下裁定：驳回上诉，维持原判。

二、涉案罪名的法理分析

本案涉及我国刑法中的两个罪名——绑架罪与非法拘禁罪。现分别对这两个罪名的构成要件以及两个罪名之间的逻辑关系分析如下：

根据刑法第 239 条的规定，绑架罪是指以勒索财物为目的绑架他人，或者出于政治性或其他目的绑架他人作为人质，或者以勒索财物为目的偷盗婴幼儿的行为。根据上述规定，我国刑法中的绑架罪可以分为以下三种情形：一是以勒索财物为目的绑架他人；二是出于政治性或其他目的绑架他人作为人质；三是以勒索财物为目的偷盗婴幼儿。这三种行为的前两种情形都包含绑架行为。那么，如何理解这里的绑架呢？在刑法理论上，一般认为，这里的绑架是指使用暴力、胁迫或者其他方法，劫持他人，使其置于本人的控制之下，限制或剥夺其人身自由的行为。因此，绑架行为可以分为前后相续的两个阶段，这就是劫持与扣押。从通常的绑架案件来看，行为人往往采取暴力、胁迫或者其他方法将他人予以劫持，然后作为人质加以扣押。这里的扣押，就是对他人的人身自由加以限制或者剥夺。

根据刑法第 238 条的规定，非法拘禁罪是指采用扣押或者其他方法，非法剥夺他人人身自由的行为。非法拘禁罪的拘禁行为，不仅指使他人丧失人身自由的原因行为，即对他人予以扣押，将他人予以控制，使他人从自由状态进入不自由的状态的行为，而且是在相当长的时间内使他人处于丧失人身自由的状态。因此，在刑法理论上，一般都认为非法拘禁罪是继续犯。在被害人丧失人身自由期间，非法拘禁行为始终处于持续状态。

通过对比绑架行为与非法拘禁行为，我们可以看出，虽然在刑法上使用的是绑架和拘禁这两个完全不同的用语，但这两种行为实质上具有相同性。换言之，绑架行为与拘禁行为在客观上具有内容的同一性，两者之所以区分为不同之罪，原因完全在于绑架罪的主观超过要素——勒索财物的目的。如果以勒索财物为目的而拘禁他人，则其行为构成绑架罪，否则，只构成非法拘禁罪。绑架罪与非法拘禁罪之间的关系①，是一个值得研究的问题，在我国早期的刑法论著中往往语焉不详。例如，我国学者在论及绑架罪与非法拘禁罪的关系时作出以下界定：在绑架行为实施过程中，对他人人身自由的非法剥夺，是绑架的当然结果；而非法拘禁也可以绑架的手段实施。② 根据这种理解，绑架与非法拘禁是手段与结果之间的关系。但拘禁行为并非仅为对丧失人身自由状态的描述，其本身也包括致使他人人身自由丧失的原因行为，因而这一论述不太确切。类似的论述认为，非法拘禁行为与结果又触犯其他罪名的，应根据其情节与有关规定处理。例如，以非法绑架、扣留他人的方法勒索

---

① 本节主要是指以勒索财物为目的的绑架罪与非法拘禁罪之间的关系。
② 参见高铭暄、马克昌主编：《刑法学》，485 页，北京，北京大学出版社、高等教育出版社，2000。

财物的，成立绑架罪。① 较为明确的论述则认为绑架行为与非法拘禁行为之间存在相似、竞合之处。例如我国学者指出：

> 绑架、扣押人质的行为是将他人劫持或者控制在行为人能够支配的范围内，在此过程中可能要使用暴力、胁迫、麻醉等方法，也可能使用其他平和的方法来实施，在这一点上，其和非法拘禁罪的实行行为有很多相似、竞合之处。绑架罪中扣押人质的行为并不都比非法拘禁罪中的实行行为强度大，使人丧失自由的一切方法都包含在绑架手段之中。②

事实上，非法拘禁行为与绑架行为不是相似，而是相同。正是在这个意义上，我认为绑架罪与非法拘禁罪之间存在法条竞合关系。正如我国学者指出：

> 从犯罪构成来说，绑架罪的客观要件包含非法控制人质自由的要素，因而在某种意义上可以说与非法拘禁罪存在特别法与普通法的竞合关系。③

简言之，非法拘禁罪是普通法的规定，而绑架罪是特别法的规定，在以勒索财物为目的绑架他人的情况下，客观行为完全符合非法拘禁罪的构成要件，但由于行为人主观上具有勒索财物的目的，因而应以绑架罪论处。

值得注意的是，我国刑法第 238 条第 3 款规定："为索取债务非法扣押、拘禁他人的，依照前两款的规定处罚。"这一规定在一定程度上限制了绑架罪的范围，因为为索取债务而非法拘禁他人要比绑架的性质轻一些，我国刑法学界将这种为索取债务的非法拘禁行为称为人质型非法拘禁罪，它通常也表现为以钱换人，因而与以勒索财物为目的的绑架行为极为相似，但两者之间仍然存在实质上的区分，尤其是 2000 年 7 月 13 日最高人民法院作出《关于对为索取法律不予保护的债务非法拘禁他人行为如何定罪问题的解释》，规定："行为人为索取高利贷、赌债等法律不予保护的债务，非法扣押、拘禁他人的，依照刑法第二百三十八条的规定定罪处罚。"这就进一步扩大了非法拘禁罪的范围。这一解释是有利于被告人的，也进一步厘清

---

① 参见张明楷：《刑法学》，3 版，664 页，北京，法律出版社，2007。
② 周光权：《刑法各论讲义》，35 页，北京，清华大学出版社，2003。
③ 刘树德：《绑架罪案解》，202 页，北京，法律出版社，2003。

了绑架罪与非法拘禁罪之间的关系。

三、共犯关系：承继性

无论是绑架罪还是非法拘禁罪，都存在共犯形态：既可以由一人实施，又可以由二人以上共同实施。在二人以上共同实施的情况下，共同正犯是最为常见的一种共犯形态，参与劫持、看管的人均为正犯。我国台湾地区学者林山田教授在论及掳人勒赎罪的共同正犯时指出：

> 掳人勒赎行为常多数人共同实施，或数人分担掳人、看守人质、取赎等工作，而构成共同正犯。判例肯定本罪可能成立相续之共同正犯，而认为掳人勒赎罪固以意图勒赎而为掳人之行为时，即属成立，但在被掳人被释放以前，其犯罪行为仍在继续进行中，行为人对于被掳人被掳时，虽未参与实施，而其出面勒赎，系掳人勒赎之继续进行中，参与该罪之勒取赎款之目的行为，自应认为共同正犯。[1]

我国台湾地区"刑法"中的掳人勒赎罪，相当于祖国大陆刑法中以勒索财物为目的的绑架罪，因而在绑架罪中同样存在这种相续的共同正犯或曰承继的共同正犯。在本案中，从整个犯罪过程分析，高海明与郭永杭之间的行为存在承继性。从案情来看，劫掳被害人的行为是被告人高海明与方某通、方某均、赵某荣、赵某康等人策划并实施的，这些被告人成立先行的或曰原始的共同正犯，而郭永杭是在被害人被劫持以后参与进来的，具体实施的是帮助找房并看管被害人的行为，因而其与高海明之间构成承继的共同正犯。

在刑法理论上，承继的共同正犯是指行为人已经开始实施犯罪实行行为，而在整个犯罪没有结束的状态下，又有他人通过意思联络与之形成共同行为决意，实施

---

① 林山田：《刑法各罪论》，813～814页，台北，1996。

行为继续犯罪的形态。① 从这一定义中可以看出，承继的正犯是在犯罪的实行行为已经开始、结束之前加入犯罪的实行当中来，由此而与先行的正犯构成承继的共同正犯。我认为，在这里应当厘清一些概念：承继犯、承继的正犯以及承继的共同正犯。承继犯是一个大的概念，包括承继的教唆犯、承继的帮助犯与承继的正犯。而承继的正犯不能等同于承继的共同正犯。承继的正犯是指后参与到犯罪的实行过程中来的正犯，以区别于先行的正犯。而承继的共同正犯，是指承继的正犯与先行的正犯构成的共同犯罪，是就共同犯罪整体而言。承继的正犯必须是在犯罪实行过程中参与到犯罪中来，因此如果在他人完成犯罪实行行为以后再参与进来，则不存在承继的正犯，而可能构成连累犯，例如窝藏罪与包庇罪。当然，如何理解实行行为的完成，是一个值得研究的问题。我认为，对此应当根据犯罪形态加以具体分析，不能一概而论。

首先应当将犯罪区分为单一犯与复合犯。单一犯是指由单一实行行为构成的犯罪，复合犯则是指由复合实行行为构成的犯罪。在单一犯中，根据实行行为的特点又可以分为即成犯与继续犯。一般来说，即成犯的犯罪实行行为持续的时间较短，因而成立承继的共同正犯的可能性较小，但同样不能排除承继的共同正犯。例如在故意杀人的场合，在甲开始实施杀人行为以后但在其将被害人杀死之前，乙以杀人的故意参加进来，甲、乙之间完全可以构成故意杀人罪的共同正犯。在继续犯的情况下，由于犯罪的实行行为本身存在一个持续的过程，因而承继的正犯在犯罪实行行为存续过程中参加进来，与先行的正犯构成共同正犯，是较为常见的情形。在复合犯的情况下，由于存在双重实行行为，例如抢劫罪，其方法行为是暴力、胁迫或者其他方法，其目的行为是劫取财物。在甲使用暴力将被害人控制以后，乙参加进来实施劫取财物行为，甲、乙之间也可以构成承继的共同正犯。这里存在争议的是，承继的正犯对于先行的正犯造成的加重结果是否承担共同正犯的刑事责任。例如，甲使用暴力致被害人重伤甚至致死，在此基础上，乙参与劫取被害人的财物。

---

① 参见张淼、杨佩正：《承继犯研究》，载吴振兴主编：《犯罪形态研究精要》（Ⅱ），486 页，北京，法律出版社，2005。

甲符合抢劫罪的加重构成，应以抢劫致重伤、致死承担刑事责任，那么，乙是否也应对此承担刑事责任呢？换言之，甲、乙是否构成抢劫罪的加重犯的共同正犯？对此，日本学者大塚仁教授认为，甲、乙应构成抢劫罪的共同正犯，而不能成为抢劫（致伤）罪的共同正犯。大塚仁教授把抢劫中的致伤称为在法律上过剩的事实，仅仅因为认识到这些事实的存在，尚不能归责于承继的正犯。[①] 这里主要涉及承继的正犯对于先行的正犯的先行行为是否承担刑事责任以及承担何种程度的刑事责任的问题，关键在于是否承认承继的正犯对于先行的正犯的犯罪行为的追认。我认为，应当承认有限度的追认，否则，承继的正犯就难以与先行的正犯构成共同正犯。例如，甲以杀人的故意在被告人的食物中投下 5 分毒物，后乙在明知甲已投毒的情况下，与甲通谋又投入 5 分毒物，因而将被害人毒死。经过药理分析，5 分毒物不足以将人毒死，10 分毒物正好能把一个人毒死。如果不将先行的正犯的投毒行为追认为整个犯罪实行行为的一部分，承继的正犯的行为就难以构成故意杀人罪的既遂。在这种情况下，应将甲、乙两者的行为作为整体予以考量。当然，这种追认只是构成犯罪的最低限度构成要素的追认，对于超出这一限制、构成加重犯的犯罪事实，承继的正犯不应承担刑事责任。在复合犯的情况下，也应遵循这一原理。在牵连犯、结合犯等更为复杂的犯罪形态中，如果承继的正犯是在所牵连之罪或者所结合之罪实施完毕后介入的，则承继的正犯只对其所介入之罪承担共同正犯的刑事责任。

在本案当中，论及高海明与郭永杭之间是否构成承继的共同正犯时，还涉及一个问题，这就是以勒索财物为目的的绑架罪与非法拘禁罪是即成犯还是继续犯以及与之相关问题：绑架罪是单一犯还是复合犯？如前所述，对于非法拘禁罪属于继续犯，在我国刑法理论上不存在争议，但对于绑架罪是否属于继续犯，刑法理论上尚未展开讨论，而这个问题的解决又与绑架罪是单一犯还是复合犯的问题相关：单一犯说认为绑架罪只有一个绑架行为，而复合犯说则认为绑架罪具有复合行为，这就

---

① 参见［日］大塚仁：《犯罪论的基本问题》，冯军译，269 页，北京，中国政法大学出版社，1993。

是绑架人质的行为和勒索财物的行为。① 我认为，上述复合犯说显然不妥，因为我国刑法规定的绑架罪是目的犯，勒索财物只是绑架他人的目的，它对于绑架行为来说，是一种超过的主观要素。在主张绑架罪是复合犯的观点中，理由之一是：

> 刑法第 239 条将勒索财物明确规定为绑架罪的主观目的，并不排除有与之对应的勒索财物之实行行为存在，事实上，实践中绑架罪的犯罪分子在绑架他人或偷盗婴幼儿后，都往往有勒索财物的实行行为。②

我认为，这一观点是混淆了规范与事实的关系。在司法实践中，绑架罪的犯罪分子是否会实施勒索财物的行为是一个实然的事实问题，而刑法是否将这一行为规定为构成要件实行行为是一个规范的问题。从我国刑法关于绑架罪的规定来看，勒索财物只是绑架的目的，刑法并未将其规定为绑架罪的实行行为。关于这个问题，我们也可以从日本刑法中找到佐证。日本刑法中有略取、诱拐的犯罪，略取、诱拐相当于我国刑法中的绑架，是指不法地使他人脱离其受保护的生活环境，将其置于行为人或者第三者的实力支配内的行为。日本刑法在略取、诱拐犯罪中，设立了赎金目的略取、诱拐罪，略取、诱拐者赎金要求罪和基于赎金取得目的的收受罪，这三个罪名之间存在递进关系：赎金目的略取、诱拐罪是低度犯罪，行为人只要在获取赎金目的的支配下，实行了略取、诱拐，就构成本罪。至于是否实际上存在对被拐取者的安全与否表示忧虑的人，是否使该人交付了财物，都不影响本罪的成立与否。略取、诱拐者赎金要求罪是中度犯罪，是指利用近亲属和其他对被拐取者的安全与否表示忧虑的人的忧虑，使其交付财物或者要求财物的行为。基于赎金取得目的的收受罪是高度犯罪，是指利用近亲属和其他对被拐取者的安全与否表示忧虑的人的忧虑，以使其交付财物为目的而进行收受的行为。③ 以上三罪，既可由一人依次实施，也可由数人分别实施。由此可见日本刑法规定之细。我国刑法对绑架罪未

---

① 有关争议，参见王作富主编：《刑法分则实务研究》，3 版，中册，925 页，北京，中国方正出版社，2007。

② 肖中华：《侵犯人身权利罪》，226 页，北京，中国人民公安大学出版社，1998。

③ 参见 [日] 大塚仁：《刑法概说（各论）（第三版）》，冯军译，93 页以下，北京，中国人民大学出版社，2003。

作如此细致的区分，因此，我国刑法中以勒索财物为目的的绑架罪只相当于日本刑法中的赎金目的略取、诱拐罪，在实施这一犯罪以后又实施勒索财物和收受财物行为的，都定绑架罪，甚至对杀害被绑架人也定绑架罪。这与我国刑法对绑架罪规定了较高的法定刑有关。但从刑法关于绑架罪的规定来看，显然不应将勒索财物行为看作是与绑架行为并列的实行行为。就此而言，绑架行为只是单一行为。

在如何理解绑架行为上，又存在绑架行为本身是否具有单一性的问题。我国刑法第 239 条对绑架罪行为的描述使用的是绑架一词，在刑法理论上又将绑架行为进一步界定为：使用暴力、胁迫或者其他方法，绑架他人的行为。[①] 这里存在一个问题，即暴力、胁迫或者其他方法与绑架之间到底是一种什么关系。这一表述与抢劫行为极为相似：以暴力、胁迫或者其他方法，强行劫取公私财物的行为。而抢劫罪被认为是复行为犯：手段行为是暴力、胁迫或者其他方法，目的行为是强行劫取财物。那么，对绑架行为是否也作如此解释呢？我认为，绑架罪与抢劫罪有所不同：抢劫罪的方法是法定的、特定的方法，正是这一方法将抢劫罪与抢夺罪等其他财产犯罪相区分。但绑架罪的方法是非法定、非特定的，无论采取何种方法，只要使被害人处于行为人或第三者的实力控制下，就足以构成绑架罪。对此，我国学者正确地指出：

通说将绑架界定为使用暴力、胁迫或者麻醉方法劫持或以实力控制他人。但是，这一主张是否过于狭隘，还值得进一步讨论。事实上，绑架应当被界定为违反他人的意思，将他人置于自己的实力支配之下，使其丧失人身自由的一切行为。绑架的手段，并无限制，可以是秘密或公开的，通常行为人要使用程度较高的暴力，但也包括使用轻微暴力以及胁迫、欺骗以及其他方法。[②]

在本案中，被告人高海明伙同他人，以做生意为名，将被告人骗至诸暨，然后强行予以扣押。这种方法是欺骗性的方法，使用的暴力相对而言是较为轻微的。由

---

① 参见周道鸾、张军主编：《刑法罪名精释》，3 版，436 页，北京，人民法院出版社，2007。
② 周光权：《刑法各论讲义》，34 页，北京，清华大学出版社，2003。

此可见，绑架罪的方法并非法定的，对于绑架罪的认定没有决定性的意义。

　　绑架必然采用一定的方法，但这里的方法未必都是暴力的，也可以是非暴力的。那么，这里的方法与被害人处于丧失人身自由的被拘禁状态之间是一种什么关系呢？我认为两者之间是一种原因与结果的关系。被拘禁状态是绑架行为所造成的结果，但这一结果本身不是行为，为维系这一结果又要继续地实施拘禁行为。因此，绑架行为本身包含拘禁的内容。正是在这个意义上，绑架罪与非法拘禁罪一样都属于继续犯。换言之，被害人在丧失人身自由以后所处的被拘禁状态，不仅是不法状态的继续，而且是不法行为的继续。对此，我国学者指出：绑架罪是继续犯，其继续状态包括绑架行为实施后持续控制被绑架人、实施勒索财物行为等，直至结束对被绑架人的控制。[1] 正因为如此，绑架罪和非法拘禁罪一样，都属于继续犯。对于绑架罪来说，并非将被害人控制使其丧失人身自由以后，犯罪行为就结束了。尽管将被害人劫持，绑架罪已经既遂，但既遂以后实行行为仍在持续之中，一直到被害人恢复人身自由或者被杀害为止，绑架犯罪才最终结束。因此，行为人虽未参与劫持被害人，但在他人劫持被害人以后，参与看管人质，或者实施勒索财物或收受被勒索财物行为的，应当视为绑架罪的共犯，并且是承继的共同正犯。

　　在本案中，控方是以被告人高海明、郭永杭构成绑架罪指控的，以高海明为首的行为人策划绑架被害人，在这一环节郭永杭并未参与。在被害人被绑架后，郭永杭才介入，参与对被害人的看管。因此，控方认为被告人高海明与郭永杭构成共同犯罪。从刑法理论上分析，这种共同犯罪属于承继的共同正犯。

四、共犯关系：重合性

　　尽管控方以绑架罪的共同犯罪起诉被告人高海明和郭永杭，但一审法院判决认为，被告人高海明以做生意为名，将与其并无经济纠纷的三个被害人骗至诸暨市并加以劫持，其行为构成绑架罪；但被告人郭永杭以为高海明是在追讨生意上的损失

---

[1]　参见刘树德：《绑架罪案解》，176 页，北京，法律出版社，2003。

费而为其看管被绑架的被害人，属于刑法第 238 条第 3 款规定的为索取债务非法拘押、拘禁他人的情形，不构成绑架罪而应以非法拘禁罪论处。二审法院维持了一审法院的判决。那么，被告人高海明与郭永杭之间是否还存在共犯关系呢？对此，一审判决以没有共同的犯罪故意为由认为两被告人不属于共同犯罪。在本案的裁判理由中，作者对此作了以下分析：

> 高海明和郭永杭共同实施绑架他人的行为是否构成共同犯罪，是本案定性的关键问题。根据我国《刑法》的规定和刑法理论，共同犯罪的成立，必须具备一定的条件，其中，共同的犯罪故意是重要的条件之一。如果二人以上仅在客观上共同实施了某种危害行为，但缺乏共同的犯罪故意内容，亦不构成共同犯罪。本案涉及绑架罪和非法拘禁罪的界限。该两罪在客观方面都可以表现为绑架他人行为，但是，绑架罪在主观方面要求行为人勒索财物的目的或者提出其他不法要求的目的，而非法拘禁罪无此要求。根据《刑法》第 238 条第 3 款的规定，为索取财物非法拘禁他人的，应认定为非法拘禁罪而非绑架罪。本案中，虽郭永杭与被告人高海明对同一对象实施了犯罪行为，但两人在客观行为与主观故意方面均有一定区别。高海明出于勒索钱财的目的，伙同他人使用暴力、胁迫手段，绑架了三被害人，其行为构成绑架罪无疑。而郭永杭与高海明事先无犯意的联络和沟通，其对高海明犯罪目的和意图并不明知。郭永杭在得知高海明等人在追讨债务的情况下，出于帮助高海明追讨债务而非向三被害人勒索钱财的目的，仍对高所关押的人员实施看管，其行为应属非法拘禁罪，而不构成与高海明间的共同犯罪。本案二审法院认定高海明构成绑架罪、郭永杭构成非法拘禁罪，是十分正确的。①

在上述裁判理由中，作者以被告人高海明、郭永杭不存在共同犯罪故意为由，否认两者之间的共犯关系。我国刑法第 25 条第 1 款规定，"共同犯罪是指二人以上

---

① 国家法官学院、中国人民大学法学院编：《中国审判案例要览（2001 年刑事审判案例卷）》，61 页，北京，中国人民大学出版社，2002。

共同故意犯罪"。这是共同犯罪的法定概念。我国学者在此基础上，从共同犯罪故意与共同犯罪行为两个方面界定共同犯罪的构成要件，以此作为认定共同犯罪的标准。但共同犯罪中存在一些复杂情形，简单地套用共同犯罪故意与共同犯罪行为并不能解决问题。由此可见，情况并非如此简单，这里涉及对共同犯罪的共同性的理解，在这一问题上存在犯罪共同说与行为共同说的理论争论，并且关系到我国共同犯罪理论的基本构造，因而有必要加以深入探究。

在共同犯罪成立的范围上，历来存在犯罪共同说与行为共同说之争。日本学者指出：

> 共犯以什么为共同？关于这一共犯的根本问题，犯罪共同说与行为共同说是对立的。犯罪共同说认为，数人共同进行特定的犯罪是共犯，客观地解释了构成要件上特定的犯罪，由数人共同实行它时是共犯。这种学说与古典学说的立场相适应。相对于此，行为共同说（事实共同说）认为，共犯是数人用共同的行为实行各自企图的犯罪，这是在近代学派的立场上采用的观点，因为在把犯罪看成是行为人社会危险性的征表的立场上，本来可以考虑脱离了构成要件的自然性行为本身的共同，认为可以在共同者共同的范围内跨越数个构成要件（例如，杀人罪和伤害罪）而存在共同关系。①

在这个意义上的犯罪共同说与行为共同说，被认为是刑法客观主义与刑法主观主义的对立。但现在犯罪共同说与行为共同说都已经发生了重大的变化，我国学者认为，犯罪共同说从严格的犯罪共同说经历完全的犯罪共同说，已发展到部分的犯罪共同说，从严格意义上的在一个罪名范围内成立共犯，逐渐转变为在不同罪名之间也可成立共犯，从而向行为共同说靠拢。而行为共同说也从主观主义的行为共同说转变为客观主义的行为共同说，主要标志就是对行为共同中的行为在理解上发生了变化。建立在主观主义基础之上的行为共同说，其行为是自然行为，而建立在客

---

① ［日］大塚仁：《刑法概说（总论）（第三版）》，冯军译，240～241 页，北京，中国人民大学出版社，2003。

观主义基础之上的行为共同说，其行为是构成要件的行为。在这种情况下，犯罪共同说与行为共同说具有互相接近的趋势。① 基于以上对犯罪共同说与行为共同说的界定，现在需要分析的问题是：部分的犯罪共同说与构成要件的行为共同说之间到底存在何种差异？部分的犯罪共同说认为，如果数个犯罪的构成要件之间存在重合部分，那么在重合的限度内成立较轻之罪的共同正犯。例如，甲以杀人故意、乙以伤害故意共同对丙进行侵害并致其死亡的，甲的杀人行为与乙的伤害行为之间具有重合，但甲的杀人行为已经超出重合部分具备了故意杀人罪的构成要件。在这种情况下，甲在伤害的限度内与乙是共同正犯，但甲的伤害行为被其杀人行为所吸收，因而最终对甲应以故意杀人罪论处。部分的犯罪共同说坚持了只在同一犯罪的范围内承认共犯关系的犯罪共同说的立场，但对同一犯罪又不像严格的或者完全的犯罪共同说那样机械地以最终认定为同一罪名为必要，因而有其可取之处。构成要件的行为共同说认为，只要行为人实施了共同的行为，就可以成立共同正犯，并不要求必须是同一或者特定的犯罪。根据这种观点，甲以杀人的故意、乙以伤害的故意共同对丙进行侵害并致其死亡的，由于甲与乙存在共同行为，尽管甲是杀人行为，乙是伤害行为，同样构成共同正犯。从这里可以看出，尽管部分的犯罪构成说与构成要件的行为共同说都承认，在上述案件中，甲和乙之间成立共同正犯，并且结论都是甲定故意杀人罪、乙定故意伤害罪，但共同犯罪的内容是有所不同的。部分的犯罪共同说认为，甲、乙是成立故意伤害罪的共同正犯，甲之所以定故意杀人罪而不定故意伤害罪，是因为其行为超出了伤害的性质。但构成要件的行为共同说则完全承认在不同犯罪之间可以成立共同正犯，而这一点恰恰与部分的犯罪共同说不同：部分的犯罪共同说并不承认不同犯罪之间的共同正犯。

共同犯罪应该是共犯一罪的关系，在这个意义上我是赞同犯罪共同说的，因为只有在同一犯罪之内，才存在责任的分担问题。共同犯罪，主要是在否认过失共同犯罪的立法例中，其承担刑事责任的方式与单独犯罪的根本区别在于：于单独犯罪行为人只对本人行为承担责任，而于共同犯罪在共同故意范围行为人不仅对本人行

---

① 参见陈家林：《共同正犯研究》，60 页以下，武汉，武汉大学出版社，2004。

为承担责任而且对他人行为承担责任。在共同正犯中，大陆法系刑法理论通行"部分行为全体责任"的原则。这里涉及对共同犯罪本质的理解：到底是应从整体上理解还是应从部分上理解？如何处理共同犯罪的整体与部分的关系？从哲学上说，整体是由部分构成的，没有部分也就没有整体，因而部分应当优于整体。但在共同犯罪中，其整体性与部分性都是不容忽略的。犯罪共同说更强调的是从整体上理解共同犯罪，这里的整体是指同一犯罪，部分只是同一犯罪的部分。而行为共同说则更强调从部分上理解共同犯罪，认为共同犯罪是基于各自的犯意各自遂行其犯罪。由此可见，犯罪共同说的共犯关系，是一种内部关系，即同一犯罪之内的关系。而行为共同说的共犯关系，不仅可以是同一犯罪的内部关系，而且可以是一种外部关系，即不同犯罪之间的关系。可以说，尽管部分的犯罪共同说与构成要件的行为共同说有所接近，但各自的根本立场仍然是对立的。考虑到共同犯罪主要解决定罪与量刑这两个问题，犯罪共同说是更为可取的。就定罪而言，共同正犯并非单独正犯的简单相加，而是正犯性与共犯性的统一，共同正犯之间具有行为的依存性，这种依存关系只有在同一犯罪之内才具有意义。超出了同一犯罪的范围，不同犯罪之间的依存性在犯罪构成理论上是难以成立的。正如日本学者小野清一郎指出：

> 正是在这种数人的行为实现一个构成事实之上，成立了刑法总则中的共犯概念。换句话说，共犯是在数人的行为实现一个构成要件的场合，对其共同行动的数人的行为分别评价，以各自的行为作为犯罪而令行为人负责任的。①

就量刑而言，共同正犯是数人分担一个犯罪的责任。只有在同一犯罪之内，各个共犯的责任才是可以比较的，主犯与从犯的划分才是可能的。如果是在不同的犯罪之间，行为人各自承担其所犯之罪的刑事责任，因而并不存在共犯中刑事责任的分担问题。根据以上理解，我认为，在完全不同的犯罪之间尽管行为人共同实施，因而存在共同行为，但各自定罪，并不存在共犯关系；只有在同一犯罪之内共同实行犯罪的，才构成共同正犯，各犯罪人之间存在共犯关系。

---

① ［日］小野清一郎：《犯罪构成要件理论》，王泰译，151 页，北京，中国人民公安大学出版社，2004。

现在重要的问题是如何确定这里所谓的同一犯罪。同一犯罪是指同一犯罪构成之罪，这是容易理解的。在通常情况下，我国传统观点都是主张犯罪共同说的，只承认同一犯罪之内存在共同犯罪，又将同一犯罪理解为同一罪名。但近年来部分的犯罪共同说传入我国刑法学界，并获得了肯定。例如张明楷教授就是部分的犯罪共同说的积极主张者，其根据我国刑法理论与司法实践，认为在下述四种情形下应当承认犯罪之间具有重合的性质，因而可以成立共同正犯：

（1）当两个条文之间存在法条竞合的关系时，其条文所规定的犯罪一般存在重合的性质。（2）当两种犯罪所侵犯的同类法益相同，其中一种犯罪比另一种犯罪更为严重，从规范意义上说，严重犯罪包含了非严重犯罪的内容时，也存在重合性质。（3）一种犯罪所侵犯的法益包含了另一犯罪所侵犯的法益，因而存在重合性质。（4）在法定转化犯的情况下，如果数人共同实施了转化前的犯罪行为，而部分人实施了转化行为，但他人不知情的，应就转化前的犯罪成立共同犯罪。①

我认为，在上述四种情形中，第一种情形与第三种情形属于法条竞合②：第一种是从属关系的法条竞合，第三种是交叉关系的法条竞合。第二种所谓"严重犯罪包含非严重犯罪的内容时"出现的重合性质，情况较为复杂。在我看来其中大部分仍然属于法条竞合，例如强奸罪往往包含强制猥亵罪的内容，抢劫罪往往包容抢夺罪的内容等，但也存在想象竞合的情形，例如故意杀人罪与故意伤害罪。至于第四种情形，是在共同犯罪中，部分共同犯罪人发生转化而另定他罪。此种情形还出现在实行过限的场合。在共同犯罪中，部分共同犯罪人实行过限，如果这种过限是一种重合性的过限，在重合部分也存在是否构成共同正犯的问题。因此，我认为犯罪的重合主要有以下四种情形，现在分别加以论述。

（一）法条竞合情形下的共同正犯

法条竞合实质上是犯罪构成要件的重合，而犯罪构成要件的重合性是以犯罪构

---

① 张明楷：《刑法的基本立场》，273～276 页，北京，中国法制出版社，2002。
② 参见陈家林：《共同正犯研究》，79 页，武汉，武汉大学出版社，2004。

成要件的类型性为前提的。犯罪构成要件的类型性意味着每一种犯罪都是被法律——确切地说是刑法——分别定型化了的特殊的犯罪概念，因而各种犯罪之间具有互异性，是不同的犯罪类型。但是，犯罪现象是复杂的，犯罪构成要件之间往往存在某种竞合关系。例如日本刑法学家小野清一郎在论及构成要件的类型性时指出：

> 对一个行为在形态上符合了类型相同的两种构成要件，这是所谓的法条竞合，这多出现在与一种构成要件对应，同时又涉及修正构成要件特别是加重构成要件的场合。例如杀人罪（《刑法》第199条）和杀害尊亲属罪（《刑法》第200条）、侵占罪（《刑法》第252条）和侵占业务上的占有物罪（《刑法》第253条）——身份加重犯；伤害罪（《刑法》第204条）和伤害致死罪（《刑法》第205条）——结果加重犯；单纯脱逃罪（《刑法》第97条）和加重脱逃罪（《刑法》第98条）——态样加重犯等，它们之间就是这样。这些场合只成立其中较重的一罪。一方虽与他方的加重无关，但构成要件的类型相同。当概念定型是两个时，也可以认为是法条竞合。例如，成立侵占罪（《刑法》第252条）时，就可以不追究其违背任务罪（《刑法》第247条），成立《刑法》第246条第1款的诈骗罪时，就不追究其第2款的诈骗罪。有时，行为不一定完全竞合，但也不是完全各自独立，行为的发展过程中有几个阶段被构成要件类型化了，后一阶段的行为吸收了前一阶段的行为。例如，要求、约定、接受贿赂（《刑法》第197条）时，或提议、约定、提供贿赂（《刑法》第198条），聚众不解散（《刑法》第107条）又进行骚扰（《刑法》第106条）等。①

在上述情况下，犯罪存在一定的重合性，这种重合也可以称为竞合，也就是法条竞合。

以往我们讨论法条竞合，都是以单独犯罪为标本的，而没有涉及在共同犯罪下的竞合问题，即法条竞合的共同犯罪，包括法条竞合的共同正犯。所谓法条竞合的

---

① ［日］小野清一郎：《犯罪构成要件理论》，王泰译，195～197页，北京，中国人民公安大学出版社，2004。

共同正犯，是指二人以上共同实行某一构成要件行为，由于二人之间存在身份、目的、客体等方面的差异，刑法将同一行为规定为两种不同犯罪。在这种情况下，二人以上在基本犯罪的意义上成立共同正犯。我认为，我国刑法中的法条竞合可以分为以下四种形态，现对其构成的共同正犯分别论述如下。

1. 特别法与普通法的竞合

在特别法与普通法竞合的情况下，特别法规定之罪与普通法规定之罪存在外延上的从属关系。例如小野清一郎所说在日本刑法上的杀人罪与杀害尊亲属罪之间的关系：甲是被害人的儿子，乙是外人，在乙不知被害人是甲父的情况下，甲、乙共同将甲父杀死。在这种情况下，甲成立杀害尊亲属罪，乙成立杀人罪。但在杀人罪上，甲、乙是共同正犯。当然，如果乙明知被害人是甲父而与甲一起将其杀死，则乙的行为是杀人罪正犯与杀害尊亲属罪的想象竞合。在杀人罪上，甲、乙仍然成立共同正犯。在我国刑法中，特别法与普通法的竞合也是常见的，例如刑法第 252 条规定了侵犯通信自由罪，其主体是一般主体，而刑法第 253 条规定了私自开拆、隐匿、毁弃邮件、电报罪，其主体是邮政工作人员，这两种犯罪的构成要件行为是相同的，都是开拆、隐匿、毁弃他人信件或其他邮件。在某种意义上说，私自开拆、隐匿、毁弃邮件、电报罪是侵犯通信自由的身份犯（身份加重犯）。① 因此，当作为普通公民的甲与邮政工作人员乙共同开拆、隐匿、毁弃他人信件时，甲定侵犯通信自由罪，乙定私自开拆、隐匿、毁弃邮件、电报罪。但由于两罪之间存在特别法与普通法的竞合，因而在侵犯通信自由罪上甲、乙成立共同正犯，只不过由于乙的邮政工作人员的身份而另定私自开拆、隐匿、毁弃邮件、电报罪。

2. 整体法与部分法的竞合

在整体法与部分法竞合的情况下，整体法规定之罪与部分法规定之罪存在内涵上的从属关系。整体法与部分法的竞合在我国刑法中也较为常见，例如刑法第 239 条规定的绑架罪与刑法第 232 条规定的故意杀人罪之间存在整体法与部分法的关系，因为刑法第 239 条明确将杀害被绑架人规定为绑架罪的加重构成。甲在绑架他

① 参见张明楷：《刑法学》，3 版，692 页，北京，法律出版社，2007。

人以后，又与乙共谋将他人杀害，甲成立绑架罪无疑，那么乙能否作为承继的正犯与甲成立绑架罪的共同正犯呢？我认为，无论乙是否明知他人是被绑架人，乙都不成立绑架罪，而构成故意杀人罪。甲虽然成立绑架罪，但在故意杀人罪上，与乙成立共同正犯。

3. 重法与轻法的竞合

重法与轻法的竞合是指交互竞合，即两罪各有一部分内容重合，就重合部分而言属于法条竞合。例如我国刑法第 266 条规定了诈骗罪，刑法第 279 条规定了招摇撞骗罪。这里的招摇撞骗罪是指行为人以假冒国家机关工作人员的身份进行炫耀，利用人们对国家机关工作人员的信任，骗取非法利益。这里的非法利益，是指荣誉称号、政治待遇、职位、学位、经济待遇、城市户口以及钱财。在行为人冒充国家机关工作人员骗取财物的情况下，既符合诈骗罪的构成，又符合招摇撞骗罪的构成。由此可见，诈骗罪与招摇撞骗罪在内容上存在交叉，属于法条竞合，应当以重法论处。当冒充国家机关工作人员的甲与没有冒充国家机关工作人员的乙共同实施诈骗行为时，甲应定招摇撞骗罪，乙应定诈骗罪，但在诈骗上，甲、乙成立共同正犯。当然，对于诈骗罪与招摇撞骗罪之间的关系，在我国刑法学界是存在较大分歧的。首先是招摇撞骗罪是否包括骗取财物。对此张明楷教授认为，冒充国家机关工作人员招摇撞骗，原则上不包括骗取财物的情况，即使认为可以包括骗取财物，也不包括骗取数额巨大财物的情况。[①] 按照这一解释，招摇撞骗罪与诈骗罪之间就不存在法条竞合关系，而是两种互相完全独立的犯罪。我认为，如果刑法关于招摇撞骗罪规定增加一款，明文规定"冒充国家机关工作人员骗取公私财物的，以刑法第二百六十六条（诈骗罪）定罪从重处罚"，则能够较好地解决这个问题，即冒充国家机关工作人员骗取财物数额没有达到较大标准，其诈骗行为不构成诈骗罪时，以招摇撞骗罪论处；冒充国家机关工作人员骗取财物数额达到较大标准的，以诈骗罪从重处罚。但在刑法未作明文规定的情况下，我国刑法学界的通说认为招摇撞骗罪包括骗取财物，而且没有数额上的限制。在这种情况下，招摇撞骗罪与诈骗罪之间

---

① 参见张明楷：《刑法学》，3 版，757 页，北京，法律出版社，2007。

就存在某种竞合关系。但对于这种竞合到底是想象竞合还是法条竞合，在我国刑法学界又存在不同观点：一种观点认为，如果认为冒充国家机关工作人员是为了骗取财物，属于一行为触犯数罪名，应适用想象竞合犯的处罚原则，择一重罪处罚，即按诈骗罪处罚重时定诈骗罪，按招摇撞骗罪处罚重时就定招摇撞骗罪。[1] 另一种观点认为，招摇撞骗罪和诈骗罪之间具有法条竞合关系，如果冒充国家机关工作人员主要是为了骗取财物，而且数额特别巨大的，则其侵犯的客体已主要不是国家机关的威信，而是财产权利；而且对这种行为，按照招摇撞骗罪处罚会失之过轻，所以应依照诈骗罪论处。[2] 我认为，招摇撞骗罪与诈骗罪在外延上存在交叉关系，这是两罪之竞合的基础。区分到底是想象竞合还是法条竞合，关键要看这种犯罪外延的交叉是否能够脱离行为事实而独立存在。从招摇撞骗罪与诈骗罪的关系来看，其外延的交互重合是可以脱离具体行为而存在的，因而是一种法条竞合而非想象竞合。但这种法条竞合既非特别法与普通法的竞合，也不是简单法与复杂法的竞合。按照特别法与普通法竞合的观点，招摇撞骗罪与诈骗罪的法条竞合只能定诈骗罪。而按照简单法与复杂法竞合的观点，招摇撞骗罪与诈骗罪的法条竞合只能定招摇撞骗罪。我认为，一行为同时触犯招摇撞骗罪与诈骗罪，具有想象竞合的性质，但由于这种情形在构成要件上存在重合，因而是一种法条竞合化了的想象竞合。对此，立法者并未明示或暗示以何罪论处，因而应当按照重法优于轻法的原则论处。在甲、乙共同骗取财物时，甲冒充国家机关工作人员，乙并没有冒充国家机关工作人员，但乙明知甲在冒充国家机关工作人员进行诈骗。在这种情况下，乙的行为是诈骗罪的正犯与招摇撞骗罪的帮助犯的想象竞合，应定诈骗罪。但甲的招摇撞骗行为与诈骗行为之间存在法条竞合关系，在招摇撞骗罪重而诈骗罪轻的情况下，按照重法优于轻法的原则，对甲的行为应定招摇撞骗罪。但在诈骗罪上，甲、乙成立共同正犯。

4. 基本法与补充法的竞合

基本法与补充法的竞合是一种偏一竞合，指两个罪名概念的内容交叉重合，但

① 参见周道鸾、张军主编：《刑法罪名精释》，3 版，542 页，北京，人民法院出版社，2007。
② 参见周光权：《刑法各论讲义》，377 页，北京，清华大学出版社，2003。

实际竞合的内容已经超出所重合范围的情形。例如我国刑法第 240 条规定了拐卖儿童罪，刑法第 262 条规定了拐骗儿童罪。其中，拐卖儿童罪是基本法的规定，而拐骗儿童罪是补充法的规定，两者之间存在基本法与补充法的竞合关系。当一个行为人将儿童拐骗以后又将其出卖，则按照基本法优于补充法的原则，应定拐卖儿童罪。但甲、乙二人，甲实施拐骗行为，乙实施出卖行为，如果甲、乙二人事先有通谋，则成立拐卖儿童罪的共同正犯。根据刑法第 240 条第 2 款规定："拐卖妇女、儿童是指以出卖为目的，有拐骗、绑架、收买、贩卖、接送、中转妇女、儿童的行为之一的。"因此，以出卖为目的拐骗儿童，就是拐卖儿童罪的正犯。但如果甲以拐卖儿童的故意，乙以拐骗儿童的故意，共同实施拐骗儿童的行为，在拐骗以后，甲将儿童予以出卖。在这种情况下，按照基本法优于补充法的原则，对甲应定拐卖儿童罪。而乙并无出卖的目的，因而其拐骗儿童的行为只构成拐骗儿童罪。但在拐骗儿童罪上，甲、乙成立共同正犯。

根据以上分析，我认为在法条竞合的情况下，甲、乙二人共犯此罪，其中乙因法条竞合而另定彼罪，但在此罪上，甲、乙二人应成立共同正犯。最终结论虽然也是甲、乙各定此罪与彼罪，但在此罪与彼罪存在重合的范围内，共同正犯是成立的。在这种情况下，之所以应当承认在重合范围内共同正犯的成立，具有定罪量刑两个方面的意义：从定罪上来说，如果不承认共同正犯，就不能适用部分行为之全体责任的原则，因而难以正确地解决定罪问题。例如，甲、乙共谋杀害丙，甲、乙各砍 3 刀共计 6 刀将丙砍死。单独地看，3 刀并不能将人砍死，合起来 6 刀正好把人砍死。如果甲、乙是同时犯，各应对本人行为负责，就属于杀人未遂。但如果是杀人罪的共同正犯，甲、乙不仅要对本人行为负责，而且要对他人行为负责，由此才能认定为杀人既遂。因此，如果不承认甲、乙是杀人罪的共同正犯，就不能认定甲、乙的杀人行为是既遂。又如，甲是邮政工作人员，乙是非邮政工作人员，二人共谋非法开拆他人信件，甲和乙各开拆 100 封信。如果不承认在侵犯通信自由罪上甲、乙是共同正犯，对甲、乙就只能以本人非法开拆的信件论罪。只有将甲、乙认定为侵犯通信自由罪的共同正犯，在对甲因法条竞合而另定私自开拆邮件罪的同时，才能令甲、乙对开拆 200 封信承担刑事责任。

法条竞合的共同正犯表明在犯罪构成要件具有重合性的情况下，共同正犯具有竞合性，这种竞合的共同正犯与刑法上共犯的竞合是两个不同的概念。共犯竞合，是指实施一个基本的构成要件行为，同时出现了共同正犯、教唆犯、帮助犯这样三种共犯形式。在共犯竞合的场合，上述共犯形式作为实现一个基本的构成要件而实施的行为，具有共同性。因此，较轻的共犯形式被较重的共犯形式所吸收，只成立较重的共犯形式。而且，教唆人、帮助人进而分担了实行行为的时候，就只负担共同正犯的罪责，教唆犯帮助正犯的时候，作为教唆犯，从重处罚。① 由此可见，共犯竞合是以一人实施数个共犯行为为前提的。在我国刑法学界，一般认为共犯竞合是一个吸收犯的问题，正如我国学者指出：

> 所谓共犯竞合不过是同一共同犯罪人由于实施了不同形态的共犯行为，而同时属于不同的共犯类型，本质上是一种共同犯罪人类型的重叠。共犯竞合在犯罪形态上完全是一种吸收犯，应当按照重度行为吸收轻度行为的原则确定犯罪人的刑事责任。②

法条竞合情形下的共同正犯是共同正犯的一种特殊形式，在实行同一之罪的情况下，由于该罪与他罪之间存在法条竞合，因而对共同正犯的行为人分别以不同犯罪论处的情形。

（二）想象竞合情形下的共同正犯

如果说，法条竞合是一种法律的竞合，这种竞合是不以具体犯罪的发生为转移的，那么，想象竞合就是行为的竞合——一种事实性竞合而非评价性竞合。在想象竞合的情况下，发生竞合的两个犯罪在犯罪的构成事实上存在一定的重合性，在重合范围内可以成立共同正犯。例如在故意杀人罪与故意伤害罪之间，到底是想象竞合、法条竞合还是包括的一罪，在刑法理论上存在争议。③ 在故意杀人罪与故意伤害罪之间的关系问题上，存在对立理论与单一理论之争。根据对立理论，杀人故意

---

① 参见［日］大谷实：《刑法讲义总论（新版第 2 版）》，黎宏译，430 页，北京，中国人民大学出版社，2008。

② 刘士心：《竞合犯研究》，20 页，北京，中国检察出版社，2005。

③ 参见陈家林：《共同正犯研究》，71 页，武汉，武汉大学出版社，2004。

在概念上已经排斥伤害故意的同时存在，换言之，两个概念之间有排斥的关系，所以不能成立法条竞合。但根据单一理论，杀人故意始终包含伤害故意，所以伤害罪退居补充地位，伤害罪是杀人罪的过程犯，伤害罪的不法内涵已经包含在杀人罪的不法内涵中。在这种情况下，实质上存在逻辑结构上的隶属关系，因此应该是特别关系。[①] 我认为，在犯罪构成要件上，杀与伤是相互排斥的，因而不能承认两罪之间存在法条竞合关系。但杀和伤之间又的确在一定程度上存在某种事实的重合，即通过伤害而达致杀害。在这种想象竞合的情况下，故意杀人罪与故意伤害罪之间存在着局部犯罪事实的重合，在这一重合限度内，可以成立共同正犯。因此，甲以杀人的故意、乙以伤害的故意共同侵害丙，致丙死亡的，尽管甲成立故意杀人罪，但在其所重合的故意伤害罪的范围内，甲、乙成立共同正犯。

（三）转化犯情形下的共同正犯

转化犯是我国刑法规定的一种特殊犯罪类型，是指行为人在实施某一较轻的犯罪时，由于连带的行为又触犯了另一较重的犯罪，因而法律规定以较重的犯罪论处的情形。在转化犯中，存在时间上具有先后衔接关系的两个犯罪：本罪与他罪。本罪是指转化以前的犯罪，他罪是指转化以后的犯罪。例如我国刑法第 292 条第 1 款规定了聚众斗殴罪，第 2 款规定：聚众斗殴，致人重伤、死亡的，依照故意伤害罪、故意杀人罪定罪处罚。在 甲、乙、丙聚众斗殴共同犯罪过程中，甲突然将他人捅死，转化为故意杀人罪。丙、乙对故意杀人既无故意又无行为，不符合转化条件。在这种情况下，对甲应定故意杀人罪。但在聚众斗殴罪范围内，甲、乙、丙三人仍然成立共同正犯。如果不包括甲在内，乙、丙二人就不能构成聚众斗殴罪，因为聚众必须有三人以上共同参与。因此，在转化犯的情况下，符合转化条件的行为人按照他罪定罪，但在本罪范围内仍然成立共同正犯。广义上的转化犯还包括我国刑法第 267 条第 2 款和第 269 条规定的转化型抢劫罪。前者是指携带凶器抢夺的，法律规定依照抢劫罪定罪处罚。后者是犯盗窃、诈骗、抢夺罪，为窝藏赃物、抗拒抓捕或者毁灭罪证而当场使用暴力或者以暴力相威胁的，以抢劫罪定罪处罚。在上

---

① 参见陈志辉：《刑法上的法条竞合》，74～75 页，台北，1998。

述两种转化型抢劫的共同犯罪中，都有可能发生部分行为人转化而定抢劫罪，部分人未转化而定盗窃、抢夺、诈骗罪。在这种情况下，对转化的行为人虽然应定抢劫罪，但在未转化的犯罪范围内，成立共同正犯。例如甲、乙共同到丙家盗窃，甲进入室内行窃，乙在室外望风。甲行窃时遇丙抓捕，遂将丙打成重伤。在这种情况下，甲构成抢劫罪，符合转化型抢劫的条件；但在盗窃罪上，甲、乙成立共同正犯。

（四）实行过限情形下的共同正犯

实行过限是指实行犯实施了超过共同犯罪故意的行为。在某种意义上说，前述共同犯罪中的转化犯，也往往是实行过限。但转化犯是刑法有明文规定的，可以单独归类。而这里的实行过限，则是刑法没有规定为转化犯的情形。实行过限可以分为重合性过限与非重合性过限。[①] 重合性过限是指预谋的犯罪与过限行为构成的犯罪之间具有重合性。例如，甲、乙共谋伤害丙，在伤害过程中甲起意杀害丙，甲的实行过限就是一种重合性过限，因为故意杀人罪与故意伤害罪之间存在一种事实上的重合性。非重合性过限则是指预谋的犯罪与过限行为构成的犯罪之间不具有重合性。例如，甲、乙共同盗窃，甲在盗窃过程中又临时起意强奸了女事主。在重合性过限的情况下，尽管对过限的行为人应以更重的犯罪论处，但过限的行为人在轻罪上成立共同正犯。例如，甲、乙共谋伤害丙，在实施伤害的过程中甲临时起意将丙杀死。对甲应定故意杀人罪，但在故意伤害（致死）罪上，甲、乙成立共同正犯。

五、结语

基于以上分析，我们再来看高海明绑架、郭永杭非法拘禁案，法院简单地得出"高海明、郭永杭对同一对象共同实施了犯罪行为，但其二人的犯罪故意和目的不同，故不属共同犯罪"的裁判结论，其根据明显不足。实际上，绑架罪与非法拘禁

---

① 参见吴振兴：《论教唆犯》，183～184 页，长春，吉林人民出版社，1986。

罪之间存在法条竞合关系，绑架罪属于特别法，非法拘禁罪属于普通法。高海明出于勒索财物的目的与没有勒索财物目的的郭永杭共同对被害人进行扣押、监禁。在非法拘禁罪上，高海明与郭永杭之间成立共同正犯，因此，对高海明定绑架罪，对郭永杭定非法拘禁罪，这一最终的定罪结果是正确的。但如果不承认高海明与郭永杭在非法拘禁罪上存在共同正犯的关系，则不利于解决高海明、郭永杭的定罪量刑问题。因为郭永杭是在高海明伙同他人将被害人劫持以后才对被害人进行看管的，如果郭永杭是非法拘禁的单独正犯，则其非法拘禁的实行行为是不完整的，令其对高海明的劫持被害人的行为承担刑事责任，就缺乏足够的法理根据。此外，就量刑而言，如果不把高海明的行为与郭永杭的行为视为一个整体，就难以区分该二人各自在共同犯罪中的作用，无法区分主犯与从犯，从而不利于公正地解决刑事责任的分担问题。因此，我们应当在承认高海明与郭永杭之间成立非法拘禁罪的共同正犯的基础上，根据特别法优于普通法的原则，对高海明以绑架罪论处。

　　高海明绑架、郭永杭非法拘禁案，并非一个特别复杂的案件，司法机关中只是根据对共同犯罪法律规定的简单理解进行了处理，但实际上其涉及共同犯罪，主要是共同正犯中的一些重大理论问题，包括承继的共同正犯与重合的共同正犯。关于承继的共同正犯，我国刑法理论以往关注的是承继的正犯是否对其介入前先行的正犯的行为承担刑事责任的问题。实际上，在承继的共同正犯中，存在承继的正犯独自完成其介入以后的行为的情形，由此，先行的正犯对承继的正犯的行为是否承担刑事责任呢？例如，在本案中假设后加入的被告人郭永杭在拘禁过程中将被害人杀死，那么被告人高海明是否对此承担杀人的刑事责任呢？这些都是值得研究的问题。关于重合的共同正犯，更是一个重要的理论问题，它涉及不同犯罪之间能否成立共同正犯的问题。以往的行为共同说是承认不同犯罪之间存在共同正犯的，而犯罪共同说往往对此不予承认。但对于存在重合关系的不同犯罪之间如果不承认共犯关系，则显然不合理。为此，在犯罪共同说中出现了部分的犯罪共同说，试图解决这个问题。部分的犯罪共同说承认在犯罪之间存在重合的情况下，在重合的限度内可以成立共同正犯。但我并不认为部分的犯罪共同说是犯罪共同说的否定或者是为弥补犯罪共同说而出现的理论。毋宁说，部分的犯罪共同说是在犯罪重合的情况下对犯罪共同说的一种实际适用。因此，这不是一个在共同正犯的性质上是坚持犯罪共同说还是坚持行为共同说的问题，而是一个在犯罪重合情形下共同正犯的认定问题。

第 2 节　内外勾结窃取银行现金行为之定性研究

案名：高金有盗窃案
主题：共犯与身份

内外勾结进行贪污或者盗窃犯罪如何定性，始终是刑法理论上的一个难题。它不仅涉及盗窃罪与贪污罪的区分，而且涉及有身份者与无身份者的共同犯罪的认定，需要从刑法理论上加以深入研究。本节以高金有盗窃案①为视角进行分析，该案既有一般内外勾结进行贪污或者盗窃犯罪的共性，又有其特殊性，对其定性问题更需从法理上加以阐述。

一、案情及诉讼过程

1998 年 7 月初，中国人民银行陕西省铜川市分行业务部出纳申某，多次与被告人高金有商议盗窃申与另一出纳共同管理的保险柜内的现金，高未同意。后申某多次约高吃饭、喝酒，做高的工作，并把自己的作案计划、安排告诉高，同时还几次让高看自己掌管的钥匙。高金有同意作案后，申即向高金有要了一把中号螺丝刀和一只蛇皮口袋放在自己的办公桌内，又用事先准备好的钢锯条将业务部的钢筋护栏锯断，为作案后逃离现

---

① 本案刊载于最高人民法院编：《刑事审判参考》，第 7 辑，北京，法律出版社，2000。

场做准备。7 月 23 日上午 10 时许，申某将高金有带至铜川市分行业务部熟悉地形，并暗示了存放现金的保险柜和开启保险柜的另一把钥匙的存放地点。7 月 27 日晚，申某找到被告人高金有，告知其近日将提款 40 万元存放保险柜的情况，并详细告诉高金有作案的时间、步骤，开启保险柜的方法及进出路线等。

7 月 30 日上午 7 时，申某将被告人高金有带进该行业务部套间，藏在自己保管的大壁柜内。其他工作人员上班后，申某与另一出纳员从金库提回现金 40 万元，放进保险柜内的顶层。10 时许，本市邮政财务科取走现金 10 万元。10 时 30 分左右，申进入套间向被告人高金有指认了放款的保险柜，后与其他本行职员聊天。10 时 40 分，申某乘其他工作人员吃饭离开办公室之际，打开壁柜，将自己保管的保险柜钥匙交给高金有，并告知人都走了，自己即将离开业务部去吃饭。被告人高金有撬开另一出纳员的办公桌抽屉，取出钥匙，打开保险柜，将 30 万元人民币装入旅行袋里，又在办公室将申某等人的办公桌撬开，然后从后窗翻出办公室逃离现场。

8 月 1 日晚，申某将作案经过告诉了其妻傅爱云，让傅通知高金有带款在本市青年旅行社等候。8 月 2 日中午，被告人傅爱云找到了高，讲了申的要求。当日下午，高金有依申的要求到了青年旅社。8 月 3 日晨见面后，二人一同来到高金有家，高拿出旅行袋说钱都在里面。申要高一起逃走，高不同意，申即给高留下 3 万元，然后携带其余赃款潜逃。破案后，从被告人高金有家中起获赃款 3 万元。

铜川市中级人民法院认为：被告人高金有潜入金融机构盗窃，情节特别严重，数额特别巨大，其行为已构成盗窃罪，铜川市人民检察院指控其犯罪的事实清楚、证据充分，但指控的罪名不当。被告人高金有的辩护人辩称，高在本案中系从犯。经查，被告人高金有积极实施盗窃犯罪，应系主犯，故其辩护理由不能成立；公诉机关指控被告人傅爱云犯有窝藏罪的事实清楚，证据充分，罪名成立，鉴于其犯罪情节及悔罪表现，可酌情从轻处罚。遂依照《中华人民共和国刑法》第 264 条第（1）项、第 310 条第 1 款、第 25 条第 1 款、第 26 条第 1 款、第 57 条第 1 款、第 72 条第 1 款的规定，于 1998 年 12 月 15 日判决如下：(1) 被告人高金有犯盗窃罪，判处死刑，剥夺政治权利终身，并处没收财产人民币 1 200 元。(2) 被告人傅爱云犯窝藏罪，判处有期徒刑 3 年，缓刑 4 年。

一审宣判后，被告人高金有以自己不是主犯、应以申某的身份定贪污罪、原判量刑过重等为由，向陕西省高级人民法院提出上诉。铜川市人民检察院亦以原判定性不当，提出抗诉。二审期间，陕西省人民检察院认为抗诉不当，撤回抗诉。陕西省高级人民法院裁定准予撤回抗诉，并继续审理本案。

陕西省高级人民法院经审理认为：上诉人高金有撬开另一出纳员的抽屉，窃取另一把保险柜钥匙，后用该钥匙和申某交给的钥匙打开保险柜，窃取柜内存放的现金 30 万元，这些行为都是高金有单独实施的，也是造成 30 万元现金脱离存放地点、失去该款保管人控制的直接原因。申某虽为业务部出纳，也掌管着另一把保险柜钥匙，作案前进行了周密的准备，将高带进业务部藏匿，将其他工作人员叫出去吃饭，是利用职务之便为高金有实施盗窃提供和创造条件，但是，仅以其个人职务便利尚不足以与高共同侵吞这笔巨额公款，因而不能以申某的身份和其行为确定本案的性质。上诉人高金有在窃取巨款的共同犯罪中起了主要作用，原判认定其为主犯正确。鉴于另一案犯申某在逃，高金有归案后能如实坦白交代自己的罪行，认罪态度较好，有悔罪表现，故对其判处死刑，但不应立即执行。遂依照《中华人民共和国刑事诉讼法》(1996 年——引者注) 第 189 条第 (1) (2) 项，《中华人民共和国刑法》第 264 条第 (1) 项、第 25 条第 1 款、第 26 条第 1 款、第 48 条第 1 款的规定，于 1999 年 6 月 29 日判决如下：(1) 维持铜川市中级人民法院刑事判决第 2 项，即被告人傅爱云犯窝藏罪，判处有期徒刑 3 年，缓刑 4 年；(2) 撤销铜川市中级人民法院刑事判决第 1 项，即被告人高金有犯盗窃罪，判处死刑，剥夺政治权利终身，并处没收财产人民币 1 200 元；(3) 上诉人 (原审被告人) 高金有犯盗窃罪，判处死刑，缓期 2 年执行，剥夺政治权利终身，并处没收财产人民币 1 200 元。

二、争议及裁判理由

外部人员勾结、伙同银行工作人员盗窃银行现金的行为，应当如何定罪？本案是一起共同犯罪案件，在逃犯罪嫌疑人申某系银行工作人员，被告人高金有不具备法定特殊身份。对于这起共同犯罪案件如何认定犯罪性质，从起诉、审判、抗诉、上诉到庭审判决的全过程来看，存在以下两种不同主张：

第一种意见认为，对高金有盗窃银行现金的行为应定为贪污罪。其理由是，在整个案件中，在逃犯罪嫌疑人申某利用经管银行现金的职务之便，授意、安排高金有盗窃巨额现金，且分得全部赃款的 90%。无论是采用共同犯罪应以主犯的犯罪性质认定罪名，还是根据刑法第 382 条第 3 款关于"与前两款所列人员勾结，伙同贪污的，以共犯论处"的规定，对被告人高金有的行为，都应认定为贪污罪。

第二种意见认为，在整个犯罪中，30 万元现金是被告人高金有单独窃取的，虽然申某对作案进行了周密的策划、带高到其工作单位熟悉环境、为高提供作案工具等，但这仅是申利用职务之便为高实施盗窃制造条件，尚不足以取得现金。被告人高金有必须撬盗另一把保险柜钥匙才能窃得现金，因此对高金有应以盗窃罪论处。

在上述两种争议观点中，两级法院均采纳了第二种观点，其裁判理由如下所述：

根据刑法第 382 条第 3 款的规定，与可单独犯贪污罪的人员伙同贪污的，以共犯论处。据此，对于没有法定特殊身份的人与国家工作人员、国家机关、国有公司、企业、事业单位、人民团体委托管理、经营国有财产的人员勾结、伙同贪污的，应一律作为贪污罪的共犯定罪处刑，这是法律规定的一种混合主体实施的共同犯罪。因此，这种特定身份与无特定身份的人勾结，共同犯罪的定性问题都解决了，却不一定全面。这是因为：

不具有国家工作人员身份的公司、企业或者其他单位的经理、副经理等负责管理本单位财物的人员，勾结、伙同公司、企业中的国家工作人员利用各自职务上的便利，共同侵吞本单位财产的共同犯罪，是以贪污罪还是根据不同主体身份分别以职务侵占罪和贪污罪来定罪，实践中有不同意见。我们认为，考虑到上述两种犯罪均是刑法规定的职务犯罪，且法律和司法解释未作明确规定，刑法对两种不同身份的人实施的犯罪行为均分别规定了不同的罪名和刑罚，就不能简单地以刑法第382条第3款的规定一律定贪污罪。仅就本案来说，无法定特殊身份的被告人高金有与有特定身份的银行工作人员申某互相勾结、伙同窃取银行现金，也不能简单地以贪污罪定性。按照过去有关司法解释的规定，全案应以主犯的犯罪性质确定。而在本案的全部犯罪过程中，在逃的申某提出犯意，并与高金有数次预谋，带领高到自己所在工作单位熟悉环境，指示高作案的时间、方式并提供了自己经管的保险柜钥匙，作案后自己分得绝大部分赃款，显系该共同犯罪的主犯。但同时，被告人高金有积极实施犯罪，撬开另一出纳员的办公桌，窃得打开保险柜的另一把钥匙，将30万元巨额现金窃走，其作用不亚于申某。用这种本属于裁量刑罚的犯罪情节来作为判定全案犯罪性质的依据，必然产生以哪一主犯的犯罪性质确定全案性质的难题。因而这种以主犯犯罪性质确定全案性质的做法，已被现行刑法所否定。

共同犯罪案件性质的确定取决于共同故意与共同行为是否符合法定某一具体犯罪的构成要件。虽然本案被告人高金有与在逃犯罪嫌疑人申某都具有共同将银行现金非法占为己有的共同故意，但如确定本案系共同贪污犯罪，还必须具备行为人共同利用职务便利侵吞、窃取、骗取或者其他方法非法占有公共财物的共同行为。这种共同行为可以从以下两个方面来考察：

一是各共同犯罪人实施犯罪都利用了职务上的便利，对于不具备特定身份的其他共犯则必须利用了有特定身份的犯罪人的职务之便。本案被告人高金有利用申某的职务之便熟悉了作案现场的环境，掌握了打开保险柜的另一把钥匙的存放处，以及巨额现金存放的具体部位。但是高金有撬开另一出纳员的办公桌窃取钥匙，以及用两把钥匙打开保险柜，窃走巨额现金的行为，虽与利用申的职务之便有联系，但并不是全部利用了申某的职务便利。换句话说，仅仅利用申某的职务便利，尚不能顺利地窃取存放在申与他人共同保管的保险柜内的巨额现金。

二是各共同犯罪人实施了共同的贪污行为。在共同犯罪中，虽然存在着不同的分工和不同共犯参与犯罪的程度不同，以及各自发挥的作用不同的情况，但是所有行为都必须围绕着一个犯罪目的而彼此配合、互相衔接。本案被告人高金有撬开办公桌、窃取钥匙、窃走现金的行为过程，不是申某的职务行为，也不是在申的职务所及范围内，与申的职务无关。此一行为无论是申本人实施，还是申与高共同实施，或如本案，仅是申提供前提条件，由高单独实施，都不属于刑法规定的职务犯罪行为，而是典型的盗窃行为。

综上，我们认为，只有同时具备共同贪污的故意和共同利用职务便利的贪污行为，全案才能以共同贪污犯罪定性。本案被告人高金有利用了申某的职务之便，秘密潜入并藏匿在银行业务部套间的壁柜内，趁申某请工作人员吃饭而离开现场的机会，实施了超出申某职务范围的窃取他人钥匙、秘密窃走保险柜内巨额现金的行为，并不完全符合贪污罪的构成要件，也就不完全符合共同贪污犯罪的特征。即使在逃犯罪嫌疑人申某被缉拿在案，对高金有也不能以贪污罪定性，原因就在于全案并不是完全以申某的职务行为完成的。未完全利用他人的职务便利实施全部犯罪，全案就不能仅以行为人利用职务便利为实施犯罪做了必要准备这一部分行为定性。故一、二审人民法院认定被告人高金有的行为构成盗窃罪，是正确的。

三、法律及司法解释的沿革

本案涉及有身份者与无身份者共同犯罪如何处理的问题。关于这个问题，大陆法系刑法一般均有专条规定。例如《德国刑法典》第 28 条（特定的个人特征）第 1 项规定："正犯的刑罚取决于特定的个人特征（第 14 条第 1 款）。正犯（教唆犯或帮助犯）缺少此等特征的，依第 49 条第 1 款减轻处罚。"《日本刑法典》第 65 条（身份犯的共犯）第 1 款规定："对于因犯罪人身份而构成的犯罪行为进行加功的人，虽不具有这种身份，也是共犯。"我国刑法，无论是 1979 年刑法还是 1997 年刑法，都无关于身份与共犯的一般规定，但在法律与司法解释中涉及某些个罪主要是贪污罪的身份与共犯的个别规定。

在 1979 年刑法施行以后，首次涉及内外勾结共同犯罪如何定性问题的规定是 1985 年 7 月 18 日颁布的最高人民法院、最高人民检察院《关于当前办理经济犯罪案件中具体应用法律的若干问题的解答（试行）》（已失效，以下简称 1985 年《解答》）。该司法解释第 2 条对内外勾结进行贪污或者盗窃活动的共同犯罪案件如何定罪的问题作出如下规定：

> 内外勾结进行贪污或者盗窃活动的共同犯罪（包括一般共同犯罪和集团犯罪），应按其共同犯罪的基本特征定罪。共同犯罪的基本特征一般是由主犯犯罪的基本特征决定的。

> 如果共同犯罪中主犯犯罪的基本特征是贪污，同案犯中不具有贪污罪主体身份的人，应以贪污罪的共犯论处。例如：国家工作人员某甲与社会上的乙内外勾结，由甲利用职务上的便利，侵吞、盗窃或者骗取公共财物，乙在共同犯罪中起次要、辅助作用，甲定贪污罪，乙虽然不是国家工作人员，也以贪污罪的共犯论处。售货员某甲与社会上的某乙、某丙内外勾结，由甲利用职务上的便利，采取付货不收款、多付货少收款，或者伪开退货票交由乙、丙到收款台领取现金等手段，共同盗骗国家财物，三人共同分赃，甲定贪污罪，乙、丙也以贪污罪的共犯论处。

> 如果共同犯罪中主犯犯罪的基本特征是盗窃，同案犯中的国家工作人员不论是否利用职务上的便利，应以盗窃罪的共犯论处。例如：社会上的盗窃罪犯甲、乙为主犯，企业内仓库保管员丙、值夜班的工人丁共同为甲、乙充当内线，于夜间引甲、乙潜入仓库盗窃国家财物，四人分赃。

甲、乙、丁均定盗窃罪，丙虽是国家工作人员，在参与盗窃活动时也曾利用其仓库保管员职务上的便利，但因他在共同犯罪中起次要或辅助的作用，仍以盗窃罪的共犯论处。

这一司法解释首次在我国刑法中确立了内外勾结共同犯罪按照主犯的犯罪性质定罪的司法原则。虽然这一司法原则对于统一内外勾结共同贪污或者盗窃案件的定性起到了一定的作用，但其缺乏正确的法理根据与操作可行性。以法理根据而言，该司法解释是建立在"共同犯罪的基本特征一般是由主犯犯罪的基本特征决定的"这一命题基础之上的，但这一命题显然是不能成立的。因为主犯是一个量刑的概念，是指在共同犯罪中起主要作用的犯罪分子，而共同犯罪的定性是一个定罪的概念，是指内外勾结进行贪污或者盗窃活动的共同犯罪案件到底是定贪污罪还是定盗窃罪的问题。以量刑的概念解决定罪的问题，完全是本末倒置，有悖于基本的逻辑关系。以操作可行性而言，按照主犯的犯罪性质定罪，是以区分主犯与从犯为前提的，但在同一个共同犯罪案件中，有身份者与无身份者在共同犯罪中的作用没有明显差别，均应认定为主犯的情况下，这种按照主犯的犯罪性质定罪的司法原则不具有操作可行性。

1988 年 1 月 21 日全国人大常委会《关于惩治贪污罪贿赂罪的补充规定》（已失效，以下简称 1988 年《补充规定》）第 1 条第 2 款对有身份者与无身份者共同贪污的问题作出了明文规定："与国家工作人员、集体经济组织工作人员或者其他经手、管理公共财物的人员勾结，伙同贪污的，以共犯论处。"此后，1997 年刑法第 382 条第 3 款吸纳了上述规定，作出以下规定："与前两款所列人员勾结，伙同贪污的，以共犯论处。"根据这一规定，有身份者与无身份者共同犯罪的，应以有身份者所犯之罪的共犯论处。关于这一法律规定的含义，我国学者指出：

> 与上述人伙同贪污的人员，刑法没有限制，其在共同犯罪中的地位、作用，法律也没有限定。因此，这部分人不论是否为国家工作人员，是否为被委托管理、经营国有财产的人员，不论其在共同犯罪中处于主犯还是从犯的地位，该共同犯罪都应以贪污罪定性，所有共犯均应以贪污罪定罪

处罚。①

虽然这一论述没有涉及这一法律规定是否完全否定了 1985 年《解答》确定的"按照主犯的犯罪性质定罪"的司法原则，但从该论述的行文来解读，这一含义是包括在其中的。关于这一点，另有学者明确指出：

> 修订后的刑法第 382 条第 3 款修改了最高人民法院、最高人民检察院 1985 年 7 月《解答》中所规定的从犯随主犯定罪的原则，而对 1988 年 1 月《补充规定》中按具有特殊身份的行为人的身份定罪的原则予以维持。这一修订解决了实践中存在的对于其他人员与贪污罪前两款所列人员勾结，伙同贪污公共财物、国有财物，是按各自不同的身份定罪还是按共同犯罪定罪，如果按共同犯罪定罪，是遵循从犯随主犯定罪还是按有特定职务的行为人的身份定罪，明确对于与贪污罪规定的前两款所列人员勾结，只要共同犯罪中的前两款人员利用职务上的便利，侵吞、窃取、骗取或以其他手段非法占有了公共财物、国有财产的，则参与犯罪的行为人无论主犯和从犯，都以贪污共犯论处。②

这一理解是有一定道理的。但 2000 年最高人民法院《关于审理贪污、职务侵占案件如何认定共同犯罪几个问题的解释》（以下简称 2000 年《解释》）的颁布，又重申了按照主犯的犯罪性质定罪的司法原则，从而限制了刑法第 382 条第 3 款的适用范围。

2000 年《解释》规定：

> 为依法审理贪污或者职务侵占犯罪案件，现就这类案件如何认定共同犯罪问题解释如下：
>
> 第一条　行为人与国家工作人员勾结，利用国家工作人员的职务便利，共同侵吞、窃取、骗取或者以其他手段非法占有公共财物的，以贪污

①　周道鸾等主编：《刑法的修改与适用》，782 页，北京，人民法院出版社，1997。

②　顾德镔、赵丽萍：《贪污罪的认定》，载丁慕英等主编：《刑法实施中的重点疑难问题研究》，834 页，北京，法律出版社，1998。

罪共犯论处。

第二条　行为人与公司、企业或者其他单位的人员勾结，利用公司、企业或者其他单位人员的职务便利，共同将该单位财物非法占为己有，数额较大的，以职务侵占罪共犯论处。

第三条　公司、企业或者其他单位中，不具有国家工作人员身份的人与国家工作人员勾结，分别利用各自的职务便利，共同将本单位财物非法占为己有的，按照主犯的犯罪性质定罪。

上述司法解释的第 1 条与第 2 条规定以共犯论处，与刑法规定的精神是相符合的，而且强调这种情形应以具有职务的人利用职务便利为前提，这显然是正确的。但第 3 条规定，国家工作人员与公司、企业或者其他单位人员相勾结，分别利用各自的职务便利，共同将本单位财物非法占为己有的，按照主犯的犯罪性质定罪，即：如果国家工作人员是主犯，对处于从犯地位的公司、企业或者其他单位中的非国家工作人员，应当以贪污罪共犯定罪处罚；反之，则应当以职务侵占罪共犯论处。该司法解释的制定者在阐述上述规定的理由时指出：

对这种情况如何认定，实践中有不同认识：一种意见认为，应当依照刑法第 382 条和第 271 条第 1 款的规定，分别以贪污罪和职务侵占罪定罪处罚。主要理由是：刑法对贪污行为和职务侵占行为分别规定了相应的处罚，明确表明了两者的区别。因此，对于公司、企业或者其他单位中，非国家工作人员与国家工作人员分别利用了各自职务上的便利，共同将本单位财物非法占为己有的，依照刑法的规定分别定罪处罚，能够体现罪、责、刑相适应的原则。另一种意见认为，虽然可以依法对上述行为分别定罪处罚，但是由于贪污罪的法定刑较之职务侵占罪重，假设在这种共同犯罪中国家工作人员是从犯，非国家工作人员是主犯，如果分别定罪，就有可能出现对从犯量刑比主犯重的情况，将会违背刑法有关共同犯罪处罚的规定，导致主、从犯的量刑失衡，甚至对整个案件从轻处罚，影响对此类犯罪行为的打击力度。根据刑法第 382 条第 3 款的规定，以贪污罪共犯定罪处罚既有充足的法律依据，又可避免出现上述问题。司法解释的制定者没有采纳上述两种观点，认为分别定罪的观点在有些具体案件中可能会出现不符合刑法有关共同犯罪的处罚规定，导致案件处理不能收到良好的社会效果。而以贪污罪共犯论处，则缺乏对公司、企业或者其他单位中非国家工作人员职务行为的刑罚评价，与立法本意也不完全吻合。因此主张"按照主犯的犯罪性质定"的观点。①

但这一司法解释存在在无从区分主犯与从犯的情况下如何认定的问题。对于这种情况，我国学者指出，在定性中存在三种选择：一是全案定贪污罪，这与前述司法解释的规定不一致；二是全案定职务侵占罪，这也与前述司法解释的规定不一致，且有违刑法第 271 条第 2 款规定的精神；三是对各共同犯罪人分别依其身份和所利用职务便利的不同，分别以贪污罪和职务侵占罪定罪量刑。在刑法没有修改、司法解释没有作出进一步明确规定之前，这似乎是比较妥当的一种处理方法。② 这是一种弥补疏漏的做法，但问题在于：2000 年《解释》本身是否正确？对此，我国学者指出：

> 国家工作人员与公司、企业或者其他单位中的非国家工作人员勾结，利用各自职务上的便利占有单位财物的情形如何定罪，用传统的罪数理论分析，实际上是想象竞合犯，因为各共犯可能有不同的分工，但他们的行为已经结合成为不可分割的统一体，即行为同时触犯贪污罪和职务侵占罪，换句话说，就是互为共犯，因而应当从一重罪处断。具体说，国家工作人员的行为符合刑法第 271 条第 2 款的规定，无论其是主犯还是从犯，都无例外地应以贪污罪论处。如果不这样处理，就不可避免地会出现这样极不合理的现象：非国有公司、企业中的劳务人员与被委派来的国家工作

---

① 张军主编：《解读最高人民法院司法解释：刑事、行政卷（1997—2002）》，326～327 页，北京，人民法院出版社，2003。

② 参见周道鸾、张军主编：《刑法罪名精释》，2 版，712 页，北京，人民法院出版社，2003。值得注意的是，在该书第 3 版，作者修改为：根据《全国法院审理经济犯罪案件座谈会纪要》的精神，对于此种共同犯罪可全案以贪污罪定罪处罚。参见周道鸾、张军主编：《刑法罪名精释》，3 版，812 页，北京，人民法院出版社，2007。

人员相勾结，通过后者利用职务上的便利非法共同占有本单位的财物，无论前者是主犯还是从犯，都以贪污罪的共犯论处。非国有公司、企业中非国家工作人员的管理人员与其中的国家工作人员相勾结，分别利用各自的职务上的便利，共同非法占有本单位的财物，前者是主犯反而只能定比贪污罪轻得多的职务侵占罪，这是会令人难以接受的。[①]

因此，我国学者认为，2000 年《解释》是否恰当值得研究。由此可见，尽管刑法与司法解释都有规定，但在刑法理论上对此问题仍莫衷一是。问题的症结何在，值得深入研究。

四、共犯理论之展开

对于有身份者与无身份者共同犯罪如何处理，涉及共犯与身份的关系。我国刑法理论之所以对内外勾结的共同犯罪问题未能达成共识，主要还是因为缺乏法理上的一致根据。为此，以下我对三个司法解释进行评释，由此对共犯与身份的法理展开探讨。

（一）1985 年《解答》的评释

1985 年《解答》规定内外勾结进行贪污或者盗窃活动的共同犯罪（包括一般共同犯罪和集团犯罪）适用按照主犯的犯罪性质定罪的司法原则，那么，这里的共同犯罪到底是指共同正犯还是也包括教唆犯和帮助犯呢？这是一个首先值得研究的问题，而这也恰恰是以往没有受到充分重视的一个问题。我认为，这里的内外勾结进行贪污或者盗窃活动的共同犯罪，是指共同正犯，而不包括共犯（教唆犯与帮助犯）。从《解答》中所举案例来看，有身份者与无身份者都参与了犯罪的实施。根据刑法规定，有身份者利用职务上的便利，窃取、骗取或者侵吞公共财物的，构成贪污罪；无身份者窃取、骗取或者侵吞公共财物的，分别构成盗窃罪、诈骗罪和侵

---

① 王作富主编：《刑法分则实务研究》，3 版，下册，1768 页，北京，中国方正出版社，2007。

占罪。① 在《解答》中列举的第一个案例是：售货员甲与社会上的乙、丙内外勾结，由甲利用职务上的便利，采取付货不收款、多付货少收款，或者伪开退货票交由乙、丙到收款台领取现金等手段，共同盗骗国家财物，三人共同分赃。在此，乙和丙实施了诈骗行为，《解答》所称盗窃一词是不确切的。第二个案例是：社会上的盗窃罪犯甲、乙为主犯，企业内仓库保管员丙、值夜班的工人丁共同为甲、乙充当内线，于夜间甲、乙潜入仓库盗窃国家财物，四人分赃。在此，甲、乙、丁实施了盗窃行为。由此可见，《解答》并未解决贪污罪中所有共犯问题，而只适用于共同正犯的情形。当然，这种有身份者与无身份者能否构成共同正犯，在刑法理论上是存在争议的。在这种情况下，有身份者的行为与无身份者的行为是一个不可分割的整体，他们互相分工、共同实施，因此应当从整体上加以分析。但在不同罪名之间简单地承认其为共犯关系，也是不正确的。对此，我的观点是，有身份者构成身份犯，无身份者的行为具有想象竞合的性质：一方面构成身份犯的帮助犯，另一方面又构成非身份犯的正犯。以内外勾结进行贪污或者盗窃而言，国家工作人员构成贪污罪，无论其为主犯或为从犯；非国家工作人员既构成贪污罪的帮助犯又构成盗窃罪的正犯。在这种共犯与正犯竞合的情况下，根据正犯优于共犯的原则，应以盗窃罪论处。这就是分别定罪说的由来。当然，分别定罪会存在刑罚不协调的问题：贪污罪与盗窃罪之间量刑标准相差悬殊，对非国家工作人员定盗窃罪处罚重，而以贪污罪的共犯论处处罚反而轻。这种现象是立法与司法本身的缺陷造成的。如果仅以刑罚轻重作为定罪之引导，那显然是本末倒置。

（二）刑法第 382 条第 3 款的评释

1988 年《补充规定》和 1997 年刑法第 382 条第 3 款均规定，非国家工作人员伙同国家工作人员贪污的，以贪污罪的共犯论处。那么，这里的共犯如何界定？这也是一个值得研究的重要问题。

如前文所述，《日本刑法典》第 65 条第 1 款规定："对于因犯罪人身份而构成

---

① 1985 年《解答》颁布时，我国刑法中尚无侵占罪之规定，对这种侵占情形一般类推为盗窃罪。1997年我国刑法中才首次设立侵占罪。

的犯罪行为进行加功的人，虽不具有这种身份的，也是共犯。"关于这里的共犯如何理解，在日本刑法学界也是存在争议的。对此，日本学者大塚仁教授曾经作过以下介绍：

> 第一说主张从教唆犯、从犯（指帮助犯——引者注）附随于正犯的立场出发，认为非身份者的教唆行为、帮助行为附随于身份者的实行行为，成立教唆犯、从犯当然不需要特别的规定，因此，第二项是只关于共同正犯的特别规定。第二说认为，没有必要把教唆犯、从犯特别从共犯中除外，即使其成立是当然的，也并非没有作为注意规定的意义。因此，共犯中除了共同正犯之外也包括教唆犯和从犯。第三说认为，重视实行行为的规范意义时，在真正身份犯中，不能承认基于非身份者的实行行为。例如，非公务员与公务员一起接受了与公务员的职务相关的不正当财物时，该行为就公务员来说是贿赂的收受。但是，对非公务员来说，该财物不是贿赂，接受它的行为也不能说是收受。即，只应该对身份者承认身份犯的共同正犯，在身份者对身份者承认身份犯的共同正犯，在非身份者与身份者之间不能考虑身份犯的共同正犯。必须认为，本项的共犯也不可能包括共同正犯，只是指教唆犯和从犯。第四说认为，本项中也包括不真正身份犯时，不真正身份犯只不过由于身份而在法定刑上有轻重，非身份者也能够参与其实行行为，在这个限度内，也可以承认共同正犯。这样，应该认为，关于真正身份犯，所谓共犯只指教唆犯、从犯；关于不真正身份犯，所谓共犯意指共同正犯、教唆犯和从犯。①

由此可见，在日本刑法理论上，共犯与身份犯是一个极为复杂的理论问题。我国刑法学界对这个问题虽然有所讨论，但远没有达到深入的程度。这个问题看似烦琐，其实可以从理论上予以澄清。尽管日本学者是对《日本刑法典》第 65 条第 1款（附带地也涉及第 2 款）予以讨论，但对于我们正确理解我国刑法第 382 条第 3

---

① ［日］大塚仁：《刑法概说（总论）（第三版）》，冯军译，283～284 页，北京，中国人民大学出版社，2003。

款的规定也是有帮助的，因为法理总是相通的。

我国刑法第 382 条第 3 款规定："与前两款所列人员勾结，伙同贪污的，以共犯论处。"该法条未明示主体是没有"前两款"所规定的身份的人员，而"前两款所列人员"是指有"前两款"所规定的身份的人员。由此可见，这是关于有身份者与无身份者共同犯罪的规定。对于这一规定，立法机关解释为：这里所说的伙同贪污，是指伙同国家工作人员进行贪污，其犯罪性质是贪污罪，对伙同者，应以贪污罪的共犯论处。[1] 这一解释似是而非，它没有从共犯理论上对伙同作出确切的界定，即，这里的伙同是指教唆、帮助还是也包括共同正犯？关于对这个问题的理解，我们遇到了与日本刑法学界对《日本刑法典》第 65 条第 1 款的规定的理解时相同的争议。对此，我国刑法学界通常认为，这里所说的共犯，是共同犯罪人的简称，包括共同正犯在内。[2] 但也有学者持相反的观点，例如，在解释 1988 年《补充规定》的"以共犯论处"时，我国学者指出：

> 这是不是说无特殊身份者与有特殊身份者共同盗窃、骗取公共财物的都必须以贪污罪论处呢？我们认为应具体问题具体分析，不能一概而论。根据刑法理论中共犯与身份犯关系的理论，共同犯罪中的实行犯既有有身份者又有无身份者的，应以其中起主要作用者有无身份来确定犯罪性质。实行犯中起主要作用者是身份犯的，应定贪污罪；不是身份犯的，不能定贪污罪，构成其他罪的，定其他罪。[3]

根据这种观点，以共犯论处的情形只能包括教唆犯与帮助犯，对共同正犯则应以主犯的身份定罪。在上述两种观点中，我是赞同第二种观点的。在《刑法疏议》一书中我曾经对刑法第 382 条第 3 款之规定作过以下解释：

> 这里的共犯，是指贪污罪的教唆犯与帮助犯。贪污罪是身份犯，只是具有法定身份的人员才能构成本罪，即成为本罪的实行犯。不具有这种法

---

① 参见胡康生、郎胜主编：《中华人民共和国刑法释义》，3 版，573 页，北京，法律出版社，2006。
② 参见肖中华：《犯罪构成及其关系论》，324 页，北京，中国人民大学出版社，2000。
③ 赵廷光主编：《中国刑法原理（各论卷）》，470 页，武汉，武汉大学出版社，1992。

定身份的人，不能单独构成贪污罪，即不能成为贪污罪的实行犯。但这种人与前两款规定的人员相勾结的，可以成为贪污罪的教唆犯和帮助犯。因此，本款是对有身份的人与无身份的人共犯贪污罪的处罚规定。①

现在看来，对于我的这一观点需作进一步的论证。在刑法理论上，身份犯有纯正身份犯与不纯正身份犯之分。纯正身份犯之身份是构成的身份，在日本刑法理论上也称违法的身份，由此构成的是违法身份犯。在这种情况下，无此身份则无此犯罪。因而，构成身份是一种对定罪具有决定意义的身份。不纯正身份犯之身份是加减的身份，在日本刑法理论上也称责任的身份，由此构成的是责任身份犯。在这种情况下，身份对定罪没有影响，无此身份有此犯罪，但对量刑有影响。因此，加减身份是一种对量刑具有影响的身份。一般认为，《日本刑法典》第 65 条第 1 款规定的是违法身份犯，第 2 项规定的是责任身份犯。对此，日本学者山口厚教授指出：

就以违法身份为要件的违法身份犯而言，应该适用（日本）刑法第 65 条第 1 项，认定无身份者构成身份犯的共犯；就以责任身份为要件的责任身份犯而言，应该适用或者准用第 65 条第 2 款的规定，认定无身份者构成非身份犯的共犯（但是，在欠缺责任身份的行为不被处罚的情况下，无身份者不可罚）。②

那么，我国刑法第 382 条第 3 款是关于纯正身份犯的规定还是关于不纯正身份犯的规定？显然，它是关于纯正身份犯的规定。应该说，我国刑法对于不纯正身份犯的处理原则并无规定，对此应当按照刑法理论加以解决。例如，刑法第 243 条第 1 款规定了诬告陷害罪，第 2 款规定："国家机关工作人员犯前款罪的，从重处罚。"这里的国家工作人员犯诬告陷害罪，就是不纯正的身份犯：无此身份也可构成诬告陷害罪，有此身份则应从重处罚。问题在于：非国家工作人员与国家工作人员共同进行贪污或者盗窃的情况下，国家工作人员的身份是构成身份还是加减身份？在回

---

① 陈兴良：《刑法疏议》，619 页，北京，中国人民公安大学出版社，1997。
② ［日］山口厚：《日本刑法中的"共犯与身份"》，载马克昌、莫洪宪主编：《中日共同犯罪比较研究》，143 页，武汉，武汉大学出版社，2003。

答这个问题之前，我们来看一下日本学者山口厚教授的解释。日本判例对身份作广义解释，不仅包括一定的资格或者个人情状，而且包括一定的目的。那么，日本的判例为什么要采取广义的身份？其根据和用意何在？对此，山口厚教授指出：

> 意义在于，对身份掌握得宽是为了适用刑法第 65 条第 2 款。如走私麻药罪和以营利为目的的走私麻药罪，如前者加功于后者，就可以将后者解释为身份犯，可适用这一款，被告人具有营利目的的，直接适用后罪即可，但如其没有此目的而与有目的的人一起走私麻药，不如此解释就会构成以营利为目的的走私麻药罪共同正犯，处罚更重。如此解释就适用第 65 条第 2 款，有利于被告人。

此外，山口厚教授还进一步解释：

> 日本的贪污罪没有主体区分，但有一般委托物侵占罪和业务侵占罪，如果这种情况在日本，对国家工作人员和其他人员分别定贪污罪和职务侵占罪。①

由此可知，在国家工作人员和非国家工作人员共同进行贪污或者盗窃的情况下，国家工作人员的身份是加减身份而非构成身份，因而贪污罪相对于盗窃罪、诈骗罪、侵占罪来说是不纯正的身份犯。在这种情况下，对没有特定身份的人，应以无特定身份的犯罪定罪，判处通常之刑。这也就是《日本刑法典》第 65 条第 2 款的规定："因身份而特别加重或者减轻刑罚时，对于没有这种身份的人，判处通常的刑罚。"虽然我国刑法无此规定，但这一规定所揭示的法理是我们在处理不纯正的身份犯时应当遵循的。基于以上分析，我认为，刑法第 382 条第 3 款规定的共犯，并不包含国家工作人员与非国家工作人员的共同正犯。

（三）2000 年《解释》的评释

2000 年《解释》是对贪污罪和职务侵占罪的共犯问题的规定，这一规定是对刑法第 382 条第 3 款的解释，但这一解释是否符合立法原意及法理，确有可商榷

---

① ［日］山口厚：《日本刑法中的"共犯与身份"》，载马克昌、莫洪宪主编：《中日共同犯罪比较研究》，247、300 页，武汉，武汉大学出版社，2003。

之处。

2000 年《解释》第 1 条规定："行为人与国家工作人员勾结，利用国家工作人员的职务便利，共同侵吞、窃取、骗取或者以其他手段非法占有公共财物的，以贪污罪共犯论处。"这一规定将刑法第 382 条第 3 款规定的伙同贪污，解释为"利用国家工作人员的职务便利，共同侵吞、窃取、骗取或者以其他手段非法占有公共财物"，实际上是指国家工作人员与非国家工作人员共同进行的贪污或者盗窃，也就是所谓共同正犯。因此，根据 2000 年《解释》，刑法第 382 条第 3 款中的"以共犯论处"，包括共同正犯。显然，这一规定违反了刑法对于具有国家工作人员身份的人与不具有国家工作人员身份的人实施相同行为，分别规定为贪污罪与盗窃罪、诈骗罪和侵占罪，以体现对国家工作人员犯相同之罪行处以较重之刑的法理。

2000 年《解释》第 2 条规定："行为人与公司、企业或者其他单位的人员勾结，利用公司、企业或者其他单位人员的职务便利，共同将该单位财物非法占为己有，数额较大的，以职务侵占罪共犯论处。"这一规定的性质与上述规定相同，不赘述。

2000 年《解释》第 3 条规定："公司、企业或者其他单位中，不具有国家工作人员身份的人与国家工作人员勾结，分别利用各自的职务便利，共同将本单位财物非法占为己有的，按照主犯的犯罪性质定罪。"这是争议最大的一个规定，究其原委，问题出在按照主犯的犯罪性质定罪这一规定违反定罪的一般法理。同时，这一规定与前两条规定也有不相协调之处。如果按照这一条规定的精神，就应将按照主犯的犯罪性质定罪这一原则贯彻到前两条规定的情况之中。

当然，2000 年《解释》也有一定的积极意义，即其强调利用国家工作人员的职务便利才能以贪污罪共犯论处。因此，虽然是国家工作人员与非国家工作人员共同犯罪，但未利用国家工作人员职务上的便利的，仍应定盗窃罪而非贪污罪的共同正犯。

五、裁判理由的评判

高金有盗窃案是一个典型的内外勾结窃取公共财产的案件。在本案中，高金有是非国家工作人员，在逃的申某是国家工作人员，作案时任中国人民银行陕西省铜川市分行业务部出纳。这个案件的特点是内外勾结共同作案，因而关系到对被告人如何定罪的问题。从诉讼经过来看，检察院以贪污罪起诉，而法院以盗窃罪判处，因而存在到底是定贪污罪还是定盗窃罪的争论。

本案之所以对被告人高金有应定盗窃罪而不应定贪污罪，原因就在于窃取银行现金并未完全利用申某的职务上的便利。利用职务上的便利，是贪污罪构成的一个前提条件。这里所说的利用职务上的便利，是指利用自己职务范围内的权力和地位所形成的主管、管理、经手公共财物的便利条件。[1] 利用职务上的便利，在一般情况下并不难理解。但在某些特殊情况下，就像在本案中，保险柜内的现金是由两人共同保管，若此两人共谋共同利用职务上的便利窃取保险柜内财物，当然可以构成贪污罪的共同正犯。但在本案中，另一人并不知情，申某乘其他工作人员外出吃饭离开办公室之机，打开壁柜将自己保管的保险柜钥匙交给高金有，并告知人都走了，自己即将离开业务部去吃饭。被告人高金有撬开另一出纳员的办公桌抽屉，取出钥匙，打开保险柜窃取 30 万元人民币。在这种情况下，即使申某本人实施上述行为，也并不构成贪污罪而构成盗窃罪。因此，本案对贪污罪的利用职务上的便利确认了以下规则：

> 国家工作人员在与其他国家工作人员共同保管财物情况下，利用本人职务上的便利但未利用他人职务上的便利，从而窃取其所共同保管财物的，构成盗窃罪而非贪污罪。

在上述共同保管的情形下，部分利用职务上的便利，部分没有利用职务上的便利，裁判理由解释为不具备利用职务上便利。这是一种不利于被告人的解释，其理论根据尚可探究。但基于上述规则，在本案中，由于国家工作人员申某的行为本身不构成贪污罪，对被告人高金有也就不能以贪污罪的共犯论处。

本案的裁判结论虽然是正确的，但从裁判理由来看，涉及内外勾结共同犯罪如何定罪问题的有关论述是值得研究的。例如，在本案中被告人高金有是否可能实施

---

[1]　参见胡康生、郎胜主编：《中华人民共和国刑法释义》，3 版，573 页，北京，法律出版社，2006。

贪污行为，就是一个问题。裁判理由认为，只有同时具备共同贪污的故意和共同利用职务便利的贪污行为，全案才能以共同贪污犯罪定性。这一观点，如果是就共同保管公共财物的两个国家工作人员而言，无疑是正确的。但如果是针对本案中国家工作人员申某和非国家工作人员高金有而言，就值得推敲。这种观点实际上是以高金有可能实施贪污行为为其逻辑前提的。那么，只有纯正身份犯才能实施的行为，无身份者是否可能实施呢？这里应当区分两种情形：

第一种情形是某一行为只有具有特定身份的人才有可能实施，没有这种特定身份的人根本不能实施或只能实施部分行为。根本不能实施的是指受贿行为，收受财物的行为是利用职务便利为他人谋取利益的对价，只有国家工作人员才有可能实施，他人不可能实施。即或国家工作人员家属收下行贿人送上门来的财物，也只是一种代为收受的性质，而不是受贿罪的实行行为，充其量只能是受贿罪的帮助犯。只能实施部分行为的是指强奸行为，强奸行为是使用暴力、胁迫或者其他方法，违背妇女意志强行与其发生性关系，因而，强奸罪的实行行为只能由男子实施，妇女不可能实施完整的强奸行为，但可以实施暴力、胁迫或者其他方法。在这种情况下，妇女与男子是否构成强奸罪的共同正犯是存在争议的。但如果不是形式地而是实质地考察强奸罪的实行行为，就不能不认为妇女的行为是对男子强奸的帮助行为，属于事中帮助犯。对此，1984 年最高人民法院、最高人民检察院、公安部《关于当前办理强奸案件中具体应用法律的若干问题的解答》（已失效）指出：“妇女教唆或帮助男子实施强奸犯罪的，是共同犯罪，应当按照她在强奸犯罪活动中所起的作用，分别定为教唆犯或从犯，依照刑法有关条款论处。”根据这一规定，妇女不可能成为强奸罪的共同正犯。

第二种情形是某一行为无论是有身份者或无身份者均可实施，但刑法规定为不同的犯罪，予以不同的法律评价。例如，非法开拆他人信件的，如果是普通公民实施，构成侵犯通信自由罪；如果是邮政工作人员实施，则构成私自开拆邮件罪。贪污罪与盗窃罪的关系也是如此：国家工作人员利用职务上的便利窃取公共财物的，是贪污行为。非国家工作人员窃取公共财物的，是盗窃行为。由于非国家工作人员没有职务上的便利，其不可能实施贪污行为。

根据以上分析，我认为高金有不可能实施贪污行为，也就不存在申某与高金有实施共同贪污行为的问题。在窃取银行现金的犯罪中，申某与高金有确实是作了分工：申某提供本人的职务便利，高金有利用了申某提供的这种便利，从而窃取了申某与他人共同保管的现金。在这种情况下，申某的行为本身也不构成贪污罪，高金有更是直接实施了盗窃行为。因此，高金有不可能直接实施贪污行为。即使申某实施的是贪污行为，高金有的行为仍然具有盗窃性质。

第 3 节　共同犯罪中个别犯罪人致人死亡行为之定性研究

案名：陈卫国故意杀人案　王兴佰故意伤害案
主题：共犯的实行过限　结果加重犯的共同正犯

　　共犯中的实行过限如何认定，是共同犯罪的定罪量刑中一个十分重要的问题。在司法实践中，经常发生涉及共犯的实行过限的疑难案件，需要从刑法理论上加以研究。本节以陈卫国故意杀人案与王兴佰故意伤害案①为例，对共犯的实行过限与结果加重犯的共同正犯问题进行探讨。

一、陈卫国故意杀人案：实行过限

　　被告人余建华案发前在浙江省温州市瓯海区娄桥镇娄南街某鞋业有限公司务工。2005 年 9 月 29 日晚，余建华因怀疑同宿舍工友王某窃取其洗涤用品而与王发生纠纷，遂打电话给亦在温州市务工的被告人陈卫国，要陈前来教训王。次日晚上 8 时许，陈卫国携带尖刀伙同同乡吕某（另案处

---

　　①　陈卫国故意杀人案、王兴佰故意伤害案刊载于最高人民法院编：《刑事审判参考》，第 52 集，北京，法律出版社，2007。

理）来到某鞋业有限公司门口与余建华会合，此时王某与被害人胡某及武某正从门口经过。经余建华指认，陈卫国即上前责问并殴打胡某，余建华、吕某也上前分别与武某、王某对打。其间，陈卫国持尖刀朝胡某的胸部、大腿等处连刺 3 刀，致被害人胡某左肺破裂、左股动静脉离断，急性失血性休克死亡。

温州市中级人民法院认为：被告人陈卫国、余建华因琐事纠纷而共同故意报复杀人，其行为均已构成故意杀人罪。犯罪情节特别严重，社会危害极大，应予依法惩处。遂依照《中华人民共和国刑法》第 232 条、第 25 条第 1 款、第 56 条第 1 款、第 57 条第 1 款的规定，于 2006 年 3 月 17 日判决如下：（1）被告人陈卫国犯故意杀人罪，判处死刑，剥夺政治权利终身；（2）被告人余建华犯故意杀人罪，判处有期徒刑 15 年，剥夺政治权利 5 年。

宣判后陈卫国、余建华均以没有杀人的故意、定性不准、量刑过重为由提出上诉。

浙江省高级人民法院经审理认为：上诉人陈卫国事先携带尖刀，在与被害人争吵中，连刺被害人 3 刀，其中左胸部、左大腿的两处创伤均为致命伤，足以证明陈卫国对被害人的死亡后果持放任心态，原审据此对陈卫国定故意杀人罪并无不当。上诉人余建华、陈卫国均供述余建华仅要求陈卫国前去教训被害人，没有要求陈卫国携带凶器；在现场斗殴时，余建华没有与陈卫国作商谋，且没有证据证明其知道陈卫国带着凶器前往；余建华也没有直接协助陈卫国殴打被害人。原判认定余建华有杀人故意的依据不足，应对其以故意伤害罪判处。陈卫国犯罪情节特别严重，社会危害极大，应予依法惩处。原判对陈卫国的定罪和适用法律正确，量刑适当，审判程序合法。对余建华的定罪不当，应予改判。遂依照《中华人民共和国刑事诉讼法》（1996 年——引者注）第 189 条第（1）（2）项，《中华人民共和国刑法》第 232 条、第 234 条、第 56 条第 1 款、第 57 条第 1 款的规定，于 2006 年 8 月 1 日判决如下：（1）驳回上诉人陈卫国的上诉；

(2) 撤销原审判决中对上诉人余建华的定罪量刑部分；(3) 上诉人余建华犯故意伤害罪，判处有期徒刑 15 年，剥夺政治权利 5 年。

二、王兴佰故意伤害案：非实行过限

2003 年，被告人王兴佰与被害人逢某各自承包了本村沙地售沙。被告人王兴佰因逢某卖沙价格较低，影响自己沙地的经营，即预谋找人教训逢某。2003 年 10 月 8 日 16 时许，被告人王兴佰得知逢某与妻子在地里干活，即纠集了被告人韩涛、王永央及崔某某、肖某某、冯某某等人。在地头树林内，被告人王兴佰将准备好的 4 根铁管分给被告人王永央等人，并指认了被害人逢某。被告人韩涛、王永央与崔某某、肖某某、冯某某等人即冲入田地段打被害人逢某。其间，被告人韩涛掏出随身携带的尖刀捅刺被害人逢某腿部数刀，致其双下肢多处锐器创伤致失血性休克死亡。被告人王永央看到韩涛捅刺被害人并未制止，后与韩涛等人一起逃离现场。2003 年 10 月 15 日，被告人王兴佰被抓获归案。2004 年 1 月 16 日，被告人韩涛投案自首。2004 年 4 月 1 日，被告人王永央被抓获归案。崔、肖、冯等人仍在逃。被告人王兴佰在被羁押期间，检举他人犯罪，并经公安机关查证属实。

审理期间，在法院主持下，附带民事诉讼原告人与被告人双方就附带民事诉讼问题达成了调解：被告人王兴佰、韩涛及其法定代理人、被告人王永央等共同赔偿附带民事诉讼原告人经济损失人民币 297 000 元。

被告人韩涛对指控事实无异议。被告人王兴佰及其辩护人辩称：被告人王兴佰只是想教训逢某，没有对被害人造成重伤、致残或者剥夺生命的故意。被告人韩涛持刀捅伤被害人致其死亡，完全超出了被告人王兴佰的故意范围，属于实行过限，应由韩涛个人负责。被告人王永央亦辩称致人死亡的后果应由被告人韩涛一人承担。

山东省青岛市中级人民法院认为：被告人王兴佰因行业竞争，雇佣纠集人员伤害他人；被告人韩涛、王永央积极实施伤害行为，致被害人死亡，其行为均构成故意伤害罪。虽有证据证实，被告人韩涛持刀捅刺的行为是导致被害人逄某死亡的主要原因，但证据同时证实，被告人王兴佰事先未向参与实施伤害者明示不得使用尖刀等锐器，被告人王永央实施伤害行为时，发现被告人韩涛持刀捅刺被害人也未予以制止，故被告人韩涛的持刀捅刺行为并非实行过限的个人行为，被告人王兴佰、韩涛、王永央应共同对被害人逄某的死亡后果负责。被告人王兴佰、韩涛在犯罪中起主要作用，系主犯。被告人王永央在犯罪中起次要作用，系从犯，依法予以减轻处罚。被告人王兴佰有立功表现且积极赔偿被害人的经济损失，依法予以从轻处罚；被告人韩涛犯罪时不满 18 周岁且有自首情节，依法予以从轻处罚。遂依照《中华人民共和国刑法》第 234 条、第 56 条第 1 款、第 25 条第 1 款，第 26 条第 1、4 款，第 27 条、第 17 条第 3 款、第 67 条第 1 款、第 68 条第 1 款、第 72 条 1 款，第 73 条第 2、3 款，以及《最高人民法院关于对故意伤害、盗窃等严重破坏社会秩序的犯罪分子能否附加剥夺政治权利问题的批复》《最高人民法院关于刑事附带民事诉讼范围问题的规定》第 4 条之规定，判决如下：（1）被告人王兴佰犯故意伤害罪，判处有期徒刑 10 年，剥夺政治权利 3 年。（2）被告人韩涛犯故意伤害罪，判处有期徒刑 12 年。（3）被告人王永央犯故意伤害罪，判处有期徒刑 3 年，缓刑 4 年。

一审宣判后，公诉机关未抗诉，各被告人亦未上诉，判决已发生法律效力。

三、实行过限的法理分析

共犯的实行过限，是指实行犯实施了超出共同犯罪故意的行为。在实行过限的情况下，过限行为的实行者当然应当对本人所实施的过限行为承担刑事责任。问题在于：在共同犯罪中，如何正确地区分哪些行为属于过限行为？认定是否属于过限行为，其标准应当是共同犯罪故意：凡是超出共同犯罪故意的行为，就属于实行过限行为；凡是没有超出共同犯罪故意的行为，就不属于实行过限行为。在共同犯罪故意十分明确的情况下，实行过限行为并不难认定；但在共同犯罪故意并不明确的情况下，实行过限行为在认定上往往存在疑难之处。

（一）共同正犯中的实行过限

共同正犯是指共同实行犯罪的情形，因而又称为共同实行犯。在共同正犯的情况下，各实行犯在同一的或者概括的犯意的支配下实行犯罪，凡在其共同犯罪故意范围之内的行为，均应属于共同犯罪行为。在共同犯罪故意的限度内，采用部分行为之全体责任的原则，即各实行犯不仅对本人的行为负责，而且要对他人的行为负责。当然，如果他人的行为超出了共同犯罪故意，属于实行过限，则本人对他人的行为不再负责。

在共同正犯的情况下，如果实行过限行为是有别于共同犯罪的另一个独立犯罪，则实行过限较为容易认定。例如，甲、乙共同入室盗窃，甲在乙不知情的情况下，又实施了对女事主的强奸行为，则该强奸行为属于实行过限，是不会有争议的。但如果实行过限行为是转化犯，则其认定会存在一定难度。转化犯是指在犯本罪的过程中，又触犯一个更重的他罪，因而从本罪转化为他罪的情形。对于转化犯通常是刑法有明文规定的，但也存在刑法没有明文规定的转化犯。在单独犯罪的情况下，转化犯应按转化以后的他罪论处。但在共同犯罪的情况下，涉及转化犯的，到底是整体转化还是部分转化，或者在什么情况下整体转化、在什么情况下部分转化？这是一个值得研究的问题，而这一问题又与实行过限行为具有密切的关联。我国学者对转化犯的共犯认定作了研究，认为转化犯的共犯认定可以分为以下三种情况：

1. 构成型转化犯的共犯认定规则。在基础之罪实施过程中或者实施之后，又实施新的犯罪行为，从而充足刑法分则其他犯罪构成要件的，属于构成型转化犯。例如，刑法第 238 条第 2 款（非法拘禁罪转化为故意伤害罪或故意杀人罪）、第 241 条第 5 款（收买被拐卖的妇女、儿童罪转化为拐卖妇女、儿童罪）、第 253 条第 2 款（私自开拆、隐匿、毁弃邮件、电报罪转化为盗窃罪)。由于构成型转化犯是基础之罪的犯罪构成向转化之罪的犯罪构成的转化,转化之罪本身具有独立的犯罪构成,因此,如同一般共同犯罪一样,可以存在转化之罪的共同犯罪。当然,其成立共犯的前提条件,也同一般共同犯罪一样,仍然应当是各共同犯罪人具有转化之罪的共同故意与共同行为。不具有共同犯罪成立的主客观要件的,即使成立基本之罪的共同犯罪,也不应成立转化之罪的共同犯罪。

2. 规范型转化犯的共犯认定规则。在基础之罪实施过程中,为其他目的而实施不属于基础之罪的犯罪构成行为,或者存在超越基础之罪犯罪构成的客观伴随状况,刑法分则规范直接将其规定为其他犯罪的,属于规范型转化犯。刑法第 269 条规定的转化型抢劫,实际上是规范设定而成的罪名之间的直接转化,不是两个犯罪构成之间的转化;刑法第 267 条第 2款规定的转化型抢劫,要求行为人具备超越抢夺罪构成要件行为之外的伴随状况(携带凶器),同样是法律拟制的转化效果。规范型转化犯的共犯转化条件应当比构成型转化犯的更为严格。规范型转化犯不仅需要基础之罪的共犯都具有窝藏赃物、抗拒抓捕、毁灭罪证的主观目的,而且需要共犯均实施了暴力或者以暴力相威胁的实行行为和帮助行为。其他基础之罪的共犯不知他人有转化意图和转化行为,或者知道他人有转化意图和转化行为,但没有改变自身实行行为或加入帮助行为的,不应当成立转化之罪的共犯。例如,共同抢夺的实行犯 A 不知实行犯 B 携带凶器的,前者不应当随后者共同转化为抢劫罪;在外负责望风或者接应的盗窃罪的共犯,看到或听到盗窃实行犯在屋内对屋主抓捕进行暴力反抗,但没有参与的,不应当以转化之罪的共犯论处。

3. 结果型转化犯的共犯认定规则。因在实施基础之罪的过程中发生严重结果,不问行为人的犯罪行为程度与犯罪故意内容,构成其他犯罪的,属于结果型转化犯。例如,刑法第 247 条(刑讯逼供罪或暴力取证罪转化为故意伤害罪或故意杀人罪)、第 248 条(虐待被监管人员罪转化为故意伤害罪或故意杀人罪)、第 292 条第 2 款(聚众斗殴罪转化为故意伤害罪或故意杀人罪）和第 333 条第 2 款（非法组织卖血罪或强迫卖血罪转化为故意伤害罪）。由于结果型转化犯是基于发生刑法分则规定的严重危害结果而转化，同样不是实质意义上的犯罪构成之间的转化，是刑法规范抽离出特定结果形成的罪名之间的转化。结果型转化犯中的转化之罪并不具有完整的犯罪构成，这决定了是否成立该转化之罪的共同犯罪，并不以每个共同犯罪人都具有转化之罪的共同故意与共同犯罪行为为必要。结果型转化犯强调的是转化之罪中的构成要件结果，显然，结果型转化犯的共犯认定应当以因果关系为依据。对于直接致人伤残、死亡的行为人应当以转化之罪定罪处罚，对于这一严重结果具有共同行为的基础之罪共犯，应当以转化之罪的共犯论处。对于严重结果虽有故意但没有任何行为的，不应当以转化之罪的共犯论处。因为结果型转化犯的成立不以故意为必要条件。对于严重结果没有故意仅有过失的，却附加了本人的实行行为或帮助行为的，也应当成立转化之罪的共犯。所以，在结果型转化犯的共犯认定中强调犯罪故意，必然与刑法分则的规定不符。[①]

以上关于转化犯的共犯认定的三种情形，对于实行过限行为的认定具有一定的参考价值。在所谓构成型转化犯的情况下，只有具有共同犯罪行为与共同犯罪故意的，才成立转化犯的共犯。如果只有个别共犯具备转化之罪的犯罪构成，则该共犯成立转化犯，属于实行过限行为。在所谓规范型转化犯的情况下，具有转化意图与转化行为的共犯才成立转化犯，其他共犯则不成立转化犯。在所谓结果型转化犯的情况下，只要对结果发生具有原因力，并且主观上对结果具有故意，包括间接故意，就成立转化犯的共犯，否则，如果只是个别共犯对结果发生具有原因力以及故意，则属于实行过限行为。

在上述实行过限的情况下，各共犯可能出现所定罪名不同的情形，例如甲定本罪，乙定他罪。对于他罪当然不能成立共犯，那么对于本罪是否还成立共犯呢？例如，甲、乙共谋盗窃，甲在盗窃过程中遭遇事主反抗而使用暴力得以逃跑，乙对甲

---

① 时宝才、赵志方：《转化犯的共犯认定须分三种情况》，载《检察日报》，2008 - 07 - 21。

使用暴力的情形并不知情。在这种情况下，甲从盗窃罪转化为抢劫罪，乙只成立盗窃罪。但在盗窃罪的范围内，甲、乙仍然属于共犯。

（二）组织犯与实行过限

在集团犯罪的情况下，犯罪集团中的组织犯虽然只是进行指挥、策划，而没有参与具体犯罪的实行，但仍应对犯罪集团预谋的犯罪行为承担刑事责任。我国刑法第 26 条第 3 款规定："对组织、领导犯罪集团的首要分子，按照集团所犯的全部罪行处罚。"那么，如何理解这里的全部罪行呢？尤其应当追问的是：对组织犯按照集团所犯的集团罪行处罚，是否意味着对于组织犯来说，不存在实行过限，只要是犯罪集团成员所犯之罪，无论是否在犯罪集团的预谋之内，组织犯都要对此承担刑事责任？关于这个问题，我国刑法学界存在以下两种观点：第一种观点认为，依照我国刑法第 26 条第 3 款关于"对组织、领导犯罪集团的首要分子，按照集团所犯的全部罪行处罚"的规定，我国刑法对犯罪集团的首要分子的定罪采用全部罪行负责说，集团所犯的全部罪行就是集团成员所犯的全部罪行之和。[①] 这种观点将集团所犯之罪与集团成员所犯之罪完全等同起来。第二种观点则对此持否定的态度，认为组织犯只能对自己组织、领导、策划、指挥实施的罪行承担刑事责任。刑法之所以规定犯罪集团中的首要分子要对集团所犯的全部罪行负责，就是因为集团所犯的全部罪行，是由首要分子组织、领导、策划、指挥实施的。如果集团成员所犯的罪行，在任何意义上都不属于首要分子组织、领导、策划、指挥实施的罪行的话，即属于集团成员的实行过限，首要分子就不应当承担刑事责任。所以，对犯罪集团的首要分子所犯的全部罪行处罚，是按全体成员集体所犯的全部罪行处罚，否则便违反了个人责任原则。因此，犯罪集团中的组织犯应当而且只能对其所组织、领导、策划、指挥的全部犯罪负刑事责任。[②] 在上述两种观点中，我赞同第二种观点，认为我国刑法第 26 条第 3 款所规定的集团所犯的全部罪行，应当是指在组织犯的组织、领导和策划下所犯的全部罪行。如果组织犯没有组织、领导和策划，犯罪集团

---

①　参见周道鸾主编：《刑法的修改与适用》，111 页，北京，人民法院出版社，1997。

②　参见赵辉：《组织犯及其相关问题研究》，182～183 页，北京，法律出版社，2007。

个别成员实施的犯罪行为被应当视为实行过限，应由实施者本人承担刑事责任。

当然，在集团犯罪的情况下，判断哪些是犯罪集团所犯的罪行、哪些是犯罪集团个别成员所犯的罪行，是一个较为复杂的问题。在一般情况下，犯罪集团都是单一类型的犯罪集团，例如盗窃集团、走私集团等。在这一特殊类型的犯罪范围内，犯罪集团的组织犯具有概括故意，因而无论犯罪集团成员实施该种类型的犯罪是否受组织犯的具体指使，都应当看作是犯罪集团所犯的罪行，不存在实行过限的问题。当然，在复合类型的犯罪集团中，情况就较为复杂。在黑社会性质和恐怖活动组织的犯罪集团中，这个问题更为复杂。例如在黑社会性质犯罪中，对于组织、领导、参加黑社会性质组织的犯罪，在认定上当然并不困难。我国刑法第 294 条第 4 款规定，犯有组织、领导、参加黑社会性质组织罪又有其他犯罪行为的，依照数罪并罚的规定处罚。那么，黑社会性质组织的首要分子对黑社会性质组织成员所犯的一切罪行，无论是否由其组织、领导和策划，是否一概都负刑事责任呢？对此，我国学者指出：

> 在恐怖活动组织、黑社会性质组织的成员为了维持其组织的存续而实施犯罪，首要分子却根本不知情时，首要分子应否承担刑事责任？我倾向于肯定回答。因为恐怖活动组织、黑社会性质组织的本质特征之一，是具有长期生存的防护体系与措施，该组织的存续不仅是首要分子组织、策划、指挥犯罪活动的前提之一，也是首要分子的目的之一，即维持其组织的存续成为首要分子主观上的重要内容；而且恐怖活动组织、黑社会性质组织的首要分子的总体性、概括性的故意内容比较宽泛。因此，当某种行为威胁到了该组织的存续，需要采取犯罪方法维持该组织的存续时，这种犯罪行为自然包含在首要分子的犯罪故意之内。所以，令首要分子对这种犯罪行为承担刑事责任，并没有违反主观责任与个人责任原则。例如，恐怖活动组织的成员甲得知记者乙正在撰稿准备揭露该组织的罪行，甲为了防止恐怖组织的罪行败露，杀害了乙。对此，恐怖活动组织的首要分子也应承担刑事责任。①

---

① 张明楷：《犯罪集团首要分子的刑事责任》，载《法学》，2004（3）。

对于这一观点，我是不能苟同的。这里的问题在于：总体性、概括性的故意，在同一犯罪类型中是能够成立的，那么，在不同的犯罪类型之间是否存在总体性、概括性的故意？例如，在盗窃范围内，我们可以赞同存在总体性、概括性的故意。但恐怖活动组织、黑社会性质组织的首要分子对于其根本不知情的杀人犯罪，怎么可能具有总体性、概括性的故意呢？在对他人的杀人不知情的情况下，首要分子既无希望他人死亡结果发生的故意，又无放任他人死亡结果发生的故意，因而不应承担刑事责任。刑法中的故意，永远都是具体的故意，例如盗窃故意、杀人故意等。不存在，也不可能存在一种超越罪名的总体性、概括性的故意，如果使故意内容过分地抽象化、虚无化，就会违反责任主义原则。

（三）教唆犯与实行过限

教唆犯的犯罪意图是由被教唆的人最终实现的，被教唆的人在实现教唆犯的犯罪意图的过程中，会出现"不及"与"过"的情况。所谓"不及"，就是被教唆的人的行为只体现了教唆犯的部分犯意。例如，甲教唆乙杀害丙，乙没有杀丙，只是伤害了丙。在这种情况下，乙应负故意伤害罪的刑事责任，甲则应负教唆故意杀人（未遂）罪的刑事责任。所谓"过"，就是被教唆的人实行了超出教唆犯的教唆范围的犯罪行为，这就是被教唆的人的实行过限。在这里，我所要重点研究的就是被教唆的人的实行过限问题。

1. 重合性过限与非重合性过限

我国刑法学界有人把被教唆的人的实行过限，分为重合性过限与非重合性过限。[①] 我认为，这种分法还是有一定道理的，因为非重合性过限比较容易认定，而重合性过限则易于混淆；而且这两个概念的提出有助于我们认定被教唆的人的实行过限。在刑法理论上，所谓重合性过限，就是指在被教唆的人所实行的犯罪与教唆犯所教唆的犯罪之间具有某种重合性的情况下发生的实行过限。例如，甲教唆乙伤害丙，乙却杀害了丙。在这种情况下，甲只负教唆故意伤害罪的刑事责任，乙则负故意杀人罪的刑事责任。就教唆犯而言，应视为被教唆的人实现了其所教唆的犯

---

① 参见吴振兴：《论教唆犯》，183～184 页，长春，吉林人民出版社，1986。

罪。所谓非重合性过限，是指被教唆的人除实行教唆犯所教唆的犯罪以外，还实施了其他犯罪。例如，甲教唆乙盗窃，乙在盗窃以后，又强奸了女事主。在这种情况下，甲、乙在盗窃罪的范围内，成立教唆与被教唆的共犯关系。对于被教唆的人过限实行的强奸行为，教唆犯不负刑事责任，而由被教唆的人单独负责。

2. 概然性教唆与实行过限

在认定被教唆的人的实行过限的时候，必须对教唆犯的教唆内容进行认真考察，确定被教唆的人的行为是否超出了教唆的范围。在教唆内容较为确定的情况下，认定被教唆的人是否实行过限较为容易。但如果教唆犯的教唆内容较为概括，确定被教唆的人是否实行过限则会发生困难。在刑法理论上，一般把这种教唆内容较为概括的教唆称为概然性教唆。在概然性教唆的情况下，教唆的内容不太明确，甚至毫不明确，因此，一般来说，只要由于教唆犯的概然性教唆而使被教唆的人产生了犯意，无论被教唆的人实施了何种犯罪，只要没有明显超出教唆范围的，都不应视为实行过限。例如，甲让乙不惜一切代价搞到一笔钱，则无论乙是通过盗窃还是通过抢夺或抢劫搞到这笔钱，都不违反甲的本意。相应地，甲对其中任何一种犯罪都应承担教唆犯的刑事责任。因此，乙实施其中任何一种犯罪行为都不能认为是实行过限。

3. 选择性教唆与实行过限

在刑法理论上，还存在选择性教唆的情形。所谓选择性教唆，就是教唆犯的教唆具有让被教唆的人在几种犯罪之间进行选择的性质。在选择性教唆的情况下，被教唆的人只要在被选择的范围内实施犯罪行为，就不发生实行过限的问题。例如，甲教唆乙对丙实施犯罪活动，如果只有这样一个概然性的意向，没有提示具体的手段，就是概然性教唆；如果甲明确提出伤害丙、盗窃丙的财产、放火烧毁丙的房屋这样几种犯罪行为，供被教唆的人选择，那就是选择性教唆。因此，选择性教唆与概然性教唆还是有所不同的，不应将两者混淆。在选择性教唆的情况下，存在四种可能：（1）被教唆的人没有犯任何罪。在这种情况下，对教唆犯应以供选择数罪中最重的犯罪的教唆犯论处，依刑法第 29 条第 2 款的规定，可以从轻或者减轻处罚。（2）被教唆的人犯了供选择数罪中的一个罪。在这种情况下，教唆犯应对此罪承担教唆的刑事责任，不存在过限问题。（3）被教唆的人犯了供选择数罪中的两个以上犯罪，有时甚至犯了供选择的所有犯罪。在这种情况下，被教唆的人的行为没有超出教唆犯的教唆范围，教唆犯仍应对所犯数罪承担教唆的刑事责任，也不发生过限问题。（4）被教唆的人除犯供选择数罪中的犯罪以外，还犯了其他罪行。在这种情况下，教唆犯只对供选择数罪中的犯罪承担教唆的刑事责任，对于除此以外的其他犯罪不负刑事责任。在此，被教唆的人实施的供选择数罪以外的其他犯罪，就属于实行过限，应由被教唆的人独自负责。

（四）帮助犯与实行过限

帮助犯的犯意也是通过被帮助的人实现的，如果被帮助的人实施了超出帮助故意范围的其他犯罪，就发生了实行过限的问题。被帮助的人的实行过限，具有不同于其他共同犯罪的实行过限之处，现分两种情况说明如下：

1. 被帮助的人在实施过限行为时没有利用帮助犯所提供的帮助

甲为乙去丙家盗窃提供了有关情况，乙在盗窃的过程中为抗拒逮捕而将丙打伤。在这种情况下，乙打伤丙与甲的帮助无关，甲对于乙打伤丙的过限行为当然不负刑事责任。

2. 被帮助的人在实施过限行为时利用了帮助犯所提供的帮助

甲为乙杀丙提供了一件凶器，乙在杀丙时被丁发现，乙用这件凶器将丙、丁都杀害了。又如，甲为乙伤害丙提供了一件凶器，乙却利用这件凶器将丙杀害了。在上述两种情况下，乙都实行了超出甲的帮助故意范围的犯罪行为，属于实行过限。由于在实行这种过限行为时，被帮助的人利用了帮助犯所提供的帮助，因此，关于帮助犯对这种行为是否承担刑事责任可能产生疑问。实际上，无论被帮助的人是否利用了帮助犯的帮助，只要被帮助的人的行为超出了帮助故意的范围，就都属于实行过限，帮助犯对于被帮助的人的过限行为不负刑事责任。

四、陈卫国故意杀人案与王兴佰故意伤害案之比较

陈卫国故意杀人案（以下简称陈卫国案）与王兴佰故意伤害案（以下简称王兴

佰案）都涉及共犯的实行过限问题，在陈卫国案中，认定陈卫国的行为属于实行过限；而在王兴佰案中，实行过限未被认定。《刑事审判参考》第 52 集将这两个案例编排在一起，对于正确地认定共犯的实行过限具有重要的参考价值。

在这两个案件中，都是一定的纠纷引起报复。在陈卫国案中，被告人余建华找来陈卫国，要陈前来教训被害人。在王兴佰案中，被告人王兴佰也是因为与被害人发生纠纷，即找人来教训被害人。而且，在这两个案件中，被告人余建华和王兴佰都到了现场。值得注意的是，在王兴佰案中，裁判理由指出：

> 就本案而言，被告人王兴佰与被告人韩涛、王永央之间是一种雇佣犯罪关系，属于教唆犯罪的一种。被告人王兴佰为雇佣者，系教唆犯；实施伤害行为者韩涛、王永央及其他在逃犯属于被雇佣者，系实行犯。

关于雇佣犯罪的问题，在王兴佰案的案情中并未叙述，而是采用纠集一词。尤其是，被告人王兴佰到了犯罪现场，并且具体指认了被害人。在这种情况下，即使王兴佰采用金钱收买的方式收买、纠集他人进行犯罪，也不能认为这是一种教唆犯罪，而应当是共同正犯。因此，在共犯形态上，陈卫国案与王兴佰案是相同的，都属于共同实行。

陈卫国案和王兴佰案的区别在于：在陈卫国案中，指使人余建华只是纠集陈卫国一起去教训被害人，陈卫国在余建华不知情的情况下携带尖刀，在打斗过程中陈卫国持尖刀将被害人捅死。对此，裁判理由指出：

> 被告人余建华既没有故意杀人的共同故意，也没有共同实施故意杀人的行为，不属于故意杀人犯罪的共犯。
>
> 首先，从案件的起因来看，余建华仅要求陈卫国前去教训与其有纠纷的王某，而不是被害人胡某。虽然教训的具体含义有多种，但在没有证据证实余建华有要求陈卫国杀害他人的主观故意的情况下，不能认定包括杀人。
>
> 其次，从案发当时的情况看，陈卫国到达案发现场时，余建华还未到。余建华与被害人同时到达案发现场，向陈卫国指认出王某一行后，陈卫国即上前责问个子最高的被害人胡某，并用刀捅刺被害人。可以认定，

余建华与陈卫国事先达成的共同故意内容——教训，并没有在具体实施时有所改变。

再次，余建华没有让陈卫国带凶器，更没有让陈卫国带尖刀这种容易致人伤亡的凶器，也没有证据证明余建华在实施犯罪行为时知道陈卫国带着尖刀。

综上，虽然余建华与陈卫国等人的共同犯罪故意是概括的故意，但这一概括的故意却是有限度的，至少不包括杀人的故意。这一故意内容在犯罪行为实施阶段也没有明显转化，仍停留在对被害人教训的认识内容上。余建华对陈卫国实施的持刀杀人行为既缺乏刑法意义上的认识，也没有事中的共同故意杀人行为，不构成故意杀人犯罪的共犯。

在这一裁判理由中，对于余建华要陈卫国教训被害人中的教训一词的解释是值得充分注意的。虽然裁判理由肯定余建华和陈卫国关于"教训"被害人的共同犯罪故意是一种概括故意，但又明确排除杀人的故意。概括故意一词是刑法理论上经常使用的，但我们不禁要追问：在不同的犯罪之间可以产生概括故意吗？在大陆法系刑法理论上，概括故意在两个意义上使用：一是作为不确定故意的一种情形，二是韦伯的概括故意。例如日本学者指出：

不确定故意是指对所意图实现的犯罪事实没有确定认识的情况，其中，包括三种形态：第一是未必的故意，第二是择一的故意，第三是概括的故意。概括的故意，正如向人群中投掷石块一样，对于一定人群中肯定有人要被击中是有确切认识的，但是，结果发生在谁身上，认识却不确定。

所谓韦伯的概括故意，是指在第一个行为并没有引起行为人所追求的结果，但是行为人误以为已经引起，接着再实施第二个行为，而第二个行为引起了行为人所追求的危害结果的场合，对该引起结果的全过程进行概括把握，认为具有故意的情况（其来源于德国的冯·韦伯在 1825 年的命名）。例如，第一，出于杀人的故意而殴打他人，他人被打晕之后，误以为他人已经死亡；第二，为掩盖罪迹，就把他人扔到河里面，结果他人由于肺部呛水而死亡的场合，就是如此。①

以上日本学者对概括故意的界定，都是指在同一罪名之内的概括故意，而不包括不同罪名之间的概括故意。因而，也就说不上概括故意本身是否存在限度的问题。因此，在陈卫国案中，之所以认定陈卫国的杀人行为是实行过限，对余建华只定故意伤害罪，除了因为余建华客观上对陈卫国携带尖刀不知情，余建华没有明示陈卫国杀人是重要根据。

在王兴佰案中，王兴佰纠集王永央等人以后，又把事先准备好的 4 根铁管分给王永央等人，这一点是与陈卫国案有所不同的。但问题在于，被纠集来的韩涛并不是使用铁管将被害人致死的，而是使用随身携带的尖刀捅刺被害人致死的。对此，裁判理由指出：

> 在共同实行犯罪的情形下，判定实行行为过限的基本原则是看其他实行犯对个别实行犯所谓的过限行为是否知情。如果共同实行犯罪人中有人实施了原来共同预谋以外的犯罪，其他共同实行犯根本不知情，则判定预谋外的犯罪行为系实行过限行为，由实行者本人对其过限行为和后果承担责任；如果其他实行犯知情，除非其有明确、有效的制止行为，则一般认为实行犯之间在实施犯罪当场临时达成了犯意沟通，其他人对实行者的行为予以了默认或支持，个别犯罪人的行为不属于实行过限，其行为造成的危害结果由各实行犯共同承担责任。

> 具体到本案而言，王兴佰预谋找人教训一下被害人，至于怎么教训，教训到什么程度，并没有特别明确的正面要求，同时，王兴佰事前也没有明确禁止韩涛、王永央等人用什么手段，禁止他们教训被害人达到什么程度的反面要求。所以，从被告人王兴佰的教唆内容看属于概然性教唆。在这种情形下，虽然王兴佰仅向实行犯韩涛、王永央等提供了铁管，韩涛系用自己所持的尖刀捅刺的被害人，且被害人的死亡在一定程度上也确实超

---

① ［日］大谷实：《刑法讲义总论（新版第 2 版）》，黎宏译，157～158 页，北京，中国人民大学出版社，2008。

乎王兴佰等人意料，但因其对韩涛的这种行为事前没有明确禁止，所以仍不能判定韩涛这种行为属于过限行为，教唆者王兴佰仍应对被害人的死亡承担刑事责任。对于共同实行犯王永央而言，虽然被告人韩涛持刀捅刺被害人系犯罪中韩涛个人的临时起意，但被告人王永央看到了韩涛的这一行为并未予以及时和有效的制止，所以，对于王永央而言，也不能判定韩涛的行为属于实行过限，王永央也应对被害人的死亡结果负责。

在这一裁判理由中，没有明确禁止而非没有明示成为否认实行过限的理由，尤其是在共同正犯的实行过限认定中引入概然性教唆的概念，这是存在一定问题的。即使不考虑这一点，陈卫国案和王兴佰案的裁判根据也是互相冲突、难以两立的：如果按照王兴佰案的裁判理由，纠集人只要事前没有明确禁止，就要对被纠集人的行为后果负责，不承认实行过限；则陈卫国案的实行过限因没有明示同样不能成立。

五、结果加重犯的共同正犯

讨论至此，我们又回到实行过限的概念上来。实行过限是一种行为过限，因而在先前行为与过限行为之间存在性质上的差别。例如在陈卫国案中，一审判决不承认陈卫国的行为是实行过限，因而对陈卫国与余建华都定故意杀人罪；二审判决承认陈卫国的行为是实行过限，因而对陈卫国定故意杀人罪，对余建华则定故意伤害罪。而在王兴佰案中，对纠集者王兴佰和实施者韩涛都定故意伤害罪，所争议的是王兴佰是否应对韩涛的伤害行为所引起的过失死亡结果承担刑事责任的问题。因此，王兴佰案中根本就不存在实行过限的问题，而是一个是否承认共同正犯的结果加重犯的问题，或者反过来说，是结果加重犯的共同正犯的问题。对于这个问题，日本学者曾经作过以下论述：

> 结果加重犯的共同正犯的问题是二人以上共同实行了结果加重犯的基本犯罪时，由一部分人的行为发生了重的结果，其他对结果的发生没有直

接动手的共同者是否能够成为该结果犯重犯的共同正犯？[①]

关于这个问题，在日本刑法学界是存在争议的。例如大塚仁教授本人就有一个从否认结果加重犯的共同正犯到承认结果加重犯的共同正犯的转变过程。大塚仁教授指出：

> 我以前认为不应当肯定结果加重犯的共同正犯的观念。我当时认为，结果加重犯在作为故意犯的其基本犯罪的范围内，当然可以成立共同正犯。但是，关于重的结果，只应该由过失地惹起它的人承担责任，除此以外的基本犯罪的共同者不能成立共同正犯。我以后改变了看法，认为在结果加重犯上也可以承认共同正犯，这是因为我重新认识了结果加重犯的性质本身。
>
> 在共同实行了基本犯罪的人中有一部分人违反了客观注意义务时，不只是这一部分人，共同实行了基本犯罪的其他人也同样可以说违反了客观的注意义务，即，既然基本犯罪本身包含着发生重的结果的高度危险性，对共同实行它的人来说，都要求采取不使重的结果发生的慎重态度，在共同者中的某人的行为引发了重的结果时，就不只是该人，共同实行了基本犯罪的所有人都可以说在重的结果的发生上违反了客观的注意义务，存在着作为共同实行为基础的构成要件性过失。这种情况下，课予基本犯罪的共同实行者回避重的结果的共同注意义务，至少在客观方面，被共同违反了。而且，在基本犯罪的实行与由过失所产生的重的结果之间，通常都可以认为有相当因果关系，所以在论及构成要件符合性的阶段，就可以考虑成立关于重的结果的过失的共同正犯，将它与基本犯罪联系起来，就可以说存在着结果加重犯的共同正犯的构成要件符合性。[②]

日本学者大多承认结果加重犯的共同正犯，但结果加重犯的共同正犯之承认，

---

① [日]大塚仁：《犯罪论的基本问题》，冯军译，253 页，北京，中国政法大学出版社，1993。关于结果加重犯的共同正犯的系统探讨，亦可参见余振华：《刑法深思·深思刑法》，241～276 页，台北，元照出版社，2005。

② [日]大塚仁：《犯罪论的基本问题》，冯军译，253、255 页，北京，中国政法大学出版社，1993。

又是以承认过失的共犯，尤其是承认过失的共同正犯为前提的。例如，日本学者西田典之教授指出：过失共同正犯肯定说现在已经属于支配性学说。而结果加重犯的共犯的场合，其实质上就是肯定过失共犯，由于这种肯定限定在特定范围之内，并不具有扩张的危险，因而应予以认可。① 大塚仁教授从否认结果加重犯的共同正犯到承认结果加重犯的共同正犯，同样伴随着从否认过失的共同正犯到承认过失的共同正犯的观点转变，前者以后者为前提。

问题在于：日本刑法以及其他国家的刑法对过失共犯没有否定性的规定，因而是否承认过失共犯，属于一个在刑法理论上可以讨论的学理问题。但我国刑法第25条第2款明文规定：“二人以上共同过失犯罪，不以共同犯罪论处；应当负刑事责任的，按照他们所犯的罪分别处罚。”因此，我国刑法是明文否定过失共犯的。在这种情况下，承认过失共犯，包括过失的共同正犯，不仅是缺乏法律根据的，并且是与刑法规定相违背的。那么，在否认过失共同正犯的法律语境下，能否承认结果加重犯的共同正犯呢？基于结果加重犯的共同正犯的实质是过失的共同正犯的观点，答案当然是否定的。我国以往的刑法理论对于结果加重犯的共同正犯并没有专门研究，也没有同过失的共同正犯结合起来加以研究，而是较为功利地就共同正犯对于其中部分实行者造成的加重结果是否承担刑事责任问题进行回答。例如我在《共同犯罪论》一书中曾经对共同正犯与结果加重犯作过探讨，指出：

> 在结果加重犯的情况下，共同犯罪人既然共谋实施某一犯罪，那么其对于犯罪中可能发生的加重结果应当是有所预见的，所以主观上亦有过失。因此，共同实行犯中的各共同犯罪人对加重结果都应承担刑事责任，而不论其加重结果是否由本人的行为直接造成。例如，甲、乙共谋伤害丙，在共同伤害的过程中，甲不意一石击中丙的头部致其死亡，构成了故意伤害罪的结果加重。为此，甲、乙应成立结果加重犯的共同实行犯。②

---

① 参见［日］西田典之：《日本刑法总论》，刘明祥、王昭武译，316、317 页，北京，中国人民大学出版社，2007。

② 陈兴良：《共同犯罪论》，2 版，381 页，北京，中国人民大学出版社，2006。

当然，我国也有学者认为对于结果加重犯的共同正犯应当区分以下两种情况：
(1) 对于部分行为人的行为造成的加重结果不能要求其他共犯人共同负担加重结果
责任；(2) 对于全部行为人的行为造成的加重结果共犯人均成立结果加重犯的共同
正犯。① 这种观点将部分行为人的行为造成加重结果视为实行过限，我认为这是不
妥的。因为结果加重犯在罪质上具有和基本犯的同一性，并非行为过限。而且，这
种观点只是将是部分人的行为还是全体人的行为造成加重结果，作为共犯人是否对
加重结果承担刑事责任的根据，没有考虑到共犯人对加重结果是否具有主观上的过
失。这显然是不妥当的。

结果加重犯的共同正犯是属于基本犯的共同正犯还是过失的共同正犯，是一个
值得研究的问题。我国刑法否认过失共犯，因此我国有的学者认为，两人以上共同
实施基本犯罪的正犯行为，因为过失而发生重的结果的，不成立结果加重犯的共同
正犯。但我们应当关注该学者的以下论述：

> 这是我国刑法否定过失共同犯罪的必然结论。但是这并不意味着未引
> 起重的结果的行为人对重的结果不负刑事责任。笔者对过失共同正犯主张
> 过失同时犯消解说。根据这一理论，共同行为人在实施基本犯这种具有引
> 起重大危害结果的危险的犯罪时，各行为人不仅负有防止自己的行为产生
> 重大危害结果的义务，同时还负有督促共同行动的他人注意防止重大危害
> 结果发生的义务。如果最终还是发生了加重结果，那么每一个行为人都没
> 有谨慎地履行自己所负有的注意义务，对加重结果都有过失，因此，都应
> 当承担单独过失犯的刑事责任。②

上述观点一方面否认结果加重犯的共同正犯，另一方面又认为在结果加重犯的
情况下，尽管部分实行者造成了加重结果，但所有正犯都应对加重结果承担刑事责
任。这一观点主要是想绕过过失的共同正犯问题。对于过失共犯，在学理上当然还
是可以探讨的，但在我国刑法明文否认过失共犯的情况下，如何处理共同过失犯

---

① 参见李莉：《论结果加重犯的共同正犯》，载《法商研究》，1996 (6)。
② 陈家林：《共同正犯研究》，225～226 页，武汉，武汉大学出版社，2004。

罪，是一个需要认真对待的问题。关键还是在于：刑法上肯定或者否定过失共犯之间到底存在什么差别？在结果加重犯的情况下，无论是否承认过失共犯，行为人都应对加重结果承担刑事责任，所以是否承认过失共犯对于这个问题的意义并不像想象的那么大。

在王兴佰案中，裁判理由是从实行过限角度予以分析的，因而主要围绕韩涛的行为是否过限进行讨论。但王兴佰案实际上是一个结果加重犯的共同正犯问题，无论过失的共同正犯能否成立，王兴佰是否对加重结果承担刑事责任，才是本案所要解决的核心问题。基于结果加重犯的视角，本案主要应当从王兴佰的指使行为与被害人的死亡结果之间是否存在因果关系，王兴佰是否负有防止他人的行为产生加重结果的义务以便确定其对加重结果主观上是否存在过失等方面加以分析。但是，由于王兴佰案的裁判理由完全弄错了其涉及的法理问题，因而其法理分析丧失了正当性的基础。这也说明我国司法实践对法理的需求以及相关法理的缺失。

第6章

单位犯罪

第1节　以单位名义实施犯罪违法所得归
个人所有行为之定性研究

案名：张贞练虚开增值税专用发票案
主题：单位犯罪与个人犯罪的区别

在单位犯罪的认定中，如何将其与个人犯罪相区别，是一个值得深入研究的问题。在一般情况下，这种区别也许并不难。而在某些案件中，从形式上看行为人是以单位名义实施犯罪，但实际上非法所得归个人所有。对于这种案件，是认定为单位犯罪还是个人犯罪，在刑法理论上就存在争议。本节以张贞练虚开增值税专用发票案[①]为例，对于单位犯罪与个人犯罪的区别问题进行法理上的探讨。

---

① 本案刊载于最高人民法院编：《刑事审判参考》，第14辑，北京，法律出版社，2001。

一、案情及诉讼过程

被告人张贞练于 1991 年 1 月被汕头市同平区韩江物资供销公司聘任为其下属的湛江市湛汕经营部（集体所有制）经理。受聘时间为 1991 年 1 月 1 日至 1994 年 1 月 1 日。1993 年 6 月，张贞练向湛江市工商行政管理局提出将湛江市湛汕经营部变更为湛江市贸易开发公司（集体所有制）的申请，当月获批准。湛江市贸易开发公司于 1993 年年底停止营业。1994 年 3 月，潮阳市成田镇居民马某晓找到张贞练，二人合谋以已停业的湛江市贸易开发公司的名义，为他人虚开增值税专用发票牟取非法利益。

同年 4 月，被告人张贞练到湛江市工商行政管理局、湛江市税务部门分别办理了湛江市贸易开发公司的营业执照年检和税务登记证并购领了增值税专用发票。

同年 6 月，被告人张贞练经马某晓、张某光介绍，先后为揭阳市南方集团公司虚开增值税专用发票 51 份，价款人民币 149 562 423.30 元，税额人民币 25 425 612.11 元。张贞练共收取手续费人民币 124 万元。为掩饰上述虚开增值税专用发票活动，张贞练与揭阳市南方集团公司签订了 8 份假购销合同，并将 9 张盖有湛江市贸易开发公司财务章及其本人名章的空白收款收据交给揭阳市南方集团公司，供其入账使用。上述 51 份增值税专用发票已有 48 份被抵扣税款，抵扣税款总额人民币 21 325 200 元。

同年 5 月，马某晓找到被告人张贞练为潮阳市友谊公司虚开增值税专用发票，张贞练应允并为该公司虚开增值税专用发票 7 份，价款人民币 15 243 142.22 元，税款人民币 2 591 334.18 元。受票单位向税务机关申报抵扣税款人民币 2 591 334.18 元，税务机关发现上述发票系虚开而未予抵扣。

同年 5 月至 6 月间，被告人张贞练经马某晓介绍，为潮阳市新世纪实业公司虚开增值税专用发票 13 份，价款人民币 1 756 246.61 元。马某晓收取受票单位手续费后，付给张贞练人民币 5 万元。受票单位向税务机关申报抵扣税款人民币 1 756 246.61 元，税务机关发现上述发票系虚开而未予抵扣。

同年 6 月，被告人张贞练为汕头特区建银科技开发公司虚开增值税专用发票 1 份，价款人民币 320 025 元，税款人民币 54 404.25 元。受票单位向税务机关抵扣税款人民币 54 404.25 元。后税务机关发现该发票系虚开，将抵扣的税款全部追回。

同年 7 月初，被告人张贞练向湛江市有关部门申请湛江市贸易开发公司停止营业，随即携带犯罪所得赃款潜逃。

综上所述，被告人张贞练为上述四个单位虚开增值税专用发票共 72 份，价款计人民币 175 456 452.92 元，税款计人民币 29 827 597.15 元。受票单位用上述发票抵扣税款，致使国家税款损失人民币 21 325 200 元。张贞练收取开票手续费计人民币 129 万元，其中数千元用于支付本公司租赁房屋及职工开支等费用，其余款项用于个人经商及挥霍。

被告人张贞练为他人虚开增值税专用发票的同时，为抵扣税款，还通过马某晓联系，分别从黑龙江省哈尔滨市大成工贸公司、哈尔滨市威豪经贸公司、四川省协力经济发展公司、鄂川市轻工服装鞋帽总公司、株洲市庆丰城建实业公司、镇江市润州行联物资公司虚开进项增值税专用发票共 36 份，并将 7 份内容虚假的中国工商银行信汇、电汇凭证作为货款往来凭证入账，以应付税务机关的检查。

湛江市中级人民法院认为：被告人张贞练为他人非法虚开增值税专用发票以及让他人为自己虚开增值税专用发票的行为已构成虚开增值税专用发票罪。虚开数额特别巨大，情节特别严重，给国家利益造成重大经济损失，应依法严惩。依照《中华人民共和国刑法》第 12 条第 1 款、第 205 条第 1、2 款、第 57 条的规定，于 1998 年 11 月 26 日判决如下：被告人张贞练犯虚开增值税专用发票罪，判处死刑，剥夺政治权利终身，并处没收个人财产。

一审宣判后，被告人张贞练对判决认定其虚开增值税专用发票的事实无异议，但上诉提出：其虚开的增值税专用发票是由该公司向税务部门领购，由该公司对外开出的。不是个人犯罪而应认定为单位犯罪；其有自首情节，请求从轻处罚。

广东省高级人民法院经审理查明：原审判决认定上诉人张贞练于 1994 年 5、6 月，先后为揭阳市南方集团公司等四个单位虚开增值税专用发票 72 份，价款共 175 456 452.92 元，税额共 29 827 597.15 元，致使国家税款被抵扣而损失 21 325 200 元，张贞练共收取开票手续费 129 万元，绝大部分用于个人经商和挥霍；以及其通过马某晓介绍，分别从黑龙江省哈尔滨市大成工贸公司等六个单位虚开进项增值税专用发票共 36 份，用于抵扣其为他人虚开增值税专用发票的税款事实清楚。

广东省高级人民法院认为：上诉人张贞练为他人虚开增值税专用发票以及让他人为其虚开增值税发票的行为已构成虚开增值税专用发票罪。其虚开的增值税专用发票被受票单位向税务机关抵扣税款 21 325 200 元，尚未能追回，给国家利益造成特别重大损失，犯罪情节特别严重，依法应予严惩。张贞练与他人密谋虚开增值税专用发票牟取不法利益后，即以实际已停业的其任法定代表人的湛江市贸易开发公司名义向税务机关申请税务登记，领购增值税专用发票，专门从事为他人虚开增值税专用发票活动，根据最高人民法院《关于审理单位犯罪案件具体应用法律有关问题的解释》第二条的规定，对上诉人张贞练的行为应以个人犯罪论处，故张贞练提出该案属于单位犯罪的意见不能成立，不予采纳；上诉人张贞练犯罪后潜逃到广西桂林，侦查机关根据举报将其抓获归案，其提出有自首情节没有事实根据，要求从轻处罚不予采纳。原审判决认定事实清楚，定罪准确，量刑适当，审判程序合法。依照《中华人民共和国刑事诉讼法》（1996 年，下同——引者注）第 189 条第（1）项的规定，于 1999 年 9 月 8 日裁定如下：驳回上诉，维持原判。

广东省高级人民法院依法将此案报请最高人民法院核准。

最高人民法院复核认为：被告人张贞练在没有货物购销的情况下，为他人虚开和让他人为自己虚开增值税专用发票的行为已构成虚开增值税专用发票罪。张贞练以停业的湛江市贸易开发公司名义办理营业执照年检和税务登记证，领购增值税专用发票，在公司重新营业的三个月的时间内只从事虚开增值税专用发票活动，违法所得除有数千元用于公司开支，其余归其个人占有。根据最高人民法院《关于审理单位犯罪案件具体应用法律有关问题的解释》的规定，张贞练以湛江市贸易开发公司名义进行的虚开增值税专用发票犯罪，应依照刑法有关自然人犯罪的规定定罪处罚。张贞练虚开的增值税专用发票被受票单位向税务机关抵扣税款人民币21 325 200元，且未能追回，数额特别巨大，情节特别严重，给国家造成了特别重大损失，应依法惩处。一审判决、二审裁定认定的事实清楚，证据确实、充分，定罪准确，量刑适当，审判程序合法。遂依照《中华人民共和国刑事诉讼法》第199条和最高人民法院《关于执行〈中华人民共和国刑事诉讼法〉若干问题的解释》第285条，作出维持一审以虚开增值税专用发票罪判处被告人张贞练死刑，剥夺政治权利终身，并处没收个人全部财产的刑事裁定。

二、单位犯罪的定罪根据

单位犯罪是我国刑法规定的一种特殊犯罪形态，我国刑法第30条规定：

公司、企业、事业单位、机关、团体实施的危害社会的行为，法律规定为单位犯罪的，应当负刑事责任。

在上述规定中，除对单位犯罪的主体范围以及单位犯罪的法定原则作了规定以外，对单位犯罪构成的主、客观要件并未明文加以规定。我认为，单位犯罪是指公司、企业、事业单位、机关、团体为单位谋取非法利益或者以单位名义，经单位集体研究决定或者由负责人决定，故意或者过失实施的犯罪。[①] 在这一定义中，为单

---

① 参见陈兴良：《规范刑法学》，2版，上册，253页，北京，中国人民大学出版社，2008。

位谋取非法利益或者以单位名义是单位犯罪的特征之一，但二者并不是单位犯罪必须同时具备的两个特征。在一般情况下，为单位谋取非法利益必然是以单位名义实施的，然而并非所有单位犯罪都具有谋取非法利益的目的。对于那些非谋利型的单位犯罪来说，只要其行为是以单位名义实施的就足以构成。从这个意义上来说，单位犯罪可以分为两种类型：一是谋利型的单位犯罪，二是非谋利型的单位犯罪。由于绝大多数单位犯罪都是公司、企业犯罪，并且单位犯罪大多发生在经济领域中，所以，谋利型的单位犯罪是单位犯罪的主体部分，在司法实践中引发的疑难问题也较多，需要从刑法理论上加以界定。值得关注的是，2001 年 1 月 21 日最高人民法院《全国法院审理金融犯罪案件工作座谈会纪要》（以下简称 2001 年《纪要》）明确规定："以单位名义实施犯罪，违法所得归单位所有的，是单位犯罪。"我认为，这一单位犯罪的概念并非针对所有单位犯罪，而是针对谋利型单位犯罪。一般来说，金融犯罪中的单位犯罪都属于谋利型单位犯罪。

（一）以单位名义

以单位名义是谋利型单位犯罪的一个特征，对于区分单位犯罪与个人犯罪具有一定的意义。关于如何理解这里的"以单位名义实施犯罪"，司法机关有关人员指出：

> 所谓以单位名义实施犯罪，一般是指犯罪行为是由单位的决策机构按照单位的决策程序决定实施的，有的是明示，如公开讲明以上情况，有的是默示，如以公函、署单位印章实施犯罪活动等。据此，将盗用、冒用单位名义实施的犯罪行为，或者单位内部成员实施的犯罪行为，或者单位内部成员未经单位决策机构批准、同意或者认可而实施的犯罪行为，或者单位内部成员实施的与其职务活动无关的犯罪行为，排除在单位犯罪之外。[①]

在以上论断中，作者对以单位名义实施的犯罪的含义作了具体界定，对于认定单位犯罪，尤其是区分单位犯罪与个人犯罪具有参考意义。当然，在刑法理论中，

[①]　杨万明、郭清国：《〈全国法院审理金融犯罪案件工作座谈会纪要〉的理解与运用》，载最高人民法院编：《刑事审判参考》，第 15 辑，64 页，北京，法律出版社，2001。

对于有关"以单位名义"的一些具体问题还需要进一步探讨。

在 2001 年《纪要》将以单位名义确定为单位犯罪的特征以后,在我国刑法理论上,对于单位犯罪是否必须以单位名义实施,仍然存在异见。例如我国学者指出:

> 正如目前司法实践所反映的那样,虽然大多数单位犯罪可能会以单位名义,但也存在相当数量的单位并不以本单位的名义实施犯罪。而且,从逻辑上分析,其实还存在并不需要以何种名义实施犯罪的情况。例如,以绕关方式实施的单位走私犯罪一般情况下,犯罪单位就不需要也不可能亮明字号。所以,是否以单位名义实施犯罪,不是一个判断是单位犯罪还是自然人犯罪的可靠方法。犯罪以何种名义实施这种犯罪的外在表现形式,无法表明犯罪意志的归属。①

以上说法似乎有理,其理是以所有单位犯罪都必须以单位名义实施为前提的。然而 2001 年《纪要》规定的是金融犯罪以及有关经济犯罪的单位犯罪,就这些犯罪而言,单位往往是金融活动或者其他经济活动中的一方当事人。在这些经济活动中,到底是以单位名义参与还是以个人名义参与,对于认定单位犯罪具有重要意义。虽然以单位名义实施的并不一定构成单位犯罪,但不是以单位名义实施而是以个人名义实施的,则不可能构成单位犯罪。例如我国刑法第 176 条规定了非法吸收公众存款罪,2001 年《纪要》规定:个人非法吸收或者变相吸收公众存款 20 万元以上的,构成本罪;单位非法吸收或者变相吸收公众存款 100 万元以上的,构成本罪。由此可见,对于非法吸收公众存款罪来说,个人犯罪与单位犯罪的定罪标准是不同的,因而区分非法吸收公众存款罪的主体到底是个人还是单位,对于定罪和量刑都具有重要意义。在非法吸收公众存款案件中,区分个人犯罪与单位犯罪的一个首要标志就是吸收公众存款是以个人名义还是以单位名义实施的。如果是以个人名义实施的,就不可能构成单位犯罪。只有是以单位名义实施的,并且非法所得归单

---

① 石磊:《单位犯罪中"以单位名义"和"为了单位利益"探析》,载《人民检察》,2005 (7)(上),38 页。

位所有，才可能由单位构成非法吸收公众存款罪。在这种情况下，以单位名义实施犯罪，应当是认定单位犯罪的一个要件。

这里涉及一个问题，就是以单位名义与单位意志之间到底是一种什么关系。这个问题的实质是将盗用单位名义的情形从单位犯罪中排除出去。从名实关系的角度来说，以单位名义是外在的与形式的特征，单位意志才是内在的与实质的特征。在司法实践中，往往出现名实不符的情形，盗用单位名义就属于这种情形。因此，在界定以单位名义的时候，我们还应当透过表象，进一步确认以单位名义是否反映单位的真实意志。单位真实意志的认定与单位的种类和性质是相关的。在具有决策机构的单位中，经过决策机构讨论决定的事项反映的是单位意志。在一长负责制的单位中，有关负责人员的个人决定，也应该认为是单位意志的体现。对此，争议都不大。但在某些情况下，单位个别成员以单位名义实施某种犯罪行为，本质上是为单位利益的，能否认定为单位行为？下面，以林某偷税案为例加以说明：

林某偷税案①

林某，系某金属制品公司（集体性质）会计。1996 年 4 月，林某在给某房地产开发公司开具销货发票时，因单位资金紧张，为达到给单位少缴税款的目的，擅自做主，采取重复填写多联发票的手段，在发票联如实填写所销货物的金额交给客户，存根联、记账联另行开具发票联金额少得多的金额，存根联应付税收人员检查，记账联记账纳税，共隐瞒收入 19.9 万元，使单位少缴税款 3 万余元。对林某的行为应如何定性有两种意见。第一种意见认为，本案是单位偷税，林某所在的金属制品公司构成偷税罪，林某作为直接责任人员也应以偷税罪处罚。单位犯罪指单位的主管人员或直接责任人员在其职务范围内以单位名义、为了单位利益而实施的犯罪行为。本案中林某作为公司会计，全权处理公司财务，明知开首尾相异发票隐瞒收入可以偷税，主观上有为单位偷税的故意，在客观上实施了开

---

① 参见陈兴良：《刑法适用总论》，2 版，上卷，549～550 页，北京，中国人民大学出版社，2007。根据 2009 年《刑法修正案（七）》第 3 条的修订，偷税罪已经修改为逃税罪，特此说明。

具首尾相异发票隐瞒收入的行为，为单位偷税 3 万余元，符合单位偷税的特征。因此，对金属制品公司和林某应以偷税罪论处。第二种意见认为，林某的行为不构成偷税罪，单位偷税罪的主要法律特征有：一是犯罪的主观动机限于为单位牟取利益而偷税；二是犯罪是由单位决定的，即体现单位的意志，主要是由有权代表单位决策的董事长、经理、厂长等人决定。本案中，公司领导同意，擅自做主，采取开具首尾相异发票办法隐瞒收入，使单位少缴税款，但是这种结果的产生，不是在单位意志的直接支配下实施的，所以本案不是单位偷税。林某作为公司的会计，不具有单位的决策权，其擅自做主，所产生的结果属超越职权的行为所致，他为单位少缴税款，并未据为己有。在单位偷税罪不成立的前提下，不能对单位主管人员和其直接责任人员追究刑事责任。本案属法律没有明文规定的行为，对林某不应以偷税罪处罚，应责令金属制品公司补缴税款，按行政处罚处理。

在林某偷税案中，其行为并未经单位集体研究决定，而是林某个人擅自决定实施的，那么，其行为是否反映单位的真实意志呢？这里涉及对林某以单位名义实施的行为性质的认定。对此，上述两种观点是存在明显对立的。关于如何判断某一单位成员的行为是否体现单位意志，我国学者指出：

> 单位意志并不完全体现为单位决策机关的决策。应当肯定，决策是单位意志的积极表现形式和主要表现形式。但是，除了决策以外，还存在其他体现单位意志的形式，即管理、监督不力。相对于决策而言，管理、监督不力是单位意志的消极表现形式和次要表现形式。在负有管理、监督的职责而应当采取防止单位犯罪的措施时，单位机关成员没有采取足够的措施来预防单位犯罪，如果此时单位成员在业务行为中实施了犯罪行为，那么，这种单位成员的行为也是单位意志的反映，其行为也是单位自身的行为。[1]

---

[1]　王良顺：《单位犯罪论》，175 页，北京，中国人民公安大学出版社，2008。

这里所谓在单位管理、监督不力的情况下单位成员的行为属于单位行为，实际上是"仆人犯罪、主人负责"这一原理在单位犯罪中的体现。因此，如果单位成员在实施犯罪时未经单位决策机构授权，也未经单位主管人员同意，为单位利益实施犯罪行为以后，单位予以认可的，也应当视为单位行为，符合以单位名义实施犯罪的特征。在这个意义上说，对以单位名义的认定不能满足于形式上的判断，而应当进行实质判断。

（二）违法所得归单位所有

对于认定谋利型单位犯罪来说，除以单位名义这一特征以外，违法所得归单位所有也是认定单位犯罪的根据之一。对此，1999 年 6 月 25 日最高人民法院《关于审理单位犯罪案件具体应用法律有关问题的解释》（以下简称《单位犯罪解释》）第 3 条规定：

盗用单位名义实施犯罪，违法所得由实施犯罪的个人私分的，依照刑法有关自然人犯罪的规定定罪处罚。

由此可见，在以单位名义实施犯罪的基础上，还要进一步考察违法所得是归单位所有还是由个人私分。如果由实施犯罪的个人私分，则只能认定为个人犯罪而非单位犯罪。那么，如何认定这里的违法所得归单位所有呢？对此，我国司法机关有关人员指出：

所谓违法所得归单位所有，是指因犯罪行为所产生的非法收益归单位所有。对于以单位名义实施犯罪，但犯罪所得直接由实施犯罪的行为人获得或者所有的，不能认定为单位犯罪。[①]

在违法所得由实施犯罪的个人私分的情况下，即使犯罪是以单位名义实施的，也不构成单位犯罪。这是因为谋利型的单位犯罪主观上具有为单位谋取利益的目的。在司法实践中，对于那些明显的违法所得归单位所有或者由个人私分的案件，在单位犯罪与个人犯罪的区分上是较为简单的。但也存在有些单位主管人员和直接

---

① 杨万明、郭清国：《〈全国法院审理金融犯罪案件工作座谈会纪要〉的理解与运用》，载最高人民法院编：《刑事审判参考》，第 15 辑，64 页，北京，法律出版社，2001。

责任人员除了为单位谋取非法利益，还个人从中谋利的情况。对此如何认定？我国学者指出，对于上述情况存在以下两种解决办法：

> 一是将这种情形认定为共同犯罪，即自然人与单位的共同犯罪；二是整体认定为单位犯罪，然后在确定刑事责任分担时对自然人适当加重惩罚。第二种方法比较容易操作，但是于法无据。为何要加重自然人的刑事责任？但第一种方法不太容易操作，在认定为单位与自然人共同犯罪之后，既需要确定单位犯罪的直接主管人员的刑事责任，又需要确定自然人的刑事责任，单位主管人员是一身兼二任，如何加权两种责任对同一人进行刑事责任的评价，非常困难。而且，这里有可能涉及既作为单位行为又作为自然人行为加以评价。因此，对于此种情形，应当首先将其视作一个整体行为即单位行为，至于之后的中饱私囊则可作为情节在量刑环节加以考虑。[①]

这里所讲的中饱私囊情形，是指在单位获利以外，个人还另私自获利。这种获利是构成单位犯罪以外的个人犯罪还是作为单位犯罪的量刑情节考虑？我认为，作为个人犯罪而与单位犯罪形成共犯关系的认定方法是不能成立的，因为该行为是以单位名义实施并且符合单位意志的，只能认定为单位犯罪。在单位犯罪以外，不能另行构成个人犯罪。至于个人非法所得部分如何处理，是一个值得研究的问题。对于那种认为个人私自占有部分只能作为单位犯罪的量刑情节予以考虑的观点，我是不赞同的。下面，结合吕某等部门负责人以单位名义走私制毒物品并截留部分货款案进行分析。

吕某等走私制毒物品案

2006 年 5 月，某公司（非国有公司）国际销售部经理吕某与业务员崔某为了规避国家有关易制毒化学品出口须申领出口许可证的规定，决定以绿茶减肥冲剂名义将制毒物品麻黄浸膏粉出口墨西哥，售价为每千克 14 美元，出口数量为 1 000 千克；并向公司谎称对外售价为每千克 7 美元。

[①]　蒋熙辉：《单位犯罪刑事责任探究与认定》，245 页，北京，人民法院出版社，2005。

后该公司生产部门按照其国际销售部下达的需货报告，开始组织生产。吕某、崔某以公司名义向食品药品监督管理局申请办理接受境外制药厂商委托加工品备案未获批准，为逃避海关监督，将货名先后定为复方减肥冲剂、绿茶减肥冲剂，以公司的名义，经海关分 7 批将共计 1 075 千克、含有麻黄浸膏粉的混合物（麻黄浸膏粉含量为 500 余千克）申报出口墨西哥并办结通关手术。案发后，其中 375 千克被海关缉私局查获，已运至墨西哥的 700 千克中，350 千克被追回。现有证据无法证实公司法定代表人、公司其他董事以及总经理等人事先明知上述走私犯罪事实。

吕某、崔某与外商商定出口麻黄浸膏粉 1 000 千克、售价为每千克 14 美元，向公司谎称每千克 7 美元，利用对内、对外报价的差异，将其中 1 000 千克的货款 10 万元及对方预付的 8.6 万元货款占为己有。①

该案涉及三个问题：

第一个问题是吕某等人的走私制毒物品的行为是单位犯罪还是个人犯罪。对此存在两种意见：第一种意见认为，吕某、崔某以公司的名义实施犯罪，所得利益亦部分归单位所有，该行为构成走私制毒物品的单位犯罪。第二种意见认为，吕某、崔某的行为未经公司决策层的集体研究，不能代表单位意志，故不构成单位犯罪，应认定为个人犯罪。对于这个问题，我个人还是倾向于构成单位犯罪。当然，在本案中单位犯罪的主体到底是公司还是公司下属的国际销售部，这一点还可以讨论。该案的走私行为是以公司名义进行的，但公司领导并不知情，吕某等人的行为被视为公司的行为还是国际销售部的行为，是存在争议的。国际销售部作为公司内设部门当然是可以成为单位犯罪主体的，在单位内设部门构成单位犯罪的情况下，应以该内设部门的名义实施犯罪行为。例如 2001 年《纪要》指出，"以单位的分支机构或者内设机构、部门的名义实施犯罪，违法所得亦归分支机构或者内设机构、部门所有的，应认定为单位犯罪。不能因为单位的分支机构或者内设机构、部门没有可供执行罚金的财产，就不将其认定为单位犯罪，而按照个人犯罪处理"。该规定中

---

① 关于本案讨论详细内容，参见《人民检察》，2008 (19)，29 页以下。

认定单位犯罪的依据是以单位的分支机构或者内设机构、部门的名义实施犯罪且违法所得归其所有。从该案来看，其是以公司名义对外销售，违法所得也并非归国际销售部所有而是归公司所有，似应认定为公司的犯罪。吕某、崔某是公司国际销售部的经理和业务员，他们对外从事业务是以公司的名义进行的，因此他们的行为是职务行为，尽管他们就走私行为对公司领导作了某种隐瞒，但这不能否认其公司走私的性质。

第二个问题是吕某、崔某在走私制毒物品过程中，私自截留货款的行为如何定性。对此，也存在两种意见：第一种意见认为，吕某、崔某的行为符合职务侵占罪的构成要件，应认定为职务侵占罪。第二种意见认为，职务侵占罪的犯罪对象一般是合法财产，吕某、崔某占有的是走私非法所得的非法财产，因此不构成职务侵占罪。对于这个问题，我认为吕某、崔某构成职务侵占罪。关于非法所得的财产能否成为财产犯罪包括职务侵占罪的犯罪对象，目前我国刑法学界通说是持肯定观点的，对此并不存在法律上的障碍。因此，在本案中，即使是侵占走私犯罪所得的财物，也可以构成职务侵占罪。

第三个问题是吕某、崔某构成的是一罪还是数罪。对此也存在两种意见：第一种意见认为，吕某、崔某侵占的货款来自走私制毒物品，应按照走私制毒物品或职务侵占一罪处断，否则有违一事不再理的原则。第二种意见认为，走私制毒物品罪和职务侵占罪侵犯的是不同的犯罪客体，应实行数罪并罚。我认为，在本案中存在两个独立的犯罪，且两个犯罪之间虽然存在一定的关联，但并不存在牵连关系。吕某、崔某从事走私制毒物品的行为并不是为了职务侵占，职务侵占只是在走私制毒物品过程中另外产生的一种犯罪行为，它和走私制毒物品罪之间并没有必然的联系，因此应当实行数罪并罚。

从吕某等走私制毒物品案可以看出，以单位名义进行走私，在走私过程中，侵吞部分走私货款的，其行为仍然应定单位走私制毒物品罪，对于侵吞单位走私货款的行为，应当另定职务侵占罪。而不能因为被告人侵吞了单位犯罪的部分款项，就否定其单位犯罪的性质。

在司法实践中，还存在单位犯罪的非法所得去向不明的情形，在这种情况下，如果没有证据证明非法所得被个人私分，仍然应定单位犯罪。例如在王红梅、王宏斌、陈一平走私普通货物、虚开增值税专用发票案[①]中，涉及以单位名义实施走私犯罪，现有证据只能证实少量违法所得用于单位的经营活动，绝大部分违法所得的去向无法查清时，是单位犯罪还是个人犯罪的问题。对于这个问题裁判理由明确指出：

> 以单位名义实施走私犯罪，没有证据证实违法所得被实施犯罪的个人占有或者私分的，应当根据有利于被告人的原则，认定为单位走私犯罪。

上述裁判理由将违法所得由实施犯罪的个人私分，作为控方应当证明的事实。如果没有证据证明个人私分，就应当视为单位非法所得归单位所有。这一裁判理由的精神对于认定违法所得归单位所有，具有重要参考价值。

三、裁判理由的评判

张贞练虚开增值税专用发票案主要涉及单位犯罪与个人犯罪的区分问题。在本案中，张贞练虚开增值税专用发票的行为都是以单位名义实施的，但法院对其并未以单位犯罪论处，而是认定为个人犯罪。对此，本案的裁判理由指出：

> 关于单位犯罪及其处罚的规定，始见于最高人民法院、最高人民检察院于 1985 年 7 月 18 日公布并施行的《关于当前办理经济犯罪案件中具体应用法律的若干问题的解答（试行）》（以下简称解答）（已失效——引者注）。全国人大常委会于 1988 年 1 月 21 日颁布并施行《关于惩治走私罪的补充规定》《关于惩治贪污罪贿赂罪的补充规定》（均已失效——引者注）后至刑法施行前，陆续公布、施行的十几个补充规定和决定，对单位犯罪作了较全面的规定。刑法修订前对公司、企业型单位犯罪的规定基本上是以所有制性质作为单位犯罪和个人犯罪的区分标准，即全民所有制或集体所有制的单位存在单位犯罪问题，私营企业构成犯罪的，则按个人犯罪论处〔详见最高人民法院、最高人民检察院《关于当前处理企业事业单

---

① 本案刊载于最高人民法院编：《刑事审判参考》，第 43 集，北京，法律出版社，2005。

位、机关、团体投机倒把犯罪案件的规定》（已失效——引者注）〕。1997 年刑法第三十条规定："公司、企业、事业单位、机关、团体实施的危害社会的行为，法律规定为单位犯罪的，应当负刑事责任。"这里的公司、企业不再以所有制性质划线，而是泛指一切形式的公司、企业。但无论是原规定还是新规定，对单位犯罪构成要件的掌握是一致的，即单位犯罪必须同时具备两个要件：一是犯罪是以单位名义实施的；二是违法所得归单位所有，此特征是区别单位犯罪与自然人犯罪的关键所在。本案中，张贞练不论是为停业的湛江市贸易开发公司办理营业执照年检和税务登记证，还是向税务主管部门领购增值税专用发票、虚开增值税专用发票等，都是以单位名义实施的，但这些只是表面现象，因为虚开增值税专用发票犯罪的特殊性决定了此类犯罪不以单位名义将难以实施。除此之外，更重要的是张贞练虚开增值税专用发票的违法所得并没有归单位所有，而是绝大部分都被张贞练用于个人经商和挥霍。因此，一、二审法院认定张贞练案为自然人犯罪是正确的。

在上述裁判理由中，明确指出了单位犯罪构成的两个要件：一是以单位名义，二是违法所得归单位所有。就虚开增值税专用发票罪而言，出票方只能是单位而不可能是个人，因此，只要以单位名义实施就是单位犯罪，也即虚开增值税专用发票罪就不存在个人犯罪。因此，关键要看违法所得是归单位所有还是归个人所有。从本案的情况来看，张贞练虚开增值税专用发票的违法所得都是归个人所有的，因而裁判理由认为张贞练案不构成单位犯罪。对于这一区分单位犯罪与个人犯罪的标准，我认为是可取的。

第 2 节　单位犯罪直接负责的主管人员之认定研究

案名：王璐林偷税案[①]
主题：直接负责的主管人员　行为责任
在单位犯罪的情况下，如何认定直接负责的主管人员，是对单位犯罪的处罚

---

① 根据 2009 年《刑法修正案（七）》第 3 条的修订，偷税罪已经修改为逃税罪，特此说明。

中一个值得研究的问题。我国刑法对单位犯罪在大多数情况下都实行双罚制，因而正确地认定单位犯罪中的直接负责的主管人员，于对单位犯罪之处罚具有重要意义。本节以王璐林偷税案①为例，对单位犯罪直接负责的主管人员的认定问题进行研究。

一、案情及诉讼过程

匡达制药厂于 1997 年 9 月 12 日注册成立，住所地为北京市延庆县南菜园开发区，法定代表人王璐林，总经理王某霖，经济性质系股份合作制企业，主要生产的产品是健骨生丸。匡达制药厂于 1998 年 2 月 6 日至 1998 年 12 月 23 日，共生产健骨生丸 566 600 盒。总经理王某霖指令保管员肖某霞将其中 358 313 盒登记在药厂正式账上，其余 208 287 盒采用不登记入库的方法，另做记录，药厂销售科人员可以打白条形式将药品领走。被告人王璐林在任北京匡达制药厂的法定代表人期间，1998 年 1 月至 1999 年 1 月，北京针灸骨伤学院坏死性骨病医疗中心共打白条领出 5 123 大盒健骨生丸，销售后的金额为人民币 4 508 240 元（出厂价每大盒人民币 880 元），既没有在北京匡达制药厂登记入账，亦未向延庆县国税局申报纳税，致匡达制药厂偷逃增值税税款人民币 655 043.42 元，占同期应纳税款额的 52.97%。

北京市延庆县人民法院认为：被告单位匡达制药厂及其直接责任人王璐林为让企业获取非法利益，违反税收法规，采取生产的产品不入账、用白条出库、收款不入账的手段，通过在坏死性骨病医疗中心销售本厂生产的药品，偷逃税款人民币 655 043.42 元，占同期应纳税额 52.97%，破坏了税收征管制度，扰乱了社会市场经济秩序，均已构成偷税罪，应予惩处。延庆县人民检察院指控被告北京匡达制药厂、被告人王璐林犯偷税罪

---

① 本案刊载于最高人民法院编：《刑事审判参考》，第 33 集，北京，法律出版社，2002。

的事实清楚，证据充分，指控的罪名成立。在偷税的过程中，任法定代表人兼任坏死性骨病医疗中心主任的王璐林负有直接责任。在追究法人单位责任的同时应一并追究直接责任人王璐林的刑事责任。遂依照《中华人民共和国刑法》第 201 条第 1 款、第 211 条、第 72 条第 1 款、第 73 条第 2、3 款和最高人民法院《关于审理偷税抗税刑事案件具体应用法律若干问题的解释》第 1 条第（2）项的规定，判决如下：（1）被告单位北京匡达制药厂犯偷税罪，判处罚金人民币 140 万元。（2）被告人王璐林犯偷税罪，判处有期徒刑 3 年，缓刑 3 年，并判处罚金人民币 70 万元。

一审宣判后，被告单位北京匡达制药厂及被告人王璐林不服，向北京市第一中级人民法院提出上诉。被告单位北京匡达制药厂上诉称：虽然单位构成偷税罪，不应对单位判处巨额罚金。被告人王璐林上诉提出其行为不构成偷税罪。

北京市第一中级人民法院经审理认为：被告单位匡达制药厂为偷逃税款，故意将生产的部分产品隐匿，销售后收入不入账，偷逃增值税税款人民币 655 043.42 元，占同期应纳税额的 52.97%，其行为已构成偷税罪，依法应予惩处。被告人王璐林虽为匡达制药厂的法定代表人，但经法庭质证确认的证据证明，匡达制药厂由总经理王某霖负责，将其中 358 313 盒登记在药厂正式账上，其余 208 287 盒采用不登记入库的方法，另做记录，可由药厂销售科人员以打白条形式领走，系王某霖授意为之，无证据证明王璐林具有决定、批准、授意、指挥企业人员不列或少列收入，从而偷税的行为。故认定王璐林系匡达制药厂偷税犯罪直接负责的主管人员、应追究偷税罪的刑事责任证据不足。一审法院判决认定北京匡达制药厂构成偷税罪的证据确实、充分，审判程序合法，但量刑不当，应予改判。被告单位匡达制药厂及其辩护人所提对单位罚金过重、被告人王璐林及其辩护人所提王璐林的行为不构成偷税罪的上诉理由和辩护意见，本院予以采纳。据此，依照《中华人民共和国刑事诉讼法》（1996 年——引者注）第 189 条第（3）项和《中华人民共和国刑法》第 201 条第 1 款、第 211 条、第 3 条及最

高人民法院《关于审理偷税抗税刑事案件具体应用法律若干问题的解释》第
1 条、《中华人民共和国刑事诉讼法》第 189 条第（2）项、最高人民法院
《关于执行〈中华人民共和国刑事诉讼法〉若干问题的解释》（已失效，下
同——引者注）第 176 条第（4）项之规定，判决如下：（1）撤销北京市延
庆县人民法院（2002）延刑初字第 176 号刑事判决主文，即被告单位北京匡
达制药厂犯偷税罪，判处罚金人民币 140 万元；被告人王璐林犯偷税罪，判
处有期徒刑 3 年，缓刑 3 年，并处罚金人民币 70 万元。（2）被告单位北京
匡达制药厂犯偷税罪，判处罚金人民币 70 万元。（3）被告人王璐林无罪。

二、单位犯罪的处罚原则

我国刑法第 31 条规定：

　　单位犯罪的，对单位判处罚金，并对其直接负责的主管人员和其他直
接责任人员判处刑罚。本法分则和其他法律另有规定的，依照规定。

根据上述法律规定，我国刑法对单位犯罪采用的是以双罚制为主、以单罚制为
辅的处罚原则。

单位犯罪的双罚制，是指在单位构成犯罪的情况下，既处罚单位，又处罚单位
有关负责人员。在刑法中，为什么对单位犯罪实行双罚制，也就是双罚制的理论根
据，是一个存在较大争议的问题。厘清这个问题，对于正确认定单位相关责任人员
具有重要理论意义。我国学者蒋熙辉博士对单位犯罪双罚制的理论作了以下梳理
综述[①]：

　　（1）双重主体论，认为单位犯罪是一个犯罪两个犯罪主体、一个刑罚
主体（单罚制）或者两个刑罚主体（双罚制）。单位犯罪具有行为双重性
和罪过的双重性的特征；单位责任人员对单位整体犯罪的产生，主观上有
罪过，客观上有行为；既惩罚单位又惩罚责任人员，贯彻了罪责自负的原

---

① 参见蒋熙辉：《单位犯罪刑事责任探究与认定》，129 页以下，北京，人民法院出版社，2005。

则，更利于刑罚目的的实现。

（2）犯罪的双重性论，认为两罚制的根据是单位犯罪的两重性：它既是作为独立主体的单位的犯罪，又包含着自然人犯罪（直接责任者的犯罪）。这种理论认为，单位犯罪具有双重性：它是作为独立主体的单位的犯罪，又包含着自然人犯罪。只有认识到单位犯罪与自然人犯罪的双重机制，双罚制才具有根据。

（3）连带刑事责任论，认为两罚制的根据是单位犯罪的连带刑事责任原则。连带刑事责任源于侵权法中的民事连带赔偿责任，援引到刑事责任理论中是指单位与单位成员的犯罪行为相互关联，故应同时追究二者的刑事责任。

（4）双层机制论，认为单位犯罪存在一个独特的双层机制：表层犯罪者以单位为主体，深层犯罪者以单位代表及有关主管人员和直接责任人员为主体；追究单位刑事责任采取双罚制即考虑到双层机制在单位犯罪中的作用而定。

（5）复合主体论，认为单位犯罪的主体是复合主体，是以法人或法人社会组织为形式、以自然人为内容复合组成的特别主体。复合主体既有别于单一主体，又不能被简单地看作是两个主体。在单位犯罪的构成中，复合主体在统一的犯罪构成中是一个主体，又可以在单位的整体犯罪构成与其直接责任人员的个体犯罪构成的区分中，相对分为两个主体。这也是单位犯罪实行双罚制的依据。

（6）双重人格论，认为直接责任人员作为单位成员在单位意志支配下，为单位利益而实施犯罪时不具有独立的主体资格，不构成单位的共犯，构成独立犯罪的是单位，这是处罚单位的正当根据。同时，行为人在为单位牟利、实施犯罪之外，仍然具有自己的独立人格和意志，这是处罚责任人员的正当根据。

（7）双重机制论，认为法人的社会属性与自然属性是统一的：法人具有独立的意志，法定代表人的行为只有符合法人的意志时，才得视为法人的行为，由法人承担法律后果。同时，法人的意志又是通过其法定代表人来实现的，离开了法定代表人的行为，法人只不过是一具法律僵尸而已。由此可见，法人犯罪具有双重机制：表层的是法定代表人的犯罪行为，当这一犯罪行为是由法人作出决策或者认可时，就触及了深层的法人的犯罪行为。正是在这个意义上，法定代表人的行为具有双重属性：既作为本人犯罪的行为，又作为法人犯罪的行为。这也正是对法人的犯罪实行两罚制的事实基础。

以上各种观点，都旨在为单位犯罪的双罚制提供理论根据。在单位犯罪的情况下，处罚单位理所当然，为什么还要处罚单位中的相关人员呢？对此，各种观点都在单位与单位的相关责任人员之间的关系上加以论证，论证的视角主要有三个：一是主体，二是机制，三是责任。双重主体论、复合主体论、双重人格论，基本上都是从犯罪主体角度入手的，力图证明在单位犯罪情况下存在单位与个人两个主体。而犯罪的双重性论、双层机制论和双重机制论，都是从犯罪机制角度切入，认为存在双层次的犯罪结构。至于连带刑事责任论，则是从责任角度，论证单位与单位相关责任人员之间存在关联性，由此导致刑事责任上的牵连。我认为，单位犯罪双罚制根据问题的解决，是以正确理解单位犯罪的本质为前提的。在单位犯罪中，确实存在单位与单位中的相关责任人员这样两种主体要素，这两种要素呈现出一体化的形态：单位不能离开相关责任人员而存在，否则单位就是一具法律僵尸。同样，相关责任人员也不能离开单位而存在，否则就不成其为单位犯罪。正是这种单位与单位相关责任人员的两位一体性质为双罚制提供了理论根据。

在对单位犯罪实行双罚制的情况下，分别地来看，存在两个方面的问题需要讨论：一是单位承担刑事责任的根据：既然单位犯罪行为是单位相关责任人员实行的，单位为什么对此要承担刑事责任呢？二是单位相关责任人员的范围：什么人应当对单位犯罪承担刑事责任？

第一个问题主要是涉及单位犯罪与个人犯罪的区分。在单位犯罪行为经过单位决策机构决策以后实施的情况下，单位应当承担刑事责任，这在刑法理论上争议并不大。但在没有经过单位决策机构正式研究决定的情况下，单位相关责任人员实施的犯罪能否归责于单位，就会存在不同见解。对此，在日本刑法理论中，最初法人处罚根据是采用过失责任说，具体又可以分为过失拟制说、过失推定说及纯过失说三种。[①] 这种学说强调法人（业主）对法定代表人以及一般从业人员的选任、监督和管理义务，未尽上述义务导致法定代表人以及一般从业人员实施违法犯罪行为的，对此法人应当承担监督过失的责任。这种学说对法人责任的解决是采用连带关系，按照过失推定原则对法人进行处罚，在司法实务中实际上是采取无过失责任原则。在这种情况下，日本刑法学界提出了新法人处罚立法论，包括法人独立行为责任论和企业组织体责任论。藤木英雄教授主张的法人独立行为责任论认为法人自身具有犯罪能力，可以不用考虑法定代表人的主观意思而直接独立地把握法人的犯罪行为。而板仓宏教授主张的企业组织体责任论认为，法人等企业是作为组织体进行活动的，因此，在追究法人的责任时，不能单独追究法定代表人、中层管理者及最底层的从业人员的行为责任或监督责任，而应将从法定代表人到最底层的从业人员所有的行为人的行为作为一个整体，并按此来把握法人的行为责任。[②] 以上日本学说对于我们讨论单位刑事责任根据问题具有一定的借鉴意义。当然，由于我国刑法对单位犯罪作了明文规定，在单位犯罪两罚制的法律语境下，如何从法理上揭示单位刑事责任的理论根据，仍是一个需要进一步研究的问题。

第二个问题主要是涉及如何认定单位犯罪的相关责任人员。对此，我国刑法明确规定，在单位犯罪的情况下追究直接负责的主管人员和直接责任人员的刑事责任。那么，如何理解这里的直接负责的主管人员和直接责任人员呢？对此，2001年《纪要》规定：

> 直接负责的主管人员，是在单位实施的犯罪中起决定、批准、授意、纵容、指挥等作用的人员，一般是单位的主管负责人，包括法定代表人。其他直接责任人员，是在单位犯罪中具体实施犯罪并起较大作用的人员，既可以是单位的经营管理人员，也可以是单位的职工，包括聘任、雇佣的人员。

① 参见黎宏：《单位刑事责任论》，81 页以下，北京，清华大学出版社，2001。
② 参见黎宏：《单位刑事责任论》，98、101 页，北京，清华大学出版社，2001。

从以上规定可以看出，在单位犯罪的情况下，并非追究单位中所有人员的刑事责任，而是只追究直接负责的主管人员和直接责任人员的刑事责任。这里应当指出，从构成要件论的角度考察，直接负责的主管人员和直接责任人员在单位犯罪中实施的行为在性质上有所不同。2001年《纪要》明确规定：直接责任人员的行为是具体实施犯罪，因此，单位犯罪的实行行为是直接责任人所实施的。在这个意义上说，直接责任人员相当于共同犯罪中的正犯，是犯罪的实行者。而直接负责的主管人员，在单位犯罪中实施的是决定、批准、授意、纵容、指挥的行为，这些行为本身并非刑法分则所规定的犯罪实行行为，而是类似于共同犯罪中的共犯。应当指出的是，2001年《纪要》把行为与作用相混淆：决定、批准、授意、纵容、指挥并不是在单位犯罪中的作用，而是在单位犯罪中的行为。这些行为在单位犯罪中通常都起主要作用，但不能把这些行为等同于作用。行为是定罪时考虑的要素，作用是量刑时考虑的要素。作用当然是指行为在单位犯罪中的作用，因此，作用的判断离不开行为。但对行为是从构成要件角度来认定的，行为是先在于作用而存在的。根据以上分析，我认为单位犯罪并不仅仅是一种特殊主体的犯罪，而是我国刑法规定的一种特殊犯罪形态，在定罪与量刑上都具有不同于一般犯罪的特殊性，因此在刑法理论体系中应当承认其独立地位。

无论是直接负责的主管人员还是直接责任人员，都对单位犯罪负有责任，这种责任是行为责任而非身份责任。我国学者认为，在因单位犯罪受处罚的两类责任人员中，直接责任是两者的共同特征，同时也是关键特征。只有厘清直接责任的含义，才能在此基础上具体划定直接负责的主管人员和其他直接责任人员的范围。那么，什么是这里所说的直接责任呢？我国学者指出：

　　直接责任是一种行为责任，即单位成员之所以对单位负有直接责任，是因为他参与实施了单位犯罪，具有罪过，其行为是单位犯罪的组成部分。

　　确立了直接责任的性质是行为责任，就排除了单位成员的身份责任，即单位成员并不因为具有单位成员的身份而为单位犯罪承担刑事责任。将直接责任定义为行为责任，首先是罪责自负原则的要求。单位成员为单位犯罪承担刑事责任，是因为其参与实施了单位犯罪行为。同时，只有将直接责任理解为行为责任，才能有效限制因单位犯罪受处罚的单位成员的范围。将直接责任限制为行为责任，就可以将那些没有参与单位犯罪实施的单位成员排除于受处罚的范围之外，从而控制因单位犯罪受处罚成员的范围。否则，若不将直接责任限制为行为责任，直接责任就可能被理解为包括行为责任与身份责任，这样一来，每个单位成员都会因为其单位成员的身份而与单位犯罪具有某种联系，从而就无法限制受处罚的责任人员的范围。因此，直接责任的性质应当是行为责任，而不可能是身份责任。[①]

我认为，直接责任是行为责任而不是身份责任这个命题的提出，对于正确界定单位犯罪相关责任人员的范围是十分重要的。当然，在刑法规定的两类人员中，其责任的表现形式也是有所不同的：直接负责的主管人员的行为责任，由于其行为表现为决定、批准、授意、纵容、指挥等，因而具有管理监督责任的性质；而直接责任人员的行为责任，则具体表现为实施构成要件行为的责任。

三、裁判理由的评判

在王璐林偷税案中，被告单位北京匡达制药厂确实实施了单位偷税行为，构成偷税罪。这是没有争议的，争议点在于：王璐林是否属于直接负责的主管人员？关于这个问题，公诉机关指控王璐林犯有偷税罪，一审判决认定在偷税过程中法定代表人王璐林负有直接责任。但对于王璐林在单位偷税犯罪中的具体行为，一审判决并无表述。而二审判决则认定，单位偷税犯罪行为系匡达制药厂总经理王某霖授意为之，无证据证明王璐林具有决定、批准、授意、指挥企业人员不列或少列收入，从而偷税的行为，因而宣告王璐林无罪。关于宣告王璐林无罪的裁判理由指出：

我国刑法总则第三十一条规定："单位犯罪的，对单位判处罚金，并对其直接负责的主管人员和其他直接责任人员判处刑罚。本法分则和其他

[①]　王良顺：《单位犯罪论》，216 页，北京，中国人民公安大学出版社，2008。

法律另有规定的，依照规定。"这里的"本法分则和其他法律另有规定的，依照规定"，主要是指分则规定的只处罚直接负责的主管人员和其他直接责任人员，而不对单位判处罚金（如刑法第 161 条规定的提供虚假财会报告罪*）。据此，对于单位犯罪，通常情况下除需对单位判处罚金之外，还应对单位犯罪中直接负责的主管人员和其他直接责任人员判处刑罚，即所谓的双罚制，根据刑法第 211 条规定单位偷税犯罪即属此例。本案中被告单位匡达制药厂将生产的部分产品隐匿，销售后收入不入账，偷逃增值税税款的行为构成偷税罪没有疑义，但能否以此追究其法定代表人王璐林的刑事责任？关键在于能否认定被告人王璐林属于该单位犯罪行为的直接负责的主管人员。这就涉及对直接负责的主管人员的理解问题。对此，我国刑法及相关司法解释未作具体规定。我们认为，应从以下两个方面来加以把握：一是直接负责的主管人员是在单位中实际行使管理职权的负责人员；二是对单位具体犯罪行为负有主管责任。该两个条件缺一不可，如非单位的管理人员，就谈不上主管人员；如与单位犯罪无直接关系，就不能说对单位犯罪负有直接责任。司法实践中，主管人员主要包括单位法定代表人、单位的主要负责人、单位的部门负责人等。但以上单位的管理人员并非在任何情况下都要对单位犯罪承担刑事责任，只有当其在单位犯罪中起着组织、指挥、决策作用，所实施的行为与单位犯罪行为融为一体、成为单位犯罪行为组成部分之时，上述人员才能成为单位犯罪的处罚主体，对单位犯罪承担刑事责任。需强调指出的是，单位的法定代表人，也即一把手，作为单位的最主要的领导成员，在单位里对重要问题的决定会起到至为重要的作用，在单位实施犯罪的情况下，是否均需对单位犯罪负责？对此，同样不能一概而论，应否承担刑事责任，仍需视其是否具体介入了单位犯罪行为，在单位犯罪过程中是否起到了组织、指挥、决策作用而定。如主持单位领导层集体研究、决定或者依职权个人决定实施单位犯罪

---

* 《刑法修正案（六）》将本罪修改为违规披露、不披露重要信息罪。——引者注

的情况下，当属直接负责的主管人员；反之，在由单位其他领导决定、指挥、组织实施单位犯罪，不在其本人职权分工范围之内、本人并不知情的情况下，则不应以单位犯罪直接负责的主管人员追究其刑事责任。当然，单位的法定代表人因失职行为，依法构成其他犯罪的，另当别论。

　　具体到本案，虽然被告人王璐林是被告单位匡达制药厂的法定代表人，但经法庭质证确认的证据不能证明王璐林具有决定、批准、授意、指挥、组织企业人员采用打白条的形式，在账簿上不列或少列收入，以偷逃税款的行为，且相关证据证明偷逃税款系匡达制药厂总经理王某霖授意所为，所以一审法院判决认定王璐林系北京匡达制药厂偷税犯罪直接负责的主管人员、应追究偷税罪的刑事责任证据不足，二审法院依法予以改判王璐林无罪的判决是正确的，体现了罪刑法定和罪责自负的刑法原则。

本案的裁判理由坚持了直接责任是行为责任而非身份责任这一原则，我认为是十分正确的，对于认定单位犯罪的直接负责的主管人员具有重要指导意义。

　　在司法实践中，如何正确认定单位犯罪中的直接负责的主管人员，是一个没有得到很好解决的问题。在某些司法机关和司法人员的思想观念中，还存在身份责任的思想。因此，在某一单位构成犯罪的情况下，就会简单地把该单位的有关负责人，尤其是法定代表人，认定为直接负责的主管人员，而不管该负责人对单位犯罪主观上是否知情、客观上是否参与。在王璐林偷税案中，公诉机关和一审法院就是持这种认识，因此，在没有正确查明王璐林是否指使他人实施企业的偷税行为的情况下，仅仅因为他是企业的法定代表人就认定其为直接负责的主管人员，因而导致一审错判。二审法院根据最高人民法院认定直接负责的主管人员的有关司法解释，对本案作了正确判决。这是值得充分肯定的。

第7章

竞 合 论

第1节　冒充刑警骗取财物行为之定性研究

案名：梁其珍招摇撞骗案

主题：法条竞合

　　冒充刑警骗取财物的行为，涉及招摇撞骗罪与诈骗罪两个罪名，而在这两个罪名之间存在着法条竞合关系。在司法实践中如何运用法条竞合理论正确地区分招摇撞骗罪与诈骗罪，是一个值得研究的问题。本节以梁其珍招摇撞骗案[①]为例，对冒充刑警骗取财物行为之定性问题进行探讨。

一、案情及诉讼过程

　　2001 年 11 月，被告人梁其珍与王某相识，梁谎称自己是安徽省公安

---

① 本案刊载于最高人民法院编：《刑事审判参考》，第 34 集，北京，法律出版社，2004。

厅刑警队重案组组长，骗得王与其恋爱并租房同居。期间，梁又先后对王谎称自己任省公安厅厅长助理、池州市公安局副局长等职。为骗取王及其家人、亲戚的信任，梁其珍先后伪造了安徽省公安厅文件、通知、荣誉证书、审查登记表，印制了职务为池州市公安局副局长的名片和刑警执法证，购买了仿真玩具手枪等；2001年10月至2002年8月梁多次从合肥、池州等地公安机关盗取数件警服、警帽、持枪证以及相关材料；多次租用京GD6798号出租车，冒充是省公安厅为其配备。在骗取王某及其家人、亲戚的信任后，2002年4月至2002年8月期间梁以种种谎言骗得王家人及亲戚现金39 750元，并挥霍。

2002年5月，梁其珍又冒充安徽省公安厅刑警，骗得另一受害人张某与其恋爱并发生性关系。后以请人吃饭为由，骗取张现金500元。

2002年8月初，梁其珍冒充池州市公安局副局长前往潜山县，骗取了该县人大、公安局有关领导的信任，陪同其游玩。

包河区人民法院审理后认为：被告人梁其珍伪造公安机关的文件、印章，盗取警服、警帽，多次冒充人民警察招摇撞骗，骗取多名受害人钱款40 250元，并骗取了其他非法利益，严重妨害了国家机关的正常管理活动，侵犯了公民的合法权益，情节严重，其行为已构成招摇撞骗罪。梁冒充人民警察招摇撞骗，且系累犯，依法均应从重处罚。遂依照《中华人民共和国刑法》第279条、第64条、第65条第1款之规定，判决：(1)被告人梁其珍犯招摇撞骗罪，判处有期徒刑10年；(2)追缴被告人梁其珍违法所得人民币40 250元；(3)没收作案工具玩具手枪一把及伪造的文件等。

一审宣判后，被告人梁其珍不服，提出上诉。在二审审理期间，梁其珍申请撤回上诉，法院裁定予以准许。

二、法条竞合概念评述

本案涉及招摇撞骗罪与诈骗罪的区分。关于招摇撞骗罪与诈骗罪的区分，以往在我国刑法理论中，一般都采用犯罪构成要件简单对比的方法。例如我国刑法教科书在论及招摇撞骗罪与诈骗罪的区分时，指出两罪的区别在于：

（1）侵犯的客体不同。招摇撞骗罪侵犯的客体是国家机关的正常活动；诈骗罪侵犯的客体则是公私财产所有权。（2）犯罪手段不同。招摇撞骗罪的行为方式只能是冒充国家机关工作人员或人民警察行骗；而诈骗罪的行为手段则是多种多样的，不限于冒充有特别身份的人员行骗。（3）成立犯罪的标准不同。招摇撞骗罪不要求行为人诈骗所得财物数额多少，只要行为人实施了冒充国家机关工作人员或人民警察招摇撞骗的行为，原则上便构成犯罪；而诈骗罪的成立，必须是行为人诈骗所得的财物数额较大。[1]

尽管上述刑法教科书也论及，如果行为人冒充国家机关工作人员实施诈骗犯罪的，属于法条竞合，对此，应按刑法理论上处理法条竞合犯的原则来解决行为人的定罪与量刑问题，但对于如何采用法条竞合理论对招摇撞骗罪和诈骗罪的界限加以区分，上述刑法教科书并没有进一步加以论述。

应该指出，法条竞合理论在苏俄刑法学中并没有得到充分研究，尚未形成完整的法条竞合理论。因此，我国刑法学中的法条竞合理论是在借鉴大陆法系刑法中的法条竞合理论的基础上，结合我国的刑事立法与刑事司法而建构起来的。例如，1984 年冯亚东在《法学》发表了《论法条竞合的从重选择》一文，对制造、贩卖假药罪与投机倒把罪之间的法条竞合现象进行了分析，指出了重法优于轻法的法律适用原则，认为在特别法与普通法相竞合时，在依特别法刑罚不足以抵罪的情况下，可以适用重法，以实现罪刑相适应原则的要求。[2] 此后，肖开权在《法学》发表了《法条竞合不能从重选择——与冯亚东同志商榷》一文，提出了不同意见。后者认为，特别法与普通法竞合时，只能适用特别法，不能适用处刑更重的普通法，

---

①　高铭暄、马克昌主编：《刑法学》，536 页，北京，北京大学出版社、高等教育出版社，2000。

②　参见冯亚东：《论法条竞合的从重选择》，载《法学》，1984（4）。

因从重选择原则混淆了立法与司法的权限划分，违反罪刑法定原则。① 这一争议，使法条竞合理论进入我国刑法学研究的理论视野。由立法技术等所决定，我国刑法分则所规定的罪名概念之间的竞合现象大量存在，而法条竞合理论对于解决在罪名概念之间发生竞合情况下的法条适用问题具有重要指导意义，因此，法条竞合理论在我国刑法学中得到了长足的发展，各种论文与专著多有发表与出版，成为我国刑法学理论研究中的一个热点问题。对于法条竞合的概念以及法条竞合的类型，我国刑法学界存在各种不同的表述与见解。那么，在司法实践中如何看待法条竞合理论？司法人员如何运用法条竞合理论解决实际问题呢？梁其珍招摇撞骗案给我们提供了一个观察的样板。本案的裁判理由对法条竞合的概念与特征作出了如下叙述：

　　法条竞合，又称法规竞合、法律竞合、规范竞合，是指一个犯罪行为同时符合数个法条规定的数个犯罪构成，但从法条之间的逻辑关系看，只能适用其中一个法条，而当然排除适用其他法条的情形。法条竞合是一个客观存在的法律现象，其不只是刑法理论上的一个概念，而且有其刑事立法依据。例如，刑法第 235 条规定："过失伤害他人致人重伤的，处三年以下有期徒刑或者拘役。本法另有规定的，依照规定。"该规定表明，如果某种行为虽然符合过失致人重伤罪的构成要件，但又符合其他法条规定的犯罪构成要件的，则应依其他法条论处，不再适用刑法第 235 条。这不仅肯定了法条竞合的存在，而且肯定了法条竞合时只能适用其中一个法条。

　　对于法条竞合，既可以从静态方面加以研究，即分析哪些刑法分则条文之间存在竞合关系，也可以从动态方面研究，即在具体案件中实际分析行为人的行为是否属于同时触犯数个存在竞合关系的法条，并进而决定案件的法律适用（在此意义上，亦不妨将法条竞合称为"法条竞合犯"）。从静态方面看，法条竞合的基本特征在于数个刑法分则条文的竞合性；从动态方面看，法条竞合具有如下主要特征：其一，行为人基于一个罪过实施

---

① 参见肖开权：《法条竞合不能从重选择——与冯亚东同志商榷》，载《法学》，1984（8）。

了一个犯罪行为。其二，行为人的一个犯罪行为同时触犯了数个刑法分则条文。该数个刑法分则条文，既可以为同一法律所规定，如现行刑法第264 条（盗窃罪）和第 127 条（盗窃枪支、弹药、爆炸物罪），也可以为不同法律所规定，如 1979 年刑法典第 186 条（泄露国家机密罪）和《中华人民共和国军人违反职责罪暂行条例》第四条第一款。其三，行为人一行为同时触犯的数个刑法分则条文所规定的，必须是性质不同的犯罪构成（即罪名相异）。同种犯罪的未完成形态与完成形态之间不存在所谓法条竞合关系，同种犯罪的实行犯与教唆犯、组织犯、帮助犯之间，结果加重犯与基本犯之间，实害犯与行为犯、危险犯之间，也无所谓法条竞合问题。那种认为同种犯罪的不同形态、构成之间亦存在法条竞合的观点，既混淆了法条竞合与犯罪停止形态、共同犯罪形态以及犯罪基本构成和加重构成等刑法范畴之间的界限，又没有实际意义，并不科学。其四，行为人一行为同时触犯的数个性质相异的刑法分则条文，在逻辑上存在竞合关系。

具体何谓法条之间的竞合关系，或者说法条竞合可以表现为哪些形态，这在刑法理论上一直久有争论。对此，我们的基本观点是：（1）法条竞合中数法条之间的竞合关系，不仅可以表现为包容竞合（即数法条所规定的犯罪构成要件在外延上存在包容与被包容的关系），也可表现为交叉竞合（即数法条所规定的犯罪构成要件在外延上存在部分交叉、重叠关系）。交叉竞合客观存在，如刑法第 254 条（报复陷害罪）与第 255 条（打击报复会计、统计人员罪）之间、第 266 条（诈骗罪）与第 279 条（招摇撞骗罪）之间、第 275 条（故意毁坏财物罪）与第 276 条（破坏生产经营罪）之间以及第 275 条（故意毁坏财物罪）与第 299 条（侮辱国旗、国徽罪）之间等等，均存在交叉关系。否认交叉竞合的存在，不符合立法实际；将交叉竞合排除在法条竞合之外，一方面势必将导致此类法律现象在理论研究上无所归属，另一方面也不利于相关案件的正确处理。（2）有学者提出，法条竞合包括独立竞合（指一个罪名概念的外延为另一个罪名概念的外延的一部分，而犯罪行为正适合于这一部分的情形）、包容竞合（指一个罪名概念的外延是另一个罪名概念的外延的一部分，但犯罪构成的内容已超出外延窄的罪名概念的情形）、交叉竞合（指两个罪名概念之间各有一部分外延相互重合）和偏一竞合（指两个法条交叉重合，但犯罪已经超出重合范围的情形）四种形态。此种观点能否更为科学准确地反映法条之间的竞合关系，并为我国的立法与司法实践所运用，尚有待进一步研究和实践。

在上述关于法条竞合概念的论述中，裁判理由从静态与动态两个方面界定法条竞合。从静态上来说，法条竞合的特征在于数个刑法分则条文的竞合性。这里的竞合性，是指两个刑法分则条文的完全竞合，例如特别法与普通法的竞合等情形。对于这种竞合，只要对法条进行逻辑分析即可确定。值得注意的是，裁判理由所指的从动态上考察法条竞合，需要实际分析行为人的行为是否同时触犯数个存在竞合关系的法条。对于这种法条竞合关系的确定，需要引入具体行为这一分析要素。裁判理由并在此意义上提出了法条竞合犯的概念，以区别于纯粹的法条竞合。这里主要涉及法条竞合理论属性问题，我国学者提出了法条关系论与犯罪形态论的对立，即法条关系论把法条竞合看作是一种法律现象或者法律形态，是法条之间的逻辑关系，它不以具体犯罪发生为转移，由此区分法条竞合与想象竞合；而犯罪形态论则认为法条竞合只有体现在具体犯罪行为的时候才有意义，否则无从界定法条竞合的适用范围，法条竞合是一种犯罪形态，应当用法条竞合犯一词取代法条竞合，以与其他犯罪形态相区别。[1] 由于作者是以犯罪形态的名义研究法条竞合的，如果不把法条竞合界定为犯罪形态，法条竞合现象就不能进入其研究视野。但法条竞合到底是法条形态还是犯罪形态，并不取决于研究的需要，而是决定于事物的本质。我认为，法条形态与犯罪形态的根本区分在于：法条形态不以具体行为发生为转移，可以脱离具体行为而对法条之间是否存在竞合进行逻辑上的分析。而犯罪形态则与法条无关，是犯罪行为本身的特征。因此，法条竞合是法条形态，而想象竞合则是犯罪形态。当然，对于交叉竞合等较为复杂的法条竞合类型，在确定的时候引入具体

---

[1] 参见姜伟：《犯罪形态通论》，160～161 页，北京，法律出版社，1996。

行为可以提供更为直观的标准，但一旦确定法条竞合，它便可以脱离具体行为而独立存在。从这个意义上说，引入行为要素作为中介的动态分析视野是有一定意义的，但不能由此而改变法条竞合的性质。

裁判理由基于对法条竞合类型的分析，认为存在包容竞合与交叉竞合，尤其是肯定了交叉竞合的存在。应当指出，在两个法条之间存在交叉关系的情况下是否承认其为法条竞合，在刑法理论上观点聚讼不一，否定说亦有一定影响。这里主要涉及法条竞合与想象竞合的区分。否定说认为：一个法条内容的一部分是另一法条内容的一部分时，不是法条竞合，而是想象竞合。① 我国学者对这一观点作了进一步论证，指出：

> 如果一个行为仅仅符合两个构成要件之间的交叉部分，刑法就该交叉部分有独立的犯罪规定，一个行为与具备交叉关系的两个构成要件不会发生疑似该当问题。如果一个行为仅仅符合两个构成要件之间的交叉部分，而刑法对该交叉部分没有独立的犯罪规定，那么就可能出现两种情况：一种是一个行为同时符合两个构成要件，两个构成要件对一个行为都有评价关系；另一种是一个行为都不符合这两个构成要件，两个构成要件都无法单独完全而充分地对一个行为予以评价。前者是想象竞合犯问题，后者是另行找法或罪与非罪问题，都不会发生法条竞合问题。②

对于两个法条之间具有交叉的部分，如果刑法有独立的犯罪规定，当然不存在法条竞合问题，这是毋庸置疑的。而当刑法对该交叉部分未作独立的犯罪规定，一行为该当两个犯罪的构成要件，并且两个犯罪的构成要件之间存在逻辑上的交叉关系时，就不是想象竞合而是法条竞合。论者把一个行为符合两个构成要件看作是想象竞合，是没有正确地区分法条竞合与想象竞合。在想象竞合的情况下，一行为符合两个法条的构成要件，在两个法条的构成要件之间是不存在逻辑上的交叉关系的，因而是一种犯罪形态。如果两个法条的构成要件之间存在逻辑上的交叉关系，

---

① 参见高铭暄主编：《中国刑法学》，217～218 页，北京，中国人民大学出版社，1989。
② 赵丙贵：《想象竞合犯研究》，129 页，北京，中国检察出版社，2007。

那就是法条竞合，属于法条形态。如果把一个行为符合两个构成要件都视为想象竞合，那就否定了法条竞合现象。因为不仅交叉竞合是一个行为符合两个构成要件，而且包容关系的竞合也是一个行为符合两个构成要件。尽管对于交叉竞合是否属于法条竞合在刑法理论上存在争议，但本案的裁判理由认可交叉竞合为法条竞合具有现实意义。

三、法条竞合的法律适用原则评述

在法条竞合理论中，除关于法条竞合的一般理论以外，最引人注目的是法条竞合的法律适用原则，而这个问题也是在刑法理论上和司法实践中争议最大的问题。本案的裁判理由对法条竞合的法律适用原则作了以下叙述：

> 法条竞合的法律适用原则，是法条竞合理论与实践的最为重要的问题。由于法条竞合是因一个犯罪行为同时符合数个刑法条文所引起的法律现象，因此，其法律适用的一个总的原则是对行为人只能选择适用竞合数法条中的一个法条进行定罪量刑，而不能重复适用数法条，不能实行数罪并罚。对此，不存在任何疑义。但是，究竟应当以什么样的标准来具体确定竞合数法条的选用呢？这在理论上尚有颇多争议，在实践中也多有困惑。基于我国刑法立法现状，结合我们关于法条竞合形态的基本观点，我们认为，在法条竞合情形下，应当按以下原则选择适用法律：

> 首先，刑法已对竞合法条的法律适用作明确规定的，应当按照刑法规定。例如，刑法第 149 条第 2 款规定，生产、销售本节第 141 条至 148 条所列产品，构成各该条规定的犯罪，同时又构成本节第 140 条规定之罪的，依照处罚较重的规定定罪处罚；再如，刑法第 233 条（过失致人死亡罪）后半段、第 234 条（故意伤害罪）第 2 款后半段、第 235 条（过失致人重伤罪）后半段、第 266 条（诈骗罪）后半段以及第 397 条（玩忽职守罪、滥用职权罪）第 1 款后半段均规定有"本法另有规定的，依照规定"，在办理相关案件时，应当按照上述有关刑法条文的明确规定选择所应适用

的法律。

其次，对刑法未明确规定法律适用原则的竞合法条，通常情况下应当按照特殊法优于普通法的原则选择适用法律，在例外情况下，如果按照特殊法优于普通法的原则适用法律将导致罪刑明显有失均衡，则应当按照重法优于轻法原则选择适用法律。对此，需要明确以下两个问题：

（1）在刑法理论上，有观点认为，将重法优于轻法作为法条竞合的补充法律适用原则，违背了立法原意，背离了罪刑法定原则，是应当予以反对的。因为：立法之所以在普通法条之外又另立特别法条，就是要运用该特别法条对某些特定的社会关系给予特殊保护，简言之，在此种情形下，只有适用特别法条方切合立法意旨，方符合罪刑法定原则的精神。相比于罪责刑相适应原则而言，罪刑法定原则处于更高层次，不能以牺牲罪刑法定原则为代价追求罪责刑相适应的效果。有的特殊法条规定的刑罚偏轻，不能适应惩治犯罪的需要，应当通过修改完善法律的途径来解决，而不应以刑法解释来弥补，否则便会混淆立法权与司法权的界限。

我们认为上述观点值得商榷。应当说，在法条竞合的一般情况下，特别是在刑法已对法条竞合的法律适用作出明确规定的情况下，依照刑法规定选择适用特别法，无疑是正确的，也是必须的。然而，当刑法对竞合法条的法律适用未作明文规定时，主张无论何种情形，即便在适用特别法对行为人定罪量刑将导致罪刑明显有失均衡时，也必须一律坚持特别法优于普通法的原则，否则就背离了立法原意，则未免过于绝对。因为刑法未对这部分竞合法条的法律适用作出明确规定，原因比较复杂，并非立法者的疏忽，也不是立法者认为不需作出规定而只需按特别法优于普通法原则选择适用法律即可。在我们看来，那些刑法并未明确规定其法律适用原则的法条竞合，实际上大多蕴含着这样一种立法技术和思想：立法者有意给司法者留下了裁量空间，即由司法者根据案件的具体事实和刑法基本原则决定法条选择适用。其中，如按照特别法优于普通法原则选择适用特别法，并不存在罪刑明显失衡问题，则适用特别法，这样可以更为准确地反映案件的性质和行为人的行为特征；而如果适用特别法将导致罪刑明显失衡时，则按照重法优于轻法原则选择适用重法，从而避免最终的定罪量刑结论与罪责刑相适应之刑法基本原则相冲突。显然，在此种情形下，并不存在违背罪刑法定原则的问题，因为：第一，刑法并未明文规定必须适用特别法；第二，在法条竞合的情况下，行为人的行为同样符合普通法、重法规定之罪的构成；第三，这样处理也符合立法者的立法意旨。

（2）需要特别指出的是，在数法条交叉竞合时，仍存在特别法与普通法之别，因此，对交叉竞合，原则上仍应首先考虑适用特别法优于普通法原则，只有在按该原则定罪量刑将明显有违罪责刑相适应原则时，才应考虑适用重法优于轻法原则。以刑法第 275 条（故意毁坏财物罪）与第 276 条（破坏生产经营罪）为例：如果行为人故意毁坏的是用于生产经营的机器设备，且行为人毁坏这些财物是为了泄愤报复的，则相对于一般的故意毁坏财物罪行而言，其显然更为特殊，因此，应当认为第 275 条规定属于普通法条，第 276 条规定属于特殊法条。在二者交叉竞合的范围内，应当适用第 276 条规定而不是第 275 条规定。

在以上论述中，裁判理由把法条竞合的法律适用分为法律有明确规定的与法律没有明确规定的这两种情形。对于法律有明确规定的，依照规定，对此当然不会存在争议。但即使在这种情况下，我们仍然需要对法条竞合的类型加以分析。对于法律没有明确规定的，裁判理由提出了在通常情况下按照特别法优于普通法的原则适用法律，在例外情况下按照重法优于轻法原则适用法律这样一个基本原则，并作了一定的论证。在此，存在以下三个问题值得研究。

（一）法条竞合类型的确定

按照本案的裁判理由，所有的法条竞合，无论是包容竞合还是交叉竞合，都属于特别法与普通法的竞合。因此，在一般情况下，都应当按照特别法优于普通法的原则解决其法律适用问题。我认为，把所有的法条竞合类型都称为特别法与普通法的竞合，而否认法条竞合类型的多样性，是一种理论上的简单化做法，容易导致片面性。

在大陆法系刑法理论中，法条竞合类型一般是与法律适用原则紧密相关的，不同的法条竞合类型具有与之相适应的法律适用原则。例如，李斯特认为，法条竞合类型以及其法律适用原则可以分为以下四种关系：（1）特别性，即特别法优于普通法适用（lex specialis derogat legi generali）；（2）吸收性，即被适用的法规吸收其他法规（lex consumens derogat legi consumtae）；（3）补充性，即对保护法益只起辅助和补充作用的法规，只有在最初的法条不可能实现对法益的保护的情况下始可适用（lex primaria derogat legi subsidiariae）；（4）选择性，即给法益以保护的构成要件，彼此相互排斥。① 在以上四种法条竞合关系中，关于特别关系是最没有争议的，关于其他三种关系，尤其是选择关系，存在相当大的争议。当然，法条竞合是以一定的立法规定为前提的，在确定法条竞合类型的时候，还是要考虑一个国家的刑法规定。

　　在我国刑法中，关于法条竞合的类型以及其法律适用原则都存在较大争议。② 我的观点是将法条竞合分为两类四种：两类是指从属关系的法条竞合与交叉关系的法条竞合。在从属关系的法条竞合中又分为独立竞合与包容竞合。其中，独立竞合是指一个罪名概念的外延是另一个罪名概念的外延的一部分，而犯罪行为正适合于这一部分的情形。独立竞合的两个法条之间存在特别法与普通法的关系，应当适用特别法优于普通法的原则。包容竞合是指一个罪名概念的内涵是另一个罪名概念的内涵的一部分，但犯罪构成的内容已超出内涵窄的罪名概念的情形。包容竞合的两个法条之间存在部分法与整体法之间的关系，应当适用整体法优于部分法的原则。交叉关系的法条竞合则可以分为交互竞合与偏一竞合。交互竞合是指两个罪名概念之间各有一部分外延相互重合的情形。在交互竞合的情况下，两个法条之间存在择一关系，应当适用重法优于轻法的原则。偏一竞合是指两个法条交叉重合，但犯罪行为已经超出重合范围的情形。在偏一竞合的情况下，两个法条之间存在补充关

---

　　① 参见［德］李斯特：《德国刑法教科书》，修订译本，徐久生译，391～392 页，北京，法律出版社，2006。
　　② 参见刘士心：《竞合犯研究》，92 页以下，北京，中国检察出版社，2005。

系，应当适用补充法优于被补充法的原则。① 我国刑法在罪名设置上，特殊因素考虑较多，因而法条竞合现象大量存在。这是我国刑事立法的一大特色。在这种情况下，法条竞合的现象本身在其表现形态上也是较为复杂的。如果将法条竞合只是概括为特别法与普通法的竞合这样一种类型，难以客观地反映我国刑法中法条竞合现象的复杂性，也不利于在司法实践中正确地解决法律适用问题。

（二）重法优于轻法原则的清理

重法能否优于轻法，是我国刑法学界争议最大的问题。如前所述，在 1984 年法条竞合问题提出之初，就围绕着重法能否优于轻法展开过讨论。三十多年过去了，这种分歧依然存在。例如，否定说认为，对法条竞合犯只能分别采取特别法优于普通法、全部法优于局部法、基本法优于补充法原则处理，不应在这些原则之外再附加上重法优于轻法原则。当法条竞合触犯的数刑法规范有轻重之别时，司法中即便选择适用了重法，那也是按照前述三种原则处理的结果，而不是缘于重法优于轻法原则。② 但也有学者认为，法条竞合的法律适用基本原则是适用全面法，补充原则是适用重法；并指出：在绝大部分的情况下，适用全面法原则即可解法条竞合犯的法条选择问题。但是，在个别情况下，适用全面法原则可能导致罪刑不相适应或者无法适用法条，这时候就必须考虑补充原则，适用能够给以最全面的刑罚评价的法条，亦即适用刑罚较重的法条。③ 我个人并不赞同一般性地将重法优于轻法的原则作为法条竞合的法律适用的补充原则。尤其是在特别法与普通法竞合的情况下，不能以重法优于轻法原则作为解决罪刑不均衡问题的根据，否则势必破坏罪刑法定原则。当然，我并不否认，在某一特殊的法条竞合类型即择一关系中，应当适用重法优于轻法原则。

（三）择一关系的辨析

择一关系，或者法条之间的择一性，是法条竞合理论中存在较大争议的问题。

---

① 参见陈兴良：《刑法适用总论》，2 版，上卷，673 页以下，北京，中国人民大学出版社，2006。
② 参见刘士心：《竞合犯研究》，110 页，北京，中国检察出版社，2005。
③ 参见庄劲：《犯罪竞合：罪数分析的结构与体系》，131 页，北京，法律出版社，2006。

我国台湾地区学者陈志辉对德国刑法中择一关系的理论演变作了以下描述：

19 世纪末叶的 Binding 最先提出构成要件选择关系（Alternativität）的原始概念，他认为只要数个法条基于不同的法律观点对同一行为加以处罚，则有选择关系的存在。如果不同的法条论以相同的刑罚，无论适用哪一条都可以，但是刑罚不同时，则适用在具体案例中对行为人最不利的法条。晚近发展出狭义的选择关系（engere Alternativität），这里所涉及的是概念之间相互排斥的关系，所以根本没有存在竞合的现象，为了与 Binding 所提出的原始意义的选择关系作区别，本文将晚期发展出来的概念称为择一关系，以表达该概念所显示出的排斥内涵。

在德国学说上后来皆认为，Binding 在选择关系所提及的案例，事实上可以被德国通说的法条竞合理论所取代。针对同一犯罪行为，理论上可能在相关的附属刑法中处以相同的刑罚规定，这时所产生的问题是：究竟要适用哪一条规定？如果在判决主文中适用两个法条，这又不合比例原则。Jakobs 的观点是，依照后法优于前法（lex posterior derogat legi priori），适用后法。不过这样的做法其实是依照一般法律原则在运作，也与择一关系无关。

从 20 世纪初期的德国学者 von Hippel 和 von Liszt 开始，就已经不再追随 Binding 对择一关系的定义，反而将择一关系定义为概念上含有矛盾要素的犯罪彼此相互排斥的情形。今日德国通说也赞同这个看法，也认为择一关系以异质性（Heterogenität）为基础，所以认为择一关系并非法条竞合的下位类型，因为这里只有一个构成要件可以加以适用，所以没有适用上的疑问。①

尽管上述论述认为择一关系在德国刑法学中不再被认为是法条竞合的特殊类型，但实际上在有关的德国刑法教科书中仍然存在对择一关系的论述。例如德国学

---

① 陈志辉：《刑法上的法条竞合》，120～122 页，台北，1998。

者将构成要件的部分重叠作为择一关系的逻辑前提。[1] 日本学者也同样承认择一关系，认为在择一关系中，在不能并存的两个规定中，只适用规定着重刑的那一个。[2] 这些论述对于我们理解择一关系的竞合具有参考价值。我国刑法中的诈骗罪与招摇撞骗罪之间，我认为存在交互竞合。在交互竞合的情况下，立法者对于应当适用哪一个法条没有明确的意思表示，也不能从逻辑分析中得出法律适用的立法意图。在这种情况下，重法优于轻法是解决择一关系的法条竞合的法律适用问题的基本原则。因此，不能把重法优于轻法当作法条竞合一般性的法律适用原则，而只能将其作为特定法条竞合类型的法律适用原则。因此，只有对法条竞合的类型作较为细致的区分，才能正确地确定法条竞合的法律适用原则。

四、诈骗罪与招摇撞骗罪的竞合关系

诈骗罪与招摇撞骗罪是我国刑法中两个常见的罪名。我们应当在正确地界定两罪的基础上，对两罪之间的关系加以分析。

根据刑法第266条的规定，诈骗罪是指以非法占有为目的，采用虚构事实或者隐瞒真相的方法，骗取公私财物的行为。这是我国刑法学界对诈骗罪的通常表述，其本质特征是诈骗财物，因而诈骗罪属于侵犯财产所有权的犯罪。

根据刑法第279条的规定，招摇撞骗罪是指为牟取非法利益，假冒国家机关工作人员进行招摇撞骗活动，损害国家机关形象、威信和正常活动，扰乱社会公共秩序的行为。招摇撞骗罪中行为人也采取欺骗手段，因而容易与诈骗罪发生混淆。

关于诈骗罪与招摇撞骗罪之间的关系，我国刑法学界存在不同的观点，通说认为存在法条竞合关系，即行为人冒充国家机关工作人员实施诈骗犯罪的，属于法条竞合。[3] 但也有观点认为，诈骗罪与招摇撞骗罪之间存在想象竞合关系。例如，我

---

① 参见 [德] 汉斯·海因里希·耶赛克、托马斯·魏根特：《德国刑法教科书（总论）》，徐久生译，895页，北京，中国法制出版社，2001。

② 参见 [日] 泷川幸辰：《犯罪论序说》，王泰译，160页，北京，法律出版社，2005。

③ 参见高铭暄、马克昌主编：《刑法学》，536页，北京，北京大学出版社、高等教育出版社，2000。

国学者指出：如果行为人冒充国家机关工作人员是为了骗取财物，属于一行为触犯数罪名，应适用想象竞合犯的处罚原则，择一重罪处罚，即按诈骗罪处罚重时定诈骗罪，按招摇撞骗罪处罚重时就定招摇撞骗罪。① 值得注意的是，上述两种观点都是以招摇撞骗罪的客体包括财物为前提的，只是认为招摇撞骗的客体不限于财物，还包括其他非法利益。在这种情况下，当行为人采用冒充国家机关工作人员的方法骗取财物时，由于既符合诈骗财物的诈骗罪的本质特征，又符合冒充国家机关工作人员骗取财物的部分属性，因而应认定为法条竞合而非想象竞合。这里还是涉及我们在本节中反复论及的一个问题：法条竞合与想象竞合的区分。在冒充国家机关工作人员骗取财物的情况下，符合一行为触犯数罪名的特征。但法条竞合与想象竞合都符合一行为触犯数罪名的特征，关键是数个罪名概念之间是否存在逻辑上的从属或者交叉关系：如果存在从属或者交叉关系，就是法条竞合；如果不存在从属或者交叉关系，就是想象竞合。因为在诈骗罪与招摇撞骗罪的构成要件之间存在交叉关系，所以应当认定为法条竞合而非想象竞合。

值得注意的是，现在我国刑法学界有些学者通过将财物排除在招摇撞骗罪的构成要件之外来否定两罪之间的法条竞合关系。例如立法者指出：

> 诈骗罪骗取的对象只限于公私财物，并且要求财物达到一定的数额，侵害的是公私财物合法财产利益；招摇撞骗罪骗取的对象主要不是财产，而是财产以外的其他利益，如地位、待遇等，侵害的主要是国家机关的威信和形象。如果行为人冒充国家机关工作人员是为了骗取财物，应当以诈骗罪处罚。②

在上述论断中，立法者采用了"主要不是"这样的表述，有些模棱两可。张明楷教授则指出：在冒充国家机关工作人员招摇撞骗的过程中，偶然骗取少量财物的，不影响本罪的认定，但本罪不包括骗取数额巨大财物的情况。③ 按照这种观点，

---

①　参见周道鸾、张军主编：《刑法罪名精释》，3 版，542 页，北京，人民法院出版社，2007。

②　胡康生、郎胜主编：《中华人民共和国刑法释义》，3 版，431 页，北京，法律出版社，2006。

③　参见张明楷：《刑法学》，3 版，757 页，北京，法律出版社，2007。

在招摇撞骗骗取财物数额较大限度内，承认诈骗罪与招摇撞骗罪的法条竞合关系，按照"本法另有规定的，依照规定"，以招摇撞骗罪论处。如果招摇撞骗骗取财物数额巨大以及数额特别巨大的，则不承认其成立招摇撞骗罪，应径行以诈骗罪论处。因此，招摇撞骗罪只包括骗取数额较大的财物的情形，而不包括骗取数额巨大或者数额特别巨大的财物的情形，以此解决诈骗罪与招摇撞骗罪之间的刑罚协调问题。周光权教授则更直接主张将招摇撞骗限缩解释为假冒国家机关工作人员的身份骗取爱情、职位、荣誉、资格等，原则上不包括骗取数额巨大的财物的情形：冒充国家机关工作人员骗取少量财物的，可以认为行为对财产法益的损害很小，而对国家机关的威信和正常社会秩序危害极大，与诈骗罪并不相当，故只成立招摇撞骗罪。在骗取数额巨大财物的场合，应当直接定诈骗罪。如此处理，在适用刑法第279 条的规定时不会遇到障碍，也不会与刑法第 266 条的规定相冲突。同时，防止司法上对最终侵害财产权的行为根据是否有冒充国家机关工作人员的情节而适用不同的罪名，使得罪刑相适应原则能够得到贯彻。[①] 在我看来，这种观点还不够彻底。如果通过立法解释或者司法解释，直接将财物（无论数额较大还是巨大抑或特别巨大）从招摇撞骗罪的客体中排除出去，在这种情况下，冒充国家机关工作人员招摇撞骗财物的行为，无论骗取财物数额大小，都不构成招摇撞骗罪，而只能定诈骗罪。

在目前我国司法实践中，还是认为招摇撞骗罪的客体中包括骗取数额较大或者巨大或者特别巨大的财物，因而应当在法条竞合的框架下考虑其法律适用问题。对于诈骗罪与招摇撞骗罪的法条竞合下的法律适用问题，梁其珍招摇撞骗案的裁判理由作了以下论述：

> 该两法条之间存在交叉竞合关系，而第 266 条后半段又明确规定有"本法另有规定的，依照规定"，据此，当行为人的行为同时符合该两法条规定的犯罪构成时，应当一律适用第 279 条规定，以招摇撞骗罪追究其刑事责任。过去乃至现在一直有一种观点认为，在招摇撞骗人骗取数额较大

---

① 参见陈兴良、周光权：《刑法学的现代展开》，650 页，北京，中国人民大学出版社，2006。

的财物的情况下，招摇撞骗罪与诈骗罪之间存在法条竞合关系，应按照重法优于轻法的原则适用法条。这种观点似乎未能注意到刑法第266条后半段所明确规定的特别法优于普通法原则。

　　但是，能否认为无论行为人招摇撞骗了多少财物都符合招摇撞骗罪的构成，进而依照刑法第266条后半段的规定，均只能适用刑法第279条规定，对其以招摇撞骗罪论处呢？显然不能，否则，便会导致罪刑明显有失均衡——骗取同样数额的财物，行为人以一般方式行骗的，最高得处无期徒刑，而行为人以冒充国家机关工作人员身份这一性质更为恶劣、危害性更为严重的方式行骗的，反倒最高只能处10年有期徒刑。那么究竟应当如何厘定招摇撞骗罪的构成要件，如何评价以冒充国家机关工作人员身份的方式骗取财物的行为？有些学者提出，"冒充国家机关工作人员招摇撞骗，原则上不包括骗取财物的现象，即使认为可以包括骗取财物，但也不包括骗取数额巨大财物的情况"。上述学者的思路是正确的，但其结论似有待推敲。在我们看来，即便是冒充国家机关工作人员骗取数额巨大的财物，也宜认为符合招摇撞骗罪的构成条件，进而依照刑法第266条后半段所确立的特别法优于普通法原则，仍宜以招摇撞骗罪追究行为人的刑事责任；只有在冒充国家机关工作人员骗取数额特别巨大的财物的情况下，方宜认为此种行为已超出刑法第279条规定的招摇撞骗罪所能评价的范围，而只符合刑法第266条规定的诈骗罪的构成要件。主要理由是，在行为人冒充国家机关工作人员骗取财物，数额并非特别巨大的情况下，适用刑法第279条规定，以情节严重的招摇撞骗罪追究其刑事责任，并不存在罪刑明显失衡的问题（目前虽尚无关于招摇撞骗情节严重的司法解释，但通过比较招摇撞骗罪与诈骗罪，应当可以确认，招摇撞骗数额巨大公私财物的，属于招摇撞骗情节严重范畴。而招摇撞骗情节严重的法定刑是3年以上10年以下有期徒刑，诈骗数额巨大的法定刑是3年以上10年以下有期徒刑，并处罚金，二者区别仅在于是否并处罚金），且如此处理，更能全面地反映行为人所为行为的性质、特点。

上述分析论证进一步说明，对立法者在立法时的无心之失，是可以而且应当通过适当的刑法解释方式进行弥补的：立法者在诈骗罪之外又专门设立招摇撞骗罪，似乎意味着对所有以冒充国家机关工作人员身份骗取财物的行为都应当以招摇撞骗罪论处，但立法者恐怕没有考虑到，以冒充国家机关工作人员身份方式行骗时所骗取的对象有可能是数额特别巨大的财物，而一旦出现这样的情况，如果严格遵循其表述欠妥的立法本意，并适用刑法第 266 条后半段规定，就会出现罪刑明显失衡现象。这显然不是立法者愿意看到的，不能体现其内心真意。通过对刑法第 279 条规定的招摇撞骗罪的构成要件作如上的适当解释，避免明显违背罪责刑相适应之刑法基本原则的定罪量刑结论，应当是恰当地反映了立法者的本来意思。

　　裁判理由对诈骗罪与招摇撞骗罪是按照特别法与普通法之间的法条竞合来理解的。但特别法与普通法的法条竞合是一种独立竞合，指一个罪名概念的外延是另外一个罪名概念的外延的一部分，而犯罪行为正好符合该重合部分的情形。例如在诈骗罪与贷款诈骗罪之间是一种特别关系，这里的特别性表现为客体特别——从银行或者其他金融机构获取的贷款是财物，因而这是诈骗的一种特殊表现形式。而诈骗罪与合同诈骗罪之间也是一种特别关系，这里的特别性表现为手段特别——利用合同诈骗是诈骗的一种特殊方式。在诈骗罪与招摇撞骗罪之间，存在一种交叉关系，即部分外延的重叠。就诈骗罪而言，对诈骗方法并无限制，冒充国家机关工作人员也可以成为诈骗方法。而招摇撞骗罪，对诈骗的客体也没有限制，除非法利益以外，也包括财物。因此，这两个罪名概念之间存在外延上的交叉，属于刑法上的择一关系，应当按照重法优于轻法的原则适用法律。也就是说，当冒充国家机关工作人员骗取财物数额较大时，应定招摇撞骗罪；当冒充国家工作人员骗取财物数额巨大时，应定诈骗罪。

　　按照重法优于轻法原则处理诈骗罪与招摇撞骗罪之间的法条竞合关系，存在一个法律上的问题：刑法第 266 条后半段规定，"本法另有规定的，依照规定"。那么，招摇撞骗罪关于骗取财物的规定，是否属于"本法另有规定"呢？如果属于另有规定，就只能定招摇撞骗罪而不能定诈骗罪。裁判理由将这一规定看作是立法者的无心之过，认为若按照这一规定适用法律，就会导致罪刑不相适应，因此，主张以重法优于轻法作为法律适用的补充原则。但我认为，可以将"本法另有规定，依照规定"理解为对诈骗罪的特别法与普通法的法条竞合的法律适用原则的规定，而不适用于诈骗罪中的择一关系的法条竞合。对于择一关系的法条竞合，可以径直采用重法优于轻法的原则。

五、结论

在梁其珍招摇撞骗案中，被告人梁其珍冒充国家机关工作人员不仅骗取他人的爱情，而且骗取数额巨大的财物。在这种情况下，应当认定为招摇撞骗罪。因此，法院对被告人梁其珍的判决是正确的。

第 2 节　盗取空白现金支票伪造后使用行为之定性研究

案名：周大伟票据诈骗案
主题：牵连犯　牵连关系

在现实生活中，犯罪现象是十分复杂的。犯罪分子为达到其犯罪目的，往往不择手段实施各种犯罪行为。可以说，犯罪分子并不是根据法律规定或者刑法理论去实施其犯罪行为的；恰恰相反，法律规定或者刑法理论要去适应犯罪。在现行法律制度中，对某一犯罪案件的犯罪个数如何正确认定，确实是一个疑难复杂的问题。本节从周大伟票据诈骗案[①]切入，通过对盗取空白现金支票伪造后使用行为的分析，对刑法理论中的罪数问题，尤其是牵连犯问题加以探讨。

---

① 本案刊载于最高人民法院编：《刑事审判参考》，第 36 集，北京，法律出版社，2004。

一、案情及分歧意见

2003年4月9日23时许，被告人周大伟翻墙跳进原打工单位盱眙县维桥乡元润食品厂（以下简称元润厂）院内，钻窗潜入该厂会计室，意欲行窃，但未能发现现金和可偷的财物。在翻找会计室办公桌时，周大伟发现一本尚未填写数额和加盖印章的空白现金支票，遂从中撕下一张，票号为14340469。次日上午，周大伟来到盱眙县盱城镇街道某刻章处，私自刻制了有元润厂厂长马某山、主办会计马某字样的印章两枚，加盖于所盗支票上，并用圆珠笔填写了35 000元金额，然后便到盱眙县三河信用社提款。三河信用社工作人员核票后发现有诈，周大伟见状仓皇逃离，后被接到报警的公安干警抓获。

盱眙县人民法院审理后认为：被告人周大伟以非法占有为目的，利用所窃取的空白现金支票进行伪造，假冒出票人的名义签发票据着手骗取金融机构财物，数额较大，其行为已构成票据诈骗罪。在实施票据诈骗过程中，由于意志以外的原因未能得逞，系犯罪未遂，依法可以比照既遂犯从轻处罚。周大伟归案后，认罪态度较好，其亲属积极代其缴纳了罚金，可酌情从轻处罚。公诉机关指控被告人周大伟犯票据诈骗罪未遂，事实清楚，证据确实、充分，应予支持。遂依照《中华人民共和国刑法》第194条第1款第（1）项，第23条，第53条，第72条，第73条第2款、第3款的规定，判决：被告人周大伟犯票据诈骗罪，判处有期徒刑2年，缓刑2年，并处罚金人民币20 000元。

一审宣判后，被告人没有上诉，检察机关亦没有抗诉，判决已发生法律效力。

本案犯罪事实是，从刑法评价上看，被告人先后实施了盗窃的行为（盗窃财物未遂，仅窃取了一张空白现金支票）、伪造企业印章的行为（私刻企业厂长、主办会计的印章，因该印章能起到单位证明作用，应视为伪造企业印章）、伪造金融票证的行为（在盗取的空白现金支票上加盖伪造的印章，填写现金数额，假冒出票人的名义签发现金支票）、票据诈骗的行为（使用伪造的金融票证到金融机构兑票提款），分别触犯了盗窃罪、伪造企业印章罪、伪造金融票证罪和票据诈骗罪四个罪名。那么，应如何定罪呢？是一罪还是数罪？审理中曾存在以下两种不同观点：

第一种观点认为：本案被告人所实施的盗窃、伪造企业印章及伪造金融票证的行为，其追求的目的只有一个，即从金融部门骗取现金。上述几种行为均是为实施票据诈骗做准备，是实现票据诈骗目的的手段行为，依据牵连犯的理论，本案应以票据诈骗罪（未遂）定罪处罚，不实行数罪并罚。

第二种观点认为：本案被告人存在两个犯罪故意，即盗窃财物的故意和利用盗取的空白现金支票诈骗财物的故意。围绕利用盗取的空白现金支票诈骗财物的目的，被告人又实施了伪造企业印章及伪造金融票证的准备行为。相对于票据诈骗目的而言，伪造企业印章及伪造金融票证是手段行为，可以按牵连犯的理论，仅以票据诈骗罪论处。至于被告人先前的盗窃故意及行为，虽亦为未遂，但却是独立的，与其后实施的票据诈骗行为，并无内在的牵连意图和牵连关系，也不存在前一行为是后一行为所必经阶段的吸收关系。因此，本案符合盗窃罪（未遂）和票据诈骗罪（未遂）两个犯罪的构成要件，应以上述二罪论处。

二、涉案罪名的法理分析

本案涉及四个罪名，下面分别根据我国刑法规定加以分析。

（一）盗窃罪分析

根据我国刑法第 264 条之规定，盗窃罪是指以非法占有为目的，秘密窃取公私财物，数额较大或者多次盗窃、入户盗窃、携带凶器盗窃、扒窃的行为。因此，盗窃的客体是公私财物，财物的表现形式是多种多样的，只要具有一定的财产价值并能为人所控制或者管理，均可成立盗窃罪的客体。在本案中，被告人周大伟潜入元润厂会计室，其主观上窃取财物的意图十分明显。这里的财物，从行窃地点来看，主要是指会计室保管的现金，当然，也可以是其他有价值的财物。但是，结果出乎其预料：未能发现现金和其他有价值的财物。在这种情况下，就存在一个是否构成盗窃未遂的问题。关于盗窃未遂，最高人民法院《关于审理盗窃案件具体应用法律若干问题的解释》（现已失效，以下简称《审理盗窃案件解释》）第 1 条第 2 项规定：“盗窃未遂，情节严重，如以数额巨大的财物或者国家珍贵文物等为盗窃目标的，应当定罪处罚。”根据这一规定，盗窃未遂既非一概处罚，也并非一概不处罚，只有在情节严重的情况下才予以处罚。对于情节严重，该解释作出列举性的规定，包括以数额巨大的财物或者国家珍贵文物等为盗窃目标。在此，以国家珍贵文物为盗窃目标当然是明确的。而以数额巨大的财物为目标，由于该解释规定以 5 000 元至 2 万元为数额巨大的标准，因而似乎也十分明确。但在一个具体案件中，是否以数额巨大的财物为目标，不太容易确定。例如关于本案，裁判理由虽然认为是盗窃未遂，但又认为：

　　　　就本案而言，考虑到被告人盗窃所指向的目标不太可能涉及数额巨大的财物（一个私营小厂的会计室），且其盗窃财物未遂行为与窃取空白支票之间具有自然的连续性。因此，对其盗窃财物未遂行为不予定罪处罚应是可以的。

　　且撇开“其盗窃财物未遂行为与窃取空白支票之间具有自然的连续性”是否可以成为对盗窃财物未遂行为不予定罪处罚的理由不论，就一个私营小厂的会计室是否有可能存在数额巨大的财物而言，作出否定的判断似乎并无可信的根据。如前所述，根据《审理盗窃案件解释》的规定，数额巨大指 5 000 元至 2 万元，而在本案发生地江苏，当时司法实践中执行的数额巨大的起点是 1 万元。一个私营小厂的会计室没有 10 万元的可能性，也许有 60%，没有 1 万元的可能性则大约只有 40%，因而其中存在数额巨大的财物是可能的，而非不太可能。当然，可能与不太可能，谈论起来都有些纸上谈兵的味道。这也正好说明这一司法解释缺乏可操作性。被告人周大伟在没有窃取现金和其他财物的情况下，柳暗花明又一村地发现一本尚未填写数额和加盖印章的空白现金支票，遂临时起意，从中撕下一张票号为 14340469 的空白支票。我之所以说被告人周大伟是临时起意，是说他在入室行窃时，是奔着现金与财物去的，只是发现空白支票以后，灵机一动，才盗窃了一张空白支票。那么，这一盗窃空白支票的行为是否构成盗窃罪呢？根据《审理盗窃案件解释》第 5 条第 2 项的规定，有价支付凭证、有价证券、有价票证均可成为盗窃罪的客体。有价支付凭证是指以请求支付金钱为债权内容的金钱证券。有价证券是指表明一定的财产性权利，只有持该证券才能行使该权利的证券。有价票证是指车票、船票、邮票、税票、货票等表示一定的货币数额的票证。支票属于有价支付凭证。根据我国《票据法》第 81 条的规定，支票是出票人签发的，委托办理支票存款义务的银行或者其他金融机构在见票时无条件支付确定的金额给收款人或者持票人的票据。支票按照不同标准可作不同的分类：（1）按照支付方式分类，支票可以分为现金支票和转账支票。现金支票是指付款人向其开户银行签发的用于提取现金或者转账结算的一种支票。转账支票是指由付款人通知其开户银行，由开户银行从其存款账户中支取款项，以记入受款人账户方式支付的一种支票。（2）根据票据金额是否确定，支票可以分为普通支票和定额支票。普通支票就是票面金额不确定的支票，普通支票一律记名。定额支票是票面金额确定的支票，定额支票不记名不挂失。（3）按照支票记载要求，支票可以分为记名式支票和无记名支票。记名式支票是票面上记载收款人名称的支票。记名式支票在取款时，必须由收款人当面签章，以防支票遗失以后被人冒领。无记名支票是票面上不记载收款人名称的支票，无记名支票的持票人就是收款人。在以无记名支票领款时，银行仅凭支票向持票人支付票款，而不问持票人获得支票是否合法。[①] 上述支票，都是指合法有效的有价支付凭证，因此，根据《审理盗窃案件解释》的规定，都可以成为盗窃罪的客体，只是在计算盗窃数额上有所区分而已。但本案被告人周大伟盗窃的是空白现金支票。空白现金支票尚未加盖出票人的印章，因而其性质如一张废纸。它与合法有效的现金支票不同，就在于合法有效的现金支票是一种财产凭证、表示一定财产性利益，其持票人享有票据上的财产，银行应当见票即付。窃取这种合法有效的现金支票，如同窃取财产，其冒领行为只是进一步实现其票据上的财产权利，虽然具有一定的诈骗性质，但并不构成诈骗罪。但空白现金支票还不表示一定的财产权利，只有经过伪造，才有可能

---

① 参见刘华：《票据犯罪研究》，47 页，北京，中国检察出版社，2001。

获取一定的财物，但那就涉嫌伪造和诈骗的犯罪。对此将在下文分析。总之，本案被告人周大伟的盗窃行为，就盗窃财物来说，属于盗窃未遂；就盗窃空白支票来说，并不构成盗窃罪。

（二）伪造企业印章罪分析

根据刑法第 280 条第 2 款的规定，伪造公司、企业、事业单位、人民团体印章罪，是指没有制作权限的人擅自制作公司、企业、事业单位、人民团体印章的行为。这里的印章，我国学者认为包括印形与印影。印形，是指固定了国家机关名称等内容并可以通过一定方式表示在其他物体上的图章；印影，是指印形加盖在纸张等物体上所呈现的形象。[①] 在本案中，被告人周大伟的伪造行为表现为到某刻章处私自刻制了有元润厂厂长马某山、主办会计马某字样的印章两枚。换言之，周大伟并没有直接伪造元润厂的印章，而是伪造了元润厂厂长和主办会计的印章。对此，能否以伪造企业印章罪论处呢？对于这个问题，本案裁判理由未作深入论证，只是给出结论性的意见：私刻企业厂长、主办会计的印章，因该印章能起到单位证明作用，应视为伪造企业印章。这个结论当然是正确的，私人印章在一定条件下起到单位证明作用，因而视同企业印章是适当的。因此，本案被告人周大伟的行为构成伪造企业印章罪。

（三）伪造金融票证罪分析

根据刑法第 177 条第 1 款的规定，伪造金融票证罪是指具有下列情形之一，伪造金融票证的行为：（1）伪造汇票、本票、支票的；（2）伪造委托收款凭证、汇款凭证、银行存单等其他银行结算凭证的；（3）伪造信用证或者附随的单据、文件的；（4）伪造信用卡。由此可见，这里的伪造金融票证，包括伪造支票。本案被告人周大伟的伪造行为，表现为在窃取的空白现金支票上加盖伪造的印章，填写现金数额，假冒出票人的名义签发现金支票。因此，周大伟的行为构成伪造金融票证罪。

（四）票据诈骗罪分析

根据刑法第 194 条第 1 款的规定，票据诈骗罪是指具有下列情形之一，进行金

---

① 参见张明楷：《刑法学》，3 版，758 页，北京，法律出版社，2007。

融票据诈骗活动，数额较大的行为：（1）明知是伪造、变造的汇票、本票、支票而使用的；（2）明知是作废的汇票、本票、支票而使用的；（3）冒用他人的汇票、本票、支票的；　（4）签发空头支票或者与其预留印鉴不符的支票，骗取财物的；（5）汇票、本票的出票人签发无资金保证的汇票、本票或者在出票时作虚假记载，骗取财物的。由此可见，这里的票据诈骗，包括明知是伪造的支票而使用。本案被告人周大伟使用伪造的支票去信用社提款，因而构成票据诈骗罪，只是未遂而已。

三、各罪之间的关系

被告人周大伟所犯的上述四罪，并非孤立地存在着，但是也不能简单地对周大伟以四罪实行并罚。为此，需要对周大伟所犯四罪之间的关系进行分析。

（一）盗窃行为与票据诈骗行为之间是否存在牵连关系

在本案中，空白的现金支票是盗窃所得，没有被告人周大伟先前窃取空白的现金支票的行为，当然也就不可能有后来伪造现金支票和使用伪造的现金支票的行为。从这个意义上来说，两者之间存在一定的因果关系。但是否像前述第一种观点所说的那样，在盗窃罪与票据诈骗罪之间存在着牵连关系呢？这里涉及以下两个问题：一是先前的行为是否构成盗窃罪。这里的先前行为是否构成盗窃罪，我认为并非指盗窃财物，而是指盗窃空白的现金支票。就盗窃财物而言，是盗窃未遂，对此并无争议。但盗窃空白现金支票的行为并不构成盗窃罪，因为空白的现金支票本身并无价值。既然盗窃空白现金支票行为不构成盗窃罪，也就不存在其与后来的票据诈骗罪之间的牵连关系问题。在刑法理论上，只有在原因行为与结果行为均构成犯罪的情况下，才存在牵连犯问题。例如，盗窃枪支，然后将盗窃的枪支予以私藏，在盗窃枪支罪与私藏枪支罪之间就存在客观上的牵连关系。二是牵连犯之牵连关系如何认定。换言之，牵连关系是一种客观上的联系还是应当包含主观上的关联？对于这个问题，在刑法理论上存在以下观点：

（1）主观说，认为有无牵连关系应以行为人的主观意思为标准，即行为人在主观意思上是不是以手段或结果之关系使其与本罪发生牵连。

（2）客观说，认为有无牵连关系应以客观事实为准，即行为人所实施的本罪与其方法行为或结果行为在客观上是否存在牵连关系，至于行为人主观上有无使其成为方法行为或结果行为的意思，可以不问。在持客观说者中间，由于对确定牵连关系的根据理解上的差别，又分为三种主张：一是包容为一说，二是不可分割说，三是通常性质说。（3）折中说，认为认定本罪与方法行为或结果行为的牵连关系，应从主客观两个方面观察。①

这个问题直接关系到牵连犯范围之确定。显然，按照客观说，牵连犯的范围是较大的，例如一个人某次偶然盗窃了一支枪，后来起意杀人，在杀人过程中使用了这支枪。根据客观说，应当承认盗窃枪支罪与故意杀人罪之间存在牵连关系。而根据主观说，只有在杀人意图产生以后，为了杀人而去盗窃枪支并用来杀人，才承认盗窃枪支罪与故意杀人罪之间存在因果关系。由此可见，主观说所确定的牵连犯的范围较小。我国刑法理论上，对于牵连关系通常认为应从主观上是否具有牵连意图和客观上是否具有因果关系两个方面加以判断，即采折中说，也称为主观与客观统一说。实际上，主观说也是以客观上具有牵连关系为前提的，因此，在牵连关系确定上的主观说与折中说并无根本区别，只是表述不同而已。在本案的裁判理由中，主观说或者主观与客观统一说是得到肯定的，而客观说则被排斥。本案的裁判理由在解释牵连意图时指出：

> 所谓牵连意图，是指行为人对于实现一个犯罪目的的数个犯罪行为之间所具有的手段和目的或者原因和结果关系的认识。这包括两层含义：一是行为人只追求一个犯罪目的，即行为人所实施的数行为都指向同一犯罪目的。换言之，如果行为人的数行为不是为着实现同一犯罪目的，那就不存在牵连意图。二是行为人在主观认识上，是把直接实现犯罪目的的本罪行为作为主行为，而把为实现这一犯罪目的而创造条件或加以辅助的犯罪行为作为从行为。

根据这一观点，本案被告人周大伟先前的盗窃行为与后来的票据诈骗行为之间

---

① 吴振兴：《罪数形态论》，修订版，289 页以下，北京，中国检察出版社，2006。

当然是不存在牵连关系的。

（二）伪造企业印章行为与伪造金融票证行为之间是否存在牵连关系

在本案中，被告人周大伟伪造企业印章的目的是伪造金融票证，在客观上两种行为之间存在因果关系，在主观上具有目的上的同一性，因而，伪造企业印章行为与伪造金融票证行为之间存在牵连关系。

（三）伪造金融票证行为与票据诈骗行为之间是否存在牵连关系

这个问题从形式上看，似乎是十分简单的，答案当然是肯定的；但从实质上分析，还是一个相当复杂的问题：这里涉及牵连犯与不可罚的事后行为及不可罚的事前行为之间的区分问题，以往在刑法理论上涉及较少。

在刑法理论上，对于利用主行为的结果而实施的行为，尽管分割开来看，它本身也是可罚的，但根据主行为的构成要件，它已经得到了包括的评价，因此，在法律上就不存在成立其他犯罪的问题。这就是所谓不可罚的事后行为。与之相关，对于本身可以独立处罚的行为，由于是主行为的手段或准备行为，所以在法律适用上就不构成犯罪的问题。这就是所谓不可罚的事前行为。从上述定义可以看出，不可罚的事后行为与事前行为都是独立于主行为的行为，但它们又在处罚主行为时被考虑。因此，这里的"不可罚"，实际上应当认为是前者和后者总和起来受到处罚，即仍然是一个构成要件包括评价的范围问题。[①] 由于不可罚的事后行为与事前行为已经被一个构成要件包括评价，因而它不能独立构成犯罪。例如，盗窃以后占有赃物的行为，不再在盗窃罪之外另行构成侵占罪，因为侵占是盗窃之后的必然状态。同样，盗窃以后的销赃行为，如果是他人代为销售，可以构成掩饰、隐瞒犯罪所得、犯罪所得收益罪；如果是盗窃犯本人销赃，则不另行构成掩饰、隐瞒犯罪所得、犯罪所得收益罪。这种盗窃以后的侵占行为与销赃行为均是较为明显的不可罚的事后行为。但在我国刑法中，也有些情形是否属于不可罚的事后行为不十分明显，需要从理论上加以分析。例如，刑法第 213 条规定了假冒注册商标罪，第 214 条规定了销售假冒注册商标的商品罪，那么，行为人先假冒注册商标，然后销售假

---

① 参见［日］木村龟二主编：《刑法学词典》，顾肖荣等译，400 页，上海，上海翻译出版公司，1991。

冒注册商标的商品，到底是两罪之牵连呢，还是后行为被视为不可罚之事后行为？从刑法第 214 条的规定来看，销售假冒注册商标的商品罪是指销售明知是假冒注册商标的商品，销售金额数额较大的行为。因此，这里的明知就排除了假冒注册商标者构成销售假冒注册商标的商品罪的可能性。在这种情况下，就可以将销售假冒注册商标的商品行为视为假冒注册商标罪的不可罚的事后行为。那么，对于伪造金融票证行为与票据诈骗行为之间的关系能否也作以上的分析呢？从刑法规定来看，第 177 条规定的伪造金融票证行为包括伪造汇票、本票、支票的行为，而第 194 条规定的票据诈骗行为包括明知是伪造的汇票、本票、支票而使用的行为，这里的明知似乎也可以排除伪造金融票证行为构成票据诈骗罪的可能性。当然，从两罪的法定刑来看，伪造金融票证罪轻而票据诈骗罪重。在这种情况下，将重行为（票据诈骗）视为轻行为（伪造金融票证）的不可罚的事后行为，显然不妥。在这种情况下，还是应当把伪造金融票证行为与票据诈骗行为之间的关系视为牵连关系。

四、定性的结论

对于本案被告人周大伟的行为构成盗窃未遂，并无分歧意见。至于对盗窃未遂是否应当追究刑事责任，则是另外一个问题。但对于具有牵连关系的伪造企业印章行为、伪造金融票证行为和票据诈骗行为，到底如何定罪？一审判决认为应定票据诈骗罪，裁判理由则认为在理论上应定伪造金融票证罪。裁判理由在论证时指出：

> 伪造金融票证罪和票据诈骗罪未遂的法定刑完全一样，在这种情况下应当如何定罪呢？一种观点认为，应定伪造金融票证罪，理由是行为人伪造金融票证行为已经既遂，而票据诈骗行为系未遂，在两者的法定刑完全相同的情况下，既遂还是未遂必将影响处断刑，故伪造金融票证罪在处断刑上应为重罪。另一种观点认为，应定票据诈骗罪（未遂），理由是判断轻罪重罪的标准，通说是比较法定刑，在二罪的法定刑完全相同的情况下，一般以行为人的目的行为定罪更为恰当与合乎常理，并能更准确地反映被告人的行为性质和案件特征。且未遂只是可以比照既遂犯从宽处罚的

情节，根据个案情况，并非必须予以从宽。上述两种观点均有一定的合理性，但两相比较，我们更倾向于定伪造金融票证罪。

裁判理由并没有具体阐述倾向于认定为伪造金融票证罪的原因，我认为这与票据诈骗罪处于未遂是有很大关系的。就行为的主从性而言，伪造金融票证是从行为，而票据诈骗是主行为。就法定刑的轻重而言，最高刑当然是票据诈骗罪重于伪造金融票证罪。但就相对应的量刑幅度而言，应当说两罪是相同的。在这种情况下，一般来说，应定票据诈骗罪。但在票据诈骗罪未遂的情况下，认定为伪造金融票证罪确实可以较好地反映对本案的刑法评价。

第 3 节　侵占单位财物填补挪用差款行为之定性研究

案名：向灵挪用资金、职务侵占案
主题：吸收犯　吸收关系

在罪数形态中，吸收犯是一个较为复杂的问题。对于吸收犯的认定，例如如何区分吸收犯与牵连犯，以及吸收犯的处理等，都存在一定的意见分歧，需要从刑法理论上加以探讨。本节通过向灵挪用资金、职务侵占案[①]的分析，对吸收犯加以研究。

一、案情及诉讼过程

2002 年 5 月至 12 月期间，被告人向灵利用担任重庆三峡水利电力（集团）股份有限公司万州供电公司（以下称三电集团供电公司）和重庆三峡水利电力（集团）电力工业设备安装公司（以下简称三电集团安装公

---

① 本案刊载于最高人民法院编：《刑事审判参考》，第 37 集，北京，法律出版社，2004。

司）出纳员的职务之便，先后多次擅自动用自己保管的三电集团供电公司账上资金19万元和三电集团安装公司账上资金3万元用于赌博。2002年10月28日，被告人向灵因害怕会计对账而使自己擅自挪用公司资金的事被暴露，便私自从自己保管的三电集团供电公司的小金库（总额为75万元）中取款5万元，用于填补挪用差款。

2002年12月中旬，被告人向灵在对公司账目进行自查时，发现自己挪用的三电集团供电公司和三电集团安装公司的账上资金，除已填补的5万元外，还差款17万元。被告人向灵认为三电集团供电公司的小金库管理松懈，且系违规资金，若自己私自侵吞，公司领导也不敢声张，遂产生侵吞供电公司小金库资金的念头。之后，被告人向灵与其夫刘永超共谋侵吞三电集团供电公司的小金库资金70余万元，并商议以支付报酬为条件，由被告人刘永超的朋友许某具体实施取款，之后将存折及密码予以销毁以制造存折及密码被盗的假象。

2002年12月19日和20日，被告人刘永超指使许某配戴眼镜进行伪装后，持三电集团供电公司余额为70余万元的小金库存折，先后12次在万州区邮政局储汇分局下属高笋塘、新城路、电报路、国本路、沙龙路、周家坝、五桥和小天鹅批发市场等8处邮政储蓄所共取款40万元。被告人刘永超因害怕频繁取款引起他人怀疑，而导致犯罪事实被败露，经取得被告人向灵同意，未再支取该存折剩余的30余万元。被告人向灵将侵占的40万元，用17万元填补了挪用的三电集团供电公司和三电集团安装公司的账上资金，将其余的20万元以假名文一、孙海的名义和用被告人刘永超的牡丹卡存入银行，据为已有。嗣后，被告人向灵、刘永超共同将三电集团供电公司小金库存折及密码单销毁。案发后，被告人向灵、刘永超退清了全部赃款。

重庆市万州区人民法院认为：被告人向灵利用职务之便，多次挪用公司资金用于赌博；为填补挪用差款，单独或伙同被告人刘永超侵占公司小金库资金45万元，数额巨大，其行为已构成职务侵占罪。被告人刘永超与其妻向灵相勾结，共同侵占公司资金 40 万元，数额巨大，其行为亦构成职务侵占罪。公诉机关指控二被告人犯职务侵占罪的事实和罪名成立，但指控被告人向灵犯挪用资金罪并实行数罪并罚不当：被告人向灵虽然实施了挪用资金和职务侵占两个独立的犯罪行为，但是挪用资金行为是职务侵占行为的所经阶段，职务侵占行为是挪用资金行为的自然结局，两个犯罪行为之间具有吸收关系，按照吸收犯的定罪量刑原则，职务侵占行为的量刑幅度比挪用资金行为的量刑幅度要重，重行为吸收轻行为，故本案只定一罪，即职务侵占罪，而不实行数罪并罚。被告人向灵在共同犯罪活动中起主要作用，系主犯。被告人刘永超在共同犯罪活动中起次要作用，系从犯，依法应当从轻或减轻处罚。被告人向灵、刘永超认罪态度较好，并积极退清全部赃款，未给公司造成实际损失，可酌情从轻处罚。

重庆市万州区人民法院依照《中华人民共和国刑法》第 271 条、第 26 条、第 27 条第 2 款、第 72 条之规定，判决如下：（1）被告人向灵犯职务侵占罪，判处有期徒刑 8 年，并处没收财产人民币 2 万元；（2）被告人刘永超犯职务侵占罪，判处有期徒刑 3 年，缓刑 5 年，并处没收财产人民币 1 万元。

一审宣判后，被告人刘永超服判，未提出上诉。重庆市万州区人民检察院和被告人向灵均不服判，分别向重庆市第二中级人民法院提起抗诉和上诉。

重庆市万州区人民检察院的抗诉称：被告人向灵所实施的挪用资金犯罪行为和职务侵占犯罪行为不符合吸收犯的法律特征，应实行数罪并罚。被告人向灵上诉称：请求从轻处罚。

重庆市第二中级人民法院经审理认为：被告人向灵利用职务上的便利，挪用单位资金 22 万元的行为完全符合挪用资金罪的构成要件，其行为已构成挪用资金罪。其后被告人向灵又单独和伙同原审被告人刘永超侵占单位资金 45 万元的行为与前挪用资金行为不存在密切联系，挪用资金的行为既不是职务侵占行为发展的必然阶段，职务侵占行为也非挪用资金行为发展的自然结果。因此挪用资金行为不能被职务侵占行为所吸收。故被告人向灵亦构成挪用资金罪。抗诉机关认为被告人向灵的行为构成挪用资金罪和职务侵占罪的理由成立，予以采纳。被告人向灵一人犯数罪，应数罪并罚。被告人刘永超伙同被告人向灵侵占资金40万元，数额巨大，其行为构成职务侵占罪。在共同犯罪中，被告人向灵起主要作用，是主犯；被告人刘永超起次要作用，是从犯，根据其在本案的具体作用，应当减轻处罚。被告人向灵将所侵占的款项及时归还，没有造成直接损失，在一审和二审审理期间认罪态度好，可对其酌情从轻处罚。原判认定事实正确，审判程序合法，对被告人刘永超定罪量刑适当，对被告人向灵适用法律不当。

重庆市第二中级人民法院依照《中华人民共和国刑事诉讼法》第189条第（1）（2）项，《中华人民共和国刑法》第271条第1款、第272条第1款、第25条第1款、第26条第1、4款、第27条、第67条、第69条、第72条之规定，判决如下：

（1）维持重庆市万州区人民法院（2003）万刑初字第238号刑事判决的第2项，即被告人刘永超犯职务侵占罪，判处有期徒刑3年，缓刑5年，并处没收财产人民币1万元；

（2）撤销重庆市万州区人民法院（2003）万刑初字第238号刑事判决的第1项，即被告人向灵犯职务侵占罪，判处有期徒刑8年，并处没收财产人民币2万元；

（3）被告人向灵犯职务侵占罪，判处有期徒刑6年，并处没收财产人民币4万元，犯挪用资金罪，判处有期徒刑1年，决定执行有期徒刑6年6个月，并处没收财产人民币4万元。

二、争议问题及裁判理由

对被告人向灵的行为应以职务侵占罪一罪处理还是以挪用资金罪和职务侵占罪

进行数罪并罚? 对此, 案件审理过程中存在两种不同意见: 一种意见认为, 对被告人向灵的行为应以职务侵占罪一罪处理。其理由是: 被告人向灵的职务侵占行为是挪用资金行为的持续和演变, 是挪用资金行为后续发展的结果, 按照刑法中关于吸收犯的理论, 较轻的挪用资金的前行为应当被较重的职务侵占的后行为所吸收。另一种意见认为, 被告人向灵的行为同时构成职务侵占罪和挪用资金罪, 应实行数罪并罚。其理由是: 被告人向灵的前后两个行为不符合吸收犯的特征。吸收犯是指数个犯罪行为因一个行为被另一个行为所吸收而失去独立存在的意义, 仅按吸收之罪处理的犯罪形态。其吸收规则一般是: 重行为吸收轻行为, 主行为吸收从行为, 实行行为吸收预备行为等。在吸收关系中, 前行为是后行为的必经阶段, 后行为是前行为发展的自然结果。本案中, 被告人向灵利用职务上的便利, 挪用单位资金 22万元后又单独或者伙同被告人刘永超侵占单位资金共 45 万元, 其前行为与后行为基于两个完全不同的犯罪故意, 前行为不是后行为发展的必经阶段, 后行为也非前行为发展的自然结果, 故被告人向灵的挪用资金行为不能被职务侵占行为所吸收。

本案的裁判理由认为:

(一) 被告人向灵所实施的挪用资金和职务侵占两个行为是针对不同对象分别进行的, 在刑法上分别予以定罪处罚并不违背禁止重复评价的刑法适用原则

挪用资金罪是指公司、企业或其他单位的工作人员, 利用职务上的便利, 挪用本单位资金归个人使用或者借贷给他人, 并符合其他法定条件的行为。职务侵占罪是指公司、企业或其他单位的人员, 利用职务上的便利, 将本单位财物非法占为己有, 数额较大的行为。挪用资金罪和职务侵占罪的犯罪主体完全相同, 主观方面都是故意, 客观方面都表现为利用职务上的便利, 但二者之间却有着较大的差别: (1) 侵犯对象不同。挪用资金罪侵犯的对象只能是单位的资金; 而职务侵占罪侵犯的对象包括单位的资金和其他财物。(2) 客观方面的表现有所不同。挪用资金罪表现为擅自将单位的资金挪归个人使用或者借贷给他人使用, 但未转移资金所有权, 行为人挪用资金只是对资金的暂时使用; 而职务侵占罪则表现为以侵吞、

盗窃、骗取等手段，非法占有本单位财物。（3）犯罪目的不同。挪用资金罪以非法使用为目的，具有用后归还的意思；职务侵占罪是以非法占有为目的，具有永久性占有的意思。据此，区分挪用资金罪和职务侵占罪的关键在于行为人的主观方面是否以非法占有为目的。对于本案中被告人向灵的行为，可以分为两个阶段进行分析评价。第一阶段即被告人向灵利用职务之便，挪用本单位资金 22 万元用于赌博的阶段。该阶段行为在客观方面表现为利用职务上的便利，挪用本单位资金 22 万元用于个人进行非法活动；其主观上还是准备归还的。故该阶段行为在性质上属于挪用资金行为，符合挪用资金罪的构成要件。第二阶段即被告人向灵利用职务上的便利，侵占本单位资金 45 万元的阶段。在该阶段行为中，被告人向灵利用职务之便，单独或者伙同他人非法支取本单位小金库的资金，用于填补个人挪用差款或者转存入个人账户，同时还将小金库资金的相关凭证如存折及密码单予以销毁，以达到非法占有该资金的目的。故被告人向灵第二阶段的行为在性质上属于以非法占有为目的的侵占单位资金的行为。尽管后一阶段的侵占行为在犯意的起因方面与前一阶段的挪用行为存在一定的关联性，但是，该两个阶段的行为是针对不同的对象所实施的，与一般意义上的转化犯（因主观目的的变化而由挪用转化为侵占的情形）不同，故在刑法上对该两阶段行为分别予以评价是妥当的。

（二）被告人向灵所实施的挪用资金犯罪行为和职务侵占犯罪行为不符合吸收犯的构成特征，应实行数罪并罚

吸收犯是刑法理论上存在较大争议的一个概念，尽管如此，对于吸收犯的构成在以下两点的认识上却是趋于一致的：一是成立吸收犯需以存在数个犯罪行为为其前提；二是根据经验法则，数个犯罪行为需具有一定的从属性或者阶段性关系。据此，我们认为，吸收犯是指行为人实施数个犯罪行为，该数个犯罪行为之间因其所符合的犯罪构成之间具有一定的从属性或者阶段性关系，而导致其中一个不具有独立性或者完整性的犯罪，被另一个具有独立性或者更为完整的犯罪所吸收，对行为人仅以吸收之罪论

处，而对被吸收之罪置之不论的犯罪形态。在司法实践中，吸收犯一般表现为下述两种情形：(1) 高度行为吸收低度行为。如运输毒品以持有毒品为前提，定罪的时候，运输毒品罪自然吸收非法持有毒品罪，对非法持有毒品罪不再另行定罪。(2) 实行行为吸收非实行行为。该种情形主要存在于同一罪名不同阶段的犯罪以及共同犯罪之中。如犯罪分子为杀人进行预备活动，由于意志以外原因被迫中断，但犯罪分子并不甘心，再次预备后完成其杀人行为。在此，杀人的实行行为就应吸收杀人的预备行为。可见，高度行为吸收低度行为的情形，主要存在于同时实施的不同种类犯罪；实行行为吸收非实行行为的情形，主要存在于前后实施的同种类犯罪。基于此，对于本案被告人向灵的挪用资金行为和职务侵占行为不应以吸收犯处理。首先，本案中挪用资金行为与职务侵占行为属于两个相互独立的行为，不存在依附、从属关系。挪用资金并非职务侵占的条件行为，职务侵占的完成无须依赖挪用行为。其次，挪用的资金和侵占的资金不是同一笔资金，挪用资金和职务侵占之间在行为结构上不具有内在的阶段性关系。虽然填补挪用资金造成的差款是被告人向灵产生职务侵占犯意的一个重要动机，但由于其侵占的是本单位的另一笔资金，在犯罪构成上属于单独实施了另一种犯罪，与此前的挪用资金犯罪在行为结构上不具有阶段性关系。至于挪用公款造成的差款可能是促使其实施职务侵占行为的动机，但动机在刑法对犯罪行为的评价即定罪上不具有决定性意义，而仅是在量刑上的考虑因素。

三、吸收关系的界定

在刑法中存在吸收现象，如何理解这里的吸收，是一个需要认真思考的问题。我认为，刑法中的吸收，大体上可以分为行为之吸收、罪之吸收与刑之吸收这三种类型。

（一）行为之吸收

行为之吸收是指一个构成要件之行为为另一个构成要件之行为所吸收，只成立一行为。因此，行为之吸收是要解决一行为还是数行为的问题。在行为之间存在吸收关系的情况下，形式上存在数行为，但最终只成立一行为。我国台湾地区学者指出：

> 行为之吸收既非本于法律之规定，又非本乎罪名要件所形成之罪之观念，而系基于吾人对于行为所具之通常观念，认为一行为应为他行为所当然包括或一行为系他行为之当然结果而吸收。因此，行为之吸收，是乃行为之复合；其所以成为一罪，系复合之一行为触犯一罪名。至其吸收之方式，我实务上原有所谓高度行为吸收低度行为、后行为吸收前行为及行使行为吸收伪造行为等原则。①

因此，行为之吸收使数行为只成立法律上的一行为，因而不同于罪之吸收。当然，行为之吸收的根据何在，为什么数行为只成立刑法上的一行为，是一个值得研究的问题。一般认为，行为之吸收基于以下两个原因：一是行为在性质上的递进性或涵括性，二是目的在内容上的同一性或者包括性。因此，行为之吸收分为以下两种情形：

1. 具有递进性或者涵括性的行为之吸收

在某些情况下，数行为之间存在递进性或者涵括性，因而发生行为之间的吸收，只成立一行为。较为典型的例子是我国台湾地区"刑法"规定，受贿罪（分为不违背职务之受贿罪与受贿而违背职务罪）为要求、期约或收受贿赂或其他不正利益。我国台湾地区学者林山田教授指出：

> 要求、期约或收受等三行为具有先后顺序之阶段性：要求系期约或收受行为之先行为，期约则系收受行为之先行为。虽然并非所有之收贿行为均有此三个阶段行为，但是收贿行为若存有阶段现象，即先要求，次期

---

① 胡开诚：《刑法上之吸收》，载蔡墩铭主编：《刑法总则论文选辑》（下），699 页，台北，五南图书出版公司，1984。

约，后再收受，若三者具有时空之紧密关系者，则即形成要求贿赂、期约贿赂与收受贿赂之法律单数中之补充关系，只要适用收受贿赂罪处断，即为已足。惟判例仅言期约行为当然为收受行为所吸收，故只论以收受贿赂罪。[1]

在上述收受贿赂罪中，虽然法定行为只有一个，但它又是由要求、期约与收受三个行为构成的，在这三个行为之间存在递进关系，后行为吸收前行为。

2. 具有目的同一性或包括性行为之吸收

在某些情况下，数行为之间具有目的的同一性或者包括性，因而发生行为之间的吸收，只成立一行为。例如我国台湾地区学者在论及伪造有价证券并行使时指出：

伪造有价证券而行使之，因其伪造罪须以意图供行使之用为要件，故其行使原系伪造罪之当然结果，应为伪造罪所吸收。但有价证券虽然有其财产价值，行使伪造有价证券之结果，通常便会取得他人之财物；然刑法行使伪造有价证券并不以取得他人之财物或意图取得他人之财物为要件，故其与诈欺罪之间，并无一罪当然包括他罪等罪之吸收关系在内。因此行使伪造有价证券之目的在取得财物，取得财物之行为，原已兼含于行使有价证券之目的内容以内，两行为系出于同一之目的的意思而为，故在观念上仍认之为系一行为，而成其行为之吸收。[2]

在上述目的犯的情形下，目的之实现行为并非目的犯的客观要素，但在实施了该目的实现行为时，其被目的犯的本罪行为所吸收，不另行成立行为，更不另行构成犯罪。

（二）罪之吸收

罪之吸收，是指数个行为触犯数个罪名，以一罪吸收他罪而只成立一罪，通常是指重罪吸收轻罪。因此，罪之吸收不同于行为之吸收：行为之吸收只是在一罪之

---

① 林山田：《刑法各罪论》，增订 2 版，下册，52 页，台北，2000。

② 胡开诚：《刑法上之吸收》，载蔡墩铭主编：《刑法总则论文选辑》（下），700～701 页，台北，五南图书出版公司，1984。

内考虑，在数行为中，一行为被他行为所吸收，只成立一行为。但在罪之吸收的情况下，以存在数罪（当然，这里的数罪既可以是想象数罪，也可以是实质数罪）为前提，一罪被他罪所吸收，只成立一罪。因此，罪之吸收是以存在重罪与轻罪这两个犯罪为前提的。罪之吸收是指在认定是一罪还是数罪的时候，在存在两个以上犯罪的可能性（而非现实性）的情况下，按照其中较重的一罪论处的情形。在刑法中，存在以下罪之吸收的情形：

1. 法条竞合中的吸收关系

在法条竞合中，存在四种情形，这就是特别关系、补充关系、吸收关系和择一关系。德国学者指出：

> 吸收关系是指，如果一个构成要件该当行为的不法内容和罪责内容包含了另一个行为或另一构成要件，以至于在一个法律观点下的判决已经完全表明了整体行为的非价（Unuert）：吸收法优于被吸收法（lex consumens derogat legi consumptae）。①

德国学者在这里所说的吸收法与被吸收法，日本学者也称为完全法与不完全法，并以杀人罪与损坏器物罪之间的关系加以说明：承认杀人罪时，在其过程中因为损害被害人衣服而成立的损坏器物罪就被吸收。② 我则将吸收关系称为整体法与部分法之间的法条竞合，这种法条竞合现象在我国刑法中是广泛存在的。法条竞合中的吸收，是因立法者在罪名设置时将此一罪名包容在彼一罪名之中而产生的。因此，这里的吸收是指此一罪名之内容被彼一罪名所包容，这是一种罪名之间的逻辑关系。

2. 牵连犯中的吸收关系

牵连犯是指以实施某一犯罪为目的，而其犯罪的方法行为或者结果行为又触犯了其他罪名的情形。例如，为了诈骗而伪造公文，该诈骗行为构成了诈骗罪，其方

---

① ［德］汉斯·海因里希·耶赛克、托马斯·魏根特：《德国刑法教科书（总论）》，徐久生译，897页，北京，中国法制出版社，2000。

② 参见［日］大塚仁：《刑法概说（总论）（第三版）》，冯军译，419页，北京，中国人民大学出版社，2003。

法行为则构成伪造公文罪。又如，盗窃一支手枪后把它私藏起来，该盗枪行为构成盗窃枪支罪，其结果行为又构成了私藏枪支罪。如果把牵连关系理解为方法行为与结果行为、手段行为与目的行为之间的联系，则牵连犯的范围是较为宽泛的。对这种牵连犯均不实行并罚，大大地限制了数罪并罚的范围。因此，在日本等于刑法中明文规定牵连犯处断原则的国家和地区，主张废除牵连犯概念的呼声越来越高。我国刑法中没有规定牵连犯的概念，但刑法理论上是承认牵连犯的，并把它作为科刑上的一罪处理。为此，我国也有越来越多的学者主张牵连犯应当并罚。我个人认为牵连犯的概念还是有必要存在的，但对牵连关系须作较为限制的解释。关于牵连关系，在刑法理论上存在主观说与客观说之争，此外还有折中说。在客观说中又有形成一部说与直接关系说之争。形成一部说，又称相互形成一部说，认为须方法行为或结果行为所犯之罪，在法律上包含于一个犯罪行为概念之中，始得谓之牵连犯。亦即各行为必须相互形成犯罪，而为构成要件之一部者，始为牵连犯之范围。直接关系说，又称不可分离说，谓犯罪之目的行为与方法行为或结果行为，有直接密切之关系者，即为牵连犯。至于其各行为间有无直接密切关系，则须依客观之标准决定可以有直接密切之关系者，始为牵连犯。[①] 在上述两种观点中，形成一部说将牵连关系限制得过于狭窄，几乎取消了牵连犯的概念。牵连犯毕竟是事实上的数罪而科刑上的一罪，而形成一部说否定了牵连犯所具有的事实上的数罪的特征。直接关系说或有可取之处，但标准较为模糊，掌握起来存在一定困难。

　　我主张必要牵连说，即把牵连分为必要牵连与非必要牵连。这里的牵连是指客观上存在的手段行为与目的行为或者原因行为与结果行为的关系。在具有上述牵连关系的情况下，再作必要牵连与非必要牵连之区分。这里的必要，是指具有实行行为上的阶段性衔接与侵害法益上的涵括性重合。例如伪造金融票证行为与票据诈骗行为：前者为伪造行为，后者为使用行为，两种行为前后衔接，在侵害法益上也是重合的，可以视为必要之牵连。例如我国学者指出：如果承认牵连犯的概念，则宜采取类型说，即只有当某种手段通常用于实施某种犯罪，或者某种原因行为通常导

---

　　① 　参见高仰止：《刑法总则之理论与实用》，350 页，台北，五南图书出版公司，1986。

致某种结果时，才宜认定为牵连犯。伪造、变造并使用金融票证骗取财物的行为，具有类型性的牵连关系，理当属于牵连犯。[①] 这里的类型性的牵连，主要是从构成要件行为的阶段性衔接意义上而言的。此外，盗窃枪支而私藏的，在侵害法益上具有涵括性重合，后者是对前者的补充，后者的侵害法益被前者所涵括。

牵连犯的处理原则是从一重罪处断，即重罪吸收轻罪。因此，牵连犯虽然在法律构造上存在数罪但在科刑时作为一罪处理。这里的从一重罪处断，本身具有吸收的性质，采吸收原则。对此，日本学者西田典之教授指出：牵连犯的一罪性具有作为吸收关系的包括一罪的性格。[②] 西田典之教授所讲的吸收关系是指尽管一个行为引发了该当于数个构成要件的结果，但由于轻罪的法益侵害即违法性相对轻微，而将其包括在重罪之内，仅以重罪之一罪来处断的情形。这个意义上的吸收关系区别于法条竞合，也不同于牵连犯，是一罪之内的吸收。而牵连犯是具有必要牵连关系的两个犯罪之间的吸收。

3. 不可罚的事前行为与不可罚的事后行为的吸收关系

不可罚的事前行为与不可罚的事后行为，被日本学者西田典之教授称为共罚的事前、事后行为。所谓共罚的事前、事后行为，是指尽管数个行为引发了该当于数个构成要件的结果，但由于相互间处于原因与结果这种密切关系，因而轻罪与重罪一同作为重罪之一罪来处断的情形。[③] 例如我国刑法第196条第3款规定："盗窃信用卡并使用的，依照本法第二百六十四条的规定定罪处罚"，即以盗窃罪论处。对于这种盗窃信用卡并使用的行为，在刑法理论上存在牵连犯、结合犯、拟制规定、不可罚的事后行为等各种观点[④]，我个人赞同不可罚的事后行为的观点。因为盗窃信用卡即意味着占有了信用卡项下的财物，使用行为虽然具有信用卡诈骗的性质，

---

① 参见张明楷：《诈骗罪与金融诈骗罪研究》，461页，北京，清华大学出版社，2006。

② 参见［日］西田典之：《日本刑法总论》，刘明祥、王昭武译，350页，北京，中国人民大学出版社，2007。

③ 参见［日］西田典之：《日本刑法总论》，刘明祥、王昭武译，346页，北京，中国人民大学出版社，2007。

④ 对此的详尽分析，参见张明楷：《诈骗罪与金融诈骗罪研究》，691页以下，北京，清华大学出版社，2006。

但它只是将信用卡本身所含有的不确定价值转化为具体财物的过程，是盗窃行为的继续，因此不另定诈骗罪，应以盗窃罪一罪定性。[①] 在不可罚的事前行为或者事后行为的情况下，存在前行为或者后行为被主行为所吸收的问题，这种吸收是行为的吸收，它与牵连犯之吸收还是存在明显差别的。

4. 想象竞合犯的吸收关系

想象竞合犯是指一行为触犯数罪名的情形。关于想象竞合犯的性质，存在实质一罪说、实质数罪说、法条竞合说与科刑一罪说等各种观点的聚讼。[②] 我国学者大多主张科刑一罪的观点，因为它与实质一罪、实质数罪均不相同，介于实质一罪与实质数罪之间。至于法条竞合与想象竞合之间更是存在本质的区别。

关于想象竞合犯的处理，存在从一重处断与数罪并罚两种观点。这与对想象竞合犯的性质认识相关：主张实质数罪说的观点往往赞同对想象竞合犯实行数罪并罚，而主张实质一罪说的观点则赞同从一重处断。科刑一罪的观点，大抵类似于实质一罪，因此也主张对想象竞合犯从一重处断。在从一重处断的情况下，对想象竞合犯的处理采用的是吸收原则。对于吸收原则，我国台湾地区学者指出：

> 此一原则对于想象竞合法律效果的决定，直接采用不法内涵最高构成要件的法律效果，作为想象竞合的法律效果，其他较轻之法律效果，完全无适用之余地。吸收原则在具体的法律效果决定上，无异是以最重的法律效果，吸收所有其他的法律效果。此种处理想象竞合法律效果的方式，不但使得其他构成要件的法定刑，无由共同参与法律效果的决定，更因法律效果的吸收关系，使得反映实现复数规范的一行为，其可罚性之具体内容，变得格外模糊不清，连带也使得复数构成要件的共同决定的不法内涵，丧失其非价判断的意义。因此，主张采用结合刑原则，即"从重罪之刑处断，但不得低于轻罪之低度刑"[③]。

[①] 参见最高人民法院于 1986 年 11 月 3 日对上海市高级人民法院就王平盗窃信用卡骗取财物如何定性问题的请示的答复。

[②] 参见庄劲：《犯罪竞合：罪数分析的结构与体系》，203 页以下，北京，法律出版社，2006。

[③] 柯耀程：《刑法竞合论》，193 页，北京，中国人民大学出版社，2008。

我国学者也有人改采从一重处断原则，即从一重罪从重处断。[①] 我认为，想象竞合犯的处理，主要解决的是定罪问题，因此，从一重处断是就定罪而言的。至于量刑时是否还要从重处断，是另一个问题。在这个意义上，我认为从一重处断是正确的。至于主张对想象竞合实行并罚、视同实质数罪，显然不妥，因为一行为触犯数罪名与数行为触犯数罪名，在性质上还是不同的，不能唯结果论，更重要的是强调行为在犯罪构成中的决定性意义。

（三）刑之吸收

如果说，罪之吸收是定罪问题，属于犯罪论的范畴，那么，刑之吸收是量刑问题，属于刑罚论的范畴。关于一个人的行为在构成数罪以后，如何对数罪进行处理，主要存在吸收原则、并科原则和限制加重原则的不同处理原则。其中，吸收原则是指对所犯数罪只按照其中重罪处罚，对轻罪不再处罚，其刑被重罪之刑所吸收。中国古代《唐律》明确规定："诸二罪以上俱发，以重者论"，就是采用吸收原则。吸收原则有放纵犯罪之弊，因而为现代刑法所不采。现代刑法对数罪均实行并罚，这里的并罚亦非绝对并科，而是限制加重。对于某些不能并存的刑罚，仍然采用吸收原则。例如，数个死刑、数个无期徒刑以及死刑与无期徒刑之间，死刑、无期徒刑与有期徒刑之间等，仍然采用吸收原则，只执行其中一个刑罚，其他刑罚不再执行。

四、吸收犯的存废

由上可知，吸收是定罪量刑中一种极其普遍的现象，尤其是在定罪中，广泛地存在罪之吸收，在法条竞合、牵连犯、不可罚的事前行为与不可罚的事后行为、想象竞合犯中都存在吸收问题。在这种情况下，如果把所有吸收现象都称为吸收犯，则法条竞合等概念大受限制，甚至不复存在。因此，对于吸收犯存在废除论的观

---

① 参见吴振兴：《试论从一重处断原则》，载《法学研究》，1993（6）；刘士心：《竞合犯研究》，157页以下，北京，中国检察出版社，2005。

点，例如我国台湾地区学者指出：

> 吸收二字所以会那么好用，那是因为它的概念内涵不清楚，相当广泛，正因为其概念上的广泛，可以解释所有在犯罪宣告以及刑罚宣告上只论处一罪的情形，换言之，吸收可以对法条竞合、想象竞合和牵连犯提供一个共通的上位概念（法条竞合是罪名的吸收，想象竞合与牵连犯是法定刑的吸收）。但是这一广泛的概念对于我们理解竞合理论的真相，却绝对没有正面的帮助，只是徒增模糊罢了。吸收犯其实只表达了两个犯罪行为在经验上的密切概率关系，在结论上论以一罪的评价，它们只是在结论上碰巧得出正确的结论，但是在方法上却是空洞的。①

在刑法理论上，吸收现象是客观存在的，但吸收犯的概念是极为混乱的，它往往容易与其他犯罪形态混淆。例如法条竞合中的吸收关系，就曾经混同于吸收犯。我国民国时期学者陈瑾昆在论及法条竞合的吸收关系（Ronsumtion）时指出：即一刑罚法规，对于他刑罚法规有超过要件之规定，易言之，即前者规定之犯罪要件，足以包含后者规定之犯罪要件，而应适用前者论罪之时，此于学说上称为吸收犯（Konsumption）者，亦为其中之一种。陈瑾昆认为，吸收犯之吸收关系存在以下四种情形：（1）全部法吸收部分法；（2）实害法吸收危险法；（3）前行为吸收后行为；（4）后行为吸收前行为。② 此外，有观点主张，牵连犯由于采用吸收原则，因而牵连犯是吸收犯，反之则不然。③ 此外，有观点在主行为吸收从行为中，论及共同犯罪中，行为人先教唆他人犯罪，后又帮助他人犯罪的，应依教唆行为定主犯，帮助行为被吸收。④ 这种情形，实际上是共犯的竞合。日本学者指出：

> 所谓共犯的竞合，就是实施一个基本的构成要件行为，同时出现了共同正犯、教唆犯、帮助犯这样三种共犯形式。在共犯竞合的场合，上述共犯形式作为实现一个基本的构成要件而实施的行为，具有共同性。因此，

---

① 陈志辉：《刑法上的法条竞合》，255 页，台北，春风煦日论坛，1998。
② 参见陈瑾昆：《刑法总则讲义》，247 页，北京，中国方正出版社，2004。
③ 我曾经主张这种观点，参见陈兴良：《本体刑法学》，618 页，北京，商务印书馆，2001。
④ 参见周道鸾主编：《中国刑法》，158 页，北京，中国政法大学出版社，1991。

较轻的共犯形式被较重的共犯形式所吸收，只成立较重的共犯形式。而且，教唆人、帮助人进而分担了实行行为的时候，就只负担共同正犯的罪责，教唆犯帮助正犯的时候，作为教唆犯，从重处罚。[①]

共犯的竞合是属于共犯的罪数形式的一个特殊问题，不应再作为吸收犯加以概括。

在吸收犯问题上，最重要的问题也许还是：究竟是行为之吸收还是罪之吸收？目前我国通行的观点是把吸收犯视为科刑的一罪，认为是罪之吸收而非行为之吸收。例如我国学者曲新久教授提出了吸收犯必须是罪的吸收而不是犯罪构成内部行为之间的吸收的命题，认为构成吸收犯的数个行为是独立的犯罪行为，不具有独立性的犯罪行为之间不能构成吸收犯。具体来讲，在某一犯罪构成内部，行为与行为之间的吸收关系，并不构成吸收犯。[②] 尽管曲新久教授是就行为人的数个举动（广义上的行为）复合在一起构成刑法规定的犯罪行为，即复合行为或数行为的复合这一意义而言的，但他还是在一般意义上否定了行为之吸收构成吸收犯。我个人以往也是在罪之吸收意义上论及吸收犯，把吸收犯看作是处断的一罪，从而区别于行为之吸收的法定的一罪。[③] 但现在看来，这一观点值得反思。其实，以往我们称为吸收犯的情形，都可以被法条竞合、牵连犯、不可罚的事前行为与事后行为、共犯竞合等概念所包含，不应再视为吸收犯。但在行为之吸收的意义上，吸收犯仍然具有存在的余地。例如我国刑法关于受贿罪的规定，包括索取与收受两种行为，其中，索取包含索要与收受，收受行为被索取行为所吸收。这是一种行为之吸收，可视为吸收犯。此外，我国刑法中以勒索财物为目的绑架他人的，属于目的犯，行为人只要在客观上实施了绑架行为即可构成绑架罪。如果行为人在绑架他人以后又实施勒索财物行为，则该行为被绑架行为所吸收。这也是一种行为之吸收，构成吸收犯。这个意义上的吸收犯，其实已经不是处断的一罪，而是法定的一罪。这个意义上的

---

① ［日］大谷实：《刑法讲义总论（新版第2版）》，黎宏译，430页，北京，中国人民大学出版社，2008。

② 参见曲新久：《论吸收犯》，载《中国法学》，1992 (2)，54页。

③ 参见陈兴良：《本体刑法学》，618页，北京，商务印书馆，2001。

吸收犯，与日本学者西田典之教授所称包括的一罪中的吸收关系的含义较为接近。[①]这是一种较为狭义的吸收犯，仍有存在的价值。

五、裁判理由的评判

向灵挪用资金、职务侵占案涉及吸收犯的认定，关系到对被告人是定一罪还是定数罪的问题。检察机关对被告人向灵以挪用资金罪、职务侵占罪提起公诉，但一审法院认为，向灵挪用资金用于赌博，为填补挪用差款，又侵占公司资金用于归还挪用的资金，属于吸收犯，只定职务侵占罪，挪用资金罪被吸收。对此，检察机关以不符合吸收犯的法律特征为由提起抗诉。二审法院采纳了抗诉意见，认为被告人的行为不构成吸收犯。

以上分歧，主要缘于对吸收关系理解的不同。主张认定为吸收犯的观点认为，挪用资金行为与职务侵占行为存在阶段性递进关系：前者是后者所经过的阶段，后者是前者的自然结局。而否认是吸收犯的观点则认为，不存在这种阶段性递进关系。对此，本案的裁判理由认为，挪用的资金和侵占的资金不是同一笔资金，挪用资金和职务侵占之间在行为结构上不具有内在的阶段性关系。对于这一结论，我是赞同的。当然，这里提出一个问题：如果挪用的资金和侵占的资金是同一笔资金，是否就构成吸收犯呢？这里实际上涉及转化犯问题。裁判理由也论及该两个阶段的行为是针对不同的对象所实施的，与一般意义上的转化犯，因主观目的的变化而由挪用转化为侵占的情形不同。关于这种从挪用转化为侵占的情形，1988 年 1 月 21 日全国人大常委会《关于惩治贪污罪贿赂罪的补充规定》（已失效）曾经规定："挪用公款数额较大不退还的，以贪污论处。"这是一种从挪用向贪污的转化。但这一规定没有区分是主观上不想还而转化为贪污还是客观上不能还而转化为贪污，在后一种情况下转化为贪污就有客观归罪之嫌。因此，在 1997 年刑法修订中废除

---

① 参见［日］西田典之：《日本刑法总论》，刘明祥、王昭武译，345 页，北京，中国人民大学出版社，2007。

了这一规定，而是规定："挪用公款数额巨大不退还的，处十年以上有期徒刑或者无期徒刑。"但1998年5月9日最高人民法院《关于审理挪用公款案件具体应用法律若干问题的解释》第6条规定："携带挪用的公款潜逃的，依照刑法第三百八十二条、第三百八十三条的规定定罪处罚。"这实际上是一种从挪用公款罪向贪污罪的转化，由于只是针对同一对象，不构成数罪，而是以转化后的犯罪论处，转化前的犯罪被吸收，属于转化犯。因此，在转化犯中也存在吸收问题，但它明显不同于吸收犯。

在挪用犯罪中，多次挪用而以后次挪用的款项归还前次挪用的款项的，只以未归还的计算挪用数额。前引司法解释第4条规定："多次挪用公款不还，挪用公款数额累计计算；多次挪用公款，并以后次挪用的公款归还前次挪用的公款，挪用公款数额以案发时未还的实际数额认定。"与此相类似的规定，是1996年12月16日最高人民法院《关于审理诈骗案件具体应用法律的若干问题的解释》（已失效）第9条："对于多次进行诈骗，并以后次诈骗财物归还前次诈骗财物，在计算诈骗数额时，应当将案发前已经归还的数额扣除，按实际未归还的数额认定，量刑时可将多次行骗的数额作为从重情节予以考虑。"在上述规定中，虽然涉及的是数额计算问题，但都与行为的认定有关。从构成要件上来说，前次犯罪，无论是挪用公款还是诈骗，都已经完成并既遂，仅仅因为后一次犯罪数额是用于归还前次犯罪的被害人，前次犯罪数额不再计算，就意味着前次犯罪行为不予认定。但如果不是用后次挪用的资金归还前次挪用的资金，例如另外用本人财物归还了前次挪用的资金，则前次挪用与后次挪用的数额仍然应当累计计算。这一规定，是出于刑事政策的考量。但问题是：在相同犯罪的情况下可以作出以上处理，为什么不同犯罪之间就不能作出以上处理？如果行为人挪用公款20万元，然后用贪污的20万元归还挪用的20万元，那么挪用的20万元是否还应当构成挪用公款罪？本案裁判理由对此是持肯定观点的。当然，在刑法理论上，这种基于刑事政策的考量的数额充折，是否属于一种犯罪吸收——同种犯罪之吸收，确实还是一个值得研究的问题。

应当指出，在本案的裁判理由中，对于吸收犯还是持传统的罪之吸收的观点。在这种罪之吸收的观念下，强调一个不具有独立性或者完整性的犯罪被另一个具有独立性或者完整性的犯罪所吸收。然而，如何界定这里的独立性与完整性本身就是十分困难的：是在吸收以前的独立性与完整性，还是吸收以后的独立性与完整性？裁判理由并未给出圆满的答案。我认为，为避免吸收犯概念的不当适用，主要是避免不当地扩大适用，从而不适当地限制数罪并罚原则的适用范围，还是应当把吸收犯局限在行为之吸收的限度内。对于罪之吸收，应当适用法条竞合、牵连犯等其他理论解决。

第 8 章

刑罚裁量

第 1 节　非法行医致使产妇死亡犯罪之刑罚裁量研究

案名：贺淑华非法行医案　郭云娜非法行医案
主题：量刑　量刑情节

刑罚裁量，简称量刑，是在对被告人定罪以后裁量确定刑罚的一种司法活动。我国刑法第 61 条规定了量刑原则，在具体案件中，如何根据量刑的法定情节与酌定情节正确地进行刑罚裁量，对于实现刑法公正与罪刑均衡都具有重要意义。本节以贺淑华非法行医案（以下简称贺淑华案）与郭云娜非法行医案（以下简称郭云娜案）[①] 为样本，对刑罚裁量进行法理考察。

[①]　贺淑华案刊载于最高人民法院编：《刑事审判参考》，第 53 集，北京，法律出版社，2007；郭云娜案刊载于上海市高级人民法院编：《人民法院裁判文书选（上海 2001 年卷）》，北京，法律出版社，2002。

一、贺淑华案：量刑幅度的确定

被告人贺淑华无行医执业证照在重庆市垫江县桂溪镇松林路 18 号租住房内非法行医多年。2003 年 5 月 25 日 9 时，贺淑华非法给刘某接生时滥用缩宫素，致刘某宫缩过强引发羊水栓塞，导致刘某及胎儿死亡。经鉴定：刘某及胎儿的死亡与贺淑华非法行医有直接关系。

重庆市垫江县人民法院认为：被告人贺淑华无行医执照，非法为他人接生，致人死亡，其行为已构成非法行医罪。根据《中华人民共和国刑法》第 336 条第 1 款、第 52 条、第 53 条的规定，判决如下：被告人贺淑华犯非法行医罪，判处有期徒刑 10 年，并处罚金人民币 1 万元。

宣判后，贺淑华不服，提出上诉。其上诉理由以及其辩护人的辩护意见为：（1）原判决认定贺淑华滥用缩宫素的证据不足；（2）重庆市医科大学附属第一医院所作的鉴定结论有误；（3）刘某的死亡与贺淑华的非法行医行为间无因果关系，贺淑华不应对刘某的死亡承担刑事责任。请求二审宣告被告人无罪。

重庆市第三中级人民法院经审理查明：上诉人贺淑华未取得医生执业资格，在重庆市垫江县桂溪镇行医多年。2003 年 5 月 25 日上午 9 时，贺淑华为刘某非法接生，刘某在分娩过程中并发羊水栓塞，贺淑华未能及时采取正确抢救措施，致刘某于当日 13 时许死亡。

重庆市第三中级人民法院认为：上诉人贺淑华在没有取得行医资格的情况下非法行医多年，其行为构成非法行医罪；其在为他人接生过程中造成就诊人死亡，应当承担相应的刑事责任。重庆市医科大学附属第一医院是在认定贺淑华滥用缩宫素致刘某宫缩过强而产生羊水栓塞的基础上作出的鉴定结论。但公安机关在尸体检验时既未从死者刘某体内提取任何检材，也未对其在现场提取的药液中是否含缩宫素成分作过鉴定。一审认定贺淑华对刘某使用过缩宫素无充分的证据支持，应予纠正。重庆市医科大学附属第一医院作出的鉴定结论所依据的基础事实有误，其结论意见必然缺乏客观性。上诉人贺淑华及其辩护人提出原判认定贺淑华滥用缩宫素的事实不清、证据不足，鉴定结论有误的上诉、辩护理由成立。贺淑华在非法为他人接生时应该预见到产妇在分娩过程中可能会发生各种分娩综合征，但其明知产妇在分娩过程中发生各种分娩综合征时，其没有相应的医疗设备和医疗技术实施及时、恰当的抢救措施，产妇的生命危险性必然会大大增加。贺淑华对产妇在分娩中可能会发生的危险心存侥幸，以致刘某分娩中出现并发羊水栓塞时无力采取及时、恰当的抢救措施，造成刘某死亡，其非法行医行为与刘某的死亡后果存在因果关系。贺淑华及其辩护人提出的刘某的死亡后果与贺淑华的非法行医行为无因果关系的上诉、辩护理由不能成立，请求二审宣告被告人无罪的上诉意见，不予采纳。一审判决认定贺淑华非法行医并造成产妇刘某及胎儿死亡的事实清楚、证据充分，但认定贺淑华滥用缩宫素致刘某发生羊水栓塞的证据不足。原判适用法律正确，定罪准确，量刑恰当。依照《中华人民共和国刑事诉讼法》（1996 年——引者注）第 189 条第（1）项的规定，裁定如下：驳回上诉，维持原判。

贺淑华案涉及事实认定与法律适用这两个方面的问题，而这些问题直接关系到对量刑幅度的选择。我国刑法第 336 条第 1 款规定：

　　　　未取得医生执业资格的人非法行医，情节严重的，处三年以下有期徒刑、拘役或者管制，并处或者单处罚金；严重损害就诊人身体健康的，处三年以上十年以下有期徒刑，并处罚金；造成就诊人死亡的，处十年以上有期徒刑，并处罚金。

根据这一规定，非法行医罪可以分为三个量刑幅度：

第一是基本犯的量刑幅度，处 3 年以下有期徒刑、拘役或者管制，并处或者单处罚金。根据我国刑法规定，非法行医罪的基本犯是情节犯，即只有非法行医情节严重的，才构成本罪。关于这里的情节严重，根据 2008 年 4 月 29 日最高人民法院《关于审理非法行医刑事案件具体应用法律若干问题的解释》（以下简称《非法行医案件解释》）第 2 条的规定，是指具有下列情形之一：（1）造成就诊人轻度残疾、器官组织损伤导致一般功能障碍的；（2）造成甲类传染病传播、流行或者有传播、流行危险的；（3）使用假药、劣药或不符合国家规定标准的卫生材料、医疗器械，足以严重危害人体健康的；（4）非法行医被卫生行政部门处罚两次以后，再次非法行医的；（5）其他情节严重的情形。

第二是结果加重犯之一：严重损害就诊人身体健康的，处 3 年以上 10 年以下有期徒刑，并处罚金，这里的严重损害就诊人身体健康，根据《非法行医案件解释》第 3 条的规定，是指具有下列情形之一：（1）造成就诊人中度以上残疾、器官组织损伤导致严重功能障碍的；（2）造成 3 名以上就诊人轻度残疾、器官组织损伤导致一般功能障碍的。这里的结果加重犯，是指非法行医过失致人伤害（包括重伤与轻伤）的结果加重犯。

第三是结果加重犯之二：造成就诊人死亡。这里的结果加重犯是指非法行医过失致人死亡的结果加重犯。

应当指出，本节讨论的贺淑华案与郭云娜案都发生在《非法行医案件解释》颁布以前，这两案的判决当然不是根据该解释作出的，但该解释对于我们考察两案的刑罚裁量还是具有参考价值的。

贺淑华案属于非法行医造成就诊人死亡的情形，如果在事实与法律上能够认定被告人贺淑华非法行医造成就诊人死亡，当然就应当在 10 年以上有期徒刑判处刑罚。从本案一审和二审的情况来看，能否认定贺淑华属于非法行医造成就诊人死亡，存在以下三个值得研究的问题：

（一）死亡原因

在贺淑华案中，就诊人死亡的原因到底是什么？对此，在一审与二审之间存在分歧。一审判决认定，贺淑华给产妇接生时滥用缩宫素，致产妇宫缩过强引发羊水栓塞，导致产妇及胎儿死亡。但二审判决认为一审认定贺淑华对产妇使用过缩宫素证据不足，予以纠正；并认为贺淑华对产妇分娩中出现并发羊水栓塞时无力采取及时、恰当的抢救措施，由此造成产妇死亡。关于这一事实改动对量刑的影响，本案的裁判理由作了以下论述：

就本案而言，一审认定被告人非法行医造成就诊人和胎儿死亡，而二审只能认定被告人非法行医造成就诊人死亡的事实，不能认定被告人非法行医致胎儿死亡的事实。二审认定的犯罪行为危害后果轻于一审，一般情况下，二审可以据此在一审基础上减轻被告人的刑罚，所以胎儿死亡这一事实影响到本案的实体处理，二审应当用判决书对该部分事实进行改判。由于本案的原判刑罚已经是法定起点刑，被告人又无法定减轻情节，二审不能在一审基础上再予以减轻处罚，故应当判决维持原判的定罪和量刑。

非法行医中的接生，是极为特殊的一种行医活动。就造成死亡结果而言，存在以下三种情形：一是产妇死亡，胎儿存活；二是产妇存活，胎儿死亡；三是产妇与胎儿均死亡。关于非法行医罪的加重结果，刑法第 336 条表述为就诊人死亡。对于这里的就诊人，一般刑法教科书都没有加以解释，大概是认为没有解释的必要。顾名思义，就诊人就是指接受诊疗活动的人。通常所称患者或者病人，当然是狭义上的就诊人；而广义上的就诊人，则不限于患者或者病人，像产妇就不能说是病人，接受整容的人也似乎不能称为患者。按照这一对就诊人的理解，产妇当然属于就诊人，但胎儿在出生以前连人都不算，更说不上是就诊人。因此，在非法行医中致使胎儿死亡而产妇存活的，是否属于非法行医造成就诊人死亡就存在一定的问题。在既造成产妇死亡又造成胎儿死亡的情况下，是非法行医造成 1 人死亡还是造成 2 人死亡，也是一个问题。

在贺淑华案中，被告人的非法行医造成了产妇与胎儿的死亡。一审判决认定非法行医同时造成产妇及胎儿死亡，但二审法院则认定只造成产妇死亡，对造成胎儿死亡证据不足不予认定。当然，二审判决也承认，非法行医同时造成产妇及胎儿死亡罪行较重，非法行医只造成产妇死亡则罪行较轻，在量刑时本应加以区别。但由于在贺淑华案中，一审判决对被告人已经适用法定最低刑，不能再减，因此予以维持。从逻辑上来说，这一判决是无懈可击的。但是，既然否认了非法行医与胎儿死亡之间存在因果关系，为什么仍然认定非法行医与产妇死亡之间存在因果关系？这是一个值得研究的问题。

（二）因果关系及刑事责任

非法行医造成就诊人死亡，在非法行医行为与就诊人死亡之间要求存在因果关系。根据 2016 年 12 月 16 日修正后的最高人民法院《关于审理非法行医刑事案件具体应用法律若干问题的解释》第 4 条的规定，非法行医造成就诊人死亡，是指非法行医行为是造成就诊人死亡的直接、主要原因。那么，在贺淑华案中，这种因果关系是如何认定的呢？本案的裁判理由在"非法行医造成就诊人死亡的因果关系及刑事责任判断"的标题下，进行了论证：

　　本案产妇在分娩过程中因并发症死亡，非法行医人对产妇的死亡后果是否应当承担刑事责任？对此，一种观点认为，由于重庆医科大学附属第一医院的鉴定结论不能采信，无证据证明产妇在分娩过程中并发羊水栓塞系被告人非法行医引发，被告人对此无法预见，属于意外事件，产妇和胎儿的死亡与被告人的非法行医行为间不具有因果关系，被告人对此不应当承担刑事责任，只能判处被告人三年以下有期徒刑或其他更轻刑种。另一种观点认为，刑法第三百三十六条对严重损害就诊人健康以及造成其死亡的规定，属于刑法理论上的结果加重犯，只要行为人在实施基本犯罪时对加重结果"有过失"或者"能预见"，就应对加重结果负刑事责任。被告人非法行医多年，其行为已构成非法行医罪。根据刑法的规定，行为人的非法行医行为造成就诊人死亡的，依法应当判处十年以上有期徒刑。因此，本案中被害人及胎儿的死亡后果是否与被告人的非法行医行为具有因果关系，直接关系到对被告人的量刑。本案被告人长期非法行医，具有一定的医学知识，应当预见到产妇在分娩过程中随时可能发生各种分娩并发症，其明知一旦产妇在分娩过程中发生并发症，凭借自己的医疗设施、医疗技术难以实施救助，但由于追求非法利益，对产妇存在的危险存在侥幸心理，其主观上对产妇死亡结果的发生存在过于自信的过失，故其应当对产妇的死亡结果承担刑事责任，依法应当判处十年以上有期徒刑。

　　我们同意第二种意见。关于如何判断加重结果与基本犯罪的因果关系，通行观点是"过失说"，其包括三层含义：（1）客观上要求基本犯罪必须具有引起加重结果发生的内在危险性，立法者对这类犯罪发生结果加重的情况规定了较重的法定刑。（2）要求行为人对发生"结果加重"情况在主观上具有过失,即行为人应当预见其基本犯罪行为具有加重后果发生的危险性,但主观上因疏忽大意没有预见或者虽然预见却轻信可以避免,仍然故意实施该基本犯罪行为,违反了对发生加重结果的注意义务,对加重结果的发生具有过失。诚然,实施了某种基本犯罪行为,并不等于在任何情况下都会引起加重结果的发生。有时加重结果的发生并不是因基本犯罪行为引起,而是介入的某种偶然性的因素所引起,行为人对于偶然因素当然不应承担责任。只有行为人故意实施了某种基本行为犯罪行为,而该基本犯罪行为合乎逻辑地引起了法定的加重结果的发生,就可以认定行为人违反了客观注意义务,对加重结果的发生具有过失。(3)结果加重犯的过失有其特殊性。因为行为人实施的基本犯罪行为本身具有内在地引起加重结果发生的高度危险性,但行为人仍然故意实施。通常在人们的生活经验范围内,发生加重结果的危险性较大的情况下,行为人违反注意义务的程度要比一般的过失行为违反注意义务的程度更加严重,是一种重的过失。

本案中,被告人在没有行医资格的前提下,故意长期非法行医,其行为已经构成非法行医的基本犯罪。具有一般社会阅历和生活常识的成年人,即使没有医学知识,都能预见,产妇在分娩过程中可能会发生各种紧急情况,一旦发生,必须及时实施正确、有效的抢救,否则,产妇及胎儿的生命都将面临极大的危险。而该被告人非法行医多年,具有一定的医学知识,对产妇在分娩过程中可能出现的各种风险比常人更能清楚地预见。但其出于追求非法利益的目的,存在侥幸能够避免的心理,在缺乏抢救设备、缺乏抢救措施的情况下仍然为产妇接生,违反了其实施基本犯罪行为时对其行为所带来的危险性的注意义务,主观上对产妇死亡的结果存在过于自信的过失;同时,客观上,被告人的医疗技术水平不高,医疗设施缺乏,致使产妇出现并发症时无力及时采取正确、有效的抢救措施;在产妇出现并发症时又因害怕承担责任,不及时将产妇转送正规医院进行抢救,延误了产妇的抢救时机,致使产妇在尚未送进医院抢救时即已死亡。羊水栓塞本来就是一种死亡率较高的分娩并发症,当产妇发生该症状时,因被告人简陋的医疗技术和医疗设施以及延误抢救时间，致使产妇不可能获得及时、有效的抢救，产妇的死亡就成了一种内在性引发的必然结果，其非法行医的行为与产妇的死亡结果当然具有刑法上的因果关系。综上分析，本案被告人对产妇的死亡在主观上具有过失，客观上造成了产妇死亡的结果，其非法行医行为与产妇的死亡结果间具有因果关系，故其对产妇的死亡应当承担相应的刑事责任。

在以上论证中，裁判理由是将客观上的因果关系问题与主观上的过失问题混为一谈地展开讨论的。应当指出，这种在论述结果加重犯的因果关系时混入了主观要素的现象在刑法理论上也是存在的。例如我国台湾地区学者介绍的结果加重犯因果关系学说包括：（1）条件说；（2）相当因果关系说；（3）可能预见说；（4）故意、过失并合说。[①] 对此，我国大陆学者批评指出：预见可能性、故意、过失等属于行为人主观心理状态的内容问题，而结果加重犯的因果关系是客观方面的内容，将主观方面的内容混入客观方面的内容中，就会使结果加重犯的因果关系变得混乱。[②] 对此，我是完全赞同的。从定罪的逻辑关系来说，因果关系的判断与主观过失的判断应当分为两个层次进行，并且基于客观判断先于主观判断的原则，应当在确定存在客观的因果关系的基础上，再讨论主观上是否存在过失。在贺淑华案中，讨论的是结果加重犯，因此需要讨论的是基本行为与加重结果之间的因果关系，然后再讨论行为人对加重结果的心理状态。

关于结果加重犯的因果关系，在刑法理论上都认为因果关系是结果加重犯构成的客观要素，但对这种因果关系是采条件说还是采相当因果关系说，在日本刑法中存在一个演变过程以及司法与理论上的差异。对此，日本学者指出：

> 关于结果加重犯，我国判例采取的一贯立场是，只要在基本犯罪与重的结果之间存在条件性因果关系，就可以认定结果加重犯的成立（大判昭和 3 年 4 月 6 日刑集 7 卷 291 页，最判昭和 25 年 3 月 31 日刑集 4 卷 3 号

---

① 　参见《从实务之观点论结果加重犯之运用》，载《司法研究年报》，第 15 辑，466 页。

② 　参见李邦友：《结果加重犯基本理论研究》，51 页，武汉，武汉大学出版社，2001。

469 页等）。

　　但是，从责任主义的观点来看，判例的立场几乎等于承认了结果责任是不妥当的。今日的通说认为，对结果加重犯的重的结果也需要存在过失。

　　通说是妥当的，但是，作为因果关系是否需要存在条件关系、相当因果关系呢？对此，也许被认为是无疑的，没太论及。但是，通过对过去认为只要对重的结果存在条件关系就已足够——我国判例所特有的——的立场进行批判的结果，展开了认为在基本犯罪与重的结果之间存在相当因果关系乃是结果加重犯的成立要件的学说，认为需要过失的学说可以说也是与该学说相联系提出的。从这种经纬来看，应当确认，作为结果加重犯的成立要件，对重的结果，在需要存在行为人的过失的同时，还需要在基本犯罪与重的结果之间存在其他犯罪中同样意义的因果关系。①

我国刑法理论一般也主张在基本犯罪与加重结果之间必须具有因果关系，但这种因果关系根据何种理论加以认定，尚缺乏深入研究。我国学者对在结果加重犯的因果关系上采条件说的观点进行了批评，认为这会过分扩大行为人负刑事责任的范围，加重被告人的刑事责任。② 在我国传统刑法理论上，对结果加重犯的因果关系是根据必然因果关系与偶然因果关系的观点加以认定的。在贺淑华案中，二审法院认定被告人的非法行医行为与产妇死亡之间存在因果关系，但对这种因果关系缺乏具体论述。我认为，对于非法行医与就诊人死亡之间的因果关系，还是应当根据相当因果关系说来加以认定。其步骤是：首先确认"若无前者即无后者"的条件关系。然后，根据行为人对后果的预见或者预见可能性来判断是否存在相当性。应当指出，在相当因果关系的认定中，引入行为人的预见或者预见可能性这样一些主观要素，并不会混淆客观与主观的关系。这里的行为人的预见或者预见可能性，是指某种基于条件所确立的事实因果关系是否符合一般社会经验法则，从而具有相当

---

① ［日］大塚仁：《犯罪论的基本问题》，冯军译，111～112 页，北京，中国政法大学出版社，1993。
② 参见李邦友：《结果加重犯基本理论研究》，56 页，武汉，武汉大学出版社，2001。

性，以此作为认定法律因果关系的根据。因此，行为人的预见或者预见可能性与过失还是两个不同层次的问题，过失是在具备相当因果关系基础上的主观判断。从贺淑华案的情况来看，被告人非法行医，不具备在特殊情况下抢救产妇的客观条件，因此在产妇分娩过程中并发羊水栓塞时不能及时救助，因而其非法行医行为与就诊人死亡之间存在因果关系。

在基本犯罪与加重结果之间存在因果关系的基础上，还需要考察行为人对加重结果是否存在过失。日本刑法学界的通说一般认为，在结果加重犯中，不仅要求基本犯罪与加重结果之间存在因果关系，还必须行为人对加重结果存在过失（预见可能性），那么，即使存在因果关系，某些情况下仍有可能否定存在过失。但日本最高裁判所认为，"成立伤害致死罪，只要伤害（行为）与死亡（结果）之间存在因果关系即可，并不以对致死这一结果存在预见为必要"①（最判昭和 26 年 9 月 20 日刑集 5 卷 10 号 1937 页）。由此可见，在日本刑法理论与司法判例之间，对于加重结果是否要求行为人主观上存在过失，是存在意见上的明显差异的。在我国，刑法理论与司法实践均认为对加重结果的过失是构成结果加重犯的前提条件。在贺淑华案的裁判理由中，就对加重结果的过失作了较为充分的论证。这是值得肯定的，但如前所述，裁判理由是在如何判断加重结果与基本犯罪的因果关系这一命题中主张过失说的，这是混淆了客观判断与主观判断的关系。

（三）刑罚裁量

在贺淑华案中，认定被告人的非法行医行为造成了就诊人的死亡结果，因此适用刑法第 336 条的规定，处 10 年以上有期徒刑，并处罚金。在贺淑华案中，刑罚裁量主要表现为一个量刑幅度的选择问题。在我们一般的观念中，似乎刑罚裁量的问题完全是一个法律问题，与案件事实无关。其实并非如此，从贺淑华案中可以看到，对于非法行医行为与就诊人死亡之间的因果关系及过失的认定，就是一个事实问题，在性质上与定罪是极为相似的。从这个意义上说，量刑不仅是一个定量问

---

① ［日］西田典之：《日本刑法总论》，刘明祥、王昭武译，67～68 页，北京，中国人民大学出版社，2007。

题，同时也包含了定性的内容。尤其是在加重构成的情况下，对加重事由的认定，具有定性的性质，是量刑的基础。

二、郭云娜案：刑罚轻重的确定

上海市闸北区人民法院审理上海市闸北区人民检察院指控被告人郭云娜犯非法行医罪，附带民事诉讼原告人王某提起附带民事诉讼一案，于1999 年 7 月 12 日作出（1999）闸刑初字第 227 号刑事附带民事判决，以非法行医罪判处被告人郭云娜有期徒刑 10 年，并处罚金人民币 1 万元；判令被告人郭云娜赔偿附带民事诉讼原告人王某医疗费、赔偿费、扶养费、尸解费等经济损失人民币 116 400 元。被告人郭云娜不服，向本院提起上诉。本院依法组成合议庭，经公开开庭审理，认为原判事实不清，于1999 年 10 月 10 日裁定发回原审法院重审。原审法院重审后，于 2000 年4 月 19 日作出（1999）闸刑重字第 1 号刑事判决。被告人郭云娜不服判决，再次上诉。本院于 2000 年 5 月 9 日立案后，依法组成合议庭，公开开庭审理了本案，上海市人民检察院第二分院指派检察员贺豪出庭履行职务，上诉人（原审被告人）郭云娜及其辩护人到庭参加诉讼。

原审法院重审认定：被告人郭云娜在未取得医生资格和上海市卫生行政部门审查核发的执业许可证的情况下，于 1999 年 2 月 7 日，在本市广中西路老徐宅××号擅自接受被害人侯某临产。由于被告人郭云娜采用错误的接生方法，致使被害人侯某宫颈全层裂伤，引起产后持续出血。直至当晚 7 时许，被害人侯某发生呕吐等现象，被送往上海铁道大学医学院附属甘泉医院（以下简称甘泉医院）抢救，经抢救无效，于次日凌晨 2 时许死亡。经鉴定，被害人侯某分娩时宫颈全层裂伤，引起产后持续出血，继发 DIC，导致出血性休克死亡。胎儿分娩出即死亡。被告人郭云娜于同月11 日，向公安机关投案自首。

原审法院重审认为：被告人郭云娜在未取得医生资格和执业许可证的

情况下非法行医，严重损害就诊人员身体健康，其行为已构成非法行医罪。公诉机关指控被告人郭云娜犯有非法行医罪的主要事实清楚，指控的罪名成立。被告人有自首情节，依法可予从轻处罚。附带民事赔偿部分，经调解不成，依法另行判决。原审法院据此依照《中华人民共和国刑法》第 336 条和第 67 条之规定，以非法行医罪，判处被告人郭云娜有期徒刑 5 年，并处罚金人民币 5 000 元。

原审被告人郭云娜上诉提出：侯某到上诉人的诊所是要求引产而不是临产，其用 500 毫升葡萄糖加 5 个单位催产素，以每分钟 10 滴引产，没有使用错误的助产方法。附带民事诉讼原告人王某违反计划生育，明知妻子侯某过期妊娠 24 天，不愿到大医院引产。从早晨 7 时到上午 9 时 30 分，其多次劝她们去大医院，当时胎儿的胎心音也不好，但他们为了节约，也因为违反计划生育而不愿去医院。在接生过程中，侯某的小姑曾用膝盖挤压侯的腹部，侯的婆婆用毛巾捂住侯的嘴，在宫颈口没有开全的时候增加压力。这是引起侯某宫颈裂伤、产后出血不止，最后导致 DIC，导致新生儿死亡的主要原因。证人王某在侯某生产的整个过程中都不在现场，他的陈述有误。侯某是在医院死亡，并非其诊所死亡。郭云娜还提出，其对侯某的死亡有不可推卸的责任，也很同情她，愿意承担一定的经济赔偿责任，希望能减轻处罚。

辩护人提出：郭云娜应侯某及其家属要求，采用静脉滴注催产素等方法对超预产期 24 日的侯某进行引产，在医学理论和临床操作上均不属于错误的方法。甘泉医院两位资深产科医生在法庭上也没有提出该方法错误，原审判决认定郭云娜采取错误的接生方法缺乏依据。本案胎儿死亡系多因一果，原判含糊其辞，表述为"胎儿分娩出即死亡"不当。原判对于胎儿究竟死于何时、何因，上诉人的行为与胎儿的死亡之间是否有直接因果关系，被告人应承担多少责任仍未查清。导致侯某分娩时宫颈裂伤的原因有多种，但究竟是何种原因造成尚未查清。原判认定上诉人的行为致使被害人侯某宫颈全层裂伤缺乏依据。甘泉医院的病史材料记载，侯某"宫颈无撕裂，宫腔内少许胎膜组织，未见明显胎盘组织"。这一描述与司法鉴定结论不符。这究竟是医院诊断失误还是司法鉴定有误，原判也未查清。侯某自当天下午 6 时 40 分被取出胎盘，7 时 10 分送进甘泉医院，近 7 个小时后死亡，医院始终未查明出血原因，未进行积极、正确的抢救。而原审法院在甘泉医院当庭承认曾经考虑到准备对产妇采取填塞纱布条、结扎出血源血管、切除子宫等措施，但是担心一旦病人死在手术台上需要承担责任而没有实施上述抢救措施的情况下，仍认定为经抢救无效而死亡，将责任全部归责于上诉人。如果甘泉医院能放弃各种顾虑，本着对病人负责的精神少考虑一点医院的利益，进行积极、正确的抢救，那么侯某就不会持续 7 个小时出血，就不会继发 DIC，导致出血性休克死亡。原判所采用的证据中，医院的病史记录未在法庭上进行质证，而且经过修改；证人王某与被害人有直接的利害关系，证人高某系甘泉医院医生，验伤通知书系高某所填写，而且时间是在产妇死亡以后，等等。这些都不具有证明的效力。被害人因违反计划生育，同时为了节约医药费，在明知已超过预产期 24 日的情况下，仍要求无证、无照的上诉人接生，也是引起这种后果的主要原因，其本身也应承担一定的责任。辩护人认为，原判对导致婴儿死亡和侯某死亡的直接原因的事实审查不清，证据不足，量刑偏重，请求二审查清事实，依法改判，给予上诉人一个客观、公正的判决。

上海市人民检察院第二分院认为：一审判决认定上诉人郭云娜在未取得执业许可证的情况下行医，严重损害就诊人员的身体健康的事实清楚，其行为已构成非法行医罪，原审判决定罪准确。郭云娜的上诉理由与原审判决不矛盾，考虑到本案的特殊性，建议二审结合郭云娜的犯罪事实依法作出裁判。

经审理查明，原审法院重审认定上诉人郭云娜在没有取得上海市卫生行政部门审查核发的执业许可证的情况下，于 1999 年 2 月 7 日在本市广中西路老徐宅××号为被害人侯某接生，致使被害人侯某宫颈全层裂伤，引起产后持续出血，以及被害人侯某被送往甘泉医院抢救的基本事实清楚，上诉人亦没有异议。但是，原审法院在尚未排除医院对侯某的救治存在过失的情况下，认定侯某经抢救无效而死亡依据不足。

根据皖教成中专字第 78762 号上诉人郭云娜的毕业证书、安徽省凤阳县板桥中心卫生院出具的郭云娜工作经历的证明、郭云娜与蒋某的结婚证、蒋某关于郭云娜婚后来沪及非法行医的陈述、老徐宅××号房东王某英及其丈夫谈某关于蒋某因动迁借私房过渡的陈述，以及上诉人郭云娜关于其非法行医的供述等证据，上诉人郭云娜 1989 年 9 月毕业于安徽省合肥卫生学校医士专业，1991 年至 1993 年在安徽省凤阳县板桥中心卫生院任护理和方便门诊医生。1995 年 2 月 11 日，郭云娜与上海起重运输机械厂职工蒋某在安徽省凤阳县板桥镇登记结婚，婚后随丈夫来沪，生育一女。因蒋某原住房动迁，先后借住于本市广中西路老徐宅××号和××号。为贴补家庭生活，1997 年 11 月起，郭云娜在其借住处为经熟人介绍上门求医的外来人员及其子女看病，为产妇接生。

根据附带民事诉讼原告人王某提供的户籍资料、身份证明、淮阴市清浦区盐河乡盐河村民委员会关于王某与侯某结婚、生育情况的证明、王某关于侯某生育第二胎后采取节育措施和来沪打工、怀孕后到被告人郭云娜处检查的陈述，以及证人王某勤和上诉人郭云娜关于侯某在老徐宅××号生产过程的证言和供述，1995 年，侯某与王某来沪打工。侯某第三次怀孕后，通过熟人介绍，到上诉人郭云娜处作过检查。1999 年 2 月 7 日上午 7 时以后，侯某在其小姑王某勤的陪同下，至上诉人借住的老徐宅××号要求上诉人为之接生。上诉人为侯某做了检查，确认超过预产期 24 日、产妇正常、有胎心（＞160 次/分）、胎位正常。当日上午 9 时许，上诉人郭云娜用 500 毫升葡萄糖加 5 个单位催产素，以每分钟 10 滴给侯某静脉滴注（该催产素静脉维持至侯某被送入医院，当时还剩一半）。下午 6 时 20 分许，上诉人对侯某作了 45 度会阴侧剪后，侯某娩出一男婴，婴儿没有呼吸、心跳，上诉人即为婴儿做口对口人工呼吸，并给婴儿注射呼吸兴奋剂和强心剂，但婴儿没有复活。由于胎盘未娩出，上诉人于 6 时 40 分许为侯某行人工剥离胎盘术，取出胎盘时，同时取出一只节育环。为防止胎盘残留于宫内，上诉人给侯某注射了催产素。随后，侯某出血不止，还有呕吐现象。上诉人在为侯某缝合侧剪伤口后，侯某的丈夫王某和郭云娜的丈夫蒋某先后叫出租车送侯某去医院，王某叫的车先到，王某勤和郭云娜搀扶着侯某出门，王某将侯某抱上车。

根据司法部司法鉴定科学技术研究所［1999］病鉴字第015号"有关新生儿死亡原因的补充说明"，新生儿的死亡与颅脑损伤有关。上海市人身伤害司法鉴定专家委员会2000年1月14日作出的沪司鉴复字［2000］第4号鉴定书（以下简称司法专家鉴定）"关于新生儿颅脑损伤及死亡原因的分析说明"认为，新生儿颅脑损伤的原因可能系滥用催产素，引起剧烈宫缩，胎儿宫内窒息及胎儿头部受严重机械性挤压所致。结合案情介绍，仅根据肺浮扬试验阳性难以认定新生儿系活产儿。根据今年5月12日本院走访上海国际妇婴保健院产科专家的咨询意见，本案产妇过期妊娠，胎盘老化，胎儿缺乏营养，生产过程长，胎儿可能因窒息时间过长而死亡。另一方面，被告人缺乏医疗设备，试图通过催产加快分娩，但使用500毫升葡萄糖加5个单位催产素剂量过大，导致产程过快、宫缩太强、产道阻力加大，胎儿颅脑在产道受阻而损伤。以上专家的意见表明，上诉人郭云娜为过期妊娠二十余日的侯某接生，使用催产素难免使胎儿颅脑损伤，不用催产素，则可能因产程过长而致胎儿窒息死亡。上诉人郭云娜使用了较大剂量的催产素，难免使胎儿颅脑损伤，但该剂量的催产素又未能起到使产程加快至足以防止胎儿因窒息时间过长而死亡的作用。

根据司法部司法鉴定科学技术研究所［1999］病鉴字第014号鉴定书和司法专家鉴定结论，侯某系分娩时宫颈全层裂伤，引起产后持续出血，继发DIC，导致出血性休克死亡。虽然该鉴定没有明确导致侯某分娩时宫颈全层裂伤的原因，也未认定侯某分娩时宫颈全层裂伤系上诉人郭云娜采用错误的接生方法所致，但根据临床催产素的规范使用剂量——500毫升葡萄糖加2.5个单位催产素，以及对过期妊娠和经产妇一般不用或慎用催产素的原则，上诉人郭云娜对于过期妊娠二十余日的经产妇使用大于规范剂量 1 倍的催产素，属于明显过量。上述专家意见也表明，被害人侯某宫颈全层裂伤与上诉人郭云娜给侯某静脉滴注催产素有密切的关系，至少是引起侯某宫颈全层裂伤的原因之一。

根据甘泉医院产科入院体格检查记录、病史记录、危重病人护理记录单和医嘱单的记载，侯某于 1999 年 2 月 7 日下午 7 时 20 分被送入甘泉医院急诊，7 时 30 分入院救治。体检时神志淡漠、反应迟钝，体温 36.5℃，脉搏 130 次/分，呼吸 24 次/分，血压 70/40 毫米汞柱，心率 130 次/分，率齐，未闻及杂音，两肺呼吸音清，未闻及干湿罗音，肝肋下未及，脾未触及，宫底脐平，会阴伤口无渗血，阴道出血多，即刻估计出血量 600 毫升。医院诊断为产后出血，失血性休克，决定开放两路静脉、输血、补液，纠正休克；加强宫缩、按摩子宫；软产道检查及腹腔探查，了解产后出血原因；导尿及告病危。经检查和探查，确认会阴伤口无延伸，宫颈无撕裂，宫颈口见暗红色血液流出，宫腔内少许胎膜组织，未见明显胎盘组织。8 时 15 分，病人神情淡漠、烦躁，血压 50/40 毫米汞柱，导尿发现血尿，进针部位有渗血。主治医师急请心内科医生和产科主任会诊，并开始使用升压药。8 时 20 分内科会诊时，侯某血压降至 0/0 毫米汞柱，被怀疑为 DIC（弥漫性血管内凝血）。8 时 30 分，实施股静脉穿刺，加快输血速度，血压回升至 70/40 毫米汞柱，脉搏 130 次/分，再输血 400 毫升。9 时产科会诊，血压升至 150/90 毫米汞柱，决定补充血容量，输新鲜血；查凝血酶原时间，进行纤维蛋白原等试验，了解凝血功能；按摩子宫，加强宫缩。9 时 15 分，侯神志模糊，全身静脉穿刺部位均渗血，牙龈出血，血压降至 90/60 毫米汞柱，流血仍不止。9 时 30 分，输血 400 毫升。10 时，会诊的产科主任提出，按摩子宫，防止（子宫）放松（而）出血，休克未完全纠正，暂不考虑子宫切除，不能排除 DIC，查纤维蛋白原、凝血酶原时间等，认为输血量不足，建议立即输血，保证输血量，再次告病危。10 时 20 分，侯的血压降至 70/40 毫米汞柱。10 时 30 分，血液科会诊，认为

DIC 晚期已可确诊，DIC 原因可能系病理性产科所致，建议输新鲜血浆或全血，输入纤维蛋白原凝血酶原复合物，维持水、电解质平衡，纠正休克。10 时 45 分，侯神志模糊，瞳孔散大，张口呼吸，血压降至 60/20 毫米汞柱。11 时 30 分，侯神志不清，瞳孔散大至直径 4 毫米，鼾式呼吸，自此至终，血压测不出，周围大动脉搏动不能触及。11 时 45 分，侯昏迷。次日 0 时 30 分，侯深昏迷。妇产科医院会诊诊断，产后出血，DIC，出血性休克，多器官功能衰竭。1 时 10 分，侯瞳孔散大至直径 6 毫米，对光反应消失。1 时 50 分，侯心率降至 35 次/分。会诊的主任医师与家属谈话，告知抢救成功的可能性极小。2 时 05 分，侯心率为 0，瞳孔散大固定，对光反应消失，呼吸停止，予胸外按压、强心等抢救，生命体征无恢复，宣告临床死亡。

医院在对侯某的救治过程中，给侯某输血的总量为 2 800 毫升：当日 7 时 30 分，输血 400 毫升，输 706 代血浆 500 毫升；8 时 30 分、10 时各输血 400 毫升；次日零时、零时 30 分、1 时、1 时 30 分各输血 400 毫升。在医院的 6 小时 45 分钟，侯某出血始终没有得到制止，出血总量达到 2 300 毫升，而出血的原因始终没有明确；医院的救治措施，也没有针对宫颈裂伤而进行止血。医院诊断"宫颈无撕裂，宫腔内少许胎膜组织，未见明显胎盘组织"，该诊断与司法部司法鉴定科学技术研究所 [1999] 病鉴字第 014 号鉴定书中"子宫颈下段多条纵行撕裂伤，其中于 3 点、9 点处呈全层撕裂伤，伴宫颈肌层出血""引起侯某产后出血的原因为子宫颈裂伤及胎盘组织残留等因素，尤以前者为主"的鉴定分析意见不符，也与司法专家鉴定"侯某系分娩时宫颈全层裂伤，引起产后持续出血，继发 DIC，导致出血性休克死亡"的鉴定结论不符。虽然司法专家鉴定没有认定医院未确诊侯某产后持续出血系宫颈全层裂伤引起，以及医院所采取的救治措施没有产生止血的效果这两个事实，与侯某的死亡是否有因果关系，但该鉴定也未认定侯某的死亡系上诉人郭云娜非法行医所致。

根据以上所述，由于司法专家鉴定对新生儿的死亡原因没有明确的结论，司法专家鉴定也没有认定上诉人郭云娜应当对侯某的死亡承担责任，本案不能认定上诉人郭云娜应当对新生儿的死亡及侯某的死亡承担责任。原审法院重审没有认定上诉人郭云娜应当对本案母婴死亡承担责任是正确的。

本院认为，上诉人郭云娜非法行医，在缺乏完备的医疗设备的情况下为产妇接生，发生婴儿在娩出过程中颅脑损伤并死亡、被害人侯某产后出血的后果，其行为与婴儿颅脑损伤有一定的关系，与产妇因宫颈裂伤致产后出血有直接的关系，依法应承担非法行医严重损害就诊人身体健康的刑事责任。我国《刑法》第三百三十六条规定，非法行医严重损害就诊人身体健康的，处三年以上十年以下有期徒刑，并处罚金。由于本案上诉人非法行医，在为产妇接生时发生产妇母子身体受损害的结果，既有上诉人非法行医的原因，也有其他复杂的客观因素。因此，对上诉人的量刑，不仅要按照罪刑相适应的刑法原则，根据上诉人的行为所造成的实际危害后果及主观罪过的大小，结合上诉人自首的罪后表现，确定其应承担的刑事责任，同时，还应从刑法的价值上充分考虑对上诉人刑罚处罚的社会效果，从而依法予以相应的处罚。

上诉人非法开设私人诊所，为产妇接生，因设备简陋而损害产妇母子健康。从代表现代文明的法治要求看，其非法行医具有社会危害性，依法应受刑罚处罚。但是，从历史和社会学的角度看，在外来人员聚居地，像上诉人那样具有一定的医学知识和医务经历又无证行医的，既有违法的性质，又有其不可否认的存在的历史原因，反映了上诉人非法行医在外来人员聚居地对满足外来人员就医需要的客观性，也反映了本案非法行医的社会危害性的有限范围和有限程度。

外来人员进城打工，是农村富余劳动力从土地上解放出来的历史必然，也是经济改革和开放带来的新的社会现象。虽然外来人员进城打工，给城市的管理提出了新的课题，但从历史和发展的观点看，本质上是社会的一大进步。外来人员打工，在城市从事拾遗补阙的工作，对城市的建设和发展起到了不可替代的作用，作出了积极的贡献。由于外来打工人员与农村的天然联系，他们在打工的过程中，不断地把城市的文明向农村传播，成为向广大农村传播现代文明最直接和最有效的传播者，成为广大农村中最先直接接受现代文明的新一代。随着外来打工人员自身素质的不断提高，他们必将成为推动农村发展的生力军。但是，外来人员在本市打工，相当程度上处于自然状态，对他们的生活、学习、就业的管理，还没有被完全纳入当地政府的管理体系，因此，外来打工人员逐渐形成了一个特定的社会阶层。

由于既希望到大城市打工挣钱，又没有稳定的职业，他们自然地聚居于城乡结合部这些消费水平相对较低的区域，从事一些城市居民不太愿意做的环卫、回收废旧物品、保姆以及强体力劳动等工作。他们的经济、文化生活，虽然要比他们原籍的农民有所进步，但与本市居民相比，有着相当大的差距。他们的经济收入，大多处于较低水平，也不能像本市居民一样享受包括社会保障在内的现代文明成果。但是，出于对物质生活的追求、对现代文明的向往，他们仍然选择了在城市打工的生活。客观上，尽管他们在本市的生活比较艰苦，所处的社会、经济地位比较低，但他们在本市打工的生活质量，总要比在原籍好一些，其所能感受到的大城市的现代文明气息，要比原籍乡村浓郁得多。正是由于他们所处的这种特殊的社会、经济地位，形成了这样一个相对稳定和封闭的特定的外来打工人员群体，从而，也决定了在其聚居地，需要有一系列满足最基本生活需要又适合于他们经济地位的各种服务设施，包括杂货店、理发店、诊所等等。上诉人郭云娜开设的私人诊所，正是适应了外来人员就诊的需要。这样的诊所，从现代医学的文明要求看，是不符合规范要求的非法诊所，应当予以取缔。但是，要是我们从外来人员所处的实际地位出发，客观地把外来人员的聚居地当作是他们原籍农村土地在本市的延伸，把他们在聚居地的生活当作是他们原籍农村生活在本市的移植，那么，我们就能感到，在他们的生活区域，一个像上诉人这样受过中等医学专业教育、有过医务工作经历的人开一个私人诊所为他们治病，而且所花的费用也能够承受得起，对他们来说，无疑是需要的。通常情况下，这个诊所给他们带来的益处要比危害多。这就是本案具有的两面性。面对法律，上诉人开设私人诊所绝对是非法的，但在另外一面，客观上也解决了聚居于城乡结合部的外来打工人员治病求医的需要。对此，应当从历史的观点和社会学的观点去全面评价上诉人非法行医的行为，准确认定其社会危害的程度，并作为减轻对上诉人处罚的量刑情节。

从上诉人非法行医严重损害就诊人身体健康的主观方面看，其非法行医的动机是贴补家庭生活，利用自己的一技之长挣些钱，对非法行医的性质及危害后果认识上比较模糊。其应产妇家属的要求，同意为超过预产期二十余日的产妇接生，既对严重损害就诊人健康的危害后果的发生存在过于轻信的过失，又有即使发生危险自己也没有责任的法盲心态；从客观方面看，上诉人曾经是医生，并非不懂医术而非法行医，其非法行医的危害性与不懂医术而非法行医的危害性有重大差别。

从本案的实际情况看，对于侯某这样过期妊娠的特殊产妇，在缺乏必要的医疗设施的情况下为之接生，必然造成损害就诊人身体健康的结果。但是，由于没有证据能够认定上诉人使用催产素致婴儿颅脑损伤的程度，也无法认定上诉人对产妇健康造成的损害已经不可逆转；同时，从因果关系分析，本案发生的产妇母子身体受损害的结果，并非由上诉人非法行医的唯一原因引起，也不是上诉人非法行医单方面所必然导致的结果。在为产妇接生的过程中，上诉人确也尽了其所能尽的努力。基于这些事实，应当辩证地确定上诉人非法行医的行为与发生损害产妇母子健康的结果之间的关系。两者既有逻辑上的联系，又不是单一的因果关系。

以上对上诉人行为的性质及危害程度的分析表明，按照罪刑相适应的原则，应当对上诉人从轻处罚，结合其自首的表现，可以减轻处罚。再从量刑的综合平衡考虑，刑法规定，过失致人重伤的，应当判处 3 年以下有期徒刑或者拘役；过失致人死亡的，应当判处 3 年以上 7 年以下有期徒刑，情节较轻的，处 3 年以下有期徒刑。本案上诉人的行为结果，类似于过失致人重伤，因此，根据罪刑相适应的原则，结合上诉人非法行医的主、客观方面及自首等情节，可以对上诉人减轻处罚，在 3 年以下有期徒刑的幅度内量刑。

刑法作为国家解决个人利益与社会利益冲突的最后手段，其适用的价值，在于通过适用刑罚，防止和制止为了追求非法利益或满足非法需求而不择手段、严重危害社会、与社会利益直接冲突的个人或团体行为。对于这些严重危害社会行为以外的个人利益与社会利益的冲突，可以通过加强行政管理包括行政处罚等非严厉的或经济的手段解决。这不仅是社会公正的要求，也是司法经济的要求。就本案而言，上诉人非法行医的行为，与严重危害社会管理秩序的非法行医尚有区别，对于类似的非法行医，可以通过加强行政管理和社区建设予以制止。虽然上诉人的行为已经造成了刑法规定的应当予以刑罚处罚的结果，且尚不具备可以免予处罚的法定条件，依法必须予以刑罚处罚，但从刑法的目的和适用刑罚的价值考虑，对上诉人的量刑应当尽量从轻，包括依法减轻处罚。

综上所述，原审法院重审没有充分考虑本案的特殊性，对上诉人郭云娜的量刑过重，依法应予改判。上诉人郭云娜上诉要求减轻处罚的请求本院应予准许。据此，依照《中华人民共和国刑事诉讼法》（1996 年——引者注）第 189 条第（2）项和《中华人民共和国刑法》第 336 条第 1 款、第 67 条第 1 款之规定，判决如下：（1）撤销上海市闸北区人民法院(1999) 闸刑重字第 1 号刑事判决；（2）被告人郭云娜犯非法行医罪，判处有期徒刑 2 年 6 个月，并处罚金人民币 2 500 元。（刑期从判决执行之日起计算，判决执行以前先行羁押的，羁押一日折抵刑期一日，即自 1999 年 2 月 11 日起至 2001 年 8 月 10 日止。）

这是一份我所见过的不是篇幅最长但无疑是最讲道理的刑事判决书，也是一份令我感动的刑事判决书。我之所以感动，是因为从这份刑事判决书中我读出了法官的敬业精神与悲悯情怀。除删除罗列的证据以外，我几乎保留了这份判决书的全文。

郭云娜案与前述贺淑华案情节是十分相似的——都是非法行医，都是接生造成产妇及胎儿死亡——但两案的判决结果是不同的。郭云娜案经过了一个较为复杂的诉讼过程：1999 年 7 月 12 日上海市闸北区人民法院作出一审判决，判处郭云娜有期徒刑 10 年。虽然已经见不到详尽资料，但这 10 年判决结果可能是建立在非法行医造成就诊人死亡结果之上的。当然这只是一种推测。因为非法行医严重损害就诊人身体健康最高也可以判处 10 年有期徒刑。当然，考虑到在郭云娜案中存在自首情节，适用法定最高刑（顶格判处）似乎又不合常理。被告人提出上诉以后，上海市第二中级人民法院于 1999 年 10 月 10 日以事实不清为由发回重审。2000 年 4 月 19 日一审法院重审后作出判决，判处被告人有期徒刑 5 年。被告人不服，再次提出上诉。2000 年 7 月 10 日二审法院作出二审判决，判处被告人有期徒刑 2 年 6 个月。这是一个案情并不复杂的案件。上海市有关法院如此认真对待，其用法之慎、用情之深，堪称楷模。在郭云娜案中，存在以下三个问题值得研究：

（一）因果关系

在郭云娜案中，同样造成了就诊人死亡，但法院并没有认定非法行医与就诊人死亡之间存在因果关系。正如贺淑华案一样，在类似非法行医致人死亡的案件中，都存在医疗鉴定等证据材料。这些司法鉴定对于因果关系的认定，具有参考价值。但法官在认定因果关系的时候，也不能完全依赖司法鉴定，而是应当在司法鉴定的基础上作出独立判断。在郭云娜案中，对于胎儿死亡的原因与产妇死亡的原因，在司法鉴定中都有所涉及。二审判决认为，司法鉴定对新生儿的死亡原因没有明确的结论，司法专家鉴定也没有认定被告人郭云娜应当对产妇的死亡承担责任，本案不能认定被告人郭云娜应当对新生儿的死亡及产妇的死亡承担责任。这里涉及的问题是：司法鉴定对死亡原因的分析与刑法上认定的因果关系，尤其是否承担刑事责任之间，到底是一种什么关系？例如关于新生儿的死亡原因，司法鉴定的结论是："新生儿颅脑损伤的原因可能系滥用催产素，引起剧烈宫缩，胎儿宫内窒息及胎儿头部受严重机械性挤压所致。"这一结果是否属于对新生儿死亡原因的明确结论？在被告人郭云娜使用了过量催产素的情况下，能否认定其行为与新生儿死亡之间的因果关系，就是值得考虑的。至于产妇的死亡原因，根据司法鉴定系分娩时宫颈全层裂伤，引起产后持续出血休克死亡。司法鉴定没有明确导致产妇分娩时宫颈全层裂伤的原因，因此二审判决认为该鉴定未认定产妇的死亡系被告人郭云娜非法行医所致。在此，对死亡原因的医学分析与刑法因果关系的认定是有所不同的，因为刑法因果关系解决的是人的危害行为与结果之间的因果关系问题，而司法鉴定揭示的是死亡的自然原因。在贺淑华案中，根据司法鉴定，产妇死亡系并发羊水栓塞造成的，但法院判决认为因为被告人非法行医，无力采取及时、恰当的抢救措施造成产妇死亡，因而认定存在刑法因果关系。那么，在郭云娜案中，引入这一规范视角，是否会同样得出存在因果关系的结论呢？这个问题，我认为需要深入研究，否则容易造成刑法因果关系判断上的随意性。

（二）自首适用

自首制度是一项重要的量刑制度。在郭云娜案中，一审法院和二审法院都认定被告人有自首情节。我国刑法第 67 条中规定："对于自首的犯罪分子，可以从轻或者减轻处罚。其中，犯罪较轻的，可以免除处罚。"根据一审判决和二审判决的认定，被告人郭云娜属于非法行医，严重损害就诊人身体健康的情形，应当判处 3 年以上 10 年以下有期徒刑。一审法院判处 5 年有期徒刑，即根据自首情节依法从轻处罚。二审法院判处 2 年 6 个月有期徒刑，即根据自首情节依法减轻处罚。从我国司法实践来看，对于从宽情节的适用，凡是具有（无论是可以还是应当）从轻或者减轻处罚情节的，一般都作从轻处罚，而绝少作减轻处罚。像在郭云娜案中，根据自首情节依法适用减轻处罚，还要用洋洋千言来阐述减轻处罚的理由，实在是一种悲哀，表明我国在刑罚裁量上仍然被机械的司法观念所主导。当然，这里还存在宁重勿轻等思想的影响。

（三）量刑观念

正如我在前面所说，对被告人郭云娜裁量刑罚，因为本案存在自首情节，具有法定的从轻或者减轻处罚情节，本来不用过多的说理就可以依法予以减轻处罚。因此，郭云娜案洋洋洒洒的量刑理由对于本案而言，其实并非必要。但我之所以对这一量刑理由感兴趣并受到感动，主要还是由于从这一量刑理由中反映出来的量刑观念。我们过去在量刑的时候，往往就案论案、在法言法，很少涉及案外之情、法外之理。但本案判决的量刑理由能够突破法条的桎梏，将非法行医这样的案件放到上海城市化过程中外来打工人员缺医少药这样一个特殊的背景下加以考量，以此说明被告人的主观恶性较小、社会危害较轻。这是值得充分肯定的。读着这份判决书，使我想起产生期待可能性理论的著名"癖马案"的判决书。在 1897 年 3 月 23 日德国帝国法院刑四庭关于"癖马案"的判决书中，法官对生活在社会底层的被告人马车夫的同情，体现了法不强人所难的法律精神，从而孕育了期待可能性理论。我们当然会对创立期待可能性理论的德国刑法学家充满敬意，并记住他们的名字：麦耶、弗兰克、戈登修米特、弗洛登塔尔、施米特等。但是，那个作出"癖马案"判决的无名法官，难道不更值得我们缅怀吗？还是让我们重温一遍百年前这份判决书的片段，作为本节的结束语：

> 法官必须主要从具体案件的特点出发，对这一问题作出判断。在进行判断时考虑行为人所处的困境——像本案中出现的那样——并非是不允许的。初审法院在以下两个方面之间进行了对比衡量：一方面是被告对风险的认识，即他认识到使用 Leinerfaerger（指"癖马"——引者注）来驾驶本身就包含了风险，被告也清楚这种风险的实现可能导致伤害他人身体安全；另一方面是服从的义务，被告雇主在多次被告诉而得知 Leinerfaerger 的缺陷后，依然决定让被告使用"癖马"驾车，对被告来说，他具有服从这种工作安排的义务。值得相信的担忧是，如果拒绝驾驶"癖马"，将会失去他的工作和饭碗。这里需要作出权衡：是否能够作为一种义务去期待被告，宁可摆脱雇主的命令而承受丢掉工作的损失，也不愿意驾驶这匹可能给其他人带来身体伤害的 Leinerfaerger；或者，能否允许被告最终权衡轻重，将他内心所建立起来的服从雇主命令的动力放在第一位，而将对风险的顾虑放在其次。现在，初审法院在后一种意义上回答了这个问题，正如从判决理由中可以看到的那样，该判决主要是通过对上述案情进行事实上的评判而作出的，因而无论如何不存在法律上的错误。[1]

---

[1] 《德国帝国法院刑四庭关于"癖马案"的判决书（1897 年 3 月 23 日）》，车浩译，载陈兴良主编：《刑事法判解》，第 10 卷，384 页，北京，北京大学出版社，2009。

第 2 节　被害人有过错的故意杀人罪死刑之裁量研究

案名：王勇故意杀人案　刘加奎故意杀人案
主题：死刑裁量　被害人过错

故意杀人罪是普通刑事犯罪中最严重者之一，我国历来有杀人者死的法律传统和杀人偿命的报应心理，因而在判处死刑的案件中，故意杀人罪占有相当比重。本节从被害与加害的关系切入，研究被告人的过错在何种程度上影响故意杀人罪的死刑裁量。

一、故意杀人罪中的被害与加害

在犯罪学理论上，犯罪可以分为两类：一类是有被害人的犯罪，另一类是无被害人的犯罪。当然，这里的被害人是指单个的人，并且以意识到自己被害为前提。否则，有被害人的犯罪与无被害人的犯罪之间就无法区分。例如买卖毒品、买卖枪支以及（在刑法规定为犯罪情况下的）卖淫嫖娼，都是双方自愿交换某种法律所禁止的物品或者服务，因而在将被害人界定为个体的人的情况下，它们是典型的无被害人的犯罪。当然，如果将社会甚至国家也纳入被害人的范畴，则任何犯罪都是有被害人的，因而也就取消了无被害人犯罪这一概念。我赞同有被害人的犯罪与无被害人的犯罪的分类，因为这两种犯罪是有所不同的：前者的危害往往落实在一个具体的人身上，因而其危害性具有聚集性；后者的危害是弥散于整个社会的，因而其危害性具有稀释性。有被害人的犯罪与无被害人的犯罪的区分，不仅具有犯罪学上的意义，而且具有刑法学与刑事诉讼法学上的意义。在刑法学上，被害人因素对量刑，甚至在某些情况下对定罪存在一定的影响。在刑事诉讼法上，被害人作为刑事诉讼的参与人，甚至是当事人，享有一定的诉讼权利。

根据被害人在犯罪过程中所起的作用，一般将被害人分为两种类型：（1）无责性被害人，是指对于自己被害的加害行为之发生没有任何道义上的或者法律上的责任而遭受被害的人。（2）有责性被害人，是指那些本身实施了违法犯罪行为或者违背道德或其他社会规范的行为或过失行为，从而与加害行为的发生之间具有一定直接关系的人。有责性被害人又可以进一步分为：1）责任小于加害人的被害人。2）责任与加害人等同的被害人。3）责任大于加害人的被害人。4）负完全责任的被害人。[①] 在上述四种有责性被害人中，负完全责任的被害人是指正当防卫等情形中的被害人，这个意义上的被害人实质上是加害人，由于其加害行为而导致正当防卫，其被害不能获得法律上的救济。至于前三种有责性被害人，尽管对于加害的发生负有一定责任，但加害行为仍然应构成犯罪，只不过作为一种被害人有过错的犯罪，在量刑上应当考虑被害人的过错而已。

　　故意杀人罪是最典型意义上的有被害人的犯罪，因为杀人是针对一定个人的，这一定个人就是被害人，否则无所谓杀人可言。在故意杀人罪中，被害人对于犯罪的责任存在两种情形：一是被害人加害在先，引起他人加害。在这种情形下，正是先在的加害行为引发后至的加害行为。二是被害人激化矛盾，引起他人加害。在上述两种情况下，被害人都是有过错的，属于被害人有过错的故意杀人罪。在故意杀人罪的量刑中，被害人的过错是酌定的从轻情节，它在故意杀人罪的死刑裁量中同样具有重要意义。1999 年 10 月 27 日最高人民法院《全国法院维护农村稳定刑事审判工作座谈会纪要》规定：

　　　　对故意杀人犯罪是否判处死刑，不仅要看是否造成了被害人死亡结果，还要综合考虑案件的全部情况。对于因婚姻家庭、邻里纠纷等民间矛盾激化引发的故意杀人犯罪，适用死刑一定要十分慎重，应当与发生在社会上的严重危害社会治安的其他故意杀人犯罪案件有所区别。对于被害人一方有明显过错或对矛盾激化负有直接责任，或者被告人有法定从轻处罚情节的，一般不应判处死刑立即执行。

[①]　参见汤啸天等：《犯罪被害人学》，110 页以下，兰州，甘肃人民出版社，1998。

由此可见，前引司法解释确立了以下规则：

被害人一方有明显过错或对矛盾激化负有直接责任的故意杀人罪，一般不应判处死刑立即执行。

二、王勇故意杀人案①：被害人有明显过错

1996 年 1 月 12 日晚 10 时许，被告人王勇得知其父出事即赶回家中，适逢兵器工业部 213 研究所职工董某伟到其家，王勇得知其父系被董某伟所打，为此发生争吵、厮打。被告人王勇用菜刀在董某伟颈部、头部、面部连砍数刀，将董某伟当场杀死。后王勇逃离现场。被告人王勇于 1 月 14 日投案自首。

西安市中级人民法院认为：被告人王勇故意非法剥夺他人生命，已构成故意杀人罪，且犯罪手段凶残，情节特别严重，应依法严惩。但王勇有投案情节，被害人又有明显过错，对王勇可以从轻判处。被告人王勇的犯罪行为给被害人家庭造成的经济损失，依法应予赔偿。遂于 1996 年 10 月 22 日判处被告人王勇死刑，缓期二年执行，剥夺政治权利终身；被告人王勇赔偿附带民事诉讼原告人董某厚经济损失人民币七千元。

一审宣判后，附带民事诉讼原告人董某厚以对王勇犯罪应当判处死刑立即执行、赔偿数额太少为由，向陕西省高级人民法院提出上诉。

陕西省高级人民法院认为：原审被告人王勇故意非法剥夺他人生命，已构成故意杀人罪，且犯罪手段凶残，情节特别严重，应依法严惩。但被害人董某伟无故打伤原审被告人王勇的父亲，又找到王勇家，对引发本案有一定的过错责任，且原审被告人王勇作案后能投案自首，故依法从轻判处。原判决定罪准确，量刑适当，审判程序合法。遂于 1997 年 12 月 1 日裁定驳回上诉，维持原判。

---

①　本案刊载于最高人民法院编：《刑事审判参考》，第 3 辑，北京，法律出版社，1999。

对于本案，一审法院和二审法院之所以判处死缓，主要是在本案中存在两个从轻情节：一是被害人有明显过错这一酌定从轻情节，二是被告人犯罪后自首这一法定从轻情节。在此，我主要论述被害人有明显过错这一情节。

在故意杀人罪中，被害人的过错是指被害人促成（precipitation）犯罪。[①] 这里的促成，是指被害人的行为是故意杀人罪发生的起因。也就是说，没有被害人的过错在先，故意杀人罪就不会发生。引发故意杀人罪的过错是多种多样的，从程度上来区分有轻有重，轻的过错引发故意杀人罪的可能性较小，重的过错引发故意杀人罪的可能性较大。因此，过错轻重对量刑的影响是有所不同的。轻微过错，在日常生活中通常是指辱骂、争吵等，虽然这也是一种先在过错，但被害人责任很小，加害人应对故意杀人罪负完全责任。重大过错，也可以说是严重过错或者明显过错，将在一定程度上影响对被告人的量刑。本案为我们正确认定明显过错提供了一个可资参照的判例。在本案中，根据二审判决的认定，被害人的过错情节如下：

> 1996 年 1 月 12 日晚 8 时 30 分许，兵器工业部 213 所职工董某伟酒后在该所俱乐部舞厅跳舞时，无故拦住被告人王勇之父王某成，让王某成给其买酒喝，被王某成拒绝。董某伟继续纠缠，并强行在王某成的衣服口袋里掏钱，致使二人推拉、厮打。厮打中，董某伟致王某成头皮血肿、胸壁软组织损伤。后王某成被送往医院住院治疗。晚 10 时许，原审被告人王勇得知其父出事即赶回家中，适逢董某伟上楼来到其家，即与董某伟发生争吵、厮打。

根据上述描述，被害人董某伟有酒后寻衅滋事的情节，并且将王勇之父王某成打伤，这是引起王勇故意杀人的直接起因。当然，这里还存在一个值得注意的情节，就是晚 10 时许，当被告人王勇得知其父出事即赶回家中时，"适逢董某伟上楼来到其家"。在此，对于董某伟来到王勇家的动机并未交代，即董某伟究竟是来继续滋事还是来道歉，我认为这对量刑也是有影响的。本案判决将董某伟"无故纠缠并打伤被告人王勇的父亲"认定为被害人的明显过错。对此最高人民法院在裁判理

[①]　参见《比较犯罪学》，283 页，北京，中国人民公安大学出版社，1992。

由中指出：

本案中，被害人董某伟无理纠缠并打伤被告人王勇的父亲，引起被告人与被害人争吵、厮打，并用刀当场杀死被害人。被害人董某伟打伤被告人王勇父亲，与被告人王勇杀死董某伟的行为是紧密联系的。被害人无故纠缠被告人王勇的父亲，并致其父头皮血肿、胸壁软组织损伤，属于有严重过错。

根据这一论述，构成被害人的明显过错，必须具备以下条件：（1）被害人对被告人或者其亲属使用暴力，致其受伤，至于伤害程度并无限制，一般应为轻微伤以上。（2）被害人的伤害是在他人无过错情况下实施的。如果在他人有过错的情况下发生争执或者互殴，则不能认为被害人有明显过错。（3）被害人的过错与被告人的故意杀人行为之间具有紧密联系。这里的紧密联系，是指在时间上前后相随，在性质上互为因果。如果不具有这种紧密联系，同样也不能成为据以对故意杀人罪从轻处罚的被害人的明显过错。

三、刘加奎故意杀人案①：被害人对矛盾激化负有直接责任

被告人刘加奎和被害人马某同在随州市五眼桥农贸市场相邻摊位卖肉。1997 年 10 月 22 日上午 11 时许，被告人刘加奎之妻胡某在摊位上卖肉时，有客户来买排骨，因自己摊上的已售完，便介绍左边摊主王××卖给客户。此时，被害人马某之妻徐某即在自己摊位上喊叫更低的价格，但客户嫌徐某摊位上的排骨不好，仍买了王××摊位的排骨。为此，徐某指责被告人一方，继而与胡某发生争执厮打，二人均受轻微伤。被群众拉开后，徐某又把胡某摊位上价值三百多元的猪肉甩到地上。市场治安科明确"各自看各自的伤，最后凭法医鉴定结果再行处理"。但是马某夫妇拒绝市场治安管理人员的调解，在事发当日和次日多次强迫被告人刘加奎拿出

---

① 本案刊载于最高人民法院编：《刑事审判参考》，第 6 辑，北京，法律出版社，2000。

360元钱给徐某看病，并殴打了刘加奎夫妇。被告人刘加奎在矛盾发生后，多次找市场治安科和随州市公安巡警大队等要求组织解决，并反映马某方人多势众、纠缠不休，请有关组织对自己给予保护。被害人马某以刘加奎向其妻赔礼道歉、承认错误为条件，托人给刘加奎捎话要求私了，刘加奎拒绝并托亲属找公安机关要求解决。马某知道后威胁说："黑道白道都不怕，不给我媳妇看好病绝不罢休！"11月24日下午3时许，刘加奎被迫雇车同马某一起到随州市第一医院放射科给徐某拍片检查，结果无异常。马某仍继续纠缠，刘加奎十分恼怒，掏出随身携带的剔骨刀朝马某背部刺1刀，马某、徐某见状迅速跑开，徐某跑动时摔倒在地，刘加奎朝徐某的胸、背、腹部连刺数刀，又追上马某，朝其胸、腹、背部等处猛刺十余刀，然后持刀自杀（致肝破裂）未遂，被群众当场阻止。马某因被刺破肝脏致大出血而死亡；徐某的损害属重伤。

襄樊市中级人民法院认为：被告人刘加奎持刀行凶，杀死1人，重伤1人，其行为已构成故意杀人罪。杀人情节恶劣，手段残忍。本应依法严惩，但本案事出有因，被害人对案件的发生和矛盾的激化有一定过错。被告人归案后，认罪态度尚好，有悔罪表现。遂于1998年2月22日判处被告人刘加奎死刑，缓期二年执行，剥夺政治权利终身。

一审宣判后，被告人刘加奎向湖北省高级人民法院提出上诉，其上诉称：为争卖排骨之事与被害人马某夫妇发生矛盾后，被害一方多次殴打侮辱、敲诈勒索我们，并非一审判决所称的一定过错，而是一种侵犯人权的犯罪行为。在医院为徐某拍片检查结果无异常的情况下，马某仍无理要求拿10万、8万元为其妻徐某整容。这是我行凶的直接原因。请考虑我在事情发生后曾找过多个部门得不到解决的情况下犯罪，要求从轻处罚。

襄樊市人民检察院以被告人刘加奎在公共场所预谋杀人，手段残忍，后果严重，社会影响极坏，依法应当判处其死刑立即执行为由，提出抗诉。

湖北省高级人民法院认为：该案被害一方虽有一定过错，但上诉人刘加奎用剥夺他人生命的犯罪手段报复被害人，手段残忍，情节恶劣，后果特别严重，应依法严惩。公诉机关抗诉要求判处上诉人刘加奎死刑的理由成立，予以采纳。遂于 1998 年 6 月 24 日判决如下：（1）撤销襄樊市中级人民法院刑事判决中对刘加奎的量刑部分；（2）上诉人刘加奎犯故意杀人罪，判处死刑，剥夺政治权利终身。

湖北省高级人民法院依法将此案报请最高人民法院核准。最高人民法院经复核认为：被告人刘加奎持刀行凶杀人的行为已构成故意杀人罪。一、二审判决认定的事实清楚，证据确实、充分，定罪准确，审判程序合法。一审判决根据本案的起因及矛盾发展上被害人一方有一定过错的具体情节，对被告人刘加奎判处死刑，缓期二年执行，剥夺政治权利终身，并无不当；检察机关抗诉后，二审判决改判被告人刘加奎死刑立即执行失当。经最高人民法院审判委员会讨论决定，于 1999 年 9 月 6 日判决如下：（1）撤销湖北省高级人民法院二审判决中对被告人刘加奎的量刑部分；（2）被告人刘加奎犯故意杀人罪，判处死刑，缓期二年执行，剥夺政治权利终身。

刘加奎故意杀人案相对于前述王勇故意杀人案，情况更为复杂，诉讼过程可谓一波三折。从一审判处死刑缓期执行到二审判处死刑立即执行，一生一死差别重大。实际上，一审法院和二审法院都认定被害人有一定过错，但关于这一过错对量刑的影响，两级法院的看法是不同的：二审法院强调刘加奎用剥夺他人生命的犯罪手段报复被害人，手段残忍，情节恶劣，后果特别严重，因而改轻为重。当然，检察机关的抗诉是之所以改判的一个重要因素。可以说，本案被告人刘加奎是幸运的，经最高人民法院复核，刘加奎又被改判死缓。最高人民法院改判的理由就是：被害人一方在案件起因及矛盾激化发展上有一定过错。这也就是《全国法院维护农村稳定刑事审判工作座谈会纪要》中所说的对矛盾激化负有直接责任。

对矛盾激化负有直接责任，也是被害人有过错的表现之一。前引司法解释之所以将其与被害人一方有明显过错相并列，作为对故意杀人罪一般不应当判处死刑立即执行的从轻处罚情节之一，主要是因为这种情形不同于一般的被害人过错。矛盾激化的说法，是极具中国特色的政治话语。毛泽东同志在《矛盾论》中对矛盾的转化作了哲学上的论述，认为矛盾激化是矛盾转化的一种特殊形式。毛泽东将矛盾一语引入政治领域，1956 年提出了国家政治经济生活中的十大矛盾，尤其是提出要正确处理两类性质的矛盾：敌我矛盾和人民内部矛盾，人民内部矛盾激化就转化为敌我矛盾。在这样一个背景下，矛盾激化在犯罪学意义上的含义是指关系恶化并导致犯罪。因此，矛盾激化就成为对犯罪心理动因的描述。例如，最高人民法院关于本案的裁判理由中对矛盾激化作了以下表述：

> 本案纯属因生产生活、邻里纠纷等民间矛盾激化引发的故意杀人刑事犯罪案件。被告人刘加奎与被害人之间平素并无矛盾，只是因为一点纠纷没有及时处理好而使矛盾激化，被告人在被害人马某、徐某夫妇没有任何对其人身加害的情况下，又是在医院内的公共场所用剔骨刀刺向被害人夫妇，将马某扎十余刀刺破肺脏致大出血而死亡，将徐某扎了数刀造成重伤。其杀人手段残忍，后果极其严重，应予依法严惩。但是，综观全案的发展过程，被害人一方在案件起因及矛盾激化发展上有一定过错。被告人刘加奎提出，从事发到对马某夫妇行凶前，曾多次找工商局和公安局巡警大队反映，要求解决。在有关部门让先各自治伤，然后再双方协商解决的情况下，被害人马某再三无理相逼。刘加奎因自己妻子的伤得不到治疗，还要被逼迫给人家治伤，已产生一定的恐惧心理。被告人在 11 月 23 日曾向其妻流露过要与马某同归于尽的想法。被告人行凶杀人后立即自杀（致肝破裂）未遂，归案后认罪态度尚好。

由此可知，对矛盾激化负有责任的被害人的过错与一般被害人的过错的不同之处在于：前者不以被害人对被告人的暴力加害为前提，而是在发生纠纷以后由于未能妥善解决，在一定条件下关系恶化，导致故意杀人的犯罪。在这一矛盾发展当中，被害人有一定责任。其中，本案中，被害人马某的责任就是：在发生纠纷并经由有关部门处理调解后，多次逼迫刘加奎为其妻徐某看病赔钱，致使刘加奎积怨加深，在忍无可忍的情况下萌发杀意。因此，对矛盾激化负有责任的过错不如被害人曾经暴力加害那样的过错明显，其对于故意杀人罪量刑的意义更不容易被认识。

四、被害人过错的认定

在故意杀人罪的定罪量刑中，人们关注的往往是被害人死亡这样一个严重的后果，而对被害人的过错则容易忽视。一般来说，被害人事前暴力加害于被告人的过错是较易认定的。像在王勇故意杀人案中，被害人董某伟对王勇父亲王某成的无故纠缠并将其打伤情节就是如此。但对矛盾激化负有责任的过错就较难认定。例如在刘加奎故意杀人案中，经检察机关抗诉后，二审法院否认了起诉指控并已被一审判决确认的"徐某拍片检查后无异常时马某仍提出无理要求"这一情节，虽承认被害一方有一定过错，但仍对刘加奎由死刑缓期执行改判为死刑立即执行。显然，上述情节的否认是为由轻改重提供条件。值得注意的是，最高人民法院在复核时对此情节并未涉及。当然，被害人马某已死，他到底有没有像刘加奎陈述的那样"无理要求拿 10 万、8 万为其妻徐某整容"，由于死无对证而无从求真。但徐某拍片检查后到底是否异常，应当是有证据证明的。如果检查结果无异常，本该息讼，刘加奎怎么反而持刀行凶？联系纠纷发生后刘加奎的软弱和马某的霸道，应该可以推断刘加奎所述属实。因此，我认为，二审否认这一情节是没有根据的。

被害人过错的认定直接关系到被告人的生死，但在司法实践中对此查清有困难的情况下未能查清而对被告人作出不利判决的情况是十分普遍的。例如在董伟案[①]中，根据陕西省延安市中级人民法院一审判决书记载，"被告人董伟当庭承认其用砖击打宋某的事实，但辩称自己是被迫还手的，不应以故意杀人定罪；另外，本案是被害人引起的。其辩护人提出，本案应以故意伤害（致死）定性及在起因上被害人有过错等辩护意见"。法院在判决书中认定董伟因琐事与宋某发生争吵并相互厮打，却对琐事未作具体描述，在表述不采纳辩护意见时也只有简单一句套话："被告人董伟及其辩护人关于本案定性不准以及被害人也有过错等辩护意见，因无事实

---

① 董伟案，又称"枪下留人案"。参见陈兴良主编：《中国死刑检讨——以"枪下留人案"为视角》，308 页以下，北京，中国检察出版社，2003。

和法律根据，故不予采纳。"在二审认定的事实中，连琐事一语也被删去，直接表述为"董伟在舞厅的门口与亦来舞厅跳舞的宋某（殁年 19 岁）发生口角，进而厮打在一起"，而对于发生口角的起因未作说明。至于被告人的辩解与辩护人的辩护，二审判决作了以下说明："对董伟及辩护人所提，被害人宋某有流氓挑衅行为，在案件起因上有过错的理由与意见。经查，宋某有流氓挑衅语言，仅是董伟的供述，郝某军、曹某丽、封某丽所提供的证言也是完全听董伟说的，而在场的薛某、石某军等人并不证明宋某有流氓挑衅语言，故董伟及辩护人所提宋某有过错的理由与意见，没有证据支持，不予采信。对董伟与辩护人所提宋某不仅用皮带抽打，且与其同伙揪住董伟的头发围打，有不法侵害行为，董伟是在完全被激怒的情况下，用地砖砸宋某的头部，是防卫过当的理由与意见，经查，薛某、石某军、高某锋证明，宋某确实用皮带抽打过董伟，但这是二人发生争吵后的互殴行为。"二审判决对宋某的挑衅语言不予认定，对于宋某用皮带抽打董伟虽予认定，但又认为这是互殴行为。在这种情况下，董伟与宋某为何发生争吵、谁先由争执转化为殴打等这些关键性的事实均未查清，或者在判决书中并未说清，从而直接影响了对董伟的死刑适用。由此可见，在故意杀人罪中，杀人事实当然是重要的，但杀人的起因以及被害人有无过错这些情节对于量刑是有重大影响的，也应查明。尽管控方对此可以不予关注，但对于辩方来说，这是辩护的着力点，应当赋予辩护人在这些问题上更大的调查取证权，从而为法院的判决提供根据。法院作为一个裁判者，不仅要高度注重控方指控的故意杀人的案件事实，而且要高度关注辩方提供的被害人过错的情节。只有在对控辩双方提供的事实与情节进行充分考量的基础上，法院才能作出公正裁判。

五、如何对待被害人亲属的压力与民意

生死乃大事也，被害人的死亡必然使其亲属遭受精神上的伤害，并对被告人产生怨恨，要求对被告人严惩，甚至判处被告人死刑。这种心情是可以理解的。当然，被害人亲属有通情达理的，也有胡搅蛮缠的，更有不达目的誓不罢休的。最难对付的是第三种人，到法院闹事者有之，上街游行者有之，赴省城、京城上访者有之。如何对待被害人亲属施加的压力，对于我们的司法公正确实是一个重大的考验。在我国刑事诉讼法中，被害人以及被害人亲属除在自诉案件中是原告人以外，在公诉案件中并无原告人的身份。如果是刑事附带民事诉讼的被害人以及被害人亲属，则可以充当民事诉讼的原告人。因此，被害人以及被害人亲属对于刑事部分在法律上并无更多的发言权，对一审判决不服的，不能独立提起上诉，而只能请求检察机关抗诉。在刑事附带民事案件中，只能在提起民事上诉时，附带地表示对一审刑事判决的不满。在王勇故意杀人案中就是如此："一审宣判后，附带民事诉讼原告人董某厚以对王勇应当判处死刑立即执行、赔偿数额太少为由，向陕西省高级人民法院提出上诉。"这一上诉被二审裁定驳回。被害人以及被害人亲属向法院施加压力，往往是采用诉讼程序之外的方法。

从我国目前司法实践中的情况来看，被害人因素在一定程度上左右着对故意杀人罪的死刑适用。我国学者胡云腾举了两个例子，分别说明被害方的态度对死刑适用的影响。胡云腾指出：

> 这两个例子都发生在山东省，两个犯罪人所犯的罪行都是故意杀人罪，犯罪分子和被害人都是亲戚，其中第一个案例的犯罪分子在打架的过程中，杀死了一个人，按照限制死刑的刑事政策和该案的具体情节，该罪犯的罪行尚不属于情节极其严重者，依法可以不判处死刑。该省高级人民法院开始并不赞成对被告人判处死刑立即执行。但是，由于被害人的亲属和所在村子的老百姓不满意，坚决要求判处被告人死刑，并且不断到法院门前聚众闹事，最后，该法院还是判了被告人的死刑。另一个案例的被告人，在家庭纠纷中，杀死了自己的妻子和岳母，根据中国刑法的规定，这种杀死两人的犯罪，应当属于罪行极其严重的，判处死刑没有什么错误。但是，被告人的岳父，也就是两被害人的父亲和丈夫，到法院坚决要求不判处被告人的死刑。他的理由是，被告人的一个 10 岁的孩子，已经失去了母亲，不能再没有父亲。最后，山东省高级人民法院同意了被告人岳父的意见，没有判处被告人死刑立即执行，而是判处死刑缓期执行。在中国的司法实践中，对于可以判处死刑，也可以不判处死刑的案件，由于被害

方的态度而影响死刑裁判的，并不是个别现象。①

我认为，在可杀可不杀的情况下，被害人亲属的意见发挥作用，尚在可容忍范围之内。可怕的是，在根本不应杀的案件中，法院过分迁就被害人亲属的意见，满足其要求判处死刑的愿望而杀，则是在法律上没有任何根据的。因此，如何对待被害人以及被害人亲属的压力，是法治社会需要解决的一个问题。在自然状态下，被害人以及被害人亲属直接行使处罚权，这种处罚权被古典自然法学家看作是一种自然权利。但是，被害人以及被害人亲属是侵害行为的直接受害者，因而由他们对侵害行为决定如何处罚，是一种赤裸裸的报复。为了使报复成为公正的报复，必须在两者之间引入一定的距离——冒犯者强加的最初痛苦和惩罚实施的补加痛苦之间的距离。法国学者利科指出：

> 进一步讲，义愤欠缺的是报复与公正之间关系的明确划分。事实上，律师企求直接实行公正以期求立即报复，就已经欠缺这种距离了。公正的法则是这样说的：任何人对自己实行公正都是不被允许的。然而，正是为了这样的距离，第三者在冒犯者和受害者之间，在罪恶和惩罚之间是必不可少的。第三者如同是两个行动和两个施动者之间的正确距离的担保者。这种距离的确定，完成了作为道德的公正和作为制度的公正之间的过渡。②

在此，利科指出了被害人不能充当自己的法官，而必须引入第三者。这是法律制度的基础。在正式司法制度中，被害人将其大部分权利过渡给政府，由检察机关代行公诉权，将被害人对加害人的报复义愤对判决的影响降低，从而更大程度地实现司法公正。正是第三者的引入，裁判者与犯罪在时间上与空间上的适当距离，使道德的公正转换成为司法的公正。因此，虽然审判需要聆听来自被害人的意愿，但判决本身不能以此为转移，并且要与此保持适当的距离。

在我国目前的刑事审判，尤其是涉及杀人的案件的审判过程中，司法机关受到

---

① 胡云腾：《关于死刑在中国司法实践中的裁量》，载中国政法大学刑事法律研究中心、英国大使馆文化教育处主编：《中英量刑问题比较研究》，128～129 页，北京，中国政法大学出版社，2001。

② ［法］利科：《利科北大讲演录》，杜小真等译，1～2 页，北京，北京大学出版社，2000。

来自被害人亲属的巨大压力。即使被害人有过错，甚至被害人有严重过错的杀人案件也是如此。根据我的分析，除某些案件中被害人亲属与被告人确实存在情感意义上的仇恨以外，在很多情况下是中国传统文化中复仇观念与杀人偿命观念互相作用的结果。换言之，尽管被害人亲属与被告人没有个人之间的怨仇，但如果不表达这种仇恨，不将杀人者置于死地，其本人就会被指责为对死者没有尽到为之报仇的责任。在死者是尊亲属的情况下更是如此。因此，只有杀人者死才是讨还了公道，否则就对不起死者。出于这种文化上的复仇动机，被害人亲属总是向法院施加压力，法院也不得不正视这种压力，不得不为化解这种压力而做大量法律之外的工作。在某些情况下，由于顶不住被害人亲属的压力，或者为减少不必要的麻烦，法院干脆对被告人判处死刑，以求解脱。我认为，这正是中国目前在故意杀人罪中大量适用死刑的真实原因之一。在王勇故意杀人案中，最高人民法院的裁判理由指出：

> 实践中确有一些被害人亲属因法院没有判处被告人死刑而想不通，不断上访，有的甚至闹事。对此我们应在处理具体案件时做细致扎实的工作，不可简单地迁就被害人亲属要求一判了之。

类似于被害人亲属对法院的压力，在故意杀人案件的量刑中，还存在一个如何正确对待民意的问题。民意存在两种形态：一是对被告人不利的民意，即所谓民愤；二是对被告人有利的民意。在以往的司法实践中，司法机关一般都比较重视对被告人不利的民意，在死刑判决中有所谓不杀不足以平民愤之说。将民愤在死刑适用中的作用夸张到了一个不适当的程度，显然是不妥的。在这个意义上说，司法机关应当善待民愤。与此同时，在某些案件，尤其是被害人有过错的故意杀人案件中，还会存在另一种对被告人有利的民意，即上书求情。对于上书求情，同样应当在法律范围内考虑。对此，在刘加奎故意杀人案中，最高人民法院的裁判理由指出：

> 案发后，随州市厉山镇幸福村、厉山镇神农集贸市场、五眼桥农贸市场几百人签名发来请求司法机关对刘加奎从轻处理的信函，十余人向法庭提供了对被告人有利的证明材料。这些情节虽不是法定从轻处理情节，但也是考虑对被告人是否判处死刑立即执行的因素。

在这种被害人有过错的故意杀人案件的处理中，在对被告人的量刑上还不能无原则地迁就被害人亲属，但在民事赔偿上应当尽量满足被害人亲属的要求。当然，故意杀人案件的许多被告人都是一贫如洗的，拿不出很多的钱来赔偿。在这种情况下，被害补偿的问题是值得我们关注的。我始终认为，被害人在经济上获得足额补偿，在一定程度上是能够抵消或者弥补在对被告人判处死刑上的让步所带来的精神上的痛苦的。被害补偿不同于被害赔偿，被害赔偿的主体是加害人。我国刑法第 36 条第 1 款规定："由于犯罪行为而使被害人遭受经济损失的，对犯罪分子除依法给予刑事处罚外，并应根据情况判处赔偿经济损失。"这就是我国刑法对被害赔偿的规定。但我国刑法对被害补偿没有规定。在刑法理论上，被害补偿是指当被害人无法通过刑事附带民事诉讼取得赔偿或者赔偿极度不足时，由国家在经济上给予一定资助的法律制度。[①] 因此，被害补偿的主体是国家，它是国家没有尽到防止犯罪发生的责任、对公民保护不力的情况下对被害人的某种补偿。由于国家财政较为紧张，真正建立起被害补偿制度还有一定困难，但这个目标是需要我们通过不懈的努力去实现的。

六、被害人过错：酌定情节的法定化

被害人的过错，在我国刑法中是从轻处罚的酌定情节。本来酌定情节也是从轻情节，在对被告人量刑时也是应当考虑的，但在司法实践中往往不被考虑。在王勇故意杀人案中，最高人民法院的裁判理由指出：

> 被害人对引发犯罪有过错，属于对被告人酌定从轻处罚情节。在处理具体案件时，是否从轻处罚，要根据案件的具体情况确定。但在司法实践中，各地的做法有很大差异，特别是因被害人的过错引发的故意杀人等恶性案件，不少地方实际很少考虑这一情节。理由不外乎为：其一，酌定从轻情节，不是法律规定应当或可以从轻处罚的情节，不从轻不违法；其

---

① 参见汤啸天等：《犯罪被害人学》，264 页，兰州，甘肃人民出版社，1998。

二，故意杀人等犯罪一向是打击重点，对被告人酌情从轻处罚不符合"严打"精神；其三，故意杀人等致被害人死亡的案件，多为被害人亲属所关注，以酌定从轻情节为由而不判处被告人死刑，不仅说服不了被害人亲属，有的还会引起被害人亲属闹事。

应当说，上述三种理由是不能成立的，裁判理由对此都作了批驳。但问题在于：在现行的立法规定下，通过司法方法果真能解决这个问题吗？如果解决不了，我们应当寻求立法解决，即将被害人有过错这一酌定情节法定化。

考察关于故意杀人罪的规定，由于故意杀人罪是最严重之罪，因而刑法中的规定应该较为细致。中国古代刑法中有"六杀"之说，《大清律例通考》在概括《明律·人命律》时指出："明以人命至重，按《唐律》而增损之始，汇为人命一篇，大概以谋、故、殴、戏、误、过失六杀统之。"① 在上述"六杀"中，除误、过失以外，谋、故、殴、戏四杀均为故意杀人。因此，根据不同情节，中国古代刑法对故意杀人加以区分，以便规定轻重不等的法定刑。同样，在外国刑法中，故意杀人也被区分为各种不同的类型，除普通杀人以外，还包括杀婴、堕胎、激愤杀人、受托杀人、促成自杀、互殴致死、医疗事故、防卫过当、怠于救助等特殊情况下的杀人行为。尤其是激愤杀人罪之设，体现了对故意杀人罪中较轻情节的专门规定。因为在杀人是因当场受到挑衅而引起的情况下，犯罪恶性及刑事责任更可有大幅度的降低。② 我国刑法第232条对故意杀人罪只规定了单一罪名，但在处刑上，将故意杀人罪的法定刑分为两个幅度：故意杀人的，处死刑、无期徒刑或者10年以上有期徒刑；情节较轻的，处3年以上10年以下有期徒刑。这里的情节较轻，包括义愤杀人的情形。例如我国学者指出：

> 所谓义愤杀人，是指杀人犯本无杀人的故意，只是基于义愤而实施杀人。因义愤而杀人，虽属于故意杀人，但其杀人的故意是由义愤引起的，因此，和故意杀人相对比，主观方面的罪责是比较轻的，应属于具有较轻

---

① （清）吴壇：《大清律例通考》，卷二十六，1页。
② 参见郑伟：《刑法个罪比较研究》，80页，郑州，河南人民出版社，1990。

情节的故意杀人罪，应当在 3 年以上 10 年以下有期徒刑这一法定刑的幅度内考虑判处与其罪行相适应的刑罚。[①]

但实际上，真正按照情节较轻的故意杀人罪来处理的是少数情况。而在不属于情节较轻的故意杀人罪中，如果是由于被害人的过错而导致义愤杀人，则刑法中并无规定，它也不是一个从轻处罚的法定情节。我认为，为了减少和限制故意杀人罪的死刑，在立法上有必要将被害人有过错这一酌定从轻情节法定化。

第 3 节　婚恋纠纷引发的杀人行为之死刑适用研究

案名：王志才故意杀人案　李飞故意杀人案
主题：死刑缓期执行　死刑控制　限制减刑制度

案例指导制度的功能不仅在于指导定罪，而且在于指导量刑。死刑的司法适用具有较强的政策性，更需要通过案例进行指导。在最高人民法院发布的第一批和第二批指导性案例中，两个案例涉及死刑的适用，包括限制减刑制度的适用，这就是王志才故意杀人案和李飞故意杀人案。本节对这两个刑事指导案例进行法理分析，以使我们更加深刻地把握死刑适用的条件，并对死刑适用的司法控制进行探讨。

一、案情

（一）王志才故意杀人案

被告人王志才与被害人赵某某（女，殁年 26 岁）在山东省潍坊市科技职业学院同学期间建立恋爱关系。2005 年，王志才毕业后参加工作，赵某某考入山东省曲阜师范大学继续专升本学习。2007 年赵某某毕业参

---

① 宁汉林：《杀人罪》，176～177 页，北京，群众出版社，1986。

加工作后，王志才与赵某某商议结婚事宜，因赵某某家人不同意，赵某某多次提出分手，但在王志才的坚持下二人继续保持联系。2008 年 10 月 9 日中午，王志才在赵某某的集体宿舍再次谈及婚恋问题，因赵某某明确表示二人不可能在一起，王志才感到绝望，愤而产生杀死赵某某然后自杀的念头，即持赵某某宿舍内的一把单刃尖刀，朝赵的颈部、胸腹部、背部连续捅刺，致其失血性休克死亡。次日 8 时 30 分许，王志才服农药自杀未遂，被公安机关抓获归案。

王志才平时表现较好，归案后如实供述自己罪行，并与其亲属积极赔偿，但未与被害人亲属达成赔偿协议。

（二）李飞故意杀人案

2006 年 4 月 14 日被告人李飞因犯盗窃罪被判处有期徒刑 2 年，2008 年 1 月 2 日刑满释放。2008 年 4 月，经他人介绍，李飞与被害人徐某某（女，殁年 26 岁）建立恋爱关系。同年 8 月，二人因经常吵架而分手。8 月 24 日，当地公安机关到李飞的工作单位给李飞建立重点人档案时，其单位得知李飞曾因犯罪被判刑一事，并以此为由停止了李飞的工作。李飞认为其被停止工作与徐某某有关。同年 9 月 12 日 21 时许，被告人李飞拨打徐某某的手机，因徐某某外出，其表妹王某某（被害人，时年 16 岁）接听了李飞打来的电话，并告知李飞，徐某某已外出。后李飞又多次拨打徐某某的手机，均未接通。当日 23 时许，李飞到哈尔滨市呼兰区徐某某开设的"××形象设计室"附近，再次拨打徐某某的手机，与徐某某在电话中发生吵骂。后李飞破门进入徐某某在"××形象设计室"内的卧室，持室内的铁锤多次击打徐某某的头部，击打徐某某表妹王某某的头部、双手数下。稍后，李飞又持铁锤先后再次击打徐某某、王某某的头部，致徐某某当场死亡、王某某轻伤。为防止在场的"××形象设计室"学徒工佟某报警，李飞将徐某某、王某某及佟某的手机带离现场并抛弃，后潜逃。同月 23 日 22 时许，李飞到其姑母李某某家中，委托其姑母转告其母亲梁某某送钱。梁某某得知此情后，及时报告公安机关，并于次日晚协助公安机关将来姑母家取钱的李飞抓获。

在本案审理期间，李飞的母亲梁某某代为赔偿被害人亲属 4 万元。

二、死刑适用条件的司法考察

王志才故意杀人案与李飞故意杀人案都是十分典型的婚恋纠纷引起的杀人案件。在目前的司法实践中，此类杀人案件占有相当的比重。如何处理由于婚恋纠纷所引起的杀人案件，对于司法机关来说，是一个重要的课题。在上述两个故意杀人案的处理中，涉及死刑立即执行与死刑缓期执行的界限区分。应该指出，死刑立即执行与死刑缓期执行同属于死刑的范畴，都是以犯罪分子所犯罪行极其严重、论罪应当判处死刑为前提的。那么如何区分死刑立即执行与死刑缓期执行的界限呢？从我国刑法第 48 条的规定来看，适用死刑缓期执行的条件是："对于应当判处死刑的犯罪分子，如果不是必须立即执行的，可以判处死刑同时宣告缓期二年执行。"可以说，这个法律规定是十分笼统的，几乎就是一个授权性的规定。在个案中对犯罪分子是否判处"死缓"，完全取决于法官对于该犯罪分子是否必须判处死刑立即执行的内心确信。当然，在刑法理论上还是可以为死刑立即执行与死刑缓期执行的区分提出刑法教义学的根据。

（一）死刑适用条件的一般理解

值得注意的是，1979 年刑法关于死刑适用条件的规定采用的是"罪大恶极"一语，从客观上的社会危害性极大与主观上的人身危害性极大这两个方面为死刑适用提供了一般性条件。尽管罪大恶极四字仍然是极为概括性的，但毕竟指出了从主客观这两个方面加以考察的基本思路。但是，1997 年刑法将"罪大恶极"一语修改为"罪行极其严重"一词。那么，这一修改的用意究竟何在呢？对于这一修改，高铭暄教授指出：1979 年刑法典颁布后，对于"罪大恶极"，一些学者指出，这一死刑适用标准在理论上有多种解释，实践中理解和执行标准不一，势必造成司法的不统一，故应当将其具体化为"犯罪性质和危害后果特别严重，而且犯罪人的主观恶性特别巨大"。考虑到立法用语的规范化的要求，1997 年 1 月 10 日的刑法修订草案将"罪大恶极"修改为"罪行极其严重"。后来，这一修改为 1997 年刑法典所沿用。在这里，"罪行极其严重"应当理解为犯罪性质和犯罪情节极其严重，而且犯罪分子的主观恶性也极其严重。① 从以上解释来看，"罪行极其严重"是"罪大恶极"的替代语，两者只是具体与抽象的关系，即，立法者试图采用较为具体的"罪行极其严重"一语代替"罪大恶极"一词。当然，"罪行极其严重"一语其实也并不具体。因此，从立法本意来说，"罪行极其严重"仍然是客观危害与主观恶性的统一。但是，从文字来看，"罪行极其严重"一语似乎只是指客观上的危害而并不包括主观上的恶性。对此，我国刑法学界存在质疑。例如我国学者指出：不论刑法的修改意义如何，单从文字来理解，似乎让人感觉到在死刑的适用上，修订刑法更加注重了客观罪行的标准，因而冲淡了可能因为单纯恶极被判处死刑的适用可能性。但这同样带来了一个不得不令人思索的问题：立法者将罪大恶极修改为罪行极其严重，岂不是降低了死刑（包括死缓）适用的条件？ 也即按照新刑法典之规定，是否只要从犯罪的客观危害一个方面去确定是否应当判处死刑，而置行为人的主观恶性和人身危险性于不顾？ 我们认为，不论立法者对这一词语的修改是旨在将概念含义具体化，还是要对死刑适用的条件作实质性的变更，降低死刑适用条件的立法意图是可以排除的。唯一可作为合理解释的是：立法者是为了便于司法操作、力求概念明确化，出于这一初衷的用语却导致了不应有的概念异化（罪行极其严重与将"罪大恶极"具体化的立法本意相去甚远），不能不说是立法技术上的一个缺憾。② 以上学者所说的概念异化，是指立法上的言不达意。在这种情况下，如果根据立法者的本意，罪行极其严重应该包括客观上的危害极其严重与主观上的恶性极其严重这两个方面。但如果仅从法条的文字来理解，则罪行极其严重是指客观上的危害极其严重而不能包含主观上的恶性极其严重。从我国刑法学界的解释来看，基本上还是采取基于立法者本意的理解。因为如果把适用死刑的条件"罪行极其严重"从需

---

① 参见高铭暄：《中华人民共和国刑法的孕育诞生和发展完善》，225～226 页，北京，北京大学出版社，2012。

② 参见黄伟明：《死缓制度的当代价值》，137 页，北京，科学出版社，2007。

要具备客观上的危害极其严重与主观上的恶性极其严重这两个方面的要素，改为只需要客观上的危害极其严重这一个方面的要素，显然是降低了死刑的适用标准，这与限制死刑适用的刑事政策精神存在抵牾。

值得注意的是，我国学者储槐植教授对我国刑法规定的死刑适用条件作了全新的解读，指出："罪行极其严重"为死刑适用的一般化标准，即不能因人而异，属行为刑法，体现形式理性、同等情况同等对待；具体"犯罪分子"为死刑执行方式裁量的个别化根据，即需因人而异，属行为人刑法，体现实质理性、不同情况不同对待。综观刑法第 48 条，兼有形式理性与实质理性；协调行为刑法与行为人刑法，是谓矛盾统一。刑法第 48 条同时规定了死刑适用的标准和死刑执行的两种方式，即死刑立即执行和缓期 2 年执行，两种执行方式的区分主要取决于"犯罪分子"的不同情况，理论和实践都只能得出这样的结论。[1] 根据以上论述，对于我国刑法第 48 条所规定的死刑只适用于罪行极其严重的犯罪分子，应该将"罪行极其严重"与"犯罪分子"这两个用语分别理解："罪行极其严重"是指客观上的危害特别严重，这是死刑适用的一般标准。而"犯罪分子"则是对行为人的主观恶性的考察，其决定了死刑执行方式是死刑立即执行还是死刑缓期执行。由此可见，储槐植教授认为应当根据文字本身对法条进行解释，适用死刑的条件是罪大，而决定死刑是否立即执行的条件是犯罪分子是否恶极。在这种情况下，就必然得出结论：1979 年刑法的法定死刑圈小，1997 年的法定死刑圈大。因此，"死缓"的适用条件就是罪大但不恶极。[2] 这一解释当然是具有一定新意的。根据储槐植教授的这一解释。罪大恶极是死刑立即执行的适用条件。罪大不恶极则是死刑缓期执行的适用条件。这对于正确区分死刑立即执行与死刑缓期执行是具有参考价值的。当然，储槐植教授也认识到这样一种对刑法第 48 条关于死刑适用条件的理解与立法本意并不符合，但又认为这是立法初义（原义）在司法实践过程中发生了合乎生活逻辑的蜕变，是

---

[1]　参见储槐植：《死刑司法控制：完整解读刑法第四十八条》，载《中外法学》，2012（5）。

[2]　参见储槐植：《遵从立法多判死缓：罪大但不恶极》，载赵秉志主编：《刑法评论》，2012 年第 1 卷，237 页，北京，法律出版社，2012。

客观解释论之典范。从司法实践的情况来看，确实是客观上的"罪大"容易把握，而主观上的"恶极"不太容易把握。而恰恰是主观上的是否恶极对于确定是否适用"死缓"具有重要意义，对于故意杀人罪的死刑适用来说尤其如此。

关于死刑适用条件的理解：因为该条件是适用于所有的死刑案件的，所以我们还要考虑到不同犯罪类型之间的差别。一般来说，故意杀人、故意伤害、强奸、抢劫等所谓自然犯的主观恶性是较为明显的，可以从其客观危害当中比较容易地分离出来。然而诸如贪污、受贿等职务犯罪以及集资诈骗等法定犯，除犯罪数额这一客观危害的要素区分度较高以外，其主观恶性的差别并不太大。在这种情况下，死刑立即执行与死刑缓期执行的区分在很大程度上取决于犯罪数额的要素。因此，我还是倾向于对罪行极其严重加以更为全面的解释，以其为一个综合性的判断标准。在这个意义上，我认为作为死刑适用条件的罪行极其严重完全是一个政策界限，更需要的是政策上的指导。而死刑立即执行与死刑缓期执行之间并没有根本性的区分，换言之，这种区分本身是相对的。因此，对于死刑适用标准从政策上予以把握是极为重要的。当然，这并不是说，刑法教义学的分析可以缺位。即使是体现死刑政策的司法解释，也需要通过刑法教义学的分析使之具体化，并在个案中得以适用。

（二）故意杀人罪的死刑适用

基于"杀人者死"的传统观念，在我国刑法中，故意杀人罪是判处死刑最多的罪名之一。在这种情况下，如何限制故意杀人罪的死刑适用是我国司法机关面临的一个考验。对于故意杀人罪来说，在将他人杀死的情况下，主要是一个是适用死刑立即执行还是适用死刑缓期执行的界限把握问题。本节所涉及的王志才故意杀人案和李飞故意杀人案，均是如此。在故意杀人罪中，客观上的危害特别严重的标准是较为容易把握的，这就是指将人杀死。换言之，只要将人杀死，一般而言就具备了适用死刑的条件。关于这一点也是存在法律根据的，因为我国刑法第232条对故意杀人罪的法定刑是按照"死刑、无期徒刑或者十年以上有期徒刑"这样一个从重到轻的顺序排列的，这在我国刑法分则关于法定刑的规定中可谓独一无二。这表明，立法者认为死刑是我国刑法中最为严重的犯罪，对其应当适用最为严厉的刑罚。这一立法精神与我国公众对于故意杀人罪的法感觉是吻合的。就我国目前的死刑限制来说，更多的还是应当大量减少非暴力犯罪的死刑适用，而对于故意杀人罪的死刑限制应当慎之又慎。从各国废除死刑的经验来看，故意杀人罪是死刑废除的最后堡垒。如果在大量存在非暴力犯罪的死刑适用的情况下贸然减少故意杀人罪的死刑适用，必然会引起民意的反弹，这是值得警觉的。当然，这并不意味着只要是故意杀人罪就一概适用死刑，尤其是适用死刑立即执行。因为故意杀人罪适用死刑在这个死刑适用中所占的比重较大，如果在故意杀人罪的死刑适用上无所作为，则减少死刑适用就会无能为力。因此，对于故意杀人罪的死刑适用应当采取一种谨慎而又稳妥的做法。

我认为，对于故意杀人罪来说，当务之急是减少死刑立即执行的适用，而扩大死刑缓期执行的适用。所以，对于故意杀人罪来说，死刑立即执行与死刑缓期执行的区分是更为重要的。目前，在我国司法实践中，关于故意杀人罪的死刑适用的政策、法律根据主要是 1999 年 10 月 27 日最高人民法院《全国法院维护农村稳定刑事审判工作座谈会纪要》（以下简称 1999 年《意见》）的规定。在论及故意杀人罪的死刑适用时，该意见指出：

> 对故意杀人罪是否判处死刑，不仅要看是否造成了被害人死亡结果，还要综合考虑案件的全部情况。对于因婚姻家庭、邻里纠纷等民间矛盾激化引发的故意杀人犯罪，适用死刑一定要十分慎重，应当与发生在社会上的严重危害社会治安的其他故意杀人犯罪案件有所区别。对于被害人一方有明显过错或对矛盾激化负有直接责任，或者被告人有法定从轻处罚情节的，一般不应判处死刑立即执行。

根据这一规定，在考虑对故意杀人罪是否判处死刑的时候，应当考虑以下三个方面的因素：

1. 杀人起因所决定的犯罪性质

正如世界上没有无缘无故的爱，也没有无缘无故的恨一样，世界上也没有无缘无故的杀人。即使是那些在一般人看来是无故杀人的情形，其实也是有因的杀人，只不过该杀人原因与被害人无关而已。在一定程度上，杀人的起因决定着故意杀人罪的性质。在 1999 年《意见》中区分了两种杀人犯罪，即因婚姻家庭、邻里纠纷等民间矛盾激化引发的故意杀人犯罪与发生在社会上的严重危害社会治安的其他故意杀人犯罪，并且认为这两种杀人犯罪之间存在着性质上的根本区分。这是故意杀人罪的死刑适用首先必须把握的一条政策、法律界限。以上两种杀人犯罪的主要区分就在于杀人的起因：前一种杀人犯罪是由于婚姻家庭、邻里纠纷等民间矛盾激化引发的，后一种杀人犯罪是其他原因引发的。在民间矛盾激化引发的杀人犯罪中，1999 年《意见》特别列举了婚姻家庭、邻里纠纷这两种情形。所谓婚姻家庭纠纷激化引发的杀人犯罪，是指由于当事人处理婚姻家庭事务不当产生矛盾，这种矛盾激化，由此发生的杀人犯罪案件。在这种杀人案件中，被告人与被害人之间存在着较为密切的人际关系，甚至亲属关系。例如发生在夫妻之间的杀人案件，对于其父母子女来说，既是被告人的亲属，又是被害人的亲属，具有这种双重身份。所谓邻里纠纷激化引发的杀人犯罪，是指被告人与被害人之间存在着邻里关系的杀人犯罪案件。以上杀人案件都是从民事纠纷转化而来的刑事犯罪案件，并且都发生在熟人之间，这就决定了这种杀人犯罪是一种侵犯他人生命权的单纯的杀人犯罪案件。与这种婚姻家庭、邻里纠纷等民间矛盾激化引发的杀人犯罪案件不同，发生在社会上的严重危害社会治安的其他故意杀人犯罪，具有两个特征：一是发生地域的公共性，二是严重危害社会治安。所谓发生地域的公共性，是相对于发生在家庭或者邻里之间而言的，表明两种犯罪在犯罪地点上的差异。所谓严重危害社会治安，是指对社会治安的危害性。这对于故意杀人罪来说是一种间接的危害后果。当然，以上两个因素中，前者是表象性的因素，后者才是实质性的因素。以上两个特征决定了上述两种故意杀人罪之间在杀人起因上的不同。例如寻衅滋事或者聚众斗殴引发的杀人案件，以及报复性的杀人案件等，这些杀人案件不仅侵犯了被害人的生命权，而且严重危害社会治安。另外，这些杀人案件的被害人是不特定的，因此对其他人产生了心理上的恐惧与影响。由此可见，以上两种杀人犯罪在性质上是有所不同的。

在有关的司法文件中，曾经论及注意区分这两类不同性质的故意杀人案件的原则。例如在最高人民法院刑三庭在《在审理故意杀人、伤害及黑社会性质组织犯罪

案件中切实贯彻宽严相济刑事政策》的文件中指出:

> 实践中,故意杀人、伤害案件从性质上通常可分为两类:一类是严重
> 危害社会治安、严重影响人民群众安全感的案件,如极端仇视国家和社
> 会,以不特定人为行凶对象的;一类是因婚姻家庭、邻里纠纷等民间矛盾
> 激化引发的案件。对于前者应当以之为严惩的重点,依法判处被告人重刑
> 直至判处死刑。对于后者处理时应注意体现从严的精神,在判处重刑尤其
> 是适用死刑时应特别慎重,除犯罪情节特别恶劣、犯罪后果特别严重、人
> 身危险性极大的被告人外,一般不应当判处死刑。对于被害人在起因上存
> 在过错,或者被告人在案发后积极赔偿,真诚悔罪,取得被害人或其家属
> 谅解的,应依法从宽处罚,对同时有法定从轻、减轻处罚情节的,应考虑
> 在无期徒刑以下裁量刑罚。

以上司法文件关于正确区分两类不同性质的故意杀人案件的精神是十分可取
的,应当在司法实践中切实地予以贯彻。

2. 被害人的过错

被害人的过错,是故意杀人罪的死刑适用中需要考虑的一个重要因素。被害人
过错,除诈骗罪以外,一般都会影响对被告人的量刑。这是一个基本原则。对于故
意杀人罪来说,考虑是否对被告人适用死刑的时候,尤其需要注意被害人是否存在
过错,以及这种过错在何种程度上影响对被告人的死刑适用。

在犯罪学上,被害人的过错也是犯罪起因的一种,它对于促使被告人实施犯罪
行为起到了一定的激发作用。换言之,被害人的过错本身就是引起被告人的犯罪行
为的动因。在暴力犯罪中,被害人的过错所引起的案件往往占有一定的比例。根据
我国学者的总结归纳,在司法实践中,被害人过错在暴力犯罪案件中主要有以下四
种表现形式:(1)挑衅。这类被害人过错主要发生于聚众斗殴、民事纠纷等原因引
起的故意杀人、故意伤害等暴力犯罪案件中。挑衅是指被害人向守法者进行攻击而
使之受到刺激。被害人的故意挑衅行为,在一定的情境之下,激发了被告人的犯罪
意识及犯罪行为,因而可以认为,被害人在犯罪起因上存在过错。(2)激将,即在
一般纠纷或争吵斗殴中被害人使用激将语言或行为诱发犯罪人的犯罪意识,导致受

到侵害。学理上往往把激将称为"被害人推动"：加害人本无实施严重加害行为的故意，由于被害人用语言刺激加害人，而促使加害人实施犯罪行为。（3）暴力或生活中品质恶劣的其他行为。这类被害人过错主要发生在婚姻家庭矛盾引发的暴力犯罪案件中。如被告人长期因生活琐事遭其丈夫即被害人的殴打、辱骂，被告人因此将被害人杀死；又如被告人的配偶与第三者发生不正当性关系，被告人十分愤怒，遂将其配偶或第三者杀死；等等。上述情况下的被告人原亦系被害人，但正是案件中被害人的种种恶劣行为，经长时间的积累而导致了被告人的报复心理，使被告人实施了犯罪。因而被害人的行为对于案件的发生具有直接的因果关系。（4）贪欲。被害人的贪欲常常表现为勒索的行为，这种勒索的对象包括金钱等物质利益，也包括其他非物质的利益。如被害人因敲诈麻将室老板而被该老板开枪打死；如被害人与被告人发生不正当两性关系后，常常以将此事告知被告人工作单位为要挟，多次向被告人索要巨额钱款，被告人不堪重负，遂起意将被害人杀死。① 应该说，以上的总结与归纳还是较为符合实际的。上述被害人的过错，都或多或少地对于被告人实施暴力犯罪起到了一定的激发作用，在对被告人量刑的时候都是应当予以考虑的。但是，对于死刑的适用，例如是否判处死刑以及是否适用死缓等的裁量发生作用的，并不是一般意义上的被害人过错，而是重大且明显的被害人过错。这里的重大过错，是指该被害人的过错对于被告人实施杀人犯罪行为具有根本性的激发作用，例如被害人抓住被告人的把柄进行一而再，再而三的勒索，导致被告人将被害人杀死。这就是一种重大的过错，因为这一勒索行为本身不仅是违法的而且涉及犯罪。但如果只是一般性的言语辱骂、刺激，由此而导致被告人杀人的，虽然被害人也有一定的过错，但这一过错是微小而非重大的。这里的明显过错，是就该被害人过错的表现程度而言的，指这种过错具有显而易见的性质，根据社会一般人的是非观都会认为存在着过错，而不是只有被告人自认为存在过错。因此，在是否存在被害人过错的判断上，应当采用社会一般人标准说，而不是被告人的个人标准说。

---

① 参见任志中：《死刑适用问题研究》，249～250 页，北京，知识产权出版社，2012。

被害人的过错在故意杀人罪中之所以能够影响死刑的适用，主要是因为它反映出被告人的主观恶性较小。最高人民法院刑三庭在《在审理故意杀人、伤害及黑社会性质组织犯罪案件中切实贯彻宽严相济刑事政策》的文件中指出：

> 主观恶性是被告人对自己行为及社会危害性所抱的心理态度，在一定程度上反映了被告人的改造可能性。一般来说，经过精心策划的、有长时间计划的杀人、伤害，显示被告人的主观恶性深；激情犯罪，临时起意的犯罪，因被害人的过错行为引发的犯罪，显示的主观恶性较小。主观恶性深的被告人要从严惩处，主观恶性较小的被告人则可考虑适用较轻的刑罚。

在对故意杀人罪适用死刑的时候，被害人的过错以及程度是一个重要的指数，对于是否适用死刑以及死刑立即执行与死刑缓期执行的区分，都具有重大的影响。同时，这也是律师辩护的一个主要理由。在司法实践中法官应当实事求是地认定被害人的过错，以便对被告人正确地量刑。在以往的最高人民法院指导案例中，曾经颁布过因为被害人过错而从死刑改判"死缓"的案例。例如前述王勇故意杀人案，一审法院以被害人有明显过错判处被告人王勇死刑缓期 2 年执行。[①] 可以说，王勇故意杀人案是以被害人有明显过错而对被告人适用死刑缓期执行的一个范例，对于此后司法实践中根据被害人的明显过错对被告人正确适用"死缓"具有参考价值。当然，我们也还必须注意，在王勇故意杀人案中，被告人不仅存在被害人有明显过错这一个酌情从轻的情节，而且存在自首这一法定从轻情节。

3. 法定的从轻情节

是否具有法定的从轻情节，对于故意杀人罪的死刑适用同样具有重要意义。所谓法定的从轻情节，是相对于酌定的从轻情节而言的，一般是指自首、立功，以及在《刑法修正案（八）》中新增的坦白。关于自首、立功与坦白，在刑法中都有明文规定，但这些法定的从轻情节如何在故意杀人罪的死刑裁量中正确适用，则是一个需要进一步研究的问题。值得注意的是，在有关司法文件中都有关于这方面的规

---

① 参见最高人民法院编：《刑事审判参考》，第 3 辑，21 页，北京，法律出版社，1999。

定，为司法机关处理此类问题提供了参考依据。例如，最高人民法院刑三庭在《在审理故意杀人、伤害及黑社会性质组织犯罪案件中切实贯彻宽严相济刑事政策》的文件中指出：

> 对于自首的故意杀人、故意伤害致人死亡的被告人，除犯罪情节特别恶劣、犯罪后果特别严重的，一般不应考虑判处死刑立即执行。对亲属送被告人归案或协助抓获被告人的，也应视为自首，原则上应当从宽处罚。对具有立功表现的故意杀人、故意伤害致死的被告人，一般也应当体现从宽，可考虑不判处死刑立即执行。但如果犯罪情节特别恶劣、犯罪后果特别严重的，即使有立功情节，也可以不予从轻处罚。

从以上规定可以看出，凡是具有自首、立功等法定的从轻处罚情节的，除特殊情况以外，一般都可以考虑适用死刑缓期执行。当然，如何在故意杀人案件中正确地进行死刑立即执行与死刑缓期执行的裁量，仍然是一个具有较高的政策把握难度与法律理解深度的专业问题，可谓差之毫厘，失之千里。对此，我将在下文结合个案进行较为细致的探讨。

（三）指导案例的比较分析

王志才故意杀人案和李飞故意杀人案都有一个从死刑立即执行到死刑缓期执行的改判过程，这里涉及故意杀人罪的死刑立即执行与死刑缓期执行的正确区分问题。从上述两案的具体案情来看，既存在着从轻处罚的情节，又存在着从重处罚的情节。

关于王志才故意杀人案，裁判理由认为：

> 被告人王志才的行为已构成故意杀人罪，罪行极其严重，论罪应当判处死刑。鉴于本案系因婚恋纠纷引发，王志才求婚不成，恼怒并起意杀人，归案后坦白悔罪，积极赔偿被害方经济损失，且平时表现较好，故对其判处死刑，可不立即执行。同时考虑到王志才故意杀人手段特别残忍，被害人亲属不予谅解，要求依法从严惩处，为有效化解社会矛盾，依照《中华人民共和国刑法》第五十条第二款等规定，判处被告人王志才死刑，缓期 2 年执行，同时决定对其限制减刑。

由此可见，王志才故意杀人案具有以下从轻处罚的情节：（1）本案系因婚恋纠纷引发；（2）归案后坦白悔罪；（3）积极赔偿被害方经济损失；（4）平时表现较好。王志才故意杀人案从重处罚的情节是：被害人亲属不予谅解，要求依法从严惩处。

关于李飞故意杀人案，裁判理由认为：

> 被告人李飞的行为已构成故意杀人罪，罪行极其严重，论罪应当判处死刑。本案系因民间矛盾引发的犯罪；案发后李飞的母亲梁某某在得知李飞杀人后的行踪时，主动、及时到公安机关反映情况，并积极配合公安机关将李飞抓获归案；李飞在公安机关对其进行抓捕时，顺从归案，没有反抗行为，并在归案后始终如实供述自己的犯罪事实，认罪态度好；在本案审理期间，李飞的母亲代为赔偿被害方经济损失；李飞虽系累犯，但此前所犯盗窃罪的情节较轻。综合考虑上述情节，可以对李飞酌情从宽处罚，对其可不判处死刑立即执行。同时，鉴于其故意杀人手段残忍，又系累犯，且被害人亲属不予谅解，故依法判处被告人李飞死刑，缓期二年执行，同时决定对其限制减刑。

由此可见，李飞故意杀人案具有以下从轻处罚的情节：（1）本案系因民间矛盾引发的犯罪；（2）案发后李飞的母亲梁某某在得知李飞杀人后的行踪时，主动、及时到公安机关反映情况，并积极配合公安机关将李飞抓获归案；李飞在公安机关对其进行抓捕时，顺从归案，没有反抗行为，并在归案后始终如实供述自己的犯罪事实，认罪态度好；（3）在本案审理期间，李飞的母亲代为赔偿被害方经济损失。李飞故意杀人案从重处罚的情节是：（1）累犯；（2）被害人亲属不予谅解。

应该说，以上两案被告人都是罪行极其严重，因此就故意杀人罪而言，具备适用死刑的条件。问题在于：是否应当适用死刑缓期执行？根据最高人民法院有关司法解释对于故意杀人罪适用死刑的规定，对于因婚姻家庭、邻里纠纷等民间矛盾激化引发的故意杀人犯罪，适用死刑一定要十分慎重，应当与发生在社会上的严重危害社会治安的其他故意杀人犯罪案件有所区别。对于被害人一方有明显过错或对矛盾激化负有直接责任，或者被告人有法定从轻处罚情节的，一般不应判处死刑立即执行。这里的一般不应判处死刑立即执行,我认为其界限是明确的。王志才故意杀人案和李飞故意杀人案都符合上述司法解释的规定,不宜判处死刑立即执行,而应当判处死刑缓期执行。在此,我们可以将上述两案与轰动一时的李昌奎故意杀人案进行一个比较性的考察。李昌奎故意杀人案的案情如下:

被告人李昌奎与被害人王某飞存在感情纠纷。2009年5月14日,李昌奎之兄李某国与王某飞之母陈某金因琐事发生打架,李昌奎得知此事后便于5月16日13时许赶到家,在途经王某金家门口遇见被害人王某飞及其弟王某红(3岁),李昌奎与王某飞发生争吵,进而抓打,在抓打过程中李昌奎将王某飞掐晕后抱到王某金家厨房门口实施强奸。后又将被害人王某飞抱到王某金家堂屋,王某飞醒来后跑向堂屋,李昌奎便提起一把条锄打击王某飞头部致王某飞当场倒地,并将王某飞拖入王某金家堂屋左面第一间房内,又提起王某红的手脚将其头猛撞门框。后又在王某金家屋里找来一根绳子勒住已经昏迷的王某飞和王某红的脖子,并逃离现场。经法医鉴定王某飞、王某红均系颅脑损伤伴机械性窒息死亡。

云南省昭通市中级人民法院以故意杀人罪,判处李昌奎死刑立即执行,剥夺政治权利终身;以强奸罪,判处被告人李昌奎有期徒刑5年,决定执行死刑立即执行,剥夺政治权利终身。由被告人李昌奎赔偿附带民事诉讼原告人经济损失共计人民币30 000元。

一审宣判以后,被告人不服,提出上诉。

云南省高级人民法院经过审理以后认为,上诉人李昌奎目无国法,将王某飞掐致昏迷后对其实施奸淫,而后又将王某飞、王某红姐弟杀害的行为,分别构成强奸罪、故意杀人罪,应依法严惩。被告人李昌奎在犯罪后到公安机关投案,并如实供述其犯罪事实,属自首;在归案后认罪、悔罪态度好;并赔偿了被害人家属部分经济损失,故上诉人李昌奎及其辩护人所提被告人具有自首情节,认罪、悔罪态度好,积极赔偿被害人家属的上诉理由和辩护意见属实,本院予以采纳。鉴于此,对李昌奎应当判处死刑,但可以不立即执行。遂作出如下判决:(1)维持云南省昭通市中级人民法院（2010）昭中刑一初字第52号刑事附带民事判决第二及第一项中对被告人李昌奎强奸罪的定罪量刑及故意杀人罪的定罪部分；撤销第一项中对故意杀人罪的量刑部分。（2）上诉人（原审被告人）李昌奎犯故意杀人罪，判处死刑，缓期二年执行，剥夺政治权利终身。

李昌奎故意杀人案被改判"死缓"判决在媒体被披露以后，引发社会公众和舆论的广泛质疑。后云南省高级人民法院提起再审。云南省高级人民法院经再审认为：被告人李昌奎因求婚不成及家人的其他琐事纠纷产生报复他人之念，强奸、杀害王某飞后，又残忍杀害王某飞年仅3岁的弟弟王某红，其行为已分别构成强奸罪、故意杀人罪，且犯罪手段特别残忍，情节特别恶劣，后果特别严重，社会危害极大，虽有自首情节，但不足以对其从轻处罚。原二审"死缓"判决量刑不当，故改判死刑立即执行。

本案在报请最高人民法院核准以后，对李昌奎执行了死刑。至此，李昌奎故意杀人案画上了一个句号。

李昌奎故意杀人案的从重处罚的情节包括：（1）杀死二人，且手段极其残忍；（2）将被害人掐晕后实施强奸。除此以外，李昌奎故意杀人案也存在以下从轻处罚的情节：（1）本案系婚恋纠纷引发的故意杀人案件；（2）自首；（3）赔偿被害人家属部分经济损失。将李昌奎故意杀人案的以上情节与王志才故意杀人案和李飞故意杀人案相比，从轻处罚的情节相差不多，但犯罪行为方面相差较大，即李昌奎所犯罪行远比王志才和李飞的罪行严重。但在云南省高级人民法院原二审判决中，仅仅根据本案系婚恋纠纷引发的故意杀人案件，存在自首以及赔偿了被害人家属部分经济损失这些从轻处罚的情节，就将死刑立即执行改判为死刑缓期执行。这里存在的质疑意见是：本案是否应当适用司法解释关于民间矛盾激化引发的故意杀人案件一般不应当判处死刑立即执行的规定？更为重要的问题是：在死刑裁量中，究竟如何平衡客观上的危害与主观上的恶性之间的关系？

本案是否属于民间纠纷激化引发的故意杀人案件的问题，涉及对本案起因及性质的判断，与本案的死刑裁量也是密切相关的。关于最高人民法院1999年《意见》所称的婚姻家庭、邻里纠纷等民间矛盾（以下简称民间纠纷）激化所引发的故意杀人案件，在进行刑法教义学解读的时候，首先涉及的问题是：从地域上来说，该故意杀人案件是否必须发生在农村？详言之，发生在农村以外地域的民间纠纷激化引发的故意杀人案件，是否也适用 1999 年《意见》关于一般不判处死刑立即执行的规定？对于这个问题，我认为，虽然 1999 年《意见》是针对农村犯罪情况制定的，而且农村更多地保留了熟人社会的特征，因此，这种婚姻家庭、邻里纠纷等民间矛盾激化所引发的故意杀人案件在数量上也是较多的，1999 年《意见》对此作出了针对性的规定；但是，不能由此而将 1999 年《意见》的适用范围仅限于农村。事实上，因为婚姻家庭纠纷引发的故意杀人案件，在城镇也并不鲜见。至于邻里纠纷，在城镇尤其是大城市，由于熟人社会的特征逐渐消失，呈现出陌生人社会的性质，邻里关系不如农村那样密切，因此，纯粹的邻里纠纷引发的故意杀人案件确实较为少见。但如果发生了此类邻里纠纷引发的故意杀人案件，也还是要参照 1999 年《意见》的精神处理。同时，1999 年《意见》强调的是民间纠纷激化引发的故意杀人案件，婚姻家庭、邻里纠纷只是一种列举，除此以外的民间纠纷引发的案件也应该适用 1999 年《意见》的规定。当然，农村与城镇的民间纠纷在表现形式上有所不同。在农村地区，除了较为常见的婚姻家庭、邻里纠纷引发的故意杀人案件，还有因水利纠纷、山林纠纷、赡养纠纷、殡葬纠纷以及村界纠纷引发的群体性械斗等而发生的故意杀人案件。在城镇地区，则有出租车收费纠纷、停车收费纠纷、交通纠纷等引发的故意杀人案件，这些纠纷不可能发生在农村，具有城市纠纷的特征，而且，这些纠纷不是熟人之间的纠纷，而是陌生人之间的纠纷；这些纠纷不是发生在私密场所而是发生在公共场所，但这些纠纷同样具有民间纠纷的性质，因此也应当参照适用 1999 年《意见》。在这个意义上说，我认为应当突破 1999 年《意见》的地域限制，按照案件的性质确定是否适用该意见。

无疑，李昌奎故意杀人案发生在农村，具备适用 1999 年《意见》的前提条件，这是没有问题的。关键在于：引发李昌奎杀人的是否属于民间纠纷，尤其是邻里纠纷？对此，我国学者指出：在该案中，在自然意义上引发血案的纠纷，是在被害人王某飞的母亲与李昌奎的哥哥之间发生的"收费纠纷"，而王某飞、王某红与李昌奎本都不属于该纠纷的直接当事人。即使承认李昌奎与王某飞之间另外存在直接的

"感情纠纷"，但是无论如何，李昌奎与 3 岁幼儿王某红之间本不存在任何直接的纠纷，其杀死王某红的行为不能被评价为 1999 年《意见》中规定的因"邻里纠纷"矛盾激化引发的杀人案件，因此即使其存在自首情节，也不宜适用"邻里纠纷引发的杀人一般不判处死刑立即执行"的规定。云南省高级人民法院的二审改判将本案放在 1999 年《意见》的背景下理解，方向是对的，不能说是没有根据的判决，但是具体到"邻里纠纷"的引用上，则是仅依据字面作了过于宽泛的、教条化的理解。① 以上观点是有一定道理的。当然，我认为在本案中所谓的民间纠纷是存在的，故意杀人罪在一定程度上说也是这些纠纷所引发的。但是，在李昌奎故意杀人案中这种民间纠纷对于量刑究竟有多大的影响，是值得研究的。更为重要的是，在本案中，李昌奎杀死 3 岁幼儿王某红，属于滥杀无辜。在这种情况下，还能否根据 1999 年《意见》不判处死刑立即执行？这是一个政策界限的把握问题，也是李昌奎故意杀人案引起我们思考的更为重要的一个问题。

即使是根据 1999 年《意见》的精神，对于民间纠纷引发的故意杀人案件，也只是一般不判处死刑立即执行，而不是一律不判处死刑立即执行。那么，李昌奎故意杀人案是否属于"一般不判处死刑立即执行"的范畴呢？对此，原二审判决并没有加以深入的论证。在李昌奎故意杀人案中，行为人触犯了两个罪名：一是故意杀人罪，二是强奸罪。对于这种犯有数罪的情形，首先应当分别定罪量刑，然后再考虑如何并罚。因此，在对故意杀人罪进行量刑的时候，不应把强奸罪作为从重情节加以考虑。换言之，不能因为在故意杀人罪以外还犯有一个强奸罪，而在对故意杀人罪不应当判处死刑立即执行的情况下，因为考虑强奸罪而将被告人判处死刑立即执行。但是，在李昌奎故意杀人案中另外一个犯罪要素是必须考虑的，这就是李昌奎杀死 2 人。在日本刑法中，生命法益是一身专属法益，因此杀死一人即构成一个杀人罪，杀死二人即构成二个杀人罪，应当对此进行数罪并罚。但在我国刑法中，对于同种数罪是不并罚的，而是作为一罪加以处罚。但是，杀死一人与杀死二人在量刑上是绝不能一视同仁的。在李昌奎故意杀人案中，如果只是杀死一人，根据其

---

① 参见车浩：《从李昌奎案看"邻里纠纷"与"手段残忍"的涵义》，载《法学》，2011（8）。

情节判处死刑缓期执行还是适当的，但在杀死二人的情况下，判处死刑缓期执行的判决确实存在罪刑不相称的问题。

在李昌奎故意杀人案中，还存在一个问题，即如何看待自首在量刑尤其是死刑裁量中的作用。我国刑法第 67 条中规定："对于自首的犯罪分子，可以从轻或者减轻处罚。其中，犯罪较轻的，可以免除处罚。"李昌奎的故意杀人当然不属于犯罪较轻的情形。我国刑法对自首的处理采取的是裁量性的而非强制性的从轻或者减轻处罚的制度，因此，对于自首的犯罪分子，如果其所犯罪行极其严重，不予从轻或者减轻也是可以的，并不违反刑法的规定。当然，在一般情况下应当从轻或者减轻处罚。那么，在李昌奎故意杀人案中，是否因为存在自首情节而应予以从轻处罚呢？减轻处罚当然不可能。不过，对于从死刑立即执行降为死刑缓期执行，究竟是从轻处罚还是减轻处罚，在学理上也还是不明确的。我个人还是认为这是从轻处罚而非减轻处罚。在自首的情况下，是从轻处罚还是减轻处罚，以及是否不予从轻处罚或者减轻处罚，都取决于所犯罪行的轻重。因此，在李昌奎故意杀人案中，最终还是要回到对李昌奎故意杀人行为的客观危害性的评价上来。作为死刑适用条件的罪行极其严重，仍然是一个相对的概念。也就是说，在罪行极其严重当中，还是存在着程度上的区分。当罪行达到极其严重这个界限的时候，就具备了适用死刑的基本条件。在达到这一条件以后，还存在着死刑立即执行与死刑缓期执行的区分。对于这一区分来说，并不是不再考虑罪行严重程度这个因素而只考虑主观恶性以及人身危险性这个因素。无疑，李昌奎杀死二人是其故意杀人犯罪情节特别严重的一个重要因素。

此外，还要论及故意杀人罪的所谓手段特别残忍。在王志才故意杀人案和李飞故意杀人案中，都存在手段特别残忍这一用语，甚至存在以手段特别残忍代称罪行极其严重的现象。我认为，这是不正常的，不能将手段特别残忍这一用语泛化，以至于将其适用于所有的故意杀人案。只要是故意杀人就是手段特别残忍，这显然是一种错误的认识。在故意杀人罪中，存在手段特别残忍的故意杀人与手段不是特别残忍的故意杀人之分。换言之，手段特别残忍并不是一句套语、可以随便乱用，而是需要证据证明、需要论证的一个具体影响量刑的情节。事实上，王志才故意杀人案与李飞故意杀人案中都只是一般性地杀人，还谈不上手段特别残忍。我国学者认为，目前我国司法实践在故意杀人的案件中，当其他因素不发挥影响或影响很小的时候，对于以特别残忍手段杀人者一般处以死刑立即执行，而对于不是以残忍手段杀人者一般处以"死缓"、无期徒刑甚至有期徒刑，这也是司法实践中长期以来形成的一种不成文的裁判惯例。① 其实，并不尽然。司法实践并没有自觉地形成以手段特别残忍作为区分死刑立即执行与死刑缓期执行的标志的惯例。在王志才故意杀人案和李飞故意杀人案中，重审判决虽然都认定杀人手段特别残忍，但仍然判处死刑缓期执行。可见，故意杀人罪的手段特别残忍还在相当程度上是一句内容空泛的套语。另外，杀死二人或者杀死妇孺老人也不能称为手段特别残忍。就故意杀人罪的手段特别残忍而言，这里的手段是指杀人所采取的具体方法以及行为方式，例如杀人毁容、杀人碎尸等等。如果只是出于将人杀死目的而采取的一般杀人手段，就不存在手段特别残忍的问题。换言之，手段特别残忍的杀人只是故意杀人罪中较为例外或者较为特殊的一种类型，它并不能等同于罪行极其严重。也就是说，即使没有采取手段特别残忍的方式杀人，同样可以被认定为罪行极其严重。那么，李昌奎的故意杀人是否属于手段特别残忍呢？对此，我国学者作了肯定的回答，认为李昌奎故意杀人的手段残忍性表现在两个方面：一方面，李昌奎将被害人王某飞掐晕后实施强奸，再用锄头猛击其头部，性质上属于先奸后杀；另一方面，李昌奎又对 3 岁的无辜幼儿王某红实施暴力，依据法院判决书的描述，"提起王某红的手脚将其头猛撞房间门框"②。这里涉及的问题是：先奸后杀是否属于故意杀人的手段特别残忍？将人摔死是否属于故意杀人的手段特别残忍？就一般社会公众的观念而言，该故意杀人手段引起了众怒，挑战了法律与道德的底线，这是可以肯定的。但从刑法上来说，是否属于故意杀人的手段特别残忍，还是需要论证而不能简单地予以赞同。就先奸后杀而言，这是指犯有故意杀人罪与强奸罪两罪，根据数罪并罚原则，应当分别评价。我认为，不能以此前构成的强奸罪作为此后实施的故意杀人罪的手

---

① 参见车浩：《从李昌奎案看"邻里纠纷"与"手段残忍"的涵义》，载《法学》，2011（8）。

② 车浩：《从李昌奎案看"邻里纠纷"与"手段残忍"的涵义》，载《法学》，2011（8）。

段特别残忍加以评价。其实，除了先奸后杀还有先杀后奸。先杀后奸当然只构成故意杀人罪，其后的强奸行为实际上是奸尸，在刑法上并不构成强奸罪。但是，在这种情况下，奸尸情节可以作为故意杀人罪的从重处罚情节予以考虑，将其视为手段特别残忍的杀人或许具有一定的道理。至于李昌奎杀死 3 岁幼儿所采用的摔死手段，是否属于特别残忍，也还值得研究。摔死也只是杀死的一种行为方式，只是较少发生，很难说一定就是手段特别残忍。总之，对于故意杀人的手段特别残忍需要进行刑法教义学的分析，而不是在社会公众观念的意义上使用。

在李昌奎故意杀人案中，其杀人犯罪的罪行极其严重，足以抵消自首的法定从宽情节与民间纠纷等酌定从宽情节，属于 1990 年《意见》所规定的"不判处死刑立即执行"的例外情形。因此，云南省高级人民法院原二审将本案从一审的死刑立即执行改判为死刑缓期执行，确实存在着政策界限把握上的疏失甚至严重偏差。正如我国学者指出：虽李昌奎有自首等从宽情节，但其从宽情节对刑罚轻重调节的整体作用力要明显弱于所具有的从重情节，从整体上无法降低其犯罪行为的极其严重的社会危害程度，因而不足以对其从轻处罚。[①]

通过对王志才故意杀人案与李飞故意杀人案和李昌奎故意杀人案的对比性考察，我们看到，死刑立即执行与死刑缓期执行之间的界限还是不够明晰，上述案件中的裁判理由更多的是一种政策把握而非裁量规则的指引。当然，案例的指导作用对于此后的死刑判决还是具有重要的参照作用的。

三、限制减刑制度的司法裁量

限制减刑制度是我国《刑法修正案（八）》新设的一种刑罚制度。我国刑法第 50 条第 2 款规定："对被判处死刑缓期执行的累犯以及因故意杀人、强奸、抢劫、绑架、放火、爆炸、投放危险物质或者有组织的暴力性犯罪被判处死刑缓期执行的

---

① 参见赵秉志、彭新林：《我国死刑适用若干重大现实问题探讨——以李昌奎案及其争议为主要视角》，载《当代法学》，2012（3）。

犯罪分子，人民法院根据犯罪情节等情况可以同时决定对其限制减刑。"根据我国刑法第 78 条第 2 款第 3 项的规定，限制减刑的犯罪分子实际执行的刑期应当按照以下规定执行："人民法院依照本法第五十条第二款规定限制减刑的死刑缓期执行的犯罪分子，缓期执行期满后依法减为无期徒刑的，不能少于二十五年，缓期执行期满后依法减为二十五年有期徒刑的，不能少于二十年。"这就是我国刑法关于限制减刑制度的完整规定。

限制减刑制度是为减少死刑适用而设立的一种制度，因此将其称为死刑制度的一部分并不为过。事实上，我国刑法就是把限制减刑制度规定在死刑当中的。在限制减刑制度设立之前，随着在以往刑法修订中死刑罪名的增加，我国刑法的刑罚体系中存在着一个结构性矛盾，这就是我所说的"死刑过重，生刑过轻"。针对这一结构性矛盾，我提出了"限制死刑，加重生刑"的对策，指出：在严格限制死刑适用的前提下，首先应当做到重者更重。这里所谓重者更重，是指那些严重犯罪，包括暴力犯罪与非暴力犯罪，由过去判处死刑立即执行改判为"死缓"和无期徒刑以后，应当加重"死缓"和无期徒刑的处罚力度。被判处"死缓"的，原则上关押终身。个别减刑或者假释的，最低应关押 30 年以上。被判处无期徒刑的，多数应关押终身；少数减刑或者假释的，最低应关押 20 年以上。有期徒刑的上限提高到 25 年，数罪并罚不超过 30 年。[①] 我的以上观点虽然是使生刑趋重之论，但从根本上说还是为了减少死刑适用，调整我国刑罚结构，使之更为合理。在《刑法修正案（八）》的立法讨论过程中，围绕着如何加重生刑，存在一个从"不得减刑"到"限制减刑"的转变过程。对此，高铭暄教授曾经作过以下描述：最初拟定的条文是以"不得减刑"为基调的，以此体现宽严相济刑事政策的要求。但也有意见认为这一规定过于严厉，只强调了刑罚的惩罚性，不符合我国以改造人为宗旨的刑罚目的。立法机关综合各方面意见，将草案原先"不得再减刑"的写法改为"限制减刑"，

---

① 参见陈兴良主编：《宽严相济刑事政策研究》，20 页，北京，中国人民大学出版社，2007。

并最终获得通过。① 尽管这只是一种有限度地加重生刑的立法，但对于减少死刑的适用还是具有积极意义的。

限制减刑实际上在死刑立即执行与死刑缓期执行之间又增加了一个裁量的层次，即：除死刑立即执行以外，限制减刑制度的存在使死刑缓期执行分为两种：一是没有附加限制减刑的死刑缓期执行，另一种是附加了限制减刑的死刑缓期执行。那么，限制减刑如何适用呢？我认为，并非对因实施刑法所列举的各种犯罪而被判处死刑缓期执行的犯罪分子一概适用限制减刑，而是只对那些本来应当被判处死刑立即执行，因为存在着某些从轻情节，而被判处一般的死刑缓期执行又不足以体现罪刑相适应原则的犯罪分子，才能适用限制减刑的规定。因此，法官需要在死刑立即执行与死刑缓期执行之间进行尺寸的艰难拿捏。从王志才故意杀人案和李飞故意杀人案的情况来看，犯罪分子的杀人犯罪都属于因婚姻家庭、邻里纠纷激化引发的杀人案件；而且在李飞故意杀人案中，李飞的母亲梁某某在得知李飞杀人后的行踪时，主动、及时到公安机关反映情况，并积极配合公安机关将李飞抓获归案；李飞在公安机关对其进行抓捕时，顺从归案，没有反抗行为，并在归案后始终如实供述自己的犯罪事实，认罪态度好，虽然没有被认定为自首，但其效果相当于自首。但无论是王志才故意杀人案还是李飞故意杀人案，都存在着一些从重的因素需要考虑。例如，在王志才故意杀人案中，其亲属虽然积极赔偿，但未与被害人亲属达成赔偿协议，因此不判处死刑立即执行存在着来自被害人亲属方面的压力。而在李飞故意杀人案中，被告人系累犯，且被害人亲属不予谅解。在这种情况下，在判处死刑缓期执行的同时，适用限制减刑，我认为是一种较为合理的判决结果：既减少了死刑立即执行的适用，又体现了对犯罪分子的较为严厉的惩罚，给被害人亲属也是一个交代。换言之，在王志才故意杀人案中，如果被告人不仅积极赔偿，而且与被害人亲属达成了赔偿协议，获得了被害人亲属的谅解，则只能判处死刑缓期执行，不应再适用限制减刑；在李飞故意杀人案中，如果被告人不是累犯，并且获得了被

---

① 参见高铭暄：《中华人民共和国刑法的孕育诞生和发展完善》，230 页，北京，北京大学出版社，2012。

害人亲属的谅解，也同样不应再适用限制减刑。因此，从实体裁量上说，王志才故意杀人案和李飞故意杀人案对限制减刑适用条件的把握，为此后司法机关正确适用限制减刑提供了可以参照的样板。

在限制死刑的适用中还存在一个刑法关于限制减刑制度的时间效力问题。《刑法修正案（八）》是 2011 年 5 月 1 日生效的，那么，对于此前发生的案件符合限制减刑规定的，是否适用限制减刑呢？这个问题涉及对刑法的溯及力的理解与适用。2011 年 4 月 25 日最高人民法院《关于〈中华人民共和国刑法修正案（八）〉时间效力问题的解释》第 2 条第 2 款明确规定："被告人具有累犯情节，或者所犯之罪是故意杀人、强奸、抢劫、绑架、放火、爆炸、投放危险物质或者有组织的暴力性犯罪，罪行极其严重，根据修正前刑法判处死刑缓期执行不能体现罪刑相适应原则，而根据修正后刑法判处死刑缓期执行同时决定限制减刑可以罚当其罪的，适用修正后刑法第五十条第二款的规定。"王志才故意杀人案和李飞故意杀人案的一审与二审都发生在《刑法修正案（八）》生效之前，而限制减刑的判决作出时间是 2011 年 5 月 3 日，可以说是第一批适用限制减刑的案件。

四、最高人民法院在控制死刑中的作用

王志才故意杀人案和李飞故意杀人案都经历了一个由死而生的司法转折历程，即一审和二审法院都宣告了死刑立即执行的判决，只是到了最高人民法院的死刑复核程序，才因没有被核准死刑立即执行而被发回原审法院，最终改判为死刑缓期执行并宣告限制减刑。例如王志才故意杀人案中，山东省潍坊市中级人民法院于 2009 年 10 月 14 日以（2009）潍刑一初字第 35 号刑事判决，认定被告人王志才犯故意杀人罪，判处死刑，剥夺政治权利终身。宣判后，王志才提出上诉。山东省高级人民法院于 2010 年 6 月 18 日以（2010）鲁刑四终字第 2 号刑事裁定，驳回上诉，维持原判，并依法报请最高人民法院核准。最高人民法院根据复核确认的事实，以（2010）刑三复 22651920 号刑事裁定，不核准被告人王志才死刑，发回山东省高级人民法院重新审判。山东省高级人民法院经依法重新审理，于 2011 年 5 月 3 日作

出（2010）鲁刑四终字第 2—1 号刑事判决，以故意杀人罪改判被告人王志才死刑，缓期 2 年执行，剥夺政治权利终身，同时决定对其限制减刑。而李飞故意杀人案中，黑龙江省哈尔滨市中级人民法院于 2009 年 4 月 30 日以（2009）哈刑二初字第 51 号刑事判决，认定被告人李飞犯故意杀人罪，判处死刑，剥夺政治权利终身。宣判后，李飞提出上诉。黑龙江省高级人民法院于 2009 年 10 月 29 日以（2009）黑刑三终字第 70 号刑事裁定，驳回上诉，维持原判，并依法报请最高人民法院核准。最高人民法院根据复核确认的事实和被告人母亲协助抓捕被告人的情况，以（2010）刑五复 66820039 号刑事裁定，不核准被告人李飞死刑，发回黑龙江省高级人民法院重新审判。黑龙江省高级人民法院经依法重新审理，于 2011 年 5 月 3 日作出（2011）黑刑三终字第 63 号刑事判决，以故意杀人罪改判被告人李飞死刑，缓期 2 年执行，剥夺政治权利终身，同时决定对其限制减刑。从以上两案的诉讼过程来看，可以假设，如果没有最高人民法院的死刑核准程序，即高级人民法院具有死刑的核准权，则王志才和李飞两被告人均已被执行死刑。通过王志才故意杀人案和李飞故意杀人案死刑判决结果的逆转，可以明显地看出最高人民法院在控制死刑中的重要作用。

限制死刑可以分为立法控制与司法控制。立法控制是指通过立法程序，减少死刑罪名，以达到限制死刑的目的。而司法控制是指通过司法裁量活动，减少死刑判决，以达到限制死刑的目的。死刑的立法控制与司法控制，可以说是各有利弊。立法控制从根本上取消了某些罪名，使法律上的死刑罪名得以减少，具有一劳永逸之效。这是死刑的立法限制之利。但死刑的立法限制同样存在弊端，这就是具有一定的政治风险。尤其是在死刑的社会基础尚较为稳固的情况下，骤然减少死刑，可能会引起社会动荡。而死刑的司法控制是一种个案的控制，社会影响没有那么大。而且个案死刑控制可以产生积沙成塔的累积效应。从世界各国限制与废除死刑的经验来看，除个别国家出于某种特定目的，例如加入以废除死刑为前提的欧盟，而对死刑采取休克疗法以外，大多数国家都首先通过司法逐渐减少乃至完全不用死刑，在社会就废除死刑达成共识的情况下，再水到渠成地在立法上废除死刑。当然，死刑的司法控制也会受到来自被害人以及其亲属和民意的较大压力，尤其是在较为极端的个案，例如李昌奎故意杀人案中，如果把握不好，同样会有风险。我认为，在目前中国的具体国情下，对于限制死刑来说，主要还是应当采取司法控制的途径。

死刑的司法控制，从法院的级别来说，可以区分为最高人民法院的控制与中高级人民法院的控制。中高级人民法院承担着死刑案件的一审与二审，可以说是处在死刑案件审理的第一线，承担着死刑司法控制的主要职责。但是，中高级人民法院毕竟属于地方法院，因此在审理死刑案件的时候更多地受到来自各方面的干扰与压力。相对来说，最高人民法院更具有超脱性。因此，最高人民法院在死刑的司法控制当中发挥着其独特的作用。最高人民法院对死刑的司法控制又可以分为直接控制与间接控制，分别论述如下。

（一）最高人民法院对死刑的直接控制

最高人民法院对死刑的直接控制是指通过履行死刑案件的复核职责，严格控制死刑适用条件，以期通过个案的改判或者不核准，直接减少死刑的适用。应该说，最高人民法院对死刑的直接控制是以其行使死刑核准权为前提的。虽然我国 1979 年刑法规定最高人民法院行使死刑核准权，但在 20 世纪 80 年代初"严打"中，基于严厉惩治犯罪的需要死刑核准权被授予高级人民法院行使以后，除少部分特殊类型的案件以外，最高人民法院对于具体案件的死刑复核权不复存在。自 2007 年 1 月 1 日起，死刑案件的核准权统一收回最高人民法院行使。最高人民法院严格掌握死刑适用条件，统一死刑裁判标准，对于那些没有达到死刑立即执行条件的案件不予核准死刑，从而对死刑的司法控制起到了重要的把关作用。从实际情况来看，那些没有核准死刑的案件，存在的主要问题有以下这些：（1）对于具有法定从宽处罚情节的案件，充分体现、落实政策不够；（2）对于因日常琐事、感情纠葛、民间矛盾激化引发的案件，适用死刑立即执行，从严把握不够；（3）对于共同犯罪案件，仔细区分各被告人在共同犯罪中的地位、作用的差别，体现区别对待的政策精神不够；（4）对于被告人同时具有从重、从宽处罚情节，综合考虑，争取更好裁判效果的司法能力有待加强；（5）做附带民事调解工作不力，积极争取当地党委政府及有关部门的支持、协助，充分发挥基层组织的作用不够；（6）有的案件，直至复核阶段再做依法不核准的善后工作，才实现被害方对依法从轻处罚被告人的谅解。应该说，最高人民法院通过行使死刑复核权，对减少死刑适用起到了重要的作用。

（二）最高人民法院对死刑的间接控制

最高人民法院对死刑的间接控制，是指通过制定死刑的司法政策，颁布死刑的指导性案例，为死刑适用提供明确可行的统一规则，指导中高级人民法院的死刑审判活动，以此达到限制死刑的司法适用之目的。我认为，最高人民法院对死刑的直接控制与间接控制之间，存在着某种相关性。最高人民法院通过对死刑案件的核准工作，可以较为具体地发现中高级人民法院在死刑适用中存在的问题，然后通过制订死刑适用的政策与规则，指导中高级人民法院的死刑审判活动，并使这种指导具有针对性与有效性。最高人民法院对死刑的间接控制，主要存在以下三种方式：

1. 制定死刑的司法政策

我国刑法的死刑政策从总体上说是"保留死刑，严格控制和慎重适用死刑"的政策。在目前世界上相当多的国家已经废除死刑的情况下，考虑到我国的犯罪状态和具体国情，我国在短时期内尚不具备废除死刑的条件，仍然存在着保留死刑的必要性，但是，减少、限制死刑是势在必行的一项措施，应当在条件许可的情况下，尽可能地减少死刑的适用。从 20 世纪 80 年代初"严打"以来，我国立法上的死刑罪名一直呈现增长的势头。直到《刑法修正案（八）》颁布时，我国立法机关取消了刑法中的 13 个罪名的死刑，从而使我国刑法开启了减少死刑罪名的立法发展进程。这是具有里程碑意义的一个事件，也足以表明我国死刑政策的价值取向。在这种情况下，死刑的司法政策应当是与死刑的立法政策同步的，并且是方向一致的，都是要严格控制死刑。最高人民法院在制定死刑的司法政策方面起步较早，前文提及的 1999 年《意见》，对于故意杀人罪的死刑适用的控制就起到了积极的作用。尤其值得注意的是，2010 年最高人民法院颁布了《关于贯彻宽严相济刑事政策的若干意见》（以下简称 2010 年《意见》），根据宽严相济的刑事政策具体提出了死刑的司法政策。该意见第 29 条规定：

　　　　要准确理解和严格执行"保留死刑，严格控制和慎重适用死刑"的政策。对于罪行极其严重的犯罪分子，论罪应当判处死刑的，要坚决依法判处死刑。要依法严格控制死刑的适用，统一死刑案件的裁判标准，确保死刑只适用于极少数罪行极其严重的犯罪分子。拟判处死刑的具体案件定罪或者量刑的证据必须确实、充分，得出唯一结论。对于罪行极其严重，但只要是依法可不立即执行的，就不应当判处死刑立即执行。

可以说，在司法活动中控制死刑，严格把握死刑适用标准是宽严相济刑事政策的应有之义。最高人民法院所制定的死刑司法政策对中高级人民法院审理死刑案件的司法活动具有重要的指导意义。

2. 提供死刑的裁判规则

我国刑法第48条对死刑适用条件的规定是极为抽象、笼统的，即使是死刑立即执行与死刑缓期执行的法律界限也是具有裁量性的。这是由立法本身的局限性所决定的。但是，司法活动所面临的死刑案件需要的是极为具体的裁判规则。在这种情况下，最高人民法院承担着制定死刑裁判规则的使命。死刑的裁判规则可以分为实体规则与证据规则这两个部分。相对来说，制定统一、完整的死刑适用的实体规则是有难度的。从目前的情况来看，最高人民法院主要是在那些适用死刑较多的罪名的相关司法解释中，制定了死刑适用的实体规则。例如运输毒品罪的死刑适用存在较多问题，尤其是那些受雇佣为他人运输毒品的案件，其毒品的数量巨大，如何掌握死刑适用标准，就是一个值得关注的问题。2008年最高人民法院《全国部分法院审理毒品犯罪案件工作座谈会纪要》，就对运输毒品罪的刑罚适用问题作了规定，其中涉及运输毒品罪的死刑适用问题。该纪要规定了毒品犯罪死刑适用的数量加情节的原则：

> 近期，审理毒品犯罪案件掌握的死刑数量标准，应当结合本地毒品犯罪的实际情况和依法惩治、预防毒品犯罪的需要，并参照最高人民法院复核的毒品死刑案件的典型案例，恰当把握。

例如，关于运输毒品罪的死刑适用，该纪要指出：

> 对于运输毒品犯罪集团首要分子，组织、指使、雇佣他人运输毒品的主犯或者毒枭、职业毒犯、毒品再犯，以及具有武装掩护、暴力抗拒检查、拘留或者逮捕、参与有组织的国际毒品犯罪、以运输毒品为业、多次运输毒品或者其他严重情节的，应当按照刑法、有关司法解释和司法实践

实际掌握的数量标准，从严惩处，依法应判处死刑的必须坚决判处死刑。

对有证据证明被告人确属受人指使、雇佣参与运输毒品犯罪，又系初犯、偶犯的，可以从轻处罚，即使毒品数量超过实际掌握的死刑数量标准，也可以不判处死刑立即执行。

毒品数量超过实际掌握的死刑数量标准，不能证明被告人系受人指使、雇佣参与运输毒品犯罪的，可以依法判处重刑直至死刑。

应该说，这一规定对于运输毒品罪的死刑适用是具有指导性的，它有利于区分运输毒品犯罪中的不同性质的案件，使运输毒品罪的死刑适用具有更为明确的裁判规则。

除死刑适用的实体裁判规则以外，死刑适用的证据规则也是十分重要的。因为死刑涉及对人的生命的剥夺，所以在证据标准上比一般的案件要求要高，必须达到确实、充分，排除合理怀疑，得出的结论应当具有唯一性。为此，最高人民法院、最高人民检察院、公安部、国家安全部、司法部颁布了《关于办理死刑案件审查判断证据若干问题的规定》，对办理死刑案件的证据规则作了专门规定。该规定确立了死刑证据的裁判原则，这就是其第 2 条规定："认定案件事实，必须以证据为根据。"这是"以事实为根据"的法律原则的具体化。其实它不仅适用于死刑案件，而且适用于普通案件。该规定还细化了死刑案件的证明标准，明确了死刑案件的证明对象。尤其是该规定还创设了死刑证据的裁判规则，例如第 33 条对死刑案件中间接证据的裁判规则就作了具体规定，强调根据间接证据定案的，判处死刑应当特别慎重。以上这些死刑案件的证据规则，对于保障死刑案件的证据质量具有重要意义。

3. 颁布死刑的指导案例

通过案例指导死刑的司法适用，是一个较为直观、具有成效的途径。最高人民法院历来重视对死刑适用的案例指导，在《最高人民法院公报》《刑事审判参考》等刊物中，都颁布了一些死刑案件的指导案例。例如在前面提及的王勇故意杀人案，就刊登在最高人民法院刑事审判庭所编的《刑事审判参考》中，它传达了最高人民法院有关死刑的政策精神和裁判规则。与此同时，最高人民法院还注重通过案例进行死刑审判工作的内部工作指导。例如 2009 年最高人民法院《关于印发严格执行死刑政策依法不核准死刑典型案例的通知》选择了 19 个严格执行死刑政策、依法不核准死刑的典型案例，印发给中高级人民法院，要求组织刑事法官和审判委员会委员进行学习讨论。该通知选择的死刑案例大多是故意杀人案，并对依法不核准的理由都作了具体说明，这对于中高级人民法院把握死刑适用条件无疑具有直接的示范效应。

应该说，指导案例所提供的裁判规则具有较之司法解释和政策原则更为具体的表现形式，对于司法活动来说，具有更为直观的可参照性。关于死刑立即执行与死刑缓期执行的界限，尽管以往的政策原则是明确的，司法解释的规定也是可行的，但是在具体操作上仍然不易掌握。例如，关于民间纠纷激化引发的故意杀人案件的司法解释提出，原则上不应适用死刑立即执行，但是，这里的原则内与原则外如何界分，就是一个较为疑难的问题。而王志才故意杀人案的裁判要旨指出："因恋爱、婚姻矛盾激化引发的故意杀人案件，被告人犯罪手段残忍，论罪应当判处死刑，但被告人具有坦白悔罪、积极赔偿等从轻处罚情节，同时被害人亲属要求严惩的，人民法院根据案件性质、犯罪情节、危害后果和被告人的主观恶性及人身危险性，可以依法判处被告人死刑，缓期二年执行，同时决定限制减刑，以有效化解社会矛盾，促进社会和谐。"李飞故意杀人案的裁判要旨指出："对于因民间矛盾引发的故意杀人案件，被告人犯罪手段残忍，且系累犯，论罪应当判处死刑，但被告人亲属主动协助公安机关将其抓捕归案，并积极赔偿的，人民法院根据案件具体情节，从尽量化解社会矛盾角度考虑，可以依法判处被告人死刑，缓期二年执行，同时决定限制减刑"。这两个裁判要旨是从具体案件中引申出来的，结合案情能够更为准确地把握死刑立即执行与死刑缓期执行的界限，而这也正是案例指导制度中的裁判规则所具有的优越性。

2010 年最高人民法院正式建立了案例指导制度，使案例指导成为一种除司法解释以外的裁判规则的提供方式。在最高人民法院公布的第一和第二批指导案例中，就有王志才故意杀人案和李飞故意杀人案涉及死刑适用问题。通过这两个依法不核准死刑的案例，确立了故意杀人罪的死刑适用的裁判规则。这是值得我们重视的。

第 4 节　受雇佣为他人运输毒品犯罪之死刑裁量研究①

案名：唐友珍运输毒品案　马俊海运输毒品案
主题：死刑裁量　死刑复核权

运输毒品罪是我国刑法中的一个普通罪名，一般来说在定罪上不存在疑难、复杂之处，因而不会引起学者的重视。检视目前我国出版的各种刑法论著，对于运输毒品罪大多泛泛而论。不过，一封因犯运输毒品罪而一审被判处死刑的死囚来信，使得受雇佣为他人运输毒品犯罪的死刑裁量问题进入我的视野。在对照最高人民法院复核的两个运输毒品罪的死刑案件之后，我关注到了高级人民法院和最高人民法院分别核准死刑在死刑裁量标准上的重大差别。

一、死囚李倬才来信

因为时常在新闻媒体上露面，我会收到各种来信，以要求提供法律咨询或者法律援助者居多，当然也会收到鸣冤的囚犯来信。甚至我的一位几十年没有联系的初中同学，也曾从监狱给我来了一封叙旧的信，原来已作阶下囚。对于这些来信，我往往一看了之，像同学这种来信方予以回复。其他来信太多，我只不过一介书生，又没有能力解决这些案件中的法律问题，因而来信到我这里只能是泥牛入海无消息，即使来信附了邮票也只好白白浪费了。甚至个别邮寄来钱的（有一次我收到过壹仟元汇款单，至今我还保留着），我也以不去取款的方式使钱在 2 个月后自动退还给汇款人。确实，对于这一切我是无能为力的。不过，就在几天前，我收到一封特殊的来信——一个死囚的来信。这封来信的特殊之处在于，不仅写信人的身份特

---

① 本节前五部分写于 2003 年 12 月 12 日，第六部分补记写于 2008 年 10 月 23 日，特此说明。

殊，来信的内容更为特殊。以往来信大多申冤，要求提供法律帮助。这封来信虽然也涉及其本人的案情，但更多的是对我的一篇讨论死刑存废问题的讲演①的读后感。下面是这封来信的全文，为避免不必要的麻烦，个别地方我作了技术处理：

陈兴良教授：

见信好，很冒昧给你写这封信，我是从《在北大听讲座》这本书里面从"枪下留人"到"法下留人"你的演讲稿中看到你的名字。

我因被人胁迫去运输毒品，在案情还没查清时，一审被××市中级人民法院判处死刑，我不服，于七月份提起上诉，案件正在审理当中。

有幸在生命的最后时刻看到你的演讲内容，对于你的演讲感触最大的是我们这些被判的死刑犯。

你以陕西延安的故意杀人案，董伟距行刑 4 分钟得到死刑暂缓执行的命令，引发的社会对于死刑制度的质疑和反思，反映中国目前死刑制度及程序上的一些问题，从理论的角度对死刑的全方面研究。

你从（1）死刑存废之争，（2）死刑：实体法的考察，（3）死刑：程序法的考察这三个方面，来论证死刑存在和废除以及量刑方面的问题。

你说贯彻法律面前人人平等原则，不仅要做到刑法上的平等，而且要做到刑事程序法上的平等。可是，法律面前人人平等，对我来说太遥远了，我的案情还没查清之下，就被一审判了死刑。在同一个监室，所犯同一款罪、罪行比我严重的案犯数量 390 克，比我多 70 克，却被判（处）死缓，在法律程序上，我所供（述）都是真实，而公安机关以经费不足（为由）不予追查，却又以我所（提）供线索不能查明为由草草结案。我是被人胁迫去运输毒品的，我因喝醉酒被人设下圈套，以家人的生命要胁（挟），被他们胁迫去运输毒品，但由于公安机关不去追查，令那些毒贩现在还逍遥法外，还在危害社会，而我却被一审（判处）死刑。所以你所说

---

①　参见陈兴良：《从"枪下留人"到"法下留人"》，载文池主编：《在北大听讲座》（第十辑·思想的风格），253～288 页，北京，新世界出版社，2003。

的程序正义，根本不可能在我们最低（底）层的人身上有所体现，因为我们没钱请好律师，法援中心的律师只是在走形式，根本不会帮（助）搜（集）证据，所以我们的一审也就是终审。

你是北京大学的法学教授，又是中国刑法学研究会理事和中国十大杰出中青（年）法学家之一①，在我国的司法界有一定影响，难道你们会对于这些不公平的司法程序不闻不问吗？

陈教授，你接到这封信时，我也许已被处决了，但我真的很不甘心，我只希望似我这样的悲剧不再发生，能以你们的影响，使我们国家的法律制度更加健全。类似枪口留人不再发生。让我们这些平民百姓也能在法律面前真的做到公平、公正，谢谢。

祝：身体健康，合家欢乐！

李倬才
2003 年 11 月 8 日

从来信叙述的案情可以看出，来信人李倬才是因为犯运输毒品罪被判处死刑的。根据信中"罪行比我严重的案犯数量 390 克，比我多 70 克，却被判死缓"一语可知，李倬才运输毒品的数量是（390 克—70 克＝）320 克。尽管来信没有说明毒品的种类，但大体上可推断为海洛因。根据我国刑法第 347 条第 2 款之规定，运输海洛因 50 克以上的，处 15 年有期徒刑、无期徒刑或者死刑。法院内部掌握死刑的数额标准是，在毒品犯罪泛滥地区一般是法律规定标准的 5 倍至 8 倍左右，即 300 克左右。按照这一死刑数额标准，李倬才被判处死刑是符合规定的。在现实生活中，毒品所有者（毒贩）本人运输毒品的情况虽然不能说没有，但比例极小，因为运输毒品路线长，尤其是从边境地区运到内地。由于公安部门加强对边境地区的缉毒力度，运输毒品的危险性是极大的，因而毒品所有者往往本人在幕后指使，雇佣他人从事运输毒品的活动。被雇佣者一般为贫苦农民，为钱舍命，其实钱也并不多，无非三五千元，但这对于正常年收入不过数百元的农民来说，仍是一笔巨款，

---

① 出自文池主编：《在北大听讲座》（第十辑·思想的风格）第 254 页对作者的介绍。

使他们不惜以性命相赌。一旦被抓，这些人的命运可想而知。最令他们不服的是，如同来信所说，"那些毒贩现在还逍遥法外，还在危害社会，而我却被一审（判处）死刑"。这确实是一个令人思考的问题。在我国刑法中，运输毒品与贩卖毒品同罪，且运输毒品又无为本人运输与为他人运输之分。我认为，如果证实确是受雇佣为他人运输毒品，即使数量达到死刑标准，也不宜一概判处死刑，而应与那些为本人运输毒品的情形有所区分。对此，将在下文分析。

由于运输毒品的数量达到了死刑的标准，在通常情况下免除死刑的唯一途径是立功，也就是检举、揭发毒贩，使之落网。但根据我国刑法第 68 条的规定，犯罪分子有揭发他人犯罪行为，查证属实的，或者提供重要线索，从而得以侦破其他案件的，属于立功表现。因此，即使有揭发他人犯罪行为但未查证属实，或者提供重要线索但没有据此侦破其他案件的，不是立功表现。在这个意义上说，是否立功，并不完全取决于被告人，在很大程度上取决于公安机关是否去查证以及能否查实。在现实生活中，由于警力有限或者经费有限，这种查证工作往往难以深入进行，因此才有来信的抱怨："我所供（述）都是真实，而公安机关以经费不足（为由）不予追查，却又以我所（提）供线索不能查明为由草草结案。"应当说，刑法中的立功表现应以查证属实为准，经查证不属实的当然不属于立功表现。但在某些情况下因种种原因，例如经费有限等客观原因，无法查证的，也都不构成立功表现，因而是否立功就取决于警方的查与不查。这对被告人来说确实是一种无奈。

二、唐友珍运输毒品案的对比

李倬才的来信给我留下最深刻印象的还是"我们的一审也就是终审"这句话，充分表明来信人对我国现有死刑程序的失望。目前（2003 年年底，作者写作时）云南、贵州等毒品犯罪案件多发的省份的死刑复核权已经下放，但上海、苏州等毒品犯罪案件少发的省、直辖市和自治区的死刑复核权仍由最高人民法院行使。一般认为，毒品犯罪案件多发地区判处死刑的毒品数量标准较高，而毒品犯罪案件少发地区判处死刑的毒品数量标准较低，因此，在毒品犯罪案件少发地区更容易判处死刑。这一判断恰恰没有考虑到死刑复核权对死刑的影响。根据我的研究，高级人民法院对毒品犯罪死刑适用条件掌握较宽，只要是达到死刑数量标准的，就往往判处死刑；而最高人民法院对毒品犯罪的死刑掌握较严，即使达到死刑数量标准，没有其他严重情节的，一般也会改判死缓。死缓虽然也属于死刑的范畴，但它与死刑立即执行相比，一生一死，判若天地。为证明我的观点，下面引用经最高人民法院复核的唐友珍运输毒品案[①]加以说明：

　　1998 年 2 月 6 日 23 时许，被告人唐友珍携带毒品从昆明火车站乘上由昆明开往上海的 80 次旅客列车 7 号车厢 1 号包房 2 号铺位。2 月 8 日下午，当 80 次旅客列车自杭州站开出后，值乘民警进入列车 7 号车厢 1 号包房，从茶几上查获由被告人唐友珍携带的一只装有水果的红色塑料袋，并从袋内收缴 1 包白色块状及粉末状物品，遂将唐友珍抓获。经上海市公安局鉴定，上述扣押的白色块状及粉末状物品为海洛因，重 420 克。

　　上海铁路运输中级法院认为，被告人唐友珍明知是毒品，仍非法使用交通工具运往异地，其行为已构成运输毒品罪，且运输毒品海洛因数量达 420 克，应依法严惩。公诉机关指控的事实清楚，证据确凿，定性准确；被告人的辩解及辩护人的辩护意见均非法定从轻理由，不予采纳。一审 1998 年 7 月 15 日判处被告人唐友珍死刑，剥夺政治权利终身，并处没收财产人民币二万元。

　　一审宣判后，被告人唐友珍以量刑过重，向上海市高级人民法院提出上诉。

　　上海市高级人民法院认为上诉人唐友珍运输毒品海洛因 420 克，其行为已构成运输毒品罪，且运输的毒品数量大，依法应予严惩。原判定罪准确，量刑适当，审判程序合法。唐友珍无法定从轻情节，其要求从轻处罚的上诉理由，不予准许。遂于 1998 年 11 月 9 日裁定驳回上诉、维持原判。上海市高级人民法院依法将此案报送最高人民法院核准。

---

①　本案刊载于最高人民法院编：《刑事审判参考》，第 2 辑，北京，法律出版社，1999。

最高人民法院经复核认为：被告人唐友珍运输海洛因的行为已构成运输毒品罪。一审判决、二审判决认定的事实清楚，证据确实、充分，定罪准确，审判程序合法。唐友珍运输毒品数量大，应依法严惩。对唐友珍应当判处死刑，但是根据本案具体情节，对其判处死刑不是必须立即执行。最高人民法院于 1999 年 4 月 9 日判决如下：（1）撤销上海铁路运输中级人民法院一审刑事判决和上海市高级人民法院二审刑事裁定中对被告人唐友珍的量刑部分；（2）被告人唐友珍犯运输毒品罪，判处死刑，缓期二年执行，剥夺政治权利终身，判决没收财产人民币二万元。

　　在上述案例中，运输毒品海洛因 420 克，显然已经达到判处死刑标准。一审判决以被告人的辩解及辩护人的辩护意见均非法定从轻理由为由不予采纳，因而判处死刑。二审判决更为明确地认定，唐友珍无法定从轻情节，其要求从轻处罚的上诉理由，不予准许。按照上述判决的逻辑，只有具有法定从轻情节才能从轻，没有法定从轻情节，不能从轻。因此，只要达到死刑数量标准，一律判处死刑。但最高人民法院判决认为，根据本案具体情节，对其判处死刑不是必须立即执行。那么，什么是本案具体情节呢？在刑法中虽未明载，而裁判理由指出，被告人唐友珍为非法牟利而运输海洛因的行为，已构成运输毒品罪，且数量大，论罪应当判处死刑，但其也有以下酌定从轻处罚的情节：（1）运输毒品系初犯。（2）认罪态度较好。（3）主观恶性程度小。（4）运输的毒品没有扩散到社会。（5）从证据方面考察，如果唐友珍为杜小军运输海洛因 420 克，二人均已归案，依法显然不应判处唐友珍死刑；如海洛因确系杜小军所有，即使杜小军未归案，也不应判处唐友珍死刑。现有证据不能证实杜小军确实存在，又不能排除唐友珍供述的真实性，根据本案具体情况，判处唐友珍死刑，显然不是必须立即执行。

　　我不禁为最高人民法院的裁判理由对死刑立即执行与死刑缓期执行区分的正确理解拍案叫好！在我看来，上述裁判理由实际上确认了以下三个规则：

　　规则一：不能仅根据毒品数量大就一律判处法定最高刑死刑。

　　规则二：被告人具有酌定情节，可以从轻处罚的，即应对其从轻处罚。

规则三：运输毒品，如系受雇佣为他人运输的，一般不应判处死刑立即执行。

规则一涉及的是犯罪数额（量）与量刑的关系。犯罪数额（量）当然是量刑时应予考虑的重要情节之一，尤其是判处死刑时，不达到法定数额（量）标准，不得适用死刑。但应当正确地认识数额（量）对于量刑的意义，并非只要数额（量）达到死刑标准的，一概应当判处死刑，还应当考虑是否存在其他情节。因此，在毒品犯罪中数量不是决定判处死刑的唯一标准。这一规则的确立，我认为具有重要意义。在我国司法实践中，量刑中的唯数额论十分严重。唯数额论，过于强调犯罪数额（量）在量刑中的意义，显然是偏颇的，应予纠正。关于这个问题，在最高人民法院有关司法解释当中是有明文规定的，例如 2000 年 4 月 4 日最高人民法院印发的《全国法院审理毒品犯罪案件工作座谈会纪要》（已失效——编者注）指出："毒品犯罪数量对毒品犯罪的定罪，特别是量刑具有重要作用。但毒品数量只是依法惩处毒品犯罪的一个重要情节而不是全部情节。因此，执行量刑的数量标准不能简单化。特别是对被告人可能判处死刑的案件，确定刑罚必须综合考虑被告人的犯罪情节、危害后果、主观恶性等多种因素。对于毒品数量刚刚达到实际掌握判处死刑的标准，但纵观全案，危害后果不是特别严重，或者被告人的主观恶性不是特别大，或者具有可酌情从轻处罚等情节的，可不判处死刑立即执行。"我奇怪的是：这么明确的规定在下级法院为什么得不到贯彻？

规则二本身是刑法理论上的共识。根据我国刑法理论，量刑情节可以分为法定的量刑情节与酌定的量刑情节。法定的量刑情节，是指刑法明文规定在量刑时应当予以考察的各种事实要素。酌定的量刑情节，是指人民法院从审判经验中总结出来的，在刑罚裁量时应当灵活掌握、酌情适用的情节。酌定情节虽然不是法律所规定，但是根据立法精神和有关刑事政策，从审判实践经验中总结出来的，因而对于刑罚的裁量也具有重要意义。[1] 但在我国司法实践中，机械量刑的情况严重到只承认法定情节、不承认酌定情节的地步，令人诧异！在死刑适用上，也是如此，更是

---

[1] 参见陈兴良：《规范刑法学》，2 版，上册，338～341 页，北京，中国人民大学出版社，2008。

令人难以容忍。

　　规则三虽然不像规则一和规则二那样具有普遍意义，但对于运输毒品罪来说是具有重要意义的。运输毒品一般分为两种情形：一是行为人运输自己所有的毒品，二是行为人受雇佣为他人运输毒品。对于这两种运输毒品行为，在刑法中并未加以区分。但实际上，这两种行为的危害性是存在差别的：从犯罪起因上说，毒品所有者雇佣他人为其运输毒品的，毒品所有者是犯意发起者，属于刑法上的教唆犯。而被雇佣者受雇于他人为其运输毒品的，属于运输毒品的正犯，其参与犯罪具有一定的被动性。从牟利上来说，毒品所有者雇佣他人运输毒品是为了贩卖毒品以牟取非法利益，这种利益是十分巨大的；而被雇佣者只是赚取少量的运输费，相对于毒品所有者的非法获利是较少的。从共犯关系上分析，毒品所有者应承担大于被雇佣者的刑事责任。在前引纪要中，对毒品案件的共同犯罪问题作了规定，其中有两项内容应引起我们的注意：其一，前引纪要规定："在共同犯罪中起意贩毒、为主出资、毒品所有者以及其他起主要作用的是主犯；在共同犯罪中起次要或者辅助作用的是从犯。对于确有证据证明在共同犯罪中起次要或者辅助作用的，不能因为其他共同犯罪人未归案而不认定为从犯，甚至将其认定为主犯或按主犯处罚。只要认定了从犯，无论主犯是否到案，均应依照并援引刑法关于从犯的规定从轻、减轻或者免除处罚。"这一规定明确毒品所有者是主犯，并且强调在共同犯罪中应区分主犯与从犯。问题在于：在只有一个被告人归案的情况下，是为本人运输还是为他人运输很难查清，怎么区分主犯与从犯？事实上，唐友珍运输毒品案中，三级法院都没有对共同犯罪问题作出说明。其二，前引纪要规定："受雇于他人实施毒品犯罪的，应根据其在犯罪中的作用具体认定为主犯或从犯。受他人指使实施毒品犯罪并在犯罪中起次要作用的，一般应认定为从犯。"根据上述规定，受雇于他人实施毒品犯罪的，既可能是主犯，又可能是从犯，仅受雇于他人这一情节还不足以据以认定其为从犯，其还必须同时在犯罪中起次要作用。在这种情况下，雇佣者与受雇者共同实施犯罪的，尚可根据其在犯罪中的作用区分主犯与从犯。但在大多数情况下，雇佣者并不亲自实施犯罪而是在幕后指使，由受雇者一个人实施犯罪，并且往往只有受雇者归案，因而对于受雇者是否是从犯往往难以作出认定。当然，在唐友珍运输毒品案中，最高人民法院的裁判理由确认为他人运输毒品比毒品所有者为本人运输毒品主观恶性小。裁判理由指出：

> 据被告人唐友珍供述：1997 年 5 月，其在浙江绍兴柯桥镇做布料生意时，结识同乡人、毒贩杜小军。同年 12 月，唐友珍在家乡四川筠连县再次遇到杜小军，两人相约 1998 年春节前共同去浙江绍兴做生意。1998 年 1 月下旬，唐友珍先后住宿于绍兴市越州国际酒店、柯桥东芝宾馆。其间，杜小军提出让唐友珍带其去昆明携带毒品回杭州，回来后给唐友珍 1 000 元钱。唐友珍答应了。公安人员根据唐友珍的供述，分别从绍兴越州国际酒店、柯桥东芝宾馆等处查到唐友珍住宿的登记表。唐友珍本人又不吸毒，应认为唐友珍的供述基本可信。据此，本案不能排除唐友珍为他人运输毒品的可能性，即为赚取 1 000 元钱而被他人利用，为他人运输毒品，与为贩卖牟利而运输毒品的毒犯在主观恶性程度上有着明显不同。

在此，我发现一个有趣的现象，即共犯的问题转化成了主观恶性的问题。按照裁判理由的逻辑，如果唐友珍与杜小军二人均已归案，又能证明毒品系杜小军所有，那么，唐友珍就应当是从犯。现在杜小军未归案，只是不能排除唐友珍为他人运输毒品的可能性，因而可以认定唐友珍的主观恶性程度小，据此改判死刑缓期执行。尽管在共同犯罪中，只有一个被告人归案的情况下，如何认定主犯与从犯，尤其是在涉及适用死刑时，应如何进行裁量，是一个在法律上并未得到圆满解决的问题，但我认为，唐友珍运输毒品案的裁判理由确认了运输毒品的，如系为他人运输，其主观恶性明显小于为贩卖牟利而运输毒品的毒犯，因而一般不应处死刑立即执行的规则，具有重大意义。它不仅适用于运输毒品罪，而且可以推广适用于存在为他人犯罪与为本人犯罪之区别的走私罪等其他案件。

三、马俊海运输毒品案的进一步对比

李倬才在来信中谈到他是"因喝醉酒被人设下圈套，以家人的生命要胁（挟），被他们胁迫去运输毒品"的，这种情形在受雇佣为他人运输毒品犯罪案件中，也是

情节较轻的。当然，对于李倬才运输毒品案，除他的来信自述以外，没有任何其他正式的司法裁判文书可据以了解其案情，因此只能在假定其为真实的基础上来进行分析，好在本节不是对案件的裁量而是一种学术研究，因而这种假定不影响结论的正确性。如果被胁迫为他人运输毒品能够成立，那么就属于刑法中的胁从犯，依法应当减轻处罚或者免除处罚，当然不存在死刑之适用。关键问题是，这种胁迫情节怎么证明。与被胁迫为他人运输毒品相类似的，是被诱骗为他人运输毒品的情形。在《刑事审判参考》第 4 辑中刊登的马俊海运输毒品案①，涉及被告人在受人雇佣运输毒品过程中才意识到运输的是毒品的案件如何适用刑罚的问题。

　　1998 年 10 月 28 日 14 时许，被告人马俊海携带装有海洛因的百事可乐纸箱，从苏州搭乘出租车赴上海。出租车行驶至 312 国道跨塘治安卡口，当公安人员对该车进行检查时，被告人马俊海跳车逃跑，后被抓获。公安人员从该车内查获白色块状物 23 块，经检验均为海洛因，净重 7 214.1 克。

　　苏州市中级人民法院认为：被告人马俊海明知是毒品而非法运输，其行为已构成运输毒品罪，数量重达 7 214.1 克。被告人马俊海主观上明知是毒品而运输，有其在公安机关的供述、查获的海洛因等证据证实，其辩解不明知运输的是毒品不能成立。遂于 1999 年 2 月 2 日判处被告人马俊海死刑，剥夺政治权利终身，并处没收财产一万元。

　　一审宣判后，被告人马俊海不服，以不明知是毒品而携带、只起辅助和次要的作用、处刑过重等为由，向江苏省高级人民法院提出上诉。

　　江苏省高级人民法院经审理查明：1998 年 10 月 28 日 14 时许，上诉人马俊海受马某（在逃）指使携带海洛因从苏州租乘出租车前往上海，途中被抓获，当场查获海洛因 7 214.1 克。江苏省高级人民法院认为：上诉人马俊海运输海洛因 7 214.1 克的行为，已构成运输毒品罪，且运输毒品数量大，依法应予严惩。原审判决认定的事实清楚，证据确实充分，定罪

---

①　本案刊载于最高人民法院编：《刑事审判参考》，第 4 辑，北京，法律出版社，1999。

准确，量刑适当，审判程序合法。被告人马俊海及其辩护人提出的不明知携带的物品是毒品的辩解不成立。本案认定马俊海主观上明知是毒品的证据，有马俊海在侦查阶段一直供认其跟随马某从兰州至上海可得 3 000 元钱，马某叮嘱其如遇公安检查就逃跑，看到马某交给自己的布袋里装的是用发亮的塑料包着的一块块方形东西，判断纸箱中装的是白粉（即海洛因）的口供在案；马俊海在遇到公安人员检查时当即离开逃跑以及其携带的纸箱中确实装有数量巨大的海洛因等事实证明，证据充分。马俊海运输海洛因数量达 7 214.1 克之巨，且无法定从轻处罚情节，原审判决以运输毒品罪判处其死刑并无不当。其上诉理由和辩护人辩护意见不能成立，不予采纳。遂于 1999 年 3 月 30 日裁定驳回上诉、维持原判。

江苏省高级人民法院依法将此案报送最高人民法院核准。

最高人民法院经复核确认：

1998 年 10 月 28 日 4 时许，被告人马俊海受他人指使，携带装有海洛因的百事可乐纸箱，在江苏省苏州市乘出租车前往上海。当行至 312 国道跨塘治安卡口时，公安人员对该车进行检查，马俊海即离车逃跑，后被抓获。公安人员在马俊海携带的纸箱中查获海洛因 7 214.1 克。最高人民法院认为：被告人马俊海明知是海洛因而为他人运输的行为，已构成运输毒品罪，运输毒品数量大，依法应予严惩。一审判决、二审裁定认定的事实清楚，证据确实充分，定罪准确，审判程序合法。但根据被告人马俊海在犯罪过程中的地位、作用等具体情节，对其判处死刑，可不立即执行。遂于 1999 年 6 月 24 日判决如下：（1）撤销江苏省苏州市中级人民法院刑事判决和江苏省高级人民法院刑事裁定中对被告人马俊海的量刑部分；（2）被告人马俊海犯运输毒品罪，判处死刑，缓期二年执行，剥夺政治权利终身，并处没收财产一万元。

对比一审判决、二审裁定和最高人民法院的裁定，可以发现：一审判决未涉及马俊海系受他人指使为他人运输毒品这一事实。二审裁定在事实中认定马俊海系受马某（在逃）指使运输毒品，但在行为性质上未强调为他人运输。而最高人民法院的判决，不仅在事实中认定被告人马俊海受他人指使这一情节，而且在行为性质上强调被告人马俊海为他人运输毒品，并最终将死刑立即执行改判为死刑缓期执行。显然，各级法院对于受雇佣运输毒品对量刑意义的理解是不同的。二审裁定虽然认定马俊海是受他人指使而运输毒品，但又以"且无法定从轻处罚情节"而维持一审的死刑裁定。这里同样存在一个观念上的误区：是否只有具有法定从轻处罚情节才能从轻，具有酌定从轻情节就不能从轻？二审法院并没有认识到受雇佣运输毒品情节会影响量刑。最高人民法院则在本案中进一步明确了在唐友珍运输毒品案中的规则三："运输毒品，如系受雇佣为他人运输的，一般不应判处死刑立即执行"。最高人民法院在本案的裁判理由中指出："运输毒品的犯罪人多为他人雇佣而实施犯罪，其主观恶性因案各异：有的运输之前就知道是毒品，有的在运输中才推测出是毒品，有的意识到自己运输的只是违禁品。这反映出同是运输毒品，而不同案件的被告人主观恶性不同，对此，应当作为酌定情节在处刑时予以考虑。"在此，裁判理由对受雇佣为他人运输毒品者的主观恶性作了进一步区分，并明确指出这应当作为酌定从轻情节在处刑时予以考虑。显然，在此是将受雇佣为他人运输毒品情节作为反映被告人主观恶性的一个情节予以认定的。裁判理由还指出："被告人受他人雇佣运输毒品，与雇佣他人运输毒品者相比，其在共同犯罪中的作用相对较轻。"这又是从共同犯罪角度所作的分析，但在本案中由于毒品所有者马某并未归案，因而本案没有被作为一个共同犯罪案件来处理，也没有认定马俊海系从犯。尽管如此，按照裁判理由，在处刑时，尤其是适用死刑时，应当考虑这一情节。

在本案中，如何证明马俊海是在运输过程中意识到自己运输的是毒品，也是一个值得关注的问题。关于此节，马俊海及其辩护人在一审和二审中都以不明知运输的是毒品作为辩解与辩护的理由，而一审判决和二审裁定都对此予以否定，但并没有涉及马俊海是否是在运输过程中才认识到是毒品这一情节。最高人民法院在审理中，才关注这个情节。裁判理由指出：根据现有证据，可以认定马俊海是在运输过程中意识到自己运输的是毒品。其论证过程如下所引：

马俊海一直供述马哥事先未告知其是去运输毒品，但在苏州，当其按照马哥吩咐，将布袋往纸箱装时，看见里面装有用发亮塑料包着的长方形的东西时，联想到马哥答应跟随其去一趟上海付 3 000 元，又花费 300 元租车去上海，并嘱咐如有人检查就逃跑等非正常情节，意识到纸箱里装的是毒品。虽然没有马某的口供证实，但马俊海的供述一直比较稳定。如前所述，其供述的其他细节也能得到证人证言的证实，根据现有证据，尚不能认定马俊海在运输前就已明知要运输毒品，而且在运输过程中，通过种种迹象，他应当知道其运输的是毒品时，这与事先就明知运输毒品而为之是有一定区别的，主观恶性相对要小一些，其罪行相对也就轻一些，在处刑上就应当有所区别。

从上述论证来看，最高人民法院的裁判理由在认定马俊海是在运输过程中意识到自己运输的是毒品时，主要是采信了马俊海的供述，并以其他细节相佐证。尤其值得我们注意的是这样一个结论："根据现有证据，尚不能认定马俊海在运输前就已明知要运输毒品"。在这种情况下，作出与之相反的认定，即马俊海是在运输过程中才意识到自己运输的是毒品。由此可以得出以下规则：

规则四：被告人的辩解，根据现有证据不能证明其为假时，就应当认定其为真。

根据刑事诉讼法的规定，有罪的举证责任应当由控方承担。这也是无罪推定原则的题中之义。一般而言，被告人对其辩解、辩护人对其辩护，应当自行提出相关材料加以证实。但在某些情况下，被告人的辩解没有直接证据证明，像在本案中，马某未归案，对于马某是否事先已经告知马俊海运输的是毒品无从查实。同时，又无相反的证据证明马俊海系事前明知是毒品而运输。在这种情况下，裁判理由采信辩解，是一种有利于被告人的推定。我认为是合乎法理的，应予充分肯定。在我国目前控方强大而辩方弱小的情况下，对于被告人的辩解和辩护人的辩护，只要没有证据证明的，一律不予采信，从而作出不利于被告人的推断。这显然不能有效地保障被告人的合法权利。因此，"被告人的辩解，根据现有证据不能证明其为假时，就应当认定其为真"的规则是具有重大意义的。并且，这一规则可以推广适用于辩护人的辩护。

四、死刑复核权收归最高人民法院之论证

　　唐友珍运输毒品案和马俊海运输毒品案，分别被上海市高级人民法院和江苏省高级人民法院二审裁定死刑立即执行。幸运的是，唐友珍和马俊海运输毒品的案发地——上海和江苏的高级人民法院不具有毒品犯罪案件的死刑复核权，二者经最高人民法院复核以后均被改判死刑缓期执行。

　　从上述两个最高人民法院改判的案件可以看出，原判决在基本犯罪事实的认定上并无大的出入，运输毒品的数量也已经达到甚至远远超出了判处死刑的标准，差别只是在对一些影响量刑的具体情节的掌握上，例如数额（量）对量刑到底有何影响，酌定从轻情节是否影响量刑，以及在受雇佣为他人运输毒品的犯罪案件中，受雇佣这一情节是否影响量刑等。刑法第 48 条规定适用死缓的条件是"应当判处死刑"，"不是必须立即执行"。因此，在"应当判处死刑"这一条件的掌握上高级人民法院并无错误，恰恰是在"不是必须立即执行"这一条件上，最高人民法院作出了更加严格的解释。应该说，是否必须立即执行，完全是一个自由裁量权范围内的事情，对之有不同理解也是合乎常理的。但引起我思考的是：在死刑适用条件的掌握上，最高人民法院的法官为什么总是（不止一个案件，也不止本节所引的两个案件）比高级人民法院的法官更加严格，是前者比后者的水平高，是前者比后者更超脱，还是前者比后者更公正？好像是，又好像都不是。或者说，没有证据证明说是，也没有证据证明说不是。但是有一点是可以肯定的：最高人民法院的法官在对死刑政策的掌握上更为正确。因此，如果所有案件的死刑复核权都由最高人民法院行使，在目前刑法中的死刑罪名不能削减的情况下，不失为控制死刑的司法适用的一条可行之路。

　　我国刑事诉讼法中规定了死刑复核程序。死刑复核是指对没有死刑最后决定权的审判机关所作出的死刑裁判进行复审核准的审判程序，是对死刑案件在两审终审制的前提下所增加的特别审判程序，其目的在于通过对死刑裁判的复查审理活动，由具有死刑最后决定权的机关控制死刑裁判的生效，以便从事实和法律上监督死刑

案件的审判质量，并从诉讼程序上保证统一适用刑法规定的死刑。[①] 根据我国刑事诉讼法的规定，死刑复核权由最高人民法院行使。自从 1980 年以来，最高人民法院从来没有完整地行使过死刑复核权，而是将部分刑事犯罪的死刑复核权授予高级人民法院行使，这就是所谓死刑复核权的下放。现在需要讨论的问题是：这种下放存在什么弊端，以及最高人民法院是否应当将死刑复核权收回？对此我国学界已经达成共识，即认为应当将死刑复核权收归最高人民法院行使。正如我国学者指出：

> 死刑复核权下放存在以下三个问题：（1）死刑核准权的下放减弱了防止错杀的防线，降低了正确适用死刑的能力。我国法律确定死刑复核的层层防线，目的是防止错杀，纠正法院判处死刑中可能出现的错误，把可能造成的不良后果减少到最低限度。但这种权力"下放"从复核的程序上失去了保障，减少了复查、核实的程序，降低了正确适用死刑的能力，这与设计死刑核准程序是为了提高防止错杀能力的立法本意是不符合的。（2）死刑核准权下放后，使一部分死刑案件的核准程序流于形式，一部分死刑案件的核准成为空设。按死刑核准权下放后的核准程序，一部分中级人民法院判处死刑、被告人上诉或检察院抗诉的案件，高级人民法院进行的第二审程序同时亦为复核程序，这实际上是二审程序与死刑核准程序合二为一，变相取消了死刑核准程序。高级人民法院判处死刑的一审案件，如果被告人不上诉，检察院不抗诉的，判决可能在没有二审程序及复核程序条件下生效，从而使死刑核准程序成为空设。（3）死刑核准权下放后，不利于死刑统一标准，容易出现执行死刑的偏差。鉴于我国是一个几十个省的大国，有几十个高级人民法院，由于审判人员的素质等各种情况难免对死刑的掌握不统一。有的案件在此地被判了死刑，而在彼地则可能被判了无期，不利于严肃执法，也影响法制的统一。[②]

为避免上述情况发生，死刑复核权收归最高人民法院行使，我认为是势在必

① 参见陈光中主编：《中国刑事诉讼程序研究》，302 页，北京，法律出版社，1993。
② 陈卫东、严军兴主编：《新刑事诉讼法通论》，376~377 页，北京，法律出版社，1996。

行。在此，我以为应当提出一个司法程序上的平等问题。在最高人民法院将部分犯罪案件的死刑复核权下放给高级人民法院行使以后，出现了一种程序上的不平等。其结果是，不同阶层和不同地区的被告人在死刑的程序上所获得的待遇是不同的，这同样违背我国宪法规定的法律面前人人平等的原则。就刑事司法而言，贯彻法律面前人人平等的原则，不仅要做到刑法面前人人平等，而且要做到司法程序上的平等，也就是说获得同等的程序对待这样一种平等、这样一种程序上的平等。[1]　之所以在死刑复核问题上主张程序上的平等，是因为死刑复核是一种司法救济，由高级人民法院核准死刑与由最高人民法院核准死刑，在获得死刑救济的程度上是有所不同的。目前的死刑复核程序，存在着以下两种司法程序上的不平等：一是阶层之间司法程序的不平等。按照现行的死刑复核程序，杀人、强奸、抢劫、爆炸以及其他严重危害公共安全和社会治安判处死刑案件的核准权下放给高级人民法院行使，而危害国家安全罪、贪污贿赂罪等经济犯罪死刑案件以及涉外死刑案件的核准权仍由最高人民法院行使。从上述情况来看，刑事犯罪案件的主体大多是社会底层的人，而经济犯罪属于白领犯罪，其犯罪主体大多是社会上层的人，尤其是贪污贿赂罪的犯罪主体是国家工作人员。现在的死刑复核程序，对社会底层的人是相当不利的。犯罪学研究已经表明，在一个社会中犯罪在不同阶层分布的情况是不同的，暴力犯罪等各种严重犯罪更多地发生在下层阶层，因此，生活在社会底层的人更容易获罪，由于在司法程序上对其不利的设计，他们也更容易获死罪。二是地区间司法程序的不平等。根据我国现行的死刑复核程序，毒品犯罪区分不同地区，在发案较多的省份其死刑复核权下放到高级人民法院，而在发案较少的省份其死刑复核权仍由最高人民法院行使。在这种情况下，在死刑复核程序上就出现了地区之间的不平等。像本节所述唐友珍运输毒品案和马俊海运输毒品案，如果发生在死刑复核权下放的省份，可能早已被执行死刑。地区之间的差别由此可见一斑。显然，这种地区之间在司法程序上的不平等是一个法治国家所不能容忍的。实际上，目前死刑复核

---

　　①　参见陈兴良主编：《中国死刑检讨——以"枪下留人案"为视角》，22 页，北京，中国检察出版社，2003。

程序的设计，不仅导致司法程序上的不平等，而且直接导致在死刑适用条件上的不统一。中国地域辽阔，各地经济发展不平衡，犯罪情况各地也不太相同。尽管如此，国家仍应当保证法制统一，尤其是在死刑适用标准上，应当掌握统一尺度，避免各行其是。而死刑复核权的下放，使高级人民法院行使了部分死刑的最终决定权，从而导致死刑适用条件的失衡。

基于以上理由，我认为死刑复核权收归最高人民法院行使迫在眉睫。当然，在具体操作上，我赞同在各大区设最高人民法院分院的做法，以便更好地履行死刑复核职责。

五、死囚李倬才的命运

李倬才在来信中期盼程序上的平等，当然，他更期盼实体上的平等。对于李倬才案，其来信自述是受雇佣为他人运输，其运输毒品的数量是 320 克。由于没有见到正式的司法文书，我对李倬才案本身没有任何发言权，也没有能力过问。但有一点是可以肯定的，李倬才犯罪所在地的高级人民法院对毒品犯罪案件享有死刑复核权。因此，李倬才通过最高人民法院的死刑复核以求一生的可能性是没有的。相对于唐友珍和马俊海的幸运，李倬才是不幸的——高级人民法院核准李倬才的死刑是十分可能的。尽管在当前正在进行的司法改革中，要求最高人民法院收回死刑复核权的呼声越来越高，并获得学术界的普遍认同，可以说，最高人民法院收回死刑复核权是指日可待的，但是，李倬才是等不到这一天了。在来信中，李倬才说："你接到这封信时，我也许已被处决了"。我是在 2003 年 11 月 15 日收到李倬才来信的，距离写信时间也不过一周。可以肯定，在我读到这封来信时，李倬才还没有被处决。但当我的上述文字发表的时候，李倬才也许真的被处决了。我的上述文字，是由李倬才的来信引发的，就算是给李倬才的回信吧！尽管我知道，李倬才从来没有奢望我给他回信，而且再也不可能读到我的上述文字。呜呼哀哉！

六、补记

本节的上述文字写于 2003 年 12 月 12 日，本部分写作时（2008 年 10 月 23 日）已经五年多时间过去了。死囚李倬才是否已经被执行死刑，我始终不得而知。但可以告慰的是，经过各方面不懈的努力以及权力的博弈，最高人民法院终于收回了死刑复核权。根据 2006 年 10 月 31 日全国人大常委会作出决定，对《人民法院组织法》进行修改，规定：死刑除由最高人民法院判决的以外，各高级人民法院和解放军军事法院依法判处和裁定的，应当报请最高人民法院核准。此外，2007 年 3 月 9 日最高人民法院、最高人民检察院、公安部、司法部还颁布了《关于进一步严格依法办案确保办理死刑案件质量的意见》，重申了坚持保留死刑、严格控制和慎重适用死刑的原则，指出：

> "保留死刑，严格控制死刑"是我国的基本死刑政策。实践证明，这一政策是完全正确的，必须继续贯彻执行。要完整、准确地理解和执行"严打"方针，依法严厉打击严重刑事犯罪，对极少数罪行极其严重的犯罪分子，坚决依法判处死刑。我国现在还不能废除死刑，但应逐步减少适用，凡是可杀可不杀的，一律不杀。办理死刑案件，必须根据构建社会主义和谐社会和维护社会稳定的要求，严谨审慎，既要保证根据证据正确认定案件事实，杜绝冤错案件的发生，又要保证定罪准确，量刑适当，做到少杀、慎杀。

尤其值得肯定的是，2008 年 12 月 1 日最高人民法院发布的《全国部分法院审理毒品犯罪案件工作座谈会纪要》对运输毒品罪的刑罚适用问题作了明文规定，其中涉及受雇佣运输毒品的刑罚适用，指出：

> 毒品犯罪中，单纯的运输毒品行为具有从属性、辅助性特点，且情况复杂多样。部分涉案人员系受指使、雇佣的贫民、边民或者无业人员，只是为了赚取少量运费而为他人运输毒品，他们不是毒品的所有者、买家或者卖家，与幕后的组织、指使、雇佣者相比，在整个毒品犯罪环节中处于

从属、辅助和被支配地位，所起作用和主观恶性相对较小，社会危害性也相对较小。因此，对于运输毒品犯罪中的这部分人员，在量刑标准的把握上，应当与走私、贩卖、制造毒品和前述具有严重情节的运输毒品犯罪分子有所区别，不应单纯以涉案毒品数量的大小决定刑罚适用的轻重。

对有证据证明被告人确属受人指使、雇佣参与运输毒品犯罪，又系初犯、偶犯的，可以从轻处罚，即使毒品数量超过实际掌握的死刑数量标准，也可以不判处死刑立即执行。

毒品数量超过实际掌握的死刑数量标准，不能证明被告人系受人指使、雇佣参与运输毒品犯罪的，可以依法判处重刑直至死刑。

上述纪要的上述规定，为受雇佣运输毒品的犯罪分子的刑罚适用提供了明确的法律标准，体现了宽严相济的刑事政策，我认为是完全符合我国刑法第 5 条规定的罪刑均衡原则的精神的。当然，李倬才已经赶不上这一纪要的适用，但愿能使后来者受惠。

第9章

刑罚适用

第1节　形迹可疑经盘问交代罪行构成自首之认定研究

案名：杨永保走私毒品案　刘兵故意杀人案
主题：自首　形迹可疑

自首制度，是我国刑法中的一项刑罚裁量制度，对那些在犯罪以后投案自首、主动交代自己的犯罪事实的犯罪人予以宽大处理，体现了宽严相济的刑事政策，因而具有重要意义。本节通过杨永保走私毒品案（以下简称杨永保案）和刘兵故意杀人案[1]（以下简称刘兵案），对司法实践中的自首认定问题进行研究。

一、自首制度的一般性论述

自首是指犯罪以后自动投案，如实供述自己的罪行，或者被采取强制措施的犯

---

[1]　杨永保案刊载于最高人民法院编：《刑事审判参考》，第 12 辑，北京，法律出版社，2000；刘兵案刊载于最高人民法院编：《刑事审判参考》，第 59 集，北京，法律出版社，2008。

罪嫌疑人、被告人和正在服刑的罪犯，如实供述司法机关还未掌握的本人其他罪行的情形。由此可见，我国刑法中的自首可以分为两种：第一种是一般自首，第二种是特殊自首。特殊自首的主体是已被司法机关采取强制措施的犯罪嫌疑人、被告人和正在服刑的罪犯，这些人已经归案，因而其构成的特殊自首不以自动投案为成立条件。但一般自首的成立，必须具备自动投案的特征。可以说，自动投案是一般自首成立的前提条件，在自首认定中具有十分重要的意义。我国刑法条文本身对自动投案未作具体解释，但有关司法解释对自动投案作了较为详细的规定。例如1998年4月17日最高人民法院《关于处理自首和立功具体应用法律若干问题的解释》（以下简称《自首和立功解释》）第1条第1款第1项规定：

　　自动投案，是指犯罪事实或者犯罪嫌疑人未被司法机关发觉，或者虽被发觉，但犯罪嫌疑人尚未受到讯问、未被采取强制措施时，主动、直接向公安机关、人民检察院或者人民法院投案。

　　犯罪嫌疑人向其所在单位、城乡基层组织或者其他有关负责人员投案的；犯罪嫌疑人因病、伤或者为了减轻犯罪后果，委托他人先代为投案，或者先以信电投案的；罪行尚未被司法机关发觉，仅因形迹可疑，被有关组织或者司法机关盘问、教育后，主动交代自己的罪行的；犯罪后逃跑，在被通缉、追捕过程中，主动投案的；经查实确已准备去投案，或者正在投案途中，被公安机关捕获的，应当视为自动投案。

　　并非出于犯罪嫌疑人主动，而是经亲友规劝、陪同投案的；公安机关通知犯罪嫌疑人的亲友，或者亲友主动报案后，将犯罪嫌疑人送去投案的，也应当视为自动投案。

以上司法解释关于自动投案的界定，我认为是十分宽泛的，尽量作出有利于被告人的解释。从《自首和立功解释》对自动投案的规定来看，可以分为三种情形：第一种是典型意义上的自动投案。第二种是视为自动投案的情形，是一种准自动投案。第三种则是更宽泛意义上的自动投案，已经具有某种法律拟制的性质。

在司法实践中，由于《自首和立功解释》对自动投案作了较为明确、具体的规定，因而一般来说不会发生疑难问题。但在"形迹可疑"构成自动投案的情形，则存在一些争议，争点在于：因"形迹可疑"构成自动投案需要具备哪些条件？对于这个问题，最高人民法院刑事业务部门曾经在《刑事审判参考》的"审判实务释疑"栏目刊登过一篇短文，对于我们理解这个问题具有重要参考价值。全文如下：

因形迹可疑被盘问后交代罪行的能否认定为自首

根据《最高人民法院关于处理自首和立功具体应用法律若干问题的解释》第 1 条第 1 款第 1 项的规定，"罪行尚未被司法机关发觉，仅因形迹可疑，被有关组织或者司法机关盘问、教育后，主动交代自己罪行的"，应当视为自动投案，并认定为自首。这一规定体现了惩办与宽大相结合的刑事政策，对于鼓励犯罪分子实施犯罪后投案自首、悔过自新，节约司法成本，提高诉讼效率有积极的意义。但在司法实践中，被告人因形迹可疑被盘问后交代自己罪行的原因、背景多种多样，情况复杂，是否认定为自首，尚需根据刑法关于自首的规定和有关司法解释的基本精神，具体分析认定。

我们认为，自动投案、主动交代自己所犯罪行，是自首的本质特征，因此，如果司法机关没有掌握行为人实施犯罪的任何证据、线索，行为人身上、所携带的物品也不能证明其有实施犯罪的嫌疑，仅因形迹可疑被有关组织或者司法机关盘问，或者有关组织或者司法机关进行例行检查，行为人如实交代自己所犯罪行的，应当视为自首。

如果司法机关掌握有一定的线索，已将行为人纳入排查范围，或者行为人因形迹可疑被盘问时，其身上或者所携物品能证实其有实施犯罪嫌疑的，如枪支、毒品、赃物等，行为人主动交代了自己罪行的，不能视为自动、主动交代自己的犯罪行为，不能认定为自首。①

上述短文，为形迹可疑构成自首作了以下界定：如果司法机关没有掌握行为人实施犯罪的任何证据、线索，行为人身上、所携带的物品也不能证明其有实施犯罪的嫌疑，仅因形迹可疑被盘问后交代罪行的，应当视为自首；如果司法机关掌握了

---

① 最高人民法院编：《刑事审判参考》，第 17 辑，81～82 页，北京，法律出版社，2001。

一定的线索，或者行为人因形迹可疑被盘问时，其身上或者所携带物品能证实其有实施犯罪嫌疑的，如枪支、毒品、赃物等，即使行为人主动交代罪行的，也不能视为自首。我认为，以上规定对于认定因形迹可疑被盘问后交代罪行而构成自首具有重要参考价值。

二、杨永保案：构成自首

1998年12月30日，被告人杨永保、陈兴助及一女子在缅甸勐古答应帮一名毒贩运毒品到中国内地，后分别将海洛因藏于体内。毒贩又安排被告人李春明为杨永保等三人带路。第二天杨永保等四人从云南省畹町入境至芒市欲乘飞机前往内地，在飞机场时带毒品的女子不见踪影，杨永保等三被告人被机场公安民警查获。从杨永保体内查获海洛因486克，从陈兴助体内查获海洛因441克。

德宏傣族景颇族自治州中级人民法院认为：被告人杨永保、陈兴助、李春明为牟取非法利益，无视我国法律，走私毒品海洛因，其行为已触犯中国刑律，构成走私毒品罪，应依法惩处。遂依照《中华人民共和国刑法》第347条第2款第（1）项和第57条的规定，于1999年9月7日判决如下：（1）被告人杨永保犯走私毒品罪，判处死刑；（2）被告人陈兴助犯走私毒品罪，判处死刑，剥夺政治权利终身；（3）被告人李春明犯走私毒品罪，判处死刑，缓期二年执行，并处没收财产2万元人民币；（4）查获的毒品海洛因依法予以没收。

一审宣判后，杨永保、陈兴助均以量刑过重，向云南省高级人民法院提出上诉。

云南省高级人民法院经审理认为：上诉人杨永保、陈兴助、李春明无视我国法律，从境外走私海洛因进入我国境内，其行为均构成走私毒品罪。杨永保、陈兴助归案后虽能如实交代罪行，但二被告人走私毒品数量大，应依法从重惩处。原审判决定罪准确，量刑适当，审判程序合法。依照《中华人民共和国刑事诉讼法》（1996 年——引者注）第 189 条第（1）项的规定，于 1999 年 12 月 30 日裁定如下：驳回上诉，维持原判。

云南省高级人民法院依法将此案报送最高人民法院核准。

最高人民法院经复核查明：1998 年 12 月 30 日，被告人杨永保、陈兴助在缅甸勐古被毒贩雇佣运送海洛因到中国境内。同月 31 日清晨，杨永保、陈兴助分别将毒贩交给的海洛因吞匿于腹内，然后进入中国境内，与毒贩安排带路的李春明（同案被告人，已判刑）等一起从云南省畹町乘车至芒市机场，欲乘飞机前往内地。在机场安检时，杨永保、陈兴助被我公安人员盘查，即交代体内藏毒的事实。后公安人员分别从杨永保体内查获海洛因 486 克，从陈兴助体内查获海洛因 441 克。

最高人民法院认为：一审判决、二审裁定认定被告人杨永保、陈兴助走私毒品的犯罪事实清楚，证据确实、充分，定罪准确，审判程序合法。但杨永保、陈兴助因形迹可疑被公安人员盘查后，即如实供述自己走私毒品的犯罪事实，应认定为自首，对杨永保、陈兴助判处死刑，可不立即执行。一、二审法院没有依法对杨永保、陈兴助并处没收财产不当，应予纠正。遂依照《中华人民共和国刑事诉讼法》第 199 条和《中华人民共和国刑法》第 347 条第 2 款第（1）项和《最高人民法院关于处理自首和立功具体应用法律若干问题的解释》第 1 条第 1 款第（1）项的规定，于 2000 年 7 月 14 日判决如下：（1）撤销云南省高级人民法院（1999）云高刑三终字第 548 号刑事裁定和云南省德宏傣族景颇族自治州中级人民法院（1999）德刑初字第 192 号刑事判决中对被告人杨永保、陈兴助的量刑部分；（2）被告人杨永保犯走私毒品罪，判处死刑，缓期二年执行，并处没收个人全部财产；被告人陈兴助犯走私毒品罪，判处死刑，缓期二年执行，剥夺政治权利终身，并处没收个人全部财产。

在杨永保案中，被告人因形迹可疑被盘问后，即如实交代了走私毒品的犯罪事实，因此最高人民法院认定为自首。本案的裁判理由指出：

本案被告人杨永保、陈兴助携带毒品走私入境，欲由云南乘飞机前往内地。在机场接受公安人员例行安全检查时，仅因形迹可疑被公安人员盘查，即如实交代了走私毒品的犯罪事实。对杨永保、陈兴助交代走私毒品应如何看待，是否构成自首，应否从轻处罚，最高人民法院作出了与一、二审法院不同的认定和处罚。这一认定和处罚的依据，源自最高人民法院《关于处理自首和立功具体应用法律若干问题的解释》第一条的规定。该条规定：犯罪以后自动投案，如实供述自己罪行的，是自首。对何为自动投案，该条解释为："是指犯罪事实或者犯罪嫌疑人未被司法机关发觉，或者虽被发觉，但犯罪嫌疑人尚未受到讯问、未被采取强制措施时，主动、直接向公安机关、人民检察院或者人民法院投案。"这种情形，即为司法机关通常所说的典型的自动投案。然而，在司法实践中，如果将自动投案仅限于上述情形则限制过死。为了更有利于分化、瓦解和争取犯罪分子，使其在犯罪后不与司法机关对抗或逃逸，该司法解释又将七种情形规定为应当视为自动投案，其中包括"罪行尚未被司法机关发觉，仅因形迹可疑，被有关组织或者司法机关盘问、教育后，主动交代自己的罪行的"。根据这一规定，犯罪事实尚未被司法机关发觉和主动交代自己的犯罪事实，是构成这种自动投案的两个基本要件，只要符合这两个要件就应当视为自动投案。

需要说明的两点是：第一，这里所说的主动是相对于未被发觉而言；第二，应当视为自动投案即指以自动投案认定。从本案来看，杨永保、陈兴助在机场接受的是例行安全检查，其携带毒品的罪行尚未被公安机关发觉，仅因形迹可疑受到盘问，即如实交代了体内藏毒的罪行。这种情形符合司法解释的相关规定，因而应当视为自动投案。又由于杨永保、陈兴助所交代的罪行属如实供述，因而构成自首。刑法第六十七条规定："犯罪以后自动投案，如实供述自己的罪行的，是自首。对于自首的犯罪分子，可以从轻或者减轻处罚。其中，犯罪较轻的，可以免除处罚。"（第 1 款）"被采取强制措施的犯罪嫌疑人、被告人和正在服刑的罪犯，如实供述司法机关还未掌握的本人其他罪行的，以自首论。"（第 2 款）基于上述理由，最高人民法院认定杨永保、陈兴助如实供述自己走私毒品犯罪事实的行为构成自首，依法分别以走私毒品罪判处死刑，缓期二年执行。

就杨永保案而言，公安人员在机场发现被告人形迹可疑，但并没有掌握任何犯罪线索，而杨永保等被告人身上带有毒品能够证明其走私毒品的犯罪事实。那么，为什么杨永保还能被认定为自首呢？这主要是因为杨永保等人是采取体内藏毒的特殊方式走私毒品。采取这种体内藏毒方法的，如果行为人不主动交代，是难以查出毒品的，因此，这种情形也应当认定为自首。如果不是采取体内藏毒方法，而是随身携带毒品，该毒品能够被查出，并证明犯罪事实，则即使其主动交代也不构成自首。在杨永保案中，一、二审法院只是简单地描述为在机场被公安民警查获，而没有叙述因形迹可疑被盘问后主动交代走私毒品的犯罪事实，因而未能将之认定为自首。而最高人民法院在复核中认定在公安机关没有掌握犯罪线索和证据的情况下，被告人仅因形迹可疑被盘问，即交代了走私毒品的犯罪事实，因而，认定其为自首，由此而将死刑立即执行改判为死刑缓期执行。在这一点上，最高人民法院正确地掌握了自首的成立条件，对于限制死刑具有重要意义。

三、刘兵案：不构成自首

2006 年 5 月 26 日凌晨 1 时许，被告人刘兵在贵阳市花溪区贵筑办事处霞晖路自己经营的"1＋1"面食店内与被害人韩某（14 周岁）发生性关系。因韩某处女膜破裂，刘兵所穿白色横条 T 恤和裤子上均沾上韩某的血迹。之后，韩某提出要到贵筑办事处云上村二组杨家山其姐的住处，把刘兵与之发生性关系一事告知其姐，并报告派出所。刘兵担心事情败露，遂产生杀人灭口的念头。当刘兵送韩某走到云上村二组杨家山小路时，刘兵用双手将韩某扼掐致死，并将尸体藏匿于路边菜地刺蓬后逃离现场。经鉴定，被害人韩某系被他人扼压颈部致窒息死亡。案发后，公安机关根据掌握的情况到刘兵家调查，从洗衣机中查获了带血迹的白色横条 T 恤，刘兵遂交代了所犯罪行。

贵阳市中级人民法院认为，被告人刘兵与被害人发生性关系后因害怕事情败露而产生杀人灭口之恶念，用手扼掐被害人颈部，非法剥夺他人生命，其行为已构成故意杀人罪。刘兵虽能坦白交代自己的罪行，是初犯，认罪态度好，但其手段残忍，情节特别严重，社会影响极坏。依照《中华人民共和国刑法》第 232 条、第 57 条第 1 款之规定，判决如下：被告人刘兵犯故意杀人罪，判处死刑、剥夺政治权利终身。

一审宣判后，被告人刘兵以具有自首情节、量刑过重为由，向贵州省高级人民法院提出上诉。

贵州省高级人民法院经审理认为：上诉人刘兵与未成年被害人韩某发生性关系后因害怕事情败露而产生杀人灭口恶念，用手扼掐被害人颈部并向被害人口中塞入泥土，致被害人死亡，其行为已构成故意杀人罪。其作案动机卑劣，手段残忍，社会影响极坏，应依法严惩。刘兵是在公安机关已掌握了一定线索且从其家中发现犯罪证据后才供认犯罪事实的，其行为不具备投案的自动性，不构成自首。原判定罪准确，量刑适当，审判程序合法。遂依照《中华人民共和国刑事诉讼法》（1996 年——引者注）第189 条第（1）项的规定，裁定驳回上诉、维持原判，并依法报请最高人民法院核准。

最高人民法院经复核认为，被告人刘兵与未成年人发生性关系后，因害怕事情败露而杀人灭口，其行为已构成故意杀人罪，且犯罪手段残忍，后果严重，无法定从轻、减轻处罚情节。一审判决、二审裁定认定的事实清楚，证据确实、充分，定罪准确，量刑适当，审判程序合法。遂依照《中华人民共和国刑事诉讼法》第 199 条和《最高人民法院关于复核死刑案件若干问题的规定》第 2 条第 1 款的规定，裁定核准贵州省高级人民法院（2006）黔高刑一终字第 589 号维持第一审以故意杀人罪判处被告人刘兵死刑、剥夺政治权利终身的刑事裁定。

在刘兵案中，被告人刘兵是在公安机关掌握了有关犯罪线索以后交代犯罪事实的，因此，其交代犯罪事实的行为未被认定为自首。对此，本案的裁判理由指出：

根据刑法第 67 条的规定，构成自首须同时具备自动投案和如实供述罪行两个条件。对于自动投案，《最高人民法院关于处理自首和立功具体应用法律若干问题的解释》（以下简称《解释》）第 1 条作出了解释，"是指犯罪事实或者犯罪嫌疑人未被司法机关发觉，或者虽被发觉，但犯罪嫌疑人尚未受到讯问、未被采取强制措施时，主动、直接向公安机关、人民检察院或者人民法院投案"。《解释》具体列举了属于自动投案的数种情形，其中，对于"罪行尚未被司法机关发觉，仅因形迹可疑，被有关组织或者司法机关盘问、教育后，主动交代自己的罪行的"，也规定为"应当视为自动投案"。如何理解这里的形迹可疑，是本案中判断被告人是否具有自首情节的关键。

　　从司法实践看，形迹可疑有两种常见情形：一是司法机关或有关组织尚未掌握行为人犯罪的任何线索、证据，而是根据行为人当时不正常的衣着、举止、言语、神态等情况判断行为人可能存在违法犯罪行为。这种情形的特点是，可疑是非具体的、泛化的、无客观依据的，无法将行为人同某一具体犯罪案件联系起来，而只是有关人员根据经验和直觉来作出判断。在公路、铁路、水运、民航等部门的日常检查中，常能发现这种形迹可疑的人，不少案件也是通过这种检查、盘问而破获的。行为人若在接受这种检查时主动供述所犯罪行的，当然构成自首。二是某一犯罪案件发生后，司法机关或有关组织已经掌握了一定的证据或者线索，明确了侦查方向，圈定了排查范围，在排查或者调查过程中发现行为人的表现或者反应不正常，引人生疑，但尚不足以通过现有证据确定其为犯罪嫌疑人。这种情形的特点是，可疑具有一定的针对性，能够将行为人同具体案件联系起来，但这种联系仍不够明确和具有较为充分的把握，还不能达到将行为人锁定为犯罪嫌疑人进而采取强制措施的程度。这时，行为人主动供述所犯罪行的，仍应认定为自首。但是，如果有关侦查人员从行为人身边或者住处找到客观性证据，如赃物、作案工具、带血迹的衣物等，或者有目击证人直接指认行为人为作案人，从而在行为人与具体犯罪案件之间建立起直接、明确、紧密的联系的，由于当时已有一定的证据指向行为人，其具有较其他排查对象更高的作案嫌疑，则行为人就"升级"为犯罪嫌疑人，而不再仅仅是形迹可疑了，因为对于侦查机关来讲，案件侦查到这个程度，就可以对其采取一定强制措施或者进行传讯了。也就是说，判断行为人是否属于形迹可疑，关键就是看司法机关能否依凭现有证据特别是客观性证据在行为人与具体案件之间建立起直接、明确、紧密的联系，依据当时的证据行为人作案的可能性已经大大提高，达到了被确定为犯罪嫌疑人的程度。能建立起这种联系的，行为人就属于犯罪嫌疑人；建立不起这种联系，而主要是凭经验、直觉认为行为人有作案可能的，行为人就属于形迹可疑。行为人在因形迹可疑受到盘问、教育时主动交代自己所犯罪行的，应当认定为自动投案，构成自首。

本案中，被告人刘兵在菜地藏匿尸体时已被云上村杨家山组村民陈某荣等人发现，其逃离后，陈某荣等人即向公安机关报案。公安机关通过现场勘查、询问证人，获悉作案人抛尸时穿白色横条T恤上衣，抛尸后穿深色夹克外衣逃离。公安人员侦查得知，被害人在一个叫刘兵的人所经营的面食馆里打工，食宿均在刘兵家里。根据这些情况，公安人员在贵筑派出所办公室同刘兵进行了谈话，谈完话后让其回家吃饭。公安机关汇总调查、谈话情况后认为刘兵有作案可能，决定派公安人员到刘兵家里查看是否有作案证据。公安人员到刘兵家后问刘兵案发当晚的衣着情况，刘兵所述与群众报案情况吻合，并说衣物放在洗衣机里未洗。公安人员当场从洗衣机里的衣物中找出了带血迹的白色横条T恤。公安人员就此质问刘兵，刘兵便供认了其作案的经过，并带领公安人员把作案所穿的鞋、裤子、夹克全部找出。

从本案案发过程可以看出，本案的情形不属于上述两种"形迹可疑"情形中的任何一种。公安机关在到被告人刘兵家之前，通过现场勘查、尸体检验、询问证人等工作已经怀疑系刘兵作案，但尚无客观性证据将其确定为犯罪嫌疑人。当公安人员从刘兵家起获带血迹的白色横条T恤后，刘兵的犯罪嫌疑程度得到进一步强化。此时，刘兵杀害韩某的罪行已经被发觉，即使刘兵不主动交代，公安机关也可通过血迹鉴定等工作进一步收集证据后，将案件侦破。也就是说，被告人刘兵是在面对有力的客观性证据而无法提供合理解释的情况下被迫供认其罪行的，并非因形迹可疑受到盘问时主动交代所犯罪行，故不具备投案的自动性，不能认定为自首。一、二审法院不采纳被告人刘兵的辩护人所提刘兵具有自首情节的辩护意见，是完全正确的。

　　需要说明的是，形迹可疑与犯罪嫌疑之间常常并没有明确的界限，判断某一具体案件的被告人是否构成形迹可疑情形下的自首，需要结合具体案情进行具体分析。实践中，有的案件之所以出现界分形迹可疑与犯罪嫌疑的困难，与侦破过程中的工作方法有关。如果取证或者询问工作到位或者缜密，相当一部分案件的被告人会更早被确定为犯罪嫌疑人，而不会给其留下因形迹可疑而自动投案的机会。对于有的案件中难以界分被告人是形迹可疑还是有犯罪嫌疑的，应当通过正确理解法律规范的意义和准确把握个案事实来判断，既要保障人权，又要防止犯罪人逃避应有的惩罚，而不能不分情形，简单适用对被告人有利的原则。判断行为人是否具有形迹可疑情形下的自首情节，最终要以投案的自动性为出发点和落脚点，只有具备投案的自动性，才能认定为自首。

刘兵案与杨永保案相比，两案的根本区别就在于：杨永保案是在公安人员尚未掌握有关犯罪线索的情况下被告人主动交代罪行，而刘兵案是在公安人员已经掌握有关犯罪线索的情况下被告人主动交代犯罪行为。因此，杨永保案属于在形迹可疑情况下经盘问而主动交代罪行，刘兵案则属于在具有犯罪嫌疑情况下经盘问而主动交代罪行：前者构成自首，后者只构成坦白。这里主要涉及如何区分形迹可疑与犯罪嫌疑。

那么，什么是形迹可疑呢？这里的形迹，是指行为人的形容举止，包括身体神态、穿着打扮等外部特征。可疑，是指怀疑。在具体判断形迹可疑的时候，应当区分不同的情况。对此，我国学者对形迹可疑作了以下具体分析：

所谓形迹可疑，应当是指这样两种情况：一是司法机关或者有关组织尚未掌握行为人犯有某宗罪行的任何线索、证据，而仅凭行为人的举动、神态不正常，认为行为人可疑。这种形迹可疑是一种纯粹基于常理、常情或者特定的工作经验所形成的主观判断。二是司法机关或有关组织已经掌握了据以推测行为人可能与某宗罪行有联系的一定的线索、证据，但据此线索、证据尚不足以合理地将行为人确定为某宗罪行的犯罪嫌疑人。此种形迹可疑虽不属纯粹的主观判断，但仍主要属于直觉性的推测范畴。[①]

在以上两种形迹可疑中，第一种形迹可疑与犯罪嫌疑区别较大，第二种形迹可疑则与犯罪嫌疑只有量的区分，因而不易认定。

那么，什么是犯罪嫌疑呢？犯罪嫌疑是指已经存在一定的线索或者证据，据此而对行为人的作案可能性发生怀疑。尽管犯罪嫌疑也具有一定的推测性，但这种推测性是建立在一定的客观事实基础之上的。在最高人民法院《刑事审判参考》刊载的《庄保全抢劫案——犯罪嫌疑人一经传唤即如实供认犯罪事实的可否认定为自首》一文[②]中，裁判理由对形迹可疑与犯罪嫌疑的区分归纳为以下两点：

第一，形迹可疑人的地位具有随机性，而犯罪嫌疑人与怀疑他的侦查人员的地位不具有随机性。有关组织或者司法机关工作人员认为某人形迹可疑，是偶然接触对方，因其举止神态不正常而产生怀疑，因而不会，也不可能将可疑人与特定的案件相联系。在一般情况下，对形迹可疑人产生怀疑的有关组织或者司法机关工作人员即使是公安人员，也不是特定刑事案件的侦查人员。侦查人员认为某人有犯罪嫌疑，则是因为有特定的案件待侦破，侦查人员自己就是案件的办案人，必然将嫌疑人与特定的案件相联系。

第二，对形迹可疑人或者犯罪嫌疑人盘问、讯问的性质不同。对形迹可疑人的盘问，如果被盘问人应答没有破绽，盘问就无法持续下去，原来产生的疑问就会被冲淡或打消；对犯罪嫌疑人的讯问，讯问人要弄清事实

① 周加海：《自首制度研究》，51 页，北京，中国人民公安大学出版社，2004。

② 参见最高人民法院编：《刑事审判参考》，第 8 辑，22 页，北京，法律出版社，2000。

真相，如果嫌疑人否认犯罪但又不能用事实说明、解脱其与某项特定犯罪的联系，讯问就不会停止，侦查工作就要深入。

我认为，庄保全抢劫案的裁判理由对形迹可疑与犯罪嫌疑的区分是十分可取的。在刘兵案中，公安机关已经对杀人现场进行了勘查，并了解了有关情况，根据这些线索与证据，已经判断刘兵具有作案可能。在这种情况下，刘兵不只是形迹可疑，而且是具有犯罪嫌疑，因此，对其交代罪行不应认定为自首。

第 2 节　协助司法机关抓捕同案犯构成立功之认定研究

案名：梁延兵贩卖、运输毒品案　陈佳嵘贩卖、运输毒品案
主题：立功　协助行为

立功制度，是我国刑法中的一项刑罚裁量制度，对于鼓励犯罪人在犯罪以后检举揭发或者提供线索抓获其他犯罪人具有重要意义。本节通过梁延兵贩卖、运输毒品案（以下简称梁延兵案）和陈佳嵘贩卖、运输毒品案（以下简称陈佳嵘案）[①]，对司法实践中的立功认定问题进行研究。

一、立功制度的法理分析

立功是指犯罪人揭发他人犯罪行为，查证属实；或者提供重要线索，从而得以侦破其他案件的情形。根据我国刑法与司法解释的规定，我国刑法中的立功包括以下三种情形。

（一）揭发他人的犯罪行为
犯罪人之间往往互相了解各自的犯罪行为，犯罪人在归案以后，不仅交代自己

[①]　梁延兵案刊载于最高人民法院编：《刑事审判参考》，第 32 辑，北京，法律出版社，2003；陈佳嵘案刊载于最高人民法院编：《刑事审判参考》，第 55 集，北京，法律出版社，2007。

的罪行，而且检举揭发他人的犯罪行为，因此是一种立功表现。这里的揭发他人的犯罪行为，是指揭发同案犯以外其他人的犯罪行为；或者揭发同案犯与自己共同犯罪所犯以外的其他犯罪行为，而不包括同案犯与自己的共同犯罪事实。对此，1998年 4 月 17 日最高人民法院《关于处理自首和立功具体应用法律若干问题的解释》（以下简称《自首和立功解释》）第 6 条规定："共同犯罪案件的犯罪分子到案后，揭发同案犯共同犯罪事实的，可以酌情予以从轻处罚。"根据这一规定，揭发同案犯共同犯罪事实不构成立功，而只是一种从轻处罚的酌定情节。

（二）提供重要线索得以侦破其他案件

提供重要线索，是指犯罪人提供未被司法机关掌握的各种犯罪线索。例如证明犯罪行为的重要事实或者有关证人等。立功中的重要线索，必须是与犯罪有关的线索，而且对于侦破其他案件起到重要作用。唯有如此才能认定为立功。

（三）其他立功表现

根据《自首和立功解释》第 5 条的规定，除刑法第 68 条第 1 款规定的上述两种立功表现以外，以下情形也应当认定为有立功表现：（1）阻止他人犯罪活动；（2）协助司法机关抓捕其他犯罪嫌疑人（包括同案犯）；（3）具有其他有利于国家和社会的突出表现的。

二、梁延兵案的评判

1999 年 10 月的一天，被告人梁延兵、李之琼在绍兴市钱清镇南方大酒店大门外，将 10 克海洛因以每克人民币 130 元的价格贩卖给黄文均（另案处理）。同月的一天，梁延兵在绍兴县柯桥菜市场附近以上述同样价格将 10 克海洛因卖给黄文均。同月的一天，经梁延兵联系，由被告人李聪武在绍兴市柯桥菜市场附近将 10 克海洛因以每克人民币 500 元的价格卖给黄文均。1999 年 11 月的一天，李聪武伙同被告人张建平二人将梁延兵、李之琼从云南昭通购来的海洛因中的 20 克以每克 130 元的价格卖给花儿（在逃）。1999 年 12 月期间，梁延兵、张建平在绍兴县柯桥镇一浴室分两次将 40 克海洛因以每克人民币 130 元的价格卖给郭老七（在逃）。同月的一天，张建平在征得梁延兵同意后，将 5 克海洛因送到柯桥镇花儿住处销售。2001 年 7 月底，梁延兵与被告人陈光虎、张光奎共谋贩毒，由梁延兵联系上家，陈光虎、张光奎提供购毒资金，后三人一起到云南省昭通市以每克人民币 90 元的价格购得海洛因 200 克，运至绍兴县柯桥镇，以每克人民币 130 元的价格卖给他人。2001 年 8 月中旬，梁延兵、陈光虎、张光奎共谋再次贩毒，后由梁延兵、陈光虎携款去云南省昭通市，以每克人民币 90 元的价格购得海洛因 195.10 克。在返回途中，陈光虎因有事中途下车。梁延兵携带该批海洛因至嘉兴市，同月 26 日到桐乡钱家门旅馆与张光奎、李聪武会合。次日上午，李聪武、梁延兵、张光奎一起将该批海洛因携带至浙江省平湖市钟埭镇张建平家，欲对该批海洛因进行包装时，被公安人员抓获，当场从李聪武随身携带的皮包内查获海洛因 195.10 克。后张建平、陈光虎、李之琼相继被抓获归案。

梁延兵等被告人对上述犯罪事实供认不讳。梁延兵的辩护人提出，梁延兵归案后认罪态度较好并有立功表现。被告人陈光虎、张光奎、李聪武的辩护人均提出各自的被告人在共同犯罪中所起的地位、作用相对较小，应认定为从犯。李聪武的辩护人还提出李聪武在归案后有向公安机关提供线索抓获同案犯的重大立功表现等。

嘉兴市中级人民法院认为：梁延兵、陈光虎、张光奎、李聪武、李之琼、张建平交叉结伙，从云南省昭通市携带海洛因到浙江省绍兴市、平湖市等地进行贩卖。其中，被告人梁延兵参与贩卖、运输海洛因 490.10 克，被告人陈光虎、张光奎参与贩卖、运输海洛因 395.10 克，被告人李聪武参与贩卖、运输海洛因 225.10 克，被告人李之琼参与贩卖、运输海洛因 85 克，被告人张建平参与贩卖、运输海洛因 65 克，上述六被告人的行为均已构成贩卖、运输毒品罪。公诉机关指控的罪名成立。在共同犯罪中，被告人梁延兵、陈光虎、张光奎、李之琼事先进行预谋，又分别实施了提供购毒资金、一起去云南省昭通市购买海洛因并携带至贩卖地后进行销售等行为，上述四被告人的地位作用基本相等，不应区分主、从犯，故陈光虎、张光奎的辩护人提出的对陈光虎、张光奎二人应当认定为从犯的辩护意见不能成立，不予采纳。被告人李聪武、张建平在所参与的共同犯罪中，既非起意者，也非出资人，实施贩毒行为主要受被告人梁延兵等人的委托指派，起次要作用，系从犯，依法应当从轻处罚。李聪武的辩护人就此所提的辩护意见成立，予以采纳。被告人李聪武案发后有向公安机关提供重要线索抓获同案犯的立功表现，依法可以从轻处罚。其辩护人提出李聪武的行为构成重大立功缺乏依据，不予采纳。被告人张建平曾因犯拐卖人口罪被判处有期徒刑三年，在刑满释放后五年内又犯应当判处有期徒刑以上刑罚之罪，系累犯，依法应当从重处罚。关于被告人梁延兵的辩护人提出的梁延兵有立功表现的问题，经查，梁延兵当庭供称，其与陈光虎在四川筠连县分手时曾约定数日后在绍兴柯桥弥陀碰面，并由陈光虎负责联系毒品买主，故被告人梁延兵在供述中提及的陈光虎可能在绍兴柯桥弥陀的这一情节，属于其共同犯罪过程的必然交代，此行为不属于独立于其本人犯罪行为以外的检举揭发，不能认定为立功表现。此辩护意见不能成立，不予采纳。依照《中华人民共和国刑法》第347条第2款第（1）项、第25条第1款、第27条第1款、第48条第1款以及《最高人民法院关于处理自首和立功具体应用法律若干问题的解释》第5条之规定，判决如下：（1）被告人梁延兵犯贩卖、运输毒品罪，判处死刑，剥夺政治权利终身，并处没收个人全部财产；（2）被告人陈光虎犯贩卖、运输毒品罪，判处死刑，缓期二年执行，剥夺政治权利终身，并处没收个人全部财产；（3）被告人张光奎犯贩卖、运输毒品罪，判处死刑，缓期二年执行，剥夺政治权利终身，并处没收个人全部财产；（4）被告人李聪武犯贩卖、运输毒品罪，判处无期徒刑，剥夺政治权利终身，并处没收个人全部财产；（5）被告人李之琼犯贩卖、运输毒品罪，判处有期徒刑15年，剥夺政治权利5年，并处没收个人财产人民币5万元；（6）被告人张建平犯贩卖、运输毒品罪，判处有期徒刑15年，剥夺政治权利5年，并处没收个人财产人民币 5 万元。

一审宣判后，被告人梁延兵及其辩护人提出上诉称：原判认定的部分事实不清、证据不足；能主动交代犯罪事实，认罪态度好；有配合公安机关抓获同案犯的重大立功表现；原判量刑过重，要求从轻处罚。

浙江省高级人民法院经审理认为：原判认定被告人梁延兵、陈光虎、张光奎、李聪武、李之琼、张建平贩卖、运输毒品的事实，有黄文均、凌大友等人的证言，公安机关提取的部分海洛因及毒品鉴定书等证据证实。各被告人亦均有供认在案，所供可相互印证，并与上述证据反映的情况相符。原判认定的事实清楚，证据确实、充分。故梁延兵及其辩护人就原判认定事实与证据提出的异议不能成立，不予采信。梁延兵未提供同案犯确切的藏身地址，也未带领公安人员前去抓捕，故其称有配合公安机关抓捕同案犯的立功表现的理由不能成立，也不予采信。梁延兵等人从云南等地购买海洛因运输至浙江省绍兴市、嘉兴市出卖，其行为已构成贩卖、运输毒品罪，贩卖、运输毒品数量大，社会危害严重，应依法惩处。梁延兵及其辩护人提出要求从轻的理由不足，不予采纳。原判定罪及适用法律正确，量刑适当，审判程序合法。依照《中华人民共和国刑事诉讼法》（1996 年——引者注）第 180 条第（1）项的规定，裁定如下：驳回上诉，维持原判。

浙江省高级人民法院依法将此案报请最高人民法院核准。

最高人民法院经复核确认：2001 年 7 月底，被告人梁延兵与陈光虎、张光奎（均为同案被告人，已判刑）共谋在浙江省绍兴县柯桥镇贩卖毒品，并商定由梁延兵联系购买毒品，陈光虎、张光奎提供购毒资金。随后，梁延兵与陈光虎、张光奎到云南省昭通市购得海洛因 200 克，运回绍兴县柯桥镇后加价出售给他人。2001 年 8 月中旬，梁延兵、陈光虎、张光奎再次共谋后，由梁延兵、陈光虎携款到云南省昭通市购得海洛因后，在返回途中，陈光虎因有事中途下车。梁延兵携带海洛因于同月 26 日到浙江省桐乡市钱家门旅馆与张光奎、李聪武（同案被告人，已判刑）会合。

次日上午，梁延兵与张光奎、李聪武携带海洛因到浙江省平湖市钟埭镇张建平（同案被告人，已判刑）家后，被公安人员抓获，查获海洛因195.1克。

另查明：1999 年 10 月至 12 月，被告人梁延兵伙同李聪武、张建平在浙江省绍兴县，以每克人民币 130 元至 500 元的价格，先后向黄文均（另案处理）出售海洛因 30 克，向郭老七（在逃）出售海洛因 40 克，向花儿（在逃）出售海洛因 25 克。

案发后，公安机关根据被告人梁延兵提供的线索，在浙江省绍兴县柯桥镇陈光虎的姐姐陈某的租房内将陈光虎抓获。

上述事实，有查获的海洛因及鉴定结论、证人证言和同案被告人的供述证实。被告人梁延兵亦供认，足以认定。

最高人民法院认为：被告人梁延兵伙同他人贩卖、运输海洛因的行为，已构成贩卖、运输毒品罪。贩卖、运输毒品数量大，且系主犯，应依法惩处。鉴于被告人梁延兵归案后能够协助公安机关抓获同案犯，有重大立功表现，应从轻处罚。一审判决和二审裁定认定的事实清楚，证据确实、充分，定罪准确，审判程序合法，但量刑不当。依照《中华人民共和国刑事诉讼法》第 199 条，《最高人民法院关于执行〈中华人民共和国刑事诉讼法〉若干问题的解释》第 285 条第（3）项，《中华人民共和国刑法》第 347 条第 2 款第（1）项、第 26 条第 1、4 款，第 57 条第 1 款和《最高人民法院关于处理自首和立功具体应用法律若干问题的解释》第 7 条的规定，判决如下：（1）撤销浙江省高级人民法院（2002）浙刑一终字第 234 号刑事裁定和嘉兴市中级人民法院（2002）嘉中刑初字第 30 号刑事判决中对被告人梁延兵的量刑部分；（2）被告人梁延兵犯贩卖、运输毒品罪，判处死刑，缓期二年执行，剥夺政治权利终身，并处没收个人全部财产。

本案涉及的是对协助公安机关抓获同案犯这一事实的认定问题。因为根据《自首和立功解释》的规定，协助司法机关抓捕其他犯罪嫌疑人（包括同案犯）的，应当认定为有立功表现。但是，在司法实践中如何正确地认定这里的协助司法机关抓捕同案犯，还存在争议。

本案审理中对被告人梁延兵向公安机关提供线索抓获陈光虎的行为是否属于协助公安机关抓获同案犯，有两种不同意见：一种意见认为梁延兵的行为不属于协助公安机关抓获同案犯，不构成立功。另一种意见认为梁延兵的行为属于协助公安机关抓获同案犯，构成重大立功。认为不构成立功的理由主要有两个：一是梁延兵在供述中提及的同案犯陈光虎可能在绍兴县柯桥镇弥陀的这一情节，属于其共同犯罪过程的必然交代，此行为不属于独立于其本人犯罪行为以外的检举揭发，不能认定为立功。二是梁延兵未提供同案犯陈光虎的确切的藏身地址，也未带领公安人员前去抓捕，故其称有协助公安机关抓捕同案犯情节的理由不能成立。

从以上争议来看，关键问题在于：对协助司法机关抓捕同案犯是作狭义的理解还是作广义的理解？如果作狭义的理解，则把这里的协助认定为带领公安人员到现场抓获同案犯的行为。如果作广义的理解，则不仅具有协助行为的应当认定为立功，像本案中这样提供线索使公安机关得以抓获同案犯的，也应当认定为立功。显然，一审法院与二审法院对于协助司法机关抓捕同案犯均作狭义理解，因而否认梁延兵具有立功表现。而最高人民法院对于协助司法机关抓捕同案犯作广义理解，因而认定梁延兵具有立功表现，并由此对梁延兵从死刑立即执行改判为死刑缓期执行。由此可见，立功认定关系到被告人的生死。本案的裁判理由对协助司法机关抓捕同案犯认定为立功表现作了以下论证：

《最高人民法院关于处理自首和立功具体应用法律若干问题的解释》第七条第一款规定："犯罪分子……协助司法机关抓捕其他重大犯罪嫌疑人（包括同案犯）……应当认定为有重大立功表现。"那么，如何准确理解协助司法机关抓捕同案犯呢？对此，最高人民法院在《全国法院审理毒品犯罪案件工作座谈会纪要》（现已失效——引者注）中对如何认定毒品犯罪的被告人协助公安机关抓获同案犯构成立功的问题时作出回答，即："认定被告人是否构成该项立功，应当根据被告人在公安机关抓获同案犯中是否确实起到了协助作用。如经被告人当场指认、辨认抓获了同案犯；带领公安人员抓获了同案犯；被告人提供了不为有关机关掌握或者有关机关按照正常工作程序无法掌握的同案犯藏匿的线索，抓获了同案犯等情况，均属于协助司法机关抓获同案犯，应认定为立功。"这一阐述，对何种情形属于被告人协助公安机关抓获同案犯作出了说明。其基本精神就是，如果没有被告人的协助，公安机关难以抓获同案犯；正是由于有了被告人的协助，才使公安机关得以抓获同案犯。可以说，这个"说明"虽然是针对毒品犯罪而作，但其基本精神对于准确理解何种情形属于协助司法机关抓捕同案犯同样具有重要的指导意义。

最高人民法院认定本案被告人梁延兵协助公安机关抓获同案犯构成重大立功，主要基于以下几点理由：第一，梁延兵向公安机关提供了同案犯陈光虎可能藏匿的为其姐姐的租住房；第二，该藏匿处事先不为公安机关所掌握，如梁延兵不供述公安机关也无从掌握；第三，公安机关正是根据梁延兵提供的线索抓获了同案犯陈光虎；第四，陈光虎被依法判处死刑，缓期二年执行，为罪行重大犯罪分子。

最高人民法院认为，一审法院关于"梁延兵在供述中提及的同案犯陈光虎可能在绍兴县柯桥镇弥陀的这一情节，属于其共同犯罪过程的必然交代，此行为不属于独立于其本人犯罪行为以外的检举揭发，不能认定为立功"的理由不能成立。因为，梁延兵所提供的这一情况并非其与同案犯陈光虎共同贩卖毒品的犯罪事实。梁延兵向司法机关提供的是陈光虎可能藏匿的地点，即其姐姐的租住房处，这一地点并非双方约定的贩毒场所，而是陈光虎的下落。对此节内容，梁延兵虽然应当向公安机关提供，但无论是否提供都不影响其对犯罪事实的交代。也就是说，即使梁延兵不向公安机关提供这一情况，也不能认为其是不如实供述犯罪事实。

最高人民法院还认为，二审法院关于"梁延兵未提供同案犯确切的藏身地址，也未带领公安人员前去抓捕"，因而不属于协助司法机关抓获同案犯的理由同样不能成立，因为：第一，被告人梁延兵被抓获后，主动交代了同案犯陈光虎可能在绍兴市柯桥弥陀其姐姐陈某的租住房，并描述了该房的大体位置。从梁延兵提供的这一线索可以看出，梁延兵向公安机关提供的陈光虎可能藏匿地点并不是漫无边际的，而是具体的、真实的、较详细的地点。公安人员正是根据梁延兵提供的这一线索才将同案犯陈光虎缉拿归案。第二，梁延兵归案后被采取强制措施，其人身自由受到限制，能否带领公安人员前去抓捕同案犯，不是由其自己决定，而是由公安机关决定。通常，公安机关只有在犯罪嫌疑人或被告人带领下才能抓获案犯的情况下，或者便于押解的情况下，才会决定由被告人带领公安人员去抓获案犯。如公安机关认为犯罪嫌疑人或被告人提供的线索已足够清晰，即使没有其带领亦不影响抓捕工作，或者在不便于押解的情况下，就没有必要让犯罪嫌疑人或被告人带领前去抓捕。问题的关键是根据该线索能否抓到，是否真正起到协助作用，而不是带领不带领。因此，不能简单地认为未带领公安人员前去抓捕就不属于协助司法机关抓获同案犯。公安人员根据梁延兵提供的线索抓获了同案犯陈光虎，说明其提供的线索真实、清晰、可靠，无疑应当属于协助司法机关抓获同案犯。

《最高人民法院关于处理自首和立功具体应用法律若干问题的解释》第 7 条第 2 款规定："'重大犯罪嫌疑人'的标准，一般是指犯罪嫌疑人、被告人可能被判处无期徒刑以上刑罚。"由于同案被告人陈光虎被抓获后被判处死刑，缓期二年执行，属重大罪犯，故最高人民法院认为，梁延兵协助公安机关抓获陈光虎的行为属构成重大立功表现。根据刑法第 68 条第 1 款的规定，"有重大立功表现的，可以减轻或者免除处罚"。因被告人所犯罪行重大，最高人民法院认为对其可不减轻处罚，但应从轻处罚，故决定以贩卖、运输毒品罪改判梁延兵死刑，缓期二年执行，剥夺政治权利终身，并处没收个人全部财产。

以上裁判理由对于正确理解协助抓捕同案犯具有重要意义。在此，关键问题在于：如何理解这里的协助？从裁判理由来看，对这里的协助不能作形式的理解，而应当作实质的理解，即使司法机关抓获同案犯的任何举措都属于这里的协助。裁判理由引用《全国法院审理毒品犯罪案件工作座谈会纪要》的规定，对这里的协助作了较为宽泛的理解，这是一种有利于被告人的理解。最高人民法院有关人员在解释这里的协助时指出：

> 所谓协助作用，是指配合、帮助公安机关的抓捕工作，对抓捕同案犯起了重要的或关键的作用。协助一般表现为：经被告人当场指认、辨认抓获了同案犯；被告人带领公安人员到同案犯居住地抓获了同案犯；被告人提供了不为公安机关掌握或者公安机关按照正常工作程序无法掌握的同案犯藏匿线索抓获了同案犯；被告人通过打电话、传呼、传口信等方式配合公安机关将同案犯引至抓捕现场抓获同案犯等等，均应认定协助司法机关抓获同案犯。被告人的协助是抓获同案犯的重要条件，但不一定是必要条件。不能以没有被告人的协助还可以通过其他办法抓到同案犯，而否认被告人的协助行为构成立功。协助公安机关抓获同案犯后，被抓获者由于其他原因脱逃的，不影响被告人构成立功。①

由此可见，对于协助应当看其是否为抓获同案犯起到了某种作用，至于其形式并不拘泥。在梁延兵案中，最高人民法院根据这一精神，将梁延兵提供线索使公安机关得以抓获同案犯的情形认定为立功，是符合刑法关于立功的立法精神的，值得赞许。

三、陈佳嵘案的评判

> 2004 年 4 月底，被告人陈佳嵘在广东省广州市火车站附近一酒店以每克 235 元的价格向马军（另案处理）购买海洛因 200 克，后陈佳嵘将购得的海洛因运输到江苏省南京市，以每克 300 元～380 元的价格，单独或伙同被告人卜秀芳出售给吴某、张某生、戴某顺各 20 克，其中，卜秀芳参与贩卖海洛因 30 克。

---

① 王小明：《〈全国法院审理毒品犯罪案件工作座谈会纪要〉的理解和适用》，载最高人民法院编：《刑事审判参考》，第 12 辑，72～73 页，北京，法律出版社，2001。

2004 年 5 月 27 日晚，被告人陈佳嵘在广州市安迅宾馆 712 房间以 16.1 万元向赵新文购买海洛因两块。次日，陈佳嵘携带购得的海洛因乘出租车返回南京市时被抓获，公安机关当场从陈佳嵘携带的包内查获海洛因 709 克。案发后，公安机关在陈佳嵘、卜秀芳的租住房内查获海洛因 98.718 克，在卜秀芳的提包内查获海洛因 20.046 克。

2004 年 6 月 2 日，被告人赵新文在广州华宁酒店 601 室，向秦某俊贩卖海洛因 3 克，获赃款 700 元。当晚，公安机关在广州市白云区广园西路通通酒店附近将赵新文抓获，当场从其身上缴获海洛因 41.651 克。

南京市中级人民法院认为：被告人陈佳嵘将海洛因 909 克从广州市运输至南京市进行贩卖，其行为已构成贩卖、运输毒品罪。被告人赵新文贩卖海洛因共计 753.651 克，被告人卜秀芳参与贩卖海洛因 30 克，其行为均已构成贩卖毒品罪。被告人陈佳嵘、赵新文的辩护人提出的辩护理由不能成立；被告人卜秀芳及其辩护人提出的辩解和辩护意见也不能成立，均不予采纳。依照《中华人民共和国刑法》第 347 条第 1 款、第 2 款第（1）项、第 3 款、第 356 条、第 48 条第 1 款、第 57 条第 1 款、第 25 条第 1 款、第 26 条第 1 款、第 27 条第 1 款、第 2 款的规定，以贩卖、运输毒品罪判处被告人陈佳嵘死刑，剥夺政治权利终身，并处没收个人全部财产；以贩卖毒品罪判处被告人赵新文死刑，剥夺政治权利终身，并处没收个人全部财产；以贩卖毒品罪判处被告人卜秀芳有期徒刑 8 年，并处罚金人民币 10 000 元。

一审宣判后，被告人陈佳嵘、赵新文及卜秀芳提出上诉。

被告人陈佳嵘上诉称：其协助公安机关抓获了上家赵新文及下家龚延国，并检举了他人犯罪，有重大立功表现；认罪态度好，请求从轻处罚。其辩护人提出：陈佳嵘协助公安机关抓获了赵新文，有重大立功表现。

被告人赵新文及其辩护人提出：在陈佳嵘购买 709 克海洛因的犯罪中，赵新文只是介绍陈佳嵘与他人买卖毒品，应为从犯；公安机关在赵新文身上查获的 40 余克毒品是用来自己吸食的，不应计入其贩卖毒品的数量；赵新文认罪态度较好，请求从轻处罚。

被告人卜秀芳称其主观上没有贩卖毒品的故意，其行为不构成贩卖毒品罪。其辩护人提出认定卜秀芳参与陈佳嵘和戴家顺之间交易毒品的证据不足的辩护意见。

江苏省高级人民法院经审理认为：被告人陈佳嵘贩卖、运输海洛因，其行为已构成贩卖、运输毒品罪。被告人赵新文、卜秀芳明知海洛因系毒品而予以贩卖，其行为已构成贩卖毒品罪。陈佳嵘贩卖、运输毒品海洛因为 909 克，赵新文贩卖毒品海洛因为 753.651 克，依法应予严惩。在陈佳嵘与卜秀芳共同贩卖毒品的犯罪中，陈佳嵘起主要作用，系主犯，卜秀芳起辅助作用，系从犯。陈佳嵘、赵新文均因贩卖毒品罪被判过刑，为毒品再犯，依法应从重处罚。赵新文系公安机关监控抓获归案，不能认定陈佳嵘有重大立功表现；陈佳嵘虽能配合公安机关抓获龚延国，但龚延国只是毒品吸食人员，不是犯罪嫌疑人，故陈佳嵘亦不构成立功；陈佳嵘检举他人毒品犯罪，经查证不属实。陈佳嵘、赵新文归案后认罪、悔罪态度尚好，但根据其犯罪事实、犯罪性质、情节和对于社会的危害程度及均系毒品再犯等情节，尚不足以对其从宽判处。陈佳嵘、赵新文、卜秀芳及辩护人提出的其他的上诉理由、辩护意见不能成立，不予采纳。一审判决认定的犯罪事实清楚，证据充分，定罪准确，量刑适当，审判程序合法。依照《中华人民共和国刑事诉讼法》第 189 条第（1）项之规定，裁定驳回上诉、维持原判，并依法报请最高人民法院核准。

最高人民法院复核查明：陈佳嵘贩卖、运输毒品及赵新文贩卖毒品的犯罪事实与一审判决、二审裁定认定的事实相同。另查明，2004 年 5 月，公安机关接到陈佳嵘贩卖毒品的举报后，即对陈佳嵘进行监控。2004 年 5 月 27 日晚，陈佳嵘与赵新文在广州安迅宾馆所进行的毒品交易，完全处于公安机关的监控之中。此后，公安机关对赵新文一直进行电话监控。2004 年 5 月 29 日，陈佳嵘在南京市被抓获后，为了防止赵新文发觉陈佳嵘被抓获而逃匿，先后两次给在广州市的赵新文打电话"报平安"和提出再向其购买 1 000 克海洛因，以此稳住赵新文，配合公安机关顺利抓获了赵新文。

最高人民法院复核认为：被告人陈佳嵘以贩卖为目的购买、运输海洛因 909 克，并亲自或指使卜秀芳贩卖海洛因，其行为构成贩卖、运输毒品罪。赵新文贩卖海洛因 753.651 克，其行为构成贩卖毒品罪。陈佳嵘、赵新文进行毒品犯罪的数量大，且系再犯，应从重处罚。鉴于陈佳嵘协助公安机关抓获了同案犯赵新文，有重大立功表现，对其判处死刑，可不立即执行。一审判决和二审裁定认定的事实清楚，证据确实、充分，定罪准确，审判程序合法，对赵新文量刑适当，对陈佳嵘量刑不当。依照《中华人民共和国刑事诉讼法》第 199 条、《最高人民法院关于执行〈中华人民共和国刑事诉讼法〉若干问题的解释》第 285 条第（1）项、第（3）项，以及《中华人民共和国刑法》第 347 条第 2 款第（1）项、第 356 条、第 48 条第 1 款、第 57 条第 1 款、第 68 条第 1 款和《最高人民法院关于处理自首和立功具体应用法律若干问题的解释》第 5 条的规定，判决：（1）核准江苏省高级人民法院（2004）苏刑终字第 355 号维持一审以贩卖毒品罪判处被告人赵新文死刑，剥夺政治权利终身，并处没收个人全部财产的刑事裁定；（2）撤销江苏省高级人民法院（2004）苏刑终字第 355 号刑事裁定和南京市中级人民法院（2004）宁刑初字第 124 号刑事判决中对被告人陈佳嵘的量刑部分；（3）被告人陈佳嵘犯贩卖、运输毒品罪，判处死刑，缓期二年执行，剥夺政治权利终身，并处没收个人全部财产。

陈佳嵘案与梁延兵案是较为相似的，都涉及协助司法机关抓捕同案犯的问题，但两案的具体表现有所不同：梁延兵案中的行为是提供同案犯的线索，而陈佳嵘案中的行为是稳住已被监控的同案犯。在陈佳嵘案处理过程中，对于已归案的犯罪分子协助公安机关稳住已被监控的犯罪嫌疑人，从而使该犯罪嫌疑人被顺利抓获，是否被认定为立功，存在两种不同意见：

第一种意见认为，被司法机关监控的犯罪嫌疑人，因处于司法机关的控制之中，司法机关完全可以不必借助已归案的犯罪分子的协助而将其抓捕归案。因此，已归案的犯罪分子协助司法机关稳住被监控的其他犯罪嫌疑人，尽管对司法机关抓捕该犯罪嫌疑人起了一定作用，但所起的作用不大，不能认定为立功。第二种意见认为，已归案的犯罪分子为使司法机关顺利抓捕被监控的其他犯罪嫌疑人，协助司法机关稳住该犯罪嫌疑人，其行为对司法机关顺利抓捕被监控的其他犯罪嫌疑人起到了协助作用，应当认定为立功。

从以上两种意见的分歧来看，第一种意见并不否认陈佳嵘的协助对于司法机关抓获同案犯具有一定作用，但以所起作用不大为由否认立功。对此，本案裁判理由指出：

已归案的犯罪分子协助公安机关抓捕其他犯罪嫌疑人的，是否构成立功，认定的标准在于是否有协助行为以及协助行为对抓捕其他犯罪嫌疑人是否起了作用，而不是协助行为所起作用的大小。

《最高人民法院关于处理自首和立功具体应用法律若干问题的解释》第五条规定，犯罪分子到案后，协助司法机关抓捕其他犯罪嫌疑人（包括同案犯）的，应当认定为有立功表现。由此可见，已归案的犯罪分子协助公安机关抓捕其他犯罪嫌疑人，构成立功的条件有两个：一是客观上有无协助公安机关抓捕其他犯罪嫌疑人的行为，二是协助行为对抓捕其他犯罪嫌疑人是否起到了作用。至于协助行为对于抓捕其他犯罪嫌疑人所起作用的大小，司法解释并未规定，也未要求。也就是说，对于已归案的犯罪分子协助抓获其他犯罪嫌疑人的，只要协助行为对抓捕其他犯罪嫌疑人确实起到了作用，无论所起作用的大小，都应认定为立功。换言之，协助行为对抓捕其他犯罪嫌疑人所起作用的大小，并不影响立功的成立。关于协助行为所起作用大小的问题，只是在认定构成立功的前提下，对被告人量刑时应当予以考虑的问题，即在决定是否给予被告人从轻、减轻或免除处罚以及从轻、减轻处罚的幅度时，应当予以考虑的因素。刑法之所以规定对有立功表现的被告人可以从宽处罚，其目的在于通过鼓励已归案的犯罪嫌疑人检举、揭发他人犯罪，提供侦破其他案件的重要线索，或者协助司法机关抓获其他犯罪嫌疑人等形式,有效地协助司法机关及时破案,节约司法资源,同时,给予犯罪人悔过自新、改恶从善的机会。已归案的犯罪分子协助司法机关稳住其他犯罪嫌疑人,从而使该犯罪嫌疑人被公安机关顺利抓获的情形,完全符合立功制度的立法意旨,应当认定为立功。

本案中,被告人赵新文归案前,公安机关虽然对其采取了电话监控措施,但这种监控措施力度有限,不足以防止赵新文脱离监控而逃匿。一旦赵新文察觉或怀疑陈佳嵘被公安机关抓获,其完全可能逃匿,从而脱离监控,增加抓捕难度。正是出于这种考虑,公安机关才在陈佳嵘归案后,让其给赵新文打电话"报平安"和向其提出再购买毒品。事实上,陈佳嵘的行为对于稳住赵新文,防止其逃匿以及公安机关顺利实施抓捕均起到了一定的积极作用。因此,陈佳嵘配合公安机关给赵新文打电话"报平安"及提出再向其购买毒品的行为实质上是一种协助抓捕行为,而且该协助行为对于抓捕赵新文客观上起到了一定积极作用,符合协助抓捕型立功的条件,应当认定为立功。赵新文因所犯罪行被判处死刑,属于重大犯罪嫌疑人,故应认定陈佳嵘的协助行为构成重大立功。在刑罚适用上,虽然陈佳嵘贩卖、运输的毒品数量大,且系毒品再犯,论罪应当判处死刑立即执行,但考虑到陈佳嵘有重大立功的法定从轻处罚情节,对其判处死刑,可不立即执行。

在陈佳嵘案的上述裁判理由中,强调只要具有协助行为,无论其作用大小,均应认定为立功表现。这也是一种有利于被告人的认定。

但在我国司法实践中还存在一种观点,即强调协助抓捕行为的必要性。这里的必要性是指有没有这一协助对于能否抓获同案犯的影响,如果没有这一协助也能抓获同案犯,就是没有必要性。我国学者指出:在对具体协助行为的判断中,有必要将协助行为是否有必要作为构成立功表现的前提,以免对协助行为的理解过于宽泛。[①] 我认为,协助必要性的考量是不必要的,只要协助行为对抓捕同案犯起到了

---

① 参见滑俊杰:《协助抓捕行为认定中的几个实务问题》,载《中国检察官》,2008 (6),57 页。

作用，该协助行为就应当认定为立功。而不能在协助作用之外另提必要性标准，这里的必要性缺乏客观标准，以此作为认定协助抓捕同案犯构成立功的条件，会不适当地缩小立功的范围。因此，我认为以下观点是可取的：

　　协助的主要作用在于为司法机关的诉讼提高效率，并不苛求犯人的行为是司法机关抓获其他犯罪嫌疑人、同案犯的唯一途径，也不苛求犯人带领司法机关工作人员前往抓捕。只要犯人的行为能在实质上为司法机关抓获其他犯罪嫌疑人、同案犯带来便利，就可以被认定为立功中所称的协助行为。[①]

在立功表现的认定中，采用有利于被告人的认定，我认为主要基于对立功制度的功能之正确理解。立功制度之设定，具有以下两个方面的功能：第一，对具有立功的犯罪人予以宽大处理，具有奖励性，体现了我国宽严相济的刑事政策。犯罪人在犯罪以后具有立功表现，表明犯罪人以自己的实际行动消除其犯罪行为带来的社会危害性，主观上人身危险性有所减小。因此，对于具有立功表现的犯罪人予以宽大处理，体现了我国刑法的公正性，具有鼓励犯罪人弃恶从善的促进功能。第二，通过给予具有立功表现的犯罪人宽大处理，可以鼓励犯罪人揭发、检举他人，协助司法机关破获刑事案件，从而节省司法资源。破案主要依靠公安机关提高侦查能力，当然提高侦查能力需要增加司法资源的投入。在目前我国经济发达程度较低的情况下，司法资源是有限的。在这种情况下，利用犯罪人的立功表现，破获更多的刑事案件，可以说是一个行之有效的方法。正是考虑到立功制度具有上述功能，为充分发挥立功制度的作用，我认为对立功制度中的协助行为作较为宽泛的理解，是完全必要的。

　　[①] 何梁：《司法实践中认定立功的若干问题》，载《法制与经济》，2008（5），143～144页。

附录 I

案名索引

附录 Ⅱ

主题索引

附录 Ⅲ

案名与主题复合索引

序号	案名	主题	行为
1—1	李宁组织卖淫案	客观解释论　主观解释论　解释方法	组织男性从事同性性交易行为
1—2	王益民遗弃案	沿革解释　语义解释	非家庭成员间遗弃行为
1—3	顾国均组织偷越国（边）境案	补正解释	使用骗取的合法证件出境行为
2—1	宋福祥故意杀人案	不纯正的不作为　不作为之作为义务	妻子自杀不救助行为
2—2	李宁故意杀人案	作为与不作为的区分　间接故意与过于自信的过失的区分	殴打致使他人跳水溺亡行为
2—3	赵金明等故意伤害案	因果关系　事实因果关系　法律因果关系	持刀追砍致人溺水死亡行为
2—4	洪志宁故意伤害案　陈美娟投放危险物质案	因果关系　特殊体质　介入因素	特殊体质与介入因素导致被害人死亡行为
2—5	于欢故意伤害案	正当防卫　防卫过当	防卫过当行为

续表

序号	案名	主题	行为
2—6	叶永朝故意杀人案 李小龙故意伤害案	正当防卫　特殊防卫	特殊防卫行为
2—7	周某某非法行医案	被害人承诺　治疗行为 同意他人造成的危险	患者明知他人没有医生执业 资格而求医行为
3—1	彭崧故意杀人案	限制责任能力　原因上的 自由行为	吸毒影响责任能力而实施杀 人行为
3—2	郭建升贷款诈骗案	非法占有目的　司法推定	非法占有贷款目的
3—3	芦才兴偷税案	目的犯　非法定的目的犯	不以骗取税款为目的的虚开 发票行为
3—4	沈某某盗窃案	客观处罚条件　数额认识 错误	数额认识错误的盗窃行为
3—5	廖钊朋过失致人死亡案	意外事件	意外事件致人死亡行为
3—6	梁应金交通肇事案	监督过失　管理过失 共同过失犯罪	肇事交通工具单位主管人员 管理不善行为
4—1	黄斌抢劫案	犯罪预备　独立预备罪 从属预备罪	以抢劫为目的搭乘出租车 行为
4—2	张筠筠运输毒品案	不能犯未遂　相对不能 绝对不能	误认尸块为毒品予以运输 行为
4—3	姜涛强奸案 施嘉卫强奸案	犯罪中止与犯罪未遂的 区别	轮奸中个别犯罪人未完成强 奸行为
5—1	高海明绑架、郭永杭非法 拘禁案	共同正犯　承继性　重 合性	基于索债目的帮助他人绑架 行为
5—2	高金有盗窃案	共犯与身份	内外勾结窃取银行现金行为
5—3	陈卫国故意杀人案 王兴佰故意伤害案	共犯的实行过限　结果加 重犯的共同正犯	共同犯罪中个别犯罪人致人 死亡行为
6—1	张贞练虚开增值税专用发 票案	单位犯罪与个人犯罪的 区别	以单位名义实施犯罪违法所 得归个人所有行为

续表

序号	案名	主题	行为
6—2	王璐林偷税案	直接负责的主管人员 行为责任	单位犯罪直接负责的主管人员
7—1	梁其珍招摇撞骗案	法条竞合	冒充刑警骗取财物行为
7—2	周大伟票据诈骗案	牵连犯 牵连关系	盗取空白现金支票伪造后使用行为
7—3	向灵挪用资金、职务侵占案	吸收犯 吸收关系	侵占单位财物填补挪用差款行为
8—1	贺淑华非法行医案 郭云娜非法行医案	量刑 量刑情节	非法行医致使产妇死亡犯罪之刑罚裁量
8—2	王勇故意杀人案 刘加奎故意杀人案	死刑裁量 被害人过错	被害人有过错的故意杀人罪死刑之裁量
8—3	王志才故意杀人案 李飞故意杀人案	死刑缓期执行 死刑控制 限制减刑制度	婚恋纠纷引发的杀人行为
8—4	唐友珍运输毒品案 马俊海运输毒品案	死刑裁量 死刑复核权	受雇佣为他人运输毒品犯罪之死刑裁量
9—1	杨永保走私毒品案 刘兵故意杀人案	自首 形迹可疑	形迹可疑经盘问交代罪行构成自首
9—2	梁延兵贩卖、运输毒品案 陈佳嵘贩卖、运输毒品案	立功 协助行为	协助司法机关抓捕同案犯构成立功

● 陈兴良 /著

判例刑法学 （下卷）

（第三版）

Case Criminal Law

中国人民大学出版社

· 北 京 ·

图书在版编目（CIP）数据

判例刑法学.下卷/陈兴良著. －－3 版. －－北京：
中国人民大学出版社，2024.1
　（刑法学文丛）
　ISBN 978-7-300-32246-9

　Ⅰ.①判⋯　Ⅱ.①陈⋯　Ⅲ.①刑法－判例－中国
Ⅳ.①D924.05

中国国家版本馆 CIP 数据核字（2023）第 194634 号

刑法学文丛
判例刑法学（第三版）（下卷）
陈兴良　著
Panli Xingfaxue

出版发行	中国人民大学出版社				
社　　址	北京中关村大街 31 号		**邮政编码**	100080	
电　　话	010 - 62511242（总编室）		010 - 62511770（质管部）		
	010 - 82501766（邮购部）		010 - 62514148（门市部）		
	010 - 62515195（发行公司）		010 - 62515275（盗版举报）		
网　　址	http://www.crup.com.cn				
经　　销	新华书店				
印　　刷	涿州市星河印刷有限公司		**版　　次**	2009 年 5 月第 1 版	
				2024 年 1 月第 3 版	
开　　本	720 mm×1000 mm　1/16				
印　　张	46.25 插页 4		**印　　次**	2024 年 1 月第 1 次印刷	
字　　数	718 000		**定　　价**	498.00 元（全两册）	

下卷目录

第1章
危害公共安全罪

第1节　以盗窃为目的放火烧毁货物列车行为之定性研究

案名：叶朝红放火案
主题：放火罪　过失损坏交通工具罪

放火罪是危害公共安全罪中较为常见的一种犯罪，在一般情况下，放火罪不难认定。但放火行为往往和侵害人身、侵害财产等其他犯罪行为交织在一起。在这种情况下，如何正确地认定放火罪，就往往会发生疑难问题。本节以叶朝红放火案[①]为例，对放火罪与相关犯罪的区分问题进行研究。

一、案情及诉讼过程

被告人叶朝红、刘佩猛、石累伙同李晓阳于 2001 年 8 月 6 日 16 时，

[①]　本案刊载于最高人民法院编：《刑事审判参考》，第 32 辑，北京，法律出版社，2003。

携带打火机、编织袋等作案工具，伺机在景德镇火车站停靠的货物列车上，采取用明火烧货物外包装袋的方法盗窃铁路运输物资。当四人行至停靠在该站六道的 25023 次货物列车时，叶朝红、刘佩猛发现该次列车P64A3428560 号棚车有可盗窃物品，遂由石累望风，叶朝红、刘佩猛钻入该车车底，点燃货物外包装袋，因该棚车装载可发性聚苯乙烯，遇火燃烧并向车外蔓延，三人见状后立即逃离现场，致使火势进一步扩大，P64A3428560 号棚车及并列停靠的 P613062585 号棚车先后着火，造成P64A3428560 号棚车装载的聚苯乙烯被烧损 133 袋，烧损货物价值人民币26 600 元；该棚车烧损面积达 53.27 平方米，占车厢内部总面积的30.88%，构成大破；相邻的 P613062585 号棚车烧损面积达 33.6 平方米；景德镇火车站六道 2 根 25 米长钢轨报废，报废材料价值人民币 8 750 元。

刘佩猛、石累还于 2001 年 8 月 31 日在一录像厅内盗窃彩电 1 台，价值人民币 1 500 元。

刘佩猛的辩护人辩称：刘佩猛不构成放火罪，仅构成失火罪；其在共同犯罪中作用较小，属从犯，且犯罪时未满 18 周岁，请求从轻处罚。

南昌铁路运输法院经审理认为：被告人叶朝红、刘佩猛、石累共同预谋以点火方式盗窃货物列车上的货物，导致火灾的发生，足以使公共安全处于危险状态，其行为已经构成放火罪。被告人刘佩猛、石累还构成盗窃罪，依法应数罪并罚。南昌铁路运输检察院指控的事实清楚、证据充分、定性准确，应予认定。刘佩猛的辩护人关于本案构成失火罪的辩护意见，于法无据，不予支持。叶朝红、刘佩猛系主犯，石累系从犯，可从轻处罚；叶朝红系累犯，依法应从重处罚。刘佩猛、石累犯罪时未满 18 周岁，予以从轻处罚。依照《中华人民共和国刑法》第 114 条，第 264 条，第 25条第 1 款，第 65 条第 1 款，第 26 条第 1、4 款，第 27 条，第 65 条，第17 条第 1、3 款，第 69 条的规定判决：（1）被告人叶朝红犯放火罪，判处有期徒刑 8 年，剥夺政治权利 1 年。（2）被告人刘佩猛犯放火罪，判处有期徒刑 5 年，犯盗窃罪，单处罚金 500 元；决定执行有期徒刑 5 年，并处罚金 500 元。(3) 被告人石累犯放火罪，判处有期徒刑 3 年 6 个月，犯盗窃罪，单处罚金 500 元；决定执行有期徒刑 3 年 6 个月，并处罚金 500 元。

一审宣判后，在法定期间内，叶朝红、刘佩猛、石累均未提起上诉，检察院也未提起抗诉，判决已发生法律效力。

二、争议及裁判理由

以盗窃为目的放火烧毁货物列车的行为如何定罪？在本案审理过程中，对于如何定性存在以下四种意见：

第一种意见认为应定放火罪，理由是：三被告人经事先预谋后，携带打火机等作案工具，采取用明火烧外包装袋的方式盗窃铁路运输物资，被告人完全能够预见到采取如此方式盗窃铁路运输物资可能产生的足以危害公共安全的后果，但却放任这种结果的发生，主观上具有放火的间接故意。当点燃可发性聚苯乙烯后，火势向车外蔓延时，被告人有义务及时扑救却逃离现场，致使酿成火灾。虽三被告人以盗窃为目的，但其采用的手段行为却符合放火罪的特征，根据牵连犯择一重罪处罚的原则，故应认定为放火罪。

第二种意见认为应定失火罪，理由是：被告人的犯罪目的是盗窃，主观上没有放火的故意。被告人因疏忽大意造成货物列车发生火灾，故构成失火罪。

第三种意见认为应定故意毁坏财物罪，理由是：根据最高人民法院《关于审理盗窃案件具体应用法律若干问题的解释》(现已失效——引者注)第十二条第五项"盗窃公私财物未构成盗窃罪，但因采用破坏性手段造成公私财物损毁数额较大的，以故意毁坏财物罪定罪处罚"的规定，本案被告人欲盗窃铁路运输物资，但无具体数额，不构成盗窃罪，其采取放火的破坏性手段造成公私财物损毁数额较大，故应认定为故意毁坏财物罪。

第四种意见认为应定破坏交通工具罪，理由是：被告人的放火行为，客观上造成了交通工具被破坏。被告人为盗窃而实施的放火行为同时符合放火罪和破坏交通工具罪的犯罪构成，根据法条竞合时特别法条优于一般法条的适用原则，应定为破坏交通工具罪。

南昌铁路运输法院最终采纳了第一种意见，即被告人构成放火罪，而不构成失火罪、故意毁坏财物罪和破坏交通工具罪。其裁判理由如下所述：

（一）对危害结果心理状态的不同，是区别间接故意犯罪与过失犯罪的关键

本案认定被告人构成放火罪，其主观上是间接故意，间接故意与过失犯罪中的过于自信的过失不易区分。二者的共同点是对危害结果都有预见，且对危害结果也都不希望发生。但是二者还是有区别的，区别的关键点是对危害结果的心理状态不同。间接故意是放任危害结果发生；过于自信的过失则是轻信能够避免危害结果的发生，而疏忽大意的过失对危害结果由于疏忽大意而没有预见。本案中，叶朝红等人为了实现盗窃铁路运输物资的目的，采取钻货物列车车底、用明火烧货物的外包装袋的手段来盗取货物，主观上完全能够预见采取这样的手段盗窃可能产生的后果。当其点火导致袋内装的聚苯乙烯燃烧并向车外蔓延时，被告人见状立即逃离，放任了危害结果（火灾）的发生，因此被告人有共同放火行为，客观上足以危及公共安全，主观上明知用明火烧货物外包装袋的方式会危及公共安全，但仍放任这种危险的发生，符合放火罪的主客观构成要件，构成放火罪。其对危害结果的心理状态既不是过于自信的过失，也不是疏忽大意的过失，因此不构成失火罪。

（二）是否危及公共安全，是区别放火罪与故意毁坏财物罪的关键

最高人民法院《关于审理盗窃案件具体应用法律若干问题的解释》第十二条第五项规定"盗窃公私财物未构成盗窃罪，但因采用破坏性手段造成公私财物损毁数额较大的，以故意毁坏财物罪定罪处罚"。故意毁坏财物罪的破坏性手段多种多样，当然也可以包括采用放火的方法。但放火罪

和故意毁坏财物罪是有区别的。放火罪属于危害公共安全的犯罪，侵犯的客体是公共安全；而故意毁坏财物罪属于侵犯财产的犯罪，其侵犯的客体是公私财产的所有权。放火罪与故意毁坏财物罪区别的关键在于行为人的放火行为是否足以危及公共安全。判断行为人的放火行为是否足以危及公共安全，要结合放火的地点以及放火时周围的具体环境等因素来分析。本案中，叶朝红等人实施放火的地点是景德镇火车站，其放火的对象是临时停靠的货物列车，放火时景德镇火车站所有股道均停靠列车，临近是候车室、站台，其放火的货物列车中第三节是油罐车辆。据此，对可能造成的后果被告人是明知的。被告人主观上明知在火车站放火会危及公共安全，客观上又实施了该行为，符合放火罪的构成要件，应认定为放火罪，而不应认定为故意毁坏财物罪。

（三）本案被告人的主观目的是认定放火罪而非破坏交通工具罪的关键

以放火的方法破坏正在使用中的公共交通工具，并足以使该交通工具发生倾覆、毁坏危险的，是危害公共安全的行为。在这种情况下，行为人既具备放火罪的犯罪构成，又同时具备破坏交通工具罪的犯罪构成，形成两罪的竞合，即一行为触犯两罪名。对竞合犯，目前我国刑法理论界和司法实务界均主张从一重处断，即按照该行为所触犯的数罪名中法定刑最重的那个罪名论处。本案被告人以盗窃为目的实施了放火的行为，而放火所危及的对象是正在使用中的货物列车，因此，本案被告人的行为同时触犯了放火罪和破坏交通工具罪两个罪名，构成二罪的竞合。这一竞合的特殊性在于二罪的法定刑完全相同，那么如何选择本案的适用罪名呢？我们认为，在这种情况下，分析行为人的主观目的，对于罪名的正确选择就显得特别重要。一般来说，于用放火的手段破坏交通工具的行为，行为人主观上应当积极追求交通工具损坏的结果，应当具备特定的目的。我们知道，犯罪目的虽不是犯罪构成要件，但却是直接故意犯罪和间接故意犯罪的区分点。只有直接故意犯罪中才存在犯罪目的，因为直接故意是希望犯罪结果发生，即积极追求这种结果的发生；而间接故意，由于其对危害结果的发生并非希望和积极追求，仅持一种放任的态度，因此，间接故意犯罪中不存在犯罪目的。用放火的方式破坏交通工具其主观上应是直接故意，它所要追求的是交通工具损坏的结果，换言之，其犯罪目的直接指向交通工具本身。本案被告人实施放火行为的目的是盗窃，放火所直接指向的是货物列车上所装载的物而非列车本身。因为被告人能够预见到其行为足以危及公共安全的结果却仍放任这种结果的发生，故符合（间接故意）放火罪的犯罪构成。本案被告人所实施的放火行为，虽也存在造成交通工具毁坏的危险，且客观上也造成了交通工具一定程度的毁坏，但不符合破坏交通工具罪的直接故意特征，故定放火罪而非破坏交通工具罪更符合本案的行为特点。

值得指出的是，如上所述，本案系一行为同时触犯放火罪和破坏交通工具罪，由于放火罪和破坏交通工具罪之间在逻辑上不存在一般法条和特殊法条的关系，故分歧意见中主张根据法条竞合时特别法条优于一般法条的适用原则，对本案定破坏交通工具罪的第四种观点是不能成立的。

三、罪名分析

本案涉及我国刑法中的四个罪名，分别是放火罪、失火罪、故意毁坏财物罪和破坏交通工具罪。下面，根据我国刑法规定，分别对这四个罪名进行分析。

（一）放火罪

根据我国刑法第 114 条、第 115 条的规定，放火罪是指故意纵火焚烧公私财物，危害公共安全的行为。根据这一规定，放火罪在其构成要件中不仅必须具有放火行为，而且必须危害公共安全。在某种意义上来说，危害公共安全是放火罪的本质特征。因此，在我国刑法中，并非所有的放火行为都定放火罪，只有那些危害公共安全的放火行为才能被认定为放火罪。由此可见，是否危害公共安全，是放火罪与采用放火方法实施的其他犯罪的主要区别。

放火，又称为纵火，是指使用各种引火物，点燃财物，制造火灾的行为。放火的实质是利用火的破坏力，造成人员伤亡或者公私财产的重大损失。

我国刑法中的放火罪，根据其所造成的后果，可以分为危险犯与实害犯两种情形。放火罪的危险犯，是指放火危害公共安全，尚未造成严重后果的情形。放火的实害犯，是指放火危害公共安全，致人重伤、死亡或者使公私财产遭受重大损失的情形。无论是放火罪的危险犯还是其实害犯，都以具有危害公共安全的性质为要件。

那么，什么是公共安全呢？我国刑法学界通常认为：

公共安全是指不特定多数人的生命、健康、重大公私财产的安全。[①]

在上述关于公共安全的定义中，强调了对不特定多数人的人身安全与财产安全的危害。应当指出，放火罪所危害的公共安全与放火所实际造成的危害以及可能造成的危害是两个不同的概念：放火虽然造成了人员伤亡或者财产损失，但未必构成对公共安全的危害，例如放火烧死特定人而未危及公共安全的情形。反之，放火虽然没有造成人员伤亡或者财产损失，但具有造成不特定人员伤亡或者财产损失的危险的，则可以认定为具有对公共安全的危害。由此可见，在我国刑法中，公共安全的判断与具体危害结果的认定是分而论之的。在这个意义上说，我国刑法中的放火罪是具体公共危险犯。

具体公共危险犯是相对于抽象公共危险犯而言的，属于公共危险犯的类型之一。日本学者大谷实教授指出：

所谓公共危险犯，就是以公众的生命、身体以及财产安全为保护法益的犯罪。公共危险犯当中，有具体公共危险犯和抽象公共危险犯。前者是将发生具体的公共危险作为构成要件内容的犯罪，如建筑物以外的放火罪（刑法第 110 条、第 115 条）就是其典型；后者具有符合构成要件的事实的话，就推定会发生危险的犯罪，如对有人居住的建筑物等放火罪（第 108 条）就是其典型。公共危险中的危险，是指对生命、身体或者财产的

---

① 王作富主编：《刑法分则实务研究》，3 版，上册，55 页，北京，中国方正出版社，2007。

侵害可能性，但这种可能性并不一定是科学法则上的可能，而是取决于一般人的恐惧感。①

由此可见，在日本刑法规定的放火罪中，《日本刑法典》第108条规定的对有人居住建筑物等放火罪，属于抽象公共危险犯。在这种放火罪中，关键是对现在有人居住即现住性的判断。对此，日本学者西田典之教授指出：

> 按照判例的观点，现住建筑物放火罪不仅是抽象的公共危险犯，对于建筑物内部可能存在的人的生命、身体也是一种抽象的危险性，即在双重意义上具有抽象的危险犯的特性。在此，唯有现住性才可能具有唯一限定性的机能，因而应非常慎重地解释现在供人居住这一措辞的含义。②

因此，只要是对具有现住性的建筑物进行放火的，就推定为具有公共危险性，从而认定为放火罪。如果对不具有现住性的建筑物进行放火，则不能构成该罪。

《日本刑法典》第110条规定的对非建筑物放火罪以引起公共危险为构成要件，因而属于具体危险犯，即需要对是否引起公共危险进行具体判断。

我国刑法中的放火罪与日本刑法中的放火罪相比，在抽象公共危险犯与具体公共危险犯的设置上存在较大差别。因为我国刑法中的放火罪都是具体公共危险犯，所以必须对是否具有公共危险进行具体判断，这也使放火罪和其他侵犯人身与侵犯财产的犯罪更多地发生关联，这些都为放火罪的司法认定增加了难度。

（二）失火罪

根据我国刑法第114条、第115条的规定，失火罪是指过失引起火灾，致人重伤、死亡或者使公私财产遭受重大损失，危害公共安全的行为。

我国刑法中的失火罪，属于具体公共危险犯。在认定是否构成失火罪的时候，要对是否危害公共安全作出判断。如果失火而没有危害公共安全的，则不构成本罪。这一点，也与日本刑法规定不同。《日本刑法典》第116条第1款规定的对他

---

① ［日］大谷实：《刑法讲义各论（新版第2版）》，黎宏译，343页，北京，中国人民大学出版社，2008。

② ［日］西田典之：《日本刑法各论（第三版）》，刘明祥、王昭武译，228页，北京，中国人民大学出版社，2007。

人所有的建筑物等失火罪，属于抽象公共危险犯；而第 116 条第 2 款规定的对自己所有的无人居住建筑物等失火罪，属于具体公共危险犯。

（三）故意毁坏财物罪

根据我国刑法第 275 条的规定，故意毁坏财物罪是指故意非法毁灭或者损坏公私财物，数额较大或者有其他严重情节的行为。根据 2008 年 6 月 25 日最高人民检察院、公安部《关于公安机关管辖的刑事案件立案追诉标准的规定（一）》的规定，故意毁坏公私财物，涉嫌下列情形之一的，应予立案追诉：（1）造成公私财物损失 5 000 元以上的；（2）毁坏公私财物 3 次以上的；（3）纠集 3 人以上公然毁坏公私财物的；（4）其他情节严重的情形。因此，故意毁坏财物行为，符合上述罪量要素的，才构成犯罪。

（四）破坏交通工具罪

根据我国刑法第 116 条、第 119 条的规定，破坏交通工具罪是指故意破坏火车、汽车、电车、船只、航空器，危害公共安全的行为。我国刑法中的破坏交通工具罪，可以分为危险犯与实害犯两种情形。破坏交通工具罪的危险犯，是指犯破坏交通工具罪而尚未造成严重后果，但危害公共安全的情形。这里的"尚未造成严重后果"，是指尚未造成交通工具倾覆、毁坏的结果。破坏交通工具罪的实害犯，是指犯破坏交通工具罪而造成严重后果的情形。这里的"造成严重后果"，是指造成交通工具倾覆、毁坏的结果。这里的倾覆，是指火车出轨、颠覆，汽车、电车翻车、损毁，航空器坠落等；毁坏，是指使上述交通工具受到严重破坏或者完全报废，以致不能行驶或者不能安全行驶。

四、裁判理由的评判

叶朝红放火案涉及放火罪的认定，尤其是放火罪与相关犯罪的区分，因而需要从刑法理论上加以研究。

（一）放火罪与失火罪的区分

在本案中，辩护人的观点是构成失火罪，但司法机关认定的是放火罪，因而首先就需要区分放火罪与失火罪。

裁判理由认为，本案的放火罪属于间接故意放火，因而它与失火罪的区分，主要表现为间接故意与疏忽大意的过失之间的区分。间接故意与疏忽大意的过失之间的区分，主要在于行为人主观上是否明知自己的行为会引起火灾：明知自己的行为会引起火灾而仍然实施这一行为，并且放任火灾结果发生的，是间接故意的放火罪。没有认识到自己的行为会引起火灾而实施这一行为，导致火灾的发生，而根据当时的情形，行为人应当预见到可能发生火灾，因为疏忽大意而没有预见的，属于失火罪。裁判理由在论述行为人的主观心理状态的时候，一方面说，"用明火烧货物的外包装袋的手段来盗取货物，主观上完全能够预见采取这样的手段盗窃可能产生的后果"；另一方面又说，"主观上明知用明火烧货物外包装袋的方式会危及公共安全"。我认为，以上这两种说法是互相矛盾的：

按照第一种说法，行为人主观上就是过失，属于应当预见而没有预见的疏忽大意的过失。而按照第二种说法，行为人主观上就是间接故意，因为明知其行为会危及公共安全。在裁判理由中，对于上述两种说法，都没有结合案件事实加以具体论证，而只是一种抽象的语言概括。

在本案中，被告人叶朝红等人点火当然是故意的，但以此还不能得出其行为构成放火罪的结论。关键在于：被告人是否明知其行为会引发火灾，并对火灾结果持放任态度？这与本案被告人采取的盗窃方法及盗窃对象有关。本案被告人采取用明火烧货物外包装袋的方法盗窃铁路运输物资。在被告人点燃货物外包装袋后，因为列车装载的是可发性聚苯乙烯，它遇火即燃烧并向车外蔓延。显然，本案被告人事先并不知道袋中所装的是聚苯乙烯，在这种情况下引起火灾对于被告人来说，是没有预见到的，但又是应当预见的。从这种意义上来说，本案中的行为属于失火而非放火。

那么，被告人叶朝红等人的失火是否会转化为放火呢？关于失火转化为放火的问题，我国学者指出：

在我国刑法理论上还有不少学者认为，如由于过失而引起火灾的危险能够及时扑灭消除，但故意不扑灭、任其燃烧，造成火灾的，应当构成放火罪,而不是失火罪;并认为这是由失火行为转化为放火行为,即属于由于先行行为引起危险发生而负有必须履行的特定义务,有能力和条件履行而不履行的情况,主观上应当属于间接故意。区分的关键在于行为人是否具备避免严重后果发生的主观与客观条件,以及行为人对于已经存在的有利条件是否顾及,是否利用已经具备的有利条件为避免严重后果发生做过努力。如果结论是否定的,则构成故意的犯罪。[①]

对于从失火向放火的转化条件,应当严格地加以把握,不能因为对失火不采取扑灭措施就认为转化为放火。正如上述学者所言,关键还是在于客观上是否具备避免火灾发生的条件。但若行为人面对火情,惊慌失措,没有能够采取有效措施避免火灾结果发生的,仍然属于失火而非放火。[②] 失火转化为放火,首先是行为人主观心理状态的转化。从本案情况来看,裁判理由中虽然有"被告人见状立即逃离""放任了危害结果(火灾)的发生"这样的描述,但也没有明确认定被告人从失火向放火的转化。

(二)采破坏性手段盗窃行为之定性

在本案中,被告人叶朝红等人到停靠在火车站的货物列车上,其主观目的是盗窃铁路运输物资。只是因为被告人叶朝红等人在盗窃的时候采用明火烧货物外包装袋的方法引发火灾,而造成重大财产损失。这种情形,在我国刑法理论上被称为破坏性手段的盗窃行为。我在《规范刑法学》一书中对破坏窃取型犯罪作过以下描述:

> 破坏窃取型是指为实现非法占有目的,在财物处于某种附属状态或者固定状态的情况下,行为人采取破坏性手段,非法占有公私财物。在破坏窃取型的犯罪中,该破坏行为一般来说是故意的,但也不能排除在过程中因过失造成某种危害后果的情形。因此,破坏窃取型盗窃可以分为故意破

---

① 林亚刚:《危害公共安全罪新论》,79 页,武汉,武汉大学出版社,2001。
② 参见周光权:《刑法各论》,169 页,北京,中国人民大学出版社,2008。

坏窃取型与过失破坏窃取型。①

这里所说的破坏窃取型，就是指破坏性盗窃。对破坏性盗窃，首先应当对破坏行为是故意还是过失加以区分，在本案中，涉及对放火还是失火的区分。然后，应根据不同情况处理。对此，1998 年 3 月 17 日最高人民法院《关于审理盗窃案件具体应用法律若干问题的解释》（已失效）第 12 条第 5 项作出了以下规定：

> 实施盗窃犯罪，造成公私财物损毁的，以盗窃罪从重处罚；又构成其他犯罪的，择一重罪从重处罚；盗窃公私财物未构成盗窃罪，但因采用破坏性手段造成公私财物损毁数额较大的，以故意毁坏财物罪定罪处罚。盗窃后，为掩盖盗窃罪行或者报复等，故意破坏公私财物构成犯罪的，应当以盗窃罪和构成的其他罪实行数罪并罚。

根据前引司法解释的规定，对破坏性盗窃应当区分以下不同情况处理：（1）破坏性手段未构成其他犯罪的，以盗窃罪从重处罚；（2）破坏性手段构成其他犯罪，盗窃罪也成立的，属于想象竞合犯，应择一重罪从重处断；（3）盗窃行为未构成犯罪，破坏性手段构成其他犯罪的，应以其他犯罪论处。值得注意的是，前引司法解释对于上述第三种情形，只是规定以故意毁坏财物罪定罪处罚。这是不够全面的，因为破坏性手段既可能构成故意毁坏财物罪，又可能构成其他犯罪，例如本案中的危害公共安全罪，应当规定构成什么犯罪就以什么犯罪论处。

在本案的分歧意见中，第三种意见认为应定故意毁坏财物罪，其法律根据就是前引司法解释的规定。对此，本案裁判理由主要从放火罪与故意毁坏财物罪区分的角度作了论述。我认为，对破坏性手段行为如何定罪，当然与放火罪和故意毁坏财物罪的区分有关。但这一裁判理由并不具有针对性，因为主张将本案认定为故意毁坏财物罪的观点，是直接援引司法解释的规定作为根据的。司法解释也确实规定，在采用破坏性手段盗窃的情况下，盗窃行为不构成犯罪的，应定故意毁坏财物罪。那么，在本案当中为什么又不定故意毁坏财物罪而应定放火罪呢？在此，需要对前引司法解释的适用范围加以必要限制。只能说，在一般情况下，对破坏性手段行为

---

① 陈兴良：《规范刑法学》，2 版，下册，748 页，北京，中国人民大学出版社，2008。

可以定故意毁坏财物罪。但如果破坏性手段行为触犯其他罪名的，仍然应以其他犯罪论处。由此可见，在司法解释的规定存在瑕疵或者漏洞的情况下，如何适用司法解释，是一个值得探讨的问题。本案裁判理由认为，在这种情况下，不应定故意毁坏财物罪而应定放火罪。这个结论是正确的，但未能针对司法解释的规定作出合理阐述，似乎回避了这个问题。这是有所欠缺的。

（三）犯罪之间的竞合关系

本案涉及的放火罪、失火罪和故意毁坏财物罪及破坏交通工具罪之间，存在着某种竞合关系，这也是对本案被告人叶朝红的行为的定性具有重大影响的因素。

1. 放火罪与故意毁坏财物罪之间的竞合

我国刑法中的放火罪，既针对人身，又针对财产。在通常情况下，放火行为往往同时侵犯人身权利与财产权利。在侵犯财产权利的情况下，放火罪与故意毁坏财物罪之间就存在竞合，这种竞合是一种法条竞合。

值得注意的是，我国刑法中认定放火罪，除行为人实施放火行为以外，无论该放火行为是否造成人员伤亡与财产损失，都还要求对是否危害公共安全作出独立的判断。在这个意义上说，我国刑法中的放火罪，无论是危险犯还是实害犯，都属于具体公共危险犯。如果放火行为并不危害公共安全，则放火罪不能成立，只成立故意毁坏财物罪。那么，如何判断放火行为是否危害公共安全呢？我国学者张明楷教授指出：

> 使对象物燃烧的行为是否属于放火行为，关键在于它是否危害公共安全，这便需要正确判断。首先，要将所有客观事实作为判断资料，如行为本身的危险性，对象物本身的性质、结构、价值，对象物周围的状况，对象物与周围可燃物的距离，行为时的气候、风力、气温，等等。其次，要根据客观的因果法则进行判断，使对象物燃烧的行为是否足以形成在时间上或空间上失去控制的燃烧状态。对于放火烧毁现在有人居住或者现有人在内的建筑物、矿井等对象的，一般均可认定为危害公共安全。①

---

① 张明楷：《刑法学》，3 版，517 页，北京，法律出版社，2007。

以上论述对于放火罪中危害公共安全的判断具有参考价值。本案的裁判理由强调结合放火的地点以及放火时周围的具体环境等因素来判断放火行为是否危害公共安全，这一基本思路是正确的。在本案中，放火对象是货物列车，结合周围环境，认定放火行为具有危害公共安全的性质，这一结论也是可取的。

　　2. 放火罪与破坏交通工具罪之间的竞合

　　破坏交通工具也可以采用放火的方法实施，因为破坏交通工具罪之破坏，是指对交通工具整体或者部件的物理性质的损坏。这里的损坏，是指烧毁、炸毁、坠毁等完全报废或受到严重破坏，致使交通工具不能行驶或者不能安全行驶的情形。因此，放火、爆炸等都可以成为破坏交通工具的方法。在行为人采取放火方法破坏交通工具危害公共安全的情况下，放火罪与破坏交通工具罪之间存在着竞合。那么，这是想象竞合还是法条竞合呢？对此，我国刑法学界存在以下两种不同观点：

　　(1) 想象竞合说

　　想象竞合说认为，使用放火、爆炸的危险方法破坏交通工具的，属于想象竞合犯，原则上应当以处刑比较重的罪名定罪处罚。想象竞合说的主要理由如下：

　　　　虽然可以说交通工具属于放火罪、爆炸罪意义上的"其他公私财产"的范畴，但由于刑法对破坏交通工具罪的对象采取了限制性的规定，因此，应当说，刑法已经将交通工具这种特殊的公私财产从一般意义上的公私财产中分离出来，加以特别的保护。换言之，称为放火罪、爆炸罪对象的"其他公私财产"中，不包括正在使用中的交通工具，因此，对于使用放火、爆炸危险方法破坏正在使用中的交通工具的，应当按照破坏交通工具罪论处。如果交通工具不属于正在使用中的，则包括在作为放火罪、爆炸罪对象的"其他公私财产"的范围内，以放火、爆炸方式破坏之，应当以放火罪、爆炸罪论处。①

　　根据上述观点，正在使用中的交通工具不包含在作为放火罪对象的"其他公私财产"的范畴之中，因此，在放火罪与破坏交通工具罪之间不存在法条竞合关系，

---

　　①　林亚刚：《危害公共安全罪新论》，158～159 页，武汉，武汉大学出版社，2001。

而是一种想象竞合关系。

(2) 法条竞合说

法条竞合说认为，使用放火、爆炸的危险方法破坏交通工具的，属于法条竞合。例如我国学者指出：

> 行为人以放火的方法破坏交通工具的，既构成放火罪又构成破坏交通工具罪，属于法条竞合。放火罪本身包含用放火的方法破坏交通工具的情形，但法律将破坏交通工具的行为独立规定为另一个罪名；而破坏交通工具的行为又包括放火的方法。这就导致放火罪和破坏交通工具罪法律规定的交叉竞合。依照特别法优于普通法的原则，以破坏交通工具罪定罪处罚。[①]

在以上论述中，将放火罪与破坏交通工具罪之间的法条竞合称为交叉竞合是不确切的，也与后面所讲的特别法优于普通法的原则不对应。这种特别法与普通法的竞合，是独立竞合，属于从属关系的法条竞合而非交叉关系的法条竞合。

那么，放火罪与破坏交通工具罪之间到底是想象竞合还是法条竞合呢？为澄清这一问题，需要探讨想象竞合与法条竞合的一般特征及区分。为方便起见，我们首先考察想象竞合说。该说认为刑法将交通工具这种特殊的公私财产从一般意义上的公私财产中分离出来加以特别的保护，不正表明在放火罪与破坏交通工具罪之间存在特别法与普通法的法条竞合关系吗？论者将这种情形称为想象竞合，是对法条竞合与想象竞合之间关系的误解所致。法条竞合的从属关系存在两种情形：一是部分法与整体法的竞合。在这种情况下，部分法被整体法所包含，若不包含，则不是法条竞合而是想象竞合。二是特别法与普通法的竞合。在这种情况下，特别法被普通法所排斥，若不排斥，则不是法条竞合。以放火罪而言，它与故意杀人罪的关系，到底是法条竞合还是想象竞合，取决于放火罪的致人死亡是否包含故意杀人情形。如果认为放火罪包含故意杀人，则属于法条竞合：放火罪是整体法，故意杀人罪是部分法。如果认为放火罪不包含故意杀人，则属于想象竞合。我认为，在上述情况

[①] 曲新久主编：《刑法学》，271 页，北京，中国政法大学出版社，2008。

下，放火罪与故意杀人罪之间存在整体法与部分法的法条竞合关系。^① 至于放火罪与破坏交通工具罪，交通工具无论是正在使用的还是不在使用的，在外延上都属于作为放火罪对象的公私财产。由于刑法的特别规定而使正在使用中的交通工具从作为放火罪对象的公私财产中分立出去，因此，两罪之间存在特别法与普通法的法条竞合关系。值得注意的是，上述无论是想象竞合说还是法条竞合说，都主张以放火的危险方法破坏交通工具的，以破坏交通工具罪论处。

在本案的裁判理由中，结论性的意见是：

> 以放火的方法破坏正在使用中的公共交通工具，并足以使该交通工具发生倾覆、毁坏危险的，是危害公共安全的行为。在这种情况下，行为人既具备放火罪的构成，又同时具备破坏交通工具罪的犯罪构成，形成两罪的竞合，即一行为触犯两罪名。对竞合犯，目前我国刑法理论界和司法实务界均主张从一重处断，即按照该行为所触犯的数罪名中法定刑最重的那个罪名论处。

显然，裁判理由认为，放火罪与破坏交通工具罪之间是想象竞合而非法条竞合。遗憾的是，裁判理由并没有就为什么是想象竞合而非法条竞合作法理上的深入阐述。本案的分歧意见中的第四种意见认为，放火罪与破坏交通工具罪之间属于特别法与普通法的法条竞合。裁判理由对此只是予以简单的否定，而另外提出想象竞合的观点，又未加论证。这不能不说是一个缺憾。

虽然裁判理由认为放火罪与破坏交通工具罪之间是想象竞合的关系，在论证中也明确指出，"行为人既具备放火罪的犯罪构成，又同时具备破坏交通工具罪的犯罪构成，形成两罪的竞合，即一行为触犯两罪名"，但在接下来的具体论证中，裁判理由又得出以下结论：

> 本案被告人所实施的放火行为，虽也存在造成交通工具毁坏的危险，且客观上也造成了交通工具一定程度的毁坏，但不符合破坏交通工具罪的直接故意特征，故定放火罪而非破坏交通工具罪更符合本案的行为特点。

---

① 参见陈兴良：《规范刑法学》，2 版，下册，43 页，北京，中国人民大学出版社，2008。

按照裁判理由的观点，本案被告人的犯罪目的是盗窃，放火与破坏交通工具都是间接故意的，而放火罪可以由间接故意构成，破坏交通工具罪必须由直接故意不能由间接故意构成，因此本案应以放火罪论处。裁判理由的这一观点与放火罪和破坏交通工具罪之间属于想象竞合的观点是抵触的。想象竞合是一行为触犯两个罪名，完全符合两个罪名的构成要件。如果一行为只符合一罪名的构成要件而不符合另一罪名的构成要件，则根本不存在想象竞合的问题。

更为重要的是，破坏交通工具罪的罪过形式是否只限于直接故意而不包括间接故意呢？在刑法理论上，一般认为，破坏交通工具罪可以是直接故意，也可以是间接故意。[①] 由此可见，间接故意不构成破坏交通工具罪的观点本身是不能成立的。

五、结论

我认为，本案被告人叶朝红等人对于火灾是过失的，并不构成放火罪。就此而言，对被告人的行为应当认定为失火罪。被告人失火烧毁的是正在使用中的交通工具，在此涉及失火罪与过失损坏交通工具罪之间的关系。我认为，失火罪与过失损坏交通工具罪之间存在特别法与普通法的法条竞合关系，对此应以过失损坏交通工具罪论处。

第 2 节　以报复特定人为目的的爆炸行为之定性研究

案名：赖贵勇爆炸案
主题：爆炸罪　故意杀人罪　公共危险

针对特定人的爆炸行为，既符合爆炸罪的构成要件，又符合故意杀人罪的构成

---

① 参见高铭暄、马克昌主编：《刑法学》，361 页，北京，北京大学出版社、高等教育出版社，2000。

要件。对此应当如何定罪？这是司法实践中常见的疑难问题，在刑法理论上也存在争议。本节以赖贵勇爆炸案①为例，对于以报复特定人为目的而实施的爆炸行为的定性问题进行探讨。

一、案情及诉讼过程

1999 年 10 月，被告人赖贵勇经人介绍与堆龙德庆县古荣乡吉布村扎西家的保姆普布卓玛按当地风俗举行结婚仪式后同居（未办理结婚登记手续）。后因双方生活方式不和，普布卓玛于 1999 年年底回到扎西家。赖贵勇数次到扎西家劝普布卓玛回家，遭普布卓玛拒绝。同年 4 月中旬，赖贵勇又到扎西家，劝普布卓玛回家未果，便向扎西提出退还礼金 500 元人民币的要求，扎西不从。赖贵勇恼羞成怒，怀恨在心，产生报复扎西一家的念头。同年 5 月 16 日晚 10 时许，赖贵勇留下遗书后，携带事先自制的炸药包、炸药瓶等爆炸物至扎西家北侧房顶潜伏。次日凌晨 3 时 40 分许，赖贵勇用细线将一炸药瓶吊至扎西家南侧的厨房天窗内，并随即引爆，致使扎西之子扎西尼玛因房屋倒塌窒息死亡，扎西、普布卓玛、尼珍（扎西之妻）受轻微伤。同月 30 日，公安人员将潜逃的赖贵勇抓获归案，并从其身上缴获尚未引爆的爆炸物两枚。

拉萨市中级人民法院经审理认为：被告人赖贵勇因生活琐事与他人产生纠纷后，为报复他人自制爆炸物，采用爆炸手段故意杀害他人的行为，已构成故意杀人罪，应依法从严惩处。公诉机关指控的事实清楚，但指控赖贵勇犯有爆炸罪不当。遂依照《中华人民共和国刑法》第 232 条、第 57 条第 1 款的规定，于 2001 年 2 月 1 日判决如下：被告人赖贵勇犯故意杀人罪，判处死刑，剥夺政治权利终身。

一审宣判后，被告人赖贵勇以没有故意杀人目的、自己的行为构成过

---

① 本案刊载于最高人民法院编：《刑事审判参考》，第 22 辑，北京，法律出版社，2001。

失致人死亡为由，向西藏自治区高级人民法院提出上诉。

西藏自治区高级人民法院经审理认为：上诉人赖贵勇因生活琐事与他人产生纠纷后，为泄愤报复他人，自制爆炸物并有预谋、有目的地实施爆炸，虽然目的是致扎西、普布卓玛死亡，但对于客观上危害不特定人尼珍及其婴儿的生命健康与左邻右舍的生命、财产安全持放任态度的行为，应以爆炸罪论处。赖贵勇的上诉理由不成立，不予采纳。一审法院认定赖贵勇犯故意杀人罪，定性不准，应予纠正。遂依照《中华人民共和国刑事诉讼法》（1996 年——引者注）第 189 条第（2）项和《中华人民共和国刑法》第 115 条的规定，于 2001 年 5 月 18 日判决如下：（1）撤销拉萨市中级人民法院（2000）拉刑初字第 72 号刑事判决中的定性部分；（2）上诉人（原审被告人）赖贵勇犯爆炸罪，判处死刑，剥夺政治权利终身。

二、争议及裁判理由

关于对本案被告人赖贵勇的行为如何定性，在一审法院与二审法院之间明显存在分歧：一审法院定故意杀人罪，二审法院则改判爆炸罪。对此，本案的裁判理由指出：

被告人赖贵勇以杀人为目的而实施的爆炸行为构成故意杀人罪还是爆炸罪，是本案争论的焦点。我们认为，被告人赖贵勇以杀人为目的而实施的爆炸行为危害了公共安全，构成爆炸罪。

爆炸罪属于危害公共安全犯罪，是指行为人故意引爆爆炸物，杀伤不特定多数人或者破坏公私财物，危害公共安全的行为。而故意杀人罪是指故意地非法剥夺他人生命的行为，属于侵犯公民民主权利、人身权利犯罪。采用爆炸手段实施的故意杀人罪与爆炸罪在犯罪方法和危害后果方面有相同之处，但两者存在明显区别：一是侵犯客体不同。爆炸罪侵犯的客体是公共安全，即不特定多数人的生命、健康或者重大公私财产安全，而故意杀人罪侵犯的客体则是特定公民的生命权。二是客观方面不同。爆炸罪的行为人故意引爆爆炸装置制造爆炸，造成或足以造成不特定多数人的伤亡或公私财产的重大损失，而故意杀人罪采取的手段较广泛，其中也包括采取爆炸的手段，但针对的只是特定的对象，不造成不特定多数人的伤亡和公私财产的重大损失。三是主观方面不同。爆炸罪的行为人主观方面具有危害公共安全的故意，而故意杀人罪的行为人主观方面仅有非法剥夺特定公民个人生命的故意。由此可见，区分两罪的关键之处在于是否危害公共安全。

本案中，赖贵勇非常熟悉作案地点的环境状况，知道扎西家附近还居住着其他居民，而且，赖贵勇身为石匠，本人时常使用炸药开山炸石，懂得炸药的性能和威力，且其在实施爆炸时，为加大爆炸产生的破坏力，有意将爆炸装置用绳子吊进房屋天窗内引爆，故其对爆炸的后果应当是非常清楚的：一是会炸毁扎西家的房屋，炸死扎西及其家人；二是爆炸可能会波及扎西家周围的住户及邻居。赖贵勇明知爆炸可能会危及周围住户的生命、财产安全，但为达到报复杀人的目的，赖贵勇对其行为的严重后果持放任态度，听之任之，置其他人的生命、财产于不顾，仍然实施爆炸行为。所以，在主观上，赖贵勇具有危害不特定多数人的生命、财产的故意；客观上，赖贵勇的行为造成了被害人扎西家的房屋毁损及一死三伤的严重后果，同时还使周围房屋受到不同程度的损坏。赖贵勇的行为危害了公共安全，而非局限于特定人的生命权。所以，赖贵勇的行为构成爆炸罪而非故意杀人罪。在实践中，如果行为人以爆炸为手段来杀害特定的人，而不危及公共安全的，其行为构成故意杀人罪；如果行为人以爆炸为手段来杀害特定的人，而结果却危及或足以危及公共安全的，且对其危害公共安全的后果持追求或放任的态度，其行为构成爆炸罪。本案属于法条竞合犯，被告人赖贵勇基于一个杀人的故意而实施了爆炸行为，同时触犯了爆炸罪、故意杀人罪两项罪名。理论上一般主张，对法条竞合犯定罪处刑应当坚持特别法优于普通法、复杂法优于简单法、重法优于轻法的原则。就本案来讲，二审法院按照对法条竞合犯的一般处理原则，以爆炸罪定罪处罚是正确的。

三、公共危险的司法判断

爆炸罪属于危害公共安全罪，而公共安全是指不特定多数人的生命、财产安全。与此对应，公共危险是指对不特定多数人的生命、财产安全造成的危险。那么，在司法实践中如何认定公共危险？尤其是在本案中的情况下，被告人是针对特定人实施某种犯罪，如何认定其行为具有危害公共安全的性质，是一个值得研究的问题。

我国刑法理论中，关于公共危险中的人身危险，通常表述为不特定多数人的生命健康危险。当然，这里的不特定多数人，到底是不特定并且多数人还是不特定或者多数人，以往对此并无深究。我国学者周光权教授主张将公共安全界定为不特定或者多数人（公众）的生命、身体、财产安全。① 当然，无论是不特定并且多数人还是不特定或者多数人，都需要对不特定与多数人这两个概念进行界定。

不特定，是指犯罪分子危害公共安全行为所侵害的对象具有不特定性。应当指出，不特定是相对于特定而言的。所谓特定，是指犯罪分子所侵害的对象是确定的，其危害后果是能够预料与控制的，具有一定的确然性。相对于特定，不特定就是指犯罪分子所侵害的对象是不确定的，其危害后果具有非确然性，是他人甚至犯罪分子本人难以预料与控制的，是不受人的主观意志支配的。因此，危害公共安全罪的不特定性表现在以下两个方面：（1）客体的不特定性。危害公共安全罪的不特定性，首先表现在行为客体的不特定上。客体的不特定又表现为两种情况：一种是行为人主观上有其特定的侵害客体，而客观情况使行为人主观上想使客体限制为特定人成为不可能，从而呈现出不特定性。例如，张三意图炸死李四，将炸药包放到正在露天剧场的人群中看电影的李四的脚下，结果炸死 2 人，炸伤 5 人。另一种是行为人主观上根本不存在特定的侵害客体，例如交通肇事罪，它所侵害的是张三还是李四，是造成人员伤亡还是财物损失，都处于不特定状态，一直到肇事结果发生

---

① 参见周光权：《刑法各论》，161 页，北京，中国人民大学出版社，2008。

为止。（2）结果的不特定性。危害公共安全罪的不特定性，其次表现在结果的不特定上。具体而言，这种结果的不特定就是可能侵害的范围大小的不特定、数量多少的不特定和程度高低的不特定。在理解不特定的时候，最重要的还是正确处理主观上的特定与客观上的不特定之间的矛盾。也就是说，危害公共安全罪的不特定，是指在客观上的不特定，因而具有公共危险性，而不是主观上的特定与不特定。对此，我国学者指出：

> 不特定并不是说危害公共安全犯罪的行为人没有特定侵犯对象或目标。实施危害公共安全罪的犯罪人，有的在主观上也有要侵犯的特定对象，同时也会对损害的可能范围有估计和认识，客观上有指向的目标，只不过其行为所造成或可能造成的实际后果则是犯罪分子难以控制的。因此，不能将不特定理解为没有特定侵犯对象或目标。①

我认为，上述对于危害公共安全的不特定性的理解是正确的。相对于"不特定"，"多数人"较好理解。多数人是相对于少数人或者个别人而言的。这里的多与少的区分，我认为应当以3人为标准：3人以上，包括3人，属于多数人；不满3人的，可以称为个别人。

不特定多数人的公共危险是可能的危险，并非在客观上一定造成不特定多数人的实际损害结果。在我国刑法中，不特定多数人的公共危险的判断是独立于具体犯罪结果的一种判断。在所谓危险犯的场合，没有造成实际危害的，其是否具有公共危险，当然是需要独立判断的。在所谓实害犯的场合，造成了实际危险的，对于是否具有公共危险仍然需要作出独立判断。例如，行为人采用爆炸方法杀害特定人，即使把人杀死，也不能因为采用的是爆炸方法，就定爆炸罪，而是要另外对是否具有公共危险性作出判断，只有具有公共危险性，才能以爆炸罪论处。

在本案中，被告人赖贵勇采用爆炸方法杀害特定人，其行为是构成爆炸罪还是构成故意杀人罪，首先需要对被告人的行为是否具有公共危险性进行判断。显然，在一审判决中，法院强调的是被告人赖贵勇因生活琐事与他人产生纠纷后报复杀人

---

① 高铭暄、马克昌主编：《刑法学》，353～354页，北京，北京大学出版社、高等教育出版社，2000。

这一方面，认定被告人的行为构成故意杀人罪。然而，一审判决没有对被告人采用爆炸方法所可能对公共安全带来的危害加以法律上的评价，这是十分遗憾的。二审判决则以爆炸虽然是针对特定人，但行为人对于客观上危害不特定人的生命、财产安全持放任态度为由，改判为爆炸罪。对此，本案的裁判理由也作了较为详细的论证，这是值得肯定的。

四、爆炸罪与故意杀人罪的竞合

如上所述，本案被告人赖贵勇的行为是一种非法剥夺他人生命的故意杀人行为，同时又是一种危害公共安全的爆炸行为，完全符合故意杀人罪与爆炸罪的构成要件。在这种情况下，对被告人的行为到底是定爆炸罪还是定故意杀人罪，涉及爆炸罪与故意杀人罪的区分。

关于爆炸罪与故意杀人罪的区分，在我国传统的刑法理论上都采用四要件对比的方法来予以描述，而现在越来越多的学者从竞合角度考察爆炸罪与故意杀人罪之间的区别。关于这种竞合到底是想象竞合还是法条竞合，存在以下两种不同的观点。

第一种观点是想象竞合说。想象竞合说认为，在爆炸罪与故意杀人罪之间存在想象竞合的关系。例如我国学者在论及爆炸罪与故意杀人罪的想象竞合时指出：

这种情况是指行为人出于杀人意图，放任其所采用的爆炸方法可能危及公共安全的结果而实施爆炸行为，结果危及公共安全及侵犯了他人的生命权，触犯了爆炸罪和杀人罪罪名。这种情况的构成条件有：（1）行为人仅实施了爆炸行为；（2）行为人具有杀人之直接故意和危害公共安全之间接故意；（3）爆炸行为危及公共安全即多数人的生命、财产安全，侵犯了他人的生命权；（4）该爆炸行为既触犯了爆炸罪罪名，又触犯了杀人罪罪名，例如，甲欲杀乙，却不顾爆炸会危及其他人的财产安全而实施爆炸行为，结果造成乙及其邻居的房屋倒塌 6 间、包括乙在内的 4 人死亡，甲的行为就构成爆炸罪与杀人罪的竞合。①

显然，这里所称的竞合是指想象竞合而非法条竞合，但为什么是想象竞合而非法条竞合，上述观点并未作充分论证。

第二种观点是法条竞合说。法条竞合说认为，在爆炸罪与故意杀人罪之间存在法条竞合关系。例如我国学者指出：

> 利用爆炸手段，其目的虽是杀伤特定的个人，但结果除将特定的个人杀伤外，而又危害不特定多数人的生命、健康或者公私财产的安全。在这种情况下，不仅构成了故意杀人罪，而且构成了爆炸罪，属于整体法与部分法的竞合，爆炸罪包含故意杀人罪的内容，因而应以爆炸罪论处。②

这里所谓整体法与部分法的竞合，就是指包容竞合，它是从属关系的法条竞合。

应当指出的是，我国一般刑法教科书在论及爆炸罪与故意杀人罪的界限时都指出：爆炸行为虽然是指向特定的人，但结果危害了不特定多数人的生命、健康或者重大公私财产安全的，在性质上属于危害公共安全的犯罪，应当以爆炸罪定罪处罚。③ 但对于为什么应以爆炸罪论处、到底是想象竞合还是法条竞合，并没有从法理上加以阐述。这是有所不足的。

我认为，以爆炸方法故意杀人而危害公共安全的行为，到底属于想象竞合还是法条竞合，取决于对想象竞合与法条竞合的正确界定。想象竞合是一行为触犯数罪名，法条竞合则是一行为该当数个构成要件。就此而言，想象竞合与法条竞合都属于刑法中的竞合。我国学者指出：

> 刑法中的竞合，即同一事实符合两个以上同种或异种刑法规范的要件，而具有不同刑法意义，对定罪量刑产生不同效果的现象。④

在刑法的竞合现象中，想象竞合与法条竞合是最复杂的表现形态。就这两者的

---

① 王作富主编：《刑法分则实务研究》，3版，上册，65页，北京，中国方正出版社，2007。
② 陈兴良主编：《罪名指南》，2版，上册，99页，北京，中国人民大学出版社，2007。
③ 参见周道鸾、张军主编：《刑法罪名精释》，3版，63页，北京，人民法院出版社，2007。
④ 刘士心：《竞合犯研究》，8页，北京，中国检察出版社，2005。

性质区分而言，想象竞合属于事实竞合，即犯罪竞合；而法条竞合属于法律竞合，即规范竞合。因此，法条竞合是一种不以犯罪发生为转移的法条之间的逻辑关系，想象竞合则只是犯罪行为之间的竞合，与法条本身无关。在讨论爆炸罪与故意杀人罪之间到底是想象竞合还是法条竞合的时候，关键在于分析两个法条之间是否存在逻辑上的从属关系。刑法第 115 条第 1 款关于爆炸罪实害犯的规定中，涉及爆炸致人重伤、死亡或者使公私财产遭受重大损失，那么，这里的致人死亡是否包含故意致人死亡即故意杀人呢？对此，我国刑法教科书论及较少，只有个别刑法教科书有所论述。例如我国刑法教科书在论及放火罪与故意杀人罪的界限时指出：

> 在一般情况下，这二者的界限是清楚的。问题是对于用放火的方法企图烧死他人的，如何定罪，理论上有不同看法。有的认为，只能定故意杀人罪，不能定放火罪。理由是，刑法（指 1979 年刑法，下同——引者注）第 106 条虽然包含放火致人死亡，但这是指过失致人死亡，不包含故意杀人。我们认为，对此类案件的处理，不可一概而论。如果其放火行为不足以危害公共安全，应以故意杀人罪论处；如果其放火行为危害公共安全，例如在居民楼里对某户放火，则应以放火罪论处。因为，虽然行为人主观上企图烧死某个人，但客观上是对建筑物放火，符合刑法第 105 条的规定，并且严重危害公共安全。至于说刑法第 106 条致人死亡不包含故意杀人，也是没有根据。因为，事实上实施放火、爆炸、投毒的人，对于可能发生人身伤亡的结果，很难说都不在他的意料之中的。①

上述论述虽然是就放火罪与故意杀人罪而言的，但同样适用于爆炸罪与故意杀人罪的关系。尤其是关于放火罪、爆炸罪、投放毒物罪的实害结果中的致人死亡，在我国刑法学界的通说中是包含故意杀人的。这里的故意杀人，包括直接故意杀人与间接故意杀人两种情形。就爆炸罪而言，其包含故意杀人的可能性比放火罪中的更大。放火在大多数情况下是焚烧建筑物，造成财产损失较为直接。当然，如果以杀害特定人为目的而放火，则对于杀人是直接故意。在放火焚烧建筑物造成财产损

---

① 高铭暄主编：《中国刑法学》，375 页，北京，中国人民大学出版社，1989。

失时，放任他人死亡结果的发生，则对杀人是间接故意的。在爆炸的情况下，大多数是针对人的，因而往往包括故意杀人的情形。既然爆炸罪实害犯的致人死亡包含故意杀人的内容，那么，爆炸罪与故意杀人罪的关系就不是想象竞合而是法条竞合。这种法条竞合，是指部分法与整体法的竞合——故意杀人罪是部分法，而爆炸罪是整体法，前者被后者所包含。因而这也是一种包容竞合。按照整体法优于部分法的原则，在包容竞合的情况下，应当适用整体法，即以爆炸罪论处。

如上所述，根据法条竞合说，在爆炸罪与故意杀人罪发生法条竞合的情况下，基于整体法优于部分法的原则，应定爆炸罪。那么，根据想象竞合说，在爆炸罪与故意杀人罪发生想象竞合的情况下，又应当如何定罪呢？对此，我国学者指出：

> 想象竞合，由于其行为的单数性，实质上是一罪，只是想象中的数罪。对于想象竞合犯，目前，在我国刑法学界和司法实践中占统治地位的观点认为，对之采用从一重处断的原则论处。所谓从一重处断，就是对想象竞合犯无须实行数罪并罚，而应按照其犯罪行为所触犯的数罪中最重的犯罪论处。爆炸罪与杀人罪、盗窃罪、破坏生产经营罪、故意毁坏财物罪的法定刑相比，爆炸罪一般重于上述其他罪（与杀人罪的法定刑一样），所以，当爆炸罪与上述其他罪发生想象竞合时，应定爆炸罪，在量刑时，应考虑其他罪的情况。①

在以上论述中，想象竞合说虽然指出爆炸罪与故意杀人罪的法定刑一样，但还是认为在这种情况下，应以爆炸罪论处。尽管这种观点对此未作法理论证，但其结论与法条竞合说的完全相同，都认为在爆炸罪与故意杀人罪发生竞合——无论是想象竞合还是法条竞合——的情况下，应以爆炸罪论处。在我国司法实践中，也是这样处理此类案件的，由此消解了想象竞合说与法条竞合说之学说对立的意义。

值得注意的是，我国学者张明楷教授对"凡是以危害公共安全的危险方法杀人的，不能认定为故意杀人罪，只能认定为以危险方法危害公共安全的犯罪"的通说指出了质疑，并提出了以下观点："凡是以杀人故意实施了足以剥夺他人生命的杀

---

① 王作富主编：《刑法分则实务研究》，3版，上册，66页，北京，中国方正出版社，2007。

人行为的,除刑法有明文规定的以外,应当以故意杀人罪论处。"① 从立法论的应然意义上说,我对上述结论是赞同的;但从解释论的实然意义上说,我并不赞成上述结论。以下,就张明楷教授提出的质疑展开法理上的讨论。

(一) 关于爆炸罪与故意杀人罪的轻重比较问题

如我在上文所言,主张爆炸罪与故意杀人罪之间是想象竞合关系的观点认为应以爆炸罪论处,但没有对爆炸罪与故意杀人罪的轻重进行比较。按照想象竞合从一重处断的原则,应该对爆炸罪与故意杀人罪的法定刑轻重加以比较,在此基础上再得出应定何罪的结论。张明楷教授对以上两罪的法定刑轻重与所保护法益大小进行了比较,得出不能认为放火、爆炸等罪重于故意杀人罪的结论。② 当然,也有相反的观点认为,上述两个罪是同样严重的犯罪,分不出哪个重哪个轻。这些法定最高刑都是死刑的犯罪,要区分轻重必须从犯罪构成要件的角度来判定。由于放火罪侵犯的客体是公共安全,一个犯罪行为同时危害到的是多人的生命,因此从整体上来讲,就一般观念来看,放火罪重于故意杀人罪的结论是可以成立的,通说的观点并没有错。③ 我认为,法定刑轻重与所保护法益大小的比较,是两个不完全相同的问题。就所保护法益大小而言,社会法益与个人法益相比,表现在我们所讨论的问题中,就是公共安全与生命权,两者的大小取决于对公共安全的理解。在日本刑法中,公共安全是以相反的一面——公共危险——的形式出现的,而危害公共安全的犯罪又称为公共危险犯,是指以公众的生命、身体以及财产安全为保护法益的犯罪。公共危险中的危险,是指对生命、身体或者财产的侵害可能性,但这种可能性并不一定是科学法则上的可能,而是取决于一般人的恐惧感。④ 从日本刑法关于放火、爆炸等罪的规定来看,对财物的侵害存在实害犯,即放火、爆炸罪包含毁坏财物罪的内容,但对人的生命、健康安全的侵害只能是危险,不包括实害。因此,出

---

① 张明楷:《论以危险方法杀人案件的性质》,载《中国法学》,1999 (6),105 页以下。
② 参见张明楷:《论以危险方法杀人案件的性质》,载《中国法学》,1999 (6),106 页以下。
③ 参见周振晓:《也论以危险方法杀人案件的定性》,载《政法论坛》,2001 (2),37 页。
④ 参见 [日] 大谷实:《刑法讲义各论 (新版第 2 版)》,黎宏译,343 页,北京,中国人民大学出版社,2008。

于杀人、伤害的故意而放火、爆炸，致人死亡的时候，属于杀人罪与放火、爆炸罪的观念竞合，即想象竞合。在这种情况下，公共安全作为社会法益与生命权作为个人法益相比，个人法益大于社会法益。但在我国刑法中，公共安全包括不特定多数人的生命、财产安全，生命权也是作为公共安全而加以保护的。在这种情况下，公共安全作为社会法益大于生命权作为个人法益的通说是可能成立的。就刑罚之轻重而言，关键要看如何比较。关于从一重处断的原则，存在先比后定法与先定后比法之分：先比后定法是指先比较法定刑的轻重，然后确定应判处的刑罚。先定后比法是指先对想象数罪中的每一罪决定刑罚，然后再比较刑罚之轻重。[①] 如果采用先比后定法，故意杀人罪的法定刑与放火、爆炸罪的法定刑，虽然其最高刑与最低刑一致，但排列顺序显示出故意杀人罪重于放火、爆炸罪。如果采用先定后比法，则爆炸罪重于故意杀人罪的可能性较大。总之，爆炸罪与故意杀人罪的轻重比较，是一个较为复杂的问题，孰轻孰重，不太好确定。

（二）关于爆炸罪等中的致人死亡是否包括故意杀人的问题

爆炸罪等中的致人死亡是否包含故意杀人的内容，是想象竞合与法条竞合区分的关键所在。张明楷教授认同以杀人故意实施放火行为时放火行为又危害公共安全的，属于想象竞合犯这一观点。[②] 按照想象竞合犯从一重处断原则，认为故意杀人罪重于放火罪等，因而张明楷教授提出不能因为放火罪等中的致人死亡包括故意杀人，就将以杀人故意实施的放火等行为认定为放火罪等的结论。但是，如果肯定放火罪等中的致人死亡包括故意杀人，那就属于法条竞合而非想象竞合。而按照法条竞合的法律适用原则，对于上述情形就应该以放火罪、爆炸罪等危害公共安全罪论处。

（三）关于重罪轻判与轻罪重判的问题

张明楷教授提出：能否断定将危害公共安全的、以杀人故意实施的放火等行为认定为放火罪等，不会导致重罪轻判或轻罪重判？其结论是否定的。张明楷教授认

---

① 参见吴振兴：《罪数形态论》，修订版，72 页，北京，中国检察出版社，2006。

② 参见张明楷：《论以危险方法杀人案件的性质》，载《中国法学》，1999（6），108 页。

为，在犯罪既遂的情况下，依通说判处一般不会导致重罪轻判与轻罪重判的问题，不会产生罪与罪、刑与刑之间的不协调现象，但在犯罪未遂等情形下，可能导致重罪轻判。[1] 当然，也有学者不同意这一观点。[2] 我认为，刑罚轻重，可以从立法与司法两个层面考虑。只要在立法上罪刑之间是均衡的，在司法上如何通过量刑活动保持罪刑均衡、避免重罪轻判与轻罪重判，那是另一个问题。从放火罪、爆炸罪等与故意杀人罪的法定刑设置来看，两者之间是协调的，这与应定何罪没有太大的关联。

　　基于以上分析，我认为在爆炸罪与故意杀人罪之间发生法条竞合的情况下，应当按照整体法优于部分法的原则，以爆炸罪论处。

五、裁判理由的评判

　　在赖贵勇爆炸案中，被告人以杀害特定人为目的实施爆炸行为，危害了公共安全。裁判理由确认：本案属于法条竞合犯。对这一裁判结论，我是完全赞同的。裁判理由对本案属于何种法条竞合的类型，未作具体分析。法条竞合可以分为两类四种：第一类是从属关系的法条竞合，其中又包括独立竞合与包容竞合。第二类是交叉关系的法条竞合，其中又包括交互竞合与偏一竞合。法条竞合的类型不同，其法律适用原则亦有所不同。独立竞合是特别法与普通法的竞合，应当按照特别法优于普通法原则，以特别法规定的犯罪论处。包容竞合是部分法与整体法的竞合，应当按照整体法优于部分法原则，以整体法规定的犯罪论处。交互竞合是重法与轻法的竞合，应当按照重法优于轻法原则，以重法规定的犯罪论处。偏一竞合是基本法与补充法的竞合，应当按照基本法优于补充法原则，以基本法规定的犯罪论处。爆炸罪与故意杀人罪之间的竞合，属于包容竞合，应当按照整体法优于部分法原则，以爆炸罪论处。裁判理由并没有对爆炸罪与故意杀人罪的法条竞合类型作出论述，只是一般性地提出：对法条竞合犯定罪处刑应当坚持特别法优于普通法、复杂法优于

---

①　参见张明楷：《论以危险方法杀人案件的性质》，载《中国法学》，1999（6），109 页以下。

②　参见周振晓：《也论以危险方法杀人案件的定性》，载《政法论坛》，2001（2），39 页。

简单法、重法优于轻法的原则，以爆炸罪论处。这一裁判结论虽然正确，但对于裁判根据没有充分阐述，因而有所缺憾。

第 3 节　交通肇事转化为故意杀人罪之定性研究

案名：韩正连故意杀人案　倪庆国交通肇事案
主题：交通肇事罪　遗弃致人死亡

在我国司法实践中，交通肇事案件时有发生，某些犯罪分子在交通肇事以后，不仅不采取措施救治被害人，而且采取非法手段将其带离肇事现场，致使被害人得不到及时救治而死亡，由此转化为故意杀人罪。对于从交通肇事转化为故意杀人罪的案件，应当如何区分交通肇事罪与故意杀人罪，是一个值得研究的问题。本节以韩正连故意杀人案[①]为线索，对交通肇事转化为故意杀人罪的定性问题进行探讨。

一、案情及诉讼过程

2005 年 10 月 26 日晚 21 时许，被告人韩正连酒后驾驶苏 GJ9××8 解放牌货车，行驶至连云港市连云区××社区岛山巷时，将在路边行走的妇女徐某撞倒。韩正连发现撞伤人后，为逃避法律追究，将徐某转移到岛山巷××号楼 2 单元道口藏匿，致使徐某无法得到救助而死亡。当夜，韩正连又借用苏 M0××80 东风牌货车，将徐某的尸体运至连云区板桥镇，将尸体捆绑在水泥板上，沉入烧香河中。

连云港市中级人民法院认为，被告人韩正连驾车撞伤人，又将被害人隐藏导致其死亡，其行为已构成故意杀人罪。遂依照《中华人民共和国刑

---

① 本案刊载于最高人民法院编：《刑事审判参考》，第 56 集，北京，法律出版社，2007。

法》第 232 条、第 56 条第 1 款之规定，以故意杀人罪，判处被告人韩正连有期徒刑 15 年，剥夺政治权利 5 年。

一审宣判后，被告人韩正连不服，以被害人徐某是被当场撞死的，其没有杀人的主观故意为由，向江苏省高级人民法院提出上诉。

江苏省高级人民法院经开庭审理认为：韩正连酒后驾驶机动车辆，撞伤一人后为逃避法律制裁，将被害人拖离事故现场隐藏，导致被害人无法得到救助而死亡，其行为已构成故意杀人罪。韩正连交通肇事撞人后，本应积极施救，但其不抢救被害人，反而将被害人转移藏匿，致使被害人大量失血休克死亡，具有放任被害人死亡的主观故意。韩正连及其辩护人提出没有杀人故意的上诉理由不能成立。原审判决认定的事实清楚，证据确实、充分，定性准确，量刑适当，审判程序合法。遂依法裁定：驳回上诉，维持原判。

二、涉案罪名的法理分析

本案检察机关是以故意杀人罪向法院起诉的，但辩方认为本案应定交通肇事罪，一、二审法院没有采纳辩护意见，对被告人韩正连以故意杀人罪论处。在本案处理过程中，存在以下三种不同意见：

第一种意见认为，被告人韩正连构成故意杀人罪。理由是：被告人交通肇事撞人后本应积极施救，其不但不抢救被害人，反而将被害人转移藏匿，致被害人大量失血休克死亡，具有放任被害人死亡的主观故意，符合最高人民法院《关于审理交通肇事刑事案件具体应用法律若干问题的解释》第六条规定的情形，应当以故意杀人罪处罚。

第二种意见认为，被告人构成交通肇事罪和过失致人死亡罪。应当数罪并罚。理由是：本案被告人交通肇事后以为被害人已经被撞死，为了隐匿罪迹而将被害人隐藏，过失导致被害人死亡，主观上具有疏忽大意的过失心理态度，应认定过失致人死亡罪，与前行为的交通肇事罪进行并罚。

第三种意见认为，被告人构成交通肇事罪，具有因逃逸致人死亡的加重处罚情节。理由是，被告人交通肇事后为了隐匿罪迹，而将被害人转移隐藏，客观上实施了肇事逃逸和过失致人死亡两种行为，但其主观上并不希望发生被害人死亡的后果，转移被害人是为了逃逸，符合刑法第一百三十三条因逃逸致人死亡的情形，应当认定为交通肇事罪，处七年以上有期徒刑。

　　在以上三种意见中，涉及交通肇事罪、过失致人死亡罪和故意杀人罪三个罪名。对此，我结合我国刑法和司法解释的规定加以分析。

　　（一）交通肇事罪

　　刑法第 133 条规定：

　　　　违反交通运输管理法规，因而发生重大事故，致人重伤、死亡或者使公私财产遭受重大损失的，处三年以下有期徒刑或者拘役；交通运输肇事后逃逸或者有其他特别恶劣情节的，处三年以上七年以下有期徒刑；因逃逸致人死亡的，处七年以上有期徒刑。

　　在我国刑法中，交通肇事罪属于危害公共安全罪中的责任事故犯罪，因为该罪是以违反交通运输法规为特征的，所以具有业务过失犯罪的性质。我国刑法根据三个标准，将交通肇事罪的处罚分成三个幅度，即基本构成、加重构成和特别加重构成。

　　1. 基本构成

　　交通肇事罪是过失犯罪，因而属于结果犯。根据我国刑法规定，一般违反交通运输管理法规的行为并不构成犯罪，属于交通违法行为；只有发生重大事故，致人重伤、死亡或者使公私财产遭受重大损失的，才构成交通肇事罪。

　　根据 2000 年 11 月 10 日最高人民法院《关于审理交通肇事刑事案件具体应用法律若干问题的解释》（以下简称《交通肇事刑事案件解释》），交通肇事具有下列情形之一的，处 3 年以下有期徒刑或者拘役：（1）死亡 1 人或者重伤 3 人以上，负事故全部或者主要责任的；（2）死亡 3 人以上，负事故同等责任的；（3）造成公共财产或者他人财产直接损失，负事故全部或者主要责任，无能力赔偿数额在 30 万元以上的。该解释还规定：交通肇事致 1 人以上重伤，负事故全部或者主要责任，并且有下列情形之一的，以交通肇事罪定罪处罚：（1）酒后、吸食毒品后驾驶机动车辆的；（2）无驾驶资格驾驶机动车辆的；（3）明知是安全装置不全或者安全机件失灵的机动车辆而驾驶的；（4）明知是无牌证或者已报废的机动车辆而驾驶的；（5）严重超载驾驶的；（6）为逃避法律追究逃离事故现场的。

　　在以上规定中，值得注意的是，根据司法解释的规定，交通肇事造成的后果必须与一定的交通事故责任相联系，才能构成交通肇事罪。例如，交通肇事造成 1 人死亡的，只有在对交通事故负全部或者主要责任的情况下才构成犯罪，如果负次要责任则仍然不构成交通肇事罪。关于交通事故的责任确认，《中华人民共和国道路交通安全法实施条例》第 91 条规定："公安机关交通管理部门应当根据交通事故当事人的行为对发生交通事故所起的作用以及过错的严重程度，确定当事人的责任。"在司法实践中，交通事故责任分为全部责任、主要责任、同等责任和次要责任。由此可见，交通肇事罪的成立是以交通事故责任为前提的。在交通事故责任的确认中，已经考虑了危险分配、信赖原则等法理。例如，交通事故责任等级划分是把被害人过错考虑进来的。在同等责任的情况下，交通肇事者与被害人对于交通事故的发生具有相等的过错。全部责任则是指对交通事故的发生被害人没有过错，所有过错都应当由交通肇事者承担。主要责任与次要责任，也是指交通肇事者对于交通事故发生所应当承担的责任份额的大小。在我国司法实践中，交通事故责任是由公安机关交通管理部门确认的，这是一种行政性确认，它对于交通肇事罪的司法认定具有决定性意义。当然，对于这种以事故责任作为交通肇事罪成立的前置条件和决定因素的做法，也存在质疑的观点，认为：交通事故责任即交通事故发生的原因，且是违章行为的原因。因此，交通事故责任只是犯罪构成客观方面的一个事实条件即违法行为和因果关系，需要与犯罪构成的其他要件（主体、损害后果、过失程度等）一起通盘考虑后，才能决定是否构成犯罪。肇事者责任的大小只表明行为的社会危害性及其程度，它只是定罪的必要条件，不是充分条件。它不能作为定罪的决定因素，只能作为量刑情节加以考虑。[①] 应该说，这种观点是具有参考价值的。我

---

　　① 参见王立：《交通肇事罪研究——以交通事故责任认定为视角》，载陈兴良主编：《刑事法判解》，第 7 卷，9 页，北京，法律出版社，2004。

国刑法关于交通肇事罪的规定采取的是空白罪状，该罪的认定在很大程度上取决于公安交通管理部门对交通事故责任的确认，这就导致司法机关的定罪权旁落至公安交通管理部门。

2. 加重构成

交通肇事后逃逸或者有其他特别恶劣情节，是交通肇事罪的加重构成事由。根据前引《交通肇事刑事案件解释》第 3 条的规定，交通肇事后逃逸，是指在发生交通事故后，为逃避法律追究而逃跑的行为。因此，交通肇事后逃逸行为的构成要件是：（1）主观上具有逃避法律追究的目的。如果不是为逃避法律追究，而是害怕受害方或者其他围观群众对其进行殴打而躲避，但及时报警，等待司法机关处理，不得视为逃逸。（2）客观上具有逃跑行为。这里的逃跑既包括逃离事故现场，也包括在将伤者送至医院后或者等待交管部门处理的时候逃跑。例如，在孙贤玉案[①]中，判决认定：被告人孙贤玉在肇事后没有立即停车、保护现场、报警的行为，随后即弃车逃离现场，且没有及时向有关部门进行报告，应当认定其有交通肇事后逃逸的行为。对此，该案的裁判理由指出：

> 在司法实践中，肇事人逃逸大多是为了逃避法律追究，但也有少数肇事人的逃逸确实是出于害怕受害方或者其他围观群众对其进行殴打或者当时精神高度紧张慌乱等原因。结合立法设置交通肇事后逃逸加重处罚情节的初衷，我们认为，认定肇事人逃逸不能仅仅看肇事人是否离开现场，其关键在于肇事人是否同时具有积极履行救助义务和立即投案的行为特征。如果肇事人肇事后积极对被害人进行救助，如拦截车辆，将被害人送往医院，并立即报案，在医院守候，等待公安机关的审查处理，虽然其离开了肇事现场，但是救助被害人所致，当然不属于交通肇事后逃逸。反之，如果肇事人积极履行救助义务后仍没有立即投案，如将被害人送往医院后而逃跑的；或者虽然肇事人立即投案但有能力履行却没有积极履行救助义务，均属于肇事后为逃避法律追究的逃逸行为。

---

① 本案刊载于最高人民法院编：《刑事审判参考》，第 53 集，北京，法律出版社，2007。

上述裁判理由，对于正确认定交通肇事后逃逸具有一定的参考价值。然而，将积极履行救助义务作为认定逃逸的本质条件，似值得商榷。如果肇事人在肇事后没有逃离现场，但也没有积极履行救助义务，能认定为肇事人逃逸吗？显然不能。即使是肇事后去向公安机关投案，虽然没有积极履行救助义务，但肇事人不具有逃避法律追究的目的，仍然不符合肇事后逃逸的要件。因此，将积极履行救助义务作为认定逃逸的本质要件，是附加了立法所没有的内容。

在认定交通肇事后逃逸的时候，应当把作为交通肇事罪基本构成事由的逃逸与作为交通肇事罪加重构成事由的逃逸加以区分。在交通肇事罪基本构成事由中，根据前引《交通肇事刑事案件解释》第 2 条第 2 款第 6 项的规定，包括交通肇事致 1 人以上重伤、负事故全部或者主要责任并为逃避法律追究逃离事故现场的情形。这里的逃逸是交通肇事罪的构成要素之一，是定罪条件。而作为加重构成事由的交通肇事后逃逸，是在构成交通肇事罪的基础上具备这一条件的，应当适用加重的法定刑。

交通肇事罪的加重构成事由，除交通肇事后逃逸以外，还包括其他特别恶劣情节。从这一表述来看，交通肇事后逃逸本身就是特别恶劣情节之一，由于这种情形在现实生活中较为常见，因而刑法加以明文列举。而对于其他特别恶劣情节，刑法作了盖然性规定。前引《交通肇事刑事案件解释》第 4 条对特别恶劣情节作了具体规定，是指具有下列情形之一的：（1）死亡 2 人以上或者重伤 5 人以上，负事故全部或者主要责任的；（2）死亡 6 人以上，负事故同等责任的；（3）造成公共财产或者他人财产直接损失，负事故全部或者主要责任，无能力赔偿数额在 60 万元以上的。在我国刑法理论上，对于司法解释将肇事人有无赔偿能力在一定条件下作为加重处罚的条件，也是存在争议的。[①]

3. 特别加重构成

我国刑法关于交通肇事罪的规定，分为 3 个罪刑等级，其中最高等级是交通肇

---

① 关于这个问题的详尽讨论，参见刘东根：《刑事损害赔偿研究》，190 页以下，北京，中国法制出版社，2005。

事罪的特别加重构成。根据我国刑法规定，交通肇事罪的特别加重构成事由是因逃逸致人死亡。前引《交通肇事刑事案件解释》第 5 条规定：因逃逸致人死亡，是指行为人在交通肇事后为逃避法律追究而逃跑，致使被害人因得不到救助而死亡的情形。从这一规定来看，因逃逸致人死亡，在逃逸与死亡之间存在因果关系。逃逸是不救助，因而是一种不作为，由此引起被害人死亡的结果。但对于因逃逸致人死亡，行为人的主观罪过形式如何理解，刑法与司法解释都没有明文规定，在刑法理论上存在各种不同的观点。一般来说，关于逃逸致人死亡的主观罪过，主要有以下三种观点[1]：一是故意说，认为适用于对死亡结果持希望或者放任的情形。二是过失说，认为适用于对死亡结果持疏忽大意或者过于自信的过失的情形。三是间接故意与过失说，认为主要适用于对死亡结果持过失的情形，个别情况下包括间接故意的情形，但应当排除直接故意。对于这个问题，学者大多均持过失说，例如张明楷教授指出：

> 因逃逸致人死亡，应限于过失致人死亡，除了司法解释所规定的情形之外，还应包括连续造成两次交通事故的情形，即已经发生交通事故后，行为人在逃逸过程中又因为过失发生交通事故，导致他人死亡。[2]

将逃逸致人死亡的主观罪过限于过失，符合结果加重犯的一般法理，属于过失犯的结果加重犯。在司法实践中，往往采用过失与间接故意说，认为这一规定强调的是被害人因得不到救助而死亡，主要是指行为人主观上并不希望发生被害人死亡的后果，但是没有救助被害人或者未采取得力的救助措施，导致发生被害人死亡结果的情形。[3] 在此，论者只是排除了直接故意，而间接故意与过失显然是包含在内的。但在过失犯罪的结果加重中，对加重结果包含了间接故意。这种情形在刑法理论上确实难以成立。但从司法实践的情况来看，要将间接故意排除出去确实不好操作。

---

① 参见张兆松：《论交通肇事逃逸致人死亡的定罪问题》，载《刑法问题与争鸣》，2001 年第 3 辑，376 页，北京，中国方正出版社，1999。

② 张明楷：《刑法学》，3 版，543 页，北京，法律出版社，2007。

③ 参见周道鸾、张军主编：《刑法罪名精释》，3 版，119 页，北京，人民法院出版社，2007。

（二）过失致人死亡罪

刑法第 233 条规定：

> 过失致人死亡的，处三年以上七年以下有期徒刑；情节较轻的，处三年以下有期徒刑。本法另有规定的，依照规定。

对于我国刑法中的过失致人死亡罪，过去称为过失杀人罪，后来考虑到杀人这一行为更多地适用于主观上故意的场合，因而改称为过失致人死亡罪。当然，杀人并非故意所专用，其实中国古代刑律中就有六杀之说：谋杀、故杀、斗殴杀、戏杀、误杀、过失杀。[①]

在我国刑法关于过失致人死亡罪的规定中，尤其值得注意的是"本法另有规定的，依照规定"一语。立法机关认为，"本法另有规定的，依照规定"的含义是指，过失致人死亡，除本条的一般规定外，刑法规定的其他犯罪中也有过失致人死亡的情况，根据特别规定优于一般规定的原则，对于刑法另有特殊规定的，一律适用特殊规定，而不按本条定罪处罚。如刑法第 115 条第 2 款关于失火、过失决水、爆炸、投放危险物质或者以其他危险方法致人死亡的规定，第 133 条关于交通肇事致人死亡的规定，第 134 条关于重大责任事故致人死亡的规定等。[②] 由此可见，"本法另有规定的，依照规定"是法条竞合的引导性规定。在我国刑法中，各个罪名之间大量地存在法条之间的重合或者交叉关系。在上述论断中，提及一般规定与特殊规定的关系，我认为，这里的一般规定与特殊规定的关系包括两种情形：第一种是普通法与特别法的关系，例如诈骗罪与贷款诈骗等金融诈骗罪。在这种情况下，特别法的外延是普通法的外延的一部分，因而是一种独立竞合。对此，应当按照特别法优于普通法的原则适用法律。第二种是部分法与整体法的关系，例如故意杀人罪与绑架罪，我国刑法规定的绑架罪包含了杀害被绑架人的内容，因而故意杀人罪成为绑架罪的构成要件的一部分。在这种情况下，部分法是整体法的内涵的一部分，因而是一种包容竞合。对此，应当按照整体法优于部分法的原则适用法律。

---

① 参见 ［韩］韩相敦：《传统社会杀伤罪研究》，27 页，沈阳，辽宁民族出版社，1996。
② 参见胡康生、郎胜主编：《中华人民共和国刑法释义》，3 版，362 页，北京，法律出版社，2006。

按照上述法条竞合理论分析，在过失致人死亡罪与交通肇事罪之间存在部分法与整体法之间的法条竞合关系。在以过失致人死亡作为交通肇事罪构成要件的情况下，过失致人死亡是交通肇事罪的基本构成的内容。因为交通肇事罪的其他特别恶劣情节，包括过失致 2 人以上死亡的，因此，过失致人死亡是交通肇事罪的加重构成的内容。在交通肇事后逃逸而过失致人死亡的情况下，过失致人死亡是交通肇事罪的特别加重构成的内容。

（三）故意杀人罪

刑法第 232 条规定：

> 故意杀人的，处死刑、无期徒刑或者十年以上有期徒刑；情节较轻
> 的，处三年以上十年以下有期徒刑。

这是我国刑法关于故意杀人罪的规定。这一规定采用了简单罪状，并未对杀人的构成特征加以详细描述，而只是列举了杀人行为。在我国刑法理论上，杀人是指非法剥夺他人生命的行为。杀人从行为方式上来说，可以分为作为与不作为。对于不作为的杀人，尤其是因先行行为使他人处于危险状态，因未救助而引起他人自杀的，在我国刑法中由于没有规定类似于日本刑法中的保护责任者遗弃罪，因而在我国司法实践中往往以故意杀人罪论处。

在交通肇事以后，造成被害人重伤的，作为先行行为者，被告人具有对被害人的救助义务。在这种情况下，被告人不履行救助义务，甚至将被害人搬离肇事现场予以遗弃，则涉嫌故意杀人罪。对此，前引《交通肇事刑事案件解释》第 6 条规定：行为人在交通肇事后为逃避法律追究，将被害人带离事故现场后隐藏或者遗弃，致使被害人无法得到救助而死亡或者严重残疾的，以故意杀人罪或者故意伤害罪处罚。这就是司法解释关于交通肇事转化为故意杀人罪或者故意伤害罪的规定，对于正确处理此类案件具有重要意义。

三、肇事后被害人是否死亡的认定

在关于本案的三种分歧意见中，首先涉及的是一个事实问题，即在被告人韩正

连交通肇事后，被害人是否当场死亡。如果已经死亡，则不存在此后的故意杀人或者交通肇事后逃逸致人死亡的问题。

对此，被告人韩正连辩解提出，当时天黑，以为被害人已经死亡，主观上没有杀人的故意。裁判理由针对被告人的辩解作了以下分析：

> 如其辩解属实，则因为在转移被害人之前被害人已经死亡，故只能构成交通肇事罪，不发生转化故意杀人的问题。虽然从现场环境看，韩正连撞人的地点处于居民小区之间，一些居民听到撞击声已从家中出来，韩正连是急于逃避而没有仔细检查被害人的伤势情况，且案发时间是农历的 9 月 24 日晚 9 点多钟，天很黑，多名证人及行为人均证实当晚没有月亮，车辆撞人后继续向前又撞到电线杆，造成停电，货车也已经熄火，没有车灯，可以推想韩正连当时也是很难看清被害人的撞伤情况的。被告人交通肇事撞倒被害人后，在黑暗中匆忙将被害人转移隐藏，没有对被害人进行任何救治。对不具备医疗知识的韩正连来说，当时主观上不能也没有对被害人是否已经死亡进行准确判断。也就是说，在这种情况下，韩正连主观上对于当时被害人可能没有死亡的情况应当是明知的。而当时被害人是否已经死亡，应当从本案的客观情况出发来得出结论。从现场痕迹和鉴定结论以及鉴定人当庭所作的鉴定说明分析，在撞人现场地面（第一现场）上没有大量血迹，而在隐藏地点（第二现场）楼道口前发现大量血迹，表明被害人当时还有生命反应，可以认定被害人在被转移隐藏时还活着；同时结合被害人系腹腔多处脏器损伤后失血性休克，受出血速度和出血量的影响，不会在受伤后立即死亡的鉴定结论，也证实韩正连是在被害人尚未死亡的情况下将被害人转移隐藏的。据此，韩正连的上述辩解不能成立。因此，被告人韩正连明知被撞伤的被害人可能没有死亡，但为了逃避法律追究，置被害人死活于不顾而逃逸，造成被害人死亡的严重后果，可以认定其具有放任被害人死亡的主观故意。

上述裁判理由认定被告人韩正连明知被害人没有死亡，从两个方面作了论证：一是主观明知的推定，认为被告人韩正连"当时主观上不能也没有对被害人是否已经死亡进行准确判断。也就是说，在这种情况下，韩正连主观上对于当时被害人可能没有死亡的情况应当是明知的"。应该指出，这一推定是十分勉强的，其逻辑是："没有准确判断，因而是明知的。"该逻辑的前提是：在发生交通肇事以后，被告人具有对被害人是否当场死亡作出准确判断的义务，不履行这一义务就是明知被害人没有死亡。二是客观上是否当场死亡的分析。其实，被害人在客观上是否当场死亡，对于被告人韩正连来说，已经不重要。他辩解是"以为"被害人已经死亡，因而转移。即使导致被害人死亡，其主观上也没有杀人故意，不构成故意杀人罪，但他仍有可能构成过失致人死亡罪。当然，这一过失致人死亡是包含在交通肇事罪中，还是交通肇事转化为过失致人死亡罪，抑或应当以交通肇事罪与过失致人死亡罪实行数罪并罚，是后文需要展开讨论的。

从我国刑法和司法解释关于交通肇事罪的规定来看，被害人在交通肇事当时是否在客观上已经死亡以及被告人主观上是否明知其没有死亡，对于定罪和量刑具有十分重要的意义。现作以下分析：

（1）交通肇事当场致人死亡，且被告人明知被害人已经死亡，即使转移尸体，只定交通肇事罪，若有逃逸情节的，属于交通肇事罪的加重构成。

（2）交通肇事当场致人死亡，但被告人误认为其没有死亡，将尸体转移并予以遗弃，因主观认识错误而构成故意杀人罪的未遂。

（3）交通肇事当场没有死亡，无论被告人是否明知，只要是逃逸使被害人得不到及时救治而死亡的，属于交通肇事逃逸致人死亡。

（4）交通肇事当场没有死亡，但被告人误认为已经死亡，将被害人转移并予以遗弃，如何定罪？对此存在三种可能的结论：1）交通肇事罪。2）过失致人死亡罪。3）交通肇事罪与过失致人死亡罪实行数罪并罚。

（5）交通肇事当场没有死亡，被告人将被害人带离事故现场后隐藏或者遗弃，致使被害人死亡的，构成故意杀人罪。

在本案中，被告人辩解自己属于上述第四种情形，裁判理由则认为属于上述第五种情形。在司法实践中，交通肇事后被害人是否已经当场死亡以及被告人主观上是否明知被害人死亡，都是难以证明的问题，使控方的举证十分困难，因而这种法律设计的可操作性是值得质疑的。因此，在司法实践中，认定交通肇事逃逸致人死亡或者转化为故意杀人罪，往往不是一个法律问题而是一个事实问题或者证据问题。为使我们进一步了解这个问题，现以倪庆国交通肇事案[①]作一个对比性的研究：

　　2002 年 6 月 25 日下午 2 时 30 分许，被告人倪庆国酒后驾驶苏 GN4115 三轮摩托车在灌南境内由张店镇向县城新安镇行驶，当行至武障河闸南侧时，因避让车辆采取措施不当，其所驾摩托车偏离正常行车路线，又因该三轮车制动系统不合格，未能及时刹住车，将人行道上正在行走的被害人严某撞倒。事故发生后，倪庆国当即将严某抱到附近大圈乡龙沟村个体卫生室请求救治。接治医务人员问被害人是哪里人，严某回答是本县白皂乡人，语气艰难，之后即不能讲话。经听诊，医务人员发现严肺部有水泡声，怀疑其伴有内脏出血，认为卫生室不具备抢救条件，即催促倪庆国将严某速送灌南县人民医院急救。倪庆国遂将严抱上肇事三轮摩托车，向县城新安镇继续行驶。在到达新安镇后，倪庆国因害怕承担法律责任，将严某抛弃在新安镇肖大桥河滩上（距苏 306 公路线约 200 米）。当日下午 4 时许，严某被群众发现时已死亡。经法医鉴定，严某因外伤性脾破裂失血性休克并左肱骨骨折疼痛性休克死亡。倪庆国供述：其在送被害人去县医院抢救途中，曾 3 次停车呼喊被害人而被害人均无应答，故认为被害人已经死亡、没有救治必要才产生抛"尸"想法的。抛"尸"当时，倪庆国还在现场观察了一会儿，仍没有看到被害人有任何动作，更加确信被害人已经死亡，最后才离开现场。医学专业人员证实：脾破裂如果脾脏前面损伤程度较深，累及脾门，并大血管损伤或者伤者有心脏疾病，则伤者可能在短时间内死亡，但没有严格的时间界限。如果损伤程度较浅未累及脾门及脾门血管，则较短时间（1 小时）内死亡的可能性较小。经现场测试，以肇事车辆的时速从事故地行驶至县人民医院约需 10 分钟。事故

---

① 本案刊载于最高人民法院编：《刑事审判参考》，第 30 辑，北京，法律出版社，2003。

处理部门认定，倪庆国酒后驾驶制动系统不合格的机动车辆在反向人行道上撞伤行人，应负事故的全部责任。本案现有证据仅表明被害人严某被撞外伤性脾破裂、左肱骨骨折，但已无法查明被害人严某脾破裂是否伤及脾门、是否伴有脾门大血管破裂，以及其受伤前是否患有心脏疾病。

被告人倪庆国辩称，自己主观上没有杀人的故意，也不符合交通肇事转化为故意杀人罪的条件。其辩护人的辩护意见是：倪庆国虽有将被害人带离事故现场后遗弃的行为，但本案没有证据证实被害人是因被遗弃、无法得到及时救治而死亡，也没有证据证实被害人在被遗弃前确实仍然存活，故倪庆国不符合《交通肇事刑事案件解释》第六条的规定，不构成故意杀人罪；倪庆国将被害人带离事故现场的目的是送医院抢救，而不是逃避法律追究，故也不构成交通肇事后逃逸；对被告人倪庆国应按交通肇事的一般情节，在三年以下有期徒刑或者拘役的法定刑幅度内量刑。

本案在审理过程中，被告人倪庆国的亲属与被害人严某的亲属就附带民事诉讼赔偿问题达成协议，且当庭兑现完毕。由被告人亲属代被告人赔偿被害人亲属经济损失计人民币 15 000 元。

灌南县人民法院经审理后认为：被告人倪庆国违反交通运输管理法规，酒后驾驶制动系统不合格的车辆，致发生 1 人死亡的重大交通事故，负事故的全部责任，其行为已构成交通肇事罪，且肇事后逃逸，应予惩处。公诉机关指控倪庆国的犯罪事实清楚，证据确实、充分，但指控罪名不当。被告人倪庆国在交通肇事后即将被害人抱送附近诊所求治，并按医嘱速送被害人去县医院抢救，其后来遗弃被害人是在认为被害人已死亡的主观状态下作出的。本案现有证据无法证明被害人在被遗弃前确实没有死亡，也无法证明被害人的死亡是因被遗弃、无法得到救助而造成，故其行为不符合《交通肇事刑事案件解释》第六条关于交通肇事转化为故意杀人的条件。本着疑情从轻的原则，对倪庆国只能以交通肇事罪定罪处罚。对于辩护人提出的关于倪庆国的行为不构成故意杀人罪的辩护意见予以采纳。倪庆国先前虽能积极送被害人去医院救治，但在认为被害人已死亡的情况下，为逃避法律追究又将被害人遗弃并逃跑，符合交通肇事后逃逸的特征。辩护人提出的关于倪庆国的行为不属于交通肇事后逃逸的意见，与事实、法律不符，不予采信。鉴于倪庆国归案后认罪态度较好，且其亲属已赔偿了被害人亲属的全部经济损失，取得了被害人亲属的谅解，故可酌情对其从轻处罚。依据《中华人民共和国刑法》第 123 条、最高人民法院《关于执行〈中华人民共和国刑事诉讼法〉若干问题的解释》第 176 条第（2）项的规定，于 2002 年 9 月 27 日判决被告人倪庆国犯交通肇事罪，判处有期徒刑 4 年。

　　一审判决后，在法定期限内，被告人倪庆国未提出上诉，灌南县人民检察院也未提出抗诉，判决已发生法律效力。

对比两案，在案件事实上存在一定差异，主要是在倪庆国交通肇事案中，被告人倪庆国曾将被害人送到附近卫生室请求救治，因伤势过重，被要求转送县医院急救，但在去往县医院的路上，被告人将被害人遗弃。相同的是，被告人都辩称当时以为被害人已经死亡。在倪庆国交通肇事案中，裁判理由指出：

　　本案被告人虽有为逃避法律追究遗弃被害人的行为，客观上也发生了被害人死亡的后果，但是被害人死亡的具体、确切时间，其死亡后果是否系因被告人遗弃而无法得到救助所致，均无法证实。具体地说：（1）被害人在被遗弃时是否尚未死亡是判定被告人可否构成故意杀人罪的前提因素之一，但认定被害人在被遗弃时尚未死亡，没有任何证据证实。倪庆国本人供述：其在送被害人去县医院抢救途中，曾 3 次停车呼喊被害人而被害人均无应答，故认为被害人已经死亡、没有救治必要才产生抛"尸"想法的。抛"尸"当时，倪庆国还在现场观察了一会儿，仍没有看到被害人有任何动作，更加确信被害人确已死亡，最后才离开现场。参照被害人在第一次被接治时的表现、死因鉴定结论以及医学专业人员的分析，被害人在被遗弃前即已死亡并非不可能。（2）被害人的死亡后果在能够得到及时有效的救治的情况下是否必然能够避免，同样无法定论。虽然医学专业人员表明，单纯脾破裂不可能导致伤者短时间内死亡，但同时也证实，如果脾脏前部损伤程度较深，累及脾门，并大血管损伤，或者伤者患有心脏疾病，则可能在短时间内死亡。本案现有证据仅查明被害人被撞外伤性脾破裂、左肱骨骨折，但已无法查明被害人脾破裂是否伤及脾门、是否伴有脾门大血管破裂，以及其受伤前是否患有心脏疾病。也就是说被害人的死亡在正常情况下是否必然能够避免不能确定。（3）被害人的死亡是否因被告人的遗弃行为而无法得到救助所致，亦无法得到证明，即被害人死亡与被告人的行为有无刑法的因果关系同样无法认定。我们认为，在上述事实无法查明的情况下，本着有利于被告人的原则，对被告人倪庆国以交通肇事罪而非故意杀人罪定罪处罚是正确的。

从上述裁判理由看，确认了对被告人有利推定的原则，对于处理同类案件是具有指导意义的。但由于对法律规定理解上的差异，这一标准的统一掌握实际上是难以做到的。

四、交通肇事后误以为死亡而遗弃的定罪

假如被告人韩正连辩解成立，其在误以为被害人已经死亡的情况下转移"尸体"、进行隐匿而造成被害人死亡，那么，对于这种情形在刑法上应当如何定罪呢？关于这个问题，本案的第二种意见认为，被告人构成交通肇事罪和过失致人死亡罪，应当实行数罪并罚。本案的裁判理由对此没有专门论述，只是附带地论及若被告人韩正连的辩解成立，则其行为应定为交通肇事罪。

在上述情况下，过失致人死亡这一事实是客观存在的，即被告人对被害人死亡发生了错误认识，将没有死亡误认为已经死亡，因而可以排除杀人故意。被告人对于死亡结果的发生主观上是存在过失的，属于过失致人死亡。现在的问题是：这一过失致人死亡是否依附于交通肇事罪而被该罪所涵括？如果过失致人死亡被交通肇事罪所包含，是其构成要件的一部分，则应构成交通肇事罪，不能另定过失致人死亡罪。

如前所述，我国刑法中的交通肇事罪确实包含过失致人死亡的内容，可以分为两种情形：一是交通肇事行为直接造成他人死亡，也就是所谓当场死亡的情形。在这种情况下，肇事行为与死亡结果之间存在因果关系。二是交通肇事逃逸致人死亡。在这种情况下，死亡结果并非交通肇事所造成，而是交通肇事后的逃逸行为造成的，在交通肇事逃逸行为与死亡结果之间存在因果关系。尽管这两种情形有所不同，但过失致人死亡属于交通肇事罪的构成要件的一部分，是没有疑问的。

在本案中，如果被告人韩正连的辩解能够成立，那么其行为属于交通肇事后逃逸致人死亡。由此而来的问题是：因逃逸致人死亡与交通肇事罪的基本构成之间是一种什么样的逻辑关系呢？换言之，如果没有逃逸致人死亡这一情节，其交通肇事罪的基本构成是否成立？我认为，这个问题是值得研究的。从本案来看，被告人韩正连违反交通运输法规，酒后驾车将他人撞倒，如果没有此后的逃逸致人死亡这一情节，就不能构成交通肇事罪。因此，逃逸致人死亡是被告人韩正连构成交通肇事罪的要件。如果将逃逸致人死亡另行认定为过失致人死亡罪，则其交通肇事罪的构成要件就不完备。因此，我认为对此不能以交通肇事罪与过失致人死亡罪实行数罪并罚，而只能定交通肇事罪。

五、交通肇事转化为故意杀人罪的定罪

交通肇事以后逃逸致人死亡，如何与不作为的故意杀人罪相区分，是一个十分复杂的问题。

在日本刑法中，未规定交通肇事罪，但针对交通事故中对被害人的遗弃，在日本《道路交通法》中规定了违反保护义务罪。例如日本学者大谷实教授在论及交通事故中的保护义务时，指出：

> 《道路交通法》第 72 条规定，交通肇事致人受伤的驾驶人员具有救护伤者的义务，违反者处 3 年以下有期徒刑或者 10 万（原文如此，疑为 50 万——引者注）日元以下罚金。[①] 因此，在肇事后逃逸的场合，驾驶员认

---

① 2007 年日本《道路交通法》修改时，将该罪的法定刑提高到 5 年以下有期徒刑或者 100 万日元以下罚金。——引者注

识到造成他人受伤而逃走的时候，就成立违反救护义务罪。此时，如果驾驶员对于对由于自己的过失所造成的伤者需要进行保护有认识，但是却没有做任何保护径直离去。这种行为是否成立不保护罪，需要研究。问题在于：在上述情况下，行为人是不是具有保护责任？如果说自己过失实施的先行行为自身就成为保护责任的根据的话，当然就构成本罪。但是，如果根据"重要的是，在具体情况下，被害人的生命、身体的危险（安全）是否受制于驾驶员的话，就很难说，驾驶员马上具有保护责任"。判例中，也没有将这种肇事后逃逸的情况直接作为本罪处理。

相反地，行为人已经开始救护伤员，如为了送到医院而将伤员搬上车、途中又将伤员抛弃的场合，由于行为人接受了要保护者，形成了将他人置于自己支配之下的保护状态，所以，可以确认以无因管理为根据的保护关系，这时候，可以成立保护责任人遗弃罪。另外，害怕从车上跳下、身负重伤的人被人发现，便将其挪到离路边 3 米远的烟叶田里放置之后离去的事件，也被认定为保护责任人遗弃罪（东京高判 1970 年 5 月 11 日，《高刑集》第 23 卷第 2 号，368 页）。这种场合，由于行为人处于能够支配被害人生命危险的立场，所以，是妥当的判决。但是，也还具有成立遗弃罪的余地。①

从以上规定来看，违反保护义务罪是行为犯，只要交通肇事致使他人受伤，没有进行救助，就构成违反保护义务罪。如果具有保护者的责任，则构成日本刑法中的保护责任人遗弃罪。如果发生死亡后果，在不具有保护者责任的情况下构成业务过失致人死伤罪，在具有保护者责任的情况下构成遗弃致人死伤罪。

我国刑法设立了交通肇事罪，在该罪中包含过失致人死伤以及财产损失的内容；对交通肇事后逃逸致人死亡也专门作了规定，意图通过交通肇事罪，尽可能地包含交通肇事案件中的各种复杂情形。这一点与日本刑法除单独规定违反救助义务罪以外，尽可能地利用普通罪名处理交通肇事案件中的犯罪之立法思路是有所不同的。值得注意的是，日本在 2001 年刑法修改中增设了危险驾驶致死伤罪，2007 年

---

① ［日］大谷实：《刑法讲义各论（新版第 2 版）》，黎宏译，68 页，北京，中国人民大学出版社，2008。

刑法修改中又增设了驾驶车辆过失致死伤罪，并相应地提高了法定刑。这种情况下，在交通肇事案件中，以前按照业务过失致人死伤罪处理的案件，大多数都可以适用驾驶车辆过失致死伤罪。① 这是一种立法思路的调整，表现出交通肇事犯罪的罪名专门化的趋势。这是应当引起我们注意的。

当然，这里存在一个共同的问题，就是对于交通肇事后逃逸转化为故意杀人的案件如何处理。关于这个问题，日本刑法是采用不作为犯罪理论解决的。例如日本学者日高义博教授指出：

> 所谓汽车撞人逃跑就是由于不作为人的过失设定原因的情形，即汽车司机因自己的过失撞了步行人而使步行人负重伤，但司机对受伤人不采取救助措施，认为死了更好而丢下受害人逃之夭夭，结果被害人因流血过多而死亡的情形。在这个事例中，从撞倒行人致其重伤来看构成业务上过失致伤罪是无可争议的，但除此以外，司机对受害人不采取必要的救助措施而逃跑的行为，在刑法上应该被怎样评价呢？这种撞人后逃跑的行为存在杀人的未必故意，而且由于过失的先行行为设定了与被害人死亡的因果关系，这种情况下的不作为存在构成要件的等价值性。所以，成立杀人罪的不真正不作为犯。②

因此，在日本刑法中，交通肇事致人重伤，司机对被害人不进行救助而致人死亡的，分别构成业务过失致伤罪和不作为的故意杀人罪。但在我国刑法中，逃逸致人死亡有相当一部分是过失致人死亡，甚至包含某些情况下的间接故意致人死亡。在这个意义上说，直接从交通肇事现场逃逸致使被害人死亡的案件中并不存在不作为的故意杀人罪构成的余地。前引《交通肇事刑事案件解释》第 6 条规定：

> 行为人在交通肇事后为逃避法律追究，将被害人带离事故现场后隐藏或者遗弃，致使被害人无法得到救助而死亡或者严重残疾的，应当分别依

---

① 参见 [日] 是木诚：《作为刑事犯的交通犯罪的处理》，"中日交通违法犯罪预防与对策学术研讨会"（北京，2008 年）提交论文。

② [日] 日高义博：《不作为犯的理论》，王树平译，113 页，北京，中国人民公安大学出版社，1992。

照刑法第二百三十二条、第二百三十四条第二款的规定，以故意杀人罪或者故意伤害罪定罪处罚。

在适用这一司法解释的时候，应当从以下两个方面考虑：

（一）客观要件

交通肇事后逃逸构成的故意杀人罪在客观上表现为将被害人带离事故现场后隐藏或者遗弃，并且致使被害人无法得到救助而死亡。因此，没有带离现场而逃逸，无论被告人对死亡结果持何种主观心理态度，均不构成故意杀人罪。应当提出，上述司法解释中规定的隐藏，是指将被害人置于隐蔽的、秘密的地点、场所或者进行掩盖、伪装，使人在正常情况下难以发现或者根本不能发现。遗弃，是指将被害人转移到其他非隐蔽、非秘密的场所抛弃。并且，死亡结果是因隐藏或者遗弃而无法得到救助造成的。因此，如果被害人虽被隐藏或者遗弃，但因他人救助或其他原因而没有发生死亡结果的，不能构成故意杀人罪既遂。至于能否认定为故意杀人罪未遂，还需要研究。

（二）主观要件

交通肇事后逃逸构成的故意杀人罪在主观上表现为逃避法律追究的目的。因此，如果不是为了逃避法律追究而将被害人带离现场，也不构成故意杀人罪。在司法实践中，即使被告人是出于抢救被害人的紧急需要或者因为惧怕被害人亲属的非法报复等其他目的，将被害人带离现场，但带离现场以后没有进行抢救，而是将被害人隐藏或者遗弃后逃逸的，也应当认为被告人主观上具有逃避法律追究的目的。

在本案中，裁判理由对于交通肇事转化为故意杀人罪的条件应当如何把握，提出了以下见解：

在交通肇事转化为故意杀人罪的条件中，如何把握交通肇事转化为故意杀人罪的主观故意，是审理此类案件的难点。行为人由过失交通肇事的行为到故意杀人的行为，存在一个主观心理转变的过程。行为人交通肇事造成他人伤害主观上是出于过失，在因交通肇事已经致被害人伤害而使其陷于死亡的现实危险状态情况下，被害人的生命安全依赖肇事行为人的及时救护，而行为人为了逃避法律追究，不采取措施防止死亡结果的发生，而是将被害人带离事故现场后隐藏或者遗弃，致使被害人因得不到及时的救护而死亡，其承担的刑事责任不再是交通肇事的结果加重犯的责任，而是其先行行为造成他人死亡危险状态所构成的不作为的刑事责任。《道路交通事故处理办法》（已失效——引者注）第七条明确规定："发生交通事故的车辆必须立即停车，当事人必须保护现场，抢救伤者和财产。"同时，由于肇事者自己先前的交通肇事行为才使被害人的生命处于现实危险状态，因此，从法律明文规定和行为人的先行行为看，肇事行为人负有防止死亡危险结果发生的特定义务，如果能够履行而故意不履行，造成被害人死亡结果的，就构成刑法上的不作为故意杀人犯罪。这种情况下，行为人对于造成被害人死亡的主观心态既可能是希望被害人死亡，也可能是放任被害人死亡，因为行为人对被害人急需救助、生命安全处于危险状态是明知的，此时，再将被害人带离事故现场后隐藏或者遗弃，如果是明知自己的行为必然发生被害人死亡的结果，则属于直接故意杀人；如果仅是明知自己的行为可能会发生被害人死亡的结果，而放任这种结果的发生，则属于不作为的间接故意杀人。至于个案中对被告人的主观心理状态的认定，一般可以从其实施的客观行为、肇事后被害人的伤害情况、当时的特定环境以及社会一般人的通常认识程度等方面进行综合分析判断。

在上述论述中，裁判理由的核心命题是：在交通肇事转化为故意杀人罪的条件中，如何认定交通肇事转化为故意杀人罪的主观故意，是审理此类案件的难点。我认为，这一命题是不能成立的。其实难点不在于主观故意，而恰恰在于客观行为。因为从主观上来说，存在一个从交通肇事的过失到杀人的故意的转化过程，这一转化必然以一定的客观行为为根据。在这个意义上说，客观要件是认定主观故意的根据。例如我国学者在论及过失向故意转化如何认定时指出：

随着行为人主观心理由过失转化为故意，客观行为也发生相应的变化，也就是说故意心理也支配一定的行为，而且与过失行为保持相对的独立性，并与最终的危害结果之间存在因果关系。这是主、客观一致原则的要求。与故意转化为过失的情形相比，过失向故意的转化，不仅在客观行为上是可分的，而且在危害结果上也有明显的差别。认定过失向故意的转化，必须注意分析行为人客观行为的变化，这是主观心理转化的客观根据。如果行为人在过失造成危害社会的结果以后，未实施任何危害社会的行为，便无从确定行为人的心理已由过失转化为故意，如果行为人改变后的故意心理及客观行为对最终危害结果毫无影响，行为人一般也不应对他人造成的最终危害结果负故意责任。①

我认为，以上论述是十分正确的。在从过失向故意的转化中，并不仅仅是心理转变的问题，必然以一定的行为（包括作为与不作为）为其前提。在犯罪认定中，始终应当坚持客观判断先于主观判断的原则。

六、犯罪形态的界定

从交通肇事向故意杀人罪转变这种犯罪现象在我国刑法理论上被称为转化犯。我认为，转化犯的概念较为妥当地概括了这一犯罪现象的特征。

在我国刑法理论上，转化犯是指行为人在实施某一较轻的犯罪时，由于连带的行为又触犯了另一较重的犯罪，因而对此以比较重的犯罪论处的情形。转化犯中存在从此罪向彼罪的转化，之所以能够转化，是因为在实施轻罪过程中又触犯了重罪，构成重罪以后轻罪就不能成立，因而应以重罪论处。我国刑法中存在转化犯的立法例。例如刑法第 292 条第 2 款规定："聚众斗殴，致人重伤、死亡的，依照本法第二百三十四条、第二百三十二条的规定定罪处罚。"刑法第 292 条第 1 款规定的是聚众斗殴罪，第 2 款则规定了从聚众斗殴转化为故意杀人罪、故意伤害罪的情形。在我国刑法中，除法定的转化犯以外，还存在非法定的转化犯。从交通肇事向故意杀人罪的转化，在刑法中没有予以规定，司法解释对此作了规定。它也是一种转化犯。当然，这是一种从过失犯罪向故意犯罪转变的转化犯，并且是从作为犯罪向不作为犯罪转变的转化犯。

---

① 姜伟：《罪过形式论》，317～318 页，北京，北京大学出版社，2008。

第 2 章

破坏社会主义市场经济秩序罪

第 1 节　利用资金优势等方式操纵证券市场行为之定性研究

案名：中科创业操纵证券市场案
主题：操纵证券市场罪　证券犯罪

操纵证券市场罪，曾经被称为操纵证券交易价格罪，2007 年 10 月 25 日《关于执行〈中华人民共和国刑法〉确定罪名的补充规定（三）》将本罪名确定为操纵证券市场罪。本节讨论的中科创业操纵证券市场案①发生在 2007 年 10 月 25 日以前，其罪名称为操纵证券交易价格罪。为叙述方便，本节除法院判决以外，一律改称操纵证券市场罪。本节通过中科创业操纵证券市场案，在对证券犯罪进行一般性论述的基础上，重点对我国刑法中的操纵证券市场行为的定性问题进行法理上的探讨。

---

① 本案刊载于国家法官学院、中国人民大学法学院编：《中国审判案例要览（2004 年刑事审判案例卷）》，北京，人民法院出版社、中国人民大学出版社，2005。

一、案情及诉讼过程

1998年11月至2001年1月期间，吕新建与朱焕良（均另行处理）合谋操纵深圳康达尔（集团）股份有限公司的流通股（股票名称为康达尔A，股票代码0048，以下简称为0048股票），双方签订了合作协议，并按约定比例共同持有0048股票。

在吕新建的指使下，被告人丁福根、庞博、董沛霖、何宁一、李芸、边军勇等人，在北京、上海、浙江等二十余个省、自治区、直辖市，以单位或个人名义，先后在申银万国证券股份有限公司上海陆家浜营业部、中兴信托投资有限责任公司北京亚运村营业部等一百二十余家证券营业部开设股东账户一千五百余个；并通过相关证券公司的营业部等机构，以委托理财、国债回购、借款等方式，向出资单位或个人融资人民币五十余亿元，用于操纵0048股票。其间，吕新建利用海南燕园投资管理有限公司、海南沃和生物技术有限公司、民乐燕园投资管理有限公司等公司，大量收购深圳康达尔（集团）股份有限公司法人股，并控制了该公司董事会。后吕新建将深圳市康达尔（集团）股份有限公司更名为深圳市中科创业投资（集团）股份有限公司（股票名称为中科创业），并通过发布开发高科技产品、企业重组等"利好"消息的方式影响0048股票的交易价格。

在操纵0048股票的过程中，丁福根、庞博根据吕新建的指令，在与朱焕良商定了0048股票交易的时间、价位、数量后，亲自或指令他人交易0048股票。为分散持有0048股票的数量，掩盖操纵0048股票价格的行为，丁福根、庞博、何宁一、李芸、边军勇等人利用开设的多个证券交易账户和股东账户，集中资金优势、持股优势，联合、连续对0048股票进行不转移所有权的自买自卖等操纵活动。吕新建一方最高持有或控制0048股票达5 600余万股，占0048股票流通股总量的55.36%，严重影响了0048股票的交易价格和交易量。被告人丁福根等人还接受吕新建的指令，通过对中西药业、马钢股份、莱钢股份、岁宝热电等股票的交易，获取利润，用于维持 0048 股票价格的稳定和偿还巨额融资款。

被告人董沛霖在担任上海华亚实业发展公司法定代表人期间，明知吕新建意图操纵 0048 股票，仍与其所在公司总经理李芸及杭州华亚实业公司法定代表人何宁一商定，通过帮助吕新建融资为各自所在公司获取利益。

被告人董沛霖亲自及指使被告人何宁一、李芸等人共为吕新建融资人民币 7.7 亿余元。其中，被告人董沛霖通过哈尔滨腾达典当行、辽宁证券有限责任公司沈阳总站路营业部等 7 家营业部或出资单位，采取国债回购等形式融资 7 笔，共计人民币 1.24 亿余元。被告人何宁一以杭州华亚实业公司的名义，向杭州工商信托投资公司、浙江省信托投资公司贷款；以杭州华亚房地产公司、浙江金诺房地产公司的名义向杭州市商业银行、华夏银行杭州武林支行等单位贷款，共融资人民币 3.3 亿元。何宁一还根据庞博的指令，买卖 0048 股票及岁宝热电、莱钢股份等股票。被告人李芸以上海华亚实业发展公司等名义，在海通证券股份有限公司上海延安西路营业部、天平路营业部、江南信托投资公司上饶营业部等 12 家营业部，共融资人民币 3.16 亿元。李芸还接受丁福根、庞博的指令买卖或指令营业部买卖 0048 股票及莱钢股份、马钢股份等股票。

1999 年 5、6 月间，被告人边军勇在明知吕新建意图操纵 0048 股票的情况下，协助吕新建注册成立了北京克沃科技有限公司，并担任该公司法定代表人。后边军勇以该公司或其他公司的名义按照吕新建的指令融资人民币 1.5 亿余元，并按照丁福根、庞博的指令购买或转托管 0048 股票及马钢股份、中西药业等股票。

被告人丁福根、庞博等人在案发后逃离北京。后被告人庞博向公安机关自首，被告人丁福根、董沛霖、何宁一、李芸、边军勇被抓获归案。

北京市第二中级人民法院经审理认为：被告人丁福根、庞博、边军勇为获取不正当利益，被告单位上海华亚实业发展公司法定代表人董沛霖、总经理李芸为使该单位获取不正当利益，被告人何宁一为使所在单位获取不正当利益，明知吕新建等人意图操纵0048股票价格，仍采取多种方式帮助吕新建融资，并按照吕新建的指令指使他人或直接参与操纵0048股票价格，严重影响了0048股票的交易价格和交易量，侵害了国家对证券交易的管理制度和投资者的合法权益，情节严重，其行为均已构成操纵证券交易价格罪，依法应予惩处。北京市人民检察院第二分院指控被告单位上海华亚实业发展公司、被告人丁福根、董沛霖、庞博、何宁一、李芸、边军勇犯操纵证券交易价格罪的事实清楚，证据确实、充分。被告人董沛霖、何宁一、李芸系所在单位直接负责的主管人员，应依法承担相应的刑事责任。被告人庞博案发后自首，本院依法对其从轻处罚并适用缓刑。遂依照《中华人民共和国刑法》第182条、第25条第1款、第30条、第31条、第37条、第67条第1款、第72条、第73条第2款、第3款、第53条、第64条及最高人民法院《关于处理自首和立功具体应用法律若干问题的解释》第1条、第3条之规定，判决如下：（1）被告单位上海华亚实业发展公司犯操纵证券交易价格罪，判处罚金人民币2 300万元。（2）被告人丁福根犯操纵证券交易价格罪，判处有期徒刑4年，罚金人民币50万元。（3）被告人董沛霖犯操纵证券交易价格罪，判处有期徒刑2年10个月。（4）被告人何宁一犯操纵证券交易价格罪，判处有期徒刑2年6个月。（5）被告人李芸犯操纵证券交易价格罪，判处有期徒刑2年6个月。（6）被告人边军勇犯操纵证券交易价格罪，判处有期徒刑2年2个月，罚金人民币22万元。（7）被告人庞博犯操纵证券交易价格罪，判处有期徒刑2年3个月，缓刑2年6个月，罚金人民币10万元。（8）在案扣押的款物分别予以没收和发还，违法所得继续追缴。

上诉人李芸以原判定性不准、不明知吕新建等人操纵证券交易价格、没有获取不正当利益、其行为不构成犯罪为由，提起上诉。李芸的辩护人也认为，李芸主观上不明知，没有操纵证券交易价格的主观故意，没有获取不正当利益，其行为不构成犯罪。

北京市高级人民法院经审理认为：对上诉人李芸所提出的原判定性不准、不明知吕新建等人操纵证券交易价格、没有获取不正当利益、其行为不构成犯罪的辩解，以及其辩护人所提出的李芸主观上不明知、没有操纵证券交易价格的主观故意、没有获取不正当利益、其行为不构成犯罪的辩护意见，经查，原审被告人董沛霖的多次供述、亲笔供词，原审被告人丁福根、庞博的供述均证明，李芸对于吕新建等人操纵证券交易价格是明知的，并为吕新建操纵证券交易价格大量融资、提供条件，上海华亚实业发展公司所获得的款项和其公司因融资获得的利益均来自吕新建等人操纵证券交易价格后获取的不正当利益。上诉人李芸曾供认，其帮助丁福根或以上海华亚实业发展公司、个人的名义与海通证券公司上海延安路营业部等证券公司营业部签订融资合同，共融资 3.1 亿元。上诉人李芸的上诉理由以及其辩护人的辩护意见，不予采纳。北京市第二中级人民法院根据被告单位上海华亚实业发展公司及被告人丁福根、董沛霖、庞博、何宁一、李芸、边军勇犯罪的事实、性质、情节及对社会危害的程度所作的判决，事实清楚、证据确实、充分，定罪及适用法律正确，量刑适当，审判程序合法，应予维持。遂依照《中华人民共和国刑事诉讼法》（1996 年）第 189 条第（1）项之规定，裁定如下：驳回上诉，维持原判。

二、证券犯罪的一般性论述

我国的证券市场是从 1984 年开始恢复的，经历了初期的混乱，逐渐走上规范化的发展道路。随着证券市场的出现，证券违法犯罪在一段时间里亦大量发生。在这种情况下，我国 1997 年刑法修订中，将有关证券的犯罪规定在刑法分则第三章第四节"破坏金融管理秩序罪"中，共计 5 个条文分别规定了 8 个罪名，大致分为以下五种情形：

一是伪造、变造证券的犯罪，即刑法第 178 条第 1 款规定的伪造、变造国家有价证券罪，以及同条第 2 款规定的伪造、变造股票、公司、企业债券罪。

二是擅自发行证券的犯罪，即刑法第 179 条规定的擅自发行股票、公司、企业债券罪。

三是内幕交易的犯罪，即刑法第 180 条规定的内幕交易、泄露内幕信息罪和《刑法修正案（七）》增设的利用未公开信息交易罪。

四是证券交易中虚假陈述的犯罪，即刑法第 181 条第 1 款规定的编造并传播证券交易虚假信息罪和第 2 款规定的诱骗投资者买卖证券罪。

五是操纵证券市场的犯罪，即刑法第 182 条规定的操纵证券市场罪。

除此以外，我国学者还将刑法第 160 条规定的欺诈发行证券罪，刑法第 161 条规定的违规披露、不披露重要信息罪，刑法第 229 条规定的提供虚假证明文件罪，以及刑法第 197 条规定的有价证券诈骗罪，刑法第 403 条规定的滥用管理公司、证券职权罪等归入证券犯罪。① 我认为证券犯罪是指破坏证券市场管理秩序的犯罪，因而主张对证券犯罪采较为狭义的理解，仅指刑法分则第三章第四节"破坏金融管理秩序罪"中的相关罪名。至于其他与证券犯罪存在一定的关联性的罪名，可以在广义上作为证券犯罪加以研究，然而，当我们把证券犯罪理解为破坏证券市场管理秩序犯罪的时候，显然并不包含这部分犯罪。

1997 年刑法大致确定了我国关于证券犯罪的基本框架。此后，立法机关又对证券犯罪作了某些修订，主要是在相关条文中加进了期货犯罪的内容。将证券犯罪与期货犯罪并列，为我国刑事立法的一个特色。我认为，虽然证券犯罪与期货犯罪在行为方式上较为相似与接近，但这两种犯罪的性质还是有所不同的。换言之，证券犯罪仍然可以独立于期货犯罪而存在。

根据以上论述，证券犯罪是指从事证券业务活动的相关机构与人员，违反证券管理法规，在证券发行、交易、管理以及其他证券业务活动中，从事内幕交易、操纵股市、欺诈客户、虚假陈述等证券违法活动，情节严重的行为。由此可见，证券犯罪具有以下特征。

---

① 参见顾肖荣、张国炎：《证券期货犯罪比较研究》，10 页，北京，法律出版社，2003。

（一）主体的特征

证券犯罪的主体是从事证券业务活动的机构与人员。应当指出，这里的从事证券业务活动的单位与人员，除社会上的一般机构与人员以外，还包括从事证券业务活动的专业机构与专业人员。根据中国证监会颁布、2003 年 2 月 1 日起施行的《证券业从业人员资格管理办法》（已失效）第 3 条的规定，从事证券业务活动的专业机构是指下述机构：（1）证券公司；（2）基金管理公司、基金托管机构、基金销售机构；（3）证券投资咨询机构；（4）证券资信评估机构；（5）中国证券监督管理委员会（以下简称中国证监会）规定的其他从事证券业务的机构。该办法第 4 条规定，从事证券业务的专业人员是指下述人员：（1）证券公司中从事自营、经纪、承销、投资咨询、受托投资管理等业务的专业人员，包括相关业务部门的管理人员；（2）基金管理公司、基金托管机构中从事基金销售、研究分析、投资管理、交易、监察稽核等业务的专业人员，包括相关业务部门的管理人员；基金销售机构中从事基金宣传、推销、咨询等业务的专业人员，包括相关业务部门的管理人员；（3）证券投资咨询机构中从事证券投资咨询业务的专业人员及其管理人员；（4）证券资信评估机构中从事证券资信评估业务的专业人员及其管理人员；（5）中国证监会规定需要取得从业资格和执业证书的其他人员。从证券犯罪的实际情况来看，实施证券犯罪的大多是从事证券业务活动的专业机构与专业人员，有些证券犯罪只能由上述人员实施。例如根据我国刑法第 181 条第 2 款的规定，诱骗投资者买卖证券罪的主体是证券交易所、证券公司的从业人员，证券业协会或者证券监督管理部门的工作人员，以及上述机构本身。除此以外，其他证券犯罪的主体是一般主体，对机构与人员的身份没有特殊限制。例如我国刑法第 181 条第 1 款规定的编造并传播证券交易虚假信息罪，就属于一般主体的犯罪。

（二）违法的特征

证券犯罪具有法定犯的性质，它是以违反证券法规为犯罪的客观要素的，因而具有双重违法性：行政违法性与刑事违法性。我国的证券市场是一个逐渐规范化的过程，有关立法机关先后颁布了证券法规以规范证券市场。在这些证券法规中，对证券违法行为本身作了规定。例如 1993 年 4 月国务院颁布了《股票发行与交易管理暂行条例》，对证券发行与交易活动加以规范，并对内幕交易等证券违法行为作了处罚性规定。1998 年 12 月全国人大常委会颁布了《证券法》。这是我国第一部调整证券法律关系的重要法律，规定了我国证券发行与交易等证券活动的一般规则。只有违反上述关于证券法规的规定，才能构成证券犯罪。因此，行政违法性是证券犯罪的前提。

（三）罪量的特征

在我国的法律中，证券犯罪与证券违法之间是存在明显区分的，两者的区分根据主要在于情节是否严重。因此，证券犯罪一般都具有罪量要素，即以情节严重作为证券犯罪构成的罪量要素。例如，我国刑法第 180 条规定的内幕交易、泄露内幕信息罪以情节严重作为构成犯罪的前提。根据 2022 年 4 月 6 日最高人民检察院、公安部《关于公安机关管辖的刑事案件立案追诉标准的规定（二）》，具有下列情形之一的，属于内幕交易、泄露内幕信息的情节严重：（1）获利或者避免损失数额在 50 万元以上的；（2）证券交易成交额在 200 万元以上的；（3）期货交易占用保证金数额在 100 万元以上的；（4）2 年内 3 次以上实施内幕交易、泄露内幕信息行为的；（5）明示、暗示 3 人以上从事与内幕信息相关的证券、期货交易活动的；（6）具有其他严重情节的。如果内幕交易、泄露内幕信息没有达到上述情节严重程度的，则作为证券违法行为，按照《证券法》的规定进行行政处罚。除明确规定情节严重以外，还有些证券犯罪将数额较大、造成严重后果等罪量要素作为犯罪构成的要件。

三、操纵证券市场罪的法理分析

操纵证券市场罪是证券犯罪中一种较为常见、极为复杂的犯罪。我国刑法将操纵证券市场与操纵期货市场合并规定为一个罪名，即操纵证券、期货市场罪。为讨论方便，我在本节中只讨论操纵证券市场罪。

（一）操纵证券市场罪的概念

根据我国刑法第 182 条的规定，操纵证券市场罪是指违反法律规定，采取各种方法，操纵证券市场，情节严重的行为。

（二）操纵证券市场罪的行为

刑法明文列举了下述操纵证券市场的行为。

1. 单独或者合谋，集中资金优势、持股优势或者利用信息优势联合或者连续买卖、操纵证券交易价格或者证券交易量

这种操纵证券市场行为的特点是：

（1）利用资源优势。这里的资金优势、持股优势和信息优势，都属于资源优势。利用这种在证券市场上的资源优势对证券市场进行操纵，才能影响证券交易价格，造成股市的波动，并从中牟取非法利益。

（2）联合或者连续买卖。从操纵证券市场的行为方式来看，表现为联合买卖或者连续买卖。所谓联合买卖，是指两个以上利益主体，按照事先约定，通过联合买或联合卖等操纵证券市场的手段共同对证券市场进行操纵。关于如何理解这里的联合买或者联合卖，即联合买或者联合卖当然包括共同买或者共同卖，但是否包括互相之间的买与卖即此买彼卖，在刑法理论上存在争议。我国刑法学界通说认为联合买卖只是指共同买与共同卖。例如我国学者刘宪权教授指出：

> 尽管从刑法有关操纵证券交易价格罪的客观方面的表述分析，联合买卖不能完全排除一方为买方、另一方为卖方的情形，但是如果包括了这种情形，那么就会使刑法第 182 条第 1 款第（一）（二）项之间造成重复，有损于法律规定的逻辑性与科学性。因为，刑法条文中对客观行为的规定一般均会从某种角度加以限定，尽管有时在文字表述上会在含义上出现交叉甚至重合的情况，但立法者的原意以及侧重点还是很清楚的，即一般不会从交叉或重合角度对行为作出规定的。但由于受到文字表达的限制，有时立法上也很难完全杜绝交叉或重合情况存在。在这种情况下，一般应该理解：当立法上出现一个含义较广的条文与一个含义较窄的条文并列时，通常表明立法者是要将含义较窄的情形从含义较广的情形中分离出来。就此而言，因为刑法中已经有了通谋买卖的规定，所以，所谓联合买卖应该理解为共同买或者卖，而不包括一方买、另一方卖的情况。这样理解可以

具体地将买卖行为与通谋买卖行为区别开来，并且符合立法原意。[①]

所谓连续买卖，是指单方利益主体对某种证券进行连续性的买进卖出，以此实现对证券交易价格的影响，从而操纵证券市场的行为。这里的连续，是指在一个较短的时间内持续性地进行。在认定连续买卖的时候，应当注意时间上的密接性与证券交易的持续性。

（3）单独或者合谋。这是对操纵证券市场行为主体的描述，即这种利用资源优势的证券市场操纵行为，既可以是由一个利益主体单独实施，例如连续买卖行为就可以由一个利益主体既买又卖；也可以是由两个以上利益主体共同实施，例如联合买卖即联合买或者联合卖。

2. 与他人串通，以事先约定的时间、价格和方式相互进行证券交易，影响证券交易价格或者证券交易量

这种操纵证券市场的行为，又称为串通买卖，也称为通谋买卖，俗称对敲，是最古老的操纵证券交易价格的形式之一，主要表现为行为人与他人通谋，在自己以事先约定的时间、约定的价格卖出或者买入股票时，另一约定人同时买入或者卖出股票，或者相互买卖股票，通过几家联手反复实施买卖行为，目的在于虚假造势，从而能抬高或者打压某种股票的价格，最后，行为人乘机建仓或者平仓，以获取暴利或者转嫁风险。[②] 值得注意的是，在 1997 年刑法中，本项行为包含相互买卖并不持有的证券的行为。这一行为在刑法理论上被称为虚假买卖，即与他人串通，以事先约定的时间、价格和方式相互买卖并不持有的证券。2006 年 6 月 29 日全国人大常委会通过的《刑法修正案（六）》删去了"相互买卖并不持有的证券"的规定，在这种情况下，虚假买卖不再是刑法所规定的操纵证券市场的行为。

3. 在自己实际控制的账户之间进行证券交易，影响证券交易价格或者证券交易量

这里的"在自己实际控制的账户之间进行证券交易"，是指将预先配好的委托

①　刘宪权：《证券期货犯罪理论与实务》，443 页，北京，商务印书馆，2005。

②　参见胡康生、郎胜主编：《中华人民共和国刑法释义》，3 版，262 页，北京，法律出版社，2006。

分别下达给两个证券公司，经由一个证券公司买进、另一个证券公司卖出，实际上是自买自卖证券的行为。这种通过自买自卖的方式对证券市场进行操纵的行为，在理论上一般认为存在以下三种方式：其一是冲销转账，即连续交易人利用其不同身份开设两个以上账户，以冲销转账的方式反复作价，将证券价格抬高或者压低，行为人实际支出的是部分的手续费。其二是拉锯，即行为人通过连续买卖以拉锯的方式反复作价，将证券的价格抬高或者压低。其三是洗售，即连续交易行为人为了造成虚假的行情，在卖出了某证券后，又会买入同样数量的同类证券，诱导小额投资者跟进。我国学者认为，上述三种操纵行为，从某种意义上说均属于不转移证券所有权的虚假交易。因为在自买自卖的情况下，证券交易的双方实际上为同一个人，自己买入的证券还是自己卖出的证券，反之亦然。[①]但在上述三种情形中，只有第一种冲销转账的情形具有自买自卖的性质；第二种拉锯，实际上是连续买卖；第三种洗售显然具有自买自卖的意思，但由于时间上的推迟，自己卖出与买入的虽为同一股票，但自己买入的已经不是自己卖出的那些股票。因此，上述两种虚假交易的情形，与刑法规定的在自己实际控制的账户之间进行证券交易这个意义上的自买自卖式虚假交易，还是存在差别的，不能混为一谈。

4. 以其他方式操纵证券市场

这是一个盖然性规定，指上述三种情形以外其他操纵证券市场的方法。这里的操纵证券市场的其他方法，例如利用职务便利操纵证券市场，主要是证券交易所、证券公司及其从业人员利用手中掌握的证券委托、报价交易等职务便利，人为地压低或者抬高证券价格，从中牟取暴利，其表现形式包括：擅自篡改证券行情记录，引起证券价格波动；委托交易中，利用时间差进行强买强卖，故意引起价格波动；串通客户，为客户融资或给予透支，共同进行操纵证券价格；证券代理过程中，有意接受多个客户的全权委托，并实际操纵客户的交易行为；会员单位或客户利用多个会员或客户的账户与注册编码，规避交易所持股的限制超量持股以及借股等操纵

---

①　参见刘宪权：《证券期货犯罪理论与实务》，446 页，北京，商务印书馆，2005。

价格的行为。^① 上述盖然性规定可以避免列举不全的弊端，对于惩治操纵证券市场的犯罪行为具有一定意义。

（三）操纵证券市场罪的罪量

如上所述，证券犯罪一般都具有罪量要素，操纵证券市场罪也不例外。我国刑法第 182 条明文规定，操纵证券市场行为以情节严重作为构成犯罪的要件。根据 2022 年 4 月 6 日最高人民检察院、公安部《关于公安机关管辖的刑事案件立案追诉标准的规定（二）》，操纵证券市场，涉嫌下列情形之一的，应予追诉：（1）持有或者实际控制证券的流通股份数量达到该证券的实际流通股份总量 10%以上，实施刑法第 182 条第 1 款第 1 项操纵证券市场行为，连续 10 个交易日的累计成交量达到同期该证券总成交量 20%以上的；（2）实施刑法第 182 条第 1 款第 2 项、第 3 项操纵证券市场行为，连续 10 个交易日的累计成交量达到同期该证券总成交量 20%以上的；（3）利用虚假或者不确定的重大信息，诱导投资者进行证券交易，行为人进行相关证券交易的成交额在 1 000 万元以上的；（4）对证券、证券发行人公开作出评价、预测或者投资建议，同时进行反向证券交易，证券交易成交额在 1 000 万元以上的；（5）通过策划、实施资产收购或者重组、投资新业务、股权转让、上市公司收购等虚假重大事项，误导投资者作出投资决策，并进行相关交易或者谋取相关利益，证券交易成交额在 1 000 万元以上的；（6）通过控制发行人、上市公司信息的生成或者控制信息披露的内容、时点、节奏，误导投资者作出投资决策，并进行相关交易或者谋取相关利益，证券交易成交额在 1 000 万元以上的；（7）不以成交为目的，频繁或者大量申报买入、卖出证券合约并撤销申报，当日累计撤回申报量达到同期该证券合约总申报量 50%以上，且证券撤回申报额在 1 000 万元以上的；（8）实施操纵证券市场行为，获利或者避免损失数额在 100 万元以上的。上述规定，为认定操纵证券市场罪提供了较为具体的罪量标准，对于正确认定操纵证券市场罪具有重要意义。

---

① 参见胡康生、郎胜主编：《中华人民共和国刑法释义》，3 版，263 页，北京，法律出版社，2006。

四、裁判理由的评判

中科创业操纵证券市场案，被称为中国股市第一刑案。我国学者指出：

本案被媒体称为中国股市第一案，其违法犯罪规模之大、手段之多是可以作为我国股票市场庄股操纵的教科书。它全景式地展示了庄家从选股融资，到吸筹建仓，到炒作拉升，到包装建系，乃至最后崩盘的整个过程。[①]

中科创业操纵证券市场案，也是我国进入 21 世纪以来司法机关认定的操纵证券市场罪中的一个著名案件，它为此后操纵证券市场罪的司法认定提供了参照性案例。本案裁判理由在认定被告人丁福根等人的操纵证券市场行为时指出：

我国刑法第 182 条第 1 款明确规定了本罪的四种客观行为方式：

（1）单独或者合谋，集中资金优势、持股或者持仓优势或者利用信息优势联合或者连续买卖，操纵证券交易价格的行为。具体说来，这种操纵证券交易价格的方式可细分为：

第一，集中资金优势、持股优势。前者是指集中大量的资金入市，通过一定的技术操作，制造虚假的交易量，或直接影响证券价格。它有别于利用信息优势或利用职务地位影响市场价格的操纵市场行为。集中资金优势往往与合谋、洗售方式一起实施。后者是指一个或数个行为人同时大量抛售自己所持有的股票或其他证券，造成其价格的下跌。

第二，利用信息优势，是指利用自己或者他人所掌握但尚未为社会公众所知悉的有关影响证券交易的信息，大量买入或者卖出证券，使其价格上涨或下跌。一般的做法是：事先若干人共谋，组成临时性组织，将资金集合起来，并制定好步骤，蓄势待发。然后与被操纵的目标股票的上市公司的某些内幕人员串通，得悉某利空消息。于是，资金入市反复操作，制

---

① 赵秉志主编：《中国疑难刑事名案法理研究》，第 1 卷，78 页，北京，北京大学出版社，2008。

造虚假繁荣，同时散布不实的利好消息，导致股价大涨，引诱大批投资者跟进。圈套设计好后，等到内幕人员知悉的利空消息即将公布之机，趁高价放出手中持股，并大量做空。内幕信息一公布，股价大跌，操纵者却早已席卷了巨额利益。或者利用自己掌握或他人提供的利好消息，在利好消息尚未向其他投资者公开前，集中资金优势大量低价买进该证券，等利好消息向社会公众公布后，其他投资者大量买进该证券时，操纵者趁机卖出该证券，赚取高额利润。

第三，联合买卖，是指两个或两个以上的人合谋并联合起来，利用其资金优势，集中巨额资金同时买入某种证券，以人为地抬高其价格；或者利用持股优势，同时集中抛售其持有的证券，以压低其价格；或者利用信息优势，同时大量买进或卖出某种证券，人为地压低或抬高其交易价格。刑法第一百八十二条第一款第（一）项特别强调行为人集中资金优势、持股优势或利用信息优势操纵证券交易价格，表明了联合买卖的同向性、真实性。对于大多数通过交易活动操纵证券交易价格的行为来说，资金优势、持股优势、信息优势都是非常重要的，缺少上述优势，操纵目的往往很难实现。相比之下，这些优势在行为人从事同向的、真实的交易时作用更大。故联合买卖仅限于共同作为买方或者共同作为卖方从事证券交易的情形。

第四，连续买卖，是指单独或者通过合谋，集中资金优势、持股优势或信息优势，连续以高价买进或以低价卖出，从而引诱其他投资者参加交易的行为。行为人通过这种连续的交易行为，达到抬高或者压低证券交易价格的目的，以便从中渔利。其主要表现形式有：一是操纵者连续以低进高出或者高进低出的方式频繁交易，以达到抬高或者压低证券价格的目的。二是以冲销转账的方式反复作价，即由一集团或公司利用其不同的身份开设两个以上的账户。以冲销转账方式反复作价，将证券价格压低或者抬高，而操纵者支出的只是部分的手续费用。其本质是利用洗售的方式连续买卖证券，以达到操纵的目的。三是以拉锯的方式反复作价，即操纵者在不同的证券代理商处开设账户，以同一笔或者数笔证券反复地通过某个证券商买进，然后通过另一证券商卖出，造成交易活跃的假象，引诱小投资者盲目跟进，从而达到操纵证券交易的目的。

行为人利用上述四种具体方式操纵证券交易价格，有时可能只选择其中一种方式，有时可能同时选择上述多种方式进行。但只要行为人实施了操纵证券交易价格的行为，就可以认定。

本案中，吕新建、丁福根等人与朱焕良就曾采取合谋利用集中资金优势、持股优势联合连续买卖 0048 股票，实施了联手操纵 0048 股票交易价格的行为。从 1998 年 11 月 28 日至 2001 年 1 月 19 日间，被告人丁福根等人在吕新建的指使下，在全国 120 余家证券营业部开设股东账户 1 500 余个，利用委托理财、国债回购、借款、股票抵押、资金抵押的方式在全国 120 余家营业部融资 50 余亿元人民币，合谋集中资金优势、持股优势（2000 年间达最高峰，根据统计吕新建账户最高持股 56 420 937 股，占 0048 股票流通股的 55.36%），联合连续买卖 0048 股票，吕新建方在统计期间内，累计买入 166 612 658 股、卖出 166 897 178 股，最高一日交易股数达 26 453 481 股，最高一日交易股数占市场成交的比重达 97.90%。

（2）与他人串通，以事先约定的时间、价格和方式相互进行证券交易或者相互买卖并不持有的证券，影响证券交易价格或者证券交易量的行为。这种操纵市场的行为被称为通谋买卖。刑法的这一规定，又可具体分为相互进行交易和相互买卖并不持有的证券两种形式。[①] 这两种交易尽管行为的对象不同，但都以事先与他人串通为前提，都属于事先有通谋的共同犯罪。其通谋的内容包括两个方面：其一是约定一方出售证券时，另一方购买该证券；其二是约定买卖的时间、价格和方式，这种约定应理解为只要求双方的申报有相对成交的可能性，而不要求时间、价格、方式完全

---

① 如前所述，2006 年 6 月 29 日全国人大常委会通过的《刑法修正案（六）》删去了"或者相互买卖并不持有的证券"。——引者注

相同。

构成相互进行交易，应符合以下三个条件：一是必须有两个以上的行为人且彼此之间有意思联络。二是须行为人事先就时间、价格和方式达成一致，这种一致仅要求时间、价格上相似和数量上一致。三是须以行为人存在故意为前提，即行为人共同以获得不正当利益或转嫁风险为目的。具体方法是事先两人合谋，一方卖出，另一方买进。一买一卖的行为，在时间、地点、数量、价格上互相配合。委托交易制造虚假的交易繁荣，让不明真相的其他投资者也跟着进去，损失惨重。

相互买卖并不持有的证券，是指出售或者要约出售其并不持有的证券，其投机原理是：当股价看涨需要买进以赚取低买高卖差价利润时，或者当股价看跌需要高价卖出、低价补回以赚取差价利润时，利用自己并不持有而是借入的资金或者证券进行交易，即利用券商提供的资源为自己赚钱。

本案中，吕新建与朱焕良通谋，大肆采用以事先约定的时间、价格互相进行买卖0048股票交易的方式。被告人丁福根等人在吕新建指使下与朱焕良串通，在事先约定的时间以约定的价格互相买卖0048股票。建仓期间，朱焕良与吕新建约定每股买入价格为14.5元。1999年4月18日，经朱焕良和吕新建联手，在大规模倒仓后，吕新建账户上已持有0048股票31 772 532股，按朱焕良、吕新建间协议的内容双方已达到了此前商定的分仓要求。1999年5月标志建仓完毕，为以后的进一步操纵奠定了基础。

(3) 以自己为交易对象，进行不转移证券所有权的自买自卖，影响证券交易价格或者证券交易量的行为。所谓自买自卖，是指行为人以自己为交易对象，既当买方又当卖方，只作形式上的证券买进或卖出，实际上并不转移证券的所有权。自买自卖并没有增加证券交易量，纯粹是一种虚假交易，目的要制造一种假象，诱导其他投资者跟随买卖，从而人为抬高或压低某种证券交易价格，借机牟利或转移风险，损害他人利益。自买自卖操纵证券交易价格的方法主要有以下四种形式：

第一，行为人利用自己的不同账户进行相互交易。从一个账户卖出某证券，再从另一账户买入该证券，以此造成该证券交易活跃的假象，误导投资者，并从中得利。以这种形式实施犯罪，必须同时具备五个条件：行为人既是买主，又是卖主；行为人用不同的账户进行证券交易；交易对象为同一证券；交易价格和数量相同或相近；不同账户交易方向相反。缺少其中任何一个条件，均不能构成操纵证券交易价格的犯罪行为。

第二，行为人利用账户，以冲销转账方式反复作价从事自买自卖，实际支出的只是部分手续费，但却通过哄抬或压低价格获得巨大的利益。

第三，行为人通过委托不同的证券代理商进行自买自卖。由于受托者是证券公司，两者就形成一种虚假买卖的委托。在此情况下，如果受托者明知委托人是在实施操纵证券交易价格的行为，依然接受委托并进行有关的交易行为，则行为人与受托者均构成操纵证券交易价格的犯罪行为。

第四，让他人利用自己的资金与自己进行证券交易，制造某种证券交易频繁的假象，使其他投资者产生错觉，实施买入或卖出行为，引起证券价格变动，仍属于不转移证券所有权的自买自卖。

本案中，受吕新建指使，被告人丁福根等人利用开设的多个证券交易账户，进行对敲、对倒，对0048股票进行不转移所有权的自买自卖。利用融资、控盘、倒仓、分仓、对敲、发布重组消息、并购公司、519行情和2000年春节股票大涨行情，实施了拉升0048股票价格，严重影响0048股票交易价格和交易量的行为。根据统计，吕新建在统计期间内共自买自卖0048股票6523笔，累计交易99061485股，最高一日对倒股数高达2059189股，最高一日对倒成交股数占市场成交总数的比重为96.82%，累计转托管0048股票170153585股。

（4）其他操纵证券交易价格的行为。此种行为，是指行为人以上述三种方式以外的其他方式操纵证券交易价格的行为，主要表现为：第一，利用职务之便，人为地压低或者抬高证券价格。这种情况主要是证券从业人员或者证券从业机构为达到某种目的，利用手中掌握的接受委托、报价等职务便利，人为地以打时间差、索取或者强行买卖证券等手段故意压低或抬高证券价格。第二，利用虚假证券信息操纵价格。虚假信息的内容，既包括关于已经存在的有关影响证券交易价格等事实因素的虚假信息，也包括关于证券交易价格走势方面的虚假信息。如故意散布足以影响市场行情的流言或不实资料，扰乱投资人的判断能力，从而引诱其买卖该证券。第三，操纵者采取声东击西的方式，操纵某种类型股票中的一种，以达到操纵同类型其他股票的目的。由于证券具有可比性、地区性、同行业性及相关性，会形成所谓概念股，操纵者通常操纵概念股的领头股以达到操纵交易价格的目的。第四，以暴力、胁迫的方法迫使他人或者以某种利益引诱他人买卖证券。第五，技术陷阱。有的操纵者利用制造虚假的图示的方法，达到引诱投资者买卖证券的目的。第六，上市公司买卖或与他人串通买卖本公司的证券。第七，封盘炒作，又称利用涨停板制度炒作。其炒作原理是：行为人为了达到拉高出货的目的，在开盘时投入一定的资金买进，以涨停的价位封住盘，造成多方攻势凌厉的假象，然后利用持筹者惜筹的心理，吸引更多的买盘跟进后，自己施展多翻空的手段，撤回买盘资金。第八，利用修改计算机中存储的报盘数据，抬高股票价格以获利的行为。

　　在本案中，根据统计，0048 股票价格从 1998 年 11 月的 15 元左右至 2000 年 2 月 21 日飙升至 84 元。1999 年 4 月 18 日吕新建账户持有 0048 股票 31 772 532 股，占流通股比例为 42.85%，当时市值 817 824 973.68 元。到 2000 年 12 月 1 日吕新建持有 0048 股票 54 563 228 股，占流通股的比例为 47.82%，当时市值为 1 980 099 544.12 元。在 10 个跌停板后的 2001 年 2 月 5 日吕新建账户合计持有 0048 股票 20 191 537 股，按上一交易日收市价 13.17 元计算，吕新建持 0048 股票市值为 265 922 542.29 元。仅吕新建持有的 0048 流通股票市值在不到两年的时间内从 8 亿多元人民币升至约 20 亿元人民币而最后又跌至约 2.6 亿元人民币的起伏过程，足以说明在吕新建、朱焕良指挥下，被告人丁福根、庞博等人，人为进行了操纵 0048 股票价格的犯罪活动。同时，根据统计，吕新建账户交易 0048 股票累计买入金额达 6 234 639 842.82 元（不含交易印花税、券商佣金、经手费等费用），累计卖出金额达 5 868 869 331.54 元，吕新建账户在统计期末持有 0048 股票的估值为 265 922 542.29 元。根据"盈利＝持股估值＋累计卖出金额－累计买入金额"的公式进行计算，吕新建账户的盈利估值为－99 847 968.99 元（未扣除交易费用）。0048 股票由于人为操纵形成了大盘暴跌、0048 不跌，大盘狂涨、0048 狂涨的特点，0048 股票当年曾被称为不跌的股票，是市场上有名的庄股。其操纵形式表现为基本面、技术面和策略方面。基本面表现为成立公司收购股权、融资、入主董事会、安排董事控制上市公司、成立中科系公司，吕新建通过写文章和发表 K 先生谈话的文章制造风险投资理念和国企大盘股理念。在技术方面利用股票走势图形来观察和预测 0048 股票市场的走势和内在规律及指标。被告人丁福根可以利用技术图形通过具体的图形、指标和计算方法对 0048 股票进行分析判断和预测未来走势。丁福根等人采用对敲、对倒的方法来影响 0048 股票的交易量，使股票走势图形形成虚假交易量，交易量越大说明成交数量越高，越容易操纵 0048 股票价格。通过操作技术图形，配合控制 0048 股票把 0048 图形走势作好看。在策略上为规避法律、法规以及股市操作规则，在全国各地营业部广泛布点，分散账户，避免监督。

　　综上所述，笔者认为，被告人丁福根、庞博、边军勇为获取不正当利益，被告单位上海华亚实业发展公司法定代表人董沛霖、总经理李芸为使该单位获取不正当利益，被告人何宁一为使所在单位获取不正当利益，明知吕新建等人意图操纵 0048 股票价格，仍采取多种方式帮助吕新建融资，并按照吕新建的指令指使他人或直接参与操纵 0048 股票价格，严重影响了 0048 股票的交易价格和交易量，侵害了国家对证券交易的管理制度和投资者的合法权益，情节严重，其行为均已构成操纵证券交易价格罪，一审法院依法作出判决予以惩处是正确的。

上述裁判理由从行为方式上认定在中科创业操纵证券市场案中，被告人丁福根等人采取了刑法第 182 条规定的各种方法对中科创业的股票进行操纵。由于中科创业操纵证券市场案涉及多个单位与个人，因而关于如何具体认定各个被告人的刑事责任，在本案审理中控、辩方之间存在以下六个问题上的交锋①：

（一）被告人丁福根辩称：从 0048 股票价格实际拉升情况看，吕新建和朱焕良先后两次将价格从 36 元拉升至 48 元，及从 38 元拉升至 84 元，这两次我都没有参加。

公诉人：操纵证券交易价格行为在本案中是一个总的过程，48 元、84 元乃至最后的跌停，都是由于整体行为造成的。证据表明丁福根是吕新建行为的整体管理者、执行人，对整个行为而言，丁福根的作用仅次于吕新建，其作为共同犯罪人应当对共同的犯罪行为负责。

上述争议涉及各共同犯罪人的责任分担问题。因为操纵证券市场行为往往持续一个较长的时间，像本案就从 1998 年 11 月持续到 2001 年 1 月，长达两年多时间。从法院认定的事实来看，是吕新建与朱焕良合谋操纵 0048 股票，而丁福根是受上述二人指使的具体实施者。在这种行为持续较长时间的犯罪案件中，只要在持续过程中参与实施犯罪行为的，均构成犯罪。当然，不同时间参与的，其刑事责任应当有所不同。不过，参与犯罪行为的时间应当有证据证明。对于丁福根参加犯罪的时间，判决作出了以下认定：

经查，在案证据证明 1997 年年底，丁福根就知道吕新建欲炒作上市公司二级市场股票的意图，并帮助吕做了大量准备工作；在操纵 0048 股票的过程中，丁福根按照吕新建的指令，积极参与并指使他人进行各种操纵活动。丁福根的辩解及其辩护人的辩护意见无事实依据，本院均不予采纳。

（二）被告人丁福根辩称：吕新建是投资者、委托人，我是委托代理人，股东投资的一切责任均由委托人负责，股票的盈亏以及操纵证券交易

①　参见顾肖荣、张国炎：《证券期货犯罪比较研究》，243～244 页，北京，法律出版社，2003。

价格的责任也应由委托人承担，我作为代理人，不应负责任。

公诉人：根据法律规定，明知委托书事项违法仍代理其业务的，需要承担连带责任。更何况本案中吕新建和丁福根之间除了民事形式上的委托代理关系，还有刑事共犯中的指挥和被指挥关系。

在本案中，吕新建和朱焕良是操纵证券市场的策划者，而丁福根等人是以委托理财的名义受吕新建和朱焕良的指使进行实际操作的人员。丁福根不能以民事委托作为抗辩事由，以此否认其刑事责任。当然，这里存在一个如何认定操纵证券市场罪的实行行为的问题。按照我国刑法的规定，操纵证券市场行为的主体并不限于上市公司的董事、监事、高级管理人员、实际控制人、控股股东或者其他关联人。换言之，并非只有股票交易的所有人或者受益人才能成为本罪的主体，因而操纵证券市场罪并非身份犯。只要是参与了操纵证券市场的实际运作的有关人员，都可以成为本罪的主体。从本案情况来看，丁福根等人参与了操纵证券市场的实际运作，应当是本罪的正犯。

（三）被告人丁福根辩称：我没有获取不正当利益。

公诉人：任何利益都有正当与不正当之分，而二者区分的关键点之一就是取得利益的方法是否合法。本案数名被告人无论是管理者、融资者、操盘者还是指挥者，他们都是为吕新建操纵 0048 股票做事的，他们在明知吕新建操纵行为的基础上，通过自己的行为帮助吕新建完成了犯罪。他们获取的是不正当利益，因此，作为这些人的一分子，丁福根应成为本案的共犯。

这里涉及获取不正当利益的认定问题。在 1997 年刑法第 182 条关于操纵证券市场罪的规定中，明确地把获取不正当利益或者转嫁风险作为本罪的主观违法要素，因而本罪是目的犯。例如我国学者指出：

操纵证券市场罪的主观方面只能由故意构成，而且由于本罪是目的犯，行为人员以获取不正当利益或者转嫁风险为目的，因而本罪只能由直接故意构成，即行为人明知自己的操纵证券交易价格的行为违反证券管理法规，但为了获取不正当利益或者转嫁风险，而不惜利用各种手段操纵证券交易价格。当然，在本罪中犯罪目的是构成本罪的必要条件，但犯罪目的的实现与否并不影响本罪的实际构成。①

将 1997 年刑法第 182 条的规定理解为目的犯，当然是符合刑法理论的。目的犯的立法宗旨是要使不具有法定目的的行为出罪。在现实生活中，并不存在不以获取不正当利益或者转嫁风险为目的的操纵证券市场行为。因此，这一目的犯的规定不仅毫无意义，而且为操纵证券市场罪的司法认定人为地制造了障碍。在本案中，公诉人将不正当利益解释为通过不正当方法取得的利益，实际上已经通过法律解释的方法使获取不正当利益的目的被消解。2006 年 6 月 29 日全国人大常委会的《刑法修正案（六）》第 11 条取消了这一主观违法要素的规定，我以为是正确的。

（四）被告人丁福根及其辩护人辩称：丁福根的行为是代表中科创业公司的行为，是法人犯罪。

公诉人：关于单位犯罪的司法解释规定，为犯罪而成立公司或者公司成立后主要从事犯罪的，以个人犯罪论处。中科公司实际就是通过操纵 0048 股票获利后成立的公司，成立公司的目的是更好地操纵 0048 股票，同时成立后的公司也以犯罪活动为主，所以对丁福根的行为不能认定为法人犯罪，只能认定为个人犯罪。

这一争议涉及单位犯罪问题。在本案中，控方只指控上海华亚实业发展公司是单位犯罪，法院作了同样认定，但控方没有指控、法院也没有认定中科创业公司构成单位犯罪。对于其理由，公诉人作了以上说明。公诉人的上述说明，主要是引用了 1999 年 6 月 25 日最高人民法院《关于审理单位犯罪案件具体应用法律有关问题的解释》第 2 条的规定："个人为进行违法犯罪活动而设立的公司、企业、事业单位实施犯罪的，或者公司、企业、事业单位设立后，以实施犯罪为主要活动的，不以单位犯罪论处。"我国学者在分析本案的单位犯罪时指出：

在本案中，北京中科创业投资有限公司本身就是通过操纵康达尔股票（0048）获利后成立的，它的成立是为收购康达尔公司法人股，进而组织

---

① 刘宪权：《证券期货犯罪理论与实务》，457 页，北京，商务印书馆，2005。

重组以使该公司脱胎换骨而进行的必要准备。之所以这样说，是因为公司的股票中有科技部农村发展中心、火炬中心、生物中心等8个中心的下属公司，其成立的目的是依赖科技部背景，强调公司的高科技风险投资概念。通过北京中科收购康达尔并将其重组为深圳中科后，就自然使市场投资者将康达尔与生物技术等高科技概念直接联系起来，从而快速改善0048股票的基本面。由此可见北京中科从其产生开始就是作为吕新建等人操纵0048股票的犯罪工具出现的，是整个犯罪过程的必要环节，其成立后也以实施操纵0048的犯罪行为为主，因此不能将北京中科认定为单位犯罪主体，丁福根的行为是个人犯罪行为。[①]

在中科创业操纵证券市场案中，丁福根是以个人名义出现还是以中科创业公司工作人员的身份出现，并不明确。中科创业公司本身的股票被操纵，如果是中科创业公司工作人员利用职务便利进行操纵，则不能排除中科创业公司成为操纵证券市场罪主体。当然，如果中科创业公司以外的单位和人员对中科创业公司的股票交易价格进行操纵，则中科创业公司当然不能成为操纵证券市场罪的主体。前引关于单位犯罪的司法解释以设立单位的目的在于犯罪为由否认单位犯罪，而不考虑单位是否具有实体性存在、个人是否以单位名义从事活动以及是否为单位谋取利益等特征，明显地是对单位犯罪范围的不适当限缩，在刑法理论上尚值得推敲。

（五）被告人董沛霖辩称：为吕新建融资是因为受吕新建所宣传的巴菲特理论诱导。

公诉人：巴菲特理论的精华在于购买的是公司，而不是股票。而这一切都建立在对公司的信心上，买的是公司的未来。显然吕新建是无法做到这些的。吕关注0048股票的升与跌，他不可能用自己的行为完成华尔街神话。他购买公司的目的也很简单：便于发布信息控制股价。

被告人董沛霖主要是为吕新建操纵证券市场筹集资金，他自我辩解的实质含义是对于吕新建实施操纵证券市场行为是否明知的问题。这个问题与以下第六个问题

---

① 赵秉志主编：《中国疑难刑事名案法理研究》，第1卷，49页，北京，北京大学出版社，2008。

实际上是相同的。

（六）被告人董沛霖的辩护人称：操纵股市的真正实施者是吕新建和丁福根，董是因为受到吕的蒙蔽，为其筹集资金的活动起到一定作用。董对吕的操纵股市行为并不知情，因而其行为不构成犯罪。

公诉人：董沛霖作为本案的第二被告人，体现在董明知吕准备坐庄买卖 0048 股票，需要巨大资金，不仅自己融资，而且组织他人融资，甚至还帮助吕新建逃避中国证监会监管，所有这些行为都证明董对操纵证券市场价格是明知的。董沛霖明知吕新建的操纵思路、为吕融资时间的长短、为吕融资参与的程度、为吕某逃避监管、董本身具有证券从业经历等，都证明了董沛霖主观上的明知。

在证券犯罪中，被告人明知的证明较为困难，这是一个主观事实的认定问题。公诉人上述辩驳，明显采用了推定的证明方法。一般来说，明知的证明都可以采用推定方法。因为明知是一种主观要素，即被告人之所知，但这并不意味着是否明知完全以被告人承认明知与否为准，而是可以通过已知的事实对明知进行某种推断。在一审判案理由中，对于被告人董沛霖当时不明知吕新建操纵证券交易价格的辩解，作出了以下认定："经查，吕新建明确告诉董沛霖其意图操纵 0048 股票，董沛霖对此有多次供述，并有事实供词在案证明。"这一认定的思路，还是将证明是否明知建立在被告人的供述上。然而，供述是可以推翻的，还是采用推定的方法更为可靠。

第 2 节　合法贷款后采用欺诈手段拒不还贷行为之定性研究

案名：吴晓丽贷款诈骗案
主题：贷款诈骗罪　拒不还贷行为

刑法第 193 条对贷款诈骗方法作了明文列举，列举难免存在不周延，因而又以盖然性规定作弥补。但是，无论是在刑法理论上还是在司法实践中，对于如何正确理解贷款诈骗的其他方法，都是存在争议的。本节从吴晓丽贷款诈骗案[①]切入，对合法贷款后采用欺诈手段拒不还贷行为（以下简称拒不还贷行为）应当如何定性问题加以讨论。

一、案情及诉讼过程

1995 年 8 月至 10 月，被告人吴晓丽以盖州市有色金属铸造厂的名义先后从盖州市辰州城市信用社贷款 105 万元。贷款期满后，吴晓丽未能偿还。1995 年 12 月 30 日，吴晓丽以盖州市镁厂的名义，从辰州城市信用社贷款 235 万元，将所欠该信用社的贷款本金、利息以及其弟吴某辉、其妹吴某静欠辰州信用社的贷款本金及利息转入该合同。贷款期满后，吴晓丽仍未偿还。1997 年 12 月 24 日，吴晓丽又以营口佳友铸造有限公司的名义，用盖州市镁厂 2 214 平方米厂房作抵押，与盖州市辰州城市信用社签订 310 万元的借款合同，将原未偿还的 235 万元贷款的本金及利息转入该合同。

1996 年 6 月至 8 月间，被告人吴晓丽以盖州市镁厂名义，两次从盖州市城建信用社共计贷款人民币 200 万元。贷款期满，吴晓丽未偿还。1997 年 12 月 8 日，吴晓丽用盖州市镁厂 1 404 平方米厂房和机器设备作抵押，重新与盖州市城建信用社签订贷款 215 万元的借款合同，将原 200 万元贷款的本金及利息转入该合同。

上述贷款到期后，经两个信用社多次催要，吴晓丽没有偿还借款。1998 年 9 月 3 日，吴晓丽因在上述两信用社抵押的财产未在产权机关登记，擅自将镁厂的全部建筑物及厂区土地（包含上述两项贷款的抵押物）作价人民币 400 万元，一次性转让给盖州市亚特塑料制品厂厂长王某春，

---

① 本案刊载于最高人民法院编：《刑事审判参考》，第 15 辑，北京，法律出版社，2001。

双方在签订镁厂"转让合同书"过程中,吴晓丽隐瞒了镁厂已有部分建筑抵押给信用社的事实。吴晓丽从转让镁厂中收到王某春分期给付的 300 万元现金,但未用于偿还贷款。

营口市中级人民法院认为:被告人吴晓丽明知其厂房已用于银行贷款的抵押而将该厂房卖掉,其行为已构成贷款诈骗罪,且数额特别巨大,应依法惩处。遂依照《中华人民共和国刑法》第 193 条、第 69 条(吴晓丽还犯有其他罪,本节略——编者注)之规定,于 1999 年 10 月 26 日判决如下:被告人吴晓丽犯贷款诈骗罪,判处有期徒刑 10 年,并处罚金人民币 50 万元。

宣判后,吴晓丽不服,上诉于辽宁省高级人民法院。

吴晓丽上诉称:其将厂房卖给王某春时,已将贷款一并移交给王某春,由王某春代为偿还贷款。后王某春不承认代其还贷一事,故其曾向营口市中级人民法院起诉王某春,要求法院认定其与王某春间的买卖合同无效,而营口市中级人民法院经审理认为其与银行所签订的贷款抵押合同因未在有关管理部门进行登记而为无效合同,认定其与王某春所签订的买卖合同合法有效,故驳回其诉讼请求。辽宁省高级人民法院维持了营口市中级人民法院的一审判决,才致其不能偿还贷款。其没有非法占有贷款的主观故意,不构成贷款诈骗罪。

辽宁省高级人民法院经审理查明:上诉人吴晓丽于 1997 年 12 月 8 日,用盖州市镁厂 1 404 平方米厂房和机器设备作抵押,与盖州市城建信用社签订贷款 250 万元的借款合同。1997 年 12 月 24 日,吴晓丽以营口佳友铸造有限公司的名义,用盖州市镁厂 2 214 平方米厂房作抵押,与盖州市辰州城市信用社签订 310 万元的借款合同。上述贷款合同到期后,经两个信用社多次催要,吴晓丽均没有偿还借款。1998 年 9 月 3 日,吴晓丽擅自将镁厂的全部建筑物及厂区土地(包含上述两项贷款的抵押物)作价人民币 400 万元,一次性转让给盖州市亚特塑料制品厂厂长王某春,并对王某春隐瞒了镁厂已有部分建筑抵押给信用社的事实。吴晓丽从转让镁厂中收到王某春分期给付的 300 万元现金，但未用于偿还贷款。1998 年 10 月 17 日，吴晓丽以盖州市镁厂名义向营口市中级人民法院起诉盖州市亚特塑料制品厂，要求认定其与王某春之间的转让合同无效。后该案经营口市中级人民法院一审、辽宁省高级人民法院二审审理，认定吴晓丽与两家银行所签订的抵押合同因未到有关部门登记而无效，吴晓丽与王某春之间所签订的转让合同合法有效，至此造成银行不能通过抵押的财产收回贷款。吴晓丽所欠银行贷款的本金及利息在二审期间已由其弟全部代为还清。

辽宁省高级人民法院认为：上诉人吴晓丽在贷款当时没有采取欺诈手段，只是在还贷的过程中将抵押物卖掉，如果该抵押是合法有效的，银行可随时采取法律手段将抵押物收回，不会造成贷款不能收回的后果；且吴晓丽在转让抵押物后，确也采取了诉讼的手段欲将抵押物收回，因认定抵押合同无效才致使本案发生，故对吴晓丽提出的不构成贷款诈骗罪的上诉理由予以支持，原审认定被告人吴晓丽犯贷款诈骗罪不能成立。遂依照《中华人民共和国刑事诉讼法》（1996 年——引者注）第 189 条第（2）项之规定，于 2000 年 11 月 17 日判决撤销辽宁省营口市中级人民法院刑事判决中对上诉人吴晓丽犯贷款诈骗罪的定罪量刑及数罪并罚部分。

二、裁判理由

本案一审判决被告人吴晓丽构成贷款诈骗罪，但二审判决贷款诈骗罪不成立。那么，二审法院认定被告人吴晓丽的行为不构成贷款诈骗罪的裁判理由是什么？以下是法院的裁判理由：

（一）是否具有非法占有目的是区分贷款诈骗与贷款欺诈的关键

根据刑法第 193 条规定，以非法占有为目的，使用虚构事实或者隐瞒真相的方法，骗取银行或者其他金融机构贷款，数额较大的，构成贷款诈骗罪。而贷款欺诈通常属于贷款纠纷，是指因贷款人在签订、履行借款合同过程中采取了虚构事实或者隐瞒真相的方法而产生的经济纠纷。从具体行为方式来看，贷款诈骗与贷款欺诈有许多相似或相同之处。例如，编造引进资金、项目等虚假理由，使用虚假的经济合同，使用虚假的证明文件，使用虚假的产权证明作担保或者超出抵押物价值重复担保，等等。也就是说，贷款欺诈行为也可以表现为刑法第 193 条列举的五种情形。但是，在法律责任上，二者有重大的差别：诈骗贷款数额较大的，构成贷款诈骗罪，须承担刑事责任；而通过欺诈方法获取贷款，即使数额较大，到期不能归还，如行为人没有非法占有的目的，也不能追究行为人的刑事责任。那么，如何区分贷款诈骗罪与贷款纠纷？我们认为，区分的标准主要应从借款人主观上是否具有非法占有目的上来分析。

非法占有的目的属于行为人主观上的心理活动，往往通过其客观行为表现出来。从行为人具体实施的客观行为事实来判断，某些行为本身就足以证明行为人主观上具有非法占有的目的，例如，行为人使用虚假的产权证明作担保，从金融机构获取贷款后，携款逃跑的，这一行为本身就直接表明行为人主观上具有非法占有的目的。但是，某些行为本身尚不能直接表明行为人主观上是否具有非法占有的目的，例如，编造引进资金的虚假理由取得贷款、使用虚假证明文件取得贷款等，而只能间接表明行为人主观上具有非法占有目的的可能性。也就是说，在某些情况下，并不能直接表明行为人主观上具有非法占有的目的，还必须借助相关的客观事实来加以分析认定。至于查明行为人在实施了某种间接表明其主观上具有非法占有目的可能性的行为之后，还需借助哪些具体客观事实来认定行为人主观上确实具有非法占有的目的，应根据不同的犯罪构成要件来加以分析。至于如何具体认定行为人有非法占有目的，最高人民法院印发的《全国法院审理金融犯罪案件工作座谈会纪要》（以下简称《纪要》）已提出明确意见："应当坚持主客观相一致的原则，既要避免单纯根据损失结果客观归罪，也不能仅凭被告人自己的供述，而应当根据案件具体情况具体分析。根据司法实践，对于行为人通过诈骗的方法非法获取资金，造成数额较大资金不能归还，并具有下列情形之一的，可以认定为具有非法占有的目的：(1) 明知没有归还能力而大量骗取资金的；(2) 非法获取资金后逃跑的；(3) 肆意挥霍骗取资金的；(4) 使用骗取的资金进行违法犯罪活动的；(5) 抽逃、转移资金、隐匿财产，以逃避返还资金的；(6) 隐匿、销毁账目，或者搞假破产、假倒闭，以逃避返还资金的；(7) 其他非法转移资金、拒不返还的行为。"也就是说，判断行为人主观上具有非法占有贷款的目的，必须同时具备以下客观事实：其一，行为人是通过欺诈的手段来取得贷款的；其二，行为人到期没有归还贷款；其三，行为人贷款时即明知不具有归还能力或者贷款后实施了某种特定行为，如携款逃跑，肆意挥霍贷款，抽逃、转移资金、隐匿财产以逃避返还贷款，等等。只有在借款人同时具备上述三个条件时，才能认定借款人在主观上具有非法占有贷款的目的。若借款人所实施的行为欠缺上述条件之一，一般不能认定其主观上具有非法占有的目的。

(二) 认定被告人吴晓丽具有非法占有目的的证据不足

从本案的事实来看，被告人吴晓丽是否构成贷款诈骗罪，一是要分析吴晓丽是否实施了刑法第 193 条列举的四种具体行为或者吴晓丽所实施的行为能否归属于"以其他方法诈骗贷款"；二是要认定吴晓丽在主观上是否具备"非法占有贷款的目的"。具体来说，一方面，吴晓丽在多次贷款中，并没有采取刑法第 193 条列举的四种具体行为方式来取得贷款；另一方面，吴晓丽在贷款的过程中以及在得到贷款之后，并不具备非法占有贷款的目的。尽管她在贷款到期后，经两个信用社多次催要，不仅没有偿还借款，而且利用抵押合同的瑕疵又擅自将抵押物再次转让，得到转让收入后又不用来偿还贷款，但是，这些事实尚不能直接证明吴晓丽主观上具有非法占有贷款的目的，至多只能表明吴晓丽在主观上具有占有贷款的可能性。在这种情况下，就需借助其他的客观事实来加以分析认定。从本案的事实来看，吴晓丽并没有实施《纪要》中列举的第 (2) 至 (7) 项的行为，也不属于第 (1) 项明知没有归还能力的情形。相反，吴晓丽试图通过诉讼手段将抵押物收回，最终因法院确认其与盖州市亚特塑料制品厂的转让合同有效而未能如愿，以致吴晓丽不能再用抵押物来偿还贷款。因此，上述客观事实反而能够证明吴晓丽在主观上不具备将贷款占为己有的目的。辽宁省高级人民法院二审对吴晓丽不定贷款诈骗罪是正确的。

三、理论分析

在 1979 年刑法中，只有诈骗罪之设立而未规定贷款诈骗罪。1995 年全国人大常委会《关于惩治破坏金融秩序犯罪的决定》第 10 条首次规定了贷款诈骗罪。此后，在 1997 年刑法修订中，吸纳了这一规定，形成刑法第 193 条的规定。根据刑法第 193 条的规定，贷款诈骗罪是指以非法占有为目的，使用虚构事实或者隐瞒真相的方法，骗取银行或者其他金融机构贷款，数额较大的行为。从刑法关于贷款诈骗罪的规定来看，构成贷款诈骗罪，须具备罪体、罪责和罪量三个方面的条件：罪体是刑法列举的五种贷款诈骗方法，罪责是主观上以非法占有为目的，罪量是数额较大。在上述三个要件中，罪量是不成问题的，关键问题在于罪体与罪责两个方面，尤其是非法占有目的的认定。当然，罪体与罪责又是相关的，在没有罪体的情况下，也就没有罪责可言。关于这一点，将在后文重点论及。

（一）贷款诈骗罪的罪体要素

刑法第 193 条对贷款诈骗罪的罪体要素作了以下规定：

（1）编造引进资金、项目等虚假理由。在这一诈骗方法中，又可分为两种情形：一是编造引进资金的虚假理由，二是编造引进项目的虚假理由。当然，也还包括编造其他类似的虚假理由。犯罪分子往往打着发展地方经济的幌子，向政府有关部门和银行等金融机构编造国外某财团或国外某华侨的巨额资金要以优惠条件存入某银行，或者有能够创造高额利润的生产项目，条件是引进单位必须具有一定的资金实力或者自有资金必须达到一定的比例等虚假理由，所以，如果能从银行或者其他金融机构贷到款，就能立即引进这笔资金或者项目，待资金、项目引进后，即可立即筹建或者投入生产，并依约偿还贷款本息，以骗取银行的贷款和手续费。在现实生活中，这是一种较为常见的贷款诈骗方法。

（2）使用虚假的经济合同。贷款一般须用于特定用途，因而在贷款过程中，银行一般都要审查经济合同。因此，有无经济合同是能否取得贷款的重要条件之一。为此，犯罪分子伪造并使用虚假的经济合同，以此作为贷款诈骗的方法。

（3）使用虚假的证明文件。这里的证明文件，是指银行的存款证明、公司和金融机构的担保函、划款证明等，在向银行或者其他金融机构申请贷款时所需要提交的文件。没有这些证明文件，无法获得贷款。因此，使用虚假的证明文件是贷款诈骗的方法。

（4）使用虚假的产权证明作担保或者超出抵押物价值重复担保。在此，使用虚假的产权证明是虚构事实的诈骗方法，而超出抵押物价值重复担保是隐瞒真相的诈骗方法。产权证明是指财产权利证明、抵押物或质物的财产权利证明。因此，使用虚假的产权证明作担保，就是指虚构产权证明，并以此作为担保而骗取贷款。

（5）以其他方法诈骗贷款。这是一个盖然性规定，以弥补列举不全之缺憾。这里的其他方法，指一切方法，但这种方法必须是和列举的四种情形的性质相当的诈骗贷款的方法。立法者在解释这里的其他方法时指出：其他方法是指伪造单位公章、印鉴骗取贷款的；以假货币为抵押骗取贷款的；以非法占有为目的，先借贷后采用欺诈手段拒不还贷的等情况。考虑到要在法律中将所有的诈骗银行或者其他金融机构贷款的行为都具体列举、予以规定，是不可能也是不现实的，本条规定了以其他方法诈骗银行或者其他金融机构的贷款。根据这一规定，不论行为人是以何种方法诈骗贷款，都要予以追究刑事责任。[①] 当然，这里的先借贷后采用欺诈手段拒不还贷的情形是否属于贷款诈骗，是本节分析的重点，将在下面予以展开。

（二）贷款诈骗罪的罪责要素

贷款诈骗罪主观上须具有非法占有的目的，对于这一点，刑法已有明文规定，关键问题在于如何认定非法占有的目的。非法占有贷款目的只是罪责要素之一。贷款诈骗罪的主观故意，是指明知是贷款诈骗行为而有意实施的主观心理状态。因此，非法占有贷款的目的是指通过诈骗方法非法占有贷款的目的。由此可见，非法

---

① 参见胡康生、郎胜主编：《中华人民共和国刑法释义》，3 版，302 页，北京，法律出版社，2006。

占有贷款目的是以存在诈骗方法为前提的。

四、拒不还贷行为的定性

从本案认定的事实来看，被告人吴晓丽的行为就在于：明知其厂房已用于银行贷款的抵押而将该厂房卖掉。一审法院认为这一行为已构成贷款诈骗罪。二审法院则认为，在还贷的过程中将抵押物卖掉，如果该抵押是合法有效的，银行可随时采取法律手段将抵押物收回，不会造成贷款不能收回的后果；且吴晓丽在转让抵押物后，确也采取了诉讼的手段欲将抵押物收回，因抵押合同被认定无效才致使本案发生，故对吴晓丽不构成贷款诈骗罪的上诉理由予以支持，原审认定被告人吴晓丽犯贷款诈骗罪不能成立。由此可见，一审法院与二审法院之间的分歧并不在于是否具有非法占有贷款的目的，而恰恰在于是否具有贷款诈骗的行为。在此，我先就这个问题加以讨论。

在理论分析部分，我对贷款诈骗的五种方法都作了分析，本案被告人吴晓丽的行为不属于前四种方法，因为其在贷款当时没有采取欺诈手段。这一点已被二审法院认定。关键问题在于吴晓丽是否具备贷款诈骗的其他方法。吴晓丽在合法获取的贷款到期后，没有偿还借款，而且利用抵押合同的瑕疵擅自将抵押物再次转让，得到转让收入后又不用来偿还贷款。这一行为明显属于采用欺诈手段拒不还款的行为。那么，这种合法贷款后采取欺诈手段拒不还款的行为是否属于贷款诈骗的其他方法呢？立法者认为，以非法占有为目的，先借贷后采用欺诈手段不还贷的情况属于贷款诈骗的其他方法。但这种情形构成贷款诈骗罪，是以贷款前存在非法占有目的为前提的。也就是说，行为人在贷款以前就已经确定获得贷款后不予归还而予以非法占有。这种情形，从理论上说似乎可以归入贷款诈骗，但贷款前的非法占有目的的认定是一个极大的难题，而且将客观上的拒不归还贷款作为贷款诈骗方法本身就与前四项方法在性质上不协调。退一步说，即使这种情形属于贷款诈骗，也只限于贷款前已有非法占有目的的。如果贷款前并无非法占有的目的，只是合法获得贷款后才不想归还，想要占有贷款即所谓赖账不还，能否也作为贷款诈骗罪认定？这是涉及本案定性的核心问题。因为裁判理由已经确认：吴晓丽在贷款的过程中以及在得到贷款之后，并不具备非法占有贷款的目的。要认定其行为构成贷款诈骗罪，除非将其采用欺诈手段拒不还贷的行为认定为贷款诈骗的其他方法。

关于合法贷款后采用欺诈手段拒不还贷的行为是否构成贷款诈骗罪，我国刑法学界存在以下两种观点：

第一种观点认为这种拒不还贷行为构成贷款诈骗罪。例如，我国学者指出：行为人在设定抵押获取贷款后，减少或者隐匿、转移抵押财产，实现诈骗贷款的目的，即诈骗行为人用自己的财产作为贷款抵押担保，在获得贷款之后，利用抵押担保抵押物不转移占有的特点，以挥霍、变卖、"赠送"、转移、隐匿等方法减少抵押财产，逃之夭夭，致使银行等金融机构的债权不能实现，达到骗取贷款的目的。[1] 还有学者从主观上非法占有目的产生的时间上加以论证，指出：如果行为人在贷款的初期并无非法占有贷款的目的，而后来随着情况的变化，产生了非法占有的目的，因而拒不归还贷款的，仍是贷款诈骗罪。也就是说，作为本罪主观要件的非法占有的目的，既可以是形成于事前，也可以形成于事中。[2] 如果把贷款界定为"事"，那么，这里的非法占有的目的不是形成于事中，而是形成于事后。由此可见，这种观点在客观上把拒不还贷的行为认定为贷款诈骗的其他方法，在主观上认为行为人具有形成于事后的非法占有的目的。

第二种观点认为这种拒不还贷行为不构成贷款诈骗罪。例如，我国学者指出：行为人占有贷款后形成非法占有的目的，因不可能再有诈骗的行为，故属于事后故意，而非行为实施中的故意（事中故意）。事后故意实际上是对前一行为的追认，并非前一行为的故意，从客观上看是对因果关系的颠倒，但不符合犯罪的理论和因果关系的规律。事后故意是不可能构成故意犯罪的罪过的。这种观点还进一步指出：对于行为人贷款后起意非法占有的情形，可以考虑以侵占罪论处。理由在于，上述情形下，贷款后行为人即已合法占有该项资金，在贷款期限内对其有权支配

---

① 参见王作富主编：《刑法分则实务研究》，3 版，上册，604 页，北京，中国方正出版社，2007。
② 参见周振想主编：《金融犯罪的理论与实务》，410 页，北京，中国人民公安大学出版社，1998。

（甚至超过约定的使用范围）。而当合同期限届满或者依法或约定事由而解除时，其对该项资金的占有就没有法律依据，其应当予以返还而不能再行支取，返还前即可以认为是代为保管，行为人非法据为己有、拒不返还，符合侵占罪的构成特征。[1]这种观点主要是从主观目的角度论述的，但结论与第一种观点的结论明显不同。

上述两种观点的争论涉及以下三个问题，下面分别展开讨论。

（一）如何理解"其他方法"

贷款诈骗的其他方法，应当是和前四种方法性质相一致的用以骗取贷款的诈骗方法。对此在理论上并无异议。这种一致性来源于它对诈骗行为的依从性，因为它是诈骗的其他方法，所以这种方法必然具有虚构事实、隐瞒真相的特征，并且正是通过这种诈骗方法而获取贷款，即所谓骗取贷款。骗取者，骗而取之也。通过诈骗而取得贷款，是贷款诈骗罪的本质特征。在合法取得贷款后拒不还贷，贷款是合法取得，而非骗而取得的，怎么可能构成贷款诈骗罪呢？通过抵押以后合法获取贷款，而后转移抵押物而不还贷，只是一种赖账行为。它与骗取贷款在性质上不同，不能归入贷款诈骗的其他方法。就此而言，第一种观点是不能成立的。

（二）如何理解非法占有的目的

关于非法占有目的的内涵，我国刑法学界存在非法所有说、非法获利说、非法占有说、不法所有说等观点。其实这些观点大同小异，只不过表述有所不同而已，核心的意思都是非法获得对财物的所有权的一种主观意图。对此，本节不拟讨论。我想在此提出的问题是：非法占有目的能否离开诈骗行为而存在？上述第二种观点在对第一种观点的反驳中，涉及事后故意的问题，即非法占有目的是否可能产生在事后。我认为，这并不是一个非法占有目的产生在事前、事中还是事后的问题，而是非法占有目的是否可以脱离诈骗行为而存在的问题，也就是一个主观要件与客观要件的关系问题。在我看来，非法占有目的，在贷款诈骗罪中是指非法占有贷款的目的，即通过诈骗非法占有贷款的目的，因而诈骗是非法占有贷款目的实现的手

---

[1] 参见赵秉志主编：《金融诈骗罪新论》，161 页，北京，人民法院出版社，2001。关于拒不还贷构成侵占罪的论述，参见该页注③。

段，离开诈骗手段就不存在本罪之所谓非法占有目的。在这一点上，第一种观点也存在认识上的误区，由此而得出非法占有目的可以产生在事后的结论。

（三）拒不还贷行为是否构成侵占罪

第二种观点正确地指出了非法占有目的不可能产生在事后，因而拒不还贷行为不构成贷款诈骗罪；但又认为，拒不还贷行为符合侵占罪的特征。对此，我是不同意的。关键在于：如何理解侵占罪之所谓代为保管？这里的代为保管是指对他人财物的代为保管，将代为保管的他人财产占为己有是对他人物权的侵犯。但通过借贷合同取得贷款，属于借款关系。我国学者指出：

> 在消费借贷合同中，持有人从所有人处取得种类物进行消费，而消费意味着非替所有人保管种类物，这意味着种类物的所有权已转移给持有人。所以，持有人消费该种类物已不是替他人保管该物，因而也不能成立侵占对象。由于消费借贷合同中，所有人将种类物转让出去用以消费，意味着他对原种类物已不再有返还请求权，他已将物的所有权用来与持有人设定债权债务关系，其物的所有权已通过债权形式来实现。这种物的所有权转移符合双方的合意，因而，当持有人拒绝返还相同品质、数量的种类物时，所有人只能通过债权请求权而不是物权请求权主张自己的财产权利，所以，这种拒返种类物之行为属于民事法律关系范畴。①

由此可见，获得贷款后拒不还贷的行为属于民法调整范畴，不构成刑法上的侵占罪。因此，第二种观点认为拒不还贷的行为可构成侵占罪，是不能成立的。在本案中，二审法院也没有在判决宣告吴晓丽的行为不构成贷款诈骗罪的同时宣告成立侵占罪。

五、从裁判理由引发的思考

拒不还贷行为之所以不构成贷款诈骗罪，并非因为没有非法占有的目的，而是

---

① 于世忠：《侵占罪研究》，120、121 页，长春，吉林人民出版社，2002。

因为不具备贷款诈骗的行为。对此已经如前文所述。那么，裁判理由是如何论述本案被告人吴晓丽的行为不构成贷款诈骗罪的理由的呢？

　　本案的裁判理由分为两部分。第一部分是关于贷款诈骗与贷款欺诈区分的一般论述，并认为是否具有非法占有目的是区分的关键。第二部分则认为，被告人吴晓丽的行为之所以不构成贷款诈骗罪是因为认定其非法占有目的的证据不足。裁判理由指出，吴晓丽在多次贷款的过程中，并没有采取刑法第 193 条列举的五种具体行为方式来取得贷款。但裁判理由并没有进一步分析吴晓丽的行为是否具备贷款诈骗的其他方法，转而讨论其主观上是否具有非法占有贷款的目的，并以不具有非法占有贷款的目的为由认定贷款诈骗罪不成立。因此，裁判理由并非从未实施贷款诈骗行为来寻找被告人吴晓丽的行为不构成贷款诈骗罪的理由，而是从吴晓丽主观上没有非法占有贷款的目的来寻找不构成贷款诈骗罪的理由。由此引申出以下值得思考的问题：犯罪构成各个要件之间的逻辑关系应当如何界定？进一步地引申，我们应当采用何种犯罪构成体系？

　　我国传统刑法理论目前采用从苏俄引入的耦合式的犯罪构成体系，将犯罪构成要件分为：犯罪客体、犯罪客观方面、犯罪主体、犯罪主观方面。那么，这四个要件之间是一种什么样的逻辑关系呢？尽管我国刑法学界对于犯罪构成要件是否包括犯罪客体与犯罪主体存在争议，对于犯罪构成要件的排列顺序存在争议，但对各个要件之间的关系的理解大体上是一致的：它们是一种彼此依存关系。对于各个犯罪构成要件之间的依存性，我国学者作了以下生动的描述：

　　　　犯罪构成是一系列主、客观要件的总和，并不是指各个要件之间互不相干，只是机械地相加在一起，而是指犯罪构成的各个要件彼此联系、相互依存，形成了犯罪构成的有机的统一体。任何要件脱离了这一整体都将不再成为犯罪构成的要件。同样，缺少了其中任何一个要件，其他要件也将丧失作为犯罪构成要件的意义，因而犯罪构成的整体也就不复存在了。①

　　按照这种整体分析的逻辑，一无固然俱无，一有则必然俱有，关键在于定罪主

---

① 高铭暄主编：《刑法学原理》，第 1 卷，445 页，北京，中国人民大学出版社，1993。

体的认识。而这种犯罪构成体系恰恰有利于入罪而不利于出罪。在将打击犯罪放在首位的刑事政策思想的指导下，这一犯罪构成体系不能实现罪刑法定的法治功能。与之相反，大陆法系的递进式的犯罪构成体系是更为科学的。在递进式的犯罪构成体系中，构成要件的该当性、违法性与有责性这三个要件之间是一种依次递进的关系。根据这一犯罪构成体系认定犯罪的过程，是一个将非罪行为不断地予以排除的过程。对于这一犯罪构成体系，日本学者大塚仁教授指出：

> 它以抽象的、一般的而且定型的构成要件符合性的判断为前提，对肯定了构成要件符合性的行为，再进行具体的、个别的而且非定型的违法性及责任的判断。那么，相对于构成要件符合性，对违法性和责任的要素是应该都并列地对置理解，还是应该重叠地、发展地考虑呢？违法性的判断是从法规范的立场客观地、外部地论事，而责任的判断则是主观地、内部地研讨能否进行与行为人之人格相结合的非难，着眼于这一点时，应该给予两者先后的顺位。而且，在把构成要件解释为违法性及责任的类型的立场上，承认构成要件符合性时，就能推定违法性的存在及责任的存在。可以说，这一体系既符合思考、判断的逻辑性、经济性，又遵循着刑事裁判中犯罪认定的具体过程。①

因此，大陆法系递进式的犯罪构成体系在逻辑上不同于我国现代的犯罪构成体系，它不是一有俱有、一无俱无，而是三个要件呈现出逻辑上的递进关系：具备构成要件该当性，可以推定为具有违法性；若存在违法阻却事由，则否定违法性之存在。因此，就构成要件该当性与违法性这两个要件的关系而言，具备前者未必一定有后者，而后者一定以前者为前提。同时具备构成要件该当性与违法性的，可以推定为有责，若存在责任排除条件，则否定责任之存在。因此，责任必然以该当性与违法性为前提，反之则不然。

对比以上两种犯罪构成体系，孰优孰劣一目了然。下面，以本案为例，分别适

---

① ［日］大塚仁：《刑法概说（总论）（第三版）》，冯军译，108～109 页，北京，中国人民大学出版社，2003。

用两种犯罪构成体系加以分析：

按照递进式的犯罪构成体系，首先考察构成要件该当性，主要是指是否存在构成要件的行为。根据刑法第 193 条之规定，贷款诈骗罪具有五种诈骗方法，前四种方法本案均不符合。那么，合法贷款后采用欺诈方法拒不还贷的行为是否属于贷款诈骗的其他方法呢？因为拒不还贷发生在贷款以后，即使有欺诈行为存在，也不是骗取贷款，所以，回答是否定的。在这种情况下，拒不还贷的行为就因不具备构成要件该当性而予以排除，定罪过程即告中断，不再进一步去考察违法性与有责性的问题。

按照耦合式的犯罪构成体系：一是犯罪客体。在贷款诈骗罪中，犯罪客体仍是国家对银行贷款的管理制度和社会主义公有财产的所有权。[①] 这一要件对于认定贷款诈骗罪并无实际作用，而且容易误导。在拒不还贷的情况下，银行贷款的管理制度和社会主义公有财产的所有权都是受到侵犯的。并且，如果将本罪之客体限于社会主义公有财产的所有权，那么，股份制商业银行、私营银行或者外资银行的贷款被诈骗，就不能认定为贷款诈骗罪。二是犯罪客观方面要件。对此，刑法第 193 条作了列举，但第 5 项中"其他方法"是含糊的，拒不还贷行为是否被包含，会引起争议。而且立法者也认为，出于非法占有的目的借贷后拒不还贷的，属于贷款诈骗的其他方法。这样，在分析客观要件的时候，又把主观要件考虑进来，更容易引起逻辑上的混乱。三是犯罪主体。对此没有疑问。四是犯罪主观方面要件，主要是指非法占有贷款的目的。拒不还贷，当然有非法占有贷款的目的。以此分析，在四个要件中，除客观方面要件略为含糊外，其他三个要件都具备。基于一有俱有的思维习惯，客观方面要件也就会认定为有。在这种情况下，不是没有客观方面要件而终止定罪，而是以存在主观方面要件而反推其客观方面要件之存在。在贷款诈骗罪中，只要具有非法占有贷款的目的，就必然存在诈骗行为。在这一逻辑下，只是非法占有贷款目的产生时间是在贷款之前还是之后之分：有的学者认为虽然借贷形式合法，但贷款时即有意非法占有，借贷后故意转移资产拒不返还的，就是贷款诈骗

[①]　参见周道鸾、张军主编：《刑法罪名精释》，3 版，315 页，北京，人民法院出版社，2007。

罪的其他方法。[①] 还有的学者则进一步认为，即使贷款时并无非法占有贷款的目的，贷款后产生非法占有的目的，因而拒不归还贷款的，仍是贷款诈骗罪。因此，其所理解的贷款诈骗的其他方法当然就包括了先借贷后采用欺骗方法拒不还贷。[②] 虽然本案被告人吴晓丽是事后拒不还贷，根据前一观点尚不构成贷款诈骗罪，根据后一观点则构成贷款诈骗罪，因而似乎有所不同，但在思维逻辑上并无根本区别，都是以主观推论客观。当主观要件理解有误，例如对贷款诈骗罪的非法占有目的作脱离诈骗前提的理解时，就会反过来错误地推导出其客观上诈骗方法的存在，由此导致入罪的结果。

我在《本体刑法学》（商务印书馆，2001 年第 1 版；中国人民大学出版社，2011 年第 2 版）中提出了罪体与罪责二分的犯罪构成体系，这里的罪体是指犯罪的客观要件，罪责是指犯罪的主观要件。此后，在《规范刑法学》（中国政法大学出版社，2003 年第 1 版；中国人民大学出版社，2008 年第 2 版）中，又根据我国刑法中存在数量因素这样一个特征，在罪体与罪责以外，又提出了罪量要件，由此形成三位一体的犯罪构成体系。在此，涉及罪体与罪责之间的关系。我曾经指出，这是一种对合关系。那么，这种对合关系在逻辑上是耦合式还是递进式呢？对于这一点，我在以往的著作中未作深入分析。我认为，罪体、罪责与罪量，应当是一种递进关系。就罪体与罪责而言，没有罪体也就没有罪责，反之则不然。罪体是罪责的前置性要件，罪责必然建立在罪体之上，不能脱离罪体而存在。在存在罪体的情况下，并不意味着必然存在罪责，定罪进程可因在罪体判断中得出否定性结论而告中断。关于罪量，它是建立在罪体与罪责的基础之上的，是决定犯罪成立的数量要素。根据以上论述，采用罪体、罪责、罪量的犯罪构成体系来分析本案，首先应当考察的是罪体。罪体是由行为事实与规范评价构成的，这里的关键是被告人吴晓丽是否具备刑法第 193 条规定的贷款诈骗行为，如果不具备，则没有必要进一步考察其罪责问题。由此可见，我的这一犯罪构成体系尽管在结构上不同于大陆法系的递

---

① 参见赵秉志主编：《金融诈骗罪新论》，167 页，北京，人民法院出版社，2001。
② 参见周振想主编：《金融犯罪的理论与实务》，410、412 页，北京，中国人民公安大学出版社，1998。

进式犯罪构成体系，但在各要件之间的逻辑关系上具有递进性，对于认定犯罪来说其逻辑径路自以为是可取的。

裁判理由对本案无罪的理由不从客观上没有贷款诈骗方法来寻找，而是从没有非法占有贷款的目的来寻找，可以说是本末倒置。尽管本案处理的结论是正确的，但裁判理由难以成立。本案本来是解决如何理解贷款诈骗的其他方法的一个绝好判例，结果成为如何认定非法占有目的的判例，差之甚远。这一逻辑错位，与我国采用耦合式的犯罪构成体系存在一定的关系。这就是从本案的裁判理由引发的一点理论思考。

第 3 节　使用伪造的银行存单作抵押骗取贷款行为之定性研究

案名：朱成芳金融凭证诈骗案
主题：金融凭证诈骗罪　贷款诈骗罪

贷款诈骗罪是金融诈骗罪之一种，在司法实践中如何认定贷款诈骗罪，尤其是如何正确地区分贷款诈骗罪与金融凭证诈骗罪，涉及刑法中的一些复杂理论问题，需要深入研究。本节从朱成芳金融凭证诈骗案①切入，对相关问题进行理论探讨。

一、案情及诉讼过程

1995 年下半年，被告人朱成芳为诈骗银行贷款，先后比照银行存单上的印章模式，伪造了中国农业银行青州市支行昭德办事处（以下简称农行昭德办事处）储蓄章和行政章，中国建设银行青州市支行房地产信贷部、青州市黄楼信用社和青州市普通信用社储蓄章，潍坊市二轻工业供销公司、聊城地区基本建设投资公司公章及有关银行工作人员的名章；并通

---

① 本案刊载于最高人民法院编：《刑事审判参考》，第 5 辑，北京，法律出版社，1999。

过中国农业银行青州市支行昭德办事处的工作人员了解到一些单位和个人在该办事处的存款情况。1995 年 10 月和 1996 年 6 月，朱成芳持套取的中国农业银行山东省分行等金融机构的整存整取储蓄存单样本，到深圳市通过欧大庭、罗坚（同案被告人，均已判刑）共印制银行空白存单 130 余万份。朱成芳将其中 1 000 份带回青州市，部分用于犯罪活动。案发后，空白存单被公安机关查获。

1996 年 5 月，朱成芳将少量现金存入农行昭德办事处，取得存单 1 张。后持该存单及私自印制的空白存单到青州市金海打字复印部，让打字员比照存单样式打印了两份户名分别为胡某坤和李某芬、存款额均为 100 万元的假存单，朱成芳盖上私刻的昭德办事处储蓄章和经办人李某玲的名章。朱成芳持该假存单到东坝信用社要求抵押贷款，东坝信用社开出两份抵押证明，朱成芳在抵押证明上盖上私刻的农行昭德办事处行政公章和该办事处主任赵某吉的名章，以此假存单和假抵押证明，骗取东坝信用社贷款 200 万元。

1996 年 5 月至 8 月，被告人朱成芳单独或伙同孙广荣（同案被告人，已判刑）用上述手段，先后 14 次分别从青州市东坝信用社、青州市普通信用社、宁津县张傲信用社、青州市建行房地产信贷部、青州市益都信用社、青州市东夏基金会诈骗贷款 1 268.79 万元，其中未遂 1 起，金额为 51 万元。另外，朱成芳还单独或伙同孙广荣利用伪造的担保函或骗取的银行存单作抵押，从青州市东坝信用社、青州市城市信用社东关分社两次骗取银行贷款 140 万元。案发前朱成芳已返还诈骗的贷款 205.79 万元，案发后追回赃款及物品价值 655 万元，尚有 497 万元无法追回。

山东省潍坊市中级人民法院认为：被告人朱成芳以非法占有为目的，伪造存单诈骗金融部门资金；指使他人使用虚假证明诈骗贷款，其行为分别构成金融凭证诈骗罪和贷款诈骗罪，且诈骗数额特别巨大，给国家和人民利益造成特别重大损失，又系在假释考验期限内再犯新罪，是本案主犯，必须依法严惩。遂依照《中华人民共和国刑法》第 12 条第 1 款、全国人大常委会《关于惩治破坏金融秩序犯罪的决定》第 10 条、第 12 条和 1979 年《中华人民共和国刑法》第 20 条、第 22 条、第 23 条、第 75 条、第 64 条、第 53 条第 1 款的规定，于 1998 年 2 月 4 日判决如下：被告人朱成芳犯金融凭证诈骗罪，判处死刑，剥夺政治权利终身，并处没收全部财产；犯贷款诈骗罪，判处有期徒刑 15 年，并处没收全部财产；与前罪余刑 3 年零 10 月并罚，决定执行死刑，剥夺政治权利终身，并处没收全部财产。

一审宣判后，朱成芳不服，以只构成贷款诈骗罪且属单位犯罪、量刑过重为由向山东省高级人民法院提起上诉。

山东省高级人民法院经审理认为：上诉人朱成芳以非法占有为目的，使用伪造的存单诈骗银行资金，使用虚假证明文件骗取贷款，其行为分别构成金融凭证诈骗罪、贷款诈骗罪，且诈骗数额特别巨大，给国家和人民利益造成特别重大损失，是本案主犯，又系在假释期限内再犯新罪，依法应予严惩。上诉人朱成芳虽然是以长虹电器厂的名义实施诈骗的，且将大部分赃款用于归还长虹电器厂的贷款，但实质上是为个人牟利，所以应依法追究投资者个人的刑事责任。原审判决认定的事实清楚，证据确实、充分，定罪准确，量刑适当，审判程序合法。上诉人的上诉理由以及其辩护人的辩护意见均不能成立，不予采纳。遂依照《中华人民共和国刑事诉讼法》（1996 年——引者注）第 189 条第（1）项的规定，于 1998 年 5 月 7 日裁定驳回上诉、维持原判。

山东省高级人民法院依法将此案报送最高人民法院核准。

最高人民法院经复核确认：一、二审认定的朱成芳单独或伙同他人利用伪造的银行存单作抵押，诈骗贷款 1 268.79 万元，其中未遂 1 起，金额为 51 万元；利用伪造的担保函或骗取的银行存单作抵押，骗取银行贷款 140 万元的事实清楚，证据确实、充分。一、二审认定的朱成芳归还入股的 9 万元诈骗款，系案发后的追回款；认定朱成芳归还的 18 万元，系归还的正常贷款，均不应计入案发前归还款数额之中。因此，认定案发前朱成芳归还诈骗的贷款应为 178.79 万元，案发后追回赃款及物品价值 664 万元，尚有 515 万元无法追回。

最高人民法院认为：被告人朱成芳伙同他人使用伪造的金融凭证骗取贷款的行为，已构成金融凭证诈骗罪。诈骗数额特别巨大，给国家和人民利益造成特别重大损失，且系在假释考验期限内再犯新罪，在共同犯罪中是主犯，应依法惩处。其伙同他人利用伪造的担保函或骗取的银行存单作抵押，诈骗金融机构贷款的行为，构成贷款诈骗罪，诈骗数额特别巨大，亦应依法惩处。一审判决、二审裁定认定的基本事实清楚，证据确实、充分，定罪准确，量刑适当，审判程序合法。遂依照《中华人民共和国刑事诉讼法》第 199 条和最高人民法院《关于执行〈中华人民共和国刑事诉讼法〉若干问题的解释》第 285 条第（1）项的规定，于 1999 年 10 月 28 日作出如下裁定：核准山东省高级人民法院维持一审以金融凭证诈骗罪判处被告人朱成芳死刑，剥夺政治权利终身，并处没收全部财产；以贷款诈骗罪判处有期徒刑 15 年，并处没收全部财产；与前罪没有执行的有期徒刑 3 年零 10 月并罚，决定执行死刑，剥夺政治权利终身，并处没收全部财产的刑事裁定。

二、争议及其理由

在本案中，三级法院都认定被告人朱成芳骗取银行资金的行为分为两种性质的行为——一是使用伪造的金融凭证骗取贷款行为，二是利用伪造的担保函或骗取的银行存单作抵押骗取贷款行为——并分别将第一种行为认定为金融凭证诈骗罪、将第二种行为认定为贷款诈骗罪。对于将第二种行为定贷款诈骗罪，在本案处理过程中并无争议，关键是将第一种行为到底是定金融凭证诈骗罪还是定贷款诈骗罪，在本案处理过程中存在以下两种意见：

第一种意见认为，利用伪造的银行存单作抵押骗取贷款的行为，应定金融凭证诈骗罪。其主要理由是：

1. 刑法第 193 条贷款诈骗罪第（三）项中所规定的证明文件不包括银行存单。银行存单是一种金融凭证，虽然也能起到证明的作用，但其与证明文件的性质不同，其证明的效力和范围也不同于证明文件。使用伪造的银行存单骗取银行贷款的行为不构成贷款诈骗罪。

2. 即使刑法第 193 条中规定的证明文件包括银行存单在内，利用伪造的银行存单作抵押骗取贷款的行为可以构成贷款诈骗罪，但由于这种行为同时还触犯了刑法第 194 条第 2 款规定的金融凭证诈骗罪，属于竞合犯，按照从一重罪处断原则，亦应定为金融凭证诈骗罪。

3. 对刑法第 194 条第 2 款的规定，应理解为只要是使用伪造、变造的金融凭证骗取资金，达到数额较大的，即构成金融凭证诈骗罪。无论骗取的资金是何种性质、是贷款还是其他款项，也不论是使用金融凭证直接骗取资金还是以此作抵押骗取银行贷款，都不影响该罪的成立。本案被告人朱成芳使用伪造的银行存单骗取贷款的行为，构成金融凭证诈骗罪。

第二种意见认为，利用伪造的银行存单作抵押骗取贷款的行为，应定贷款诈骗罪。其主要理由是：

1. 银行存单属于刑法第 193 条第（三）项中规定的证明文件。使用银行存单作担保骗取贷款的行为构成贷款诈骗罪。同时该行为还属于使用虚假的产权证明作担保，从银行骗取贷款。这里所说的产权证明，是指能够证明行为人对房屋等不动产或者汽车、货币、可即时兑付的票据等动产具有所有权的一切文件，其中包括银行存单。因此，按照刑法第 193 条第（四）项的规定，利用伪造的银行存单作抵押骗取贷款的行为亦构成贷款诈骗罪。

2. 金融凭证诈骗罪、贷款诈骗罪的区别，应在理论上区分清楚，尽量减少两罪的交叉，以便于审判实践中操作。尽管两罪均包括使用伪造、变造的银行存单进行诈骗的行为，但两罪仍有明显区别，非法占有的目的、诈骗对象不同。（1）金融凭证诈骗罪是指使用伪造、变造的银行存单直接骗取资金的行为；贷款诈骗罪是指使用伪造、变造的银行存单作抵押骗取金融机构的贷款的行为。（2）金融凭证诈骗罪诈骗的资金数额一般与假存单上的数额相同；贷款诈骗罪诈骗的资金数额不一定是抵押的假存单上的数额。（3）金融凭证诈骗罪诈骗的对象不特定；而贷款诈骗罪诈骗的对象是特定的，即只能是金融机构的贷款。（4）金融凭证诈骗罪的行为人是要实现票面上的权利，而贷款诈骗罪的行为人是利用金融凭证的票面价值所起的担保作用来达到非法占有的目的。（5）由于贷款程序严格，银行有严格审查的责任，使用伪造的金融凭证直接骗钱则简单得多。本案被告人朱成芳不是直接拿假存单到银行骗取资金，而是以此作为担保骗取贷款。从本案特征看，其最终目的是诈骗贷款，使用伪造的假存单只是犯罪手段行为，即使其犯罪手段牵连到非法使用金融凭证，也应当以其目的行为定贷款诈骗罪，而不宜以手段行为定罪。因此，朱成芳的行为只构成贷款诈骗罪，不构成金融凭证诈骗罪。

3. 本案被告人实施的是一个行为，而不是两个行为，不属牵连犯罪，而是想象竞合犯罪。贷款诈骗罪的最高刑期为无期徒刑，金融凭证诈骗罪最高刑期为死刑。在贷款诈骗过程中，银行有审查的责任，因而被告人的社会危害性较小。即使朱成芳的行为同时触犯两个罪名，也不能按照从一重处原则适用重罪对被告人判处死刑。如果按金融凭证诈骗罪对朱判处死刑，就等于将贷款诈骗罪的最高刑提高到死刑。因此从罚当其罪的角度考虑，本案应定贷款诈骗罪。

三、涉案罪名的法理分析

本案争议问题，涉及对贷款诈骗罪与金融凭证诈骗罪的界分。在 1979 年刑法中，只规定了一个诈骗罪，因此，无论采取何种手段诈骗，也无论诈骗何种财物，都定诈骗罪。在我国经济体制改革以后，尤其是随着金融制度的建构与发展，金融领域的诈骗犯罪甚为严重。在这种情况下，1995 年 6 月 30 日全国人大常委会通过了《关于惩治破坏金融秩序犯罪的决定》（以下简称 1995 年《决定》），1995 年《决定》第 10 条设立了贷款诈骗罪，第 12 条第 2 款规定了金融凭证诈骗罪。1997 年刑法修订中，专设金融诈骗罪一节，分别在刑法第 193 条和第 194 条第 2 款设立了贷款诈骗罪和金融凭证诈骗罪。相对于刑法第 266 条规定的诈骗罪而言，贷款诈骗罪与金融凭证诈骗罪属于特别规定，按照"本法另有规定的，依照规定"之引导性规定，在行为人实施了贷款诈骗行为与金融凭证诈骗行为的情况下，按照特别法优于普通法的法条竞合的适用原则，应定贷款诈骗罪与金融凭证诈骗罪。对此无论在刑法学界还是在司法实务界均无分歧。问题在于：贷款诈骗罪与金融凭证诈骗罪之间存在什么关系？这需要从两罪的构成要件上加以分析。

（一）贷款诈骗罪的构成特征

我们先来分析刑法第 193 条规定的贷款诈骗罪。相对于普通诈骗罪而言，贷款诈骗罪的特殊性在于诈骗的客体特殊：银行或者其他金融机构的贷款。为使贷款诈骗罪更加容易认定，刑法规定了以下五种贷款诈骗的情形：（1）编造引进资金、项目等虚假理由的；（2）使用虚假的经济合同的；（3）使用虚假的证明文件的；（4）使用虚假的产权证明作担保或者超出抵押物价值重复担保的；（5）以其他方法诈骗贷款的。从刑法规定来看，似乎是十分明确的，但仍然存在一个问题值得深究：这五种情形到底本身就是诈骗行为还是诈骗方法？对于这个问题，刑法理论上过去关注不足。当然，也有个别学者作了相当深入的研究，例如王仲兴教授专门研究过犯罪方法，就涉及本节想要讨论的犯罪方法与犯罪行为的关系问题。我国学者王仲兴教授指出：

犯罪的方法，是指法律明文规定的，旨在创造条件以有利于实施犯罪行为并且最终实现预期犯罪目的，属于犯罪构成具体要件的一种行为形式。而犯罪的行为，是指在人的意识的支配下所发出的危害社会、触犯刑律并且应当负刑事责任的身体的举动或者活动。因此，犯罪方法既有与犯罪行为的相同之处，又有与犯罪行为的不同之处。相同之处在于犯罪方法的内涵是行为，因而犯罪方法与犯罪行为之间是相通的。不同之处在于它们在犯罪构成中的地位不同。犯罪行为是必要要件，而犯罪方法则是选择要件；犯罪行为是主导性的主行为，犯罪方法是辅助性的次行为。[①]

上述论述当然是有启发的，但我认为不应满足于对犯罪方法与犯罪行为之间关系的这种一般性探讨，而是要考察在一个具体法律规定中犯罪方法与犯罪行为到底是什么关系。我认为，犯罪方法与犯罪行为之间存在以下两种关系：一是等同关系，犯罪方法即犯罪行为。例如根据刑法第 238 条的规定，非法拘禁罪是指非法拘禁他人或者以其他方法非法剥夺他人人身自由的行为。这里的非法拘禁他人的方法就等同于非法拘禁行为。二是从属关系，犯罪方法是犯罪行为的组成部分，两者之间存在部分与整体的关系。例如根据刑法第 277 条的规定，妨害公务罪是指以暴力、威胁方法阻碍国家机关工作人员依法执行职务的行为。这里的暴力、威胁方法只是妨害公务行为的组成部分。基于以上对犯罪方法与犯罪行为关系的界定，那么，在贷款诈骗罪中，刑法第 193 条规定的五种贷款诈骗方法，是等同于贷款诈骗行为呢，还只是贷款诈骗行为的组成部分？我认为，刑法第 193 条规定的贷款诈骗的五种情形，并不能等同于贷款诈骗行为，而只是贷款诈骗行为的组成部分。换言之，刑法列举的方法本身还不是构成贷款诈骗罪的充足条件。例如，使用虚假的证明文件的方法，只有当它用来诈骗银行或者其他金融机构的贷款时，才构成贷款诈骗罪，否则，只是在贷款中的虚假陈述，属于违章贷款或者贷款舞弊行为。从刑法第 193 条第 5 项"以其他方法诈骗贷款"这一规定推理，前四项规定是列举性的，是为了让司法机关能更加容易认定贷款诈骗罪。实际上，从立法精神来看，只要诈骗银行或者其他金融机构的贷款，无论采取何种方法，均可构成贷款诈骗罪。

（二）金融凭证诈骗罪的构成特征

我们再来分析刑法第 194 条第 2 款规定的金融凭证诈骗罪。该款规定："使用伪造、变造的委托收款凭证、汇款凭证、银行存单等其他银行结算凭证的，依照前款的规定处罚。"在这一规定中，未出现诈骗或者骗取的字样，而是规定为使用。但根据立法者的理解，这里所说的使用，是指以非法占有他人财物为目的而进行诈

[①]　王仲兴：《犯罪方法基本理论纲要》，载《中山大学法律评论》，2000 年第 1 卷，35 页以下，北京，法律出版社，2000。

骗活动的。如果行为人仅是伪造、变造了委托收款凭证、汇款凭证、银行存单等其他银行结算凭证，而没有使用的，则不构成此项犯罪行为。[①] 相对于普通诈骗罪而言，金融凭证诈骗罪的特殊性在于诈骗的手段特殊：使用伪造、变造的委托收款凭证、汇款凭证、银行存单等其他银行结算凭证进行诈骗。由于这些银行结算凭证属于金融凭证，因而将使用伪造、变造这些凭证诈骗的行为归入金融诈骗罪。

（三）贷款诈骗罪与金融凭证诈骗罪的关系

我们最后来分析贷款诈骗罪与金融凭证诈骗罪之间的关系。相对于普通诈骗罪来说，贷款诈骗罪与金融凭证诈骗罪都是特殊规定：贷款诈骗罪是客体特殊，金融凭证诈骗罪是手段特殊。那么，贷款诈骗罪与金融凭证诈骗罪之间又存在什么关系呢？确切地说，在使用伪造、变造的金融凭证作抵押骗取贷款的情况下，是应定贷款诈骗罪还是应定金融凭证诈骗罪？下面分别论述：

1. 关于使用伪造、变造的金融凭证作抵押骗取贷款的行为是否构成金融凭证诈骗罪的问题

这个问题的关键在于如何理解金融凭证诈骗罪中之使用。对于这里的使用，存在两种不同的意见：第一种意见认为，本罪中所谓使用，应限制在直接使用的范围内，即直接使用假金融凭证兑现其项下的款项的行为，而不包括使用假金融凭证作为担保诈骗银行贷款的行为。[②] 第二种意见认为，从立法本意看，刑法设立金融凭证诈骗罪时，对该罪的规定是广义的，所谓使用不应限制在直接使用的范围内，它不仅包括直接使用假金融凭证兑现其项下的款项的行为，也包括使用假金融凭证作为担保诈骗银行贷款的行为。[③] 在上述两种意见中，我赞同第二种意见。因为，这里的使用，是指进行诈骗活动。无论是直接使用还是间接使用，都属于诈骗活动，因而都应涵括在使用的概念之中。综上所述，使用伪造、变造的金融凭证作抵押的行为构成金融凭证诈骗罪。

---

① 参见胡康生、郎胜主编：《中华人民共和国刑法释义》，3 版，307 页，北京，法律出版社，2006。

② 参见高铭暄主编：《新型经济犯罪研究》，929 页，北京，中国方正出版社，2000。

③ 参见李文燕主编：《金融诈骗犯罪研究》，205 页，北京，中国人民公安大学出版社，2002。

2. 关于使用伪造、变造的金融凭证作抵押骗取贷款的行为是否构成贷款诈骗罪的问题

这个问题的关键在于使用伪造、变造的金融凭证作抵押是否属于贷款诈骗罪的方法。对此，我认为刑法第 193 条关于贷款诈骗罪的罪状中虽然列举了五种方法，但第五种方法是开放性的构成要件，只要是骗取贷款的方法都可以包括在内。因此，使用伪造、变造的金融凭证作抵押骗取贷款的行为构成贷款诈骗罪也是没有问题的。

3. 贷款诈骗罪和金融凭证诈骗罪之间存在法条竞合关系问题

如上所述，使用伪造、变造的金融凭证作抵押骗取贷款这一个行为既符合贷款诈骗罪的规定又符合金融凭证诈骗罪的规定，且在贷款诈骗罪与金融凭证诈骗罪之间存在法条竞合关系。这种竞合关系，我认为是交互竞合，即两个罪名概念之间各有一部分外延互相重合。① 在这种交互竞合中，刑法对贷款诈骗的方法没有限制，只要诈骗的是银行或者金融机构的贷款，即构成贷款诈骗罪；刑法对于金融凭证诈骗的对象也没有限制，只要采取的是金融凭证诈骗的方法，即构成金融凭证诈骗罪。因此，当行为人采用金融凭证诈骗的方法，骗取银行或者其他金融机构贷款的时候，在构成要件上是重合的，形成交互竞合的情形。根据法条竞合理论，交互竞合的两个法条之间存在择一关系。在这种情况下，重法是优位法，应根据重法优于轻法的原则适用重法、排斥轻法。对此，我国学者指出：

> 使用伪造的银行存单作抵押骗取贷款行为处于（法律规定的）交叉区域的情形，一法条的内容的一部分为他法条内容的一部分，属于既此又彼的状态。为了避免重复评价，只选择一罪论处。对于这种情形的法规竞合，无法适用一般法与特殊法的原则处理，而只考虑重法优于轻法的处断原则。②

根据 1979 年刑法规定，贷款诈骗数额特别巨大或者有其他特别严重情节的，

---

① 参见陈兴良：《规范刑法学》，2 版，上册，277 页，北京，中国人民大学出版社，2008。
② 李文燕主编：《金融诈骗犯罪研究》，206 页，北京，中国人民公安大学出版社，2002。

只能判处无期徒刑。而金融凭证诈骗数额特别巨大，给国家和人民利益造成特别重大损失的，最高可判处死刑。显然，在采用金融凭证诈骗的方法，骗取银行或者其他金融机构贷款，且数额特别巨大，并给国家和人民利益造成特别重大损失的情形，金融凭证诈骗罪是重法，贷款诈骗罪是轻法，应定金融凭证诈骗罪。值得注意的是，2011 年《刑法修正案（八）》第 30 条删除了金融凭证诈骗罪的死刑规定，因而贷款诈骗罪和金融凭证诈骗罪的法定最高刑都是无期徒刑，并且两罪的法定刑完全相同，无从区分重法与轻法。在这种情况下，究竟是以贷款诈骗罪还是以金融凭证诈骗罪论处成为一个无所适从的问题。对此，我认为以贷款诈骗罪论处较为适合。主要理由在于：利用金融凭证诈骗只是手段特殊，而骗取银行贷款则是结果特殊，以结果性质定罪更符合法益保护原则。

四、裁判理由的评判

在本案中，对于利用伪造的银行存单作抵押骗取贷款行为如何定性，存在两种意见：第一种意见定金融凭证诈骗罪，第二种意见定贷款诈骗罪。一审法院、二审法院及最高人民法院对此主张定金融凭证诈骗罪，其裁判理由如下：

其一，从立法本意看，刑法设立金融凭证诈骗罪时，对该罪的规定是广义的，只要是使用伪造的金融凭证进行诈骗，数额较大的，即构成此罪。其目的是保护金融机构的信誉，严惩此类犯罪。而对贷款诈骗罪的规定则有一定的限制，主要是针对以非法占有为目的，骗取银行贷款的个人犯罪行为。刑法第 193 条贷款诈骗罪中所规定的证明文件，主要是指银行的存款证明、公司和金融机构的担保函、划款证明等在向银行或者其他金融机构申请贷款时所需的文件，不包括金融凭证。

其二，从司法实践看，使用伪造的金融凭证诈骗贷款，与使用虚假的经济合同、证明文件等诈骗贷款的有所不同。前者可信程度更高，更易于取得贷款银行的信任而骗得贷款，其行为的社会危害性相对更大。因此，根据刑法罪刑相适应的原则，此种犯罪也应当受到法定严厉的处罚。此类以伪造的金融凭证诈骗贷款的行为，与使用伪造的金融凭证直接骗得存款并无实质差别，因此，以金融凭证诈骗罪认定，是完全正确的。

其三，从刑法理论看，本案被告人共实施了三个行为——伪造公司、企业公文、印章，伪造金融凭证和诈骗贷款——三者存在牵连关系。其中，伪造公司、企业公文、印章和伪造金融凭证是手段行为，诈骗贷款是目的行为。使用伪造的金融凭证诈骗贷款，同时触犯了刑法第 193 条规定的贷款诈骗罪和第 194 条第 2 款规定的金融凭证诈骗罪。该两罪的法律规定交叉，是一行为同时触犯数罪名，应从一重处，定金融凭证诈骗罪。金融凭证诈骗罪的手段较多，包括使用伪造的银行金融凭证，如银行存单。金融凭证诈骗罪诈骗的对象是不特定的，包括银行贷款。被告人使用伪造的金融凭证诈骗银行时，无论银行是从哪一项目支付款项，都不影响被告人非法占有的目的，都是用伪造的金融凭证诈骗银行。被告人朱成芳伪造银行存单，并利用伪造的银行存单作抵押，骗取贷款的行为，已构成金融凭证诈骗罪。同时，应当注意的是，在认定诈骗犯罪数额时，不能简单地以存单上的数额认定。因为那只是担保的数额，不一定是直接骗取的数额。认定诈骗犯罪，应当以行为人准备骗取或者实际非法占有的数额作为犯罪数额。因此，本案定罪数额应当以被告人朱成芳使用金融凭证诈骗贷款而实际骗得的贷款数额为准。

在上述裁判理由中，存在以下值得研究的问题：

（一）被告人朱成芳使用伪造的银行存单作抵押骗取贷款的行为是否符合贷款诈骗罪

裁判理由认为，被告人朱成芳使用伪造的银行存单作抵押骗取贷款的行为不符合贷款诈骗罪的构成要件，因为刑法第 193 条贷款诈骗罪中所规定的证明文件，主要是指银行的存款证明、公司和金融机构的担保函、划款证明等在向银行或者其他金融机构申请贷款时所需的文件，不包括金融凭证。对于证明文件是否包括金融凭证暂且不论，即使不包括，刑法第 193 条也还有"以其他方法诈骗贷款的"这一概括性规定。立法者在解释这里的其他方法时指出：

考虑到要在法律中将所有的诈骗银行或者其他金融机构贷款的行为都具体列举，予以规定，是不可能也是不现实的，因而本条规定了以其他方法诈骗银行或者其他金融机构贷款的，根据这一规定，不论行为人是以何种方法诈骗贷款的，都要予以追究刑事责任。①

显然，将使用伪造的银行存单作抵押的方法排斥在贷款诈骗罪的方法之外是于法无据的。

（二）被告人朱成芳使用伪造的银行存单作抵押骗取贷款的行为是否属于竞合犯

裁判理由认为：使用伪造的金融凭证诈骗贷款，同时触犯了刑法第193条规定的贷款诈骗罪和第194条第2款规定的金融凭证诈骗罪。该两条的法律规定交叉，是一行为同时触犯数罪名，应从一重处，定金融凭证诈骗罪。在这一论述中，存在以下可推敲之处：第一个理由说贷款诈骗罪中的证明文件不包括金融凭证，按照这一观点，使用伪造的金融凭证诈骗的行为是不符合贷款诈骗罪的构成要件的，但第三个理由中又说使用伪造的金融凭证诈骗贷款的行为触犯了刑法第193条规定的贷款诈骗罪。这两个裁判理由之间显然是矛盾的。我注意到，在主张使用伪造的银行存单作抵押骗取贷款行为应定金融凭证诈骗罪的观点中，虽然第一个理由也认为证明文件不包括金融凭证，使用伪造的银行存单骗取银行贷款的行为不构成贷款诈骗罪，但第二个理由是：即使刑法第193条中规定的证明文件包括银行存单在内，利用伪造的银行存单作抵押骗取贷款的行为可以构成贷款诈骗罪，也由于这种行为同时还触犯了刑法第194条第2款规定的金融凭证诈骗罪，因而属于竞合犯。这里的竞合犯，是指想象竞合犯。因此，使用伪造的银行存单作抵押骗取贷款的行为属于贷款诈骗罪与金融凭证诈骗罪的想象竞合犯，是以其行为构成贷款诈骗罪为前提的。裁判理由在主张使用伪造的银行存单作抵押骗取银行贷款的行为不构成贷款诈骗罪的同时，又主张属于贷款诈骗罪与金融凭证诈骗罪的想象竞合犯，显然存在着观点上的自相矛盾。此外，裁判理由还说，该两罪的法律规定交叉，是一行为同时触犯数罪名，应从一重处。这里的法律规定交叉，应当是指法条竞合，即所谓交互

---

① 胡康生、郎胜主编：《中华人民共和国刑法释义》，3版，302页，北京，法律出版社，2006。

竞合。这里存在法条竞合与想象竞合的区分问题，两者不应混淆。我认为：法条竞合是法条形态，是一种法律规定，它不以犯罪行为的发生为转移。而想象竞合是犯罪形态，是一种犯罪现象，它完全以犯罪行为的发生为前提，与法律规定本身无关。因此，法律规定交叉的现象是法条竞合，不应是想象竞合。

（三）金融凭证诈骗罪与贷款诈骗罪之间是否存在牵连关系

裁判理由认为，从刑法理论看，本案被告人共实施了三个行为——伪造公司、企业公文、印章，伪造金融凭证和诈骗贷款，三者之间存在牵连关系。其中，伪造公司、企业公文、印章和伪造金融凭证是手段行为，诈骗贷款是目的行为。我认为，这一观点是正确的。但在主张使用伪造的银行存单作抵押骗取贷款的行为应定贷款诈骗罪的观点中，第二个理由认为，从本案的特征看，其最终目的是诈骗贷款，使用伪造的假存单只是犯罪手段行为，即使其犯罪手段牵连到非法使用金融凭证，也应当以其目的行为定贷款诈骗罪，而不宜以手段行为定罪。我认为，这一观点是错误的。这一观点实际上确认了金融凭证诈骗罪与贷款诈骗罪之间存在牵连关系，是刑法理论上的牵连犯。但牵连犯是以手段行为与目的行为或者原因行为与结果行为均构成犯罪为前提的，否则，便无牵连可言。就金融凭证诈骗罪与贷款诈骗罪之间的关系而言，在对同一贷款进行诈骗的情况下，诈骗行为只有一个；在构成贷款诈骗罪的情况下，只有使用伪造的金融凭证的方法，但无利用这一方法的诈骗行为，因而不构成金融凭证诈骗罪，也就不存在金融凭证诈骗罪与贷款诈骗罪之间的牵连关系。

五、结论

使用伪造的银行存单作抵押骗取贷款的行为既符合贷款诈骗罪又符合金融凭证诈骗罪，而两罪之间存在交互竞合，这种交互竞合，实际上是想象竞合在法律上的确认，因而已经转化为法条竞合。按照重法优于轻法的原则，对本案被告人朱成芳使用伪造的银行存单作抵押骗取贷款的行为，应以金融凭证诈骗罪论处。因此，最高人民法院对被告人朱成芳的定罪是正确的。但从本案的讨论及裁判理由的表述来看，还存在一些刑法理论上的模糊认识，对此应予澄清。

第 4 节 擅自制作网络游戏外挂出售牟利行为之定性研究

案名：谈文明非法经营案
主题：非法经营罪

非法经营罪是扰乱市场秩序罪中一种较为常见的犯罪。非法经营罪存在着与其他犯罪包括侵犯知识产权罪之间的交叉和重合的关系，如何将非法经营罪与其他犯罪正确地加以区分，就成为司法实践中的一个疑难问题。本节以谈文明非法经营案[①]为例，就擅自制作网络游戏外挂出售牟利行为的定性问题进行研究。

一、案情及诉讼过程

《恶魔的幻影》（又名传奇 3）是经新闻出版总署审查批准引进，由中国大百科全书出版社出版、中国广州光通通信发展有限公司（以下简称光通公司）运营的网络游戏出版物。2004 年 6 月起，被告人谈文明未经授权或许可，组织他人在破译《恶魔的幻影》游戏服务器端与客户端之间经过加密的、用于通讯和交换数据的特定通讯协议的基础上，研发出 007 传奇 3 外挂计算机软件。后谈文明等人设立 007 智能外挂网网站和"闪电外挂"门户网站，上载 007 外挂软件和《恶魔的幻影》动画形象，向游戏消费者进行宣传并提供下载服务；并向游戏消费者零售和向零售商批发销售 007 外挂软件点卡。销售收入汇入名为王某梅的账户。被告人刘红利负责外挂软件销售，被告人沈文忠负责网站日常维护。2005 年 1 月，北京市版权局强行关闭上述网站并将网络服务器查扣之后，谈文明、刘红利、沈文忠另

---

① 本案刊载于最高人民法院编：《刑事审判参考》，第 60 集，北京，法律出版社，2008。

行租用网络服务器，在恢复开通"闪电外挂"门户网站的基础上，先后设立"超人外挂"等网站，继续宣传其陆续研发的 008 传奇 3 外挂等计算机软件，提供上述软件的下载服务，并使用恢复开通的"闪电外挂"门户网站销售上述两种外挂软件的点卡，销售收入仍汇入户头名为王某梅的账户。至 2005 年 9 月，谈文明、刘红利、沈文忠通过信息网络等方式经营上述外挂软件的金额达人民币 2 817 187.5 元。

网络游戏消费者要使用《恶魔的幻影》，在正常情况下，只需通过下载客户端程序后，在互联网上与服务器端连接即可运行游戏；若使用 007 外挂软件、008 外挂软件，则不仅要下载《恶魔的幻影》软件客户端程序，而且要输入《恶魔的幻影》和 007 外挂软件、008 外挂软件所要求的用户名和密码，这样才能最终与《恶魔的幻影》服务器端连接；而若使用超人外挂软件，则无须下载《恶魔的幻影》网络游戏软件客户端程序，就能直接与《恶魔的幻影》服务器端连接，但也必须输入《恶魔的幻影》和超人外挂软件所要求的用户名和密码。使用涉案外挂软件运行《恶魔的幻影》的消费者，要同时向运营商光通公司和外挂经营者谈文明等人付费。

上述涉案系列外挂软件使用了《恶魔的幻影》的地图、场景名称等名词；超人外挂程序目录中存在一个与《恶魔的幻影》软件目录相同、反映服务器端 IP 地址的配置文件。《恶魔的幻影》客户端程序在内存中的动态表现形式只有以非加密的形式存在，才能被执行。涉案 007 外挂软件、008 外挂软件在运行时，利用上述条件，能绕过客户端程序经加密的静态文件，直接对《恶魔的幻影》客户端程序在内存中的动态表现形式进行修改，并调用《恶魔的幻影》所使用的大量函数，使 007 外挂软件、008 外挂软件功能能添加到《恶魔的幻影》运行过程之中。加载了 007 或 008 外挂软件的《恶魔的幻影》客户端所发送的对原游戏功能作出修改的数据，也可被《恶魔的幻影》服务器端接收和反馈。而在使用超人外挂软件的游戏消费者启动《恶魔的幻影》网络游戏软件后，即使消费者不再亲自操控游戏，该外挂软件也能使处于在线状态的游戏一直进行下去。上述外挂软件的运行，改变了《恶魔的幻影》网络游戏软件设定的游戏规则，使用外挂软件的消费者较之未使用外挂软件的消费者在游戏能力上取得了明显的优势地位，通过外挂软件设置的功能可以更容易和更快地升级或过关，从而造成游戏消费者之间游戏能力明显不平等的局面。

北京市海淀区人民法院认为：被告人谈文明、刘红利、沈文忠以营利为目的，未经批准，开展经营性互联网信息服务，违反国家出版管理规定，利用互联网站开展非法互联网出版活动，出版发行非法互联网出版物，侵害著作权人、出版机构以及游戏消费者的合法权益，扰乱互联网游戏出版经营的正常秩序，情节特别严重，其行为均已构成非法经营罪，依法应予惩处。鉴于谈文明、刘红利、沈文忠在庭审过程中认罪态度较好，对三人均酌予从轻处罚。遂依照《中华人民共和国刑法》第 225 条第（4）项、第 25 条第 1 款、第 53 条、第 72 条、第 73 条第 2 款、第 3 款，《中华人民共和国刑法修正案》第 8 条，最高人民法院《关于审理非法出版物刑事案件具体应用法律若干问题的解释》第 15 条之规定，判决如下：（1）被告人谈文明犯非法经营罪，判处有期徒刑 2 年 6 月，罚金人民币 5 万元。（2）被告人刘红利犯非法经营罪，判处有期徒刑 2 年，缓刑 3 年，罚金人民币 3 万元。（3）被告人沈文忠犯非法经营罪，判处有期徒刑 1 年 6 月，罚金人民币 3 万元。

一审宣判后，三名被告人均表示服判。北京市海淀区人民检察院提起抗诉，抗诉理由是：（1）谈文明等三人复制发行了《恶魔的幻影》软件的行为构成侵犯著作权罪，原审判决认定事实不当，定性错误。（2）如果认定为非法经营罪，应当同时认定涉案外挂软件既程序违法也内容违法，应适用最高人民法院《关于审理非法出版物刑事案件具体应用法律若干问题的解释》第 11 条而不是第 15 条，原审判决适用法律不当，量刑畸轻。北京市人民检察院第一分院的出庭意见是：（1）原审判决认定谈文明等人的行为构成非法经营罪是正确的；（2）原审判决适用法律错误、量刑不当，谈文明等人犯非法经营罪，情节特别严重，应在 5 年以上量刑。

北京市第一中级人民法院经审理认为：谈文明、刘红利、沈文忠违反国家规定，利用互联网站出版发行非法出版物，严重危害社会秩序和扰乱市场秩序，其行为均已构成非法经营罪，且犯罪情节特别严重，依法应予惩处。谈文明为共同犯罪的起意人及主要行为人，在共同犯罪中起主要作用，系主犯。刘红利、沈文忠为销售及网络维护人员，在共同犯罪中起次要作用，系从犯，可对二人依法减轻处罚并宣告缓刑。一审法院根据谈文明、刘红利、沈文忠犯罪的事实、性质所作判决定罪准确，但适用法律有误、量刑不当，予以纠正。北京市海淀区人民检察院及北京市人民检察院第一分院关于原判适用法律不当的抗诉意见予以采纳。遂依照《中华人民共和国刑事诉讼法》第 189 条第（2）项，《中华人民共和国刑法》第 225 条第（4）项、第 25 条第 1 款，第 26 条第 1 款、第 4 款，第 27 条、第 72 条，第 73 条第 2 款、第 3 款，最高人民法院《关于审理非法出版物刑事案件具体应用法律若干问题的解释》第 11 条、第 12 条第 2 款之规定，判决如下：（1）撤销北京市海淀区人民法院（2006）海法刑初字第 1750 号刑事判决主文部分。（2）原审被告人谈文明犯非法经营罪，判处有期徒刑 6 年，罚金人民币 50 万元。（3）原审被告人刘红利犯非法经营罪，判处有期徒刑 3 年，缓刑 4 年，罚金人民币 10 万元。（4）原审被告人沈文忠犯非法经营罪，判处有期徒刑 2 年，缓刑 3 年，罚金人民币 10 万元。

二、非法经营罪的法理分析

根据我国刑法第 225 条的规定，非法经营罪是指违反国家规定，非法经营，扰乱市场秩序，情节严重的行为。根据刑法规定，我国刑法中的非法经营罪具有以下四种表现方式：

1. 未经许可经营法律、行政法规规定的专营、专卖物品或者其他限制买卖的物品的

这里的未经许可，是指未经行政许可。根据 2003 年 8 月 27 日《行政许可法》

第 2 条的规定，本法所称的行政许可，是指行政机关根据公民、法人或者其他组织的申请，经依法审查，准予其从事特定活动的行为。这里的专营、专卖物品，是指法律、行政法规规定由专门机构经营的物品。限制买卖的物品，是指国家在一定时期实行限制性经营的物品。上述物品的具体种类，根据法律、行政法规认定。在有关司法解释中，涉及对以下物品的具体规定：（1）非法经营食盐。2002 年 7 月 8 日最高人民检察院《关于办理非法经营食盐刑事案件具体应用法律若干问题的解释》（已废止，以下简称《涉食盐刑事案件解释》）第 1 条规定，违反国家有关盐业管理规定，非法生产、储运、销售食盐，扰乱市场秩序，情节严重的，应当依照刑法第 225 条的规定，以非法经营罪追究刑事责任。（2）非法经营盐酸克仑特罗等禁止在饲料和动物饮用水中使用的药品。2002 年 8 月 16 日公布的最高人民法院、最高人民检察院《关于办理非法生产、销售、使用禁止在饲料和动物饮用水中使用的药品等刑事案件具体应用法律若干问题的解释》（以下简称《涉药品刑事案件解释》）第 1 条规定：未取得药品生产、经营许可证件和批准文号，非法生产、销售盐酸克仑特罗等禁止在饲料和动物饮用水中使用的药品，扰乱药品市场秩序，情节严重的，依照刑法第 225 条第 1 项的规定，以非法经营罪追究刑事责任。（3）非法经营烟草制品。2003 年 12 月 23 日最高人民法院、最高人民检察院、公安部、国家烟草专卖局《关于办理假冒伪劣烟草制品等刑事案件适用法律问题座谈会纪要》（以下简称《涉烟草制品刑事案件纪要》）第 3 条规定，未经烟草专卖行政主管部门许可，无生产许可证、批发许可证、零售许可证，而生产、批发、零售烟草制品的，依照刑法第 225 条的规定定罪处罚。

2. 买卖进出口许可证、进出口原产地证明以及其他法律、行政法规规定的经营许可证或者批准文件的

这里的进出口许可证，是指国家许可对外贸易经营者进出口某种货物和技术的证明。进出口原产地证明，是指在国际贸易中，对某一特定产品的原产地进行确认的证明文件。其他法律、行政法规规定的经营许可证或者批准文件，是指法律、行政法规规定的所有的经营许可证或者批准文件，例如矿产开发、森林采伐、野生动物狩猎等许可证。

3. 非法经营证券、期货或者保险业务

《刑法修正案》第 8 条规定：“刑法第二百二十五条增加一项，作为第三项：'未经国家有关主管部门批准，非法经营证券、期货或者保险业务的；'原第三项改为第四项。”这里的非法经营证券、期货或者保险业务，是指未经国家有关主管部门批准而擅自经营证券、期货、保险业务。值得注意的是，2009 年 2 月 28 日全国人大常委会通过的《刑法修正案（七）》对上述规定作了修改，主要是增加了“非法从事资金支付结算业务”的内容。这里的资金支付结算业务，是指地下钱庄非法从事商业银行才能开展的接受客户委托代收代付，从付款单位存款账户划出款项、转入收款单位存款账户，以此完成客户之间债权债务的清算或资金调拨的业务活动。这一行为未经批准，因而是一种非法经营行为。

4. 其他严重扰乱市场秩序的非法经营行为

这是一种空白规定，我认为，哪些行为属于这里的其他严重扰乱市场秩序的非法经营行为，应以法律或者司法解释的规定为根据加以确认。有关法律和法律解释规定了下列其他严重扰乱市场秩序的非法经营行为：

（1）非法买卖外汇。1998 年 12 月 29 日全国人大常委会《关于惩治骗购外汇、逃汇和非法买卖外汇犯罪的决定》（以下简称《惩治外汇犯罪决定》）第 4 条规定：在国家规定的交易场所以外非法买卖外汇，扰乱市场秩序，情节严重的，依照刑法第 225 条的规定定罪处罚。这里的非法买卖外汇，是指以人民币或者其他方式进行外汇交易，一方付出外汇后收取价金，另一方支出价金后取得外汇。此外，根据 2019 年 1 月 31 日最高人民法院、最高人民检察院《关于办理非法从事资金支付结算业务、非法买卖外汇刑事案件适用法律若干问题的解释》第 2 条的规定，违反国家规定，实施倒买倒卖外汇或者变相买卖外汇等非法买卖外汇行为，扰乱金融市场秩序，情节严重的，依照刑法第 225 条第 4 项的规定，以非法经营罪定罪处罚。

（2）非法经营出版物。1998 年 12 月 17 日最高人民法院《关于审理非法出版物刑事案件具体应用法律若干问题的解释》（以下简称《涉出版物刑事案件解释》）规定了两种非法经营出版物的行为：一是第 11 条规定：违反国家规定，出版、印刷、复制、发行本解释第 1 条至第 10 条规定以外的其他严重危害社会秩序和扰乱市场秩序的非法出版物，情节严重的，依照刑法第 225 条第 3 项的规定，以非法经营罪定罪处罚。二是第 15 条规定：非法从事出版物的出版、印刷、复制、发行业务，严重扰乱市场秩序，情节特别严重，构成犯罪的，可以依照刑法第 225 条第 3 项的规定，以非法经营罪定罪处罚。① 上述第一种情形，是经营出版物内容违法，即经营具有反动性政治内容出版物、侵权复制品、淫秽物品等以外的严重危害社会秩序和扰乱市场秩序的非法出版物。第二种情形，是出版物程序违法，即未经国家出版主管部门批准而擅自从事出版物的出版、印刷、复制、发行业务。

（3）非法经营电信业务。2000 年 4 月 28 日最高人民法院《关于审理扰乱电信市场管理秩序案件具体应用法律若干问题的解释》（以下简称《涉电信刑事案件解释》）第 1 条规定：违反国家规定，采用租用国际专线、私设转接设备或者其他方法，擅自经营国际电信业务或者涉港澳台电信业务进行营利活动，扰乱电信市场管理秩序，情节严重的，依照刑法第 225 条第 4 项的规定，以非法经营罪定罪处罚。这种经营国际电信业务或者涉港澳台电信业务的行为，由于未经国家电信主管部门批准，因而属于非法经营行为。

（4）在生产、销售的饲料中添加盐酸克仑特罗等禁止在饲料和动物饮用水中使用的药品，或者销售明知是添加有该类药品的饲料，情节严重的行为。根据《涉药品刑事案件解释》第 2 条的规定，对上述行为依照刑法第 225 条第 4 项的规定，以非法经营罪追究刑事责任。

（5）非法经营互联网业务。根据 2004 年 7 月 16 日最高人民法院、最高人民检察院、公安部《关于依法开展打击淫秽色情网站专项行动有关工作的通知》，对于违反国家规定，擅自设立互联网上网服务营业场所，或者擅自从事互联网上网服务经营活动，情节严重，构成犯罪的，以非法经营罪追究刑事责任。

（6）非法经营彩票的。根据 2005 年 5 月 11 日最高人民法院、最高人民检察院《关于办理赌博刑事案件具体应用法律若干问题的解释》第 6 条的规定，对于未经国家批准擅自发行、销售彩票，构成犯罪的，依照刑法第 225 条第 4 项的规定，以

---

① 这里的刑法第 225 条第 3 项，是指原 1997 年刑法第 225 条第 3 项，现为第 4 项。

非法经营罪定罪处罚。

（7）非法经营非上市公司股票的。根据 2008 年 1 月 2 日最高人民法院、最高人民检察院、公安部、中国证券监督管理委员会《关于整治非法证券活动有关问题的通知》的规定，对于中介机构非法代理买卖非上市公司股票，涉嫌犯罪的，应当依照刑法第 225 条之规定，以非法经营罪追究刑事责任。

（8）有偿提供删除网络信息等服务的。根据 2013 年 9 月 6 日最高人民法院、最高人民检察院《关于办理利用信息网络实施诽谤等刑事案件适用法律若干问题的解释》第 7 条的规定，违反国家规定，以营利为目的，通过信息网络有偿提供删除信息服务，或者明知是虚假信息，通过信息网络有偿提供发布信息等服务，扰乱市场秩序，情节严重的，依照刑法第 225 条第 4 项的规定，以非法经营罪定罪处罚。

（9）非法生产、销售具有赌博功能的电子游戏设备或者其专用软件的。根据 2014 年 3 月 26 日最高人民法院、最高人民检察院、公安部《关于办理利用赌博机开设赌场案件适用法律若干问题的意见》，以提供给他人开设赌场为目的，违反国家规定，非法生产、销售具有退币、退分、退钢珠等赌博功能的电子游戏设施设备或者其专用软件，情节严重的，依照刑法第 225 条的规定，以非法经营罪定罪处罚。

（10）非法生产、销售无线电设备的。根据 2017 年 6 月 27 日最高人民法院、最高人民检察院《关于办理扰乱无线电通讯管理秩序等刑事案件适用法律若干问题的解释》第 4 条的规定，非法生产、销售"黑广播"、"伪基站"、无线电干扰器等无线电设备，情节严重的，以非法经营罪定罪处罚。

（11）非法发放高利贷的。根据 2019 年 7 月 23 日最高人民法院、最高人民检察院、公安部、司法部《关于办理非法放贷刑事案件若干问题的意见》第 1 条的规定，违反国家规定，未经监管部门批准，或者超越经营范围，以营利为目的，经常性地向社会不特定对象发放贷款，扰乱金融市场秩序，情节严重的，依照刑法第 225 条第 4 项的规定，以非法经营罪定罪处罚。

值得注意的是，非法传销或者变相传销行为，曾经被规定为其他非法经营行为。2001 年 3 月 29 日最高人民法院《关于情节严重的传销或者变相传销行为如何定性问题的批复》（已失效）规定：对于 1998 年 4 月 18 日国务院《关于禁止传销经营活动的通知》发布以后，仍然从事传销或者变相传销活动，扰乱市场秩序，情节严重的，应当依照刑法第 225 条第 4 项的规定，以非法经营罪处罚。这里的传销行为，根据 2005 年 8 月 23 日国务院《禁止传销条例》第 2 条的规定，是指组织者或者经营者发展人员，通过对被发展人员以其直接或者间接发展的人员数量或者销售业绩为依据计算和给付报酬，或者要求被发展人员以交纳一定费用为条件取得加入资格等方式牟取非法利益，扰乱经济秩序，影响社会稳定的行为。《禁止传销条例》第 7 条还规定，下列行为属于传销行为：第一，组织者或者经营者通过发展人员，要求被发展人员发展其他人员加入，对发展的人员以其直接或者间接滚动发展的人员数量为依据计算和给付报酬（包括物质奖励和其他经济利益，下同），牟取非法利益的；第二，组织者或者经营者通过发展人员，要求被发展人员交纳费用或者以认购商品等方式变相交纳费用，取得加入或者发展其他人员加入的资格，牟取非法利益的；第三，组织者或者经营者通过发展人员，要求被发展人员发展其他人员加入，形成上下线关系，并以下线的销售业绩为依据计算和给付上线报酬，牟取非法利益的。对于上述三种行为，情节严重的，应以非法经营罪论处。《刑法修正案（七）》在刑法第 224 条后增加一条，作为第 224 条之一："组织、领导以推销商品、提供服务等经营活动为名，要求参加者以缴纳费用或者购买商品、服务等方式获得加入资格，并按照一定顺序组成层级，直接或者间接以发展人员的数量作为计酬或者返利依据，引诱、胁迫参加者继续发展他人参加，骗取财物，扰乱经济社会秩序的传销活动的，处五年以下有期徒刑或者拘役，并处罚金；情节严重的，处五年以上有期徒刑，并处罚金。"这一规定在我国刑法中增设了组织、领导传销活动罪。因此，传销或者变相传销行为不再作为非法经营罪进行处罚，而是直接以组织、领导传销活动罪论处。

从以上非法经营行为中可以看出，刑法关于非法经营罪的规定中存在盖然性条款，容易导致非法经营罪的内容不断膨胀。在这种情况下，我认为认定非法经营罪应当注意以下三个问题：

（一）违反国家规定的判断

非法经营罪之非法，是指违反国家规定。那么，如何理解这里的"违反国家规定"呢？我国刑法第 96 条规定："本法所称违反国家规定，是指违反全国人民代表大会及其常务委员会制定的法律和决定，国务院制定的行政法规、规定的行政措施、发布的决定和命令。"这一规定，为我们正确地理解非法经营罪中的"违反国家规定"提供了法律根据。应当指出，非法经营罪之违反国家法律规定，是指违反国家关于专营、专卖物品或者其他限制买卖的物品的规定，国家关于进出口许可、进出口原产地证明，以及其他法律、法规关于经营许可、批准的规定。因此，非法经营罪之非法，不是指一般地违反关于经营的法规，例如工商管理、质量管理等方面的法律规定，而是指违反行政许可、行政审批等方面的法律规定。

我国 2003 年 8 月 27 日通过了《行政许可法》。该法对行政许可作了全面的规范，对于正确认定因违反行政许可而构成的非法经营罪具有重要的参照意义。对此，我国学者指出：

> 1997 年刑法第 225 条罪状中多次涉及许可，这些许可立法原意的理解必然受制于当时生效的系列法律和法规的规定。但问题是，为适应国家经济社会形势的变化而晚制定出台的《行政许可法》是否影响到此前的刑法第 225 条中的许可的内涵及范围。从解释立场来说，这无疑是客观主义解释学与主观主义解释学的选择问题，即前者认为非法经营罪罪状中的许可只能根据当时立法来加以解释，后者认为其应根据变化的形势来作解释。[①]

在上述论述中，主张非法经营罪中的许可应受有关行政许可法律的制约。这是完全正确的。但 2003 年《行政许可法》颁布以后，实际上是指行政许可发生变动以后，对于非法经营罪之许可如何认定？我认为当然应当按照审判时的法律认定。其实，这与客观主义解释学与主观主义解释学无关，这是一个法律效力问题。因为某些非法经营罪是以违反行政许可为前提的，如果行为时是违反行政许可的，

---

① 王作富、刘树德：《非法经营罪调控范围的再思考——以〈行政许可法〉若干条款为基准》，载《中国法学》，2005（6），140 页。

但审判时行政许可已经被撤销，则其行为不再具有违反国家法律的性质，根据从旧兼从轻原则，当然不能按照非法经营罪再加以刑事追究。例如于润龙非法经营案：

被告人于润龙因非法经营黄金而涉嫌非法经营罪被起诉。公诉机关指控：被告人于润龙在无黄金收购许可证的情况下，收购黄金并进行倒卖。被告人于润龙违反国家规定，未经许可经营限制买卖的物品，其行为触犯了刑法第 225 条第 1 项之规定，已构成非法经营罪。辩护人认为，起诉书指控被告人于润龙的犯罪行为，因国家黄金管理体制的重大改革和国家关于黄金行政法规的重大变化，依法不构成犯罪。2003 年国务院发布《关于取消第二批行政审批项目和改变一批行政审批项目管理方式的决定》，该决定第 3 项取消了根据《中华人民共和国金银管理条例》设立的黄金收购许可。这使得被告人于润龙的行为不具有构成非法经营罪所要求的违反国家规定的必备条件，故于润龙的行为依法不构成犯罪。法院判决认定，被告人于润龙在无黄金经营许可证的情况下大肆收购、贩卖黄金的行为，严重地扰乱黄金市场秩序，情节严重，已构成非法经营罪。虽然 2003 年年初国务院下发了国发〔2003〕5 号文件，取消黄金收购许可证审批制度，但对于国内黄金市场的发展运行，还有行政法规、政策及相关部门的规章加以规范，不许任其无序经营。在《金银管理条例》废止前，该条例的其他内容仍然有效，于润龙的行为在目前的情况下也属于违法行为，故公诉机关指控的事实清楚，证据充分，罪名成立。

在我看来，法院的上述判决结论之得出，缺乏必要的法律论证。本案争议的焦点是在黄金收购许可取消以后，黄金是否还属于刑法第 225 条第 1 项所规定的限制买卖的物品。这里的限制买卖的物品，是指国家根据经济发展和维护国家、社会和人民利益的需要，规定在一定时期实行限制性经营的物品。[1] 法院判决没有直接讨论在黄金收购许可取消以后，黄金是否属于限制买卖的物品。该判决引用 2003 年 9

---

① 参见胡康生、郎胜主编：《中华人民共和国刑法释义》，3 版，352 页，北京，法律出版社，2006。

月 19 日中国人民银行办公厅给公安部办公厅的《关于认定非法经营黄金行为有关问题的复函》第 1 条："中国人民银行发布的《关于调整携带黄金有关规定的通知》（银发［2002］320 号）不适用于个人。"以此说明取消的是对单位的黄金收购许可，《金银管理条例》对个人的禁止性规定仍然有效，由此推论个人收购黄金是非法经营行为。的确，《金银管理条例》第 8 条规定："金银的收购，统一由中国人民银行办理。除经中国人民银行许可、委托的以外，任何单位和个人不得收购金银。"在《金银管理条例》中只对单位收购黄金有许可规定，国务院上述决定取消黄金收购许可，当然是指对单位收购黄金许可的取消。在《金银管理条例》中根本就没有对个人收购黄金许可的规定，当然也就无所谓许可的取消问题。那么，能否就此得出结论：上述决定颁布以后，对于个人收购黄金仍然是禁止的呢？从文字上来看，似乎取消黄金收购许可并没有直接否定个人不得收购金银的规定，因而这一禁止性规定仍然有效。但是，黄金收购许可取消的实质含义是国家对黄金的经营不再实行许可制度。在这个意义上说，黄金不再是限制经营的物品。这一判断不仅适用于单位，同样适用于个人。由此可见，本案中被告人于润龙的行为是否构成非法经营罪，就取决于黄金是否属于限制性经营的物品之法律性质的判断，这一判断结论需要经过缜密的论证。应该说，这一判断并非一个太大的难题，但法院的判断结论显然是经不起推敲的。①

在于润龙非法经营案中，其行为是否构成非法经营罪，主要涉及对行政许可的理解问题，即旧法只规定对单位的行政许可，新法取消了对单位的行政许可，其效力是否及于个人。关于对这一问题的理解，否定说认为，虽然旧法只规定了对单位的行政许可，但对于个人禁止经营是不言而喻的，因此新法只取消了对单位的行政许可，对于个人仍然是禁止经营的。肯定说则认为，行政许可是一种明示性规定，对于个人并无这种明示性许可规定，因而也就无所谓取消问题。这一争论当然涉及对行政许可本身的理解。在计划经济体制下，个人被禁止从事经营活动，是一种政策上的禁止，当然也就无所谓行政上是否需要行政许可的问题。在市场经济体制

---

① 参见陈兴良：《刑法知识论》，137～138 页，北京，中国人民大学出版社，2007。

下，除法律有明文规定，或者需要行政许可才能从事外，其他经营行为都是允许的，当然也就无所谓取消行政许可的问题。例如我国学者同样是在讨论于润龙（化名为黄某）非法经营案时，曾经作过以下论述：

2000 年 9 月 15 日至 2002 年 9 月 15 日，被告人黄某承包一金矿的坑口，共生产黄金约 3 万克。2002 年 9 月 21 日黄某携带自产黄金和从另一金矿及私人手中收购的黄金共 5 万克，欲运往省城出售，被民警抓获。在此案审理过程中，国务院于 2003 年 2 月 27 日以国发［2003］5 号文件发布了《国务院关于取消第二批行政审批项目和改变一批行政审批项目管理方式的决定》（以下简称《决定》）。此案审理过程中，存在不同意见：其一认为，《决定》发布后，对于个人没有办理任何手续而经营（收购、销售）黄金的行为不应以犯罪论，不应依照刑法第 225 条之规定以非法经营罪定罪处罚；对于《决定》发布前的个人经营黄金的行为，现在审理时，应当依照从旧兼从轻的原则适用法律。理由是，《决定》发布后，中国人民银行对黄金的收售许可权被取消，条例中所规定的黄金由中国人民银行统购、统配的规定不再适用，单位或个人收售黄金无须经过中国人民银行批准办理许可证。个人收售黄金的行为不符合刑法第 225 条第 1 项所规定的违反国家规定，未经许可的非法经营罪构成要件，不应以非法经营罪论。如果个人经营黄金没有办理营业执照等相关手续，虽违法，但不应由刑法来规范，应根据相关的行政法规予以处理。其二认为，现阶段个人经营（收购、销售）黄金，在没有任何手续的情况下，仍然构成非法经营罪。理由是：（1）刑法第 225 条第 1 项所规定的未经许可中的许可包括工商营业执照，个人在未办理工商营业执照而经营黄金的行为，依然构成犯罪。（2）《决定》发布后，虽然取消了经营许可制度，但对于黄金的经营还应在一定的领域限制买卖，还属于限制买卖物品。显然，上述两种意见对没有进行工商登记是否属于非法经营罪的未经许可就存在不同认识，后种观点将工商部门颁发的法人执照等也视为许可证件，符合《行政许可法》及相关分类的论述。此种不同的理解无疑会影响到"其他严重扰乱市场秩序的非法经营行为"的外延。①

在司法实践中，关于无照经营或者超范围经营是否属于非法经营行为，往往存在争议。我认为，无照经营或者超范围经营本身并不是非法经营，只有当无照经营或者超范围经营的是需要行政许可才能经营的货物、物品时，才属于非法经营行为。例如营业执照中没有经营烟草的内容，但超范围经营了烟草，因为烟草属于专卖物品，因而这是一种非法经营行为。但如果超范围经营的不是需要经过行政许可或者审批以及专营专卖或者限制性买卖的物品，则不属于非法经营行为。

（二）其他非法经营行为的认定

刑法关于其他非法经营行为的规定，是一种盖然性规定。我国学者也称之为堵截构成要件，指出：

> 作为严密《刑法》分则条文的立法方法，堵截构成要件具备堵塞、拦截犯罪人逃漏法网功能，但司法运用中存在被滥用的危险。因此有必要对"其他严重扰乱市场秩序的非法经营行为"作出限定。通常构成非法经营罪的非法经营行为需要具备三个基本特征：第一，具有行政违法性，即违反国家法律、行政法规的禁止性或者限制性规定。第二，严重扰乱市场秩序。第三，行为达到情节严重的程度，具有严重的社会危害性。实践中，需要从行为的情节和危害后果等方面加以界定。目前，有关法律、行政法规以附属性立法的方式规定了非法经营外汇、烟草、种子、医药等非法经营犯罪，有关司法解释规定了非法经营电信业务、非法经营食盐业务、非法从事出版活动、非法从事传销活动等非法经营犯罪，实践中应注意掌握。②

关于其他非法经营行为的认定，在法律、行政法规和司法解释明文规定以非法经营罪追究刑事责任的情况下，当然应当依法追究刑事责任。现在的问题在于：在

---

① 王作富、刘树德：《非法经营罪调控范围再思考——以〈行政许可法〉若干条款为基准》，载《中国法学》，2005（6），140 页。

② 杨万明等：《非法经营罪研究》，载陈兴良主编：《刑事法判解》，第 8 卷，7 页，北京，法律出版社，2005。

没有这种明文规定的情况下，司法机关能否对某一非法经营行为直接以非法经营罪追究刑事责任？对其他非法经营行为的认定，是否应当有法律、行政法规或者司法解释的明文规定？对此在刑法理论上存在争议。[①] 我认为，其他非法经营行为作为一种盖然性规定，具有空白罪状的性质。如果任由法官自由裁断，容易极度扩张非法经营罪的范围，使之成为一个口袋罪。为此，我赞同，只有在法律、行政法规或者司法解释有明文规定的情况下，才能认定为其他非法经营行为。并且，法律、行政法规或者司法解释关于其他非法经营行为的规定，应当受到禁止适用事后法原则的限制。只有这样，才能使其他非法经营行为的认定符合罪刑法定原则。

（三）非法经营罪与其他犯罪的竞合

非法经营罪是因经营行为本身的非法性即违反国家法律规定而受到刑罚处罚的，但在市场经营活动中，国家法律从各个方面对市场秩序进行保护，因而非法经营罪往往与其他犯罪发生竞合。对此有关司法解释作了明文规定，在此列举如下：

1. 非法经营罪与生产、销售伪劣商品罪的竞合

根据我国刑法的规定，生产、销售伪劣商品罪是指违反国家关于商品生产、销售的监督管理法规，生产、销售伪劣产品，依法应受刑罚处罚的行为。我国刑法从第 140 条到第 148 条根据伪劣商品的种类，设立了 10 个罪名，其中，生产、销售伪劣产品罪是基本罪名，其他是特别罪名，这些罪名之间存在特别法与普通法之间的法条竞合关系。在生产、销售伪劣商品犯罪中，如果其所生产、销售的是违反国家规定、非法经营的商品，则在生产、销售伪劣商品罪与非法经营罪之间存在法条竞合的关系。对此，2001 年 4 月 9 日最高人民法院、最高人民检察院《关于办理生产、销售伪劣商品刑事案件具体应用法律若干问题的解释》第 10 条规定："实施生产、销售伪劣商品犯罪，同时构成侵犯知识产权、非法经营等其他犯罪的，依照处罚较重的规定定罪处罚。"例如，食盐是国家专卖物品，行为人未经许可非法经营食盐的，构成非法经营罪。如果行为人在非法经营食盐过程中，又生产、销售伪劣食盐的，则属于非法经营罪与生产、销售伪劣商品罪的想象竞合。对此，2002 年

---

① 参见彭辅顺等编：《非法经营罪专题整理》，41 页以下，北京，中国人民公安大学出版社，2007。

《涉食盐刑事案件解释》（已废止）第 4 条规定："以非碘盐充当碘盐或者以工业用盐等非食盐充当食盐进行非法经营，同时构成非法经营罪和生产、销售伪劣产品罪、生产、销售不符合卫生标准的食品罪、生产、销售有毒、有害食品罪等其他犯罪的，依照处罚较重的规定追究刑事责任。"应当指出，这种非法经营罪与生产、销售伪劣商品罪的竞合，到底是法条竞合还是想象竞合，在刑法理论上存在争议。我认为，关键在于专营、专卖或者限制性专卖物品本身是否属于生产、销售伪劣商品罪之商品。如果回答是肯定的，则非法经营罪与生产、销售伪劣商品罪之间不存在逻辑上的从属关系，应当认为是想象竞合。但从两个罪名之间的关系来分析，生产、销售伪劣商品罪之商品在逻辑上是涵括专营、专卖或者限制性买卖物品的，因而上述两种犯罪之间存在法条竞合的关系。这种法条竞合是一种交互竞合，因此实行从一重罪处断的原则。

2. 非法经营罪与侵犯知识产权罪的竞合

根据我国刑法的规定，侵犯知识产权罪是指违反国家保护知识产权的法律、法规，故意侵犯他人的知识产权，依法应受刑罚处罚的行为。我国刑法从第 213 条到第 219 条，设立了 8 个罪名。实施侵犯知识产权犯罪过程中，也会与非法经营罪发生法条竞合关系，例如，以营利为目的，违反国家法律规定，非法经营侵犯著作权的各种作品，在非法经营罪与侵犯著作权罪之间就存在法条竞合关系。对此，我国学者指出：

> 从立法规定和司法精神不难看出，销售侵权复制品等侵犯著作权犯罪是从投机倒把罪（非法经营罪）中分离出来的，两者之间是特殊法与一般法的关系。因此，在《刑法》明确规定了兜售侵权复制品罪等侵犯知识产权犯罪后，对销售侵权复制品等侵犯著作权的行为仍然以非法经营罪认定则是不恰当的。[①]

上述观点，实际上是将非法经营罪与侵犯知识产权罪之间的法条竞合确认为特

---

① 杨万明等：《非法经营罪研究》，载陈兴良主编：《刑事法判解》，第 8 卷，10 页，北京，法律出版社，2005。

别法与普通法之间的竞合关系，按照特别法优于普通法的原则，应以侵犯知识产权罪论处。这是完全正确的。此外，该论者还认为：

> 当然，适用特别法优先于一般法的原则也不是绝对的，从罪刑相适应原则出发，司法实践中有必要适用重法优于轻法原则作为补充。由于特别法是立法者认为需要特别加以保护的内容，在一般情况下，法定刑均高于或至少等于一般法的法定刑。所以一般而言，特别法优于普通法适用就体现了重法优于轻法原则。但在特殊情况下，存在个别立法规定的法定刑比一般法规定的法定刑低的情况，如销售侵权复制品罪的法定刑明显轻于非法经营罪，行为可能达不到销售侵权复制品罪的定罪标准，但可能构成非法经营罪。在此情况下，若机械地适用特殊法优于一般法原则，则有轻纵犯罪之虞。因此，对于非法经营罪与侵犯知识产权犯罪竞合的，根据罪刑相适应原则及有关司法解释的规定，有必要适用重法优于轻法原则，以非法经营罪论处。①

对于这一观点，我是不赞同的。在特别法与普通法竞合的情况下，应当严格遵循特别法优于普通法的原则。只有在刑法有明文规定的情况下，才能适用重法优于轻法的原则。应当指出，非法经营罪与侵犯著作权罪的竞合和非法经营罪与生产、销售伪劣商品罪的竞合，虽然都是法条竞合，但这两种竞合在性质上是有所不同的：前者是特别法与普通法的竞合，所有的侵犯著作权的行为都是非法经营行为，两者之间是特别关系。后者是重法与轻法的竞合，是一种择一关系：只有生产、销售伪劣的专营、专卖或者限制买卖物品，才发生法条竞合关系。如果生产、销售不属于专营、专卖或者限制买卖的伪劣商品，只构成生产、销售伪劣商品罪而不构成非法经营罪。同样，如果非法经营的不是伪劣的专营、专卖或者限制买卖物品，则只构成非法经营罪而不构成生产、销售伪劣商品罪。在这两种犯罪之间，存在部分重合，对此应按照重法优于轻法原则适用法条。值得注意的是，在我国司法实践

---

① 杨万明等：《非法经营罪研究》，载陈兴良主编：《刑事法判解》，第 8 卷，10～11 页，北京，法律出版社，2005。

中，对于销售侵权复制品等侵犯知识产权的行为，大多以非法经营罪定罪处刑，实际上以非法经营罪取代了销售侵权复制品罪等侵犯知识产权罪。这是违反罪刑法定原则的。2004 年 12 月 8 日最高人民法院、最高人民检察院《关于办理侵犯知识产权刑事案件具体应用法律若干问题的解释》和 2007 年 4 月 5 日《关于办理侵犯知识产权刑事案件具体应用法律若干问题的解释（二）》都没有规定，犯侵犯知识产权罪同时构成非法经营罪的，依照处罚较重的规定定罪处罚。因此，凡是构成侵犯知识产权罪的，无论情节轻重，都应构成侵犯知识产权罪，不能再以非法经营罪论处。

3. 非法经营罪与买卖国家机关公文、证件罪的竞合

我国刑法第 280 条规定了买卖国家机关公文、证件罪。在非法经营罪中包括买卖进出口许可证、进出口原产地证明，以及其他法律、行政法规规定的经营许可证或者批准文件的行为。因此，当行为人买卖进出口许可证、进出口原产地证明，以及其他法律、行政法规规定的经营许可证或批准文件等国家公文、证件的行为时，既触犯了买卖国家机关公文、证件罪，又触犯了非法经营罪，在这两罪之间存在交互竞合关系。对此，有关司法解释明文规定应当依照处罚较重的规定定罪处罚。例如，2000 年 11 月 27 日最高人民法院《关于审理破坏野生动物资源刑事案件具体应用法律若干问题的解释》第 9 条规定："伪造、变造、买卖国家机关颁发的野生动物允许进出口证明书、特许猎捕证、狩猎证、驯养繁殖许可证等公文、证件构成犯罪的，依照刑法第二百八十条第一款的规定以伪造、变造、买卖国家机关公文、证件罪定罪处罚。实施上述行为构成犯罪，同时构成刑法第二百二十五条第二项规定的非法经营罪的，依照处罚较重的规定定罪处罚。"又如，2023 年 8 月 13 日最高人民法院《关于审理破坏森林资源刑事案件适用法律若干问题的解释》第 13 条规定："伪造、变造、买卖采伐许可证、森林、林木、林地权属证书以及占用或者征用林地审核同意书等国家机关批准的林业证件、文件构成犯罪的，依照刑法第二百八十条第一款的规定，以伪造、变造、买卖国家机关公文、证件罪定罪处罚。买卖允许进出口证明书等经营许可证明，同时构成刑法第二百二十五条、第二百八十条规定之罪的，依照处罚较重的规定定罪处罚。"上述规定，都为正确处理非法经营罪与

买卖国家机关公文、证件罪的竞合提供了法律根据。

三、裁判理由的评判

谈文明非法经营案主要涉及擅自制作网络游戏外挂出售牟利构成犯罪的，是构成侵犯著作权罪还是非法经营罪，以及如果上述行为构成非法经营罪，是适用最高人民法院《关于审理非法出版物刑事案件具体应用法律若干问题的解释》第 11 条还是第 15 条这两个问题。对此，裁判理由指出：

> 擅自制作网络游戏外挂（以下简称网游外挂）出售牟利的行为，是近几年随着网络游戏产业的快速发展而出现的新型违法行为，对于已经达到应受刑事处罚程度的此类行为如何处理，需要慎重研究。本案中，对于公诉机关指控谈文明等人擅自制作网游外挂出售牟利的事实，各方没有分歧，争议的焦点在以下两个方面：一是未经许可擅自制作网游外挂是否侵犯了网游权利人著作的复制发行权。这涉及涉案行为是构成侵犯著作权罪还是非法经营罪的问题。二是涉案行为如果构成非法经营罪，是属于没有相应资质而从事出版活动的非法经营还是属于违反规定出版非法互联网出版物的非法经营。这涉及是适用最高人民法院《关于审理非法出版物刑事案件具体应用法律若干问题的解释》（以下简称《解释》）第 11 条还是第 15 条的问题。

> （一）擅自制作网游外挂出售牟利，侵犯的是网络游戏权利人著作修改权而不是复制发行权，不构成侵犯著作权罪。

> 对于涉案行为是否构成侵犯著作权罪，存在不同意见。一种意见认为，谈文明等被告人的行为应当认定为侵犯著作权罪，理由是：（1）谈文明等人制作传奇 3 外挂出售牟利过程中对传奇 3 游戏客户端程序及游戏图片信息等进行了复制，侵犯了传奇 3 的复制发行权，违法所得数额巨大，构成侵犯著作权罪。（2）由于传奇 3 外挂系非法出版物，且情节严重，同时构成非法经营罪，形成侵犯著作权罪与非法经营罪之间的法条竞合，根

据特别法优于普通法的关系，应当认定上述行为构成侵犯著作权罪。另一种意见认为，上述行为侵犯的是著作权中的修改权，而不是复制发行权，不构成侵犯著作权罪；构成犯罪的，只能以非法经营罪定罪处罚。

我们同意后一种意见。将擅自制作网游外挂的行为视为违法行为，最早见之于 2003 年 12 月 23 日新闻出版总署、信息产业部、国家工商行政管理总局、国家版权局、全国扫黄打非工作小组办公室《关于开展对私服、外挂专项治理的通知》（以下简称《通知》），《通知》指出：私服、外挂违法行为是指未经许可或授权，破坏合法出版、他人享有著作权的互联网游戏作品的技术保护措施、修改作品数据、私自架设服务器、制作游戏充值卡（点卡），运营或挂接运营合法出版、他人享有著作权的互联网游戏作品，从而谋取利益、侵害他人利益。私服、外挂违法行为属于非法互联网出版活动，应依法予以严厉打击。对于未经许可擅自制作网游外挂并出售的行为侵犯了游戏作品著作权人的著作权，不存在异议，但对于该行为是侵犯了著作修改权还是复制发行权，则存在较大争议。根据刑法第217 条的规定，以营利为目的，未经著作权人许可，复制发行其文字作品、音乐、电影、电视、录像作品、计算机软件及其他作品，违法所得数额较大或者有其他严重情节的，以侵犯著作权罪定罪处罚，也就是说，对于计算机软件的著作权，刑法只保护其中的复制发行权。因此，擅自制作网游外挂出售牟利的行为如果侵犯了复制发行权则可能构成侵犯著作权罪；而如果仅仅侵犯著作权中的修改权，则不能以侵犯著作权罪论处。

根据最高人民法院、最高人民检察院《关于办理侵犯知识产权刑事案件具体应用法律若干问题的解释》第 11 条的规定，通过信息网络向公众传播他人文字作品、音乐、电影、电视、录像作品、计算机软件及其他作品的行为，应当视为刑法第 217 条规定的复制发行。根据《计算机软件保护条例》，"修改权是指对软件进行增补、删节，或者改变指令、语句顺序的权利"。就本案而言，涉案的外挂软件的实质功能在于为游戏消费者提供超出传奇 3 游戏规则范围的额外帮助，起游戏辅助工具的效用，而谈文明等被告人的行为目的也是为游戏消费者提供突破技术保护措施的技术服务，从而获利。其制作网游外挂对网络游戏产生影响主要是通过以下两个途径：一是通过对硬盘、内存之中的网络游戏客户端程序、数据进行修改或者对服务器端与客户端间的网络数据包拦截、修改来完成；二是直接挂接到网络游戏环境中运行。前者修改了网络游戏程序的代码、数据，属于对网络游戏的修改；后者增补了网络游戏软件的功能，同样属于对网络游戏的修改。而软件的复制发行则是指将软件制作一份或者多份，以出售或者赠与方式向公众提供软件的原件或者复制件的行为。谈文明等被告人在制作 007、008 外挂程序过程中，突破了传奇 3 游戏软件的技术措施，调用了传奇 3 的部分数据及图像，在运营外挂程序时挂接在传奇 3 游戏上运营。但这些行为都是为了实现对传奇 3 游戏软件的原有功能的增加，不是将所调用的数据或图像进行简单的复制；谈文明等人将外挂程序在互联网上出售牟利也不是将传奇 3 游戏软件整体或部分复制后出售牟利。因此，擅自制作传奇 3 外挂出售牟利侵犯的是传奇 3 游戏软件的修改权而不是复制发行权，而刑法对计算机软件著作权的保护仅限于软件的复制发行权，故涉案行为不构成侵犯著作权罪。

（二）擅自制作网游外挂出售牟利，既属于没有相应资质而从事出版活动的非法经营行为，也属于违反规定出版非法互联网出版物的非法经营行为。

对于将本案被告人的上述行为定性为没有相应资质而从事出版活动的非法经营行为，意见比较一致；但对于是否属于违反规定出版非法互联网出版物则存在分歧。我们认为，擅自制作网游外挂出售牟利，既属于没有相应资质而从事出版活动的非法经营行为，也属于违反规定出版非法互联网出版物的非法经营行为。

对于互联网上的出版发行，《出版管理条例》第 9 条规定："报纸、期刊、图书、音像制品和电子出版物等应当由出版单位出版。"《互联网出版管理暂行规定》（已失效——引者注）第 6 条进一步明确规定："从事互联网出版活动，必须经过批准。未经批准，任何单位或个人不得开展互联网出版活动。"本案谈文明等被告人制作传奇 3 外挂后，未经国家有关部门审批，擅自设立 007 智能外挂网网站和"闪电外挂"门户网站，并通过上述网站在互联网上将未经传奇 3 著作权人许可擅自制作的传奇 3 外挂出售牟利，因此属于《解释》第 15 条规定的没有相应资质而从事出版活动的非法经营行为。

《解释》规定的非法出版物既包括第 15 条规定的没有相应资质而从事出版活动，也包括第 11 条规定的违反国家规定出版非法互联网出版物的情形。非法出版物是个大概念，从内容上分析，既包括宣扬色情、迷信、有政治问题的出版物，也包括淫秽出版物、侵犯著作权的出版物等；从出版主体上分析，既有非法成立的出版单位出版的出版物，也有依法成立的出版单位违反规定出版的出版物。由于《解释》对两种不同情形的非法经营行为适用不同的条文，因此还需认定涉案行为是否同时属于违反规定出版非法互联网出版物的非法经营行为。本案中，被告人制作网游外挂的目的在于增加网游的功能，使网游操作更为容易，致使不使用外挂的客户在游戏中无法抗衡。这既缩短了网游的运营寿命，也侵害了著作权人、出版机构以及游戏消费者的合法权益，严重扰乱了互联网游戏出版经营的正常秩序与网游产业的健康发展，符合《解释》第 11 条的规定，因此应当同时将涉案行为认定为违反规定出版非法互联网出版物的非法经营行为。

本案中，谈文明等被告人未经许可擅自制作网游外挂在互联网上出售牟利，其行为属于没有相应资质而非法从事出版活动。由于非法经营数额达到 280 余万元，一审法院根据《解释》第 15 条，结合本案的具体情况，认为已经达到严重扰乱市场秩序、情节特别严重的定罪标准，对谈文明等被告人进行定罪处罚。二审法院根据网游外挂的性质，认定未经许可擅自制作的网游外挂同时属于内容违法的非法出版物，谈文明等被告人的行为符合《解释》第 11 条的规定，且谈文明等被告人的行为已经达到第 12 条所规定的情节特别严重的标准，应当在 5 年以上量刑，据此对一审判决进行了改判是正确的。

对于谈文明非法经营案，检察机关是以侵犯著作权罪向法院起诉的，而法院认定为非法经营罪。因此，首先涉及的问题是：被告人谈文明等人的行为是否构成侵犯著作权罪？

根据我国刑法第 217 条的规定，侵犯著作权罪是指以营利为目的，未经著作权人或与著作权有关的权益人许可，复制发行其作品，出版他人享有专有出版权的图书，未经录音录像制作者许可复制发行其制作的音像制品，或者制售假冒他人署名的美术作品，违法所得数额较大或者有其他严重情节的行为。在本案中，被告人谈文明等人的行为表现为擅自制作网络游戏外挂出售牟利。对此，检察机关认为侵犯了网络游戏权利人的复制发行权，但法院认为侵犯了网络游戏权利人的著作修改权。

在著作权法中，复制是以一定的方式固定作品，使作品得以再现。在作品以文本为载体的情况下，复制是指印刷、复印、拓印等。在作品以音像为载体的情况下，复制是指录音、录像、翻录、翻拍等。网络游戏是以计算机软件为载体的，根据 1991 年《计算机软件保护条例》的规定，对软件的复制，是指把软件转载在有形物体上的行为，可以用手抄、复印、翻拍、印刷等传统手段复制，也可以用存储在磁盘等介质、固化在 ROM 中，以及以各种方式装入计算机中等方法复制。因此，在计算机内或者计算机外制作计算机程序的整体或者部分复制文本的行为，都是计算机软件的复制行为。[1] 应该说，复制是著作权的一种表现形式，称为复制权。而侵犯著作权的复制行为，也就是通常所说的盗版，即未经许可而复制牟利。那么，擅自制作网络游戏外挂出售牟利，到底是否侵犯了网络游戏权利人的复制权呢？从本案的案情来看，被告人谈文明等人的行为实际上分为两部分：一是擅自制作网络游戏的外挂软件；二是非法经营外挂网站，提供服务。外挂软件改变网络游戏的规则，使用外挂软件的消费者在进行网络游戏时处于优势地位。外挂软件虽然用了游戏软件的部分数据，但它主要是对游戏软件的代码、数据进行修改。消费者

---

① 参见赵秉志、田宏杰：《侵犯知识产权犯罪比较研究》，269 页，北京，法律出版社，2004。

使用外挂软件，要交两份费用：一是向网络游戏运营商交纳一份使用网络游戏软件的费用，二是向被告人谈文明等人交纳一份使用网络游戏外挂软件的费用。在这个意义上说，网络游戏运营商的复制权没有因为被告人谈文明等人的行为而受到侵犯。因此，被告人谈文明等擅自制作网络游戏的外挂软件的行为并不构成侵犯著作权罪，而只是一种侵犯网络游戏权利人修改权的行为。法院认为，被告人谈文明等人构成犯罪的是其第二个行为，即非法经营网络游戏外挂网站。

非法经营网络游戏外挂网站，是一种非法出版行为。1998 年 12 月 17 日最高人民法院《关于审理非法出版物刑事案件具体应用法律若干问题的解释》（以下简称《非法出版物刑事案件解释》），将以下两种非法出版行为规定为非法经营罪：（1）第 11 条规定：违反国家规定，出版、印刷、复制、发行本解释第 1 条至第 10 条规定以外的其他严重危害社会秩序和扰乱市场秩序的非法出版物，情节严重的，依照刑法第 225 条第 3 项（现为第 4 项——引者注），以非法经营罪定罪处罚。（2）第 15 条规定：非法从事出版物的出版、印刷、复制、发行业务，严重扰乱市场秩序，情节特别严重，构成犯罪的，可以依照刑法第 225 条第 3 项（现为第 4 项——引者注）的规定，以非法经营罪定罪处罚。上述第一种情形，是指出版内容非法；第二种情形，是指出版程序非法。出版内容非法，是指出版物的内容严重危害社会秩序和扰乱市场秩序。出版程序非法，是指没有出版权的单位或者个人，违反管理规定擅自出版。出版程序非法，其主体是没有出版权的单位或者个人。这是没有疑问的。至于出版内容非法，其主体当然包括有出版权的单位或者个人，但没有出版权的单位或者个人能否成为该行为的主体，则不无疑问。例如，没有出版权的单位或者个人出版内容非法的作品，到底是触犯第 11 条之规定还是触犯第 15 条之规定，或者同时触犯第 11 条和第 15 条之规定属于想象竞合？我个人倾向于属于想象竞合，以重者论处。

在谈文明非法经营案中，一审法院认为被告人谈文明等人的行为属于《非法出版物刑事案件解释》第 15 条规定的情形，检察院在抗诉中认为，如果认定为非法经营罪，应当同时认定涉案外挂软件既程序违法也内容违法，应适用该解释第 11 条，而不是第 15 条。二审法院采纳了这一抗诉意见，认为被告人谈文明等人的行为属于该解释第 11 条规定的情形。谈文明等人的行为属于出版程序非法的非法出版行为，对此没有争议。怎么理解谈文明等人的行为也属于出版内容非法的非法出版行为呢？对此，裁判理由指出：

> 本案中，被告人制作网游外挂的目的在于增加网游的功能，使网游操作更为容易，致使不使用外挂的客户在游戏中无法抗衡，既缩短了网游的运营寿命，也侵害了著作权人、出版机构以及游戏消费者的合法权益，严重扰乱了互联网游戏出版经营的正常秩序与网游产业的健康发展，符合《解释》第 11 条的规定，因此应当同时将涉案行为认定为违反规定出版非法互联网出版的非法经营行为。

我认为，上述对出版内容非法的认定过于宽泛，几乎使第 15 条规定被架空。《非法出版物刑事案件解释》第 1 条至第 10 条规定的是出版内容反动、侵权、淫秽的行为，其他非法出版行为应当是指在性质上与上述非法出版行为相当而又没有被规定为该犯罪的行为。在本案中，相关网络游戏内容是合法的与健康的。被告人经营外挂网站非法牟利，其经营行为本身是非法的。但就提供网络游戏的外挂服务而言，这种服务内容的非法性难以认定。至于裁判理由中所称严重扰乱互联网游戏出版经营的正常秩序与网游产业的健康发展，是出版程序非法的非法出版行为同样具备的，不能据此认定出版内容非法，否则，所有出版程序非法的出版物都是内容非法，《非法出版物刑事案件解释》第 15 条就丧失了存在的意义。

四、增补

值得注意的是，《刑法修正案（十一）》第 20 条对刑法第 217 条侵犯著作权罪的罪状做了修改，增加了第 6 项，这就是：未经著作权人或者与著作权有关的权利人许可，故意避开或者破坏权利人为其作品、录音录像制品等采取的保护著作权或者与著作权有关的权利的技术措施的。根据《著作权法》第 49 条第 3 款的规定，这里的技术措施是指用于防止、限制未经权利人许可浏览、欣赏作品、表演、录音录像制品或者通过信息网络向公众提供作品、表演、录音录像制品的有效技术、装置或者部件。网络游戏外挂或者其他网络外挂行为具有侵犯著作权的性质，然而，对该种行为在刑法中究竟如何评价的关键问题在于：网络外挂行为是否符合侵犯著作权罪中的复制发行。对此，我国学者一般认为，网络外挂不能完全等同于复制发行，因而不能以侵犯著作权罪论处。现在，《刑法修正案（十一）》明确地将故意避开或者破坏权利人为其作品、录音录像制品等采取的保护著作权或者与著作权有关的权利的技术措施作为侵犯著作权罪的行为，而网络外挂行为完全符合这一特征。对此，正如我国学者指出：在《刑法修正案（十一）》出台之后，对于网络外挂程序案件的罪名适用，可以不再纠结于相关程序与权利人程序的相似程度是否达到"复制发行"所要求的较高相似性，而是可以转而适用我国《刑法》第 217 条第 6 项"未经著作权人或者与著作权有关的权利人许可，故意避开或者破坏权利人为其作品、录音录像制品等采取的保护著作权或者与著作权有关的权利的技术措施的"规定。①

第 5 节　刑法第 225 条非法经营罪的兜底条款之适用研究

案名：王力军非法经营案

主题：非法经营罪　兜底条款

非法经营罪是我国司法实践中适用较为广泛的一个罪名，对于规制市场经济秩序具有重要作用。然而，刑法第 225 条，除前 3 项对非法经营行为加以明文列举以外，第 4 项则设立了兜底条款，规定"其他严重扰乱市场秩序的非法经营行为"。那么，如何正确认定这里的"其他扰乱市场秩序的非法经营行为"呢？这个问题一直困扰着我国司法机关。如果不能对"其他严重扰乱市场秩序行为"加以严格限

---

① 参见喻海松：《网络外挂罪名适用的困境与转向——兼谈〈刑法修正案（十一）〉关于侵犯著作权罪修改的启示》，载《政治与法律》，2021（8）。

制，则会扩张非法经营罪的范围，过度干预市场秩序，有悖于罪刑法定原则。本章通过对最高人民法院指导案例（第 97 号）王力军非法经营再审改判无罪案的分析，对非法经营罪的兜底条款的司法适用进行分析。

一、案情及诉讼过程

　　内蒙古自治区巴彦淖尔市临河区人民检察院指控被告人王力军犯非法经营罪一案，内蒙古自治区巴彦淖尔市临河区人民法院经审理认为：2014 年 11 月至 2015 年 1 月期间，被告人王力军未办理粮食收购许可证，未经工商行政管理机关核准登记并颁发营业执照，擅自在临河区白脑包镇附近村组无证照违法收购玉米，将所收购的玉米卖给巴彦淖尔市粮油公司杭锦后旗蛮会分库，非法经营数额 218 288.60 元，非法获利 6 000 元。案发后，被告人王力军主动退缴非法获利 6 000 元。2015 年 3 月 27 日，被告人王力军主动到巴彦淖尔市临河区公安局经侦大队投案自首。原审法院认为，被告人王力军违反国家法律和行政法规规定，未经粮食主管部门许可及工商行政管理机关核准登记并颁发营业执照，非法收购玉米，非法经营数额 218 288.60 元，数额较大，其行为构成非法经营罪。鉴于被告人王力军案发后主动到公安机关投案自首，主动退缴全部违法所得，有悔罪表现，对其适用缓刑确实不致再危害社会，决定对被告人王力军依法从轻处罚并适用缓刑。内蒙古自治区巴彦淖尔市临河区人民法院于 2016 年 4 月 15 日作出（2016）内 0802 刑初 54 号刑事判决：被告人王力军犯非法经营罪，判处有期徒刑 1 年，缓刑 2 年，并处罚金人民币 2 万元；被告人王力军退缴的非法获利款人民币 6 000 元，由侦查机关上缴国库。宣判后，王力军未上诉，检察机关未抗诉，判决发生法律效力。

　　最高人民法院于 2016 年 12 月 16 日作出（2016）最高法刑监 6 号再审决定，指令内蒙古自治区巴彦淖尔市中级人民法院对本案进行再审。再审中，原审被告人王力军及检辩双方对原审判决认定的事实无异议，再审查明的事实与原审判决认定的事实一致。内蒙古自治区巴彦淖尔市人民检察院提出了原审被告人王力军的行为虽具有行政违法性，但不具有与刑法第 225 条规定的非法经营行为相当的社会危害性和刑事处罚必要性，不构成非法经营罪，建议再审依法改判。原审被告人王力军在庭审中对原审认定的事实及证据无异议，但认为其行为不构成非法经营罪。辩护人提出了原审被告人王力军无证收购玉米的行为，不具有社会危害性、刑事违法性和应受惩罚性，不符合刑法规定的非法经营罪的构成要件，也不符合刑法谦抑性原则，应宣告原审被告人王力军无罪。

内蒙古自治区巴彦淖尔市中级人民法院再审认为：原判决认定的原审被告人王力军于 2014 年 11 月至 2015 年 1 月期间，没有办理粮食收购许可证及工商营业执照买卖玉米的事实清楚，其行为违反了当时的国家粮食流通管理有关规定，但尚未达到严重扰乱市场秩序的危害程度，不具备与刑法第 225 条规定的非法经营罪相当的社会危害性、刑事违法性和刑事处罚必要性，不构成非法经营罪。原审判决认定王力军构成非法经营罪适用法律错误，检察机关提出的王力军无证照买卖玉米的行为不构成非法经营罪的意见成立，原审被告人王力军及其辩护人提出的王力军的行为不构成犯罪的意见成立。内蒙古自治区巴彦淖尔市中级人民法院于 2017 年 2 月 14 日作出（2017）内 08 刑再 1 号刑事判决：撤销内蒙古自治区巴彦淖尔市临河区人民法院（2016）内 0802 刑初 54 号刑事判决；原审被告人王力军无罪。

二、兜底条款的理论界定

兜底条款是指刑法对犯罪的构成要件在列举规定以外，采用"其他……"这样一种概然性方式所作的规定，以避免列举不全。因此，兜底条款在本质上属于概然性规定，亦被我国学者称为堵漏条款。刑法对犯罪行为的规定天然地具有不周延性、不完整性。对此，中国古代曾采用"比附援引"的类推方式加以弥补；此外，还设立兜底罪名以备不时之需。例如《唐律疏议》曾经设立不应得为罪，这是一个典型的口袋罪，具有对整部法律的兜底功能。《唐律·杂律》"不应得为"条规定："诸不应得为而为之者，笞四十（谓律、令无条，理不可为者。）事理重者，杖八十"。不应得为罪设立的立法指导思想是以刑驭民，使民处于疏而不漏的法网之中。这样一种立法指导思想，显然是前罪刑法定主义时代的产物，亦即专制思想的体现。从立法技术来说，不应得为罪起到一个兜底作用，使所有不合法理的行为均落入彀中，难以脱罪。

在我国现行刑法中，虽然不存在上述绝对的兜底性罪名，但仍然存在着兜底性条款，甚至存在相对的兜底性罪名。我国刑法中的兜底条款主要存在以下三种情形：

1. 相对的兜底罪名

兜底罪名可以分为绝对的兜底罪名和相对的兜底罪名。所谓绝对的兜底罪名是指像不应得为罪那样，对整部刑法起到堵漏作用的兜底罪名。而相对的兜底罪名是指对某一条款起到堵漏作用的兜底罪名，它较之绝对的兜底罪名所兜底的范围更小一些。例如，我国刑法第 114 条规定："放火、决水、爆炸以及投放毒害性、放射性、传染病病原体等物质或者以其他危险方法危害公共安全，尚未造成严重后果的，处三年以上十年以下有期徒刑。"在以上条文中，设立了放火罪、决水罪、爆炸罪、投放危险物质罪和以危险方法危害公共安全罪。其中，以危险方法危害公共安全罪的构成要件行为为"放火、决水、爆炸、投放危险物质以外的其他危险方法"。在此，刑法完全没有描述其他危险方法的具体行为，而只是指明这里的其他危险方法具有与放火等方法的相当性。至于具体内容，完全授权司法机关加以认定。除上述以危险方法危害公共安全罪以外，我国刑法第 115 条第 2 款还设立了以过失危险方法危害公共安全罪。

2. 兜底的行为方式

在某些犯罪中，刑法列举了各种行为方式，为防止遗漏，又设兜底条款。例如：（1）刑法第 169 条之一背信损害上市公司利益罪列举了五种背信损害上市公司利益的行为，其后又规定："（六）采用其他方式损害上市公司利益的。"（2）刑法

第 182 条操纵证券、期货市场罪列举了六种操纵证券、期货市场的行为，其后又规定："（七）以其他方法操纵证券、期货市场的。"（3）刑法第 191 条洗钱罪，列举了四种洗钱行为，其后又规定："（五）以其他方法掩饰、隐瞒犯罪所得及其收益的来源和性质的。"（4）刑法第 193 条贷款诈骗罪列举了四种贷款诈骗行为，其后又规定："（五）以其他方法诈骗贷款的。"（5）刑法第 195 条信用证诈骗罪列举了三种信用证诈骗行为，其后又规定："（四）以其他方法进行信用证诈骗活动的。"（6）刑法第 225 条非法经营罪列举了三种非法经营行为，其后又规定："（四）其他严重扰乱市场秩序的非法经营行为。"

3. 兜底的行为方法

这里的行为方法与上述行为方式有所不同：行为方式是单独可以构成犯罪的行为类型。而行为方法只是某种行为类型所采取的具体方法，这种方法从属于一定的行为类型，因而不能单独成为一种犯罪的行为类型。例如，刑法第 236 条强奸罪规定的行为方法是"以暴力、胁迫或者其他手段强奸妇女"。又如，刑法第 263 条抢劫罪规定的行为方法是"以暴力、胁迫或者其他方法抢劫公私财物"。在以上规定中，"其他方法"是强奸行为与抢劫行为的具体方法，具有与法条所列举的"暴力、胁迫"在性质上的相当性，但刑法对此并没有明确规定。这种立法例在我国刑法中十分常见。

以上三种兜底条款的规定，由于是概然性的，因而明确程度较低，某些情形下，例如相对的兜底罪名，甚至完全没有明确性可言。我认为，兜底条款的明确性问题是我们应该重点讨论的，因为这些兜底条款在司法适用中往往引发争议，也是我国刑法的罪刑法定原则的软肋。

我国刑法第 225 条对非法经营罪采取了兜底条款的立法方式。非法经营罪的前身是 1979 年刑法第 117 条投机倒把罪：该罪采用绝对空白罪状，对投机倒把行为未作任何规定，只是规定参照工商金融管理法规，因而被认为是一个"口袋罪"。"口袋罪"的意思是对入罪行为未作明确规定，致使敞开"口袋"，使更多违反工商金融管理法规的行为得以入罪。因此，"口袋罪"是对不具有明确性的罪名的形象比喻。在 1997 年刑法修订中，取消了投机倒把罪，把原投机倒把罪所包括的犯罪作了具体分解规定，刑法第 225 条就是其中之一。《刑法》第 225 条关于非法经营罪的规定，采用的是明文列举的方式，对非法经营行为加以描述。但是，在前三项中，除第 3 项以外，前 2 项都包含着"其他……"这样一种措辞，表明其对非法经营行为的描述是不周延的，可以由司法机关随时续造。当然，其续造的行为性质受法律规定的限制。例如，第 1 项中的"其他"只限于限制买卖物品，而第 2 项中的"其他"只限于经营许可证或者批准文件。因此，这是一种有限度的续造。从明确性的角度来说，是一种相对明确。在此，尤其引起我们注意的是第 4 项，该项是一种完全的概然性规定，对非法经营罪起到一种兜底作用。由于该项规定的存在，非法经营罪仍然保留着某种"口袋罪"的特征。那么，如何理解这里的"其他严重扰乱市场秩序的非法经营行为"呢？对此，立法机关指出："这是针对现实生活中非法经营犯罪活动的复杂性和多样性所作的概括性规定，这里所说的其他非法经营行为应当具备以下条件：（1）这种行为发生在经营活动中，主要是生产、流通领域。（2）这种行为违反法律、法规的规定。（3）具有社会危害性，严重扰乱市场经济秩序"①。上述规定虽然为认定"其他严重扰乱市场秩序的非法经营行为"提供了一般原则，但具体如何认定，仍然存在很大的裁量空间，足以出入人罪。

应该指出，其他非法经营行为是一种概然性的刑法规定，最高人民法院采用司法解释的方式对此作出规定，使其内容逐渐明确。迄今为止，最高人民法院将越来越多的行为解释为刑法第 225 条第 4 项规定的"其他严重扰乱市场秩序的非法经营行为"，这份清单随着时间的推移还可以不断地拉长，这是因为司法解释规定的只是"其他严重扰乱市场秩序的非法经营行为"中的一种，不可能穷尽所有非法经营行为。由此可见，刑法第 225 条第 4 项虽然采用的是堵漏式的立法方式，但从刑法层面来看，其确实缺乏明确性；在司法运作中，对这一兜底条款，通过颁布司法解释的方法加以明确是必要的。在我国的法律体系中，司法解释虽然不属于法律、法规，但立法机关授权最高司法机关（最高人民法院和最高人民检察院）行使司法解

---

① 全国人大法工委刑法室编：《中华人民共和国刑法条文说明、立法理由及相关规定》，458 页，北京，北京大学出版社，2009。

释权，司法解释具有法律拘束力，法官可以在个案判决中援引作为判案根据。

三、兜底条款的司法适用

兜底条款具有一定的空白性，如何填补兜底条款的空白是一个值得研究的问题。对于刑法第 225 条第 4 款而言也是如此。在此，笔者以王力军非法经营案为视角，对兜底条款的司法适用问题进行论述。

王力军的非法经营是指未经许可经营粮食，为此，有必要从我国粮食流通体制的沿革进行考察。我国的粮食收购制度存在从计划经济时代的统购统销到经济体制改革以后的自由流通这一历史演变过程。统购统销是在新中国成立初期实行的一项控制粮食资源的计划经济政策，它以 1953 年 10 月 16 日中共中央《关于实行粮食的计划收购与计划供应的决议》为标志。在 20 世纪 90 年代初，全国逐渐放开粮食价格，由此形成粮食市场，统购统销就此退出历史舞台。在对粮食实行统购统销政策的历史条件下，违反统购统销政策，私自买卖粮食的行为是一种投机倒把犯罪行为，受到法律严惩。在结束粮食统购统销政策以后，这样的刑法制度当然也就不复存在。当然，粮食经营的市场化是一个缓慢的渐进过程。为了维护粮食市场秩序，保障粮食供应，我国在废除粮食统购统销政策后不久，建立了粮食定购制度。1998 年 6 月 6 日国务院颁布了《粮食收购条例》（已失效，以下简称《条例》），明确规定：粮食定购的主体只能是国有粮食收储企业，擅自收购粮食属于违法犯罪，应当受到处罚。应该说，粮食定购制度强化了国有粮食收储企业在粮食收购中的垄断地位，对于稳定粮食收购秩序、维护粮食生产者的利益具有一定的作用。然而，粮食定购制度过于强调粮食经营秩序的稳定性，不利于建立粮食流通的市场秩序。可以说，粮食流通市场化仍然是我国粮食流通制度改革的基本方向。

及至 2004 年 5 月 23 日，国务院发布了《关于进一步深化粮食流通体制改革的意见》（国发〔2004〕17 号，以下简称《意见》）。《意见》指出：深化粮食流通体制改革的总体目标之一，就是在国家宏观调控下，充分发挥市场机制在配置粮食资源中的基础性作用，实现粮食购销市场化和市场主体多元化。与此同时，2004 年 5

月 26 日国务院颁布了《粮食流通管理条例》[先后于 2013 年、2016 年、2021 年进行了修订，以下简称《条例（二）》]，以此取代《粮食收购条例》。《条例（二）》第 9 条、第 10 条对粮食经营资质的取得条件及程序作了明确规定，且其第 41 条规定："未经粮食行政管理部门许可或者未在工商行政管理部门登记擅自从事粮食收购活动的，由工商行政管理部门没收非法收购的粮食；情节严重的，并处非法收购粮食价值 1 倍以上 5 倍以下的罚款；构成犯罪的，依法追究刑事责任。"这里涉及对构成犯罪的规定，但由于行政法规无权设置罪名，因而这个规定只能作为一种照应性条款，是否能够追究刑事责任，还是应当根据刑法的明文规定。如果刑法没有相应规定，则这种照应性条款并不能成为追究刑事责任的直接根据。

王力军无证收购玉米的行为发生在 2014 年至 2015 年间，当时适用的是 2013 年修订的《条例（二）》。王力军无证收购玉米的行为能否入罪，涉及三个问题：第一，王力军无证收购玉米的行为是否属于刑法第 225 条要求的"违反国家规定"？第二，若第一个问题的答案为肯定答案，则王力军无证收购玉米的行为属于刑法第 225 条第 1 项的"经营其他限制买卖物品的行为"还是第 4 项的"其他严重扰乱市场秩序的行为"？第三，如果王力军的行为属于"其他严重扰乱市场秩序的行为"，应当如何判断其是否构成非法经营罪？以下将逐一对这三个问题进行分析。

（一）王力军无证收购玉米的行为是否属于"违反国家规定"

违反国家规定是非法经营行为入罪的第一道门槛，尤其是在采取兜底式规定的情况下，违反国家规定这一规范要件对于非法经营罪的认定具有堵截功能。毫无疑问，根据《条例（二）》的规定，王力军未经许可从事粮食收购的行为是一种违反行政许可的行为，具有行政违法性。那么，这种未经许可的行为是否就完全具备了非法经营罪所要求的违反国家规定的要件呢？如果仅仅从粮食经营行政许可是国务院设立的，因而违反行政许可就是违反国家规定的意义上说，答案似乎是肯定的。然而，正如前文所指出的，不能将违反行政许可直接等同于违反国家规定，还要考察行政许可的性质和类型。《条例（二）》对粮食经营实施的许可仅是一种普通许可，违反这种行政许可的行为，只是形式违法而并不是实质违法，其社会危害性并没有达到犯罪的程度，因此不应当构成非法经营罪，王力军无证收购玉米案，不能认为具备了非法经营罪的违反国家规定的要件。因此，笔者认为，对于违反行政许可行为是否构成非法经营罪，要区分普通许可与特许。只有违反特许的行为才可能构成非法经营罪，违反普通许可的行为不能构成非法经营罪。司法解释能否将违反普通许可的行为规定为非法经营罪，是一个值得讨论的问题。

（二）王力军无证收购玉米的行为属于"经营其他限制买卖物品的行为"还是"其他严重扰乱市场秩序的行为"

刑法第 225 条第 1 项规定了非法经营其他限制买卖物品，这里的其他限制买卖物品属于概然性条款，如果能够将无证收购玉米解释为经营其他限制买卖物品，则可以认定王力军的行为构成非法经营罪。对此，阮齐林教授指出："王力军违反市场准入无证收购玉米的行为，原本属于第（一）项行为类型，按照刑法'兜底条款'限制适用规则，即使王力军的行为构成犯罪，也只能适用第（一）项定罪，排斥适用第 225 条第（四）项'兜底条款'定罪。"阮齐林教授的上述观点隐含着一个前提，即只要是违反市场准入的非法经营行为，就属于刑法第 225 条第 1 项规定的情形：如果不属于专买专卖的非法经营行为就属于限制买卖物品非法经营行为。也就是说，第 225 条第 1 项主要惩治的是违反市场准入规定的非法经营行为。然而，这一前提本身值得商榷。市场准入并不是一个严格的法律概念，而是一个经济学概念，它是指国家准许公民和法人、非法人组织进入市场，从事商品经营活动的实体条件和程序规则。其中，行政许可就是国家通过法律设置市场准入条件的重要方式。违反行政许可从事经营活动，具有主体资质上的违法性。这种非法经营行为在性质上不同于那些虽然具备主体资质但在实体上违反经营规则的非法经营行为。以上两种非法经营行为在我国刑法中都可以构成非法经营罪，刑法第 225 条第 1 项规定的未经许可经营专营、专卖物品的行为确实属于不具备主体资质的非法经营行为。但未经许可经营其他限制买卖物品，是否属于不具备主体资质的非法经营行为，值得讨论：这里的限制买卖物品是指在特定时期的紧俏物品，这个概念本身就是紧缺经济的产物。自从我国实行市场经济体制以后，随着商品越来越丰富，限制买卖物品失去了其存在的合理性。大量违反行政许可的行为都具有违反行政管理的属性，例如粮食经营的行政许可并不是为了解决粮食短缺问题，而是为了维护粮食经营秩序，保护粮食生产者的利益。在这个意义上说，不能认为因为对经营粮食设置了行政许可，所以粮食是一种限制买卖物品。笔者认为，刑法第 225 条第 1 项的限制买卖物品具有其特定含义，它应当以一定时期行政法规的统一规定为根据进行认定，而不能将违反行政许可经营物品认定为经营限制买卖物品。因此，王力军无证收购玉米的行为如果构成非法经营罪，则只能因其是刑法第 225 条第 4 项规定的"其他严重扰乱市场秩序的行为"。

（三）如何判断王力军无证收购玉米的行为属于"其他严重扰乱市场秩序的行为"

刑法第 225 条第 4 项是一个兜底条款，它的认定前提是违反国家规定并且属于严重扰乱市场经济秩序的行为。在此，需要进行法益侵害性的实质判断。也就是说，并不是所有违反国家规定的经营行为都属于第 4 项规定的其他非法经营行为，而是要进行实质判断，这也是王力军无证收购玉米案中能否认定成立非法经营罪的关键之所在。在本案的原审判决中，仅仅根据王力军违反了粮食收购的行政许可，并且《条例（二）》又明确规定未经粮食行政管理部门许可擅自从事粮食收购活动，构成犯罪的，依法追究刑事责任，即认定王力军的行为构成非法经营罪。然而，在形式上符合其他严重扰乱市场秩序行为的特征，并不等于该种行为已然具备非法经营罪的构成要件，还要对此进行实质上是否具有法益侵害性的判断。就本案而言，虽然王力军收购玉米时没有取得粮食收购资质，但其收购玉米的行为解决了当地农民卖粮难问题，并没有侵犯粮食生产者的利益，不具有严重扰乱市场秩序的性质。在此情况下，王力军无证收购玉米的行为只是一种行政违法行为，不能论以非法经营罪。对于王力军无证收购玉米案，最高人民法院指令进行再审。再审对王力军作出了无罪判决，其理由并不是该无证收购粮食的行为不属于刑法所规定的非法经营行为，而是该行为没有严重扰乱市场秩序。本案的裁判要点指出："判断违反行政管理有关规定的经营行为是否构成非法经营罪，应当考虑该经营行为是否属于严重扰乱市场秩序。对于虽然违反行政管理有关规定，但尚未严重扰乱市场秩序的经营行为，不应当认定为非法经营罪"。

通过王力军无证收购玉米案，可以看出，将违反行政许可行为直接认定为非法经营行为予以入罪，潜藏着混淆行政违法行为与非法经营犯罪行为之间的界限，将行政违法行为予以入罪的危险。事实上，王力军无证收购玉米案在是否违反国家规定、是否属于非法经营行为、是否符合其他严重扰乱市场秩序的非法经营罪的入罪实质条件三个阶层问题上都存在疑问，都具有出罪的可能性。然而，本案还是轻松地跨越了这三个法律界限而被入罪。虽然最高人民法院指令本案再审，纠正了司法认定错误，但是如果不从非法经营罪的构成要件上进行严格界定，尤其是不能正确处理违反行政许可与非法经营罪之间的关系，那么此类非法经营罪的错案还是难以避免。

第 6 节　协助他人掩饰毒品犯罪所得行为之定性研究

案名：汪照洗钱案
主题：洗钱罪　明知　赃物犯罪

在我国刑法中，洗钱罪是一种破坏金融管理秩序的犯罪，在现实生活中时有发生。本节通过对汪照洗钱案①的分析，对洗钱罪的相关问题进行法理探究。

一、案情及诉讼过程

被告人汪照于 2001 年年底认识区丽儿（另案处理）后，在明知区丽儿的弟弟区伟能（另案处理）从事毒品犯罪并想将其违法所得转为合法收益的情况下，于 2002 年 8 月伙同区丽儿、区伟能到本市黄埔区广东明皓律师事务所，以区伟能、区丽儿的港币 520 万元（其中大部分为区伟能毒品犯罪所得），购入广州百叶林木业有限公司的 60% 股权。被告人汪照并协助区伟能运送毒资作为股权转让款。在取得公司控股权后，区丽儿、区

---

① 参见最高人民法院编：《刑事审判参考》，第 37 集，北京，法律出版社，2004。

伟能安排将该公司更名为广州市腾盛木业有限公司，由区丽儿任该公司法定代表人，直接管理财务。被告人汪照挂名出任该公司董事长，除每月领取人民币 5 000 元以上的工资外，区丽儿、区伟能还送给被告人汪照一辆 ML320 越野奔驰小汽车。之后，腾盛木业有限公司以经营木业为名，采用制造亏损账目的手段，掩饰、隐瞒其违法所得的来源与性质，意图将区伟能的毒品犯罪所得转为合法收益。2003 年 3 月 16 日，被告人汪照及同案人被公安人员抓获。

广州市海珠区人民法院认为：被告人汪照受他人指使，为获得不法利益，明知是他人毒品犯罪的违法所得，仍伙同他人以毒资投资企业经营的方式，掩饰、隐瞒该违法所得的非法性质及来源，其行为妨害了我国的金融管理秩序，已构成洗钱罪。被告人汪照曾因犯罪被判处有期徒刑，刑罚执行完毕后五年内再犯罪，是累犯，本应从重处罚。唯被告人汪照在共同犯罪中起辅助作用，是从犯，依法应当从轻处罚。被告人汪照的辩解以及其辩护人的辩护意见因依据不足，本院不予采纳。遂依照《中华人民共和国刑法》第 191 条第 1 款第（5）项、第 65 条、第 27 条之规定，判决如下：（1）被告人汪照犯洗钱罪，判处有期徒刑 1 年 6 月，并处罚金人民币 275 000 元；（2）没收被告人汪照的违法所得 ML320 越野奔驰小汽车一辆（车牌号码为粤 A6S6××）。

一审宣判后，被告人未上诉，公诉机关亦未抗诉，判决发生法律效力。

二、洗钱罪的法理分析

我国 1979 年刑法并未规定洗钱罪。此后随着打击毒品犯罪、走私犯罪和有组织性质犯罪的需要，尤其是随着我国加入相关的国际公约而承担反洗钱的有关国际义务，反洗钱立法的必要性越来越突显。在这种情况下，我国 1997 年刑法规定了洗钱罪。

（一）洗钱罪的立法规定

根据我国刑法第 191 条的规定，洗钱罪是指明知是毒品犯罪、黑社会性质的组织犯罪、恐怖活动犯罪、走私犯罪、贪污贿赂犯罪、破坏金融管理秩序犯罪、金融诈骗犯罪的所得及其产生的收益，为掩饰、隐瞒其来源和性质的行为。

如上所言，我国刑法在 1997 年首次规定了洗钱罪，但此后分别在 2001 年和 2006 年通过刑法修正案的方式对洗钱罪的法律规定作了修改。这充分反映了立法机关对洗钱罪的重视。下面，对洗钱罪的立法演变过程描述如下：

1. 1997 年刑法第 191 条的规定

明知是毒品犯罪、黑社会性质的组织犯罪、走私犯罪的违法所得及其产生的收益，为掩饰、隐瞒其来源和性质，有下列行为之一的，没收实施以上犯罪的违法所得及其产生的收益，处五年以下有期徒刑或者拘役，并处或者单处洗钱数额百分之五以上百分之二十以下罚金；情节严重的，处五年以上十年以下有期徒刑，并处洗钱数额百分之五以上百分之二十以下罚金：

（一）提供资金账户的；

（二）协助将财产转换为现金或者金融票据的；

（三）通过转账或者其他结算方式协助资金转移的；

（四）协助将资金汇往境外的；

（五）以其他方法掩饰、隐瞒犯罪的违法所得及其收益的性质和来源的。

单位犯前款罪的，对单位判处罚金，并对其直接负责的主管人员和其他直接责任人员，处五年以下有期徒刑或者拘役。

上述规定将洗钱罪的上游犯罪限于毒品犯罪、黑社会性质的组织犯罪、走私犯罪。相对来说，这一上游犯罪的范围还是较为狭窄的。在这种情况下，我国学者提出，为加大对犯罪分子的打击力度，维护国家、单位和公民的合法利益，在适当的时候，应通过立法拓宽洗钱罪的上游犯罪的范围。至于究竟将洗钱罪的上游犯罪的范围扩大到所有有经济收益的犯罪还是仅限于一些严重犯罪，存在两种不同的观点：第一种观点认为，拓宽洗钱罪的上游犯罪的范围可分两步走：第一步，从目前的毒品犯罪、黑社会性质的组织犯罪和走私犯罪的违法所得及其产生的收益，扩大到包括诈骗犯罪、行贿受贿犯罪、偷税犯罪、证券犯罪、侵占/敲诈勒索犯罪、挪用公款犯罪、非法吸收公众存款犯罪、盗窃犯罪和抢劫犯罪所得及其产生的收益。第二步，在将来条件成熟时扩大到所有产生经济收益的犯罪。第二种观点认为，应将洗钱罪的上游犯罪的范围从毒品犯罪、黑社会性质的组织犯罪和走私犯罪的违法所得及其产生的收益扩大到所有产生经济收益的犯罪。① 尽管上述两种观点在是将洗钱罪的上游犯罪的范围一步到位地扩大到所有产生经济收益的犯罪，还是分两步地将洗钱罪的上游犯罪范围加以扩大这一点上存在分歧，但在洗钱罪的上游犯罪范围需要进一步扩大上认识是一致的。当然，考虑洗钱罪的上游犯罪范围的扩大问题，应当同时兼顾惩治洗钱犯罪的客观要求与我国的司法能力。

2. 2001 年《刑法修正案（三）》第 7 条的修改

2001 年《刑法修正案（三）》第 7 条将刑法第 191 条关于洗钱罪的规定修改为：

> 明知是毒品犯罪、黑社会性质的组织犯罪、恐怖活动犯罪、走私犯罪的违法所得及其产生的收益，为掩饰、隐瞒其来源和性质，有下列行为之一的，没收实施以上犯罪的违法所得及其产生的收益，处五年以下有期徒刑或者拘役，并处或者单处洗钱数额百分之五以上百分之二十以下罚金；情节严重的，处五年以上十年以下有期徒刑，并处洗钱数额百分之五以上百分之二十以下罚金：
>
> （一）提供资金账户的；
>
> （二）协助将财产转换为现金或者金融票据的；
>
> （三）通过转账或者其他结算方式协助资金转移的；
>
> （四）协助将资金汇往境外的；
>
> （五）以其他方法掩饰、隐瞒犯罪的违法所得及其收益的来源和性质的。

---

① 参见甄进兴：《洗钱犯罪与对策》，116～117 页，北京，东方出版社，2000。

单位犯前款罪的，对单位判处罚金，并对其直接负责的主管人员和其他直接责任人员，处五年以下有期徒刑或者拘役；情节严重的，处五年以上十年以下有期徒刑。

《刑法修正案（三）》将恐怖活动犯罪增加为洗钱罪的上游犯罪，并对情节严重的单位洗钱犯罪中直接负责的主管人员和其他直接责任人员的法定刑，从 5 年以下有期徒刑或者拘役，提高到 5 年以上 10 年以下有期徒刑。从以上两点修改来看，一方面扩大了洗钱罪构成的范围，另一方面提高了对单位洗钱罪的惩治力度。

3. 2006 年《刑法修正案（六）》第 16 条的修改

2006 年《刑法修正案（六）》第 16 条再次对洗钱罪的规定作了修改，修改后的条文为：

明知是毒品犯罪、黑社会性质的组织犯罪、恐怖活动犯罪、走私犯罪、贪污贿赂犯罪、破坏金融管理秩序犯罪、金融诈骗犯罪的所得及其产生的收益，为掩饰、隐瞒其来源和性质，有下列行为之一的，没收实施以上犯罪的所得及其产生的收益，处五年以下有期徒刑或者拘役，并处或者单处洗钱数额百分之五以上百分之二十以下罚金；情节严重的，处五年以上十年以下有期徒刑，并处洗钱数额百分之五以上百分之二十以下罚金：

（一）提供资金账户的；

（二）协助将财产转换为现金、金融票据、有价证券的；

（三）通过转账或者其他结算方式协助资金转移的；

（四）协助将资金汇往境外的；

（五）以其他方法掩饰、隐瞒犯罪所得及其收益的来源和性质的。

单位犯前款罪的，对单位判处罚金，并对其直接负责的主管人员和其他直接责任人员，处五年以下有期徒刑或者拘役；情节严重的，处五年以上十年以下有期徒刑。

《刑法修正案（六）》进一步地扩大了洗钱罪的上游犯罪范围，将贪污贿赂犯罪、破坏金融管理秩序犯罪、金融诈骗犯罪纳入洗钱罪的上游犯罪，并将行为方式第 2 项中的"协助将财产转换为现金或者金融票据"修改为"协助将财产转换为现金、金融票据、有价证券"。立法机关在论及上述扩大洗钱罪的上游犯罪范围的修改理由时指出：

> 近年来，对贪污贿赂犯罪、破坏金融管理秩序犯罪和金融诈骗犯罪的所得及其收益进行洗钱的犯罪活动日益频繁，不仅破坏了我国金融秩序，而且危害到经济安全和社会稳定。同时，在经济全球化和资本流动国际化的背景下，洗钱活动具有跨国（境）性，国际社会也加强了反洗钱的国际合作。我国已经批准加入的《联合国禁止非法贩运麻醉药品和精神药物公约》《联合国打击跨国有组织犯罪公约》《联合国反腐败公约》等，均明确要求各成员国将对毒品犯罪、腐败犯罪以及一些严重犯罪的所得及收益进行掩饰、隐瞒的行为在国内法中列为犯罪予以惩处。为了适应打击洗钱犯罪的需要，更好地承担国际公约义务，刑法修正案（六）将贪污贿赂犯罪、破坏金融管理秩序犯罪、金融诈骗犯罪增加规定为洗钱罪的上游犯罪，加大了对这些洗钱犯罪的打击力度。①

由此可见，打击洗钱犯罪的需要和承担国际公约义务，是推动洗钱罪立法修改的动因。

4. 2020 年《刑法修正案（十一）》第 14 条的修改

2020 年《刑法修正案（十一）》第 14 条又次对洗钱罪的规定作了修改，修改后的条文为：

> 为掩饰、隐瞒毒品犯罪、黑社会性质的组织犯罪、恐怖活动犯罪、走私犯罪、贪污贿赂犯罪、破坏金融管理秩序犯罪、金融诈骗犯罪的所得及其产生的收益的来源和性质，有下列行为之一的，没收实施以上犯罪的所得及其产生的收益，处五年以下有期徒刑或者拘役，并处或者单处罚金；情节严重的，处五年以上十年以下有期徒刑，并处罚金：
>
> （一）提供资金账户的；
>
> （二）将财产转换为现金、金融票据、有价证券的；

---

① 胡康生、郎胜主编：《中华人民共和国刑法释义》，3 版，290 页，北京，法律出版社，2006。

（三）通过转账或者其他支付结算方式转移资金的；

（四）跨境转移资产的；

（五）以其他方法掩饰、隐瞒犯罪所得及其收益的来源和性质的。

单位犯前款罪的，对单位判处罚金，并对其直接负责的主管人员和其他直接责任人员，依照前款的规定处罚。

《刑法修正案（十一）》第 14 条对洗钱罪的修订主要表现为以下三个方面：

第一，将自洗钱行为纳入洗钱罪的范围。所谓自洗钱是相对于他洗钱而言的，他洗钱是指为他人洗钱。原刑法规定的洗钱行为是以明知是毒品犯罪、黑社会性质的组织犯罪、恐怖活动犯罪、走私犯罪、贪污贿赂犯罪、破坏金融管理秩序犯罪、金融诈骗犯罪的所得及其产生的收益，为掩饰、隐瞒其来源和性质作为洗钱罪的主观要素的，因而是为掩饰、隐瞒他人犯罪而进行洗钱。而且，客观上的洗钱行为也都表现为为他人洗钱的含义。例如刑法所列举的洗钱行为的第 2 项：协助将财产转换为现金、金融票据、有价证券的；第 3 项：通过转账或者其他结算方式协助资金转移的；第 4 项：协助将资金汇往境外的规定中，都有"协助"一词，这就表明是为他人掩饰、隐瞒他人犯罪而实施的洗钱行为。但《刑法修正案（十一）》取消了主观上明知的规定，并且删除了客观上协助洗钱的表述。在这种情况下，洗钱行为就分为两种情形：一种是他洗钱，另一种是自洗钱。在行为人实施自洗钱的情况下，应当与本人所实施的上游犯罪实行数罪并罚。

第二，取消原刑法中对洗钱罪规定的倍比罚金制，修改为无限额罚金制。所谓倍比罚金制，是指罚金数额按照犯罪数额的一定比例加以规定。原刑法规定的洗钱罪罚金是：第一个量刑幅度为："处五年以下有期徒刑或者拘役，并处或者单处洗钱数额百分之五以上百分之二十以下罚金"；第二个量刑幅度为："情节严重的，处五年以上十年以下有期徒刑，并处洗钱数额百分之五以上百分之二十以下罚金"。在此，罚金数额是按照洗钱数额的一定倍数确定的。现在，《刑法修正案（十一）》则取消了倍数罚金制的规定，对罚金数额不再进行限制，因而属于无限额罚金制。规定洗钱罪的单位犯罪按照个人犯罪处罚，并对单位犯罪增加设置了罚金，以此加强对洗钱罪的单位犯罪的处罚。原刑法对洗钱罪的单位犯罪中的直接负责的主管人员和直接责任人员专门设立了法定刑,当然,该法定刑的幅度与个人洗钱罪的是相同的。但原刑法对洗钱罪的单位犯罪没有规定罚金刑,就此而言,对洗钱罪的单位犯罪处罚要轻于个人犯罪。《刑法修正案(十一)》明确规定,单位犯洗钱罪的,对单位判处罚金,并对其直接负责的主管人员和其他直接责任人员依照个人犯罪的规定处罚。这一规定,对洗钱罪的个人犯罪与单位犯罪同等处罚,具有一定的合理性。

(二)洗钱罪的构成特征

根据我国刑法第 191 条的规定,洗钱罪具有以下构成特征:

1. 行为特征

洗钱罪的行为是掩饰、隐瞒上游犯罪的所得及其产生的收益的来源和性质。洗钱的本质是将非法收入予以合法化。正如我国学者指出:所谓洗钱(money laundering),是指隐瞒或掩饰犯罪收益并使之表面来源合法化的活动和过程。[①] 犯罪分子为了掩饰、隐瞒犯罪所得及其产生的收益的来源和性质,往往采取各种手段。我国刑法列举了以下五种行为方式:

(1)提供资金账户。

提供资金账户,是指为犯罪分子提供银行或者其他金融机构的账户编号,为其转移非法资金提供便利条件。这里的提供资金账户,既包括将现有的资金账户提供给犯罪人使用,也包括专门为犯罪人开设资金账户。这里的资金账户,既包括银行的存款账户、储蓄账户,也包括银行的信用卡账户、外汇账户,还包括其他金融机构,例如证券公司的股票交易账户、期货公司的期货交易账户等。

(2)将财产转换为现金、金融票据、有价证券。

将财产转换为现金、金融票据、有价证券,是指将犯罪所得的财产通过交易的方式转换为现金或者汇票、本票、支票等金融票据或者股票、债券、邮票等有价证券。

(3)通过转账或者其他支付结算方式转移资金的,通过转账或者其他结算方式转移资金,是指利用支票、本票、汇票等金融票据,或者利用汇兑、委托收款以及电子资金划拨等方法将犯罪所得及其收益从一个账户转到另一个账户。

---

① 参见邵沙平等:《控制洗钱及相关犯罪法律问题研究》,13 页,北京,人民法院出版社,2003。

（4）跨境转移资金。跨境转移资金，是指以各种方式将犯罪所得资金转移到境外的国家或地区，兑换成外币、购买财产或以国外亲友名义存入银行。

（5）以其他方法掩饰、隐瞒犯罪所得及其收益的来源和性质。

这是一个兜底性的条款，是指通过将犯罪所得投资于各种行业进行合法经营，将非法获得的收入注入合法收入，或者用犯罪所得购买不动产等各种手段，掩饰、隐瞒犯罪所得及其收益的来源和性质。因为洗钱的行为是掩饰、隐瞒犯罪所得及其收益的来源和性质，刑法所列举的只是这一行为所采用的常见方式，因而只要行为符合掩饰、隐瞒犯罪所得及其收益的来源和性质这一本质特征，无论采用何种方式都具备本罪的行为特征。

2. 客体特征

洗钱罪的客体是指上游犯罪的犯罪所得及其产生的收益。这里的上游犯罪是相对于下游犯罪而言的，上游犯罪是原生罪或者本罪，下游犯罪则是派生罪。如前所述，我国刑法规定洗钱罪的上游犯罪规定了以下七种情形：

（1）毒品犯罪。

这里的毒品犯罪，是指我国刑法分则第六章第七节规定的走私、贩卖、运输、制造毒品罪。共计以下 12 个罪名：走私、贩卖、运输、制造毒品罪，非法持有毒品罪，包庇毒品犯罪分子罪，窝藏、转移、隐瞒毒品、毒赃罪，非法生产、买卖、运输制毒物品、走私制毒物品罪，非法种植毒品原植物罪，非法买卖、运输、携带、持有毒品原植物种子、幼苗罪，引诱、教唆、欺骗他人吸毒罪，强迫他人吸毒罪，容留他人吸毒罪，非法提供麻醉药品、精神药品罪，妨害兴奋剂管理罪。上述毒品犯罪绝大多数可以归入洗钱罪的上游犯罪，但包庇毒品犯罪分子罪和窝藏、转移、隐瞒毒品、毒赃罪等本身具有下游犯罪即派生罪的特征，我认为这些犯罪在客观上不可能成为洗钱罪的上游犯罪。

（2）黑社会性质的组织犯罪。

这里的黑社会性质的组织犯罪，到底是指我国刑法规定的组织、领导、参加黑社会性质组织罪，入境发展黑社会组织罪，包庇、纵容黑社会性质组织罪，还是指以黑社会性质组织的形式所犯的盗窃、抢劫、敲诈勒索等各种犯罪，在刑法理论上存在争议。① 我认为，组织、领导、参加黑社会性质的组织等犯罪本身不可能具有犯罪所得及其收益，只有以黑社会性质组织形式犯盗窃、抢劫、敲诈勒索等各种财产犯罪与经济犯罪，才可能具有非法所得及其收益。因此，作为洗钱罪的上游犯罪，黑社会性质的组织犯罪是指以黑社会性质组织的形式所犯的其他犯罪。

（3）恐怖活动犯罪。

我国刑法第 120 条规定了组织、领导、参加恐怖组织罪。那么，作为洗钱罪的上游犯罪，恐怖活动犯罪是指组织、领导、参加恐怖组织罪，还是指以恐怖活动组织的形式所犯的其他犯罪？我认为，应当是指后者，即以恐怖活动犯罪的形式实施的其他犯罪的所得及其收益。

（4）走私犯罪。

这里的走私犯罪，是指我国刑法分则第三章第二节规定的走私罪。共计以下 10 个罪名：走私武器、弹药罪，走私核材料罪，走私假币罪，走私文物罪，走私贵重金属罪，走私珍贵动物、珍贵动物制品罪，走私国家禁止进出口的货物、物品罪，走私淫秽物品罪，走私废物罪，走私普通货物、物品罪。

（5）贪污贿赂犯罪。

这里的贪污贿赂犯罪，是指我国刑法分则第八章规定的贪污贿赂罪。共计以下 14 个罪名：贪污罪，挪用公款罪，受贿罪，单位受贿罪，利用影响力受贿罪，行贿罪，对有影响力的人行贿罪，对单位行贿罪，介绍贿赂罪，单位行贿罪，巨额财产来源不明罪，隐瞒境外存款罪，私分国有资产罪，私分罚没财物罪。

（6）破坏金融管理秩序犯罪。

这里的破坏金融管理秩序犯罪，是指我国刑法分则第三章第四节规定的破坏金融管理秩序罪，但洗钱罪本身除外。共计以下 30 个罪名：伪造货币罪，出售、购买、运输假币罪，金融工作人员购买假币、以假币换取货币罪，持有、使用假币罪，变造货币罪，擅自设立金融机构罪，伪造、变造、转让金融机构经营许可证、批准文件罪，高利转贷罪，骗取贷款、票据承兑、金融票证罪，非法吸收公众存款

---

① 参见王作富主编：《刑法分则实务研究》，3 版，上册，581～582 页，北京，中国方正出版社，2007。

罪，伪造、变造金融票证罪，妨害信用卡管理罪，窃取、收买、非法提供信用卡信息罪，伪造、变造国家有价证券罪，伪造、变造股票、公司、企业债券罪，擅自发行股票、公司、企业债券罪，内幕交易、泄露内幕信息罪，利用未公开信息交易罪，编造并传播证券、期货交易虚假信息罪，诱骗投资者买卖证券、期货合约罪，操纵证券、期货市场罪，背信运用受托财产罪，违法运用资金罪，违法发放贷款罪，吸收客户资金不入账罪，违规出具金融票证罪，对违法票据承兑、付款、保证罪，逃汇罪，骗购外汇罪，洗钱罪。

（7）金融诈骗犯罪。

这里的金融诈骗犯罪，是指我国刑法分则第三章第五节规定的金融诈骗罪。共计以下 8 个罪名：集资诈骗罪，贷款诈骗罪，票据诈骗罪，金融凭证诈骗罪，信用证诈骗罪，信用卡诈骗罪，有价证券诈骗罪，保险诈骗罪。

3. 罪责特征

我国刑法规定的洗钱罪只能是故意犯罪，不可以是过失犯罪。至于洗钱罪能否由间接故意构成，在理论上存在争议。但通说认为洗钱罪要求行为人必须是出于掩饰、隐瞒犯罪所得及其收益的来源和性质这一特定目的，即该罪属于目的犯。因此，洗钱罪只能由直接故意构成，间接故意不能构成洗钱罪。[①] 上述观点有一定道理，但能否认为洗钱罪是目的犯，尚值得商榷。因为洗钱罪的行为本身就是掩饰、隐瞒犯罪所得及其收益的来源和性质，不能同时又把这一内容当作主观的超过要素——目的犯的目的。在刑法条文中出现"为掩饰、隐瞒其来源和性质"一语，容易使人误解为是主观目的，但它实际上是对刑法所列举的五种洗钱的具体方式所加的限制，因而洗钱罪不同于刑法理论上的目的犯。

三、裁判理由的评判

汪照洗钱案是我国司法机关处理的一起较为典型的洗钱案，被告人汪照采用协

---

① 参见王作富主编：《刑法分则实务研究》，3 版，上册，586 页，北京，中国方正出版社，2007。

助犯罪分子将其毒品犯罪所得资金以投入企业经营的方式掩饰犯罪所得的来源与性质，是一种洗钱行为。但在本案的审理当中，也有三个存在争议的问题，对此，本案的裁判理由进行了论述。

（一）关于洗钱罪的明知问题

在本案的审理过程中，被告人汪照辩称，自己对于区伟能的投资款是毒资不存在明知。对此，裁判理由的结论性意见是：明知不以确知为限，既可以是确定性认识，也可以是可能性认识。具体论证如下：

　　根据刑法第191条及刑法修正案（三）第7条的规定①，洗钱罪的构成需以行为人对作为洗钱对象的毒品犯罪、黑社会性质的组织犯罪、恐怖活动犯罪、走私犯罪（以下称四类上游犯罪）的违法所得及其产生的收益具有主观明知为要件。可见，主观明知是成立洗钱罪的一个前提条件。应当说，对于洗钱罪中明知要件的理解，理论和实务界在其对象内容及程度要求上均存在一定的分歧。比如，在明知的对象内容方面，就存在一切犯罪所得及收益、概括的四类上游犯罪所得及收益、具体的四类上游犯罪所得及收益等不同意见；在明知的程度方面，也存在确定性认识、可能性认识等不同意见。对此，我们认为应当结合我国洗钱罪的刑事立法及刑法一般理论来加以理解和把握。具体言之，对于洗钱罪中明知的对象内容，行为人对属于四类犯罪的违法所得及其产生的收益具有概括性认识即告充足。首先，这是由我国刑事立法的特点决定的，不同于将是否属于特定的上游犯罪所得作为客观要件，以认识到系非法所得为主观要件的国外一些立法例，我国刑事立法对洗钱罪的明知对象作出了清楚的表述，在现有的立法框架内不存在将明知的对象扩大至所有犯罪所得的理解空间。其次，将明知对象内容严格限定为四类上游犯罪中的具体类别犯罪的违法所得及其产生的收益，与我国刑法关于认识错误的一般理论不符。行为人在四类

---

　　① 本案的审理时间是2003年，系在《刑法修正案（六）》颁布以前，因此，本案审理的法律根据是《刑法修正案（三）》。特此说明。

上游犯罪的范围内将此类犯罪所得及收益误认为彼类犯罪所得，因两者在法律性质上是一致的，不属对犯罪构成要件对象的认识错误，故不应影响案件的定性。相反，如行为人将四类上游犯罪所得及收益误认为系其他犯罪所得及收益的，因存在法定构成要件的认识错误，则不应以洗钱罪定罪处罚。对于明知的程度，我们认为，明知不等于确知，尽管确定性认识和可能性认识存在程度上的差异，但两者都应纳入明知的范畴。只要证明行为人在当时确实知道或者根据事实足可推定行为人对于所经手的财产系四类上游犯罪所得的赃款的可能性有所认识，都可成立明知。同时应注意避免以应当知道的证明取代对于可能性明知的证明，后者属于实然层面上的心理状态，前者属于应然层面上的注意义务，两者不可混为一谈。至于明知的具体认定，一般可以综合行为人的主观认识，接触赃物的时空环境，赃物的种类、数额，赃物交易、运送的方式、方法及行为人的一贯表现等主、客观因素进行具体判断。

在本案中，主观方面，被告人汪照明知区丽儿的弟弟区伟能从事毒品犯罪，基于自己的分析和判断，其主观上对二区的投资款系毒资的可能性具有一定认识；客观方面区伟能、区丽儿一次性支付港币 520 万元股权转让款，数额巨大且全部为现金支付，期间无偿赠与其 ML320 越野奔驰高档小汽车一辆，结合被告人汪照曾因犯偷税罪被判处有期徒刑四年的前科历史，故认定其对 520 万元投资款属于毒品犯罪所得具有主观明知，是符合客观实际的。

上述裁判理由实际上涉及两个既互相区别又互相联系的问题：一是如何理解明知，二是如何认定明知。

关于如何理解明知，我国刑法学界存在争议，主要存在两种观点：第一种观点是任意犯罪所得的明知说，第二种观点是法定犯罪所得的明知说。[①] 对此，裁判理由是赞同第二种观点的。应该说，这一观点具有法律根据。因为从刑法条文的表述

---

①　参见王作富主编：《刑法分则实务研究》，3 版，上册，586 页，北京，中国方正出版社，2007。

来看，洗钱罪的明知内容是刑法所规定的上游犯罪所得，这一明知的内容是特定的，并非泛指所有犯罪所得。当然，我国刑法规定的洗钱罪的明知内容虽然是法定的上游犯罪所得，但刑法规定的上游犯罪往往是类罪。就此而言，洗钱罪中的明知又不要求对个罪所得及其收益要有认识。

关于如何认定明知，涉及明知的程度问题。在我国刑法学界，对于明知程度存在确定说、可能说、知道和应当知道说、充足理由怀疑说等观点。[①] 对此，裁判理由实际上采纳的是知道和应当知道说，裁判理由中具体表述为确定性认识和可能性认识。在确定性认识的情况下，这种明知是有证据证明的，因而是确定无疑的。而在可能性认识的情况下，这种明知是需通过推定加以认定的。在本案中，裁判理由通过综合主客观各种因素，推定被告人汪照对投资款性质具有明知。这对于洗钱罪明知要件的认定具有重要参考价值。

（二）关于洗钱罪与上游犯罪之间的关系

这个问题同样涉及两个既互相联系又互相区分的问题：一是上游犯罪的行为人能否构成洗钱罪，二是上游犯罪的共犯能否构成洗钱罪。对于这个问题，裁判理由是以这样一种方式提出问题的：洗钱罪与其上游犯罪的主体能否同一？或者说，洗钱罪的主体是否包括上游犯罪行为人在内？对此，裁判理由作了以下回答：

> 我们认为，基于我国的刑事立法特点及吸收犯的一般理论，洗钱罪的犯罪主体应限定在上游犯罪以外的自然人或者单位，对于那些既从事上游毒品等犯罪又参与从事下游洗钱行为的自然人或者单位，按照吸收犯的处理原则，一般情况下仅追究其上游犯罪（重罪）刑事责任即可，不宜再行追究洗钱罪的刑事责任，尽管相关国际公约及多数国外刑事立法持相反立场。主要理由如下：第一，从刑法第一百九十一条关于洗钱罪的主、客观要件的设定逻辑上看，洗钱罪的主观方面为明知，客观方面为提供资金账户等协助行为，该两者规定均带有针对上游犯罪分子的明显倾向性。只有上游犯罪分子以外的其他人才存在对财产是否属于四类上游犯罪违法所得

---

① 参见王作富主编：《刑法分则实务研究》，3 版，上册，586 页，北京，中国方正出版社，2007。

及其产生的收益存在明知与否的问题，而四类上游犯罪分子本人对自己的财产来源应当说是清楚的；同时，也只有上游犯罪分子以外的其他人才谈得上提供、协助问题，如果是为自己洗钱，自然无从谈起提供或者协助的问题。第二，洗钱行为属于上游犯罪的自然延伸，洗钱罪与其上游犯罪存在着依附从属及阶段性关系，尽管存在两个犯罪行为，但因属于吸收犯，根据重罪吸收轻罪的处理原则，对于此类行为，以上游犯罪一罪处理未尝不可。洗钱行为是继起行为，即洗钱必须以四类上游犯罪的先前存在为先决条件，洗钱行为依附于上游犯罪行为而存在。没有上游犯罪和犯罪所得及其产生的收益，就不会有需要清洗的黑钱，洗钱行为也就无从谈起。同时，也正是洗钱行为的存在，才使上游犯罪分子安全顺利地循环使用黑钱的目的得以实现，洗钱犯罪与其上游犯罪二者间存在着相互依存的关系。基于此，本案未再单独追究毒品犯罪分子区伟能洗钱罪的刑事责任，是符合我国洗钱罪的刑事立法实际的。

对于上述观点，我认为是正确的。尽管在洗钱罪与上游犯罪之间存在较为紧密的联系，但两者之间的区别也是极为明显的。洗钱罪相对于本罪的上游犯罪来说，是刑法理论上的连累犯。连累犯是指事前与他人没有通谋，在他人犯罪以后，明知他人的犯罪情况，而故意地以各种形式予以帮助，依法应受处罚的行为。① 因此，连累犯是区别于共犯的，上游犯罪的共犯与连累犯只能择其一而成立。在这个意义上，洗钱罪的主体与上游犯罪的行为人难以同一。从刑法条文的表述来看，洗钱行为都是以协助为特征的，其客体只能是他人。因此，上游犯罪的行为人对本人犯罪所得及其收益进行掩饰或者隐瞒的，是一种不可罚的事后行为，不能单独成立洗钱罪。

与此同时，被告人汪照还提出辩解，如本案有同案人，应属共同犯罪，在其他同案犯未被认定的情况下不能就此认定被告人构成洗钱罪。在此首先应当明确，洗钱罪的主体与上游犯罪的行为人有可能是同案犯，但他们之间并不构成共同犯罪。

---

① 参见陈兴良：《共同犯罪论》，2版，426页，北京，中国人民大学出版社，2006。

在这一前提下，提出一个值得研究的问题：在上游犯罪的行为人未被定罪的情况下，能否认定洗钱罪？对于这个问题，汪照洗钱案的裁判理由中未加以论述。但在潘儒民洗钱案中，其裁判理由认为，上游犯罪行为人未定罪判刑，洗钱行为人犯罪的证据确实、充分的，可以认定洗钱罪。具体论证如下[①]：

> 洗钱罪与上游犯罪的关系密不可分，可以说，如果没有上游犯罪，就没有洗钱罪和掩饰、隐瞒犯罪所得、犯罪所得收益罪这些下游犯罪、派生犯罪。那么，是否必须上游犯罪行为人已经法院定罪判刑，才能认定洗钱罪？答案是否定的。我们认为，只要有证据证明确实发生了刑法第 191 条明文规定的上游犯罪，行为人明知系上游犯罪的所得及其产生的收益，仍然实施为上游犯罪行为人提供资金账户、协助将财产转换为现金等掩饰、隐瞒其来源和性质的帮助行为的，就可以认定洗钱罪成立。上游犯罪行为与洗钱犯罪行为虽然具有前后相连的事实特征，但实践中两种犯罪的案发状态、查处及审判进程往往不会同步：有的上游犯罪事实复杂，有的则可能涉及数个犯罪，查处难度大，所需时间长，审判进程必然比较慢；而洗钱行为相对简单，查处难度小；还可能发生实施洗钱行为的人已经抓获归案，上游犯罪的事实已经查清，而上游犯罪行为人尚在逃的情形。从程序角度而言，如果要求所有的洗钱犯罪都必须等到相应的上游犯罪处理完毕后再处理，会造成对这类犯罪打击不力的后果，如一律要求上游犯罪已经定罪判刑才能认定洗钱罪成立既不符合刑法规定，也不符合打击洗钱犯罪的实际需要。从犯罪构成上看，洗钱罪的上游犯罪和洗钱罪虽有联系，但各有不同的犯罪构成，需要分别进行独立评价。上游犯罪在洗钱罪的犯罪构成中，只是作为前提性要素而出现，是认定洗钱行为人的主观故意和客观危害符合刑法第 191 条规定的前提性判断依据，如果根据洗钱罪中的证据足以认定上游行为符合上游犯罪的要件，那么就应当成立洗钱罪。应当注意的是，在上游犯罪行为人尚未归案的情况下，可能难以确定其行为性

[①]　参见最高人民法院编：《刑事审判参考》，第 60 集，5～6 页，北京，法律出版社，2008。

质，此时法院应当慎重处理：只有根据洗钱案件中所掌握的事实和证据，足以断定上游行为属于刑法第 191 条所规定的七种犯罪类型的，才能认定洗钱罪成立；如果根据现有的证据材料，尚难以断定上游行为是否构成犯罪、构成何种犯罪，则不宜认定洗钱罪。因为刑法第 191 条规定了明知要件，如果法院尚不能判断上游行为是否构成犯罪，以及是否属于特定的七类犯罪，就无法断定洗钱行为人是否明知系七类犯罪所得及其收益而实施洗钱行为。当然，如果根据证据足以断定上游犯罪属于七类犯罪以外的其他犯罪的，可以依法认定为刑法第 312 条所规定的掩饰、隐瞒犯罪所得、犯罪所得收益罪。

对于上述裁判理由我是赞同的。关于洗钱罪成立是否以上游犯罪的成立为前提，涉及实体法与程序法两个方面的问题。从实体法的角度来看，上游犯罪是本犯，洗钱罪为连累犯，后者构成犯罪是否以前者构成犯罪为前提呢？对此，在一般情况下，回答是肯定的。在个别情况下，虽然行为人实施了上游犯罪行为，但由于缺乏罪责或者罪量要件而不构成犯罪，而如果洗钱罪的主体是职业犯，专门从事洗钱活动，则在这种情况下，洗钱罪是可以单独成立犯罪的。从程序法的角度来说，上游犯罪没有经过刑事诉讼程序被定罪处刑，洗钱罪能否先于上游犯罪通过刑事诉讼程序被定罪处刑？对此，回答也是肯定的。当然，应当以有证据证明洗钱罪的成立为前提。如果因为上游犯罪的行为人未被抓捕，难以证明洗钱罪成立，则当然不能在没有证据的情况下认定被告人犯有洗钱罪。

（三）洗钱罪与赃物犯罪的区分

在洗钱罪的认定中，如何与赃物犯罪相区分，是一个十分复杂的问题。从立法演变过程来看，我国刑法中的赃物犯罪存在着一个从妨害司法的犯罪逐渐地向洗钱犯罪转化的趋势。1990 年全国人大常委会《关于禁毒的决定》（已失效）第 4 条曾经将毒品犯罪的赃物犯罪与洗钱犯罪规定在同一条文之中，其内容是：

　　包庇走私、贩卖、运输、制造毒品的犯罪分子的，为犯罪分子窝藏、转移、隐瞒毒品或者犯罪所得的财物的，掩饰、隐瞒出售毒品获得财物的非法性质和来源的，处七年以下有期徒刑、拘役或者管制，可以并处罚金。

在上述规定中，为犯罪分子窝藏、转移、隐瞒毒品或者犯罪所得的财物是赃物犯罪行为，而掩饰、隐瞒出售毒品获得财物的非法性质和来源是洗钱犯罪行为。因此，这也被认为是我国刑法中最早的洗钱犯罪的立法例，虽没有冠以洗钱罪之名。在1997年刑法修订中，上述规定被一分为二，赃物犯罪被规定在刑法第349条，设置为包庇毒品犯罪分子罪与窝藏、转移、隐瞒毒品、毒赃罪，而洗钱犯罪则经扩大上游犯罪被规定在刑法第191条。在这种情况下，就存在一个洗钱罪与隐瞒毒赃罪的区分问题。对此，汪照洗钱案的裁判理由指出：

洗钱罪与隐瞒毒赃罪的根本区别在于前者所隐瞒的系毒赃的非法性质和来源，后者所隐瞒的系毒赃本身，被告人汪照协助实施的投资及虚构经营亏损等活动，意在将毒赃的非法性质和来源予以合法化，究其行为实质而言，属于洗钱，而非隐瞒毒赃。

根据刑法第349条规定，窝藏、转移、隐瞒毒赃罪是指为犯罪分子窝藏、转移、隐瞒毒品犯罪所得财物的行为。关于洗钱罪与窝藏、转移、隐瞒毒赃罪的界限，实践中把握住以下三个方面即可以得到较好的区分：第一，犯罪对象方面，洗钱行为所指向的对象是包括毒品犯罪在内的四类上游犯罪所得及其收益的非法性质和来源，故不一定直接涉及财物本身；而后者主要是针对毒品犯罪所得的财物而言的，故财物本身为其直接对象。或者说，前者不一定要求对作为犯罪所得或者收益的财物形成物理上的控制，而后者必须使该财物处于行为人的支配、控制范围或者状态之下。第二，行为方式方面，前者表现为将上游犯罪所得及收益通过金融机构等，采用提供资金账户、协助转移财产、转移资金、把资金汇往境外等方法使其具有表面合法化的性质；后者则主要是通过改变赃物的空间位置或者存在状态对赃物进行隐匿或者转移，使侦查司法机关不能或者难以发现，或者妨害司法机关对赃物的追缴，此类行为并无改变赃物非法性质之作用，不具有使之表面合法化的特征。就具体行为方式言之，前者远较后者复杂。第三，主观目的方面，前者的目的是掩饰黑钱的非法来源和性质，使黑钱合法化，此种目的同时也决定了洗钱行为人并不必然要对赃物加以物理上的隐藏，洗钱行为中所表现出的财物就其存在状态而言仍可能具有一定的公开性；而后者的主观目的是逃避司法机关的侦查、追缴，力图藏匿财物，使他人不知该财物的存在，因而后者财物的存在状态具有秘密性。

　　在本案中，尽管存在被告人汪照协助区伟能运送毒赃的行为，但其真实的主观目的并非转移毒赃的空间场所或者隐瞒财物的存在状态，而是通过进一步的投资及虚构经营亏损等活动，对毒赃进行清洗，将其非法性质予以合法化，被告人汪照的行为在本质上属于掩饰、隐瞒毒赃的非法性质和来源，而非仅仅对毒赃进行物理上的隐匿或者转移，结合前述对其主观明知的分析认定，故判决认定被告人汪照构成洗钱罪，具有充分的事实和法律依据。

上述裁判理由对于洗钱罪与隐瞒毒赃罪的区分还是采用了传统的构成要件列举法。我认为，这种方法对于区分此罪与彼罪的作用十分有限，存在不甚了然之弊。现在的问题是：当行为人采取隐瞒毒赃的方法进行洗钱的时候，到底如何区分两罪？对此，我国学者采用了法条竞合的分析法，指出：

　　事实上，掩饰、隐瞒毒品等犯罪非法所得及其产生的收益的性质和来源，同样是为了对抗司法相关的追查，因此，针对毒品犯罪所得而实施洗钱行为，往往同时也是一种窝藏、转移、隐瞒毒赃的特别行为，但这两个罪之间并非特别法条和普通法条之间的特别竞合关系，因为这两个罪之间并非全部包容，而只是部分交叉，属交叉关系的法规竞合，应适用重法优于轻法的原则。[①]

我认为，这一分析是可行的。从内容上来说，同样是窝藏、转移、隐瞒毒赃的行为，如果主观上是对抗司法机关的追查，就是赃物犯罪；如果主观上是掩饰、隐

---

① 王作富主编：《刑法分则实务研究》，3 版，上册，587 页，北京，中国方正出版社，2007。

瞒毒品犯罪所得及其产生的收益的性质和来源，就是洗钱犯罪。可见，两种犯罪的区分在很大程度上取决于行为人的主观目的。这两种目的本身存在重合性：后者必然以前者为前提。在这种情况下，两罪分设的必要性就十分可疑。值得借鉴的是，我国刑法中的普通赃物犯罪已经被修改为洗钱性质的犯罪。我国 1997 年刑法第 312 条原条文规定：

> 明知是犯罪所得的赃物而予以窝藏、转移、收购或者代为销售的，处三年以下有期徒刑、拘役或者管制，并处或者单处罚金。

及至 2006 年，全国人大常委会通过的《刑法修正案（六）》第 19 条将上述条文修改为：

> 明知是犯罪所得及其产生的收益而予以窝藏、转移、收购、代为销售或者以其他方法掩饰、隐瞒的，处三年以下有期徒刑、拘役或者管制，并处或者单处罚金；情节严重的，处三年以上七年以下有期徒刑，并处罚金。

2009 年 2 月 28 日全国人大常委会通过的《刑法修正案（七）》第 10 条规定，在刑法第 312 条中增加 1 款作为第 2 款：

> 单位犯前款罪的，对单位判处罚金，并对其直接负责的主管人员和其他直接责任人员，依照前款的规定处罚。

在修改以后，传统的赃物犯罪罪名——窝藏、转移、收购、销售赃物罪——被改为掩饰、隐瞒犯罪所得、犯罪所得收益罪，立法机关在论及《刑法修正案（六）》的修改背景时指出：

> 立法部门经过研究认为，除这一条（指第 191 条——引者注）的对几种严重犯罪的所得进行洗钱的犯罪外，按照我国刑法第 312 条的规定，明知是任何犯罪所得而予以窝藏、转移、收购或者代为销售的，都是犯罪，应当依法追究刑事责任，只是没有适用洗钱罪的具体罪名。为进一步明确犯罪界限，以利于打击对其他犯罪的违法所得予以掩饰、隐瞒的行为，刑法修正案（六）同时对刑法第 312 条的规定作了必要的补充修改。这样，根据我国刑法规定，对于涉及洗钱方面的犯罪都可以追究刑事责任，只是

根据上游犯罪的不同适用不同的条文、罪名，处罚也有所不同。①

由此可见，洗钱罪与掩饰、隐瞒犯罪所得、犯罪所得收益罪之间存在并列关系，都具有洗钱犯罪的性质：刑法第 191 条规定的洗钱罪是狭义上的洗钱罪，即毒品犯罪、黑社会性质的组织犯罪、恐怖活动犯罪、走私犯罪、贪污贿赂犯罪、破坏金融管理秩序犯罪、金融诈骗犯罪的洗钱罪。而刑法第 312 条规定的掩饰、隐瞒犯罪所得、犯罪所得收益罪则是上述七种上游犯罪以外的犯罪的洗钱罪，这是一种广义上的洗钱罪。

当然，这里还存在一个值得研究的问题：洗钱罪规定在我国刑法分则第三章第四节"破坏金融管理秩序罪"中，而掩饰、隐瞒犯罪所得收益罪规定在我国刑法分则第六章第二节"妨害司法罪"中，这两种犯罪侵害的法益有所不同：前者以侵害金融管理秩序为主，同时也会侵害司法活动；后者以侵害司法活动为主，同时也会侵害金融管理秩序。这两种犯罪不仅在侵害法益上存在这种区分，而且同受到上游犯罪的限制。因此，潘儒民洗钱案的裁判理由指出：

> 区分洗钱罪与掩饰、隐瞒犯罪所得、犯罪所得收益罪还应当注意的一点是，并非所有为刑法第 191 条规定的犯罪掩饰、隐瞒犯罪所得的，都构成洗钱罪。因为刑法第 191 条规定了洗钱罪的五种行为方式，即提供资金账户；协助将财产转换为现金、金融票据、有价证券；通过转账或者其他结算方式协助资金转移；协助将资金汇往境外；以其他方式掩饰、隐瞒犯罪所得及其收益的来源和性质。洗钱罪位列于刑法分则第三章第四节破坏金融管理秩序罪中，因此成立洗钱罪要求其行为必须造成对国家金融管理秩序的侵害，这是构成本罪客体要件的必然要求。从刑法第 191 条列举的上述几种行为方式可以看出，前四种行为方式均借助了金融机构的相关行为，虽然第五种行为方式作为兜底条款没有明确指出具体方式，但从洗钱罪侵害的客体出发，实践中认定是否属于该种行为仍需要该行为体现出对国家金融管理秩序的侵害。如果行为人所实施的掩饰、隐瞒行为并未侵犯

---

① 胡康生、郎胜主编：《中华人民共和国刑法释义》，3 版，290 页，北京，法律出版社，2006。

国家的金融监管秩序，例如行为人明知某一贵重物品系他人受贿所得，仍帮助他人窝藏、转移该物品，以逃避司法机关的查处，该行为主要侵害了司法机关的查处活动，并未侵害国家的金融监管秩序，因此不能认定符合刑法第 191 条规定的第五种行为方式，而是属于刑法第 312 条所规定的窝藏、转移赃物行为，应当认定为掩饰、隐瞒犯罪所得罪，而非洗钱罪。[①]

从以上论述可以看出，破坏金融管理秩序这一性质，形成了对刑法第 191 条第五种行为方式即其他掩饰、隐瞒犯罪所得及其收益的来源和性质的方法的某种限制。这里的其他方法必须具有破坏金融管理秩序罪的性质，如果不具有这种性质，即使是为刑法第 191 条规定的七种上游犯罪掩饰、隐瞒犯罪所得及其收益的来源和性质，也不构成洗钱罪，而构成掩饰、隐瞒犯罪所得、犯罪所得收益罪。如果为刑法第 191 条规定的七种上游犯罪以外的其他犯罪掩饰、隐瞒犯罪所得及其收益的来源和性质，则即使具有破坏金融管理秩序的性质，也不构成洗钱罪，而构成掩饰、隐瞒犯罪所得、犯罪所得收益罪。这是对洗钱罪与掩饰、隐瞒犯罪所得、犯罪所得收益罪之间关系的补充性说明，对于洗钱罪的认定具有重要意义。

[①]　最高人民法院编：《刑事审判参考》，第 60 集，8～9 页，北京，法律出版社，2008。

第3章
侵犯人身权利罪

第1节　教唆或者帮助他人自杀行为之定性研究

案名：邵建国故意杀人案
主题：故意杀人罪　自杀相关行为

教唆或者帮助他人自杀的行为，在刑法理论上，也称为自杀相关行为。在我国刑法中，自杀行为并非犯罪。但对于教唆或者帮助他人自杀的行为如何处理，是一个值得研究的问题。本节以邵建国故意杀人案①为分析对象，对自杀相关行为的定性问题进行探讨。

一、案情及诉讼过程

被告人邵建国，男，宁夏回族自治区银川市人，原系银川市公安局城

---

① 本案刊载于最高人民法院中国应用法学研究所编：《人民法院案例选（刑事卷）》（1992—1996年合订本），279~283页，北京，人民法院出版社，1997。

区分局文化街派出所民警。1991 年 8 月 29 日被逮捕。

1990 年 4 月 30 日,被告人邵建国与本所部分干警及联防队员沈某(女),应邀到苏某家喝酒。喝完酒后,几个人一起在返回派出所的途中,与邵建国的妻子王某相遇。王某原来就怀疑邵建国与沈某关系暧昧,看到邵与沈又在一起,更加怀疑邵、沈的关系不正常,便负气回家。当晚 7 时许,邵建国与王某在家中为此事争吵不休。争吵中邵建国说:"我不愿见到你。"王某说:"你不愿见我,我也不想活了,我死就是你把我逼死的。"邵说:"你不想活了,我也不想活了,我们两个一起死。"邵把自己佩带的五四式手枪从枪套里取出,表示要与王某一起自杀。王某情绪激动地说:"要死我就死,你别死,我不想让儿子没爹没妈"。王某两次上前与邵夺枪没有夺到手,邵即持枪进入卧室。王某跟进去说:"要死我先死。"邵说:"我不会让你先死的,要死一块死,你有什么要说的,给你们家写个话。"王某便去写遗书,邵在王快写完时自己也写了遗书。随后,王对邵说:"你把枪给我,我先打,我死后你再打。"邵从枪套上取下一颗子弹上了膛,使手枪处于一触即发的状态。王某见此情景,便从邵手中夺枪。在谁也不肯松手的情况下,邵建国把枪放在地上用脚踩住。此时,王某提出和邵一起上床躺一会儿,邵表示同意,但没有把地上的枪拣起。邵躺在床里边,王躺在床外边,两人又争执了一会儿。晚 10 时许,王某起身说要下床做饭,并说:"要死也不能当饿死鬼。"邵建国坐起来双手扳住王某的双肩,不让王捡枪。王说把枪捡起来交给邵,邵便放开双手让王去捡枪。王某捡起枪后,即对准自己的胸部击发。邵见王开枪自击后,发现王胸前有一黑洞,立即喊后院邻居贾某等人前来查看,同时将枪中的弹壳退出,把枪装入身上的枪套。王某被送到医院,经检查已经死亡。经法医尸检、侦查实验和复核鉴定,王某系枪弹近距离射击胸部,穿破右心室,导致急性失血性休克死亡,属于自己持枪击发而死。

银川市人民检察院以被告人邵建国犯故意杀人罪向银川市中级人民法院提起公诉,王某之父王某宽提起附带民事诉讼,要求被告人邵建国赔偿其为王某办理丧葬等的费用共计 1 100 元。

银川市中级人民法院经过公开审理认为，被告人邵建国身为公安人员，明知其妻王某有轻生念头而为王某提供枪支，并将子弹上膛，对王某的自杀在客观上起了诱发和帮助的作用，在主观上持放任的态度，其行为已构成故意杀人罪，应负刑事责任。由被告人邵建国的犯罪行为所造成的经济损失，邵建国确无赔偿能力。该院依照《中华人民共和国刑法》（1979 年，下同——引者注）第 132 条的规定，于 1992 年 11 月 17 日作出刑事附带民事判决，以故意杀人罪判处被告人邵建国有期徒刑 7 年。

宣判后，被告人邵建国和附带民事诉讼原告王某宽均不服，提出上诉。邵建国的上诉理由是："主观上没有诱发王某自杀的故意，客观上没有帮助王某自杀的行为。"王某宽的上诉理由是：邵建国有赔偿能力。

宁夏回族自治区高级人民法院对本案进行了二审审理。对附带民事诉讼部分，经该院主持调解，邵建国赔偿王某宽 1 100 元已达成协议，并已执行。对刑事诉讼部分，该院认为，上诉人邵建国在与其妻王某争吵的过程中不是缓解夫妻纠纷，而是以"一起死""给家里写个话"和掏出手枪等言辞举动激怒对方。在王某具有明显轻生念头的情况下，邵建国又将子弹上膛，使手枪处于一触即发的状态，为王某的自杀起了诱发和帮助作用。邵建国明知自己的行为可能发生王某自杀的结果，但他对这种结果持放任态度，以致发生了王某持枪自杀的严重后果。邵建国诱发、帮助王某自杀的行为，已构成故意杀人罪。原审判决事实清楚，证据确实充分，定罪准确，量刑适当，审判程序合法。邵建国的上诉理由不能成立，应予驳回。据此，该院依照《中华人民共和国刑事诉讼法》（1979 年——引者注）第 136 条第（1）项和《中华人民共和国刑法》第 132 条的规定，于1993 年 1 月 14 日裁定如下：驳回邵建国的上诉，维持原审刑事附带民事判决中的刑事判决。

二、争议及评析

本案在审理过程中，对于被告人邵建国的行为是否构成犯罪、构成什么罪，存在以下四种意见：

第一种意见认为：邵建国的行为不构成犯罪。王某是自杀身亡的，邵建国没有杀人的故意，也没有杀人的行为。而且邵、王二人属于相约自杀，王某自杀，邵建国没有自杀，不应追究邵建国的刑事责任。

第二种意见认为：邵建国在与其妻王某争吵的过程中，拿出手枪，将子弹上膛，对王某拿枪自杀制止不力，并非故意杀人。但邵建国违反枪支佩带规定，造成了社会危害，后果严重，应比照刑法第一百八十七条的规定，类推定违反枪支佩带规定致人死亡罪。

第三种意见认为，邵建国的行为与刑法规定的故意杀人罪最相类似，应比照刑法第一百三十二条的规定，类推定提供枪支帮助配偶自杀罪或帮助自杀罪。

第四种意见认为：邵建国的行为构成故意杀人罪。邵建国、王某夫妇在争吵的过程中，王某说："我不想活了"。这是王出于一时激愤而萌生短见，并非一定要自杀，更没有明确的自杀方法。此时，邵建国不是设法缓解夫妻矛盾，消除王某的轻生念头，而是用"两人一起死""给家里写个话"和掏出手枪等言辞举动，诱使和激发王某坚定自杀的决心。当王某决意自杀，情绪十分激动，向邵建国要手枪的时候，邵又把手枪子弹上膛，使之处于一触即发的状态。这又进一步为王某自杀提供了便利条件，起到了帮助王某自杀的作用。尽管王从邵手中夺枪时，邵没有松手，随后把枪放在地上用脚踩住，但当王某提议两人上床躺一会儿的时候，邵没有拾起手枪加以控制，反而自己躺在床里，让王某躺在床外，使她更接近枪支。邵建国明知自己的上述一系列行为可能造成王某自杀的后果。邵建国诱发和帮助王某自杀的行为，其实质是非法剥夺他人的生命，符合故意杀人罪的构成要件。在我国刑法对这类行为没有另定罪名的情况下，以故意杀人罪追究邵建国的刑事责任是适当的，无须类推。

在本案审理中，虽然存在上述四种意见之多，实际上只有两种意见：构成犯罪或者不构成犯罪。其中的第二、三种意见，主张对本案类推定罪，是因为本案发生在 1992 年，当时刑法中存在类推制度。类推是以法无明文规定为前提的，因而主张类推的观点也认为自杀相关行为没有被刑法规定为犯罪。显然，一、二审法院都采纳了上述第四种意见，将被告人邵建国的行为认定为故意杀人罪。

那么，教唆或者帮助他人自杀在法理上能够直接等同于故意杀人吗？显然，这是一个具有中国特色的问题，这个问题在外国大体上是不存在的。在大陆法系各国刑法中大多都有关于教唆或者帮助他人自杀构成犯罪的明文规定。根据我国学者的归纳，大致有以下三种情况：

第一种情况是只要行为人实施了教唆他人自杀或者帮助他人自杀的行为，不论是否产生自杀后果，均构成犯罪。如《日本刑法典》第 202 条规定："教唆或帮助他人使之自杀，或受被杀人嘱托或得其承诺而杀之的，处 6 个月以上 7 年以下惩役或监禁。"第二种情况是行为人必须是出于利己或其他动机而教唆或帮助他人自杀的。如《瑞士刑法典》第 115 条规定："出于利己动机，教唆或帮助他人自杀，而其自杀已遂或未遂者，处 5 年以下重惩役或轻惩役。"第三种情况是要求他人的自杀行为必须已遂或者虽然未遂但却造成了严重的伤害结果。如《巴西刑法典》第 122 条规定："引诱或怂恿他人自杀，或帮助他人自杀，处刑：如果自杀既遂，2 年至 6 年监禁；如果自杀未遂，但身体遭受严重损害，则 1 年至 3 年监禁。"又如《意大利刑法典》第 580 条规定："使人决心自杀，或加强其自杀的意图，或以其他方法使其易于实行，以致发生自杀的，处 5 年以上 12 年以下徒刑；如未发生自杀而仅致重伤或非常严重伤害的结果，处 1 年以上 5 年以下徒刑。"[①]

---

① 李黎等：《杀人伤害罪个案研究》，65 页，成都，四川大学出版社，1990。

这些规定，尽管在具体内容上存在差别，但都将教唆或者帮助他人自杀的行为予以犯罪化，从而为司法机关处理此类案件提供了明确的法律根据。

　　英美法系国家有类似的规定。例如，英国1961年《自杀法》第2条规定了参与共谋他人自杀的刑事责任：(1) 任何人帮助、教唆、建议或者促成他人自杀或者他人自杀未遂的，经公诉程序判罪，处不超过14年的监禁。(2) 若在对谋杀或者误杀起诉的案件中，有证据证明被告人帮助、教唆、建议或者促成他人自杀的，陪审团可认定构成前款规定之罪。①

　　我国刑法则只有故意杀人罪的规定，对于教唆或者帮助自杀的行为未作任何规定。在我国刑法理论上，对于教唆或者帮助他人自杀的行为，传统观点认为是应当定罪的，至于究竟如何定罪，存在以下两种观点：

　　第一种观点认为应当定故意杀人罪。例如我国学者指出：

　　　　教唆自杀的行为实质上是借他人之手达到杀人的目的，帮助自杀的行为对他人的死亡起了一定的作用并且具有一定的因果关系，因此，教唆或者帮助他人自杀的行为均应以故意杀人罪论处。②

　　第二种观点则认为，教唆或者帮助自杀的行为不应直接定故意杀人罪，而应类推定罪。个别著作对教唆或者帮助他人自杀的行为应当类推定罪的理由作了论述，主要是以下四个方面：

　　　　首先，从行为的性质上分析。行为的性质就是指行为本身的合法与非法。如果行为人的行为是正当的、合法的，那么即使造成了他人自杀，也不应负刑事责任。教唆他人自杀和帮助他人自杀的行为本身是非法的，具有非法剥夺他人生命的性质。因为剥夺他人生命的刑罚权只有人民法院才能行使，任何机关和个人都无权行使这项权力。教唆或者帮助他人自杀的行为是违法的，侵犯了他人的生命权。其次，从行为对社会的危害程度和

---

　　① 参见谢望原主译：《英国刑事制定法精要（1351—1997）》，152页，北京，中国人民公安大学出版社，2003。

　　② 金子桐等：《罪与罚——侵犯公民人身权利、民主权利罪的理论与实践》，16页，上海，上海社会科学院出版社，1986。

具体情节上分析。构成犯罪、应当负刑事责任的行为，必须是情节严重、危害较大。如果是情节显著轻微、危害不大的，就不应负刑事责任。从教唆他人自杀和帮助他人自杀的行为的危害性上看：教唆他人自杀和帮助他人自杀的行为，使人们不能正确地对待人生，丧失生存的勇气和希望。他的目的是把他人引向绝望。因此这种行为具有较大的社会危害性。再次，从行为与结果的因果关系上分析，危害行为与危害结果之间存在着因果关系。唆使、诱劝、指点、帮助的行为与他人的自杀行为之间具有内在的、必然的联系。因为没有诱劝、指点和帮助，就不会有他人的自杀。怂恿、诱劝是直接引起他人自杀的起因。因此，教唆或者帮助自杀是他人自杀的起因或原因，他人自杀则是教唆或者帮助自杀行为的直接结果，教唆或者帮助自杀行为与他人的自杀行为之间具有刑法上的因果关系。这是教唆或者帮助他人自杀行为负刑事责任的客观基础。最后，从行为人的主观上分析。构成犯罪的行为，除了在客观上具有违法性和危害性外，行为人在主观上还必须具有罪过——故意或者过失。唆使、帮助他人自杀的行为，不仅在客观上具有危害性、违法性和因果性，而且在主观上也是故意的。因为，行为人对其唆使、帮助他人自杀的行为会引起的后果是明知的，并且又是希望这一结果出现的。行为人在主观上不是出于利己，这并不影响其故意罪过形式的成立。这是教唆或者帮助他人自杀行为负刑事责任的主观基础。综合以上四个方面可以看出，教唆和帮助他人自杀的行为已完全具备应负刑事责任的主客观要件。[①]

这一段引文是在分析一个教唆、帮助他人自杀案时所论述的，我作了个别文字上的删改。这段引文使我产生兴趣的并非其结论，而是其论证过程。在我看来，这一论证对于教唆或者帮助他人自杀与故意杀人行为是否具有最相类似性并未论及，而这才是需要论证的。尤其是第一点，只是论及"教唆他人自杀和帮助他人自杀的行为本身是非法的，具有非法剥夺他人生命的性质"。问题在于：这里的非法能否

---

① 李黎等：《杀人伤害罪个案研究》，66～67 页，成都，四川大学出版社，1990。

等同于犯罪？剥夺他人生命的性质从何而来，难道不是自杀者在剥夺自己的生命吗？可见，以上论证是缺乏说服力的。考虑到这一论述出自 1990 年出版的著作中，主张对教唆或者帮助他人自杀行为应以故意杀人罪类推定罪，也就不足为怪了。在 1997 年刑法修订以后，尤其是刑法第 3 条规定了罪刑法定原则以后，这个问题仍然没有引起充分重视。在我国刑法教科书中仍然一般性地沿袭传统观点，例如在论及教唆自杀行为时指出：

> 由于教唆者是实施教唆自杀行为，是否自杀，自杀者仍具有意志选择的自由，因此，社会危害性较小，虽应以故意杀人罪论处，但应按情节较轻的故意杀人从轻、减轻或者免除处罚。[1]

在此根本未论及教唆自杀行为构成故意杀人罪的理由，似乎这已不成其为问题，而是径行讨论其量刑问题。当然，也有个别学者开始意识到这是一个问题。饶有兴趣的是张明楷教授前后观点的微妙变化。在 1997 年出版的《刑法学》一书中，张明楷教授指出：

> 这里的教唆、帮助行为，是教唆、帮助他人实施自杀。因此，不能用共同犯罪理论来解释这里的教唆、帮助行为，而应将这种教唆、帮助行为理解为借被害人之手杀死被害人的故意杀人行为。刑法第 232 条规定的故意杀人包括了教唆、帮助自杀的行为，对教唆、帮助自杀的，应直接定故意杀人罪。[2]

但在 2003 年出版的《刑法学（第二版）》中，其观点有所改变。张明楷教授指出：

> 我国刑法对杀人罪规定得比较简单，没有将教唆、帮助自杀的行为规定为独立的犯罪。在这种立法体例之下，是认为教唆、帮助自杀的行为根本不成立犯罪，还是认为教唆、帮助自杀的行为成立普通的故意杀人罪，的确是需要研究的问题。如果认为刑法分则条文规定的只是实行行为，那

---

① 高铭暄、马克昌主编：《刑法学》，470 页，北京，北京大学出版社、高等教育出版社，2000。
② 张明楷：《刑法学》（下），696 页，北京，法律出版社，1997。

么，只有当教唆、帮助（与共同犯罪中的教唆、帮助不是等同概念）自杀的行为，具有间接正犯性质时，才能认定为故意杀人罪。[①]

张明楷教授对教唆、帮助自杀行为认定为故意杀人罪的观点基本上持否定的态度，只是论证上语焉不详。值得注意的是，我国个别学者对教唆或者帮助他人自杀行为的定性问题提出了不同于传统观点的见解，认为我国对教唆、帮助自杀行为不能以犯罪论处，原因在于这类行为不符合刑法规定的任何一种犯罪的构成要件，也就是说，教唆、帮助自杀行为不具有刑事违法性。造成这一局面的根本原因在于刑法本身的疏漏。解决这一问题的唯一方法是对刑法进行补充完善，在刑法中明文规定教唆、帮助自杀罪。[②] 对于这一观点，我是深表赞同的。根据现行刑法的规定，教唆或者帮助他人自杀行为不构成故意杀人罪。结论虽是简单的，论证却涉及刑法中的一些基本理论问题，颇有进一步展开讨论之必要。

三、理论分析

教唆或者帮助他人自杀行为，对其概念应当分而论之。教唆自杀，是指故意采用引诱、怂恿、欺骗等方法，使他人产生自杀意图并进而实行自杀的行为。而帮助自杀，是指在他人已有自杀意图的情况下，帮助他人实现自杀意图的行为。

教唆或者帮助他人自杀，首先涉及自杀的概念。自杀是指基于意志自由，自我决定结束生命的行为。在古代自杀曾经是一种犯罪，例如在英国普通法中就把自杀未遂规定为谋杀罪，因而凡是鼓励或帮助他人杀害自己的，被定为谋杀罪的共犯，因为自杀是自我谋杀。根据英国 1957 年《杀人罪法》第 4 条，凡是帮助和教唆自杀的，只要行为人也同意死去，他的责任可减为非预谋杀人罪。英国 1961 年《自杀法》废除了自杀罪，该法第 2 条设立一种帮助和教唆自杀的较轻的犯罪，最高刑可判处 14 年监禁，它适用于所有这类行为的案件。如果事实得到了证明，那么，

---

① 张明楷：《刑法学》，2 版，678 页，北京，法律出版社，2003。
② 参见冯凡英：《教唆、帮助自杀行为刍议》，载《人民检察》，2004（2），27 页。

在谋杀罪或非预谋杀人罪的审判中，可以按帮助和教唆自杀定罪。[①] 由此可见，教唆或者帮助他人自杀行为的单独设罪，是以自杀未遂不再作为犯罪为前提的。

这里还涉及一个问题：在逻辑上，杀人能否包括自杀？从语义上看，杀人的人是可以既包括他人又包括自己的，因此，杀人既包括他杀，又包括自杀。当然，现在已经没有人对杀人一词作这样的解释，例如日本学者指出：

> 杀人罪的客体是人，指行为人以外的自然人，行为人自身的自杀行为不成为犯罪，法人也因为不具有生命而不能成为以生命为法益的本罪的客体。[②]

在我国刑法中，也都把杀人罪中的人解释为他人，杀人罪侵犯的是他人的生命权。[③] 因此，杀人的概念中不包括自杀而专指他杀。显然，自杀与他杀在逻辑上是互相排斥的。那么，教唆或者帮助自杀与教唆或者帮助杀人是否具有价值上的等同性呢？对于这个问题，我国个别学者认为，在教唆他人自杀的案件中，被教唆者原本并无自杀的意图，行为人主观上具有剥夺他人生命权利的故意，客观上实施了唆使他人剥夺本人生命权利的行为，应构成故意杀人罪的教唆犯。[④] 根据这种观点，教唆自杀等同于教唆杀人，因而使杀人在逻辑上包括了自杀行为，这显然是与对杀人罪的通常理解相悖的。对此，我国刑法理论上存在另一种观点，认为教唆或者帮助他人自杀的行为不同于教唆、帮助他人犯罪的行为，不能用共同犯罪的理论来解释这种教唆、帮助行为，而应把这种行为理解为借被害人之手杀死被害人的故意杀人行为。因此，这种观点甚至认为我国刑法规定的故意杀人这一罪状本身包括了教唆或者帮助自杀的行为。[⑤] 这种观点在司法实践中也有一定的影响。例如邵建国案的第四种意见，实际上也就是本案的裁判理由，指出："邵建国诱发和帮助王某自

---

①　参见［英］鲁珀特·克罗斯、菲利普·A. 琼斯：《英国刑法导论》，赵秉志等译，159 页，北京，中国人民大学出版社，1991。

②　［日］大塚仁：《刑法概说（各论）（第三版）》，冯军译，29 页，北京，中国人民大学出版社，2003。

③　参见周道鸾、张军主编：《刑法罪名精释》，3 版，409 页，北京，人民法院出版社，2007。

④　参见赵秉志：《论相约自杀案件的刑事责任——兼析李某见死不救行为的定性处理》，载《刑法分则问题专论》，326 页，北京，法律出版社，2004。

⑤　参见吴安清主编：《新编刑法学（罪刑各论）》，154 页，北京，中国政法大学出版社，1990。

杀的行为，其实质是非法剥夺他人的生命，符合故意杀人罪的构成要件。"这里所谓"实质是非法剥夺他人的生命"的说法，可谓似是而非。教唆或者帮助本身就不是实行行为。只有在被教唆或者被帮助的行为构成犯罪的前提下，教唆或者帮助行为才具有可罚性，可按照共犯处理。在教唆或者帮助自杀情况下，自杀本身并非犯罪，因而教唆或者帮助自杀行为不能从自杀中获得犯罪性。而教唆或者帮助自杀行为与杀人行为本身也不能等同，除教唆或者帮助自杀构成故意杀人罪的间接正犯以外，教唆或者帮助自杀无论如何也是不能直接等同于故意杀人的。正如我国台湾地区学者指出：

> 杀人罪仅处罚杀害他人之行为，至于自己杀害自己之自杀行为，则非杀人罪之构成要件该当行为，故教唆或帮助他人自杀者，因无主行为可以附丽，故亦无由依杀人罪之教唆犯或帮助犯处断。①

正因为如此，我国台湾地区"刑法"在刑事立法政策上认为教唆或帮助自杀之行为，仍有加以处罚之必要，因而设置了加功自杀罪。而我国刑法未设此罪，因此我认为教唆或者帮助自杀的行为属于法无明文规定的情形，根据罪刑法定原则，不应以故意杀人罪论处。

这里还涉及一个相约自杀的问题。相约自杀是指两人以上相互约定自愿共同自杀的行为。如果相约自杀者在自杀中均已死亡，当然不存在刑事责任问题。如果相约自杀者各自自杀，其中有人自杀未遂，对自杀未遂者也不能追究刑事责任。如果相约自杀，由一人将他人杀死，该人却因反悔而未自杀或自杀未遂，对自杀未遂者应以故意杀人罪追究刑事责任。可见，相约自杀与教唆或者帮助自杀的情形是有所不同的。当然，正如我国学者指出：

> 如果一方假称要自杀而欺骗他人自杀，则不是相约自杀，而是以欺骗的手段使他人基于错误认识而产生自杀的意图，是一种情节恶劣的教唆自杀的行为。②

------

① 林山田：《刑法各罪论》，增订 2 版，上册，57 页，台北，2000。
② 冯凡英：《教唆、帮助自杀行为刍议》，载《人民检察》，2004（2），27 页。

就邵建国故意杀人案而言，也存在是否相约自杀的问题。因为当死者提出自杀时，被告人邵建国也说过"要一起死"之类的话，似乎是相约自杀。然而，死者与被告人邵建国之间并无真实的自杀约定。对此，本案第四种意见认为：

> 邵、王二人的行为并非相约自杀。相约自杀必须是双方都有真实自杀的决心，如果一方虚伪表示愿与另一方同死，实际上却不愿同死，就不能认为是相约自杀。从本案的情况看，邵建国虽然表示要与王某一起自杀，继王某之后自己也写了遗书，但事实表明他并没有真实自杀的决心。王某自杀之前，手枪基本上控制在邵建国手中，邵如果真的要自杀，完全有可能用手枪自杀，他并没有这样做。当他发现王某自杀之后，他也没有自杀，而是把手枪收起装入枪套，破坏了现场。因此，认为邵、王二人属于相约自杀的观点是难以成立的。

我认为，这一认定是有道理的。本案在性质上属于帮助自杀，因为是死者先产生自杀的意图，被告人邵建国只是客观上强化了其自杀意图并在一定程度上为其自杀创造了条件。

采用欺骗手段的教唆自杀行为，是否属于故意杀人罪的间接正犯，也是一个理论上值得研究的问题。故意杀人罪的间接正犯，是指利用未达到刑事责任年龄的人、精神病人、无罪过的人或者过失行为实施杀人行为的情形。在这种情况下，行为人不是自己直接杀人，而是利用他人实施杀人。例如教唆精神病人进行杀人，就是典型的故意杀人罪的间接正犯。由此可见，一般意义上的故意杀人罪的间接正犯，被利用者实施的是杀害他人的行为。而在自杀情况下成立的故意杀人罪的间接正犯，被利用者实施的是自杀行为，其中也包括被欺骗而自杀的情形。例如张明楷教授指出了以下三种自杀情况下的故意杀人罪的间接正犯：

> 首先，欺骗不能理解死亡意义的儿童或者精神病患者等人，使其自杀的，属于故意杀人罪的间接正犯。其次，凭借某种权势或利用某种特殊关系，以暴力、威胁或者其他心理强制方法，使他人自杀身亡的，成立故意杀人罪的间接正犯。例如组织和利用邪教组织制造、散布迷信邪说，指使、胁迫其成员或者其他人实施自杀行为的，邪教组织成员组织、策划、

煽动、教唆、帮助邪教组织人员自杀的，应以故意杀人罪论处。最后，行
为人教唆自杀的行为使被害人对法益的有无、程度、情况等产生错误，其
对死亡的同意无效时，也应认定为故意杀人罪。[①]

在上述论述中，张明楷教授特别提到了有关邪教组织的司法解释。其中，1999
年 10 月 30 日最高人民法院、最高人民检察院《关于办理组织和利用邪教组织犯罪
案件具体应用法律若干问题的解释》（已失效，以下简称《邪教组织犯罪案件解
释》）第 4 条规定："组织和利用邪教组织制造、散布迷信邪说，指使、胁迫其成员
或者其他人实施自杀、自伤行为的，分别依照刑法第二百三十二条、第二百三十四
条的规定，以故意杀人罪或者故意伤害罪定罪处罚。"而 2001 年 6 月 4 日最高人民
法院、最高人民检察院《关于办理组织和利用邪教组织犯罪案件具体应用法律若干
问题的解释（二）》（已失效）第 9 条规定："组织、策划、煽动、教唆、帮助邪教
组织人员自杀、自残的，依照刑法第二百三十二条、第二百三十四条的规定，以故
意杀人罪、故意伤害罪定罪处罚。"这两个司法解释都规定了利用邪教教唆他人自
杀的行为应以故意杀人罪论处。对此，张明楷教授认为是故意杀人罪的间接正犯。
我认为，上述司法解释的科学性是值得质疑的。上述司法解释是以刑法第 300 条为
解释对象的，该条第 2 款规定："组织、利用会道门、邪教组织或者利用迷信蒙骗
他人，致人重伤、死亡的，依照前款的规定处罚。"关于这里的"致人死亡"，立法
者解释为："他人因受到会道门、邪教组织或者迷信的蒙骗，进行绝食、自焚等自
杀性行为，造成死亡后果的。"[②] 显然，这里的致人死亡，包括或者说主要是指被邪
教蒙骗而自杀的情形。然而《邪教组织犯罪案件解释》第 3 条规定："刑法第三百
条第二款规定的组织和利用邪教组织蒙骗他人，致人死亡，是指组织和利用邪教组
织制造、散布迷信邪说，蒙骗其成员或者其他人实施绝食、自残、自虐等行为，或
者阻止病人进行正常治疗，致人死亡的情形。"上述司法解释中致人死亡未包括自
杀，而邪教组织教唆他人自杀的行为被解释为应以故意杀人罪论处。在我看来，我

---

① 张明楷：《刑法学》，3 版，639 页，北京，法律出版社，2007。
② 胡康生、郎胜主编：《中华人民共和国刑法释义》，3 版，458 页，北京，法律出版社，2006。

国刑法并未一般地规定教唆自杀行为构成犯罪，刑法第 300 条第 2 款恰恰是一个特别规定：在邪教组织中教唆他人自杀而致人死亡的，构成组织、利用会道门、邪教组织、利用迷信致人死亡罪。因此，采用欺骗的方法教唆他人自杀，到底在什么情况下构成故意杀人罪的间接正犯，确实是一个值得研究的问题。对于这个问题，在日本刑法理论上也是存在争议的。一般认为，教唆的方法达到了剥夺他人意志自由程度的时候，就成为杀人罪的间接正犯。[①] 当然，也有见解认为，教唆自杀罪没有限定教唆的方法，在被欺骗而自杀的情况下，自杀者的错误只不过是动机的错误，教唆者成立教唆自杀罪。[②] 我认为，采用欺骗方法教唆自杀，尽管自杀者的自杀意图是在行为人的欺骗下产生的，但能否由此将教唆自杀行为认定为故意杀人罪的间接正犯，还是有待推敲的。至于逼迫他人自杀，他人之自杀并非死者所愿，因此名为自杀实则杀人。这是一种借被害人之手杀被害人的情形，应以故意杀人罪论处。

四、进一步的思考

根据以上理论立场，将本案认定为故意杀人罪是有所不妥的。而且，我更关注的是法院为什么得出这样的结论以及是如何进行推理的。我认为，这与我国目前通行的耦合式的犯罪构成体系是有关系的。通过对这一问题的讨论，我们可以发现大陆法系刑法理论与我国刑法理论的思维方式是有所不同的。大陆法系刑法理论讨论的问题集中在教唆或者帮助他人自杀行为是否等同于故意杀人行为这一命题上，即教唆或者帮助他人自杀行为是否具备故意杀人罪的构成要件该当性。这是由大陆法系犯罪构成体系递进式的逻辑结构所决定的，在不具备构成要件该当性的情况下，就不再需要考察是否具有违法性及有责性要件，换言之，定罪过程就此终止。而根据我国耦合式的犯罪构成体系，由于犯罪客体、犯罪客观方面、犯罪主体、犯罪主

---

①　参见［日］大谷实：《刑法讲义各论（新版第 2 版）》，黎宏译，16 页，北京，中国人民大学出版社，2008。

②　参见［日］大塚仁：《刑法概说（各论）（第三版）》，冯军译，35 页，北京，中国人民大学出版社，2003。

观方面这四个要件是一种并存关系，可以分别加以考察，因而形成以下论证逻辑：

> 行为人的教唆行为或者帮助行为与他人自杀死亡之间有因果关系，主
> 观上有使他人死亡的故意（希望或者放任死亡结果发生），是对他人生命
> 权利的侵犯，应以故意杀人罪论处。①

在这一论证中，提出了三个要件：（1）因果关系；（2）致人死亡的故意；（3）对生命权的侵犯。可以说，这些要件都是成立的，在此恰恰回避了最为关键的问题，即教唆或者帮助他人自杀行为是否等同于故意杀人行为。根据大陆法系的递进式的犯罪构成体系，这种论证逻辑是绝对不会发生的。另外一种论证方式就是主观与客观之间逻辑关系的颠倒。例如，在论及致人自杀行为是否构成故意杀人罪时，有以下这样一段论证：

> 如果行为人没有杀人的故意（包括没有杀人的间接故意），尽管行为
> 人的行为与他人自杀有因果关系，行为人不负故意杀人罪的责任。在这种
> 情况下，不能把致人自杀和故意杀人罪等同起来。反之，如果行为人具有
> 杀人的故意，追求被害人死亡结果的发生，致人自杀只是作为杀人的一种
> 特殊手段，那么在这种情况下，致人自杀就是故意杀人，行为人应负故意
> 杀人的责任。②

根据这一观点，致人自杀行为是否构成故意杀人罪，并非取决于该行为是否属于故意杀人行为，而取决于行为人主观上是否具有杀人的故意。这里提出的问题是：杀人故意可以决定杀人行为吗？杀人故意是支配着杀人行为的主观心理态度，离开杀人行为又谈何杀人故意？而且，这里把杀人故意与希望他人死亡的故意等同起来了。在教唆或者帮助他人自杀的情况下，行为人主观上存在着希望他人死亡的心理状态，这一心理状态与杀人故意还不能直接等同。只有把教唆或者帮助他人自杀的行为定性为杀人行为，才能把这种心理状态认定为杀人故意。这本来是一个客观行为定性的问题，却被我国学者转换为一个主观故意的问题。这种逻辑论证上的

---

① 王作富主编：《刑法分则实务研究》，3 版，中册，862 页，北京，中国方正出版社，2007。
② 高铭暄主编：《刑法学》，修订本，429 页，北京，法律出版社，1984。

缺陷，就是由我国耦合式的犯罪构成体系所导致的。而按照大陆法系递进式的犯罪构成体系，在认定犯罪的时候，首先应当考察的就是是否存在构成要件该当的行为，接下来再考察是否存在构成要件该当的故意。这种客观与主观的逻辑顺序是永远不能颠倒的，从而呈现出一种层层递进的关系。因此，在大陆法系犯罪构成体系中，客观判断优先于主观判断，是一个基本原则。其理由，正如张明楷教授指出的：

> 一方面，行为性质不是由故意、过失决定的，而是由行为本身决定的。另一方面，主观要素是为了解决主观归责的问题，即在客观地决定了行为性质及结果后，判断能否将行为及结果归咎于行为人，这便是故意、过失等主观要素所要解决的问题。所以，阶层的体系（即递进式的犯罪构成体系）不可能容忍由主观到客观地认定犯罪。[①]

而在我国耦合式的犯罪构成体系中，是没有客观判断优先于主观判断原则的，主观判断有时先于客观判断进行，从而容易产生逻辑上的混乱。上述关于致人自杀行为是否构成故意杀人罪的论证就充分反映了这一点。由此可见，尽管在对一般犯罪的认定上，耦合式的犯罪构成体系与递进式的犯罪构成体系的差别并不明显，但当遇到一些定罪上的疑难问题时，两种犯罪构成体系的优劣就一目了然。这也是分析本案的意外之得。

第 2 节　故意杀人后取财行为之定性研究

案名：计永欣故意杀人案
主题：故意杀人罪　杀人取财　死者的占有

谋财害命是常见的犯罪，财产犯罪与人身犯罪往往交织在一起。在这种情况

---

① 张明楷：《犯罪构成理论的课题》，载《环球法律评论》，2003 年秋季号，269 页。

下，如何正确定罪就成为一个较为复杂的问题。计永欣故意杀人案[1]在定罪过程中，曾经出现过曲折，表明司法机关内部对本案在定性上存在意见分歧。本案经最高人民法院复核后最终定案。本节对计永欣故意杀人案涉及的法理问题加以探究，重点讨论故意杀人后取财行为的定性问题。

一、案情及诉讼过程

2000 年 3 月 1 日上午 9 时许，被告人计永欣到肇州县肇州镇被害人林某荣（系计父朋友）家，以其开车时将他人的猪撞死，需要赔偿为借口，向林某荣借钱。林某荣知道计在说谎并对其予以指责。双方为此发生争执、厮打。在厮打过程中，计永欣用林某荣家的烟灰缸击打林的头部，又用斧子、菜刀砍林的头、颈部，致林某荣当场死亡。之后，计永欣进入林的卧室，搜得人民币 5 100 元及部分衣物后逃离现场。2000 年 3 月 16 日，计永欣逃至汤原县其舅家，告知其舅情形。其舅劝计永欣投案自首，计表示同意。其舅担心计永欣反悔，于当晚让计的舅妈向公安机关报案。公安机关遂将计永欣抓获归案。计永欣归案后如实供述了其杀人事实。

大庆市中级人民法院认为：被告人计永欣因借钱不成，与被害人林某荣发生争吵、厮打，在厮打中将被害人林某荣杀死，其行为已构成故意杀人罪，依法应予严惩。鉴于被告人计永欣作案后能在亲属的规劝下投案自首，依法可从轻处罚。遂依照《中华人民共和国刑法》第 232 条、第 57 条第 1 款、第 67 条第 1 款的规定，于 2000 年 8 月 9 日判决：被告人计永欣犯故意杀人罪，判处死刑，缓期二年执行，剥夺政治权利终身。

一审宣判后，大庆市人民检察院以被告人计永欣因何某华（计永欣的舅妈）向公安机关举报而被抓获，被告人本人并未主动投案，且计永欣在公安机关抓捕时报的是假姓名、假住址，不具有投案的真实意思表示，不

---

[1]　本案刊载于最高人民法院编：《刑事审判参考》，第 24 辑，北京，法律出版社，2002。

能认定自首；计永欣杀人手段残忍，社会危害极大，原判量刑畸轻为由，向黑龙江省高级人民法院提出抗诉。

黑龙江省高级人民法院经审理认为：原审被告人计永欣以谋财为目的，进入被害人林某荣家谎言借钱，遭拒绝后竟持械行凶，先后用烟灰缸、刀、斧砸、砍林的头、颈等要害部位三十余下，将林杀死后搜走现金及衣物，其行为已构成抢劫罪。原判认定的事实清楚，证据确实、充分，但定罪不当。原审被告人计永欣在亲属规劝下，虽同意自首，但并无自动投案行为，且其在被捕时报假名、假地址，旨在逃避法律制裁，不能认定其自首。原审被告人计永欣的舅母向公安机关举报计永欣杀人罪，是大义灭亲。检察机关的抗诉理由成立。遂依照《中华人民共和国刑事诉讼法》（1996 年——引者注）第 189 条第（二）项和《中华人民共和国刑法》第263 条第（五）项、第 57 条第 1 款的规定，于 2001 年 6 月 5 日判决如下：（1）撤销大庆市中级人民法院（2000）庆刑一初字第 52 号刑事附带民事判决的第 1 项，即被告人计永欣犯故意杀人罪，判处死刑，缓期二年执行，剥夺政治权利终身；（2）被告人计永欣犯抢劫罪，判处死刑，剥夺政治权利终身；并处罚金人民币 3 000 元。

黑龙江省高级人民法院依法将此案报请最高人民法院核准。

最高人民法院经复核认为：被告人计永欣的杀人行为已构成故意杀人罪。且犯罪后果严重，应依法惩处。一、二审判决认定的事实清楚，证据确实、充分。审判程序合法。但二审以抢劫罪定罪不当，应予纠正。鉴于计永欣的亲属在计永欣作案后积极规劝其投案自首，并主动到公安机关报案，计永欣归案后亦能坦白其犯罪事实，故对被告人计永欣判处死刑，可不立即执行。遂依照《中华人民共和国刑事诉讼法》（1996 年——引者注）第 199 条、最高人民法院《关于执行〈中华人民共和国刑事诉讼法〉若干问题的解释》第 285 条第（3）项和《中华人民共和国刑法》第 232条、第 57 条第 1 款的规定，于 2002 年 1 月 2 日判决如下：（1）撤销黑龙江省高级人民法院（2000）黑刑一终字第 365 号刑事判决中对被告人计永欣的定罪量刑部分；(2)被告人计永欣犯故意杀人罪，判处死刑，缓期二年执行，剥夺政治权利终身。

二、争议及裁判理由

在本案处理过程中，对两个问题存在争议：一是故意杀人后又窃取被害人财物的行为应如何定性？二是本案被告人仅有自首意思能否成立自首？本节只讨论第一个问题，即故意杀人后取财行为应如何定性。关于这个问题，在审理过程中存在三种意见：

第一种意见认为，计永欣的行为分别构成故意杀人罪和盗窃罪；第二种意见认为，计永欣杀人后拿走被害人财物的行为系以杀人暴力手段为前提，是故意杀人行为的后续行为，应按重行为吸收轻行为的原则处理，只定故意杀人罪；第三种意见认为，计永欣到被害人家是图谋钱财，应将人杀死后劫取财物的行为构成抢劫罪。

对于故意杀人后窃取被害人财物的行为，最高人民法院最终采纳了第一种意见，即认为应分别构成故意杀人罪和盗窃罪，只是由于控方未指控盗窃罪而对该罪未予认定。本案的裁判理由指出：

最高人民法院《关于抢劫过程中故意杀人案件如何定罪问题的批复》中规定："行为人为劫取财物而预谋故意杀人，或者在劫取财物过程中，为制服被害人反抗而故意杀人的，以抢劫罪定罪处罚。"此一规定表明，抢劫罪的手段可以是故意杀人行为，但此限制条件必须是"为劫取财物而预谋故意杀人，或者在劫取财物过程中，为制服被害人反抗而故意杀人"。易言之，从时间上看，行为人劫取财物的目的在先，故意杀人的手段在后；从手段与目的关系来分析，故意杀人的手段服务于抢劫财物的目的，抢劫财物和故意杀人之间存在着明显的目的与手段的关系。如果行为人先因他故，实施了杀人行为，而后又临时起意取走被害人财物的，因为先前的杀人行为与事后的取财行为之间并无手段与目的的关系，不能认定为抢劫罪,而只能分别认定为构成故意杀人和盗窃罪。本案中,被告人计永欣到被害人家是为了借钱,现有证据并不能证明其具有抢劫财物的故意和目的。当其遭到被害人的拒绝和责骂时,双方为此发生争吵、厮打。在厮打过程中,被告人恼羞成怒,不择手段将被害人砍死,既非预谋杀人,更非为劫取财物而预谋杀人,其杀人不是劫财的手段,劫财也不是杀人的动机和目的。计永欣是在杀人后取走被害人财物的,其非法占有被害人财物的故意也是产生在其杀人行为完成之后,其先前编造借口借钱的行为,不能说明其从一开始就有非法劫财的故意和目的。同样,被告人的杀人行为显然也不是为了排除被害人的反抗,从而达到劫取被害人财物目的的手段。故计永欣杀人后的取财行为不构成抢劫罪。二审法院依据现有的证据和事实认定被告人计永欣构成抢劫罪,是不当的。

被告人计永欣杀人后又取财的行为,是在先后两种不同的犯罪故意支配下实施的两个独立的行为,所侵犯的是两种不同的客体,应分别定罪,数罪并罚。杀人后的取财行为不是杀人行为的一部分,不能被杀人行为所包容或吸收,因此,本案只定故意杀人罪有失准确、全面,应另定盗窃罪。但是,应当指出的是,由于本案公诉机关虽指控了计永欣杀人后又搜走了被害人数额巨大的财物的事实,但未指控其行为另构成盗窃罪。根据不告不理的原则,一、二审与复核审法院在审理中也不宜直接增加此罪名的认定,所以本案最终维持了公诉机关对计永欣故意杀人罪罪名的指控。

三、理论分析

在本案中,被告人存在两个行为:一是杀人行为,二是取财行为。对于这一点并无异议。关键在于:这两个行为到底是一种什么关系,以及对劫财行为如何定性?本案处理中的三种意见反映了对这两个问题的不同理解,其中涉及一些刑法理论问题,因而值得研究。

主张对本案定抢劫罪的观点,虽然也承认存在故意杀人和取财两个行为,但认为取财行为只不过是抢劫中的劫取财物行为。这种观点为黑龙江省高级人民法院所主张：在二审判决中，黑龙江省高级人民法院认定被告人计永欣在主观上谋财目的的支配下，客观上实施了杀人劫财行为，因而属于抢劫的性质。对于这一观点，可以从主观与客观两个方面加以分析：从主观上来说，谋财目的与抢劫故意能否等同？这里的谋财，是指图谋钱财。这当然是一种民间用语，在法律上可以概括为非法占有他人财物。从本案的具体案情来看，计永欣以开车将他人的猪撞死、需要赔偿为借口，向林某荣借钱。这是一种讹人钱财的行为。被告人计永欣在主观上确有谋财的意图，这是不容否定的。如果计永欣实现其借钱的意图，也许就不会有后来事态的进一步发展。正是在借钱之举遭到严词拒绝以后，被告人计永欣与林某荣发生争执，并进而将林某荣杀死。在这种情况下，杀人是另起犯意，取财也是杀人以后的临时起意。这里涉及对抢劫罪故意的理解。对于抢劫故意，我国学者指出：

> 抢劫罪在主观方面是故意，行为人必须有劫取他人财物的意思，并对财物必须通过暴力、胁迫等违反被害人意志方法才能取得有所认识。基于抢劫的意思，在实施暴力、胁迫压制对方反抗之后，夺取财物的，或者基于抢劫的意思先夺取财物，立即对被害人实施暴力、胁迫，以确保自己对财物的占有的，以及出于盗窃的意思，在夺取财物后立即主动实施足以压制被害人的暴力、胁迫行为的（突变的抢劫），都属于有实施暴力、胁迫的意思和强取财物的意思。[①]

由此可见，抢劫故意的内容是复杂的，它不是单一的故意而是复合的故意。这与抢劫行为的复合性是紧密相连的。在抢劫故意的认识因素中，包括对使用暴力、胁迫或者其他方法的认识，对取财行为的认识以及对暴力、胁迫或者其他方法与取财行为之间的因果关系的认识，因此，笼统地把谋财作为抢劫故意的内容，显然是不合适的。从客观上来说，尽管既有故意杀人行为，又有取财行为，某一杀人取财行为能否被认定为抢劫罪的实行行为，还要看在杀人行为与取财行为之间是否存在

---

① 周光权：《刑法各论讲义》，98 页，北京，清华大学出版社，2003。

手段与目的的关系。对于这一点，裁判理由作了正确的论述。从本案来看，这种手段与目的的关系是不存在的。被告人计永欣只是在实施故意杀人行为以后，临时起意而非法占有被害人林某荣的财物。综上所述，对本案被告人计永欣的故意杀人行为与取财行为应当分别评价，而不能一并论以抢劫罪。

主张对本案只定故意杀人罪、其取财行为是故意杀人行为的后续行为的观点，同样认为本案中存在故意杀人与取财这两个行为，但只将故意杀人行为评价为故意杀人罪，对取财行为则予以吸收。这种观点大体上是大庆市中级人民法院的观点，尽管在判决中未作详细说明。这种观点涉及重行为吸收轻行为的原则，因而需要从法理上加以阐明。故意杀人罪与盗窃罪相比，前者是重行为而后者是轻行为。对于这一判断大概不会有人提出异议。问题在于：重行为与轻行为之间在什么条件下存在吸收关系？这里涉及对吸收关系的理解。德国刑法理论认为，吸收关系是指，如果一个构成要件该当行为的不法内容和罪责内容包含了另一行为或另一构成要件，以至于在一个法律观点下的判决已经完全表明了整体行为的非价（Unwert）：吸收法优于被吸收法。德国学者指出：

> 吸收关系存在以下两种情形：一是紧接着第一次犯罪行为实施的确保、使用和利用其违法所得利益的构成要件该当行为，如果未侵害新的法益，且损失在数量上没有超出已经产生的程度（不受处罚的或更确切地讲共受处罚的犯罪后行为），即成立吸收关系。二是典型的伴随犯（typische Begleittat）。如果立法者在制定加重的刑法规定时已经考虑到，行为通常情况下会与另一具有明显较轻不法内容的行为存在联系，后者相对于正犯行为而言是微不足道的，那么，就可认为构成伴随犯。①

在上述存在吸收关系的情形中，轻、重行为之间或者存在牵连关系，或者是不可罚的事前行为或者事后行为。这些情形，都排除了数罪之成立。显然，在本案中，故意杀人与盗窃是基于不同犯意而实施的两个不同的犯罪行为。尽管两个犯罪

---

① ［德］汉斯·海因里希·耶赛克、托马斯·魏根特：《德国刑法教科书（总论）》，徐久生译，897～898 页，北京，中国法制出版社，2001。

行为在客观上具有接续关系，但并不存在前行为吸收后行为的根据。

主张对本案的故意杀人行为与取财行为分别定罪的观点是正确的。对前行为应定故意杀人罪当然并无分歧，但对于后行为应定什么罪，在刑法理论上是存在争议的，主要存在以下三种观点：

第一种观点认为应定抢劫罪。例如我国学者指出：行为人杀人后才起意抢走财物的，即行为人事先只有非法剥夺他人生命的目的，而无抢劫他人财物的目的，抢劫财物是在杀人之后对其亲属实施的，或者杀人以后，见财起意，又将其财物拿走的，对此应以故意杀人罪和抢劫罪实行数罪并罚，因为行为人基于杀人的故意，实施杀人的行为，构成故意杀人罪，后又基于非法占有被害人财物的故意，实施了抢劫的行为，构成抢劫罪，且这两个罪之间没有内在的牵连关系。①

第二种观点认为应定侵占罪。例如我国学者指出：在杀人后临时起意拿取被害人财物的情况下，死后之物符合脱离持有物的属性。如果杀人者杀人后临时起意取财的，即为该财物之持有人；不取财的，则该物不属于任何人持有。上述情形对取财的杀人者若经继承人索要死者之物，且该财物数额较大，拒不交出的，按杀人罪和侵占罪两罪并罚论处。②

第三种观点认为应定盗窃罪。例如我国学者指出：对于在侵害他人人身权利过程中，又窃取财物的，应定盗窃罪。因为行为人在实施故意杀人、伤害、强奸等犯罪过程中，临时起意窃取被害人财物，主观上具有以秘密手段窃取他人财物的故意和目的，而不具有以暴力（或以暴力相威胁）非法占有他人财物的故意和目的，客观上也是采取秘密手段，乘被害人不备或不知而窃取财物，根据主客观一致的原则，这种窃取财物的行为完全符合盗窃罪的特征。③

上述三种观点，涉及一些重大理论问题，需要讨论。例如，在本案中，先前的故意杀人行为对取财行为的定性是否存在影响？主张定抢劫罪的观点，并没有对理

① 参见赵秉志主编：《侵犯财产罪研究》，99 页，北京，中国法制出版社，1998。
② 参见于世忠：《侵占罪研究》，196 页，长春，吉林人民出版社，2002。
③ 参见王礼仁：《盗窃罪的定罪与量刑》，111 页，北京，人民法院出版社，1999。

由作出更为详尽的论述。例如，为什么杀人后的取财行为可以被评价为抢劫行为？我想，这种观点可能还是将先行的故意杀人行为作为取财行为定性的重要因素加以考虑的。在刑法理论上，关于在实行暴力、胁迫之后，才产生夺取财物的意思，而又夺取财物者，能否认为有抢劫的故意、是否构成抢劫罪，存在一种利用余势说的观点。此说认为，这是行为人利用前面实施的暴力、胁迫所产生的不能抵抗的状态，即利用那种余势夺取财物的。① 但这种观点对于被害人未死的案件是合适的。在被害人不能反抗的情况下将财物公开夺取的，视其为抢劫行为有一定道理。但在被害人已死的情况下，也就谈不上夺取财物的问题。在这种情况下，把故意杀人的取财行为评价为抢劫罪，就可能对故意杀人行为作了重复评价，这在法理上是难以成立的。此外，上述主张定盗窃罪的观点对于故意杀人后取财与伤害、强奸后取财未加区分，这是不妥的。因为在伤害、强奸以后，财物所有人仍然在场，其对财物的控制依然存在，因而把秘密取财行为视为盗窃是没有疑义的。但故意杀人以后的取财行为能否直接被定为盗窃罪，则在理论上是有争议的，论者对定盗窃罪的理由未能深入阐述。

对故意将人杀死以后的取财行为到底是定侵占罪还是定盗窃罪，关键问题在于被害人死亡之后，财物所有权的归属问题。对于这个问题，在我国刑法理论上存在以下观点：有观点认为，死人在法律或事实上均已丧失支配能力，故死人生前持有之物，在被人取得事实上的新支配以前，原则上应被视为脱离持有物。也有观点认为，被害人生前持有之财物，被杀之后即时转移于继承人之持有，故非脱离持有物。还有观点认为，死后死者持有继续存在。另有观点认为，在杀人之瞬间，持有转移给行为人。② 上述各种观点可谓五花八门，不一而足。实际上，关于这个问题在日本刑法学界也是存在较大争议的。在日本刑法理论上，这个问题被称为死者的占有。对此，存在以下三说：甲说是构成侵占占有脱离物罪，乙说是构成盗窃罪，丙说是构成抢劫罪。日本学者大多主张甲说，例如大谷实教授指出：

---

① 参见刘明祥：《财产罪比较研究》，125～126 页，北京，中国政法大学出版社，2001。
② 参见于世忠：《侵占罪研究》，196 页，长春，吉林人民出版社，2002。

既然占有的主体已经死亡不存在，那么，就应该说对财物的占有已经消失。因此，不管是杀死他人之后马上拿走被害人生前占有的财物，还是过了一段时间之后拿走其财物，都应该说，没有对占有造成侵害。而且，即便在在死者生前居住使用的场所不法取走物的场合，只要该物没有被其他人现实占有，就也仅只成立侵占遗失物罪。①

　　我认为，死者的占有对于故意杀人后的取财行为的定性具有十分重要的意义。在此，我可以作一个简要的分析：

　　首先，被害人死亡以后，肯定丧失了对财物的控制。这是没有问题的。因此，死后死者持有继续存在的观点不足取。

　　其次，被害人死亡以后，并不意味着财物变成了无主物，其财产所有权转移给其继承人；没有继承人的，则转归国家所有。但所有权的转移并不等于控制关系的转移。在这种情况下，财物所有权因继承关系而发生了转移，但继承人并未获得对财物的实际控制，这是一个不争的事实。

　　最后，在被害人死亡以后，财物到底是脱离持有物还是加害人的持有物。我认为两种说法虽然表述不同，但含义大体相同，都是认为在被害人死后财物转而处于加害人的持有之中。因而，加害人可能构成侵占罪。

　　总之，上述各种观点都排除了构成盗窃罪的可能性。正如我国学者指出：

　　只要对死者的财物还没有建立起新的有效的控制支配关系，均不能成立盗窃罪，因为不论死者死亡原因如何，一个事实是不争的，就是死者的死导致了财物与死者生前的控制关系消失。虽然从民法意义上讲，当事人死亡，继承法律关系就发生，但是从刑法意义上讲，这并不等于继承人已经控制支配死者财物，而行为人非法取财的故意是在财物控制支配关系消失后才产生的，这与盗窃罪的主、客观特征均不符合，不能认定盗窃罪的

---

　　① ［日］大谷实：《刑法讲义总论（新版第 2 版）》，黎宏译，190 页，北京，中国人民大学出版社，2008。在日本刑法中，侵占遗失物罪是侵占脱离占有物罪中的一种情形。

成立。①

那么，是否就此可以得出结论，对本案被告人计永欣故意杀人后的取财行为应以侵占罪论处呢？事情并非如此简单，这里尚需考虑本案特殊的死亡场所。如果是在一般场所将被害人杀死，然后劫取死者身上的财物，我认为可以定侵占罪。然而本案的故意杀人发生在被害人家中，根据法院认定的犯罪事实，杀死被害人以后，计永欣进入林的卧室，搜得人民币 5 100 元及部分衣物后逃离现场。家是一个特殊的场所，家不仅是一个精神的概念，也是一个物质的概念。这是家人共同所有的。在法律上可以说，家就是本人财物的一种庇护场所，是家人的领地。因此，家中的财物都属于在家人特殊控制下的财物。例如，我有一件物品忘记置放在家中何处找不着了，在这种情况下被来家中的一个人发现并窃走，能否说这是一种侵占遗忘物的行为而非盗窃行为呢？显然不能。因为尽管遗忘在家中，但并不能认为本人对财物丧失了控制。同样，在本案中，被告人计永欣在林某荣家将林杀死后，将林家财物予以非法占有，应当认为是一种盗窃行为而非侵占行为。因此，大谷实教授认为，即使在死者生前居住、使用的场所取走物的场合，也可以成立侵占遗失物罪的观点，存在值得商榷之处。当然，如果死者是单身汉，没有其他家人，则成立侵占罪还是有其道理的。如果有其他家人，则对于在死者家中的财物，虽然死者丧失了控制，但不能否认其家人对财物仍然具有占有关系。在此，还要引入一个行为人主观上认识的因素。例如，死者其实有其他家人，行为人误以为是单身汉而将财物予以占有。又如，死者其实是单身汉，行为人误以为有其他家人而将财物予以占有。在以上情况下，就会使取财行为的定性更加复杂。盗窃与侵占的区别就在于：在取财之际财物是置于他人控制之下还是置于本人控制之下。因此，本案故意杀人后的取财行为之定性，需要研究的是被害人林某荣死后，其家中财物是否丧失了控制。遗憾的是，在本案的裁判理由中，我们完全没有看到关于这个问题的讨论，似乎只要杀人后的取财行为不是杀人行为的一部分、不能被杀人行为所包容或吸收，对该取财行为就应当定盗窃罪，而对于为什么应定盗窃罪而不定其他罪的理由却完全没

---

① 董玉庭：《盗窃罪研究》，101 页，北京，中国检察出版社，2002。

有涉及。我认为，这是将复杂问题简单化。要害在于：这并非发现复杂问题以后的简单化处理，而是根本没有发现问题的复杂性。

四、补论

本案被告人计永欣实施了故意杀人和盗窃两个行为，应当实行数罪并罚，但为什么检察机关以一罪起诉，大庆市中级人民法院和黑龙江省高级人民法院以一罪判处？这是一个值得研究的问题。这里涉及的是一罪与数罪的区分以及数罪并罚的观念问题。

在现实生活中，经常出现一人犯数罪的情形。基于一罪一罚、数罪并罚的原则，刑法规定了数罪并罚制度。通过数罪并罚，使犯有数罪的被告人受到比犯有一罪的被告人更为严厉的处罚。这是符合罪刑均衡原则的。更为重要的是，通过数罪并罚，可以充分发挥法定刑的并合效应。因为刑法分则对具体犯罪的规定，一般是以一人犯一罪为标本的，刑法分则的法定刑是犯一罪的法定刑。如果犯有同种数罪，可以通过数罪并罚使犯有同种数罪的人受到高于法定刑的刑罚。在犯有异种数罪的情况下，也是如此。各罪的法定刑较轻，但通过数罪并罚可以使犯有异种数罪的犯罪人受到与其所犯罪行相适应的刑罚处罚。只是为了司法便利，才在刑法理论上形成各种不典型的罪数形态，将其归入一罪，以此作为数罪并罚的例外。但在我国刑法中，同种数罪是不并罚的，因而在法定刑设置上不仅要考虑犯一罪的情形，而且要考虑到犯数罪的情形。在这种情况下，法定刑偏重是必然的。因此，在数罪并罚原则的适用范围受到严格限制的现行刑法制度下，就会制定一部重刑法典。在司法实践中，有关司法机关也缺乏数罪并罚的意识，这反映了量刑的粗疏，应当引起我们的关注。

本案被告人计永欣在不同故意的支配下实施了杀人行为和取财行为，尽管在刑法理论上对于杀人后的取财行为究竟如何定罪存在争议，但犯有两罪是明白无误的。在这种情况下，应当实行数罪并罚。这就是本节的结论。

第 3 节　婚内强奸行为之定性研究

案名：白俊峰强奸案　王卫明强奸案
主题：强奸罪　婚内强奸

婚内强奸是指丈夫违背妻子的意志，使用暴力、胁迫等手段，强行与其发生性关系的行为。关于婚内强奸行为是否构成强奸罪的问题，我国刑法理论上是存在争议的。本节拟根据最高人民法院公布的两个婚内强奸案例，对婚内强奸行为之定性问题进行研究。

一、婚内无奸的法理分析

婚内强奸问题，在 1979 年刑法颁行之初并未成为一个问题，当时的刑法教科书大多未涉及这一问题。按照我的理解，未涉及这一问题即意味着丈夫不可能成为强奸罪的主体，因此，婚内强奸是不为罪（指强奸罪，有可能构成他罪）的。有关专著中偶有涉及，例如我国学者讨论了在男女合法婚姻关系存续期间丈夫能否成为强奸罪的主体问题，作者的观点是：一般说，丈夫不能成为强奸罪的主体。其行为如又涉及侵犯妇女的其他人身权利或妨害婚姻家庭等方面的犯罪的，可以按其触犯的罪名处罚。[①] 当然，由于当时未见婚内强奸的案例，这种讨论显得空泛。此后司法实践中出现了婚内强奸的案例，由此引起刑法学界的关注。在我的记忆中，首起受到刑法学界重视的是下面这则丈夫强奸妻子案：

---

① 参见金子桐、郑大群、顾肖荣：《罪与罚——侵犯公民人身权利、民主权利罪的理论与实践》，109 页，上海，上海社会科学院出版社，1986。

丈夫强奸妻子案

河南××县明港镇大胡村青年农民靖志平，为了在重新调整土地时多分一份地，于 1987 年 7 月与相识仅一个月的确山县双沙乡姑娘刘某匆匆结婚。婚后，刘某发现两人性情不合，六天后便回娘家去了，并于 1988 年 8 月向镇法院提出离婚。镇法院认为应当准予离婚，并先后四次开庭调解，但未最后达成调解协议。1989 年 3 月 2 日，法院再次开庭审理。在中午休庭时，靖家七八个人一哄而上，把刘姑娘挟持回大胡村。当夜，靖志平的哥哥和弟弟强按住拼命挣扎反抗的刘某，让靖志平在众目睽睽之下强行与刘发生了性关系。第四天，法院工作人员才将奄奄一息的刘某解救出来送医院。县法院经反复讨论研究，确定靖志平构成强奸罪，判处有期徒刑 6 年。靖的哥哥和弟弟也分别被判处有期徒刑 4 年和 2 年。

该案在报刊被披露以后，婚内强奸问题被引起讨论。应该说，大多数学者都认为婚内强奸不构成强奸罪。例如周振想教授在高铭暄、王作富主编的《新中国刑法的理论与实践》一书第二十七章"强奸罪"中，明确指出强奸罪具有两个本质特征：一是性交的非法性，二是性交的违意性。其中性交的非法性就排除了婚内强奸构成强奸罪的可能性。因此，周振想教授指出：丈夫在任何情况下与妻子发生性行为，均不能构成强奸罪。[①] 在我主编的《刑事疑案研究》一书中，设专题讨论了涉及婚姻关系的强奸罪之定性。在分析有关案例时，作者指出：

性行为的非法性是强奸罪成立的前提，也是强奸罪本质特征的一个方面。性行为在法律上分为合法与非法两种，合法的性行为是受法律保护的。在我国，合法的性行为应当指为我国婚姻法所认可的、建立在婚姻基础上的夫妻之间的性行为。除此以外的性行为都应当认为是非法的。在非法性行为中，有强奸、通奸、男女流氓群奸等，其中强奸是非法性行为最极端的表现。性行为的非法性首先将强奸与合法的性行为相区分，合法的

①　参见高铭暄、王作富主编：《新中国刑法的理论与实践》，534～535 页，石家庄，河北人民出版社，1988。

性行为在任何情况下都不可能构成强奸罪。从这个意义上说，丈夫在妻子不同意的情况下强行与妻子发生性行为的，不能构成强奸罪。[①]

应该说，我是赞同丈夫不能成为强奸罪主体的观点的。我将之概括为四个字：婚内无奸。

这里涉及对"奸"的理解。在此之前，我们可以先考察一下外国关于婚内强奸的规定。我国学者认为，各国刑法对这一问题的立场，大体可分为三种类型[②]：（1）未予表态，即在刑法条文中不涉及丈夫能否强奸妻子的问题，如法国、巴西、日本、韩国、苏联、罗马尼亚、阿尔巴尼亚、蒙古、中国等。（2）间接否定，即从条文措辞中，可推断出该国的刑法对这一问题持否定立场，如西班牙、意大利等。其中《西班牙刑法典》的"性犯罪通则"一章，有一条规定是："本条第一项所提之犯罪（指强奸罪等），如果被害者年满23岁，明显或推定之原谅，则刑之处罚，或已判之刑，或正在执行之刑均归消灭。如果由被害者之配偶向犯罪者所表达，并不成立推定之原谅。"上述条文中的由"被害者之配偶向犯罪者"一语，显然已将配偶排除出犯罪者的行列。《意大利刑法典》的"性犯罪通则"一章，有一条规定是，"犯本章第一节（指强奸罪等）及第530条之罪正犯，与被害人结婚时，其罪消灭"。既然在实施强奸行为后与被害人结婚尚可消灭其罪，那么行为时具有丈夫身份者不构成犯罪，就更不在话下了。（3）明确否定，即在强奸定义中，将不具有婚姻关系作为犯罪构成的先决条件，或称非妻，或称婚姻外性交，如美国、英国、加拿大、德国、瑞士、奥地利、印度、泰国等。其中美、英、印度三国，并作了甚为详尽的说明。美国刑法规定："本章关于配偶间行为不以犯罪论的规定，亦适用于以丈夫和妻子身份共同生活而在法律上并无婚姻关系者。但不适用于已经依照法院裁决而分居的配偶。"这一条文表明美国的否定立场是最为坚决的，不但法律婚姻可排除强奸的可能性，连法律上未予承认的事实婚姻同样如此。另外，还否定了分居与强奸之间的联系：依法院裁决而分居的，才属例外。英国制定法上对此无明

---

① 陈兴良主编：《刑事疑案研究》，349页，北京，中国检察出版社，1992。

② 参见郑伟：《刑法个罪比较研究》，287～288页，郑州，河南人民出版社，1990。

文规定，一般认为这是适用普通法原则的领域。1954 年的米勒案（R. v. Miller, 1954）提出：丈夫不可能强奸妻子，因为配偶间的自愿性生活已作为婚姻契约中的一个当然组成部分而受到法律认可。只要婚姻契约不解除，性生活的自愿性就不容置疑。《印度刑法典》规定："一个男子和他自己的妻子性交，如他的妻子并非不满 15 岁的人，不是强奸。"这一条文似乎更宜归入妨害婚姻家庭罪，因为它的言下之意是不得与 15 岁以下的女子结婚，否则就要按强奸论处。以上是 20 世纪 90 年代以前的资料。从上述资料可以看出，各国刑法对婚内强奸大多是持否定立场的。当然，在 20 世纪 90 年代以后情况有所变化，越来越多的国家（地区）将婚内强奸规定或者解释为强奸罪[①]：20 世纪 70 年代，《美国新泽西州刑法典》规定"任何人都不得因年老或者无性能力或者同被害人有婚姻关系而推定为不能犯强奸罪"，率先打破了普通法传统。到 1993 年，北卡罗来纳州成为美国最后一个废除丈夫豁免的州。英国在 1991 年 R 案的判例中认定：没有规则规定丈夫不能被判定强奸其妻子；1976 年法案第 1 条中的"非法"一词是多余的。德国 1998 年刑法典第 177 条对强奸罪下了新的定义，规定"恐吓他人忍受行为人或者第三者对其进行的性行为或者对行为人或者第三者实施性行为的"为强奸罪，明确承认了婚内强奸。1994 年《法国刑法典》第 222—223 条规定："以暴力、强制、威胁或趁人无备，对他人施以任何性进入行为，无论其为何种性质，均为强奸罪。"这一规定也明确排除了丈夫豁免。1996 年修订的《瑞士联邦刑法典》第 190 条之（2）规定，行为人是被害人的丈夫，且两人共同生活的，也构成强奸罪，只不过告诉乃论。意大利 1996 年 12 月 15 日颁布的 66 号法律对性犯罪条文作了重要改革，其现行刑法第 609—2 条"性暴力"规定："采用暴力或威胁手段或者通过滥用权力，强迫他人实施或者接受性行为的，处以 5 年至 10 年有期徒刑。"这里强奸罪的主体和对象可以是任何男性和女性。从其最近的判例看，配偶一方对另一方强迫实施的性交行为，也可以构成强奸罪；在分居期间的强迫性交，更不言而喻。此外，瑞典、丹麦、挪威、澳大利

---

① 参见苏彩霞：《我国关于婚内强奸的刑法理论现状之检讨——以域外关于婚内强奸的立法发展为视角》，载陈兴良主编：《刑事法判解》，第 4 卷，399～400 页，北京，法律出版社，2001。

亚南部等国家和地区也分别承认丈夫对妻子可构成强奸罪，实现了历史性的转换。我国台湾地区 1999 年 3 月 30 日以"刑法修正案"的方式通过的"妨害性自主罪章"第 229 条之一规定，对配偶也可犯强奸罪，但告诉乃论。正是在这样一种背景下，我国将婚内强奸犯罪化的呼声日益高涨。

应当将婚内强奸予以犯罪化，对此我是赞同的，但在现行法的视域内婚内强奸不构成强奸罪。因此，我之所谓"婚内无奸"之说，也只能限于现行法之内。之所以说婚内无奸，主要与奸的意蕴有关，因此涉及对奸字的理解。我国学者指出：这里的奸，指性交。通奸的非法性在于，与配偶之外的人性交。诱奸的非法性在于，采取强迫手段与他人性交。强奸的非法性，则在于违背妇女意志，采取强迫手段与他人性交。可见，不能通过奸的含义，当然将丈夫对妻子的性行为排除在强奸罪之外。[①] 这种观点认为，可以通过解释将婚内强奸包括在强奸罪之内，这并不违反罪刑法定原则。但我认为，奸是指婚外的非法性行为，难以将婚内强奸包括在内。例如《唐律》有奸罪之设，奸罪统指非法性交之行为。《唐律》之奸罪可分为四种类型：其一为破坏社会管理秩序之奸罪，特点是良人相奸，包括良人与良人通奸（和奸）及良人强奸良人；其二为破坏社会等级秩序之奸罪，特点是良贱相奸，包括良人与贱人（官私）通奸、良人强奸贱人及贱人强奸良人；其三为破坏人伦道德之奸罪，特点是亲属相奸，包括亲属与亲属通奸及亲属强奸亲属；其四为破坏行政纪律之奸罪，特点是监临主守于监守内奸，包括监临官人与部民通奸及监临官人强奸部民。[②] 因此，在中国古代刑法中，奸是婚外性行为的总称，一切婚外性行为均为非法，都构成犯罪。然后，根据手段不同，分为和奸与强奸：和者同也，不和谓之强。由此可见，强奸只是使用暴力实施的婚外性行为。正是由于这种语境上的限制，婚内强奸实际上本身已不合乎奸之本意：既言婚内，又何奸有之？在这种婚内无奸的语言背景下，将来即使刑法要将这种行为犯罪化，我认为也不宜归入强奸

---

① 参见苏彩霞：《我国关于婚内强奸的刑法理论现状的检讨——以域外关于婚内强奸的立法发展为视角》，载陈兴良主编：《刑事法判解》，第 4 卷，406 页，北京，法律出版社，2001。

② 参见刘俊文：《唐律疏议笺解》（下），1838 页，北京，中华书局，1996。

罪，除非强奸罪变更罪名。这一点，在我国台湾地区"刑法"中表现得尤为明显。我国台湾地区旧"刑法"有强奸罪之设，1999 年修改后，取消了强奸罪，代之以强制性交罪。强奸罪改为强制性交罪以后，包括了配偶之间的强制性行为。对此，我国台湾地区学者林山田教授指出：

> 至于旧法时代，丈夫违反妻子之意愿而强制为性交之行为，可否构成强奸罪，则有肯定说与否定说两种不同见解：肯定说认为丈夫之行为既该当强奸罪之构成要件，故可成罪；否定说则认为就民法而言，夫妇互负同居之义务，在原则上妻不但无拒绝夫性交之自由，且有容许夫为性交之义务，故夫违反妻之意愿而强行为性交之行为，自非与婚姻关系外之男性对于妇女之强奸行为等价。因此，不构成强奸罪。今强奸罪已遭删除，而由本罪（指强制性交罪——引者注）取代，只要对于配偶使用强制行为，而违反配偶之意愿而为性交者，自亦属本罪之构成要件该当行为，而能构成本罪。况且，新法并透过对配偶犯本罪须告诉乃论之规定，明确表示对此旧法时代之争论问题采肯定说之立场。①

对于条文中的奸淫改为性交，由此导致罪名变更的理由，官方的说法是：原条文中奸淫一词其意为男女私合，或男女不正当之性交行为，不无放荡淫逸之意涵，对于被害人诚属难堪，故予修正为性交。② 我认为，强奸罪名之改，与婚内无奸的观念不无关系。

综上所述，在现行刑法没有修改的情况下，我认为应当坚持婚内无奸的立场。

二、白俊峰强奸案③：婚内无奸之判例

被告人白俊峰与被害人姚某某 1994 年 10 月 1 日结婚，婚后夫妻感情

---

① 林山田：《刑法各罪论》，增订 2 版，上册，199 页，台北，2000。

② 参见韩忠谟著，吴景芳增补：《刑法各论》，增补 2 版，511 页，台北，三民书局，2000。

③ 本案刊载于最高人民法院编：《刑事审判参考》，第 3 辑，北京，法律出版社，1999。

不好，多次发生口角。姚某某于 1995 年 2 月 27 日回娘家居住，并向白俊峰提出离婚要求。经村委会调解，双方因退还彩礼数额发生争执，未达成协议。1995 年 5 月 2 日晚 8 时许，被告人白俊峰到姚家找姚某某索要彩礼。双方约定，次日找中人解决。后白俊峰回家。晚 9 时许，白俊峰再次到姚家。姚某某对白俊峰说："不是已经说好了吗，明天我找中人解决吗？"并边说边脱衣服上炕睡觉。白俊峰见状，亦脱衣服要住姚家。姚父说："小峰，你回老白家去。"白俊峰说："不行，现在晚了。"此时，姚某某从被窝里坐起来，想穿衣服。白俊峰将姚按倒，欲与其发生性关系。姚某某不允，与白厮打。白俊峰骑在姚身上，扒姚的衬裤。姚抓白俊峰的头发。白俊峰拿起剪刀，将姚的内裤剪断。姚某某拿起剪刀想扎白俊峰，被白俊峰抢下扔掉。后白俊峰强行与姚发生了性关系。姚某某与白继续厮打，薅住白的头发，将白的背心撕破。白俊峰将姚某某按倒，用裤带将姚的手绑住。

村治保主任陈某某接到姚父报案后，来到姚家，在窗外看见白俊峰正趴在姚某某身上，咳嗽一声。白俊峰在屋内听见便喊："我们两口子正办事呢！谁愿意看就进屋来看！"陈某某进屋说："你们两口子办事快点，完了到村上去。"陈给姚某某松绑后，回到村委会用广播喊白俊峰和姚某某二人上村委会。此间，白俊峰又第二次强行与姚某某发生了性关系。白俊峰对姚某某蹂躏达 5 个多小时，致姚某某因抽搐昏迷，经医生抢救苏醒。姚家共支付医疗费 301.8 元。

法院认为：被告人白俊峰在与姚某某的婚姻关系存续期间，以强制的手段，强行与姚某某发生性关系的行为，不构成强奸罪。遂依照《中华人民共和国刑事诉讼法》第 162 条第（2）项的规定，于 1997 年 10 月 13 日判决如下：被告人白俊峰无罪。

一审宣判后，在法定期限内被告人白俊峰没有上诉，检察机关也没有提出抗诉。

本案涉及的问题是：丈夫违背妻子的意志，在婚姻关系存续期间，采用暴力手段，强行与妻子发生性行为，是否构成强奸罪？

丈夫强奸妻子能否构成强奸罪，在刑法理论上和司法实践中都有争议。无论是现行刑法，还是 1979 年刑法，对于丈夫能否成为强奸罪的主体都没有排除或者规定。在国外，某些国家的刑事立法明确规定，丈夫强奸妻子的不构成强奸罪。例如德国、瑞士的刑法典就把强奸罪的对象限制为无夫妻关系的女性。我国地域广阔、民族众多，不同地区、不同民族的风俗习惯不同，此类案件情况又往往比较复杂，不能简单地确定行为构成罪或者不构成罪，否则有悖于国情，有害于我国的法制建设。对丈夫强奸妻子案件的审理，应该依据刑法和有关婚姻的法律规定，区分不同的婚姻状况以及行为人的暴力方式、方法，造成的危害后果等具体事实、情节，分别依法处理。其中，有的行为可以构成强奸罪；有的不构成强奸罪，但可能构成其他相关的犯罪。

本案被告人白俊峰的行为不构成强奸罪，主要理由是：

（一）婚姻状况是否确定构成强奸罪中违背妇女意志的法律依据

强奸罪是指以暴力、胁迫或者其他手段，违背妇女的意志，强行与其发生性交的行为。是否违背妇女意志是构成强奸罪的必备法律要件。虽然婚内夫妻两人性行为未必都是妻子同意，但这与构成强奸罪的违背妇女意志强行性交却有本质的不同。根据婚姻法的规定，合法的婚姻，产生夫妻之间特定的人身和财产关系。同居和性生活是夫妻之间对等人身权利和义务的基本内容，双方自愿登记结婚，就是对同居和性生活的法律承诺。因此，从法律上讲，合法的夫妻之间不存在丈夫对妻子性权利自由的侵犯。相反，如果妻子同意与丈夫以外的男子发生性关系却构成对合法婚姻的侵犯。所以，如果在合法婚姻关系存续期间，丈夫不顾妻子反对，甚至采用暴力与妻子强行发生性关系的行为，不属刑法意义上的违背妇女意志与妇女进行性行为，不能构成强奸罪。同理，如果是非法婚姻关系或者已经进入离婚诉讼程序，婚姻关系实际已处于不确定中，丈夫违背妻子的意志，采用暴力手段，强行与其发生性关系，从刑法理论上讲是可以构成强奸罪的。但是，实践中认定此类强奸罪，与普通强奸案件有很大不同，应当特别慎重。

（二）被告人白俊峰与姚某某的婚姻关系合法有效

白俊峰与姚某某之间的婚姻关系一方面是合法有效的，在案发前，虽然女方提出离婚，并经过村里调解，但并没有向人民法院或婚姻登记机关提出离婚，没有进入离婚诉讼程序。夫妻之间相互对性生活的法律承诺仍然有效。因此白俊峰的行为不构成强奸罪。

本案中，被告人对其妻实施了强制性交行为，并且蹂躏达5个小时，情节是恶劣的，但法院对此作出不构成强奸罪的判决。从裁判理由来看，主要是因为本案被告人与被害人之间存在合法婚姻关系。合法婚姻之所以能够阻却强奸罪之成立，裁判理由认为：

根据婚姻法的规定，合法的婚姻，产生夫妻之间特定的人身和财产关系。同居和性生活是夫妻之间对等人身权利和义务的基本内容，双方自愿登记结婚，就是对同居和性生活的法律承诺。因此，从法律上讲，合法的夫妻之间不存在丈夫对妻子性权利自由的侵犯。

这个理由，在法理上被归纳为同居义务说。如果这个理由成立，那么婚内强奸不仅在现行法中不构成犯罪，而且在将来的立法上也不应被犯罪化。对此，我是不同意的。我认为，婚内强奸的问题，一定要绝对地区分应然与实然两个视角，两者所得出的结论不同，理由与根据也是不同的。在当前关于婚内强奸的讨论中，往往将两者混为一谈。其结果是：将婚内强奸应当犯罪化的根据作为婚内强奸在现行法中构成犯罪的理由，或者相反。从婚内强奸应当犯罪化的角度来说，上述以同居义务来否认婚内强奸之构成犯罪，显然是难以服人的。在同居义务中包括性义务，因而互相之间不存在对性权利的侵犯问题，这是同居义务说的主旨。按照这种观点，一旦结婚，配偶之间不得再主张性权利，性权利只是对婚外而言的，因此，婚内不存在侵犯性权利的强奸罪。对于这个问题，主张婚内强奸犯罪化的学者认为：

夫妻性权利可以分为两类——夫妻双方对抗第三人的性权利和夫妻双方相互对抗的性权利。前者是绝对权利，要求社会不特定的个体承担不作为义务，即不得与婚姻的任何一方发生性关系；后者是相对权利，夫妻双方一方之权利即为另一方之义务。这种夫妻双方相互对抗的权利具有对等性，是一种弱权利，即双方的性应答义务不是每次都必须同意，性应答义务中配合性交的义务是有条件的，应基于义务人的自愿。[1]

这种观点实际上主张夫妻之间仍然存在性权利，只不过是一种相对权利、弱权利而已。因此侵犯了这种性权利，仍可构成强奸罪。这个问题涉及男女平等、婚姻性质等重大理论问题。夫妻关系实际上是男女关系的一种反映，男权主义主导下的男女不平等，必然反映到夫妻关系上。在这种情况下，婚姻关系中，夫权至上，妻子只能无条件服从，妻子当然是没有性权利的。随着男权主义的衰落，男女平等带来夫妻平等。在这种情况下，妻子在婚姻关系中不再处于绝对的服从地位，而是具有一定权利的主体，享有包括性自主在内的权利。在这种情况下，婚内强奸应当予以犯罪化。但这种犯罪化，并非从婚内无奸转变为婚内有奸，而是将婚内强制性交行为犯罪化。换言之，无奸与有奸解决的是性交的合法性问题，而婚内强制性交行为犯罪化解决的是实现性交手段的正当化问题。显然，这是两个不同层面的问题。而我们现在关于婚内强奸的讨论存在逻辑上的混乱的原因在于：主张婚内强奸不构成犯罪的观点，以婚内性关系是合法的为由将婚内强制性交也合法化了；而主张婚内强奸构成犯罪的观点，将婚内强制性交这种手段的非法以奸论，潜存着否定婚内性关系合法的危险，这也正是主张婚内无奸者所顾虑的。

在我看来，在现行法视域中，婚内强制性交行为不能构成强奸罪，唯一的理由是法无明文规定。换言之，婚内强制性交行为不是奸，因而无法解释为强奸罪。这种婚内强制性交行为的犯罪化，有待于法律的明文规定。基于这样一种立场评判本案，我认为裁判理由是错误的，正是这种裁判理由受到婚内有奸论者的抨击。

三、王卫明强奸案[2]：婚内无奸之例外

　　1992 年 11 月，被告人王卫明经人介绍与被害人钱某相识，1993 年 1

---

① 周永坤：《婚内强奸之法理学分析》，载《法学》，2000（10），16 页。
② 本案刊载于最高人民法院编：《刑事审判参考》，第 7 辑，北京，法律出版社，2000。

月登记结婚，1994 年 4 月生育一子。1996 年 6 月，王卫明与钱某分居，同时向上海市青浦县人民法院起诉离婚。同年 10 月 8 日，青浦县人民法院认为双方感情尚未破裂，判决不准离婚。此后双方未曾同居。1997 年 3 月 25 日，王卫明再次提起离婚诉讼。同年 10 月 8 日，青浦县人民法院判决准予离婚，并将判决书送达双方当事人。双方当事人对判决离婚无争议，虽然王卫明表示对判决涉及的子女抚养、液化气处理有意见，保留上诉权利，但后来一直未上诉。同月 13 日晚 7 时许（离婚判决尚未生效），王卫明到原居住的××公寓 3 号楼 206 室，见钱某在房内整理衣物，即从背后抱住钱某，欲与之发生性关系，遭钱拒绝。被告人王卫明说："住在这里，就不让你太平。"钱挣脱欲离去。王卫明将钱的双手反扭住并将钱按倒在床上，不顾钱的反抗，采用抓、咬等暴力手段，强行与钱发生了性行为，致钱多处软组织挫伤、胸部被抓伤、咬伤。当晚，被害人向公安机关报案。

青浦县人民法院认为：被告人王卫明主动起诉，请求法院判决解除与钱某的婚姻，法院一审判决准予离婚后，双方对此均无异议。虽然该判决尚未发生法律效力，但被告人王卫明与被害人已不具备正常的夫妻关系。在此情况下，被告人王卫明违背妇女意志，采用暴力手段，强行与钱某发生性关系，其行为已构成强奸罪，应依法惩处。公诉机关指控被告人王卫明的犯罪罪名成立。被告人关于发生性行为系对方自愿及其辩护人认为认定被告人采用暴力证据不足的辩解、辩护意见，与庭审质证的证据不符，不予采纳。依据《中华人民共和国刑法》第 236 条第 1 款、第 72 条第 1 款的规定，于 1999 年 12 月 21 日判决如下：被告人王卫明犯强奸罪，判处有期徒刑 3 年，缓刑 3 年。

一审宣判后，被告人王卫明服判，未上诉；检察机关亦未抗诉。判决发生法律效力。

丈夫能否成为强奸罪的主体？在夫妻关系存续期间，丈夫以暴力、胁迫或者其他方法，违背妻子意志，强行与妻子发生性关系的行为，在理论上被称为婚内强奸。对于婚内强奸能否构成强奸罪，理论界认识不一致。在本案起诉、审判过程中也一直存在三种意见：

第一种意见认为，丈夫不能成为强奸罪的主体。理由是：夫妻之间有同居的权利和义务，这是夫妻关系的重要内容。夫妻双方自愿登记结婚就是对同居义务所作的肯定性承诺，而且这种肯定性承诺如同夫妻关系的确立一样，只要有一次概括性表示即在婚姻关系存续期间始终有效，非经合法程序不会自动消失。因此，在结婚后，不论是合意同居，还是强行同居，均谈不上对妻子性权利的侵犯。

第二种意见认为，丈夫在任何情况下都能够成为强奸罪的主体。理由是：我国婚姻法明确规定，夫妻在家庭中地位平等，这一平等关系应当包括夫妻之间性权利的平等性，即夫妻双方在过性生活时，一方无权支配和强迫对方，即使一方从不接受对方的性要求，也不产生任何法律后果；而我国刑法第二百三十六条规定的强奸罪，是指违背妇女意志，以暴力、胁迫或者其他手段，强行与妇女发生性关系的行为，并未排除以妻子作为强奸对象的强奸罪，因而强奸罪的主体自然包括丈夫。

第三种意见认为，在婚姻关系正常存续期间，丈夫不能成为强奸罪的主体，而在婚姻关系非正常存续期间，丈夫可以成为强奸罪的主体。

本案的裁判理由认为：

夫妻之间既已结婚，即相互承诺共同生活，有同居的义务。这虽未见诸法律明确规定或者法律的强制性规定，但已深深植根于人们的伦理观念之中，不需要法律明文规定。只要夫妻正常婚姻关系存续，即足以阻却婚内强奸行为成立犯罪，这也是司法实践中一般不能将婚内强奸行为作为强奸罪处理的原因。因此，在一般情况下，丈夫不能成为强奸罪的主体。但是，夫妻同居义务是从自愿结婚行为推定出来的伦理义务，不是法律规定的强制性义务。因此，不区别具体情况，对于所有的婚内强奸行为一概不以犯罪论处也是不科学的。例如在婚姻关系非正常存续期间，如离婚诉讼期间，婚姻关系已进入法定的解除程序，虽然婚姻关系仍然存在，但已不能再推定女方对性行为是一种同意的承诺，也就没有理由从婚姻关系出发否定强奸罪的成立。就本案而言，被告人王卫明两次主动向法院诉请离婚，希望解除婚姻关系，一审法院已判决准予被告人王卫明与钱某离婚，且双方当事人对离婚均无争议，只是离婚判决书尚未生效。此期间，被告人王卫明与钱某之间的婚姻关系在王卫明的主观意识中实质已经消失。因为是被告人主动提出离婚，法院判决离婚后其也未反悔提出上诉，其与钱某已属非正常的婚姻关系。也就是说，因被告人王卫明的行为，双方已不再承诺履行夫妻间同居的义务。在这种情况下，被告人王卫明在这一特殊时期内，违背钱某的意志，采用扭、抓、咬等暴力手段，强行与钱某发生性行为，严重侵犯了钱某的人身权利和性权利，其行为符合强奸罪的主观和客观特征，构成强奸罪。上海市青浦县人民法院认定被告人王卫明犯强奸罪并处以刑罚是正确的。

王卫明强奸案发生在白俊峰强奸案两年以后，对于两案的关系，我国刑法学界有的学者认为两案存在冲突，指出：

> 在现行的有关强奸罪的刑事立法框架内，各地法院的司法裁判结果迥然有异——上海市青浦县法院王卫明案以强奸罪判处有期徒刑 3 年，缓刑 3 年，而辽宁义县相似的案例法院却判决无罪，由此提出了怎样协调其间的冲突问题。①

我认为，这种对两案关系的解读是不能成立的。其实，两案并不存在矛盾。在王卫明强奸案中，在起诉、审判过程中存在三种意见，其中第三种意见是：在婚姻关系正常存续期间，丈夫不能成为强奸罪的主体，而在婚姻关系非正常存续期间，丈夫可以成为强奸罪的主体。王卫明强奸案采纳的正是上述第三种观点，因而两案并不存在矛盾：白俊峰强奸案的判决表明——在婚姻关系正常存续期间，丈夫不能

---

① 付立庆：《婚内强奸犯罪化应该缓行——在应然与实然的较量之间》，载陈兴良主编：《刑事法判解》，第 4 卷，430 页，北京，法律出版社，2001。相同的观点参见冀祥德：《婚内强奸犯罪化研究》，载北京大学法学院编：《法学的诱惑——法律硕士论文写作优秀范例》，199 页，北京，法律出版社，2003。

成为强奸罪的主体，而王卫明强奸案的判决表明——在婚姻关系非正常存续期间，丈夫可以成为强奸罪的主体。因此，白俊峰强奸案和王卫明强奸案确立了在婚内强奸问题上的以下规则：

> 在婚姻关系正常存续期间，丈夫不能成为强奸罪的主体；在婚姻关系非正常存续期间，丈夫可以成为强奸罪的主体。

对王卫明强奸案的判决结论我是赞同的，因为：提起离婚诉讼以后，婚姻进入解除程序，而婚姻解除需要一个过程，这个过程是婚姻的非正常存续期间，尽管有婚姻之名但已无婚姻之实。在这种情况下，形式上的丈夫对形式上的妻子实行强制性交，我认为已不是婚内强奸，而是婚外强奸，以强奸论是正确的。但是，王卫明强奸案的判决理由同样是值得推敲的：其裁判理由中论及夫妻同居义务是从自愿结婚行为推定出来的伦理义务，不是法律规定的强制性义务。这里涉及以下问题值得探讨：

（1）同居义务是伦理义务还是法律义务？我国婚姻法对同居义务确实没有明确规定，但我国婚姻法学界一般认为，由《婚姻法》（已失效）第 3 条第 2 款关于禁止有配偶者与他人同居的规定、第 4 条关于夫妻应当相互忠实的规定，以及第 32 条、第 46 条有关规定，可推论出夫妻有同居的义务。[①] 因此，同居应当是一种法律义务而非伦理义务。

（2）同居义务在一定条件下可以停止或者免除。同居义务要求夫妻双方共同生活，包括性生活。但同居义务不是绝对的，即使在婚姻关系存续期间具备一定条件也是可以停止或者免除的。我国婚姻法学界一般认为，下列情形构成停止或免除同居义务的充分理由：1）有正当理由暂时中止同居。如因公务或私务需要，在较长时间内合理离家在外；因健康原因住院治疗或其他情形无法全部履行同居义务或只能履行部分同居义务的；等等。这类情形对夫妻关系不产生负面的或实质性的影

---

① 参见杨大文主编：《婚姻家庭法学》，163～164 页，上海，复旦大学出版社，2002。《婚姻法》已被《民法典》所采纳，《民法典》第 1042 条规定了禁止有配偶者与他人同居，第 1043 条规定了夫妻之间相互忠实的义务，第 1059 条规定了夫妻之间有相互抚养的义务。

响，当中止同居的原因消失后，夫妻双方自然恢复同居。导致同居中断的一方不需要为此承担法律责任，法律对这类情形通常不作规定。2）具有法定事由而停止同居。法律对此带有专门规定，如夫妻一方违背忠实义务，有不堪同居的事实导致婚姻关系破裂、离婚诉讼期间等情形下，免除同居义务；因夫妻感情破裂而协议分居也是停止同居的充分理由。① 由此可见，同居义务之不履行有两种情形：一是客观上无法履行，在此情形下，同居义务暂时中止。二是有法定事由而停止履行同居义务。

（3）同居义务是否具有强制性义务？应该说，同居本身不能强制，但这并不意味着同居就不具有强制效力。正如我国学者提出：虽同居义务的履行不能强制，但是无故断绝履行同居义务的行为人，应承担相应的法律责任，以此体现同居作为一项法律义务的强制效力。②

从以上三点观察，同居是婚姻的实质内容，同居义务是从结婚这一法律行为中推导出的法律义务。在婚姻关系存续期间，同居义务必然得到履行，除非由于客观原因无法履行，或者在婚姻受到破坏、即将解体时，同居义务基于一定的法定理由被终止履行。根据以上对同居义务的理解，我认为王卫明强奸案的裁判理由是存在可商榷之处的。该裁判理由肯定同居义务是以阻却婚内强奸成立犯罪，但又说同居义务不是强制性的法律义务。因此，该裁判理由认为不区别具体情况，对于所有的婚内强奸行为一概不以犯罪论处也是不科学的。这一结论的得出与前面关于同居义务性质的论述之间到底存在一种什么样的逻辑关系，我以为是不明确的。按照我的观点，王卫明强奸案之所以应以强奸论处，正是因为进入离婚诉讼后，同居义务处于停止履行期间。既然没有同居义务，王卫明强行与其妻发生性行为，就构成了强奸罪。由此推论，白俊峰强奸案中，婚后夫妻感情不好，其妻姚某回娘家居住，并向白俊峰提出离婚要求。在这种情况下，虽未达成离婚协议，但同居义务已经停止履行。为此，白俊峰强行与之发生性行为，也应

---

① 参见杨大文主编：《婚姻家庭法学》，164 页，上海，复旦大学出版社，2002。
② 参见杨大文主编：《婚姻家庭法学》，164 页，上海，复旦大学出版社，2002。

当构成强奸罪。

我认为，婚姻关系是否正常存续，应以同居义务是否因法定事由而停止履行为标准确认。在下述情形下，应当视为同居义务停止履行，婚姻关系处于非正常存续期间：

1. 因感情不和而分居期间

结婚以后，夫妻之间有同居义务。但在婚姻关系存续期间，因感情不和也可能分居。根据《民法典》第 1079 条第 3 款第 4 项的规定，因感情不和而分居满两年，调解无效的，应准予离婚。在分居期间，婚姻关系虽然形式上还存在，但已经处于非正常存续状态。尽管分居并不必然离婚，但其往往是离婚的前奏，因此，因感情不和而分居期间，应视为婚姻关系处于非正常存续期间。在此期间，丈夫对妻子强制性交的，应以强奸罪论处。

2. 提起离婚诉讼以后

离婚有两种方式：一是协议离婚，二是诉讼离婚。诉讼离婚是由婚姻一方当事人向法院提起诉讼要求解除婚姻关系。离婚诉讼提起以后，就进入婚姻解除程序。但婚姻的正式解除还需经过一审、二审等有关法定程序。在离婚诉讼提起以后，婚姻关系就进入非正常存续期间。在此期间，丈夫对妻子强制性交的，应以强奸罪论处。

第 4 节　杀害被绑架人行为之定性研究

案名：王建平绑架案　吴德桥绑架案
主题：绑架罪　杀害被绑架人

绑架罪是我国刑法中的一个重罪，它不仅严重地侵犯公民的人身权利，而且严重地侵犯公民的财产权利，因此是刑法惩治的重点。我国刑法第 239 条将杀害被绑架人作为绑架罪的一种情形加以规定，并设置了绝对法定刑——死刑。在这种情况下，如何理解这里的"杀害被绑架人"就成为死刑适用的一个重大问题。本节以王建平绑架案与吴德桥绑架案①为例，对杀害被绑架人的行为如何定性的问题加以研究。

一、王建平绑架案的案情及诉讼过程

2001 年 1 月 6 日上午，被告人王建平到西良村学校附近，找到其表弟之子高某（10 岁），以找高的叔叔为由将高骗走。王建平挟持高某乘车先后到河南安阳，山西省长治市、榆社县和河北省武安县、涉县等地。此间，王建平用事先准备好的手机亲自或胁迫高某多次向高家打电话索要现金 5 万元。在索要未果的情况下，王建平将高某挟持到涉县境内一火车隧道内，乘高不备，用石头砸击其头部，将高击昏后将其放到下水道内，并用水泥板盖住后逃离现场。1 月 13 日下午，高某被铁路工人发现，经抢救后脱险。经法医鉴定，高颅骨多发性骨折，属轻伤。

邢台市中级人民法院认为：被告人王建平以勒索财物为目的，将被害人打昏后放在下水道内杀害被绑架人，手段恶劣，情节严重，其行为构成绑架罪。王建平的行为虽未造成被害人死亡，但所犯罪行严重，不足以从轻处罚。对其辩护人提出的没有造成被害人死亡，可予从轻处罚的意见不予采纳。遂依照《中华人民共和国刑法》第 239 条第 1 款、第 57 条第 1 款的规定，以绑架罪判处被告人王建平死刑，剥夺政治权利终身，并处没收个人全部财产。被告人王建平赔偿附带民事诉讼原告人高某经济损失人民币 3 000 元。

一审宣判后，被告人王建平不服，以绑架未遂、量刑过重为由提出上诉。

河北省高级人民法院经审理认为：被告人王建平绑架儿童勒索钱财不逞，杀害被绑架人，其行为构成绑架罪。虽因被告人意志以外的原因未造

---

① 王建平绑架案刊载于最高人民法院编：《刑事审判参考》，第 38 集，北京，法律出版社，2004；吴德桥绑架案刊载于最高人民法院：《刑事审判参考》，第 26 辑，北京，法律出版社，2002。

成被绑架儿童死亡，但其犯罪手段极其恶劣，应当判处死刑。原审法院依据犯罪的事实和情节，依法对本案作出的判决事实清楚，证据充分，适用法律准确，量刑适当，审判程序合法。王建平的上诉理由以及其辩护人的辩护意见不予采纳。遂依照《中华人民共和国刑事诉讼法》（1996年——引者注）第 189 条第 1 项、第 197 条的规定，裁定驳回上诉、维持原判。

二、绑架罪加重构成的法理分析

我国刑法第 239 条规定："以勒索财物为目的绑架他人的，或者绑架他人作为人质的，处十年以上有期徒刑或者无期徒刑，并处罚金或者没收财产"（第 1 款）；"致使被绑架人死亡或者杀害被绑架人的，处死刑，并处没收财产"（第 2 款）。值得注意的是，2015 年 8 月 29 日《刑法修正案（九）》第 14 条将第 2 款修订为："犯前款罪，杀害被绑架人的，或者故意伤害被绑架人，致人重伤、死亡的，处无期徒刑或者死刑，并处没收财产。"在上述规定中，第 1 款是对绑架罪的基本犯的规定，第 2 款是对绑架罪的加重犯的规定。

在《刑法修正案（九）》之前，致使被绑架人死亡，是绑架罪的结果加重犯。对此在刑法理论上不存在争议。立法机关对"致使被绑架人死亡"所作的解释是：由于在绑架过程中对被绑架人使用暴力、捆绑过紧或者进行虐待等原因致使被绑架人死亡，以及被绑架人在绑架过程中自杀身亡的等。[1] 在此虽然没有明示，但对于被绑架人的死亡行为人主观上是过失这一点也是毋庸置疑。因此，致使被绑架人死亡，包括在绑架过程中过失致人死亡与在绑架过程中故意伤害致人死亡这两种情形。在司法实践中，对于绑架致使被害人死亡的认定一般都强调死亡结果与绑架行为之间的因果关系。例如，在乔中华绑架案[2]中，被绑架人王甲、王乙乘绑架人睡

---

[1]　参见胡康生、郎胜主编：《中华人民共和国刑法释义》，3 版，371 页，北京，法律出版社，2006。
[2]　本案刊载于国家法官学院、中国人民大学法学院编：《中国审判案例要览（2006 年刑事审判案例卷）》，236 页以下，北京，人民法院出版社、中国人民大学出版社，2007。

觉之机，翻窗跳楼逃跑，结果造成王甲轻微伤、王乙死亡的结果。在该案中被害人当时在没有被行为人实际威胁的情况下跳楼而致死亡，是否属于刑法中规定的"致使被绑架人死亡"？

在本案审理过程中，存在以下两种意见：一种意见认为绑架致人死亡指行为与死亡必须有直接的因果关系，包括行为人用力伤害或因捂住鼻子、嘴过失致人死亡，行为人殴打被害人致重伤死亡，被害人因不堪忍受折磨而自杀等。本案中被害人在被行为人绑架后，人身自由受到限制、受到威胁，其中一人因身体受到轻微伤害，迫不得已答应了行为人的无理要求，但在其被控制期间及出逃时生命并没有受到实质性的严重威胁，被害人王乙也没有受到伤害，行为人也没有预见到或追求此结果，故被害人王乙的死亡与各行为人的行为无直接的因果关系，虽有间接关系，但不宜按绑架致人死亡量刑，因为绑架致人死亡是刑法规定的唯一确定死刑条件，应该从严掌握。另一种意见认为虽然本案中被害人的死亡系其跳楼所致，但其跳楼的原因是逃避行为人的绑架，行为人的绑架行为直接引发被害人的跳楼行为，故被害人为逃脱跳楼身亡的结果与行为人的绑架行为之间有一定的因果关系。一审法院采纳了第二种意见，江苏省高级人民法院经审理后也认为：本案中被害人的死亡虽非乔中华等人的暴力行为或者虐待直接所致，但王乙跳楼是为了躲避进一步的暴力而采取，其死亡与绑架行为有刑法上的因果关系，应按绑架致人死亡定罪量刑。

在乔中华绑架案中，司法机关强调被绑架人的死亡与绑架行为之间的因果关系，并且这种因果关系必须是直接关系而非间接关系。如果只有间接关系，即使被绑架人死亡，也不能认定为绑架过程中致使被绑架人死亡。例如在柯金星绑架案中[①]，被告人柯金星等人以勒索财物为目的，采用暴力手段将被害人詹某绑架，把

---

① 本案刊载于国家法官学院、中国人民大学法学院编：《中国审判案例要览（2003 年刑事审判案例卷）》，209 页以下，北京，人民法院出版社、中国人民大学出版社，2004。

詹某捆绑在一棵树上。被告人发现有人在找被害人，赶紧逃走躲避。过了半个多小时，被告人又回到原地，发现被害人詹某已不知去向，只剩一根捆人的绳子留在原地。他们以为被害人已经跑走了，即逃离现场。后詹某的尸体在某小溪里被发现。经法医检验，死者詹某系生前溺水死亡。

在本案审理过程中，对于被告人柯金星等人的行为是否被认定为致使被绑架人死亡存在以下两种意见：第一种意见认为：被告人采用暴力绑架他人，致被绑架人死亡，根据刑法第 239 条的规定，应判死刑，并处没收财产。第二种意见认为：被告人的行为构成绑架罪，但被绑架人的死亡非因绑架行为引起，与绑架行为无法律上的因果关系，被告人无须承担被绑架人死亡的法律后果，只需在 10 年以上有期徒刑或无期徒刑范围内量刑。

该案的一、二审判决采纳了第二种意见，认为本案被害人的死亡结果与被告人的行为没有必然因果关系，不能认定为在绑架过程中致使被害人死亡。该案的裁判理由在论证时指出：

致使被绑架人死亡，包括在绑架过程中对被绑架人使用暴力或者进行虐待等导致被绑架人死亡，或者被绑架人自杀身亡等情景。对于该规定的适用，应注意把握以下几方面的内容：

1. 被绑架人死亡。适用该规定时，应有被绑架人死亡结果的发生。于被绑架人被害致伤或自杀未遂等情形，都不得引用该规定以适用死刑。

2. 确认被绑架人死亡与绑架行为之间具有直接因果关系。有观点认为，区分是否属于绑架致人死亡，要以死亡的时间为准：绑架期间，被绑架人死亡，则予以认定；绑架行为结束，被绑架人在被释放后死亡，则不予认定。该观点值得商榷，理由是：认定是否属于绑架致人死亡，需正确区分被绑架人死亡的原因。若死亡确因绑架行为引起，即死亡与绑架行为有法律上的因果关系，则应引用该规定适用死刑。例如，被绑架人被殴打致伤，经抢救无效死亡，不论死亡发生在绑架过程中，还是在绑架结束后，都属绑架致人死亡的情形。又如，被绑架人因不堪忍受绑架期间所遭受的精神上或肉体上的伤害，一时想不开，在绑架过程中或释放后自杀死亡，亦属该情形。反之，被绑架人因自身原因（如患急症，正常情况下亦无生还可能）或其他意外情况（如被绑架人吸烟引起火灾致其被烧死，或者因房屋倒塌被砸死）死亡，则不论死亡何时发生，均不属于绑架致人死亡之情形。当然，如前例，假如被绑架人不是被拘禁在该室内，也就不会被烧死或砸死，那么不能说死亡与绑架毫无联系，也可以说绑架成为被绑架人被烧死、被砸死的先在条件。但是该先在条件对结果的发生不起决定性作用，也就是两者之间不存在必然的因果关系。该结果纯属难以预见的偶然事件，当然不能让绑架人对死亡负直接的刑事责任。

分析本案，被害人被绑架后，虽然发生了死亡的事由，但被绑架人的死亡系因路况不熟，失足落水所致，并非由行为人的绑架行为直接引起，其死亡与绑架行为不具有直接的因果关系，而是意外事件所致，不应由行为人对死亡后果承担刑事责任，即不得引用致使被绑架人死亡这一规定对行为人适用死刑。故本案的一审及二审裁判是正确的。

在《刑法修正案（九）》以后，"致使被绑架人死亡"这样一种较为含糊的规定被"故意伤害被绑架人，致人重伤、死亡"这种较为明确的规定所替代。据此，对于单纯地过失致使被绑架人死亡不再适用死刑，但又将适用死刑的情形扩大到故意伤害被绑架人，致人重伤的情形。应该说，这一修改还是合理的。

杀害被绑架人，是绑架罪的另一加重构成。但在刑法理论上，对于杀害被绑架人与绑架罪的基本构成之间的关系，存在不同的认识。其中，以下两种观点较为典型：第一种观点认为，杀害被绑架人是绑架罪与故意杀人罪的结合犯。例如我国学者指出：

绑架他人作人质而杀害被害人的情形实质上是一个结合犯的规定，应确定为独立的罪名，不应适用原罪罪名。因为行为人以勒索财物为目的而实行了绑架他人或者绑架他人作人质的行为本身构成绑架罪。在实施了绑架罪之后又杀死了被绑架人的，构成故意杀人罪。两个罪均是刑法分则规定的独立的具体犯罪，刑法对这两个罪结合的情况又规定了独立的法定刑，符合结合犯的特征。[①]

显然，上述观点是以结合犯应是一个独立罪名为前提的，即结合犯甲罪＋乙罪＝甲乙罪。我国刑法并没有将绑架杀人作为一个独立罪名加以设置，而是将杀人行为依附于绑架罪。在这个意义上说，将杀害被绑架人作为结合犯并不妥切。

第二种观点认为，杀害被绑架人是绑架罪的加重犯。加重犯是相对于基本犯而言的，它是指在具备基本构成的基础上，由于存在某种法定事由而加重其刑的犯罪形态。因此，加重事由是正确认定加重犯的关键。我国学者将加重事由分为以下九种，由此形成加重犯的九种形态：

（1）情节加重犯，即指犯罪的情节严重、情节特别严重、情节恶劣、情节特别恶劣而加重其刑的加重犯形态，例如，刑法第 279 条招摇撞骗罪。

（2）结果加重犯，即由于行为人之犯罪行为造成了超出基本犯罪范围的重结果而加重其刑的加重犯形态，例如，刑法第 234 条故意伤害罪。

（3）数额加重犯，即由于行为人之犯罪数额超过了基本犯的构成数额范围，而加重其刑的加重犯形态，例如，刑法第 140 条生产、销售伪劣产品罪。

（4）身份加重犯，即犯罪主体是特殊主体，而由刑法规定加重法定刑的加重犯形态，例如，刑法第 103 条第 2 款煽动分裂国家罪。

（5）对象加重犯，即由于犯罪对象的特殊而规定了比基本犯较重的刑罚的加重犯形态，例如，刑法第 127 条盗窃、抢夺枪支、弹药、爆炸物、危险物质罪。

（6）手段加重犯，即由于犯罪手段恶劣而规定加重其刑的加重犯形态，例如，刑法第 263 条抢劫罪中规定的持枪抢劫。

---

① 李邦友：《结果加重犯基本理论研究》，197 页，武汉，武汉大学出版社，2001。持相同观点的还有张明楷：《刑法学》，3 版，667 页，北京，法律出版社，2007。

（7）时间加重犯，即由于行为人在特定时期实施了基本罪行而由刑法规定了加重法定刑的加重犯形态。例如，刑法第 435 条逃离部队罪规定，战时犯前款罪的，加重处罚。

（8）地点加重犯，即行为人在特定地点实施了基本罪行而由刑法规定了加重法定刑的加重犯形态。例如，刑法第 237 条强制猥亵、侮辱罪，猥亵儿童罪规定，在公共场所当众实施犯罪的处加重之法定刑。

（9）行为加重犯，即行为人在实施基本罪的过程中，实施了比基本罪行为的性质更为严重或者在基本罪行为之外还实施了其他行为，而依法加重其刑的加重犯形态。例如，刑法第 292 条聚众斗殴罪的加重构成中规定了多次聚众斗殴的情形。①

那么，杀害被绑架人属于上述哪一种加重犯呢？对此，我国刑法学界又存在以下三种观点：

第一种观点认为，杀害被绑架人是绑架罪的结果加重犯。例如我国学者指出：

刑法第 239 条第 1 款规定的绑架罪，其基本犯处 10 年以上有期徒刑或者无期徒刑，而致使被绑架人死亡或者杀害被绑架人的，处死刑，是该罪的结果加重。在这里，致使被绑架人死亡，无疑是过失致人死亡；而杀害被绑架人，明显是杀人灭口，为了逃避法律制裁，属于故意杀人。但该条并未规定对此种情况应当实行数罪并罚。这可以说明我国刑法中的人身伤害类的结果加重犯，其加重结果的罪过形式，不但包括过失，也包括故意。②

尽管上述论者也认为将绑架罪中故意杀害被绑架人作为绑架罪的结果加重犯处理，在法理上明显不妥，但还是不得不承认这一立法例，属于结果加重犯。我认为，杀害被绑架人作为绑架罪的结果加重犯，与结果加重犯的特征明显不符。在客观上，结果加重犯只有一个基本行为，加重结果是基本行为造成的，并且两者之间

---

① 卢宇蓉：《加重构成犯罪研究》，34～35 页，北京，中国人民公安大学出版社，2004。
② 吴振兴：《罪数形态论》，修订版，109～110 页，北京，中国检察出版社，2006。

存在因果关系。但在杀害被绑架人的情况下，杀人行为与绑架行为是两个行为，死亡是由杀人行为造成的而不是由绑架行为造成的。在主观上，结果加重犯对于加重结果是过失，但杀害被绑架人情形下行为人对被绑架人的死亡是故意的。因此，杀害被绑架人不符合结果加重犯的构成特征，不应认定为结果加重犯。

第二种观点认为，杀害被绑架人是绑架罪的情节加重犯。情节加重犯，是指某种基本犯罪因具有某种严重的情节而加重其法定刑的犯罪类型。我国学者认为，加重情节包括可以作为独立的犯罪行为加以评价的情形，刑法第 239 条将故意伤害（致死）罪与故意杀人罪作为绑架罪的加重情节，因此属于情节加重犯。① 这种观点把情节加重犯中的情节分为抽象的加重情节与具体的加重情节。但这种观点将情节加重犯与其他加重犯相混淆，无从正确地界定情节加重犯。其实，情节加重犯就是指刑法规定以情节严重、情节恶劣作为加重构成事由的犯罪类型。因此，情节加重犯具有综合性，它与结果加重犯、数额加重犯、对象加重犯、行为加重犯、地点加重犯、时间加重犯等加重构成不同。情节加重犯之加重情节并非从某一个方面反映犯罪加重的罪质与罪责，而是一个综合指标，它在犯罪构成中具有特殊的地位。因此，情节加重犯之加重情节，在具体化之前是一个抽象的概念，不为犯罪构成四个基本要件中的任何一个所容纳。它以主观和客观相统一的形式衡量一定犯罪的社会危害性程度，可以说是一个综合指标。② 因此，不能认为杀害被绑架人是绑架罪的情节加重犯。

第三种观点认为，杀害被绑架人是绑架罪的行为加重犯。行为人实施基本的犯罪行为，构成基本罪。当行为人所实施的犯罪除基本罪的危害行为外，还增加了其他危害行为，或者实施了比基本罪行为性质更恶劣、更具有社会危害性的同种行为，刑法对此仍规定为一罪，但加重其法定刑的，就是行为加重犯。③ 行为加重犯的特征是以行为（包括他种行为与同种行为）作为法定加重事由。显然，杀害被绑

---

① 参见李翔：《情节犯研究》，155～156 页，上海，上海交通大学出版社，2006。
② 参见卢宇蓉：《加重构成犯罪研究》，133～144 页，北京，中国人民公安大学出版社，2004。
③ 参见卢宇蓉：《加重构成犯罪研究》，295 页，北京，中国人民公安大学出版社，2004。

架人对于绑架行为来说，是一种他种行为，因而属于行为加重犯。例如，我国学者认为，杀害被绑架人是行为加重犯中以行为为加重因素，以加重形式处罚的类型。①

在上述各种观点中，我赞同杀害被绑架人属于绑架罪的行为加重犯的观点。行为加重犯是加重犯中一种极为特殊的情形，而且在我国刑法分则中此种立法例多有存在。在行为加重犯中，有些行为本身并非刑法中的独立犯罪，例如我国刑法第133条规定交通肇事后逃逸的以及因逃逸致人死亡的，就属于此种情形。对于这种行为加重犯，在刑法理论上一般不存在争议。只是在过失犯罪中包含故意的加重行为，给共同犯罪理论带来一定影响。另外一种行为加重犯，其行为是刑法中的一种独立犯罪，例如，我国刑法第240条将奸淫被拐卖的妇女作为拐卖妇女、儿童罪的加重事由。在这种情况下，如何将它与结合犯加以区分？的确，从两个罪的结合来看，这种以另一种独立犯罪作为法定加重事由的行为加重犯，与结合犯是极为类似的。但结合犯中的甲罪与乙罪之间是一种并列的关系，这种并列关系在甲乙罪这一罪名上也能够反映出来。例如强奸杀人罪、抢劫杀人罪等，是强奸罪与杀人罪或者抢劫罪与杀人罪的结合，结合以后互相结合之罪丧失了独立存在的意义。但在行为加重犯的情况下，加重之罪只是基本犯罪的加重形态，它具有对基本犯罪的依附性。例如，在绑架罪中，杀害被绑架人成为绑架罪的一部分，被绑架罪所包容。在这个意义上说，绑架罪是包容犯。在绑架罪与故意杀人罪之间存在包容竞合，即整体法与部分法的法条竞合关系。

三、杀害被绑架人的理解

讨论杀害被绑架人与绑架罪之间的关系，归根到底还是为了解决绑架杀人未遂的法律适用问题。例如，主张杀害被绑架人是绑架罪的结果加重犯者，以结果加重犯不存在既遂与未遂形态的区分为由，认为行为人实施了绑架并故意杀害被绑架人但并未将被绑架人杀死的，则不构成绑架罪的结果加重犯。而主张杀害被绑架人是

---

① 参见楼伯坤：《行为加重犯研究》，189页，北京，知识产权出版社，2006。

绑架罪的情节加重犯者，则认为故意杀害被绑架人未致死亡的情况可以构成绑架罪的情节加重犯的未遂形态。① 我认为，结果加重犯没有未遂，是以行为人对于加重结果具有过失的主观心理状态为前提的，因为过失是没有未遂的。但如果把对加重结果具有故意的主观心理状态的情形也纳入结果加重犯的范畴，然后又把建立在行为人对加重结果是过失的基础之上的结果加重犯没有未遂的原理适用于此，则显然是不妥当的。把杀害被绑架人作为绑架罪的情节加重犯，然后将杀人未遂也包含在加重情节之中，虽然不存在逻辑上的问题，但仍然存在对杀害被绑架人的解释问题。行为加重犯也是如此：加重的犯罪行为是既遂还是未遂，取决于对法律规定的理解。

　　关于杀害被绑架人是否包括未遂乃至预备和中止等未完成的犯罪形态，在刑法理论上素来存在争论。关于杀害被绑架人如何理解，立法机关指出：

　　　　杀害，是指在掳走被绑架人后，出于勒索财物或者其他目的得不到实现或者其他原因，故意实施杀害行为，非法剥夺被绑架人生命的行为。②

　　但这一论述仍然没有明确杀害是指杀死还是包括杀人未遂等未完成形态。在刑法理论上，认为杀害被绑架人的情形直接包括杀人未遂的观点极为罕见，一般都认为杀害被绑架人本身不包括杀人未遂。但关于对这种杀人未遂情形如何处理，则存在以下两种观点：

　　第一种观点认为：绑架杀人实际上是结合犯，结合犯也存在既遂与未遂之分。但结合犯的既遂与未遂与被结合前罪没有关系，只是取决于后罪是既遂还是未遂。对于结合犯的未遂应当在适用结合犯的法定刑的同时，适用刑法总则关于犯罪未遂的规定。对于绑架杀人未遂的，适用刑法第 239 条关于"杀害被绑架人的，处无期徒刑或死刑"的规定，同时适用刑法关于对未遂犯从轻、减轻处罚的规定。③ 这种观点是以绑架杀人属于结合犯为其论证前提的，把杀害绑架人看作是绑架过程中发

---

①　有关分析，参见赵秉志：《犯罪未遂形态研究》，2 版，317 页，北京，中国人民大学出版社，2008。
②　胡康生、郎胜主编：《中华人民共和国刑法释义》，3 版，371 页，北京，法律出版社，2006。
③　参见张明楷：《刑法学》，3 版，668 页，北京，法律出版社，2007。

生的一种故意杀人行为。因为刑法分则规定的犯罪是以既遂为标本的，所以杀害被绑架人当然不能直接包含杀人未遂，但可以引用刑法总则关于未遂犯的规定处理绑架杀人未遂问题。如果杀害被绑架人确定是一种一般的故意杀人行为，这种理解似乎有理。但杀害被绑架人可以直接等同于故意杀人吗？这个问题恰恰是值得考虑的。

第二种观点从以现行刑法规定为前提来考察刑法第 239 条中的杀害被绑架人是否存在未遂形态的角度出发，按照结果加重犯的模式来理解杀害被绑架人，将杀害理解为杀死；并认为杀害被绑架人只是成立与否，而无既遂形态与未遂形态之分。[①]这种观点是否认杀害被绑架人属于绑架罪的结果加重犯的，但在理解上倾向于把杀害被绑架人理解为将被绑架人杀死的一种结果状态，由此否认杀害被绑架人包括未遂。但这种观点关于对绑架杀人未遂如何处理，并未给出答案。

我个人正如前所述，主张杀害被绑架人是绑架罪的行为加重犯。在这个意义上，我将杀害被绑架人理解为一种行为。但与此同时，我认为杀害被绑架人不能简单地等同于绑架杀人，而是指杀死被绑架人，即俗称的撕票。因此，杀害被绑架人既是一种行为又是一种结果：是一种包含死亡结果的杀人行为。因此，对待杀害被绑架人不能像对待一般故意杀人行为一样，援引刑法总则关于未遂的规定处理绑架中的杀人未遂问题。

四、王建平绑架案裁判理由的评判

在王建平绑架案处理过程中，提出了这样一个法律问题：杀害被绑架人未遂的，是否属于刑法第 239 条第 1 款规定的杀害被绑架人的情形？对此，该案的裁判理由[②]指出：

刑法第二百三十九条第一款规定：以勒索财物为目的绑架他人的，或

[①]　参见赵秉志：《犯罪未遂形态研究》，2 版，319 页，北京，中国人民大学出版社，2008。

[②]　这里的裁判理由是以 2009 年《刑法修正案（七）》修订以前的刑法规定为根据的，特此说明。

者绑架他人作为人质的，处十年以上有期徒刑或者无期徒刑，并处罚金或者没收财产；致使被绑架人死亡或者杀害被绑架人的，处死刑，并处没收财产。据此，刑法将绑架罪的死刑适用仅限定在致使被绑架人死亡和杀害被绑架人这两种情况。而本案的问题是：杀害被绑架人未遂的，能否适用死刑？在这一问题上，实践中分歧较大，至今没有统一认识，造成法律适用不统一，影响了法律的严肃性。本案在审理过程中，存在如下两种不同意见：

第一种意见认为，杀害被绑架人，按照汉语语义只限于故意杀人既遂，而不包括故意杀人未遂，否则，对于杀人未遂，仅造成轻伤的，或者故意杀人中止等情形，按照杀害被绑架人处死刑的规定，也必须判处死刑，这有违罪刑相适应原则。

第二种意见认为，杀害被绑架人既包括故意杀人既遂，也包括故意杀人未遂，否则，虽杀人未遂，但手段特别残忍，致被绑架人重伤或造成严重残疾，论罪应当判处死刑的，也只能判处无期徒刑以下刑罚，这将导致绑架罪和故意杀人罪间的刑罚不平衡。

我们认为，刑法第 239 条规定的杀害被绑架人应当包括杀害被绑架人未遂的情况。理由是：

第一，比较其他侵犯公民人身权利罪的法定刑，刑法对绑架罪规定了最为严厉的法定刑，其最低刑为十年有期徒刑，最高刑是死刑。从法定最低刑看，起刑点即为十年有期徒刑，其严厉性相当于具有加重情形的抢劫罪、强奸罪等，重于故意杀人罪；从法定最高刑看，由于刑法对致使被绑架人死亡或者杀害被绑架人这两种情形只设置了唯一的即绝对确定的法定刑死刑，明显重于故意杀人罪、具有加重情形的抢劫罪、强奸罪等。刑法作此规定反映了立法者对绑架罪的不同寻常的否定评价。刑法将致使被绑架人死亡和杀害被绑架人这两种情形归入绑架罪进行综合评价，对其处罚，理所当然地应当重于对这两种行为独立发生时的处罚。如果将杀害被绑架人未遂的情况排除在可判处死刑的情形之外，显然，与立法者对故意杀人罪和绑架罪的评价不相符。

此外，将绑架罪与故意伤害罪相比较，亦有助于对这一问题的理解与把握。刑法第 234 条第 2 款中规定："……以特别残忍手段致人重伤造成严重残疾的，处十年以上有期徒刑、无期徒刑或者死刑。"这表明，故意伤害他人身体，尽管没有造成被害人死亡，但具有法定严重情形的，仍可能适用死刑。与故意伤害罪相比较，绑架罪是一种更为严重的犯罪，因此，其法定刑的设置比故意伤害罪更为严厉。如果认为杀害被绑架人仅指杀人既遂，势必可能出现故意杀害被绑架人未遂，但手段残忍，造成被绑架人严重残疾的，其量刑反而要比类似情形的故意伤害罪更轻。这显然不是立法者的意图，更不能视为立法可能的疏忽。因此，对杀害被绑架人的合理解释，应当是将杀害被绑架人未遂的情况包括进去。

第二，从比较致使被绑架人死亡和杀害被绑架人这两类情形的罪过形式来看，致使被绑架人死亡可能包括行为人过失致使被绑架人死亡的情形，杀害被绑架人则指对被绑架人实施故意杀害的行为。显然，故意杀害被绑架人的主观恶性程度明显高于过失致被绑架人死亡的情形，对过失致使被绑架人死亡的情形尚需适用死刑，那么对故意杀害被绑架人未遂的，特别是手段残忍、后果严重的这类情形，就更没有理由不适用死刑了。

我们认为将杀害被绑架人扩张解释为包括杀害被绑架人未遂的情况在内，更符合立法本意。而仅按杀害的字面含义，贸然断论这里的杀害就是仅指杀死，未免偏颇。其偏颇之处就在于，这种理解将导致对那些绑架并杀害被绑架人未遂，但手段特别残忍、后果特别严重，论罪应当判处死刑的情形，则不能直接适用绑架罪的相关条款对其准确定罪量刑。

需要特别注意的是，我们主张，将杀害被绑架人理解为包括杀害被绑架人未遂这一情形在内，绝不等于说，对所有绑架并杀害被绑架人未遂的情形，都必须一律判处死刑。根据刑法第 48 条的规定，死刑只适用于罪行极其严重的犯罪分子。对于应当判处死刑的犯罪分子，如果不是必须立即执行的，可以判处死刑同时宣告缓期两年执行。虽然刑法第 239 条第 1

款中规定杀害被绑架人的,其法定刑为绝对确定的法定刑死刑,但在具体
量定刑罚时,还要贯彻不同情况区别对待的原则。就杀害被绑架人未遂的
情况而言,我们认为,对其中那些杀害被绑架人手段特别残忍且已造成特
别严重后果的,应依法考虑判处死刑。但造成的后果并非特别严重,如没
有造成特别严重残疾的,并非不能从轻判处,如有的可考虑判处死缓。需
要说明的是,杀害被绑架人未遂这一情形本身,能否作为一个法定的从轻
或减轻的情节来考虑,目前尚有争议。有观点认为,杀害被绑架人未遂,
并非绑架罪未遂,因此,不能作为一个的独立的法定从轻或减轻的情节。
这种观点有一定的道理。我们认为,即便如此,把杀害被绑架人未遂的情
形,视作一个可以酌定从轻或减轻处罚的情节,应当是没有什么疑问的。
在没有其他法定从轻或减轻处罚情节的条件下,如根据案件特殊情况,确
需在法定刑(死刑)以下量刑的,则应依照刑法第 63 条规定的特别程序
来解决。

上述裁判理由存在以下三个问题值得研究:

(一)关于扩张解释

在刑法理论上,扩张解释又称为扩大解释,是相对于缩小解释而言的,是指刑
法条文字面的通常含义比刑法的真实含义窄,于是扩张字面含义,使其符合刑法的
真实含义。[①] 因此,无论是扩张解释还是缩小解释,都是在字面含义与真实含义之
间的一种选择。这里的真实含义,是指立法原意。问题在于:如何把握立法原意?
立法者是通过刑法条文的文字表达所谓立法意图的,因此,在一般情况下,只能根
据法律条文理解立法意图。但在极其个别情况下,法律条文的字面含义是可以突破
的,当然必须要有足够的逻辑上的或者价值的根据。尤其是,在刑法中扩张解释应
当极为慎重地采用,不利于被告人的扩张解释尤其如此。《法国刑法典》第 111—4
条规定:"刑法应严格解释之。"法国学者在解释这一规则时指出:

> 刑法应严格解释这一规则是受自由思想的影响而产生的,是为个人的

---

① 参见林维:《刑法解释的权力分析》,93 页,北京,中国人民公安大学出版社,2006。

利益确定的，因此，这一规则不可能反过来针对个人，所以，它并不自然而然地适用于所有的刑法规定：我们应当区分不利于被告的规定与有利于被告的规定。

如果说，法官有义务严格解释不利于被告的规定，也就是说，有义务严格解释那些确定什么是犯罪与相应刑罚的规定，但是，并没有任何障碍阻止法官对那些有利于被告的规定作出宽松的与扩张的解释。①

就我国刑法第 239 条中的杀害被绑架人而言，杀害一词并不等同于杀人，从字面上来看是指杀死，明显地包含了死亡结果。应该说，立法者采用杀害一词并非随意为之，而是具有特定含义的，因为立法者对杀害被绑架人设置了死刑这一绝对法定刑，对适用绝对法定刑——死刑——的条件作出严格限制是完全必要的。但上述裁判理由将杀人未遂包含在杀害被绑架人中，虽然认为对所有绑架并杀害被绑架人未遂的情形不一定都必须一律判处死刑，然而在本案中，被告人王建平对被绑架人实施的杀人行为只造成轻伤后果，却被判处死刑，连死缓都没有考虑。从判决结果来看，明显过重。这难道不是对杀害被绑架人进行扩张解释带来的后果吗？上述裁判理由为不利于被告人的扩张解释树立了一个非正面的典型，这是令人痛心的。

（二）关于致使被绑架人死亡与杀害被绑架人的轻重比较

在上述裁判理由中，之所以主张杀害被绑架人包括杀人未遂，主要理由之一在于：致使被绑架人死亡可能包括行为人过失致使被绑架人死亡的情形，绑架杀人未遂要重于过失致使被绑架人死亡。如果对过失致使被绑架人死亡的适用死刑，而对绑架杀人未遂行为不能适用死刑，则难以体现罪刑均衡。尤其是杀人未遂，在单独犯故意杀人罪的情况下可以适用死刑，在绑架罪中杀人未遂本来性质更为严重，却不能适用死刑，这显然不是立法者的意图。关于立法意图，只能根据法律条文的字面含义来把握，这一点我已在上文阐述。对于立法，司法者当然是不能批评的，但立法本身仍然是可以评判的。根据刑法第 239 条的规定，过失致人死亡与故意杀人

---

① ［法］卡斯东·斯特法尼等：《法国刑法总论精义》，罗结珍译，138 页，北京，中国政法大学出版社，1998。

同罪，即都可以判处死刑。过失犯罪而为死罪，这在世界范围内都可以说绝无仅有。基于这样一种立法精神，又进一步推导出杀人未遂也可以适用绝对确定刑——死刑，则是在超出法律规定字面含义的情况下，进一步扩大了死刑的适用范围，我以为是万万不可的。

（三）关于绑架罪与故意伤害罪的轻重比较

在上述裁判理由中，还把绑架罪与故意伤害罪进行轻重比较，以此作为对绑架杀人未遂应适用死刑的根据。上述裁判理由认为，根据刑法第 234 条第 2 款的规定，以特别残忍手段致人重伤造成严重残疾的，都可以判处死刑，而故意杀害被绑架人未遂，手段残忍，造成被绑架人严重残疾的，却不能判处死刑，这显然不是立法意图。在此，同样涉及对于刑法关于故意伤害罪在特定情况下可被判处死刑这一规定的评价问题，这意味着故意伤害与故意杀人同罪，其立法合理性值得推敲。根据上述裁判理由，在绑架过程中，以特别残忍手段致人重伤造成严重残疾的，如果不判处死刑，是否也与立法意图相抵触呢？因此，不能简单地以刑罚轻重作为解释的根据，更不能将其作为扩张解释的根据。

五、绑架杀人未遂的处理：以吴德桥绑架案为例的分析

如前所述，杀害被绑架人不包括绑架杀人未遂，仅是指杀死被绑架人的情形。那么，对于绑架杀人未遂究竟如何处理呢？这里同样存在以特别残忍的手段故意伤害被绑架人致重伤并造成严重残疾如何处理的问题。关于这个问题，我国学者张明楷教授指出：

> 绑架他人后，出于某种动机，故意对被绑架人实施杀害行为，但未能造成死亡结果的（绑架杀害未遂），应当如何处理？在此问题上，可能存在许多方案：（1）绑架杀人未遂的，依然适用刑法第 239 条杀害被绑架人，处死刑的规定，而且不适用刑法关于未遂犯从轻、减轻处罚的规定。（2）绑架杀人未遂的，认定为普通绑架罪与故意杀人罪（未遂），实行数罪并罚。（3）对于绑架杀人未遂的，视应否处死刑分别定罪处罚：如果绑

架杀人未遂情节严重，应当判处死刑，就认定为绑架罪中的杀害被绑架人，判处死刑；如果绑架杀人未遂情节并不严重，不应当判处死刑，则认定为绑架罪与故意杀人未遂，实行数罪并罚。（4）绑架杀人未遂的，依然适用刑法第 239 条杀害被绑架人，处死刑的规定，同时适用刑法关于未遂犯从轻、减轻处罚的规定。①

张明楷教授提倡上述第四种方案，而王建平绑架案采用了上述第一种方案。在司法实践中，除王建平绑架案的意见以外，还有主张以数罪定罪、实行并罚的意见，以及择一重从重处罚的意见。② 下面，以吴德桥绑架案为例，对上述观点在司法实践中的采用情况作进一步的分析。

　　被告人吴德桥因生活琐事经常与妻子谭某莲争吵、打架，谭某莲因此搬回娘家住并提出离婚。吴德桥不同意，多次到谭家要求谭某莲回家，均遭拒绝以及其岳父谭某森的驱逐。吴德桥认为是谭某森挑拨了其夫妻关系，遂意报复谭某森。1998 年 11 月 2 日下午，吴德桥携带 1 只空酒瓶及 1 根长布带，在南康市坪市乡中学门口，将放学回家的谭某森的孙子谭某绑架至自己家里关押。后吴德桥给谭某的堂姑谭某兰打电话，让谭某兰转告谭某森与谭某莲，要谭某莲一人于当晚 7 时之前带 3 000 元来赎人，不许报警，否则杀死谭某。谭某的家属报案后与公安干警于当晚 7 时许赶至吴德桥家，吴德桥见谭某莲未来，即用刀在谭某的脖子上来回拉割，并提出要谭某森弄瞎自己的眼睛、自残手足等才肯放人。因其要求未得到满足，吴德桥便不断用刀在谭某身上乱划致谭某不断惨叫，后又用刀将谭某的左手拇指割下一小截扔下楼。期间，谭某因失血过多而多次昏迷。直至次日凌晨 1 时许，公安干警冲入室内将吴德桥抓获。经法医鉴定，谭某的面部、颈部、肩部、膝部、小腿、脚、指等部位有二十余处刀伤，伤情为重伤乙级。

---

① 张明楷：《刑法学》，3 版，667～668 页，北京，法律出版社，2007。
② 参见刘树德：《绑架罪案解》，97 页，北京，法律出版社，2003。

赣州地区中级人民法院认为，被告人吴德桥在绑架过程中伤害被绑架人致重伤乙级，其行为已构成绑架罪，应依法严惩。遂依照《中华人民共和国刑法》第二百三十九条的规定，于 1999 年 4 月 13 日作出判决：吴德桥犯绑架罪，判处死刑，剥夺政治权利终身。

　　一审宣判后，被告人吴德桥不服，向江西省高级人民法院提出上诉。其上诉提出：本案是谭某森挑拨谭某莲与其离婚所致，谭某森父女在案件起因上有过错。其行为未造成被害人死亡的后果，请求从轻处罚。其辩护人辩称，本案没有造成被绑架人死亡的后果，原审法院判处吴德桥死刑不当。

　　江西省高级人民法院经审理认为：原判认定上诉人吴德桥绑架并故意伤害被害人谭某至重伤乙级的犯罪事实清楚，证据确实充分。上诉人吴德桥为勒索钱财、泄愤报复而绑架无辜儿童，并将被绑架人伤害致重伤乙级，其行为构成绑架罪，且手段残忍，情节恶劣，应依法严惩。吴德桥上诉提出谭某森父女在案件起因上有过错的理由不能成立，但根据《中华人民共和国刑法》的规定，犯绑架罪只有致被绑架人死亡或者杀害被绑架人的，才能判处死刑，吴德桥在绑架中并未造成被害人死亡的后果，故其辩护人提出原审法院以绑架罪判处吴德桥死刑不当的辩护意见成立。据此，依照《中华人民共和国刑事诉讼法》（1996 年——引者注）第 189 条的规定及《中华人民共和国刑法》第 239 条第 1 款的规定，于 2001 年 3 月 1 日作出判决：撤销赣州地区中级人民法院（1999）赣中刑初字第 32 号刑事附带民事判决中的刑事判决部分；吴德桥犯绑架罪，判处无期徒刑，剥夺政治权利终身。

在本案中，被告人持刀致被绑架人重伤，其行为属于绑架杀人未遂还是故意致人重伤，是一个值得研究的问题。因为被告人在绑架中曾经扬言杀人，由此似乎可以认定为杀人未遂。但在绑架案件中，行为人大多都扬言杀害被绑架人，在没有实施杀人的实行行为的情况下不能仅以扬言杀人而认定为故意杀人。本案判决将被告人的行为认定为故意重伤，是较为实事求是的做法。我注意到，对于吴德桥绑架案，检察机关是以绑架罪、故意伤害罪起诉的，一审法院认定为绑架罪，却判处死刑。我国刑法第239条只规定致使被绑架人死亡或者杀害被绑架人可以判处死刑，一审法院何以对在绑架中故意重伤被绑架人的被告人判处死刑？从本案的裁判理由获知，原来是一审法院将刑法第239条规定的杀害被绑架人理解为杀死被绑架人与伤害被绑架人。显然，这一理解是错误的，因此这一判决没有法律根据。二审法院以犯绑架罪只有致使被绑架人死亡或者杀害被绑架人的，才能判处死刑，吴德桥在绑架中并未造成被害人死亡的后果为由，改判无期徒刑。这一判决结论是值得称道的，尤其是裁判理由对此作了以下论证：

1. 致使被绑架人死亡或者杀害被绑架人的，是决定对绑架人适用死刑的必要条件。

刑法第239条规定："致使被绑架人死亡或者杀害被绑架人的，处死刑。"依此规定，致使被绑架人死亡或者杀害被绑架人的，是决定对绑架人适用死刑的必要条件。本案涉及的问题是：如何正确理解这里所谓的致使被绑架人死亡或者杀害被绑架人？其中，致使被绑架人死亡可以包括哪些情形？杀害是否就是指杀死即是否必须具有死亡的后果？我们认为，所谓致使被绑架人死亡，应包括在绑架过程中，被绑架人被伤害致死、病饿致死以及其他各种因绑架而导致的死亡；所谓杀害被绑架人则是指故意杀死被绑架人，即通常所说的撕票。也就是说，这里所说的杀害，不仅要有故意杀人的行为，还要有死亡的后果。不宜将这里的杀害理解为仅有故意杀人的行为即可，更不能将这里的杀害理解为既可包括故意杀人的行为，又可包括故意伤害的行为。正因为如此，刑法在这里才规定了致被绑架人死亡或者杀害被绑架人的刑罚为绝对确定的法定刑死刑，这也是与故意杀人罪法律规定处相对确定的法定刑的主要区别所在。有一种观点认为，所谓致被绑架人死亡，已包括了杀死被绑架人的情形，因此，所谓杀害被绑架人就应当是指实施了杀害行为但尚未造成死亡的情形。易言之，致被绑架人死亡是结果加重的规定，而杀害被绑架人则仅是情节加重的规定。我们认为，这种分析解释方法虽有一定的道理，但也存在不可忽视的缺陷。

理由在于：第一，刑法规定杀害被绑架人为单一刑种死刑，并无其他刑种可以选择适用。因此，如果将杀害被绑架人理解为不仅包括杀害后果，还包括杀害行为，必然导致只要有杀害的行为，不管杀害的结果如何，是造成轻伤、重伤、严重残疾还是死亡，都只能无一例外、毫无选择地判处死刑，这显然不符合罪刑相适应原则，有违立法真实意图。立法将致使被绑架人死亡或杀害被绑架人并列且配置以绝对确定的法定刑死刑，我们理解其基本精神在于强调必须具有被绑架人死亡的结果。第二，在法律未对条文用语含义作出特别规定时，解释杀害一词的含义不能随意脱离人们日常所能理解的范畴，滥作扩大或限制解释。这是法律解释所应遵循的一项基本原则。杀害一词作为日常用语的含义，既包括杀的行为，更主要是强调出现害即死的结果。第三，杀害一词在刑法分则中，不仅出现在本条，在刑法第 318 条第 2 款、第 321 条第 3 款、第 341 条第 1 款中也有使用。尤其从刑法第 318 条、第 321 条的规定来看，杀害是被排除在造成被组织人、被运送人重伤、死亡之外的，需要作另一罪单独评价，实行数罪并罚的。而绑架罪中所谓的杀害是与绝对确定的法定刑死刑来配置的，因此，对其的解释不能不从严掌握。综上，我们倾向于认为江西省高级人民法院以本案没有出现被绑架人死亡这一后果为由，改以吴德桥犯绑架罪判处无期徒刑，其对杀害的理解是符合刑法故意杀害被绑架人的立法本意的。需要指出的是，二审判决在以绑架罪定罪量刑时，未能对本案被告人依法附加适用财产刑，这不符合绑架罪的法定刑规定。

2. 绑架中故意伤害（不包括致死）或者杀害被绑架人未遂的应否数罪并罚。

刑法第 239 条规定，犯绑架罪致被绑架人死亡或者杀害被绑架人的，处死刑，并处没收财产。刑法在这里采取的是绝对确定法定刑的立法模式，没有刑种选择的余地。该规定同时也意味着行为人犯绑架罪时，只有在实施绑架行为过程中或是在绑架行为的持续状态中，造成被绑架人死亡或者杀死被绑架人的，才能适用死刑。有种观点认为，立法在这里存有不足之处。理由是：以本案为例，如果被告人在实施绑架行为过程中或是在绑架行为的持续状态中，以特别残忍的手段故意伤害被绑架人致人重伤并造成严重残疾，或者故意杀害被绑架人未遂，但杀人手段特别残忍且已致被绑架人重伤并造成严重残疾。对此，如按照故意伤害罪或故意杀人罪论处，依法完全可判处被告人死刑。但如果吸收在绑架罪中，则无论勒索的钱财数量多大、伤害被害人到什么程度，或是已出现严重后果的杀人未遂，则只要被绑架人没有死亡，最高就只能判处其无期徒刑。因此，两相比较，绑架罪法定刑的设置就显得不够科学合理，有罪刑失衡之嫌。我们认为，这种观点是不正确的。其要害之处就在于该观点误认为行为人在实施绑架行为过程中或是在绑架行为的持续状态中又故意伤害绑架人（指未致死）或故意杀害被绑架人（指未遂）的，都只能定绑架罪一罪。如上所述，刑法规定行为人犯绑架罪时，只有在实施绑架行为过程中或是在绑架行为的持续状态中，造成被绑架人死亡或者杀死被绑架人的，才能而且只能适用死刑。但这只是意味着立法将绑架罪和在绑架过程中致被绑架人死亡和杀死被绑架人这种特定的结果结合在一起，单独规定为确定的法定刑死刑。刑法第239条的规定并不排斥对在绑架过程中故意伤害被绑架人未致死或者故意杀害被绑架人未遂的，可以绑架罪和故意伤害罪或故意杀人（未遂）罪，择一重罪定罪处罚或实行数罪并罚。事实上，在绑架过程中，绑架人对被绑架人又同时实施了伤害（仅指未致死）、杀害（仅指未遂）、奸淫等行为，是比较常见的。根据刑法的罪数理论，对上述情形可以区分情况，有条件地实行数罪并罚。具体地说：在绑架过程中或是在绑架状态持续过程中，如绑架人对被绑架人又实施了伤害（仅指未致死）、杀害（仅指未遂）行为，如果伤害或者杀害被绑架人尚未造成特别严重后果，论罪应当判处无期徒刑以下刑罚的，可以绑架罪一罪论处。因为此时的杀、伤行为可以认为是已被包括在绑架罪暴力手段的构成要件之内。但如果行为人伤害手段特别残忍，致人重伤且造成严重残疾，或者杀害未遂但手段特别恶劣、后果特别严重，论罪应当判处死刑的，我们倾向于认为此时的杀、伤行为就不宜被包括在绑架罪暴力手段的构成要件之内，有必要给予单独评价，以绑架罪和故意伤害罪或故意杀人罪实行数罪并罚。在这种情形下，虽然以绑架罪无法判处绑架人死刑，但依故意伤害罪、故意杀人罪又完全可以判处绑架人死刑，故不存在绑架罪与故意伤害或杀人罪相比所谓的配刑失衡问题。这一适用法律的思路，从刑法第 318 条、第 321 条的立法规定中也可以得到例证。就本案而言，被告人吴德桥在绑架行为完成之后绑架状态持续过程中，又故意伤害被绑架人谭某的行为，虽手段特别残忍致人重伤，但毕竟未造成谭某严重残疾，因此，以故意伤害罪论处，也不可能判处吴德桥死刑。由于本案以绑架罪和故意伤害罪对吴德桥定罪并罚，最后的宣告刑也只能是无期徒刑，因此，从量刑结果上看，二审判决对被告人并无轻纵之嫌。一、二审法院没有采纳公诉机关以绑架罪和故意伤害罪实行数罪并罚的起诉意见，而仅以绑架罪一罪论处，也是合宜的。

在上述裁判理由中，以下三点值得我们注意：

（一）关于杀害被绑架人的理解

在本案中，裁判理由认为杀害被绑架人是指杀死被绑架人，既不包括杀人未遂，也不包括故意伤害。显然，这一论点与王建平绑架案的裁判理由是完全相反的。当我们将两个案件的裁判理由对比起来看的时候，就会发现两者之间的对立：

1. 关于解释方法的对立

王建平绑架案裁判理由：我们认为将杀害被绑架人扩张解释为包括杀害被绑架人未遂的情况在内，更符合立法本意。而仅按杀害的字面含义，贸然断论这里的杀害就是仅指杀死，未免偏颇。

本案裁判理由：在法律未对条文用语含义作出特别规定时，解释杀害一词的含义不能随意脱离人们日常所能理解的范畴，滥作扩大限制解释。这是法律解释所应遵循的一项基本原则。杀害一词作为日常用语的含义，既包括杀的行为，更主要是强调害即死的结果。

2. 关于立法原意的对立

王建平绑架案裁判理由：如果认为杀害被绑架人仅指杀人既遂，势必可能出现故意杀害被绑架人未遂，但手段残忍造成被绑架人严重残疾的，量刑反而要比类似情形的故意杀害罪更轻。这显然不是立法者的意图，更不能视为立法可能的疏忽。

本案裁判理由：刑法规定杀害被绑架人为单一刑种死刑，并无其他刑种可以适用。因此，如果将杀害被绑架人理解为不仅包括杀害后果，还包括杀害行为，必然导致只要有杀害的行为，不管杀害的结果如何，是造成轻伤、重伤、严重残疾还是死亡，都只能无一例外、毫无选择地判处死刑，这显然不符合罪刑相适应原则，有违立法真实意图。

通过上述两案裁判理由的对比可以发现，在关于杀害被绑架人这一规定上能否采用扩张解释方法，以及在如何理解立法原意上，都是针锋相对的。这种差别更为明显地体现在判决结果上：王建平绑架他人并杀人未遂只造成轻伤，被判处死刑；而吴德桥绑架他人以极其残忍手段造成他人重伤，却被判处无期徒刑。通过上述两案对比可以看出，判决的一致性问题确实是一个值得重视的问题。

（二）关于绑架杀人未遂的处理

在本案中，被告人虽然以极其残忍手段造成被绑架人重伤，但却没有达到严重残疾程度，因而二审法院认为包含在绑架罪中。裁判理由指出：刑法第239条的规定并不排斥对于在绑架过程中故意伤害被绑架人未致死或者故意杀害被绑架人未遂的，可以绑架罪和故意伤害罪或故意杀人（未遂）罪，择一重罪定罪处罚或实行数罪并罚。事实上，在绑架过程中，绑架人对被绑架人又同时实施了伤害（仅指未致死）、杀害（仅指未遂）、奸淫等行为，是比较常见的。根据刑法的罪数理论，对上述情形可以区分情况，有条件地实行数罪并罚。具体地说：在绑架过程中或在绑架状态持续过程中，如绑架人对被绑架人又实施了伤害（仅指未致死）、杀害（仅指未遂）行为，如果伤害或者杀害被绑架人尚未造成特别严重后果，论罪应当判处无期徒刑以下刑罚的，可以绑架罪一罪论处。因为此时的杀、伤行为可以认为是已被包括在绑架罪的暴力手段构成要件之内。但如果行为人伤害手段特别残忍，致人重伤且造成严重残疾，或者杀害未遂但手段特别恶劣、后果特别严重，论罪应当判处死刑的，我们倾向于认为此时的杀、伤行为就不宜被包括在绑架罪的暴力手段构成要件之内，有必要给予单独评价，以绑架罪和故意伤害罪或故意杀人罪实行数罪并罚。在这种情形下，虽然以绑架罪无法判处绑架人死刑，但以故意伤害罪、故意杀人罪又完全可以判处绑架人死刑，故不存在绑架罪与故意伤害或杀人罪相比所谓的配刑失衡问题。这种解决方案，并不被包含在张明楷教授的四种方案中，可以被视为第五种方案。我认为，这种方案具有一定的合理性。当然，对于适用数罪并罚应当严格加以控制，作为例外情形加以考虑。

（三）罪刑均衡的问题

无论是在王建平绑架案还是在本案，其裁判理由都以罪刑均衡作为理解杀害被绑架人的价值根据，但如何理解罪刑均衡存在不同角度。例如王建平绑架案的裁判理由强调绑架杀人未遂与致被绑架人死亡之间的平衡，因为前者的主观恶性程度明显高于后者。但本案的裁判理由则强调绑架杀人既遂与未遂之间的平衡，如果把绑架杀人未遂也理解为杀害被绑架人，使之同罚，显然违反罪刑均衡原则。我认为，问题不在于要不要罪刑均衡，而在于如何理解罪刑均衡以及如何实现罪刑均衡。就如何理解罪刑均衡而言，罪刑均衡可以分为立法上的罪刑均衡与司法上的罪刑均衡。在司法实践中，主要解决的是司法上的罪刑均衡问题，因而是要受到法律规定限制的，不能以罪刑均衡为由违反罪刑法定原则。就罪刑均衡与罪刑法定这两个刑法基本原则的位阶关系而言，罪刑法定原则要高于罪刑均衡原则。司法上的罪刑均衡要服从罪刑法定，只能在罪刑法定的限度与范围内实现罪刑均衡。

更为重要的是，罪刑均衡原则最终体现在判决结果上。对比王建平绑架案与本案，哪一个判决结果符合罪刑均衡原则，是一目了然的。

值得注意的是，在本案的文末，有一则放在括号内的"责编按"，容易被人疏忽，但我以为是极为重要的，现引述如下：

（责编按：由于刑法第 239 条对致使被绑架人死亡或杀害被绑架人在法定刑设置上的特殊性，因此，在审判实践中如何准确把握刑法第 239 条中的所谓杀害被绑架人的含义以及对绑架中又故意伤害被绑架人或杀害被绑架人未遂的行为如何处理，关乎合理、公正地对被告人实现罪刑相适应的问题。本篇案例拟在此提出一种解决思路。在相关立法或司法解释没有出台之前，我们建议各地法院对此应审慎处理。）

上述"责编按",反映了对于如何理解杀害被绑架人的一种慎重态度。这是十分可取的。本案编发在 2002 年,此后并没有责编所期待的立法或司法解释出台,但仅仅两年后,2004 年又编发了王建平绑架案,在对"杀害被绑架人"的理解上发生了一百八十度的变化。同样是最高人民法院,同样是《刑事审判参考》,这样的变化说明了什么?这是耐人寻味的。

六、补记

关于杀害被绑架人的理解到底为什么发生重大变化,终于从有关资料中得到答案。就应如何理解刑法第 239 条规定的致使被绑架人死亡或者杀害被绑架人,处死刑的问题,最高人民法院有关部门向全国人大常委会法工委刑法室有关同志请示,全国人大常委会法工委的答复是:

> 刑法第 239 条规定的致使被绑架人死亡或者杀害被绑架人,在一般情况下主要是指对绑架罪的结果和主犯处罚的规定。根据这一规定,一般应对造成被绑架人死亡后果的行为人处死刑;对于实施了杀人行为,由于行为人主观意志以外的原因而未能造成被绑架人死亡的情形,如果情节恶劣的,也可以判处死刑。[①]

上述答复被称为准立法解释。根据这一解释,杀害被绑架人不是一种客观结果,而是一种客观行为。行为人只要有杀害被绑架人的行为,无论是否发生被绑架人死亡的结果,在量刑上都必须判处死刑。同时,根据上述解释,在杀害未遂的情况下,若要对被告人适用死刑,仅有杀害行为尚且不够,还必须有杀害被绑架人情节恶劣的情形,倘若杀害被绑架人情节不恶劣的,一般不能判处死刑。这一解释同时带来理论上与适用上的双重困惑。如果杀害被绑架人未遂属于杀害被绑架人,则无论情节是否严重,都应当判处死刑。仅对情节严重的判处死刑,对情节尚未达到

---

① 转引自聂洪勇:《如何理解刑法第 239 条,绑架罪中规定的"杀害被绑架人"的含义——王某绑架案》,载谢望原、赫兴旺主编:《中国刑法案例评论》,第 1 辑,367 页,北京,中国法制出版社,2007。

严重程度的杀害被绑架人的情形不判处死刑，则意味着不属于杀害被绑架人，将使行为的法律性质取决于如何量刑。这在逻辑上是本末倒置的，难以自圆其说。情节尚未达到严重程度的杀害被绑架人的情形不属于杀害被绑架人，于这种情形如何适用法律？这也是一个难题。因此，我个人认为上述解释存在与法理相悖之处，应慎重对待。

第 5 节　虐待过程中故意伤害致死行为之定性研究

案名：蔡世祥故意伤害案
主题：故意伤害罪与虐待罪的区分

在我国现行刑法中，故意伤害罪与虐待罪同属侵犯人身权利的犯罪。而且，这两种犯罪往往发生在同一个案件当中。因此，在司法实践中正确地处理故意伤害罪与虐待罪之间的关系具有重要意义。本节以蔡世祥故意伤害案[①]为对象，对于虐待过程中的故意伤害致人死亡行为应当如何正确地定性问题，从法理上加以分析。

一、案情及诉讼过程

被告人蔡世祥与其子蔡某（本案被害人，死亡时 14 岁）一起生活。蔡某患有先天性病毒性心抽。蔡世祥酒后经常对其进行殴打，并用烟头烫、火钩子烙身体、用钳子夹手指、冬季泼凉水等方法对其进行虐待。2004 年 3 月 8 日夜，蔡世祥发现蔡某从家中往外走，遂拳击其面部，用木棒殴打其身体。次日晨，蔡某称腹痛不能行走，被其姑母蔡某琴发现后送

---

① 本案刊载于最高人民法院编：《刑事审判参考》，第 52 集，北京，法律出版社，2007。

医院治疗无效，于 2004 年 3 月 17 日 21 时许死亡。经鉴定，蔡某生前被他人以钝性致伤物（如拳脚等）伤及腹部，致十二指肠破裂，弥漫性胸、腹膜炎，感染性中毒休克死亡；蔡某生前十二指肠破裂的伤情程度属重伤。

义县人民法院认为：被告人蔡世祥长期对与其共同生活的未成年家庭成员进行殴打，致被害人伤后不及时对被害人进行诊治，造成被害人因伤死亡的严重后果，其行为已构成虐待罪，且情节特别恶劣。公诉机关指控的犯罪事实清楚，证据充分。蔡世祥的行为同时也触犯了故意伤害罪罪名，由于故意伤害罪罪名涵括在虐待罪的罪名概念中，应被虐待罪吸收，二者属法条竞合关系，故蔡世祥应以虐待罪定罪，从重处罚。公诉机关指控被告人犯故意伤害罪的罪名不成立。根据蔡世祥的犯罪事实、性质、情节以及对社会的危害程度，依照《中华人民共和国刑法》第 260 条的规定，判决如下：被告人蔡世祥犯虐待罪，判处有期徒刑 7 年。

宣判后，义县人民检察院提起抗诉，其理由如下：（1）被告人蔡世祥的虐待行为不能吸收其实施的故意伤害行为，虐待罪与故意伤害罪之间不是法条竞合关系，原判对法律理解有误，适用法律不当，定性不准。（2）蔡世祥故意伤害他人并致人死亡，依照刑法第 234 条规定，应当对其判处 10 年以上有期徒刑。原判量刑不当。锦州市人民检察院支持义县人民检察院的抗诉意见。

锦州市中级人民法院认为，公诉机关指控原审被告人蔡世祥殴打被害人蔡某并致蔡某死亡的犯罪事实清楚。根据《中华人民共和国刑法》第 234 条、第 260 条的规定，故意伤害罪与虐待罪的罪状各不相同，二罪之间并不发生法条竞合关系。一审法院以法条竞合处理原则，认定蔡世祥犯虐待罪属适用法律不当。蔡世祥用暴力手段故意伤害被害人的身体，并致其死亡，其行为已构成故意伤害罪。综上，原判定性错误，抗诉机关提出的第一项抗诉理由成立，予以支持。原审被告人蔡世祥的伤害行为已造成被害人死亡的犯罪结果，根据刑法第 234 条之规定，应当对其判处 10 年以上有期徒刑、无期徒刑或者死刑。原判对蔡世祥判处有期徒刑 7 年的量刑不当，应予改判。抗诉机关提出的第 2 项抗诉理由成立，予以支持。遂依照《中华人民共和国刑事诉讼法》（1996 年——引者注）第 189 条第（2）项、《中华人民共和国刑法》第 234 条第 2 款之规定，判决如下：（1）撤销义县人民法院的刑事判决。（2）原审被告人蔡世祥犯故意伤害罪，判处有期徒刑 12 年。

二、涉案罪名的法理分析

在本案中，检察机关对蔡世祥以故意伤害罪起诉，一审法院以虐待罪判处；在检察机关抗诉以后，二审法院以故意伤害罪判处。在此，涉及故意伤害罪与虐待罪这两个罪名，需要首先从刑法理论上正确地加以界定。

故意伤害罪，是指故意伤害他人身体健康的行为。根据我国刑法第 234 条的规定，故意伤害罪可以分为三种情形：一是轻伤害；二是致人重伤，包括以特别残忍手段致人重伤，造成严重残疾的；三是致人死亡。从我国刑法关于故意伤害罪的规定来看，十分明显地强调伤害后果，并且根据不同后果对故意伤害罪的法定刑作出轻重不等的规定。因此，我国刑法关于故意伤害罪的规定具有较为浓厚的客观主义倾向。另外，我国刑法规定，只有伤害达到轻伤程度才构成犯罪，如果没有达到轻伤程度则不构成犯罪。而且我国刑法中未设殴打罪或者暴行罪，更未设恫吓罪，没有达到轻伤程度的殴打行为属于治安管理处罚的行为。例如我国《治安管理处罚法》第 43 条规定：

　　殴打他人的，或者故意伤害他人身体的，处五日以上十日以下拘留，并处二百元以上五百元以下罚款；情节较轻的，处五日以下拘留或者五百元以下罚款。

　　有下列情形之一的，处十日以上十五日以下拘留，并处五百元以上一千元以下罚款：

　　（一）结伙殴打、伤害他人的；

（二）殴打、伤害残疾人、孕妇、不满十四周岁的人或者六十周岁以上的人的；

（三）多次殴打、伤害他人或者一次殴打、伤害多人的。

根据上述规定，殴打和未达到轻伤程度以上的伤害行为，属违反治安管理处罚法的行为，应当受到治安管理处罚。但在日本刑法中，分别规定了暴行罪与伤害罪。这里的暴行，是对人的身体直接使用有形力量，包括使用具有造成伤害的现实危险的有形力量的情况在内。而所谓伤害，是指破坏人的生理机能，以及使人的身体外形发生重大变化的行为。① 由此可见，暴行与伤害是对人身权利的侵害，两者的主要区别在于造成损害的后果。一般来说，暴行是轻微的伤害，伤害是加重的暴行。对于暴行与伤害的关系，日本学者作过以下分析：伤害罪是故意犯，与暴行罪有密切关系，可以说是暴行罪的结果加重犯。由于伤害致死罪（第 205 条）是伤害罪的结果加重犯，所以，暴行罪与伤害致死罪之间可以说存在两重的结果加重犯的关系。与此相反，也有论者认为：从责任主义的立场而言，伤害罪应该限定为故意犯，基于暴行的故意而产生了伤害的结果时，属于暴行罪与过失伤害罪的观念竞合。但现在已无人支持这种观点了。如果反过来解释（日本）刑法第 208 条中的"施暴行而没有伤害他人的"，则结果加重犯说具有妥当性，可以说该条是刑法第 38 条第 1 项但书所指的特别规定。② 在我国刑法中，对于殴打与伤害，也主要是从客观后果上区分的，并不怎么考虑是基于殴打的故意还是基于伤害的故意。在故意伤害罪中，也是根据伤害程度区分为轻伤与重伤，而不考虑区分轻伤故意还是重伤故意。因此，伤害的故意是一种较为概括性的故意。当然，我国刑法中未设立暴行罪，因此，对于殴打与伤害的关系在主观上是否存在区分，还是不完全相同于日本的规定。例如张明楷教授在论述故意伤害罪的主观构成要件时指出：

我国刑法没有规定暴行罪，故意伤害罪不可能成为暴行罪的结果加重

---

① 参见 ［日］大谷实：《刑法讲义各论（新版第 2 版）》，黎宏译，23、37 页，北京，中国人民大学出版社，2008。

② 参见 ［日］西田典之：《日本刑法各论（第三版）》，刘明祥、王昭武译，39 页，北京，中国人民大学出版社，2007。

犯。因此，成立故意伤害罪要求行为人具有伤害的故意，即对伤害结果具有认识，和希望或放任的态度。如果仅具有殴打意图，旨在造成被害人暂时的肉体疼痛或者轻微的神经刺激，则不能认定有伤害的故意。因此，在仅出于殴打意图而无伤害意图的情况下，造成他人伤害的，不宜认定为故意伤害罪。基于同样的道理，在殴打行为导致他人死亡的情况下，不应认定为故意伤害致人死亡。另一方面，在通常情况下，故意伤害的行为人对于伤害行为会给被害人造成何种程度的伤害，事先不一定有明确认识。因此，如实际造成轻伤结果的，就按轻伤害处理；实际造成重伤结果的，就按重伤害处理。这并不违反责任主义原则，因为无论是造成重伤还是轻伤，都包括在行为人的故意内容之内。①

应该说，这一观点在刑法理论上是能够成立的。然而，在司法实践中往往对殴打的故意与伤害的故意不加区分，这是应当加以纠正的。当然，殴打的故意与伤害的故意在多数情况下不好区分。我的观点是：在不好区分的情况下，根据后果定伤害罪或者以殴打处理是可以的。但在能够明显地区分的情况下，对于基于殴打故意而造成伤害（尤其是重伤）后果或者死亡后果的，应以过失致人重伤罪或者过失致人死亡罪论处。

我国刑法只有故意伤害罪之罪名设置，而没有规定类似于日本刑法中的暴行罪，对殴打行为作为违反治安管理的行为予以处罚。当然，这并不意味着殴打行为在我国刑法中一概不受处罚。当殴打行为作为其他犯罪的方法行为使用时，该殴打行为是该犯罪之构成要件的一部分。可以说，凡是我国刑法中规定以暴力作为犯罪方法的，该暴力方法都包含殴打行为。现根据我国刑法规定列举如下：

（1）第 120 条之五"强制穿戴宣扬恐怖主义、极端主义服饰、标志罪"，包含暴力方法。

（2）第 121 条"劫持航空器罪"，包含暴力方法。

---

① 张明楷：《刑法学》，3 版，643～644 页，北京，法律出版社，2007。

（3）第 122 条"劫持船只、汽车罪"，包含暴力方法。

（4）第 123 条"暴力危及飞行安全罪"，包含暴力方法。

（5）第 133 条之二"妨害安全驾驶罪"，包含暴力方法。

（6）第 202 条"抗税罪"，包含暴力方法。

（7）第 226 条"强迫交易罪"，包含暴力方法。

（8）第 236 条"强奸罪"，包含暴力方法。

（9）第 237 条"强制猥亵、侮辱罪"，包含暴力方法。

（10）第 238 条"非法拘禁罪"，规定具有殴打情节的，从重处罚。

（11）第 244 条"强迫劳动罪"，包含暴力方法。

（12）第 246 条"侮辱罪、诽谤罪"，包含暴力方法。

（13）第 247 条"暴力取证罪"，包含暴力方法。

（14）第 248 条"虐待被监管人罪"，包含殴打方法。

（15）第 256 条"破坏选举罪"，包含暴力方法。

（16）第 257 条"暴力干涉婚姻自由罪"，包含暴力方法。

（17）第 262 条之一"组织残疾人、儿童乞讨罪"，包含暴力方法。

（18）第 263 条"抢劫罪"，包含暴力方法。

（19）第 277 条"妨害公务罪"，包含暴力方法。

（20）第 277 条第 5 款"袭警罪"，包含暴力方法。

（21）第 293 条"寻衅滋事罪"，包含殴打行为。

（22）第 293 条之一"催收非法债务罪"，包含暴力方法。

（23）第 307 条"妨害作证罪"，包含暴力方法。

（24）第 333 条"强迫卖血罪"，包含暴力方法。

（25）第 368 条"阻碍军人执行职务罪"，包含暴力方法。

（26）第 462 条"阻碍执行军事职务罪"，包含暴力方法。

在上述刑法规定中的暴力一词，其内容均包括殴打，在某些情况下也包括伤害，当然，对伤害程度应根据刑法对每一个罪规定的法定刑幅度作出不同理解。例如，刑法第 237 条规定的强制猥亵、侮辱罪，其暴力方法是指犯罪分子直接对被害人施以伤害、殴打等危害他人人身安全和人身自由、使他人不能抗拒的方法。① 由此可见，强制猥亵、侮辱罪的暴力包括殴打与伤害。当然，由于该罪的法定基本刑最高只有 5 年有期徒刑，所以伤害是指轻伤而不包括重伤。至于如果在强制猥亵、侮辱他人过程中造成重伤或者故意伤害致人死亡如何处理，在刑法与司法解释中并无明文规定。在刑法理论上，这种情形是否属于转化犯，还是可以讨论的。

　　除上述刑法条文明确规定以暴力为方法或者以殴打为行为的罪名以外，其他犯罪虽然在刑法条文中没有明文规定暴力或者殴打，但从有关犯罪方法的内容来分析，显然也包含殴打方法。例如刑法第 247 条"刑讯逼供罪"，虽然刑法条文中未规定采用暴力方法，但刑讯本身就是指使用肉刑或者变相使用肉刑，因而是包含暴力在内的。2006 年 7 月 26 日最高人民检察院《关于渎职侵权犯罪案件立案标准的规定》中就对刑讯逼供的立案条件作了以下规定：（1）以殴打、捆绑、违法使用械具等恶劣手段逼取口供的；（2）以较长时间冻、饿、晒、烤等手段逼取口供，严重损害犯罪嫌疑人、被告人身体健康的；（3）刑讯逼供造成犯罪嫌疑人、被告人轻伤、重伤、死亡的；（4）刑讯逼供，情节严重，导致犯罪嫌疑人、被告人自杀、自残造成重伤、死亡，或者精神失常的；（5）刑讯逼供，造成错案的；（6）刑讯逼供3 人以上的；（7）纵容、授意、指使、强迫他人刑讯逼供，具有上述情形之一的；（8）其他刑讯逼供应予追究刑事责任的情形。根据上述司法解释的规定，只要具有上述情形之一的，应予立案。因此，刑讯逼供罪的方法包含殴打、伤害等暴力手段。

　　在对故意伤害罪作了以上分析以后，再来分析我国刑法中的虐待罪。我国刑法第 260 条规定：虐待家庭成员，情节恶劣的，处 2 年以下有期徒刑、拘役或者管制。（第 1 款）犯前款罪，致使被害人重伤、死亡的，处 2 年以上 7 年以下有期徒刑。（第 2 款）第一款罪，告诉的才处理，但被害人没有能力告诉，或者因受到强制、威吓无法告诉的除外。（第 3 款）我国刑法本身没有对虐待方法作出规定。在刑法理论上认为，虐待的方式是很多的，有的是肉体折磨，如捆绑、殴打、冻饿

---

① 参见胡康生、郎胜主编：《中华人民共和国刑法释义》，3 版，367 页，北京，法律出版社，2006。

等；有的是精神摧残，如侮辱、讽刺、限制行动自由等。[①] 因此，在虐待方法中包含殴打，而殴打必然造成被害人的身体损害。当然，虐待并不是对家庭成员的偶尔的殴打，而是持续性、经常性的殴打。因此，在刑法理论上，虐待罪是继续犯而非即成犯，在相当长的一个时期内，虐待行为必须处在持续当中。因此，以下两种情形不构成虐待罪：一是偶尔打骂。这种情形之所以不构成虐待罪，是因为缺乏构成要件该当的虐待行为。因此，不能将家庭成员之间的偶尔打骂视为虐待。二是一次性的伤害。一次性的伤害，即使是针对家庭成员的，也不能认为是虐待，应当根据伤害的具体情况定罪。这里应当对家庭暴力这个概念作出科学界定，由此厘清家庭暴力与虐待之间的关系。我国相关法律对家庭暴力和虐待的救助措施与法律责任作了规定，2001 年 12 月 25 日最高人民法院《关于适用〈中华人民共和国婚姻法〉若干问题的解释（一）》（已失效）对家庭暴力与虐待的含义作出了解释，指出：

> ……"家庭暴力"，是指行为人以殴打、捆绑、残害、强行限制人身自由或者其他手段，给其家庭成员的身体、精神等方面造成一定伤害后果的行为。持续性、经常性的家庭暴力，构成虐待。

这一司法解释将持续性、经常性的家庭暴力界定为虐待，有其道理。但家庭暴力中的暴力，除包括一般性的殴打以外，还包括伤害。如果是伤害，无论是一次性的还是持续性的，都已经不属于我国刑法中的虐待罪，因为它已经超出了虐待罪的范围。

此外，我国刑法第 260 条第 2 款还将虐待致使被害人重伤、死亡的情形，规定为虐待罪的结果加重犯。这里的虐待致使被害人重伤、死亡，是指被害人由于经常地受到虐待，身体和精神受到严重的损害或者导致死亡，或者不堪忍受而自杀。[②] 由此可见，这里的致使被害人重伤、死亡，行为人在主观上是有过失的，属于虐待罪的结果加重犯。

---

① 参见周通鸾、张军主编：《刑法罪名精释》，3 版，486 页，北京，人民法院出版社，2007。

② 参见胡康生、朗胜主编：《中华人民共和国刑法释义》，3 版，402 页，北京，法律出版社，2006。

三、故意伤害罪与虐待罪之关系

在对故意伤害罪与虐待罪的罪名分别作了法理上的分析以后，我们再来对故意伤害罪与虐待罪之间的关系加以界定。

在蔡世祥故意伤害案中，一审法院认为：被告人蔡世祥的行为构成虐待罪，同时也触犯了故意伤害罪罪名。由于故意伤害罪罪名涵括在虐待罪的罪名概念中，应被虐待罪吸收，二者属于法条竞合关系，故对蔡世祥应以虐待罪定罪，以重处罚。二审法院则认为，故意伤害罪与虐待罪的罪状各不相同，二罪之间并不发生法条竞合关系，一审法院以法条竞合处理原则，认定蔡世祥犯虐待罪属适用法律不当，因而改判故意伤害罪。本案的裁判理由指出虐待罪与故意伤害罪之间不存在法条竞合关系，并作了以下论证：

> 法条竞合是指一个犯罪行为因为法律的错综规定，而同时符合了数个在构成要件上存在着交叉关系或包容关系的刑法分则条文，但只能适用其中一个条文而排斥其他条文适用的情形。刑法分则条文之间发生竞合关系，主要是因为法律规定的各罪名的构成要件上有交叉或者包容关系。仅仅因为行为人实施的具体犯罪行为而使数个法条对行为均具符合性，而该数法条之间并无必然包容或交叉关系的，不是法条竞合，而是想象竞合犯。

> 虐待罪与故意伤害罪是否存在法条竞合关系是本案审理中的焦点问题，一审法院对此给予了肯定，而二审法院则否定了一审认定结论。我们认为，如上所述，判断虐待罪与故意伤害罪是否存在法条竞合关系的关键在于两罪的构成要件是否存在交叉或包容关系。根据刑法第 234 条和第 260 条的规定，虐待罪与故意伤害罪的犯罪构成要件完全不同，并不存在构成要件上的交叉或包容关系：一是犯罪主体不同。虐待罪的犯罪主体为特殊主体，只有行为人与被害人具有家庭成员关系时才构成；故意伤害罪的犯罪主体为一般主体。二是故意内容不同。虐待罪的主观故意是使被虐待者在肉体上、精神上受摧残、折磨，行为人并不想直接造成被害人伤

害、死亡的结果，被害人致伤、致死是长期虐待的结果；故意伤害罪的行为人则积极追求或放任伤害后果的发生。三是侵犯客体不同。虐待罪侵犯的是复杂客体，即家庭成员在家庭生活中的平等权利和被害人的人身权利；故意伤害罪侵犯的是单一客体，即他人的身体健康权。四是行为特点不同。虐待罪中的虐待行为具有连续性、经常性和一贯性，这是引起被害人致伤、致死的原因，一次的虐待行为不足以构成虐待罪，更不足以造成被害人伤亡结果的发生；而故意伤害罪对被害人身体的伤害一般情况下为一次形成。

此外，法条竞合关系只能对同一行为进行评价时产生。本案中，被告人蔡世祥实施的犯罪行为有两个，一个是长期的虐待行为；一个是最后一次的故意伤害行为（以下简称本次行为）。在虐待过程中，蔡世祥故意对被害人实施的这一次造成伤害结果的伤害行为，并不能被虐待行为所包容、评价，构成刑法意义上的独立客观行为。由此可见，行为人的本次行为与其以前实施的虐待行为并不是刑法意义上的同一行为，完全可以从之前的虐待行为中分离出来，应当分别进行评价。综上，本案被告人的故意伤害行为与虐待行为间不存在法条竞合关系。

我认为，以上裁判理由的结论是正确的，在虐待罪与故意伤害罪之间确实不存在法条竞合关系。但裁判理由以虐待罪与故意伤害罪之间犯罪主体不同、故意内容不同、侵害客体不同、行为特点不同来进行论证，其思路是值得商榷的。

关于犯罪之间的区分，由于从苏俄传入我国的四要件犯罪构成体系中的四个要件是平面式的，因此，在论及犯罪之间的区分的时候，往往列举这四个要件加以说明。例如苏俄学者在论及罪的区分时指出：

为了正确定罪，就必须十分明确地设想与相近的罪之间划出区分线。如果我们确定了某一罪具有的要件，去掉不是它特有的要件，逐步深入分析法的规范和行为的事实情节，我们就会得出纯粹要件的总和，这些要件表现出该罪的性质，并将它与其他罪相区别。[1]

---

[1] ［苏］B. H. 库德里亚夫采夫：《定罪通论》，李益前译，154页，北京，中国展望出版社，1989。

因此，犯罪之间的区分，是通过四个犯罪构成要件的对比来完成的。我国学者在论及罪与罪的界限时指出：

　　　　任何一个具体的罪都具有不同于其他罪的特殊性，这种特殊性表现在其特殊的犯罪构成之中。罪与罪之间的联系不论多么错综复杂，总是可以找出它们的特殊性，从而把它们区别开来。因此，区分两个罪的界限性，只要将这两个罪的构成要件精细地进行比较，找出它们间的不同点，即特殊性，就可以划清二者之间的界限。这是区分罪与罪的界限的最基本的方法。①

　　因此，在区分此罪与彼罪的界限的理论论证中，充斥着各个要件的对比，但这种构成要件的不同又不是充分必要的，而是可多可少的，其多或少都不影响此罪与彼罪之间的界限区分。以虐待罪与故意伤害罪之间的区分为例，本案的裁判理由列举了四点不同，也有学者认为，两罪的区分主要在于以下两点：

　　　　一是在客观方面，虐待罪引起的伤害后果通常是由于经常性折磨、摧残而引起的，而故意伤害罪所造成他人的身体伤害，则以损害身体健康的行为所造成的直接后果；二是在主观上，虐待引起的伤害后果通常并非行为人追求的结果，尽管行为人有虐待的故意，却无伤害他人身体健康的故意，而伤害罪的行为人在主观上具有伤害他人身体健康的故意。因此，在司法实践中，我们应坚持主客观相统一的原则，准确地区分这两者的界限。②

　　由此可见，这种构成要件对比式的区分此罪与彼罪的方法，并无多少科学性可言。而根据大陆法系的三阶层的犯罪构成体系，在认定犯罪的时候，首先考察是否具有客观的构成要件，然后再看是否具备主观的构成要件。在构成要件具备以后，再进一步考察违法性与有责性。在这个过程中，只要有一个环节不能得出肯定性结

---

　　①　欧阳涛等主编：《易混淆罪与非罪、罪与罪的界限》，2 版，12 页，北京，中国人民公安大学出版社，1999。

　　②　欧阳涛等主编：《易混淆罪与非罪、罪与罪的界限》，2 版，236 页，北京，中国人民公安大学出版社，1999。

论，定罪过程即告终止。因此，根据大陆法系的三阶层的犯罪构成体系，两个犯罪之间的区别在于某一个点，例如抢劫罪与抢夺罪，就在于构成要件行为的不同。既然构成要件不同，就无须去讨论故意、主体、客体等内容是否相同。如果是故意杀人罪与过失致人死亡罪，则构成要件行为相同，但主观构成要件不同：前者为故意，后者为过失。如此等等。

对于虐待罪与故意伤害罪的区分，只要讨论构成要件行为是否不同就可以了，根本没有必要讨论主观上的不同、客体上的不同。对于虐待罪与故意伤害罪之间是否存在法条竞合关系，也应该从构成要件行为上分析。一审法院认为虐待罪与故意伤害罪之间存在法条竞合关系，故意伤害罪被虐待罪所吸收，因此只能定虐待罪。但一审判决并没有对此展开论述，例如两者之间的法条竞合是哪一种类型的法条竞合。同样，二审法院认为虐待罪与故意伤害罪之间不存在法条竞合，但也没有加以具体论述。即使裁判理由对虐待罪与故意伤害罪从四个方面作了对比式区分，但实际上并没有触及虐待罪与故意伤害罪之间为什么不存在法条竞合的根据。

关于虐待罪与故意伤害罪之间是否存在法条竞合关系，可以从基本犯与加重犯两个层面进行分析。

从基本犯的角度来看，虐待行为与故意伤害行为之间是否存在包含或者交叉关系，是判断两罪之间是否存在法条竞合关系的根据。如前所述，在客观构成要件上，虐待行为是具有持续性、经常性的殴打，故意伤害行为是对人体健康造成损害，而殴打是不可能对人体健康造成损害的。因此，从构成要件的角度来说，虐待行为与故意伤害行为是互相排斥的，不存在竞合问题。

从加重犯的角度来看，致使被害人重伤、死亡是虐待罪的结果加重犯。如果这里的致使被害人重伤、死亡是包括故意的，那么虐待罪涵括故意伤害罪，因而在虐待罪和故意伤害罪之间就存在法条竞合，即部分法与整体法的竞合。但在刑法理论上都认为，虐待罪的致使被害人重伤、死亡不包括故意致人重伤、死亡，而是指过失致人重伤、死亡。如果行为人故意要致使被害人重伤或者死亡，而采取长期虐待的方式来实现其犯罪目的的，不应按虐待罪来进行处罚，而应依照刑法关于故意伤害罪或者故意杀人罪的规定定罪处罚。[①] 这种情形，在刑法理论上称为徐行犯。显然，虐待罪的加重犯，对于加重结果只能是过失而不可能是故意。因此，从加重犯角度来说，也不存在虐待罪和故意伤害罪之间的法条竞合关系。

至于法条竞合只能对一行为进行评价的问题，不可一概而论。在特别法与普通法的竞合中，法条竞合是对同一行为的评价。但在部分法与整体法的竞合中，有可能是对两个以上行为的评价。例如绑架罪中杀害被绑架人的，存在两个行为——绑架行为与杀人行为，杀人行为成为绑架罪的加重构成。在这个意义上，故意杀人罪被绑架罪所包含，在绑架罪与故意杀人罪之间存在整体法与部分法的法条竞合关系。可见，两个以上行为被刑法设置为同一犯罪的，同样存在法条竞合问题。

四、虐待过程中故意伤害行为的定性

虐待本身是对人身权利的侵犯，在虐待过程中，可能伴随着故意伤害行为。在司法实践中，对于虐待过程中又实施故意伤害行为的应当如何定罪，是一个值得研究的问题。蔡世祥故意伤害案就属于此种情形。如上文所分析的，在虐待罪与故意伤害罪之间不存在法条竞合关系，故意伤害内容不能为虐待罪所包含。在这种情况下，应当如何定罪呢？对此，本案的裁判理由作了以下分析：

> 实践中，由于行为人在虐待家庭成员的过程中经常伴有故意伤害的手段，容易发生致被虐待人伤害甚至死亡的结果，如何定罪，涉及虐待罪与故意伤害罪的区分问题，比较复杂。我们认为，对这类案件，应当依照虐待罪与故意伤害罪的构成标准，结合具体案情分情况处理：行为人对被虐待人有故意伤害行为，但没有给被害人造成轻伤以上伤害后果的，应将其视为虐待方法之一，认定为虐待罪。在经常性虐待过程中，其中一次行为人明知其行为会给被害人身体造成伤害，且客观上已经给被害人造成伤害后果的，应当认定为故意伤害罪，如果将该伤害行为分离出来独立评价

---

① 参见胡康生、郎胜主编：《中华人民共和国刑法释义》，3 版，402 页，北京，法律出版社，2006。

后，其他虐待行为能够充足虐待罪构成要件的，应当以虐待罪与故意伤害罪实行两罪并罚；如果将伤害行为分离后，其余虐待行为不构成虐待罪的，只能以行为人犯故意伤害罪一罪处罚。

本案中，被告人蔡世祥在家庭生活中，长期以实施暴力行为的方式对其抚养的被害人进行虐待，情节恶劣，即使没有本次行为，其之前实施的一系列虐待行为也足以构成虐待罪。蔡世祥本次行为是因发现被害人外出后，而采取激烈的暴力手段殴打被害人，其暴力程度远远超过家庭虐待中的一般殴打行为，且造成致被害人死亡的严重结果，其主观故意已经不再是虐待，而是明确、直接伤害被害人身体健康了。因此，应当以虐待罪与故意伤害罪两个独立的罪名评价本案行为人的行为，实行数罪并罚。但根据刑法第二百六十条的规定，犯虐待罪尚未致被害人重伤或死亡的，告诉的才处理。本案行为人在最后一次殴打被害人前所实施的虐待行为，尚未造成被害人重伤或死亡的结果，被害人生前也未对此提起告诉，不能对行为人的虐待行为追究刑事责任。因此，二审法院以故意伤害罪对行为人定罪量刑是正确的。

对于以上观点，我是赞同的。因为虐待罪与故意伤害罪是两个互不发生包含关系的独立罪名。因此，当虐待过程中又发生故意伤害行为的时候，对故意伤害行为单独定罪是没有问题的，对虐待行为是否能够定罪，关键还是要看其是否符合虐待罪的构成要件，包括持续性、经常性的打骂，并且要达到情节恶劣的程度。这里的情节恶劣，在司法实践中一般是指由于虐待而致使受害人重伤、残疾甚至死亡；虐待手段凶狠残忍的；对年老、年幼、患重病或者残疾而不能独立生活的人实行虐待的；虐待动机卑鄙的；长期进行虐待的；先后虐待多人的；等等情形。①

根据以上理论分析，对于虐待过程中又实施故意伤害行为的，应当分别以下两种情形处理：

---

① 参见周道鸾、张军主编：《刑法罪名精释》，3 版，486 页，北京，人民法院出版社，2007。

（一）虐待行为不构成犯罪但故意伤害行为构成犯罪的，应以故意伤害罪论处

虐待罪是继续犯，并非只要着手实施虐待行为就构成犯罪，而且即使存在虐待行为，也要看虐待行为是否属于情节恶劣，因此，如果虽然对家庭成员存在打骂虐待现象，但尚不构成虐待罪，在这过程中，对家庭成员又实施了故意伤害行为的，应以故意伤害罪论处。

（二）虐待行为与故意伤害行为均构成犯罪的，应实行数罪并罚

虐待行为本身已经构成犯罪，在这种情况下，行为人又实施了故意伤害行为的，则应实行数罪并罚。当然，如果该虐待行为是刑法第 260 条第 1 款规定的虐待罪的基本犯，则根据该条第 3 款的规定，告诉才处理。告诉是虐待罪的基本犯的程序性要件，如果不具备这一程序性要件，对虐待罪仍然不能追究刑事责任。

根据以上分析，本案被告人蔡世祥的行为已经单独构成犯罪，理应与故意伤害罪实行数罪并罚。当然，被害人已经死亡，无法提起告诉，而且检察机关未对虐待罪另行起诉。在这种情况下，对被告人蔡世祥以故意伤害罪论处是正确的，我同意裁判理由的分析意见。

第4章

侵犯财产罪

第1节　拘禁他人并向其勒索财物行为之定性研究

案名：杨保营抢劫案
主题：抢劫罪　抢劫性勒索

在司法实践中，犯罪现象是十分复杂的，似此罪而非此罪的情况时有发生，因此应当正确地区分此罪与彼罪。抢劫罪与绑架罪之间就存在着这种似是而非的联系，关键是要在把握两罪的本质特征的基础上加以正确的区分。本节以杨保营抢劫案[①]为例，对拘禁他人并向其勒索财物行为的定性问题进行研究。

一、案情及诉讼过程

1. 抢劫部分

2002 年 1 月 8 日 18 时许，被告人杨保营、吴润鹏、李波三人以租车

[①]　本案刊载于最高人民法院编：《刑事审判参考》，第 35 集，北京，法律出版社，2004。

为名，从淄博市周村区骗乘杨某驾驶的红色三厢夏利出租车，行至邹平县长山镇附近时，三被告人对杨某拳打脚踢后，将出租车抢走，该车价值 17 500 元。

2002 年 1 月 16 日 19 时许，被告人杨保营、吴润鹏、李波三人以租车为名，从德州市华联商厦附近骗乘陈某驾驶的红色三厢夏利出租车，行至商河县玉皇镇附近时，三被告人用绳子将陈某捆住，并对其殴打后，劫走现金四十余元及出租车，该车价值 27 500 元。

2002 年 1 月 27 日 17 时许，被告人杨保营、吴润鹏以租车为名，从河北省黄骅市骗乘张某驾驶的红色三厢夏利车，行至山东省庆云县河堤附近时，被告人吴润鹏从后面搂住张某的脖子进行抢劫，张某脱身逃走，二被告人将其车劫走，该车价值 15 225 元。

2. 绑架部分

2002 年 1 月 11 日 23 时许，被告人杨保营、吴润鹏、李波驾车窜至张店海燕歌舞厅门前，将田某劫持至车上，用宽胶带将田某的眼睛、双手缠住，挟持于惠民县一旅馆内非法拘禁，向其索要钱物，持续至 13 日将田某挟持回其住处，从其存折中支取现金 5 000 元后，将其释放。

某市中级人民法院认为：被告人杨保营、吴润鹏、李波，以非法占有为目的，采用暴力手段多次劫取他人财物，数额巨大；以勒索财物为目的，采用暴力手段绑架他人，均构成抢劫罪、绑架罪。被告人杨保营系累犯，应从重处罚。被告人杨保营系自首，可对其从轻处罚。依照《中华人民共和国刑法》第 263 条、第 239 条第 1 款、第 69 条、第 57 条、第 27 条、第 25 条，最高人民法院《关于处理自首和立功具体应用法律若干问题的解释》第 2 条之规定，判决如下：(1) 被告人杨保营犯抢劫罪，判处无期徒刑，剥夺政治权利终身，并处罚金 2 万元；犯绑架罪，判处有期徒刑 12 年，并处罚金 1 万元；决定执行无期徒刑，剥夺政治权利终身，并处罚金 3 万元。(2) 被告人吴润鹏犯抢劫罪，判处有期徒刑 13 年，并处罚金 1 万元；犯绑架罪，判处有期徒刑 11 年，并处罚金 3 000 元；决定执行有期徒刑 20 年，并处罚金 13 000 元。（3）被告人李波犯抢劫罪，判处有期徒刑 11 年，并处罚金 1 万元；犯绑架罪，判处有期徒刑 10 年，并处罚金 3 000 元；决定执行有期徒刑 20 年，并处罚金 13 000 元。

宣判后，被告人杨保营、吴润鹏分别以属于从犯、量刑过重等为由，向山东省高级人民法院提出上诉。

山东省高级人民法院经审理认为：上诉人杨保营、吴润鹏，原审被告李波，以非法占有为目的，采用暴力手段多次劫取他人财物，数额巨大，均已构成抢劫罪，依法应予处罚。上诉人杨保营关于属于从犯的上诉意见与事实不符，不予采纳；上诉人杨保营系累犯，依法应从重惩处，原审判决在法定幅度之内对其量刑，并无不妥。上诉人杨保营、吴润鹏，原审被告李波在抢劫犯罪中共同预谋、分工合作、密切配合、不分主从，故上诉人吴润鹏及其辩护人关于属于从犯的上诉理由及辩护意见，不予采纳。上诉人杨保营、吴润鹏，原审被告李波对被害人田某实施捆绑及较长时间的非法拘禁行为，主观目的系劫取财物，而非勒索财物，该行为应定性为抢劫，而非绑架。依照《中华人民共和国刑事诉讼法》（1996 年——引者注）第 189 条第（1）项、第（2）项，《中华人民共和国刑法》第 263 条第（4）项、第 65 条、第 69 条、第 57 条第 1 款、第 25 条第 1 款之规定，判决如下：（1）撤销某市中级人民法院（2002）刑二初字第 25 号刑事判决对上诉人杨保营、吴润鹏、被告人李波犯绑架罪的定罪量刑，即上诉人杨保营犯绑架罪，判处有期徒刑 12 年，并处罚金 1 万元；上诉人吴润鹏犯绑架罪，判处有期徒刑 11 年，并处罚金 3 000 元；原审被告人李波犯绑架罪，判处有期徒刑 10 年，并处罚金 3 000 元。（2）上诉人杨保营犯抢劫罪，判处无期徒刑，剥夺政治权利终身，并处罚金 2 万元。（3）上诉人吴润鹏犯抢劫罪，判处有期徒刑 13 年，并处罚金 1 万元。（4）原审被告李波犯抢劫罪，判处有期徒刑 11 年，并处罚金 1 万元。

二、争议及裁判理由

在本案中，对于被告人杨保营等人于 2002 年 1 月 8 日、1 月 16 日、1 月 27 日三次抢劫出租车的行为应定抢劫罪并无争议，关键是 2002 年 1 月 11 日将被害人田某予以劫持并非法拘禁，向其索要财物这一行为到底应定抢劫罪还是定绑架罪。一审法院与二审法院之判决结论有所不同：一审法院认为构成绑架罪，二审法院则改判为抢劫罪。

本案二审法院之所以改判为抢劫罪，其裁判理由如下：

> 上诉人杨保营、吴润鹏、原审被告李波以索要财物为目的，实施暴力手段劫持被害人田某并对其非法拘禁的行为，不具备以被绑架人为人质，向绑架人以外的第三方勒索财物这一绑架罪的基本特征，不应认定为绑架罪。

> 根据刑法第 239 条的规定，绑架罪在行为方式上表现为勒索绑架与人质绑架两种。同时，根据刑法第 239 条第 2 款的规定，以勒索财物为目的偷盗婴幼儿的行为，应视为勒索绑架，以绑架罪定罪处罚。其中，人质绑架指的是为达到政治性目的或者其他目的（不含索取财物），劫持他人作为人质的行为。本案杨保营等三人以非法取得他人财物为目的，对他人实行非法拘禁的行为，不属于人质绑架自不待言，那么能否将之认定为勒索绑架呢？在回答该问题之前，首先有必要对勒索绑架的内涵及特征作一分析。勒索绑架，亦即通常所说的掳人勒索，是指采用暴力、胁迫或者其他方法，强行将他人劫持，以杀害、伤害或者不归还人质等要挟，勒令人质的亲属或者其他相关第三人，在一定期限内交出一定财物的行为。由此可见，勒索绑架的基本特征在于，使用暴力等手段劫持他人作为人质（在这一点上，勒索绑架与人质绑架是相同的），并以此要挟、迫使相关的第三人交付财物。在该特征的具体理解及认定方面，应注意把握以下几点：第一，人质是相对于第三人而言的一个概念，绑架中的勒索财物，只能向被

绑架人以外的第三人提出，否则便无从谈起以被绑架人为人质的问题；第二，所勒索财物与人质存在直接的交换对应关系，即通常所谓的拿钱赎人；第三，勒索绑架具有行为复合性和时空间隔性特征，完整的勒索绑架行为需由劫持绑架人质和向第三人勒索财物两个行为复合构成，且两个行为之间通常呈现出时间上的递延和空间上的转换。

在本案中，杨保营等三人的行为虽然具备了勒索绑架的一些外在特征，比如，采用暴力手段将被害人劫持至外地，实行较长时间的非法拘禁，先劫持后索财，劫持与索财之间存在一定的时空间隔等，但是，本案三人实施这些行为的目的是向被绑架人本人索要财物，未曾向被绑架人以外的第三人索要财物，不具有以被绑架人为人质，向被绑架人以外的第三方索要财物的勒索绑架的基本特征，故不应将该行为认定为绑架罪。

杨保营等三人暴力挟持他人、非法索取财物的行为，具备抢劫罪的两个当场要件，构成抢劫罪，期间所实施的非法拘禁行为因与抢劫行为存在牵连关系，依照牵连犯的一般处理原则，不再单独定罪。

构成抢劫罪需具备两个基本要件：一是当场使用暴力或者以当场使用暴力相胁迫等手段，二是当场取得财物，即通常所称的两个当场。如何理解这里的当场，明显是认定本案的一个关键。对此，我们认为，当场不是一个纯粹的时空概念，必须结合行为人的暴力或者胁迫等手段、该手段对被害人之身体和精神的强制方式、程度及与取得财物之间的内在联系，来加以具体分析认定。这就要求我们在对当场的理解中，要有一个基本的度的权衡和把握。一方面，当场不仅仅限于一时一地、此时此地，在暴力、胁迫等手段的持续强制过程中，即使时间延续较长，空间也发生了一定转换，同样可以视为当场，而不必拘泥于某一特定时间、地点；另一方面，当场又应以暴力、胁迫等手段行为的自然延伸及取得他人财物所必要为限，避免当场解释的任意化。据此，我们认为，杨保营等三人通过暴力威胁，迫使被害人拿出存折并支取现金，从而非法取得被害人的财物的行为，符合抢劫罪的两个当场特征，构成抢劫罪。具体理由简单说明如下：

首先，被害人回到住处取出存折、提取现金直至将现金交付给该三人的整个过程，始终处于杨保营等三人的持续暴力胁迫之下，符合当场使用暴力、胁迫等抢劫罪的手段要件。其次，被害人自取出存折、提取现金直至将现金交付给该三人，的确存在一定的时间和空间跨度，但三人是在被害人身上、身边没有可供劫取的财物的情况下，实施这一系列行为的，目的在于劫取被害人的财物，故将该系列行为视作一个整体，从而认定取得被害人财物系当场取得，是妥当的。最后，暴力胁迫手段与取得他人财物之间存在客观因果关系。因果关系存在与否的判断，应以暴力胁迫手段是否对被害人形成了足够的强制、被害人交出财物是否基于该强制为基准。需要注意的是，对于强制，不应仅仅理解为身体上的强制，还应包括精神上的强制；而且，是否形成了强制，应从被害人的个人感受来判断，而不能从一般人的立场来判断。虽然在一般人看来，即使处于该三人的挟持之下，被害人在银行提取现金时仍然有足够的反抗机会，仍不能以此否定被害人受到强制的客观事实。

三、绑架罪的沿革及特征

根据我国刑法第 239 条的规定，绑架罪是指以勒索财物为目的绑架他人，或者出于政治性或其他目的绑架他人作为人质，或者以勒索财物为目的偷盗婴幼儿的行为。由此可见，我国刑法中的绑架罪可以分为三种情形：一是以勒索财物为目的绑架他人，即所谓掳人勒赎。当然，从犯罪构成要件的设置上来说，我国刑法规定的以勒索财物为目的绑架他人的犯罪与外国刑法中规定的掳人勒赎罪还是有所不同的，对此将在下文分析。二是出于政治性或其他目的绑架他人。三是以勒索财物为目的偷盗婴幼儿。在司法实践中，较为常见的是第一种掳人勒赎的情形，我在此也主要讨论这种情形。

在我国 1979 年刑法中并无绑架罪之规定，但在 1979 年刑法颁行以后，我国社会上屡有绑架人质并向他人勒赎的案件发生。在这种情况下，关于对绑架勒赎行为在刑法中如何定罪，存在以下观点：有的主张定抢劫罪；有的主张定敲诈勒索罪和非法拘禁罪，实行二罪并罚；有的主张比照 1979 年刑法第 150 条类推为抢劫罪；有的主张视为非法拘禁罪与敲诈勒索罪的牵连犯，从一重罪处断；还有的主张在刑法中增设掳人勒赎罪或绑架罪。① 由此可见，当时在司法实践中关于此类案件定性的观点存在严重分歧，这不利于严厉地惩治绑架勒赎的犯罪行为。为此，1990 年 4 月 27 日最高人民检察院颁布了《关于以人质勒索他人财物案件如何定罪问题的批复》（已失效），该批复指出：经征求最高人民法院和有关部门的意见，以人质勒索他人财物的犯罪案件，依照刑法第 150 条规定以抢劫罪批捕起诉。这一司法解释对于统一对以人质勒索他人财物案件的定性是具有积极意义的，但将绑架勒赎行为直接等同于抢劫罪，存在理论上的可质疑之处。实际上，绑架勒赎行为具有不同于抢劫的性质。及至 1991 年 9 月 4 日，全国人大常委会《关于严惩拐卖、绑架妇女、儿童的犯罪分子的决定》（2009 年修正，以下简称 1991 年《决定》）第 2 条第 3 款规定，"以勒索财物为目的绑架他人的，依照本条第一款的规定处罚"。这一规定被认为首次在我国刑法中设立了绑架勒索罪。在 1997 年刑法修订中，刑法第 239 条将以勒索财物为目的绑架他人与绑架他人作为人质、以勒索财物为目的偷盗婴幼儿的行为一并加以规定，司法解释将其罪名确定为绑架罪。

就以勒索财物为目的绑架他人构成的绑架罪而言，其法律特征是明确的：客观上须具有绑架他人的行为，主观上须具有勒索财物的目的。在刑法理论上，对于法律明文规定的这两个特征，观点并不一致。下面分别加以论述。

（一）绑架他人的行为

这里的绑架究竟如何界定？一般认为，绑架是指使用暴力、胁迫或者其他方法，劫持他人，使其离开住所，置于自己的控制之下，限制或剥夺其人身自由。这里的暴力，是指直接对被害人进行捆绑等人身强制，或者对被害人进行殴打、伤害等人身攻击。胁迫是指对被害人及其家属以实施暴力相威胁或者实行其他精神强制。其他方法，是指暴力、胁迫以外的方法，例如使用药物、醉酒等方法使被害人

---

① 参见高铭暄主编：《新中国刑法学研究综述（1949—1985）》，750 页，郑州，河南人民出版社，1986。

昏迷或者昏睡。通过上述三种方法，使被害人处于不能反抗或者不敢反抗的境地，从而将被害人非法劫持，置于行为人的直接控制之下，使其丧失人身自由。由此可见，绑架行为往往涉及非法拘禁。当然，在刑法理论上，如何区分绑架罪与非法拘禁罪，始终是一个较为复杂的问题。日本学者大谷实教授曾经论及绑架与监禁的区别，指出：

> 绑架，只要将被绑架者置于自己或第三人的实力支配之下就够了，将他人限制在一定场所的场合，不是绑架，而是监禁。①

这里的监禁，是指日本刑法中剥夺他人身体活动的自由即行动自由的犯罪。②因此，日本刑法中的监禁罪相当于我国刑法中的非法拘禁罪。我理解大谷实教授所述绑架与监禁的关系是：绑架是原因行为，监禁是结果状态。循着这一思路，对我国刑法中的绑架罪与非法拘禁罪的关系进一步考察。我国学者指出：

> 从犯罪构成来说，绑架罪的客观要件包含非法控制人质自由的要素，因而在某种意义上可以说与非法拘禁罪存在特别法与普通法的竞合关系。③

这里的特别关系之特别，一般认为是目的特别，因此在司法实践中，行为人的主观故意内容往往成为区分绑架罪和非法拘禁罪的关键。④ 但按照这种分析思路，绑架罪与非法拘禁罪在客观上并无区别，其区别仅在于主观目的，即：单纯地出于非法剥夺他人的人身自由的目的，非法拘禁或以其他方法非法剥夺他人人身自由的，构成非法拘禁罪；而出于勒索财物目的的，则构成绑架罪。尽管这种观点有一定道理，但仅仅从主观上区分绑架罪与非法拘禁罪总使人感到难以解释何以两罪在法律评价上存在如此大的差别。

（二）以勒索财物为目的

我国刑法第 239 条关于绑架罪的规定中，涉及以勒索财物为目的绑架他人的情

---

① ［日］大谷实：《刑法讲义各论（新版第 2 版）》，黎宏译，71 页，北京，中国人民大学出版社，2008。
② 日本刑法中设有逮捕、监禁罪：逮捕是直接羁押他人身体，监禁是间接限制他人身体。参见［日］大谷实：《刑法讲义各论（新版第 2 版）》，黎宏译，60 页，北京，中国人民大学出版社，2008。
③ 刘树德：《绑架罪案解》，202 页，北京，法律出版社，2003。
④ 参见上书，202 页。

形，在刑法理论上称之为目的犯。目的犯之目的，是一种所谓超过的主观要素，并不要求与之对应的客观行为。在以勒索财物为目的的绑架犯罪中亦是如此，如果没有这种勒索财物的目的（当然，也没有将他人作为人质的目的），则单纯的绑架行为只能构成非法拘禁罪。只有在具有法律规定的特定目的的情况下，该行为才构成绑架罪。

四、绑架罪与抢劫罪之区分

如前所述，在我国刑法中曾经将以勒索财物为目的的绑架行为以抢劫罪论处，只是在 1991 年《决定》颁布以后才独立成罪。因此，以勒索财物为目的的绑架罪与抢劫罪的区分，就成为一个值得研究的问题。

应该说，在一般情况下绑架罪与抢劫罪不难区分，但在劫持并非法拘禁他人并向其本人勒索财物的情况下，到底是定抢劫罪还是定绑架罪，是容易产生分歧的。下面我结合孙浩抢劫案[①]进行分析。

孙浩抢劫案

被告人孙浩因不满被害人吴某纠缠其女友王某，于 1999 年 8 月的一天 22 时许，伙同杨某、史某等四人，让王某约吴某到本市海淀区××粮店附近后，使用语言威胁手段强行将吴某带上自己开的夏利车，其他人对吴某进行殴打。随后孙浩等人把吴某带到香山一个餐厅的包间内，孙浩持橡胶棍、杨某持木棍殴打吴某。次日凌晨 5 时许孙浩又以打断吴某的腿相威胁，向吴某索要人民币 1 万元。吴打电话联系其所在公司，以自己在外打架打伤他人急需赔偿为由借钱。被告人孙浩于次日 10 时许冒充吴某同学到该公司取走人民币 4 600 元，同时以假名打下一个收条。后孙浩将吴某释放。吴某所受外伤经鉴定为轻伤。该案经北京市海淀区人民检察院以

---

① 本案刊载于陈兴良主编：《刑法疑案研究》，北京，法律出版社，2002。

绑架罪起诉，北京市海淀区人民法院以抢劫罪判处被告人孙浩有期徒刑8年。[①]

关于本案的定性，明显存在意见分歧，其中，认为被告人孙浩的行为构成绑架罪的理由是：孙浩以暴力威胁取得财物的行为发生在将他人非法挟持到自己控制的场所后，虽然被告人在挟持之初并无勒索财物的目的，但对被害人实施殴打行为之后，利用被害人孤立无援的地位和害怕进一步受到伤害的心理，以打断一条腿相威胁强行逼迫被害人交出 1 万元现金。这符合以勒索财物为目的绑架他人这一绑架罪的构成要件。而认为被告人孙浩的行为构成抢劫罪的理由是：孙浩使用暴力殴打在先，以打断一条腿相威胁在后，强行逼迫被害人交出 1 万元现金。在被害人打电话向所在公司借钱后孙浩又亲自去取，得钱后将才将事主释放，属于当场取得财物，符合抢劫罪的构成要件。在上述两种意见中，对于使用暴力或者以暴力相威胁并无歧见，争议之处在于：索要 1 万元现金并当场获取是绑架罪之勒索财物行为还是抢劫罪之劫取财物行为。一般来说，抢劫罪中劫取财物是劫取被害人当时所有的财物，因此，本案不是典型的抢劫罪，但能否认定为绑架罪，还要看该行为是否是绑架罪中的勒索财物行为。

关于绑架罪中的勒索财物，到底是向被害人本人勒索财物还是必须向第三人勒索财物，在法律规定上并不明确。立法者对此解释为：以勒索财物为目的绑架他人的，也称为掳人勒赎或者绑票，即以暴力、胁迫或者麻醉方法强行掳走他人，以此向被害人的亲友索取钱物的行为。[②] 在司法实践中一般也作此理解：以勒索财物为目的绑架他人，是指采用暴力、胁迫或者麻醉的方法，强行将他人劫持，以杀害、杀伤或者不归还人质相要挟，勒令与人质有关的亲友在一定期限内交出一定财物，即以钱赎人。[③] 正因为绑架罪中的勒索财物是向第三人勒索，所以绑架罪具有侵犯第三人自决权的性质。这一点对于区分抢劫罪与绑架罪具有重要意义。对此，我国

[①]　陈兴良主编：《刑法疑案研究》，233 页，北京，法律出版社，2002。

[②]　参见胡康生、郎胜主编：《中华人民共和国刑法释义》，3 版，370～371 页，北京，法律出版社，2006。

[③]　参见周道鸾、张军主编：《刑法罪名精释》，3 版，436 页，北京，人民法院出版社，2007。

学者作过精辟的论述：

> 从社会危害性看，是否向第三人勒索，危害性差别较大。绑架他人之后是仅仅直接向被害人勒索财物还是以被害人作为人质向第三人勒索财物，表面上看，仅仅是索取财物的对象不同，其实质涉及是否侵犯第三人的自决权。这种第三人，不仅包括人质的亲友，而且包括单位、组织和政府。当罪犯以虐待人质的方式，甚至以杀害、伤害人质的方式向第三人勒索时，对第三人的影响是巨大的。第三人必须在满足犯罪人的非法要求与解救人质之间作出艰难的选择。这不仅仅是救人还是破财的两难选择，而且涉及更为深远的道德、法律问题。行为人在绑架他人之后，仅仅向被绑架人索取财产，没有侵犯到第三人的自决权，其危害影响的范围受到了限制。此外，从犯罪的实际情况看，行为人在绑架他人之后仅仅想以不惊动第三人的方式索取财产，其索取财产的方式、数量将受到很多的限制，只能以被绑架人能够控制、支配的财产为限。被绑架人的命运也基本掌握在自己的手中，因为，绑架者只是与被绑架者进行谈判、较量，决定是否让步、满足绑架者的条件，其危害性更接近于抢劫罪。[①]

在外国刑法中，同样将利用近亲属和其他对被绑架人的安危表示担心的人的担忧，作为以勒索赎金为目的的绑架罪的构成要件。由此可见，是否向第三人勒索财物作为释放被绑架人条件的赎金，是绑架罪与抢劫罪的根本区分。在这种情况下，我国学者在定义绑架罪的时候，开始在勒索财物目的的解释中增加有关内容，使绑架勒索行为的性质更为明确。例如我国学者张明楷教授指出：绑架罪是指利用被绑架人的近亲属或者其他人对被绑架人安危的忧虑，以勒索财物或者满足其他不法要求为目的，使用暴力、胁迫或者麻醉方法劫持或以实力控制他人的行为。[②] 我以为这一定义是较为可取的，有助于区别绑架罪与抢劫罪。

从立法完善的角度来说，刑法采用以勒索财物为目的这样一种用语确实是容易

---

① 阮齐林：《绑架罪的法定刑对绑架罪认定的制约》，载《法学研究》，2002 (2)，39 页。
② 参见张明楷：《刑法学》，3 版，665 页，北京，法律出版社，2007。

使人误解的。而日本刑法第 225 条之二表述为利用近亲者或者其他人对被略取者或者被诱拐者的安危的忧虑，以使之交付财物为目的，以及我国台湾地区"刑法"第347 条第 1 款径直表述为意图勒赎，则更为明确，不会发生误解。勒赎一词，指勒令被掳者之亲友提供金钱或其他财物，以赎取被掳者之生命或身体自由，更是言简意赅，而且约定俗成，值得我国立法机关借鉴。

五、裁判理由的评判

关于杨保营等三人劫持田某并向其索要财物这一行为如何定性，一审法院侧重于其客观上采用暴力手段绑架他人，对于主观方面只是一般性地描述为以勒索财物为目的；二审法院则侧重于其主观上的目的系劫取财物而非勒索财物。但劫取财物与勒索财物到底如何区分，仍然是一个不甚了然的问题。

我注意到，本案的裁判理由对于抢劫罪与绑架罪的区分作了正确的界定，即以勒索财物为目的的绑架罪之勒索财物，是向人质的亲属或者其他相关第三人勒索财物，即所谓掳人勒赎。这就为杨保营等人的行为应定抢劫罪而非绑架罪提供了理论根据。这是完全正确的。但是，裁判理由对以勒索财物为目的的绑架罪的客观行为的论述则是错误的。裁判理由认为勒索绑架具有行为复合性和时空间隔性特征，完整的勒索绑架行为需由劫持绑架人质和向第三人勒索财物两个行为复合构成，且两个行为之间通常呈现出时间上的递延和空间上的转换。这就涉及一个问题：如何理解刑法第 239 条规定的"以勒索财物为目的"这一要件？

对于"以勒索财物为目的"这一要件，我国刑法学界都将其理解为主观要件，并且认为是该罪所要求的目的，因而刑法理论上称之为目的犯。目的犯的特点是该目的并非构成要件本身的主观要素，而是一种超过的主观要素，即只要具有这一特定的目的即可构成犯罪，而并不要求这一目的的实现。换言之，这一目的的实现行为并非构成要件的行为。在以勒索财物为目的的绑架罪中，只要在这一勒索财物的目的的支配下实施了绑架行为，即充足了该罪的构成要件，并不要求行为人实施勒索财物的行为。对此，我国学者指出：

勒索财物或满足其他不法要求为目的，是主观的超过要素，不需要客观化。换言之，只要行为人具有这种目的，即使客观上没有对被绑架人的近亲属或其他人勒索财物或提出其他不法要求，也成立绑架罪；即使行为人客观上向被绑架人的近亲属或其他人勒索财物或提出了其他不法要求，也不另成立其他犯罪。①

　　这里的"不另成立其他犯罪"，是指该种情况属于不可罚的事后行为。当然，在目的犯的情况下，目的的实现行为也可能构成其他犯罪，从而使之与手段行为的犯罪形成牵连关系，构成牵连犯。

　　以勒索财物为目的的绑架罪，其客观行为只能是绑架他人，而不包括向他人勒索财物。因此，以勒索财物为目的的绑架罪属于单行为犯而非复行为犯，即不存在行为的复合性。在刑法理论上，单行为犯是指由单一行为构成的犯罪，而复行为犯是指由复合行为构成的犯罪。例如我国学者指出：

　　　　复行为犯，是指在一个独立的基本犯罪构成中包含数个不独立成罪的实行行为的犯罪。②

　　由此可见，在复行为犯的情况下，其实行行为具有复合性。如果把以勒索财物为目的的绑架罪视为复行为犯，则勒索财物行为是犯罪实行行为不可分割的组成部分，因而如果只实施了绑架行为而未实施勒索财物行为，或者虽然实施了勒索财物行为但并未实际获得财物，就是构成要件不齐备，因而会被认为是犯罪未遂，而这又与绑架罪的既遂标准不相符合。在我国司法实践中，一般认为，绑架罪的既遂，应以行为人将被害人劫持并实际控制为标准，即只要行为人实施了绑架他人的行为，就构成绑架罪的既遂，而不是以勒索的财物到手或者其他目的达到为标准。如果由于被害人的反抗或者他人及时进行解救等客观方面的原因，绑架没有得逞，因而未能实际控制被害人的，则构成绑架罪的未遂。③ 由此可见，以勒索财物为目的

---

　　① 张明楷：《刑法学》，3 版，666 页，北京，法律出版社，2007。

　　② 王明辉：《复行为犯研究》，载陈兴良主编：《刑事法评论》，第 4 卷，321 页，北京，中国政法大学出版社，1999。

　　③ 参见周道鸾、张军主编：《刑法罪名精释》，3 版，438 页，北京，人民法院出版社，2007。

的绑架罪中，勒索财物只是行为人的主观目的，而不能理解为构成要件的行为，因而该罪是单行为犯。

我在意的并不是裁判理由关于以勒索财物为目的的绑架罪是复合行为的命题为什么是错误的，而是为什么会发生这种错误理解。我认为，这里主要涉及一个对法律规定的正确理解问题，立法上关于以勒索财物为目的的绑架罪的罪名设置问题。我国刑法是在一个笼统的绑架罪之内包含这种掳人勒赎行为的，因而刑法规定略显简单。而外国（地区）刑法对该罪的规定较为复杂，例如日本刑法第 225 条之二规定：

> （第 1 款）利用近亲者或者其他人对被略取者或者被诱拐者安危的忧虑，以使之交付财物为目的，略取或者诱拐他人的，处无期或者三年以上惩役。（第 2 款）略取或者诱拐了他人的人，利用近亲者或者其他人对被略取者或者被诱拐者安危的忧虑，使之交付财物或者要求交付财物的，与前项同。

上述两款规定中，第 1 款规定的是以勒索赎金为目的的绑架、诱拐罪，该罪是目的犯，并且是单行为犯，只要实施了绑架、诱拐行为即构成本罪；第 2 款规定的是要求被绑架、被诱拐者交付赎金罪，该罪的行为是勒索财物。并且上述两罪之间存在牵连关系，日本判例认为构成牵连犯。但是，由于这两种犯罪是连续实施的，所以，在日本刑法理论上认为只是概括地成立（日本）刑法第 225 条第 2 款所规定的一罪。[①] 由此可见，对于绑架以后的勒索财物行为，在日本刑法中是有专门规定的，在这种情况下，由于规定较为细致，因而在司法认定上不易发生误解。而我国刑法对绑架罪的规定过于粗疏，而囿于传统的掳人勒赎这一概念，就容易发生误解，以为掳人与勒赎是本罪的复合行为。其实，在专门设立掳人勒赎罪的我国台湾地区"刑法"中，勒赎也是目的而并不要求实施勒赎行为。因为根据我国台湾地区"刑法"第 347 条第 1 款之规定，意图勒赎而掳人者，构成掳人勒赎罪。对此，我

---

① 参见［日］大谷实：《刑法讲义各论（新版第 2 版）》，黎宏译，77 页，北京，中国人民大学出版社，2008。

国台湾地区学者指出：行为人只要是为了勒索金钱或财物之犯罪目的而掳人，即足以构成本罪。[①] 由此可见，对某一罪名的理解必须严格地依据刑法的具体规定。在某些情况下，于各国（地区）刑法中罪名相同或相近之罪，刑法对其构成要件的规定有可能不同。对此必须予以足够的注意。

第 2 节　盗窃虚拟财产行为之定性研究

案名：孟动盗窃案
主题：盗窃罪　虚拟财产

随着互联网在社会生活中的广泛应用，形成网络空间甚至网络社会，由此相应地出现了网络犯罪。网络犯罪的出现，对刑法的传统理论提出了挑战。在刑事立法上与刑事司法中如何应对网络犯罪，是当前我国面临的一个重大刑法问题。本节以孟动盗窃案[②]为线索，对盗窃虚拟财产行为的定性问题进行研究，进而就刑法如何应对网络犯罪发表一己之见。

一、案情及诉讼过程

被害单位上海茂立实业有限公司（以下简称茂立公司）通过与腾讯科技（北京）有限公司（以下简称腾讯公司）、广州网易计算机系统有限公司（以下简称网易公司）签订合同，成为腾讯在线 Q 币以及网易一卡通在上海地区网上销售的代理商。

2005 年 6 月、7 月间，被告人孟动通过互联网，在广州市利用黑客程

---

① 参见林山田：《刑法各罪论》，增订 2 版，上册，464 页，台北，2000。
② 本案刊载于最高人民法院编：《中华人民共和国最高人民法院公报》，2006（11）；又载最高人民法院编：《刑事审判参考》，第 53 集，北京，法律出版社，2007。

序窃得茂立公司登录腾讯在线、网易在线充值系统使用的账号和密码。同年 7 月 22 日下午，孟动通过网上聊天方式与被告人何立康取得联系，向何立康提供了上述所窃账号和密码。二人预谋入侵茂立公司的在线充值系统，窃取 Q 币和游戏点卡后在网上低价抛售。

2005 年 7 月 22 日 18 时许，被告人孟动先让被告人何立康为自己的 QQ 号试充 1 只 Q 币。确认试充成功后，孟动即在找到买家并谈妥价格后，通知何立康为买家的 QQ 号充入 Q 币，要求买家向其中国工商银行牡丹灵通卡（卡号 955882360×××770，以下简称 770 号牡丹卡）内划款。自 2005 年 7 月 22 日 18 时 32 分至次日 10 时 52 分，何立康陆续从茂立公司的账户内窃取价值人民币 24 869.46 元的 Q 币 32 298 只，除按照孟动的指令为买家充入 Q 币外，还先后为自己及朋友的 QQ 号充入数量不等的 Q 币。自 2005 年 7 月 23 日 0 时 25 分至 4 时 07 分，何立康还陆续从茂立公司的账户内窃取价值人民币 1 079.5 元的游戏点卡 50 点 134 张、100 点 60 张。以上二被告人盗窃的 Q 币、游戏点卡，共计价值人民币 25 948.96 元。

被害单位茂立公司发现被盗后，立即通过腾讯公司在网上追回被盗的 Q 币 15 019 个。茂立公司实际损失 Q 币 17 279 个，价值人民币 13 304.83 元。连同被盗的游戏点卡，茂立公司合计损失价值人民币 14 384.33 元。

被告人孟动、何立康到案后，其家属分别帮助交付人民币 8 000 元和 2.6 万元以抵顶赃款。侦查机关将其中的 14 384.33 元发还给茂立公司，多余款项退还交款人。

法院经审理认为：被害单位茂立公司作为腾讯公司、网易公司的代销商，其账户内的 Q 币和游戏点卡对应着其在现实生活中享有的财产，一旦失窃便意味着所有人丧失了对这些财产占有、使用、收益和处分的全部财产权利。被告人孟动、何立康以非法占有为目的，通过互联网共同窃取茂立公司价值人民币 25 948.96 元的 Q 币和游戏点卡，侵犯了茂立公司的财产权利，构成盗窃罪，且盗窃数额巨大。公诉机关指控孟动、何立康犯盗窃罪的事实清楚，证据确凿、充分，罪名成立，依法应当对孟动、何立康予以刑事处罚。孟动、何立康是初犯、偶犯，到案后能如实坦白自己的犯罪事实，在家属帮助下退赔了茂立公司的全部损失，且何立康还有自首、立功表现，依法均可从轻处罚。辩护人关于二被告人犯罪情节较轻、确有认罪悔罪表现、依法可适用缓刑的辩护意见，应予采纳。据此，于 2006 年 6 月 26 日判决：（1）被告人孟动犯盗窃罪，判处有期徒刑 3 年，缓刑 3 年，并处罚金人民币 3 000 元；（2）被告人何立康犯盗窃罪，判处有期徒刑 1 年 6 月，缓刑 1 年 6 月，并处罚金人民币 2 000 元；（3）扣押在案的被告人孟动犯罪所用的电脑硬盘两块和 770 号牡丹卡，予以没收。

一审宣判后，被告人孟动、何立康在法定期限内未提出上诉，公诉机关也未抗诉，一审判决发生法律效力。

二、虚拟财产的现实背景

虚拟财产是随着网络空间的形成而出现的一种新生事物。因此，讨论虚拟财产之前，首先应当对其背景即网络空间以及建立在网络空间基础之上的网络社会加以分析。互联网的发明也许是现代对人类社会影响最大的技术创新。网络是一组相互联结的结点，网络是一个极其开放并且具有无限扩展和延伸能力的结构体系，它可以构建一个流动的空间和无限的时间。网络不仅构成一种新型的社会形态，而且催生了一个崭新的社会模式——网络社会。网络社会区别于传统社会的特征在于：

（1）非物质性。由于数字化空间中最基本的元素并不是传统物理空间的原子，而是比特（bit），这就造成了数字化网络社会的第一个特征——非物质性。（2）超时空性。这是指在数字化网络社会里，由于互相间的开放与应用，消除了时间和空间的距离，建立了一个超时空的网络社会。（3）可扩展性。一个人使用一件非物质性的物体时，不排斥他人同时使用。（4）平等性。当一部部各自独立的个人电脑被以某种有秩序的方式逐一串联起来之后，一个以电脑为基本单位的网络社区（computer community）也就形成了。新兴的电脑网络形成了一种草根式（grassroots）的联结。这种草根式联结的最大特色就是，那些即便是位于社会网络中最底层或最边陲的人，也都与社会网络中其他位置上的人一样，在网络中拥有同等的机会陈述他们自己的意见，因而具有某种平等性。①

在网络社会的上述特征中，我认为最大特征还是第一个特征——非物质性，这里的非物质性也就是我们通常所说的虚拟性。在这个意义上说，网络空间与网络社会就是虚拟空间与虚拟社会。

那么，如何理解这里的虚拟性呢？我认为，这里的虚拟并非虚无，虚拟仍然是一种客观存在的"有"而非"无"。只不过，虚拟社会的存在方式具有不同于传统的物质社会的特点而已。在某种意义上说，虚拟社会是现实社会的某种复制，因而是第二空间。正是这种虚拟社会与现实社会的相互关照性，使得虚拟社会的生活获得了某种真实性。随着虚拟社会的逐渐成熟，越来越多现实社会的思想情感、社会关系和行为方式在虚拟社会存活，"网婚"就是典型的一例。"网婚"是网上结婚的简称，从"网聊"开始，进而发展到"网恋"，最后出现了"网婚"。聊天是人们常见的一种交往形式，一般的聊天是面对面的，后来产生了电话等媒介，不见面也能聊天。在电脑网络产生以后，可以进行网上聊天。由于在网络中是匿名的，而且网络所具有的扩展性为网聊开辟了无限空间，由此创造了"网聊"这种人与人之间具有虚拟性的沟通方式。这里所说的虚拟性，是指只要本人愿意，就可以掩盖自己的真实身份，同时也不知他人的真实身份，在这种陌生人之间进行书面式的语言交流。当然，视频聊天出现以后，人们可以在电脑上面对面聊天，在一定程度上改变了虚拟的程度与形式，但虚拟性仍然存在。"网恋"是以"网聊"为基础的，"网恋"当然也可能导致真实的爱情甚至婚姻，但大多数"网恋"具有消遣的性质，只不过是在虚拟空间展开的一场情感游戏。"网婚"是"网恋"的升级版，即在虚拟社会结婚，随之而来的还有家庭生活等。进行"网婚"的人包括已经在现实社会结婚的男女。因此，由于"网婚"而被配偶以重婚罪告上法庭的案例时有发生。就

---

① 刘文富等：《全球化背景下的网络社会》，135 页以下，兰州，兰州人民出版社，2001。

"网婚"来说，它的婚姻生活的虚拟性更为明显，仍然具有游戏性质，对现实婚姻关系虽然有消极影响，但并不构成对现实婚姻的根本否定。因此，在法律上并不认为已有配偶者又与他人"网婚"的构成重婚，更不存在重婚罪的问题。当然，虚拟婚姻是不受法律保护的。

网络社会中满足人的情感需求，甚至提供生活乐趣的另一种形式是网络游戏。网络游戏是指以网络为平台，根据一定的游戏软件进行的游戏活动。一般认为，网络游戏的发展具有以下三个阶段：

第一代网络游戏阶段（1969 年至 1977 年）。由于当时计算机的硬件和软件的技术水平不高，这时的网络游戏具有试验的性质。当时网络游戏的特征是：（1）非持续性。机器关机后游戏的相关信息即会丢失，因此无法模拟一个持续发展的世界。（2）游戏只能在同一服务器/终端机系统内部执行，无法跨系统运行。这种的游戏完全是免费的，还不具有商业性。第二代网络游戏阶段（1978 年至 1995 年）。随着计算机网络技术的成熟，网络游戏开始成为一种新兴产业，网络游戏进入收费时代。这时的网络游戏的特征是：（1）网络游戏出现了可持续性的概念，玩家所扮演的角色可以成年累月地在同一世界内不断发展。（2）游戏可以跨系统运行，只要玩家拥有电脑和调制解调器，且硬件兼容，就能进入当时的任何一款网络游戏。第三代网络游戏阶段（1996 年至今）。这时越来越多的专业游戏开发商和发行商介入网络游戏，一个规模庞大、分工明确的产业生态环境最终形成。大型网络游戏（MMOG）的概念浮出水面，网络游戏不再依托于单一的服务商和服务平台而存在，而是直接接入互联网，在全球范围内形成了一个网络游戏的大众市场。①

随着网络游戏的普及，网络游戏玩家人数与日俱增。网络游戏既有虚拟性又有现实性，两者互相依存。目前，网络游戏的内容大多带有暴力特征，模拟各种战

---

① 硅谷动力：《网络游戏发展史以及其游戏特征和商业模式》，载 http://www.pcgames.com.cn/netgames/yjzh/yjlx/0409/441215_2.html。

争。尽管网络游戏中的这种暴力内容会给青少年造成不良影响，甚至使之形成暴力倾向，导致暴力现实化，但因为网络游戏中的人是虚拟的，本身并不具有生命，所以游戏中的杀人不具有现实意义，不构成刑法评价对象。而网络游戏中的武器装备虽然也是虚拟的，但有一定的现实价值，由此产生了是否受法律保护的问题。

我国首例虚拟财产失窃案发生在北京。2003 年 2 月 7 日，网络游戏玩家李某发现其网络游戏账号中的生化盔甲、腰带等装备丢失，因此而把游戏运营商——北极冰科技发展有限公司（以下简称北极冰公司）——告上法院。李某认为：我丢失的这些装备是财产，是花了很长的时间和精力才获得的。被告作为游戏运营商也公开向玩家销售这种装备。因此，北极冰公司有义务保管玩家的装备。为此，李某提出北极冰公司应赔偿其丢失的各种装备并赔偿精神损失费 10 000 元等诉讼请求。被告北极冰公司认为，游戏装备是一种无形的东西，归根到底它只是服务器里的一组数据。另外，原告作为虚拟物品的玩家，不能够完全地支配这些东西。2003 年 12 月 28 日，北京市朝阳区人民法院对该案作出一审判决，认为：被告与玩家之间是消费者与服务者的关系，适用我国《合同法》和《消费者权益保护法》等法律规定。被告可控制服务器数据，了解玩家活动情况，对玩家有严格的保障义务，因此，被告应对原告的物品丢失承担保障不利的责任。虽虚拟的设备是无形的，又存在于特殊的网络游戏环境中，但玩家参与游戏时获得游戏时间和装备的游戏卡均需以货币购买，所以虚拟装备具有价值含量。据此，北京市朝阳区人民法院判令游戏运营商北极冰公司对李某丢失的装备予以恢复并返还其购买 105 张游戏卡的价款 420 元以及交通费等其他经济损失共计 1 140 元。在这起案件中，虽然没有涉及刑事责任，但法院在判决中确认了网络游戏中的装备具有财产价值。

此后，网络游戏中的虚拟财产进入刑法领域。尤其是在 2006 年，根据《人民法院报》的报道，全国各地宣判了数起虚拟财产盗窃案[①]：

（1）2006 年 11 月，上海市虹口区人民法院以盗窃罪一审判处被告人张某有期徒刑三年，缓刑三年，并处罚金 1 万元。2003 年 11 月，张某根

---

① 参见刘宁：《各地宣判数起虚拟财产盗窃案》，载《人民法院报》，2007 - 01 - 29，3 版。

据上游棋牌天地游戏大厅主页的 IP 地址，在其住处使用电脑连接游戏管理服务器，利用黑客密码破解工具软件，获取了服务器系统管理员的密码。之后，张某在该网站注册了名为漂亮的小蜘蛛、美丽的花孔雀两个系列的 200 个账号，盗取大量互联星空点数和游戏金币出售，共计得款人民币 3 万元。张某又以相同手法盗窃、出售游戏金币，获利 1 000 美元。

（2）2006 年 6 月，浙江省宁波市海曙区人民法院宣判一起盗窃虚拟财产案，法院认定被告人张文（化名）盗窃罪成立，并判处张文有期徒刑一年，缓刑二年，并处罚金 5 000 元。2005 年 2 月，家住宁波市海曙区的张文开始在网上出售某网络游戏的游戏账号，江苏省南通市的申某以 4 800 元的价格购得该账号。申某将 4 800 元打进张文的银行卡里，张文则将游戏账号和密码给了申某。申某拿到游戏账号后没玩几天发现账号被盗，遂向警方报案。警方经过侦查，发现是张文将账号盗走。

（3）2006 年 4 月，广东省首起虚拟财产被盗案在广州市中级人民法院宣判，网络小偷颜某因盗窃他人网络游戏装备，被终审判决单处罚金人民币 5 000 元。2004 年，颜某经短期聘用，成为当年广州网易互动娱乐有限公司《大话西游Ⅱ》2 周年年庆活动的工作人员。他伪造玩家的身份证，将假的身份证复印件传真回广州网易互动娱乐有限公司，以安全码被盗为由，骗取广州网易互动娱乐有限公司修改了那些玩家的安全码，他拿着新的安全码在广州的数个网吧里将那些玩家的"神兽剑精灵、猴精、斩妖剑"等装备分别卖出，获利折合人民币近 4 000 元。

（4）2006 年 6 月，西藏自治区林芝县人民法院对一起网络虚拟财产盗窃案作出一审判决，以盗窃罪判处被告人王某拘役六个月，并处罚金 1 000 元。2005 年 11 月 2 日和 18 日，被告人王某在林芝县八一镇某网吧上网时，趁网吧管理员不注意，窃取了网吧的网址和密码。之后，他用窃取到的网址和密码，打开网吧的销售充值卡网页，先后两次给自己的游戏账号上充值价值 1 900 元的金元宝，并用金元宝购买了游戏卡和游戏装备。

本节所讨论的上海市黄浦区人民检察院诉孟动、何立康网络盗窃案被刊登在

《最高人民法院公报》2006 年第 11 期。可以说，本案是在网络虚拟财产盗窃案中最具权威性的。通过对本案的讨论，从法理上明确虚拟财产的法律性质具有重要意义。

三、虚拟财产的特征

虚拟财产，也称为虚拟物品。关于什么是虚拟财产，存在各种说法，没有权威的定义。网络游戏中实行虚拟的经济模式，要想在其中担当角色，不但要购买相应游戏的点数卡，还要拥有游戏中的虚拟货币。虚拟货币既可通过游戏赢取，也可通过现实的电话、银行卡充值、转账或者现金汇款购买，还可以购买相应的游戏卡充值。虚拟货币在网络上一经充值后一般不能套现，但具有财产价值，是虚拟的财物。我认为，虚拟财产是指网络虚拟社会中存在的财物，它有狭义与广义之分：狭义上的虚拟财产是指在网络游戏中通过在线升级等方式获得的装备、宝物等具有虚拟性的物品。而广义上的虚拟财产除网络游戏中的虚拟物品以外，还包括在网络虚拟社会发行的虚拟货币以及这些虚拟货币可以购买的虚拟物品，例如虚拟的鲜花、宠物等。此外，游戏点卡、QQ 号等与网络有关的衍生工具也应被视为虚拟财产。虚拟财产存在以下特征。

（一）虚拟性

虚拟财产具有虚拟性，是虚拟财产与传统财产的区分。传统财产可以分为有形财产与无形财产。有形与无形，是就财产存在的外在形态而言，即使是无形财产，也必然以某种物质形态而存在。例如电能、燃气等，虽然不具备固体的财产形态，但电能以电流方式存在，燃气以气态方式存在，这些都是可检测的。但虚拟财产是人们根据网络游戏规则而进行的一种拟制。当然，虚拟的武器装备、鲜花等物品，在网络社会里也是以一种电磁形态而存在的，它们与现实物品之间具有观念上的对应关系，但不能像实际占有现实财物一样对这样的虚拟财产进行支配。因此，虚拟财产与无形财产也是不同的。正是这种虚拟性将虚拟财产与传统财产加以区分。

（二）价值性

虽然虚拟财产具有拟制性，但它仍然具有价值性。当然，虚拟财产的价值性不同于传统财产，具有自身的特殊表现方式。例如，网络游戏中的装备不能像真实的装备一样使用，但在游戏中可以使用。网络社会的虚拟货币不能像真实的货币一样可以购买真实的物品，但它在网络社会同样具有可流通性，可以购买虚拟的物品。虚拟财产的这种价值，主要是通过以下两种方式获得的：一是通过货币直接购买。在这种情况下虚拟财产与现实财产具有一定的对应性。二是通过玩家投入大量的时间、精力和金钱在游戏中不断"修炼"而获得。在这种情况下虚拟财产与现实财产的对应关系不是十分明显，但其财产的价值性仍是不可否认的。

（三）支配性

虚拟财产具有虚拟性，但这种虚拟性并不等同于虚无。虚拟财产以电磁记录的方式存在于网络空间，玩家可以通过密码方式控制虚拟财产，对虚拟财产在网络中进行占有、支配和处分；网络游戏运营商也可以控制服务器数据，对虚拟财产进行管理。因此，虚拟财产具有支配性。

四、虚拟财产的认定

在司法实践中，虚拟财产在认定上主要存在以下三个问题。

（一）虚拟货币是否属于虚拟财产

网络游戏中的装备等物品属于典型的虚拟财产，对此一般并不存在争议。但对于虚拟货币是否属于虚拟财产，还存在一些疑问。为方便玩家购买网上收费服务项目，游戏运营商和门户网站等网络企业近年来纷纷推出名称各异的网络虚拟货币。例如据腾讯公司介绍，腾讯公司 Q 币的官方价格为 1 元人民币购买一个 Q 币，网民可通过银行卡、电话银行等多种形式购买并存入对应 QQ 号的个人账户中。Q 币的官方用途为支持 QQ 会员服务、购买 QQ 网络游戏中的虚拟装备、购买 QQ 网络游戏中的游戏币等。根据有关统计，我国互联网已具备每年几十亿元的虚拟货币市场规模，并以每年 15％至 20％的速度增长。为此，很多专门提供虚拟货币例如 Q

币与人民币进行双向兑换的网站开始出现，使 Q 币逐渐成为一种可以流通的等价交换单位。在这种情况下，有关专家开始担忧甚至恐慌：虚拟货币是否会冲击法定货币——人民币——的地位？2007 年年初在成都召开的中国第三届游戏产业年会上，有关专家认为：网络企业可能从一定程度上获得中央银行才拥有的特权——货币发行权，这无疑将引发金融混乱。如果虚拟货币可以与人民币自由兑换，有百害而无一利：一方面，各家互联网公司为了牟取私利扩大发行会造成通货膨胀。另一方面，网络企业将会面临资金链断裂和遭遇恶性挤兑等巨大风险。[①] 在这种情况下，2007 年 2 月 15 日文化部等 14 部委联合出台《关于进一步加强网吧及网络游戏管理工作的通知》，明确禁止虚拟货币交易。该通知规定：网络游戏经营单位发行的虚拟货币不能用于购买实物产品，只能用于购买自身提供的网络游戏等虚拟产品和服务；消费者如需将虚拟货币赎回为法定货币，其金额不得超过原购买金额；严禁倒卖虚拟货币。违反以上规定的，将由中国人民银行按照《中国人民银行法》第 32 条、第 46 条的规定予以处罚。上述规定禁止的是虚拟货币与法定货币之间的兑换，以及虚拟货币对于实物产品的购买功能，但并不禁止在网络空间虚拟货币的交易性。因此，虚拟货币在虚拟社会仍然具有其价值，不能否认虚拟货币是虚拟财产的一种形式。

（二）游戏点卡是否属于虚拟财产

游戏点卡是以电子数据的形式保存的充值卡，它没有实物载体，由销售公司进行在线销售。在司法实践中，盗窃游戏点卡的案件时有发生。

周玮盗窃游戏点卡案

2006 年 4 月 11 日，被告人周玮通过互联网 QQ 即时聊天工具，使用原系北京某科技有限公司上海分公司销售人员焦某使用的 QQ 号，向该 QQ 号好友列表里的网友发送木马程序，此木马程序表现为名为"晶合在线卡最新价格表 .exe"的文件。经销游戏点卡的无锡市志鹏电脑软件经营

---

① 参见肖林、茆琛：《网络虚拟货币带来现实危机，缺乏监管不断扩张》，载 http：//it. people. com. cn/GB/42891/42894/5308758. html。

部（以下简称志鹏经营部）的工作人员陈某在收到该文件后，以为是客户焦某与其联络销售事宜，就把该文件保存在公司的计算机中，由此中了木马病毒。随后，被告人周玮使用灰鸽子远程控制程序登录到该台中了木马病毒的计算机，查得该经营部有"盛大在线按元充值游戏点卡"的库存约50万元和销售账号 WXKR002 等资料。后被告人周玮冒充该经营部工作人员拨打上海盛大网络发展有限公司（以下简称盛大公司）的销售客服电话，骗得客服人员为其提供销售账号"WXKR002"的密码，并在获知密码后立即修改密码为"WXKR002"，后又修改为"tian-shi"。后被告人周玮通过 QQ 号 26654 与网友进行联系，将该账号中的游戏点卡采用由被告人周玮把销售账号和密码告诉网友，由网友自行向游戏玩家的游戏账号内充值等方式，向网友孟某、许某等人进行销售，并约定每从销售账号里充掉 2 000 元的游戏点卡，网友就要向被告人周玮的网上账户汇款人民币 1 300 元。截至 2006 年 4 月 13 日下午账号被封时，销售账号 WXKR002 下共计被充掉面值计 28 万余元的游戏点卡，经鉴定价值人民币 217 649.74 元。被告人周玮亦收到部分网友支付的汇款。案发后，公安机关于 2006 年 4 月 26 日在贵阳市翠微巷 60 号××酒店 210 房间抓获被告人周玮，并从被告人周玮处追缴人民币 72 800 元，发还给被害单位。

　　经过审理，法院认为：被告人周玮以非法占有为目的，秘密窃取他人财物，数额特别巨大，其行为已构成盗窃罪，应当判处 10 年以上有期徒刑。公诉机关指控被告人周玮犯盗窃罪的事实清楚，证据确实充分，适用法律正确，指控罪名成立。被告人周玮曾利用互联网侵犯他人财产被判处拘役，仍不思悔改，又实施利用互联网盗窃他人财产的犯罪行为，酌情从重处罚。被告人周玮归案后能够如实供述主要犯罪事实，当庭自愿认罪，酌情从轻处罚。关于辩护人提出的不应由被告人对全部财产损失承担责任的辩护意见，法院认为，被告人周玮采用把销售账号和密码告诉网友，由网友自行向游戏玩家的游戏账号内充值等方式盗窃游戏点卡，并与网友约定根据充值情况向其支付相应价款，被告人周玮犯罪行为所指向的对象是账号中所有财产价值的游戏点卡，属盗卖行为，因此应当对实际被盗卖出的全部财产数额承担责任，故对该辩护意见不予采信。关于辩护人提出被告人对虚拟财产损失认识不够，网络盗窃社会危害性较小的辩护意见，经查，被告人周玮掌握一定的计算机知识，曾因利用互联网侵犯他人财产被判处刑罚，应当对利用网络犯罪造成他人财产损失的后果有一定认识，其在本案中采用了发送木马程序、侵入他人计算机、骗取密码等手段，并造成被害单位人民币 21 万余元的巨额损失，应当认为社会危害性较大，故辩护人的该辩护意见与事实不符，不予采纳。关于辩护人提出被告人归案后如实供述犯罪事实，犯罪时是在校学生、刚满 18 周岁，建议酌情从轻处罚的辩护意见，经查与事实相符，予以采纳。据此，依照《中华人民共和国刑法》第 264 条、第 287 条、第 55 条第 1 款、第 56 条第 1 款之规定，判决如下：被告人周玮犯盗窃罪，判处有期徒刑 11 年（刑期从判决执行之日起计算。判决执行前先行羁押的，羁押一日折抵刑期一日，即自 2006 年 4 月 26 日起至 2017 年 4 月 25 日止），剥夺政治权利 3 年，并处罚金人民币 2 万元（罚金在本判决生效后 10 日内一次性缴纳）。

对于本案中的游戏点卡的性质，本案的主审法官沈莉波认为：游戏点卡不同于游戏世界中的装备等物，游戏点卡在现实市场中也可以流通，实际上是一种充值卡，与电话充值卡一样。当然，游戏点卡被充入玩家账号后就变成"元宝"，再经过玩家打游戏使其升级，就成为游戏世界中的游戏装备等虚拟财产。但应当界定"虚拟财产"专指游戏世界中的游戏装备等虚拟财产，与现实中以电子数据为表现方式的财产如本案中的游戏点卡区别开来。[1] 在此，沈莉波否认游戏点卡是虚拟财产的主要理由是游戏点卡在现实市场中可以流通，是一种以电子数据为表现方式的财产。这里主要涉及对虚拟财产是作狭义理解还是广义理解。如果作狭义理解，将虚拟财产限制为网络游戏中的装备，那么连虚拟货币也不在虚拟财产之列。若对虚拟财产作广义理解，尽管游戏点卡是以货币兑换而成，但它和虚拟货币一样，具有

---

① 参见沈莉波：《关于被告人周玮网络盗窃案的分析》，载《人民司法·案例版》，2007（1）（下），8 页。

虚拟的存在方式，应当被包括在广义的虚拟财产中。

（三）QQ 号是否属于虚拟财产

QQ 号是一种即时通信服务代码，一般是通过一定的程序向网络运营商免费申请所得。由于 QQ 号的数字吉祥或者申请有难度等原因，在现实生活中就出现了盗卖 QQ 号的案件。

曾智峰盗窃 QQ 号案

2004 年 5 月，曾智峰受聘入职深圳腾讯计算机有限公司，后被安排到该公司安全中心负责系统监控工作。2005 年 3 月初，曾智峰通过购买 QQ 号在网上与无业人员杨医男认识，两人合谋通过窃取他人 QQ 号出售获利。2005 年 3 月至 7 月间，由杨医男将随机选定的他人的 QQ 号通过互联网发给曾智峰。曾智峰私下破解了腾讯公司离职员工柳某的账号密码，利用该账号进入本公司的计算机后台系统，根据杨医男提供的 QQ 号查询该号码的密码保护资料，然后将查询到的资料发回给杨医男，由杨医男将 QQ 号密码保护问题的答案破解，并将 QQ 号的原密码更改后将 QQ 号出售给他人，造成用户无法使用原注册的 QQ 号。经查，两人共计修改密码并卖出 QQ 号约 130 个，获利 61 650 元，其中曾智峰分得 39 100 元，杨医男分得 22 550 元。2005 年 7 月，深圳警方破获此案，并将曾智峰、杨医男抓获。同年 11 月，深圳市南山区人民检察院以盗窃罪将曾、杨两人提起公诉。

在南山区人民法院开庭审理此案时，两被告人对其所为供认不讳，但其辩护律师作了无罪辩护，认为：我国刑法及相关解释规定的财产中并没有包括 QQ 号码，QQ 号码仅仅是网络运营商虚拟出来的，不是现行法律所认定的财物。根据罪刑法定原则，不能对两被告人定罪。

公诉人则认为，QQ 号码是腾讯公司花费了巨额投入开发出的即时通讯工具，既有价值又有所有权，当然属于财产。以盗窃罪追究两被告人的刑事责任，符合我国刑法的规定，是对新型社会关系的保护。

南山区人民法院经审理后认为：QQ 号码是一种即时通信服务代码，

本质上是一种网络服务，并且这种服务自申请 QQ 号码时起通常就是免费的。公诉机关并未提供证据证实本案的 QQ 用户在申请 QQ 号码和实现 QQ 软件功能的过程中是否向腾讯公司支付费用和支付了多少费用，也没有证实 QQ 号码具有法律意义上的经济价值并属于刑法意义上的财物。我国现行的法律法规和司法解释对财物的内涵和外延均有明确的界定，但尚未明文将 QQ 号码等网络账号纳入刑法保护的财产之列。因此，QQ 号码不属于刑法意义上的财产保护对象，公诉机关指控两被告人犯侵犯财产罪的法律依据不充分，法院不予支持。法院同时认为，本案中，无论从腾讯 QQ 软件的主要功能还是本案被害人所感受到的被损害的内容来看，QQ 号码应被认为主要是一种通信工具代码。根据我国刑法第 252 条"隐匿、毁弃或者非法开拆他人信件，侵犯公民通信自由权利，情节严重的，处一年以下有期徒刑或者拘役"的规定，以及全国人大常委会《关于维护互联网安全的决定》第 4 条第 2 项关于"非法截获、篡改、删除他人电子邮件或者其他数据资料，侵犯公民通信自由和通信秘密"依照刑法有关规定追究刑事责任的规定，两被告人篡改了约 130 个 QQ 号码，使原注册的 QQ 用户无法使用本人的 QQ 号与他人联系，造成侵犯他人通信自由的后果，情节严重，其行为构成侵犯通信自由罪，且系共同犯罪。两被告人销赃获利 6 万余元的行为虽不足以构成盗窃罪，但应作为侵犯通信自由罪的量刑情节进行评价，应属违法所得，依法应予追缴。鉴于两被告人在庭审中有一定的悔过表现，量刑时亦酌情考虑。法院遂判处两被告人拘役各 6 个月，并追缴两被告人赃款 61 650 元上交国库。

在该案中，检法两家对于 QQ 号是否属于虚拟财产存在意见分歧。我认为，QQ 号是否属于虚拟财产关键还是在于它是否具有价值性。否认 QQ 号是财产的理由主要在于：QQ 号是免费申请的，也不能证明 QQ 用户在申请 QQ 号码和实现 QQ 软件功能的过程中是否向腾讯公司支付费用和支付了多少费用。在我看来，物品的价值具有相对性，况且一个物品是否具有财产价值，并不在于这种物品的取得是否存在对价，而在于是否能够通过一定方式实现价值。例如毒品，法律禁止流通，其本身是违禁品，对于不吸毒的人来说它是没有价值的，但毒品对于吸毒者来说具有价值，并且私下可以通过非法交易实现其价值。在这种情况下就不能否认毒品是一种财产，盗窃毒品的应以盗窃罪论处。QQ 号的申请是免费的，似乎不具有价值，任何人只要想要都能得到。如果真是这样，那也就不会发生盗卖 QQ 号的案件了。本案被告人盗卖 QQ 号，恰恰说明 QQ 号具有一定财产价值。法院将 QQ 号认定为一种通信工具代码，因而将这种盗卖 QQ 号的行为按照侵犯通信自由罪定罪处罚，我认为并不妥当，因为侵犯通信自由罪的行为对象是信件，而 QQ 号只是一种通信工具代码，无论如何也不可能理解为信件。全国人大常委会《关于维护互联网安全的决定》（2009 年修正）第 4 条第 2 项规定，对非法截获、篡改、删除他人电子邮件或者其他数据资料行为以侵犯通信自由罪论处。在此，电子邮件当然可以理解为信件。其他数据资料也应当是指具有信息传递内容的电子资料，因而具有信件的性质。本案中被告篡改的 QQ 号密码，不应当属于上述决定所规定的其他数据资料。因此，我认为 QQ 号应当属于广义上的虚拟财产。

五、虚拟财产的性质

虚拟财产的性质主要是指虚拟财产是否属于法律上的财产，是否应受刑法保护。换言之，虚拟财产能否在法律上与传统财产等同视之。

关于虚拟财产是否属于法律上的财产，在理论上基本上存在以下两种观点：第一种是否定说。这种观点否认虚拟财产具有财产的性质，主要理由如下：（1）从虚拟财产的存在形式来看，虚拟财产仅是计算机中的一段字符串，不是一个实体的事物，不存在类似于现实财产的价值与使用价值。即使拥有价值，其价值也无法用现实社会中的准绳加以衡量。其完全是虚拟的，如同在比赛中取得的分数，其本身不具有价值。（2）从虚拟财产的来源来看，虚拟财产不是玩家劳动创造的，也不是玩家通过劳动获得的。网络游戏只是一种娱乐休闲活动，而不是经济学意义上产生价值的劳动。（3）虚拟财产没有普遍的价值。对于玩家来说，也许它值千金，但对于不玩的人来说，它一文不值。而且，虚拟物品只在特定的游戏中才有使用价值，离开特定的游戏，同样一文不值。① 第二种是肯定说。这种观点认为虚拟财产具有财产的性质，主要理由如下：（1）虚拟财产主要是通过个人劳动获得的，而且存在财产投入。玩家为了获得虚拟财产，往往通过数百小时乃至数千小时的时间和精力投入，获得虚拟财产所投入的劳动量，丝毫不比现实社会中获得真实财产所投入的劳动量小。同时，在整个游戏过程中，参与者所投入的真实金钱等财产也不可忽视，如所消耗的数千小时的上网费用等。玩家为得到虚拟物品，付出了劳动、时间和金钱，按照价值理论，它应该有价值。（2）虚拟财产可以通过实际购买的方式获得。许多情况下，虚拟财产是网友们花真金白银买来的。在很多游戏网站上，"武器""宝物"等都是明码标价、公开出售的。对于通过真金白银直接购买而来的虚拟财产，其真实价值是不言而喻的。（3）虚拟财产与真实财产之间存在着市场交易。虚拟财产不仅在网络游戏中具有使用价值，而且由于形成了现实需求，已经成为可以交易的一种现实化的商品，其财产价值具有社会真实性。（4）从务实的角度，为了网络游戏的健康发展，保护虚拟财产也是必要的。② 上述两种观点的分歧主要还是围绕狭义上的虚拟财产展开的。至于广义上的虚拟财产，即虚拟货币、游戏点卡等，由于它与真实财产之间的对应关系较为直接，因而并不否认其财产属性。我认为，即使是狭义上的虚拟财产，也应当承认其具有财产属性。

判断虚拟财产到底是不是财产，主要取决于如何看待虚拟财产的价值：如果不具有现实意义上的价值，在法律上就不应当受到保护；如果具有现实意义上的价值，在法律上就应当受到保护。我认为，虚拟财产的价值是不能否认的。即使是狭义上的虚拟财产，如网络游戏中的装备，也是玩家花费了一定的"劳动"而获得的。这里的劳动之所以要打上引号，因为它和现实生活中的劳动形式不同。在现实生活中我们把农民种地、工人做工看作是劳动，在相当长的时间里甚至把知识分子的学术活动都排斥在劳动范畴之外。现在已经承认知识分子也是劳动者，创造知识

---

① 参见陈敏建、尚民龙：《虚拟财产的法律性质辨析》，载 http：//article. chinalawinfo. com/article/user/article _ display. asp? ArticleID＝25994。

② 参见汪琳：《徘徊在虚拟与现实之间的艰难选择——对虚拟财产的法律保护》，载 http：//article. china-law-info. com/article/user/article _ display. asp? ArticleID＝33438。

的活动同样是劳动，因而劳动的范围有所扩大。其实，劳动本身就可以分为体力劳动与脑力劳动。劳动的本质特征是可以创造价值，就此而言脑力劳动创造的价值甚至大于体力劳动创造的价值。至于网络游戏，其本身是一种娱乐活动。在一般情况下，娱乐活动是不能被视为劳动的，它是一种消费。但娱乐本身具有两重性，卡拉OK 式的自娱自乐当然是一种消费而非劳动，但专业演员的演唱就是一种劳动。在网络游戏中，由于已经形成一个产业，大量专业运营商专门打造网络游戏中的高级武器装备，然后明码标价卖给玩家牟利。在这种情况下，网络游戏中的装备已经成为一种商品，其价值是客观存在的。至于玩家通过自己的游戏活动获得的装备，虽然游戏本身并非为牟利，但其是玩家在投入了大量的时间和金钱以后获得的，这些装备中包括了某种物化的价值。

　　如上所述，虚拟财产可以在法律上界定为财产，但对这种虚拟财产如何进行法律保护，是在网络社会中法律面临的一个挑战。在刑法中，对于盗窃虚拟财产的行为能否按照盗窃罪定罪处罚，就涉及能否将虚拟财产解释为侵犯财产罪中的财物的问题。刑法将侵犯财产所有权的行为规定为犯罪，是对财产的一种刑法保护。随着人类社会的进步、生产力的发展，作为侵犯财产罪的客体的财物，存在一个嬗变的过程。最初的财物是生活中的物品，它作为侵害财产罪的客体是不言而喻的。例如我国《唐律》中规定的强盗罪、窃盗罪的客体都是财，对于这里的财，《疏议》并未专门加以解释。这并非一种疏忽，而是认为根本没有解释的必要。但到了 19 世纪末期以后，能源进入人类的生活，这些能源包括电能、热能、磁能、核能、煤气、天然气、太阳能、风能等。这些能源和传统的财物相比，有一个最大的特征就是其无形性：既非固体，亦非液体。传统的财物是有形物，而这些能源是无形物，这些无形物能否被解释为侵犯财产罪中的财物呢？民法上最初是将财物限于有体物的，例如《日本民法典》第 85 条就规定："所谓物是指有体物。"由此出发引申出刑法上关于财物的有体性说，该说认为刑法上的财物仅指有体物，但有体物不以固体为限，还包括液体和气体。如盗取煤气、蒸汽和冷气，就可能构成盗窃罪。但电力以及其他无形的能量就不能包含在财物之中。在日本刑法学界，尽管有少数学者坚持有体性说，但大多数学者都放弃了有体性说，转而主张管理可能性说，即只要是能够加以管理的东西，无论是否有体，都可以被视为刑法上的财物。例如日本学者大塚仁教授指出：虽然有体性说存在能够明确划定财物的范围之有利处，但是，在今日的社会观念中，有必要把对能量这种无体物的侵害作为对财产的侵害，针对其采取刑法的保护。大塚仁教授还认为，民法中物的定义，当然也值得刑法学上加以考虑，但是，刑法学的概念不少需要从刑法学独自的角度来论定。正是在这个意义上，大塚仁教授主张管理可能性说。① 在我国，虽然刑法规定侵犯财产罪的客体是财物，但司法解释对财物的理解是包括无形财物的。例如，最高人民法院、最高人民检察院 1992 年《关于办理盗窃案件具体应用法律若干问题的解释》（已失效）规定："盗窃的公私财物，既指有形财物，也包括电力、煤气、天然气、重要技术成果等无形财物。"这里就出现了有形财物与无形财物的提法，并且将无形财物规定为盗窃罪的客体。尤其是我国刑法第 265 条将复制他人电信码号的行为规定依照盗窃罪定罪处罚。这里的电信码号是广义的，包括电话磁卡、长途电话账号和移动通信码号，如移动电话号的出厂号码、电话号码、用户密码。这种电信码号是一种无形物②，刑法第 265 条的规定是从立法上将电信码号这种无形物在立法上确认为盗窃罪的客体。因此，在我国的立法上与司法实践中，无形物都是可以成为盗窃罪的客体的。

就虚拟财产而言，它是一种无形物③，这种无形物能否被解释为盗窃罪中的财物？在孟动盗窃案中，上海市黄浦区人民法院的判决作出肯定的回答。在裁判理由中，上海市黄浦区人民法院指出：

> Q 币和游戏点卡是腾讯公司、网易公司在网上发行的虚拟货币和票
> 证，是网络环境中的虚拟财产。用户以支付真实货币的方式购买 Q 币和

---

① 参见［日］大塚仁：《刑法概说（各论）（第三版）》，冯军译，175 页，北京，中国人民大学出版社，2003。

② 参见董玉庭：《盗窃罪研究》，43 页，北京，中国检察出版社，2002。

③ 关于虚拟财产的法律属性，存在物权说、债权说、无形（体）财产说、智力成果说、物权债权双重属性说等观点。我国学者认为，无形财产说和物权债权双重属性说分别从静态与动态描述了虚拟财产作为权利客体的属性。参见叶慧娟：《网络虚拟财产的刑法定位》，载《东方法学》，2008（3），98～99 页。

游戏点卡后，就能得到发行 Q 币和游戏点卡的网络公司提供的等值网上服务，因此，Q 币和游戏点卡体现着网络公司提供网络服务的劳动价值。被害单位茂立公司是 Q 币和游戏点卡的代理销售商，按照合同约定的折扣，通过支付真实货币，从腾讯公司、网易公司得到 Q 币和游戏点卡。茂立公司付出对价后得到的 Q 币和游戏点卡，不仅是网络环境中的虚拟财产，也代表着茂立公司在现实生活中实际享有的财产，应当受刑法保护。①

这一判决主要是从 Q 币和游戏点卡具有劳动价值的角度论证其应受刑法保护的。该案涉及的被盗物品只是 Q 币和游戏点卡，而没有涉及网络游戏中的装备等狭义上的虚拟财产，那么，盗窃网络游戏中的装备等狭义上的虚拟财产，能否按照盗窃罪定罪处罚呢？这里主要涉及虚拟财产的价值计算问题。我国刑法规定的盗窃罪是数额犯，以一定的数额作为定罪量刑的标准。孟动盗窃案的审判长沈能平、法官朱铁军在论及该案盗窃数额的确定时指出：

这些以电磁记录为载体表现出来的虚拟物品，理论上将其称为虚拟财产。其主要是网络游戏玩家通过申请游戏账号、购买游戏点卡、在线升级等手段获得的货币、武器、装备等。从其来源形式看，主要为：一是玩家投入大量的时间、精力和金钱在游戏中不停"修炼"获得；二是玩家用现实货币购买获得。对于这些虚拟财产能否受法律保护，如其能否成为盗窃罪的犯罪对象，理论界与实务界存在较大的争议。反对论者持有的一个重要的理由在于虚拟财产的价值难以确定。应该指出，因玩家自身"修炼"而获得的虚拟财产的价值的确很难确定，但通过交易方式取得的虚拟财产的价值则是可以衡量的。网络游戏中虚拟财产的交易，从交易主体看，有玩家之间的交易、玩家与运营商之间的交易、代理商与运营商之间的交易、代理商之间的交易等，这些交易是一种民事上的买卖行为。交易中的

---

① 最高人民法院编：《中华人民共和国最高人民法院公报》，2006（11），38 页。

一方交钱，另一方交货。在这一情形下，虚拟财产就具备用价格衡量的交换价值。①

在上述论述中，作者将虚拟财产分为"修炼"所得和交易所得，认为交易所得的虚拟财产的价值是可以衡量的，即以购入价作为盗窃数额，"修炼"所得的虚拟财产的价值则很难确定。我认为"修炼"所得的虚拟财产的价值应以交易价作为确定标准。例如网络游戏中一件装备在网上交易价是 8 000 元，甲和乙都持有这样一件装备，甲是自己"修炼"所得，乙是花 8 000 元购买所得。在这种情况下，如果丙同时盗窃甲和乙的装备，都应当以交易价 8 000 元确定装备的财产数额，而不以甲"修炼"实际投入的财产作为确定数额的标准。因此，虚拟财产的价值是可以确定的，无论是狭义的虚拟财产还是广义的虚拟财产，都可以成为盗窃罪的客体。

六、走向电磁数据保护的司法径路

2009 年 2 月 28 日全国人大常委会颁布了《刑法修正案（七）》，增加了第 285 条第 2 款，设立了非法获取计算机信息系统数据罪，该罪是指违反国家规定，侵入第 1 款规定以外的计算机信息系统或者采用其他技术手段，获取该计算机信息系统中存储、处理或者传输的数据，情节严重的行为。该罪的行为是获取，而客体是计算机信息系统中的数据。立法机关将这里的获取明确解释为盗窃和诈骗，指出：获取包括从他人计算机信息系统中窃取，如直接侵入他人计算机信息系统，秘密复制他人存储的信息；也包括骗取，如设立假冒网站，在受骗用户登录时，要求用户输入账号、密码等信息。② 在非法获取计算机信息系统数据罪设立以后就涉及一个问题，即该数据是否包括以电磁数据形式为载体的虚拟财产。对于虚拟财产的刑

---

① 沈能平、朱铁军：《网络盗窃中电子证据效力和盗窃数额的认定》，载《人民司法·案件版》，2007（1），6 页。

② 参见郎胜主编：《中华人民共和国刑法释义（第六版·根据刑法修正案九最新修订）》，490 页，北京，法律出版社，2015。

法保护采取财产化保护的路径还是电磁数据保护的路径，就成为一个值得深思的问题。

　　这里首先涉及的是盗窃罪以及其他财产犯罪与非法获取计算机信息系统数据罪之间的关系问题。在《刑法修正案（七）》设立了非法获取计算机信息系统数据罪以后，对于窃取虚拟财产的行为如何定罪，我国学者刘明祥教授归纳了以下四种不同观点：第一种观点是以非法获取计算机信息系统数据罪论处，认为《刑法修正案（七）》生效后，凡是侵入计算机信息系统，非法获取其中储存、处理或者传输的数据且情节严重的，无论该电子数据是否具有财产属性、是否属于值得刑法保护的虚拟财产，都不应再以盗窃罪论处。第二种观点是以盗窃罪论处，认为《刑法修正案（七）》增设非法获取计算机信息系统数据罪，主要针对的是网络安全秩序，所以，非法获取虚拟财产以外的其他计算机信息系统数据的行为，应按此罪处罚。但是，以盗窃方式获取虚拟财产这种类型的电子数据，主要针对的是虚拟财产所有者的财产权益，因此应认定为盗窃罪。第三种观点认为，盗窃网络游戏虚拟财产构成犯罪的，同时触犯盗窃罪与非法获取计算机信息系统数据罪两个罪名，属于想象竞合，可择一重罪处断。第四种观点认为，行为人实施盗窃虚拟财产的行为，必然要利用计算机网络系统，将不可避免地发生牵连犯罪的情况，同时触犯盗窃罪、非法侵入计算机信息系统罪、非法获取计算机信息系统数据罪等罪，一般应从一重罪处罚。而刘明祥教授则提出了第五种观点，认为：在盗窃罪与非法获取计算机信息系统数据罪之间确实存在竞合关系，但不是想象竞合而是法条竞合。即使假设窃取网络游戏虚拟财产触犯的非法获取计算机信息系统数据罪还与盗窃罪之间存在竞合关系，那也只可能是法条竞合即特别法条与普通法条相竞合的关系。根据特别法优于普通法的原则，适用特别法条，即适用非法获取计算信息系统数据罪（第 285 条第 2 款）定罪处罚。① 在以上五种观点中，对于窃取虚拟财产只能定盗窃罪或者不能定盗窃罪这两种观点，是基于对虚拟财产的性质的不同理解，即只有财产性或者只有数据性，因而得出了非此即彼的结论。实际上，虚拟财产同时具有财产性与数据

----

① 参见刘明祥：《窃取网络虚拟财产行为定性探究》，载《法学》，2016（1）。

性，因此，应当承认在盗窃罪与非法获取计算机信息系统数据罪之间存在竞合关系。

那么，这种竞合是想象竞合还是法条竞合？我赞同这是一种想象竞合的观点。因为想象竞合与法条竞合都具有竞合性，只是竞合的根据不同而已：想象竞合是犯罪的竞合，具有事实竞合的属性；而法条竞合是构成要件的竞合，具有规范竞合的属性。在盗窃虚拟财产的情况下，该行为同时符合盗窃罪的构成要件（虚拟财产具有财物属性）和非法获取计算机信息系统数据罪的构成要件（虚拟财产以电磁数据为载体），因此，具有竞合关系，是不言而喻的。至于究竟是想象竞合还是法条竞合，主要取决于盗窃罪的构成要件与非法获取计算机信息系统数据罪的构成要件是否存在逻辑上的重合或者交叉关系。应该说，盗窃罪与非法获取计算机信息系统数据罪之间的竞合，主要还是基于特定的行为事实而产生的。因此，认定为想象竞合更为合适。根据想象竞合理论，对此应当采用从一重断的原则。在盗窃罪和非法获取计算机信息系统数据罪这两个犯罪中，盗窃罪是重罪，因此应以盗窃罪论处。应当指出，对于想象竞合采取从一重罪处断而不是采取从一轻罪处断，似乎是对被告人不利的一种处断原则。确实，以轻罪与重罪而论，处以重罪而非轻罪，对于被告人是不利的。但在一行为符合数个构成要件的情况下，以一罪论处而不以数罪论处，又是有利于被告人的处断原则。

至于牵连犯的观点，关键在于如何看待侵入行为：如果侵入计算机信息系统是一种独立的构成要件行为，构成独立犯罪，则侵入计算机信息系统罪与盗窃罪之间具有两个犯罪行为，确实存在牵连关系。但从法条表述来看，侵入只是与其他技术手段相并列的获取该计算机信息系统数据行为的一种方法，而不是与获取该计算机信息系统数据行为相并列的一种构成要件行为，因此，不能认为在盗窃罪与获取计算机信息系统数据罪之间存在牵连关系，属于牵连犯。

尽管对于虚拟财产是作为财产予以保护还是作为电磁数据予以保护，在刑法理论上存在争议，但此后出台的最高人民法院研究室《关于利用计算机窃取他人游戏币非法销售获利如何定性问题的研究意见》（以下简称《窃取游戏币定性意见》）确定了作为电磁数据予以保护的司法路径，在一定程度上阻断了这些年来我国司法机关将虚拟财产作为财物保护的进路。该意见来自周某盗窃游戏币案，该案中关于定罪存在两种意见：多数意见认为被告人周某的行为构成盗窃罪；少数意见认为被告人周某的行为构成非法获取计算机信息系统数据罪。2010 年 10 月，有关部门就利用计算机窃取他人游戏币非法销售获利如何定罪问题征求最高人民法院研究室意见，研究室经研究认为：利用计算机窃取他人游戏币非法销售获利行为目前宜以非法获取计算机信息系统数据罪定罪处罚。

在解读该意见时，最高人民法院研究室有关人士指出：

以被告人周某盗窃网络虚拟财产案为例，最高人民法院研究室认为，利用计算机窃取他人游戏币非法销售获利行为目前宜以非法获取计算机信息系统数据罪定罪处罚。主要考虑如下：

（1）虚拟财产不是财产。包括虚拟货币在内的虚拟财产不是财物，而刑法第二百六十四条明确规定"盗窃公私财物的"才构成盗窃罪，因此，盗窃虚拟财产的行为不构成盗窃罪。

（2）虚拟财产的法律属性是计算机信息系统数据。虚拟财产不是财物，本质上是电磁记录，是电子数据。这是虚拟财产的物理属性。这种电磁记录、电子数据在刑法上的法律属性是计算机信息系统数据，故而，盗窃虚拟财产的行为应当适用非法获取计算机信息系统数据罪。

（3）对盗窃网络虚拟财产的行为适用盗窃罪会带来一系列棘手问题。如果承认了非法获取虚拟财产的行为构成盗窃罪，等于承认了虚拟财产的价值，最为困难的一个问题就是价格鉴定问题。

（4）对盗窃网络游戏虚拟货币的行为适用非法获取计算机信息系统数据罪，符合罪责刑相适应原则。

（5）不承认虚拟财产的财产属性符合世界惯例。

综上所述，对盗窃网络游戏虚拟货币的行为应以非法获取计算机信息系统数据罪定罪量刑。本案中，被告人周某通过控制他人计算机信息系统，进而非法获取他人网络游戏虚拟货币，对其应以非法获取计算机信息系统数据罪定罪量刑。①

上述意见尽管不是严格意义上的司法解释，但它确实代表了准官方的立场。从该意见可以明显地看出对虚拟财产的保护偏向于电磁数据的司法进路。在该意见出台以后，各地司法机关对盗窃虚拟财产的案件，不再按照盗窃罪定罪处罚，而是认定为非法获取计算机信息系统数据罪。在此，岳增伟案就是一个典型的案例。②

2012 年 10 月至 2013 年 4 月，被告人岳曾伟伙同王某，在泗洪县开设的游戏工作室内，雇用了被告人张高榕、陈奕达、谢云龙等十余人。岳曾伟伙同王某先后多次按一个游戏账号及密码以 5.5～7 元不等的价格从张某处购得 8.2 万余个游戏账号及密码，然后指使张高榕、谢云龙、陈奕达等人使用购得的账号及密码进入游戏操作系统，窃得账号内的游戏金币 7.9 亿余个，再通过 "5173" 网络游戏交易平台等方式以 1 万个游戏金币 9～16 元不等的价格进行销售。根据已查获的 "5173" 网络游戏交易平台记录，被告人岳曾伟等人得款 72 万余元。其中，张高榕、谢云龙负责从账号内盗取游戏金币，张高榕亦负责对岳曾伟所雇人员进行考勤，二人分别从岳曾伟处得报酬 1.1 万元和 6 000 元；陈奕达负责在 "5173" 网络游戏交易平台上出售游戏金币，从岳曾伟处得报酬 1.3 万元。被告人岳曾伟、张高榕、谢云龙、陈奕达到案后如实供述上述犯罪事实，并分别退出违法所得 2 万元、1.1 万元、6 000 元和 1.3 万元。

江苏省泗洪县人民检察院以盗窃罪提起公诉。

江苏省泗洪县人民法院经审理认为：被告人岳曾伟、张高榕、谢云龙、陈奕达明知是非法获取计算机信息系统数据犯罪所获取的数据而予以收购，后利用该数据非法获利 72 万余元，情节严重，其行为已构成掩饰、隐瞒犯罪所得罪。

---

① 喻海松：《最高人民法院研究室关于利用计算机窃取他人游戏币非法销售获利如何定性问题的研究意见》，载张军主编：《司法研究与指导》，2012 年第 2 辑（总第 2 辑），北京，人民法院出版社，2012。

② 参见 http://pkulaw.cn/case_es/pfnl_1970324840973416.html? match＝Exact。

一审判决后，江苏省泗洪县人民检察院提出抗诉，江苏省宿迁市人民检察院支持抗诉。泗洪县人民检察院抗诉认为：原审被告人岳曾伟等人通过购买他人非法取得的计算机信息系统数据，然后登录他人游戏空间窃取游戏金币，其收购他人非法取得的计算机信息系统数据的行为系手段行为，其窃取他人游戏空间内金币的行为系目的行为，应以其目的行为论罪。此外，由于网络游戏中的金币既属于计算机信息系统数据，又具有财物的性质，可以成为盗窃罪的犯罪对象，故原审被告人岳曾伟等人的行为同时构成盗窃罪和非法获取计算机信息系统数据罪，应择一重罪处罚。原审被告人岳曾伟等人盗窃财物 72 万余元，数额特别巨大，以盗窃罪论处较论以非法获取计算机信息系统数据罪重，因此本案应以盗窃罪对原审被告人岳曾伟等人定罪处罚。江苏省宿迁市人民检察院认为：原审被告人岳曾伟等人的主观目的是窃取游戏金币，主要犯罪行为是登录其他玩家游戏账号并窃取大量游戏金币，因游戏金币属于虚拟财产，其法律属性为计算机信息系统数据，故对原审被告人岳曾伟等人的行为应当以非法获取计算机信息系统数据罪追究其刑事责任。

江苏省宿迁市中级人民法院经审理认为，原审被告人岳曾伟、张高榕、陈奕达、谢云龙等人利用购得的账号、密码，侵入他人计算机信息系统获取数据，其行为均已构成非法获取计算机信息系统数据罪，且属情节特别严重。原审被告人岳曾伟等人窃得的他人游戏账号内的游戏金币属网络游戏中的虚拟财产，其法律属性是计算机信息系统数据，将游戏金币解释为盗窃罪的犯罪对象——公私财物——缺乏法律依据，故泗洪县人民检察院提出的该抗诉意见不能成立，江苏省宿迁市人民检察院提出的抗诉意见成立。原审被告人曾跃伟等人的犯罪目的是盗售他人游戏金币牟利，其实施的主要犯罪行为亦是肆意侵入他人计算机信息系统，窃取游戏金币并出售，并不仅是收购游戏账号、密码的行为，根据主客观相一致原则，原审被告人岳曾伟等人的行为应构成非法获取计算机信息系统数据罪。原审法院认定原审被告人岳曾伟等人的行为构成掩饰、隐瞒犯罪所得罪，未能全面评价原审被告人岳曾伟等人所实施的犯罪行为，亦与原审被告人岳曾伟等人犯罪意图不符。鉴于本案中非法获取计算机信息系统数据罪和掩饰、隐瞒犯罪所得罪的法定刑幅度相同，原审法院所处刑罚与各原审被告人的犯罪事实、情节以及对社会的危害程度能够相符，各原审被告人亦无异议，对原审法院的量刑可不予调整。遂据此判决：撤销泗洪县人民法院（2013）洪刑初字第 0698 号刑事判决；以非法获取计算机信息系统数据罪判处原审被告人岳曾伟有期徒刑 5 年，并处罚金 5 万元；以非法获取计算机信息系统数据罪判处原审被告人张高榕有期徒刑 2 年，缓刑 3 年，并处罚金 2 万元；以非法获取计算机信息系统数据罪判处原审被告人陈奕达有期徒刑 2 年，缓刑 3 年，并处罚金 2 万元；以非法获取计算机信息系统数据罪判处原审被告人谢云龙有期徒刑 1 年 6 个月，缓刑 2 年，并处罚金 1万元；退出的违法所得予以没收。

本案的裁判理由认为：从物理属性上分析，虚拟财产在物质形态上是磁信息。虚拟财产系一定虚拟环境的产物，而虚拟环境为计算机环境，因此，虚拟财产是一种包含特定信息的电磁记录。而（服务商）客户端技术将虚拟财产分为三个层次：物理层、数据层、应用层。物理层即虚拟财产只是存储在游戏服务器上的电磁记录；数据层即装备对应的数据代码所处的层面，通过解释物理层来获得数据意义；应用层，即虚拟财产图像的可感知和应用形式层面。所以虚拟财产本身不过是一组数据、电磁信息，这些数据本质上是光电物质媒介所支撑的数据，从而形成一定的图像或者应用形式，满足玩家的特定需要、精神上的娱乐或者物质上的追求。

本案的裁判理由指出：盗窃虚拟财产的行为不应认定为盗窃罪，主要基于以下理由：一是虚拟财产不具有法律意义上的财产属性。虚拟财产不具有法律财产中管理、自由交易的可能性，也不能独立地存在。网络财产的虚拟性表现为虚拟财产依赖于网络而生，依附于网络环境，行为人盗窃的是代码，脱离网络环境并不存在。其次，虚拟财产存在的期限是由网络运营商决定的，期限的长短完全取决于游戏服务经营状况，并非像现实财产那样存在一个自然消亡的过程。二是以盗窃罪认定也存在法律障碍。虚拟财产保护的第一重困境即虚拟财产的价值和价格难以确定。财产的本质属性在于它的价值性，价值通过使用价值来体现，以交换价值来衡量。虚拟财产的价值不仅难以被普遍接受，而且难以流通。三是适用非法获取计算机信息系统数据罪更有利于保护网络环境。因盗窃罪仅仅将造成的损害后果局限于财产损失，而盗窃虚拟财产更多地影响个人计算机信息系统的正常运转，即使财产损失有限或者行为人并没有获利，只要侵害了计算机信息系统功能的安全，也仍然可以定罪处理。

本案的裁判理由对虚拟财产所进行的否定性论证具有典型意义。在本案中，检察机关认为被告人的行为是盗窃罪和非法获取计算机信息系统数据罪的想象竞合，应当以一重罪从重处罚，因此，应当认定为盗窃罪。而法院认为虚拟财产只是一种电磁数据，对于盗窃虚拟财产的行为，应当认定为非法获取计算机信息系统数据罪。显然，法院判决在很大程度上受到前述《窃取游戏币定性意见》的影响，尽管该意见不是一种正式的司法解释。

本案明确将盗窃虚拟财产的行为认定为非法获取计算机信息系统数据罪。应该说，在物理上虚拟财产属于计算机信息系统数据，这是没有问题的。关键在于，虚拟财产是否具有财产属性以及对这种财产价值是否应当予以优先保护。事实上，刑法对某种法益的保护，是存在多种路径的，因为法益本身就具有多种属性，而且如上所述，保护法益存在某种交集与重合。在这种情况下，基于法益位阶性的原则，对法益保护的优先性进行顺序排列。这一原理，对于刑法是将虚拟财产作为财产加以保护还是作为电子数据进行保护的问题具有重要参考价值。确实，在虚拟财产具有财物性与数据性的情况下，同时符合侵犯财产犯罪与非法获取计算机信息系统数据罪的构成要件。换言之，在这种情况下，即使是认定为非法获取计算机信息系统数据罪，也能够对虚拟财产予以周延的刑法保护，为什么还要以侵犯财产犯罪论处？我认为，这个问题并不难回答。因为电磁数据是虚拟财产的载体，所以窃取或者以其他方式非法占有虚拟财产的行为必然同时具有非法获取计算机信息系统数据的性质。在这种想象竞合的情况下，以其中的重罪处断是符合法理的，同时也符合最大限度的法益保护原则。

为了确定虚拟财产的法律属性，从而论证虚拟财产属于侵犯财产犯罪的保护法益，我认为需要对虚拟财产的财物属性与数据属性进行深入分析。

虚拟财产具有对网络的依附性，这也是在讨论虚拟财产是否可以成为侵犯财产犯罪保护法益的时候，否定论者经常提到的一个理由。例如，在前述《窃取游戏币定性意见》中就认为："网络财产的虚拟性表现为虚拟财产依赖于网络而生，依附于网络环境，行为人盗窃的是代码，脱离网络环境并不存在。"我认为，虚拟财产的网络依附性涉及的是如何理解其物的属性问题，包括物的独立性以及存在方式问题。无疑，最初的有体物是独立存在的，在有体物的情况下，物的载体与价值是完全同一的。例如，一把菜刀，其物理存在与使用价值高度合一。而无体物则有所不同，以电为例：电能本身是无体的，电的存在需要一定的容器或者载体，例如电线。当线路通电的时候，电是依附于线路而存在的。在这种情况下，电能的价值与电线并不同一。此外，一本书的价值并不表现在这本书的纸张上，而是体现在这本书的内容上。对于这本书就不能按照纸张的财产价值进行保护，而是应当按照该书内容的价值加以保护。在这种情况下，我们不能因为电能具有对电线的依附性或者知识具有对于纸张的依附性而否定其具有财产属性。对于虚拟财产也应当作如是观：虚拟财产作为一种财物，是以电磁数据形式存在的，并且存在于网络空间，具有对网络的依附性。但这种依附性并不能否定虚拟财产所具有的独立性，否则，虚拟财产就不是真实的存在而只是网络的虚拟。

　　虚拟财产对网络空间的依附性表明虚拟财产不能脱离网络空间而存在，其价值只有在网络空间才具有意义。正如我国学者指出：

　　　　网络空间是数字化的社会空间，而存在于特定网络空间的虚拟财产是特定的信息的载体，它是客观存的，而不是虚幻、假象的。虽然虚拟财产是感观无法确定的数据，但网络用户可以通过对自己的账号设置密码来防止他人对自己的资料进行修改、增删，也可以通过一定的程序对虚拟财产进行买卖、使用、消费，并根据市场供求状况确定其价值；运营商也可以依据协议对其进行保管，在有效的运营期间具有同一性，说明虚拟财产具有一般社会观念或经济观念中的特定性。[①]

---

　　① 林旭霞：《虚拟财产权研究》，79 页，北京，法律出版社，2010。

其实，任何财物都是具有一定的时间与空间限制的，并不存在超越时空的财物。虚拟财产是网络的衍生物，只能在网络环境内存在，其价值也主要体现在网络空间。尤其是，某些虚拟财产是网络公司基于一定运营目的而出品或者发行的，而且用户只有使用权并没有所有权。例如，腾讯公司出品的 QQ 号就是如此，腾讯公司明确规定："QQ 账号的所有权归腾讯，用户完成注册申请手续后，获得 QQ 账号的使用权。"而且，如果用户长期不使用 QQ 号，腾讯公司还有权收回。但这些对 QQ 号的限制性条件都不足以成为否定 QQ 号具有财物属性的理由。在所有权与使用权分离的情况下，使用人与 QQ 号之间存在占有关系，并且基于这种占有关系而享有其权益。而窃取 QQ 号的行为明显侵犯了占有人对 QQ 号的权益，具有侵犯财产犯罪的性质，这是没有问题的。至于腾讯公司发行的 Q 币等所谓虚拟货币，并不能在现实社会使用，只能在网络空间流通，但这不妨碍 Q 币在网络空间所具有的财物价值。而且，即使腾讯公司具有无限量发行 Q 币和宣布 Q 币作废的权利，也不影响 Q 币在其流通期间所具有的财物价值。即使是真实货币，央行不也还是有宣布作废的权力？任何事物的存在都是在一定时间与空间内的相对存在，而不是永恒存在，虚拟财产对网络的依附性正是其相对性的表现之所在。我国学者在论及虚拟财产的物的属性时指出："物的独立性并非仅指物理意义上的独立，更重要的是是否有独立的价值或者交换价值，能否成为独立的交易对象以及能否把交易部分标示出来。这点在虚拟财产的现实交易中已经不被怀疑。而自身存续时间的长短并非某一客体能否成为物的判断标准。因此，网络虚拟财产本身所特有的期限性只能说明物权内容及物权客体的多样化，而不足以否认其物的属性。"[1] 因此，我们不能以虚拟财产具有对网络的依附性而否定其独立性，由此否定虚拟财产的财物属性。

七、结语

网络虚拟财产盗窃案是现实生活中出现的一种新型的犯罪类型，刑法如何对此

---

[1] 林旭霞：《虚拟财产权研究》，80 页，北京，法律出版社，2010。

作出反应，是一个值得研究的问题。在处理网络虚拟财产盗窃案时，我认为首先要考虑能否通过法律解释方法将虚拟财产涵括在盗窃罪的客体——财物这一概念之内。如果答案是肯定的，则不能认为盗窃虚拟财产的行为是法无明文规定的，而且没有必要对盗窃虚拟财产的行为另设罪名。

第 3 节　窃取被司法机关扣押的本人财物行为之定性研究

案名：陆惠忠非法处置扣押的财产案　王彬故意伤害案　叶文言盗窃案
主题：盗窃罪　本权说　占有说　非法处置扣押的财产罪

盗窃犯罪是司法实践中常见多发的犯罪，在关于盗窃罪的司法认定中存在一些较为特殊的问题，给司法机关的定罪量刑活动带来一定困难。窃取被司法机关扣押的本人财物的行为如何定性，就是这样一个疑难问题。本节拟结合陆惠忠非法处置扣押的财产案（以下简称陆惠忠案）、王彬故意伤害案（以下简称王彬案）与叶文言盗窃案[①]加以研究。

一、案情及诉讼过程

（一）陆惠忠案

被告人陆惠忠与刘敏原系夫妻关系。2005 年 2 月 21 日，江苏省无锡高新技术产业开发区人民法院（以下简称开发区人民法院）受理了谢某与陆惠忠买卖纠纷一案。同年 3 月 28 日，开发区人民法院作出（2005）新民二初字第 0096 号民事判决，判决被告人陆惠忠于判决发生法律效力之日起 10 日内给付谢某货款人民币 2.5 万元，并承担诉讼费用。

---

① 陆惠忠案刊载于最高人民法院编：《刑事审判参考》，第 51 集，北京，法律出版社，2006；王彬案刊载于最高人民法院编：《刑事审判参考》，第 16 辑，北京，法律出版社，2001；叶文言案刊载于最高人民法院编：《刑事审判参考》，第 43 集，北京，法律出版社，2005。

在诉讼期间，被告人陆惠忠与刘敏协议离婚，约定所有财产归刘敏所有（财产中包括登记在陆惠忠名下的号牌为苏 BB 91××的起亚牌轿车 1 辆，但双方约定陆惠忠仍享有对该车的使用权，且离婚后，二人并未至车辆管理部门办理车辆登记变更手续），所有债务由陆惠忠负责偿还。

　　因被告人陆惠忠未在判决确定的履行期内支付货款，2005 年 4 月 29 日，谢某向开发区人民法院申请强制执行。同年 4 月 30 日，开发区人民法院向陆惠忠发出执行令。5 月 10 日上午，开发区人民法院依法裁定扣押了陆惠忠所有的起亚牌轿车（号牌为苏 BB 91××），并加贴封条后将该车停放于开发区人民法院停车场。当天下午 2 时许，陆惠忠得知其汽车被法院扣押，即让刘敏以汽车归其所有为由去法院交涉。在得知若陆惠忠不履行判决确定的付款义务，法院将依法拍卖该车的信息后，刘敏即唆使陆惠忠将汽车开回来。当天下午 5 时许，陆惠忠至开发区人民法院停车场，乘无人之机，擅自撕毁汽车上的封条，将已被依法扣押的起亚牌轿车开走，并将该车藏匿于无锡市新区坊前镇××宾馆停车场内。

　　无锡市南长区人民法院认为：被告人陆惠忠在被告人刘敏的教唆下擅自转移、隐藏已被司法机关依法扣押的财产，情节严重，其行为已构成非法处置扣押的财产罪。被告人刘敏教唆他人犯罪，其行为亦构成非法处置扣押的财产罪，应当按照其在共同犯罪中所起的作用处罚。对于辩护人提出的不能认定陆惠忠的行为属情节严重的意见，法院认为，被告人陆惠忠在人民法院依法扣押其轿车后，擅自转移、隐藏该汽车，其非法处置的行为，已给法院正常的执行工作带来恶劣影响，属情节严重，故对此辩护意见不予采纳。根据两被告人的犯罪事实、情节和认罪态度，依照《中华人民共和国刑法》第 314 条、第 25 条第 1 款、第 29 条第 1 款、第 72 条第 1 款之规定，于 2005 年 9 月 29 日判决如下：（1）被告人陆惠忠犯非法处置扣押的财产罪，判处有期徒刑 1 年。（2）被告人刘敏犯非法处置扣押的财产罪，判处有期徒刑 10 个月，缓刑 1 年。

　　宣判后，二被告人均未提出上诉，检察机关也未提出抗诉，判决发生法律效力。

（二）王彬案

　　1997 年 3 月 28 日上午 10 时许，被告人王彬驾驶自己的一辆简易机动三轮车在 204 国道上行驶。因王彬无驾驶执照，其所驾车辆被执勤交通民警查扣，停放在棘洪滩交通民警中队大院内。当天晚上 10 时许，王彬潜入该院内，趁值班人员不备偷取院门钥匙欲将车盗走。值班人员吕某发现后上前制止。王彬即殴打吕某，并用绳索将吕某手、脚捆绑，用毛巾、手帕、布条堵、勒住吕某口鼻，致吕某窒息死亡。后王彬在发动三轮车时被当场抓获。

　　青岛市中级人民法院认为：被告人王彬盗取自己暂被国家扣押管理的财产，遇到值班人员制止时，当场使用暴力，致人死亡，其行为构成抢劫罪，且手段残忍，后果严重，应依法惩处。公诉机关指控的犯罪事实清楚，但定性不妥。王彬的辩护人关于王彬的行为构成过失杀人罪的辩护理由没有事实和法律依据，不予采纳。根据 1979 年《中华人民共和国刑法》第 150 条、第 153 条、第 53 条第 1 款和第 60 条的规定，于 1997 年 7 月 17 日判决如下：（1）被告人王彬犯抢劫罪，判处死刑，剥夺政治权利终身。（2）随案移送的供犯罪所用的白手帕、花毛巾、聚乙烯绳依法没收；简易机动三轮车及货物依法发还。

　　一审宣判后，被告人王彬不服，向山东省高级人民法院提出上诉，称自己无杀人动机，一审判决定性不当，量刑畸重。其辩护人提出，王彬的行为构成过失杀人罪，而非抢劫罪。

　　山东省高级人民法院经审理认为：上诉人王彬为盗窃所有权属于自己但被公安机关依法查扣的机动车辆时，使用暴力伤害他人致死，其行为构成故意伤害罪，应当依法惩处。原审判决审判程序合法，但定性不准，量刑过重。上诉人的上诉理由及其辩护人的辩护意见部分成立，予以采纳。依照 1997 年《中华人民共和国刑法》第 12 条第 1 款，1979 年《中华人民共和国刑法》第 134 条、第 53 条第 1 款、第 60 条，全国人大常委会《关于严惩严重危害社会治安的犯罪分子的决定》第 1 条第 （2） 项和《中华人民共和国刑事诉讼法》（1996——引者注）第 189 条第 （2） 项的规定，于 1998 年 9 月 3 日判决如下：（1） 维持青岛市中级人民法院 （1997） 青刑初字第 40 号刑事判决第 （2） 项；（2） 撤销青岛市中级人民法院 （1997） 青刑初字第 40 号刑事判决第 （1） 项；（3） 上诉人王彬犯故意伤害罪，判处死刑，缓期二年执行，剥夺政治权利终身。

虽然上述陆惠忠案与王彬案最终认定的罪名不同，但它们涉及一个共同的理论问题，即：窃取被司法机关扣押的本人财物行为应当如何定罪？推而广之，这个问题还涉及窃取处在他人保管之下的本人财物如何定罪等，需要从刑法理论上加以研究。

二、窃取本人财物行为之定性

本人财物能否成为盗窃罪的客体？对这个问题在我国以往刑法理论上是缺乏深入研究的。外国刑法一般将盗窃罪的客体表述为他人之物，似乎从语义上排除了本人财物成为盗窃罪的客体的可能性。但在他人保管之下的本人财物是否属于他人财物，涉及对财物的他人性的判断。关于这个问题，日本学者前田雅英指出：

虽是所有权之对象但为自己之物，原则上不能成为财产犯。窃盗罪等之财产犯，限于处罚窃盗他人之物。此他人性不是完全用民法上的解释来确定，而是从刑法独自的观点出发加以判断的。最高法院认为"对于刑法第 260 条之'他人的'建筑物来说，解释为不需要他人的所有权将来在民事诉讼上没有被否定之可能性，是恰当的"，对于因不能偿还债务而将已被设定抵押权的自己的建筑物，在诉讼进行中予以损坏的行为，判定为即使抵押权之有效性在民事上有争论，也成立损坏建筑物罪（最决昭和 61 年 7 月 8 日，刑集第 40 卷 5 号，438 页）。最高法院排除了他人性根据民法上所有权之归属而定的从属民法说，采用了社会观念上承认尊重他人经济利益即可的独立说（安广文夫，陪审团第 873 号，50 页），是妥当的。

例外的即使是自己之物，也有成为财产犯的。第 242 条规定被公务机关查封之物和属于他人占有之物视为他人的财物。于是，许多财产犯准用此规定。而且，围绕解释属于他人占有之物使得本权说与持有说尖锐对立。①

从以上论述可以看出，在日本刑法学界关于他人之物之他人性的判断，存在民法从属说与独立说的争论。民法从属说认为这里的他人性应当根据民法关于所有权的原理加以判断，但独立说认为应当从刑法自身的观点来作判断。② 就此而言，独立说更为可取。此外，还存在本权说与持有说的争论，日本刑法规定也支持了持有说。因此，刑法上的他人之物与民法上的他人之物是存在区别的。按照日本刑法规定，在一定条件下，本人财物也可以被视为他人之物，因而也可以成为盗窃罪的客体。

在我国刑法中，没有类似于日本刑法第 242 条的规定，但我国刑法第 91 条第 2 款规定："在国家机关、国有公司、企业、集体企业和人民团体管理、使用或者运输中的私人财产，以公共财产论。"这一规定将私人财产在一定条件下视为公共财产，属于法律上的拟制规定。如果按照这一逻辑引申，将本人财产在一定条件下拟制为他人之物，并不存在逻辑上的障碍。我国刑法第 264 条规定的是"盗窃公私财物"，而不是"盗窃他人之物"。尽管如此，这里的公私财物在一般情况下应当是指他人之物，这是由盗窃罪侵犯他人财产所有权的性质所决定的。那么，在某些特殊条件下，本人财物能否成为盗窃罪的客体呢？对此，我国学者提出了特殊条件下的自有物可以成为盗窃罪的客体的观点，指出：

所谓特殊条件下的自有物，是指由他人占有、控制的保管物、扣留物、抵押物等。这种特殊形式的自有物，各国刑法一般将其视为他人物，可以成为盗窃的对象。如日本刑法规定："虽然是自己的财物，但由他人占有或由于公务机关的命令由他人看守的，关于本条之罪，视为他人的财

---

① ［日］前田雅英：《日本刑法各论》，董璠舆译，151 页，台北，五南图书出版公司，2000。

② 参见刘明祥：《财产罪比较研究》，29 页，北京，中国政法大学出版社，2001。

物。"瑞士刑法规定:"债务人意图损害债权人而转让、损坏、毁弃供债权人占有之物。"罗马尼亚刑法规定:"即使动产全部或部分为本人所有,但行为时为他人合法占有与保护,同样为他人之物……"印度刑法的例解则是:"甲把自己手表交给乙修理,于是欠乙一笔修理费,乙把表留下作为债务的抵押品,如甲从乙的占有下取回自己手表,即构成盗窃罪。"我国刑法对特殊形式下的自有物未作规定,理论上一般认为,盗窃他人合法占有、控制的自有物,应视为他人物,可以构成盗窃。因为在这种情况下,所有人与占有人之间已经形成了一种债权债务关系,即占有人对所有人负有保管并归还原物的义务,如果原物被丢失,所有人有要求占有人赔偿的权利,占有人有赔偿的义务。正因为如此,所有人盗窃他人占有的己有财产,就能使自己获利,而使他人遭受财产损失。可见,从表面上看所有人盗窃的是自有物,而实质上仍然是他人的财产。因而,对此应作盗窃罪处理。[1]

我认为,在特殊条件下本人财物可以成为盗窃罪的客体,这一命题当然是可以成立的。当然,特殊条件下的本人财物实际上已非本人财物,而已经转变为他人财物。在此,对于作为盗窃罪客体的财物不能仅从所有关系上理解,还应当从占有关系上理解。也就是说,刑法不仅保护所有权,而且保护占有权。本人财物之所以可以成为盗窃罪的客体,是因为本人财物处在他人控制之下,他人对该物具有占有权。在这种情况下,所有权与占有权是分离的。在这种本人财物处在他人占有的状态下,从所有关系来说是本人财物,但从占有关系来说则是他人财物。如果占有的是第三人财物,窃取这种财物的,占有人对第三人负有赔偿责任,因此只要窃取财物数额较大就足以构成盗窃罪。但如果是所有人窃取他人占有的本人之物,则不能仅仅因有窃取行为就构成犯罪,还要看事后有无索赔行为。对此,我在《规范刑法学》一书中指出:

　　　根据法律规定,盗窃的客体是公私财物,并且是他人的公私财物。因

---

① 王礼仁:《盗窃罪的定罪与量刑》,73 页,北京,人民法院出版社,1999。

此，在一般情况下，本人财物不可能成为盗窃客体，因为在这种情况下，不存在侵犯财产所有权的问题。但在个别情况下，他人控制下的本人财物则可以成为盗窃客体。因为无论基于何种原因（如借与）本人财物处在他人控制下，他人就产生了对该财物的保管责任，在保管期间财物丢损，属于保管不当，保管人应负赔偿的责任。在这种情况下，他人虽然不是财物的所有人，却是财物的保管人。因而，如果财物所有人采取秘密窃取手段盗窃他人保管之下的本人财物，然后又进行索赔，实际上侵犯了他人财产所有权，符合盗窃罪的本质特征，应以盗窃罪论处。[1]

之所以强调只有在具有事后的索赔行为时才能构成盗窃罪，主要是因为这种窃取处在他人保管之下的本人财物的行为，如果只是将财物窃回，并不向他人索赔，则他人财产不可能遭受损失，这表明行为人主观上不具有非法占有的目的。

三、陆惠忠案的评判

根据我国刑法第 314 条的规定，非法处置扣押的财产罪是指隐藏、转移、变卖、故意毁损已被司法机关扣押的财产，情节严重的行为。因此，该罪中的非法处置，是指隐藏、转移、变卖、故意毁损等四种情形。本案涉及的是非法转移扣押的财产。这里的转移，是指将已被司法机关扣押的财产从一个处所转移至另一个处所。而这里的扣押，是指司法机关将需要采取财产保全措施的财物就地扣留或者送到一定的场所予以扣留。由此可见，扣押，无论是就地扣留还是送到一定场所扣留，都发生了财物的占有关系的转移，即：财产所有人因扣押而丧失了对财物的占有，司法机关则因扣押而获得了对财物的占有。在这种情况下，将被司法机关扣押的财产转移，是一种占有转移，其所采取的手段，无非窃取与夺取两种，夺取既包括抢劫，也包括抢夺；在个别情况下，还可能采取骗取方法。从司法实践中常见的情形来看，大多是窃取。如前所述，在这种情况下，虽然行为人实施了窃取行为，

---

[1]　陈兴良：《规范刑法学》，2 版，下册，755 页，北京，中国人民大学出版社，2008。

但当行为人主观上没有非法占有目的时，其行为不构成盗窃罪，而只能以非法转移扣押的财产罪论处。

在陆惠忠案的裁判理由中，关于为什么不将行为人窃取本人被司法机关扣押的财物的行为定盗窃罪作了以下论证：

在司法实践中经常遇到行为人盗窃本人被他人合法占有的财物（如本人借给他人的财物、被执法机关依法扣押的本人财物）的情况，对此是否构成盗窃罪，涉及盗窃罪的客体的界定，在刑法理论上和司法实践中主要有三种观点：一是所有权说，认为盗窃罪侵犯的客体是公私财产的所有权，行为人自己盗窃自己所有的财产的，一概无罪。据此，盗窃罪的被害人以及第三者，从盗窃犯那里盗窃所盗财物的，不成立盗窃罪；违禁品（如毒品等）不能成为盗窃罪的对象。二是占有说，认为盗窃罪侵犯的客体是他人对财物事实上的占有本身，盗窃他人合法占有的本人财物的行为，应当一概认定为盗窃罪。根据该说，他人没有合法根据占有的财产包括非法财产也可以成为盗窃的对象，如毒品、赃物等。据此，于行为人盗窃被执法机关扣押的财产的情况，执法机关对该财物的合法占有就是一种需要由刑法保护的客体，该行为应当认定为盗窃罪。三是区别对待说，认为应当根据行为人是否具有非法占有目的进行分别处理，无论是所有权还是一定占有关系，均受刑法保护。对于行为人具有非法占有目的的，应当以盗窃罪论处；对于行为人不具有非法占有目的的，不应以盗窃罪处理。

我们认为，前两种观点片面强调所有权或者占有事实本身，容易导致过分缩小或扩大盗窃罪处罚的范围，不适应目前社会中财产关系复杂的现实，有失妥当。相比之下，区别对待说是较为合理的。这主要是因为：其一，区别对待说可以适应盗窃罪的复杂情况，更符合我国刑法主客观相统一的定罪原则要求。一方面，对于行为人以非法占有目的从财产占有人处窃财的：这种情况，一般表现为行为人从财物占有人处秘密窃取了本人的财物后，还以索赔等手段，要求保管人赔偿损失。由于本人的财产在他人的合法占有之下，他人就对该财产负有保管的责任，在保管期间财物丢失，属于保管不当，保管人应负赔偿责任。所以这种情况下表面上看来窃取的是自己的财物，但实际上侵犯了他人的财产权，符合盗窃罪的本质特征，应当以盗窃罪处理。另一方面，在我国刑法理论上和司法实践中，侵犯财产罪的犯罪客体一直被认为是他人对财产的所有权，而且需要被害人有实质的财产损害或损害危险。盗窃他人占有的本人财物的行为中，有的行为人主观上不具有非法占有的目的，其行为客观上也不会造成占有人财产的损失，因而不宜以盗窃罪论处。比如擅自溜进旅馆服务台，将自己存放的提包私下取走，只是为了图省事，并不想找旅馆索赔，也未给旅馆造成财产损失。这种情况下因缺乏非法占有目的，就不能按盗窃罪处理。当然，如果其行为同时构成其他犯罪的，可以相应的罪名处理。其二，区别对待说也可以避免所有权说和占有说的缺陷。一方面，纯粹的所有权说存在缺陷，过于缩小了侵犯财产犯罪的处罚范围，不利于维护正常财产秩序。因为随着社会和经济的发展，财产关系日益复杂，一定的占有关系也需要保护，而不是仅保护所有权。另一方面，纯粹的占有说也存在缺陷。如根据占有说，对盗窃罪的被害人窃取被盗财物的行为也可能一概按照盗窃罪来处理。这显然扩大了处罚范围。同时，占有说也难以说明不可罚的事后行为为什么不可罚。而区别对待说根据行为人是否具有非法占有目的区别不同情况分别处理，较好地避免了上述两种观点的不足之处。

综合上述分析，本案定性的焦点在于被告人陆惠忠、刘敏是否具有非法占有的目的。如果有证据证明行为人窃取人民法院扣押的财物后，有向人民法院提出索赔的目的，或者已经获得赔偿，则应当以盗窃罪定罪处刑；反之，如果没有非法占有目的，把自己所有而被司法机关扣押的财产擅自拿走，则不能以盗窃罪处理。

从本案证据来看，二被告人主观上尚没有使人民法院扣押的财物遭受损失或非法索赔的目的，主要理由如下：（1）被告人是因得知拍卖汽车将使价格大大降低，才去盗窃汽车的。被告人陆惠忠和刘敏，在得知他们的汽车被人民法院扣押后，即商量由刘敏到法院了解情况。刘敏听法官介绍

说，如到时不以其他财产来履行债务的话，法院将拍卖扣押的汽车，以 8
折起拍，如无人竞拍，则再从 8 折往下降价拍卖，直至有人竞拍为止。根
据刘敏的供述，她认为如此一来，10 万元买来的汽车，拍卖价将会大大
低于这个价格，非常不划算。于是，她就唆使陆惠忠去把汽车偷偷开回。
陆惠忠也供述道，他想可以将该车自己出卖后再来偿还债务。(2) 在事发
后，法院没有向他们询问车的情况，公安机关经排查后找到陆惠忠，陆惠
忠即向公安机关如实供述了罪行，去法院偷车的目的如被告人供述，是为
了自己的汽车不被法院强制拍卖而物值受损。(3) 由于案发时间较短，法
院报案后，公安机关通过监控录像，将目标锁定在陆惠忠身上，在 2 天内
即找到被告人陆惠忠。在短短的 2 天内，行为人还没有向司法机关索赔的
行为，也缺乏判断行为人是否有非法占有目的的其他证据。综上，本案认
定被告人具有非法占有目的的证据不足，因而其行为不构成盗窃罪。

上述裁判理由认为本案被告人主观上没有非法占有目的，因而其行为不构成盗
窃罪，这一结论无疑是正确的。然而在论述一开始，裁判理由提出的问题是：盗窃
本人被他人合法占有的财物是否构成盗窃罪，涉及盗窃罪的客体的界定。在此基础
上，提出了三种观点，即所有权说、占有说和区别对待说。在区别对待说中，才提
出根据是否具有非法占有的目的加以区分。但我认为，盗窃本人被他人合法占有的
财物是否构成盗窃罪，其实与客体问题无关。这里的客体是指我国四要件的犯罪构
成体系语境下的所谓犯罪客体，即犯罪行为所侵犯的社会关系。在盗窃罪的问题
上，关于该犯罪侵犯的法益，在日本刑法理论上确实是存在争议的，这就是本权说
与占有说之争。例如，日本学者西田典之教授对本权说与占有说之争作过以下
介绍：

> 本权说认为，(刑法) 第 235 条以他人的财物为客体，其保护的法益
> 是所有权。但如此一来，A 将租借给 B 的自己的财物擅自取回的行为，则
> 根本不合乎本条的构成要件。为此，第 242 条将盗窃罪的构成要件扩张至
> 自己之物，该条所谓即使是自己之物，为他人所占有的情况，他人的占有
> 限于质权、租赁权、留置权等私法上的合法权限 (谓之为本权)，因此，

从盗窃犯处夺回自己之物的行为则根本不符合盗窃罪的构成要件。如此，按照本权说的观点，盗窃罪的保护法益就是所有权等其他本权（小野，235 页；泷川，119 页）。对此，占有说（持有说）认为，财物的占有或持有本身是盗窃罪的保护法益，至少在构成要件阶段不应考察该占有是否具有法律正当性。因而，第 242 条仅仅只是注意规定而已，所有的占有均是保护的客体。其结果就是：从盗窃犯处夺回自己财物的行为也符合盗窃罪的构成要件，只是作为自救行为而能认定违法阻却。支撑该占有说的是禁止私力救济的思想。民法所规定的占有诉权制度（民法第 188 条以下，特别是第 202 条第 2 项）正是意欲禁止基于本权的私力救济，主张权利的实现应通过国家的民事诉讼制度来实现。也就是要求尊重事实上的财产状态，对占有应该单独加以保护，其最终归结是盗窃犯人的占有也应被相应保护（牧野，594 页以下；木村，106 页；川端，162 页）。

对于上述本权说与占有说之争，日本学者西田典之教授作了以下评论：

> 本权说与占有说之间的对立，可以说是围绕以下问题展开的：盗窃罪这一规定究竟是为了保护私法上的正当权利关系还是为了保护事实上的财产秩序？进一步而言，以刑事法的形式禁止私力救济应控制在什么范围之内？为此，这一问题的对策就远远超越了对于从盗窃犯处夺回自己之物这一行为的刑法处理，其解答还应包括对刑法介入民事纠纷应控制在何种程度这一现实问题的回答，例如，收回未支付租金的租赁物件、收回未支付货款的已销售的分期付款的商品、因期限届满而收回担保物等等。①

以上本权说与占有说的争论，主要涉及如何从客体上界定盗窃罪的范围。显然，本权说所界定的盗窃罪范围较窄，而占有说界定的盗窃范围较宽。在这一争议中，涉及盗窃犯的占有是否予以保护的问题：根据本权说是不予保护的，但根据占

---

① ［日］西田典之：《日本刑法各论（第三版）》，刘明祥、王昭武译，418 页，北京，中国人民大学出版社，2007。

有说应当予以保护。从日本的判例与学说来看，存在一个从本权说到占有说的逐渐转变过程，因而盗窃罪的范围有所扩张。当然，在本权说与占有说之间，还存在一些较为折中的观点，例如从纯粹本权说演变而来的中间说，该说当中的平稳占有说，已经相当接近纯粹占有说。① 在陆惠忠案的裁判理由中讨论的所有权说与占有说，实际上相当于日本刑法理论中的本权说与占有说。但裁判理由提出的第三种观点——区别对待说，以行为人主观上是否具有非法占有目的作为对所有权说与占有说取舍的根据，这实际上是把客观判断与主观判断混为一说了，反映出我国司法人员定罪思维上的混乱。

按照本权说，即我国刑法理论中的所有权说，刑法关于盗窃罪及其他侵犯财产犯罪的规定，宗旨在于保护所有权，因此，没有民法上的所有权的财产占有状态不受刑法保护，对这种非法占有或者合法占有状态下的财产加以窃取或者实施其他侵害行为的，就不能构成盗窃罪或者其他财产犯罪。按照这一逻辑，即使行为人主观上具有非法占有的目的，对占有而非所有的财物实施盗窃也是不构成盗窃罪的。当然，即使是所有的财物，如果行为人主观上不具有非法占有的目的，也不构成盗窃罪。只有根据占有说，刑法保护占有关系，才有可能进而讨论行为人主观上是否具有非法占有目的的问题。申言之，虽然本权说与占有说是一个客体问题，但它属于从客观上界定盗窃罪的范围，因而是一个客观的构成要件的问题。只有在根据占有说，具备盗窃罪的客观构成要件的基础上，才能进一步讨论非法占有目的的问题。而前述裁判理由以是否具有非法占有目的作为所有权说与占有说的界定标准，混淆了主观与客观的关系。

关于非法占有目的的分析，尤其是关于非法占有目的的认定，我认为裁判理由是正确的，它强调了被告人没有非法索赔的目的。在陆惠忠案中，行为人在盗窃被司法机关扣押的汽车时，客观上具备盗窃行为，主观上也具备盗窃故意，之所以不构成盗窃罪，是因为行为人主观上没有非法占有目的。在盗窃他人财物的情况下，

---

① 参见 [日] 西田典之：《日本刑法各论（第三版）》，刘明祥、王昭武译，120 页，北京，中国人民大学出版社，2007。

盗窃罪的非法占有目的一般是可以通过其窃取行为推定的，除非是使用盗窃。所谓使用盗窃，是指短时间擅自使用他人财物的行为。日本学者西田典之教授指出：

> 之所以认为使用盗窃行为不可罚而将其从盗窃罪排除出去，是因为这种情况下的损害相对轻微，而没有必要动用刑罚，也就是出于可罚性、违法性的考虑（藤本，279 页）。例如，短时间借用他人的橡皮擦或拖鞋并马上归还的行为就是典型例子。判例对不法领得意思所下的定义中的"排除权利人，将他人之物作为自己之物……而利用之意思"，在这种情况下，由于其利用意思并没有达到排除权利人的程度，因而具有从主观方面排除盗窃罪成立的机能。①

因此，非法占有目的对于盗窃他人财物情况构成盗窃罪具有排除使用盗窃的机能。在盗窃他人保管的本人财物的情况下，尽管行为人客观上具有窃取行为，主观上具有盗窃故意，但其行为是否构成盗窃罪，决定于其主观上是否具有非法占有目的，这种非法占有目的主要是通过索赔等行为反映出来。因此，非法占有目的是从主观上对盗窃范围加以限制的一种形式，我国也有学者称之为对盗窃罪犯罪故意的一种额外的限制。② 尽管在刑法条文中没有规定盗窃罪必须以非法占有为目的，但非法占有目的是盗窃罪的不成文的构成要件。在这个意义上，我们也可以把盗窃罪称为非法定的目的犯。

在陆惠忠案中，法院对被告人是以非法处置扣押的财产罪论处的。我国刑法中的非法处置扣押的财产罪，是一种妨害司法活动的犯罪。应该说，对于行为人盗窃本人的已被司法机关扣押的财产的行为，到底是以非法处置扣押的财产罪论处，还是以盗窃罪论处，在刑法理论上存在争议，其中，第一种观点认为：

> 如果出于非法占有的目的，被查封、扣押、冻结的财产的所有人、保管人以外的其他人秘密窃取被司法机关查封、扣押的财产的，无论该财产

---

① ［日］西田典之：《日本刑法各论（第三版）》，刘明祥、王昭武译，124 页，北京，中国人民大学出版社，2007。

② 参见董玉庭：《盗窃罪研究》，71 页，北京，中国检察出版社，2002。

是否已被查封、扣押，都应以盗窃罪论处，不构成非法处置查封、扣押、冻结的财产罪。①

在上述论述中，作者将财产的所有人、保管人排除在秘密窃取被司法机关查封、扣押、冻结的财产构成盗窃罪的主体以外，可以明确地得出结论：财产的所有人、保管人窃取被司法机关查封、扣押、冻结的财产的，一般来说不构成盗窃罪，而只构成非法处置查封、扣押、冻结的财产罪。在这个问题上，第二种观点认为：

> 行为人（包括财产的原所有人）以非法占有为目的，采取非法变卖等方式取得财产，或者故意毁坏该财产的，实际上也符合侵犯财产罪的构成要件。由于侵犯财产罪的法定刑重于本罪的法定刑，故本书认为，实施本罪行为（指非法处置查封、扣押、冻结的财产罪——引者注）同时符合侵犯财产罪的构成要件的，应从一重罪处罚。②

按照这一观点，财产的所有人、保管人窃取被司法机关查封、扣押、冻结的财产的行为，属于想象竞合犯，同时触犯盗窃罪与非法处置查封、扣押、冻结的财产罪，按照想象竞合犯从一重罪处断的原则，应以盗窃罪论处。

在以上两种观点中，我赞同第一种观点。财产的所有人、保管人窃取被司法机关查封、扣押、冻结的本人财产的行为，符合非法处置、扣押、冻结的财产罪的构成要件。行为人仅是妨害司法活动，其主观上没有非法占有的目的，因而不构成盗窃罪。作为例外，如果行为人在窃取本人财产以后，又向司法机关索赔的，则可推定其主观上具有非法占有目的，因此其行为可以构成盗窃罪。这是后文所要研究的，在此且先不赘述。

四、王彬案的评判

在王彬案中，检察机关以故意杀人罪起诉，一审法院以抢劫罪定罪，二审法院

①　周道鸾、张军：《刑法罪名精释》，3 版，618 页，北京，人民法院出版社，2007。

②　张明楷：《刑法学》，3 版，796～797 页，北京，法律出版社，2007。类似观点，参见王作富主编：《刑法分则实务研究》，3 版，下册，1405 页，北京，中国方正出版社，2007。

改判为故意伤害罪。一审法院之所以定抢劫罪,主要是因为认为被告人王彬窃取被公安交通管理机关扣押的本人财产的行为构成盗窃罪,在盗窃过程中被值班人员发现当场使用暴力致人死亡,构成转化型抢劫。但二审法院则认为,王彬窃取所有权属于自己但被公安机关依法查扣的机动三轮车的行为不构成盗窃罪,其使用暴力伤害他人致死的行为构成故意伤害罪而非抢劫罪。该案的裁判理由指出:

王彬在盗取所有权属于自己但被公安交通管理机关依法查扣的车辆并使用暴力致人伤亡的行为构成故意伤害罪。

第一,王彬欲从公安交通管理机关院内将自己已被查扣的车辆秘密开走的行为不同于盗窃。首先,王彬不具有非法占有的目的。王彬在本人没有驾驶执照、车辆没有牌照的情况下驾驶简易机动三轮车上路行驶,违反了《中华人民共和国道路交通管理条例》(已废止——引者注)关于机动车驾驶员驾驶车辆时,需携带驾驶证和行驶证的规定。因此,公安交通管理机关依法将王彬所驾车辆予以查扣。但《交通管理处罚程序补充规定》(已废止——引者注)第九条规定,公安交通管理机关暂扣证件、号牌、车辆后,除决定吊扣、吊销或收缴的证件、号牌和依法没收的车辆外,应当归还本人或有关单位。这表明,暂扣只是公安交通管理机关依法在短时间内对违规或事故车辆所采取的一种行政强制措施,不属于行政处罚,不同于没收或收缴。在作出处理决定之前,公安交通管理机关对被暂扣的车辆只负有保管的责任,不享有其他权利,车辆的所有权仍应属于车辆的主人。所以,王彬所驾车辆虽被查扣,但所有权仍属于王彬。虽然我国刑法规定在国家机关、国有公司、企业、集体企业和人民团体管理、使用、运输中的私人财产以公共财产论,但该规定的基本含义是,当私人所有的财产交由国家机关、国有公司、企业、集体企业和人民团体管理、使用或运输时,以公共财产对待。但这一规定并未改变被国家机关、公司、企业、集体企业和人民团体管理、使用、运输的财产的所有权属。也就是说,尽管私人财产在被国家机关、国有公司、企业、集体企业、人民团体管理、运输、使用时以公共财产对待,但所有权仍属于原所有权人。那么,王彬对于自己的被公安机关查扣的机动车辆，也应当具有所有权。在本案中，王彬黑夜潜入交警中队院内，主观上是想取回自己被公安机关查扣的车辆，也就是自己拥有所有权的财产，而不是非法占有自己不享有所有权的财产。其次，从客观上看，王彬在现场并未实施侵犯其他公私财产权的行为。因此，王彬盗取自己被扣机动车的行为不同于盗窃。这也就决定了王彬在盗取自己被扣车辆过程中致人死亡的行为，不能适用 1979 年刑法第一百五十三条的规定认定为抢劫，因为适用该规定的前提必须是被告人已实施了盗窃、诈骗或抢夺犯罪行为。本案中，由于王彬主观上不具有非法占有的目的，客观上未实施盗窃、诈骗、抢夺行为，其行为也就不存在转化为抢劫的问题。

第二，从本案事实看，王彬黑夜进入交警中队院内时，没有携带任何凶器，进入现场后径直偷取钥匙准备将车开走，因此，王彬的目的是开走自己被查扣的车辆。对王彬而言，其被值班人员吕某发现并受到制止是意料之外的事情。虽为盗取自己被查扣的车，王彬对吕某使用了暴力，但从主观上看，王彬的意图在于排除被害人妨碍自己盗取车，这一主观意志可从其打击的部位、手段和凶器得到证明。王彬不具有杀人动机，亦无希望或放任被害人死亡后果发生的故意，但王彬对于自己的行为将产生伤害被害人的后果是明知且希望的。所以，王彬在盗取自己被公安机关依法查扣的机动车辆过程中致人伤亡的行为构成了故意伤害罪。山东省高级人民法院依法改判，认定王彬犯故意伤害罪是正确的。

在上述裁判理由中，第一点是关于窃取被公安交通管理机关扣押的本人财物行为的定性，第二点是关于伤害致人死亡行为的定性。在此，我只是对第一点展开讨论。关于本案被告人王彬窃取被公安交通管理机关扣押的本人财物行为的定性，裁判理由认为不构成盗窃罪，并从主观上不具有非法占有目的与客观上未实施侵犯其他公私财产权的行为这两个方面作了论证。这两个方面，其实只有第一个方面与本案定性有关，第二个方面与本案定性没有任何关系，因为本案中发生争议的法律问题是：窃取被公安交通管理机关扣押的本人财物是否构成盗窃罪？被告人王彬在客观上未实施侵犯其他公私财产权的行为与此无关。如果在客观上实施了侵犯其他公私财产权的行为，那就另外构成盗窃罪。不能说，被告人王彬在客观上未实施侵犯其他公私财产权的行为，因此其窃取被公安交通管理机关扣押的本人财物的行为不构成盗窃。由此可见，以上这种论证存在逻辑上的混乱性。裁判理由之所以在主观上没有非法占有目的以外，再加上客观上未实施侵犯其他公私财产权的行为，是想实现主观与客观相统一。这也是我国刑法理论中常见的论述方法，但这里的客观与主观应当是同一犯罪的客观与主观，两者之间具有对应性。将不具有对应性的客观与主观拉扯在一起，说明不了任何问题。此外，这种主观与客观相统一的思维方法，还反映了我国四要件的犯罪构成体系在客观要件与主观要件上一有俱有、一无俱无的关系：某一行为构成犯罪，则客观要件与主观要件都是具备的；同样，某一行为不构成犯罪，也是客观要件与主观要件都是不具备的。这是一种平面的、线性的定罪思维。而大陆法系的三阶层的犯罪构成体系的逻辑是：某一行为构成犯罪，则客观要件与主观要件都是具备的；反之，某一行为不构成犯罪，则存在各种不同情形——缺乏构成要件该当行为而不构成犯罪、缺乏构成要件结果而不构成犯罪、缺乏构成要件故意或者过失而不构成犯罪，等等。由于在三要件之间存在位阶关系，所以在某些情况下，某一行为具备构成要件该当行为，但因缺乏构成要件故意而不构成犯罪；某一行为具备构成要件该当的行为与故意，仅仅因缺乏主观的违法要素而不构成犯罪。本案就属于这种情形：被告人王彬具备了构成要件该当的盗窃行为和盗窃故意，仅仅因为主观上缺乏非法占有目的而不构成盗窃罪。因此，只有从非法占有目的出发才能揭示窃取被公安交通管理机关扣押的本人财物不构成盗窃罪的法理根据。

王彬案的裁判理由从王彬不具有非法占有目的论证了其行为不构成盗窃罪。在关于王彬不具有非法占有目的的论述中，主要理由是王彬对于自己被公安机关查扣的机动车辆具有所有权，因此其窃取行为不构成盗窃罪。正如我在陆惠忠案中所指出的：对窃取的财物具有所有权，这是一个在客观上根据本权说与占有说需要解决的问题。本权说认为窃取的是本人具有所有权的财物，他人对该财物只有占有，因而窃取行为不构成盗窃。占有说则认为无论窃取的是具有所有权的财物还是具有占有权的财物，都构成盗窃。陆惠忠案的裁判理由以主观上是否具有非法占有目的来作为本权说与占有说的取舍标准，我认为这是混淆了客观判断与主观判断的关系。而王彬案的裁判理由则直接以本权说来论证主观上的非法占有目的，即只要是窃取被司法机关扣押的本人财物，行为人主观上就没有非法占有的目的。这一结论显然不能成立：如果行为人在窃取被公安交通管理机关非法占有的本人财物以后，又向公安交通管理机关索赔，难道说没有非法占有的目的吗？因此，窃取的是否为本人财物是一个客观的问题，主观上是否具有非法占有目的是一个主观的问题。在王彬案的裁判理由中，仍然混淆了客观与主观的关系。之所以如此，我认为还是因为没有正确地掌握目的犯的原理。

目的犯，是指以具有一定的目的为其特别构成要件的犯罪。目的犯之目的，通常超越构成要件的客观要素范围，所以也被称为超越的内心倾向。[1] 关于盗窃罪的非法占有目的，我国刑法条文中没有规定，但在刑法理论上一般都把非法占有目的视为盗窃罪的主观要素之一，认为：盗窃罪的主观方面只能由直接故意构成，并且具有非法占有他人财物的目的。[2] 在此，论者是把盗窃的直接故意与非法占有他人财物的目的并列的。从逻辑上来说，非法占有他人财物的目的是盗窃直接故意以外的主观构成要素。非法占有目的，是盗窃罪的主观违法要素，也是主观构成要素。盗窃罪的非法占有目的具有以下三种功能：一是通过非法占有目的，将盗窃罪与故意毁坏财物加以区分。因为非法占有财物具有按照财物的本来用途加以利用的意思，而故意毁坏财物没有对财物利用的意思，因此不具有非法占有目的。二是通过非法占有目的，将盗窃罪与使用盗窃加以区分。使用盗窃以占用为目的，它与以非法占有为目的的盗窃是存在性质上的区别的，两者不可混为一谈。三是通过非法占有目的，将盗窃罪与窃取处在他人占有状态的本人财物加以区分。窃取处在他人占有状态的本人财物的行为，根据本权说，当然在客观上不成立盗窃行为，但根据占有说成立盗窃。最终是否构成盗窃罪，还要看行为人主观上是否具有非法占有的目

①　参见陈兴良：《规范刑法学》，2版，上册，170页，北京，中国人民大学出版社，2008。
②　参见周道鸾、张军主编：《刑法罪名精释》，3版，506页，北京，人民法院出版社，2007。

的：如果主观上具有非法占有目的，则构成盗窃罪；如果主观上不具有非法占有目的，则不构成盗窃罪，构成其他犯罪的，应以其他犯罪论处。

在王彬案中，被告人王彬窃取被公安交通管理机关扣押的本人机动三轮车，由于主观上没有非法占有目的，因而不构成盗窃罪。在这种情况下，当场实施暴力致人死亡的行为也就不构成转化型抢劫。二审法院将该致人死亡的行为直接认定为故意伤害罪是正确的。

五、叶文言盗窃案的评判

应当指出，在某些情况下，行为人系出于非法占有目的而窃取被国家机关扣押的本人财物。这种情况属于盗窃罪与非法处置扣押的财产罪的想象竞合，应当从一重罪处断。以非法占有为目的窃取被司法机关扣押的本人财物以后，又向司法机关索赔，从而实现其非法占有目的的行为，存在一个该索赔行为是否构成诈骗罪的问题。如果该行为构成诈骗罪，则先前的盗窃行为就不构成犯罪。我认为，此后的索赔行为确实具有诈骗的性质，但它只是盗窃财物以后非法占有目的的实现行为，属于刑法理论上的不可罚的事后行为。关于这个问题，叶文言盗窃案是一个具有说服力的案例。

2000 年 10 月 5 日，被告人叶文言驾驶与叶文语、林某忠共同购买的浙 CD××87 号桑塔纳轿车进行非法营运，轿车被苍南县灵溪交通管理所查扣，存放在三联汽车修理厂停车场。后叶文言、叶文语与被告人王连科、陈先居、叶启惠合谋将该车盗走，并购置了两套与交通管理部门工作人员制服类似的服装。10 日晚，叶文言驾车将叶文语、王连科、陈先居、叶启惠送至三联汽车修理厂停车场，由叶文语、王连科爬墙进入，换掉被链条锁住的轿车轮胎，陈先居乘停车场门卫熟睡之机打开自动铁门，与王连科、叶启惠一起将价值 9.2 万元的轿车开走，并由叶文言与陈先居销赃，得款 2.5 万元。

2001 年 1 月 8 日，被告人叶文言、叶文语以该车被盗为由，向灵溪交通管理所申请赔偿，经多次协商，获赔 11.65 万元。获赔后，叶文言分给共有人林某 5.5 万元。案发后，赃车已追回。被告人陈先居协助公安机关抓获同案犯，被告人叶启惠向公安机关投案自首。

另查明，2001 年 3 月至 11 月份间，被告人王连科伙同陈某孝、陈某玉等人或单独盗窃作案 8 起，盗得各类拖拉机 5 辆、农用四轮卡车 1 辆（总价值 2 万元）及现金 530 元。

苍南县人民法院认为：被告人叶文言、叶文语、王连科、陈先居、叶启惠以非法占有为目的，结伙窃取已被交通管理部门扣押的车辆，而后骗取赔偿款，其行为均已触犯刑律，构成盗窃罪，且数额特别巨大。被告人王连科还伙同陈某孝等人多次窃取他人财物，其盗窃数额应予累计。各辩护人关于本案构成诈骗罪的意见，与事实和法律不符，不予采纳。考虑到叶文言、叶文语系盗窃的提议者，又是导致交通管理部门被骗这一盗窃行为引发的实际危害结果的直接责任人，在共同犯罪中起主要作用，应认定为主犯。王连科、陈先居、叶启惠仅参与秘密窃取并予以藏匿、销赃，在共同犯罪中起次要、辅助作用，系从犯。陈先居有立功表现，叶启惠有自首情节，依法均予以减轻处罚。遂依据《中华人民共和国刑法》第 264 条、第 25 条第 1 款、第 26 条第 1 款、第 27 条、第 67 条第 1 款、第 68 条第 1 款的规定，于 2002 年 7 月 11 日判决如下：（1）被告人叶文言犯盗窃罪，判处有期徒刑 10 年 6 月，剥夺政治权利 2 年，并处罚金 5 000 元；（2）被告人叶文语犯盗窃罪，判处有期徒刑 10 年，剥夺政治权利 2 年，并处罚金 5 000 元；（3）被告人王连科犯盗窃罪，判处有期徒刑 9 年，并处罚金 5 000 元；（4）被告人陈先居犯盗窃罪，判处有期徒刑 5 年，并处罚金 3 000 元；（5）被告人叶启惠犯盗窃罪，判处有期徒刑 4 年 6 月，并处罚金 3 000 元。

宣判后，叶文言、叶文语、王连科、陈先居均不服，以一审判决定性不当、量刑畸重为由，向温州市中级人民法院提出上诉。

温州市中级人民法院经审理认为：本案各被告人以非法占有为目的，

结伙窃取已被交通管理部门扣押的车辆，而后骗取赔偿款，其行为均已构成盗窃罪，且数额特别巨大。上诉人关于不构成盗窃罪及量刑畸重、要求改判的意见，不予采纳。遂依照《中华人民共和国刑事诉讼法》（1996年——引者注）第 189 条第（1）项的规定，于 2002 年 8 月 27 日裁定驳回上诉、维持原判。

叶文言盗窃案是以非法占有为目的窃取被公安交通管理机关扣押的本人财物的一个典型案例。当然，本案也存在复杂之处，那就是参与盗窃的不仅是财物所有人，还有其他人，这就存在一个共犯的问题。对于窃取被公安交通管理机关扣押的本人财物的其他参与者如何定罪，是一个值得研究的问题。我认为，这个问题涉及共犯的主观认识。如果参与者明知他人窃取被公安交通管理机关扣押的财物并没有非法占有目的，则参与者不构成盗窃罪。如果参与者不明知他人窃取的是被公安交通管理机关扣押的本人财物，则无论参与者是否具有非法占有目的，对参与者都应以盗窃罪的共同正犯论处。由此可见，这种情况下如何定罪不可一概而论，而是应该根据行为人的主观认识区别对待。

我在陆惠忠案中指出：窃取被司法机关扣押的本人财物，如果不以非法占有为目的，则应定非法处置扣押的财产罪；如果以非法占有为目的，则是盗窃罪与非法处置扣押的财产罪的想象竞合。这里的是否具有非法占有目的，应根据事后是否具有索赔行为确定。因此，上述叶文言案的判决结论是完全正确的。但因为这个问题在刑法与司法解释中均无明文规定，所以在司法处理过程中存在不同意见。例如，关于叶文言案如何处理就存在以下三种不同的意见：

第一种意见：盗取所有权属于自己的车辆，并没有侵犯他人的财产所有权，不构成盗窃罪，但其后隐瞒车辆已自盗的事实，骗取赔偿款的，其行为构成诈骗罪。

第二种意见：被公安交通管理部门扣押的车辆，以公共财产论，窃取自有物也构成盗窃罪；其后的骗取行为又单独构成诈骗罪，应予数罪并罚。

第三种意见：自有物在特定的情况下可成为盗窃罪的犯罪对象，叶文言等人窃取已被扣押的所有权属于自己的车辆后进行索赔的行为,实际上是以非法占有为目的的盗窃,符合盗窃罪的构成要件,应以盗窃罪一罪论处。

针对上述三种不同意见,本案裁判理由分别从以下三个方面进行了论证:

(一)本人所有的财物在他人合法占有、控制期间,能够成为自己盗窃的对象

根据刑法第 264 条的规定,盗窃罪的犯罪对象是公私财物。这里的公私财物实际上是指他人占有的公私财物。所谓他人,是指行为人以外的人,包括自然人、法人和其他组织。他人占有意味着他人对该财物可能拥有所有权,也可能没有所有权。对没有所有权的财物,他人基于占有、控制之事实,负有保管和归还财物的义务。如果在占有期间财物丢失或毁损,占有人依法应负赔偿责任。从这个意义上说,没有所有权的财物在他人占有、控制期间应当认为是他人即占有人的财物。这样理解基于以下理由:第一,刑法第 91 条第 2 款规定:"在国家机关、国有公司、企业、集体企业和人民团体管理、使用或者运输中的私人财产,以公共财产论。"这里所言管理、使用或者运输,都有占有的含义。既然由国家或者集体占有之私人财产以公共财产论,那么由他人占有之财物以他人财物论,亦在情理、法理之中。第二,以公共财产论或以他人财物论是针对所有权人以外的人而言的,并未改变财物的权属,意在强调占有人对该财物的保管责任。盗窃罪侵犯的客体是公私财产所有权。刑法第 91 条第 2 款之所以如此规定,正是考虑到如果这类财物被盗或者灭失,国家或集体负有赔偿的责任,最终财产受损失的仍是国家或集体。同理,他人占有但非所有的财物被盗或者灭失时,他人依法承担赔偿责任,实际受损失的仍是占有人即他人的财产所有权。可见,行为人自己所有之物以及行为人与他人共有之物,在他人占有期间,也应视为他人的财物,可以成为盗窃罪的对象。对此,有的国家的刑法作了明确规定。如日本刑法第 235 条规定,窃取他人财物的,是盗窃罪。第 242 条规定:"虽然是自己的财物,但由他人占有

或者基于公务机关的命令由他人看守的，就本章犯罪，视为他人的财物。"
该立法例值得借鉴。

当然，本人所有的财物在他人合法占有、控制期间，能够成为自己盗
窃的对象，并不意味着行为人秘密窃取他人占有的自己的财物的行为都构
成盗窃罪。是否构成盗窃罪，还要结合行为人的主观目的而定。如果行为
人秘密窃取他人保管之下的本人财物，是为了借此向他人索取赔偿，那么
这实际上是以非法占有为目的，应以盗窃罪论处。相反，如果行为人秘密
窃取他人保管之下的本人财物，只是为了与他人开个玩笑或逃避处罚，或
者不愿将自己的财物继续置于他人占有、控制之下，并无借此索赔之意
的，因其主观上没有非法占有的故意，不以盗窃罪论处。构成其他犯罪
的，按其他犯罪处理。

就本案而言，被告人叶文言、叶文语在自己的轿车被交通管理部门扣
押后，虽拥有所有权，但在交管部门扣押期间，被扣车辆处于交管部门管
理之下，属于公共财产。叶文言伙同叶文语、王连科、陈先居、叶启惠在
深夜将被扣押车辆盗出后藏匿、销售，进而以该车被盗为由向交通管理部
门索赔，从中可以看出五被告人将被扣押的桑塔纳轿车盗出并非为了帮助
叶文言逃避行政处罚，而是具有获取非法财产利益的主观故意。因此，叶
文言、叶文语等人的行为，实质上侵犯了公共财产所有权，符合盗窃罪的
构成特征，应当以盗窃罪定罪处罚。

在以上论述中，裁判理由从盗窃对象角度加以论证，其核心命题是：行为人自
己所有之物以及行为人与他人共有之物，在他人占有期间，也应视为他人的财物，
可以成为盗窃罪的对象。但这里没有论及的一个问题是：在这种情况下，他人占有
期间的本人之物，他人对该物是具有所有权还是占有权，因而在这个问题上到底是
采本权说还是占有说？对此，本案裁判理由缺乏深入的论证。当然，裁判理由对非
法占有目的作了较为充分的论述，指出：行为人窃取他人保管之下的本人财物，但
主观上不具有非法占有目的的，即使他人占有的本人财物可以成为盗窃对象，也不
构成盗窃罪。这一论证采用了递进式的思维方法，较好地处理了客观与主观之间的

关系，坚持了客观判断先于主观判断的原则，是值得肯定的。

　　（二）秘密窃取他人占有的本人财物而后索赔的行为只构成盗窃罪一罪

　　从形式上看，行为人秘密窃取他人占有的本人财物，然后隐瞒财物被自己盗走这一事实向他人索赔的，符合诈骗罪的构成特征。但是，这种认定只是针对行为人实施的部分行为，没有整体考虑行为人实施的全部行为。就整体而言，行为人的行为分为两个阶段：一是先实施秘密窃取行为，二是隐瞒财物被自己盗走这一事实向他人索赔。这是行为人实施的盗窃犯罪中紧密联系、不可分割的两个组成部分。如果行为人只是单纯将财物秘密取回，主观上没有非法占有的目的，其行为就不构成盗窃罪。行为人进行索赔所隐瞒的事实正是此前其实施的秘密窃取财物的行为，没有前一行为，其后的索赔行为也无从提起。可见，虽然行为人进行索赔存在诈骗行为，但该诈骗行为是其盗窃的后续行为，表明了其主观上的非法占有之目的，是实现非法占有意图的关键，直接促成了实际危害结果的发生。被告人叶文言等将其被交通管理部门扣押的车辆秘密取回，仅此时的行为尚不足以表明其主观上是否具有非法占有之目的，但其后隐瞒车辆被自己窃取的事实而向交通管理部门索赔，则充分体现了其非法占有的主观故意。叶文言等基于非法占有之目的而实施先盗后骗的行为是一个完整的盗窃行为，符合盗窃罪的构成特征，只能认定为一罪，即盗窃罪。

　　对于索赔行为如何理解，也是处理本案过程中一个存在较大争议的问题。索赔行为无疑具有诈骗的性质，因为它是隐瞒财物被自己盗走这一事实而使他人以赔偿名义交付财物，从而受到财产损失。但关于该诈骗行为是否构成犯罪，存在三种意见：第一种意见是把该诈骗行为视为盗窃行为的不可罚的事后行为并且是非法占有目的的客观表现，只将盗窃行为认定为盗窃罪。第二种意见是盗窃行为不构成犯罪，因为盗窃的是本人财物，只有索赔行为才构成诈骗罪。第三种意见是应以盗窃罪与诈骗罪实行并罚。在以上三种意见中，裁判理由主张第一种意见，我认为是完全正确的。于这种盗窃以后还需要实施后续诈骗行为才能构成犯罪的情形，一般都把后续行为视为不可罚的事后行为。例如窃取他人存单到银行领取存单项下现金的，被认为是盗窃罪而非诈骗罪，更不实行数罪并罚。在窃取被国家机关扣押的本人财物而向国家机关索赔的情况下，也是如此：只定盗窃罪，不能以诈骗罪论处。

（三）行为人获得赔偿的数额应当认定为盗窃数额

在行为人秘密窃取他人占有的本人财物而后索赔的盗窃案件中，如何认定盗窃数额是一个值得研究的问题。在这种盗窃案件中，行为人获得赔偿的数额往往高于财物本身的价值。这是因为他人在赔偿时除考虑财物本身的价值外，往往还会考虑到因财物丢失而给所有人造成的经济损失。在这种情况下，行为人因盗窃而给他人造成的财产损失表现为他人给付的赔偿数额。司法实践中，盗窃数额与财物本身的价值不相一致的情形是存在的，在计算时应当按照最有利于保护被害人财产所有权的原则确定。如最高人民法院《关于审理盗窃案件具体应用法律若干问题的解释》（已失效——引者注）第五条第（七）项规定，"销赃数额高于按本解释计算的盗窃数额的，盗窃数额按销赃数额计算"。在本案中，既有针对被盗车辆所作的鉴定价格 9.2 万元，又有销赃价值 2.5 万元，还有赔偿数额 11.65 万元。在这三种针对被盗车辆的数额中，赔偿数额实质上体现了行为人因盗窃而给他人造成的财产损失，因而应当认定为盗窃数额。即使赔偿数额低于财物本身的价值，在确定盗窃数额时也应当将赔偿数额作为盗窃数额。但应当注意的是，被告人针对被盗财物的销赃数额，应作为非法所得予以追缴。

在一般的盗窃案件中，盗窃数额是指财物的实际价值。但在叶文言盗窃案中，存在两个数额：一个是被盗车辆的实际价值 9.2 万元（销赃获款 2.5 万元），另一个是赔偿数额 11.65 万元。对此，应以 9.2 万元计算还是以 11.65 万元计算盗窃数额？对于一般盗窃案件来说，应以 9.2 万元计算。但对于窃取被司法机关扣押的本人财物案件来说，应以赔偿数额计算。应当指出，在本案中，赔偿数额高于实际价值，因而以赔偿数额计算似乎没有问题。如果赔偿数额小于实际价值呢？对此，我认为仍应当按照赔偿数额计算盗窃数额。

六、进一步的引申

在陆惠忠案与王彬案及叶文言盗窃案之间，存在一个重要区别，这就是：陆惠忠窃取的是被法院扣押的财产，因而在不构成盗窃罪的情况下，完全符合非法处置扣押的财产罪。而王彬和叶文言窃取的是被公安交通管理机关扣押的财产，对此能否以非法处置扣押的财产罪论处呢？这个问题既涉及非法处置扣押的财产罪的认定，又涉及盗窃罪的认定，在司法实践中存在较大争议，因而值得深入讨论。以下以北京市海淀区人民法院判决的两个案件为例，加以分析。

徐伟非法处置扣押的财产案

2007 年 3 月 26 日，徐伟驾驶京 H·B55××银色面包车在北京市海淀区苏州桥附近追尾，与他人发生轻微交通事故。由于徐伟未能出示车辆第三者强制责任险保险单，北京市海淀区公安交通管理机关依据《中华人民共和国道路安全法》之规定，扣押了该车辆，并对徐伟说："只要投保了交通险、缴纳了相关费用，就可以把车提走。"当天下午 2 点左右，徐伟用其备用钥匙到北京市联海安达违章事故车停车场私自将扣押车辆开走，离开了交警的控制范围，停车场值班人员发现车辆不见后迅速报告交警。事后交警与徐伟联系，但徐伟的手机始终无法联系。当交警找到徐伟时，徐伟正在汽车修理厂修理撞坏的面包车。徐伟说自己急着用车就先取车，然后再去办手续。

北京市海淀区公安分局依上述情况，以盗窃罪对徐伟采取强制措施。理由是虽然徐伟对车辆拥有所有权，但其车辆被公安机关扣押期间，车辆的权利就受到了限制，徐伟采取秘密的方式将公安机关已经依法滞留的车辆私自取回，其行为构成盗窃罪。

北京市海淀区人民检察院认为：交管部门扣押车辆后，就对车辆取得了合法的占有权，同时负有保管车辆和在车辆损失后赔偿的义务。徐伟只有履行了相应的手续后才能取得车辆的合法权利。徐伟的车辆在交管部门扣押期间，在刑法上已经被视为公共财产。徐伟不通过法定程序，秘密地取回自己的车辆，构成盗窃罪。

北京市海淀区人民法院经审理认为：徐伟的行为不构成盗窃罪。裁判理由是：（1）从犯罪的主观方面来说，被告人徐伟的犯罪故意是逃避公安机关的管理和处罚，而并非以非法占有为目的。盗窃罪构成的主观方面必须以非法占有为目的，而涉案车辆为被告人徐伟合法购买，却被公安机关依法扣押，但并不能因此而否认徐伟对于该车辆的合法所有权。而被告人徐伟擅自将该车取回后，并没有向公安机关追索，表明徐伟并没有非法占有该车或与该车等价值财产的目的，其擅自将车取回只是为了逃避公安机关的处罚及相应的民事赔偿责任。（2）从犯罪客体来说，被告人徐伟的行为并没有直接侵害公私财产所有权，而是侵害了司法机关的管理秩序。盗窃罪所侵害的直接客体是公私财产所有权，而被告人徐伟擅自取回的是本人所有的车辆，取回后亦没有向公安机关追索。这就意味着，在本案中，徐伟的行为并没有直接造成任何主体的财产损失，即没有侵害公私财产所有权。但是，其擅自取回被扣车辆的行为违反了交通管理的相关规定，扰乱了司法机关正常的管理秩序，故其行为侵害的客体应为司法秩序。可见，本案中被告人徐伟的行为不符合盗窃罪的犯罪构成。而依据盗窃罪的量刑标准，徐伟应被判处 3 年以上有期徒刑，这对于仅仅是为了逃避几百元罚款的徐伟来说，确实有失公平。另一方面，徐伟非法转移其被公安机关合法扣押的财产的行为也确实严重妨害了公安机关正常的管理秩序，具有一定的社会危害性，若不惩处亦有失公正。遂根据其行为特征及相关的法律规定，以非法处置扣押的财产罪判处被告人徐伟有期徒刑 10 个月。

在该案中，应该说，裁判理由对于徐伟的行为不构成盗窃罪作了正确的论证，是具有法理根据的，但对于徐伟的行为构成非法处置扣押的财产罪，则缺乏深入论证，而只是从行为具有社会危害性这一实质判断出发，未对徐伟的行为是否符合非法处置扣押的财产罪进行规范分析。如果徐伟将被法院扣押的财产秘密窃取，其行为当然构成非法处置扣押的财产罪，正如同在陆惠忠案中那样。但徐伟窃取的是被公安交通管理机关扣押的财产，正如同王彬案的裁判理由所论证的那样，其行为不构成盗窃罪。那么，其行为是否构成非法处置扣押的财产罪呢？关键问题在于：公安交通管理机关是否属于刑法第 314 条所规定的司法机关？公安机关当然不属于狭义上的司法机关，有时包括在广义的司法机关当中，例如刑法所规定的司法工作人员，在解释上就包括公安人员，即在公安机关工作的有关人员。但对于刑法第 314 条规定的司法机关，仅从字面上理解是远远不够的，而是要分析该条所规定的非法处置扣押的财产罪侵害的法益是什么。我国学者在涉及该罪侵犯的客体时指出：

> 本罪侵犯的客体是司法机关的正常活动。司法机关查封、扣押、冻结财产的活动是司法机关在诉讼过程中，为了保证诉讼的正常进行，对有关的财产采取的保全措施。如果在司法机关对财产进行查封、扣押、冻结以后，隐藏、转移、变卖、故意毁损这些财产，不仅严重破坏国家司法机关的正常诉讼活动，而且可能导致司法机关的裁判无法得到执行，造成国家、集体或者公民个人财产损失。①

由此可见，非法处置扣押的财产罪，侵犯的是司法机关的诉讼活动，其财产也是在诉讼活动中被扣押的财产。这里的诉讼，是在广义上而言的。正如立法机关指出：

> 需要指出的是，本条（指刑法第 314 条——引者注）规定的隐藏、转移、变卖、故意毁损已被司法机关查封、扣押、冻结的财产的行为不限于刑事诉讼，也包括在民事、行政诉讼中的行为。②

正因为非法处置扣押的财产罪是与诉讼活动相关联的，所以某一行为是否构成非法处置扣押的财产罪，关键不在于扣押的机关是否是司法机关，而在于是否在诉讼活动中基于保障诉讼正常进行的目的而扣押。如果是公安机关在侦查过程中扣押的财产，同样可以成为非法处置扣押的财产罪中的财产。根据这一界定，在该案中，并不存在诉讼活动，徐伟的行为只是违反了交通管理法规，公安交通管理机关

---

① 周道鸾、张军主编：《刑法罪名精释》，3 版，617 页，北京，人民法院出版社，2007。
② 胡康生、郎胜主编：《中华人民共和国刑法释义》，3 版，474 页，北京，法律出版社，2006。

对徐伟实施的是行政处罚，因此，徐伟窃回被公安交通管理机关扣押的本人车辆的行为，不构成非法处置扣押的财产罪。根据法无明文规定不为罪的罪刑法定原则，徐伟应当是无罪的。当然，对其进行行政处罚是完全应当的。

任伟夫妇盗窃案

2008 年 4 月 14 日上午 10 时许，任伟在北京市海淀区西二旗地铁站西侧驾驶着一辆吉利车拉黑活，被海淀区上地城管分队执法人员当场查获并将该车扣押，并停放于上地城管分队停车场内。1 个小时后，任伟伙同妻子李建娣使用备用钥匙秘密将该车开出，因停车场管理员阻拦后报警而未得逞。

任伟夫妇被北京市海淀区公安分局以非法处置扣押的财产罪刑事拘留，北京市海淀区人民检察院以盗窃罪起诉，北京市海淀区人民法院经审理认为：本案涉案车辆已经被海淀城管大队依法扣押，在此期间，任伟夫妇已无权支配该车，但二人仍采取秘密手段窃取该车辆，其行为已符合盗窃罪的构成要件。鉴于任伟夫妇犯罪未遂，而且主观恶性不大，海淀区人民法院对任伟夫妇以盗窃罪各判处有期徒刑 1 年半，并分处罚金 2 000 元。

任伟夫妇盗窃案与徐伟非法处置扣押的财产案相比，其行为是相同的，只是徐伟是从公安交通管理机关窃取本人被扣押的车辆，而任伟夫妇是从城管部门窃取本人被扣押的车辆。其实，海淀区人民法院关于徐伟不构成盗窃罪的理由同样适用于任伟夫妇，那么为什么海淀区人民法院不惜否定先行判决而对任伟夫妇以盗窃罪论处呢？这是因为在徐伟非法处置扣押的财产案中，公安机关不可以解释为司法机关，因而改变罪名，认定为非法处置扣押的财产罪。然而在任伟夫妇盗窃案中，城管部门无论如何也不能被解释为司法机关，非法处置扣押的财产罪无论如何是定不上的。如果按照徐伟非法处置扣押的财产案的裁判理由，任伟夫妇也不构成盗窃罪，无罪是必然之结果。在徐伟非法处置扣押的财产案中，法院已经将这种行为具有社会危害性的实质判断放在优先位置上。这样，对任伟夫妇转而定盗窃罪也就是必然结果了。因此，对任伟夫妇之定罪，可以说是实质判断战胜形式判断的结果。

呜呼！

第 4 节 利用柜员机故障恶意取款行为之定性研究

案名：许霆盗窃案

主题：盗窃罪 侵占罪 诈骗罪 不当得利

许霆盗窃案（以下简称许霆案）本来只是一起普通的刑事案件，但在被媒体披露以后，在社会上引发广泛的关注，学者之间对该案的定性也存在严重的分歧。去除对待许霆案的一些非理性因素，从刑法专业与规范分析的视角正确地评判许霆案的定罪量刑，对于以后处理同类型的案件具有重要的参考价值。本节以许霆案[①]为例，对于利用柜员机[②]故障恶意取款行为如何定性的问题加以探讨。

一、案情及诉讼过程

许霆案可谓一波三折。2007 年 9 月 27 日广州市人民检察院以盗窃罪向广州市中级人民法院起诉，2007 年 12 月 17 日广州市中级人民法院以许霆犯盗窃罪判处无期徒刑。本案上诉以后，2008 年 1 月 9 日广东省高级人民法院以事实不清、证据不足为由发回重审。2008 年 3 月 31 日广州市中级人民法院重审以后以许霆犯盗窃罪，判处有期徒刑 5 年，并处罚金 2 万元。本案再次上诉以后，2008 年 5 月 23 日广东省高级人民法院二审裁定驳回上诉、维持原判，并将裁定依法报请最高人民法院核准。2008 年 8 月 20 日，最高人民法院核准对许霆案的判决。在上述有关司法文书中，广州市中级人民法院原一审判决对许霆行为的定性只有简单说明，广州市中级人民法院重审一审判决则对许霆案的定性作了较为充分的论证，尤其是对被告人许

---

① 本案刊载于谢望原、付立庆主编：《许霆案深层解读——无情的法律与理性的诠释》，北京，中国人民公安大学出版社，2008。

② 柜员机，也称为取款机、提款机，在本节中，统一称为柜员机。

霆及其辩护人的辩解、辩护意见作了评判。不仅如此，广州市中级人民法院刑二庭庭长甘正培还对许霆案为何前后量刑相差悬殊进行了判后答疑，进一步阐述了裁判理由。同样，广东省高级人民法院重审二审裁定书也对许霆的行为应当按照盗窃罪予以处罚的理由从三个方面作了详细阐述。在判决以后，本案二审的审判长刘锦平法官也就恶意取款符合秘密窃取的特征作了二审判后答疑。所有这些资讯，都为我们从法理上分析许霆案提供了较为丰富的司法素材。现将本案的案情及裁判理由引述如下（个别处有删减）：

　　被告人许霆，男，1983 年出生，汉族，出生地山西省襄汾县，文化程度高中，住山西省临汾市。因涉嫌犯盗窃罪于 2007 年 5 月 22 日被羁押，同年 6 月 5 日被刑事拘留，同年 7 月 11 日被逮捕。

　　广东省广州市人民检察院以穗检公二诉［2007］176 号起诉书指控被告人许霆犯盗窃罪，于 2007 年 10 月 15 日向本院提起公诉。本院依法组成合议庭，公开开庭审理了本案，于 2007 年 11 月 20 日作出（2007）穗中法刑二初字第 196 号刑事判决，被告人许霆提出上诉。广东省高级人民法院于 2008 年 1 月 9 日作出（2008）粤高法刑一终字第 5 号刑事裁定，撤销原判，发回重审。本院依法另行组成合议庭，公开开庭审理了本案。

　　广东省广州市人民检察院指控：2006 年 4 月 21 日，被告人许霆伙同郭安山（另案处理）窜至广州市天河区黄埔大道西平云路的广州市商业银行柜员机，利用银行系统升级出错之机，多次从该提款机取款。至 4 月 22 日许霆共提取现金人民币 175 000 元，之后，携款潜逃。该院当庭宣读、出示了受害单位的报案陈述，证人黄某某、卢某、赵某某等人的证言，公安机关出具的抓获经过，受害单位提供的银行账户开户资料、交易记录、流水清单、监控录像光碟，郭安山和许霆的供述等证据，据此认为被告人许霆以非法占有为目的，盗窃金融机构，数额特别巨大，其行为已触犯《中华人民共和国刑法》第 264 条第（1）项之规定，构成盗窃罪，提请本院依法判处。

　　被告人许霆在本次庭审中对公诉机关指控的事实无异议，但辩解：

（1）其发现柜员机出现异常后，为了保护银行财产而把款项全部取出，准备交给单位领导。（2）柜员机出现故障，银行也有责任。

辩护人提出的辩护意见是：（1）本案事实不清，证据不足。理由如下：1）被告人许霆只记得其银行卡内有170多元，具体数额记不清楚，证实其账户余额为176.97元的证据只有银行出具的账户流水清单，无其他证据印证。2）账户流水清单记录的时间、次序有误。3）银行的柜员机为何出现错误、出现何种错误不明确。因此，本案无法得出许霆账户口只有176.97元及其每取款1 000元账户仅扣1元的必然结论。（2）被告人许霆的行为不构成犯罪，重审应当作出无罪判决。理由如下：1）许霆以实名工资卡到有监控的柜员机取款，既没有篡改密码，也没有破坏机器功能，其行为对银行而言是公开而非秘密。许霆取款是经柜员机同意后支付的，其行为是正当、合法和被授权的交易行为。因此，许霆的行为不符合盗窃罪的客观方面特征，不构成盗窃罪。2）许霆通过柜员机正常操作取款，在物理空间和虚拟空间上都没有进入金融机构内部，因此，许霆的行为不可能属于盗窃金融机构。3）许霆的占有故意是在柜员机错误程序的引诱下产生的，有偶然性；柜员机出现异常的概率极低，因而许霆的行为是不可复制、不可模仿的；本案受害单位的损失已得到赔偿，许霆行为的社会危害性显著轻微；现有刑法未对本案这种新形势下出现的行为作出明确的规定，法无明文规定不为罪，应对其作出无罪判决。4）许霆的行为是民法上的不当得利，因该不当得利行为所取得财产的返还问题，应通过民事诉讼程序解决。

经审理查明：2006年4月21日晚21时许，被告人许霆到广州市天河区黄埔大道西平云路163号的广州市商业银行柜员机（ATM）取款，同行的郭安山（已判刑）在附近等候。许霆持自己的不具备透支功能、余额为176.97元的银行卡准备取款100元。当晚21时56分，许霆在柜员机上无意中输入取款1 000元的指令，柜员机随即出钞1 000元。许霆经查询，发现其银行卡中仍有170余元，遂意识到银行柜员机出现异常，能够超出账户余额取款且不能如实扣账。许霆于是在 21 时 57 分至 22 时 19 分、23 时 13 分至 19 分、次日零时 26 分至 1 时 06 分三个时间段内，持银行卡在该柜员机指令取款 170 次，共计取款 174 000 元。许霆告知郭安山该台柜员机出现异常后，郭安山亦采用同样手段取款 19 000 元。同月 24 日下午，许霆携款逃匿。

广州市商业银行发现被告人许霆账户交易异常后，经多方联系许霆及其亲属，要求退还款项未果，于 2006 年 4 月 30 日向公安机关报案。公安机关立案后，将许霆列为犯罪嫌疑人上网追逃。2007 年 5 月 22 日，许霆在陕西省宝鸡市被抓获归案。案发后，许霆及其亲属曾多次与银行及公安机关联系，表示愿意退赔银行损失，但同时要求不追究许霆的刑事责任。许霆至今未退还赃款。

另查明，2006 年 4 月 21 日 17 时许，运营商广州某公司对涉案的柜员机进行系统升级。4 月 22 日、23 日是双休日。4 月 24 日（星期一）上午，广州市商业银行对全行离行式自动柜员机进行例行检查时，发现该机出现异常，即通知运营商一起到现场开机查验。经核查，发现该柜员机在系统升级后出现异常，1 000 元以下（不含 1 000 元）取款交易正常；1 000 元以上的取款交易，每取款 1 000 元按 1 元形成交易向银行主机报送，即持卡人输入取款 1 000 元的指令，柜员机出钞 1 000 元，但持卡人账户实际扣款 1 元。

对被告人许霆及其辩护人的辩解、辩护意见，本院评判如下：

1. 关于辩护人提出本案事实不清、证据不足的意见，经查，第一，完整流水记录数据和涉案账户取款交易明细以及账户流水清单证实，被告人许霆的银行卡账户在案发前余额为 176.97 元，案发期间共成功取款 171 次，其中 167 次每次取款 1 000 元，账户实际每次扣款 1 元，4 次每次取款 2 000 元，账户实际每次扣款 2 元。许霆共取款 175 000 元，账户实际共扣款 175 元。银行监控录像证实许霆及郭安山在涉案柜员机取款，记录的时间与完整流水记录数据及账户流水清单记录的时间相对应。此外，许霆及郭安山的供述亦证实,许霆取款前账户余额只有 170 多元,但在涉案柜员机共取款 17 万余元。第二,广州市商业银行出具的情况说明证实,该单位每天 23 时以后切换会计日期记账,导致账户流水清单将 23 时以后的取款日期记录为次日,因而记录的部分时间和次序有误。第三,广州市商业银行的书面报案陈述以及其工作人员黄某某、卢某的证言证实,涉案柜员机的异常是由于系统升级造成的,出现的异常情况是持卡人指令取款 1 000 元,柜员机也出钞 1 000 元,但持卡人账户实际扣账为 1 元。上述证据在账户余额、取扣款金额、取扣款次数以及柜员机出现异常情况等方面均能相互印证,足以证实因涉案柜员机出现异常,许霆持本人仅有 176.97 元的银行卡,在该柜员机上 171 次取款 175 000 元,账户实际仅扣 175 元的事实。辩护人提出的本案事实不清、证据不足的辩护意见不能成立。

2. 关于辩护人提出被告人许霆的行为不构成盗窃罪,是民法上的不当得利,应对其作出无罪判决,以及许霆提出其是保护银行财产而取款的意见,经查,许霆是在正常取款时,发现柜员机出现异常,能够超出余额取款且不能如实扣账之后,在三个时间段内 170 次指令取款,时间前后长达 3 个小时,直至其账户余额仅剩 1.97 元为止,然后携款逃匿。其取款的方式、次数、持续的时间以及许霆关于其明知取款时"银行应该不知道""机器知道,人不知道"的当庭供述,均表明许霆系利用柜员机系统异常之机,自以为银行工作人员不会及时发现,非法获取银行资金,与储户正常、合法的取款行为有本质区别,且至今未退还赃款,表明其主观上具有非法占有银行资金的故意,客观上实施了秘密窃取的行为。许霆的行为符合盗窃罪的主、客观特征,构成盗窃罪。许霆关于是为保护银行财产而取款,并准备把款项交给单位领导的辩解,缺乏事实根据,不能成立。辩护人关于许霆的行为不构成盗窃罪,属于民法上的不当得利,应对许霆作出无罪判决的辩护意见亦不能成立。

3. 关于辩护人提出被告人许霆的行为不属于盗窃金融机构的意见,

本院认为，柜员机是银行对外提供客户自助金融服务的专有设备，机内储存的资金是金融机构的经营资金，根据最高人民法院《关于审理盗窃案件具体应用法律若干问题的解释》（已失效，下同——引者注）第 8 条关于"刑法第二百六十四条规定的'盗窃金融机构'，是指盗窃金融机构的经营资金、有价证券和客户的资金等，如储户的存款、债券、其他款物，企业的结算资金、股票，不包括盗窃金融机构的办公用品、交通工具等财物的行为"的规定，许霆的行为属于盗窃金融机构。辩护人关于许霆的行为不属于盗窃金融机构的辩护意见于法无据，不予采纳。

　　本院认为，被告人许霆以非法占有为目的，采用秘密手段窃取银行经营资金的行为，已构成盗窃罪。许霆案发当晚 21 时 56 分第一次取款 1 000 元，是在正常取款时，因柜员机出现异常，无意中提取的，不应视为盗窃，其余 170 次取款，其银行账户被扣账的 174 元，不应视为盗窃，许霆盗窃金额共计 173 826 元。公诉机关指控许霆犯罪的事实清楚，证据确实、充分，指控的罪名成立。许霆盗窃金融机构，数额特别巨大，依法本应适用"无期徒刑或者死刑，并处没收财产"的刑罚，鉴于许霆是在发现银行柜员机出现异常后产生犯意，采用持卡窃取金融机构经营资金的手段，其行为与有预谋或者采取破坏手段盗窃金融机构的犯罪有所不同；从案发具有一定偶然性看，许霆犯罪的主观恶性尚不是很大。根据本案具体的犯罪事实、犯罪情节和对社会的危害程度，对许霆可在法定刑以下判处刑罚。依照《中华人民共和国刑法》第 264 条、第 63 条第 2 款、第 64 条，以及最高人民法院《关于审理盗窃案件具体应用法律若干问题的解释》第 3 条、第 8 条的规定判决如下：（1）被告人许霆犯盗窃罪，判处有期徒刑 5 年，并处罚金 2 万元。（刑期从判决执行之日起计算。判决执行以前先行羁押的，羁押一日折抵刑期一日，即自 2007 年 5 月 22 日起至 2012 年 5 月 21 日止。罚金自本判决发生法律效力的第二日起一个月内向本院缴纳）。（2）追缴被告人许霆的犯罪所得 173 826 元，发还受害单位。

　　被告人许霆不服一审判决，提出上诉，上诉理由是：（1）原判认定柜员机异常是因计算机系统升级造成，该事实没有证据证实，缺乏升级记录等证据，故认定柜员机异常的事实不清，证据不足；（2）原判定性错误，上诉人实施的是交易行为，不是秘密窃取，不符合盗窃罪的客观构成要件，故上诉人的行为不构成盗窃罪。

其辩护人提出：（1）原判依然存在事实不清、证据不足的情形。原判认定涉案柜员机发生故障，却没有对柜员机进行司法鉴定，故申请对涉案柜员机进行司法鉴定，以证实柜员机确实发生了故障及发生什么故障，从而进一步证实许霆确实是取 1 000 元而银行卡账户只扣款 1 元的事实。（2）许霆的取款行为不符合盗窃罪的犯罪构成要件。因许霆的取款行为是完全公开的，不具备秘密性，许霆取款并没有违背银行的意志，是按照柜员机操作程序的提示经银行许可才取到款的，其行为没有侵犯银行对财产的处分权，不是窃取，故许霆的取款行为不属于秘密窃取，不构成盗窃罪。（3）许霆虽是恶意取款，但系柜员机的故障所造成。许霆的取款行为是与柜员机的双向交易行为，现行法律对这种行为是否构成犯罪没有明文规定，依照"法无明文规定不为罪""疑罪从无"的刑事基本原则，应当判处许霆无罪才能取得良好的法律效果和社会效果。（4）本案属于电子支付差错，属于民事纠纷。

辩护人还向二审法院提供了《广州市商业银行羊城借记卡章程》，其中第四条规定"凡密码相符的交易均视为持卡人的合法交易，持卡人须对该交易负责"。辩护人并据此认为由于许霆取款时使用的是正确的密码，故其取款行为不具有刑事违法性。

广东省人民检察院出庭履行职务的代理检察员认为：上诉人许霆恶意取款的行为在主观上具有非法占有的目的，客观上采取秘密窃取的手段取得银行财产，其行为符合盗窃罪的构成要件，且属于盗窃金融机构，数额特别巨大。原判认定事实清楚，证据确实、充分，定罪准确。原判还考虑到许霆盗窃行为的特殊情况，对许霆在法定刑以下判处刑罚，量刑适当。故建议驳回上诉、维持原判。

二审法院经审理认为：本案事实清楚，证据确实、充分。广州市商业银行提供的涉案柜员机的《完整流水记录数据》及《涉案账户取款交易明细》证实，上诉人许霆的银行卡于案发时在涉案柜员机共成功取款 171 笔，其中 167 笔取款 1 000 元、4 笔取款 2 000 元，共计取款 175 000 元，而该行提供的许霆银行卡账户的《账户流水清单》记录了账户扣款流水数据，证实许霆的银行卡账户在案发前余额为 176.97 元，案发时共取款 171 笔，其中 167 笔扣 1 元，4 笔扣 2 元，共计扣款 175 元。上述书证均系银行原始的记账凭证，所记录的流水数据与许霆本人供述的查询余额情况、取款次数、取款金额、账户余额及扣款金额均能相互对应和吻合，足以证实许霆的银行卡在柜员机上取款 1 000 元而账户只扣 1 元、取款 2 000 元账户只扣 2 元，许霆共取款 175 000 元，其账户共扣款 175 元的事实。广州市商业银行提供的书面报案材料以及其工作人员黄某某、卢某的证言，证明了柜员机的异常是由于运营商对涉案柜员机进行系统升级造成的。二审中本院调取的柜员机运营商出具的柜员机升级记录及相关说明，进一步证实了涉案柜员机在升级维护中由于操作失误出现了异常及具体技术原因，从而出现在该柜员机上取款 1 000 元而账户只扣 1 元、取款 2 000 元账户只扣 2 元的故障；许霆及郭安山的供述亦印证了涉案柜员机出现的具体故障情况。上述大量的证据相互印证，已经形成了完整的证据链，足以证实许霆在首次取款后明知柜员机出现了故障，再恶意取款 170 次 174 000元，而其账户只扣款 174 元的事实。尽管本案没有对涉案柜员机进行司法鉴定，但认定该柜员机出现了故障及出现何种故障、出现故障的具体原因均已查明，是否对涉案柜员机作出司法鉴定并不影响对本案事实的认定。故对辩护人提出的要求对涉案柜员机进行司法鉴定的申请不予采纳。

　　对于辩护人向本院提交的《广州市商业银行羊城借记卡章程》第四条规定，本院认为，该书证与本案缺乏关联性。《广州市商业银行羊城借记卡章程》第四条的全部内容是："持卡人应妥善保管本卡，谨记密码，并不得向他人泄露。持卡人使用本卡时，必须输入正确的密码，凡密码相符的交易均视为持卡人的合法交易，持卡人须对该交易负责。"从该规定的全部内容来看，这是银行提醒持卡人应当妥善保管银行卡和密码，任何人持有银行卡并输入了正确的密码，所发生的后果均由持卡人负责。该章程第二十条规定，章程由广州市商业银行负责解释。正如该行对此出具的解释所称，"凡密码相符的交易均视为持卡人的合法交易，持卡人须对该交易负责"的意思是"对密码相符的交易视为持卡人本人的交易，而非他人的交易，持卡人须对交易后引起的一切后果负责"。故上述规定只是银行设立的当非持卡人本人持卡和密码取款发生纠纷时的银行免责条款，其合法性是特指凡密码相符的交易行为产生的法律后果及于持卡人的法律效力而言，并没有对交易行为是否正当等其他方面进行合法性评价。如利用盗、抢得他人的银行卡和密码到柜员机取了款，显然是非法的，但因密码正确，银行却可以依照该规定视为该交易合法，对持卡人的损失不承担责任。另外，判断许霆的行为是否具有刑事违法性要看许霆的行为是否触犯了刑法的规定。许霆取款时虽使用了正确的密码，但仅只是说明许霆取款的手续符合柜员机的操作要求，取款的交易后果及于持卡人，不能仅因此就能得出其整个取款行为合法的结论。持银行卡取款时输入正确的密码是基本的要求，但不是判断整个取款行为是否合法的唯一要求，取款同时还要本着诚实信用原则，不得侵犯他人的财产所有权。故对于辩护人在二审期间提供的该份证据，因与本案缺乏关联性，不能因此得出许霆的取款行为合法的结论，本院不予认定。

综上，本院对于许霆及其辩护人提出的本案事实不清、证据不足的意见不予采纳。

本院还认为：许霆恶意取款的行为已经构成了犯罪，触犯了刑法（2006年修正——引者注）第二百六十四条第（一）项的规定，应当按照盗窃罪予以处罚。其理由如下：

（一）许霆恶意侵犯公共财产所有权的行为具有严重的社会危害性

许霆第一次在柜员机取款并多占有银行 999 元的利益属于民法上的不当得利,不是盗窃行为。因为许霆第一次取款时系无意中误输入 1 000 元的取款金额而导致多占有银行 999 元,许霆既不是故意要超余额取款,也不可能预见到银行柜员机出错,会出现取 1 000 元只从账上扣款 1 元的情况,故其主观上既没有非法占有银行财产的故意,也没有过失,其行为不是侵权行为,更不是犯罪行为。但许霆多占有银行 999 元的利益没有法律上的依据,属于民法上的不当得利,应当由民事法律来调整。

　　但是,许霆通过第一次无意地多取款并查询余额后,明知柜员机出现了异常并能够多占有银行资金,便连续取款 170 次,取款金额达 174 000 元,非法占有银行财产 173 826 元,尔后又携款潜逃,至今都未能退赃。许霆的上述行为已经属于一种严重侵权行为,不仅严重侵犯了公共财产的所有权,给国家财产造成了巨大损失,还危害了国家金融机构正常的金融秩序,损害了金融安全,具有严重的社会危害性。

　　(二) 上诉人许霆恶意取款的行为具有刑事违法性,符合盗窃罪的犯罪构成要件

　　首先,许霆主观上具有非法占有银行财产的故意。许霆在明知柜员机出现上述异常后,竟然在 3 个多小时内连续 170 次恶意取款,其行为相对第一次无意多取款的行为发生了本质的变化,从没有犯罪意图到临时产生了非法占有银行资金的故意。第一,许霆在第一次取款并通过查询银行卡余额后,已经明知柜员机出现了异常,能够超出余额取款且不能如实扣账,每次取款都能非法占有银行资金;第二,许霆利用柜员机的异常,主动多次实施取款行为,积极追求非法占有银行财产的目的;第三,许霆在取款后为逃避法律责任,又携款潜逃,最终实现非法占有银行财产的目的。上述事实充分说明了许霆主观上具有侵犯公共财产所有权的故意,其取款行为的目的就是非法占有银行财产。

　　其次,许霆客观上实施的非法取款的手段符合秘密窃取的特征。盗窃罪中规定的秘密窃取指的是行为人采取自认为不被财物所有人或保管人当

场发觉的方法，违背财物所有人、保管人的意志，利用非暴力的手段取得财物的行为。即秘密具有主观性、相对性的特点：主观性指的是行为人主观上自认为其行为未被发觉，至于实际是否被发觉并不影响秘密性的成立；相对性指的是行为的秘密性只是相对于财物所有人或保管人而言，即只要行为人自认为不会被财物所有人或保管人发觉即可，至于是否会被其他第三人或财物所有人、保管人设置的工具发觉不受影响。秘密性还只相对于行为实行的当时而言，至于行为事后是否会被发觉亦不影响秘密性的成立。而窃取指的是行为人的行为具有违背财物所有人、保管人的意志性和手段的非暴力性。本案中，柜员机只是银行用于经营、保管资金的智能工具，当出现故障时，柜员机已不能正确执行和代表银行的意志。许霆利用银行柜员机出现的故障，并趁银行工作人员尚未及时发觉柜员机的故障并对该柜员机采取有效保护措施之机，连续 170 次恶意取款。许霆取款时不仅明知柜员机出现了故障，而且通过第一次取款的成功，知道银行工作人员不会当场察觉到其恶意取款行为，且事实上银行也是直到许霆作案后第三天才发觉。上述事实足以说明许霆主观上产生了其非法占有银行财产的行为不会被银行工作人员当场发觉的侥幸心理。虽然许霆持有的是其本人的银行卡，柜员机旁亦有监控录像，这些都只是使银行事后能够查明许霆的身份，而不足以使银行当场发觉并制止许霆的恶意取款行为，所以许霆的行为具有"秘密性"特征。许霆持不具备透支功能的银行借记卡超余额取款，且每次取款银行卡账上都不能如实扣款，其恶意取款的行为之所以能够实现，是因为柜员机出现了异常，不能正确执行银行的指令，导致出现的不如实扣账等故障情况违背了银行的真实意思，故许霆非法占有银行资金的行为显然违背了银行的意志。许霆取款时虽然输入了正确的密码，但许霆是基于非法占有银行资金这一犯罪目的进行取款，在此前提下，其操作取款行为只是许霆非法占有银行财产的一种手段，密码是否正确并不影响行为的定性，仅说明其行为具有非暴力性。综上，许霆的恶意取款行为完全符合秘密窃取的法律特征。

最后，许霆的行为属于盗窃金融机构，且数额特别巨大。最高人民法院《关于审理盗窃案件具体应用法律若干问题的解释》第八条规定："刑法第二百六十四条规定的'盗窃金融机构'，是指盗窃金融机构的经营资金、有价证券和客户的资金等，如储户的存款、债券、其他款物，企业的结算资金、股票，不包括盗窃金融机构的办公用品、交通工具等财物的行为。"本案中，柜员机是银行对外提供客户自助金融服务的设备，机内储存的资金是金融机构的经营资金，许霆盗窃柜员机中资金的行为依法属于盗窃金融机构的行为。许霆共计取款成功 171 次，取款金额共计 175 000元，其银行卡账上共计被划扣 175 元。许霆首次取款的 1 000 元，因其不具备犯罪意图，不计为盗窃金额；其后 170 次共计取款 174 000 元，但银行为此从许霆银行卡账上扣款 174 元，许霆实际只非法占有银行资金173 826元。故认定许霆盗窃银行经营资金共计 173 826 元，依法属于数额特别巨大。

（三）许霆的恶意取款行为具有应受刑罚处罚性

许霆的恶意取款行为已经不是民事侵权行为，其主观恶性及违法程度已经远远超出了民事违法的范畴，如果不受刑罚制裁，就不足以防止类似行为的出现，不能实现刑罚的预防目的。许霆没有法定的不承担刑事责任的情形，应当按照刑法相关规定处罚。

许霆的行为已经构成盗窃罪，且属盗窃金融机构，数额特别巨大，许霆没有法定减轻处罚情节，如仅适用刑法分则关于盗窃罪的规定，应当判处无期徒刑以上刑罚。但是，许霆的犯罪对象、犯罪手段、犯罪条件等具有特殊性：第一，许霆取款的柜员机出了故障，已非正常的金融机构。许霆并无犯罪预谋，正是偶然发现了柜员机的异常情况才临时产生犯意，许霆的盗窃行为之所以得逞，除了其本人主动实施恶意取款行为外，柜员机的故障客观上提供了便利。许霆的犯罪是一个从量变到质变的发展过程，随着许霆不停地恶意取款，柜员机的故障亦助使其得逞，导致许霆的主观恶性越来越大，行为的社会危害性越来越严重。第二，许霆的行为虽然构成了盗窃罪，但其采取的犯罪手段在形式上合乎柜员机取款的要求，与采取破坏柜员机或进入金融机构营业场所内部盗窃等手段相比，其社会危害性要小。第三，许霆的犯罪极具偶然性，是在柜员机出现故障这样极为罕见和特殊的情形下诱发的犯罪，类似情况难以复制和模仿，对许霆科以适度的刑罚就能够达到刑罚的预防目的，没有必要对其判处无期徒刑以上刑罚。考虑到上述特殊情况，许霆具有可以减轻处罚的酌定情节，如果仅只适用刑法分则的规定，对许霆在法定量刑幅度内判处最低刑罚仍属过重，有违刑法总则中所规定的罪责刑相适应的基本原则。故对于许霆可以依照刑法总则第六十三条的规定，鉴于本案有可以在法定刑以下量刑的特殊情况，尽管许霆至今未退赃，但仍然可以在法定刑以下判处刑罚。

对于本案的量刑，既要考虑到许霆的行为具有严重的社会危害性，构成了盗窃罪，属于盗窃金融机构，数额特别巨大，又要充分考虑到许霆犯罪的偶然性及特殊性，对其在法定刑以下量刑既符合刑法关于罪责刑相适应的原则，又充分体现了法律效果与社会效果的统一。我国是适用成文法的国家，成文法始终存在一定的滞后性，无法包罗所有的犯罪现象和犯罪特征，很多酌定从严、从宽的量刑情节无法在已有的法律中规定。所以对被告人量刑既要考虑到法定情节，又要考虑到酌定情节及个案的特殊情况，只有将二者结合起来，综观全案妥善处理，才能最大限度地发挥成文法的优越性，弥补成文法的滞后性，充分体现法律效果与社会效果的统一。

综上所述，上诉人许霆以非法占有为目的，秘密窃取金融机构的经营资金，数额特别巨大，其行为侵害了刑法所保护的社会关系即公私财产的所有权，具有严重的社会危害性、明显的刑事违法性和应受刑罚处罚性，已构成盗窃罪。对于许霆及其辩护人提出的不构成犯罪的上诉理由及辩护意见均不予采纳。但鉴于许霆是在偶然发现柜员机出现异常后临时起意犯罪，只是利用柜员机的故障通过持卡取款的方式实施犯罪等特殊情况，其犯罪的主观恶性、犯罪情节和社会危害性的严重程度要比有预谋盗窃或采

取破坏性手段盗窃柜员机内的资金轻，虽然许霆没有减轻处罚的法定情
节，但依照刑法罪责刑相适应的基本原则，仍可对其在法定刑以下量刑。
原判认定事实清楚，证据确实、充分，定罪准确，量刑适当，审判程序合
法。依照《中华人民共和国刑事诉讼法》（1996 年——引者注）第一百八
十九条第（一）项及《中华人民共和国刑法》第六十三条第二款的规定，
裁定如下：驳回上诉，维持原判。本裁定依法报请最高人民法院核准。

应该说，在媒体及社会公众关注以后，许霆案的重审判决较为公开透明，判决
书的说理性大为增强，这是值得嘉许的。

二、民事不法抑或刑事犯罪

关于许霆案，最大的争议就在于罪与非罪的界限问题，即许霆的恶意取款行为
究竟是民事不法还是刑事犯罪。辩护律师始终坚持许霆的行为只是民事上的不当得
利并非刑事犯罪的辩护意见。在我国刑法学界，也有个别学者支持这种观点。

许霆的第一次取款行为当然是民事上的不当得利，对此并无争议。许霆插入真
实的借记卡输入正确密码，其本来只取 100 元，因为按错数字键，柜员机吐出
1 000元。许霆经查询取款机只在借记卡上扣除 1 元。在这一过程中，虽有许霆按
错数字键这一无心之过，但主要是因为柜员机故障而使许霆获得 999 元意外之财。
按照法律规定，许霆负有返还的义务，但并不能简单地因为没有返还而获罪。如果
构成侵占罪，应当严格地按照侵占罪的构成要件加以认定。

问题在于：许霆明知柜员机发生故障以后，利用柜员机的故障恶意取款 170
次，是否还属于民事上的不当得利？这里需要对不当得利的构成要件加以具体界
定。在许霆案中，许霆的恶意取款行为到底是否属于民事上的不当得利，是一个争
议的焦点问题。然而，争议双方都没有对不当得利进行充分的法理分析，即使法院
的判决也是如此。这不能不说是一个重大缺陷。

不当得利（unjust enrichment）是债的发生根据，属于债法的一个概念。不当
得利制度起源于古罗马法。在古罗马法中，建立在不正当的原因或法律关系基础上

第 4 章　侵犯财产罪

的财产增加称为不当得利（arricchimerto ingiusto）。① 在民法理论上，一般认为不当得利必须具备以下四个构成条件：

(1) 一方受有利益。所谓受有利益，是指因一定的事实结果而使其得到一定财产利益，既包括财产权利的增强或财产义务的减少，也包括财产应减少而未减少。

(2) 他方受有损失。既包括财产应减少而未减少，也包括财产利益应增加而未增加。

(3) 一方受利益与他方受损失之间有因果关系。他方的损失是因一方受益造成的，一方受益是他方受损的原因，受益与受损之间有变动的关联性。

(4) 没有合法根据。所谓没有合法根据，是指受益方利益的取得与受损方利益的损失没有法律上的原因。②

应该说，上述不当得利的构成要件只是对不当得利这种法律事实作了某种程度的描述，尚未涉及不当得利与其他法律行为相区分的一些重要法律问题，例如，不当得利在客观上是作为还是不作为，在主观上是善意还是恶意等。对于这些问题，还需要结合不当得利的具体类型加以深入研究。

我国台湾地区学者王泽鉴教授提出了不当得利的类型化的概念。在民法中对不当得利有一个统一的规定，然而在现实生活中，不当得利的现象是多种多样的，因此需要建立不当得利的类型。王泽鉴教授指出：

不当得利类型化，可以使我们更清楚地认识各种不当得利的功能与其成立要件，尤其是最具争议性的直接损益变动关系，对于不当得利制度的解释适用，具有助益。③

---

① 参见［意］彼德罗·彭梵得：《罗马法教科书》，黄风译，398 页，北京，中国政法大学出版社，1992。

② 《北京大学法学百科全书·民法学·商法学》，73 页，北京，北京大学出版社，2004。

③ 王泽鉴：《法律思维与民法实例·请求权基础理论体系》，143 页，北京，中国政法大学出版社，2001。

330

不当得利的类型不同，其具体的构成要件也是有所不同的。理解这一点，对于解决在不当得利构成要件上的争议具有重大意义。在古罗马法中，不当得利的类型是以针对不当得利提起诉讼的方式体现出来的。针对不当得利提起的诉讼一般被称为返还不当得利之诉（condictiones sine causa），它们分别是：

（1）当为了换取对方相应的给付而向他人给付了自己的财产时，可提起因给付的要求返还之诉（condictio ob causam datorum）。

（2）当因错误而实行了不当清偿（即根据某种不存在的或无效的债实行了清偿）时，可提起错债索回之诉（condictio indebiti）。

（3）当实行给付或允许是为了使他人不实施不道德的和不合法的行为时，可提起因受讹诈的要求返还之诉（condictio ob turpem vel iniustam causam）。

（4）当人们要求返还根据任何一种不存在的或已终止存在的关系而给付的钱物时，可提起狭义的返还不当得利之诉（condictio sine causa）和返还无债因给付之诉（ob causam finitam）。[①]

关于不当得利的类型，除以返还不当得利之诉的类型体现出来以外，还可以从不当得利的原因上加以分类。不当得利既可因给付行为而发生，也可因给付行为以外的事实而发生。因此，王泽鉴教授认为，不当得利可以分为基于给付而受利益和基于给付以外事由而受利益两个类型，即给付不当得利和非给付不当得利。王泽鉴教授指出：

> 基于给付而生的不当得利，以非债清偿为典型，如甲不知买卖契约不成立，而支付价金于乙，乙受领价金自始欠缺给付目的，系无法律上原因而受利益，乙受领甲的给付，无法律上原因。基于给付外事由而生之不当得利，以侵害他人权益为典型，如甲擅将乙寄托之稀有邮票出售获利，或甲擅在乙的墙壁悬挂广告。于此情形甲之受益之所以不具法律上原因，乃

---

① 〔意〕彼德罗·彭梵得：《罗马法教科书》，黄风译，398～399 页，北京，中国政法大学出版社，1992。

因其取得了依权益内容应归属于乙之利益。由此可知，基于给付而生的不当得利，与基于给付外事由而生的不当得利，法律之所以使之成立不当得利，实有其不同的理由，应区别加以判断。①

根据以上对不当得利类型的界定，我们接下来讨论许霆的行为是否属于不当得利，这一点涉及罪与非罪的问题。

关于许霆案的性质，我国刑法学界主张许霆的行为不构成犯罪而属于民法中的不当得利观点的杨兴培教授指出：

> 许霆的行为完全符合不当得利的构成要件，应纳入民法的调整范围。我国民法通则（已失效——引者注）第 92 条规定："没有合法根据，取得不当利益，造成他人损失的，应当将取得的不当利益返还受损失的人。"不当得利的构成前提有以下两点：
>
> （1）行为人取得财物占有权没有合法的根据，这是不当得利构成的实质要件。就本案而言，许霆取得了巨款的占有权，是由于柜员机的故障所致。从民法的角度来分析本案，许霆不应当占有这一钱款，也无法取得对这一巨款的合法占有，因此要将钱款归还其真正的所有人。
>
> （2）行为人非积极主动地实施违法行为得利的同时造成他人的损失。许霆获得利益的同时使银行遭受了较大的经济损失。许霆的后续行为当然违反了民法的诚实信用原则，将没有被及时扣除的钱款继续从柜员机上提取，其主观上具有致使银行利益受损的目的，属于恶意受益，符合不当得利的构成要件。基于其主观目的的恶意性，其返还责任应该较善意受益人有所加重。因此，许霆除应将巨款返还给银行外，还应支付这段时间的银行利息；如果返还仍不能弥补银行遭受的损失，还要进行损害赔偿。②

---

① 王泽鉴：《法律思维与民法实例·请求权基础理论体系》，142 页，北京，中国政法大学出版社，2001。

② 杨兴培：《许霆案的行为性质认定和法理思考》，载《法学》，2008（3）。

在以上论述中，首先存在的问题是许霆的恶意取款行为属于不当得利的哪一种类型，然后再来分析其行为是否符合这一不当得利的构成要件。

许霆的恶意取款行为到底是基于给付以外事由而受利益的非给付不当得利，还是基于给付而受利益的给付不当得利？对此，需要结合这两种不当得利的构成要件加以分析。非给付不当得利发生的原因有三种：（1）由于行为。（2）由于法律规定。（3）由于自然事件。因此，非给付不当得利在客观行为上可能以作为的方式构成，即受益人积极实施某种行为使本人受益、他人受损。但非给付不当得利不具有给付性，这是它与给付不当得利的根本区分。而给付不当得利，是因为受损人的错误给付。受益人只是给付的接收者，其本身是一种不作为而非作为。在许霆案中，许霆的恶意取款行为是否属于给付不当得利，关键要看许霆的行为是作为还是不作为：如果许霆的行为是作为，那么就不可能构成给付不当得利；只有许霆的行为是不作为，才有可能构成给付不当得利。

这里涉及许霆的第一次取款行为与后续的 170 次取款行为之间在客观上的差别问题。在主张许霆的行为构成不当得利而非犯罪的观点中，大多都认为许霆的取款行为中前 1 次与后 170 次之间具有同一性，即"插真卡、输密码"因柜员机故障而获利。就获利而言，是柜员机故障造成的，许霆仅是消极的接收者，其行为形式属于不作为。我认为，许霆第一次取款与后续 170 次取款在客观行为性质上是不同的：第一次取款的本意是取借记卡中的 100 元，就此而言是作为。由于操作失误，从柜员机中吐出 1 000 元，其 999 元的获得是机器故障造成的不当给付。对此许霆是不作为，处于消极接收的境地。因此，第一次取款是正当取款行为（作为）与给付不当（不作为）的想象竞合。在这一次取款中，许霆对于 999 元不当得利是不作为，符合给付不当得利的构成要件，属于民事上的不当得利。后续的 170 次取款，虽然在表象上与第一次取款的操作过程是相同的，然而在性质上明显不同。这种差异，就在于后继的 170 次取款是利用柜员机故障恶意取款，因而已经是一种作为而非不作为。虽然柜员机发生了故障，但现金仍然存放在柜员机内，正是许霆的恶意取款行为非法占有了柜员机内的财物。

后续的 170 次取款的行为性质不同于第一次取款，是以许霆认识到柜员机存在故障为前提的。第一次取款时许霆不知柜员机存在故障，无意中获利；后续的 170 次取款时许霆明知柜员机存在故障，恶意地利用这种故障非法受益，其行为是以作为方式实施了非法占有金融机构财物的行为。那么，如何看待行为人主观认识上的变化而导致对其行为评价上的差异呢？辩护理由称：

> 许霆的取款行为在现行法体系内只能有一种确定的法律属性，要么是偷盗行为，要么是储户的取款行为，尽管取得的结果是：17.4 万元－176 元＝17.3……万元，即许霆每一笔 1 000 元取款，有 1 元应当归自己外，其余 999 元为多取的部分，但不能因许霆的主观意识对 999 元有恶意或善意的贪念，而改变其作为储户合法取 1 元钱行为的法律属性，否则，就会走进主观归罪的误区。更加不能得出取 1 元钱的行为部分为储户合法取款行为，而 999 元行为部分为盗窃犯罪行为的结论。[①]

这里应当指出，对同一行为分为两个部分进行法律评价，在刑法中是十分正常的现象。以刑法规定为例，刑法第 204 条第 2 款规定："纳税人缴纳税款后，采取前款规定的欺骗方法，骗取所缴纳的税款的，依照本法第二百零一条的规定定罪处罚；骗取税款超过所缴纳的税款部分，依照前款的规定处罚。"因此，对于以欺骗手段骗取国家出口退税款的同一行为，骗取的是所缴纳的税款部分定逃税罪，骗取的是非所缴纳的税款部分定骗取出口退税罪。又如，在司法实践中，根据刑法第 238 条第 3 款的规定，为索要债务而非法拘押、拘禁他人的，应定非法拘禁罪。但行为人为索取明显超出债务数额的财物而非法扣押、拘禁他人的，对于明显超过部分就应以绑架罪论处。上述两例，都是将同一行为分为两个部分进行评价，这在法律上是完全允许的。

问题在于：行为人主观要素的改变是否会影响对行为性质的法律评价？如果影响法律评价，是否属于主观归罪？对此，杨兴培教授指出：

> 许霆的行为形式没变，只是其主观心理发生了变化。因为其主观心理

---

① 许霆案（重审）一审辩护词，载谢望原、付立庆主编：《许霆案深层解读——无情的法律与理性的诠释》，331 页，北京，中国人民公安大学出版社，2008。

发生了变化，因此其行为性质也就发生了变化。肯定有罪者的观点，理由无非如此而已……从民法层面分析，我们只能认定取得第一笔钱款属于不当得利行为。第二次行为由于在客观上是合法的，不管许霆内心如何思想，都无论如何不能进入刑法的评价领域。由此我们只能无奈地认为，行为的合法与否，在法治的层面上，我们只能以行为的形式是否符合法律的规定为评价标准，舍此就很难说是法治意义上的标准。[①]

在此，存在合法性与违法性的评价标准问题，可以从以下三个方面加以分析：

一是许霆的行为是否属于民法上的合法交易行为。在辩护过程中，律师向法院提交了《广州市商业银行羊城借记卡章程》，其中第 4 条规定："凡密码相符的交易均视为持卡人的合法交易，持卡人须对交易负责。"律师据此认为，由于许霆取款时使用的是正确的密码，故其取款行为不具有刑事违法性。对此，二审判决作了合理的评判："上述规定只是银行设立的当非持卡人本人持卡和密码取款发生纠纷时的银行免责条款，其合法性是特指凡密码相符的交易行为产生的法律后果及于持卡人的法律效力而言，并没有对交易行为是否正当等其他方面进行合法性评价。"我认为，这一裁判理由是充足的。由此可见，在对某些条款作解释的时候，应当究其原意，而不能牵强附会地理解。

二是合法行为与违法行为区分的相对性。应当指出，合法行为与违法行为的区分是相对的，在一定条件下甚至是会发生转化的。因此，离开了特定条件，是无法对于某一行为究竟是合法行为还是违法行为作出正确判断的。例如杀人行为，在绝大部分情况下是违法行为，但也不排除正当防卫杀人是违法阻却的杀人，即不具有违法性的杀人行为。至于依照合法判决执行死刑命令，那就是合法的杀人行为。又如医生甲经诊断发现病人乙有感冒症状，遂给乙开感冒药，这一开药行为是正常的治疗行为。但假设甲知道乙患心脏病，吃了这种感冒药就会诱发心脏病而死亡，基于希望乙死亡的故意仍然开出感冒药，结果吃药致使乙死亡。从抽象来看，这一开药行为是对感冒的正常治疗行为，但在知道病人患心脏病，吃了感冒药就会诱发心

[①]　杨兴培：《许霆案的行为性质认定和法理思考》，载《法学》，2008（3）。

脏病而死亡的情况下仍然开药，这一开药行为就是一种杀人行为。① 在本案中也是如此。从形式上看，许霆是插真卡、输正确密码，似乎是合法交易行为，但他是在明知柜员机存在故障的情况下恶意取款，因此这一取款行为具有违法性。

三是违法性的判断标准。这是一个根本性的问题。关于这个问题，在刑法理论上存在一个从客观违法性论到主观违法性论的演变过程。最初在刑法理论上的通说是客观的违法性论，其口号是"违法是客观的，责任是主观的"，由此而把（客观）违法与（主观）责任加以严格区分。客观违法性论实际上就是客观构成要件论，认为构成要件是违法类型，因而正是构成要件的客观性决定了违法性的客观性。此后，德国学者麦兹格发现了主观违法要素，即在某些情况下，只从客观方面对行为的违法性是无从作出正确判断的，而必须考虑行为人的主观要素，例如目的犯之目的、倾向犯之倾向等。主观的违法要素实际上也是主观的构成要素，因此，有些学者虽然仍然坚持客观的违法性论，但承认主观构成要素。例如日本学者小野清一郎指出：

> 关于违法性这个问题，我也属于客观违法性论者。某一行为是否违法，原则上要由其客观外部方面来决定，所以，关于主观违法要素的存在，我大体上持怀疑态度。然而，否定主观违法要素，并不等于直接地否定了主观构成要件要素或主观违法类型要素。对于主观的构成要件要素，我是肯定的。②

无论是称主观违法要素还是称主观构成要件要素，主观要素对于违法性判断的意义现在已经为刑法理论所承认。例如日本学者大塚仁教授指出：

> 主观的违法要素被构成要件类型化时，就成为主观的构成要件要素。主观的构成要件要素只不过成为关于其存在与否的定型性判断的对象，而主观的违法要素则应该对其内容·程度进行更实质的考虑，两者有着不同的性质。在有些场合，由于存在某种主观要素，行为就被合法化。例如，

---

① 参见陈兴良：《许霆案的法理分析》，载《人民法院报》，2008 - 04 - 01。
② ［日］小野清一郎：《犯罪构成要件理论》，王泰译，59 页，北京，中国人民公安大学出版社，2004。

正当防卫中的防卫意思和紧急避险中的避险意思等即是。这种要素被称为主观的正当化要素（subjektive Rechtfertigungselemente）。[①]

因此，主观的违法要素与主观的正当化要素具有对应性，都表明主观要素具有违法化或者正当化的功能。因此，同一行为，如果主观上具有违法要素，就会被评价为违法行为；如果主观上具有正当化要素，就会被评价为合法行为。在许霆案中，第一次取款行为，是基于正当交易的目的，因而是一种合法交易行为。即使意外地多得 999 元，也应当认为是不当得利。但后续 170 次取款，许霆在主观上具有非法占有的目的，因而其行为应当被评价为犯罪行为。这种对同一行为根据主观意思的不同分别评价为合法行为或者违法行为，并非主观归罪，而恰恰是在客观构成要素具备的基础上，主观要素对于行为违法性的决定作用所致，是合乎刑法原理的。

许霆的取款行为，在主观上出于恶意并无异议。但不当得利是否主观上须出于善意，是否存在恶意的不当得利？这在民法理论上是存在争议的。我国民法通说认为，不当得利以受益人是否知情为标准可分为善意不当得利和恶意不当得利。受益人取得利益时不知其受益无合法根据的，是善意不当得利，反之，则为恶意不当得利。因此，我国民法理论认为：不当得利本质上是一种利益，与当事人的意志无关，只要存在不当得利这一事实，不论当事人意志如何，均应产生不当得利之债。[②]但也有学者不认同这种观点，认为只有善意地取得不应当取得的财产才是不当得利，否则就不是不当得利而是具有非法性的侵权行为。[③] 我认为，不当得利在受益人主观上是否必须为善意，换言之，受益人主观上出于恶意，是否可以构成不当得利，不可一概而论，而应当根据不当得利的具体类型加以考察。在无债清偿（condictio indebiti）的不当得利中，受益人主观上应出于善意，如为恶意或有欺诈，则对受益人要以盗窃论处。[④] 因此，在无债清偿这种不当得利类型中，主观上只能出

---

① ［日］大塚仁：《刑法概说（总论）（第三版）》，冯军译，309 页，北京，中国人民大学出版社，2003。

② 参见王利明等：《民法新论》（下），420 页，北京，中国政法大学出版社，1983。

③ 参见谢邦宇、李静堂：《民事责任》，404 页，北京，法律出版社，1991。

④ 参见周枏：《罗马法原论》，下册，771 页，北京，商务印书馆，1994。

于善意，尽管在其他类型的不当得利中主观上也可以是出于恶意的。而许霆利用柜员机故障恶意取款的行为，如果构成不当得利，只能是无债清偿的不当得利，但无债清偿的不当得利要求主观上出于善意，而许霆利用柜员机故障取款，主观上出于恶意，因此不符合无债清偿的不当得利的构成要件。

行文至此，可以对许霆的取款行为是否构成不当得利作一个总结。我的基本观点是：许霆的第一次取款行为属于不当得利，即无债清偿的不当得利，与之对应的是受损人可以提起错债索回之诉。在无债清偿的不当得利中，受益人在客观上是不作为，处于消极的接收地位；在主观上是善意的，是受损人之过错导致受益人的获利。许霆的第一次取款行为符合这一特征：其取款行为是正当交易行为，只是由于柜员机的故障许霆消极获利，客观上的不作为与主观上的善意，都符合无债清偿的不当得利的构成要件。后续的 170 次取款则与之不同：许霆在明知柜员机存在故障的情况下，出于非法占有的目的恶意取款。在这种情况下，许霆客观上是作为，主观上出于恶意，已经完全不符合无债清偿的不当得利的构成要件。

三、侵占罪之非议

我在上文论证了许霆的后续 170 次取款行为不是民法上的不当得利，其实同时也已经否定了许霆利用柜员机故障恶意取款的行为构成侵占罪，因为许霆的行为构成侵占罪的结论是以许霆的取款行为属于不当得利为前提的，前提不存，结论则无。在此，我还是想对许霆的行为构成侵占罪的观点为什么难以成立，不厌其详地加以阐述。

在重审一审判决后的判后答疑中，广州市中级人民法院刑二庭庭长甘正培与记者有这样一段对答：

记者：许霆的行为为何不定侵占罪？

甘正培：根据我国刑法第 270 条的规定，侵占罪是指将代为保管的他人财物或者他人的遗忘物、埋藏物非法占为己有，数额较大，拒不退还的行为。而被告人许霆所非法占有的是银行放在柜员机内用于经营的资金，该资金既不是他人的遗忘物、埋藏物，也不是银行委托许霆代为保管的财物，故许霆的行为不符合侵占罪的犯罪构成要件。①

在这一判后答疑中，甘正培庭长强调许霆所非法占有的是放在柜员机内的资金，因而不是侵占。这是正确的。当然，仅以该资金不是他人的遗忘物、埋藏物或者银行委托代为保管的财物而否认侵占在逻辑上是不周全的，因为侵占罪的客体，除上述三种以外，还包括不当得利的财物以及其他已然持有的财物。对于许霆的行为是否构成侵占罪，应当从以下三个方面加以考察：

（一）柜员机发生故障状态下款项的法律性质

在财产犯罪，侵占罪是一种十分独特的犯罪，它与其他财产犯罪之间存在明显的区别。这里涉及对财产犯罪的分类，而这恰恰是我国刑法研究中的一个薄弱环节。在我国刑法研究中，只是对刑法规定的财产犯罪逐个进行研究，对各个财产犯罪之间的关系缺乏统筹性的考察。其实，财产犯罪是一个整体，根据不同标准可以对财产犯罪进行细致分类，各种类型的财产犯罪具有各种特点，这对于正确地区分财产犯罪具有重要的参考价值。例如，在日本刑法中，财产犯罪可以作以下分类：（1）财物罪与利益罪；（2）针对全体财产之罪与针对个别财产之罪；（3）领得罪与毁弃罪，其中，领得罪又可以进一步分类。对此，日本学者西田典之教授指出：

领得罪还可以根据是否伴有占有的转移，区分为占有转移罪（也称为夺取罪）与侵占罪。根据占有的转移是否有违对方的意思，占有转移罪可以进一步区分为有违对方意思的盗取罪（盗窃罪、不动产侵夺罪、强盗罪），以及基于对方意思的交付罪（诈骗罪、恐吓罪）。②

可以说，人身犯罪主要是根据侵害客体进行分类，例如侵害生命的杀人罪、侵害身体的伤害罪、侵害性权利的强奸罪等。财产犯罪在侵害客体上是相同的，都属于对财产权利的侵害，因此主要是根据侵害方法进行分类。而侵占罪与其他财产犯

---

① 《前后量刑相差悬殊的背后——广州中院对许霆案的判后答疑》，载《法制日报》，2008-04-01。
② ［日］西田典之：《日本刑法各论（第三版）》，刘明祥、王昭武译，108页，北京，中国人民大学出版社，2007。

罪相比，是否存在占有转移是一个最大的差别：侵占罪是以已然持有为前提的，因而不存在占有转移；而其他财产犯罪在实施犯罪之前，财产处于他人持有之中，通过一定的犯罪方法使他人控制的财产转而处于本人控制之下，这就是所谓占有转移。因此，在实施犯罪前，财产是否处于行为人控制之下，就成为侵占罪与其他财产犯罪相区分的主要根据。

那么，在柜员机发生故障的情况下，银行资金处于一种什么样的状态呢？换言之，银行是否因为柜员机发生故障而丧失了对柜员机内资金的合法控制？对此，无论是主张有罪的观点还是主张无罪的观点，都不否认在柜员机发生故障的情况下，柜员机内的现金仍然处于银行的控制之中。例如，杨兴培教授指出：

> 虽然柜员机发生故障，但是从法律上来说，柜员机仍然为设置银行所有，机器内的钱款仍然属于设置银行所有，仍然为银行所控制。[1]

这一观点当然是正确的，正如同我把财物遗忘在家里，不能仅仅根据遗忘这一特征就把该财物确认为遗忘物，因为它仍然在家里放着，处于我的控制之下。

既然承认在柜员机发生故障的情况下，柜员机的现金处于银行的控制之下，那么就排除了已然持有这一构成侵占罪的前提条件。为什么还会认为许霆利用柜员机故障恶意取款的行为构成侵占罪呢？这就需要进一步分析柜员机内的现金转移到许霆手里这一占有转移过程的法律性质。

（二）柜员机内现金占有转移的法律性质

柜员机内现金占有转移过程，也就是许霆的取款过程。那么，许霆利用柜员机故障恶意取款行为的法律性质如何认定呢？主张许霆无罪的观点认为许霆的取款行为属于正常交易，至多其交易无效而已。例如其辩护律师在重审一审辩护词中指出：

> 许霆使用自己的实名银行卡到有监控、结算中心系统的柜员机上取款，输入的是自己的密码，付款申请也是以自己名义提出，又经过银行网络中心验证、同意后，主动交款，自始至终的取款行为都是公开的，不存

---

① 杨兴培：《许霆案的行为性质认定和法理思考》，载《法学》，2008（3）。

在秘密环节。银行机器的故障并不影响行为的公开性，只是影响了交易行为的有效性。①

虽然上述辩护意见是在论证许霆的取款行为不具有盗窃罪所要求的秘密性特征，但其基本逻辑还是将许霆的取款行为当作一种正当交易的行为。既然取款行为是正当的，那么许霆获得多于借记卡扣除数额的现金只是一种不当得利，即是银行错给。例如我国学者指出：

> 银行方面的失误是本案发生的必要前提，没有银行的失误，许霆的行为不可能取得非法所得，本案也不可能发生。错给不是许霆制造的，超出存款余额错给是这一柜员机故障本身就具有的性质，许霆只是利用罢了。②

这里涉及柜员机故障与许霆的取款行为性质之间相关性的分析。确实，如果柜员机不发生故障，许霆不可能进行恶意取款。因此，柜员机故障对于许霆的恶意取款行为具有诱发性。但是，能不能因为柜员机故障而将许霆的取款行为定性为"是银行错给"？这里需要研究的是柜员机故障所产生的银行过错的性质。对此，我国学者陈甦教授提出过错应根据所在的法律关系认定的命题，我是极为赞同的。陈甦教授指出：

> 柜员机发生失灵，利用柜员机提供服务的银行确有过错，但是，银行的过错要根据该过错所在的法律关系来认定。对于许霆而言，银行过错不是侵权上的过错，因为银行并未侵害许霆的权利；这个过错也不是违约上的过错，因为银行对许霆不构成违约上的责任。所以在许霆取款过程中，银行并没有违反对许霆的义务。许霆完全可以足额取走其借记卡上实际拥有的款项，至于柜员机少扣划的账户记载，日后由银行更改借记卡记录即可。
>
> 银行的过错仅仅是在许霆第一次取款时，因柜员机失灵造成许霆不当

---

① 谢望原、付立庆主编：《许霆案深层解读——无情的法律与理性的诠释》，331 页，北京，中国人民公安大学出版社，2008。
② 李飞：《析许霆案重审判决之两大错误》，载谢望原、付立庆主编：《许霆案深层解读——无情的法律与理性的诠释》，107 页，北京，中国人民公安大学出版社，2008。

得利。至于后来许霆实施侵权行为时，银行对许霆没有任何过错。如果脱离了待判定的过错所在的法律关系，将柜员机失灵与许霆盗取款项混为一个法律关系上的问题，就会得出银行反倒对许霆的侵权行为有过错的结论，而这种结论是非常错误的。①

因此，柜员机故障不能直接等同于银行的过错。柜员机故障对于善意取款人才是一个过错，其后果是构成受益人的不当得利。柜员机故障对于恶意取款人不是过错，而只不过是其利用来进行非法占有的一个便利条件。正如我忘了锁门，对于误入者来说是一个过错，但对于侵入者来说只是提供了一种条件。从这个意义上来说，许霆获得超过借记卡余额的款项是其恶意取得的结果，而不是银行错给的结果。这也就可以排除许霆的行为是不当得利，而是民法上的侵权行为，至于这种侵权行为在刑法上如何评价，那是另外一个问题。既然许霆的受益不是不当得利的结果，也就进一步排除了构成侵占罪的可能性。

（三）柜员机因故障而支付款项的法律性质

在许霆案中，存在两个行为：一是取款行为，二是占有行为。那么，到底哪一个行为是刑法评价的客体呢？这个问题直接关系到许霆的行为能否被认定为侵占罪。对此，我国学者认为插真卡、输密码无刑法评价意义，从出款口拿钱属于侵占脱离银行占有的遗忘物。在论证脱离银行占有的遗忘物时，我国学者高艳东博士指出：

在取款机出错时，银行虽然没有放弃所有权，但事实上无法占有出款口的资金，且该资金并非基于银行本意而脱离其占有，属于遗忘物。因此，从出款口拿钱就只能评价为侵占行为。②

显然，这种主张许霆的行为构成侵占罪的观点，其理由是十分独特的。一般主张许霆的行为构成侵占罪的观点，其理由都是许霆获得超过借记卡的款项属于民事上的不当得利，在不当得利的情况下拒不返还而构成侵占罪。但高艳东博士的观点

---

① 陈甦：《失灵柜员机取款案的民法分析》，载《人民法院报》，2008 - 01 - 17。
② 高艳东：《从盗窃到侵占：许霆案的法理与规范分析》，载《中外法学》，2008（3），474 页。

则认为，柜员机出口的款项属于遗忘物，许霆占有银行遗忘物且拒不退还的构成侵占罪。

　　关于这个问题，应当从遗忘物的概念着手分析。应当指出，在外国刑法中并无遗忘物的概念而只有遗失物的概念，例如日本刑法第 254 条，将占有遗失物、漂流物或者其他脱离占有的他人之物统称为占有脱离物侵占罪，它和单纯侵占是两个独立的罪名。而我国刑法第 270 条则称遗忘物，并且把将他人的遗忘物或者埋藏物非法占为己有，数额较大的行为规定为侵占罪的一种行为方式。在我国刑法理论上，一般认为，遗忘物是指由于财产的所有人、占有人的疏忽，遗忘在某处的物品。在司法实践中，遗忘物和遗失物是有区别的：遗忘物一般是指被害人明确知道自己遗忘在某处的物品，而遗失物则是失主丢失的物品，对于拾得遗失物未交还失主的，不得按侵占罪处理。① 由此可见，遗忘物具有以下三个特征：一是财产所有人或者占有人丧失了对财产的控制；二是之所以丧失控制是因为财产所有人或者占有人的疏忽；三是财产所有人或者占有人仍然知道财物遗忘的场所，因而区别于遗失物。

　　按照以上我国刑法中遗忘物的概念，我们来分析许霆案。上文我已经指出，当款项位于柜员机内时，尽管柜员机发生故障，但银行并没有丧失对该款项的控制，因而不属于遗忘物。那么，为什么在许霆将款项从柜员机内取出时，就变成了遗忘物了呢？高艳东博士的论证逻辑是：许霆插真卡、输密码的行为无刑法评价意义，这一无刑法评价意义的行为导致柜员机自动出错而出款时，银行丧失了对出款口资金的控制，因而出款口资金属于占有脱离物型的遗忘物。② 插真卡、输密码的行为是否具有评价意义，即被评价为不当得利还是刑事不法，当然是另一个应当讨论的问题，现在的问题在于：柜员机出错而出款，该款项为什么就是遗忘物？高艳东博士将机器自动出错与使机器出错相区分，这当然是正确的。但机器自动出错而受益又可以分为以下两种情形：一是利用机器出错而获利，这是一种积极的作为；二是因为机器出错而获利，这是一种消极的不作为。这两种获利的法律性质是有所不同

---

① 参见胡康生、郎胜主编：《中华人民共和国刑法释义》，3 版，420 页，北京，法律出版社，2006。
② 参见高艳东：《从盗窃到侵占：许霆案法理与规范分析》，载《中外法学》，2008（3），472～473 页。

的：后者属于不当得利，前者是一种侵权行为，只不过是利用柜员机故障而侵犯银行的财产所有权。因此，不能认为机器故障不是许霆造成的，许霆的行为就不是犯罪。虽然柜员机发生了故障，但这一故障只有在以下两种情况下才会使银行款项成为他人的不当得利：一是柜员机因为发生故障而在无人操作的情况下自动吐款，二是柜员机因为发生故障将银行或者他人账（卡）上的款项划入许霆的借记卡中。但上述两种情况在本案中都不存在，柜员机只有在许霆的操作下才会吐款。在这种情况下，柜员机吐款并非自动出错，而恰恰是被动出错。因此，柜员机所吐款项并非银行的遗忘物，而是许霆操作的结果。在这个意义上说，具有刑法意义的仍然是许霆的取款行为。

四、诈骗罪之质疑

在主张许霆利用柜员机故障恶意取款行为构成犯罪的观点中，认为该行为构成诈骗罪或者信用卡诈骗罪的见解具有一定的影响。

诈骗罪是一种财产犯罪，我国刑法对诈骗罪采用了简单罪状的立法方式，在刑法理论上，一般认为诈骗是指以非法占有为目的，用虚构事实或者隐瞒真相的方法，骗取公私财物的行为。[①] 在我国刑法理论上，更多的是强调虚构事实、隐瞒真相的诈骗方法。这里的虚构事实，是指捏造不存在的事实，骗取被害人的信任，从而使其"自愿地"交出财物。而隐瞒真相，是指故意对被害人掩盖客观存在的某一事实，以哄骗被害人，使其"自愿地"交出财物。这种"自愿"实际上是受行为人的欺骗而上当所致，并非出自被害人的真正意愿。[②] 在这一对诈骗行为的法理阐释中，虽然也论及被害人的"自愿"交付行为，但并未对该交付行为作进一步的论述。在大陆法系刑法理论中，往往将诈骗罪描述为以下环环相扣的因果过程：

欺骗行为→错误→处分（交付）行为→诈取

---

① 参见胡康生、郎胜主编：《中华人民共和国刑法释义》，3 版，415 页，北京，法律出版社，2006。
② 参见周道鸾、张军主编：《刑法罪名精释》，3 版，513～514 页，北京，人民法院出版社，2007。

在上述诈骗罪的构成中，纳入了被害人的行为，即陷于错误认识，基于这种错误认识而交付财物。可以说，诈骗罪是一种典型的被害人有过错的犯罪，正确地理解被害人的过错对于诈骗罪的认定具有重要意义。正因为只有存在被害人的认识错误才能构成诈骗罪，所以在日本刑法理论上存在机器不能被骗的命题，并在刑法理论上与司法实务中得到遵从。例如日本学者西田典之教授指出：

> 诈骗行为首先必须指向人的行为。也就是，由于机械并不会陷于错误，因而把类似于货币的金属片插入自动售货机而不正当地获取果汁、香烟、乘车券等的就并不构成诈骗罪，而是构成盗窃罪。同样，判例也认为，利用伪造的 CD 卡（指信用卡——引者注）或拾得的 CD 卡从 CD 机（自动取款机——引者注）上取款的行为也不是诈骗而是盗窃。与此相反，即便实施了利用类似于货币的金属片而不正当地使用公用电话机、投币存物箱、游戏中心的游戏机的行为，由于属于利益盗窃，因而按照现行法的规定，既不是诈骗也不是盗窃，而只能是不可罚。①

机器不能被骗的命题，也得到我国学者张明楷教授的认同。张明楷教授认为，只有坚持机器不能被骗的观点，才能维持诈骗罪的定型，并进而将诈骗与盗窃加以区分，否则，诈骗罪与盗窃罪必将混淆。张明楷教授指出：

> 构成要件是犯罪的定型，诈骗罪是一种具体类型，有特定的构造与模型，即行为人的欺骗行为导致受骗者陷入或者维持认识错误，进而处分财产。如果认为计算机等机器也可以成为受骗人，则导致诈骗丧失其定型性，从而使诈骗罪的构成要件丧失罪刑法定主义机能。与此相联系，如果认为计算机等机器也可以成为欺骗行为的受骗者，那么，就几乎不可能区分诈骗罪与盗窃罪。例如，根据机器可以成为受骗者的观点，将普通铁币投入自动贩卖机而取出商品的行为，构成诈骗罪。这是难以接受的。再如，许多汽车装有智能锁，其钥匙具有识别功能。如果采纳机器也可能成

① ［日］西田典之：《日本刑法各论（第三版）》，刘明祥、王昭武译，149～150 页，北京，中国人民大学出版社，2007。

为受骗者的观点，那么，使用某种工具打开汽车的智能锁开走汽车的，也
成立诈骗罪。不仅如此，倘若采纳机器也可能成为受骗者的观点，当被害
人的住宅大门安装智能锁时，行为人使用工具使该门打开的，也属于欺骗
机器，从住宅取得财物的，也成立诈骗罪。①

因此，虽然机器不能被骗只是一个理论上的命题，然而它与诈骗罪的本质密切
相关，可以说是一种隐形的法律。如果坚持机器不能被骗这一立场，许霆的行为当
然与诈骗罪无涉。② 因此，我国学者否认机器不能被骗的观点，以此作为许霆的恶
意取款行为构成（信用卡）诈骗罪的一个重要突破口。例如我国学者刘明祥教授
指出：

> 在刑法中单设使用计算机诈骗罪、信用卡诈骗罪，这本身就表明在立
> 法上承认它具有不同于传统诈骗罪的特殊性，其特殊性就体现在机器本身
> 并不能受骗，只是由于机器是按人的意志来行事的，机器背后的人可能受
> 骗，使用计算机诈骗、信用卡诈骗同传统诈骗罪相比，受欺骗具有间接
> 性，即以智能化了的计算机作为中介，实质上是使计算机背后的人受了
> 骗；同时，人处分财物也具有间接性，即由计算机代替人处分财物，并非
> 是人直接处分财物。既然如此，我们就不能完全用传统诈骗罪的观念来解
> 释使用计算机诈骗罪、信用卡诈骗罪。由此可见，以机器本身不能受骗来
> 否定非法使用信用卡在柜员机上恶意取款行为的诈骗性质，从而作为定盗
> 窃罪的根据是不妥当的。③

上述观点似乎在这一点上有些模糊：信用卡诈骗罪是特殊诈骗类型，因而可以
不恪守机器不能被骗的原则。那么，普通诈骗罪是否还应当坚持机器不能被骗的立
场呢？毫无疑问，诈骗罪与信用卡诈骗罪等特殊诈骗罪之间存在法条竞合关系，后
者必然具备前者的本质特征。因此，在机器不能被骗这一问题上，信用卡诈骗罪不

---

① 张明楷：《诈骗罪与金融诈骗罪研究》，90～91 页，北京，清华大学出版社，2006。
② 参见张明楷：《许霆案的定罪与量刑》，载《人民法院报》，2008 - 04 - 01。
③ 刘明祥：《在柜员机上恶意取款行为不应定盗窃罪》，载《检察日报》，2008 - 01 - 08。

能有例外。

根据我国刑法第 196 条的规定，信用卡诈骗罪表现为以下四种情形：（1）使用伪造的信用卡或者使用以虚假的身份证明骗领的信用卡的；（2）使用作废的信用卡的；（3）冒用他人信用卡的；（4）恶意透支的。在以上四种情况下，都是人被欺骗而不存在机器被骗的问题。刘明祥教授认为，许霆的恶意取款行为属于恶意透支，应定信用卡诈骗罪。刘明祥教授指出：

> 由于柜员机出故障，许霆所用借记卡能够在自己卡中仅存 170 余元的情况下取出 17 万余元现金，表明其借记卡已具有透支的功能（即在卡中无存款记录的情况下先支取钱款）。如果他是以非法占有为目的，经发卡银行催收后仍不归还，那就是恶意透支。[①]

在银行法上，透支是指在银行设账户的客户在账户上已无资金或者资金不足的情况下，经过银行批准，以超过其账户上资金的额度支用款项的行为。透支可以分为善意透支与恶意透支。我国刑法第 196 条第 2 款规定："前款所称恶意透支，是指持卡人以非法占有为目的，超过规定限额或者规定期限透支，并且经发卡银行催收后仍不归还的行为。"恶意透支构成信用卡诈骗罪，具有一定特殊性。同时，恶意透支行为也完全可以通过柜员机实现。但透支不仅是行为人的一种行为，而且是信用卡的一种功能。银行在发放信用卡的时候，已经设置了这种功能，因而概括性地处分了一定的财物。我国刑法中的信用卡，不仅包括具有透支功能的狭义上的信用卡，而且包括不具有透支功能的广义上的信用卡，即所谓借记卡。在一般情况下，由于借记卡不具有透支功能，因而使用借记卡不可能构成恶意透支型的信用卡诈骗罪。在许霆案中，由于柜员机发生故障，许霆可以超过其卡中的额度取款，那么，这种情形能否认为借记卡已具有透支功能呢？对此，我的观点是否定的。透支功能是银行主动设置的，借记卡不可能因故障而具有透支功能。而且，透支并非在卡中无存款记录的情况下先支取款项，而是超过卡中款额提取款项，提取款项的额度在卡上当然是有记录而非无记录。而在许霆案中，因为柜员机发生故障，许霆取

[①]　刘明祥：《在柜员机上恶意取款行为不应定盗窃罪》，载《检察日报》，2008 - 01 - 08。

1 000 元，卡上才扣 1 元。无论对于银行来说还是对于许霆来说，这一利用柜员机故障的恶意取款行为都不是恶意透支。正如刘明祥教授指出：滥用自己名下的信用卡的行为（恶意透支）的本质是滥用信用，即滥用信用卡发行者给予会员（持卡人）的信用，侵害了信用卡发行者与会员（持卡人）之间的信赖关系，从根本上破坏了信用卡制度，妨害了利用信用卡从事正常的交易活动。[1] 但在利用柜员机故障恶意取款的情况下，侵犯的并不是信用制度，而是金融机构的财产所有权。因此，许霆的行为不符合恶意透支的本质特征，也不能由此构成信用卡诈骗罪。

我国个别学者认为许霆对柜员机进行欺诈性操作，从而骗取他人钱财，构成普通诈骗罪。[2] 这里主要涉及如何理解欺诈性操作的问题。我国学者谢望原教授指出：

在许霆案中，行为人利用柜员机信息识别系统错误——行为人从柜员机提取 1 000 元却只在行为人的银行账户中扣除 1 元，本质上等于行为人用 1 元冒充 1 000 元来和银行进行交易，而银行（工作人员）却错误地相信行为人支付的 1 元就是 1 000 元，从而支付给行为人 1 000 元！如果上述分析符合逻辑，那么许霆所实施的 170 多次非法套取银行柜员机钱款的行为就是地地道道的诈骗而非盗窃。[3]

上述逻辑推理是值得推敲的。诈骗是行为人通过虚构事实而使他人陷于错误认识，或者隐瞒真相而不披露他人的错误认识，在此基础上使他人处分财物。因此，虚构事实是制造他人的错误，而隐瞒真相往往包含利用他人已有的错误。在许霆案中，不存在制造他人的错误。那么，利用柜员机的故障是否属于利用他人的错误呢？我的回答是否定的。正如上文指出，柜员机的故障不等于银行的过错，而且，许霆是插真卡、输密码，并没有进行欺诈性操作。对此，我国学者陈甦教授指出：

对许霆从柜员机取款的行为，不能认定为欺诈，因为许霆取款时输入的资料和指令都是真实的，既没有隐瞒真相，也没有捏造事实。许霆输入

---

①　参见刘明祥：《财产罪比较研究》，265 页，北京，中国政法大学出版社，2001。

②　参见谢望原：《许霆案深层解读：无情的法律与理性的诠释》，载《法制日报》，2008-01-20。

③　谢望原：《许霆案的再思考：刑事司法需要怎样的解释?》，载谢望原、付立庆主编：《许霆案深层解读——无情的法律与理性的诠释》，97~98 页，北京，中国人民公安大学出版社，2008。

取款 1 000 元的指令，柜员机就执行支付 1 000 元的指令，只是在记载扣除相应款项这个环节上发生错误。这个错误不是许霆指示或欺骗的结果，而是机器自己糊涂犯晕记错账的结果。①

这里所谓机器自己糊涂犯晕，就是指柜员机发生故障。这一故障并非许霆造成的，他只不过是利用这一故障恶意取款而已。该款项并不是机器基于错误认识而交付的，因为机器不能被骗。实际上，在许霆案中，机器也确实没有被骗。因此，无论是信用卡诈骗罪还是普通诈骗罪，都不能成立。

五、盗窃罪之论证

盗窃罪也许是财产犯罪中最为古老的一个罪名，在我国春秋时期就有窃盗之罪，例如《荀子·修身》曰："窃货曰盗。"汉初，刘邦入关"约法三章"：杀人者死，伤人及盗抵罪。其中，盗罪就是三罪之一。关于盗的含义，《晋书·刑法志》引张斐律表云："取非其物谓之盗。"及至《唐律》，将盗罪分为强盗与窃盗。《唐律·贼盗律》规定："诸盗，公取、窃取皆为盗。"《疏议》曰："公取"，谓行盗之人，公然而取；"窃取"，谓方便私窃其财，皆名为盗。其中，公取之盗为强盗，即"以威若力而取其财"；窃取为窃盗。《疏议》曰："窃盗人财，谓潜形隐面而取。"因此，窃盗行为是以秘密窃取为特征的。我国现行刑法中的盗窃罪就是《唐律》中的窃盗罪，虽然罪名有所变动，但秘密窃取的特征并无改变。因为盗窃罪是一个常见罪名，所以刑法采用的是简单罪状，未对盗窃罪的行为特征加以法律上的描述。在我国司法实践中，盗窃罪虽然在整个刑事案件的发案率中所占比重较大，但极少出现疑难案件，而许霆案恰恰是一个例外。

在英美刑法中，存在三个经典性的罪名，即：因取得他人之物而构成的盗窃罪（larceny）；因不当保管他人托管（entrusted）之物而构成的侵占罪（embezzlement）；因欺诈性地诱使他人脱离自己财产而构成的诈骗罪（fraud 或称 false pre-

---

① 陈甦：《失灵柜员机取款案的民法分析》，载《人民法院报》，2008 - 01 - 17。

tenses)。这三种犯罪之间的界限极易混淆。美国学者弗莱彻认为，可以将被害人参与的自愿程度作为这三种犯罪的区别之源。盗窃罪的被害人是不自愿的；侵占罪的被害人虽然自愿将自己财物的占有（possession）委托给被告人，但对于被告人后继的挪用（appropriation）都是非自愿的；通过诈骗获取财物的犯罪，其被害人名义上同意将自己的财物转移给被告人，但他名义上的同意是被诱骗所致，因而不能反映财物所有者的真实意愿。[①] 弗莱彻以上对盗窃、侵占和诈骗三种犯罪的区别的论述，当然是从这三种犯罪的构成要件中引申出来的。例如弗莱彻将盗窃行为分解为以下三个要件：（1）被窃物发生位移；（2）取自他人占有；（3）一种违背所有者意愿的行为。[②] 由于英美法系采用的是判例法，所以虽然对盗窃罪的构成要件有一般概括，但对各个要件在英美法系仍要以一系列案例为参照。正如澳大利亚 Hugoc Jat 律师所言：

> 作一个比喻，整体来看成文法中的盗窃罪就像一棵大树，然后在案例法上确定要件就是几个分支，分支上面是超过二百多年历史的案例来充当叶子为大树提供养分。可以说，如果许霆案发生在英美国家，争论绝对不会如此离谱和激烈，而中国的法律很多时候却是没有叶子只有干枯的树干。[③]

应该说，以上评论是极为中肯的，它充分说明了判例法的优越性。由于判例的经年累月的积聚，法律规定置身于一种历史的时光隧道之中，呈现出某种活生生的历史感。但我国的法律条文，却只是一种抽象的、枯燥的、缺乏历史感的文字。在这种情况下，如果对法条的解释跟不上，就会出现法律适用上的难题。例如在许霆案中，虽然法官试图以理说案，进行判后答疑，但说理的内容仍然是干巴巴的、概念式的，而没有生动的阐述与严谨的推理。

其实，在英美刑法中，许霆案定为盗窃罪是没有问题的。在英美刑法的盗窃罪

---

① 参见［美］乔治·弗莱彻：《反思刑法》，邓子滨译，1 页，北京，华夏出版社，2008。

② 参见［美］乔治·弗莱彻：《反思刑法》，邓子滨译，3 页，北京，华夏出版社，2008。

③ ［澳］Hugoc Jat：《英美法系下的许霆案》，载谢望原、付立庆主编：《许霆案深层解读——无情的法律与理性的诠释》，300 页，北京，中国人民公安大学出版社，2008。

的构成要件中，未经他人同意是一个重要的要件，如果是经过他人同意而取得财物则不构成盗窃罪。这里所谓"未经他人同意"，是指违背财物所有人或者占有人的意愿。因而这种占有他人财物的行为是非法的。因此，未经同意是盗窃行为非法性的根据之一。在美国刑法中，非法获取（trespassory taking）是盗窃罪的构成要件之一，而这里的"非法获取"，就是没有经原主同意而获取。[①] 因此，Hugoc Jat 律师提醒我们：作为盗窃罪的一个重要的客观要件，缺乏占有者同意这一点竟然在许霆案中被中国法院和法律专家完全忽略。在英美法系当中，如果能够证明任何人在取得他人物品的时候是经过他人同意的，就不能算盗窃，除非此同意是因为某种错误而引起的。[②] 这个提醒是必要的。在许霆案中，柜员机支付款项是否是银行同意的，当然是一个值得考察的问题。在主张许霆的行为不能被认定为盗窃罪的观点中，存在这样一个理由：

> 许霆接受银行"错给"，不违背银行通过柜员机表现出来的意志。就本案而言，银行是通过装有交易指令及交互程序的柜员机来表达其意思表示的。即使柜员机出现技术故障，但柜员机仍是按银行预先设定的程序、指令行事，虽然是错误的，但属于银行的意思表示。并且本案的技术故障，并不是许霆通过破坏设备和篡改程序等非法手段造成的。可见，在本案中，出现故障的柜员机代表银行错误地向许霆支付款项，由于柜员机是无人值守的智能机器，在运行时，无须其他辅助行为即能独立表达银行意志。[③]

在上述论述中，包含着这样两个问题值得研究：一是智能机器是否具有意志，能否表示同意；二是错误的同意是否具有法律效力。关于第一个问题，我认为智能机器仍然是机器，它没有独立于人的意志。因此，机器同意的实质是人的同意，即

---

① 参见储槐植：《美国刑法》，2 版，229 页，北京，北京大学出版社，1996。

② 参见［澳］Hugoc Jat：《英美法系下的许霆案》，载谢望原、付立庆主编：《许霆案深层解读——无情的法律与理性的诠释》，303 页，北京，中国人民公安大学出版社，2008。

③ 李飞：《析许霆案重审判决之两大错误》，载谢望原、付立庆主编：《许霆案深层解读——无情的法律与理性的诠释》，106 页，北京，中国人民公安大学出版社，2008。

机器程序设置者的同意。就柜员机而言，它是代表银行的，银行的意志才是机器的意志。机器不能被骗这一原理是建立在机器不能表达意思、不具有意志这一逻辑前提之上的。当柜员机发生故障时，银行设置的程序发生了错误，因此柜员机的给付已经违反银行的意志。关于第二个问题，即使柜员机在发生故障情况下的支付行为反映的是银行的错误同意，这一同意也不具有法律效力，不能认为缺乏盗窃罪的违反财产所有人或者占有人的意志这一要件。例如，甲在某超市将一箱价值 50 元的肥皂包装箱打开，取出肥皂，装入价值 5 000 元的照相机一部，然后包装好去交款。收银员以为是一箱肥皂，收取 50 元后予以放行。在该案中，甲将相机伪装成肥皂从超市带走，是经收银员同意的，但这种同意显然是基于错误理解的同意，因此不能认为这一购买行为是具有法律效力的交易行为。同时，在该案中，虽然甲采取了调包方法使收银员受骗，但收银员处分的是肥皂而不是相机。因此，甲的行为构成盗窃而非诈骗。正如日本学者大塚仁教授指出：在窃取时，即使有欺骗人的行为，只要不是通过对方基于其欺骗行为所产生的错误使其交付了财物，就不是诈欺罪，而应当认为是窃盗罪。① 而且，即使对方基于欺骗交付了财物，如果其所意欲交付的财物并非他人实际取得的财物，同样不是诈欺罪而是窃盗罪。因此，在许霆案中，即使把柜员机故障看作是一种错误支付，也应当认为该支付是违反银行本意的，不能认为是一种正确的同意。

柜员机是人—机的交易形式，它不同于人—人的交易形式，因此，柜员机的同意具有特殊性。关于柜员机的同意，澳大利亚最高法院在 Kennison v. Daire 案中作出以下判词："银行同意你取款，但是你的取款方式只能按照银行卡上面的使用条款来进行。如果你违反银行预定的所同意的取款方式，就超出了银行的同意范围来进行取款。"② 就许霆利用柜员机故障恶意取款而言，没有一个银行会同意这种取款是合法的，因而许霆的取款显然是违反财产所有人或者占有人的意志的。因此，在

---

① 参见［日］大塚仁：《刑法概说（各论）（第三版）》，冯军译，193 页，北京，中国人民大学出版社，2003。

② ［澳］Hugoc Jat：《英美法系下的许霆案》，载谢望原、付立庆主编：《许霆案深层解读——无情的法律与理解的诠释》，306 页，北京，中国人民公安大学出版社，2008。

英美法系刑法中，许霆的行为构成盗窃罪是不容争辩的。

在大陆法系刑法中，例如日本将盗窃罪称为窃盗罪，其行为是窃取。日本学者大塚仁教授在阐述窃取一词的含义时指出：

> 所谓窃取，是指单纯的盗取，即不采取暴行、胁迫，违反占有者的意思，侵害其对财物的占有，将财物转移为自己或者第三者占有。虽然使用着窃取一语，但是，并不需要暗地里取得，也可以是公然地侵害占有。[①]

在此值得注意的是，日本学者认为盗窃罪之成立既可以是秘密的，也可以是公开的。因此，秘密性并非盗窃罪的构成特征。而在许霆案中，秘密性也恰恰是争议的焦点之一。例如其辩护律师在否认许霆的行为构成盗窃罪时，以缺乏秘密性作为重要的辩护理由。辩护律师在原审二审辩护词中指出：

> 在本案中，被告人许霆是用自己的实名工资卡到银行严密监控下的柜员机上取款，输入的也是自己预留在银行的密码，自始至终在取款时都认为其行为完全被银行掌握。银行能适时发现并马上根据银行卡的开户资料提供的联系方式，采取行动追回多取款项。这样的行为相对于银行而言，只能说是公开，不存在秘密可言。[②]

辩护律师的逻辑推理是：秘密性是盗窃罪的构成要件之一，既然在许霆案中不存在秘密性，那么许霆的行为就不构成盗窃罪。但法院则认为许霆的行为具有秘密性。例如重审二审的审判长刘锦平法官在判后答疑时与记者有这样一段对话：

> 记者：有人认为，许霆取款时过程是公开的，不符合盗窃罪中秘密窃取的特征。法院认定许霆是秘密窃取的根据是什么。
>
> 刘锦平：盗窃罪中的秘密窃取，指的是行为人采取自认为不被财物所有人或保管人当场发觉的方法，违背财物所有人、保管人的意志，利用非暴力的手段取得财物的行为。本案中许霆取款时不仅明知柜员机出现了故

---

① [日] 大塚仁：《刑法概说（各论）（第三版）》，冯军译，193 页，北京，中国人民大学出版社，2003。
② 谢望原、付立庆主编：《许霆案深层解读——无情的法律与理性的诠释》，324～325 页，北京，中国人民公安大学出版社，2008。

障，而且通过第一次取款的成功，也知道银行工作人员还没有察觉到取款机出了故障，利用该故障，通过正常操作就能达到非法占有银行资金的目的，并且继续取款不会当场被银行工作人员发觉。事实上银行也是在第三天才发觉许霆的恶意取款行为。虽然许霆持有的是其本人的银行卡，柜员机旁亦有监控录像，这些都只是使银行事后能够查明许霆的身份，并不足以使银行能够当场发觉并制止许霆的恶意取款行为。行为人的主观认识是通过客观行为体现出来的，上述事实足以证实许霆产生了其恶意取款行为至少不会被银行工作人员当场发觉的侥幸心理。同时也说明，许霆的取款行为对于银行当时来说是秘密的，说许霆的行为具有公开性，只能是相对于柜员机而言，但应当明确，柜员机只是银行用于经营、保管资金的工具而已。另外，许霆恶意取款的行为违背了银行的意志，具有非暴力性，这些都充分说明了许霆的行为符合秘密窃取的特征。①

许霆供述机器知道、人不知道可以说是上述回答的一个绝妙注脚。

按照日本刑法理论，既然盗窃罪并不以秘密为要件，许霆的行为构成盗窃罪也是没有问题的。② 关于盗窃罪是否要求秘密性这一要件，当然是一个可以讨论的问题。我国学者张明楷教授对此提出：

　　窃取行为虽然通常具有秘密性，其原本含义也是秘密窃取，但如果将盗窃限定为秘密窃取，则必然存在处罚上的空隙，造成不公正现象。所以，国外刑法理论与司法实践均不要求秘密窃取，事实上完全存在公开盗窃的情况。本书也认为，盗窃行为并不限于秘密窃取。③

我认为，对于我国刑法中的盗窃罪来说，秘密性是必不可少的构成要件之一，否则，难以将盗窃罪与抢夺罪加以区分。在一定程度上，盗窃罪之秘密与抢夺罪之公开正好形成鲜明的对比。例如，《俄罗斯联邦刑法典》第 158 条关于盗窃罪的规

---

① 《许霆案审判长：恶意取款符合秘密窃取特征》，载《法制日报》，2008 - 05 - 23。

② 关于许霆案：日本东京大学教授山口厚 2008 年 4 月访问北京大学法学院时，我曾当面请教。山口厚教授认为，许霆的行为在日本构成盗窃罪。

③ 张明楷：《刑法学》，3 版，727 页，北京，法律出版社，2007。

定明文指出：秘密侵占他人财产的是偷窃。俄国学者在解释盗窃罪的秘密特征时指出：

> 偷窃罪的客观方面表现为秘密侵占他人财物，其本质内容无论客观上还是主观上都在于小偷力求避免与所窃财物的所有人或实际占有人以及可能妨碍犯罪的实施的人或作为目击证人揭露罪犯的旁人发生接触。①

与此同时，《俄罗斯联邦刑法典》第 161 条规定了抢夺罪：公开夺取他人财产的是抢夺。因此，抢夺罪具有公开性，属于典型的公然犯。我国学者指出：

> 公然犯罪，系秘行犯罪的对称，简称公然犯，是指按照刑法特定犯罪构成要件及其刑罚规范的预设，某种犯罪行为必须或者必然地表现为故意在不特定的人或者多数人能够认识其犯罪行为的场合实施犯罪的罪态方式。②

相对于抢夺罪的公然犯，盗窃罪是秘行犯。这种对应关系在我国刑法中的盗窃罪和抢夺罪中同样存在，尽管因为我国刑法对盗窃罪与抢夺罪采取简单罪状的立法方式，盗窃罪的秘密性与抢夺罪的公开性都不是其法定特征。但在刑法理论上，通过对这两种犯罪的对比，可以确定它们分别具有秘密性与公开性。在德、日刑法中，盗窃罪之所以不要求秘密性，主要是由于在德、日刑法中未设抢夺罪。对此，张明楷教授指出：

> 在德国、日本等国家，窃取并不一定要求是秘密取走，只要行为人没有使用暴力、胁迫手段而取走财物，就可以认为是窃取。大多数国家的刑法（如德国、日本等）没有规定抢夺罪，故公然夺取财物的行为，也属于窃取（某些情况下的抢夺可能认定为抢劫）。③

由此可见，德、日刑法之所以不要求盗窃罪具有秘密性，主要是因为要容纳公开抢夺的情形。而在我国及俄罗斯的刑法中，盗窃和抢夺是两个不同的犯罪，如果

---

① ［俄］斯库拉托夫、列别捷夫主编：《俄罗斯联邦刑法典释义》，下册，黄道秀译，407 页，北京，中国政法大学出版社，2000。
② 屈学武：《公然犯罪研究》，29 页，北京，中国政法大学出版社，1998。
③ 张明楷：《外国刑法纲要》，2 版，545 页，北京，清华大学出版社，2007。

取消了盗窃罪的秘密性，将使盗窃罪与抢夺罪无法区分。因为盗窃与抢夺，从行为要素上来分析，都是一种单纯的取财行为，两者的区分仅表现在是在秘密的客观状态或者主观状态下取财还是在公开状态下取财。

值得注意的是，在我国台湾地区"刑法"中也分别设立了盗窃罪与抢夺罪，老一辈刑法学者均认为盗窃须具有秘密性。例如我国台湾地区学者韩忠谟教授指出：

> 称窃取者，谓乘人之不觉，将他人支配下之物移入自己支配之下。既系乘人不觉，则其所用之方法必出于和平隐秘始足当之。若乘人之不备而公然夺取，或使用强暴、胁迫或诈术等方法，使人交付财物者，则不得谓为窃取，而应构成他罪。[1]

现在的我国台湾地区的刑法学者则越来越多地主张盗窃行为须以和平之方法实施，但并不以秘密为必要，即使公开实施，也可以构成盗窃罪，因此认为，盗窃罪须具有秘密性的学界及实务见解，颇为不当，亟有修正之必要。[2] 我国台湾地区刑法学者之所以提出盗窃罪不以秘密实施为必要，主要是为了解决一些特殊案例的定性问题：

> 例1：被害人夜半醒来，闻有人入室行窃，但因胆小如鼠，且思室中无何有价值之物，故仍蒙首棉被中，任由入室者窃取，俟窃贼离室后，方始呼叫。

> 例2：行为人进入百货公司或超级市场，以顾客之地位而行窃，在其将货物藏入手提包之时，已为店员或公司雇用之保全人员所发觉，俟行为人正欲要出店门时，始于举发。

> 例3：在公共汽车上扒窃，或在公众得出入之场所行窃，虽行为人主观上认为系隐秘方式之偷窃，但在行窃现场，往往有多数人可共见其窃取之行为，故客观上是为公然，而非秘密。

---

① 韩忠谟著，吴景芳增补：《刑法各论》，增补1版，403页，台北，三民书局，1990。
② 参见甘添贵：《体系刑法各论》，修订版，第2卷，41页，台北，2004。类似观点，参见林东茂：《刑法综览》，修订4版，2～102页，台北，1995。

我国台湾地区学者林山田教授认为，以上三种情况，虽非乘人不知不觉，亦非隐秘而行窃，但均不影响盗窃罪之成立。因此得出结论：

> 动产之所有人或持有人虽于行为人窃取时有所知觉，或持有人之窃取行为并非秘密或隐秘，而系另有他人共见的情况，均无碍于窃取行为之成立，而构成盗窃罪。①

在上述所举三个案例中，虽客观上不是秘密，但行为人主观上均认为是秘密。在这种情况下，如果将秘密性界定为客观上的秘密，则盗窃罪当然不以秘密为必要；但如果将秘密界定为既包含客观上的秘密，也包含主观上的秘密，则盗窃罪仍然以秘密为必要。在此，涉及对秘密的解释问题。

关于盗窃罪的秘密手段的认定，俄罗斯学者提出了客观标准和主观标准这两个标准。俄罗斯学者指出：

> 评判侵占他人财物是秘密还是公开实施的，其客观标准在于所有权人或接受所有权人财产的占有人以及其他人对正在实施的侵占的态度，在于他是否意识到犯罪人正在非法取得他人的，即不属于犯罪人的财物。根据客观标准，如果财物是直接从其所有权人的占有中或有所有权人的犯罪现场的情况下获取的，但由于某种原因（熟睡、严重醉酒状态、昏迷等）他不能意识到正在发生的犯罪行为的意义，也应该承认是秘密侵占财物。
>
> 主观标准是犯罪人自己意欲背着所有与犯罪无关的人采取秘密行动，以及他内心确信使财物脱离其所有权人占有的行为是背着财物的所有权人或其他人进行并且不为他们所觉察的。犯罪人主观上确信所实施的偷窃行为不被他人觉察是以一定的符合犯罪构成要件实际情况的情节事实为基础的。如果犯罪人根据实施犯罪时的实际环境，主观上确信他的行为是秘密的，不被他人觉察，但是事实上有人观察偷盗的过程（例如相邻房屋的居民从自己家的窗户里观察到偷盗财物的情况，而犯罪人对此却不知道，也

---

①　林山田：《刑法各罪论》，644～645 页，台北，1996。

没有料到），这种行为也构成偷窃。[①]

因此，在俄罗斯联邦刑法中，对于盗窃罪的秘密性是同时采用客观标准与主观标准加以判定的。在我国刑法理论上，没有采用客观标准与主观标准的表述。我从以下多个方面对盗窃罪的秘密作了界定：

（1）特定性。秘密意味着人所不知，是在暗中背着他人进行的。盗窃罪的秘密窃取是指在财物的所有人或保管人不在场，或虽然在场但未注意、察觉或防备的情况下实施盗窃。因此，盗窃罪之所谓秘密，是指相对于财物的所有人或保管人来说，是一种隐藏性的行为。

（2）主观性。盗窃罪之所谓秘密，是指行为人自以为采取了一种背着财物的所有人或保管人的行为。因此，这种秘密具有主观性。在某些情况下，行为人在众目睽睽之下扒窃，自以为别人没有发现，是在秘密窃取，但实际上已在他人注视之下。这时，行为人仍然可以被视为是在秘密窃取。

（3）相对性。秘密与公然之间的区别是相对的，秘密窃取之秘密，仅仅意味着行为人意图在财物所有人或保管人不在场、未注意的情况下将财物据为己有，但这并不排除盗窃罪也可能是在光天化日之下而实施。例如，犯罪分子大摇大摆地开车进入某工地，将建筑材料运载而去。这就是利用了人们以为其是合法运输而未觉察的情况下进行盗窃。[②]

以上三点，其实就是从客观与主观两个方面把握盗窃罪的秘密性特征。在秘密具有客观性的情况下，刑法理论上不存在争议。但在主观上自认为秘密但客观上其实已经公开的情况下，盗窃罪是否还具有秘密性？对于这个问题存在争议。例如张明楷教授指出，这种观点混淆了主观要素与客观要素的区别，既然是自认为，就意味着秘密是主观认识内容，而不是客观要件内容。[③] 这里涉及客观要素与主观要素

---

① ［俄］斯库拉托夫、列别捷夫主编：《俄罗斯联邦刑法典释义》，下册，黄道秀译，408～409 页，北京，中国政法大学出版社，2000。

② 陈兴良：《规范刑法学》，2 版，下册，747 页，北京，中国人民大学出版社，2008。

③ 参见张明楷：《刑法学》，3 版，727 页，北京，法律出版社，2007。

的关系，尤其是主观要素对行为性质的影响。

在行为人客观上公开取得，主观上却自以为是秘密取得的情况下，存在客观与主观之间的错位，也就是所谓对事实发生了错误认识。但对客观上秘密产生错误认识时，并不能按照刑法中的错误认识的一般原理来解决。因为，它所涉及的只是主观构成要素问题。在盗窃罪中，犯罪的实行行为是窃取，这里的窃取包括两种情形：第一种是客观上秘密地取得他人财物。这是一个纯客观的要件，据此足以将盗窃与抢夺加以区分。第二种是主观上自认为秘密地取得他人财物。在这种情况下，客观上并不存在秘密，其实行行为仅表现为取得他人财物。但取得他人财物这一行为尚不能与抢夺行为相区分。因此，主观上的秘密，即自认为是秘密的这一主观要素就成为客观上取得行为构成盗窃行为的主观构成要素。在主观上秘密的情况下，不能认为其构成的盗窃罪不存在秘密性，这种秘密性仍然存在，以一种主观构成要素的形式体现出来。因此，如果从客观与主观两个方面理解秘密，就能够较为圆满地解决这个问题，并且具有法理根据。

六、余论

许霆案是一个普通的案件，但在 2008 年引起社会公众如此广泛的关注，是令人诧异的。我想，这与原审一审对许霆的处刑有关。根据最高人民法院有关司法解释，许霆的行为属于盗窃金融机构，数额特别巨大，应判处无期徒刑。尽管量刑本身没有问题，但在柜员机发生故障的情况下许霆经不起诱惑而恶意取款 17 万元，就被判处无期徒刑，这一判决结果大大地超过了公众的心理预期。经过重审以后，引用刑法第 63 条第 2 款的特殊减轻条款，判处 5 年有期徒刑，已经是许霆之大幸。这样一个结果，尽管对于坚信许霆无罪的人来说，仍然难以接受，但已经是相对的最佳结果。当然，从无期徒刑到 5 年有期徒刑，刑罚悬殊也引起争议。在这当中，对司法权威的无形伤害是难以估量的。好在我们身处一个平和的时代，在专家与公众之间可以就各种法律观点进行坦诚对话。2008 年 6 月 23 日，许霆的父亲许彩亮和重审二审的辩护律师郭向东一起到我的办公室拜访。我们就许霆案的法理问题展开了心平气和的讨论，尽管分歧仍然存在，但在许霆案的重审改判表明我国在法治上的进步这一点上，我们还是达成了共识。

第 5 节　捡拾存折后猜配密码冒名取款行为之定性研究

案名：程剑诈骗案

主题：诈骗罪　盗窃罪　侵占罪

在现实生活中经常发生捡拾存折并非法提取他人存款的案件，此类案件的具体案情大同小异，但在定性上争议颇大。程剑诈骗案[①]（以下简称程剑案）就是此类案件中的一个。本节由此案切入，对于捡拾存折后猜配密码冒名提取他人存款行为如何定性的问题加以研究。

一、案情及诉讼过程

2002 年 2 月，被告人程剑拾得一张户主为朱某的加有密码的中国银行活期存折。因程剑认识朱某，程剑即在家中多次估猜、配写密码，并分别于同月 20 日、25 日、26 日先后持存折到徽州区中国银行岩寺分理处、屯溪区中国银行老街分理处试图取款，均因密码错误未果。同年 3 月 10 日下午，程剑来到中国银行跃进路分理处，以朱某的手机号码后 6 位数作为密码输入时，取出现金 200 元。之后被告人程剑又到中国银行老街分理处取出现金 1.6 万元，并且找到其姐夫余某要求其帮忙取款，余某即于当天下午持存折在中国银行跃进路分理处取出 6 万元现金。次日晨，程剑到余某处取款时，余某夫妇产生怀疑。程剑以帮朋友取赌资加以搪塞，同时拿

---

① 本案刊载于最高人民法院编：《刑事审判参考》，第 33 集，北京，法律出版社，2003。

出 7 500 元交余某，言明其中 3 000 元是还欠款、4 500 元是赠送。3 月 12 日上午，程剑又到中国银行徽山路分理处取出现金 5.6 万元之后，将朱某的存折烧毁（尚余 4 000 元存款），所取现金藏匿于其卧室床头柜中。公安机关讯问后被告人程剑即承认上述事实，并将赃款 13.22 万元悉数退回。

黄山市屯溪区人民法院认为：被告人程剑在拾得朱某带有密码的存折时，并未占有或控制存折上的钱财，但其利用与失主熟悉的便利，采用多次盗配存折密码的秘密方法，盗用朱某的名义，到银行支出存折上的款项 13.22 万元并占为己有。被告人程剑主观上具有非法占有的目的，客观上实施了秘密窃取的行为，其行为构成盗窃罪。遂依照《中华人民共和国刑法》第 264 条和第 61 条，于 2002 年 11 月 28 日判决如下：被告人程剑犯盗窃罪，判处有期徒刑 10 年，并处罚金 1 万元。

宣判后，程剑不服，向黄山市中级人民法院提出上诉。

程剑上诉称：原判认定其盗用朱某的名义，采取多次盗配存折密码，并到银行支取存折上的款项系一种秘密窃取的行为，性质认定有误。存折是其拾得的，其行为不构成盗窃罪。其辩护人提出：无证据证明存折系被告人程剑窃取所得，且被告人程剑提取钱款阶段的行为并不构成犯罪，故其行为不构成盗窃罪；被告人程剑占有的是遗失物，而非遗忘物，且赃款全部退还，其行为也不构成侵占罪。

黄山市人民检察院出庭履行职务的检察员认为：被告人程剑利用猜想中的存折密码，多次恶意取款达 13 万余元并实际占有，并将存折烧毁，其行为构成侵占罪。

黄山市中级人民法院认为：上诉人程剑获取存折后，以非法占有为目的，用隐瞒真相的欺骗手段占有他人财物，其行为性质属诈骗而非盗窃，且诈骗数额巨大，其行为已构成诈骗罪。被告人程剑占有的是遗失物而非遗忘物，且其在公安机关讯问后即承认事实，退回赃款，其行为与侵占罪的构成要件不符，故被告人的上诉意见以及其辩护人的二审辩护观点，二审出庭履行职务的检察人员的出庭意见均不成立，不予采纳。被告人程剑系初犯、偶犯，案发后赃款全部追回，归案后其认罪态度较好，可酌定从轻处罚。原判认定事实清楚，证据确实充分，审判程序合法，但适用法律错误。遂依照《中华人民共和国刑事诉讼法》（1996 年—引者注）第 189 条第（2）项，《中华人民共和国刑法》第 266 条、第 72 条、第 52 条之规定，于 2003 年 4 月 29 日判决如下：（1）撤销黄山市屯溪区人民法院的刑事判决；（2）上诉人程剑犯诈骗罪，判处有期徒刑 3 年，缓刑 4 年，并处罚金 1 万元。

二、分歧意见及裁判理由

在本案的定性问题上存在以下三种分歧意见：

第一种意见认为本案应定盗窃罪。主张这种观点的是一审的公诉机关和一审法院。这种观点的主要根据在于：采用盗配存折密码的秘密方法，盗用朱某的名义，到银行支取存款，是一种盗窃行为。

第二种意见认为本案被告人程剑的行为属于侵占性质，即使定罪也应定侵占罪。主张这种观点的是辩护人和二审的公诉机关。这种观点的主要根据在于：存折是被告人程剑拾得的，其提取存款的行为属于侵占他人财物。

第三种意见认为本案应定诈骗罪。主张这种观点的是二审法院。这种观点的主要根据在于：被告人程剑在获取存折后，以非法占有为目的，采用隐瞒真相的欺骗手段冒领存折上的款项，其行为构成诈骗罪。

在上述三种观点中，最高人民法院有关业务庭主张第三种观点，其裁判理由如下所述：

（一）捡拾他人遗失的存折提取存款的行为不属于侵占行为，不应以侵占罪定罪处罚

本案中，在缺乏盗窃及委托保管等相关证据的情况下，一、二审法院采纳被告人及其辩护人的意见，认定该存折系被告人程剑捡拾所得是合乎

刑事证明的一般规则及客观实际的。那么，捡拾他人存折并支取存款的行为，能否像二审公诉机关所主张的那样构成侵占罪呢？对此，答案是否定的。理由如下：

首先，侵占行为的本质特征在于将合法持有的财物非法占为己有，其犯罪对象当属已被行为人合法持有的他人所有的财产。非法占有的对象与合法持有的对象应当是同一的，至少是可以直接置换的。而在本案中，虽然现有证据不能排除被告人程剑对于存折的合法持有，但不能据此得出程剑合法持有了存折项下的存款的结论。由于存折所有人朱某在存折上设有取款密码，遗失存折并不意味着失去了对存款的控制和支配，程剑拾得存折并没有取得对存折项下钱款的合法持有权。因此，本案不存在侵占的对象。当然，如果存折的所有人将存折、取款密码及取款所需的其他相关文件一并交付给他人，或者他人捡拾的存折系未设密码的活期存折，说明此时存折所载款项已完全置于持有人之控制下，持有人也随时可据存折提款，那么行为人的取款行为应当认定为侵占。

其次，存折系朱某的遗失物而非遗忘物，被告人程剑的行为不属于刑法第二百七十二条第二款规定的将他人的遗忘物非法占为己有。在刑法中，遗失物有着不同于遗忘物的确切内涵。遗忘物是物主本应携带因遗忘而未带走的财物，物主通常能够回忆起财物遗忘的具体处所，且遗忘物脱离物主的时间一般较短，物主会很快回去找寻，捡拾人一般也知道物主是谁，如外出打的时遗忘在出租车中的财物，商场购物时遗忘在柜台上的财物等即属遗忘物。遗失物是失主丢失的财物，一般离开失主的时间较长，失主一般不知道被谁捡拾，而且拾到的人不知，也难以找到财物的主人。相比之下，物主对遗失物较之遗忘物在控制程度上明显要低，侵占遗失物较之侵占遗忘物在主观恶性及可罚性方面相对要轻，把侵占遗失物作为侵占遗忘物追究刑事责任，与罪刑法定原则的实质精神不符，且目前司法实践中通过民事途径处理拒绝归还遗失物的做法并无不妥。

最后，被告人程剑在公安机关讯问后即承认非法占有他人财物，并将赃款悉数退回，其行为与侵占罪的拒不交出要件规定不符。

此外，需要补充说明的是，侵占罪属于亲告罪，即使被告人程剑构成侵占罪，二审法院也不得变更罪名径行下判。

（二）猜中他人存折密码非法提取存款的行为属于冒用骗取，而非秘密窃取，应以诈骗罪定罪处罚

盗窃他人存折并支取存款的行为，应当以盗窃罪定罪处罚，但本案因无证据证明存折系被告人程剑盗窃所得，故不属此种情形。本案的特征在于，被告人程剑利用手中持有的他人存折，通过猜配取款密码非法支取他人存款，其中，既有冒用他人名义骗取银行信任的因素，又有在他人不知情的情况下盗配取款密码，进而提取存款的秘密因素。那么，究竟应当认定为盗窃行为还是诈骗行为？这里涉及盗窃与诈骗客观方面特征的区分理解问题。

首先，在某种意义上，秘密窃取和虚构隐瞒骗取均具有财物所有人、保管人不知情的特征，但两者含义并不相同。秘密窃取中不知情，指的是财物所有人、保管人对于行为人的客观行为了无察觉（至少行为人主观上是这么认为的），在整个窃取行为过程中自然也就不存在财物所有人、保管人的参与、配合问题。与此不同，虚构隐瞒骗取中的不知情，指的是财物所有人、保管人基于错误的认识而不知真情，属于对行为性质的不知情，财物所有人、保管人在诈骗行为过程中是直接参与的。

其次，在财物的转移取得方面，窃取是在财物所有人、保管人无意识的情况下由行为人的单方行为完成的；而骗取则是财物所有人、保管人在错误认识的支配下，信假为真，有意识地处分（交付）的结果。

最后，作为财产犯罪，对于财产所有权的侵害是其本质，财物的取得行为才是赖以定性的基本构成行为。猜配他人取款密码，将他人持有的不为他人所知的密码予以破解，可以视为一种无形偷盗行为，但猜中密码并不意味着取得了他人存款，只是进一步取得他人存款的手段行为，且密码本身并无价值，因而不具有独立的法律意义。在程剑取得他人的存款之

前,存款完全置于银行的控制、支配之下,程剑支取他人存款,是凭借银行的信任通过银行的交付得以实现的。对于存款的交付,银行是有明确认识的。银行的信任是基于一种错误的判断,而这正是程剑隐瞒真相,冒用他人名义,以至于银行不明真相误认为其具有取款合法资格的结果。此类行为属于典型的冒用诈骗行为。

综上,被告人程剑通过猜配取款密码非法提取他人存款的行为属于诈骗行为,对其行为应当以诈骗罪定罪处罚。

三、捡拾存折行为的性质

本案首先涉及的一个重要事实是存折的来源问题。关于这个问题,由于没有证据证明是盗窃所得,因而认定该存折系被告人程剑捡拾所得。那么,捡拾存折以后是否意味着被告人程剑控制了存折上的款项呢?这是首先需要研究的一个问题。

这个问题涉及存款的占有,即银行存款到底归谁占有,这个问题直接关系到捡拾存折行为的性质。如果存款属于存款人占有,则捡拾存折就等于占有存折项下的存款;如果存款属于银行占有,则捡拾存折还不等于占有了存折项下的存款。关于存款的占有,在日本刑法理论上存在存款人占有说与银行占有说之争。存款人占有说认为,银行存款属于存款名义人占有。该说从具有可能被滥用的支配的观点出发,认为侵占罪中的占有概念,不仅包括事实上的支配,也包括法律上的支配,处于对存款在任何时候都能任意取出状态的存款名义人,对于银行事实上支配的不特定物即金钱,可以说在存款限度之内具有成立侵占罪所必要的法律支配,能够认可其对金钱的占有。银行占有说认为,存款处于银行而非存款名义人的占有之下。[①]从日本的情况来看,存款人占有说是通说,银行占有说是少数说。

在我国刑法中,对存款的占有问题并未展开讨论,这给分析捡拾存折行为的性质带来一定的困难。从我国有关司法解释来看,对存款的占有是倾向于存款人占有

---

① 参见黎宏:《论存款的占有》,载《人民检察》,2008(15),20页以下。

说而非银行占有说。应该说，捡拾存折与捡拾财物或者现金当然是有所不同的，存折是一种财产凭证，将其转换为现金尚需办理兑现手续。我国学者认为，对于定期已到期的、活期（没设密码的）、定活两便的存单，在兑现时，银行不审查取款人的身份，而是在存折余额范围内按照取款人的要求付款，取款人无须用虚构事实或隐瞒真相的方法即可凭存单取款。上述存单的持有人能即时兑现现金，说明控制了存单实际上就控制了该存单所载存款，如果受托人受委托保管这种存单，或者拾得人拾得上述存单后去银行取款，非法据为己有，拒不退还的，则构成侵占罪。① 这一观点，也是本案裁判理由所主张的。裁判理由指出：

> 如果存折的所有人将存折、取款密码及取款所需的其他相关文件一并交付给他人，或者他人捡拾的存折系未设密码的活期存折，说明此时存折所载款项已完全置于持有人之控制下，持有人也随时可据存折提款，那么行为人的取款行为应当认定为侵占。

上述论述当然是可以成立的，尽管它未涉及提款行为与侵占罪的关系。在本案中，被告人程剑捡拾的存折恰恰是一个设有密码的存折，在这种情况下，程剑捡拾存折是否意味着控制了存折上的款项呢？对此，本案裁判理由的回答是否定的。裁判理由指出："由于存折所有人朱某在存折上设有取款密码，遗失存折并不意味着失去了对存款的控制和支配，程剑拾得存折并没有取得对存折项下钱款的合法持有权。"这里需要研究的一个问题是，如何理解财产凭证之于侵犯财产罪的意义。

在通常情况下，侵犯财产罪的客体是财物或者货币，可直接按照财物的价值或者货币的面值定罪量刑。但是，在侵犯财产罪的客体是财产凭证的情况下，问题较为复杂。关于这个问题，1998 年最高人民法院《关于审理盗窃案件具体应用法律若干问题的解释》（已失效）第 5 条第 2 项作出以下规定：

> 有价支付凭证、有价证券、有价票证，按下列方法计算：
>
> 1. 不记名、不挂失的有价支付凭证、有价证券、有价票证，不论能否即时兑现，均按票面数额和案发时应得的孳息、奖金或者奖品等可得收

---

① 参见于世忠：《侵占罪研究》，156 页，长春，吉林人民出版社，2002。

益一并计算。股票按被盗当日证券交易所公布的该种股票成交的平均价格计算。

2. 记名的有价支付凭证、有价证券、有价票证，如果票面价值已定并能即时兑现的，如活期存折、已到期的定期存折和已填上金额的支票，以及不需证明手续即可提取货物的提货单等，按票面数额和案发时应得的利息或者可提货物的价值计算。如果票面价值未定，但已经兑现的，按实际兑现的财物价值计算；尚未兑现的，可作为定罪量刑的情节。

不能即时兑现的记名有价支付凭证、有价证券、有价票证或者能即时兑现的有价支付凭证、有价证券、有价票证已被销毁、丢弃，而失主可以通过挂失、补领、补办手续等方式避免实际损失的，票面数额不作为定罪量刑的标准，但可作为定罪量刑的情节。

上述司法解释将财产凭证分为不记名与记名的两种。不记名的财产凭证无异于货币，应按票面价值确定其犯罪所得。记名的财产凭证又分为能即时兑现的与不能即时兑现的两种情形：能即时兑现的财产凭证，也按票面价值确定其犯罪所得，除非已被销毁、丢弃；而不能即时兑现的财产凭证的票面数额不作为定罪量刑的标准。对于本案的认定来说，即时兑现的能与不能如何理解？是主观不能还是客观不能？是主体不能还是客体不能？如果本案被告人程剑不是捡拾存折，而是盗窃存折，窃取以后采用猜配方法破解存折密码并提取存款，该存折到底是能即时兑现还是不能即时兑现？回答当然是肯定的，对此应定盗窃罪。因此，那种认为存折上设有取款密码，遗失存折并不意味着丧失对存款的控制和支配的说法难以成立。

另外一个值得研究的问题是：在存折设有密码的情况下，猜配密码是在持有之后的侵占还是构成其他犯罪？刑法理论在关于侵占罪的侵占客体的讨论中，涉及封缄物可否成为侵占客体的问题。例如，委托人为让他人保管箱子，将某贵重物品置于箱内，然后锁上，将箱子连同箱内之物一并交由受托人保管。显然，箱内之物未授权受托人动用。在这种情况下，受托人撬开了锁头，将箱内之物非法据为己有，拒不退还时，箱内之物是盗窃之客体还是侵占之客体呢？对于这个问题，在日本刑法学界也是有争议的。日本判例是把皮箱的占有与其中物品的占有区别开来的，由于其中物品的占有属于寄托人，故当打开皮箱之锁而占有其中物品时就可以认为成立窃盗罪。但是，这种考虑方法是很不合理的，因为占有皮箱中的物品仅仅构成盗窃罪，而占有整个皮箱却构成侵占罪。这不仅使人觉得很奇怪，而且如果合并起来进行比较考虑的话，单纯侵占罪的处刑比盗窃罪的处刑要轻。因此，将箱中之物和皮箱不加区别，应当就其全部的占有进行考虑的见解正成为很有力的学说。[①] 在我国刑法学界，虽然较少涉及这个问题，但基本观点还是主张将封缄物看作一个整体，其理由在于：第一，甲将加锁的皮箱委托乙保管，并非仅让乙保管皮箱本身，更主要的是保管箱内的财物，因此，乙实际是取得了对皮箱及皮箱内的财物的保管权（暂时占有权），即具备了合法持有他人财物的条件。第二，虽然甲将皮箱加锁，但是，其既然将皮箱委托乙保管，皮箱即处在乙的控制之下，只是因为甲持有开锁的钥匙就认为皮箱内的财物仍在甲的持有之中，是十分牵强的。因为，甲虽然持有钥匙，但并不能阻止乙取出皮箱内财物，相反地，乙有充分条件使甲无法收回自己的财物。而这都源于甲将皮箱委托乙保管。第三，如果强调把皮箱与箱内的财物分开，那么，势必得出这样的结论：乙将皮箱及箱内财物全部据为己有，应定侵占罪；如果打开锁仅占有其中的财物，却要定盗窃罪。这样处理显然是没有任何合理性可言的。[②] 缄封物内外的财物之间存在一个整体与部分的关系，占有整体构成侵占，而占有部分却构成盗窃，侵占轻而盗窃重。这种观点确实与人们的常识相违背。正如我国学者所言：

> 占有包装物品内的财物构成盗窃罪，而占有整个包装物品却只构成侵占罪，这是令人不可思议的逻辑，同时，侵占罪的处刑比盗窃罪要轻。[③]

因此，对缄封物内外财物的占有均应被认定为侵占，这一点在我国刑法学界似乎是共识。

那么，加密的存折与加锁的缄封物存在区别吗？对于这个问题，大多数学者似

---

① 参见 ［日］木村龟二主编：《刑法学词典》，顾肖荣等译，723 页，上海，上海翻译出版公司，1991。

② 参见王作富主编：《刑法分则实务研究》，3 版，下册，1153～1154 页，北京，中国方正出版社，2007。

③ 于世忠：《侵占罪研究》，160 页，长春，吉林人民出版社，2002。

乎作了肯定的回答。例如，我国 2002 年司法考试中有一道案例分析题，就涉及这个问题：

> 2001 年 3 月 13 日下午，陈某因曾揭发他人违法行为，被两名加害人报复砍伤。陈某逃跑过程中，两加害人仍不罢休，持刀追赶陈某。途中，陈某多次拦车欲乘，均遭出租车司机拒载。当两加害人即将追上时，适逢一中年妇女丁某骑摩托车（价值 9 000 元）缓速行驶，陈某当即哀求丁某将自己带走，但也遭拒绝。眼见两加害人已经逼近，情急之下，陈某一手抓住摩托车，一手将丁某推下摩托车（丁某倒地，但未受伤害），骑车逃走。陈某骑车至安全地方（离原地约 2 公里）停歇一会儿后，才想到摩托车怎么处理。陈某将摩托车尾部的工具箱的锁撬开，发现内有现金 3 000 元和一张未到期定期存单（面额 2 万元）。陈某顿生贪念，将 2 000 元现金和存单据为己有，并将摩托车推至山下摔坏。几日后，陈某使用伪造的身份证在到期之前将存单中的 2 万元取出，此后逃往外地。试分析陈某上述各行为的性质，并说明理由。

本题测试紧急避险的成立条件、侵占罪与盗窃罪的区别、故意毁坏财物罪的成立条件。由于当年尚无公布标准答案的制度，因而对该题的标准答案其说不一。有的司法考试辅导书对本案作出以下解析：（1）《刑法》第 21 条规定："为了使国家、公共利益、本人或者他人的人身、财产和其他权利免受正在发生的危险，不得已采取的紧急避险行为，造成损害的，不负刑事责任。紧急避险超过必要限度造成不应有的损害的，应当负刑事责任，但是应当减轻或者免除处罚……"本案中，陈某为了保护其人身权免受正在发生的不法侵害，在无法逃走并被丁某拒绝带走的情况下，不得已而抢下丁某的摩托车，属于紧急避险行为，并且未造成超过必要限度的不应有损害，故其对丁某摩托车所有权的侵害行为，不构成犯罪，不负刑事责任。（2）由于陈某在抢下摩托车的当时是一种紧急避险行为，所以，他对摩托车及其上之财物的占有是一种合法占有，他这种将合法占有变为非法占有的行为符合侵占罪的构成要件——以非法占有为目的，将他人埋藏物、遗忘物、保管物占为己有，拒不退还的行为。陈某的这种行为不是盗窃罪。因为：1) 盗窃罪的手段是秘密窃取，即行为人以一种不为他人所知或至少自己觉得不为他人所知的手段取财，而本案中，陈某在非法占有这些财物时，实际上肯定意识到丁某知道他的不法行为。2）盗窃罪通常不是以由合法占有化为非法据有的方式实施犯罪的，这种方式更近于侵占。（3）因为存单本质上不是财物，只是财产权（债权）的标志。陈某在非法据有存单时，并不构成犯罪。但是陈某利用伪造的身份证将存单中的钱取出，是一种使债务人（银行）产生错觉而向其履行债务的行为，本质上是一种以非法占有为目的，使用虚构事实、隐瞒真相的方法，骗取数额巨大的公私财物的行为，应认定为诈骗罪。（4）陈某因紧急避险而合法占有摩托车，本应妥善管理，但却为了毁灭罪证，将他人的摩托车（价值 9 000 元）故意摔至山下，已构成故意毁坏数额较大公私财物的故意毁坏财物罪。因此，作者提供的答案是：（1）陈某抢下丁某摩托车的行为属于紧急避险。（2）陈某将现金 3 000 元据为己有的行为构成侵占罪。（3）陈某使用伪造的身份证取出存单中的 2 万元的行为构成诈骗罪。（4）陈某将摩托车摔至山下的行为构成故意毁坏财物罪。[①]

　　显然，这个答案将缄封物中的财物与存折区别对待：占有缄封物中的现金构成侵占罪，占有缄封物中未到期的定期存单（面额 2 万元）并使用伪造的身份证去银行领取的，构成诈骗罪。这种观点，在我国刑法理论上也是有根据的。例如我国学者在论及侵占罪的客体时，一方面认为：占有缄封物内的财物构成侵占罪，因为受托人代管整个包装物品时既包括外包装也包括包装内的财物，委托人在将整个物品交给受托人时，让受托人保管的是物品的全部，而不是物的外壳。委托人放弃的是整个物的支配权，加锁只是保密，不等于事实上能够支配被锁的物品。另一方面又认为：持有未到期的定期存单或加密的活期存单时，如果委托人委托保存这些存单时将委托人身份证一并交由受托人保管或将密码告知受托人，那么，受托人等于事实上控制了上述存单中的存款，这种情形下的存款也可以作为侵占对象；如果委托人将上述存单交由受托人保管，但并未将身份证交由受托人或告知其密码，或者拾

---

　　① 参见岳西宽主编：《2003 年国家司法考试试题分类精析与应试技巧》，175 页，北京，中国工商出版社，2003。

得人拾得上述存单（假设其未拾到存款人身份证）的，受托人或拾得人不可能事实上控制存单所载存款；如果其想控制存款必须伪造身份证，骗过银行的查验，而一旦这样，行为人就构成诈骗罪了。因此，此种情形下，上述存单之存款不能作为侵占对象。①

　　上述观点是在是否实际控制这样一个条件下展开的。我认为，实际控制可以分为绝对控制与相对控制或者完全控制与部分控制。在绝对控制或者完全控制的情形下，对财物的控制是无条件的，这固然可以视为一种控制，但在相对控制或者部分控制的情形下，对财物的控制是有条件的或需另外创造条件的，只要最终占有了财物，也应视为对本人控制之下的财物的控制，其创造条件的行为即使触犯其他罪名，在刑法理论上也被视为一种不可罚的事前行为或者不可罚的事后行为。例如甲先有适法原因管有乙之不动产，复窃取乙所有之该不动产之管业契据，遂主张其产权已移转于自己，而作出有如所有人之处分行为。对于这一案例，我国台湾地区学者林山田教授指出：

> 甲除犯本罪外，尚另犯窃盗罪；唯只要对在后之主要行为之侵占罪处罚，已足以涵盖在前之次要行为之窃盗罪，故使前行为不罚，犹如合并在侵占罪处罚一样，而不再论窃盗罪。②

　　在这种具有不可罚之事前行为的情况下，根据林山田教授的观点，仍然视为该房产置于甲的控制之下。又如，被告人甲拾得了一张银行发行的支票，并将该支票换成现金。对于这个案例，韩国大法院判决认为：就拾得支票而言，可以认定侵占脱离占有物罪的成立。但是，被告人甲把拾得的支票换成现金的行为，只不过是侵占脱离占有物罪的不可罚的事后行为，因此，除成立侵占脱离占有物罪以外，不另外构成诈骗罪。③ 在程剑案中，占有存折就视为控制了存款上的款项，从银行领取款项的行为属于不可罚的事后行为，不另外构成诈骗罪。

---

① 参见于世忠：《侵占罪研究》，157、160 页，长春，吉林人民出版社，2002。
② 林山田：《刑法各罪论》，增订 2 版，上册，386～387 页，台北，1999。
③ 参见〔韩〕吴昌植：《韩国侵犯财产罪判例》，181 页，北京，清华大学出版社，2004。

根据以上法理分析被告人程剑捡拾存折非法提取存款的行为，抛开该存折是遗忘物还是遗失物以及占有遗失物可否构成侵占罪的问题不论，我认为，尽管存折上有密码，也应认为其相对控制了存折上的款项。猜配密码的行为具有一定的盗窃性质，但不另外构成盗窃罪，它属于不可罚的事前行为。持存折去银行取款的行为具有一定的诈骗性质，但不另外构成诈骗罪，它属于不可罚的事后行为。

四、本案存折的性质

如果本案被告人程剑的捡拾行为是侵占行为，那么，其所捡拾的存折是遗忘物还是遗失物？这个问题关系到对本案被告人程剑的行为能否定侵占罪，是接下来需要讨论的。

在我国刑法理论中，关于遗失物与遗忘物到底是词异义同、两者为同一之物，还是词异义亦异、两者为相异之物，始终存在争议。从我国法律规定来看，民法与刑法分别采用了遗失物与遗忘物这两个不同的用语。这大概就是产生上述分歧的根本原因之所在。我国《民法典》第314条中规定："拾得遗失物，应当返还权利人。"这里明确地采用了遗失物一词。对于这里的遗失物，我国民法学界一般界定为他人不慎丢失的动产。遗失物并不是无主物，也不是所有人抛弃的或因为他人的侵害而丢失的物，而是所有人和合法占有人不慎丢失的动产。[①] 尤其需要指出的是，在1997年刑法修订之前，民法理论上对于遗失物与遗忘物并无严格区分。在1997年刑法修订以后，其第270条第2款规定了侵占遗忘物的犯罪。由于民法与刑法分别采用两个不同的术语，因而在理论上出现了遗失物与遗忘物应当区分的观点，认为这种区分主要表现在：

> 遗失物是非出于遗失人自己的意思而丧失占有，同时又不为其他人占
> 有的非无主动产。遗忘物则是指占有人偶然遗忘于他人的车船、飞机、住
> 宅等特定场所的物品。虽然在占有人偶然丧失对物品的占有这一点上两者

---

① 参见佟柔主编：《中国民法》，239页，北京，法律出版社，1990。

颇具相似性，但遗失人在丧失对遗失物的占有期间已完全失去了对该物的控制能力，而遗忘人知道物品可能遗忘于何处，及时采取措施便能迅速恢复对遗忘物的占有，故遗忘人对遗忘物的控制能力并未丧失殆尽。而且遗忘物是被遗忘于特定的场所，因而物品在被遗忘的同时即落入该特定场所的所有人或管理人的控制之中，故不属遗失物。[1]

上述观点以财物所有人对财物的控制能力是否完全丧失作为区分遗失物与遗忘物的主要标准，在刑法理论上是大可责难的。因为如果财物所有人对财物没有丧失控制能力，行为人非法占为己有，就不构成侵占遗忘物的犯罪，而应以盗窃罪论处。在我国刑法学界，对于刑法第 270 条规定之遗忘物如何界定，尤其是遗忘物与遗失物是否为同一事物，也存在较大的观点分歧，通行的观点是遗忘物与遗失物区分说。这种观点认为，遗忘物不同于遗失物：前者一般是刚刚遗忘，随即想起的财物，遗忘者还记得财物被遗忘的具体地点与时间，拾得者一般也知道失主是谁。而遗失物一般为失主大意丢失的财物，失主一般也不知道财物丢失的具体时间与地点，且丢失财物的时间相对较长，拾得者一般也不知道失主具体是谁。[2] 也有学者主张对遗忘物与遗失物不作区分，例如我国学者张明楷教授指出：

　　……事实上，区别遗忘物与遗失物是相当困难甚至不可能的。即使可以明确区分二者，从实质上说，对侵占遗失物数额较大的行为，也有值得以刑法进行规制的必要。其次，对遗忘物也不能完全作字面意义的理解，而宜理解为非基于他人本意而失去控制，偶然（即不是基于委托关系）由行为人占有或者占有人不明的财物。因此，他人因为错误认识而交付给行为人的金钱，邮局误投的邮件，楼下飘落的衣物，河流中的漂流物等，只要他人没有放弃所有权的，均属于遗忘物。[3]

我个人不同意上述遗忘物与遗失物区分说，而主张遗忘物与遗失物同一说，主

①　张炳生：《遗失物拾得法律问题研究》，载《法律科学》，1994（1），64 页。
②　参见周道鸾、张军主编：《刑法罪名精释》，3 版，524 页，北京，人民法院出版社，2007。
③　张明楷：《刑法学》，3 版，745 页，北京，法律出版社，2007。

要理由如下：

（1）我国民法与刑法分别采用遗失物与遗忘物这两个术语不能成为遗失物与遗忘物区分的充分理由。在其他国家和地区，民法与刑法均采用遗失物一词，例如日本专门制定了《遗失物法》，而在刑法中又对侵占遗失物罪作了规定，从遗失物的概念上来说，相关法律未作区分。例如，日本学者大谷实教授指出：所谓遗失物，就是丢失物，是指不是根据占有人的意思而脱离占有，但目前不属于任何人占有物的物。① 又如我国台湾地区"民法"也对遗失物之拾得作了规定，并且对于拾得人据为己有而自行使用、收益的行为规定了严厉的责任。依其规定，除拾得人不能取得遗失物之所有权外，还将发生以下后果：其一，构成侵占罪；其二，构成违警；其三，成立侵权行为或不当得利。于第一、二两种后果，拾得人将依我国台湾地区"违警罚法"第 77 条与"刑法"第 337 条的规定承担公法上的责任；而于第三种后果，拾得人将负损害赔偿责任，同时因成立不当得利而负返还责任。② 这里所称我国台湾地区"刑法"第 337 条的规定，就是指侵占遗失物罪。我认为，我国民法与刑法分别采用遗失物与遗忘物，并非此二物之间存在区分，而是立法语言不严谨的表现。

（2）遗失物与遗忘物具有不可分性。从遗失物与遗忘物两个词上考察，遗失强调的是客观方面，即物主丧失了对财物的控制；遗忘则强调了主观方面，即物主之所以丧失对财物的控制，是因为主观上遗忘。由此可见，遗失物与遗忘物是一物二名。从我国学者对遗失物与遗忘物的区分理由来看，主要是根据物主对丧失之财物的主观心理状态来确定的，即物主是否能够准确地回忆起财物遗置的时间、地点：如果能够准确地回忆起财物遗置的时间、地点的，就是遗忘物，反之就是遗失物；此外，根据物主遗失财物时间的长短来区分：遗失时间较短的是遗忘物，遗失时间较长的就是遗失物。如此等等。在我看来，遗失物与遗忘物的本质都是财物所有人

---

① 参见 [日] 大谷实：《刑法讲义各论（新版第 2 版）》，黎宏译，294 页，北京，中国人民大学出版社，2008。

② 参见郑玉波：《民商法问题研究（3）》，台湾大学法学丛书编辑委员会编辑，100 页。

非出于本意而丧失了控制的财物，至于丧失控制时间的长短，是否能回忆起财物遗置的时间、地点，都不足以将两者区分开来。

（3）更为主要的是，根据我国刑法中的犯罪构成理论，一个人的行为是否构成犯罪，主要取决于其自身的行为以及主观心理状态。根据遗失物与遗忘物区分说，当行为人将某一无人控制的财物非法占为己有的时候，如果财物所有人能够准确地回忆起财物遗置的时间、地点，该物为遗忘物，行为人构成侵占罪；反之，则是遗失物，行为人不构成侵占罪。而据以区分遗失物和遗忘物，从而也区分侵占罪与非罪界限的这一标准对于行为人来说是完全不知情的，是财物所有人的主观状态。因此，这种遗失物与遗忘物区分说是不符合刑法中的犯罪构成理论的。总而言之，遗失物与遗忘物同为一物。

当然，目前在我国刑法学界，我的这种观点仅是少数人主张，通说仍主张遗忘物与遗失物的区分。还有个别学者认为，对侵占遗失物的行为不按刑法第 270 条第2 款论处，因为其行为特征完全符合同条第 1 款的构成要件。因为遗失物的拾得者或者是无因管理或者是不当得利，不论哪一种，拾得人对拾得物都具有代为保管的义务，遗失物作为财物亦属他人之物，因此，将遗失物非法据为己有、拒不退还的行为，完全符合第 1 款规定的一般侵占的构成要件，可以以第 1 款追究拾得人的刑事责任。[①] 可见关于遗失物问题，在我国刑法学界存在的争议是颇大的。对此，我国学者指出：上述两种相反的观点，各有其根据和理由，现在的问题是究竟哪一种观点符合刑法的原意。应当说，把遗忘物与遗失物相区别，是符合立法原意的。[②]确实，刑法中采用遗忘物一词而不采用遗失物一词不是偶然的，从立法本意上说，是想将两者加以区分。因此，在程剑案的裁判理由中，采用的是遗忘物与遗失物的区分说。按此理解，在本案中认定被告人程剑捡拾的是遗失物而非遗忘物并无不可。捡拾的存折不是遗忘物而是遗失物，似乎就已经排除了被告人程剑捡拾存折的行为构成侵占罪的可能性。但这里仍然存在可质疑之处：若存折是遗忘物，去取存

---

①　参见于世忠：《侵占罪研究》，154 页，长春，吉林人民出版社，2002。

②　参见王作富主编：《刑法分则实务研究》，3 版，中册，1143 页，北京，中国方正出版社，2007。

折项下的钱款的行为就可能构成侵占罪；若存折是遗失物，就不构成侵占罪，但去取存折项下的钱款的行为可能构成盗窃罪或者诈骗罪。本欲轻反而重，这显然是不合理的。关于这一点，遗忘物与遗失物的区分说似乎没有论及。若从某一观点中可能引申出极不合理的结论，这种观点的合理性当然是值得推敲的。

五、取款行为之定性

按照我对侵占罪的理解，在程剑案中，被告人程剑捡拾了他人存折，尽管存折上设有密码，也应视为控制了存折上的款项，应定侵占罪。当然，这里存在一个问题，就是被告人程剑捡拾的存折无法认定为遗忘物，而只能视为遗失物。尽管我认为侵占罪的客体中对遗忘物与遗失物不应区分，但从立法上来说，区分的意图是明显的。此外，拒不交出的罪量要件和告诉乃论的程序设置都给本案在现行刑法中被认定为侵占罪带来难以逾越的法律障碍。在这种情况下，我将进一步考察：在不构成侵占罪的前提下，其取款行为到底是定盗窃罪还是诈骗罪呢？

盗窃罪与诈骗罪，在一般情况下是容易区分的：前者是通过秘密窃取的方法将公私财物非法占为己有；后者是通过虚构事实、隐瞒真相的方法将公私财物非法占为己有。但在某些特殊情况下，两者的界限就容易混淆。在司法实践中，关于类似的取款行为在定性上往往发生分歧。

何鹏盗窃案

2001 年 3 月 2 日，何鹏持只有 10 元钱的农行金穗储蓄卡在 ATM 机上查询存款余额时，未发现卡上有钱。何鹏按键取款 100 元时，时逢中国农业银行云南省分行计算机系统发生故障，造成部分 ATM 机失控，ATM 机当即按何鹏指令吐出现金 100 元，何鹏发现这一现象后，当即继续按键取款，共六次取出现金 4 400 元。第二天，何鹏持卡到当地七台 ATM 机上，连续取款 215 次，共取出现金 425 300 元，合计取款 429 700 元。之后他以他人名义分别存款 7 300 元和 4 700 元，然后他将银行卡丢入下水道。2003 年 3 月 14 日，曲靖市人民检察院对何鹏提起公诉，同年

7月12日曲靖市中级人民法院判决，被告人何鹏犯盗窃罪，判处无期徒刑，剥夺政治权利终身，并处没收个人全部财产。同年10月17日云南省高级人民法院作出裁定：驳回上诉，维持原判。

无独有偶，2002年9月在广西南宁市也发生了一起类似案件。

杜守志信用卡诈骗案

广西南宁年仅22岁的杜守志在医院走廊地板上捡到了一张医疗保险复合卡（既能用来看病，又能作为储蓄卡进行存钱和取钱的多功能IC复合卡），他抱着试试看的心理将那张卡插入取款机器，先输入200元数额，又随便输入6位数码123456，然后按下确认键，谁知竟然发生了令他大感意外的事：一阵沙沙作响之后，200元钱真的从机器里吐了出来！尝到甜头的杜守志一发不可收拾。在不到一个月的时间里，他用这张捡来的卡取钱三百多次，共提走了六十多万元的巨款。2002年9月24日，公安机关以涉嫌信用卡诈骗罪逮捕了杜守志。对于公安机关所定的罪名，南宁市人民检察院提出异议。2003年3月20日，南宁市人民检察院以涉嫌盗窃罪依法对其提起公诉。南宁市中级人民法院经审理认为，杜守志的行为从主观上是明知银行交易系统发生了错误，他仅仅是认为自己输入的密码和原业卡的主人设的密码相同而取出了钱，这种行为不构成盗窃罪。同年11月，法院作出一审判决，判决杜守志犯信用卡诈骗罪，判处有期徒刑10年。①

上述两个案例，都涉及从柜员机上取款。关于对这种取款行为如何定罪，司法机关之间存在争议。就以这两案而言，何鹏定盗窃，杜守志定诈骗（信用卡诈骗罪是一种特殊的诈骗罪），案件相似，判决结果却相异。主张定盗窃罪的观点强调被告人在发现柜员机的交易系统出现故障以后，恶意利用这种漏洞窃取财物。而主张定诈骗罪的观点则强调在柜员机丧失识别能力的情况下，被告人欺骗银行柜员机，获得巨款。就这两种观点而言，我认为定盗窃罪是更为妥切的。因为自动交易系统是一个人机对话系统，当自动交易系统出现故障时，实际上银行丧失了对财物的控

---

① 周芬棉：《卡里平添许多零，狂提巨款犯刑律》，载《法制日报》，2004-05-26，12版。

制，在这种情况下获取财物无须诈骗，只需窃取即可。

相对于上述两案而言，程剑案也许是更为复杂的。在本案中，被告人程剑在捡拾存折后，为占有存折上的款项，实施了两个行为：一是猜配存折密码，二是冒名取款。主张定盗窃罪的观点强调猜配密码在非法占有财物中的作用，而主张定诈骗罪的观点则强调冒名取款在非法占有财物中的作用，由此形成定性上的迥异结论。我赞同本案定盗窃罪的观点，因为当存折密码被猜中以后，被告人程剑实际上已经实际控制了存折上的款项。本案的裁判理由指出："猜中密码并不意味着取得了他人存款，只是进一步取得他人存款的手段行为，且密码本身并无价值，因而不具有独立的法律意义。在程剑取得他人的存款之前，存款完全置于银行的控制、支配之下"，因此，裁判理由认为，存款的交付"正是程剑隐瞒真相，冒用他人名义，以至于银行不明真相误认为其具有取款合法资格的结果"，"此类行为属于典型的冒用诈骗行为"。这一裁判理由存在以下三个问题：

第一，这种观点与法律规定和司法解释的精神不符。以法律规定而言，刑法第 196 条第 3 款规定：盗窃信用卡并使用的，应以盗窃罪论处。在这种情况下，按照立法精神，只要窃取信用卡，就意味着非法占有了信用卡上的款项，而不能认为只有取款才是占有。以司法解释而言，依最高人民法院关于盗窃罪的司法解释，盗窃能即时兑现的存折，无论是否取款，都应按照存折上的票面数额计算盗窃数额。显然，在这种情况下，也不以取款为定罪根据。

第二，这种观点与法理相悖。先盗窃后采用欺骗手段取款的，使存折所有人丧失对财物的控制的主要是盗窃行为，而诈骗只是进一步实现非法占有目的的行为，在刑法理论上被称为不可罚的事后行为。显然，把不可罚的事后行为当作本罪行为处罚同样是不符合法理的。

第三，这种观点也与裁判理由自相矛盾。裁判理由在"（一）捡拾他人遗失的存折提取存款的行为不属于侵占行为，不应以侵占罪定罪处罚"的论述中指出："他人捡拾的存折系未设密码的活期存折，说明此时存折所载款项已完全置于持有人之控制下"。猜配密码也就是使存折密码被破解。密码被破解以后，存折也就如同未设密码一样，此时存折所载款项就应该置于持有人的控制之下。在这种情况下，又说取得他人的存款之前，存款完全置于银行的控制、支配之下，岂非自相矛盾？这里应当把存款人的控制与银行的控制区分开来，通过猜配密码而破解存折密码，实际上就已经使存款人丧失了对款项的控制。这才是对案件定性具有决定性意义的行为，应当据此定罪。

六、补记

本节涉及以下两个问题，需要加以说明：

（一）关于何鹏盗窃案

在许霆案被媒体披露以后，何鹏盗窃案（以下简称何鹏案）也被人重提。粗粗一看，似乎许霆案与何鹏案都是利用柜员机的故障而窃取金融机构的财物，我在上面也是这样分析的，但后来仔细查看何鹏案的细节，发现何鹏实是发现本人原本只有 10 元的储蓄卡后面加了好几个零，才大肆从柜员机中取款。对于这个问题，我国学者黎宏教授认为与银行存款的占有相关。黎宏教授指出：

> 就银行的存款而言，其占有归属于谁呢？这里，必须区分两种情况加以讨论：一种情况是存款已经进入储户的账户之内——不管这种进账是否具有法律上的根据——的情形。前述何鹏案就属于这种情形。另一种情况是存款没有进入储户的账户之内，只是因为银行的自动取款机出错，储户处于能够获得银行存款的状态。前述许霆案就属于这种情形。就后一种情况而言，应当说，存款的占有属于银行，这是毫无疑问的。因为，尽管银行没有发现自动取款机上存在的故障，在财物管理上有疏忽，但这种疏忽并不意味着对该财物因此就失去占有，使财物处于无主状态。因为，该存款是放在银行设置的自动取款机之内，属于被银行采取了某种措施加以管理的财物。这种被采取了某种管理措施的状态，意味着银行对该财物具有占有。因此，行为人采用合法手段侵入该机器，在银行方面不知情的情况下，秘密将该机器中所存放的财物据为己有，当然构成盗窃罪。
>
> 就前述何鹏案而言，尽管案情交代当中没有说明原因何在，但被告人

何鹏的银行账户当中,"自己的储蓄卡上的 10 后面冒出了许多'0',足足有百万元之多",是千真万确的。对于这百万元之多的财物,何鹏处于"想取的话,随时都可以取走"的实际支配状态,因此,属于其占有下的财物。从此意义上讲,何鹏将自己不意占有的他人财物据有己有,应当构成侵占罪,而不可能构成盗窃罪。主张构成盗窃罪的观点,忽视了何鹏对于其银行账户当中的财物具有实际支配的事实。[①]

由此看来,银行过错对许霆案和何鹏案的后果是不同的:许霆案中,柜员机故障致使许霆在柜员机中取款 1 000 元,但只在借记卡中扣除 1 元,并没有将款项错误地打到许霆的借记卡中。但在何鹏案中,银行过错致使巨款打入何鹏的储蓄卡中。在这种情况下,何鹏是从本人的卡中取款,尽管该款是银行过错造成的。此时,如果把储蓄卡中的款项视为持卡人占有的财物,则银行的过错使何鹏不当得利,何鹏将不当得利的财物非法占有己有,符合侵占罪的特征。但是,如果把储蓄卡中的款项仍然视为处于银行的占有之中,则何鹏从柜员机上取款,基于机器不能被骗的原理,何鹏的行为符合盗窃罪的特征。就上述两个观点而言,我是赞同前一种观点的,认为对何鹏的行为以侵占罪论处更为妥切。

(二) 关于司法解释

2008 年 4 月 18 日最高人民检察院《关于拾得他人信用卡并在自动柜员机(ATM 机)上使用的行为如何定性问题的批复》(自 2008 年 5 月 7 日起施行)指出:

拾得他人信用卡并在自动柜员机(ATM 机)上使用的行为,属于刑法第一百九十六条第一款第(三)项规定的"冒用他人信用卡"的情形,构成犯罪的,以信用卡诈骗罪追究刑事责任。

这一规定表明两点:一是持有信用卡尚不属于占有信用卡项下的财物,二是机器可以被骗。这两点在法理上都是存在商榷余地的,并且与刑法及最高人民法院先前的司法解释的规定相矛盾,与最高人民检察院先前的司法解释也是冲突的。对

[①]　黎宏:《论存款的占有》,载《人民检察》,2008 (15),22 页。

此，我国学者李立众教授指出：

> 如果认为机器可以被骗，那么，以游戏币冒充硬币拨打投币电话的，
> 或者使用非法制造的电话卡拨打电话的（暂不考虑数额），都应当构成诈
> 骗罪。但是，2003 年 4 月 2 日最高人民检察院《关于非法制作、出售、使
> 用 IC 电话卡行为如何适用法律问题的答复》明确指出，明知是非法制作
> 的 IC 电话卡而使用的，构成盗窃罪。可见，在机器能否被骗的问题上，
> 最高人民检察院的立场前后不一。拾得他人信用卡并在 ATM 机上使用的
> 行为应如何定性，还值得研究。①

最高人民检察院这一批复提出的问题，确实值得我们进一步研究。

第 6 节　犯罪的掩盖行为与掩护行为之定性研究

案名：何起明诈骗案　陈平盗窃案　刘勤记盗窃案
主题：抢夺罪　诈骗罪　犯罪的掩盖行为与掩护行为

　　抢夺罪与诈骗罪是我国刑法中两个常见的罪名。在现实生活中，存在一些抢夺罪与诈骗罪的界限容易混淆的犯罪案件，因此，需要从法理上对抢夺罪与诈骗罪加以区分。本节以何起明诈骗案②（以下简称何起明案）为例，并结合陈平盗窃案、刘勤记盗窃案③深入地探讨抢夺罪与诈骗罪的法律界限，由此而进一步地论及财产犯罪中的掩盖行为与掩护行为对定罪的影响。

---

　　① 李立众：《刑法一本通 中华人民共和国刑法总成》，5 版，160 页，"编者说明"，北京，法律出版社，2008。

　　② 何起明诈骗案刊载于最高人民法院编：《刑事审判参考》，第 12 辑，北京，法律出版社，2001。

　　③ 陈平盗窃案刊载于最高人民法院中国应用法学研究所编：《人民法院案例选（刑事卷）》（1992—1996年合订本），552～554 页，北京，人民法院出版社，1997；刘勤记盗窃案刊载于最高人民法院中国应用法学研究所编：《人民法院案例选（刑事卷）》（1992—1996 年合订本），606～608 页，北京，人民法院出版社，1997。

一、何起明案的案情及诉讼过程

1999 年 10 月 16 日下午，被告人何起明遇到陈二。闲聊中陈二提出去搞一辆摩托车，何起明表示同意。后陈二去寻找目标，何起明在东兴市东兴镇北仑大道建安加油站处等候。当晚 8 时许，陈二雇请宋某驾驶两轮摩托车到加油站载上何起明一同到东兴镇东郊村罗浮附近，以等人为由让宋某停车等候。

陈二趁宋某下车未拔出钥匙之际，将摩托车开走。宋某欲追赶，何起明则以陈二用其车去找人、会回来还车等理由稳住宋某。后何起明又以去找陈二为由，叫宋某在原地等候，自己趁机逃跑。经鉴定，该摩托车价值人民币 4 905 元。

东兴市人民法院认为，被告人何起明以非法占有为目的，虚构事实骗取他人财物，数额较大，其行为已构成诈骗罪。遂依照《中华人民共和国刑法》第 266 条的规定，于 2000 年 1 月 25 日判决如下：被告人何起明犯诈骗罪，判处有期徒刑 2 年，并处罚金人民币 2 000 元。

宣判后，何起明没有上诉，检察机关未抗诉，判决发生法律效力。

二、何起明案的分歧意见及裁判理由

对于抢走财物后哄骗被害人不追赶的行为如何定性？
在本案处理过程中，对被告人何起明的行为如何定性产生了两种意见：

一种意见认为：被告人何起明以非法占有为目的，伙同他人用虚构事实的方法，骗取他人财物数额较大，其行为符合诈骗罪的构成要件，构成诈骗罪。

另一种意见则认为：虽然何起明与其同伙在非法占有摩托车前隐瞒真相，在占有摩托车后又虚构事实，对被害人进行欺骗，使之产生错觉，在摩托车被开走后不再追赶，但从何起明及其同伙占有宋某摩托车的方式来看，并非宋某上当受骗后"自愿"将摩托车交给陈二，在此真正起着关键作用的是公然抢夺。正是通过公然抢夺，何起明与其同伙才完成了对宋某摩托车的非法占有。当陈二通过公然抢夺方式将宋某的摩托车抢走后，陈二与何起明的抢夺行为已经完成，抢夺罪已经成立。至于何起明在陈二夺车已完成之后虚构事实，对被害人虽然有欺骗性质，但不同于诈骗罪中行为人为了获取财物而实施的欺骗行为，其仅是为了拖延时间以便陈二逃离现场，而不再是骗取财物。被告人何起明伙同他人以非法占有为目的，趁人不备，公然夺取他人财物，数额较大，其行为符合抢夺罪的构成要件，构成抢夺罪。

本案的裁判理由指出：

　　无论是诈骗罪还是抢夺罪，作为侵犯财产的犯罪，其目的均为非法获取、占有公私财物。但从犯罪构成的客观方面来看，诈骗罪是以虚构事实或者隐瞒真相的方法，骗取财物；而抢夺罪则表现为乘人不备，公然夺取他人财物。两罪的区别是明显的，一般情况下不容易发生混淆。但在本案中，被告人何起明非法占有他人财物的手段具有复合性：一方面，何起明与其同伙通过乘人不备骑走摩托车的方式将宋某的摩托车非法占有；另一方面，何起明与其同伙在非法获取财物前隐瞒真相，在占有宋某的摩托车后又虚构事实，在犯罪过程中采用了欺骗手段。正是这种犯罪手段的复合性，导致了对本案定性问题的不同认识。

　　诚然，陈二与何起明正是通过公然抢夺实现了对摩托车的非法占有，此时，两作案人的抢夺行为已经完成。如果在陈二骑走摩托车后，何起明也径行逃跑，对两人的行为毫无疑问应以抢夺罪定罪处罚。但在本案中，何起明并没有在陈二完成抢夺行为后立即逃跑，而是留下来虚构"陈二用其车去找人、会回来还车"这一事实稳住被害人宋某，宋某信以为真，也就不追赶，更没有报警。因此，虽然陈二与何起明占有的被害人的摩托车不是被害人自愿交出的，似不符合诈骗罪中被害人因受骗上当"自愿地"

交出财物这一典型特征，但是被害人宋某没有呼喊、追赶和报警，不是因为其不能或者不敢呼喊、追赶和报警，而是由于何起明虚构事实，并且仍与宋某待在一起，没有逃跑，宋某完全有理由相信何起明所言的真实性。因此，宋某实际上默认了陈二对摩托车的占有。也就是说，被害人宋某实际上是因其受骗上当而"自愿"交出摩托车。这是诈骗的另一种表现形式。

从陈二与何起明的主观故意的内容来看，虽然在陈二发起犯意"去搞一辆摩托车"时，主观故意的内容不明确，可能是偷、骗、抢等，但从陈二与何起明为实现其非法占有目的而采取的一系列行为来看，先是隐瞒真相，没有真实的租车目的，却以租车为名，骗取被害人宋某的信任，租乘宋某的摩托车；再虚构事实，"以等人为由让宋某停车等候"，为非法占有他人的摩托车创造了条件；然后虚构"陈二用其车去找人、会回来还车"，使被害人宋某不呼喊、不追赶，也没有报警，以实现非法占有财物的目的；最后又虚构"去找陈二"这一事实，逃离作案现场。这些事实充分反映了陈二与何起明诈骗他人财物的主观故意。

综合全案情况，陈二与何起明在主观上具有诈骗财物的故意，在客观上采取隐瞒真相和虚构事实的手段非法占有了他人的财物，完全符合刑法规定的诈骗罪构成要件，应以诈骗罪定罪处罚，而不应仅根据陈二与何起明实施犯罪行为的手段之一即认为其行为构成抢夺罪。

三、相关罪名的法理分析

何起明案到底是定抢夺罪还是定诈骗罪，取决于我们对抢夺罪和诈骗罪的正确理解。在本案中，行为人何起明在实施犯罪过程中，既有配合其他共犯的抢夺行为，又有为使共犯顺利逃跑而欺骗的行为。这就给正确定罪带来一定的困难。为此，我们首先要对我国刑法中抢夺罪与诈骗罪的构成要件加以分析。

（一）抢夺罪

根据我国刑法第 267 条的规定，抢夺罪是指以非法占有为目的，公然夺取数额较大的公私财物的行为。抢夺罪的特征在于：（1）公然性。抢夺罪属于公然犯，其行为是以公然的方式实施的。这与在一般情况下以秘密方式实施的盗窃罪有所不同。一般来说，盗窃罪是秘行犯。秘行犯与公然犯的区分，就在于秘行犯，例如盗窃罪，是背着财产所有人，在其不知情的情况下实施的；而公然犯，例如抢夺罪，是当着财产所有人的面公开实施的。（2）非暴力性。抢夺罪不属于暴力犯罪，这是它与抢劫罪的区别。在某种意义上说，抢劫罪是使用暴力、胁迫或者其他方法的抢夺。在夺取财物这一点上，抢劫罪与抢夺罪是存在重合的，属于部分法与整体法的法条竞合。当然，在抢夺过程中，也可能过失地引起他人重伤甚至死亡的后果。这种情形，属于抢夺罪与过失致人重伤罪或者过失致人死亡罪之间的想象竞合，按照有关司法解释的规定，应当从一重罪处断。

在抢夺罪的构成要件中，存在一个争议较大的问题，就是乘人不备是否属于抢夺罪的构成要素。我国刑法学界一般都把乘人不备当作抢夺罪的一个特征，认为公然夺取是以乘人不备为前提的。例如我国学者指出：

所谓公然夺取是指行为人当着公私财产所有人、管理人或者其他人的面，乘其不防备，将公私财物夺了就跑，据为己有或者给第三人所有。[1]

不可否认，犯罪分子为使其犯罪更加容易得逞，在绝大多数情况下，抢夺行为都是乘人不备实施的。那么，能否以此作为抢夺罪的规范要素，凡不是乘人不备实施的行为就不能认定为抢夺？我的回答是否定的。在极少数情况下，即使是在被害人有备的情况下实施的抢夺，仍然应定为抢夺罪。

就何起明案而言，陈二是在趁被害人宋某不备的情况下，将其摩托车开走，因而这一行为构成抢夺罪并无疑问。

（二）诈骗罪

诈骗罪同抢夺罪一样，是我国司法实践中较为常见的一种侵犯财产的犯罪。相

---

① 周道鸾、张军主编：《刑法罪名精释》，3 版，519 页，北京，人民法院出版社，2007。

对于抢夺罪而言，诈骗罪是更容易混淆的一个罪名。之所以诈骗罪容易发生罪与非罪以及此罪与彼罪界限的混淆，主要是因为对于诈骗罪中诈骗的含义，在刑法专业上的界定与在日常生活中的理解是完全不同的。当人们按照日常生活经验理解刑法中的诈骗的时候，混淆必然发生。

我国传统刑法教科书在定义诈骗罪的时候，一般都只从被告人角度，描述被告人的欺骗行为，而在很大程度上忽略了被害人的行为在诈骗犯罪中的作用。例如，我国刑法教科书指出：

> 诈骗罪，是指以非法占有为目的，用虚构事实或者隐瞒真相的方法，骗取公私财物，数额较大的行为。[1]

这里的虚构事实与隐瞒真相都是被告人的行为。对于如何骗取，传统教科书并没有深入分析，只是在描述诈骗罪的客观表现时，提到被害人因为受到欺骗，仿佛自愿地将财物交给被告人。当然，也有学者对诈骗罪的客观要素作了较为翔实的分析：

> 成立诈骗罪一般要具备的客观要素包括：诈骗行为，使他人陷于错误，他人基于错误处分财产，行为人获取财产或者财产性利益。一般来说，这些要素先后有序，形成一个前后紧密相连之因果锁链。[2]

在这一论述中，涉及诈骗罪的客观要素，共叙述了三种行为：一是被告人的诈骗行为，二是被害人基于错误认识的处分行为，三是被告人的取得行为。在上述三种行为中，欺骗行为与取得行为的主体都是被告人，其为构成要件的行为，是没有争议的。基于错误认识的处分行为，是被害人的行为，显然不应属于构成要件的行为。那么，在诈骗罪中，被害人的处分行为，究竟处于何种地位呢？这是值得研究的问题。

在任何犯罪构成的实行行为中，只包括被告人的行为，而不包括被害人的行为。这应当是一条铁则，因为实行行为的主体只能是被告人而不可能是被害人。在

① 高铭暄、马克昌主编：《刑法学》，517 页，北京，北京大学出版社、高等教育出版社，2000。
② 赵秉志主编：《侵犯财产罪研究》，226 页，北京，中国法制出版社，1998。

诈骗罪的构成中，被告人所实施的是欺骗行为，至于使被害人陷于错误认识并处分财物，并不是诈骗罪的构成要件行为，而是诈骗罪的结果，即被骗以后被害人实施了处分行为。如果虽然被告人实施了诈骗行为，但被害人并没有陷于错误认识，也没有实施处分财物的行为，则其诈骗罪处于未遂状态。因此，在诈骗罪的构造中，被害人基于错误认识的处分行为，对于诈骗罪的成立具有十分重要的意义。正如日本学者西田典之教授指出：

> 要成立诈骗罪，就必须是因欺骗而使对方产生错误，并由这种错误作出带有瑕疵的意思表示，进而基于这种意思表示而实施将自己的财物或财产性利益移转至对方的处分行为。那么，虽然存在以使之实施处分（交付）行为为目的的诈骗行为，但对方并未陷入错误，而是出于其他理由（例如，出于怜悯之心）交付了财物，则由于切断了诈骗罪所预定的因果关系，而限于成立未遂犯。①

处分行为，是民法上的一个概念，是指以处分权利为内容并直接发生权利变动效果的民事法律行为。其中既包括直接处分财产的物权行为，也包括直接处分其他权益的准物权行为，如物之交付行为、债务免除行为等。根据大陆法系各国的民法，从事处分行为的行为人除须具备行为能力外，还须对所处分的财产或权益具有合法处分权。② 在民法中处分行为是导致权利变动的民事行为。在诈骗罪中，被害人的处分行为是基于错误认识而产生的，因而是具有瑕疵的处分行为。

在诈骗罪的处分行为认定中，存在以下三个问题值得研究：

1. 终局性转移与非终局性转移

处分行为是对财物的处分，当然在某些情况下也包括对财产性利益的处分。在处分财物的情况下，处分意识中应当具有财物的占有终局性转移的内容。终局性转

---

① ［日］西田典之：《日本刑法各论（第三版）》，刘明祥、王昭武译，151 页，北京，中国人民大学出版社，2007。

② 参见邹瑜、顾明总主编：《法学大辞典》，372 页，北京，中国政法大学出版社，1991。

移，是日本学者西田典之教授使用的一个概念。其以三个日本判例对此问题加以说明：

判例 I：谎称试车而让人同意其单独驾驶一段时间的行为就是处分行为，构成诈骗罪。（东京地八王子支判平成 3·8·28 判夕 68 号，249 页）。

判例 II：被允许试衣者趁店员不注意而逃走的行为，由于没有发生基于被诈骗者意思的占有的终局性转移，因而仅构成盗窃罪（广岛高判昭和 30·9·6 高刑 8 卷 8 号，1021 页）。

判例 III：出于诈骗的目的而使对方准备好了钱款，被诈骗者将现金放在门口之后去卫生间，行为人乘此间隙而带着现金逃走，对此，判例认为构成本罪（最判昭和 26·12·14 刑集 5 卷 13 号，2518 页）。①

在判例 I 中，行为人同意他人单独驾驶一段时间，可以看作是将车辆交付给他人，由他人对车辆实施占有。因此，行为人在交付车辆给他人单独试驾的时候，具有车辆的占有发生终局性转移的意识。在这种情况下，试驾者将车辆予以非法占有的，属于诈骗之所得。在判例 II 中，店员允许他人试衣，是指在店员控制范围内的占有转移，这种占有转移是非终局性的，因而他人乘机逃走，将衣物占有的行为，构成盗窃。在判例 III 中，他人基于被骗已经将财物准备好、等待交付，但在交付前将现金放在门口而去卫生间，行为人乘机予以占有。对于本案，判例是以诈骗罪论处的。但是日本学者西田典之教授认为，在这种情况下，占有仍属于被诈骗者，应该说并没有发生基于其意思的占有终局性转移。因此，在日本学者西田典之教授看来，该案仍然构成盗窃罪而非诈骗罪。

被害人的处分意思是否具有终局性转移的内容，对于区分诈骗罪与其他财产犯罪具有重要意义。例如，在现实生活中经常发生这样的案例：行为人在商店以借用手机为由，取得他人的手机，然后在假装拨打电话的时候，趁他人不备而悄悄溜走，从而将手机非法占为己有。关于对此类案件如何定性，往往存在定盗窃罪与定

① ［日］西田典之：《日本刑法各论（第三版）》，刘明祥、王昭武译，152 页，北京，中国人民大学出版社，2007。

诈骗罪的分歧。从表面上来看，行为人是以欺骗方式取得手机，似乎应定诈骗罪。但在这种情况下，行为人虽然将手机交付给他人，却并没有终局性转移占有的意思，而是在其监督下有条件地使用手机。行为人之非法占有手机，还是秘密窃取的结果。因此，对此类案件应定盗窃罪而非诈骗罪。

2. 意识性处分与无意识性处分

行为人在处分财物的时候，是否必须对其所处分的财物具有认识，是在认定是否具有诈骗罪中的处分行为时的一个重要问题。在这个问题上，存在意识性处分行为说与无意识性处分行为说之争。对此，日本学者西田典之教授作了以下描述：

> 问题在于被害人对所要转移的财物或财产性利益并无认识的情况如何处理。例如，甲发现乙的书中夹有一张 1 万日元钞票，于是便以 100 日元的价格买下了这本书，这 1 万日元是构成诈骗罪还是构成盗窃罪呢？有观点认为，要构成处分行为，被害人需要认识到将某种特定财物转移给对方（意识性处分行为说）。据此，本案构成盗窃罪。还有观点认为，在可以肯定某种财物的占有已依照被诈骗人的意思发生了终极性转移的情况下，则没有必要要求被诈骗人认识到各个财物的转移（无意识性处分行为说），因而构成第 1 项诈骗罪。另外，甲在乙的家里谎称打市内电话，实际上却打了国际电话，不只支付了 10 日元。对此，按照无意识性处分行为说的观点，有可能成立第 2 项诈骗罪。而按照意识性处分行为说的观点，则是不可罚的利益窃取行为。[①]

由此可见，意识性处分行为说与无意识性处分行为说对同一案件会得出不同结论。当然，对于何谓处分意识的理解，也直接关系到意识性处分行为说与无意识性处分行为说之间对立程度的消长。我国学者张明楷教授主张处分意识必要说即意识性处分行为说，同时指出：

---

① ［日］西田典之：《日本刑法各论（第三版）》，刘明祥、王昭武译，152 页，北京，中国人民大学出版社，2007。

根据诈骗罪的结构与特征，鉴于我国刑法理论与司法实践对诈骗与盗窃的通常理解，主张对处分意识作缓和理解，但这种缓和理解也有其限度。

　　首先，在受骗者没有认识到财产的真实价值（价格）但认识到处分了该财产时，应认为具有处分意识。

　　其次，在受骗者没有认识到财产的数量（或财物的数量）但认识到处分了一定的财产时，也宜认定为具有处分意识。①

　　我认为，关于对处分行为是否具有意识的讨论，关系到诈骗罪与其他财产犯罪主要是盗窃罪的区分。考虑到诈骗罪的本质特征在于被害人基于错误认识而交付财物，对处分行为的意识性不应过于强调，以免把某些诈骗行为划入盗窃罪的范围。

　　3. 处分能力与行为能力

　　被骗人是否必须具有处分能力，也是在认定诈骗罪时经常讨论的一个问题。在这一问题上，同样存在分歧。例如日本学者大塚仁教授指出：只要是陷入错误、能够对财物进行财产性处分的人，即使是知虑浅薄的未成年人和心神耗弱的人，也能成为欺骗行为的对方。② 日本学者大谷实教授则认为：处分行为是诈骗罪中没有记载的构成要素，是区分盗窃罪和诈骗罪的关键。交付，必须是对方基于错误认识而实施的，因此，必须具有基于交付意思的交付事实。欺骗没有交付意思能力的幼儿和重度精神病人而取得财物的行为，是盗窃罪而不是诈骗罪。③ 从上述论述来看，对于具备何种要件的人可以成为诈骗罪的客体，还是存在争议的。一般来说，心神丧失人，亦即无责任能力的精神病人，因其为无行为能力之人，故不能成为诈骗罪的客体。对此争议不大。争议较大的是心神耗弱人，亦即限制责任能力的精

---

　　① 张明楷：《诈骗罪与金融诈骗罪研究》，165～166 页，北京，清华大学出版社，2006。

　　② 参见［日］大塚仁：《刑法概说（各论）（第三版）》，冯军译，243 页，北京，中国人民大学出版社，2003。

　　③ 参见［日］大谷实：《刑法讲义各论（新版第 2 版）》，黎宏译，243 页，北京，中国人民大学出版社，2008。

神病人，能否成为诈骗罪的客体。此外，对于未成年人来说，达到何种年龄才属于完全无行为能力的情形，因而不能成为诈骗罪的客体，也会存在争议。对此，采用民法上无民事行为能力的概念，作为界定诈骗罪的客体的标准，可能是值得研究的。

在民法上的无民事行为能力的情形中，存在禁治产人的概念。禁治产人，是指因心神丧失或精神耗弱而对自己的财产无处理能力，经法院宣告丧失民事行为能力的人。[①] 我国民法未采用禁治产人的概念，但对于无民事行为能力的情形作了规定。在我国民法中，所谓无民事行为能力，是指自然人无独立从事民事活动的资格，也就是说，不具有以自己的行为取得民事权利和承担民事义务的资格。根据我国《民法典》第 20 条和第 21 条的规定，无民事行为能力人包括两类：一类是不满 8 周岁的未成年人。此类自然人年龄尚小，处于生长发育的最初阶段，虽然这些未成年人有一定的智力，但不能理性地从事民事活动，否则既容易使自己蒙受损害，也不利于交易的安全。另一类是不能辨认自己行为的成年人。这些人因为其心智丧失，不具有识别能力和判断能力，从保护其利益出发，法律规定其为无民事行为能力人是十分必要的。[②] 我认为，民法上的民事行为能力可以作为诈骗罪中被骗人是否具有处分能力的标准。不满 8 周岁的人或者丧失辨认能力与控制能力的精神病人，无民事行为能力，亦无处分能力。这两类人不能成为诈骗罪的客体，利用诈术从这两类人处取财的，应为盗窃而非诈骗。

四、何起明案裁判理由的评判

根据上述关于抢夺罪与诈骗罪的界定，被告人何起明的行为构成抢夺罪而非诈骗罪，是十分明显的。

在第一阶段，何起明的同伙陈二趁宋某下车未拔出钥匙之际，将摩托车开走。

---

① 参见邹瑜、顾明总主编：《法学大辞典》，1592 页，北京，中国政法大学出版社，1991。
② 参见王利明：《民法总则研究》，350 页，北京，中国人民大学出版社，2003。

这一行为属于抢夺行为。对此，裁判理由亦承认：如果在陈二骑走摩托车后，何起明也径行逃跑，对两人的行为毫无疑问应以抢夺罪定罪处罚。但在该案中，何起明采用欺骗方法使宋某不去追赶，使陈二非法占有宋某摩托车的犯罪得以既遂。这一欺骗行为是否使陈二的抢夺行为转变成为诈骗行为呢？在此，就要看何起明的行为是否符合诈骗罪的构成要件。关键问题是：宋某是否存在基于错误认识而对财物的处分行为？回答显然是否定的。宋某不是基于欺骗而产生错误认识，在此基础上将其摩托车处分给陈二和何起明，而是陈二采取抢夺方法将其摩托车予以非法占有的，因而本案应定抢夺罪是没有疑问的。

何起明案的裁判及裁判理由，引起我思考的一个问题是：为什么这样一起十分简单的抢夺案件被检察院以诈骗罪起诉，法院亦以诈骗罪对被告人判刑，并且受到最高人民法院有关业务庭的肯定？我以为，根本原因在于对诈骗罪的构成要件中基于错误认识而处分财物这一内容没有掌握。在我国目前的刑法教科书中，对于诈骗罪大多从被告人的诈骗行为加以界定，对于被害人的处分行为没有予以重视。因此，对于只要是因为他人欺骗造成财产损失的，就认定为诈骗罪。这显然是对诈骗罪的误解。这里涉及对整个财产犯罪的体系化整理。对此，我国学者周光权教授指出：

> 由于各国的具体情况不同，其对于侵犯财产罪的规定也大不相同，但都可以将此类犯罪大致分为取得罪和毁损罪两种类型。毁损罪是指使他人财物的价值消灭的犯罪，故意毁坏财物罪和破坏生产经营罪最具有代表性。取得罪是指直接占有财物的犯罪，包括盗窃罪、抢劫罪、诈骗罪、抢夺罪、侵占罪等。

> 取得可以分为转移占有的犯罪和不转移占有的犯罪（交付罪），诈骗罪、敲诈勒索罪是其中的典型，以及违反被害者意思而夺取财物的犯罪（夺取罪），包括盗窃罪、抢劫罪、抢夺罪等，它们是财产罪的基本形态。至于侵占罪则是不转移占有关系罪的典型。①

---

① 周光权：《刑法各论》，100 页，北京，中国人民大学出版社，2008。

我认为，上述区分是有道理的。当然，对某些财产犯罪的类型之具体表述还可以作一些调整。根据我的理解，我国刑法中财产犯罪的种类如下图所示：

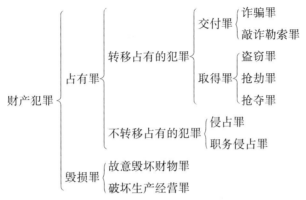

在上述财产犯罪中，交付罪与取得罪的根本区分就在于，交付罪是他人基于错误认识而处分财物（诈骗罪）或者他人基于胁迫而不得不交付财物（敲诈勒索罪）。在这种情况下，都是基于对方意思的交付。而取得罪，无论是盗窃罪还是抢劫罪与抢夺罪，都是违反对方意思而取得他人财物。由此可见，如何转移占有，是基于对方意思而交付还是违反对方意思而取得，是交付罪与取得罪区分的关键。在交付罪中，他人的处分行为对于犯罪成立具有重要意义。因此，现在的刑法教科书对于诈骗罪的基本构造已经考虑到其作为交付罪的特点，突出被害人基于错误认识而处分财物。例如我国学者张明楷教授指出：

> 诈骗罪的基本构造为：行为人实施欺骗行为——对方（受骗者）产生错误认识——对方基于错误认识处分财产——行为人或第三者取得财产——被害人遭受财产损害。①

按照上述诈骗罪的构成特征，强调对方基于错误认识而处分财物，则本案中虽然何起明存在欺骗行为，但这一欺骗行为并非财产取得原因，因为被害人的财物在此之前已经被抢夺，根本就不存在处分财物的问题。

---

① 张明楷：《刑法学》，3 版，735 页，北京，法律出版社，2007。

五、犯罪掩盖行为与掩护行为的定性：以陈平案与刘勤记案为例的分析

何起明案发生定性上的错误，与未能正确处理犯罪掩盖行为是有密切联系的。在许多犯罪中，都存在掩盖行为，但即使这一掩盖行为触犯其他罪名，也不能改变先前犯罪的性质。因为，犯罪掩盖行为均发生在行为人实施犯罪行为以后，犯罪已经实施完毕，当然也就不可能发生罪质上的变化。但在司法实践中，犯罪掩盖行为往往扰乱我们的视线，使我们混淆此罪与彼罪的界限。例如，何起明案的裁判理由指出：

> 在本案中，被告人何起明非法占有他人财物的手段具有复合性：一方面，何起明与其同伙通过乘人不备骑走摩托车的方式将宋某的摩托车非法占有；另一方面，何起明与其同伙在非法获取财物前隐瞒真相，在占有宋某的摩托车后又虚构事实，在犯罪过程中采用了欺骗手段。正是这种犯罪手段的复合性，导致了对本案定性问题的不同认识。

在上述裁判理由中，犯罪手段的复合性的提法本身就没有将犯罪行为与犯罪掩盖行为加以区分。何起明案与其他抢夺案件相比，其复杂性并不在于犯罪手段的复合性，而在于除犯罪行为以外，又多了一种犯罪掩盖行为。只要我们把犯罪行为与犯罪掩盖行为正确地区分，这种案件的定性并不复杂。在财产犯罪中，犯罪分子的意图就是非法占有他人财物，为达到这一目的，往往使用各种犯罪方法。在存在犯罪行为与犯罪掩盖行为的财产犯罪案件中，两者区分的关键在于：非法占有他人财物到底是以何种方法实现的，应当将实现非法占有他人财物的行为作为犯罪行为，其他行为就是犯罪掩盖行为。在以往的司法实践中也都有正确处理的案例，例如陈平盗窃案就是具有说服力的一个案例。

陈平盗窃案

被告人陈平在广州买得假金项链一条，于 1993 年 3 月 15 日来到天津市。当天她在天津商场金店，见柜台里放有一条重 14.09 克、价值人民币 1 803.5 元的金项链，与她所买的假金项链式样相同，遂产生以假换真的

邪念。她随即到东方商业大厦买得金坠一个、签字笔一支，并将金坠的重量标签涂改为 14.09 克系在假金项链上，然后又返回天津商场金店，以挑选金项链为名，趁售货员不备之机，用自己的假金项链调换了上述真金项链。次日，陈平将金项链卖掉，获赃款 1 000 元。而后，陈平又前往广州买得假金项链 11 条、假金戒指 9 枚及涂改液等物品，于同年 3 月 26 日返津。3 月 28 日陈平再次来到天津商场金店，采用上述同样手段，以假换真换得一条重 11.09 克、价值 1 418.3 元的金项链。当天，陈平又以同样手段调换一条重 19.78 克、价值 2 513.9 元的金项链时，被售货员发觉而被当场抓获。案发后，陈平的认罪态度尚好，能积极退赃。其退交的重 11.09 克的金项链及 1 500 元赃款已发还被盗单位。

天津市南开区人民法院经公开审理认为，被告人陈平以非法占有为目的，伪装购买金项链，在挑选时趁售货员不备，以假换真，连续三次秘密窃取金项链，总价值 5 700 余元，数额巨大，其行为已构成盗窃罪，应依法惩处。姑念其系初犯，无前科劣迹，案发后认罪态度较好，能积极退赃，且有未遂情节，没有给被盗单位造成经济损失，可依法从轻判处。该院依照 (1979 年)《中华人民共和国刑法》第 152 条的规定，于 1993 年 9 月 6 日判决如下：被告人犯盗窃罪，判处有期徒刑 5 年。

宣判后，陈平没有提出上诉。

本案的裁判理由指出：

本案在审理过程中，对被告人陈平的行为应定何罪，有三种意见：第一种意见认为，陈平用假金项链偷换真金项链，是以虚构事实、隐瞒真相的方法骗取公共财物，其行为应定诈骗罪。第二种意见认为，陈平趁售货员不备，将假金项链偷换真金项链，是以秘密窃取的方法占有公共财物，其行为应定盗窃罪。第三种意见认为，陈平为非法占有金项链，既采取了欺骗行为，又采取了窃取行为，两种行为分别构成了诈骗罪和盗窃罪。其中，诈骗是手段，盗窃是目的，两者具有牵连关系，按照处理牵连犯从一重罪处断的原则，应以其中法定刑较重的盗窃罪定罪。

我们认为，盗窃罪与诈骗罪的根本区别，在于非法占有公私财物的手段不同：前者是乘人不备，秘密窃取；后者是实施骗术，使人产生错觉，信以为真，从而似乎自愿地交出财物。这种界限在一般情况下不难区分。但是社会现象是错综复杂的，有些犯罪分子在盗窃犯罪的活动中可能有欺骗行为，有些犯罪分子在诈骗犯罪活动中也有秘密行为，判定其犯罪活动是盗窃罪还是诈骗罪，主要是看行为人非法占有财物时起关键作用的手段是什么。如果起关键作用的手段是秘密窃取，就应定盗窃罪；如果起关键作用的手段是实施骗术，就应定诈骗罪。本案被告人陈平在偷换金项链的过程中，虽然实施了欺骗行为，把金坠的重量标签加以涂改，系上假金项链上，以假乱真。但她这种欺骗行为只是为她秘密窃取金项链打掩护，在非法占有金项链的过程中并不起关键作用。她之所以获得金项链，主要是她以挑选金项链为名，趁售货员不备自行窃取和调换的，而不是售货员受骗后"自愿"拿出金项链给她调换的。因此，对陈平的行为应定盗窃罪而不应定诈骗罪。

陈平的犯罪行为不属于牵连犯，牵连犯是指犯一罪而其方法行为或者结果行为又触犯其他罪名的犯罪。构成牵连犯的重要条件之一，是行为人实施的两个以上行为都必须是分别构成犯罪的行为，如果其中有一个行为不能独立成罪，就不能成立牵连犯。本案被告人陈平在实施盗窃的过程中，虽然有欺骗行为，但其欺骗行为只是为了掩人耳目，本身并不单独构成诈骗罪。因此陈平的行为不构成牵连犯，谈不上从一重罪处断的问题。

基于上述理由，天津市南开区人民法院对陈平的行为定盗窃罪是正确的。

我认为，陈平盗窃案的裁判理由正确地区分了犯罪行为与犯罪掩盖行为，因而对该案的定性是正确的。在陈平盗窃案中，陈平是在窃取金项链以后，为迷惑售货员，使之不能马上发现其盗窃犯罪而以假金项链加以顶替。从本质上来说，金项链是窃取的而非骗取的。

应当指出，在司法实践中，除了犯罪以后的掩盖行为，还存在犯罪以前的掩护行为。在存在犯罪掩护行为的情况下，同样应当把犯罪行为与犯罪掩护行为加以区分。对此，刘勤记盗窃案也是一个十分典型的案例。

刘勤记盗窃案

1987 年 6 月至 1991 年 6 月间，被告人刘勤记以拉货为名，先交给车主运费，让车主把车开到指定的地点，又以和车主一起去吃饭、找人为由，把车主支开，然后对其同去的人说"这就是我买的车"，让同去的人把车开走，据为己有。刘勤记以这种手段，先后在宁陵、民权、柘城、商丘、虞城、永城、兰考、通许、尉氏、太康、鹿邑、亳州、郸城、淮阳、扶沟、西华、鄢陵等 17 个县市作案 38 起，盗窃手扶拖拉机、机动三轮车 37 辆，架子车 1 辆，骡子 1 头，总价值达 9.6 万余元，销赃得款 2.1 万余元被其挥霍殆尽。

河南省商丘地区中级人民法院经公开审理认为：被告人刘勤记以非法占有他人财物为目的，采取欺骗手段，使财物脱离物主的控制，置于自己的控制之下，然后秘密窃取据为己有，其行为属于盗窃性质。刘勤记在长达 4 年的时间里，在 17 个县市盗窃作案 38 起，并以盗窃所得作为其生活和挥霍的主要来源，其行为已构成惯窃罪。其盗窃数额特别巨大，所得赃款被其挥霍一空，给失主造成严重经济损失，实属情节特别严重，应依法严惩。遂依照《中华人民共和国刑法》（1999 年——引者注）第 152 条、第 53 条第 1 款和全国人民代表大会常务委员会《关于严惩严重破坏经济的罪犯的决定》（已失效——引者注）第 1 条第（1）项的规定，于 1993 年 6 月 14 日判决如下：被告人刘勤记犯惯窃罪，判处死刑，剥夺政治权利终身。

宣判后，被告人刘勤记不服，以其行为构成诈骗罪、不构成惯窃罪为理由，提起上诉。

河南省高级人民法院经过二审审理认为：被告人刘勤记在作案时虽有欺骗行为，但其目的是使失主与其车辆分离，并借他人之手将车辆开走，然后据为己有，其取走财物的行为对失主来讲属于秘密窃取。因此被告人刘勤记的行为应属盗窃而非诈骗。刘勤记在长达 4 年的时间内，在 17 个县市盗窃作案 38 起，以此作为其生活和挥霍的主要来源，其行为已构成惯窃罪。原审判决认定的犯罪事实清楚，证据确实、充分，定罪准确，量刑适当，审判程序合法，刘勤记的上诉理由不能成立。遂依照《中华人民共和国刑事诉讼法》（1979 年——引者注）第 136 条第（1）项的规定，于 1993 年 12 月 21 日作出裁定：驳回上诉，维持原判。

根据最高人民法院依法授权高级人民法院核准部分死刑案件的规定，河南省高级人民法院的上述裁定即为核准惯窃犯刘勤记死刑的裁定。

本案的裁判理由指出：

本案被告人刘勤记为了非法占有他人财物颇费心机，使出了以假乱真和金蝉脱壳的伎俩。刘勤记在实施犯罪的过程中，以运货为名，采取先付运费的办法让车主把车开到预定的地点，又以请车主吃饭或者找人为由将车主支开，使车辆脱离车主的控制，然后利用这个时间差，按照事先的谋划借他人之手将车开走，据为己有。从表面上看，刘勤记非法占有这些车辆似乎是靠欺骗手段获得的，符合诈骗罪的特征，实际上他是以欺骗的手段为他秘密窃取车辆创造条件。他之所以能够占有这些车辆，不是因为车主误信他的谎言而"自愿"将车辆交给他的，而是他在把车主骗离车辆之后把车偷走的，仍然属于秘密窃取。因此，刘勤记的行为构成盗窃罪，不构成诈骗罪。鉴于刘勤记盗窃的恶习深、连续作案的时间长、犯罪次数多、盗窃数额大，并以盗窃所得为其生活和挥霍的主要来源，一、二审法院以惯窃罪对被告人刘勤记的定罪判刑是正确的。①

虽然刘勤记盗窃案发生在 1997 年刑法修订以前，但它对于我们正确区分犯罪行为与犯罪掩护行为仍然具有参考价值。刘勤记采取欺骗手段把他人骗开，然后非法占有他人财物。其欺骗手段只是为此后的盗窃创造了条件，占有财物行为本身是盗窃。

---

① 1979 年刑法第 152 条规定了惯窃罪，本案发生在 1979 年刑法施行期间，因此对刘勤记以惯窃罪论处。1997 年刑法取消了惯窃罪。特此说明。

第 7 节　故意毁坏财物行为之定性研究

案名：朱建勇故意毁坏财物案　孙静故意毁坏财物案　李焕强故意毁坏财物案
主题：故意毁坏财物罪　占有行为　非法占有目的

故意毁坏财物案件在司法实践中时有发生，在刑法理论上研究故意毁坏财物罪，重要目的之一在于将故意毁坏财物罪与其他财产犯罪相区分。本节以朱建勇故意毁坏财物案（以下简称朱建勇案）、孙静故意毁坏财物案（以下简称孙静案）与李焕强故意毁坏财物案①为线索，对故意毁坏财物行为的定性问题进行法理上的深入探讨。

一、朱建勇案的案情及裁判理由

2002 年 4 月 29 日至 5 月 10 日，被告人朱建勇利用事先获悉的账号和密码，侵入被害人陆某辉、赵某花夫妇在证券营业部开设的股票交易账户，然后篡改密码，并使用陆、赵夫妇的资金和股票，采取高进低出的方法进行股票交易。5 月 16 日，朱建勇再次作案时被当场发现。按照股票成交平均价计算，用首次作案时该账户内的股票与资金余额，减去案发时该账户内留有的股票与资金余额，朱建勇共给陆、赵夫妇的账户造成资金损失 19.7 万余元。朱建勇被发现后，立即如实供认了全部事实，并赔偿了陆、赵夫妇的经济损失。

---

① 朱建勇故意毁坏财物案刊载于《中华人民共和国最高人民法院公报》，2004 年卷，北京，人民法院出版社，2005；孙静故意毁坏财物案刊载于最高人民法院编：《刑事审判参考》，第 39 集，北京，法律出版社，2004；李焕强故意毁坏财物案刊载于《中华人民共和国最高人民法院公报》，2007 年卷，426～429 页，北京，人民法院出版社，2008。

上海市静安区人民法院认为：

（一）关于对被告人朱建勇的行为能否用刑法评价的问题

刑法第 2 条规定："中华人民共和国刑法的任务，是用刑罚同一切犯罪行为作斗争，以保卫国家安全，保卫人民民主专政的政权和社会主义制度，保护国有财产和劳动群众集体所有的财产，保护公民私人所有的财产，保护公民的人身权利、民主权利和其他权利，维护社会秩序、经济秩序，保障社会主义建设事业的顺利进行。"第 13 条规定："一切危害国家主权、领土完整和安全，分裂国家、颠覆人民民主专政的政权和推翻社会主义制度，破坏社会秩序和经济秩序，侵犯国有财产或者劳动群众集体所有的财产，侵犯公民私人所有的财产，侵犯公民的人身权利、民主权利和其他权利，以及其他危害社会的行为，依照法律应当受刑罚处罚的，都是犯罪，但是情节显著轻微危害不大的，不认为是犯罪。"第 275 条规定："故意毁坏公私财物，数额较大或者有其他严重情节的，处三年以下有期徒刑、拘役或者罚金；数额巨大或者有其他特别严重情节的，处三年以上七年以下有期徒刑。"被告人朱建勇为泄私愤，秘密侵入他人的账户操纵他人股票的买卖，短短十余日间，已故意造成他人账户内的资金损失 19.7 万余元。这种行为，侵犯公民的私人财产所有权，扰乱社会经济秩序，社会危害性是明显的，依照刑法第 275 条的规定，已构成故意毁坏财物罪，应当受刑罚处罚。

（二）关于股票所代表的财产权利能否作为故意毁坏财物罪的犯罪对象问题

故意毁坏财物罪，是指故意毁灭或者损坏公私财物，数额较大或者有其他严重情节的行为。法律规定故意毁坏财物罪，旨在保护公私财物，进而保护该财物权利主体的权益。刑法意义上的财物，既包括有体物，也包括无体物，只要它具有一定经济价值、能成为权利主体依法享有的权益，就可以成为故意毁坏财物罪的犯罪对象。电力、煤气等无形财产，已经被刑法分则和相关的司法解释明确规定为盗窃罪的犯罪对象。股票所代表的财产权利，也可以成为故意毁坏财物罪的犯罪对象。

（三）关于犯罪数额的计算问题

故意毁坏财物是否构成犯罪，数额多少是一个要件。股票不同于一般财物，既有即时行情、当日最高价、当日最低价，也有平均价、成交价、收盘价，等等，而且其价格呈不断波动状态。对以股票为犯罪对象的故意毁坏他人财物行为，如何计算损失数额，目前法律和司法解释都未明确规定。最高人民法院在《关于审理盗窃案件具体应用法律若干问题的解释》（已失效——引者注）第 5 条规定，盗窃股票的，数额按被盗当日证券交易所公布的该种股票成交的平均价格计算。故意毁坏财物罪与盗窃罪同为侵犯财产类的犯罪，因此应参照上述司法解释计算本案的犯罪数额。

（四）关于量刑问题

刑法第 67 条第 1 款规定："犯罪以后自动投案，如实供述自己的罪行的，是自首。对于自首的犯罪分子，可以从轻或者减轻处罚。其中，犯罪较轻的，可以免除处罚。"虽被告人朱建勇的行为已构成故意毁坏财物罪，但在被证券交易所工作人员发现后，朱建勇立即坦白并赔偿了被害人的全部经济损失，之后又随证券交易所工作人员归案，有自首情节，依法予以减轻处罚。根据朱建勇的犯罪情节和悔罪表现，依照刑法第 72 条第 1 款的规定，对其适用缓刑也确实不致再危害社会。

综上所述，起诉书指控被告人朱建勇犯故意毁坏财物罪，事实清楚，证据确凿，指控成立。辩护人提出的部分辩护意见，符合事实和法律，应予采纳。

二、朱建勇案裁判理由的评判

在朱建勇案中，被告人的行为是否构成故意毁坏财物罪，主要涉及两个问题：一是被告人的行为是否为故意毁坏财物的行为，二是股票所代表的财产权利能否被认定为故意毁坏财物罪的犯罪对象。

在朱建勇案中，判决书将被告人的行为是否为故意毁坏财物的行为这一问题表述为"对被告人朱建勇的行为能否用刑法评价"，然后援引刑法第 2 条关于刑法任务的规定、刑法第 13 条关于犯罪概念的规定，以及刑法第 275 条关于故意毁坏财物罪的规定加以论证。其实，刑法任务和犯罪概念对于论证被告人的行为是否构成故意毁坏财物罪并没有直接关联。至于刑法第 275 条关于故意毁坏财物罪的规定，由于立法机关采用的是简单罪状，仅凭法条仍然无从判断被告人朱建勇非法侵入并篡改他人股票交易账户密码，采用高进低出的方法恶意交易，致使他人财产遭受损失的行为是否属于故意毁坏财物的行为。从判决书的论证来看，我国司法人员习惯于采用宏大叙事的方法进行法律论证，而不是按照犯罪构成理论，采用逻辑推理方法解决法律疑难问题。

值得注意的是，本案的审理法官曾经撰写了《朱某故意毁坏财物案——侵入他人账户恶意交易股票损失较大的，构成故意毁坏财物罪》一文[①]，对朱建勇案中的法律问题作了进一步阐述，其中论及故意毁坏财物行为：

使财物的价值降低或者丧失是故意毁坏财物的本质特征。所谓毁坏，就是指毁灭或损坏。这种行为的本质就是使其侵害的对象全部或部分丧失其价值或使用价值。毁坏的方式通常是以一种直观的物理的方式表现出来，如打碎杯子或者将杯子上的手柄打断，等等。但随着社会的进步，新生事物与新现象日益增多，毁坏财物的方式也呈现出多样性，具体表现是某些有形物即使不使其物理上发生变更，同样可以降低其价值或使用价值；对某些无形物在客观上往往都是通过非物理的手段使其价值降低或灭失。在此情况下，如果我们仍坚持传统思维，将物理上的毁损方式视为故意毁坏财物罪的唯一行为方式，就不能适应实践中保护公私财产的客观需要，就背离了立法者设立故意毁坏财物罪的立法原意。

我们认为，认定毁坏财物的行为，不应将眼光局限于行为手段是否具

---

① 参见卢方主编：《经济、财产犯罪案例精选》，413~418 页，上海，上海人民出版社，2008。

有物理性质，而应着眼于毁坏行为的本质特征，即该行为是否使刑法所保护的公私财物的价值或使用价值降低或者丧失，只要能使财物的价值或使用价值降低或丧失，都可以视为毁坏行为。本案中，被告人朱某利用高进低出买卖股票的方法使被害人的股票市值降低，实际上使作为财产性利益代表的股票丧失部分价值，这就是毁坏他人财物的行为。

在此，作者是从故意毁坏财物罪的本质特征出发论证毁坏行为的应有之义。我认为，这种论证思路是值得商榷的。问题在于：本质特征是如何归纳出来的？难道存在脱离犯罪具体构成要件的本质特征吗？采用这种从本质特征论证具体要件的方法，就是一种实质判断先于形式判断的方法。因为所谓本质特征是超规范的，属于价值层面。形式特征具有规范性，而规范则是法律规定的，是一种实体性存在。从实体性存在出发，推导出实体性存在背后的价值内容，也就是从现象到本质，是符合认识规律的。如果反其道而行之，从本质到现象，就容易先入为主，误入歧途。在刑法方法论中也是如此。根据大陆法系的三阶层的犯罪论体系，形式判断应该先于实质判断，这是犯罪认定的一个基本规则。在构成要件该当性、违法性、有责性三个逐步递进的定罪过程中，就存在从形式判断到实质判断这样一个基本逻辑，由此实现对司法权的限制功能。例如日本学者西田典之教授指出：

> 在如何保持裁判官作出正确、适当的判断这一意义上，构成要件该当性—违法性—有责性这一判断顺序也具有相应作用。理由在于，是否该当于可罚性行为类型这一构成要件该当性的判断在某种程度上具有形式性、明确性。正因为如此，若由此首先设定一个限制性框架，即便其后对违法性、有责性进行实质性判断，也不会扩大处罚范围。接着进行的违法性判断是一种实质性判断，即使如此，由于原则上是基于客观性要素所作的判断，仍有可能相对明确地进行判断；相反，由有责性判断进入实质性判断，由对客观性要素的判断进入对主观性要素的判断，从而力图确保裁判官的判断的正确、适当。根据上述解释，可以说，对于控制裁判官的思考过程，进而将刑法的适用限定于适当正确的范围之内，构成要件该当性、

违法性、有责性这种犯罪论体系是一种行之有效的做法。^①

因此，从形式判断到实质判断这样一种逻辑关系是被大陆法系三阶层的犯罪论体系所确认的，从而贯彻到司法裁判过程。但在我国刑法理论中，强调社会危害性是犯罪的本质特征，是一种典型的实质思维方法。行为是否因为具有社会危害性而构成为犯罪呢？从立法上说，行为是因为具有社会危害性而被规定为犯罪的。但从司法上说，行为并不是简单地因为具有社会危害性而构成犯罪，而是因为刑法规定而成为犯罪。这也是罪刑法定原则的题中之义。具体到朱建勇案，其行为是否构成故意毁坏财物罪，首先需要解决的问题是其高进低出买卖股票造成他人财产损失的行为是否属于毁坏财物的行为。按照作者的观点，故意毁坏财物的本质特征是使财物的价值降低或者丧失，那么，这一本质特征是否必须依附于毁坏行为？换言之，是否只有毁坏行为造成财物的价值降低或者丧失才构成故意毁坏财物罪？还是说，只要使财物的价值降低或者丧失，就是毁坏行为。这里进一步引申出来的问题是：用财物的价值降低或者丧失来界定毁坏，还是用毁坏来界定财物的价值降低或者丧失？毁坏当然可以使财物的价值降低或者丧失，但难道毁坏是使财物的价值降低或者丧失的唯一方法吗？其他方法是否也可能使财物的价值降低或者丧失？答案是不言而喻的。另外，财物的价值丧失，还有一个对谁而言的问题：对本人还是对他人？例如，将甲之鸟笼中的小鸟放飞，小鸟被乙捕获而成为其宠物。在这种情况下，是否存在财物价值的丧失？这些问题的答案，都不能直接从所谓毁坏财物的本质特征中获得，而取决于对毁坏行为的理解。

关于故意毁坏财物行为如何理解这个问题本身，在刑法理论上就是存在较大争议的。在德、日刑法学界存在以下三种观点：

（1）效用侵害说，认为毁损是指损害财物的效用的所有行为。这是从广义上理解毁损概念的主张，在日本处于通说地位。根据此说，不仅直接造成财物全部或部分毁坏，导致其丧失效用的情形构成对财物的毁损，而且财物的外形并未毁坏，只是使其效用受损者，也应视为毁损。例如，把

① ［日］西田典之：《日本刑法总论》，刘明祥、王昭武译，45 页，北京，中国人民大学出版社，2007。

财物隐藏在所有者难以发现的处所，将他人的金银首饰丢弃到湖海之中，在他人字画上涂墨水等污物，将他人鱼塘的闸门打开让鱼流失，把别人的鸟笼打开让笼中的小鸟飞走，在他人的餐具中投入粪、尿，如此等等，都属于毁损财物的行为。效用侵害说又分为一般的效用侵害说与本来的用法侵害说两种不同的具体主张。其中，前者认为，只要是侵害了财物的一般效用，就构成毁损；但后者认为，只有造成财物的全部或部分损害，并使之处于不能按其本来的用法使用的状态，才能视为毁损。

（2）有形侵害说，认为毁损是指对财物施加有形的作用力，从而使财物的无形价值、效用受损，或者损害物体的完整性的情形。明显没有施加有形力的场合，毁坏财物罪不可能成立。按照此说，在他人餐具中投入粪尿，使之不能再次使用的，因为对餐具施加了有形力，所以，构成毁坏财物罪。如果仅仅只是将财物隐藏起来，则由于没有对之施加有形力，即便是损害了其效用、价值，也不能视为对财物的毁损。不过，也有持此说的学者不赞成这种观点，认为隐匿财物的行为本身就是对财物施加了有形力，应该视为对财物的毁损。有形侵害说是德国的通说。不过，德日两国的有形侵害说并非完全相同。例如，日本的有形侵害说对于把金戒指投入河海中，是否属于施加了有形力的毁损行为的问题没有涉及，而德国的有形侵害说认为，投弃行为不是施加有形力的行为，因而不构成毁坏财物罪。另外，德国的有形侵害说认为，使他人的鸟、鱼逃走，把别人的金戒指投弃到河海之中，之所以不构成毁坏财物罪，不仅仅是因为对财物没有施加有形力，更重要的是并不是使之不能按财物的本来用法使用。这同日本的有形侵害说十分强调对财物本身的侵害有所不同。

（3）物质的毁损说，认为毁损是指对财物的整体或部分造成物质的破坏或毁坏，从而使此种财物完全不能或部分不能按其本来的用法使用。按照此说，毁损的实质不在于是否对财物施加了有形的作用力，也不在于是否损害财物的效用，而在于其所采用的手段是否导致财物遭受物质的破坏或损坏，并且使之不能或者很难恢复原状，因而不能按其本来的用法使用。反过来，如果只是造成财物轻微的损坏，很容易恢复原状，并未达到不能按其本来的用法使用的程度，则不能说是对财物的毁损。由此而论，使他人鱼塘里的鱼流失，将笼中之鸟放飞，把金银首饰丢弃到湖海之中，将物品隐藏起来，在餐具中投入粪尿，由于没有杀伤鱼鸟、没有对首饰、物品、餐具等造成物质的破坏，因而不能构成毁坏财物罪。但对隐匿财物的行为并非一概不处罚，如果行为人有非法取得的意思，那就应该以盗窃定罪处罚。目前，虽然物质的毁损说不是日本刑法理论上的通说，但其支持者近年来有逐渐增加的趋势。①

在以上三种观点中，把财物予以隐匿，使财物所有人丧失该财物的使用权，显然不属于毁坏财物。虽然隐匿也能使他人丧失财物的价值，但财物本身没有被毁坏。不能因为隐匿财物符合使财物的价值降低或者丧失的本质特征就将其认定为故意毁坏财物罪。除此以外，在上述三种观点中，对毁坏含义的理解是不同的。这三种观点对毁坏含义的理解，从宽到窄分别是：效用侵害说、有形侵害说、物质的毁损说。在这三种观点中，物质的毁损说较为符合毁坏的本义，强调财物的物理性价值的丧失或者降低。有形侵害说则将对财物的有形侵害与无形侵害加以区分，只有有形侵害才是毁坏，无形侵害不是毁坏。但关于如何界定侵害的有形性与无形性，存在较大争议。效用侵害说对毁坏的理解过于宽泛，已经超出毁坏的字面含义。

在德国刑法理论中，关于如何理解毁坏同样存在争议。例如，将他人饲养的鸟儿放飞的行为，是否可以构成毁坏财物罪？对此，主流的观点认为，将他人饲养的鸟儿放飞的行为，构成的只是一个不受罚的（纯粹的）"脱离占有"（Besitzentziehung）行为；少数人的观点则认为，对所有权人确定的用途目的的任何挫败，都足以成立破坏或者损坏的概念。对此，德国学者韦塞尔斯教授指出：

> 少数人的观点已经超出了法律文字字义对扩张性解释划定的界限，因为在适用损坏的概念时行为人对物自身的作用（Einwirkung des tätes auf

---

① 刘明祥：《财产罪比较研究》，418~420页，北京，中国政法大学出版社，2001。

die Sache selbst）无论是直接的还是间接的，他们都未予考虑。①

由此可见，尽管德国刑法典对损坏并未规定以对财物的物理上损害作为实现构成要件的前提条件，但基于对损坏这一用语的解释，德国刑法理论的主流观点还是倾向于对损坏作严格解释，避免将破坏他人占有但并未对财物本身造成物理性或者功能性毁损的行为都理解为损坏财物罪。

在我国刑法中，虽然设有故意毁坏财物罪，但由于此类案件在司法实践中并不多见，因而对毁坏的含义只是作一般性的字面解释，并未真正在法理上展开讨论。2002 年 2 月 23 日发生在北京动物园的清华大学学生刘海洋用硫酸泼熊导致黑熊身体大面积烧伤案，引起公众的广泛关注。该案于 2003 年 5 月 3 日由北京市西城区人民法院作出判决，认定被告人刘海洋构成故意毁坏财物罪，免予刑事处罚。但在该案中，对能否定故意毁坏财物罪的讨论并非集中在毁坏这一行为上，而是围绕着黑熊能否被视为财物这一问题。近年来，随着从德、日引入有关刑法学说，关于故意毁坏财物罪的讨论逐渐展开。例如，张明楷教授主张一般的效用侵害说，指出：

　　毁坏不限于从物理上变更或者消灭财物的形体，而是包括丧失或者减少财物的效用的一切行为。所谓财物效用的丧失与减少，不仅包括因为物理上、客观上的损害而导致财物的效用丧失或者减少（使他人鱼池的鱼游失，将他人的戒指扔入海中），而且包括因为心理上、感情上的缘故而导致财物的效用丧失或者减少（如将粪便投入他人餐具，使他人不再使用餐具）；不仅包括财物本身的丧失，而且包括被害人对财物占有的丧失（如将他人财物隐藏）等情况。②

显然，这是一种对毁坏的十分宽泛的解释：不仅财物价值的丧失或者减少属于对财物的毁坏，而且财物占有的丧失也属于对财物的毁坏。此外，刘明祥教授主张本来的效用侵害说，并作更进一步的限制，指出：

　　只有使他人财物永久地失去其效用的行为，才能被视为毁损行为。具

---

①　[德]约翰内斯·韦塞尔斯：《德国刑法总论》，李昌珂译，27～28 页，北京，法律出版社，2008。
②　张明楷：《刑法学》，3 版，750 页，北京，法律出版社，2007。

体说来，如果行为造成了财物实质上的破坏（包括拆卸、部分毁坏或整体毁灭），使之永久性地完全失去效用或部分失去效用，这自然可以构成故意毁坏财物罪。虽然没有对财物本身造成破坏，但却使之永久地脱离他人的占有，或者尽管所有者仍占有该物，但已不可能发挥其原有效用的，也可以构成故意毁坏财物罪。①

上述观点仍然较为宽泛地定义毁坏。我认为，对毁坏财物行为应当揭示行为的破坏性，只有破坏性的行为才能构成毁坏，那些不具有破坏性的行为则不能被认定为毁坏。效用侵害说只着眼于效用丧失或者降低的结果，对行为方式本身没有加以限制，因此其对毁坏的理解具有结果论的效应，过于宽泛。有形侵害说指出了有形作用力对于界定毁坏的作用，开始注重行为，但有形作用力难以准确认定，存在操作上的困难。物质的毁损说强调采用导致财物遭受物质的损毁的手段，我认为是正确的，但该说将后果局限在物理性损毁，不包括功能性损毁，故也存在缺陷。只有行为的破坏性，才能把那些虽然使他人财产遭受损失但并未采用破坏性手段的行为从毁坏中予以排除。例如隐匿行为，其手段不具有破坏性，即使能够使他人永远丧失对财物的占有，也不能认定为对财物的毁坏。其他没有直接对财物采取破坏性手段而使他人财产受到损失的行为，也不能构成故意毁坏财物，例如放走小鸟，将戒指丢入大海等。在这些情况下，这些财物本身没有遭受物理上的或者功能上的毁损，即使他人丧失对这些财物的占有，也不是故意毁坏财物。毁坏的后果不在于使他人丧失对财物的占有，更为重要的是使财物丧失价值。把一张价值连城的名画烧毁，当然是毁坏财物；在这张名画上泼墨，使之污损，也是一种毁坏财物。

之所以对毁坏一词进行语言论上的深入分析，是因为在现实生活中确实存在一些案件，需要根据明确的法律标准加以衡量。例如，我国学者邓子滨教授曾经举出纽扣掺杂案，对毁坏一词加以探讨：

> 几个妇女，因为自己一方有人在前日的冲突中意外死亡，跑到对方的住宅兼纽扣厂房哭闹。她们不仅打碎了一些门窗玻璃，还将装在袋中、摆

---

① 刘明祥：《财产罪比较研究》，425 页，北京，中国政法大学出版社，2001。

在庭院周围的大量不同型号的纽扣倒在地上，掺杂在一起。这些纽扣中有成品，也有半成品；有合格品，也有不合格品。

邓子滨教授提出的问题是：

公诉人所指控的被告将各种铜制纽扣掺杂在一起的行为，是否属于刑法意义上的毁坏行为，进而是否构成故意毁坏财物罪？

邓子滨教授的回答是：

刑法上的毁坏，从物理上说，主要是使财物严重变形，丧失其完整性，如踏坏鸟笼，砸碎玻璃，撕破衣服；或者是使财物灭失、流失，如当着物主的面，将他人储存的饮用水倒在地上；或者使财物的外观受损，如向他人的画卷上喷涂油污。

将各种铜纽扣掺杂在一起，只要将其分离开来，并不改变纽扣的物理和化学性质，也不影响其使用价值，因而不是刑法中所说的毁坏。①

我是赞同邓子滨教授对毁坏所作的较为限制的解释的，这既符合毁坏的字面含义，又不违反罪刑法定原则。刑法惩罚的是那些采取毁坏手段使他人财物的价值丧失或者降低的行为。如果不是采用毁坏手段而是实施其他非破坏性行为而使他人财物的价值丧失或者降低，造成财产损失，则可以作为民事纠纷处理，由此限制刑法的惩罚范围。

回到朱建勇案，被告人采用高买低卖的方式进行股票交易，致使他人受到财产损失。受到财产损失是一个客观事实，问题在于这种财产损失是否由毁坏行为造成？在该案判决书中，裁判理由以较大篇幅论证了股票所代表的财产权利可以作为故意毁坏财物罪的犯罪对象。在《朱某故意毁坏财物案——侵入他人账户恶意交易股票损失较大的，构成故意毁坏财物罪》一文中，作者更进一步地对此作了深入论证，并且以之为定罪的第一个问题，放在毁坏行为之前加以讨论。这当然是受到客体—客观方面—主体—主观方面这一犯罪构成理论的影响。关于股票可以成为故意

---

① 邓子滨：《就一起故意毁坏财物案向虚拟陪审团所作的辩护》，载陈泽宪主编：《刑事法前沿》，第 4 卷，187 页以下，北京，中国人民公安大学出版社，2008。

毁坏财物罪的对象，作者的论证理由如下：

股票能否成为故意毁坏财物罪的对象，存在两种截然不同的观点。持肯定观点的认为，根据我国《刑法》规定，私人财产是指公民个人所有的合法财产，包括依法归个人所有的股份、股票、债券和其他财产，因而股票能够成为故意毁坏财物罪的犯罪对象。持否定观点的认为，故意毁坏财物罪的犯罪对象只能是有形财物和特定的无体物，不能包括股票等无形财产权。我们认为，股票及其代表的权利能够而且应当成为故意毁坏财物罪的对象。

首先，股票作为一种典型的资本证券，是股份有限公司在筹集资本时发行的用以证明投资者股东身份和所有者权益的股份凭证。它既是反映财产权的有价证券，也是证明股东权利的法律凭证。股票除了有其自身的法律属性外，最显著的特征就是其目的的利益性、流通的收益性和收益的不确定性三个方面。也就是说，投资者购买股票的目的在于获取收益，该收益包括股份公司给付的股息、红利以及股票流通带来的利益等；股票持有者持股票到市场进行交易，当股票的市场价格上涨到高于投资者当初买入的价格时，卖出股票就可以获取收益，反之就会因股票贬值而使股票持有者蒙受损失。具体表现就是股票在一个合适的时间、采用合适的方法进行交易会给股票持有者带来经济利益。如果在一个合适的时间采取不合适的方法，或者在不合适的时间进行股票交易等，就会给股票持有者造成经济利益的损失。那么，要看股票持有者经济利益的多少，主要是看持有股票价值的多少，即股票的价值反映持有者具有相应价值的财产，股票就是代表该财产所有权的书面凭证，这种书面凭证是无形权利有形的、外在的表露载体，如果进行股票流通交易，就预示着该财产权利的转移。

其次，所谓财物是指钱财和物资，它包括有形的或者无形的动产、不动产以及附属物，其中有形财产是指人的感官能够感觉到的实物。对于故意毁坏财物罪中的财物能否包括无形财产的问题，目前立法和司法解释均没有明确规定。我们认为，既然法律没有限制，除《刑法》有规定侵犯特定财物属其他犯罪外，应理解为包括各种形式的财物。这种广义的理解既符合法律对社会财产权保护的原则，又为不断出现的新类型财产权不受侵犯提供保障。正如有的学者认为，我国《物权法》中的物应涵括除去债权关系之外的所有具有可支配性的资源，包括有体物和无体物。这样能够承纳现行《民法通则》《担保法》与《继承法》等法律中的财产的范畴，即有体物之外，延伸至知识资产、权利等无体物，从而不失为现行财产法与物权法体系相互协调的一种物权立法节约技术。

再次，摒弃传统刑法理论关于财物必须是看得见、摸得着、具有某种特殊形态的观点，符合刑法原则和立法精神：（1）随着现代科技的进步和发展，某些无形财产，如电力、煤气、股权等，逐渐进入人们的普通生活，尤其是在股票及其代表的无形权利与有形财产具有可转让、继承、赠与、质押等相同特征的情况下，如果将这些具有经济价值并为人们所支配和管理的财物排斥在《刑法》保护的范畴之外，显然没有法律依据，也不符合我国刑法的基本原则。（2）现代刑法学理论普遍认为，我国《刑法》规定的故意毁坏财物罪，其侵犯的对象是各种形式的公私财物，包括生产资料、生活资料、动产、不动产等，既可以是国家、集体所有的财物，也可以是个人所有的财物。而我国《刑法》第九十二条明确规定，公民私人所有的财产包括依法归个人所有的股份、股票、债券和其他财产等。因此，代表无形财产权的股票作为故意毁坏财物罪中的财物认定，于法有据。（3）最高人民法院《关于审理盗窃案件具体应用法律若干问题的解释》中，已将电力、煤气、天然气等无形财产作为盗窃犯罪中的财物予以认定，体现了司法解释的与时俱进。所以，将我国《刑法》侵犯财产罪中的财物理解为包括有形财物、无形财物和其他形式的财产权，无疑是正确的。就本案而言，被告人朱某通过非法手段进入证券营业部的操作系统，擅自操作他人股票，造成他人股票市值降低，即股票持有者相应价值的财产权益减少，对这种侵犯他人财产利益的行为理应予以刑事处罚。①

---

① 卢方主编：《经济、财产犯罪案例精选》，416～417 页，上海，上海人民出版社，2008。

以上文字对侵犯财产罪中财产的含义作了十分精彩的论述，这是值得肯定的。各种不同的财产犯罪中，由于受犯罪手段的限制，并不是所有财产都能成为其犯罪对象。例如，不动产可以成为侵占罪、诈骗罪的对象，但不能成为盗窃罪、抢夺罪、抢劫罪的对象。不仅如此，某一种财物可以成为财产犯罪的对象，还存在一个如何成为这种财产犯罪的对象的问题。就故意毁坏财物罪而言，现金或者其他不记名的财产凭证是可以成为其对象的，例如将其撕毁，撕毁以后财产凭证所代表的财产就丧失了。但对于股票或者其他记名的财产凭证，即使把股票或者存折撕毁，还可以对股票或者存折项下的财产加以保全，使其不致被灭失。在高买低卖股票使他人财产受到损失的情况下，能否定故意毁坏财物罪，其法律问题并不在于股票能否成为故意毁坏财物罪的对象，而恰恰在于高买低卖的行为是否属于毁坏。作者对此的论证是从结果推及行为，其关键性的一句话是：

　　　　只要能使财物的价值或者使用价值降低或丧失，都可以视为毁坏
行为。

　　按照这句话的逻辑，毁坏行为的含义不是由行为方式本身决定的，而是由结果决定的。这样，就使故意毁坏财物罪演变成为故意使他人财产受损失罪，其实行行为的定型性就会荡然无存。

　　如果说朱建勇案中采用高买低卖的方式对他人股票进行操作，致使他人受到财产损失的，其行为与毁坏行为还具有一定的类似性，那么，在同样是股票操作造成他人受到财产损失的严峻毁坏财物案[1]中，其行为与毁坏行为相去甚远，但仍然被以故意毁坏财物罪论处。

严峻故意毁坏财物案

　　2003 年 6 月，被告人严峻在其住所通过股神通可视电话，破解了申银万国证券股份有限公司上海余姚路证券营业部电子交易中心电话委托系统内 77 名客户的资金账号及股票交易密码。同年 6 月 5 日至 18 日，严峻对设在上述证券营业部内的杨某顺等 10 名客户的股票账户非法进行交易，

-----

① 　本案刊载于最高人民法院编：《刑事审判参考》，第 38 集，北京，人民法院出版社，2004。

造成他人损失计人民币 13 万余元。

上海市静安区人民法院一审认为，被告人严峻非法侵入他人股票账户交易，应认为具有犯罪的间接故意；同时，严峻的行为造成他人经济损失人民币 13 万余元，数额巨大。遂依照《中华人民共和国刑法》第 275 条和第 64 条的规定，以故意毁坏财物罪判处严峻有期徒刑 4 年，并追缴赃款发还各被害人及被害单位。

本案上诉以后，上海市第二中级人民法院经审理认为，原审认定事实和适用法律正确，量刑适当，审判程序合法。遂驳回上诉、维持原判。

在该案中，被告人非法侵入他人股票账户进行交易造成他人损失，意在提高自己操作股票的技能。这一行为在客观上造成了他人财产的损失，其行为能否构成故意毁坏财物罪，关键还是在于其行为是否属于毁坏。在该案中，二审裁判理由仍然按照主观要件、客观要件的顺序讨论问题。在对客观要件的讨论中，并未对非法侵入他人股票账户进行交易的行为是否为毁坏行为展开论证。在这种情况下，故意毁坏财物罪在不知不觉中沦为一个口袋罪，毁坏这一行为丧失了其类型性的界分机能。我以为，这是十分不妥的。

我注意到，关于严峻故意毁坏财物案，公安机关是以操纵证券交易价格罪取保候审的，检察机关以破坏计算机信息系统罪逮捕但以故意毁坏财物罪起诉，法院以故意毁坏财物罪定罪。由此可见，公、检、法三机关在本案的审理过程中，关于对严峻的行为如何定性，存在较大的分歧。在上述三个罪名中，操纵证券交易价格罪明显是不能成立的，破坏计算机信息系统罪也不合适，因为：根据刑法第 286 条的规定，破坏计算机信息系统罪是指违反国家规定，对计算机系统功能进行删除、修改、增加、干扰，造成计算机信息系统不能正常运行，后果严重的；或者对计算机信息系统中存储、处理或者传输的数据和应用程序进行删除、修改、增加的操作，后果严重的；或者故意制作、传播计算机病毒等破坏性程序，影响计算机系统正常运行，后果严重的行为。而在严峻故意毁坏财物案中，被告人只有非法侵入计算机信息系统的行为，并没有对计算机信息系统进行破坏的行为。而非法侵入计算机信息系统行为又不能被认定为非法侵入计算机信息系统罪，因为根据我国刑法第 285

条的规定，只有非法侵入国家事务、国防建设、尖端科学技术领域的计算机信息系统的行为才被规定为犯罪，而对于非法侵入其他计算机信息系统的行为，刑法并没有规定为犯罪。在这种情况下，故意毁坏财物罪成为不得已的选择。如上所述，该罪也并不恰当。2009 年 2 月 28 日，全国人大常委会通过的《刑法修正案（七）》在刑法第 285 条中增加了两款，作为第 2 款、第 3 款。其中，第 2 款规定：

> 违反国家规定，侵入前款规定以外的计算机信息系统或者采用其他技术手段，获取该计算机信息系统中存储、处理或者传输的数据，或者对该计算机信息系统实施非法控制，情节严重的，处三年以下有期徒刑或者拘役，并处或者单处罚金；情节特别严重的，处三年以上七年以下有期徒刑，并处罚金。

根据上述规定，违反国家规定，非法侵入国家事务、国防建设、尖端科学技术领域以外的计算机信息系统，或者采用其他技术手段，获取该计算机信息系统数据的行为也构成犯罪。在严峻故意毁坏财物案中，被告人非法侵入证券公司的计算机信息系统，获取他人股票账户信息的行为，按照《刑法修正案（七）》的上述规定，完全可以构成犯罪。在《刑法修正案（七）》颁布之前，上述行为仍然属于法律没有明文规定的情形，按照故意毁坏财物罪论处，法律根据明显不足。

三、孙静案的案情及裁判理由

被告人孙静于 2001 年 9 月应聘到海浪乳品公司南京分公司担任业务员。出于为该公司经理孙某华创造经营业绩的动机，孙静于 2002 年 10 月 8 日起向该公司虚构了南京市三江学院需要供奶的事实，并于 2002 年 12 月 1 日利用伪造的南京市三江学院行政章和石某东、陈某全、蔡某三人印章，与该公司签订了供货合同。从 2002 年 10 月 8 日起至 2003 年 1 月 4 日止，被告人孙静将该公司钙铁锌牛奶 321 500 份（每份 200 毫升）送至其家中，并要求其母亲每天将牛奶全部销毁。经鉴定上述牛奶按 0.95 元/份计算，共价值人民币 305 425 元。2003 年 12 月 24 日，被告人孙静以南京市三江学院名义交给海浪乳品公司南京分公司奶款 7 380 元，其余奶款以假便条、假还款协议等借口和理由至案发一直未付给该公司。

雨花台区人民法院认为：职务侵占罪是指公司、企业或者其他单位的人员，利用职务上的便利，将本单位财物非法占为己有，数额较大的行为。由此法律规定可以看出，职务侵占罪主观上必须具有非法占有的故意，客观上必须具有非法占有的行为。所谓非法占有不应是仅对财物本身物理意义上的占有，而应理解为占有人遵从财物的经济用途，具有将自己作为财物所有人对财物进行处分的意图，通常表现为取得相应的利益。本案中被告人孙静主观上并没有非法占有公司牛奶或将牛奶变卖后占有货款的故意，其主观上是想讨好公司经理孙某华，出于为孙某华创造业绩的动机；同时被告人孙静在客观上亦没有非法占有公司牛奶的行为，当牛奶送至被告人孙静家中后，被告人即让其母亲随意处置，其本身并没有实际占有。综观本案，被告人孙静作为业务员，明知鲜牛奶的保质期只有 1 天，却对牛奶持一种放任其毁坏变质的态度，其主观上并没有遵从牛奶的经济用途加以适当处分的意图，其行为完全符合故意毁坏财物罪的故意构成要件。同时客观上孙静实施了将牛奶倒掉、喂猪等毁坏行为，符合故意毁坏财物罪的客观要件。故南京市雨花台区人民检察院指控被告人孙静犯职务侵占罪事实清楚，但定性不当，不予采纳。对辩护人提出的被告人孙静的行为构成故意毁坏财物罪的辩护意见予以采纳。孙静把牛奶倒掉的客观行为也充分证明了孙静主观上不是非法占有的目的，因此，其主观上也不符合职务侵占罪必须具备的非法占有目的的主观要件，孙静的行为不构成职务侵占罪。故意毁坏财物罪的毁坏行为有两种：一种是使公私财物完全丧失价值和效用，另一种是使公私财物部分丧失价值和效用。本案中虽然大部分牛奶喂猪了，从表面看并未完全丧失牛奶的价值，但相对于海浪乳品公司南京分公司而言，牛奶已完全丧失了所有权和相应的价值，故本案故意毁坏财物的价值应以海浪乳品公司南京分公司实际损失的牛奶的价值计算。被告人孙静辩解被毁坏的牛奶价值应以每份 0.65 元计算。经查，无锡海浪乳品工业有限公司证明及价格鉴定结论书均证实钙铁锌牛奶每份价值人民币 0.95 元，而被告人孙静未能提供相应证据，故对这一辩解意见不予支持。对公诉机关指控被告人孙静从 2002 年 10 月 8 日起至 2003 年 1 月 6 日共计侵占海浪乳品公司南京分公司牛奶 340 260 份，被告人孙静辩解 2003 年 1 月 5 日和 6 日并未再收到该公司送至家中的牛奶，因公诉机关对此未能提供足够的证据加以证实，故对被告人的这一辩解予以采信，即被告人孙静自 2002 年 10 月 8 日至 2003 年 1 月 4 日共收到该公司送至其家中的钙铁锌牛奶 351 500 份，按每份 0.95 元计算价值 305 425 元。此外，被告人孙静于 2002 年 12 月 24 日曾以三江学院的名义付给公司 7 380 元奶款，对此公诉人当庭也表示认可，但认为被告人是以其他片区的奶款来冲抵的，不应从总价值中扣除。对此被告人当庭辩解这 7 380 元中有部分是其他片区的奶款，也有部分是自己的工资。不论这 7 380 元是被告人用其他片区的奶款冲抵的还是自己的工资，对于本案来说被告人已经实际给付了 7 380 元，故应从总价值 305 425 元中扣除已付的 7 380 元。为维护社会秩序，保护公司财物不受侵犯，惩罚犯罪，依照《中华人民共和国刑法》第 275 条之规定，判决如下：被告人孙静犯故意毁坏财物罪，判处有期徒刑 4 年。

一审宣判后，被告人孙静未提出上诉，检察机关未提出抗诉，判决发生法律效力。

四、孙静案裁判理由的评判

孙静案也是一个故意毁坏财物的案件，但它所面临的问题与上述朱建勇案是完全不同的：朱建勇案涉及的是如何理解毁坏的问题，因而是一个罪与非罪的区分问题；而孙静案涉及的是故意毁坏财物罪与职务侵占罪的区分问题。在孙静案中，其行为属于毁坏并不存在太大的争议。在认定是否属于毁坏时，存在一个是否按照财物的本来用途使用的问题。如果不是按照财物的本来用途使用，就属于对财物毁坏。对此，其裁判理由指出：

> 本案中，孙静并未占有牛奶和遵从作为食品或商品的牛奶的本来用途
> 加以利用或处分，既未供自己或他人饮用，也未变卖牛奶占有货款，而是
> 让其母亲将牛奶倒掉和让邻居拉去喂猪，这与通常意义上的以实现财物的
> 价值和使用价值为目的的非法占有具有本质区别。

对于上述观点，我是赞同的。孙静案的法律问题在于：行为人是在利用职务上的便利将本单位的牛奶予以占有后再加以倾倒的。在这种情况下，是将其先行的利用职务上的便利而占有牛奶的行为认定为职务侵占罪，还是将此后的倾倒行为认定为故意毁坏财物罪呢？对此，是存在争议的。因此，需要从刑法理论上加以论证。

对于孙静案，检察机关是以职务侵占罪起诉的，而法院以故意毁坏财物罪论处。由此可见，检、法之间对于本案如何定性存在分歧。值得注意的是，在本案的讨论中，作者是以"如何区分非法'占有'与'毁坏'行为"这样一种方式提出问题的。显然，这是从客观上提出的问题。那么，对本案被告人孙静的行为如何定罪，难道真的是一个客观上的问题吗？我的回答是否定的。我认为，对本案被告人孙静的行为到底是定职务侵占罪还是定故意毁坏财物罪，并不是一个客观要素的问题，而是一个主观要素的问题。这里涉及对职务侵占罪中行为人主观上以非法占有为目的这一要素的体系性地位的认识问题。关于这个问题，我国学者周光权教授作了以下归纳性论述：

> 财产罪的成立，除了要求行为人有故意（夺取财物的意思）之外，是否还要求其有非法占有目的（不法取得意思）这一主观的超过要素？尤其是盗窃、抢劫、抢夺罪的成立，除了有相应的犯罪故意以外，是否还应要求行为人有非法占有目的？这是非常值得研究的问题。

> 在日本刑法理论中，虽然不法取得意思不要说有一定影响，但是通说还是坚持认为盗窃等取得罪中行为人要有不法取得意思。这里的不法取得不仅包括将他人财物非法占为己有，也包括占为第三人所有。按照多数人所接受的观点（折中说），不法取得意思是指永久性地排除原占有权利者，将他人之物作为自己之物，并遵从财物的经济价值加以利用或者处分的意

思。需要行为人有永久地而非暂时地排除权利者的意思，是为了将盗窃与使用盗窃相区别（可罚性限定机能）；要求有遵从财物的经济价值加以利用的意思是为了将盗窃与毁弃、隐匿行为相区别（犯罪个别化机能）。所以，遵从财产的经济价值而加以利用的意思是不法取得意思的主要内容。

在我国刑法学中，取得型财产罪的成立，需要行为人有非法占有目的，这是理论上的通说。至于如何理解非法占有目的这一概念，则存在两种比较有影响的观点。意图占有说认为，非法占有目的是指明知是公共的或他人的财物，而意图把它非法转归自己或第三者占有。利用、处分说认为，非法占有目的除包括意图占有或控制财物之外，还应该包括利用和处分意思在内。应该说，利用处分说是有道理的。[1]

职务侵占罪和盗窃罪等财产犯罪一样，都属于取得型犯罪，在我国刑法理论上都表述为以非法占有为目的，而这一目的在法律上并未明文规定，因而无疑属于非法定的目的犯。问题在于：于一般的目的犯，目的是一种超过的主观要素，并不要求具备目的的实现行为。那么，在取得型的财产犯罪中，目的是否还属于超过的主观要素呢？在实施取得型财产犯罪以后，行为人通常都对财物予以占有，即使是处分，也是以占有为前提的。在这种情况下，容易把取得财产以后财产所处的状态理解为占有行为。但是我认为，占有状态与占有行为还是不同的，取得以后财产所处的状态是一种财产占有状态，这种财产占有状态是从属于其取得行为的。例如窃取，其行为是秘密取得，而占有是取得以后财产处于非法占有的状态，不能认为这种财产占有状态就是一种行为，只有在持有型犯罪中这种占有状态才能被认为是一种特殊的犯罪实行行为。那么，什么是占有行为呢？占有行为是指在财产被占有之后依照财物的本来用途加以使用（本人使用或者他人使用）的行为。例如，盗窃汽车，行为人主观上的非法占有目的是指窃取汽车以后意图归自己使用，这种使用当然是以占有状态为前提的，但使用行为与占有状态又是可以分离的。在这种情况下，我们仍然要把非法占有的目的作为一种主观的超过要素加以考虑，而不是在客

_____

[1] 周光权：《刑法各论》，99页，北京，中国人民大学出版社，2008。

观要素的意义上讨论占有行为。

那么，非法占有目的对于取得型财产犯罪的认定具有什么意义呢？非法占有目的对于取得型财产犯罪来说是一种主观违法要素，于对行为的定性具有重要意义。正是通过非法占有目的，可以将取得型财产犯罪与毁坏型财产犯罪加以区别，对于占有财物以后实施的故意毁坏财物行为来说，更是具有重要意义。

故意毁坏财物，在绝大多数情况下，并不一定以占有财物为前提，而是可以对处在他人占有状态的财物进行毁坏，例如，对他人合法地停放在车库的汽车进行毁坏。在这种情况下，行为人的行为是一种纯正的故意毁坏财物的行为，而与其他财产犯罪无关。但在某些情况下，行为人先将他人的汽车予以占有，然后再进行毁坏。

李焕强故意毁坏财物案

刑事附带民事诉讼原告李某从事个体客运业务，系牌照号为津 A8××41 的华北牌 HC6790 型中巴汽车车主。被告人、刑事附带民事诉讼被告李焕强于 2004 年 10 月通过职业介绍所与李某相识，双方口头约定由李焕强担任李某的客车司机。后李某表示不再雇佣李焕强，李焕强对此心怀不满，蓄意伺机报复李某。2004 年 11 月 24 日晚，李焕强来到位于红桥区丁字沽一号路福源楼附近的公安红桥分局下属停车场，趁工作人员不备，持未归还的汽车钥匙，将李某存放于此的津 A8××41 中巴车开走。次日 20 时许，李焕强驾驶该车行驶至河东区红星路向阳楼 57 号楼附近时与路边的电线杆相撞，导致车辆受损。李焕强将该客车丢弃于河东区晨阳道天池里一号楼附近，随后逃逸。公安机关经侦查，于 2004 年 12 月 1 日将该车找回，当时车内厦华牌车载电视及多碟 VCD 机各一台已经丢失。经天津市红桥区价格认证中心评估，该车辆损坏价值为人民币 12 433 元，被盗车载电视及 VCD 机价值为人民币 2 250 元。2005 年 2 月 15 日，李焕强被抓获归案。

天津市红桥区人民法院认为：起诉书指控被告人李焕强因被害人、刑事附带民事诉讼原告李某不再雇用其做司机而心怀不满，继而蓄意泄愤报复，偷开李某所有的涉案机动车，在发生事故后将该车丢弃，造成该车毁损、车上物品被盗的事实足以认定。结合李焕强在作案前与李某之间发生的纠葛以及其作案手段，同时考虑李某明知李焕强尚未归还涉案机动车钥匙，案发前李焕强曾经有过偷开涉案机动车行为的事实，并根据李焕强本人供述等在案证据，可以认定李焕强的主要目的是报复李某，其主观上不具有非法占有他人财产的目的，不具有盗窃犯罪故意，其行为亦不符合盗窃罪秘密窃取的行为特征，故不构成盗窃罪。根据最高人民法院《关于审理盗窃案件具体应用法律若干问题的解释》（已失效——引者注）第 12 条第（4）项的规定，偷开机动车辆造成车辆损坏的，应当按照刑法第 275 条的规定定罪处罚。刑法第 275 条规定，故意毁坏公私财物，数额较大或者有其他严重情节的，处 3 年以下有期徒刑、拘役或者罚金；数额巨大或者有其他特别严重情节的，处 3 年以上 7 年以下有期徒刑。综上，检察机关指控的事实及罪名成立，李焕强的行为已构成故意毁坏财物罪，且造成损失数额较大。李焕强对其犯罪事实能够如实供述，认罪态度较好，但其曾因盗窃罪受过刑事处罚，可在量刑时酌情予以考虑。

　　天津市红桥区人民法院判决如下：被告人李焕强犯故意毁坏财物罪，判处有期徒刑二年。

　　在该案中，被告人在采用秘密的方法非法窃取他人汽车以后故意毁坏汽车。那么，为什么对其窃取汽车的行为不定盗窃罪呢？判决理由是被告人主观上不具有非法占有他人财产的目的，不具有盗窃犯罪故意。关于对这一行为的定性，我认为应该从刑法理论上加以深入分析。

　　被告人李焕强在客观上实施的是窃取他人汽车的行为，这一点没有问题。那么，能不能说被告人主观上不具有盗窃犯罪故意呢？我认为，主观上的盗窃故意也是存在的，盗窃故意是指明知是他人财物而窃取的主观心理状态。被告人正是在这一心理状态的支配下实施窃取他人汽车这一行为的，怎么能说被告人主观上不具有盗窃故意？问题在于：对于盗窃来说，除客观上的盗窃行为与主观上的盗窃故意以外，还必须具有非法占有的目的，如果不具有非法占有的目的，则其行为仍然不能构成盗窃罪。对于李焕强的窃取汽车行为，不能单独评价为盗窃罪，因为被告人主观上是在毁坏财物目的的支配下实施窃取行为的，窃取行为只是故意毁坏财物罪的预备行为。当然，在该案中，被告人窃取汽车以后，为报复而将汽车毁坏，将其后的毁坏行为认定为故意毁坏财物罪，当然是没有问题。如果并非出于非法占有的目的，而是为了报复窃取他人汽车以后，只是简单地将汽车丢弃而没有毁坏，并且汽车被找回，车主没有受到财产损失，那么，丢弃汽车的行为不能被认定为故意毁坏财物的行为，因而对前行为不能定盗窃罪，对后行为不能定故意毁坏财物罪，只能按照一般违法行为处理。

我们回到孙静案上来。对于孙静的行为是否构成职务侵占罪，控辩双方存在以下争议意见：

公诉机关认为，孙静以虚假事实欺骗本公司，将牛奶骗出时即具有了非法占有的目的；当牛奶送至孙静家中时，孙静实际上已完成了非法占有的行为，至于将牛奶如何处理是对赃物的处置问题，不影响其非法占有的性质。辩护人则认为，孙静是为讨好公司经理孙某华，为给孙某华创造业绩而欺骗公司，主观上没有非法占有牛奶的目的；客观上也没有变卖牛奶占有货款，而是将牛奶销毁和送给邻居喂猪，不属于非法占有性质。

针对上述争议，裁判理由指出：

我们认为，刑法意义上的非法占有行为与非法毁坏行为具有一定的相似性，客观上两者都非法排斥了权利人对财物的占有、使用、收益和处分的权利，侵害了他人财物的所有权。两者的根本区别在于行为人主观目的不同，前者以依照财物的本来用途利用和处分为目的，后者则以毁坏为目的。刑法意义上的非法占有不仅表现为行为人对他人财物在物理意义上的实际控制，通常也表现为行为人遵从财物的本来用途进行利用和处分，以实现财物的价值或取得相应的利益。所谓本来用途就是财物自身具有的价值和使用价值，不仅包括经济价值，还包括审美等其他价值。比如行为人非法取得了他人的一件具有很高经济价值的古董，放置于家中或将其变卖，均体现了其对该古董的价值的利用或处分，均属于遵从其本来用途利用和处分,如果其具有永久性地将该古董占为己有的目的,即可以认定其属于非法占有。一般而言,非法占有人不会无故将占有的财物轻易毁弃。非法毁坏中,行为人出于毁坏公私财物的经济用途的目的实际控制他人财物后予以毁损或毁灭。虽然行为人也实际控制了他人财物,排除了权利人合法占有财物的可能性,但其控制该财物的目的并不是依照其本来的用途利用和处分,而是变更财物性质和价值或使其灭失,使人在事实上不能按照该物的本来用途使用和处分。司法实践中,对于此类行为应区分不同的情况,依照主客观相一致的原则,客观分析、认定。对于有证据证明行为人以毁损或毁坏为目的而实施的非法取得他人财物的行为,符合毁坏公私财物罪构成要件的,无论其是否已实施了毁坏行为,都应以非法毁坏公私财物罪定罪处罚;对于行为人不以毁坏为目的实际控制了他人财物的,一般均可以认定其具有利用和处分财物的目的,符合职务侵占、贪污或盗窃、诈骗等犯罪构成要件的,应以相应的罪名定罪处罚。

上述裁判理由能够从主观目的上对职务侵占罪与故意毁坏财物罪加以区分,是正确的,也否定了裁判理由一开始提出的本案的关键是非法占有行为与毁坏行为的区分的思路。职务侵占中的占有是指侵占本身的占有,它与非法占有目的中的占有其实是两个不同的问题。每一种取得型的财产犯罪都具有独特的占有方式,例如窃取、骗取、夺取、侵占等,但这些取得型财产犯罪的非法占有目的是完全相同的。由此可见,不能把通过窃取、骗取、夺取、侵占而获得的对他人财物的非法占有状态,看作是非法占有目的所对应的非法占有行为。非法占有目的所对应的占有行为,是上述窃取、骗取、夺取、侵占以外的占有行为,它并非本罪之实行行为。对于取得型的财产犯罪而言,这种占有行为并非法定构成要件,不是刑法评价对象。但非法占有的目的是主观的违法要素,为构成取得型财产犯罪所不可或缺。因此,取得型财产犯罪的非法占有目的具有共同特征。对此,我国学者周光权教授指出:

(1) 不能将非法占有目的解释为行为人仅仅是为了取得所有权,因为很多财物(例如,汽车、自行车等)即使被盗窃、抢劫,原所有权人在法律上的权利并不会丧失,犯罪人自己也清楚不能通过犯罪手段取得所有权。

(2) 不能将非法占有目的解释为必须含有将他人所有之物转变为自己所有之物的意思，否则，对于所有人将自己所有但被他人占有的财物偷回的行为，无法认定其具有非法占有目的，由此导致犯罪成立范围缩小。因此，应该将非法占有目的界定为：永久而非暂时地排除他人的占有，将他人之物作为自己之物，并遵从财物的经济价值加以利用或者处分的意思。由此可见，非法占有目的的概念从消极的层面看是排斥他人占有；从积极层面看，则是行为人意图使自己具有类似于所有人的地位，从而对他人财物加以支配、控制。不具有非法占有他人财物的意思，例如，债权人为促使债务人及早履行义务，而将其财物搬走，并当场出具清单的，行为人没有永久排除他人占有的意思，并非以财物的所有人自居，自不应成立盗窃、抢劫等罪。

(3) 遵从财物的经济价值对财物加以利用或者处分的意思，是指行为人有意享受该财物本身所具有利益与效用。改变财物用途，但仍然对该财物的经济用途加以享用的，仍然认为有非法占有目的。例如，盗窃他人数量较多的木材，将其砍成小块，然后作为柴火取暖的，构成盗窃罪而非故意毁坏财物罪。[①]

以上对取得型财产犯罪的非法占有目的的界定，我认为是正确的，尤其是第三点，对于区分取得型财产犯罪与故意毁坏财物罪，具有重大参考价值。应当指出，实施取得型财产犯罪行为时，可能与故意毁坏财物罪发生某种竞合关系。例如在破坏性盗窃的情况下，行为人以非法占有为目的，在秘密窃取财物过程中，使用了破坏性手段，造成了毁坏公私财物的后果。对于这些情况，我国学者认为构成牵连犯：破坏性盗窃中的盗窃行为属于目的行为，破坏行为属于手段行为，如果行为人目的行为盗窃的数额较大，手段行为破坏公私财物的数额较大或者情节严重，则此

---

① 周光权：《刑法各论》，99～100 页，北京，中国人民大学出版社，2008。

种情况应成立盗窃罪与故意毁坏财物罪的牵连犯，应择一重处断。[①] 牵连犯是以手段行为与目的行为分别构成犯罪为前提的，但在上述这种情况下，破坏财物的合法控制状态的行为本身就是盗窃行为的一部分，因此，不能对这一个行为作重复评价。我认为，在这种情况下，属于想象竞合，择一重罪处罚。当然，在相互竞合的情况下，其中一个行为因未达到罪量要求而不构成犯罪的，应以另一犯罪论处。对此，1998 年 3 月 17 日最高人民法院颁布的《关于审理盗窃案件具体应用法律若干问题的解释》（已失效）第 12 条第 5 项规定："实施盗窃犯罪，造成公私财物损毁的，以盗窃罪从重处罚；又构成其他犯罪的，择一重罪从重处罚；盗窃公私财物未构成盗窃罪，但因采用破坏性手段造成公私财物损毁数额较大的，以故意毁坏财物罪定罪处罚。"

此外，取得型财产犯罪与故意毁坏财物罪之间，还会发生犯罪的转化问题。例如在取得财物的时候具有非法占有的目的，但在取得以后因其他原因而将财物毁坏。对此，应当把此后的毁坏财物行为视为对此物的一种处分。之所以如此，是因为在这种情况下，取得财物行为是在非法占有目的的支配下实施的，其取得行为本身构成财产犯罪。而在孙静案中，被告人在实施取得行为的时候，主观上不具有非法占有的目的，而是为将其毁坏做准备，因而取得行为不构成取得型财产犯罪，只能将毁坏行为认定为毁坏型财产犯罪。

第 8 节　事后抢劫行为之定性研究

案名：王国清抢劫案

主题：事后抢劫　转化型准犯

在盗窃犯罪过程中，犯罪分子为抗拒抓捕而使用暴力的案件，在司法实践中常

[①] 参见董玉庭：《盗窃罪研究》，147～148 页，北京，中国检察出版社，2002。

有发生。对于这种情形，我国刑法第 269 条作了专门规定，这是一种事后抢劫。在司法实践中，如何正确地认定事后抢劫，是一个值得研究的问题。本节以王国清抢劫案[①]为例，对事后抢劫行为之定性进行研究。

一、案情及诉讼过程

2000 年 7 月 4 日 22 时许，被告人王国清在北京市通州区永顺西街下车时，与骑摩托车行至此处的朱某相碰撞，双方发生争执，王国清即持随身携带的尖刀向朱某的胸部、腰部猛刺。朱某因心脏被刺破，致失血性休克死亡。

2000 年 7 月 22 日上午，被告人王国清、李中保在北京市颐和园德和园内，共同窃得一名游客的摩托罗拉 T2688 型移动电话机 1 部，价值人民币 1 600 元。被告人李德玉明知该电话系盗窃所得，仍予以销赃。

2000 年 7 月 22 日中午，被告人王国清、李中保、李德玉共谋盗窃，后由王国清在北京市颐和园广场南侧一饭馆内窃得一游客理光牌照相机 1 架，价值人民币 540 元；在海淀区西苑同庆街北京佳达龙鹏通讯公司内窃得望远镜 1 架，价值人民币 268 元。

2000 年 7 月 23 日 8 时许，被告人王国清、李中保、李德玉在北京市海淀区颐和园东宫门售票处商定，由李德玉负责望风，王国清、李中保混入购票的人群中行窃。王国清、李中保窃得游客曹某价值人民币 1 595 元的摩托罗拉牌移动电话机 1 部，欲逃离现场时，被发现。北京市公安局海淀分局东宫门派出所民警袁某与在场群众张某、何某即上前抓捕。当袁某等人追赶王国清等人至颐和园东宫门邮电局附近时，王国清掏出随身携带的尖刀刺破袁某腹主动脉，致袁某因急性失血性休克死亡；将张某右臂及左胸刺伤，构成轻伤；将何某右前胸刺伤，构成轻微伤。李中保趁机逃

---

①　本案刊载于最高人民法院编：《刑事审判参考》，第 13 辑，北京，法律出版社，2001。

跑，被在场群众抓获。后王国清、李德玉亦被抓获归案。

北京市第一中级人民法院认为：被告人王国清以非法占有为目的，多次秘密窃取他人财物，数额较大，已构成盗窃罪；被告人王国清在盗窃他人财物被发现后，以暴力抗拒抓捕，致一人死亡，两人受伤，其行为已构成抢劫罪，且抢劫情节、后果均特别严重，社会危害性极大，必须依法严惩；被告人王国清还持刀故意伤害他人身体，致人死亡，其行为又构成故意伤害罪。鉴于其在被抓获后供述了司法机关尚不掌握的故意伤害罪的犯罪事实，可视为自首，故对其所犯故意伤害罪应依法从轻处罚。被告人李中保、李德玉以非法占有为目的，以秘密手段窃取他人财物，数额较大，其行为均已构成盗窃罪，应依法惩处。鉴于被告人李中保有重大立功情节，故予以从轻处罚。被告人李德玉明知是犯罪所得的赃物，仍予以销售，其行为已构成销售赃物罪，亦应依法惩处。遂依照《中华人民共和国刑法》第 269 条、第 263 条第（5）项、第 234 条第 2 款、第 264 条、第 312 条、第 57 条第 1 款、第 25 条第 1 款、第 67 条第 2 款、第 68 条第 1 款、第 69 条、第 64 条、第 61 条的规定，于 2000 年 9 月 4 日判决如下：（1）被告人王国清犯抢劫罪，判处死刑，剥夺政治权利终身，并处没收个人全部财产；犯故意伤害罪，判处无期徒刑，剥夺政治权利终身；犯盗窃罪，判处有期徒刑 2 年，并处罚金人民币 2 000 元。决定执行死刑，剥夺政治权利终身，并处没收个人全部财产。（2）被告人李德玉犯盗窃罪，判处有期徒刑 1 年，并处罚金人民币 1 000 元；犯销售赃物罪，判处有期徒刑 6 月，并处罚金人民币 1 000 元。决定执行有期徒刑 1 年 3 月，并处罚金人民币 2 000 元。（3）被告人李中保犯盗窃罪，判处有期徒刑 6 月，并处罚金人民币 1 000 元。

宣判后，李德玉、李中保服判，没有上诉；王国清不服，向北京市高级人民法院提出上诉。

王国清上诉称：原审判决认定的事实不清，其在 2000 年 7 月 23 日上午没有偷东西，是李中保偷的；扎人前不知道袁某是警察。其辩护人提出：认定王国清犯故意伤害罪的证据不足；王国清有自首情节，一审在数罪并罚后决定执行刑罚时没有体现从轻处罚，建议二审予以考虑。

北京市高级人民法院经审理认为：上诉人王国清在盗窃他人财物被发现后，以暴力抗拒抓捕，致一人死亡、两人受伤，其行为应依照刑法对抢劫罪的规定定罪处罚；上诉人王国清还持刀故意伤害他人身体，其行为已构成故意伤害罪，且致人死亡。王国清所犯抢劫罪、故意伤害罪罪行极其严重。上诉人王国清以非法占有为目的，多次秘密窃取他人财物，数额较大，其行为已构成盗窃罪。对其所犯盗窃罪、故意伤害罪应与抢劫罪并罚。鉴于其被抓获后供述了司法机关尚不掌握的故意伤害的事实，可视为自首，对其所犯故意伤害罪依法予以从轻处罚。原审被告人李中保、李德玉以非法占有为目的，秘密窃取他人财物，数额较大，其行为均已构成盗窃罪，依法均应予惩处。鉴于原审被告人李中保有协助公安机关抓捕同案犯的重大立功表现，故予以从轻处罚。原审被告人李德玉明知是犯罪所得的赃物，仍予以销售，其行为已构成销售赃物罪，依法应与其所犯盗窃罪并罚。上诉人王国清的上诉理由没有事实依据，不予以采信。其辩护人的辩护意见没有事实和法律依据，不予以采纳。原审人民法院根据王国清、李中保、李德玉犯罪的事实、犯罪的性质、情节和对社会的危害程度所作的判决，定罪及适用法律正确，量刑适当，审判程序合法，应予维持。遂依照《中华人民共和国刑事诉讼法》（1996——引者注）第 189 条第（1）项的规定，于 2000 年 11 月 7 日裁定：驳回上诉、维持原判。并根据最高人民法院《关于授权高级人民法院和解放军军事法院核准部分死刑案件的通知》的规定，核准对被告人王国清以抢劫罪判处死刑，剥夺政治权利终身，并处没收个人全部财产；以故意伤害罪，判处无期徒刑，剥夺政治权利终身；以盗窃罪，判处有期徒刑 2 年，并处罚金人民币 2 000 元。决定执行死刑，剥夺政治权利终身，并处没收个人全部财产的刑事裁定。

二、事后抢劫的性质

我国刑法第 269 条规定：

> 犯盗窃、诈骗、抢夺罪，为窝藏赃物、抗拒抓捕或者毁灭罪证而当场使用暴力或者以暴力相威胁的，依照本法第二百六十三条的规定定罪处罚。

关于上述规定，我国刑法理论上通常称为转化型抢劫。这里的转化，是指从盗窃、诈骗、抢夺罪转化为抢劫罪。在日本刑法以及我国台湾地区将此种情形均称为准强盗或者事后强盗。应当指出，这里的强盗与我国刑法中的抢劫是同一含义的概念。事后强盗这一称谓，来自《唐律》。例如，《唐律·贼盗律》规定：诸强盗，谓以威若力而取其财。《唐律》将强盗分为先强后盗与先盗后强两种：

> 先强后盗，谓先加迫胁，然后取财；先盗后强，谓先盗其财，事觉之后，始加威力：如此之例，俱为强盗。①

这里的先盗后强就是所谓事后强盗。对此，我国台湾地区"刑法"和日本刑法仍有类似规定。例如，我国台湾地区"刑法"第 329 条规定：

> 盗窃或抢夺，因防护赃物、脱免逮捕或湮灭罪证，而当场施以强暴、胁迫者，以强盗论。

我国台湾地区学者指出："本条，对准强盗罪之构成要件与其所处罚所设之规定。"② 林山田教授将上述规定称为准强盗。在解释准强盗罪以强盗论的规定时，林山田教授指出：

> 本罪在法律性质上并非盗窃罪或抢夺罪之加重情态，而是类似强盗罪之独立犯，系因法律之拟制规定，而成之处断上之强盗罪，因而准用各论相当之强盗罪之法律效果处断，故在法律效果上仅规定以强盗论，而称准

---

① 《唐律疏议》，刘俊文点校，386～387 页，北京，法律出版社，1999。
② 甘添贵：《体系刑法各论·侵害个人非专属法益之犯罪》，修订再版，159 页，台北，2004。

强盗罪。[①]

日本刑法第 238 条规定:

> 在窃得财物后, 为拒绝交还、避免逮捕或毁灭罪证而使用暴力或胁迫时, 以强盗窃论处。

日本学者通常将上述规定称为事后强盗罪, 并与第 239 条昏醉强盗罪一并称为准强盗罪。例如, 日本学者前田雅英教授在论及事后强盗罪时指出:

> 当盗窃犯结束犯罪行为后或着手放弃盗窃意思逃离犯罪现场之际, 屡屡着眼于对被害人施加暴力、胁迫, 第 238 条之立法目的在将此种情况之刑罚与强盗罪相同处分。与使人昏迷的强盗, 并称为准强盗。如认为是事后强盗, 则以普通强盗处理。[②]

尤其值得注意的是, 在日本刑法理论中也存在所谓转化型强盗。这里的转化型强盗, 按照日本学者西田典之的论述, 是指着手盗窃之后, 或者在着手之前, 因为被发现而转而出于强取财物的目的实施暴力、胁迫行为, 而相当于第 236 条的强盗。[③] 这里的第 236 条的强盗, 是指普通强盗罪。

如前所述, 我国刑法理论上, 一般将刑法第 269 条的规定称为转化型抢劫。值得注意的是, 王国清抢劫案的裁判理由还提及转化型准犯这一概念, 指出:

> 刑法第 269 条规定:"犯盗窃、诈骗、抢夺罪, 为窝藏赃物、抗拒抓捕或者毁灭罪证而当场使用暴力或者以暴力相威胁的", 依照抢劫罪定罪处罚。这是刑法关于盗窃、诈骗、抢夺罪转化为抢劫罪的规定, 在学理上被称为转化型准犯。所谓转化型准犯, 是指某一犯罪与视同的犯罪相比较在构成要件上并不完全吻合, 但立法者出于某种特定的意图, 将其视同该犯罪。也就是说, 行为人在犯此罪的过程中, 由于主客观情况的变化, 其行为类似于彼罪, 法律规定以彼罪论处。

---

① 林山田:《刑法各罪论》, 715 页, 台北, 1996。

② [日] 前田雅英:《日本刑法各论》, 董璠舆译, 210 页, 台北, 五南图书出版公司, 1990。

③ 参见 [日] 西田典之:《日本刑法各论 (第三版)》, 刘明祥、王昭武译, 140 页, 北京, 中国人民大学出版社, 2007。

应该指出，这里的转化型准犯这个概念，是我在《转化犯与包容犯：两种立法例之比较》[载《中国法学》，1993（3）]一文中提出的。在讨论转化犯时，我提出转化犯可以分为两种情形：一是标准的转化犯，二是拟制的转化犯。我提出的问题是：拟制的转化犯是否属于转化犯？对此，我作了以下论述：

　　拟制的转化犯，准确地说，应该称之为准犯。从语义上说，准者，程度上虽不完全够，但可以作为某类事物看待者也。因此，转化型准犯是指某一犯罪[例如根据刑法（1979 年刑法）第 153 条转化而来的抢劫罪，又称为准抢劫罪]与视同的犯罪（例如刑法第 150 条的抢劫罪，又称为标准抢劫罪）相比较，在构成要件上并不完全吻合，但立法者出于某种特定的意图，将其视同该犯罪，在法律用语上往往表述为"以……论处"。以转化犯讨论中论及的抢劫罪的转化犯而言，标准抢劫罪的构成特点是以暴力、胁迫或者其他方法劫取他人财物，暴力、胁迫是取财的手段。而准抢劫罪的构成特点则是在取财以后为窝藏赃物、抗拒逮捕或者毁灭罪证而当场使用暴力或者以暴力相威胁，暴力、胁迫不是取财的手段，是在取财以后实施的，因而在中国古代刑法以及当今德、日刑法中称之为事后盗窃。显然，尽管事先出于盗窃、诈骗、抢夺的意图而实施犯罪，在取财过程中遭到他人阻拦，为取财，当场实施暴力、胁迫的，完全符合刑法第 150 条的规定，没有适用刑法第 153 条之必要。总之，准犯与标准犯相比，在构成上有所差别。

　　根据以上论述，转化型准犯虽然是从此罪向彼罪的转化，但我认为仍不能将其归之于转化犯的范畴。这是由准犯与转化犯两种立法例的不同性质所决定的，因而有必要加以区分。准犯的性质是对不完全符合标准犯的犯罪通过立法推定以标准犯论处，从而解决司法实践中某些似是而非的犯罪的法律适用问题。而转化犯的性质是对实施此罪时出现超出这一犯罪的主客观构成事实，而完全吻合彼罪的构成要件，从而以彼罪论处的情形。从构成上来说，准犯是一行为，这一行为虽然符合此罪的构成，但不完全符合彼罪的构成，法律推定以彼罪论处。因此，准犯往往发生在两种具有罪质的递进关系的犯罪之间。而转化犯则是二行为。例如刑法第 136 条规定刑讯逼供以肉刑致人伤残的，以伤害罪从重论处，这里包含刑讯逼供行为与伤害行为，由于刑讯逼供以肉刑致人伤残，已经超出刑讯逼供的范围，其行为完全符合伤害罪的构成，因而应以伤害罪论处。因此，转化犯主要是解决罪数问题，即根据法律规定，在这种情况下，虽然外观上符合两个犯罪的构成，但只依其中较重的犯罪论处。对于转化犯，之所以在刑法上有必要加以规定，正如我国刑法学界有人指出，转化犯不是简单一罪，而是复杂一罪中的事实的一罪。① 因此，准犯属于犯罪构成论的问题，而转化犯则属于罪数论的问题，两者加以区别有利于刑法理论的科学化。②

从以上论述来看，转化型准犯虽然不能被视为转化犯，但还是容易和转化犯相混同。在这个意义上，将所谓转化型抢劫称为事后抢劫更为合适。当然，准强盗在日本刑法和我国台湾地区"刑法"中是一个独立罪名，在我国刑法中则只是抢劫罪的一种特殊情形。值得注意的是，我国已经有个别学者将转化型抢劫称为事后抢劫或者准抢劫。③ 我国刑法中的准抢劫，包括事后抢劫和携带凶器抢夺构成的抢劫这两种情形。在这个意义上，事后抢劫是准抢劫的一种类型。

准犯，是指以某罪论处的情形。我国刑法虽然没有采用以抢劫罪论处，而是采用"依照本法第二百六十三条的规定定罪处罚"的表述，但在含义上是相同的。在立法上，准犯是与真犯对应的，往往采用"以"字表述。清人王明德在论及"以"与"准"字时指出：

> 以者，非真犯也。非真犯，而情与真犯同，一如真犯之罪罪之，故曰以。

> 准者，用此准彼也。所谓情与事不同，而迹实相涉，算为前项所犯，

① 徐逸仁主编：《中国当代刑法学》，181 页，南京，东南大学出版社，1992。
② 陈兴良：《当代中国刑法新理念》，2 版，464～467 页，北京，中国人民大学出版社，2007。
③ 称事后抢劫的有：张明楷：《刑法学》，3 版，712 页，北京，法律出版社，2007；称准抢劫的有：周光权：《刑法各论》，105 页，北京，中国人民大学出版社，2008。

惟合其罪，而不概如其实，故曰准。①

在现代刑法理论上，准犯是指采用法律拟制方法规定的某种犯罪，在性质上，与被拟制的犯罪同等视之。只有从这个意义上理解事后抢劫，才能正确地界定事后抢劫的法律性质。

三、事后抢劫的构成

关于事后抢劫，也就是我国刑法理论所说的转化型抢劫构成的条件，王国清抢劫案的裁判理由作了以下论述：

转化型抢劫罪必须同时具备以下三个条件：

1. 行为人的最初犯意是实施盗窃、诈骗或者抢夺犯罪，并且具体实施了盗窃、诈骗或者抢夺财物的行为。盗窃罪、诈骗罪、抢夺罪和抢劫罪，均是以非法占有为目的的犯罪，只是行为人实施犯罪的手段不同，导致社会危害性的差异，刑法也根据其社会危害性的大小规定了不同的罪名和法定刑。对于转化型抢劫罪来说，行为人在实施犯罪之前并没有以暴力或者暴力相威胁的方法非法占有公私财物的直接故意。行为人在主观上直接表现为以秘密窃取、虚构事实或者隐瞒真相、乘人不备夺取等非暴力手段非法占有公私财物。如行为人在行为之前就有以使用暴力或者暴力相威胁的方法非法占有公私财物的直接故意，则不存在转化问题。

至于行为人盗窃、诈骗、抢夺财物的行为转化为抢劫罪，其拟非法占有的财物是否必须达到数额较大？参照 1988 年 3 月 16 日最高人民法院和最高人民检察院《关于如何适用刑法第一百五十三条的批复》（已失效——引者注）的规定，即"在司法实践中，有的被告人实施盗窃、诈骗、抢夺行为，虽未达到'数额较大'，但为窝藏赃物、抗拒抓捕或者毁灭罪证而当场使用暴力或者以暴力相威胁，情节严重的，可按照刑法第一

---

① （清）王明德：《读律佩觿》，何勤华等点校，4、5 页，北京，法律出版社，2001。

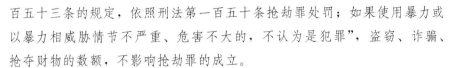

百五十三条的规定，依照刑法第一百五十条抢劫罪处罚；如果使用暴力或以暴力相威胁情节不严重、危害不大的，不认为是犯罪"，盗窃、诈骗、抢夺财物的数额，不影响抢劫罪的成立。

2. 行为人因在盗窃、诈骗或者抢夺公私财物过程中被发现而当场使用暴力或以暴力相威胁。所谓当场，应是行为人实施盗窃、诈骗或者抢夺犯罪的现场。行为人刚一离开现场就被发觉而被追捕的过程，是其犯罪现场的延伸，也应视为当场。也就是说，如果犯罪分子在逃离现场时被人发现，在受到追捕或者围堵的情况下使用暴力的，也应认定为当场使用暴力。如果行为人在实施盗窃、诈骗、抢夺犯罪过程中未被发觉，而是隔了一段时间以后，在其他地方被抓捕而行凶拒捕，则不适用刑法第 269 条的规定，而应按所触犯的罪名单独定罪，再与原来的罪实行并罚。使用暴力和以暴力相威胁，是指犯罪分子对被害人或者抓捕人故意实施撞击、殴打、伤害等具有一定强度的危及人体健康和生命安全的行为，或以立即实施这种暴力相威胁。如果暴力强度很小，情节显著轻微，或者无加害他人的意图，只是为了挣脱抓捕而冲撞了他人并未造成严重后果的，可不认为是使用暴力，不以抢劫罪论处。

3. 行为人使用暴力或以暴力相威胁的目的是窝藏赃物、抗拒抓捕或者毁灭罪证。所谓窝藏赃物，是指为保护已经到手的赃物不被追回，也即转移、隐匿盗窃、诈骗、抢夺所得到的公私财物的行为。所谓抓捕，既包括司法机关依法对犯罪分子采取的拘留、逮捕等强制措施，也包括公民（含被害人）的抓获、扭送等。所谓毁灭罪证，是指犯罪分子为逃避罪责，湮灭作案现场遗留的痕迹、物品以及销毁可以证明其罪行的各种证据。如果行为人不是出于上述目的而实施暴力或以暴力相威胁，就不能按转化型抢劫罪论处。例如，行为人是在实施盗窃、诈骗、抢夺过程中，由于受到被害人的抵抗，为排除障碍当场取得财物而使用暴力或以暴力相威胁的，则应当直接适用刑法第 263 条定罪处罚。又如，行为人在完成盗窃、诈骗、抢夺罪后，出于报复、灭口的动机伤害、杀害被害人的，应以故意伤害罪、故意杀人罪，与盗窃罪、诈骗罪或抢夺罪并罚。

在关于事后抢劫构成的上述条件中，我认为存在以下三个问题值得研究：

（一）关于前提条件的理解

事后抢劫以犯盗窃、诈骗、抢夺罪为前提条件。如何理解这里的犯盗窃、诈骗、抢夺罪，在刑法理论上存在以下问题需要讨论：

1. 这里的盗窃、诈骗、抢夺罪是否包括预备犯

行为人在实施盗窃、诈骗、抢夺罪的预备行为时，也可能为抗拒抓捕而当场实施暴力或者以暴力相威胁，那么是否能构成事后抢劫呢？对此，我国学者指出：

> 《刑法》第 269 条规定的犯盗窃、诈骗、抢夺罪，虽然没有明确说明是否包括这三罪的预备行为，笔者认为，应当理解为不包括预备行为。这就是说，该条所说的窝藏赃物、抗拒抓捕或者毁灭罪证而当场使用暴力或者以暴力相威胁，是指已经着手实施盗窃、诈骗、抢夺行为的当场，才具备了向抢劫罪转化的前提条件。这也是刑法理论的通说。在犯罪预备阶段的上述抗拒抓捕行为，其手段行为构成什么罪按什么罪处理，但不构成抢劫罪。[1]

我认为，上述观点是正确的。虽然预备也是盗窃、诈骗、抢夺罪的一种未完成形态，但事后抢劫惩罚的是在盗窃、诈骗、抢夺实行过程中的暴力、胁迫行为，因而是指着手以后的盗窃、诈骗、抢夺行为，而不包括预备行为。

2. 这里的盗窃、诈骗、抢夺罪是否包括未遂犯

行为人在着手实施盗窃、诈骗、抢夺行为以后，未能取得财物或者虽取得财物但被事主发觉而抛弃，在这种情况下使用暴力、胁迫，能否构成事后抢劫呢？在这个问题上，也存在争议。在《唐律》中，事后强盗是指先前已经窃取财物，为护卫财物使用暴力，而不包括盗窃未遂以后为逃跑而使用暴力的情形。《唐律·贼盗律》指出：

> 及窃盗取人财，财主知觉，遂弃财逃走，财主逐之，因相拒捍；如此

---

① 高铭暄主编：《刑法专论》（下编），737～738 页，北京，高等教育出版社，2002。

之类，是事有因缘，并非"强盗"，自从"斗殴"及"拒捍追捕"之法。①

在日本刑法学界，关于盗窃犯的未遂犯（日本刑法规定的事后强盗之前罪只包括盗窃）能否构成事后强盗罪的前罪，存在不同见解。例如西田典之教授指出：

> 本条（指日本刑法第 238 条——引者注）中的盗窃这一用语，相当于盗窃犯。本条属于既遂类型，通说、判例认为本罪的未遂是指盗窃的未遂，因而本条的盗窃也就相当于盗窃既遂犯。如果认为本条的盗窃也包括盗窃未遂，那么，如果盗窃未遂犯出于逃避逮捕的目的而实施暴力行为，则仅因这一点便构成本罪，这并不妥当。②

显然，西田典之教授主张事后强盗的前罪是指盗窃罪的既遂犯，并不包括盗窃罪的未遂犯。然而日本刑法学界的通说、判例认为，这里的盗窃罪包括盗窃的未遂犯和既遂犯。例如大谷实教授指出：

> 从得财仅和防止被夺回有关的规定方法来看，应当说，在出于避免抓捕、隐灭罪证的目的的场合，包括未遂犯的情况在内。因此，在得财之后为了防止被夺回而施加暴力、胁迫的场合，只有既遂犯人才能成为其主体。但是，在其他场合，即便是未遂犯人也能成为主体。③

在我国刑法学界，通说也是认为事后抢劫的前罪包括未遂犯的情形。这一结论，主要是从事后抢劫的目的推导出来的，因为我国刑法规定事后抢劫的目的是窝藏赃物、抗拒抓捕或者毁灭罪证。对此，我国学者指出：

> 盗窃未遂虽然不可能出现为防止所盗财物被夺回而采用暴力、胁迫的问题，但为免受逮捕、湮灭罪证而实施暴力、胁迫行为，则完全有可能发生，这当然也可能构成事后抢劫罪。④

①　《唐律疏议》，刘俊文点校，387 页，北京，法律出版社，1999。

②　[日] 西田典之：《日本刑法各论（第三版）》，刘明祥、王昭武译，139～140 页，北京，中国人民大学出版社，2007。

③　[日] 大谷实：《刑法讲义各论（新版第 2 版）》，黎宏译，219 页，北京，中国人民大学出版社，2008。

④　刘明祥：《财产罪比较研究》，151 页，北京，中国政法大学出版社，2001。

我国司法实践中，对于事后抢劫的犯罪也是认为包括未遂犯的。所以在穆文军抢劫案中，涉及盗窃未遂为抗拒逮捕而当场使用暴力能否构成抢劫罪的问题。对此，该案的裁判理由指出：

> 如果要求成立转化型抢劫罪必须以行为人构成盗窃罪、诈骗罪、抢夺罪（指这些犯罪的既遂形态——引者注），必然会使大量具有严重社会危害性的行为无法处理。如本案中，被告人穆文军在运行中的列车上盗窃，被发现后为抗拒逮捕又持凶器行凶，不仅侵犯了公民的财产权利、人身权利，还严重扰乱了社会治安，使广大旅客对乘火车旅游产生极大的不安全感，行为本身足以反映其社会危害性程度。如果要求以成立盗窃罪作为构成抢劫罪的前提条件，则由于盗窃罪以盗窃数额作为定罪量刑的主要依据，而本案没有盗窃到具体财物，盗窃数额无法确定，对抓捕人的伤害也没有达到构成故意伤害罪的程度，那么本案就难以按照犯罪处理。这显然与本案的社会危害性程度及法律规定不相符合。[①]

以上裁判理由更多的是从社会危害性理论出发进行论证，但其观点是符合立法原则及有关司法解释规定的，应予肯定。

3. 这里的盗窃、诈骗、抢夺是否必须达到数额较大

这个问题，是我国刑法中所特有的问题，因为在我国刑法中，盗窃、诈骗、抢夺罪都是数额犯，以数额较大作为犯罪成立的罪量要素。那么，这里的盗窃、诈骗、抢夺是否必须达到数额较大呢？对于这个问题，在我国刑法理论上曾经存在争议。[②]对此，2005 年 6 月 8 日最高人民法院《关于审理抢劫、抢夺刑事案件适用法律若干问题的意见》指出：

> 行为人实施盗窃、诈骗、抢夺行为，未达到"数额较大"，为窝藏赃物、抗拒抓捕或者毁灭罪证当场使用暴力或者以暴力相威胁，情节较轻、危害不大的，一般不以犯罪论处；但具有下列情节之一的，可依照刑法第

---

① 最高人民法院编：《刑事审判参考》，第 41 集，11 页，北京，法律出版社，2005。
② 有关争议，详见高铭暄主编：《刑法专论》（下编），734 页，北京，高等教育出版社，2002。

二百六十九条的规定，以抢劫罪定罪处罚：

(1) 盗窃、诈骗、抢夺接近"数额较大"标准的；

(2) 入户或在公共交通工具上盗窃、诈骗、抢夺后在户外或交通工具外实施上述行为的；

(3) 使用暴力致人轻微伤以上后果的；

(4) 使用凶器或以凶器相威胁的；

(5) 具有其他严重情节的。

根据上述司法解释，事后抢劫的前罪——盗窃、诈骗、抢夺罪——并不一定要达到数额较大。虽然没有达到数额较大，但具有司法解释规定情形之一的，也可以认定为事后抢劫。

4. 这里的盗窃、诈骗、抢夺是否包括以特定财物为对象的盗窃、诈骗、抢夺

我国刑法中，存在着以特定财物为对象的盗窃、诈骗、抢夺犯罪。以盗窃罪为例，除盗窃公文、证件、印章等不具有财产法益侵害性的犯罪以外，还存在以特定财物为对象的盗窃犯罪，例如盗窃枪支罪，行为人在盗窃枪支过程中被发现，为抗拒抓捕而使用暴力或者以暴力相威胁的，是否也构成事后抢劫呢？对此，我国刑法理论上存在争议。其中，否定说认为，在刑法未作明文规定的情况下，应当否认以特定财物为对象的盗窃、诈骗、抢夺可以成为事后抢劫的前罪。例如，我国学者指出：

从严格的罪刑法定主义的立场而言，我国刑法第 269 条规定的犯盗窃、诈骗、抢夺罪，自然只限于侵犯财产罪一章所规定的普通盗窃、诈骗、抢夺罪，因为其他特殊类型的盗窃、诈骗、抢夺既然被刑法规定了单独的罪名和法定刑，就是有别于普通盗窃、诈骗、抢夺的犯罪。在刑法没有明文规定的条件下，认为实施这类行为也可能转化为抢劫罪，同样是违反罪刑法定主义的。①

我国刑法学界的通说是肯定说，认为以特定财物为对象的盗窃、诈骗、抢夺可

---

① 刘明祥：《财产罪比较研究》，147 页，北京，中国政法大学出版社，2001。

以成为事后抢劫的前罪。对此，我国学者将以特定财物为对象的盗窃、诈骗、抢夺分为以下两种情形：

第一种情形是以特定财物为对象犯其他罪，与盗窃罪、诈骗罪、抢夺罪发生想象竞合关系，即符合想象竞合犯特征，因为抗拒抓捕等而当场使用暴力或以暴力相威胁的，可以转化为抢劫罪。例如，盗割使用中的电话线、电缆，并非法占为己有，价值数额较大或巨大，既触犯刑法第 124 条破坏公用电信设施罪又触犯盗窃罪，符合想象竞合犯的特征，应当择一重罪从重处罚。1990 年 7 月 10 日最高人民法院、最高人民检察院《关于依法严惩盗窃通讯设备犯罪的规定》（已失效——引者注）中指出：盗窃通讯设备价值数额不大或者较大，同时危害公共安全的，以破坏通讯设备罪定罪处罚；盗窃通讯设备价值数额巨大，或者情节严重的，以盗窃罪从重处罚。在后一种情况下，既然盗窃通讯设备的行为已经达到了定盗窃罪的标准，无疑具备了转化为抢劫罪的条件。那么，在第一种情况下，其盗窃行为尚未达到定盗窃罪的标准，或者是处于盗窃未遂的状态，是否可以转化为抢劫罪？笔者认为，回答是肯定的。因为，如前所述，构成转化型抢劫罪，并不以前行为必须达到定盗窃罪、诈骗罪、抢夺罪的数额标准为前提。

第二种情形是以特定财物为对象犯其他罪，而该罪与盗窃罪、诈骗罪、抢夺罪存在法条竞合关系。一般表现为一般法与特别法的关系，前者的外延可以包容后者，行为人实施其他罪的一行为，必然同时触犯盗窃罪或者诈骗罪等罪名。例如，使用伪造的或者作废的信用卡进行诈骗财物活动，构成信用卡诈骗罪，而该行为又同时符合诈骗罪的主要特征。在这里，后者是一般法，前者是特别法。按照法条竞合适用法律的一般原则，应当是特别法优于一般法，即按特别法的规定定罪处罚，不定诈骗罪。但是，行为毕竟是同时触犯诈骗罪，符合诈骗罪的客观特征。如果行为人在其进行信用卡诈骗活动时，为抗拒抓捕而当场使用暴力或者以暴力相威胁，也完全符合刑法第 269 条规定的条件。如果抢劫罪的处罚重于行为人所实施的他罪，则对其应当依照第 269 条规定，以抢劫罪论处。[①]

在以上论述中，对以特定财物为对象的盗窃、诈骗、抢夺罪作了具体分析，这是值得肯定的。然而刑法第 269 条规定的事后抢劫的前罪是盗窃、诈骗、抢夺罪，而不包括盗窃枪支、弹药罪，破坏交通设施罪和信用卡诈骗罪，是确定无疑的。以盗割电话线行为为例进行分析：在不危害公共安全的情况下，其属于普通盗窃，可以成为事后抢劫的前罪；在危害公共安全的情况下，同时又触犯破坏公用电信设施罪。关于这两种犯罪之间的关系，前引观点中认为是想象竞合，但又认为是牵连关系，认为盗割使用中的电话线、电缆，并非法占有，价值数额较大或巨大的，盗割和占有两个行为分别触犯刑法第 124 条规定的破坏公用电信设施罪和第 264 条规定的盗窃罪，符合牵连犯的特征。[②] 如果认为上述情形是想象竞合，按照从一重处断原则，盗窃罪较重，则该盗窃罪当然可以成为事后抢劫的前罪。如果其他罪较重，应定其他罪，能否仅因盗窃罪可以转化为抢劫罪而定盗窃罪呢？这里涉及轻重之比较。在盗窃罪与其他罪想象竞合的情况下，是以盗窃罪与其他罪比较轻重，还是以抢劫罪与其他罪比较轻重？对此，我国学者指出：在决定最终应定的罪名时，不能违背从一重罪定罪处罚的原则，也就是说，如果定其他罪比定抢劫罪处罚更重，则不应转化为抢劫罪。[③] 按照这一观点，是以抢劫罪和其他罪比较轻重。这岂不成了抢劫罪与其他罪的想象竞合？因此，我认为，在其他重罪的情况下，不能转化为事后抢劫。至于牵连犯，与想象竞合有所不同。在牵连犯的情况下，盗窃罪是独立成罪的，在盗窃过程中为抗拒抓捕而使用暴力或者以暴力相威胁的，可以成立事后抢劫。关于法条竞合，上述观点所涉及的是特别法与普通法的竞合，按照特别法优于普通法原则，应以特别法论处；只有在刑法有明文规定的情况下，才能按照重法优于轻法原则处理。例如，在实施信用卡诈骗过程中为抗拒抓捕而使用暴力或者以暴力相威胁的，如果承认可以转化为事后抢劫，实际上就违反了特别法优于普通法原

① 高铭暄主编：《刑法专论》（下编），736～737 页，北京，高等教育出版社，2002。
② 参见王作富主编：《刑法分则实务研究》，3 版，中册，1076 页，北京，中国方正出版社，2007。
③ 参见高铭暄主编：《刑法专论》（下编），736 页，北京，高等教育出版社，2002。

则，将信用卡诈骗罪按照普通诈骗罪处理了，我以为不妥。在这个意义上，我还是赞同否定说，应当坚持罪刑法定原则。当然，对这种情形不按照事后抢劫论处，并不意味着放纵犯罪。对于暴力或者威胁构成其他罪的，可以实行数罪并罚。

（二）关于客观要件的理解

事后抢劫的客观要件是当场使用暴力或者以暴力相威胁。关于这里的当场使用暴力或者以暴力相威胁的认定，在刑法理论上存在以下问题需要研究：

1. 如何理解这里的当场

在刑法理论中，对事后抢劫的当场如何理解，直接关系到事后抢劫的成立。这里的当场，一般是指犯盗窃、诈骗、抢夺罪的现场，但又不局限于现场，还包括现场的延续场所。例如，在耳目所及的注视下的追捕过程，也视为当场。关于当场的认定，我国台湾地区学者提出以下两种标准，我以为可以参考：

（1）场所之密接性

所谓场所之密接性，因不以实施盗窃或抢夺者尚未离去现场为限，即已离盗所而尚在他人跟踪蹑中或在脱离追捕者之视线以前，仍不失具有场所之密接性。惟于盗窃或抢夺者离去盗所后，行至中途始被撞遇，则该中途，已不具场所之密接性，自不得谓为当场。此时如因彼此争执，犯人予以抵抗，实施强暴或胁迫，除可另行成立其他罪名外，不生以强盗论之问题。

（2）时间之密接性

所谓时间之密接性，乃行为人实施强暴胁迫之行为，须于盗窃或抢夺行为着手以后，至迟亦须于盗窃或抢夺行为甫告终了时间之始可。倘于盗窃或抢夺后数日，始因护赃等目的，而实施强胁行为，则不能以强盗论。[①]

2. 如何理解事后抢劫的暴力程度

对此，在日本和我国台湾地区刑法理论上都存在争议。例如我国台湾地区"刑法"第 328 条关于单纯强盗罪有"至使不能抗拒"的规定。虽然日本刑法第 236 条

---

① 甘添贵：《体系刑法各论·侵害个人非专属法益之犯罪》，166 页，台北，2004。

关于普通强盗罪没有这一规定，但日本刑法理论一般认为，作为强盗罪手段的暴力、胁迫，必须达到足以抑制被害人反抗的程度，并且，是否达到了足以抑制被害人的反抗的程度，一般采用客观标准而不是某个具体的被害人的主观标准。① 但对于事后抢劫，无论是我国台湾地区"刑法"还是日本刑法，都没有规定其暴力或者胁迫必须到"至使不能抗拒"。那么，事后抢劫是否像普通抢劫罪一样，都必须达到"至使不能抗拒"的程度呢？对此，我国台湾地区学者指出：

> 本罪条文上并没有像强盗罪有行为程度上的要求，亦即须达于不能抗拒之程度，因而本罪之强暴胁迫是否同之看法，有主张准强盗罪在法文上虽无至使不能抗拒之规定，惟其反社会性之程度，亦应与强盗罪等量齐观时，始有与强盗罪为相同之强暴胁迫，亦须达于足以抑压被害人之反抗程度始可。②

> 另有主张，本罪仅规定当场施以强暴胁迫，并未如强盗罪规定须至使不能抗拒，且本罪之强暴胁迫系为达护赃等目的而实施，非必使被害人至使不能抗拒之程度，始能达其目的，故不以达于使人不能抗拒之程度为必要。③

> 实务见解过去亦多认为，只需有强暴或胁迫，不以至人不能抗拒为必要。不过，新近"大法官会议"第六三〇号解释针对准强盗罪科以如同强盗罪的刑度是否"违宪"之问题，其中表示："……立法者就盗窃或抢夺而当场施以强暴、胁迫者，仅列举防护赃物、脱免逮捕或湮灭罪证三种经常导致强暴、胁迫行为之具体事由，系选择对身体自由与人身安全较为危险之情形，视为与强盗行为相同，而予以重罚。至于仅将上述情形之盗窃罪与抢夺罪拟制为强盗罪，乃因其他财产犯罪，其取财行为与强暴、胁迫行为间鲜有时空之紧密连接关系，故上述规定尚未逾越立法者合理之自由

---

① 参见［日］西田典之：《日本刑法各论（第三版）》，刘明祥、王昭武译，132 页，北京，中国人民大学出版社，2007。

② 甘添贵：《体系刑法各论·侵害个人非法益之犯罪》，164 页，台北，2004。

③ 林山田：《刑法各罪论》，711 页，台北，1996。

形成范围，难谓系就相同事物为不合理之差别对待。经该规定拟制为强暴罪的强暴、胁迫构成要件行为，乃指达于使人难以抗拒之程度者而言，是与盗窃罪同其法定刑，尚未违背罪刑相当原则，与'宪法'第二十三条比例原则之意旨并无不符。"依此说法，本罪之强暴胁迫须达到使被害人难以反抗的程度，故此争议可望解决。①

在日本刑法理论上，通说认为事后强盗罪是以强盗罪论处，因此暴力、胁迫必须达到抑制被害人反抗的程度。②

我国刑法关于抢劫罪的暴力、胁迫并没有规定必须达到"至使不能抗拒"的程度。我国学者张明楷教授指出：

> 这种暴力必须针对人实施（不包括对物暴力），并要求足以抑制对方的反抗，但不要求事实上抑制了对方的反抗，更不要求具有危害人身安全的性质。③

问题在于：这里的"足以抑制对方的反抗"与"事实上抑制了对方的反抗"如何区分？如果将足以抑制理解为一定程度的抑制，则与主张要求"至使不能反抗"的规定并无根本区别。至于事后抢劫，我国学者一般都未论及暴力、威胁的程度。如果在盗窃、诈骗、抢夺过程中被发觉，为抗拒抓捕而使用轻微的暴力，就以事后抢劫论处，则是对被告人过于苛刻的要求，即只有被告人束手就擒才能免于转化为事后抢劫。对此，王国清抢劫案的裁判理由明确指出：如果暴力强度很小，情节显著轻微，或者无加害他人的意图，只是为了挣脱抓捕而冲撞了他人，并未造成严重后果的，可不认为是使用暴力，不以抢劫罪论处。对于这一论述，我深以为然。

（三）关于主观要件的理解

事后抢劫罪的主观要件是为了窝藏赃物、抗拒抓捕或者毁灭罪证。应当指出，这里的窝藏赃物、抗拒抓捕和毁灭罪证是行为人的主观目的而非客观行为。在这个

---

① 卢映洁：《刑法分则新论》，617～618 页，台北，新学林出版股份有限公司，2008。

② 参见［日］西田典之：《日本刑法各论（第三版）》，刘明祥、王昭武译，140 页，北京，中国人民大学出版社，2007。

③ 张明楷：《刑法学》，3 版，710 页，北京，法律出版社，2007。

意义上说，事后抢劫具有目的犯的性质。例如日本学者大谷实就明确地把事后抢劫罪称为目的犯。① 在这种情况下，窝藏赃物、抗拒抓捕和毁灭罪证作为事后抢劫的目的属于超过主观要素，并不要求上述三种目的的实现行为。只要在上述三种目的的支配下实施了暴力、威胁，就足以构成事后抢劫。

根据以上事后抢劫的构成要件，本案被告人王国清的行为构成抢劫罪。被告人王国清是在伙同他人共同盗窃过程中被发现，将抓捕的民警袁某刺伤致死。对此，王国清在上诉时提出：（1）本人没有偷东西，是他人偷的。因为王国清是与他人共同盗窃，在盗窃过程中作了分工。因此，无论王国清本人是否动手偷东西，即使是在他人盗窃以后被发现，为抗拒抓捕而使用暴力，王国清也同样构成事后抢劫。（2）伤人前不知道袁某是警察。事后抢劫实施暴力的对象并不限于盗窃行为的被害人，还包括参与追捕的第三人与警察。② 至于是否知道是警察，并不影响事后抢劫的成立。对此，正如本案的裁判理由指出：

> 本案被告人王国清在盗窃他人财物被发现后，以暴力抗拒抓捕，致一
> 人死亡、两人受伤，其行为完全符合刑法第 269 条关于盗窃罪转化为抢劫
> 罪的构成要件，应以抢劫罪定罪处罚。至于其是否知道抓捕人是警察不影
> 响抢劫罪的成立。

这里还应当指出，被告人王国清的事后抢劫造成他人死亡的结果，涉及如何适用法条的问题。我国刑法第 269 条规定，对于事后抢劫按照刑法第 263 条定罪处罚。刑法第 263 条关于抢劫罪的规定，分为普通构成与加重构成。抢劫致人死亡，属于抢劫罪的加重构成。那么，事后抢劫致人死亡，是否也适用这一加重构成的法定刑呢？对此，本案的裁判理由指出：

> 针对转化型抢劫罪的法定刑，刑法第二百六十九条规定："依照本法
> 第二百六十三条的规定定罪处罚。"但刑法第二百六十三条规定了两个量

---

① 参见 ［日］ 大谷实：《刑法讲义各论（新版第 2 版）》，黎宏译，220 页，北京，中国人民大学出版社，2007。

② 参见 ［日］ 西田典之：《日本刑法各论（第三版）》，刘明祥、王昭武译，140 页，北京，中国人民大学出版社，2007。

刑档次，本案被告人王国清在盗窃后为抗拒抓捕使用暴力致抓捕人袁某死亡的行为，是否属于刑法第二百六十三条规定的抢劫致人死亡，直接关系到对被告人王国清的量刑。我们认为，为抗拒抓捕而当场使用暴力或者以暴力相威胁，是盗窃罪转化为抢劫罪的条件，在盗窃罪转化为抢劫罪之后，盗窃的财物数额、对象和使用暴力的程度和后果，均应成为抢劫罪的量刑情节。也就是说，盗窃财物后为抗拒抓捕而当场使用暴力致抓捕人死亡的行为，应当认定为刑法第二百六十三条规定的抢劫致人死亡，并应对被告人在"十年以上有期徒刑、无期徒刑或者死刑，并处罚金或者没收财产"的档次和幅度内量刑。一、二审法院根据本案被告人王国清在盗窃他人财物被发现后当场使用暴力抗拒抓捕致人死亡的犯罪事实、情节、后果和对社会的危害程度，依法以抢劫罪判处其死刑，是符合刑法规定的。

四、事后抢劫的共犯

在事后抢劫的情况下，如何认定共犯，是刑法理论上一个较为复杂的问题。事后抢劫的共犯，一般是指在盗窃、诈骗、抢夺的共同犯罪中，其中个别人为抗拒抓捕而使用暴力，转化为事后抢劫，那么，其他犯罪人是否也一并转化为事后抢劫的共犯？关于事后抢劫的共犯，我国学者张明楷教授作过专门研究，对以下特殊情况下的事后抢劫共犯作了讨论[1]：

（1）甲与乙共谋盗窃，甲入室行窃，乙在门外望风，但甲在盗窃时为抗拒抓捕而当场对被害人实施暴力，乙对此并不知情。甲、乙在盗窃罪的范围内成立共犯，但对甲应认定为事后抢劫，对乙仅以盗窃罪论处。

（2）甲与乙共谋盗窃，甲入室行窃，乙在门外望风，甲、乙刚要逃离现场时被人发现，乙被抓获后当场对被害人实施暴力，甲对此并不知情。

---

① 参见张明楷：《刑法学》，3 版，713 页，北京，法律出版社，2007。

甲、乙在盗窃罪的范围内成立共犯，乙虽然只是帮助盗窃，但仍然属于犯盗窃罪（并非只有正犯才能成立事后抢劫），对乙应认定为事后抢劫，对甲仅以盗窃罪论处。

（3）甲单独入室盗窃被发现后逃离现场（盗窃已既遂）。在甲逃离过程中，知道真相的乙为了使甲逃避抓捕，与甲共同当场对他人实施暴力。乙虽然没有犯盗窃罪，但其参与了甲的事后抢劫的一部分行为，即实施了部分事后抢劫行为，与甲成立事后抢劫的共犯。

（4）甲单独入室盗窃被发现后，向被害人腹部猛踢一脚，被害人极力抓捕甲，经过现场的乙接受甲的援助请求并知道真相后，也向被害人的腹部猛踢一脚，被害人因脾脏破裂流血过多而死亡，但不能查明谁的行为导致其脾脏破裂。乙与甲构成事后抢劫的共犯，但死亡结果只能由甲承担。一方面，不管死亡结果由谁造成，甲都要承担责任。[1] 另一方面，乙对自己参与前甲的行为造成的结果不承担责任。而死亡结果可能是甲在乙参与之前造成的，根据存疑时有利于被告人的原则，乙不能对死亡结果负责。[2]

（5）甲单独入室盗窃被发现后逃离现场（盗窃已既遂）。在甲逃离过程中，知道真相的乙为了使甲逃避抓捕，而对抓捕者实施暴力。但甲对此并不知情。犯盗窃罪的甲不可能成立事后抢劫；而乙并没有犯盗窃罪，也不可能成立事后抢劫。本书认为，乙的行为构成窝藏罪，如果行为导致他人伤亡的，则是杀人罪、伤害罪与窝藏罪的想象竞合犯。

（6）17 周岁的甲与 13 周岁的乙共谋盗窃，甲入室行窃，乙在门外望风，被他人发现后，甲、乙为抗拒抓捕而当场实施暴力，乙的行为致人重伤。甲与乙构成事后抢劫的共同犯罪，甲应对重伤结果负责。但由于乙具有责任阻却事由（没有达到法定年龄），仅追究甲抢劫罪（致人重伤）的

----

[1]　假定死亡结果由乙造成，因为部分实行全部责任，甲当然应对此结果负责；倘若死亡结果由甲造成，甲当然要对此结果承担责任。

[2]　对甲适用抢劫致死的法定刑，对乙适用普通抢劫的法定刑。

责任。

从以上论述来看，是否构成事后抢劫的共犯，主要的标志之一就是行为人对于他人实施暴力、威胁是否知情。在行为人并不知情的情况下，例如上述（1）（2）（5）种情形，均不构成事后抢劫的共犯。这里涉及共同犯罪中的实行过限的法理。盗窃、诈骗、抢夺的共同犯罪，其犯意仅限于上述三种犯罪。在他人不知情的情况下，为抗拒抓捕而实施暴力、威胁，属于实行过限，应由实行者对此承担刑事责任，不知情的他人则不负刑事责任。如果他人知情且在现场，尽管没有亲自动手，也应构成事后抢劫的共犯。对此，我国学者作了以下探讨：

例如，甲、乙、丙三人共同实施盗窃罪，犯罪完成之后，甲、乙已携赃物离开现场，丙正要离开现场，即被被害人抓住。丙为了挣脱逃跑，用暴力将被害人打倒后逃离现场。数日后三人全被抓获。丙的行为符合刑法第 269 条规定，应以抢劫罪论处无疑。对甲、乙是否也应以抢劫罪论处呢？回答应当是否定的。因为，共同犯罪是指二人以上共同故意犯罪，即各共犯人必须对共同实施的犯罪有共同的故意和共同的行为，才能对共同实施的犯罪承担刑事责任。甲、乙、丙三人有犯盗窃罪的共同故意无疑，但无抢劫罪的共同故意。丙为抗拒抓捕当场实施暴力，甲、乙既不知情，也未提供任何帮助或支持，因此，丙的行为应被视为共犯过限，只能由丙负责，甲、乙只能负盗窃罪的刑事责任。但是，如果三人均在盗窃现场，在受到抓捕时，丙为抗拒抓捕当场实施暴力将抓捕人打伤，使甲、乙、丙三人得以脱逃，则虽甲、乙未直接使用暴力，但通过丙的抗拒抓捕行为，三人得以逃脱，三人均应以抢劫罪论处。因为，在这种情况下，逃跑以及为此而用暴力抗拒抓捕，显然是各共犯人的共同愿望。甲、乙不制止丙施暴也就是对丙的支持，因此，对三人应共同以抢劫罪论处。①

对于上述观点，我是赞同的。在王国清抢劫案中，盗窃者并非王国清一人，而是三人。但在盗窃被发现以后，另外两人从作案现场逃走，王国清为抗拒抓捕而使

---

① 王作富主编：《刑法分则实务研究》，3 版，下册，1079～1080 页，北京，中国方正出版社，2007。

用暴力。由于没有证据证明他人具有使用暴力的共同故意，因而本案的裁判理由认定，被告人李中保、李德玉共同盗窃，不对被告人王国清在盗窃后为抗拒抓捕而对抓捕人使用暴力的行为承担刑事责任，只构成盗窃罪。其具体论证如下：

> 共同故意是构成共同犯罪的必要条件。本案中，被告人王国清、李中保、李德玉共同故意实施盗窃犯罪，由李德玉负责望风，王国清、李中保混入购票的人群中行窃，只是分工不同。是否亲自、直接实施盗窃行为，不影响共同盗窃犯罪的成立。三被告人均应对共同盗窃行为负刑事责任。但是，盗窃被发现后，被告人王国清为抗拒抓捕而对抓捕人当场使用暴力，并致一人死亡、二人受伤的行为，由于没有证据证实在被告人王国清对抓捕人使用暴力之前，三被告人已有被发现后即使用暴力的共同故意；在盗窃行为被发现之后，被告人李中保和李德玉亦没有对抓捕人使用暴力。虽然被告人李中保和李德玉利用王国清的暴力行为暂时逃离现场，但不应对王国清的暴力行为承担刑事责任。因此，被告人李中保、李德玉不是抢劫罪的共犯，只对盗窃行为承担刑事责任。

在以上论述中，裁判理由认定虽然李中保和李德玉是利用王国清的暴力行为逃离现场的，客观上是该暴力行为的受惠者，但由于主观上没有使用暴力的共同故意，因而不构成事后抢劫的共犯。这一认定符合责任主义原则。

第 9 节　侵占基于业务活动而管理的单位财物行为之定性研究

案名：张珍贵职务侵占案　赵某盗窃案　贺豫松职务侵占案
主题：职务侵占罪

职务侵占行为的定性，涉及职务侵占罪、盗窃罪和贪污罪等数个罪名。本节以职务侵占罪的认定为中心，通过对三个相关案例的研究，论及职务侵占罪与盗窃罪的区分、职务侵占罪与贪污罪的区分。

一、职务侵占罪的一般性论述

我国 1979 年刑法未设侵占罪，亦未设职务侵占罪。当时在计划经济条件下，实行单一的公有制，包括全民所有制与集体所有制。对于国家工作人员和集体经济组织工作人员利用职务上的便利，侵吞、盗窃、骗取或者以其他手段非法占有公共财物的行为，都以贪污罪论处。此后，随着经济体制改革，我国开始从计划经济体制向市场经济体制转轨，打破了单一的公有制经济结构，形成了以公有制为主体、多种经济成分并存的经济格局。在这种情况下，为保护混合型经济，贪污罪的主体与客体都极度地扩张，使贪污罪的范围不适当地扩大，背离了贪污罪的立法初衷。在这种情况下，1995 年 2 月 28 日全国人大常委会通过的《关于惩治违反公司法的犯罪的决定》（现已失效，以下简称 1995 年《决定》）设立了侵占罪，相当于我国现行刑法中的职务侵占罪。根据上述决定第 10 条的规定，侵占罪是指有限责任公司、股份有限公司的董事、监事或者职工及上述公司以外的企业职工，利用职务或者工作上的便利，侵占本公司或本企业的财物，数额较大的行为。这一规定中的侵占，并非狭义上的侵占，即合法持有，非法占有，而是指广义上的侵占，即利用职务或者工作上的便利而实施的侵吞、盗窃、骗取等。在这个意义上说，所谓侵占罪是特定主体的贪污罪。因此，该罪的设立使原先按照贪污罪处理的部分行为改定侵占罪，从而在一定程度上限制了贪污罪的构成范围。当然，侵占罪的设立也为保护非公有单位的财产所有权提供了法律武器。

在 1997 年刑法中，第 270 条设立了侵占罪，并在第 271 条设立了职务侵占罪。根据我国刑法第 271 条的规定，职务侵占罪是指公司、企业或者其他单位的人员，利用职务上的便利，将本单位财物非法占为己有，数额较大的行为。根据这一规定，在认定职务侵占罪的时候，应当注意以下三个问题。

（一）主体

职务侵占罪的主体是公司、企业或者其他单位的人员，但国家工作人员除外，因为：刑法第 271 条第 2 款明确规定："国有公司、企业或者其他国有单位中从事公务的人员和国有公司、企业或者其他国有单位委派到非国有公司、企业以及其他单位从事公务的人员有前款行为的，依照本法第三百八十二条、第三百八十三条的规定定罪处罚。"根据这一规定，对于上述人员利用职务上的便利将本单位财物非法占为己有的，应以贪污罪论处。我认为，以下三类人员应当属于职务侵占罪的主体：

1. 在国有资本控股、参股的股份有限公司中从事管理工作的人员

2001 年 5 月 23 日最高人民法院《关于在国有资本控股、参股的股份有限公司中从事管理工作的人员利用职务便利非法占有本公司财物如何定罪问题的批复》规定：在国有资本控股、参股的股份有限公司中从事管理工作的人员，除受国家机关、国有公司、企业、事业单位委派从事公务的以外，不属于国家工作人员。对其利用职务上的便利，将本单位财物非法占为己有，数额较大的，应当依照刑法第 271 条第 1 款的规定，以职务侵占罪定罪处罚。关于在国有资本控股、参股的股份有限公司中从事管理工作的人员是否属于国家工作人员，在我国司法实践中曾经存在争议。但前引司法解释已经明确，国有控股公司或者国有参股公司，无论国有资本的股份比例大小，都不能完全等同于国有公司。因此，国有控股公司或国有参股公司的管理人员不能都视为国家工作人员，只能以受委派从事公务的人员来认定。

2. 村民小组组长

1999 年 6 月 25 日最高人民法院《关于村民小组组长利用职务便利非法占有公共财物行为如何定性问题的批复》规定：对村民小组组长利用职务上的便利，将村民小组集体财产非法占为己有，数额较大的行为，应当依照刑法第 271 条第 1 款的规定，以职务侵占罪定罪处罚。

3. 在国有单位中从事劳务的人员

职务侵占罪的主体还包括在国家机关、国有公司、企业、事业单位、人民团体等国有单位中从事劳务的人员。并非所有在国有单位工作的人员都属于国家工作人员，只有在国有单位从事公务的人员，才是国家工作人员。在国有单位从事劳务的人员，则是非国家工作人员，这些人员不能成为贪污罪的主体，但可以成为职务侵占罪的主体。那么，如何理解这里的从事公务呢？我国学者指出：

从事公务，是指代表国家机关、国有公司、企业、事业单位、人民团体等履行组织、领导、管理、监督等职责。其主要表现在两个方面：一是与职权相联系的公共事务，二是指监督、管理国有财产的职务活动。我国刑法将国有公司、企业中依法从事公务的人员也作为国家工作人员，主要是为了保护国有资产。从事公务这两个方面在不同的地方有不同的体现。与职权相联系的公共事务，在国家机关里，因为国家机关的性质就是管理公共事务，所以，只要是在国家机关里依照法律规定，履行了一定职责的，都叫从事公务。如法院的院长、庭长、审判员、助理审判员、书记员、法警等，都是依照法律的规定在履行一定的职责，这些都是与职权相联系的公共事务。但在国有公司、企业中又有所不同，主要是从事监督、管理国有资产的活动，主要表现为行使管理职权，包括在国有公司、企业中担负组织、领导、监督和管理职责的人员，如厂长、经理、董事、监事等，或者具体负责某项工作、具有管理职责的人员，体现为对国有财产有一定的使用、保值、增值的管理支配权限，如国有公司、企业的会计、出纳、保管员、采购员等。有些临时经手、保管一定的公共财物，但主要不是体现为一种管理职责，那就不能说他是监督、管理国有资产。所以，我们要把公务和劳务活动、技术服务工作区别开来。①

上述论述对于区分公务与劳务具有一定的参考价值。对于在国有单位工作的人员，应当根据其所从事的是公务还是劳务，区分为国家工作人员与非国家工作人员。国有单位中的非国家工作人员，属于职务侵占罪的主体。

（二）利用职务上的便利

值得注意的是，1995 年《决定》关于侵占罪的规定中，将利用职务上的便利与利用工作上的便利相并列。在这种情况下，如何理解"利用工作上的便利"，就成为一个与理解"利用职务上的便利"密切相关的问题。我国学者指出：这里的利用工作上的便利主要是指管理人员以外的职工利用其在工作岗位上经手、管理公

---

① 熊选国：《刑法刑事诉讼法实施中的疑难问题》，108 页，北京，中国人民公安大学出版社，2005。

司、企业财物的方便条件。^① 这一观点是从主体身份上对利用职务上的便利与利用工作上的便利加以区分的，具有管理职责的人员具有一定的职务，因而可以利用职务上的便利。但其他职工本身不具有职务，不存在利用职务上的便利的问题。这些人员利用经手、管理公司、企业财物的便利条件，被称为利用工作便利。应该说，这一理解是符合立法原意的。但利用工作上的便利这一提法本身容易引起误解。例如我国学者认为：从广义上说，利用工作上的便利不仅包括利用职务上的便利，还包括与职务无关仅因行为人工作关系熟悉作案环境，凭其身份便于进出某些单位，较易接近作案目标等方便条件。从狭义上说，利用工作上的便利，则是仅因行为人工作关系熟悉作案环境，凭其身份便于进出某些单位，较易接近作案目标等方便条件。并且认为，在1995年《决定》第10条的规定中，利用工作上的便利显然应当是指狭义之意。^② 按照这种理解，广义上的利用工作上的便利涵括利用职务上的便利，而狭义上的利用工作上的便利又与工作本身无关，是利用身份关系。这就会使利用工作上的便利这一条件丧失其存在的意义。正是鉴于利用工作上的便利一词容易产生歧义，1997年刑法中将其删去。在这种情况下，利用职务上的便利的含义包括1995年《决定》中的利用工作上的便利，即管理人员以外的职工，虽然没有具体职务，但基于工作关系，经手本单位财物的，仍然具有职务上的便利。从这个意义上说，职务侵占罪的利用职务上的便利的含义要比贪污罪的利用职务上的便利的含义更为宽泛。职务侵占罪的利用职务上的便利，可以分为以下三种情形^③：

1. 利用主管本单位财物的便利

利用主管本单位财物的便利，是指对本单位财物具有主管权力的人员，利用审查、批准、调拨、安排或者其他方式支配、处置本单位财物的便利条件。

---

① 参见王作富、韩耀元：《论侵占罪》，载《法律科学》，1996（3）。

② 参见高铭暄主编：《新型经济犯罪研究》，246页，北京，中国方正出版社，2000。

③ 参见毕志强、肖介清：《职务侵占罪研究》，43～44页，北京，人民法院出版社，2001。

2. 利用管理本单位财物的便利

利用管理本单位财物的便利，是指对本单位财物具有管理职权的人员，利用监守、保管本单位财物的便利条件。

3. 利用经手本单位财物的便利

利用经手本单位财物的便利是指对本单位财物不具有主管权力与管理职责的一般职工，因为工作关系而接触本单位财物的便利，例如领取或者报销费用或者发放财物需经手本单位财物。

（三）非法占为己有

1995 年《决定》将侵占罪（现在的职务侵占罪）的行为表述为侵占本单位或本企业财物。在此，采用了侵占一词。但 1997 年刑法第 271 条关于职务侵占罪的规定，则将其行为表述为将本单位财物非法占为己有。这里的非法占为己有，在性质上与侵占是相同的，是指采取侵吞、盗窃、骗取或者其他方式，侵占本单位财物。

二、张珍贵职务侵占案①：主体之认定

1998 年 7 月，被告人张珍贵与国有公司厦门象屿储运有限公司（以下简称储运公司）签订临时劳务合同，受聘担任储运公司承包经营的海关验货场的门卫，当班时负责验货场内货柜及物资安全、凭已缴费的缴费卡放行货柜车辆，晚上还代业务员、核算员对进出场的车辆打卡、收费。受聘用期间，张珍贵多次萌生纠集他人合伙盗窃验货场内货柜的念头。被告人张珍贵结识被告人黄文章后，两人密谋商定：由张珍贵寻机（当班及验货场有货）通知黄文章联系拖车前来偷运其看管的货柜，告知货柜箱型、货柜号，利用当班的便利放行，并利用其与保税区门岗熟悉的条件，寻机将拖车驶出保税区时交给门岗验收的货柜出场单和相关登记表偷出并销毁；

---

① 本案刊载于最高人民法院编：《刑事审判参考》，第 35 集，北京，法律出版社，2004。

被告人黄文章则负责联系拖车、窃取货柜并套用其所在的厦门象屿胜狮货柜有限公司的货物出场单偷运出保税区大门及销赃事宜。

1999 年 4 月 29 日，厦门象屿南光五矿进出口贸易有限公司将欲出口的 6 个集装箱货柜运入海关验货场等待检验。是日，正值被告人张珍贵当班，张即按约通知被告人黄文章联系拖车前来行窃。当日下午 7 时许，被告人黄文章带着联系好的拖车前往海关验货场，在被告人张珍贵的配合下，将其中的 3 个集装箱货柜（箱号为 NEWU5111199、NEWU5111120、NEWU5111218，内装 1 860 箱华隆牌多元脂加工丝）和 3 个车架（总价值计人民币 659 878 元）偷运出验货场，并利用窃取的厦门象屿胜狮货柜有限公司的货物出场单将偷运的 3 个货柜运出保税区大门，连夜运往龙海市港尾镇准备销赃。当黄文章将货柜运出保税区大门后，张珍贵到保税区门岗室，趁值班经警不备，将上述 3 个货柜的出场单及货物出区登记表偷出销毁。次日上午，储运公司报案。5 月 3 日，二被告人被公安机关抓获归案。黄文章交代赃物去向并带公安人员前往石狮市祥芝镇东园村取获被盗的 3 个集装箱、3 个车架及 999 箱华隆牌多元脂加工丝，前往龙海市港尾镇取获寄存的 229 箱华隆牌多元脂加工丝。公安机关从港尾镇工商所取获黄文章等人在转移赃物时被查扣的 345 箱华隆牌多元脂加工丝。上述赃物已由公安机关发还被窃单位。尚有 287 箱华隆牌多元脂加工丝（价值人民币 76 715 元）无法追回。

厦门市中级人民法院认为：被告人张珍贵在受聘为储运公司门卫期间，利用当班看管验货场货物、核对并放行车辆、代理业务员和核算员对进出场货柜车打卡、收费等岗位职责便利，与被告人黄文章相互纠集，内外勾结，共同将所在公司负责保管的货柜窃取并占为己有，其行为均已构成职务侵占罪，系共同犯罪。犯罪数额巨大，至今尚有价值人民币 76 715 元的货物无法追回，依法应予惩处。公诉机关指控二被告人的犯罪事实成立，但因被告人张珍贵既不是受委托经营、管理国有财产的人员，也不是国有公司中从事公务的人员，其身份不符合贪污罪的主体要件，故起诉指控二被告人的行为构成贪污罪属罪名不当,应予纠正。鉴于二被告人归案后认罪态度均较好,被告人黄文章还协助公安机关追回大部分赃物,以挽回失主的经济损失,故均可酌情从轻处罚。被告人张珍贵、黄文章的辩护人关于起诉指控定性不当的辩护意见部分予以采纳,但关于张珍贵没有职务便利可利用、本案被盗财物不是国有财产、被告人是从犯、被盗货物的价格应以保税品价格计算等辩护意见,均与事实不符,没有法律依据,故不予采纳。据此,依照《中华人民共和国刑法》第 271 条第 1 款、第 25 条第 1 款、第 64 条之规定,判决如下:(1)被告人张珍贵犯职务侵占罪,判处有期徒刑 9 年,并处没收财产人民币 1 万元;(2)被告人黄文章犯职务侵占罪,判处有期徒刑 8 年,并处没收财产人民币 1 万元;(3)继续追缴本案被告人的犯罪所得计人民币 76 715 发还被害单位。

宣判后,二被告人均未上诉,检察机关亦未抗诉,判决已发生法律效力。

对于本案,公安机关是按照盗窃罪立案的,检察机关按照贪污罪批捕并起诉,法院则以职务侵占罪定罪处罚。由此可见,公、检、法三机关在本案的定性上是存在重大分歧的。在上述分歧中,主要涉及贪污罪与职务侵占罪的区分,而区分的关键在于被告人的主体身份。本案的裁判理由以被告人张珍贵是否属于受委托管理、经营国有财产的人员提出问题,对此作了以下论证:

贪污罪与职务侵占罪的一个重要区别,是犯罪主体不同。贪污罪的主体是国家工作人员(国家机关中从事公务的人员),包括以国家工作人员论的人员,即国有公司、企业、事业单位、人民团体中从事公务的人员和国家机关、国有公司、企业、事业单位委派到非国有公司、企业、事业单位、社会团体从事公务的人员以及其他依照法律从事公务的人员。虽非国家工作人员,但受国家机关、国有公司、企业、事业单位、人民团体委托管理、经营国有财产的人员,利用职务上的便利侵吞、窃取、骗取或者以其他非法手段占有国有财物的,依法也以贪污罪定罪处罚。职务侵占罪的主体是公司、企业或者其他单位的人员,包括非国有公司、企业和其他非国有事业单位、社会团体中不具有国家工作人员身份的人员，以及国有单位中不具有国家工作人员身份的人员。本案被告人张珍贵与国有公司厦门象屿储运有限公司（以下简称储运公司）签订临时劳务合同，受聘担任储运公司承包经营的海关验货场的门卫，当班时负责验货场内货柜及物资安全、凭已缴费的缴费卡放行货柜车辆，晚上另代业务员、核算员对进出场的车辆打卡、收费。被告人张珍贵所从事的工作不具有公务性，因而其不具有国家工作人员身份，不能成为贪污罪的当然主体。但是，张珍贵是否属于受委托管理、经营国有财产的人员？

根据刑法第382条第2款的规定，构成受委托管理、经营国有财产的人员必须符合下述三个条件：其一，委托主体必须是国家机关、国有公司、企业、事业单位、人民团体；其二，必须存在委托和被委托关系；其三，委托内容必须是特定的事务，即从事对国有财产的管理、经营这样一种特殊的事务。本案中的委托主体储运公司是由两家国有独资公司共同出资成立的经营仓储等业务的公司，属于国有公司不成问题。被告人张珍贵等窃取的验货场的财物虽然不归储运公司所有，但该验货场由储运公司包干经营，储运公司对该验货场的货物负有保管、管理及损失赔偿的责任。参照刑法第91条第2款的规定，在国有公司管理、使用或者运输中的私人财产以公共财产论，被告人张珍贵等窃取的财物也应当视为国有财产。张珍贵是否属于受委托管理、经营国有财产的人员，能否以贪污论，关键是如何具体理解这里的委托关系及管理、经营行为。

贪污罪是国家工作人员利用职务上的便利，侵吞、窃取、骗取或者以其他手段非法占有公共财物的行为。根据刑法第93条的规定，从事公务是国家工作人员的本质特征。既然刑法将不具有国家工作人员身份但受委托管理、经营国有财产的人员与国家工作人员并列为贪污罪的主体，那么，两者之间就应当具有某种内在一致的本质属性，这就是公务性。一切公务都直接或间接地表现为对国家和社会公共事务的管理活动，国有财产属于公共财产，因此，受委托对国有财产进行的管理、经营活动就带有一定的公务性，也就是说，受委托管理、经营国有财产的人员也是从事公务的人员。其与国家工作人员的区别仅仅在于从事公务的依据不同，前者是受委托，而后者或者是依职权，或者是受委派，或者是依法律，而非公务本身。受委托管理、经营国有财产的这种公务性，是刑法对利用职务上的便利非法占有受委托管理、经营的国有财物行为规定以贪污论处的主要原因。但是，受委托管理、经营国有财产的人员毕竟不是国家工作人员，以贪污论毕竟不是以国家工作人员论，在司法实践中，应当严格掌握其认定标准。

首先，受委托管理、经营国有财产不同于国有单位对其内部工作人员的任命、聘任或者委派。国有单位任命、聘任的担任一定职务的工作人员，在本单位从事经营、管理活动的人员，以及基于投资或者领导关系被委派到非国有单位从事经营、管理、监督活动的人员，在性质上均属于国有单位的内部人员，国有单位对其所作的任命、聘任或者委派属于单位内部的工作安排，从这一点来讲，双方不是平等的关系。根据刑法第 93 条第 2 款的规定，这些人员属于依法律、依职权或者授权从事的公务，应当以国家工作人员论。受委托管理、经营国有财产则不同：委托是基于信任或者合同等其他关系而产生的权利义务关系，被委托人与委托单位是一种平等的关系。受委托最典型的就是，公民个人与国有企业签订承包、租赁合同，依照合同约定对国有企业进行管理、经营。1999 年最高人民检察院《关于人民检察院直接受理立案侦查案件立案标准的规定（试行）》将受委托管理、经营国有财产解释为因承包、租赁、聘用等而管理、经营国有财产。2003 年最高人民法院印发的《全国法院审理经济犯罪案件工作座谈会纪要》中，对受委托管理、经营国有财产也明确是指因承包、租赁、临时聘用等管理、经营国有财产。需要注意的是，聘用虽然亦可成立委托关系，但不是一般劳动关系意义上的聘用，而是管理、经营国有财产意义上的聘用。随着劳动制度改革的深化，国有公司、企业与其工作人员，都必须通过签订劳动合同明确相互的权利、义务，而且往往表现为聘用的形式。因此，单纯从聘用形式来看，还不足以将国有公司、企业中以国家工作人员论的人员与受委托管理、经营国有财产的人员区分开来，必须联系聘用的内容是基于内部劳动关系所作的工作安排，还是基于信任或者合同等其他关系而作出的委托，加以判断。本案中，被告人张珍贵与国有公司储运公司签订临时劳务合同，受聘担任储运公司承包经营的海关验货场的门卫。这种基于劳务合同（劳动合同）的聘用，显然不是平等主体之间基于信任或者合同等其他关系而作出的委托，而是国有公司对内部工作人员的工作安排，不能将被聘用人作为受委托管理、经营国有财产人员看待。如果其负责的工作具有从事公务性质，那么，就应当作为国有公司中从事公务的人员对待，以国家工作人员论，否则，就不可能成为贪污罪的主体。

其次，受委托管理、经营国有财产也不同于国有单位非国家工作人员从事的不具有公务性质的生产、服务等劳务活动。委托的内容必须限于对国有资产进行管理、经营。所谓管理，是指依委托行使监守或保管国有资产职权的活动；所谓经营，是指行为人在对国有资产具有管理职权的前提下，将国有资产投入市场，作为资本使其增值的商业活动，也就是对国有财物具有处分权。显然，管理、经营国有财产与经手国有财物是有区别的。新刑法也正是出于这一考虑，将 1988 年全国人大常委会颁布的《关于惩治贪污罪贿赂罪的补充规定》（现已失效——引者注）第 1 条关于"其他经手、管理公共财物的人员"的规定修改限缩为"受……委托管理、经营国有财产的人员"。如果受委托的事项不是管理、经营国有财产，而是具体的保管、经手、生产、服务等劳务活动，不能适用刑法第 382 条第 2 款的规定。比如国有企业的承包、租赁经营者受国有企业的委托，在生产或经营过程中依照合同约定对国有财产行使管理和经营权，因此，应将承包者视为受委托管理、经营国有财产的人员。在承包企业里的一般职工，则不能被视为受委托管理、经营国有财产的人员。本案中，被告人张珍贵所从事的门岗工作，属于劳务活动，不具有管理、经营性质，因而张不属于受委托管理、经营国有财产的人员。

在本案中，被告人张珍贵不具有贪污罪的主体身份，不能认定其构成贪污罪而应当认定其构成职务侵占罪。这一结论是完全正确的。然而，我更为关注的是裁判理由的论证过程。裁判理由已经论证了被告人张珍贵等人并非从事公务的人员，不属于国家工作人员。本来，论证到此为止，已经解决了本案在主体上的认定问题。但裁判理由又接着论证被告人不是受委托管理、经营国有财产的人员。之所以如此，主要是因为在有关司法解释中将临时聘用解释为受委托管理、经营国有财产的一种情形。如何理解这里的临时聘用？临时聘用是相对于长期聘用而言的，都是一种聘用。聘用制是一种用人制度，即通过用人单位与个人签订聘用合同，确定双方的权利、义务，从而形成聘用关系。个人受用人单位聘用而成为该单位的人员，因此，聘用关系是不平等的关系。这个意义上的聘用，在聘用以后被聘用人到底是否属于国家工作人员，要看用人单位是否属于国有单位以及被聘用人在单位中是否从事公务活动。受委托管理、经营国有财产，我认为并不包括聘用关系，无论是临时聘用还是长期聘用。裁判理由将聘用区分为劳动关系意义上的聘用与管理、经营国有财产意义上的聘用。对于什么是管理、经营国有财产意义上的聘用，裁判理由并未加以明确揭示。我认为，并不存在所谓管理、经营国有财产意义上的聘用。管理、经营国有财产是一个职务便利的问题，受委托则是主体身份的问题。裁判理由之所以对受委托管理、经营国有财产人员加以论述，主要是因为有关司法解释将临时聘用作为受委托的一种情形。聘用是不平等的关系，而委托是平等的关系，两者在性质上并不相容，因而司法解释将临时聘用作为受委托管理、经营国有财产的一种情形是值得质疑的。

三、赵某盗窃案[①]：没有利用职务上的便利

在职务侵占罪的认定中，利用职务上的便利如何界定，是涉及职务侵占罪与盗

---

① 本案刊载于最高人民法院编：《刑事审判参考》，第 32 辑，北京，法律出版社，2003。

窃罪区分的一个主要问题。在赵某盗窃案中，被告人没有利用职务上的便利，因而构成盗窃罪而非职务侵占罪。

被告人赵某原系河南省濮阳市腾龙大厦总服务台收银员。腾龙大厦总服务台收银员采用轮流值班制，收银员在值班时收取的钱款保存于总服务台的现金抽屉，并应于轮班时交接或上缴。该现金抽屉及钥匙由当值收银员轮流保管使用。1999 年 3 月中旬某日，赵某在腾龙大厦总服务台值班时，利用其当值掌管钥匙之便，私配了一把总服务台现金抽屉的钥匙，伺机行窃。3 月 17 日凌晨 4 时许，赵某选择在他人值班之日，趁无人之际，用私配的钥匙打开存放现金的抽屉，盗出现金 19 905 元。之后，赵某将所盗现金装入塑料袋并藏匿于总服务台微机主机壳内，再离开现场。案发后，赵某指认了赃款藏匿处。赃款已全部追缴返还。

赵某及其辩护人辩称，赵某是腾龙大厦的职工，利用职务之便盗窃本单位财物，其行为应构成职务侵占罪而非盗窃罪。赵某的辩护人还辩称：赵某将盗得的现金藏于腾龙大厦总服务台微机主机壳内，尚未取走即案发，应属犯罪未遂；案发后赵某向公安机关交代了赃款藏匿地点，应视为自首。赵某的法定代理人提出，赵某作案时不满 18 周岁，请求依法对其从轻或减轻处罚。

濮阳市市区人民法院经审理后认为：被告人赵某以非法占有为目的，秘密窃取他人财物，数额巨大，其行为已构成盗窃罪。公诉机关指控赵某犯有盗窃罪的事实及罪名成立，应予支持。赵某利用职务之便配制钥匙，但却在他人值班之时实施盗窃，其窃取钱财时并没有利用其掌管、管理财物的职务之便，因此，赵某的行为不符合职务侵占罪的特征。赵某及其辩护人辩称赵某的行为构成职务侵占罪的意见不能成立，不予采纳。赵某将所盗现金藏于总服务台微机的主机壳内，虽然没有带出腾龙大厦，但此藏匿地点仅赵一人知道，腾龙大厦对该财物已失去控制而赵某已将该财物置于自己的控制之下，应属犯罪既遂。赵某的辩护人所提出的关于赵的行为是犯罪未遂，与事实不符，于法无据，不予采纳。案发后，赵某主动交代赃款藏匿地点，积极协助公安机关追回赃款属实，但赵某并无自动投案行为，不能成立自首。赵某的辩护人所提关于案发后赵某向公安机关交代赃款藏匿地点，应视为自首的意见，不能成立，不予采纳。赵某的法定代理人关于赵某作案时不满 18 周岁，请求从轻处罚的意见，理由成立，予以采纳。鉴于赵某作案时不满 18 周岁，案发后能够坦白交代自己的犯罪事实，积极协助公安机关追回赃款，未给业主造成实际经济损失，确有悔改表现，故依法可对其适用缓刑。遂依照《中华人民共和国刑法》第 264 条、第 17 条第 1 款、第 3 款和第 72 条的规定，于 1999 年 7 月 22 日判决：被告人赵某犯盗窃罪，判处有期徒刑 3 年，缓刑 4 年，并处罚金 2 万元。

一审宣判后，赵某没有提出上诉，判决已发生法律效力。

本案中，涉及赵某的行为如何定性的问题，即到底是定盗窃罪还是职务侵占罪。对此，在本案审理过程中，存在意见分歧，其中一种意见认为应定职务侵占罪，理由是：从主体上讲，赵某是腾龙大厦总服务台收银员，符合职务侵占罪规定的公司、企业或其他单位的人员主体资格；客观方面，赵某利用了其职务的便利，若没有职务便利他就不可能有配制钥匙的机会，也不可能随意进出腾龙大厦。职务侵占罪的手段包括侵吞、盗窃、骗取，故被告人赵某的行为符合职务侵占罪的特征，构成职务侵占罪。另一种意见认为应定盗窃罪，理由是：赵某虽是利用职务之便配制钥匙，但却在他人值班之时秘密窃取应由他人掌管的属本单位腾龙大厦所有的现金，其实施窃取行为时利用的并非本人的职务之便，而仅是利用了他的工作所产生的便利条件，即一般的工作之便。因此，其行为应构成盗窃罪而非职务侵占罪。

对此，裁判理由作了以下论述：

以上分歧意见的关键在于要搞清盗窃罪与职务侵占罪的区别，更具体地说是要搞清职务侵占罪中的所谓职务之便和一般的工作之便之间的界限。盗窃罪与职务侵占罪的区别，一般地讲，有以下三个方面：

1. 盗窃罪是一般主体，职务侵占罪的主体则必须是公司、企业或其他单位的人员，即特殊主体；2. 盗窃不是利用职务便利，职务侵占罪必须是利用经手、管理财物的职务上的便利而不是工作上的便利；3. 侵犯的对象不同，盗窃罪非法占有的对象可以是任何公私财物，而职务侵占罪侵占的对象只限于本单位的财物并且是本人经手、管理的财物。举例而言，某单位会计拥有经手、管理本单位某项财物的职权，如其利用该职权将其本人经手、管理的财物窃为己有，就是利用职务之便窃取本单位财物，应构成职务侵占罪（如该会计同时还是国家工作人员，则可能构成贪污罪）而非盗窃罪。相反，该会计如利用其工作所提供的便利条件，窃取其他同事经手、管理的财物或窃取不属于其直接经手、管理的其他单位财物，或者该会计的其他同事利用某种工作机会窃取该会计经手、管理的某项财物，就不属于利用职务之便，而仅是利用一般的工作之便，应构成盗窃罪而非职务侵占罪。可见，明辨职务之便还是一般的工作之便，在把握单位内部人员窃取本单位财物行为的准确定性上具有重要意义。

　　本案是一起单位内部人员窃取本单位财物的典型案例，被告人赵某是腾龙大厦总服务台收银员，符合职务侵占罪的主体身份，当然他也可以成为盗窃罪的主体；侵犯的对象是腾龙大厦的财物，该财物可以成为职务侵占罪的对象，也可以成为盗窃罪的对象。以上两方面均相同，该以哪种罪名定罪，关键看被告人赵某实施盗窃时是否利用了其职务上的便利。所谓职务之便，如上所述，应当是指直接经手、管理本单位某项财物的职权所形成的便利。腾龙大厦总服务台收银员实行的是轮流值班制，现金抽屉的钥匙也是轮流掌管，被告人赵某用其掌管钥匙之机配制了钥匙伺机作案，这种准备作案工具的行为不妨认为是利用了职务上的便利。但他具体实施盗窃的时机，是选择在他人值班之时。此时，抽屉里的现金应属于由当值的收银员直接经手、管理，被告人赵某此时窃取的财物并不是其本人经手、管理的财物。故其盗窃行为不是利用其职务之便。因此，被告人赵某的行为不构成职务侵占罪，应按盗窃罪处理。假如被告人赵某是在其本人值班时窃取其直接经手、管理的现金，则构成职务侵占罪。

正如裁判理由指出：本案定性的关键问题在于如何区分利用职务上的便利与利

用工作上的便利。关于利用工作上的便利，在 1995 年《决定》中曾经将其与利用职务上的便利相并列，当作侵占罪的构成条件之一。1997 年刑法第 271 条则删除了"利用工作上的便利"这一规定。正如在本节第一部分我所指出的那样，1995 年《决定》中所规定的利用工作上的便利是就没有职务的职工而言的，与其业务是有关的。1995 年《决定》之所以出现利用工作上的便利的提法，是因为它对职务采用了狭义的理解。在 1997 年刑法第 271 条删除了"利用工作上的便利"以后，基于对职务的广义理解，1995 年《决定》所指称的利用工作上的便利的情形，应当涵括在利用职务上的便利当中。无论如何，职务侵占这一概念还是容易引起误解的。值得注意的是，日本刑法除第 252 条规定了单纯侵占罪以外，还在第 253 条规定了业务侵占罪，指侵占自己基于业务所占有的他人之物的行为。这里的业务侵占罪与我国刑法中的职务侵占罪是极为相似的。当然，日本刑法没有使用职务侵占的提法而是采用业务侵占一词。日本学者在解释这里的业务的含义时指出：

> 所谓业务，一般是指根据社会生活地位而反复、继续进行的事务；本罪中的业务，按照其特征，是指接受委托，以保管金钱或其他财物作为其职业或职务内容。①

在这种情况下，日本刑法中的业务侵占包括基于职业的侵占与基于职务的侵占。日本刑法并没有规定利用职务上的便利这一要件，而是通过对侵占对象的界定实现这一要件的立法宗旨。例如，日本学者指出：

> 本罪的对象，是和业务有关而保管、占有的他人财物。即便是业务人，在占有与业务无关的财物的时候，也不成立本罪。②

业务侵占罪的对象必须是基于业务而占有的他人之物，这本身就包含了利用职务上的便利非法占有他人财物的含义。当然也必须指出，我国刑法中的职务侵占罪，实际上是公司、企业或者其他单位人员的贪污罪，因此，侵占的含义等同于贪

---

① 〔日〕西田典之：《日本刑法各论（第三版）》，刘明祥、王昭武译，188 页，北京，中国人民大学出版社，2007。

② 〔日〕大谷实：《刑法讲义各论（新版第 2 版）》，黎宏译，290 页，北京，中国人民大学出版社，2008。

污。质言之，在侵占一词上采用的是广义的理解，包括了利用职务上的便利骗取本单位财物这一种情形。而日本刑法中的业务侵占则不包括骗取他人之物的情形，其侵占是狭义上的，只是指占有合法持有的他人之物的情形。从这个意义上来说，我国刑法中的职务侵占罪的范围大于日本刑法中的业务侵占罪的范围。但从利用职务上的便利的理解而言，采用业务侵占一词，就不会出现职务便利与工作便利的争拗。

因此，我们在理解职务侵占罪的时候，尤其是理解基于狭义上的侵占的职务侵占罪的时候，从被告人与财物的关系入手，是一个较好的思路。例如在赵某盗窃案中，他事实上是存在职务便利的，只是没有利用而已。在赵某实施犯罪的时候，抽屉里的现金是在他人保管之中。在这种情况下，赵某利用配制的钥匙窃取他人保管的抽屉里的现金，并非利用职务上的便利。因此，对赵某以盗窃罪论处是完全正确的。

四、贺豫松职务侵占案①：利用职务上的便利

利用职务上的便利是在具备了职务侵占罪的主体要件的基础上进一步要求具备的要件。但有时主体身份对于利用职务上的便利这一要件的认定也会产生一定的影响。在贺豫松职务侵占案中，被告人系临时工，这一身份与利用职务上的便利这一要件的关系是值得研究的问题。

被告人贺豫松在任中铁快运股份有限公司郑州车站营业部委外装卸工期间，利用当班装卸旅客托运的行李、包裹的职务便利，在 2003 年 5 月至 2005 年 12 月间，先后 19 次窃取电脑、手机、电磁炉等物品，共计价值人民币 45 871 元。

郑州铁路运输法院认为：被告人贺豫松身为郑州车站委外装卸工，利用职务便利，非法占有本单位的财物，数额较大，其行为已构成职务侵占罪。被告人贺豫松因形迹可疑，被公安机关传唤后如实供述司法机关尚未掌握的犯罪事实，系自首，依法可从轻处罚。被告人归案后，认罪态度较

---

① 本案刊载于最高人民法院编：《刑事审判参考》，第 57 集，北京，法律出版社，2007。

好，有悔罪表现，可酌情从轻处罚。根据被告人贺豫松的悔罪表现，适用缓刑不致再危害社会。遂依照《中华人民共和国刑法》第 271 条第 1 款、第 67 条、第 72 条第 1 款和最高人民法院《关于处理自首和立功具体应用法律若干问题的解释》第 1 条之规定，判决如下：被告人贺豫松犯职务侵占罪，判处有期徒刑 2 年，缓刑 4 年。

一审宣判后，被告人没有提出上诉，检察机关亦未提起抗诉。判决已经发生法律效力。

本案涉及盗窃罪与职务侵占罪的区分。对于本案，公安机关是以盗窃罪立案的，检察机关也是以盗窃罪逮捕的，后来检察机关又以职务侵占罪起诉，法院也以职务侵占罪对被告人贺豫松定罪处罚。由此可见，在司法机关之间以及内部，对本案的定性都存在意见分歧。在审理过程中，关于本案的定性主要有以下两种不同意见：

一种意见认为，贺豫松的行为构成盗窃罪：一是贺豫松不符合职务侵占罪的主体构成要件，刑法第 271 条第 1 款规定的职务侵占罪的主体是公司、企业或其他单位的人员。这里所说的公司、企业和其他单位应当是指非国有性质的公司、企业和单位。而贺豫松系国有铁路公司招聘的搬运工，不具有职务侵占罪的主体资格。二是贺豫松没有利用职务的便利。其从事的搬运工作属于纯劳务性工作，不具有主管、管理、经手本单位财物的职权，因此不能认定其是利用职务之便窃取本单位的财物，只能以盗窃罪定罪。

另一种意见认为，贺豫松的行为构成职务侵占罪：一是贺豫松的主体身份完全符合职务侵占罪的主体构成要件，贺豫松虽是铁路公司的临时工，但根据《中华人民共和国劳动法》的规定，固定工、合同工、临时工均为单位职工，贺豫松系铁路公司招聘的搬运工，属于铁路公司的职工，其符合职务侵占罪的主体资格；二是贺豫松利用了职务上的便利，其在铁路公司内担任的职务是搬运工，从事搬运工作，在搬运货物过程中窃取本单位的财物，其行为符合职务侵占罪的构成要件。

上述两种意见在主体与利用职务上的便利这两个问题上都存在分歧。关于主体问题，上述第一种意见说明的是职务侵占罪的主体是非国有性质的公司、企业和单位的人员，而被告人贺豫松是国有铁路公司招聘的临时工，因而不符合职务侵占罪的主体要件。但本案的裁判理由并未直接回答这个问题，而是针对临时工能否成为职务侵占罪的主体作了论证，这或多或少有些文不对题。但裁判理由还是从临时工是否具有职务上的便利的角度作了论述，对于职务侵占罪的职务上的便利的认定具有参考价值。本案的裁判理由指出：

　　是否构成职务侵占罪，关键在于公司、企业或者其他单位的工作人员非法占有单位财物（包括单位管理、使用、运输中的其他单位财产和私人财产）是否利用了职务上的便利，而非行为人在单位中的身份。单位正式职工非法占有单位财物，没有利用职务便利的，依法不能构成职务侵占罪；单位非正式职工，包括临时聘用人员，利用职务上的便利非法占有单位财物的，也构成职务侵占罪。认定行为人是否具有职务上的便利，不能以其是正式职工、合同工还是临时工为划分标准，而应当从其所在的岗位和所担负的工作上看其有无主管、管理或者经手单位财物的职责，是否是利用职务上的便利非法占有单位所有或管理、使用、运输中的财物。因为刑法第 271 条第 1 款关于职务侵占罪的规定，并没有对单位工作人员种类作出限制，并未将临时工排除在职务侵占罪的犯罪主体之外。也就是说，只要是公司、企业或其他单位的工作人员，就符合职务侵占罪的主体要件。因为根据《中华人民共和国劳动法》的规定，固定工、合同工、临时工均为单位职工，在工作勤勉廉洁义务要求上并无本质区别。本案中，被告人贺豫松作为中铁快运股份有限公司郑州站营业部招聘的委外装卸工，虽未与铁路公司依法签订劳动合同，却长期在火车站任装卸工，两者之间存在事实劳动关系，依法应认定为单位工作人员，当然可以成为职务侵占罪的犯罪主体。

　　准确认定单位工作人员非法占有单位财物的行为是否利用了职务上的便利，关键在于正确理解刑法第 271 条第 1 款规定的职务上的便利的内涵。对此，我们可以从职务侵占罪的立法演变上进行考察。现行刑法规定的职务侵占罪来源于 1995 年 2 月 28 日通过的《全国人民代表大会常务委员会关于惩治违反公司法的犯罪的决定》（以下简称《决定》）第十条，该条规定：公司和其他企业的董事、监事、职工利用职务或者工作上的便利，侵占本公司、企业财物，数额较大的，构成侵占罪，这是职务侵占罪的前身。可以看出，现行刑法规定的职务侵占罪与《决定》规定的侵占罪在构成要件上除了犯罪主体上增加了其他单位工作人员以外，并无本质上的差别。虽然《决定》第十条采用了利用职务或者工作上的便利表述，现行刑法第 271 条第 1 款则表述为利用职务上的便利，但这并不能得出现行刑法改变了该构成要件，将利用工作上的便利排除在职务侵占罪之外。现行刑法没有沿用《决定》第十条的表述仅仅是出于刑法用语简洁的考虑，并无改变本罪构成要件的意图，也即利用职务上的便利理应包括利用工作上的便利。基于此，我们认为，职务侵占罪中的利用职务上的便利可理解为单位人员利用主管、管理、经手单位财物的便利条件。所谓主管，一般是指对单位财物有调拨、安排、使用、决定的权力。所谓管理，是指具有决定、办理、处置某一事务的权力，并由此权力而对人事、财物产生一定的制约和影响。所谓经手，应是指因工作需要在一定时间内控制单位的财物，包括因工作需要合法持有单位财物的便利，而不包括因工作关系熟悉作案环境、容易接近单位财物等方便条件。综上，职务侵占罪中的利用职务上的便利必须直接基于行为人的职责而产生，这是刑法对特定主体实施侵犯单位财产犯罪行为进行单独评价的基本依据，认定行为人是否利用了职务上的便利，主要要看该便利条件是否直接为其工作职责内容所包括。具体而言，利用主管、管理、经手单位财物的便利，都属于刑法第 271 条第 1 款规定的"利用职务上的便利"。

　　本案中，被告人贺豫松系火车站行包房装卸工，其在车站行包房的职责是根据行李员方向清单进行清点与接车，对列车所卸入库的货物装卸办理交接手续等，其对中转的货物具有一定的管理权和经手权。被告人贺豫松的盗窃行为，就是利用其当班管理、经手这些财物的职务之便，在自己负责的中转货物的库区对其管理、经手的货物实施掏芯手段，将财物非法占为己有，完全可以认定为利用了职务上的便利而窃取单位财产，从而构成职务侵占罪。

综上所述，郑州铁路运输法院以职务侵占罪对被告人贺豫松定罪处罚是正确的。

上述裁判理由对 1995 年《决定》规定的侵占罪的利用工作上的便利与 1997 年刑法规定的职务侵占罪的利用职务上的便利之间关系的理解，我以为是正确的。这个问题涉及我在上文已经提及的职务侵占罪的利用职务上的便利与贪污罪的利用职务上的便利之间的区别。贪污罪的主体是国家工作人员以及受委托管理、经营国有财产的人员，因而其职务具有公务性。例如，在我国台湾地区"刑法"中专门规定了公务侵占罪。根据我国台湾地区"刑法"第 336 条的规定，公务侵占罪是指意图为自己或第三人不法之所有，对于公务上所持有之物而予以侵占的行为。除公务侵占罪以外，我国台湾地区"刑法"还规定了普通侵占罪。此外，公务侵占罪、公益侵占罪和业务侵占罪属于加重侵占罪。[1] 这里的公务侵占罪等同于我国刑法中的贪污罪，而业务侵占罪则等同于我国刑法中的职务侵占罪。显然，在贪污罪中，侵占的是基于公务而持有的财物，其利用职务上的便利具有公务性。但在职务侵占罪中，侵占的是基于业务而持有的财物，其利用职务上的便利不具有公务性而具有业务性。这里的业务，既可以是业务管理活动，也可以是劳务性质的业务活动。因此，前述第一种意见以本案被告人所从事的搬运工作属于纯劳务性工作，而否认其具有职务上的便利，显然是不妥当的。

五、职务便利与工作便利的混合

如上所述，1995 年《决定》关于侵占罪规定的工作便利，我认为就是 1997 年刑法关于职务侵占罪规定的职务便利。在这一前提下，职务便利以外的工作便利，

---

[1]　参见甘添贵：《体系刑法各论·侵害个人非专属法益之犯罪》，修订再版，248 页以下，台北，2003。

是指利用工作关系，熟悉或者接近作案环境或者场所的便利。这个意义上的工作便利，不能认定为职务便利。利用这种工作便利窃取财物的，应以盗窃罪论处。

在司法实践中存在一些较为复杂的情形，即利用职务便利与利用工作便利混合在一起。例如，在某些案件中，被告人既有对职务便利的利用，又有对工作便利的利用。在这种情况下，到底是定职务侵占罪还是定贪污罪，就是一个十分复杂的问题。例如在张珍贵职务侵占案中，裁判理由对于被告人利用职务上的便利作了以下论述：

> 本案被告人张珍贵、黄文章在实施窃取行为过程中，一是被告人张珍贵利用当班之机按约通知被告人黄文章联系拖车前来行窃，在被告人黄文章带着联系好的拖车前往海关验货场后，被告人张珍贵积极配合，将验货场中的3个集装箱货柜和3个车架（总价值计人民币659 878元）偷运出验货场；二是黄文章利用工作之便窃取厦门象屿胜狮货柜有限公司的货物出场单，进而顺利地将3个货柜偷运出保税区大门；三是在被告人黄文章将货柜运出保税区大门后，被告人张珍贵到保税区门岗室，乘值班经警不备，将上述3个货柜的出场单及货物出区登记表偷出销毁。该三行为是否属于职务上的便利，直接关系到本案的定性，即究竟是职务侵占罪还是盗窃罪。职务侵占罪中的利用职务便利，是指行为人利用主管、管理、经营、经手本单位财物之职的便利条件，这里的职务不限于经营、管理活动，同时还包括劳务活动。但工作过程中形成的对环境及人员较为熟悉的有利条件不能视为职务便利。黄文章窃取货物出场单及张珍贵将门岗室里的货物出场单及货物出区登记表偷出销毁的行为，所利用的是工作中形成的对环境及人员较为熟悉的方便条件，不属于职务便利。但张珍贵利用门卫之职，与黄文章合谋把货柜偷运出验货场的行为，虽然利用的是从事劳务的便利，但仍属职务便利。被告人张珍贵的辩护人以张珍贵从事的具体劳务不属于管理事务，认为张珍贵在客观上没有职务便利可资利用，只是秘密窃取而已，从而不恰当地将职务理解为管理性的公务，缩小了职务的范围，不符合法律规定。应当认定本案的实施利用了张珍贵职务上的便利。

裁判理由正确地指出，在被告人张珍贵实施的三个行为中，第一个是利用职务上的便利，第二、三个是利用工作上的便利。那么，为什么对本案被告人仍然定职务侵占罪而不是定盗窃罪？裁判理由并没有回答这个问题。我认为，在利用职务便利与利用工作便利混合的情况下，关键是要看对财物的非法占有主要是利用职务便利还是主要利用工作便利。而这个问题又可以转化为：在实施非法占有本单位财物的行为时，本单位财物是否处于被告人的持有之中？在张珍贵职务侵占案中，被告人作为当班门卫，具有对公司货物的管理职责，换言之，公司货物处于被告人的持有之中，因而非法占有本单位财物的行为主要是利用职务便利完成的。至于利用工作便利窃取货物出场单和销毁货物出场单及货物出区登记表，都是为了掩盖其职务侵占行为，对非法占有本单位财物行为不起主要作用。因此，对被告人张珍贵等人的行为应以职务侵占罪论处。

在赵某盗窃案中，赵某私配总服务台现金抽屉的钥匙，是利用职务便利完成的，但其窃取现金是利用工作便利完成的。因此，对被告人赵某应以盗窃罪论处。由此可见，在利用职务便利和利用工作便利混合的情况下，应当判断非法占有本单位财物的行为是利用职务便利完成的还是利用工作便利完成的，以便正确区分职务侵占罪与盗窃罪。

第 10 节　彩票销售人员不交纳投注金购买彩票行为之定性研究

案名：刘必仲挪用资金案

主题：挪用资金罪

挪用资金罪是我国刑法中的一个重要罪名，案例虽然不多，但其中涉及与职务侵占罪的区分以及与挪用公款罪的区分，存在一些疑难、复杂问题需要从法理上加以解决。本节讨论的刘必仲挪用资金案[①]（以下简称刘必仲案），就是一个具有相当

---

① 本案刊载于最高人民法院编：《刑事审判参考》，第 48 集，北京，法律出版社，2006。

疑难性的案件。本节通过对本案的讨论，进一步从刑法理论上明确挪用资金罪的构成要件。

一、案情及诉讼过程

被告人刘必仲意欲通过投注双色球福利彩票中大奖改变生活条件。2003 年 11 月，刘必仲听说振东投注站的原销售员刘某祥不想经营投注站了，便与其兄刘必正商量转包。2004 年 12 月 1 日，刘必仲从刘某祥处转包了江苏省 32090322 福利彩票投注站，并与滨海县有奖募捐委员会办公室（以下简称滨募办）签订了双色球福利彩票销售协议。协议规定：销售额的 6.5％作为代销费结付给刘必仲；刘必仲应将销售款［＝销售额－代销费－实际兑奖奖金（四、五、六、七等奖由原销售彩票的投注站负责兑奖）］准时、足额上缴滨募办指定的银行账号（江苏省福利彩票发行中心要求农村投注站应在每月 1 日和 15 日将销售款存入指定银行账户）；协议有效期为 1 年。

被告人刘必仲交纳 1 万元投注机设备保证金后，开始经营彩票投注站。经多次研究、判断彩票走势规律，刘必仲于 2003 年 12 月 21 日下午 5 时许，在没有交纳投注金的情况下，一次性打出 15 注 2003087 期双色球复式福利彩票，每注 3.712 8 万元，共计 55.692 万元（当晚开奖后中奖 8 320 元）。因一般情况下该投注站每天的销售额仅有几百元，盐城市福利彩票发行中心发现该站投注金额较大，要求滨募办派人核实，但刘必仲在打印完彩票后已离开投注站。32090322 福利彩票投注站的 2003087 期销售数据已全部计入盐城市的销售数据，并上报江苏省财政部门和中国福利彩票发行管理中心（应上缴的公益金和发行费已由江苏省福利彩票发行中心垫付）。22 日，滨募办工作人员找到刘必仲。刘必仲在盐城市福利彩票发行中心写下"欠福利彩票款 55.704 8 万元"的欠条，其兄刘必正签字担保。23 日，刘必正与其妻协议离婚，约定家庭全部财产归其妻所有后外出，至今下落不明。24 日中午，滨募办工作人员在盐城市汽车站附近将准备前往外地的刘必仲扭送到滨海县公安局。

滨海县人民法院认为：被告人刘必仲身为彩票机构的彩票销售人员，利用管理、经营福利彩票投注站的便利，违反规定，在没有交纳投注金的情况下，擅自打印并获取巨额彩票款，意欲中大奖，其行为属于利用职务上的便利，挪用本单位资金，进行营利活动，已构成挪用资金罪，且属挪用本单位资金数额巨大且不退还，应依法惩处。公诉机关指控的犯罪事实清楚，证据确实、充分，但现有证据仅表明刘必仲想通过彩票占有巨额奖金，且在案发后刘必仲已与彩票机构达成还款协议，同时刘必仲打印彩票的账目情况在其经营的彩票投注机和彩票机构的财务账目上均有完整反映，不能认定刘必仲具有非法占有的目的，因此公诉机关指控刘必仲犯合同诈骗罪不当，应当根据最高人民法院《关于执行〈中华人民共和国刑事诉讼法〉若干问题的解释》（已失效——引者注）第 176 条第（1）项"起诉指控的事实清楚，证据确实、充分，依据法律认定被告人的罪名成立的，应当作出有罪判决"的规定，以挪用资金罪追究刘必仲的刑事责任。鉴于刘必仲在案发后能够供认主要犯罪事实，可酌情从轻处罚。

滨海县人民法院依照《中华人民共和国刑法》第 272 条第 1 款的规定，于 2005 年 8 月 9 日判决如下：被告人刘必仲犯挪用资金罪，判处有期徒刑 7 年。

宣判后，刘必仲不服，上诉于盐城市中级人民法院。刘必仲上诉称：虽其在投注时未交付投注款，但双方达成还款协议，故其行为属于债权债务关系，不构成挪用资金罪。

盐城市中级人民法院经审理认为：上诉人刘必仲身为彩票机构的彩票销售人员，利用管理、经营福利彩票投注站的职务便利，在没有交纳投注金的情况下，擅自打印出巨额彩票，其行为符合《中华人民共和国刑法》第 272 条第 1 款规定的挪用资金罪的构成特征，且属数额巨大不退还，应依法惩处。上诉人刘必仲关于不构成挪用资金罪的上诉理由不能成立。原审判决认定的事实清楚，证据确实、充分，定性准确，量刑适当。遂依照《中华人民共和国刑事诉讼法》第 189 条第（1）项的规定，于 2005 年 9 月 9 日裁定驳回上诉、维持原判。

二、分歧意见及理由

彩票销售人员不交纳投注金购买彩票，并且事后无力偿付购买彩票款的，如何处理？

在本案的处理过程中，对于刘必仲的行为是否构成犯罪以及构成何罪，曾有五种不同意见。

第一种意见认为，刘必仲的行为构成贪污罪。理由是：

1. 刘必仲是受委托管理、经营国有财产的人员，具有贪污罪的主体资格。福利彩票发行中心是专门从事福利彩票发行与销售业务的彩票机构，是隶属于民政部门的国有事业单位。《国有资产产权界定和产权纠纷处理暂行办法》第七条规定，国家机关及其所属事业单位占有、使用的资产，属于国有资产。据盐城市福利彩票发行中心与刘必仲之间的协议，刘必仲在交纳 1 万元保证金后，福利彩票发行中心将一台投注机交刘必仲经营；刘必仲应将销售款准时、足额上缴滨募办指定的银行账号，福利彩票发行中心则按销售额的 6.5% 作为代销费结付给刘必仲；协议有效期为 1 年。因此，刘必仲是承包经营 32090322 福利彩票投注站的人员。参照《全国法院审理经济犯罪案件工作座谈会纪要》的规定，应当认定为刑法第 382 条第 2 款规定的受国有事业单位委托管理、经营国有财产的人员。

2. 刘必仲利用销售彩票的职务便利非法占有国有财产的行为，属于刑法第 382 条规定的以其他手段非法占有公共财物。但在对贪污对象的认定上又有两种观点：

第一种观点认为，刘必仲非法占有了价值 55.692 万元的 15 注福利彩票。财政部《彩票发行与销售管理暂行规定》第二条规定："彩票是国家为支持社会公益事业而特许专门机构垄断发行，供人们自愿选择和购买，并按照事前公布的规则取得中奖权利的有价凭证。"盐城市福利彩票发行中心是国有事业单位，根据刑法第 91 条的规定，福利彩票是公共财产。刘必仲作为福利彩票销售人员，利用职务上的便利，不支付投注金，便取得本人经营管理的价值 55.692 万元的福利彩票，侵犯了公共财产的所有权。

第二种观点认为，刘必仲非法占有了 55.692 万元的福利彩票销售款。刘必仲利用职务上的便利，不交纳投注金而取得彩票，可以认定为非法占有彩票，但在开奖前，彩票的价值无法确定；开奖后，如果没有中奖，彩票便无任何价值。因此，认定为非法占有彩票，不能准确反映此类行为的社会危害性。根据《彩票发行与销售管理暂行规定》第 12 条"彩票以人民币计价，按面值发行销售，禁止溢价或折价发行销售彩票"和第 13 条"彩票机构只能接受现金或银行贷记卡投注"的规定，有人购买彩票，包括承包人，就意味着彩票机构应当收入相应数额的销售款。刘必仲身为彩票机构的销售人员，在其售出了 55.692 万元的彩票后，应当推定其取得了 55.692 万元的彩票销售款，应当依照承包协议的规定，在 2004 年 1 月 1 日将该款上缴至滨募办指定的银行账户，但其没有缴纳。由于刘必仲在购买彩票时就没有交纳投注金的能力，主观上持"不中奖彩票款还不上，到时只有逃跑，躲一阵，最多抓住坐牢，反正我是光棍一条没什么牵挂"的心理；购买彩票后虽然给盐城市福利彩票发行中心写下欠条，并由其兄刘必正担保，但刘必仲无力偿付欠款，刘必正则通过离婚将全部家庭财产转移给其妻子并已潜逃。因此，可以认定刘必仲具有非法占有目的，占有了 55.692 万元的福利彩票销售款。

第二种意见认为，刘必仲利用其受委托销售彩票的工作之便，将代为保管物——彩票——占为己有，数额巨大，根本无法退还，其行为构成侵占罪。

第三种意见认为，刘必仲的行为触犯了刑法第 224 条的规定，构成合同诈骗罪。但在合同诈骗的方式上又存在三种观点：

1. 刘必仲一直想通过投注福利彩票改变生活，但因无钱投注，便寻机作案；刘必仲听说 32090322 福利彩票投注站的原承包人不想继续经营投注站了，便与其兄刘必正合谋，打算承包后寻机不交彩票款投注，从而骗取巨额彩票。刘必仲以非法占有为目的，与福利彩票发行中心签订双色球福利彩票销售协议，承包经营 32090322 福利彩票投注站后，采用不交纳投注款而打出巨额彩票的手段，骗取财物，数额特别巨大，其行为属于利用彩票销售合同进行诈骗。

2. 在彩票发行过程中，彩票是发行人与彩民之间形成的一种特殊合同，发行人以自己的名义向社会公开有关彩票发行的对世要约，刘必仲是买受人，福利彩票发行中心是出卖人，彩票是标的物。在买卖合同中，接受标的物和支付价款是买受人的主要权利和义务，作为购彩人刘必仲而言，要购买彩票必须履行支付价款的义务，但刘必仲主观上存在恶意，故意隐瞒真实情况，在完全没有履行能力的情况下，恶意投注签订合同，而不履行支付价款的义务，故刘必仲的行为属于利用彩票买卖合同进行诈骗。

3. 除交纳保证金外，福利彩票发行中心没有对投注站经营人员的经济条件进行其他限制，刘必仲没有支付巨额购买彩票款的能力，不能认定为采用欺骗手段签订承包经营合同，因此，没有证据证实刘必仲在签订双色球福利彩票销售协议之前，就具有非法占有目的；在刘必仲承包经营 32090322 福利彩票投注站后，刘必仲购买福利彩票的行为具有双重性质，既是出售方，又是购买方。作为出售方，刘必仲知道购买方（自己）没有支付投注金的能力；作为购买方，在彩票买卖过程中不存在虚构事实或者隐瞒真相等欺骗行为。但是，刘必仲在福利彩票发行中心写下"欠福利彩票款 55.704 8 万元"欠条的行为属于合同行为，其在恶意投注彩票后，明知自己无偿还彩票投注金的能力，仍然打欠条给福利彩票发行中心，其后逃跑被抓获，具有非法占有目的，刘必仲的行为属于利用借款合同进行诈骗。

第四种意见认为，刘必仲的行为构成挪用资金罪。理由如下：

1. 刘必仲主观上并不具有非法占有目的，其行为不构成贪污罪、侵占罪和合同诈骗罪。其供述：与其兄刘必正经常一起研究、判断彩票走势规律，自信能够中奖，一旦中奖，就用获得的奖金偿还。因此，刘必仲对于能否偿还 55 万余元的投注金，在意志因素上是一种放任而非积极追求的心理态度，不能据此认定刘必仲具有非法占有目的。

2. 对刘必仲的行为以挪用资金罪定罪处罚为宜。

(1) 刘必仲属于受委托经营、管理国有财产的人员。首先，福利彩票发行中心属于国有事业单位。其次，据《彩票发行与销售管理暂行规定》第二条的规定，彩票属于有价证券；据《国有资产产权界定和产权纠纷处理暂行办法》第七条的规定，国家机关及其所属事业单位占有、使用的资产以及政党、人民团体中国家拨款等形成的资产，属于国有资产。福利彩票发行中心是民政局下属的事业单位，其资产是国有资产；据财政部《彩票发行与销售机构财务管理办法》规定的精神，彩票资金在具体分配之前，可以认定为国有事业单位占有、管理、支配的国有财产。因此，刘必仲受委托经营的对象是国有资产。再次，刘必仲与福利彩票发行中心签订了彩票投注站的承包协议，约定按照销售比例提成，客观上有助于国有财产的保值、增值，刘必仲对销售额还有一定的保管期限，对国有财产具有一定的监督、管理职责，其行为属于对国有财产的管理、经营行为。

(2) 刘必仲利用了职务之便。刘必仲是彩票销售人员，具备买彩票不交投注金的便利条件，而且，按规定其应于每月 1 日、15 日将销售款上缴指定银行账户，因此投注和交款存在时间差，刘必仲正是利用了这一条件。

(3) 刘必仲主观上存在侵犯国有财产使用权的故意。其采用买彩票不交投注金的办法，恶意投注彩票，使国有财产处于极大的风险之中，其行为无异于占用 55 万余元国有财产。在无法认定其具有非法占有目的的情况下，可以理解为挪用国有财产的性质。挪用的对象是面额为 55.692 万元的彩票，侵犯的直接客体是通过彩票所体现的价值 55.692 万元的国有财产使用权。

第五种意见认为，本案是因承包引起的民事纠纷，刘必仲的行为不构成犯罪。理由是：刘必仲是福利彩票投注站的工作人员，不是合同一方当事人，不具有合同诈骗罪的主体资格；刘必仲已写下欠条，承诺还款，并由其兄作保证，福利彩票发行中心与刘必仲之间形成的是一种债权债务关系，刘必仲没有非法占有他人财物的主观故意；刘必仲占有的彩票不是一种现实的、有确定价值的财富，不属于法律意义上的财物，没有侵犯财产所有权。

三、罪名分析：需排除的罪名

本案是一个十分复杂的案件，在本案的认定中涉及罪与非罪以及此罪与彼罪的界限。就罪名而言，就涉及贪污罪、侵占罪、合同诈骗罪、挪用资金罪等四个罪名。其中，前三个是需排除的罪名。现对前三个罪名的相关内容进行法理上的分析。

（一）贪污罪

我国刑法第 382 条第 1、2 款规定：

国家工作人员利用职务上的便利，侵吞、窃取、骗取或者以其他手段非法占有公共财物的，是贪污罪。

受国家机关、国有公司、企业、事业单位、人民团体委托管理、经营国有财产的人员，利用职务上的便利，侵吞、窃取、骗取或者以其他手段非法占有国有财物的，以贪污论。

在本案中，能否认定为贪污罪，存在主体与客体两个方面的障碍。相对来说，客体方面的障碍大一些。就主体而言，被告人刘必仲显然不属于国家工作人员。根据案情，刘必仲是承包经营福利彩票投注站的人员，如果福利彩票属于国有财产，则其属于受委托管理、经营国有财产的人员，可以成为贪污罪的主体。问题在于：福利彩票是否属于国有财产？在主张认定为贪污罪的意见中，关于贪污对象存在两种观点：一种观点认为贪污对象是福利彩票本身，另一种观点认为贪污对象是福利彩票的销售款。无论是哪一种观点，都不能回避福利彩票是否属于国有财产这一问题。

在主张认定为贪污罪的观点中，其理由包括根据刑法第 91 条的规定，福利彩票是公共财产。然而，公共财产不能等同于国有财产。正如立法机关指出：刑法第382 条第 2 款规定的贪污罪，其贪污对象是国有财产。这里规定的国有财产，与第1 款规定的公共财产是有区别的。前者只限定于国家所有（或全民所有）的财产，后者还包括集体所有的财产、用于社会公益事业的财产等。[①] 根据我国刑法第 91 条的规定，公共财产包括以下三种财产：一是国有财产，二是劳动群众集体所有的财产，三是用于扶贫和其他公益事业的社会捐助或者专项基金的财产。这里的公益事业，主要是指服务于社会公益的事业，如学校、残疾人康复中心、养老院以及希望工程等。社会捐助，是指个人、组织或单位向社会公益事业以及向贫困地区所捐赠、资助的款物。专项基金是指专门用于上述公益事业的各种基金。上述公益性财产属于公共财产，却不是国有财产，这是在 1997 年刑法中增设的一种公共财产。发行福利彩票是为公益事业筹集资金的一种方式，因此福利彩票销售款属于公益性财产，不属于国有财产。在这个意义上，将福利彩票销售款界定为国有财产并主张被告人的行为构成贪污罪是存在法律障碍的。

本案的裁判理由，对于被告人刘必仲的行为之所以不能被认定为贪污罪，作了以下论证：

被告人刘必仲属于刑法第三百八十二条第二款规定的受委托管理、经营国有财产的人员，具有贪污罪的主体身份，但现有证据难以认定刘必仲具有非法占有目的，对其行为不能以贪污罪定罪处罚。

以非法占有为目的的贪污犯罪，是一种直接故意犯罪，而刘必仲的主

---

① 参见胡康生、郎胜主编：《中华人民共和国刑法释义》，3 版，573 页，北京，法律出版社，2006。

观意图是利用管理、经营福利彩票投注站的职务便利和江苏省福利彩票发行中心要求农村投注站应在每月1日和15日将销售款存入指定银行账户的时间差，不付款购买彩票，在中奖后再支付彩票款。这一点不仅有刘必仲的供述（"赌一把，中奖了事后还款"，"不中奖彩票款还不上，到时只有逃跑，躲一阵，最多抓住坐牢，反正我是光棍一条没什么牵挂"）证实，也与此类案件中行为人的主观心理一致。因此，对于这种行为，只能认定为刘必仲对于不能支付购买彩票款持放任心理，属于间接故意，不能因为没有中奖，事后无力偿付购买彩票款而认定刘必仲具有非法占有目的。同时，刘必仲写欠条的行为虽然符合合同的含义，但因该合同随附其前行为所产生，不具有独立性，所以，即使其写欠条并无诚意，也不能认定该行为是非法占有彩票机构资金的手段。至于刘必正担保后，又通过离婚将全部家庭财产转移给其妻子后潜逃，由于没有证据证实刘必仲与刘必正共谋以此种方式逃债，亦不能认定刘必仲具有非法占有目的。综上，刘必仲的行为不构成贪污罪。

在上述论述中，裁判理由认为被告人具备贪污罪的主体要件，即属于受委托管理、经营国有财产的人员，只是由于不具有非法占有目的才不构成贪污罪。关于福利彩票销售款是否属于国有财产，因而被告人是否符合贪污罪的主体要件这个问题，在上文我已经加以探讨。裁判理由没有以被告人不具有主体身份为由否认其行为构成贪污罪，而是以没有非法占有目的为根据否认其行为是贪污行为。在这种情况下，裁判理由实际上是采用了目的犯理论。但在目的犯理论中，存在一个客观行为性质的判断与主观目的的认定之间的位阶关系问题。在一般情况下，作为主观违法要素的目的是在确认某一行为事实以后再作法律性质判断时才发生作用的。例如偷盗婴幼儿，这是一种行为事实，刑法第239条第3款规定：以勒索财物为目的偷盗婴幼儿的，依照绑架罪定罪处罚。刑法第240条第1款第6项规定，以出卖为目的，偷盗婴幼儿的，属于拐卖妇女、儿童罪的加重构成。显然，这是根据目的不同，将同一行为区分为不同犯罪。这个意义上的目的犯，属于短缩的二行为犯，目的是第二个行为的主观要素。那么，非法占有目的是否属于上述情形呢？对于以非法占有为目的的犯罪，我国学者称为将结果作为目的的犯罪，包括法定的将结果作为目的的犯罪与非法定的将结果作为目的的犯罪；并将它与以后行为作为目的的犯罪相对应，指出：

> 在这些要求非法占有目的的犯罪中，行为者的行为自身即规定着所追求的非法占有目的，行为与最终非法占有目的之间是原因和结果的关系——只要正常地实现了构成要件的行为，即原因行为，也就自然而然地实现了非法占有目的这样的结果行为，而不需要另外实施其他的单独行为。这里，这样的非法占有目的可以客观化为构成要件的客观行为，其非法占有目的也没有超过客观的构成要件，从而此等目的犯属于将结果作为目的的犯罪。①

正是在这个意义上，我国也有学者主张非法占有目的是非法掌握或控制财物的意欲，是取得型财产犯罪主观方面——故意——所包含的内容，而不是犯罪故意之外的主观要件。这实际上否定了有非法占有目的的犯罪具备目的犯的性质。② 非法占有目的，是否属于超过的主观要素，即该占有目的的实现是财产犯罪行为本身的结果，还是财产犯罪以外的另一占有行为的客观化即属于二行为犯，这个问题是值得研究的。在日本刑法理论中，因为刑法对盗窃等取得型财产犯罪并未规定以非法占有为目的，所以取得型财产犯罪是否以非法占有为目的是存在争议的。非法占有的意思的必要说认为，非法占有目的是取得型财产犯罪的主观违法要素；而非法占有的意思的不要说则认为，取得型财产犯罪只要具有作为行为主观要素的故意就够了，并不要求具有非法占有的意思。③ 无论是必要说还是不要说，都没有把非法占有目的当作故意本身的内容，而认为是故意之外的主观超过要素。在日本，司法判例与理论通说还是采必要说。根据必要说，这里的非法占有目的，也称不法领得的

① 付立庆：《主观违法要素理论——以目的犯为中心的展开》，203 页，北京，中国人民大学出版社，2008。

② 参见刘明祥：《刑法中的非法占有目的》，载《法学研究》，2000（2）。

③ 参见 [日] 大谷实：《刑法讲义各论（新版第 2 版）》，黎宏译，178 页，北京，中国人民大学出版社，2008。

意思，是指排除权利人，将他人之物作为自己之物，并按照该物的经济性用途加以利用、处分之意思。该定义的前半段所谓权利人排除意思，根据侵害占有意思达到什么程度（占有侵害的程度），而具有把轻微的擅自暂时使用（使用盗窃）从盗窃罪中予以排除的机能（可罚性限定机能）；后半段所谓利用、处分的意思，则通过将占有侵害的目的限定于利用可能性的取得，而具有把盗窃罪与以妨害利用为目的的毁弃、隐匿罪区别开来的机能（犯罪个别化机能）。① 因此，非法占有目的的所谓占有，并非盗窃等取得型财物犯罪行为本身造成的状态，而是指对他人之物的利用意思。这一利用意思，对于取得型财产犯罪来说，当然是一种超过的主观要素。在这种情况下，非法占有目的使盗窃罪一方面与使用盗窃相区分，另一方面又与毁坏财物犯罪相区分。就使用盗窃而言，是指盗用，虽然这里也有盗窃一词，但我国刑法通常称为挪用。在某种意义上说，挪用就是不以非法占有为目的的盗窃。当然，挪用一词在我国刑法中具有特定化的含义，即利用职务上便利的盗窃使用。为此，我国刑法分别设立了与贪污罪对应的挪用公款罪以及与职务侵占罪对应的挪用资金罪。对上述贪污罪与挪用公款罪，主要是通过是否具有非法占有的目的来区分的。因此，如果采用非法占有目的不要说，将使贪污罪与挪用公款罪无从区分。

在此提出一个问题，就是贪污行为与挪用公款行为能否离开非法占有目的而区分。换言之，是在客观上区分贪污行为与挪用公款行为以后再作是否具有非法占有目的的认定，还是根据是否具有非法占有目的而区分贪污行为与挪用公款行为？如果把挪用公款行为理解为利用职务上的便利对公款的使用盗窃，则在盗窃这一客观外观上与贪污行为利用职务便利的窃取具有一定的相同性，进而根据是否具有非法占有的目的区分贪污行为与挪用公款行为。正是在这个意义上，大陆法系三阶层的犯罪论体系把非法占有目的称为主观的构成要素，归于构成要件该当性，确有其理。

根据上述分析，裁判理由以本案被告人刘必仲的行为缺乏非法占有目的为由认

---

① 参见［日］西田典之：《日本刑法各论（第三版）》，刘明祥、王昭武译，123 页，北京，中国人民大学出版社，2007。

为其不构成贪污罪，那么，为什么不构成挪用公款罪呢？关于这一点，裁判理由并未涉及。我认为这是一个重要问题，拟在后文分析。

（二）侵占罪

根据我国刑法第 270 条的规定，侵占罪是指将代为保管的他人财物非法占为己有，数额较大，拒不退还的行为。福利彩票是他人财物，这当然没有问题。被告人刘必仲对福利彩票到底是一种代为保管的关系，还是一种管理、经营的关系，是值得研究的。这里涉及被告人刘必仲通过签订福利彩票销售协议，是否成为福利彩票发行中心的人员。主张认定为侵占罪的观点，似乎认为被告人只是代为保管，其并非福利彩票发行中心的人员。这一点不同于主张认定为贪污罪的观点，因而这种观点也不认为被告人刘必仲构成职务侵占罪。因此，如何认定福利彩票销售协议的法律性质，对于本案的定性具有重要意义。同时，这还涉及对销售福利彩票这一业务活动性质的认定：它是否属于经营活动？主张认定为贪污罪的观点，认为刘必仲是承包经营性质，因而认定其为受委托管理、经营国有财产的人员，虽然国有财产不能成立，受委托管理、经营的关系还是存在的；而主张认定为侵占罪的观点是否认这一点的。当然，无论是主张认定为贪污罪的观点还是主张认定为侵占罪的观点，都认为被告人具有非法占有的目的。在这一点上，与主张认定为挪用资金罪的观点是对应的。

（三）合同诈骗罪

根据我国刑法第 224 条的规定，合同诈骗罪是指以非法占有为目的，在签订、履行合同过程中，骗取对方当事人财物，数额较大的行为。刑法规定了以下五种合同诈骗行为：（1）以虚构的单位或者冒用他人名义签订合同的；（2）以伪造、变造、作废的票据或者其他虚假的产权证明作担保的；（3）没有实际履行能力，以先履行小额合同或者部分履行合同的方法，诱骗对方当事人继续签订和履行合同的；（4）收受对方当事人给付的货物、货款、预付款或者担保财产后逃匿的；（5）以其他方法骗取对方当事人财物的。

在本案中，控方认为被告人刘必仲构成合同诈骗罪，但对于合同诈骗采取的是上述哪一种方法，并未进一步明确。将被告人刘必仲的行为界定为合同诈骗，首先是把销售福利彩票协议看作是一个合同。从广义上来说，确实可以把销售福利彩票协议当作一个合同。合同诈骗是利用签订、履行合同骗取对方当事人财物，在签订合同与骗取财物之间存在因果关系。在本案中，签订销售福利彩票协议本身只是为不交纳投注款而打出巨额彩票提供了条件。本案的构成要件行为是不交纳投注款而打出巨额彩票，致使福利彩票发行中心受到巨额财产损失，而这一行为本身与合同诈骗无关。

关于被告人刘必仲的行为不构成上述侵占罪与合同诈骗罪，裁判理由作了以下论述：

> 构成侵占罪或者合同诈骗罪，不仅要求行为人具有非法占有目的，还应当是与职务无关的行为。对于利用职务便利实施的行为，不应当认定为侵占罪或者合同诈骗罪。本案中，不仅不能证实刘必仲具有非法占有目的，而且刘必仲不交纳投注金而购买彩票的行为是其利用承包经营彩票投注站的职务便利实现的，对其行为不应当以侵占罪或者合同诈骗罪定罪处罚。

在此，裁判理由强调了两点：一是与职务相关性，二是主观上的非法占有目的。一方面认为被告人的行为是与职务有关的，而侵占罪和合同诈骗罪与职务无关；另一方面认为被告人主观上不具有非法占有目的，而侵占罪与合同诈骗罪都是以非法占有为目的的。因而得出结论：被告人的行为不构成侵占罪与合同诈骗罪。上述裁判理由与否认贪污罪的观点是前后一致的。当然，从客观行为上否认被告人的行为构成侵占罪与合同诈骗罪更为合理。

四、罪名分析：待论证的罪名

根据我国刑法第 272 条第 1 款的规定，挪用资金罪是指公司、企业或者其他单位的工作人员，利用职务上的便利，挪用本单位资金归个人使用或者借贷给他人，数额较大、超过 3 个月未还的，或者虽未超过 3 个月，但数额较大、进行营利活动的，或者进行非法活动的行为。关于本案被告人刘必仲的行为，裁判理由认为构成挪用资金罪，并作了以下论证：

　　刘必仲作为受委托管理、经营国有财产的人员，利用承包经营福利彩票投注站、销售福利彩票的职务便利，不交纳投注金购买彩票的行为，与直接挪用福利彩票投注站的资金购买彩票，在性质上是相同的，可视为挪用本单位资金购买彩票，应当根据刑法第 272 条第 1 款规定的挪用资金罪追究刑事责任。

　　第一，刘必仲作为福利彩票投注站的承包经营人员，属于刑法第 272 条第 1 款规定的其他单位的工作人员，具有挪用资金罪的主体身份。

　　第二，彩票销售人员利用职务上的便利，不交纳投注金购买彩票，类似于证券、期货公司工作人员利用职务上的便利，挪用本单位资金或者客户资金用于炒股、购买期货等高风险投资，属于刑法第 272 条第 1 款规定的挪用本单位资金归个人使用，事后无力偿付购买彩票款是挪用后不退还的具体表现。虽然与典型的挪用手段相比，有一定程度的差异，但与挪用本单位资金购买彩票在性质上是相同的，仍具备了挪用资金罪的本质特征，不影响挪用资金罪的认定。

本案被告人的行为是否构成挪用资金罪，主要与主体和客体这两个要件相关，因而有必要展开讨论。

（一）主体要件

裁判理由将被告人刘必仲界定为受委托管理、经营国有财产的人员，属于刑法第 382 条第 2 款规定的情形。如前所述，裁判理由认为被告人刘必仲符合贪污罪的主体要件，只是由于不具有非法占有目的而不能认定为贪污罪。如果仅仅因为主观上不具有非法占有目的而不能定贪污罪，那么为什么不定挪用公款罪？这是我在上文提出的一个问题。对这个问题的正确回答是：挪用公款罪的主体只是国家工作人员，不包括受委托管理、经营国有财产的人员。因此，尽管受委托管理、经营国有财产的人利用职务便利挪用公款，也因主体不符合而不能认定为挪用公款罪，而只能认定为挪用资金罪。对此，裁判理由并未论及，因而从不能认定为贪污罪到改认定为挪用资金罪之间缺乏必要的逻辑推演。

现在的问题是：受委托管理、经营国有财产的人员是否属于本单位人员？这个问题关系到被告人是否具备挪用资金罪的主体要件。裁判理由认为，被告人刘必仲属于其他单位的工作人员。其他单位的工作人员也是本单位人员，只不过这里的单位不是公司、企业，而是其他类型的单位，例如事业单位等。在本案中，被告人刘必仲是哪一个单位的工作人员？是与之签订福利彩票销售协议的盐城市福利彩票发行中心的工作人员，还是 32090322 福利彩票投注站的工作人员？裁判理由在具体论证中称刘必仲是福利彩票投注站的承包经营人员。与这个问题相关的是：被告人挪用的是哪一个单位的资金？是福利彩票发行中心的资金还是福利彩票投注站的资金？如果被告人刘必仲是投注站的承包经营人员，其所挪用的是投注站的资金，那么，因为投注站与福利彩票中心之间是承包经营关系，而且这种承包是一种"死包"，即上交数额是确定的，所以，被告人代表投注站与福利彩票中心之间就是一种债权债务关系。只有认定被告人属于福利彩票发行中心的工作人员，其所挪用的是应当上交给福利彩票发行中心的资金，才能构成挪用资金罪。对于这个问题，裁判理由并没有作进一步的深入分析，这是令人遗憾的。

（二）客体要件

在本案中，对于行为客体到底是福利彩票还是彩票销售款，也是存在争议的。对此，裁判理由的论证是颇费心思的。如果挪用的是福利彩票，则福利彩票是否属于刑法规定的资金，挪用福利彩票的行为能否构成挪用资金罪，都是需要推敲的。裁判理由将不交纳投注金购买彩票的行为比拟为证券、期货公司工作人员利用职务上的便利挪用本单位资金或者客户资金用于炒股、购买期货等高风险投资，但后者在炒股、购买期货前动用了本单位资金，而前者在"购买"福利彩票的时候并没有动用资金，而是一种"赊购"。更为重要的是，对于后者来说，即使高风险投资赢利，归还了本单位资金，其行为仍然是挪用资金。对于前者来说，如果中大奖将投注金补上，或者虽然没有中奖但事后用自己的钱将投注金补上，则其行为并不具有挪用资金的性质，因为经营福利彩票投注站并没有禁止经营者本人购买福利彩票。从这个意义上来说，本案被告人与福利彩票发行中心之间存在一种债务关系。

综上所述，裁判理由认定被告人的行为构成挪用资金罪，不过，在主体要件与客体要件的论证上都还存在瑕疵。

五、补论

彩票发行中的案件当前在现实生活中较为常见，由于有关法律对于彩票发行活动缺乏规范，当案件涉及犯罪时，存在疑难性。对于彩票发行中的案件，应当根据以下三种情形分别定罪。

（一）盗打彩票

盗打彩票，是指行为人趁投注站工作人员不注意，在不交投注款的情况下非法获得彩票。对盗打行为，应以盗窃罪论处，其盗窃数额为未交的投注款。例如发生在广西南宁的全国首例盗打彩票案，被告人林海东在 2001 年 11 月 16 日上午，窜到南宁市金牛市场第 45010232 号投注站，趁工作人员不备，盗打了一张 29 选 7 的复式彩票，该票含 16 个号码，流水号为 2061，总价合计 22 880 元，结果其彩票中了 60 万元巨奖。被告人的这一盗打行为构成盗窃罪，但其盗窃金额是 22 880 元，中奖的 60 万元是非法所得。

（二）利用职务便利盗打彩票

利用职务便利盗打彩票，是指彩票投注站的销售人员，利用销售彩票的便利，私自在不交投注款的情况下非法获得彩票。对于利用职务便利盗打彩票的行为，在一般情况下应以职务侵占罪论处；如果没有非法占有目的的，应定挪用资金罪。但如果行为人不是未交投注款而打彩票，而是动用资金打彩票，则其行为不属于盗打，而应根据行为人主观上是否具有非法占有目的径直以挪用资金罪或者职务侵占罪论处。例如，张某于 2006 年到位于上海市杨浦区控江路上的一家彩票专卖店担任营业员。同年 1 月 27 日上午 9 时半许，张某见店内没有顾客，便用店里的彩票机打印基诺福利彩票。刚开始，张某使用自己的钱，后来动用店里的公款投注，造成公司 40 008 元的亏空后逃匿，后被抓获归案。2008 年 7 月 2 日，上海市杨浦区人民法院以职务侵占罪，一审判处被告人张某有期徒刑 1 年 6 个月，缓刑 1 年 6 个月。在该案中，被告人张某是彩票专卖店雇用的工作人员，其利用销售彩票的职务便利，动用店里的彩票销售款打彩票，后又逃匿，法院对张某以职务侵占罪论处是正确的。

（三）投注站业主盗打彩票

投注站业主本人盗打彩票，从其不交投注款而打彩票来说，是一种盗打行为。但其行为是否构成犯罪，应根据投注站与彩票发行机构的关系而确定。如果投注站只是彩票发行机构的一个派生机构，投注站业主属于彩票发行机构的工作人员，则对其盗打行为应根据是否具有非法占有目的而分别认定为职务侵占罪或者挪用资金罪。如果投注站属于承包经营的性质，并且这是一种"死包"，则盗打行为构成对彩票发行机构的债务，不构成犯罪。

第 5 章

妨害社会管理秩序罪

第 1 节　明知他人杀人后帮助毁灭证据行为之定性研究

案名：冉儒超包庇案
主题：包庇罪　帮助毁灭证据罪

黑龙江省高级人民法院一位法官曾经向我咨询：对于在他人杀人后帮助他人肢解尸体，毁灭证据的行为，是定帮助毁灭证据罪还是定包庇罪。从该案行为特征来看，毁尸灭迹属于毁灭证据的行为，似应以帮助毁灭证据罪论处，判处 3 年以下有期徒刑。但从该案的犯罪性质来看，肢解尸体并加以毁灭，性质十分严重，且行为人主观上具有包庇他人的目的，以包庇罪论处，按照情节加重犯可判处 3 年以上 10 年以下有期徒刑。这一询问引起我对包庇罪与帮助毁灭证据罪之关系的思考。正好最高人民法院《刑事审判参考》第 33 集刊登的冉儒超包庇案涉及这个问题。本节拟结合冉儒超包庇案从法理上对包庇罪与帮助毁灭证据罪加以研究。

一、案情及诉讼过程

2001 年 4 月 10 日，被告人冉国成与本乡杨家村村民何某均因赌博纠纷发生斗殴，冉被何打伤，遂对何怀恨在心，伺机报复。案发前，冉国成曾先后 3 次对其胞兄冉儒超流露"要搞（指报复）何某均"，但冉儒超对此一直未置可否。

2002 年 9 月 11 日 23 时许，冉国成与冉儒超、冉鸿雁在其家中喝酒时，金洞乡政府林业站打来电话，称有人在非法贩运木材，要求冉国成立即前去查处。接电话后，冉国成突发当晚杀死何某均的念头，于是，便从家中携带一把砍刀，并邀约冉儒超、冉鸿雁陪同执行查处任务。冉儒超看见冉国成携带的砍刀后，问为何带刀，冉国成含糊搪塞。执行完任务后，三人到乡政府外小吃摊吃夜宵的过程中，冉国成借故离开，潜入在附近居住的被害人何某均的卧室，持随身携带的砍刀向熟睡中的何某均猛砍二十余刀，致其当即死亡。

与此同时，金洞乡政府干部罗某出来看见冉国成的摩托车后，向冉儒超和冉鸿雁打听冉国成的去向，冉儒超便安排冉鸿雁和罗某在附近寻找冉国成。不一会儿，三人听见从何某均住房内传出砍杀声。冉儒超当即意识到可能是冉国成在砍杀何某均，遂叫冉鸿雁和罗某到何某均的卧室去"看一下"。二人赶到现场时，发现冉国成已将何某均杀死。随后，冉国成安排冉鸿雁用摩托车将冉儒超和其本人送回家。之后，冉国成指使冉儒超和冉鸿雁将其杀人所用的砍刀等物转移至冉鸿雁的养鸡场内藏匿。到养鸡场后，冉儒超给冉国成打电话，授意冉国成将其作案时所穿的血衣和鞋子等物烧毁，同时，又安排冉鸿雁用乙醇把冉国成杀人所用的砍刀上的血迹烧掉，但冉鸿雁还未来得及行动，公安人员已闻讯赶来抓捕。冉儒超把砍刀藏匿后，逃回家中与冉国成共商对策。冉儒超认为冉国成是国家干部，还有前途，决定由自己为其顶罪；并和冉国成订立攻守同盟后外逃。当日，三被告人分别被公安机关抓获。

重庆市第四中级人民法院审理认为：被告人冉国成因赌博与被害人何某均发生纠纷，蓄意报复杀人，其行为构成故意杀人罪。被告人冉儒超明知被告人冉国成杀死何某均后，仍受其指使，与冉鸿雁一起转移、隐藏冉国成的杀人凶器，并与冉国成共谋逃避处罚的对策，故意制造是其本人杀人后畏罪潜逃的假象，转移侦查视线；同时，授意被告人冉鸿雁及冉国成本人毁灭冉国成杀人的罪证，其行为已构成包庇罪。被告人冉鸿雁明知被告人冉国成是犯罪的人而帮助其逃离犯罪现场，并在冉国成的指使下，转移其作案工具，其行为亦构成包庇罪。被告人冉儒超、冉鸿雁是包庇罪行特别严重的犯罪分子，情节严重。在共同包庇犯罪中，被告人冉儒超起主要作用，是主犯；被告人冉鸿雁起次要作用，是从犯，应当从轻处罚。鉴于被告人冉鸿雁在包庇犯罪中系受冉国成及冉儒超的指使、安排，且归案后认罪态度好，有悔罪表现，对其适用缓刑不致再危害社会，决定对其适用缓刑。遂依照《中华人民共和国刑法》第 232 条、第 310 条第 1 款、第 25 条，第 26 条第 3、4 款，及第 27 条、第 57 条第 1 款、第 72 条、第 73 条的规定，判决如下：(1) 被告人冉国成犯故意杀人罪，判处死刑，剥夺政治权利终身；(2) 被告人冉儒超犯包庇罪，判处有期徒刑 4 年；(3) 被告人冉鸿雁犯包庇罪，判处有期徒刑 3 年，缓刑 3 年。

二、争议及裁判理由

在本案处理过程中涉及以下三个争议问题：(1) 事前明知并且事后包庇的行为，是否构成共同犯罪？(2) 行为人出于包庇的目的，实施了包庇行为和帮助毁灭证据行为，如何定罪？(3) 共同包庇犯罪案件中的共犯可否划分主、从犯？在这三个问题中，本节拟研究包庇罪与帮助毁灭证据罪之间的关系，因此主要涉及上述第二个问题。对于这个问题，裁判结论是：被告人冉儒超出于包庇的故意，实施包庇行为和帮助毁灭证据行为，对其行为以包庇罪定罪，而不应数罪并罚。裁判理由如下：

被告人冉儒超明知被告人冉国成杀死何某均后，仍受其指使，与冉鸿雁一起转移、隐藏冉国成的杀人凶器，并与冉国成共谋逃避处罚的对策，故意制造是其本人杀人后畏罪潜逃的假象，转移侦查视线。上述行为已构成包庇罪。同时，被告人冉儒超授意被告人冉鸿雁及冉国成本人毁灭冉国成杀人的罪证，该行为已构成帮助毁灭证据罪。但被告人冉儒超是出于帮助冉国成逃避刑事法律追究这一犯罪目的而实施的上述犯罪行为，只是由于犯罪的手段行为与目的行为分别触犯了帮助毁灭证据罪和包庇罪这两个罪名，因而出现了犯罪的手段行为与目的行为的牵连，此种情形属于刑法理论上的牵连犯。由于刑法在法定刑的设置上，包庇罪的法定刑比帮助毁灭证据罪的法定刑更重，故按照牵连犯从一重罪处罚的处置原则，对被告人冉儒超包庇行为和帮助毁灭证据的行为只以包庇罪定罪，而不实行数罪并罚。

上述裁判理由虽然简单，却提出了一些值得研究的问题，例如冉儒超授意冉鸿雁及冉国成本人毁灭罪证，其行为是否构成帮助毁灭证据罪？尤其是：包庇罪与帮助毁灭证据罪能否构成刑法理论上的牵连犯？要解决这些问题，应从包庇罪与帮助毁灭证据罪的基本构成特征入手。

三、立法沿革分析

包庇罪是在 1979 年刑法中规定的一个罪名，在 1979 年刑法第 162 条第 2 款，包庇罪的罪状被表述为：作假证明包庇其他犯罪分子。这里之所以规定其他犯罪分子，是因为第 162 条第 1 款规定了包庇反革命分子的行为。那么，如何理解这里的作假证明包庇犯罪分子？尤其是作假证明，是指向司法机关虚假陈述还是也包庇毁灭证据或者转移证据等行为？对于这个问题，从刑法草案修改的过程来看，经历了一个立法用语的转换，由此我们也可以窥见包庇罪之包庇行为的立法本意。1979 年刑法的第 22 稿（1957 年 6 月 28 日）第 190 条规定：

事前没有通谋，事后隐藏犯罪分子或者为犯罪分子毁灭、隐藏罪证的，处三年以下有期徒刑或者拘役；事后隐藏反革命分子或者为反革命分子毁灭、隐藏罪证的，处三年以上十年以下有期徒刑。

在这一规定中，涉及为犯罪分子或者反革命分子毁灭、隐藏罪证的行为，然而并未出现包庇一词。第 27 稿（1962 年 12 月）第 175 条的规定有所调整，对包庇行为表述为为犯罪分子消灭、隐匿犯罪证据。第 30 稿（1963 年 2 月 27 日）第 178 条对此未作改动。第 33 稿（1963 年 10 月 9 日）第 179 条中首次出现包庇一词，以此取代消灭、隐匿犯罪证据的用语。对于修改的理由，高铭暄教授指出，是由于毁灭、隐藏罪证包括不了所有的包庇行为。① 第 34 稿（1978 年 12 月）和第 35 稿（1979 年 2 月）均维持了上述规定，未作变动。及至第 36 稿（1979 年 3 月 31 日）第 169 条首次出现了作假证明包庇一语，1979 年刑法第 162 条采用了上述表述。在论及将包庇修改为作假证明包庇的修改理由时，高铭暄教授指出：（通过这种修改）把包庇的概念明确起来，包庇不是单纯的知情不举（不作为），而是弄虚作假的积极行为（作为）。因此，根据高铭暄教授的理解，1979 年刑法中的包庇罪是指明知是反革命分子或者其他犯罪分子，而弄虚作假帮助其掩盖罪行，使之逃避法律制裁的行为。② 从以上叙述可以看出，包庇罪的客观行为经历了一个从毁灭、隐藏罪证到包庇，再到作假证明包庇这样一个立法表述的改动过程。毁灭、隐藏罪证是一种较为具体的描述，而包庇则较为抽象。将毁灭、隐藏罪证包含在包庇之中，并使包庇能够将更多的帮助犯罪分子逃避法律制裁的行为包含进来，似乎并无不当。但在包庇一词前又加上作假证明一语的限制，又缩小了包庇行为的内涵，尽管其目的在于强调包庇是一种作为而非不作为。确如我国学者指出：

> 用作假证明限定包庇，不仅没有达到这个预期的效果，反而带来了问题：一是作假证明的含义不清，与刑法第 148 条伪证罪中证人的虚假陈述不易区分；二是用作假证明来限定包庇，使包庇的范围大为缩小，甚至连第 22 稿中规定的为犯罪分子毁灭、隐藏罪证的包庇行为都无法体现。③

---

① 参见高铭暄：《中华人民共和国刑法的孕育和诞生》，221 页，北京，法律出版社，1981。
② 参见高铭暄：《中华人民共和国刑法的孕育和诞生》，222 页，北京，法律出版社，1981。
③ 赵秉志主编：《妨害司法活动罪研究》，265 页，北京，中国人民公安大学出版社，1994。

在这种情况下，对于这里的作证明包庇犯罪分子是否包括帮助犯罪分子毁灭、隐藏罪证，我国刑法学界出现了争议。

　　在 1979 年刑法颁布之初，我国学者对作假证明包庇犯罪分子，倾向于作狭义的理解。例如高铭暄教授强调，包庇行为的本质特征在于弄虚作假，帮助犯罪分子掩盖罪行。① 以弄虚作假诠释作假证明，是较为贴切的。因此，包庇行为就有欺骗司法机关之意蕴。还有学者更是从字面出发将作假证明包庇犯罪分子解释为有意识地向司法机关和有关组织出具口头的或书面的假证明，借以帮助罪犯掩盖罪行，使其逃避应受的法律制裁的行为。② 在这种情况下，对于以作假证明以外的其他方法实施包庇行为的，就不能按照包庇罪定罪。为此，我国学者认为，应当实行类推定罪。③ 由于 1979 年刑法设有类推制度，因而在法无明文规定的情况下通过类推定罪不失为一种较好的选择。当然，这只是个别学者的观点，我国刑法学界的通说是主张对作假证明包庇犯罪分子进行扩大解释。例如，王作富教授指出：

　　　　关于包庇的方法，刑法第 162 条只提到作假证明的方法，例如，明知是犯罪分子，却为他申报临时户口，说他是出差办事的，掩盖其罪犯的身份。但是，实践表明，作假证明并不是包庇罪犯的唯一方法。例如在犯罪分子完成犯罪之后，当场帮助他毁灭罪迹、洗净血衣、掩埋被害人尸体、掩藏凶器等，都属于目的在于帮助罪犯掩盖犯罪事实逃避制裁的包庇行为，应当以包庇罪论。④

　　在上述论述中，只是以实践表明作假证明并不是包庇罪犯的唯一方法为由，径直将帮助隐藏、毁灭罪证的内容涵括在包庇方法之内，而没有作任何学理上的论证。这表明在当时的历史背景下，我国刑法学理解释具有随意性。当然，考虑到 1979 年刑法存在类推制度，这种解释的随意性的后果似乎并没有那么严重。其背后的逻辑是：反正要定罪，无非类推还是直接解释的手段选择问题而已。当然，也

① 参见高铭暄：《中华人民共和国刑法的孕育和诞生》，222 页，北京，法律出版社，1981。
② 参见李光灿主编：《中华人民共和国刑法论》（下册），630 页，长春，吉林人民出版社，1984。
③ 参见李道重：《关于包庇罪的一个问题》，载《法学杂志》，1986（1）。
④ 王作富：《中国刑法研究》，663 页，北京，中国人民大学出版社，1988。

有学者明确这是一种扩张解释，并认为鉴于刑法（指 1979 年刑法，下同）第 162 条规定上的疏漏，应尽快加以修正完善，在修正完善之前，为了满足司法实践的需要，可以对作假证明作扩张解释，而且这样做，并不违背立法原意，没有必要对为犯罪分子毁灭、隐藏罪证的行为以类推的方法适用刑法第 162 条。① 通过扩张解释，包庇行为扩展为以下六种情形：（1）隐藏、毁灭物证、书证。（2）制造虚假的证人证言。（3）制造虚假的被害人陈述。（4）制造虚伪的被告人供述。（5）指使、收买、威胁鉴定人作虚假的鉴定结论。（6）伪造犯罪现场。我国学者指出：

> 以上六种行为都是与妨害刑事证据有关的包庇行为。司法实践中出现的包庇行为，也有一些与证据无关的，比如向司法机关作假证明，隐瞒或谎言编造犯罪分子逃跑的路线、方向及地点，为犯罪分子鸣冤叫屈，对被害人污蔑诽谤的，等等，其意图都是包庇犯罪分子，使其逃避法律制裁，故而亦应认定为包庇罪。②

至此，包庇罪的内涵大为扩展，成为将除窝藏以外帮助犯罪分子逃避法律制裁的所有行为都涵括在内的一个罪名。

在 1997 年刑法修订中，第 307 条第 2 款新增了帮助毁灭、伪造证据罪。这里的证据，包括民事证据与刑事证据。因此，帮助毁灭、伪造证据行为不仅妨害民事诉讼，同时也妨害刑事诉讼。对此，在刑法理论上并无异议。例如立法者在论及本罪时指出：

> 帮助当事人毁灭、伪造证据，是指与当事人共谋，或者受当事人指使为当事人毁灭证据、伪造证据提供帮助的行为，如为贪污犯罪的嫌疑人销毁单据等。③

在 1997 年刑法设立帮助毁灭、伪造证据罪以后，本罪与包庇罪的关系究竟如何界定，就成为一个值得研究的问题。对于这个问题，大部分刑法论著并未涉及，

---

① 参见赵秉志主编：《妨害司法活动罪研究》，265 页，北京，中国人民公安大学出版社，1994。
② 赵秉志主编：《妨害司法活动罪研究》，271 页，北京，中国人民公安大学出版社，1994。
③ 胡康生、郎胜主编：《中华人民共和国刑法释义》，2 版，420 页，北京，法律出版社，2004。

对包庇罪的解释也仍然保持刑法修订前的原样。在 1997 年刑法颁布之初，我亦如此。例如，在《刑法疏议》一书中，我将帮助犯罪分子湮灭罪迹和毁灭罪证行为包含在包庇罪之中。[①] 这种解释没有考虑到 1997 年刑法新设的帮助毁灭、伪造证据罪，因而有所不妥。此外，我国学者对包庇罪与帮助毁灭、伪造证据罪的关系作了论述，指出：

> 　　原来（指 1997 年刑法修订前——引者注）将帮助湮灭罪迹和毁灭罪证的行为解释为作假证明包庇，是由于刑法没有单独将此行为规定为犯罪，而司法实践中又大量出现这种行为。为了满足司法实践的需要，必须将这种行为类推解释为作假证明包庇。从严格的罪刑法定原则出发，这种类推解释是站不住脚的。1997 年刑法发现了这一立法上的疏漏，增加规定了帮助毁灭、伪造证据罪。因此，对这种帮助湮灭罪迹和毁灭罪证的行为，应按新刑法的这一罪名定罪处罚，而不能再按包庇罪来定罪处罚。[②]

现在看来，这一观点是可取的。由此可见，在帮助毁灭证据罪设立以后，包庇罪的范围有所减小，原先被不恰当地解释在包庇罪中的帮助湮灭罪证和毁灭罪证的行为显然应当是帮助毁灭证据罪的题中之意。

最后还要指出一点，随着帮助毁灭证据行为从包庇罪中分离出来，包庇罪的构成又受到伪证罪的限制，因而包庇行为实际上已经十分有限。在这种情况下，对犯包庇罪情节严重的处 3 年以上 10 年以下有期徒刑已经完全没有必要，而且这使包庇罪的处罚与帮助毁灭证据罪的处罚失衡。这是在将来刑法修改时值得考虑的。

四、包庇罪与帮助毁灭证据罪的区分

如上所述，在 1997 年刑法中，在包庇罪之外增设了帮助毁灭证据罪。在这种情况下，如何正确地区分包庇罪与帮助毁灭证据罪就成为司法实务中的一个疑难问

---

① 参见陈兴良：《刑法疏议》，492 页，北京，中国人民公安大学出版社，1997。
② 李希慧主编：《妨害社会管理秩序罪》，257～258 页，武汉，武汉大学出版社，2001。

题。尤其是，为犯罪人毁灭罪证的行为到底是构成帮助毁灭证据罪还是包庇罪，经常引起争议。对此，《刑事审判参考》在"审判实务释疑"栏目中，曾经对这个问题结合赵某帮助毁灭证据案[①]进行答疑：

> 被告人赵某在得知自己的男友王某某等三人实施了绑架勒索杀人罪行后，为帮助王某某等人逃避侦缉，授意他们脱下身上的血衣，取出用作犯罪工具的手机中的 SIM 卡，由自己分别进行清洗和烧毁。对赵某为犯罪人毁灭罪证的上述行为应如何定性，存在不同的意见：一种意见认为应定包庇罪，理由是，所谓明知是犯罪的人而作假证明包庇的，包括为包庇犯罪的人而帮助犯罪的人毁灭犯罪证据的行为在内，帮助犯罪人毁灭犯罪证据仅是包庇犯罪人的一种行为形式。本案被告人赵某帮助王某某等人毁灭罪证的行为，由于是发生在王某某等人实施犯罪行为后、被司法机关发现、立案侦查前，行为时王某某等人尚不属于刑事诉讼中的当事人，故不能认为赵某是帮助当事人毁灭证据。另一种意见则认为应定帮助毁灭证据罪，理由是，帮助毁灭证据罪和包庇罪的区别主要在于客观行为方式的不同，帮助毁灭证据罪是指帮助当事人毁灭有关证据的行为，包括明知是犯罪的人而帮助其毁灭犯罪证据的行为，而包庇罪则仅限于作假证明进行包庇犯罪人的行为。

最高人民法院有关业务部门指出：

> 刑法第 307 条第 2 款规定的帮助毁灭证据罪，是指帮助当事人毁灭证据，情节严重的行为。它是修订后刑法新增设的罪名。本罪的构成要件为：(1) 侵犯的客体是司法机关的正常诉讼活动。(2) 客观方面表现为帮助当事人毁灭证据的行为。包括为当事人毁灭证据的行为，受当事人指使而毁灭证据的行为，教唆、指使当事人毁灭证据的行为，为当事人毁灭证据提供各种便利条件或者伙同当事人共同实施毁灭证据的行为，向当事人教授毁灭证据方法的行为，等等。换言之，这里的帮助仅仅意味着不包括

---

① 本案刊载于最高人民法院编：《刑事审判参考》，第 34 集，北京，法律出版社，2004。

当事人本人的毁灭证据的行为和为自身的利害关系而毁灭证据的行为。所谓当事人既包括刑事诉讼中的自诉人、犯罪嫌疑人、被告人、被害人、附带民事诉讼原告人和被告人 [刑事诉讼法（1996 年——引者注）第 82 条第 2 项]，也包括民事、行政诉讼中的原、被告和第三人等。根据我国刑法规定，帮助当事人毁灭证据的行为必须是情节严重的才能构成犯罪。所谓情节严重，一般是指帮助毁灭证据的行为造成严重后果，帮助毁灭重大案件的重要证据等等。（3）主体为一般主体，但不包括当事人本人和刑事诉讼中的辩护人、诉讼代理人。当事人为本人利益而毁灭证据的不能以本罪追究刑事责任；至于刑事诉讼中的辩护人、诉讼代理人帮助当事人毁灭证据的，根据刑法第 306 条的规定应另外构成辩护人、诉讼代理人毁灭证据罪而非本罪。（4）主观方面只能由故意构成。

刑法第 310 条规定的包庇罪，是指明知是犯罪的人而为其做假证明，以帮助其逃避刑事追究的行为。本罪的构成要件为：（1）侵犯的客体是司法机关对罪犯的刑事追诉活动。（2）客观方面表现为作假证明以包庇犯罪人的行为，即向司法机关作虚假证明来帮助犯罪人逃避法律追究。所谓作假证明，包括作虚假的书面的或口头的证明。（3）主体为一般主体，在实践中多为犯罪人的亲属、朋友等；犯罪人本人不能成为本罪的主体，共同犯罪人相互之间也不能成为本罪的主体。

从以上条文分析中可以看出，两罪的区别主要表现在：

1. 行为方式不同。帮助毁灭证据罪，表现为帮助当事人实施了毁灭有关证据的行为，包括帮助犯罪的人实施了毁灭罪迹罪证的行为；而包庇罪则仅限于实施了向司法机关作假证明的行为。值得指出的是，由于旧刑法对帮助毁灭证据行为没有单独规定为犯罪，故在旧刑法实施期间，无论是刑法理论还是司法实践，均认为帮助犯罪的人实施毁灭罪迹罪证的行为应构成包庇罪。我们认为，在新刑法对帮助毁灭证据行为单独规定为犯罪后，再坚持以往的做法，就没有道理了。根据修改后的刑法规定，应当说包庇罪应仅限于向司法机关作假证明的行为，而不应包括帮助犯罪的人毁灭罪证、罪迹以及伪造证据的行为。

2. 帮助的对象不同。包庇罪是指明知是犯罪的人而向司法机关作假证明予以帮助，包庇的对象是犯罪的人；帮助毁灭证据罪则是帮助当事人毁灭证据，帮助对象是当事人。这里所说的当事人，其对象范围要远远大于犯罪人，既包括刑事诉讼中的自诉人、被告人、被害人，也包括民事、行政诉讼中的原告、被告、第三人等。如上所述，已进入刑事诉讼程序中的犯罪嫌疑人、被告人当然在上述的当事人之列，帮助已进入刑事诉讼程序中的犯罪嫌疑人、被告人毁灭证据，情节严重的，当然也应定帮助毁灭证据罪。但本案被告人赵某帮助王某某等人毁灭罪证的行为，则是发生在王某某等人实施了犯罪行为以后、被司法机关发现、立案侦查以前。那么，王某某等人是否属于帮助毁灭证据罪中所说的当事人呢？能否认为赵某的行为就是帮助当事人毁灭证据呢？支持本案应以包庇罪定性的观点认为：帮助毁灭证据罪中的帮助对象是当事人。所谓当事人应当是一个诉讼中的概念。刑法第 307 条第 2 款虽没有像第 306 条那样明确规定帮助犯罪的人毁灭犯罪证据的行为必须发生在刑事诉讼过程中才能构成帮助毁灭证据罪，但其使用当事人这一概念就暗含了上述意思。我们认为上述观点有偏颇之处，理由是，其一，当事人的确是一个诉讼概念，但这并不表示帮助犯罪的人毁灭犯罪证据的行为只有发生在刑事诉讼过程中才能构成帮助毁灭证据罪。刑法第 307 条第 2 款所使用的当事人概念，仅是为了明确帮助毁灭证据的对象的范围，明确帮助哪些人毁灭证据的行为才能构成帮助毁灭证据罪。在刑事诉讼开始之前实施了犯罪的人，必然属于将来刑事诉讼中的当事人。其二，刑事诉讼的启动的正式标志固然是侦查机关的立案活动，但对帮助犯罪的人毁灭犯罪证据行为的定性，则不能以是否已立案为转移。即不能对立案前帮助犯罪的人毁灭犯罪证据的定包庇罪，而对立案后帮助犯罪的人毁灭犯罪证据的就定帮助毁灭证据罪。同样的行为因刑事诉讼的正式启动与否而定不同的罪名，道理上是讲不通的。可见，那种认为对帮助犯罪的人毁灭犯罪证据的行为是定包庇罪还是帮助毁灭证据罪，主要看相应的行为是否发生在刑事诉讼过程中的观点，即包庇行为只能发生在刑事诉讼开始之前，帮助毁灭证据的行为只能发生在各类案件的诉讼过程中，是既没有刑法条文依据，也没有充分的逻辑道理的。

综上，就本案而言，我们认为，被告人赵某帮助实施了严重犯罪的王某某等人毁灭罪证的行为，情节严重，尽管其行为系发生在刑事诉讼开始之前，但由于该行为特征是帮助犯罪人毁灭罪证，而不是向司法机关作假证明，因此，对赵某应认定构成帮助毁灭证据罪，而非包庇罪。

另外需要说明的是，根据刑法的规定，帮助毁灭证据罪应处 3 年以下有期徒刑或者拘役，最高法定刑为 3 年；包庇罪的基本法定刑虽也为 3 年以下有期徒刑、拘役或者管制，但情节严重的，最高法定刑可为 10 年。因此，有种观点认为，对帮助犯罪的人毁灭罪证的行为一律以帮助毁灭证据罪论处，不能排除特定情形下有可能会轻纵帮助毁灭罪证的行为人，故还是应坚持对帮助犯罪的人毁灭罪证的行为以包庇罪论处为宜，而仅对民事、行政诉讼中帮助当事人毁灭有关证据的行为，才以帮助毁灭证据罪论处。我们认为这种观点是错误的。定罪是处断刑罚的前提。定罪在先，处断刑罚在后。一罪的犯罪构成只能根据条文的罪状描述来解释，司法不能为适用重刑而随意扩大或缩小罪状。包庇罪的罪状表明其行为仅限于向司法机关作假证明的包庇行为，而无法包括以毁灭证据、伪造证据等形式实施的包庇行为；帮助毁灭证据罪的罪状表明其行为是帮助当事人毁灭有关证据的行为，既包括帮助犯罪嫌疑人、被告人毁灭罪证、罪迹的行为，也包括帮助自诉人、刑事被害人、附带民事诉讼原告人和被告人以及民事诉讼、行政诉讼中有关当事人毁灭证据的行为。

以上对于包庇罪与帮助毁灭证据罪之间区分的论述，我认为是符合法理的。应该说，包庇罪与帮助毁灭证据罪在客观行为与主观目的上都具有一定的类似性，因而在司法实践中容易发生混淆。上述论述强调包庇罪是以作假证明的方式欺骗公安机关，以便使犯罪分子逃避刑事追诉。正是作假证明这一行为方式使包庇罪与帮助毁灭证据罪得以从客观上区分开来。这里的作假证明是指欺骗司法机关，因而包庇罪具有与司法机关面对面的对立性质。在某种意义上来说，包庇罪性质更为严重。而帮助毁灭证据罪，是通过毁灭证据的方法使犯罪人逃避刑事追诉，给司法机关的刑事追究造成一定的困难。相对于包庇罪的公然欺骗司法机关而言，帮助毁灭证据罪是背着司法机关在隐蔽的情况下毁灭证据。根据上述论述，我们可以正确地将包庇罪与帮助毁灭证据罪加以区分。

五、裁判理由的评判

在冉儒超包庇案中，法院的判决认定，被告人冉儒超明知被告人冉国成杀死何某均后，仍受其指使，与冉鸿雁一起转移、隐藏冉国成的杀人凶器，并与冉国成共谋逃避处罚的对策，故意制造是其本人杀人后畏罪潜逃的假象，转移侦查视线，同时，授意被告人冉鸿雁及冉国成本人毁灭冉国成杀人的罪证，其行为已构成包庇罪。被告人冉鸿雁明知被告人冉国成是犯罪的人而帮助其逃离犯罪现场，并在冉国成的指使下，转移其作案工具，其行为亦构成包庇罪。上述法院的判决认定的行为可以分为以下三种情形：一是转移、隐藏犯罪证据；二是制造假象，转移侦查视线；三是帮助毁灭犯罪证据。在上述三种行为中，帮助毁灭犯罪证据行为已构成帮助毁灭证据罪，对此不会有争议。至于制造假象，转移侦查视线，是以顶罪的方式使真正的犯罪人逃避法律制裁，是一种包庇的特殊形式。对此，我国学者指出：

> 在司法机关追捕的过程中，行为人出于某种特殊原因为了使犯罪人逃匿，而自己冒充犯罪的人向司法机关投案或者实施其他使司法机关误认为自己为原犯罪人的行为的，也应认定为本罪。[①]

我认为，这一理解是正确的。在本案中，被告人冉儒超与冉国成商量由前者为后者顶罪，并决定外逃。未及外逃，当日就被公安机关抓获。案情并没有表明抓获以后冉儒超向公安机关作虚假供述，为冉国成顶罪，因此其是否实施了作假证明包庇的行为，还是值得推敲的。

---

① 张明楷：《刑法学》，3 版，789 页，北京，法律出版社，2007。

那么，对于帮助转移、隐藏证据的行为能否以帮助毁灭证据罪论处？这里的关键是如何理解毁灭证据。如果把毁灭理解为使证据从物质形态上消失，则难以将这种转移、隐藏证据的行为涵摄在内。如果将毁灭证据理解为使司法机关无从发现某种证据，则不仅使证据从物质形态上消失属于毁灭证据，而且虽未使证据从物质形态上消失，但将证据藏匿，使之不被发现，也可扩大地解释为毁灭证据。在司法实践中，对于这种帮助转移、隐藏证据的行为以帮助毁灭证据罪处理。

赵某帮助转移、隐藏证据案

　　被告人赵某于2002年8月31日18时45分左右，应同事潘某的要求，驾驶轿车至潘某住处。潘告知赵已将女友袁某杀害并肢解，并要求赵帮忙将尸体运至一油库后山处理。赵帮潘将装有尸体的牛仔包抬进汽车后备厢，连同潘抬进的另一包尸体和作案工具一并拉到油库的后山上。公安机关找赵谈话时，赵即如实作了交代。法院在审理此案过程中，对本案的定性有两种不同意见：一种意见主张定帮助毁灭证据罪，另一种意见主张定包庇罪。法院认为，本案中，被害人的尸体是重要的证据。赵帮助潘抬运装有尸体的牛仔包的行为，属于毁灭证据的行为，且情节严重，已构成帮助毁灭证据罪。遂依法作了判处。①

　　我认为，这一判决是正确的。对于这种转移、隐藏证据的行为如果不以帮助毁灭证据罪论处而定包庇罪，使其受到较之帮助毁灭证据罪更重的刑罚处罚，显然不妥。

　　根据以上分析，假设被告人冉儒超实际上实施了包庇行为和帮助毁灭证据行为，触犯了两个罪名，那么，对此应当如何处理呢？裁判理由指出：

　　被告人冉儒超是出于帮助冉国成逃避刑事法律追究这一犯罪目的而实施的上述犯罪行为，只是由于犯罪的手段行为与目的行为分别触犯了帮助毁灭证据罪和包庇罪这两个罪名，因而出现了犯罪的手段行为与目的行为的牵连，此种情形属于刑法理论上的牵连犯。由于刑法在法定刑的设置

---

　　① 周道鸾、张军主编：《刑法罪名精释》，3版，608～609页，北京，人民法院出版社，2007。

上，包庇罪的法定刑比帮助毁灭证据罪的法定刑更重，故按照牵连犯从一重罪处罚的处罚原则，对被告人冉儒超的包庇行为和帮助毁灭证据的行为只以包庇罪定罪，而不实行数罪并罚。

以上对包庇罪与帮助毁灭证据罪之关系的论述，我认为是不能成立的。实际上，无论是包庇罪还是帮助毁灭证据罪，都存在帮助犯罪分子逃避刑事追究的目的，只是手段不同而已。在这个意义上说，包庇罪与帮助毁灭证据罪之间是一种并列关系而非牵连关系。因此，在本案中，被告人既实施了包庇行为又实施了帮助毁灭证据行为，应以数罪论处。

第 2 节　辩护人妨害作证罪之引诱行为之定性研究

案名：张耀喜辩护人妨害作证案
主题：辩护人妨害作证罪　引诱行为

一、引言：罹难律师来信

2004 年《法学》第 1 期，发表了我的《为辩护权辩护——刑事法治视野中的辩护权》一文。该文刊出后不久，我于 2004 年 2 月 9 日收到南京司宁的来信，信中自述其原为律师，只因证人在庭上作证时，其证言中有一句虚假的话，控方即启动司法程序，并最终以辩护人妨害作证罪对其判处有期徒刑 1 年，缓刑 1 年。因我在上述论文中涉及对刑法第 306 条的分析，司宁在信中就刑法第 306 条提出以下六个问题：

（1）证人当庭作伪证的风险是否要由辩护律师承担？（2）以证人出庭作证时出现的一句假话来定辩护律师的罪，这是否将引诱的范围作了扩大化？是否无限扩大了律师的责任？（3）我没有用任何利益引诱，也没有具体让证人去讲那句假话，如何就构成辩护人妨害作证罪呢？（4）缺乏直接证据，原一、二审采用推定明知而定罪是否符合我国刑法及刑事诉讼法的规定？（5）证人当庭出现的一句假话不影响事实认定和行为定性，没有产生后果，没有妨碍刑事诉讼的进行，是否要追究辩护律师的责任？（6）律师因一二句话说得不严谨，就遭受灭顶之灾，沦落为阶下囚，这种做法与现代司法文明是否相违背？这是否符合刑法第 306 条的立法本意？

为回答上述问题，我对张耀喜被控辩护人妨害作证罪二审被判无罪一案（以下简称张耀喜案）作了研究。该案刊登在最高人民法院编的《刑事审判参考》①，同时也收录在浙江省高级人民法院编的《刑事判案评述》②，本节以此为实际素材展开讨论。

二、案情及诉讼过程

1999 年 3 月 11 日，被告人张耀喜接受犯罪嫌疑人陈某鸿之姐陈某明的委托担任陈某鸿盗窃案的一审辩护人。陈某鸿被指控盗窃 5 次，盗窃财物价值人民币 11 530 余元，其中 1998 年 12 月 30 日晚盗窃铝锭，价值人民币 3 134.10 元。

被告人张耀喜于 1999 年 3 月 26 日和 4 月 20 日两次会见了陈某鸿。会见中，陈某鸿辩称自己未参与 1998 年 12 月 30 日晚的盗窃，因当时其与李某在一起打扑克牌。此后，被告人张耀喜告诉陈某明，陈某鸿不承认起诉书指控的第三次盗窃（即 1998 年 12 月 30 日晚盗窃铝锭），该次盗窃成立与否关系对陈某鸿的量刑，李某如能作证则该次盗窃不能成立，并要求其找到李某。

4 月 20 日晚，陈某明将李某叫到自己家中，被告人张耀喜也随即到了陈家。张耀喜向李某介绍了从诉讼材料上得知的陈某鸿盗窃、同案嫌疑人

---

① 本案刊载于最高人民法院编：《刑事审判参考》，第 12 辑，北京，法律出版社，2001。
② 参见王幼章主编：《刑事判案评述》，133～149 页，北京，人民法院出版社，2002。

韦某亮在逃以及会见陈某鸿时陈改变部分供述的情况，并告知李某，他如能作证可以减轻陈某鸿的罪责。接着，被告人张耀喜以只要李某回答"是"或"不是"的形式，对李进行诱导式询问，并制成一份1998年12月30日晚陈某鸿与李某在一起打扑克牌、陈无盗窃作案时间的调查材料。张耀喜还故意将调查人写成张耀喜、何某两人，调查地点写成李某家，并告诉李某如有人问起调查情况，就说是张耀喜、何某两人在李家调查。

1999年4月27日，陈某鸿盗窃案公开开庭审理中，陈当庭推翻原先关于1998年12月30日晚盗窃铝锭的供述，辩称自己当晚与李某在一起打牌，未作案。为核查事实，法庭休庭。4月30日，陈某鸿盗窃案的公诉人、法院主审人与张耀喜一起找李某调查取证，李某作了与4月20日证词内容相同的证言。5月4日，被告人张耀喜及其同事徐某再次会见陈某鸿，张耀喜将李某的证词内容告诉了陈某鸿。5月5日，陈某鸿盗窃案继续开庭审理。陈某鸿根据被告人张耀喜告知的李某证言继续坚持4月27日开庭时所作的翻供，其翻供陈述与李某证言相吻合。一审判决未采纳李某的证言。陈某鸿提出上诉。二审期间，因被告人张耀喜制作的李某的证词，使审判活动不能正常进行。

柯城区人民法院认为：被告人张耀喜担任陈某鸿的辩护人，为使陈的盗窃数额从巨大降为较大（浙江省确定本地执行的盗窃罪数额标准，数额巨大的起点为10 000元人民币，数额较大的起点为1 000元人民币），减轻陈的罪责，采用诱导设问的方式，引诱证人李某作伪证，其行为妨害了刑事诉讼的正常进行，构成辩护人妨害作证罪。遂依据《中华人民共和国刑法》第306条第1款的规定，于2000年4月20日判决如下：被告人张耀喜犯辩护人妨害作证罪，判处有期徒刑1年。

一审宣判后，被告人张耀喜不服，以无罪为由向浙江省衢州市中级人民法院提出上诉。

衢州市中级人民法院经审理认为：原审判决据以认定被告人张耀喜对证人李某进行调查时诱导李某作伪证一节事实的证据，只有李某的证言，缺乏当时其他在场人的佐证。被告人张耀喜归案后及在一、二审期间又均否认此节，故认定该节的事实证据不足。原判认定的其他事实成立，但凭现有证据和已得到证明的事实，难以认定被告人张耀喜主观上有妨害作证的直接故意。原判认定的事实证据不足。遂依据《中华人民共和国刑事诉讼法》（1996 年，下同——引者注）第 189 条第 (3) 项和第 162 条第 (3) 项的规定，于 2000 年 7 月 10 日判决如下：(1) 撤销浙江省衢州市柯城区人民法院的刑事判决；(2) 上诉人张耀喜无罪。

三、裁判理由

辩护人妨害作证罪是 1997 年刑法增设的罪名。根据刑法第 306 条第 1 款的规定，辩护人妨害作证罪，是指辩护人在刑事诉讼中毁灭、伪造证据，帮助当事人毁灭、伪造证据，威胁、引诱证人违背事实改变证言或者作伪证的行为。

根据刑事诉讼法第 35 条的规定，辩护人的责任是根据事实和法律，提出证明犯罪嫌疑人、被告人无罪、罪轻或者减轻、免除其刑事责任的材料和意见，维护犯罪嫌疑人、被告人的合法权益。因而辩护人常常需要积极开展工作，取得有利于犯罪嫌疑人、被告人的证据。这就很容易产生辩护人不择手段开脱、减轻犯罪嫌疑人、被告人罪责的表象，使人误以为其从事了参与伪造证据等妨害作证的行为。因此，仅凭辩护人调查取证的积极态度和某些取证行为来推断辩护人的主观故意，很容易得出片面的结论。

针对上述特点，在审判实践中，应注意严格区别与把握辩护人依法履行法定责任与妨害作证行为的界限。虽然豁免辩护人履行职责中一切不当行为的法律责任是不适当的，但不适当地扩大辩护人应负法律责任的范围，势必会限制甚至变相剥夺辩护人行使辩护权利，从而妨害律师履行职务，影响刑事诉讼法任务与目的的实现。

刑法第 306 条第 2 款规定，辩护人提供、出示、引用的证人证言或者其他证据失实，不是有意伪造的，不属于伪造证据。其中，有意应理解为仅限于直接故意，即辩护人明知自己的妨害作证行为会妨害刑事诉讼的正常进行，而积极追求这种结果的发生。认定辩护人是否具有妨害作证的主观故意，应注意：

　　一是要结合个案的外部条件和辩护人的职责义务，判断辩护人是否存在明知的充分条件。本案中，被告人张耀喜将其制作的关于李某的调查笔录提交给法庭，客观上妨害了陈某鸿盗窃案的正常审判活动，但是，只有认定张耀喜主观上具有妨害作证的直接故意时，才能追究其刑事责任。为此，必须证明张耀喜明知陈某鸿就其第三次盗窃所作的翻供陈述是虚假的，且明知 1998 年 12 月 30 日晚陈某鸿、李某并不在一起打扑克牌。但从本案现有证据看，没有证据表明陈某鸿翻供时有充分条件可以使张耀喜断定该翻供陈述是违背事实的，同样，被告人张耀喜向证人李某取证时，亦无充足证据证明张耀喜明知李某所作的是虚假证言。

　　二是要从辩护人的客观行为入手，分析其是否具有明知。从客观行为上看，被告人张耀喜向陈某明、李某介绍陈某鸿盗窃案的情况及说明李某作证的重要性并非违法，即使不当，也不能由此认定系张耀喜故意劝诱李某作伪证。被告人张耀喜将调查地点、调查人故意作了与实际情况不符的记载，亦不足以成为张耀喜引诱李某作伪证的证据。被告人张耀喜在会见陈某鸿时将李某的证言告诉陈，虽不能排除张耀喜有串供的动机，但不能由此反推出张耀喜此前及在调查李某时就已明知李某所作的是虚假证言。

　　因此，从主、客观两方面分析，凭现有证据认定被告人张耀喜具有妨害作证的直接故意，根据是不充分的。现有证据也不能排除李某所作证言与事实不符是由于被告人张耀喜调查取证方式不当所致，或者是由于证人记忆模糊而对证言内容真实性采取放任态度所致。

　　综上，根据现有证据和已查明的事实，难以认定被告人张耀喜具有妨害作证的直接故意。为此，衢州市中级人民法院采纳一审辩护人的辩护意见，以认定的事实证据不足、适用法律不当为由，撤销原判，宣告被告人张耀喜无罪。

四、理论分析

对于刑法第 306 条的规定，司法解释给出的罪名是：辩护人、诉讼代理人毁灭证据、伪造证据、妨害作证罪。这一罪名过长又不好记，在法律界，尤其是律师界，干脆直称为律师伪证罪。刑法第 306 条规定了本罪的三种行为：一是辩护人、诉讼代理人毁灭、伪造证据；二是辩护人、诉讼代理人帮助当事人毁灭、伪造证据；三是辩护人、诉讼代理人威胁、引诱证人违背事实改变证言或者作伪证。前两种行为分别是毁灭证据、伪造证据，因为毁灭与伪造行为较为明显，而且刑法第 306 条第 2 款还从反面规定在何种情况下不属于伪造证据，因而在司法实践中较易认定。但律师因毁灭证据、伪造证据而被定罪的案件则较为罕见，只是张建中案与伪造证据有瓜葛，当然那是另一个需要专门研究的案例。绝大多数律师被定罪，都是因为妨害作证，具体地说，是引诱证人违背事实改变证言或者作伪证。本案亦如此。关键问题在于：何谓引诱？

引诱，望文生义，是指引导与诱惑。在汉语词典中，引诱有以下三义：（1）诱导、劝导；（2）诱惑；（3）吸引。[①] 当然，这只是引诱作为日常用语的解释，还不能简单地视其为作为法律用语的解释。引诱作为一个法律用语，在我国刑法中多次出现并各有其含义：

（1）刑法第 301 条第 2 款规定的引诱未成年人聚众淫乱罪。这里的引诱，是指通过语言、观看录像、表演及作示范等手段，诱惑未成年的男女参加淫乱活动的行为。[②]

（2）刑法第 353 条第 1 款规定的引诱他人吸毒罪。这里的引诱，是指

---

① 参见罗竹风主编：《汉语大词典》，第 4 卷，98 页，北京，汉语大词典出版社，1989。
② 胡康生、郎胜主编：《中华人民共和国刑法释义》，3 版，459 页，北京，法律出版社，2006。

以金钱、物质或者含有毒品的物品让他人吸食（如将毒品掺入香烟中给他人吸食），或者以向他人进行鼓励等方法，勾引、诱使、拉拢本无吸毒意愿的人吸食、注射毒品的行为。①

（3）刑法第359条第1款规定的引诱卖淫罪。这里的引诱，是指为了达到某种目的，以金钱诱惑或通过宣扬腐朽生活方式等手段，诱使没有卖淫习性的人从事卖淫活动的行为。②

（4）刑法第359条第2款规定的引诱幼女卖淫罪。这里的引诱与引诱卖淫罪之引诱含义相同，是指用金钱、物质或者其他方法诱使幼女卖淫的行为。③

通过以上对引诱这一法律用语的比较可以看出，在刑法中引诱一词的含义大体是相同的：引诱淫乱、引诱吸毒、引诱卖淫，都是诱使他人从事某种违法行为。唯在引诱的形式上略有区分：在引诱淫乱、引诱吸毒中，诱惑的成分大一些；而在引诱卖淫中，诱导的成分大一些，并且在诱导中，论及须以金钱、物质利益相吸引。

那么，辩护人妨害作证罪中的引诱又是指什么？它与上述引诱之间是否存在区别？在此给出以下三种权威性解释：

（1）立法者解释：引诱证人违背事实改变证言或者作伪证，包括两种行为：一是以金钱、物质利益等好处诱使证人改变过去按照事实提供的证言；二是以金钱、物质利益等好处指使他人为案件作虚假证明、充当伪证的证人。④

（2）司法者解释：引诱证人违背事实改变证言或者作伪证，是指以金钱、物质或者其他利益诱使证人违背事实改变自己已经作出的证言或者作虚假的证言。⑤

①　周道鸾、张军主编：《刑法罪名精释》，3版，737页，北京，人民法院出版社，2007。
②　胡康生、郎胜主编：《中华人民共和国刑法释义》，3版，543页，北京，法律出版社，2006。
③　周道鸾、张军主编：《刑法罪名精释》，3版，749页，北京，人民法院出版社，2007。
④　胡康生、郎胜主编：《中华人民共和国刑法释义》，3版，466页，北京，法律出版社，2006。
⑤　周道鸾、张军主编：《刑法罪名精释》，3版，599～600页，北京，人民法院出版社，2007。

（3）学理解释：引诱证人违背事实改变证言或者作伪证，是指以金钱等物质利益对证人进行收买，或者以女色等非物质性的利益对证人进行诱惑。为了帮助证人回忆经历的情况而作的一些提示甚至诱导，不能认为是引诱。①

在上述三种解释中，都强调引诱必须采取一定手段，这种手段包括物质利益与非物质利益。我是赞同上述对引诱一词的解释的，并且这些解释与刑法规定的其他引诱性犯罪之理解相协调。

那么，在张耀喜案中，参与诉讼的各方又是如何理解引诱的呢？从一审判决书中可以了解到一审中控、辩、审三方对引诱的理解②：

控方在起诉书中指控：

同年 4 月 20 日被告人张耀喜违反规定，独自一人到陈某明家约见陈的朋友李某，在陈某明等多人在场的情况下，向李透露案情，并告知陈案同案犯罪嫌疑人在逃的情节。以诱导性的设问方式进行询问，致使李某违心地肯定了张设定的 1998 年 12 月 30 日李与陈在一起的事实和情节，形成了一份陈某鸿无作案时间的虚假调查笔录。

辩方在辩护词中的辩护意见称：

被告人张耀喜主观上没有妨害作证的直接故意，客观上没有以金钱、物质或其他利益引诱证人作伪证的行为。同时认为李某的当庭证言不可信，起诉书仅凭这一不可信的证言控诉被告人张耀喜诱导李作虚假陈述，缺乏依据。

一审法院在判决书中认定：

被告人张耀喜在担任盗窃案犯陈某鸿的辩护人，参与该案一审诉讼期间，为了使陈某鸿的盗窃数额从巨大降为较大，减轻其罪责，利用诱导性的设问方式，诱使证人李某作了违背事实的伪证，且为了使该伪证得到法

---

① 何秉松主编：《刑法教科书》（据 1997 年刑法修订），906 页，北京，中国法制出版社，1997。
② 本案一审判决书参见王幼章主编：《刑事判案评述》，133～139 页，北京，人民法院出版社，2002。

院的采信，又将该伪证的内容透露给陈某鸿，使陈的供述与李的"证言"相统一。其行为已妨害了刑事诉讼的正常进行，构成辩护人妨害作证罪。在客观上被告人虽然没有采用物质、金钱或其他利益对证人进行引诱，但其在上述主观故意指导下实施的一系列引诱证人作伪证的行为，已侵犯了两级法院刑事诉讼的正常进行。况且这种物质、金钱或其他利益引诱也不是刑法所规定的构成本罪的必要要件。因此，辩护人提出的被告人张耀喜主观上没有妨害作证的故意，客观上没有以物质、金钱或其他利益引诱证人作伪证的行为，不构成辩护人妨害作证罪的意见，不予采纳。

从上述控、辩、审三方的意见来看，涉及关于本案犯罪是否成立的两个基本问题：一是事实认定问题：控方认为存在引诱他人作伪证的事实，而辩方则认为不存在这一事实，法院认定存在这一事实，由此形成事实之争议。二是法律适用问题：控方认为诱导性设问形成虚假证言，就是引诱证人作伪证。辩方则认为，只有以金钱、物质或其他利益引诱证人作伪证才构成本罪。法院采纳控方意见，并且明确指出，物质、金钱或其他利益引诱不是刑法所规定的构成本罪的必要要件。由此形成法律之争议。

二审法院对本案作出改判，判决上诉人张耀喜无罪。那么，二审法院又是如何解决上述争议的？其无罪判决的思路与理由是什么？二审判决书认定[1]：

> 根据现有证据和已得到证明的事实，虽然不能完全排除上诉人张耀喜具有妨害作证的主观故意，但也不能充分地证明上诉人张耀喜具有妨害作证的直接故意。上诉人张耀喜的辩护人关于指控证据不足的辩护意见，予以采纳。

由此可见，二审判决只是就事实争议而言，对法律争议则完全没有涉及。二审法院是以张耀喜没有主观故意为由对本案作出无罪判决的。判决认为要认定上诉人张耀喜主观上具有妨害作证的直接故意，必须以认定张耀喜当时已明知陈某鸿就其盗窃一案进行翻供所作的陈述是虚假的，以及明知陈某鸿、李某于 1998 年 12 月 30

---

① 本案二审判决书参见王幼章主编：《刑事判案评述》，139～147 页，北京，人民法院出版社，2002。

日不在一起打扑克，却授意、唆使引诱李某作虚假陈述为前提条件，而现有证据却尚未达到这一证明要求。这一理解当然是正确的，对于正确认定引诱证人作伪证的犯罪具有一定的参考意义。但是，本案不仅有事实之争，而且有法律之争。如果张耀喜的行为根本不是刑法第 306 条所规定的引诱证人作伪证的行为，直接就可以据此作出无罪判决，又何必去纠缠主观上有无直接故意呢？本来，二审法院是可以就如何正确理解刑法第 306 条之引诱问题作出一个具有判例性质的判决，从而对此后处理同类案件具有比照意义的，但二审判决回避了这一问题，由此与一个具有重大意义的判例失之交臂，令人扼腕。引起我思考的是：二审法院以及本案裁判理由的撰写者又是如何看待这个问题的？

在二审判决书中并未涉及对引诱的理解，尤其是没有否定一审判决中物质、金钱或其他利益引诱不是刑法所规定的构成本罪的必要要件这一观点。在法官评述中，作者指出：引诱，指引导劝诱，不仅包括物质利益的引诱，也包括非物质利益的引诱，比如劝导证人，以"当事人会感激你""系乐于助人、讲义气、良心好"等引诱证人作证。[1] 这一对引诱的理解，虽然略有扩大，但大体上符合立法本意。该评述在对本案的论述中指出：

> 从客观行为上看，被告人张耀喜向陈某明、李某介绍陈某鸿盗窃案情及说明李作证的重要性的行为虽属不当，但无法由此得出该行为系张耀喜引导劝诱李某作伪证的引诱行为的唯一结论；被告人张耀喜归案后又一直否认其曾要求李某以是或不是的回答方式接受其调查询问，在场的另外三人的证言亦未能证明张耀喜对李某进行了诱导性询问。因此，认定被告人张耀喜引诱李某作伪证证据不足。[2]

由上述论述可以推知：评述人认为，诱导性询问是可以构成引诱的，只不过是证据不足而已。这里的诱导性询问与前面所言的劝导证人似乎并不是同一概念。由此可见，二审法院甚至更高级别的法院之所以回避法律适用上的争议，未以诱导性

---

① 参见王幼章主编：《刑事判案评述》，147 页，北京，人民法院出版社，2002。

② 王幼章主编：《刑事判案评述》，149 页，北京，人民法院出版社，2002。

询问并非刑法第 306 条所规定之引诱为由对张耀喜改判无罪，而是以证据不足为由改判无罪，根本原因还是在于本身就认同诱导性询问就是引诱的观点。这才是本案的要害，也是本节讨论的重点。

五、引诱是否包括诱导性询问之辨析

在讨论这个问题之前，需要对诱导性询问这个概念加以界定。

诱导性询问这个概念在张耀喜案的起诉书中首次出现，其提法是以诱导性的设问方式进行询问，并将之与引诱等同。一审判决也肯定了诱导性询问的概念，明确地认定被告人张耀喜利用诱导性的设问方式，诱使证人李某作了违背事实的伪证。那么，什么是这里的诱导性的设问方式呢？从一审判决的认定来看，所谓诱导性的设问方式是指以只要李回答是或不是的形式，对李某进行了诱导，从而形成了一份 1998 年 12 月 30 日晚陈某鸿与李某一起打扑克、无作案时间的虚假证词。由于我没有见到这份证词，因而始终不明白：何以一问一答的设问方式形成的伪证与设问者有关？试想：问，1998 年 12 月 30 日晚你是不是与陈某鸿一起打扑克，回答是或不是。答是，或者答不是，都反映了回答者对这个事实的认识，设问者怎么成了引诱证人作伪证？百思不得其解，不知这种设问方式与诱导性询问有什么关系。

在揭示了一审判决中所说的诱导性询问之后，我们再来看一看理论上对诱导性询问是如何界定的。在英美刑事诉讼法中，存在禁止诱导性询问规则。诱导性问题，是在提问中明示可能的答案，从而强烈地暗示证人按提问者的答案作出回答的问题。例如，伤害案件中，辩护律师问被告："你根本没有动那把刀，这是不是事实？"这是典型的可能产生误导的诱导性提问。又如，询问证人："你是否干了……"这是貌似中性的诱导性提问。反对诱导性询问是各种证明体制中对证人询问的一般原则，其意义在于保证证言的客观可靠性，防止受询问人的主观影响。[1] 诱导性询问是英美对抗式刑事程序中的一种询问方式，这种询问方式可能使被询问人产生误

---

① 参见龙宗智：《刑事庭审制度研究》，294～295 页，北京，中国政法大学出版社，2001。

解。为保证证言的客观公正性，对于诱导性询问一般是予以禁止的。但这种反诱导性询问规则通常只适用于主询问，不适用于反询问，因为反询问之前证人已接受了非诱导性的主询问，而且这种证人接受诱导性问题中所包含的虚假暗示的危险基本不存在。在反询问中大量使用诱导性问题，则是交叉询问制度的一个特点。不仅如此，在主询问中，为实现证明的有效性和效率，适用诱导禁止规则也允许某些例外。并且，由于诱导性问题与非诱导性问题在实践中可能有一定交叉性和模糊性，利用这一点，进行具有一定诱导性而又不至于违反规则的询问，是英美法庭证人询问的一个技术性特点。[①] 由此可见，在英美刑事诉讼法中，对诱导性询问只是在一定范围以及一定限度内予以禁止。如果发生了诱导性询问，其后果只是询问无效而已。因为诱导性询问而被定为妨害作证则是闻所未闻的。实际上，诱导性询问只是其提问具有一定引导性，使被询问者按照询问者所愿意的那样回答，或者使被询问者置于必错的境地。但这种询问并不能从根本上左右被询问人的意志自由，其答复仍是被询问者的意思体现，仍应由被询问者负责。

既然张耀喜案一审判决书的诱导性询问并非英美刑事诉讼法中的诱导性询问，那么，是否能从我国刑事诉讼法中找到其来源呢？1996 年《刑事诉讼法》第 43 条（2012 年变更为第 50 条，2018 年变更为第 52 条）中规定："严禁刑讯逼供和以威胁、引诱、欺骗以及其他非法方法收集证据"。这是对公安司法工作人员搜集证据的要求，在刑事诉讼法理论上一般将这种非法收集证据的行为分为两种：逼供和诱供。其中，诱供是指侦查人员、检察人员、审判人员为了取得符合自己意愿的供词，以某种不正当的方式诱使刑事被告人供述的行为。[②] 因此，诱供有广狭两义：广义上的诱供是指以引诱、欺骗以及其他非法的方法收集证据。狭义上的诱供是指以引诱的方法收集证据。我们在这里讨论的主要是狭义上的诱供，它与诱导性询问到底有什么关系？我国学者指出：

这里的引诱，包括两种情况：一是以满足被讯问者某种利益为诱饵，

---

① 参见龙宗智：《刑事庭审制度研究》，295～296 页，北京，中国政法大学出版社，2001。

② 参见曾庆敏主编：《刑事法学词典》，657 页，上海，上海辞书出版社，1992。

如无根据地告诉被讯问者，如果招供将会受到多大范围的从宽处理，有的甚至以不追究被讯问者的刑事责任相许诺；二是对被讯问者进行暗示性发问，即提问本身包含了期望被讯问者如何回答的内容。引诱的结果，是迫使被讯问者在如实供述和讨好审讯人员之间进行选择。①

应该说，这里的诱供，就其后果来说，存在两种情形：一是所诱之供是合乎事实的，二是所诱之供是违背事实的。尽管刑事诉讼法禁止诱供，并且最高人民法院《关于执行〈中华人民共和国刑事诉讼法〉若干问题的解释》（已失效）第 61 条规定凡经查证确实属于采用引诱等非法的方法取得的证人证言、被害人陈述、被告人供述不能作为定案的根据，但我国刑法只是将刑讯逼供规定为犯罪。此外，涉及司法工作人员妨害作证犯罪的，刑法第 307 条表述为"以暴力、威胁、贿买等方法阻止证人作证或者指使他人作伪证"。也就是说，司法工作人员妨害作证的，其行为是贿买、指使，并无引诱。如果将辩护人妨害作证罪中的引诱解释为诱供之引诱，显然就是对司法工作人员与辩护人之间的不平等对待：司法工作人员引诱的，不构成犯罪；辩护人引诱的，就构成犯罪。我国刑法第 4 条规定了法律面前人人平等原则，这一原则在立法中同样也是体现的。据此，我的结论是不能按照诱供之引诱来理解辩护人妨害作证罪之引诱。

根据以上分析，我认为辩护人妨害作证罪中的引诱，不能理解为诱导性询问，也不能按照诱供之引诱来理解，而应理解为以诱使证人违背事实改变证言或者作伪证为目的，采取金钱、物质或者其他利益的方法，诱使证人违背事实改变证言或者作伪证的行为。在此，应当强调引诱必须是采取金钱、物质或者其他利益的方法诱使证人违背事实改变证言或者作伪证。因此，这里的引诱绝不包括诱导性询问。

六、辩护人妨害作证罪之立法完善

刑法第 306 条"辩护人妨害作证罪"之设立，曾经受到来自律师界的强烈反

---

①　汪建成等：《刑事证据学》，61 页，北京，群众出版社，2000。

对。我亲身参加的 1996 年 11 月在北京黄河京都大酒店召开的修改刑法座谈会上，司法部代表就力陈设立辩护人妨害作证罪之弊，主持刑法修订者则以律师也有妨害作证的，应与其他人妨害作证同样处罚为由驳回。立法机关在说明刑法第 306 条的立法理由时指出：

> 新的刑事诉讼法实行后，辩护人、诉讼代理人在刑事诉讼中的作用得到了进一步的加强，其在刑事诉讼中的权利也相应有所扩大。辩护人和诉讼代理人必须依法正确行使法律赋予的权利，不得利用这些权利妨害刑事诉讼的正常进行，所以根据实践中的具体情况和打击犯罪的需要，新的刑法增加了关于这一犯罪的规定。①

这一罪名设立以后，先后有 200 名律师在履行刑事辩护职责中因触犯刑法第 306 条而被指控，并有相当数量的案件被判有罪。刑法修订以后历年的全国人大会议中，都有取消刑法第 306 条的动议。对于刑法第 306 条的规定，北京德恒律师事务所主任王丽律师在其博士论文中作了以下一针见血的评论：

> 如果说第 306 条是刑法修订时的败笔，那么该条中的威胁、引诱证人违背事实改变证言或者作伪证则是败笔中的败笔。大部分律师都是因为引诱二字而身陷囹圄。究竟何为引诱，怎样证明引诱，成了实践中的一大难题。②

因为引诱二字而身陷囹圄的不止张耀喜一人，南京东南律师事务所刘健被指控辩护人妨害作证案问题也出在对引诱的理解上。在该案中，律师的辩护意见认为：引诱要以利益为诱惑，要有诱饵，引导性的但并未用利益为诱饵的发问，不属于引诱；而控诉方的意见认为：引诱既包括以金钱、物质利益为手段，也包括非金钱、物质利益的其他手段。而江苏省滨海县人民法院的判决认为：行为人故意采用语言劝导证人、改记证言内容的手段，引诱证人违背事实改变原有的不利于被告人的证

---

①　胡康生、李福成主编：《中华人民共和国刑法释义》，435 页，北京，法律出版社，1997。
②　王丽：《律师刑事责任比较研究》，162 页，北京，法律出版社，2002。

言，妨害了刑事诉讼活动的正常进行。① 由此可见，按照诱导性询问理解辩护人妨害作证罪中的引诱行为的并非一地之法院，这个问题确实应该引起我们的重视。王丽律师指出：

> 对于一个富有弹性、含混、可以变化和延展的语词，解释的功能就是必须要使其能够对司法运作进行一定的规制。而如果解释的结论仍然不能使其边界清晰化，因而不能使司法运作提高其确定性，那么这种解释显然会在反面助长规范用语的含糊。在此，如果将引诱解释成为其普通的含义而包括任何的诱导或诱惑，显然无助于在司法实践中准确地认定本罪的行为。②

上述观点，我是同意的。在我看来，引诱一词在司法实践中之所以引起如此之大的争议，主要是由于引诱一词过于含糊、难以界定。这种争议又关系到辩护律师的罪与非罪，并且通过对引诱的解释不能从根本上解决问题。在这种情况下，修改刑法第 306 条的规定是根本出路。当然，取消刑法第 306 条的规定，将辩护人的妨害作证行为归并到刑法第 307 条乃是上策。在上策不成的情况下，则取中策，即保留刑法第 306 条，但取消引诱一词。在中策不成的情况下，则取下策，即将引诱改为指使。这里的指使是指唆使，属于教唆的范围，尽管指使本身含义也不易界定，但至少不会把诱导性询问也解释到指使当中去。

七、余论：没有答案的回信

司宁在给我来信的末尾说："我的冤案有当地行政干预的原因，但更主要的是刑法第 306 条对'引诱'的概念模糊，又没有明确的司法解释，这才使个别执法者得以任意解释，出入人罪。"通过本节对辩护人妨害作证罪的研究，我认为引诱本身确实是一个模糊的概念，容易变成一张普洛透斯的脸，让人无法捉摸。律师的职

---

① 参见陈颖青：《青年律师，作茧自缚》，载《律师世界》，1999（1）。

② 王丽：《律师刑事责任比较研究》，156 页，北京，法律出版社，2002。

责就是为被告人减轻罪责，甚至免除罪责。而寻找能够证明被告人无罪或者罪轻的证据，包括证言，正是实现律师辩护职责的不二法门。我不否认个别律师指使证人作伪证以减免其委托人的罪责这样一种情况的存在，但个别人的问题可以通过律师行业的自律等方法予以规制，而不应由此在律师头上悬一把达摩克利斯之剑，使律师在泥菩萨过河自身难保的恐怖心境下履行其辩护职责。由此可见，刑法第 306 条已经成为律师不能承受之重。

司宁的案件正在申诉之中，我对此不好多说什么，但我想会有一个公正处理的，我期盼着这一天。也许我最终也未能回答司宁提出的六个问题，还是让实践来回答吧。

八、补记

本节涉及南京律师司宁的案件，对于司宁律师的申诉结果，也是我所关心的。因此，上网查了该案的最终处理结果，获得有关该案的案情以及后续信息：

据一审法院查明，2002 年 8 月，司宁与同所的一位实习律师刘某在淮安市律师事务所会见被告人周某时，将刘某事先打印好的一封信读给周某听，此信中对证人王军（化名）曾向周某送 1 万元钱一节暗示为"起诉机关找王军，王说 1 万元钱买房时要还给他的；你要记住 1996 年王军女儿有病，我家花了三四千元"，以唆使周某翻供。2002 年 9 月 19 日晚，司宁与同事及其实习律师刘某在淮安市区一家饭店为次日开庭辩护做准备时，刘某将证人王军带至司宁的房间，刘某当着司宁等人的面对王军说："我们是堂兄妹，1996 年你家女儿在南京住院，周某找医院医生帮忙花了两三千元；你送周某 1 万元钱，周某不肯要，你硬给他的，你走时周某在后面喊'等你家儿子结婚买房时还给你'。"意在引诱王军作伪证。王不肯，刘某与其发生争执。司宁见状即劝说王军："你送周某的 1 万元钱大原则不变，你在法庭上，按刘某的话讲，对你没有什么影响，但是对周某却是有利的。"还让王军当场按照刘某的话重复了一遍。次日，王军在法庭上作了伪证。司宁据此辩称："周某无收受王军贿赂的故意，只是正常的人情往来，不构成受贿。"检方认为，司宁的行为构成了辩护人妨害作证罪，于 2002 年 12 月 3 日将其逮捕。

在庭审中，司宁面对检方指控辩称：刘某让证人王军讲的话，他不知道这些话里有什么问题。同时司宁的辩护人认为，检方指控的证据不足以证明司宁的行为是直接故意行为，因为刘某和王军均没有向司宁提出过刘某所说话的真伪，而辩护人妨害作证罪的要件之一是有直接故意；同时司宁也没有许诺任何利益，而以利益作诱饵也是构罪的要件之一；并且司宁的行为"情节显著轻微，危害不大"，因此不应认为司宁构成犯罪。但周某证言证实司宁会见时，向其传递信息，诱导其庭审翻供；证人王军的证言证实其因受刘某、司宁的引诱，向法庭作了伪证。实习律师刘某也作为目击证人证实，司宁向周某传递信息，意图使之翻供。

一审法院于 2003 年 7 月 9 日作出判决：以辩护人妨害作证罪判处司宁有期徒刑 1 年，缓刑 1 年；以妨害作证罪判处刘某有期徒刑 1 年，缓刑 1 年。

一审判决后，司宁提出了上诉。

淮安市中级人民法院于 2003 年 9 月 4 日终审裁定驳回上诉、维持原判。

2004 年 5 月 19 日，江苏省司法厅依据《律师法》相关规定认为，司宁律师因故意犯罪受到刑事处罚，而吊销了他的"律师执业证"。

此后，司宁案引起了全国律师协会和江苏省律师协会的高度重视。江苏省律师协会认为，本案中司宁的行为仅构成严重违规违纪，不构成犯罪，两审法院的裁判不适当地扩大了辩护律师应负法律责任的范围。为此，江苏省律师协会专门发函给江苏省高级人民法院，恳请江苏省高级人民法院能够予以特别关注，慎重地把好法律适用关。中华全国律师协会也为此案特地向江苏省高级人民法院出具了公函，称除完全赞同江苏省律师协会向江苏省高级人民法院出具的意见函外，还同时函请江苏省高级人民法院在审理中能注意保障律师的合法的执业权利。

经过各方的不懈努力，江苏省高级人民法院经过对申诉状的复查认为，司宁案符合法律规定的再审条件，并于 2004 年 12 月 10 日作出书面决定：本案由江苏省高级人民法院进行提审。江苏省高级人民法院经过对本案细致审理认为，原裁判对司宁定罪准确，但司宁的犯罪情节轻微，遂于今年 4 月 19 日作出终审判决：司宁犯辩护人妨害作证罪，免予刑事处罚。

判决以后，司宁向江苏省司法厅申请撤销吊销律师执业证的行政处罚，恢复律师执业资格。对此，司法部于 2006 年 4 月 6 日作出了《关于江苏省司法厅关于是否应当给予司宁吊销律师执业证行政处罚的请示的批复》，该批复的内容为：你厅《关于是否应当给予司宁吊销律师执业证的请示》（苏司办〔2006〕5 号）收悉。经研究，批复如下：鉴于江苏省高级人民法院对该案作出了改判，你厅对司宁作出吊销律师执业证处罚决定的依据已经改变，因此同意你厅意见，可以撤回原行政处罚决定书，不再给予其吊销律师执业证的处罚。但对再审认定的司宁为被告人家属传递信息、妨害作证的行为，可依据《律师和律师事务所违法行为处罚办法》予以处罚。至此，司宁案得到较为圆满的解决，司宁恢复了律师执业资格。

第 3 节　聚集多人进行斗殴造成重伤行为之定性研究

案名：倪以刚聚众斗殴案
主题：聚众斗殴罪　首要分子　犯罪转化

聚众斗殴罪从 1979 年刑法规定的流氓罪转化而来，是一种较为常见的妨害社会管理秩序的犯罪。在司法实践中，关于聚众斗殴罪的认定存在一些疑难问题。本节以倪以刚聚众斗殴案①（以下简称倪以刚案）为例，对聚集多人进行斗殴造成重伤行为的定性问题进行法理上的探讨。

一、案情及诉讼过程

被告人夏成小等人与王云龙、徐杰等人发生矛盾，徐杰等人多次准备殴打夏成小，夏成小将此事告诉被告人倪以刚。2004 年 2 月 15 日下午 2

---

① 本案刊载于最高人民法院编：《刑事审判参考》，第 44 集，北京，法律出版社，2006。

时许，被告人倪以刚及其老大张卫出面处理此事，与徐杰等人的老大赵磊在开荣浴室门口发生争执，赵磊用刀将张卫的裤子戳坏，倪以刚等人认为自己的老大丢了面子，遂联系汪凯，商定为张卫报仇。后倪以刚和汪凯先后召集被告人韩磊、张耀、周业晖、刘旭、胡成文、夏成小、王业佳、朱鹏以及刘兵、苏臣逸、吴国建、朱峰、赵东等 20 余人，于 2004 年 2 月 15 日下午 6 时许，携带砍刀准备到东方网络网吧寻找赵磊等东边的人殴打。倪以刚等人行至众小门东时，遇到被害人张明（化名），听说张明也是他们要寻的东边的人，包括九被告人在内的 20 多人即围住张明，其中倪以刚、韩磊、张耀、周业晖、刘旭、胡成文及汪凯、刘兵等人用砍刀将张明砍伤。

随后，包括九被告人在内的 20 多人又窜至众兴镇东方网络网吧，汪凯、刘兵及倪以刚、胡成文等人在网吧内砍打徐杰、丁扬等人，韩磊、张耀、周业晖、刘旭在网吧外追砍陈磊、王健等人，王业佳欲用刀砍人时刀被夏成小夺去，夏成小、朱鹏在网吧门口持刀砍人。在本次殴斗中，徐杰、王允寅、陈磊、王健、张子扬、丁扬、张徐等人被砍伤。

张明于 2004 年 2 月 15 日受伤后，当即被家人送到泗阳县人民医院抢救并住院治疗，经检查张明颅骨、面额部及身体其他部位十多处受伤，至 3 月 11 日出院；6 月 6 日张明再次到泗阳县人民医院住院，在此期间行颅骨修补术，至 6 月 20 日出院。经法医鉴定，张明的头部颅骨损伤构成重伤，徐杰、王允寅、陈磊、王健的损伤构成轻伤，丁扬、张子扬、张徐的损伤构成轻微伤。另查明：张明在泗阳县人民医院治疗期间共花费 35 915.56 元，交通费 210 元。

案发后，倪以刚家人主动赔偿张明医疗费 4 000 元，韩磊家人向张明赔偿医疗费 2 000 元，周业晖主动赔偿张明 1 100 元；张耀已赔偿 1 000 元，并协议在 2004 年 10 月底继续向张明赔偿 2 000 元；胡成文已向张明赔偿医疗费 3 000 元；刘旭向张明赔偿医疗费 1 000 元；夏成小于案发后已向张明赔偿医疗费 3 000 元；王业佳已向张明赔偿医疗费 2 000 元，朱鹏已向张明赔偿医疗费 3 000 元。胡成文、夏成小、王业佳、朱鹏除向张明赔偿上述医疗费外，还额外支付了数额不等的其他补偿。

被告人韩磊、张耀、周业晖、刘旭、夏成小、王业佳、朱鹏及相应的辩护人辩称自己或相关被告人均未砍张明。经查：（1）关于被告人韩磊。被告人韩磊供述在遇到张明时是跟在汪凯后面的，也证明张明被汪凯拦住实施砍打行为，而被告人张耀、周业晖、夏成小在侦查机关供述被告人韩磊实施了用刀砍张明的行为，被告人韩磊的辩解与事实不符，其辩解不予采信。（2）关于被告人张耀。虽被告人张耀否认自己用刀砍张明，但被告人倪以刚、韩磊、周业晖、夏成小、朱鹏在侦查机关均供述张耀对张明实施了用刀砍张明身体的行为，被告人刘旭在庭审中供述张耀用刀砍了张明，因此对张耀及其辩护人的此辩解意见不予采信。（3）关于被告人周业晖。被告人周业晖在侦查机关供述自己仅将刀抽出，被告人倪以刚、张耀、刘旭、夏成小在侦查机关均供述了周业晖参与用刀砍张明身体的行为。因此对周业晖的辩解本院不予支持。（4）关于被告人刘旭。被告人刘旭虽在庭审中否认自己砍张明，但其在侦查机关供述了自己砍张明头部两刀的事实，同时该事实得到被告人张耀、周业晖供述的印证，故对被告人刘旭的辩解本院不予采信。（5）关于被告人夏成小。虽然被告人倪以刚、张耀证明夏成小对张明实施了砍的行为，但被告人王业佳、朱鹏及证人朱某证明其四人是在一起的，没有去砍张明，同时被害人张明虽陈述夏成小随被告人倪以刚追了张明，但并未明确被告人夏成小砍了张明，所以认定被告人夏成小对被害人张明实施用刀砍的行为证据不足，其本人和辩护人的辩解意见本院予以采信。（6）关于被告人王业佳。虽然被告人倪以刚证明王业佳对张明实施了砍的行为，但被告人朱鹏、夏成小的供述，证人朱某的证言证明王业佳没有砍张明，故认定被告人王业佳砍张明的证据不足，对被告人王业佳及其辩护人的此辩解意见本院予以采信。（7）关于被告人朱鹏。被告人夏成小、王业佳，证人朱某证明在砍张明时和朱鹏在一起，故认定被告人朱鹏对张明实施砍的行为证据不足，对其本人及辩护人的辩解意见予以采信。

另查明：2003 年 11 月 29 日晚 7 时许，左峰与汪凯在泗阳振兴商贸城发生矛盾，后汪凯纠集被告人韩磊以及张卫、刘兵等人持砍刀驾车在城区寻找左峰等人斗殴，在泗阳县电视塔西一桥处找到左峰、刘成、左海波、王维亮等人，被告人韩磊等即下车持刀上前追砍，致左海波、刘成、王维亮三人被砍伤，经法医鉴定，刘成的损伤构成轻伤。案发后，汪凯向刘成和左海波共赔偿 7 000 元。

2003 年 8 月 17 日晚 7 时许，左峰和其几个朋友在泗阳县众兴镇芙蓉路遇到被告人刘旭和尹佳、张旭，因左峰前一天和被告人刘旭发生矛盾，被告人刘旭认为左峰还要打他，遂从扬子网吧旁边的一小吃部摸出一把菜刀将左峰砍伤，经法医鉴定，左峰的损伤构成轻伤。2004 年 6 月 5 日被告人刘旭向左峰赔偿了 1 500 元。

泗阳县人民法院认为：被告人倪以刚、韩磊、张耀、周业晖、刘旭、胡成文、夏成小、朱鹏、王业佳持械聚众斗殴；被告人倪以刚在 2004 年 2 月 15 日的聚众斗殴中起策划、组织、指挥作用，属首要分子；被告人韩磊、张耀、周业晖、刘旭、胡成文、夏成小、朱鹏、王业佳在 2004 年 2 月 15 日的聚众斗殴过程中，积极参与，均属于积极参加者。被告人韩磊还伙同汪凯积极参与殴打刘成、左海波等人，九被告人的行为均构成聚众斗殴罪；被告人倪以刚、韩磊、周业晖、胡成文、张耀、刘旭在聚众斗殴中还实施了致被害人张明重伤的行为，而本案中又难以分清致被害人张明重伤的直接责任人，故被告人倪以刚、韩磊、张耀、周业晖、刘旭、胡成文对张明伤害的行为还符合《中华人民共和国刑法》第 292 条第 2 款的情形，属于致人重伤的情况，应依《中华人民共和国刑法》第 234 条第 2 款规定的故意伤害罪定罪处罚。被告人刘旭故意伤害左峰身体致其轻伤，其行为已构成故意伤害罪。九被告人等人在 2004 年 2 月 15 日的聚众斗殴过程中，在众小门九被告人等追砍被害人张明与在东方网络内殴斗在时间上有一定的连续，但由于众小门与东方网络相隔较远，属不同的地点，九被告人在两处的行为应分别评价，即被告人倪以刚、韩磊、张耀、周业晖、刘旭、胡成文均应按故意伤害罪和聚众斗殴罪数罪并罚；被告人夏成小、朱鹏、王业佳应按聚众斗殴罪定罪处罚。公诉机关指控被告人倪以刚、韩磊、张耀、周业晖、刘旭、胡成文犯故意伤害罪和聚众斗殴罪，被告人夏成小、朱鹏、王业佳犯聚众斗殴罪，事实清楚，证据确实充分，应予支持；但公诉机关指控被告人夏成小、朱鹏、王业佳犯故意伤害罪证据不足，本院不予支持。被告人倪以刚系首要分子，应对 2004 年 2 月 15 日发生的聚众斗殴事件全部负责，其在有期徒刑执行完毕后的 5 年内再犯应当判处有期徒刑以上的刑罚之罪，属累犯，依法应当从重处罚；但考虑到被告人倪以刚积极赔偿被害人张明部分医疗费，对其所犯的故意伤害罪可酌情从轻处罚。被告人韩磊作案时不满 18 周岁，并向张明赔偿了部分医疗费，根据其所实施犯罪行为在整个犯罪中的作用和情节，依法从轻处罚。被告人张耀已向被害人张明赔偿部分费用，对其故意伤害罪酌情从轻处罚。被告人周业晖在作案时不满 18 岁，并向张明赔偿部分医疗费，对其所犯的故意伤害罪依法适用减轻处罚，对其所犯的聚众斗殴罪从轻处罚。被告人刘旭在作案时不满 18 岁，并向张明赔偿部分医疗费，本院对其所犯两罪依法均适用从轻处罚。被告人胡成文在案发后主动投案并如实供述自己的犯罪事实，属自首，其在作案时不满 18 岁，并主动赔偿张明的部分损失，认罪态度较好，对其所犯故意伤害罪和聚众斗殴罪均适用减轻处罚。被告人夏成小、朱鹏、王业佳均系在校学生，在作案时均不满 18 周岁，均能主动赔偿被害人张明的部分损失；被告人朱鹏、王业佳在整个犯罪中起次要作用属从犯，且认罪态度较好；根据三被告人各自所实施犯罪行为的具体情节及三被告人的犯罪原因，本院不同程度地对三被告人所犯聚众斗殴罪适用减轻处罚。被告人夏成小的辩护人辩称夏成小没有对张明砍打，故不应当认定被告人夏成小犯故意伤害罪，因认定被告人夏成小砍张明证据不足，对该辩护意见本院予以采信。被告人周业晖和夏成小的辩护人均认为自己的当事人是从犯，经查，该二被告人在整个犯罪中的作用，不符合从犯的法律要件，对二辩护人的该辩护意见不予采信。被告人刘旭辩称砍左峰是自卫，但通过对查明事实的分析，被告人刘旭的行为不符合正当防卫的法律要件，故对被告人刘旭的此辩解本院不予支持。本案中九被告人的聚众斗殴行为与张明的受伤都有因果关系，故九被告人为共同侵权人，被告人倪以刚、周业晖、刘旭和其他被告人共同对被害人张明实施侵权行为，应当承担相应的民事赔偿责任。根据本案的具体情况，难以区分各被告人的责任范围，应推定共同侵权人承担同等民事责任，同时被害人张明的法定代理人对被告人韩磊、张耀、胡成文、夏成小、王业佳、朱鹏的权利处分的后果已向附带民事诉讼原告人告知并另行作出裁判文书。这就决定被告人倪以刚、周业晖、刘旭仅应承担该三人应当承担的赔偿份额。原告人张明的医疗费为 35 915.56 元、护理费为 1 742.5 元（按每天 42.5 元计算 41 天）、营养费为 615 元（按每天 15 元计算 41 天）、交通费为 210 元，四项费用共计 38 484.06 元。按 12 人应当对原告人承担赔偿义务计算，可确定被告人倪以刚、周业晖、刘旭应当共同连带赔偿 38 484.06 元中的 1/4 即 9 621 元。鉴于被告人倪以刚已向张明支付了 4 000 元，被告人周业晖已支付 1 100 元，被告人刘旭已支付 1 000 元，故被告人倪以刚、周业晖、刘旭还应连带赔偿张明医疗费、营养费、护理费、交通费共计 3 521 元。被告人周业晖现尚不满 18 周岁，属限制民事行为能力人，故被告人周业晖造成被害人张明损伤，其应当承担的民事责任应由其监护人即法定代理人徐翠英承担。被告人刘旭在对被害人张明实施侵权行为时不满 18 周岁，现已满 18 周岁，对其应承担的赔偿责任而实际不能承担的应由原监护人即本案附带民事诉讼被告人纪扬州承担。附带民事诉讼被告人纪扬州辩称：被告人刘旭没有对张明实施砍的行为，也不应予赔偿。经查，其辩解与事实不符，且无法律依据，本院不予支持。

泗阳县人民法院根据《中华人民共和国刑法》第 292 条，第 234 条第 1、2 款，第 316 条第 1 款、第 55 条第 1 款、第 56 条第 1 款、第 65 条第 1 款、第 67 条第 1 款、第 69 条，《中华人民共和国民法通则》（已失效——

引者注）第130条、第133条第1款，最高人民法院《关于贯彻执行〈中华人民共和国民法通则〉若干问题的意见（试行）》（已失效——引者注）第161条第1款，最高人民法院《关于审理人身损害赔偿案件适用法律若干问题的解释》（2004年——引者注）第5条之规定，作出如下判决：

1. 被告人倪以刚犯故意伤害罪，判处有期徒刑6年；犯聚众斗殴罪，判处有期徒刑6年，剥夺政治权利1年。决定执行有期徒刑11年，剥夺政治权利1年（刑期自判决生效之日起计算。判决执行以前先行羁押的，羁押一日折抵刑期一日，即自2004年3月26日起至2015年3月25日止）。

2. 被告人韩磊犯故意伤害罪，判处有期徒刑4年；犯聚众斗殴罪，判处有期徒刑5年6月。决定执行有期徒刑9年（刑期自判决生效之日起计算。判决执行以前先行羁押的，羁押一日折抵刑期一日，即自2004年4月23日起至2013年4月22日止）。

3. 被告人张耀犯故意伤害罪，判处有期徒刑4年；犯聚众斗殴罪，判处有期徒刑3年。决定执行有期徒刑6年6月（刑期自判决生效之日起计算。判决执行以前先行羁押的，羁押一日折抵刑期一日，即自2004年3月12日起至2010年9月11日止）。

4. 被告人刘旭犯故意伤害罪，判处有期徒刑3年；犯聚众斗殴罪，判处有期徒刑3年。决定执行有期徒刑5年6月（刑期自判决生效之日起计算。判决执行以前先行羁押的，羁押一日折抵刑期一日，即自2004年6月2日起至2009年12月1日止）。

5. 被告人周业晖犯故意伤害罪，判处有期徒刑2年6月；犯聚众斗殴罪，判处有期徒刑3年。决定执行有期徒刑5年（刑期自判决生效之日起计算。判决执行以前先行羁押的，羁押一日折抵刑期一日，即自2004年4月19日起至2009年4月18日止）。

6. 被告人胡成文犯故意伤害罪，判处有期徒刑2年；犯聚众斗殴罪，判处有期徒刑2年。决定执行有期徒刑3年（刑期自判决生效之日起计算。判决执行以前先行羁押的，羁押一日折抵刑期一日，即自2004年3

月 30 日起至 2007 年 3 月 29 日止）。

7. 被告人夏成小犯聚众斗殴罪，判处有期徒刑 2 年（刑期自判决生效之日起计算。判决执行以前先行羁押的，羁押一日折抵刑期一日，即自 2004 年 3 月 18 日起至 2006 年 3 月 17 日止）。

8. 被告人朱鹏犯聚众斗殴罪，判处有期徒刑 1 年（刑期自判决生效之日起计算。判决执行以前先行羁押的，羁押一日折抵刑期一日，即自 2004 年 3 月 14 日起至 2005 年 3 月 13 日止）。

9. 被告人王业佳犯聚众斗殴罪，判处有期徒刑 8 月（刑期自判决生效之日起计算。判决执行以前先行羁押的，羁押一日折抵刑期一日，即自 2004 年 3 月 18 日起至 2004 年 11 月 17 日止）。

被告人倪以刚、刘旭和被告人周业晖的法定代理人徐翠英于本判决生效后 10 日内向附带民事诉讼原告人张明共同连带赔偿损失 3 521 元，附带民事诉讼被告人纪扬州对被告人刘旭不能支付部分承担赔偿责任。

二、聚众斗殴行为的认定

根据我国刑法第 292 条的规定，聚众斗殴罪是指出于寻求精神刺激、填补精神空虚等流氓动机，聚集多人进行斗殴的行为。关于聚众斗殴罪，最高人民法院、最高人民检察院未作过相关司法解释，地方司法机关曾经作过有关规定，例如 2002 年 10 月 25 日江苏省高级人民法院、江苏省人民检察院、江苏省公安厅就曾经颁布《关于办理涉枪涉爆、聚众斗殴案件具体应用法律若干问题的意见》（以下简称 2002 年《意见》）①，对办理聚众斗殴案件中具体应用法律的若干问题提出了有关意见。此外，为切实解决聚众斗殴刑事案件适用法律的突出问题，提高审判质量，江苏省高级人民法院于 2007 年 4 月 12 日～14 日举办了全省法院关于聚众斗殴案件适用法律问题专题研讨培训班，就其中若干问题达成共识，付诸文字，以"关于聚众斗殴

---

① 参见游伟主编：《华东刑事司法评论》，第 4 卷，320 页以下，北京，法律出版社，2003。

刑事案件适用法律问题专题研讨”为题，刊登在最高人民法院编的《刑事审判参考》（以下简称《研讨意见》）。① 本节探讨的倪以刚案正好是江苏省的案件，上述资料为我们分析本案提供了素材。

（一）聚众的认定

聚众斗殴罪是以聚众为特征的一种犯罪。我国学者认为，聚众犯罪是指首要分子聚集多人一起实施以聚众作为构成犯罪的必要条件，以刑法分则为特别规定的共同犯罪。因此，聚众犯罪具有以下特征：（1）主体特征：聚集多人，即非固定的多人性。（2）法律特征：刑法分则特别规定，即聚众犯罪的法定性。（3）行为特征：以聚众作为构成犯罪的必要条件，具有犯罪的公然性。（4）形态特征：聚众犯罪是一种共同犯罪。② 我认为，我国刑法中的聚众犯罪存在两种类型：第一种是作为共同犯罪的聚众犯罪，第二种是作为单独犯罪的聚众犯罪。第一种是必要的共犯，不仅聚集者构成犯罪，而且参与者即被聚集者也构成犯罪。聚众斗殴罪属于这种类型，因为根据我国刑法第 292 条的规定，首要分子和其他积极参加的，都构成本罪。第二种是以聚众为形式的单独犯罪，刑法只处罚首要分子，被聚集者并不构成犯罪。只有在存在两个以上首要分子的情况下，才构成共同犯罪，因而这种犯罪是任意的共犯而非必要的共犯。例如我国刑法第 290 条第 1 款规定的聚众扰乱公共场所秩序、交通秩序罪，即只处罚首要分子。

聚众斗殴罪是以聚众为特征的，聚众是本罪的实行行为的重要组成部分。在这个意义上说，聚众斗殴罪中的首要分子，其实行行为具有复合的性质，其聚众行为的着手即为犯罪的着手，即使未及斗殴就被制止，也应视为聚众斗殴的未遂。我国司法实践一般也认同这样的观点。例如司法机关认为：

> 聚众斗殴的法定犯罪行为由聚众和斗殴双重行为构成，聚众是手段行
> 为，斗殴是目的行为，只要开始实行聚众这一手段行为，就意味着已经开

---

① 参见江苏省高级人民法院刑事审判第三庭：《关于聚众斗殴刑事案件适用法律问题专题研讨》，载最高人民法院编：《刑事审判参考》，第 60 集，130 页以下，北京，法律出版社，2008。

② 参见李宇先：《聚众犯罪研究》，8～9 页，长沙，湖南人民出版社，2004。

始着手实施犯罪，如果犯罪因意志以外原因而未得逞的，就应当认定为犯罪未遂。①

这一观点将聚众斗殴理解为复行为犯，强调聚众行为作为手段行为是本罪实行行为的一部分，对于正确认定本罪具有重要意义。

关于聚众这一特征的认定，在司法实践中主要涉及对聚众人数的认定问题。

聚集多人是聚众的特征，那么这里的多人如何理解？对此，在刑法理论上与司法实践中都存在不同的理解。这一问题可以分为三种情况：第一种情况即双方人数均在 3 人以上，双方总人数在 6 人以上；第二种情况即一方人数在 3 人以上，而对方人数未达 3 人但至少为 1 人，双方总人数在 4 人以上；第三种情况即双方人数均不满 3 人，但两者相加在 3 人以上。对此，在司法实践中存在以下三种意见：第一种意见认为，成立聚众斗殴必须双方均达 3 人以上，斗殴中有一方不足 3 人的，双方均不构成聚众斗殴罪。第二种意见认为，斗殴时一方达 3 人以上，另一方不足 3 人的，只要双方均有互殴的故意，对双方均可认定为聚众斗殴罪。第三种意见认为，聚众 3 人以上斗殴的一方可以构成聚众斗殴罪，不满 3 人的一方不构成聚众斗殴罪。对于这个问题，在刑法理论上的通说认为：

> 以第一种情况作为构成本罪的最低要求，要求过严，且为构成犯罪设置了不符合本罪的法定构成要件的条件，因此不可取；以第三种情况作为构成本罪的最低要求，则要求过宽，且缺乏本罪的某些法定构成要件，因此亦不可取；只有以第二种情况作为构罪的最低要求，不仅宽严适度，而且完全具备本罪法定构成要件，是正确的。人数在 3 人以下的殴斗一方根据刑法第 292 条的规定，不能以本罪论处，但如果造成了伤害、死亡结果的，应以故意伤害罪、故意杀人罪论处；如果没有造成伤亡结果的，应按照《治安管理处罚法》的相关规定给予行政处罚。②

---

① 江苏省高级人民法院刑三庭：《聚众斗殴案件适用法律研讨综述》，载《审判研究》，2007 年第 3 辑，181 页，北京，法律出版社，2007。

② 王作富主编：《刑法分则实务研究》，3 版，中册，1270 页，北京，中国方正出版社，2007。

关于这个问题，2002 年《意见》指出："双方均有互殴的故意，斗殴时一方达 3 人以上，一方不到 3 人的，对双方均可以认定为聚众斗殴。"这实际上是第一种意见，即对于未达到 3 人的一方也以聚众斗殴罪论处。但在 2007 年的《研讨意见》中，则认为："双方均有互殴故意，对达 3 人以上的一方，可以认定为聚众斗殴罪；对不足 3 人的一方，不认定为聚众斗殴罪，构成其他犯罪的，以其他犯罪追究刑事责任。"由此可见在这一问题上江苏省司法机关意见的改变。当然，在本案中由于聚众斗殴的参与人数较多，不存在这个问题的争议。

（二）斗殴的认定

斗殴是聚众斗殴罪的主要行为特征。那么，如果理解这里的斗殴呢？在刑法理论上，一般都把斗殴理解为互相殴斗，即互殴。[①] 按照这一理解，斗殴必然是双方互相之间发生的殴斗，单方的单殴就不能成立。单方只能是对他人的殴打，而不是斗殴。我国学者张明楷教授认为，聚众斗殴可以分解为聚众斗与聚众殴。前者是指双方相互攻击对方的身体；后者是指多众一方单纯攻击对方身体。[②] 按照上述理解，斗殴包括了单方对他人的殴打？这里的问题是：斗殴与互殴到底是什么关系，即斗殴是否等同于互殴？对于这个问题，从法制史的角度分析，结论看来是否定的。

在我国古代《唐律·斗殴律》中有关于斗殴的规定。律云："诸斗殴人者，笞四十，伤及以它物殴人者，杖六十。"注云："见血为伤。"《疏议》曰："相争为斗，相击为殴。"

清代学者王明德曾经对斗殴作过以下注释，可供参考：

> 若斗殴，则不过怒目相视，口舌相争，手足作势，或彼此相扭而不相捶击，或来此拒而不交手，又或彼去此追而恶语相激，则皆谓之斗；若殴，则手足及身，木石金刃相击矣。世或有斗而不殴者，断未有殴而不斗者矣，是以分统其篇曰"斗殴"[③]。

① 参见陈兴良：《规范刑法学》，2 版，下册，521 页，北京，中国人民大学出版社，2008；周道鸾、张军主编：《刑法罪名精释》，3 版，568 页，北京，人民法院出版社，2007。

② 参见张明楷：《刑法学》，3 版，767 页，北京，法律出版社，2007。

③ （清）王明德：《读律佩觿》，何勤华等点校，71 页，北京，法律出版社，2001。

由此可见，斗与殴本是两义，只是存在程度上的差别而已。在《唐律》中没有伤害一词，斗殴所指称的就是伤害的行为。《疏议》解释为"见血为伤"，因此，伤是指斗殴的结果状态。《唐律》根据斗殴之手段，即分为手足、他物及金刃，以及造成实害的结果，分别规定了轻重不等的法定刑。除此以外，《唐律》还有关于共殴的规定。共殴分为同谋共殴与不同谋共殴：

诸同谋共殴伤人者，各以下手重者为重罪，元谋减一等，从者又减一等。若元谋下手重者，余各减二等。至死者，随所因为重罪。

其不同谋者，各依所殴伤杀论。其事不分者，以后下手为重罪。

若乱殴伤，不知先后轻重者，以谋首及初斗者为重罪，余各减二等。

这里所讲的共殴，是指共同伤害他人。乱殴也是共殴的一种复杂情形。从上述《唐律》的规定来看，斗殴是单方面加害于他人的行为，只有互殴才是指双方之间互相的斗殴。例如《唐律》中有关于两斗相伤的规定：

诸斗两相殴伤者，各随轻重，两论如律；后下手理直者，减二等。

我国 1979 年刑法第 160 条关于流氓罪的规定中将聚众斗殴规定为流氓罪的表现形式之一。与我国古代刑法中斗殴一词的传统含义不同，这里的斗殴是在互殴意义上使用的。例如我国学者在解释流氓罪的聚众斗殴时指出：

聚众斗殴是最严重的一种流氓活动。它通常是指不法集团或结伙之间成帮结伙打群架的行为。这种大规模的或者持械进行的斗殴，参加的人少则几个，多则几十个甚至上百人。聚众斗殴的双方通常都有一定的准备，带有刮刀、匕首、火枪、棍棒等凶器，极易造成一方或双方的人身伤亡，甚至造成周围无辜群众的伤亡或财产损失。因此，它具有极为严重的社会危害性。①

在 1997 年刑法修订中，对流氓罪进行了分解，专门设立了聚众斗殴罪。在对斗殴的理解上，与对 1979 年刑法规定的流氓罪中的斗殴的理解保持了一致性。例如我国学者指出：

① 张智辉：《我国刑法中的流氓罪》，24 页，北京，群众出版社，1988。

聚众斗殴，是指出于私仇、争霸或者其他不正当目的而纠集多人成帮结伙地打架斗殴。这种斗殴通常是不法团伙之间大规模地打群架，往往有一定的准备，带有匕首、棍棒等凶器，极易造成一方或者双方人身伤亡，甚至造成周围无辜群众的伤亡或者财产损失。[①]

上述观点都将斗殴理解为互殴，但又有通常这一限制词。那么，在个别或者例外的情况下，是否包括单方的斗殴呢？对此，以往我国刑法理论上较少涉及。倪以刚案的裁判理由指出，在这个问题上存在以下两种不同意见：

一种意见认为，只有将双方主观上均有斗殴故意并实施互殴的行为认定为聚众斗殴罪，才能真正反映出行为人聚众斗殴扰乱社会公共秩序的危害本质，故构成本罪要求双方同时构成犯罪。另一种意见认为，聚众斗殴罪不要求斗殴双方同时构成本罪，一方有斗殴故意并纠集三人以上进行斗殴的，就符合本罪的主客观要件。即使对方没有互殴故意，对有斗殴故意的一方仍可认定为聚众斗殴罪。

在本案中也存在这个问题，因为本案是被告人倪以刚等人聚集多人对他人进行殴打，那么，倪以刚等人的单方聚众斗殴行为是否构成本罪呢？对此，本案的裁判理由认为，单方有聚众斗殴故意的也可以构成聚众斗殴罪，其理由如下：

聚众斗殴罪的典型形态是双方均在三人以上，且均有与对方殴斗故意的情形。本案因私仇引发，只有倪以刚一方有殴打对方的故意，是否构成聚众斗殴罪呢？我们认为，对此类案件应依照聚众斗殴罪的构成特点，全面分析案件的主客观情况，防止片面强调客观行为条件，忽视行为人主观故意内容而导致简单化的错误倾向，从而准确定罪量刑。在殴斗的理解上，我们认为，只要双方或一方采用暴力方式进行殴斗，不论采用何种暴力方式都是结伙殴斗行为。从倪以刚一方的主观故意看，其要实施的行为方式是以殴斗的方式报复东边人，其殴打的对象不是特定的东边人而是不特定的东边人，具有随意性；目的是为老大张卫报仇，且明知网吧、街道

① 胡康生、郎胜主编：《中华人民共和国刑法释义》，3 版，447 页，北京，法律出版社，2006。

是公共场所，其所侵害的不仅是他人的人身安全，更主要的是社会公共秩序。客观上倪以刚一方也按照计划，纠集二十多人结伙持刀等械具在街道、网吧寻找，并随意殴斗他们认为的所谓东边人，被告人倪以刚等虽一方具有斗殴故意，倪以刚等九人同样构成聚众斗殴罪。

对此，2007 年《研讨意见》是认同的，指出：

> 我们认为，聚众斗殴的双方通常同时构成犯罪，但本罪的犯罪构成并未要求双方均有斗殴故意和聚众斗殴行为。一方有互殴故意，并纠集三人以上，实施了针对对方多人或其中不特定一人的斗殴行为，而对方没有互殴故意的，对有斗殴故意的一方仍可以认定为聚众斗殴罪。但要注意区分聚众斗殴与共同故意伤害、共同故意杀人的界限，对于一方有明显伤害或杀人故意的，应认定为故意伤害罪或故意杀人罪。

将单方斗殴认定为聚众斗殴，最大的问题在于如何与共同伤害他人的行为区分。在此，可能要强调以下三点：一是聚众性。聚众本身具有破坏公共秩序的性质，而共同伤害则只是多人共同加害于他人，一般不具有对公共秩序的破坏性。二是行为客体的不特定性。聚众斗殴中的单方加害他人，往往是针对不特定的个人，与共同伤害特定个人有所不同。三是动机的流氓性。因为聚众斗殴罪是从 1979 年的流氓罪中分离出来的，因而行为人主观上具有私仇宿怨、争霸一方、抢占地盘等流氓动机。对上述三个方面加以综合分析判断，可以为区分单方聚众斗殴与共同伤害提供标准。

三、聚众斗殴首要分子的认定

在本案中，被告人倪以刚被认定为首要分子，因为其在聚众斗殴中起策划、组织、指挥作用；其他参与者则被认定为积极参加者，一并追究刑事责任。

在首要分子的认定中，主要涉及所谓纠集行为以及二次纠集的问题。在聚众犯罪中，纠集行为是指拉拢其他参与者。对于纠集者能否被认定为首要分子，在司法实践中存在不同意见：一种意见认为纠集者就是首要分子。另一种意见认为，纠集者是否被认定为首要分子，应区别不同情况，对于那些受起意者、策划者要求实施纠集行为的，不能简单地一概认定为首要分子，因纠集行为只是首要分子对其他共同犯罪人的一种犯罪分工。还有一种观点认为，纠集行为已经包含在组织行为之中，不应将纠集者与组织者并列作为首要分子。① 对于上述意见，我赞同区别对待的意见。纠集行为与组织行为既有联系又有区别：组织者的纠集行为当然可以被视为组织行为，在大多数情况下，组织行为都是通过纠集他人参与聚众斗殴而表现出来的。但如果是二次纠集，即受他人指派去叫人参与斗殴，就不能一概认定为组织行为，也不能将这样的行为人认定为首要分子。因此，我赞同不把纠集行为列为单独一种首要分子的犯罪行为。对此，2007 年《研讨意见》也明确指出：

> 我们认为，聚众斗殴的首要分子是指聚众斗殴的组织者、策划者和指挥者。对于被纠集者又实施纠集他人的二次纠集行为的，一般不认定为首要分子。

四、聚众斗殴致人重伤、死亡的转化定罪

我国刑法第 292 条第 2 款有明文规定：

> 聚众斗殴，致人重伤、死亡的，依照本法第二百三十四条、第二百三十二条的规定定罪处罚。

在理解上述规定的时候，首先涉及对这一规定的性质的认定。对此，在司法实践中存在以下两种意见的分歧：

> 聚众斗殴致人重伤、死亡的，是否一律依照刑法第二百九十二条第二款转化定罪，研讨中有较大分歧。一种意见认为，该款属于法律拟制，斗殴者致人重伤、死亡的，不论主观上是故意还是过失，均可认定为故意伤害罪或者故意杀人罪。另一种意见认为，该款属于注意规定，聚众斗殴致

---

① 参见江苏省高级人民法院刑三庭：《聚众斗殴案件适用法律专题研讨综述》，载《审判研究》，2007 年第 3 辑，177～178 页，北京，法律出版社，2007。

人重伤、死亡的，不能简单地以结果定罪，只有在符合故意伤害罪和故意杀人罪的构成要件时才能认定为此两罪。

注意规定与拟制规定的区分，是张明楷教授提出来的。注意规定与拟制规定都是相对于基本规定而言的，基本规定是指一般性规定，既包括总则规定又包括分则规定。注意规定是提示性规定，其内容与基本规定相同，可以分为总则性注意规定与分则性注意规定。例如我国刑法第 382 条第 3 款规定："与前两款所列人员勾结，伙同贪污的，以共犯论处。"因为共犯问题是一个刑法总则的规定，因而属于总则性的注意规定。又如我国刑法第 259 条第 2 款规定："利用职权、从属关系，以胁迫手段奸淫现役军人的妻子的，依照本法第二百三十六条的规定定罪处罚。"因为刑法第 236 条规定的强奸罪是一个刑法分则问题，因而属于分则性的注意规定。拟制规定与基本规定不同，在一定程度上扩张或者补充甚至修改了基本规定，使对不同行为作相同处理。例如我国刑法第 269 条关于转化型抢劫的规定，就是拟制规定，使对本来不符合抢劫罪性质的行为按照抢劫罪定罪处罚。

关于刑法第 292 条第 2 款是属于注意规定还是拟制规定，江苏省有关司法机关2002 年《意见》指出：

> 聚众斗殴致人重伤、死亡的，在适用刑法第 234 条和第 232 条时，要结合案件具体情况，对照故意伤害和故意杀人两个罪名的具体犯罪构成来认定，不能简单地以结果定罪。行为人具有杀人故意，实施了杀人行为，即使仅造成被害人重伤的，也可以依照刑法第 232 条定罪处罚；行为人仅具有伤害故意，造成被害人死亡的，应依照刑法第 234 条定罪处罚。行为人对杀人和伤害均有预见，并持放任态度的，也可以结果定罪。

对于上述意见，张明楷教授提出了商榷意见，指出：

> 笔者倾向于认为，本款属于法律拟制。因为斗殴一词明显不包含杀人的情形（能否包含重伤的故意，也还值得研究），换言之，既然是斗殴，行为人主观上便没有杀人的故意，客观上也不得是杀人行为；如果行为人具有杀人的故意与行为，就理当直接适用刑法第 232 条，刑法第 292 条便完全没有设置第 2 款的必要。第 292 条第 2 款的规定，明显属于法律拟制

的表述，即只要聚众斗殴致人重伤、死亡，就应认定为故意伤害罪、故意杀人罪。聚众斗殴致人重伤、死亡的法益侵害性，与故意伤害、故意杀人罪的法益侵害性相同，因而具有将其解释为法律拟制的实质根据。刑法第 292 条第 1 款的情节加重犯中，并没有规定聚众斗殴致人重伤、死亡的结果加重犯。如果认为本款属于注意规定，那么，便形成了一个不公平空档：聚众斗殴中故意杀人的，按故意杀人罪论处；聚众斗殴行为人过失造成死亡结果的，由于不符合第 292 条第 1 款的情节加重犯的条件，只能适用基本犯的法定刑（3 年以下有期徒刑、拘役或者管制）；虽然能够同时认定该行为触犯了过失致人死亡罪，但由于只有一个行为，结局只能按触犯的重罪（过失致人死亡罪）定罪处罚。这便形成明显的不公平现象：多次聚众斗殴、持械聚众斗殴等行为，即使没有造成人员轻伤，也应判处 3 年以上 10 年以下有期徒刑，而聚众斗殴致人死亡时，只要对死亡没有故意，反而只能按过失致人死亡罪论处，最高刑为 7 年有期徒刑。或许人们可以提出一个补救办法：对聚众斗殴致人重伤、死亡的，以故意伤害（重伤、致死）罪论处，分别适用 3 年以上 10 年以下有期徒刑与 10 年以上有期徒刑、无期徒刑或者死刑，这便没有不公平的现象。这样解释的结局，在处刑上与将第 292 条第 2 款解释为法律拟制的结局是相同的，但是，这显得与刑法分则条文对暴力犯罪的情节加重犯规定中都包含致人重伤、死亡的立法例不协调。依本书之见，刑法第 292 条第 1 款之所以没有在情节加重犯中规定致人重伤、死亡的情形，就是考虑到有第 2 款的拟制规定。①

对于以上观点，我是不赞成的。张明楷教授之所以将刑法第 292 条第 2 款理解为法律拟制，主要理由就在于：如果不把该规定理解为法律拟制，聚众斗殴过失致人死亡就只能处 3 年以下有期徒刑、拘役或者管制，不能按照加重构成处 3 年以上 10 年以下有期徒刑，显然不合理。我认为，这是一个伪问题。因为聚众斗殴过失致人死亡，当然应定故意伤害致人死亡，可以按照故意伤害罪论处。因此，刑法第

---

① 张明楷：《刑法分则的解释原理》，272 页，北京，中国人民大学出版社，2004。

292 条第 2 款不能理解为拟制规定，而只是一个注意规定。对此，2007 年《研讨意见》指出：

> 刑法第 292 条第 2 款属于注意规定而非法律拟制，聚众斗殴致人重伤、死亡的，要结合案件具体情况，遵循主客观相一致的原则，按照故意伤害罪和故意杀人罪的具体犯罪构成来定罪，不能简单地以结果定罪。聚众斗殴中，行为人具有杀人故意的，即使仅造成被害人重伤的，也可以认定为故意杀人罪；行为人出于伤害故意，造成被害人死亡的，应认定为故意伤害罪；行为人对被害人死亡或者伤害的结果持放任态度的，则可根据具体结果认定为故意杀人罪或者故意伤害罪。

在刑法第 292 条的适用中，存在一个犯罪转化的问题，这就涉及转化犯的认定。

转化犯，是指在实施一个较轻的犯罪行为过程中，又实施了一个较重的犯罪行为，刑法规定或者在司法实践中按照较重的犯罪定罪处罚的情形。由此可见，转化犯是从轻罪向重罪的转化。在发生这种犯罪转化以后，对轻罪不再定罪处罚。这种犯罪的转化，又可以分为全部转化与部分转化两种情况：

全部转化，是指在聚众斗殴过程中，全体参与聚众斗殴的犯罪分子共同造成了致人重伤或者死亡的后果，因而整个犯罪转化为故意伤害罪或者故意杀人罪。在这种情况下，各个犯罪分子都应当对致人重伤或者死亡的后果承担刑事责任。

部分转化，是指在聚众斗殴过程中，个别或者部分参与聚众斗殴的犯罪分子造成了致人重伤或者死亡的后果，其应对这一后果承担刑事责任，因而发生犯罪转化；其他犯罪分子对这一后果不负刑事责任，仍然应定聚众斗殴罪。在这种部分转化的情况下，个别或者部分参与聚众斗殴的犯罪分子致人重伤或者死亡的行为，就是一种共同犯罪中的实行过限。在这种实行过限的情况下，聚众斗殴的一般参与者，只要没有参与实行过限行为，就不应发生犯罪的转化。这是没有疑义的，问题在于：聚众斗殴的首要分子是否一概都对致人重伤、死亡的后果承担刑事责任？对此，2007 年《研讨意见》分以下四种情形进行了讨论，指出：

1. 聚众斗殴致对方人员重伤、死亡时，首要分子是否转化定罪

一种意见认为，首要分子应对其组织、策划、指挥的全部罪行负责，只要其同伙在斗殴中致对方人员重伤、死亡，即应转化定罪。另一种意见认为对此不能一概而论，如有证据表明重伤、死亡结果在首要分子概括故意之内的，应转化定罪，如重伤、死亡结果在首要分子故意之外，是直接实施者实行过限的，首要分子不转化定罪，而以聚众斗殴罪从重处罚。

研讨认为，聚众斗殴的首要分子应对其组织、策划、指挥的全部犯罪承担责任；首要分子在组织、指挥聚众斗殴犯罪中明确要求其他积极参加者不能造成他人伤亡的，其他积极参加者致人重伤、死亡时，对首要分子可不转化定罪，而以聚众斗殴罪从重处罚；首要分子未明确禁止致人重伤、死亡的，其他积极参加者致人重伤、死亡时，对首要分子应当转化定罪。

2. 双方都构成聚众斗殴罪，对方致本方人员重伤、死亡的，本方的首要分子是否转化定罪

一种意见认为，聚众斗殴是双方或者多方成群结伙斗殴，破坏公共秩序的行为，斗殴双方对可能发生人员伤亡的结果都有预见并持放任态度，故对方致本方人员重伤、死亡的，本方的首要分子也应转化定罪。另一种意见认为，承担刑事责任以犯罪行为与危害结果之间有刑法上的直接因果关系为基础，当对方造成本方人员重伤、死亡时，本方首要分子的组织、策划、指挥行为只是该后果的条件，而非直接原因，故其不应对该结果承担责任，亦不应转化定罪。研讨认为后一种意见较为合理。

3. 聚众斗殴中本方人员造成本方人员重伤、死亡的，首要分子是否转化定罪

一种意见认为，本方积极参加者造成本方人员重伤、死亡，是对象认识错误，该错误不影响犯罪性质，故本方首要分子对该后果应当承担责任，也应转化定罪。另一种意见认为，首要分子没有致本方人员重伤、死

亡的故意，本方积极参加者造成本方人员重伤、死亡的，超出了首要分子的故意内容，首要分子对此不应承担责任，也不应转化定罪。研讨后认同后一种意见。

4. 斗殴中第三人主动参与，帮助一方殴打对方，造成对方人员重伤、死亡的，首要分子是否转化定罪

一种意见认为应当转化定罪。另一种意见认为，如首要分子明知行为人主动参与而不加阻止的，应转化定罪，如首要分子不知道行为人主动参与帮助殴打对方的，则不能转化定罪。我们认为，后一种意见符合主客观相统一的定罪原则，更为合理。

以上意见，我是同意的。不能认为首要分子对全部罪行负责，就是无论其对于这些罪行主观上是否存在故意，一概都承担刑事责任。在首要分子是否发生犯罪转化的问题上，应当坚持责任主义。

在犯罪转化的情况下，应当以转化后的犯罪论处，先前的犯罪就不再予以认定。但在多次进行聚众斗殴的情形，只有一次造成他人重伤、死亡后果的，仅这一次发生犯罪的转化，对其他聚众斗殴行为仍然应当定聚众斗殴罪，并与故意伤害罪或者故意杀人罪实行数罪并罚。

在本案中，被告人倪以刚作为首要分子，应对在其指挥下的致人伤害后果承担刑事责任。这是没有问题的。但对于没有造成伤害后果的聚众斗殴是否还成立聚众斗殴罪的问题，涉及对聚众斗殴的次数的认定。如果认为是一次聚众斗殴，那么不能另定聚众斗殴罪；如果认为是另外一次聚众斗殴，则除转化的犯罪以外，还应定聚众斗殴罪，并实行数罪并罚。对此，本案的裁判理由指出：

本案中，被告人倪以刚一方在聚众斗殴前，其主观打算是因为东边人经常在东方网络网吧内上网，因而决定向东方网络网吧行进，如在街上遇到东边小孩也可以对其实施殴打。客观行为的发展正如被告人倪以刚的计划，在离东方网络网吧500米远处的众小门，遇到被害人张明，并对张明实施砍打行为。而根据本案的侦查看，并没有证据证明张明是所谓的东边人，而只是他们认为张明经常在东边人开的东方网络网吧上网，估计是东

边人。在整个 2 月 15 日的行为中，九被告人的行为应定一个行为还是两个行为，有不同的认识：一种观点认为，两个地点在时间上存在一定的连续，地点的转换只是为了完成同一个目的，所以应认定为一次；另一种观点认为，虽然目的相同，但东方网络网吧与众小门相隔较远，属于不同的地点，在时间上相隔近 15 分钟，应认定为两次。我们认为，本案是单方有聚众斗殴故意，在时间上有明显的间隔；而在场所上，是在相隔 500 米远的不同地方；客观上针对的对象，一是无证据证明是东边人的张明，二是东方网络网吧内的人。在时间、地点、针对的对象上均有不同，虽然是同一个故意支配，但在行为上不是持续而是连续，在两地均可以独立地构成聚众斗殴犯罪，故应认定为两次。

按照上述认定，对本案被告人倪以刚应以故意伤害罪与聚众斗殴罪实行数罪并罚。

五、余论

在本节关于聚众斗殴罪的讨论中，引用了 2002 年《意见》这一规范性文件。这一文件俨然就是地方司法机关制定的司法解释。这种地方性的司法解释不仅在江苏，而且在其他地区，都十分流行。例如与 2002 年《意见》同时刊登的还有 2002 年 1 月 9 日浙江省高级人民法院、浙江省人民检察院、浙江省公安厅《关于抢劫、盗窃、诈骗、抢夺借据、欠条等借款凭证是否构成犯罪的意见》。[①] 这里涉及地方司法机关是否具有司法解释权的问题。根据宪法和全国人大常委会有关司法解释的规定，我国现行的司法解释权的主体只能是"两高"，即最高人民法院和最高人民检察院，由此形成司法解释的层级垄断。对于地方司法机关的司法解释活动，最高司法机关予以禁止。例如 1987 年 3 月 31 日最高人民法院发布《关于地方各级法院不宜制定司法解释性质文件问题的批复》，明确指出：具有司法解释性质的文件，地

---

① 参见游伟主编：《华东刑事司法评论》，第 4 卷，325 页，北京，法律出版社，2003。

方各级法院不宜制定。此后，2012 年最高人民法院、最高人民检察院又联合下发了《关于地方人民法院、人民检察院不得制定司法解释性质文件的通知》。从"不宜制定"到"不得制定"，最高司法机关的态度明显地趋于严格。但实际上，地方司法机关仍然自行其是，并且往往以公、检、法的名义共同制定具有司法解释性质的文件，以便指导本地的司法工作。但由于这种地方司法解释名不正言不顺，在实践中适用存在一些问题。为此我国学者明确地提出了建构二级刑事司法解释体制的设想，指出：

> 对于刑事司法解释权力而言，我们必须正视目前解释权力的现实分配，即各省级司法机关事实上正在分享（或是在侵夺）着最高司法机关的解释权。问题仅仅在于：这样一种状况是否具有其存在的合理性？笔者所要强调的是，在诉讼程序中，解释权从来都具有附属性，并不存在着一种独立的解释权，它总是来源于或者附属于某一种职权，例如审判权或者检察权，或者初审权或者复审权；进一步，所谓解释的有权性也并不仅仅说明解释结论的强制力，而更在于说明了解释主体至少能够自己决定是否采用某一解释结论，或者在更大的范围内贯彻自己的解释结论。从这一观念出发，检察权或者审判权的分享就意味着我们不得不容忍解释的分享，目前现状也正是肇因于此。同时，考虑到我国幅员辽阔，各地区、各民族之间存在着政治、经济、文化发展状况的差异，有时这种差异甚至较为惊人，因而为了实现管理的区别性和统一性的协调，在一些具体问题上也不得不由地方司法机关决定。

> 因此，完全可以也应当建立一种二级的刑事司法解释体制，即各省级司法机构可以在一定条件下享有刑事司法解释权，作为最高司法机关刑事司法解释权的补充。各省人民检察院、人民法院据此应当享有刑事司法解释权，可以制作规范性刑事司法解释文件。①

上述观点是有一定道理的。当然，如何协调两级司法解释之间的关系又会成为

---

① 林维：《刑法解释的权力分析》，437～438 页，北京，中国人民公安大学出版社，2006。

一个难题。在这种情况下，我更倾向于建立判例制度，利用判例的指导作用，由此逐渐限制司法解释的作用。因为司法解释具有刑法的性质，其抽象性与概括性决定了司法解释难以及时有效地解决司法实践中随时出现的各种疑难问题。而判例具有个别性与针对性的优点，并且通过审级制度自然形成上级法院的判例优于下级法院判例的规则，由此形成一种自发的规则体系，这才是法治的基础。

第 4 节　网络传播淫秽物品牟利行为之定性研究

案名：快播公司传播淫秽物品牟利案

主题：网络安全监管义务　传播淫秽物品牟利罪

快播公司传播淫秽物品牟利案（以下简称快播案）的一审判决认定："快播公司及王欣等被告人明知快播的网络服务系统被用于传播淫秽视频，但出于扩大经营、非法牟利目的，拒不履行监管和阻止义务，放任快播公司构建的网络服务系统被用于传播大量淫秽视频，具有明显的社会危害性和刑事违法性，对被告单位快播公司及各被告人应当依法追究刑事责任。"据此，一审判决认定被告人的传播行为是不履行监管而构成的不作为（阻止义务是监管义务的内容），主观上对淫秽视频的传播是间接故意，并具有非法牟利的目的（扩大经营是牟利的手段）。因此，快播公司及王欣等被告人的行为完全符合我国刑法第 363 条规定的传播淫秽物品牟利罪的构成要件。在以上定罪根据中，最值得关注的是对不作为的传播淫秽物品牟利行为的认定，由此本案成为互联网服务提供者因为不履行网络安全管理义务①而承担刑事责任的一个经典案例。本节在正确地界定快播公司的经营模式和主管人员的网络信息监管义务的基础上，对快播案的一审判决的裁判理由进行刑法教义学的分析。

---

① 本节在相同意义上使用网络安全管理义务和网络信息监管义务这两个概念。

一、案情

被告单位深圳市快播科技有限公司（以下简称快播公司）成立于 2007 年 12 月 26 日，公司性质为有限责任公司，注册资本 1 000 万元。该公司主办的快播网站网址包括 www. kuaibo. com、www. qvod. com 等。快播公司持有网络文化经营许可证，至案发之日没有取得互联网视听节目服务许可。被告人王欣为快播公司的法定代表人、股东、执行董事、经理，负责快播公司的经营和管理工作。快播公司快播事业部负责公司视频播放器的技术开发和市场推广。被告人吴铭于 2013 年担任快播事业部总经理，负责事业部全面工作。被告人张克东系快播公司股东，于 2012 年担任快播事业部副总经理兼技术平台部总监，最初开发了快播视频传输和播放的核心软件。被告人牛文举于 2012 年担任快播事业部副总经理兼运营部总监，2013 年担任快播事业部市场部负责人，负责信息安全组工作。

快播公司通过免费提供 QSI（QVOD Server Install，即 QVOD 资源服务器程序）和 QVOD Player（即快播播放器程序或客户端程序）的方式，为网络用户提供网络视频服务。任何人（被快播公司称为"站长"）均可通过 QSI 发布自己所拥有的视频资源，具体方法是："站长"选择要发布的视频文件，使用资源服务器程序生成该视频文件的特征码（hash 值），导出包含 hash 值等信息的链接。"站长"把链接放到自己或他人的网站上，即可通过快播公司中心调度服务器（运行 P2P Tracker 调度服务器程序）与点播用户分享该视频。这样，快播公司的中心调度服务器在站长与用户、用户与用户之间搭建了一个视频文件传输的平台。为提高热点视频下载速度，快播公司搭建了以缓存调度服务器（运行 Cache Tracker 缓存调度服务器程序）为核心的平台，通过自有或与运营商合作的方式，在全国各地不同运营商处设置缓存服务器一千余台。在视频文件点播次数达到一定标准后，缓存调度服务器即指令处于适当位置的缓存服务器（运行 Cache Server 程序）抓取、存储该视频文件。当用户再次点播该视频时，若下载速度慢，缓存调度服务器就会提供最佳路径，供用户建立链接，向缓存服务器调取该视频，提高用户下载速度。部分淫秽视频因用户的点播、下载次数较高而被缓存服务器自动存储。缓存服务器方便、加速了淫秽视频的下载、传播。

2012 年 8 月，深圳市公安局公安信息网络安全监察分局对快播公司进行检查，针对该公司未建立安全保护管理制度、未落实安全保护技术措施等问题，给予行政警告处罚，并责令整改。随后，深圳网监将违法关键词和违法视频网站链接发给快播公司，要求采取措施过滤屏蔽。快播公司于是成立了信息安全组，开展了不到一周的突击工作，于 8 月 8 日投入使用"110"不良信息管理平台，截至 9 月 26 日共报送"色情过滤"类别的不良信息 15 836 个。但在深圳网监验收合格后，信息安全组原有 4 名成员或离职或调到其他部门，"110"平台的工作基本搁置，检查屏蔽工作未再有效进行。2013 年 8 月 5 日，深圳市南山区广播电视局执法人员对快播公司开展调查，在牛文举在场的情况下，执法人员登录 www.kuaibo.com，进入快播"超级雷达"（一种发现周边快播用户观看网络视频记录的应用），很快便找到了可播放的淫秽视频。牛文举现场对此予以签字确认。但快播公司随后仅提交了一份整改报告。10 月 11 日，南山山广播电视局认定快播公司擅自从事互联网视听节目服务，提供的视听节目含有诱导未成年人违法犯罪和渲染暴力、色情、赌博、恐怖活动的内容，遂对快播公司予以行政处罚。此后，快播公司的"110"平台的工作依然搁置，检查屏蔽工作依然没有有效落实。

快播公司直接负责的主管人员王欣、吴铭、张克东、牛文举，在明知快播公司擅自从事互联网视听节目服务、提供的视听节目含有色情等内容的情况下，未履行监管职责，放任淫秽视频在快播公司控制和管理的缓存服务器内存储并被下载，导致大量淫秽视频在网上传播。

2013 年上半年，北京网联光通技术有限公司（以下简称光通公司）为解决使用快播播放器访问快播视频资源不流畅的问题，与快播公司联系技术解决方法，双方开展战略合作。根据双方协商，由光通公司提供硬件设备即 4 台服务器，由快播公司提供内容数据源以及降低网络出口带宽、提升用户体验的数据传输技术解决方案，负责远程对软件系统及系统内容的维护。2013 年 8 月，光通公司提供 4 台服务器开始上线测试，快播公司为 4 台服务器安装了快播公司的缓存服务器系统软件，并通过账号和密码远程登录进行维护。2013 年 11 月 18 日，北京市海淀区文化委员会在行政执法检查时，从光通公司查获此 4 台服务器。2014 年 4 月 11 日，北京市公安局海淀分局决定对王欣等人涉嫌传播淫秽物品牟利罪立案。经查，该4 台服务器从 2013 年下半年投入使用，至 2013 年 11 月 18 日被扣押，存储的均为点击请求量达到一定频次以上的视频文件。公安机关从服务器里提取了 29 841 个视频文件进行鉴定，认定其中属于淫秽视频的文件为21 251 个。

2013 年年底，为了规避版权和淫秽视频等法律风险，在王欣的授意下，张克东领导的技术部门开始对快播缓存服务器的存储方式进行调整，将原有的完整视频文件存储变为多台服务器的碎片化存储，将一部视频改由多台服务器共同下载，每台服务器保存的均是 32M 大小的视频文件片段，用户点播时需通过多台服务器调取链接，集合为可完整播放的视频节目。

另查，快播公司盈利主要来源于广告费、游戏分成、会员费和电子硬件等，快播事业部是快播公司盈利的主要部门。根据账目显示，快播事业部的主要收入来源于网络营销服务（包括资讯快播、客户端、第三方软件捆绑、VIP 服务等），其中资讯快播和第三方软件捆绑是最为主要的盈利方式。具体而言，快播公司向欲发布广告的公司收取广告费，用户使用快播播放器时，会有快播资讯窗口弹出，该窗口内除部分新闻外即是广告内容；快播公司还向一些软件开发公司收取合作费用，使得用户安装快播播放器的同时捆绑安装一些合作公司软件。快播公司营业收入逐年增长，至 2013 年仅快播事业部即实现营业收入人民币 143 075 083 元，其中资讯快播营业收入人民币 70 463 416 元，占 49.25%；第三方软件捆绑营业收入为人民币 39 481 457 元，占 27.59%。

二、快播公司经营模式的性质

经营模式是指企业根据一定的经营宗旨，为实现企业的价值定位所采取的某种经营方式方法的总称。经营模式包含了这个企业的运作方式以及赢利路径等内容，是考察企业的经营行为的一个重要切入口。同样，对快播案进行刑法教义学的分析，也应该以快播公司的经营模式为视角展开。快播案的一审判决对快播公司的经营模式做了以下描述：

> 快播公司通过免费提供 QSI（QVOD Server Install，即 QVOD 资源服务器程序）和 QVOD Player（即快播播放器程序或客户端程序）的方式，为网络用户提供网络视频服务。任何人（被快播公司称为站长）均可通过 QSI 发布自己所拥有的视频资源，具体方法是：站长选择要发布的视频文件，使用资源服务器程序生成该视频文件的特征码（hash 值），导出包含 hash 值等信息的链接。站长把链接放到自己或他人的网站上，即可通过快播公司中心调度服务器（运行 P2P Tracker 调度服务器程序）与点播用户分享该视频。这样，快播公司的中心调度服务器在站长与用户、用户与用户之间搭建了一个视频文件传输的平台。为提高热点视频下载速度，快播公司搭建了以缓存调度服务器（运行 Cache Tracker 缓存调度服务器程序）为核心的平台，通过自有或与运营商合作的方式，在全国各地不同运营商处设置缓存服务器一千余台。在视频文件点播次数达到一定标准后，缓存调度服务器即指令处于适当位置的缓存服务器（运行 Cache Server 程序）抓取、存储该视频文件。当用户再次点播该视频时，若下载

速度慢，缓存调度服务器就会提供最佳路径，供用户建立链接，向缓存服务器调取该视频，提高用户下载速度。部分淫秽视频因用户的点播、下载次数较高而被缓存服务器自动存储。缓存服务器方便、加速了淫秽视频的下载、传播。

一审判决把快播公司的这一经营模式称为网络服务系统，由此完成了对快播公司经营模式的性质认定。应该说，对快播公司经营模式性质的认定，主要是一个事实问题，是对快播公司定罪的基础。

从一审判决认定的事实来看，快播公司并非只单纯提供网络播放器。如果只提供网络播放器，快播公司并不能控制他人利用播放器观看淫秽视频。那么，基于技术中立原则，快播公司确实不应当对淫秽物品传播的后果承担刑事责任。根据一审判决认定的本案事实，快播公司的经营模式决定了它并不是如它自己所宣称的那样，只是软件技术提供商。快播公司基于 P2P 原理开发了 QVOD 视频播放器（简称 QVOD）。QVOD 除具备常规的视频播放功能之外，还可以针对广泛分布于互联网上的视频种子进行在线播放。当终端用户观看在线视频出现卡顿现象，或者某些视频因点击量高而成为热门视频时，快播公司的缓存服务器便自动将视频文件下载存储起来，用户可以直接从快播公司的缓存服务器下载观看。因此，缓存服务器就成为视频资源站。为了确保在线片源的不断丰富，快播公司研制开发了便捷易用的建站发布视频工具软件 QSI。通过使用 QSI 建立一个视频站点，可以上传视频资源。这些视频发布者被称为站长。快播公司通过服务器对站长上传视频、用户观看视频、用户分享视频、采集用户观影特征并分析、调度选择和优化网络等进行处理。由此可见，快播公司在提供视频软件技术的同时，还利用该技术建立了一个视频发布、传播和分享的平台。正是通过这个平台聚集的流量，快播公司通过广告等方式得以牟利。在这种情况下，快播公司正如一审判决所认定的那样，已经成为一个网络服务系统的管理者。确切地说，快播公司具有网络视频软件提供者和网络视频内容管理者的双重角色。

根据一审判决的认定，在快播公司经营过程中，以下事实需要予以重视：（1）快播公司的 QVOD 视频播放器，该播放器具有在线视频播放功能，因此，快播公司提供在线播放的网络服务。（2）快播公司的缓存服务器具有自动将视频文件下载存储的功能，用户可以直接从快播公司的缓存服务器下载观看。因此，快播公司对用户播放的视频资源提供缓存的网络服务。（3）快播公司的发布视频工具软件具有上传视频资源的功能，快播公司对上传的视频资源进行后期处理。这就是一审判决所认定的快播公司利用视频软件技术建立了一个视频发布、传播和分享的平台，在这个网络平台上可以实现视频播放、缓存、接收上传、提供下载。显然，快播公司作为这个网络平台的创立者具有对网络信息内容的监管义务。

在本案中，快播公司的经营模式对于传播淫秽物品牟利罪的认定具有十分重要的意义，它也直接决定了对于快播公司能否适用技术中立原则。在本案审理过程中，被告人及其辩护人以技术无罪为辩解①，这里的技术无罪其实是以技术中立原则为根据的辩解理由。例如，辩护人指出："快播公司提供的是技术服务，没有传播、发布、搜索淫秽视频行为，也不存在帮助行为；快播技术不是专门发布淫秽视频的工具，而是提供缓存服务以提高网络传输效率，为用户提供 P2P 视频点播技术服务；基于技术中立原则，对快播公司的行为应适用避风港原则，快播公司不应为网络用户传播淫秽物品承担刑事责任。"在刑法理论中存在中立的帮助行为的法理，技术中立原则借助于中立的帮助行为法理就形成了所谓中立的技术帮助行为的概念，对此应予以深入探讨。

技术中立原则，也称为避风港原则，这项原则是美国联邦最高法院在 1984 年的索尼案中提出来的，该案是一起涉及版权侵权的案件。在索尼案中，美国联邦最高法院确立了实质性非侵权用途规则。这项规则实际上是从专利法中借鉴而来的，其目的在于将帮助侵权的责任限制在一个合理的范围内，在保护知识产权人的利益的同时，不至于妨碍技术的进步。也正是在实质性非侵权用途规则的基础上，产生了技术中立原则。

那么，索尼案确立的技术中立原则是否可以适用于快播案呢？对此，我们应当从索尼案的案情出发，对技术中立原则的内容进行考察。

---

① 本案被告人在第一次庭审时提出技术无罪的辩解，但第二次庭审时不再坚持这一立场。

索尼案及其技术中立原则

在 20 世纪 80 年代，索尼公司生产和销售 Betamax 录像机，该录像机具有以下特点：（1）边看电视边录像，同时看某个电视频道而录制另一个频道是可以的；（2）定时录像，在家或不在家都可以录制固定时间固定频道的电视；（3）忽略广告，人在场时录制电视可跳过广告只录制想看的节目；（4）录像带可独立本机多次使用。索尼公司生产和销售的该款录像机对原告即版权所有者造成了重大利益损失，例如，因为该录像机的流行而使得版权所有者的录像带市场受到严重冲击。因此，原告诉索尼公司协同侵权（contributory infringement），理由是录像机用户录制电视中播放的版权作品侵害了原告的版权，而索尼公司要对销售录像机提供侵权手段并且通过广告鼓励这种行为承担侵权责任。这里的所谓协同侵权，是一种间接侵权。

美国联邦地区法院驳回了原告的诉讼请求。原告不服，提起上诉。上诉法院改判。索尼公司继续上诉。美国联邦最高法院以五票赞成对四票反对，再次驳回原告的诉讼请求。美国联邦最高法院提出了以下三个裁判理由：（1）从制定法的角度，版权保护完全是由制定法规定的，在法律未予明确指引的情况下，法庭必须慎重解释由制定法设立的权利范围。任何个人因合理使用都可复制版权作品，对此版权所有者不具有如此广泛的排他性权利。（2）从判例的角度，在指出原告所引先例不适合本案，并指出没有其他先例使索尼公司承担间接侵权责任后，美国联邦最高法院裁定，这种复制设备的销售像其他商品的销售一样并不构成协同侵权，如果这种产品被广泛用于合法的、令人难以反对的目的，或者其非侵权使用的确仅仅是一种可能的情况。（3）从事实的角度，美国联邦地区法院的记录和裁定表明：第一，相当数量的非收费电视上的版权作品的所有者都不反对先录后看，法庭称为时间转换（time-shift）；第二，这种时间转换的使用方式不可能给原告的版权作品的潜在市场或者价值造成重大（non-minimal）损害，而且原告也没有权利禁止其他版权所有者授权同意这种时间转换的使用方式，并且甚至对原告版权作品节目在未经授权同意的情况下，在家庭内的时间转换使用方式也是合理使用。因此，美国联邦最高法院驳回原告的诉讼请求。①

索尼案是一起知识产权侵权案件，原告指控索尼公司协同侵权。其实，这与其说是间接侵权，不如说是帮助侵权，即侵权的帮助行为。美国联邦最高法院对索尼案的判决，限制了帮助侵权的责任范围。可以说，索尼案确立的实质性非侵权用途规则作为一种抗辩事由，具有保障技术提供者的意义。当然，这里涉及版权所有者和技术提供者之间的利益平衡问题。此后，美国联邦最高法院又通过一系列判例对上述实质性非侵权用途规则作了某些限定，其中的限定之一就是：产品的提供者有没有能力发现并阻止他人实施侵权行为是可否得到免责的关键。如果某类产品存在某种潜在的非法的、侵权的用途，对他人的利益受损构成威胁；并且，产品的提供者有能力采取某种措施来制止侵权的发生或将其危害后果降低到社会可容忍的范围内，但其并没有采取防范措施，而是听任违法事件的发生，那么，其无资格基于实质性非侵权用途规则而免责。②

就快播案的性质而言，这是一起网络传播淫秽物品的案件。假设传播的不是淫秽物品而是侵权物品，则同样存在是否适用索尼案确立的实质性非侵权用途规则的问题。然而，我们可以确定，快播公司的经营模式与索尼公司的是完全不同的，这也正是快播案不能适用技术中立原则的一个决定性因素。索尼公司的经营模式是生产和销售 Betamax 录像机，这是一种极为传统的销售模式。用户因购买而与索尼公司发生商业上的联系，这是一种购销关系。用户购买产品以后如何使用，是索尼公司所不能控制的。也就是说，如果用户使用从索尼公司购买的录像机从事版权的侵权活动，对此索尼公司并不承担责任。当然，如果索尼公司生产和销售的录像机本身就具有这种版权侵权的功能，则索尼公司要对该版权侵权行为承担责任。因此，美国联邦最高法院在索尼案中确立了实质性非侵权用途规则，即只要该录像机并不

---

① 蔡新华：《索尼案的判决理由简析》（2003 年），载 http：//article. chinalawinfo. com/ArticleHtml/Article _ 22200. shtml.

② 参见周雪峰：《"技术中立"原则及其适用限制》，载 http：//star. news. sohu. com/20160909/n468029736. shtml，2016 年 9 月 9 日。

是专门性的版权侵权工具，而是具有实质性的非侵权用途，就可以免除索尼公司对他人版权侵权的帮助责任。我们将索尼公司的经营模式与快播公司的经营模式进行比较，就可以看出两者是完全不同的。就在互联网上提供播放而言，若单纯提供视频播放器，用户根据自己的需求使用播放器，则这种模式与索尼公司的经营模式相同：网络播放器的提供者和索尼公司一样，都不能对使用者的行为进行控制，因此对其违法行为不能承担责任。在这个意义上，技术中立原则同样是适用的。但快播公司的经营模式已经使其成为一个互联网信息系统而不再是单纯的网络播放器的提供者。

我国学者在论及网络平台提供服务商的责任时，提出了 P2P 服务提供行为原则上不应受罚的观点，指出：

> 近年来，兴起可供他人直接从电脑搜索并下载所需档案的所谓点对点（Peer to Peer，P2P）的软件传输与相关服务。会员利用 P2P 网络经营者提供的软件和相关服务能够通过上传和下载的方式互相享用各自拥有的档案资料，可谓互通有无。问题是：上传或者下载的档案可能侵犯他人著作权。尽管 P2P 网络经营者并没有直接侵犯他人著作权，但其提供的软件和相关服务客观上为会员侵犯他人著作权提供帮助，其经营行为是否构成侵犯著作权罪的帮助犯？P2P 网络经营者并不直接提供下载的音乐等作品，而只是为会员相互直接上传、下载档案提供软件和相关服务，所以其不是网络内容提供服务商，而是网络平台提供服务商。因此，作者的结论是：对于 P2P 服务提供行为，由于行为本身具有正当的业务行为性质的一面，不能认为这种行为具有直接促进正犯犯罪行为的危险，即这种危险还属于法律所允许的危险。会员利用这种服务从事侵犯著作权犯罪的行为，完全属于正犯的自我答责的行为领域。①

我注意到，在以上论述中，作者区分了网络平台提供服务商和网络内容提供服务商：前者不对内容负责，而后者则应对内容负责。这里涉及相关人员的网络信息

---

① 陈洪兵：《中立行为的帮助》，234 页，北京，法律出版社，2010。

监管义务问题，我将在后文讨论。在此，我们需要对快播公司的经营模式进行判断：到底属于网络平台提供服务商还是网络内容提供服务商？快播公司宣称，其所提供的是 P2P 网络播放器的服务，因此属于网络平台提供服务商。一审判决认定：

　　　　本案被告单位快播公司，是一家流媒体应用开发和服务供应企业，其免费发布快播资源服务器程序和播放器程序，使快播资源服务器、用户播放器、中心调度服务器、缓存调度服务器和上千台缓存服务器共同构建起了一个庞大的基于 P2P 技术提供视频信息服务的网络平台。用户使用快播播放器客户端点播视频，或者站长使用快播资源服务器程序发布视频，快播公司的中心调度服务器均参与其中。中心调度服务器为使用资源服务器程序的站长提供视频文件转换、链接地址发布服务，为使用播放器程序的用户提供搜索、下载、上传服务，进而通过其缓存服务器提供视频存储和加速服务。快播公司缓存服务器内存储的视频文件，也是在中心调度服务器、缓存调度服务器控制下，根据视频被用户的点击量自动存储下来，只要在一定周期内点击量达到设定值，就能存储并随时提供给用户使用。快播公司由此成为提供包括视频服务在内的网络信息服务提供者。

　　在此，一审判决明确地将快播公司的经营模式界定为网络内容提供服务商，即网络信息服务提供者，而不是网络平台提供服务商，这就决定了对快播公司不能简单地适用技术中立原则。

　　在刑法理论上，存在中立的帮助行为的法理。在技术中立原则的基础上，我国学者引申出了技术中立的帮助行为以及网络中立行为的概念。为了正确理解技术中立的帮助行为和网络中立行为，我们首先需要对中立的帮助行为进行梳理。中立的帮助行为，也称为日常性行为，是指外观上的无害行为，例如生活行为、业务行为等，在客观上对正犯行为、结果起到了促进作用的情形。应当指出，中立的帮助行为在性质上属于犯罪的帮助行为，只不过与一般的帮助行为相比，其具有中立性。但并不能由此而产生误解，认为一个行为只要属于中立的帮助行为就可以排除该行为的犯罪性。事实上，绝大多数中立的帮助行为还是构成犯罪的，只有极少部分中立的帮助行为才被排除在犯罪之外。

那么，如何划分中立的帮助行为是否构成犯罪的界限呢？对此，在刑法理论上存在各种学说，尤其以德国学说最为复杂。根据我国学者的梳理，德国存在以下三种学说[①]：（1）主观说。主观说认为只要行为人对正犯的行为具有确定故意，就可以将中立的帮助行为认定为帮助犯。只有在行为人对正犯的行为具有不确定故意的情况下，才能将中立行为从可罚的帮助行为中排除。（2）客观说。客观说从客观上对中立的帮助行为构成犯罪的范围进行限制，或者根据帮助行为与正犯行为、结果之间的客观归责对中立的帮助行为构成犯罪的范围进行限制。客观说内部又可以分为社会相当性说、职业相当性说、利益衡量说、违法性阻却说、义务违反说、客观归责说。（3）折中说。折中说以罗克辛为代表。罗克辛虽然重视主观要素，但同样积极提倡客观归责论。其实，罗克辛主要还是主张主观说。罗克辛以主观说为基础，认为如果对正犯行为是具有确定认识的，则中立的帮助行为具有刑事可罚性；对正犯行为具有不确定认识的，应当根据信赖原则否定中立的帮助行为的刑事可罚性。[②] 因此，根据罗克辛的观点，只要明知他人犯罪而提供帮助，无论这种帮助行为是否具有中立性，都构成帮助犯。我认为，按照这一思路，刑事处罚的范围还是过于宽泛。即使在具有确定故意的情况下，还是应当考虑帮助行为在客观上是否属于违法阻却事由。如果一种帮助行为在客观上属于合法的民事行为，例如明知他人犯罪后欲逃跑仍然将所欠 10 万元债务归还，这在客观上为他人逃避法律制裁提供了帮助，在这种情况下，归还债务是一种民事义务，若仅仅根据行为人明知他人犯罪而认定为帮助犯，没有考虑到这种行为在民事上的合法性，那么将使得一个公民因为履行民事义务而入罪，这显然不妥。

技术的中立帮助行为，也可以称为中立的技术帮助行为，它与一般的中立帮助行为的不同之处就在于：行为人提供的是技术的中立帮助。不能认为，只要提供的是中立的技术帮助就一定不构成犯罪。我国学者在论及快播案是否适用技术中立的

[①]　参见陈洪兵：《中立的帮助行为》，载《中外法学》，2008（6）。

[②]　参见［德］克劳斯·罗克辛：《德国刑法学总论》，第 2 卷，王世洲主译，161 页，北京，法律出版社，2013。

免责事由时指出："技术中立的帮助行为不能成为快播案的抗辩理由，因为许多情况下技术中立的帮助行为能够构成犯罪。"对此，作者分为两个层面进行了分析：第一，技术中立的帮助行为可能构成共同犯罪行为；第二，技术中立的帮助行为可能构成实行行为。[①] 对于快播公司来说，并不是只要认定为技术的中立帮助行为就可以出罪。是否出罪，还是要严格根据法律规定和司法解释。对此，一审判决作了以下论述：

> 中立的帮助行为，是指外表上属于日常生活行为、业务行为等不追求非法目的的行为，客观上对他人的犯罪起到促进作用的情形。中立的帮助行为是以帮助犯为视角在共同犯罪中讨论中立性对于定罪量刑的影响，而实行行为不存在中立性问题。快播公司的缓存服务器下载、存储并提供淫秽视频传播，属于传播淫秽视频的实行行为，且具有非法牟利的目的，不适用共同犯罪中的中立的帮助行为理论。辩方以行为的中立性来否定快播公司及各被告人责任的意见，不应采纳。

该案的裁判理由将快播公司的行为直接认定为传播淫秽物品牟利的不作为的实行行为，因此得出根本就不存在适用技术中立的帮助行为理论的结论。这一裁判理由当然具有一定的合理性，但对于快播公司的传播淫秽物品行为在刑法中究竟是被认定为不作为的实行行为还是帮助行为这个问题，尚需结合刑法规定和刑法理论进一步辨析。

相对来说，网络中立行为的探讨更切合快播案。[②] 网络中立行为是中立行为在网络领域的体现。网络具有不同于其他领域的特殊性，因此，网络中立行为是一个更为妥帖的概念。对于网络中立行为能否出罪，我认为不能简单地从主观上是否明知来进行判断，而是应当考虑到网络公司提供的服务的性质，这里涉及法律对不同类型的网络服务提供商设定的不同义务，以及不同类型的网络服务提供商对于义务

[①]　参见毛玲玲：《传播淫秽物品罪中"传播"行为的认定》，载《东方法学》，2016（2）。

[②]　在中立行为的类型化研究中，陈洪兵提出了网络中立行为的概念，但并没有对此进行定义式的论述。参见陈洪兵：《中立行为的帮助》，230 页以下，北京，法律出版社，2010。

履行的可能性问题。

三、快播公司主管人员的监管义务

如前所述，网络服务提供商具有不同类型，因此承担的义务也就各自有别。对网络服务提供商的分类，在很大程度上是以技术可能性为基础的。德国学者指出：当评价网络服务提供者的责任时，任何分类探讨都必须首先对技术服务提供者行为的技术可能性进行分析。在考虑控制的可能性时，技术性的分析表明，网络基础设施的责任人必须根据其功能进行类型化。在计算机网络上活跃的主体，应当根据控制可能性的不同，划分为以下三类承担不同功能的主体：（1）网络提供者（提供网络）；（2）网络接入服务提供者（提供接入网络的通道）；（3）宿主服务提供者（提供服务器，通过这种服务器，数据不仅被传输而且也被存储）。[①]对于这三种网络服务提供商，法律设定了不同的注意义务。在此，网络提供者和网络接入服务提供者就是我在前面所说的网络平台服务提供者，而宿主服务提供者就是网络信息服务提供者。以上两种服务提供商的性质不同，其是否承担对网络信息内容的监管义务，在法律设定上也就有所不同。

在此，值得借鉴的是，欧盟的《关于电子商务内部市场法律问题的指令》（以下简称《指令》）第 12～15 条对不同的网络服务提供商规定了不同的责任：其第 12 条规定，在通讯网络中，单纯的信息传输行为不承担责任。这种单纯的信息传输是指网络接入服务提供者的业务，因此，网络接入服务提供商对网络信息内容没有监管义务。其第 13 条对缓存服务作了特殊规定，认为缓存行为从技术角度来看属于存储，从功能性角度来看属于传输。这一条款的范围涵盖自动的、中介性的和短暂性的信息存储，这种存储的目的仅在于基于信息接受者的请求使信息的传输更加有效率。这种存储服务提供者在以下情况下免除责任：如果它没有修改信息，且遵守

---

① 参见［德］乌尔里希·齐白：《比较法视野下网络服务提供者的责任》，王华伟、吴舟译，载陈兴良主编：《刑事法评论》，第 37 卷，193 页，北京，法律出版社，2016。

信息接入和信息更新的规定，尤其是与工业标准相符合，并且在切实知晓传输的初始来源信息已被从网络中删除、访问通道已被禁止，或主管当局已下令消除或禁止时，迅速采取行动删除或者封锁信息的通道。其第 14 条对宿主服务即服务接收者所提供信息的存储活动，规定了一种责任的限制。这一条款适用的条件是，这一服务并不隶属于提供者控制和监管。换言之，如果这些信息隶属于宿主服务者控制和监管，则宿主服务者仍然要对信息内容承担责任。其第 15 条是补充性规定，即第 12 条和第 14 条所规定的网络服务提供者，既没有一般性的监管其所传输后存储的信息的义务，也没有积极寻找不法活动的事实或者情形的义务。欧盟《指令》的上述规定，对于我们厘清网络服务提供商的注意义务具有参考价值。从以上规定来看，欧盟《指令》对网络提供者、网络接入服务提供者和宿主服务提供者分别设定了不同的监管义务，并且这种义务受到一定的限制。在设定义务的时候，一个重要的考量因素就是对于网络信息是否具有可控制性。只有在具有这种可控制性的技术前提的情况下，才能对网络服务提供商设立义务。与此同时，《指令》在设立义务的时候，还以网络服务的具体功能为根据。例如，提供存储活动包括临时存储即缓存活动的，提供者在一定条件下仍然要对网络信息的内容承担责任。这种条件是指这一服务并不隶属于提供者控制和监管，换言之，这种控制和监管义务已经转移给网络服务提供商。

我国对网络服务提供商的分类不同于其他国家，例如以下分类就具有我国特点。我国学者把网络服务提供商分为：（1）网络接入服务提供商。网络接入服务提供商是指为网络运行提供通讯设备和上网服务的基础电信运营商。（2）信息存储空间服务提供商。信息存储空间服务提供商是指为用户提供网络上的存储空间，供用户上载信息的网络服务提供商。（3）搜索引擎服务提供商。搜索引擎服务提供商是指主动地收集网络上的信息并进行存储、分析和排序，建立关键字索引以供用户查询的网络服务提供商。[1] 这些不同的网络服务提供商负有不同的监管义务。网络接入服务提供商因为对网络信息内容不具有控制性，所以不负有监管义务。而信息存

---

① 参见宋哲：《网络服务商注意义务研究》，4 页，北京，北京大学出版社，2014。

储空间服务提供商对于存储的信息负有监管义务。

我国《信息网络传播权保护条例》对这种监管义务作了具体规定，这就是删除义务和断开链接义务。《信息网络传播权保护条例》第 14 条对删除义务作了以下规定：对提供信息存储空间或者提供搜索、链接服务的网络服务提供者，权利人认为其服务所涉及的作品、表演、录音录像制品，侵犯自己的信息网络传播权或者被删除、改变了自己的权利管理电子信息的，可以向该网络服务提供者提交书面通知，要求网络服务提供者删除该作品、表演、录音录像制品，或者断开与该作品、表演、录音录像制品的链接。《信息网络传播权保护条例》第 23 条对断开链接义务作了以下规定：网络服务提供者为服务对象提供搜索或者链接服务，在接到权利人的通知书后，根据本条例规定断开与侵权的作品、表演、录音录像制品的链接的，不承担赔偿责任；但是，明知或者应知所链接的作品、表演、录音录像制品侵权的，应当承担共同侵权责任。值得注意的是，《信息网络传播权保护条例》是以保护信息网络传播权为立法宗旨的，具有知识产权法的性质。违反上述义务，可能构成知识产权的侵权行为。如果构成犯罪，也是侵犯知识产权的犯罪。

对网络淫秽物品的监管义务，在有关法律、行政法规和部门规章中都有明文规定。一审判决在对于快播公司的监管义务的认定中，就涉及这些规定。一审判决认定：

> 快播公司作为快播网络系统的建立者、管理者、经营者，应当依法承担网络安全管理义务。1997 年公安部发布的《计算机信息网络国际联网安全保护管理办法》明确，任何单位和个人不得利用互联网传播宣扬淫秽、色情内容的信息，并且应当履行建立健全安全保护管理制度、落实安全保护技术措施等职责。2000 年 9 月国务院发布的《互联网信息服务管理办法》规定，互联网信息服务提供者应当向上网用户提供良好的服务，并保证所提供的信息内容合法，不得复制、传播淫秽、色情信息。2000 年 12 月《全国人民代表大会常务委员会关于维护互联网安全的决定》规定，对于在互联网上建立淫秽网站、网页，提供淫秽站点链接服务，或者传播淫秽影片、音像，构成犯罪的，依照刑法有关规定追究刑事责任。2007

年国家广播电影电视总局、信息产业部发布的《互联网视听节目服务管理规定》进一步明确，互联网视听节目服务单位提供的、网络运营单位接入的视听节目应当符合法律、行政法规、部门规章的规定，视听节目不得含有诱导未成年人违法犯罪和渲染暴力、色情活动的内容。2012 年施行的《全国人民代表大会常务委员会关于加强网络信息保护的决定》第五条规定，网络服务提供者应当加强对其用户发布的信息的管理，发现法律、法规禁止发布或者传输的信息的，应当立即停止传输该信息，采取消除等处置措施，保存有关记录，并向有关主管部门报告。在互联网产业迅速发展的今天，法律没有苛责互联网企业在其经营管理的网站上不允许出现任何违法或不良信息，但要求其严格履行网络安全管理义务，设置必要的监管环节，及时处置违法或不良信息。快播公司作为互联网信息服务的提供者，作为视听节目的提供者，必须遵守相关法律法规的规定，对其网络信息服务内容履行网络安全管理义务。P2P 技术容易被利用于淫秽视频、盗版作品传播，这在行业内已经是众所周知的事实。监管淫秽视频以避免淫秽视频通过快播网络传播，不仅是快播公司作为网络视频信息服务提供者的法律义务，更是其应当积极承担的社会责任。

根据以上裁判理由，涉及对淫秽物品的监管义务也就是判决所说的网络安全管理义务的法律、行政法规和部门规章如下：

（1）1997 年 12 月 30 日公安部发布的《计算机信息网络国际联网安全保护管理办法》第 5 条第 6 项规定："任何单位和个人不得利用国际联网制作、复制、查阅和传播下列信息：……（六）宣扬封建迷信、淫秽、色情、赌博、暴力、凶杀、恐怖，教唆犯罪的……"这是对利用互联网传播淫秽物品行为的规定，而涉及监管义务的部分则较为笼统。例如，其第 10 条对互联单位、接入单位及使用计算机信息网络国际联网的法人和其他组织应当履行的安全保护职责作了规定，其中第 7 项规定："按照国家有关规定，删除本网络中含有本办法第五条内容的地址、目录或者关闭服务器。"这就是对违法信息删除义务和关闭服务器义务的规定。公安部的上述办法虽然属于部门规章，但它是在 1997 年刑法设立有关计算机犯罪以后，最早对从事网络服务的单位设立监管义务作出规定的法规。

（2）2000 年 9 月 25 日国务院发布的《互联网信息服务管理办法》第 15 条第 7 项规定："互联网信息服务提供者不得制作、复制、发布、传播含有下列内容的信息：……（七）散布淫秽、色情、赌博、暴力、凶杀、恐怖或者教唆犯罪的……"其第 16 条规定了互联网信息服务提供者的停止传输义务："……发现其网站传输的信息明显属于本办法第十五条所列内容之一的，应当立即停止传输，保存有关记录，并向国家有关机关报告。"该内容与上述基本相同，但上述办法是部门规章，而此办法是行政法规。因此，后者的法律位阶明显高于前者。

（3）2000 年 12 月 28 日全国人民代表大会常务委员会颁布、2009 年修正的《关于维护互联网安全的决定》（以下简称 2000 年《决定》）第 3 条第 5 项规定："为了维护社会主义市场经济秩序和社会管理秩序，对有下列行为之一，构成犯罪的，依照刑法有关规定追究刑事责任：……（五）在互联网上建立淫秽网站、网页，提供淫秽站点链接服务，或者传播淫秽书刊、影片、音像、图片。"这是对利用网络实施刑法第 363 条设立的制作、复制、出版、贩卖、传播淫秽物品牟利罪的规定。其第 7 条对从事互联网业务的单位提出了以下要求："……从事互联网业务的单位要依法开展活动，发现互联网上出现违法犯罪行为和有害信息时，要采取措施，停止传输有害信息，并及时向有关机关报告。任何单位和个人在利用互联网时，都要遵纪守法，抵制各种违法犯罪行为和有害信息。"这是对从事互联网业务单位停止传输有害信息的规定。考虑到 2000 年《决定》属于法律，这是将从事互联网业务的单位的网络信息监管义务上升到法律层级，表明国家的重视程度有所提升。

（4）2007 年 12 月 29 日国家广播电影电视总局、信息产业部发布的《互联网视听节目服务管理规定》（2015 年修订）第 16 条第 7 项规定："互联网视听节目服务单位提供的、网络运营单位接入的视听节目应当符合法律、行政法规、部门规章的规定。已播出的视听节目应至少完整保留 60 日。视听节目不得含有以下内容：……（七）诱导未成年人违法犯罪和渲染暴力、色情、赌博、恐怖活动的……"其第 18 条第 1 款规定："广播电影电视主管部门发现互联网视听节目服务单位传播违反本规定的视听节目，应当采取必要措施予以制止。互联网视听节目服务单位对含有违反本规定内容的视听节目，应当立即删除，并保存有关记录，履行报告义务，落实有关主管部门的管理要求。"这是关于网络服务提供商对违法信息的删除义务和报告义务的规定。尤其是其第 18 条第 2 款还对网络服务提供商的一般监管义务作了规定："互联网视听节目服务单位主要出资者和经营者应对播出和上载的视听节目内容负责。"

（5）2012 年 12 月 28 日全国人民代表大会常务委员会颁布的《关于加强网络信息保护的决定》第 5 条规定："网络服务提供者应当加强对其用户发布的信息的管理，发现法律、法规禁止发布或者传输的信息的，应当立即停止传输该信息，采取消除等处置措施，保存有关记录，并向有关主管部门报告。"这为网络服务提供者规定了停止传输义务、删除义务和报告义务。

应该说，上述我国法律、行政法规和部门规章关于网络信息服务提供者对网络淫秽物品的监管义务的规定是明确的，而快播公司及其主管人员未能履行监管义务的事实也是清楚的。正如一审判决所认定："快播公司直接负责的主管人员王欣、吴铭、张克东、牛文举，在明知快播公司擅自从事互联网视听节目服务、提供的视听节目含有色情等内容的情况下，未履行监管职责，放任淫秽视频在快播公司控制和管理的缓存服务器内存储并被下载，导致大量淫秽视频在网上传播。"这就是一审判决对快播案的法律定性：快播公司主管人员未能履行监管职责，导致淫秽视频在网上传播，并且两者之间存在刑法上的因果关系。这是一种不作为的传播，由此认定快播公司及其主管人员构成不作为的传播淫秽物品牟利罪。

四、快播公司主管人员不履行义务的刑事责任

经过前述漫长的跋涉，我们终于来到刑法的地界。因为快播案毕竟是一个刑事案件，其定罪根据只能是刑法。因此，在对快播公司的经营模式和监管义务认定的基础上，我们最终进入刑法教义学分析的环节。在我国刑法学界，对于快播公司及其主管人员究竟构成何种犯罪以及如何构成犯罪，还是存在较大争议的。对此，应当从刑法及司法解释的规定入手进行分析。

在快播案的一审判决公布以后,对于快播公司是否应当定罪以及如何定罪,除一审判决所认定的快播公司构成不作为的传播淫秽物品罪的意见以外,还存在以下三种不同意见:第一种意见认为快播公司的传播淫秽物品行为是作为与不作为的竞合。例如张明楷教授指出:"快播公司使用的 P2P 技术不仅在用户下载视频时为其提供上传视频的服务,而且在用户与用户之间介入了自己控制、管理的缓存服务器;快播调试服务器不仅拉拽淫秽视频文件存储在缓存服务器里,而且也向用户提供缓存服务器里的淫秽视频文件。后一行为就属于以陈列方式传播淫秽物品的行为。一审判决还从快播公司作为负有网络视频信息服务提供者应当承担的网络安全管理义务,并且具备管理的可能性但没有履行网络安全管理义务的角度,论证了快播公司构成传播淫秽物品牟利罪。据此,快播公司同时存在作为与不作为。"① 第二种意见认为快播公司拒不履行网络监管义务的行为虽然是不作为,但并不构成传播淫秽物品罪,而只是构成《刑法修正案(九)》规定的拒不履行信息安全管理义务罪,但因为快播案发生在《刑法修正案(九)》颁布之前,所以结论是:快播公司的行为不构成犯罪。例如高艳东教授指出:"理论上,传播淫秽物品牟利罪,既可以由作为构成,也可以由不作为构成。但是,网站不履行管理义务,不属于本罪的不作为表现方式。法官充分论证了王欣没有履行管理义务,如果据此认定构成不作为犯罪——拒不履行信息网络安全管理义务罪(最高 3 年),没有问题。但把拒不履行管理义务等于作为犯罪——传播淫秽物品牟利罪(最高无期),是可怕的逻辑。需要说明,拒不履行信息网络安全管理义务罪是 2015 年才确立的罪名,法不溯及既往,不能构成此罪。"② 第三种意见是快播公司属于间接正犯。例如李世阳博士指出:"快播案的核心问题在于如何定性快播公司利用他人传播淫秽物品而赚取广告费的行为。根据间接正犯理论,可以将站长视为有故意无目的之工具,而背

---

① 张明楷:《快播案定罪量刑的简要分析》,载《人民法院报》,2016 - 09 - 14。

② 高艳东:《质疑快播案判决:与陈兴良、张明楷教授商榷》,载 http://article.chinalawinfo.com/ArticleFullText.aspx? ArticleId=97544。

后的快播公司则据此取得优越的支配地位，据此论证传播淫秽物品牟利罪的成立。"①

以上各种意见对于正确判断快播公司的行为性质都具有一定的参考意义，在论证快播公司构成不作为的传播淫秽物品牟利罪的时候，需要一并论及。在此，涉及以下三个问题：

（一）快播公司的行为是作为还是不作为

一审判决对快播公司定罪的依据是刑法第 363 条，该条规定："以牟利为目的，制作、复制、出版、贩卖、传播淫秽物品的，处三年以下有期徒刑、拘役或者管制，并处罚金；情节严重的，处三年以上十年以下有期徒刑，并处罚金；情节特别严重的，处十年以上有期徒刑或者无期徒刑，并处罚金或者没收财产。"在该条规定中，淫秽物品的传播行为在通常情况下是作为，不可否认也存在不作为传播的情形。就传播的实质含义而言，是指将淫秽物品在一定范围内流传与扩散，使他人接触到淫秽物品；传播的手段包括播放、出租、出借、承运、邮寄等。值得注意的是，在网络上淫秽物品的传播具有其独特性。在网络上传播淫秽物品实际上包括两种情形：第一种是利用网络散布淫秽物品，例如建立淫秽网站、提供淫秽电子信息的链接、在网络空间陈列淫秽照片或者其他淫秽物品等。这是一种以作为的形式构成的传播淫秽物品行为。对此，没有疑问。第二种是对网络淫秽物品拒不履行网络监管义务，例如 2010 年 2 月 2 日最高人民法院、最高人民检察院《关于办理利用互联网、移动通讯终端、声讯台制作、复制、出版、贩卖、传播淫秽电子信息刑事案件具体应用法律若干问题的解释（二）》（以下简称《2010 年两高解释》）第 4 条第 1 款规定："以牟利为目的，网站建立者、直接负责的管理者明知他人制作、复制、出版、贩卖、传播的是淫秽电子信息，允许或者放任他人在自己所有、管理的网站或者网页上发布，具有下列情形之一的，依照刑法第三百六十三条第一款的规定，以传播淫秽物品牟利罪定罪处罚：（一）数量或者数额达到第一条第二款第

---

① 李世阳：《无可奈何花落去，似曾相识燕归来——评"快播案"一审判决》，载 http://www.duyidu.com/a160982037。

（一）项至第（六）项规定标准五倍以上的；（二）数量或者数额分别达到第一条第二款第（一）项至第（六）项两项以上标准二倍以上的；（三）造成严重后果的。"这一规定的行为主体是网站建立者、直接负责的管理者，网络服务提供商当然包含在上述主体之中。这一规定的行为表现为明知是淫秽电子信息，而允许或者放任他人在自己所有、管理的网站或者网页上发布。在刑法理论上，这一行为属于以不作为的形式构成的传播淫秽物品行为。由此可见，对于传播淫秽物品牟利罪来说，既可以由作为构成，也可以由不作为构成。网络传播淫秽物品罪亦如此。

那么，快播公司在本案中的传播淫秽物品牟利行为属于作为还是不作为，抑或既是作为又是不作为？对此，一审判决在定性部分是按照不作为犯罪进行认定的，其论证逻辑是：（1）快播公司负有网络视频信息服务提供者应当承担的网络安全管理义务；（2）快播公司及各被告人均明知快播公司网络信息服务系统内大量存在淫秽视频并介入了淫秽视频传播活动；（3）快播公司及各被告人放任其网络信息服务系统大量传播淫秽视频属于间接故意；（4）快播公司具备承担网络安全管理义务的现实可能但拒不履行网络安全管理义务；（5）快播公司及各被告人的行为具有非法牟利目的。当然，在一审判决中，也涉及快播公司在淫秽物品传播中的实质性作用。例如一审判决对快播公司提供的缓存服务进行了描述，特别强调缓存服务器方便、加速了淫秽视频的下载、传播，在对快播公司的缓存服务器工作原理的描述中，采用了拉拽、抓取等用语，并且认定快播公司实质性地介入了淫秽物品的传播过程。由此，快播案一审判决指出："快播公司放任其缓存服务器存储淫秽视频并使公众可以观看并随时得到加速服务的方式，属于通过互联网陈列等方式提供淫秽物品的传播行为。"在这种情况下，能否认为快播公司在本案中既有作为的传播行为，又有不作为的传播行为呢？对此，张明楷教授作了肯定的回答。张明楷教授认为，在快播案中，同时存在作为与不作为。

对于在快播案中存在不作为，一审判决已经描述得足够清楚。这里需要关注的是：快播公司的作为究竟是如何表现的？对此，张明楷教授列举了快播公司以下两个方面的表现：一是快播调试服务器拉拽淫秽视频文件存储在缓存服务器里，二是向用户提供缓存服务器里的淫秽视频文件。张明楷教授认为，这一行为就属于以陈列方式传播淫秽物品的行为。① 对于张明楷教授的这一判断我是不能同意的。即使是一审判决将快播公司的传播行为认定为既是作为又是不作为，也是难以成立的。在快播案中，淫秽视频是所谓站长上传的，对此并无争议。因此，是那些上传淫秽视频的站长以作为的方式传播了淫秽物品，只不过这些站长将淫秽视频上传到了快播公司所管理的网络信息系统。不可否认，拉拽、抓取等用语确实是对积极的动作的一种描述，似乎可以界定为作为。但我们不要忘记，一审判决中的这些用语并不是对人的行为的直接描述，而是对网络软件之功能的叙述。例如，一审判决指出："在视频文件点播次数达到一定标准后，缓存调度服务器即指令处于适当位置的缓存服务器（运行 Cache Server 程序）抓取、存储该视频文件。"这里的抓取是指获取视频文件并予以存储，因此，抓取只是存储的辅助性手段。只要存储不能被单独评价为作为的传播，抓取就更不能被认定为作为的传播。此外，一审判决还指出："快播用户点播视频过程中，在拥有视频的站长（或客户端）、缓存服务器、观看视频的客户端之间形成三角关系，快播调度服务器不仅拉拽淫秽视频文件存储在缓存服务器里，而且也向客户端提供缓存服务器里的淫秽视频文件。这让缓存服务器实际上起到了淫秽视频的下载、储存、分发的作用。"在此，拉拽的含义与抓取的含义相同，都是指存储的辅助性手段，不能被单独评价为作为的传播。至于快播公司没有履行网络安全监管义务，放任淫秽物品在网络流传，也不能被认定为陈列方式的传播行为，理由在于：如果把这种因为没有履行监管义务而放任淫秽物品在网络流传的情形，都认定为陈列方式的传播，属于作为，那么，不作为的传播就根本不存在了。其实，所谓陈列只是不作为的后果，不能把这种后果认定为行为本身。

这里需要讨论的是：快播公司利用缓存技术存储淫秽视频并提供给用户的行为是否属于作为的传播？对此，一审判决的认定是："快播公司提供的这种介入了缓存服务器的视频点播服务，以及设立的这种缓存技术规则，决定了其实质介入了淫秽视频的传播行为。"那么，这些实质介入淫秽视频的传播行为就是作为的传播吗？对于存储的性质，如同前面所介绍，欧盟《指令》第 13 条对缓存服务作了特殊规

---

① 参见张明楷：《快播案定罪量刑的简要分析》，载《人民法院报》，2016-09-14。

定，认为缓存行为从技术角度来看属于存储，从功能性角度来看属于传输。之所以说存储从功能性角度来看属于传输，主要是因为这种存储的目的仅在于基于信息接受者的请求使信息的传输更加有效率。根据《指令》第 13 条的规定，这种存储提供者在一定条件下，只要履行删除或者封锁信息的通道义务，仍然可以免除责任。我认为，就提供缓存服务而言，并不能就此认为快播公司实施了作为的传播行为，充其量只不过是他人传播的帮助行为，属于传播淫秽物品的共犯。这个问题，留待后文探讨。因此，严格来说，快播公司存在以下两种行为：

第一，不履行网络安全管理义务的不作为。这就是《2010 年两高解释》第 4 条第 1 款所规定的情形："以牟利为目的，网站建立者、直接负责的管理者明知他人制作、复制、出版、贩卖、传播的是淫秽电子信息，允许或者放任他人在自己所有、管理的网站或者网页上发布"。在此，《2010 年两高解释》并没有明确这是一种不作为，但从行为性质判断，还是应当归属于不作为的范畴。对于这种不作为构成的传播淫秽物品牟利罪，《2010 年两高解释》规定的构成要素包括以下三项：

（1）允许或者放任他人在自己所有、管理的网站或者网页上发布淫秽视频。这里的允许，较为容易理解，就是不予删除或者屏蔽。这正是没有履行网络监管义务的应有之义。这里的放任，则容易引起误解。放任一词在我国刑法中出现在第 14 条，是对间接故意的意志因素的描述。因此，放任是一个描述主观心理的用语，是指对法益侵害结果容认的心理态度。① 但在《2010 年两高解释》第 4 条中，放任并不是用来描述主观心理，而是与允许并列，用来描述客观行为。不得不说，这里存在一个用词不当的问题。如果改为默认或者不闻不问，可能会更好一些。尽管如此，我们还是可以体会《2010 年两高解释》第 4 条采用放任一词是要描述网站建立者、直接负责的管理者对于网络淫秽电子信息拒不履行监管义务的行为状态，这显然还是一种不作为。

（2）明知他人制作、复制、出版、贩卖、传播的是淫秽电子信息。对于这里的

---

① 关于对放任的专门研究，可以参阅尹东华：《刑法中的放任论研究》，北京，中国人民公安大学出版社，2013。

明知究竟是构成要件要素还是故意要素的问题,我国学者指出: "该解释(指《2010 年两高解释》——引者注)中的明知是传播行为要件中的组成部分,这种明知并不是该罪犯罪构成主观要件,而是行为的内容,提供网络行业正常业务活动、经营活动和传播行为之间区分的依据。将明知作为传播行为之外的主观方面,认为它是传播淫秽物品罪的犯罪构成主观要件,是一种有失偏颇的理解。"① 因此,作者明确地将这种明知界定为传播这种构成要件行为要件之内的要素,属于构成要件行为的内容,而不能将其等同于作为故意主观要件的明知。作者还认为,如果剥离这种明知,网络行业相关业务经营者、技术提供者的行为性质将失去评判依据,禁止网络传播淫秽物品的法律规范也将因这种曲解受到将中立技术治罪的指责。我认为,这一论述是可以成立的。这里涉及明知在犯罪论体系中的地位问题,也是一个所谓表现犯的问题。② 如果刑法对明知没有明文规定,那么,明知并不是构成要件,而是故意要素。如果严格按照刑法第 363 条的规定,传播淫秽物品牟利罪并没有规定明知,因此不能将明知纳入该罪的构成要件要素。但司法解释对明知作了明文规定,在这种情况下,似乎又应当将明知理解为该罪的构成要件要素。考虑到司法解释的规定在我国刑法中具有准法律的功能,将明知视为传播淫秽物品牟利罪的构成要件要素具有一定的合理性。值得注意的是,对于这里的明知的认定,《2010 年两高解释》第 8 条作了明确规定: "实施第四条至第七条规定的行为,具有下列情形之一的,应当认定行为人明知,但是有证据证明确实不知道的除外: (一)行政主管机关书面告知后仍然实施上述行为的; (二)接到举报后不履行法定管理职责的; (三)为淫秽网站提供互联网接入、服务器托管、网络存储空间、通讯传输通道、代收费、费用结算等服务,收取服务费明显高于市场价格的; (四)向淫秽网站投放广告,广告点击率明显异常的; (五)其他能够认定行为人明知的情形。"在以上规定中,采取了推定的方式认定明知。而快播公司具备上述前两项情形,据此,推

---

① 毛玲玲:《传播淫秽物品罪中"传播"行为的认定》,载《东方法学》,2016 (2)。
② 关于表现犯的论述,参见陈兴良:《刑法分则规定之明知: 以表现犯为解释进路》,载《法学家》,2013 (3)。

定快播公司对其所管理的网络平台上的淫秽物品具有明知，也是没有问题的。

（3）以牟利为目的。刑法第 363 条明确规定了传播淫秽物品牟利罪必须以牟利为目的，由此而与刑法第 364 条规定的不以牟利为目的的传播淫秽物品罪加以区分。当然，在快播案中，对牟利问题作了一个较为广义的解释。在一般情况下，牟利都是通过构成要件行为而直接获取利益。在传播淫秽物品的情况下，以获取淫秽物品为对价取得他人财物，这是一种直接牟利。在快播案中，快播公司并不是从传播淫秽物品中直接牟利，也就是说，用户使用网络播放器观看淫秽视频是免费的。快播公司采用了互联网企业所常用的"羊毛出在牛身上"的盈利方法，正如一审判决所认定的那样："快播公司通过提供缓存技术支持等方法改善用户体验，增加用户数量和市场占有率，进而提升快播资讯广告或捆绑推广软件的盈利能力，增加收入。"因此，快播公司是通过这种特定的经营模式牟利，可以说是一种间接牟利。一审判决将这种间接牟利认定为刑法第 363 条规定的传播淫秽物品牟利罪的牟利，是一种司法创制。

第二，利用缓存技术为传播淫秽物品提供缓存服务。毫无疑问，这也是一审判决所认定的快播公司的第二种行为。这部分行为无疑与快播公司的缓存技术存在较大的关联性，关于对这种行为性质的理解难免会存在一定的分歧，因为在快播案中，快播公司并不是单纯地不履行监管义务，而是通过缓存服务，在一定程度上对淫秽物品的传播提供了某种技术支持。关于对这种提供缓存服务行为的定性存在以下三个问题值得探讨：

（1）快播公司提供缓存服务的行为能否被认定为快播公司的传播淫秽物品作为？从快播案的案件事实来看，缓存确实起到了对淫秽物品传播的支持作用，使得站长上传的淫秽视频在更大范围内以更佳的效果播放。这也就是一审判决所说的，快播公司实质性地参与了淫秽物品的传播活动。但将这种行为单独评价为作为的淫秽物品传播行为，我认为并不妥当。因为传播淫秽物品的行为主体是站长，站长将淫秽视频上传到网络，快播公司对淫秽视频进行缓存，更有利于淫秽视频的播放，仍然属于对淫秽视频的技术处理，不能认定为一种作为的传播淫秽物品牟利行为。

（2）快播公司提供缓存服务的行为能否被认定为传播淫秽物品的不作为的一种

表现形式而为不作为所吸收呢？例如，在遗弃罪中，当然存在行为人只是单纯地不履行扶养义务而构成的犯罪，但也存在行为人采取将被害人丢弃在公共场所等积极作为的手段进行遗弃的案件。在这种情况下，就不能把丢弃行为视为独立于遗弃的不作为以外的作为，而只不过是遗弃的不作为的客观表征而已。那么，快播公司的缓存服务对于传播淫秽物品来说，到底是不是不作为的传播行为的客观表现呢？从一审判决认定的快播案的案件事实来看，提供缓存服务已经超出了拒不履行监管义务的范围，因此我认为，该内容不能为传播淫秽物品的不作为所涵括，对其应当另行评价。

（3）快播公司提供缓存服务的行为能否被认定为对他人传播淫秽物品的帮助？如前所述，站长是传播淫秽物品的正犯，在这个意义上说，我认为快播公司提供缓存服务只不过是对传播淫秽物品行为的帮助而已。2004 年 9 月 3 日最高人民法院、最高人民检察院《关于办理利用互联网、移动通讯终端、声讯台制作、复制、出版、贩卖、传播淫秽电子信息刑事案件具体应用法律若干问题的解释》（以下简称《2004 年两高解释》）第 7 条规定：明知他人实施制作、复制、出版、贩卖、传播淫秽电子信息犯罪，为其提供互联网接入、服务器托管、网络存储空间、通讯传输通道、费用结算等帮助的，对直接负责的主管人员和其他直接责任人员，以共同犯罪论处。在这一规定中，就包含了提供网络存储空间的行为，缓存服务也可以涵盖在网络存储的范畴之内。而《2004 年两高解释》规定，对上述行为"以共同犯罪论处"，实际上是指帮助犯。这是一种作为的帮助，但因为站长的传播淫秽物品行为没有牟利目的，而且快播公司与"站长之家"不存在犯意联络，所以，快播公司提供缓存服务只是一种片面的帮助。值得注意的是，《2010 年两高解释》第 6 条规定："电信业务经营者、互联网信息服务提供者明知是淫秽网站，为其提供互联网接入、服务器托管、网络存储空间、通讯传输通道、代收费等服务，并收取服务费，具有下列情形之一的，对直接负责的主管人员和其他直接责任人员，依照刑法第三百六十三条第一款的规定，以传播淫秽物品牟利罪定罪处罚：（一）为五个以上淫秽网站提供上述服务的；（二）为淫秽网站提供互联网接入、服务器托管、网络存储空间、通讯传输通道等服务，收取服务费数额在二万元以上的；（三）为淫秽网站提供代收费服务，收取服务费数额在五万元以上的；（四）造成严重后果的。"《2010年两高解释》第 6 条的这一规定与《2004 年两高解释》第 7 条的规定，内容是基本相同的，只是后者对主体作了具体描述，并规定了这种情形构成犯罪的罪量要素。但上述两个条款之间存在一个区别，那就是前者规定以共同犯罪论处，而后者直接规定以传播淫秽物品牟利罪定罪处罚。两者这种语言表述上的不同，是否可以理解为：在《2004 年两高解释》第 7 条中，提供存储服务是帮助，而在《2010 年两高解释》第 6 条中，提供存储服务是实行，这是一种共犯行为正犯化解释呢？我并不赞同这一观点。对此，后文还将进一步讨论。如果把快播公司提供缓存服务视为帮助，那么这种帮助行为的性质是由被帮助的实行行为的性质所决定的。在快播案中，被帮助的人是上传淫秽视频的站长，这些站长并不具有牟利目的，因而不能构成传播淫秽物品牟利罪，快播公司也就不能构成传播淫秽物品牟利罪的帮助犯。当然，站长上传淫秽视频的行为，如果具备罪量要素，可以构成传播淫秽物品罪，快播公司随之可以构成传播淫秽物品罪的帮助犯。在本案中这些站长并没有进入刑事司法程序，而且在整个快播案件中提供缓存服务不是主要的行为，因此，我认为对快播公司提供缓存服务的行为没有必要另行定罪。

综上所述，快播公司提供缓存服务的行为不能被认定为传播淫秽物品牟利的作为，也不能被认定为传播淫秽物品的不作为的客观表现，而是对他人传播淫秽物品的帮助。

（二）快播公司的不作为是不纯正的不作为还是纯正的不作为

如前所述，快播公司确实存在拒不履行网络监管义务的不作为。那么，这种不作为是构成不纯正的不作为之罪还是构成纯正的不作为之罪呢？如果构成不纯正的不作为之罪，则应以传播淫秽物品牟利罪论处。反之，如果构成纯正的不作为之罪，则其行为构成拒不履行信息安全管理义务罪，但因该行为发生在《刑法修正案（九）》之前，故而不构成犯罪。显然，一审判决将其认定为不纯正的不作为，即构成传播淫秽物品牟利罪。在快播案一审判决中，对此存在较多的疑问，其中以高艳东教授的质疑最具代表性。高艳东教授明确提出：

不履行监管义务≠传播

高艳东教授采用归谬法进行了论证：如果不履行监管义务等于传播成立的话，会得出以下结论：（1）警察接到砍人报警后不出警，致使被害人被砍死，警察就构成故意杀人罪；（2）警察知道酒店有人组织卖淫，不履行管理义务，警察就构成组织卖淫罪（最高无期）；（3）中国移动接到用户要求屏蔽含有"转至安全账户"字段的短信，不履行管理义务，导致用户的妈妈被骗，中国移动的经理就成立诈骗罪（最高无期）；（4）广电局官员知道百度上有淫秽照片，未有效履行监管义务，不主动关闭网站，官员就构成传播淫秽物品罪。① 显然，在高艳东教授看来，这四种情形都是十分荒谬的。既然快播公司的行为不构成传播淫秽物品牟利罪，则其行为只能构成拒不履行信息网络安全管理义务罪，该罪是《刑法修正案（九）》设立的，而快播公司的行为发生在《刑法修正案（九）》颁布之前。因此结论是：快播公司的行为不构成犯罪。

高艳东教授的论证淋漓酣畅。遗憾的是，高艳东教授似乎无视了《2010 年两高解释》第 4 条第 1 款的规定。尽管前面已经引过这个条文，在此还是有必要再引一次：

> 以牟利为目的，网站建立者、直接负责的管理者明知他人制作、复制、出版、贩卖、传播的是淫秽电子信息，允许或者放任他人在自己所有、管理的网站或者网页上发布，具有下列情形之一的，依照刑法第三百六十三条第一款的规定，以传播淫秽物品牟利罪定罪处罚：
>
> （一）数量或者数额达到第一条第二款第（一）项至第（六）项规定标准五倍以上的；
>
> （二）数量或者数额分别达到第一条第二款第（一）项至第（六）项两项以上标准二倍以上的；
>
> （三）造成严重后果的。

根据这一规定，对快播公司以传播淫秽物品牟利罪定罪处罚当然是没有问题

---

① 参见高艳东：《质疑快播案判决：与陈兴良、张明楷教授商榷》，载 http：//article. chinalawinfo. com/ArticleFullText. aspx？ ArticleId＝97544。

的。其实，当高艳东教授提出"不履行监管义务≠传播"这个命题的时候，就在很大程度上否定了不作为的传播淫秽物品牟利罪。但要否定不作为的传播淫秽物品牟利罪，首先必须推翻《2010 年两高解释》第 4 条的规定，否则，高艳东教授的论证就会"撞墙"。但高艳东教授绕"墙"而过了，不知是有心还是无意。

至于高艳东教授在文中所举的那些例子，其实并不具有太大的说服力。一方面，这些例子与快播公司的行为并不具有可比性。例如，"中国移动接到用户要求屏蔽含有'转至安全账户'字段的短信，不履行管理义务，导致用户的妈妈被骗，中国移动的经理就成立诈骗罪（最高无期）"。我们已经知道中国移动属于网络接入服务提供商，其对网络违法行为并没有监管义务，而且没有监管可能性。至于在具有确凿证据的情况下，其拒不配合公安机关的屏蔽要求，也只是一种违法行为，并不构成犯罪。而快播公司正如一审判决所认定的，是网络视频信息服务提供者，具有对其网络平台上的淫秽物品的监管义务，因而有可能因不履行这种监管义务而构成犯罪。另一方面，这些例子也与我国刑法规定和刑法理论相悖。例如，"警察接到砍人报警后不出警，致使被害人被砍死，警察就构成故意杀人罪"。在这种情况下，警察当然不构成故意杀人罪，因为警察虽然对他人的故意杀人行为有制止义务，但根本就不存在制止可能性。但在警察对他人的杀人行为的因果流程具有掌控性的情况下，警察不履行职责的行为构成不作为的故意杀人罪，在刑法教义学上是没有问题的。而在我国只是因为广泛设立了渎职犯罪，所以可能构成渎职性的犯罪，由此而限缩了不作为的范围。虽然如此，所判处的刑罚其实与不作为的故意杀人罪并无差别。至于高艳东教授以法定最高刑说事儿，也只是一种叙述技巧而非真实情况。

在高艳东教授所提出的以上质疑中，涉及如何区分不纯正的不作为与纯正的不作为的问题。对此，在刑法教义学上是存在争议的。德国学者罗克辛教授对不纯正的不作为与纯正的不作为区分的观点作了以下评述[①]：（1）从是否具有实行等同性

---

① 参见［德］克劳斯·罗克辛：《德国刑法学总论》，第 2 卷，王世洲主译，478 页以下，北京，法律出版社，2013。

进行区分。这里的实行等同性，就是等置性或者等价值性。罗克辛教授认为，纯正的不作为是通过不作为构成的实行性犯罪，不作为是其独立和唯一的构成要件，因此并不存在与作为的实行等同性。而不纯正的不作为是与作为相对而成立的，两者之间具有实行等同性。在不纯正的不作为的情况下，关键是行为主体具有保证人地位。(2) 从行为的不实施与结果的不防止进行区分。罗克辛教授认为，纯正的不作为的刑事可罚性的关键不在于阻止某个结果，而在于所要求行为的不作为。而不纯正的不作为则恰恰相反，其刑事可罚性的根据不在于所要求行为的不作为，而在于不阻止某个结果。(3) 从刑法是否有规定加以区分。这是阿明·考夫曼教授的观点，认为纯正的不作为是在刑法中有明文规定的，而不纯正的不作为是在刑法中没有明文规定的。应该说，这是一种形式性的区分，并不能从本质上解决纯正的不作为与不纯正的不作为的区分问题。(4) 从所违反规范的性质上加以区分。这种观点认为，纯正的不作为是对命令性规范的违反，而不纯正的不作为是对禁止性规范的违反。以上这些观点都从不同的角度对纯正的不作为与不纯正的不作为的区分问题进行了论述，对于我们理解两者的区分具有一定的启发意义。

纯正的不作为与不纯正的不作为的区分是一个较为复杂的问题。因为不纯正的不作为具有与其对应的作为，而这里的不作为与作为适用相同的法条，并且共用一个构成要件。在这种情况下，不作为与作为的等置性，无疑是一种具有实质意义的考察方法。除对行为进行等置性的考察以外，行为人是对所实施行为负责还是对防止结果发生负责，也是区分纯正的不作为与不纯正的不作为的一个重要维度。在此，需要考察的是行为人对于防止结果的发生是否处于保证人的地位。从所违反规范或者义务的性质上对纯正的不作为与不纯正的不作为进行区分，同样具有一定的价值。根据以上原理，在对纯正的不作为与不纯正的不作为进行区分的时候，最重要的还是考察不纯正的不作为与其对应的作为之间的等置性，以及行为人是否处于保证人的地位。因此，警察接到砍人报警后不出警，这种单纯的不出警只是职务上的不作为，属于纯正的不作为。即使致使被害人被砍死，警察也不可能构成故意杀人罪。因为这个警察对于他人死亡并不处于保证人地位，即对于死亡结果没有防止其发生的义务。但如果在杀人现场，警察能够制止歹徒砍人而不予制止，致使他人死亡，则该警察的行为构成不作为的故意杀人罪。

如前所述，在《刑法修正案（九）》颁布之前，《2010 年两高解释》第 4 条对不作为的传播淫秽物品牟利行为作了明文规定，因此对快播公司及其主管人员以不作为的传播淫秽物品牟利罪论处具有法律根据。当然，在《刑法修正案（九）》设立拒不履行信息网络安全管理义务罪以后，就出现了一个问题，即不纯正不作为的传播淫秽物品牟利罪与纯正不作为的拒不履行信息网络安全管理义务罪之间的区分问题。

在快播案中，快播公司没有履行监管义务，这是其行为违法性的核心。那么，这种违反监管义务的行为是只能构成拒不履行信息网络安全管理义务罪，还是只要符合其他犯罪的不作为的特征，也可以按照其他犯罪论处？对于这个问题，因为刑法第 286 条之一第 3 款有"有前两款行为，同时构成其他犯罪的，依照处罚较重的规定定罪处罚"的明文规定，因此，在逻辑上并不存在障碍。那么，在刑法教义学上，行为人犯拒不履行信息网络安全管理义务罪而又同时构成其他犯罪的情形，属于什么性质呢？我认为，这是一种想象竞合的性质。只不过我们通常所说的想象竞合都是指作为犯的想象竞合，而这种想象竞合则属于不作为犯的想象竞合。所谓不作为犯的想象竞合是指一个不作为同时触犯两个罪名的情形。这里的两个罪名都是不作为的罪名，并且其中一个是纯正的不作为，而另一个则是不纯正的不作为。在此，试以遗弃罪和不作为的故意杀人罪之间的关系为例加以说明。

在我国刑法中，遗弃罪是指对于年老、年幼、患病或者其他没有独立生活能力的人，负有扶养义务而拒绝扶养，情节恶劣的行为。从以上遗弃罪的构成要件来看，遗弃罪属于典型的不作为犯，而且是纯正的不作为犯。如果仅仅是一般的遗弃行为，只要达到情节恶劣程度的，就应该构成犯罪。在某些案件中，遗弃行为可能造成被遗弃人的死亡，甚至遗弃人对这种死亡结果持放任态度。在这种情况下，就存在如何区分纯正的不作为的遗弃罪与不纯正的不作为的故意杀人罪或者过失致人死亡罪之间的界限问题。值得注意的是，对于遗弃罪的情节恶劣是否包含过失致人死亡的后果，立法机关的解释前后有所变化：最初认为遗弃罪的情节恶劣包含遗弃造成被害人重伤、死亡等严重后果。① 这里的致人死亡，当然是过失致人死亡，而不可能是指故意杀人。此后，立法机关在对遗弃罪的情节恶劣的解释中又删去了上述内容，而改为援引 2015 年 3 月 2 日最高人民法院、最高人民检察院、公安部、司法部《关于依法办理家庭暴力犯罪案件的意见》的规定，遗弃罪的情节恶劣是指对被害人长期不予照顾、不提供生活来源；驱赶、逼迫被害人离家，致使被害人流离失所或者生存困难；遗弃患严重疾病或者生活不能自理的被害人；遗弃致使被害人身体严重损害或者造成其他严重后果等情形。在此，遗弃罪就不再包含过失致人死亡的后果。我认为，遗弃而过失致人死亡的，应当认定为遗弃罪和过失致人死亡罪的想象竞合犯，而不能数罪并罚。那么，对于遗弃而对被害人死亡持放任态度的情形如何处理呢？在此，就存在一个如何区分遗弃罪和故意杀人罪的问题，这也是纯正的不作为犯与不纯正的不作为犯的区分问题。对于这个问题，上述意见规定：

> 准确区分遗弃罪与故意杀人罪的界限，要根据被告人的主观故意、所实施行为的时间与地点、是否立即造成被害人死亡，以及被害人对被告人的依赖程度等进行综合判断。对于只是为了逃避扶养义务，并不希望或者放任被害人死亡，将生活不能自理的被害人弃置在福利院、医院、派出所等单位或者广场、车站等行人较多的场所，希望被害人得到他人救助的，一般以遗弃罪定罪处罚。对于希望或者放任被害人死亡，不履行必要的扶养义务，致使被害人因缺乏生活照料而死亡，或者将生活不能自理的被害人带至荒山野岭等人迹罕至的场所扔弃，使被害人难以得到他人救助的，应当以故意杀人罪定罪处罚。

这里的区分，不仅是主观上是否具有杀人故意的区分，而且是遗弃的时间和地点等客观要素的区分。可以说，在遗弃罪与故意杀人罪之间同样是想象竞合的关系。在这种想象竞合的关系中，行为人都是拒不履行扶养义务：如果只是单纯地不履行扶养义务，就构成纯正的不作为犯的遗弃罪；如果不履行扶养义务而放任被害人死亡结果的发生，则同时触犯了遗弃罪和故意杀人罪，应当按照择一重罪处断的

---

① 参见胡康生、郎胜主编：《中华人民共和国刑法释义》，3 版，403 页，北京，法律出版社，2006。

原则处理。

以上处理遗弃罪与故意杀人罪关系的刑法教义学原理同样适用于对拒不履行网络安全管理义务罪与传播淫秽物品牟利罪之间关系的解释。行为人不履行网络安全管理义务的行为同时构成不作为的传播淫秽物品牟利罪的，就属于拒不履行网络安全管理义务罪与传播淫秽物品牟利罪的想象竞合，应当按照处罚较重之罪的规定定罪处罚。显然，传播淫秽物品牟利罪是处罚较重之罪，因此应以该罪定罪处罚。

综上所述，快播公司不履行监管义务的行为是不作为，这种不作为既构成纯正的不作为犯的拒不履行网络安全管理义务罪，同时又构成不纯正的不作为犯的传播淫秽物品牟利罪。对此，应以处罚较重的传播淫秽物品牟利罪论处。换言之，对于在《刑法修正案（九）》设立拒不履行网络安全管理义务罪以后发生的类似快播公司的行为，仍然应以传播淫秽物品牟利罪论处。

（三）快播公司的不纯正的不作为是正犯还是帮助犯

快播公司不履行监管义务的行为属于传播淫秽物品牟利罪的不作为，那么，这种不作为究竟是不作为的正犯还是不作为的帮助犯呢？这也是一个值得研究的问题。

快播公司拒不履行网络安全管理义务的行为，就纯正的不作为而言，当然是不作为的正犯。但在不纯正的不作为的意义上，它究竟是不作为的正犯还是不作为的共犯呢？李世阳博士在评论快播案时，在间接正犯的意义上肯定了它是不作为的正犯，指出：

> 从裁判理由来看，其论证逻辑就是把本案的传播行为解释为不作为，从而形成拒不履行网络安全管理义务罪与传播淫秽物品牟利罪的想象竞合，择一重罪处罚。然而，想象竞合的前提当然是一个行为同时符合两个构成要件，从罪刑法定原则出发，既然禁止溯及既往，论证在行为之后才生效的拒不履行网络安全管理义务罪恐怕没什么意义。直接使淫秽视频暴露于不特定多数人眼前的毋宁说是发布淫秽视频的站长，因此，本案的核心问题在于如何定性快播公司利用他人传播淫秽物品而赚取广告费的行为。根据间接正犯理论，可以将站长视为有故意无目的之工具，而背后的

573

快播公司则据此取得优越的支配地位，据此论证传播淫秽物品牟利罪的成立。①

根据以上论述，李世阳博士认为，快播公司拒不履行网络安全管理义务的行为应当被理解为利用站长上传淫秽视频为有故意无目的之工具的间接正犯。在这个意义上，李世阳博士将快播公司认定为传播淫秽物品牟利罪的正犯。就此而言，李世阳在实质上还是把快播公司的行为确定为对所谓站长的帮助，只是借助于间接正犯的原理，才将快播公司转化为正犯。这是一种事实上的帮助而法律上的正犯。我认为，李世阳博士的以上论证当然是一条出人意料的逻辑路径，不无启迪。但在快播公司的行为可以被直接认定为传播淫秽物品牟利罪的正犯的情况下，这种论证反而显得有些迂腐。换言之，只有在否定传播淫秽物品牟利罪的不纯正的不作为犯的法律语境下，才有必要按照间接正犯理论将快播公司认定为正犯。我认为，在快播案中这个法律前提并不存在，因而没有必要迂回到间接正犯。因为无论是从逻辑上还是从事实上来看，不作为的传播淫秽物品牟利行为都是可成立的。从没有站长上传淫秽视频，就不存在快播公司的监管义务这个意义上说，快播公司的行为具有对于站长上传淫秽视频行为的一定程度的依赖性。但法律已经对快播公司设置了监管义务，而且刑法将不履行这种监管义务的行为涵盖在传播淫秽物品牟利罪这一不纯正的不作为犯的情况下，对于快播公司拒不履行网络安全管理义务、放任淫秽物品在网络传播的行为，完全可以认定为传播淫秽物品牟利罪的不作为犯，而没有必要解释为间接正犯。

除上述间接正犯的观点以外，我国有学者提出了共犯行为的正犯化解释的命题，指出：

所谓共犯行为正犯化解释，就是将网络空间中此类表象上属于犯罪行为的帮助犯、实质上已然具有独立性的技术上的帮助犯扩张解释为相关犯罪的实行犯，即不再依靠共同犯罪理论对其实现评价和制裁，而是

① 李世阳：《无可奈何花落去，似曾相识燕归来——评"快播案"一审判决》，载 http://www.duyidu.com/a160982037。

将其直接视为正犯，直接通过刑法分则中的基本的犯罪构成要件进行评价和制裁，从而有效地解决在共同犯罪范畴中难以有效评价的技术性帮助行为。

在此，涉及《2010 年两高解释》第 4 条的规定到底是所谓帮助行为正犯化解释，还是对传播淫秽物品牟利罪的不作为犯的规定问题。该学者还提出了技术帮助的概念，但对这里的技术帮助是指快播公司提供缓存服务还是指快播公司不履行网络安全管理义务，所述并不明确。但在有关论述中，其又同时将这两者都称为共犯行为的正犯化解释。例如，该学者在解释《2010 年两高解释》第 4 条规定时明确论及：司法解释在定性上将网站的管理者允许和放任传播淫秽电子信息的行为作为实行行为来加以评价，但是，在定量上对于网站管理者的行为成立犯罪提出了更高的要求。鉴于共犯行为的正犯化解释在多数情况下实质上是将共犯行为解释为一种不作为，它单独成立犯罪的要求较之直接正犯的行为更高，这一点似乎并无不合理之处。在此，该学者就是把允许和放任传播淫秽电子信息的行为当作共犯行为正犯化的事例进行论述的。这里涉及如何理解不作为的传播淫秽物品行为与以放任形式对他人传播淫秽物品行为提供帮助之间的逻辑关系。

就不作为的传播淫秽物品行为而言，这是一种正犯，即不作为的正犯，由此区别于作为的正犯。我认为，不能把不作为的正犯理解为共犯，然后通过解释才实现所谓正犯化。在这个意义上说，以共犯行为的正犯化来解释放任传播淫秽电子信息的行为，在刑法教义学上是难以成立的。在以放任形式对他人传播淫秽物品行为提供帮助的情形中，还存在不作为的帮助问题。在刑法教义学中，不作为的帮助是指以不作为的形式为他人实行犯罪提供帮助的犯罪形态。[①] 尽管在刑法教义学中，对于不作为的帮助是支配犯还是义务犯，即正犯还是共犯，存在各种不同的理论观点的争论[②]，但在一般情况下，我们还是将不作为的帮助理解为共犯的帮助犯，只不过区别于作为的帮助犯而已。根据以上分析，我们可以得出结论：以放任形式对他

---

①　参见刘瑞瑞：《不作为共犯研究》，117 页，桂林，广西师范大学出版社，2009。

②　参见何庆仁：《义务犯研究》，256 页以下，北京，中国人民大学出版社，2010。

人传播淫秽物品行为提供帮助是不作为的传播淫秽物品牟利罪与传播淫秽物品罪的帮助犯的想象竞合。这种两个罪名之间的想象竞合现象,在我国刑法中是客观存在的,并且两个罪名之间存在一种对合性。例如,私放在押人员罪与脱逃罪之间,私放在押人员罪既是正犯又是脱逃罪的帮助犯,两者之间存在想象竞合关系。又如,放纵走私罪与走私罪之间,放纵走私罪既是正犯——在某些情况下是不作为的正犯,同时又是走私罪的帮助犯——在某些情况下是不作为的帮助犯,两者之间存在想象竞合关系。当然,以放任形式对他人传播淫秽物品行为提供帮助的情况更为复杂:以放任形式对他人传播淫秽物品行为提供帮助,因为行为人主观上具有牟利目的,因而构成不作为的传播淫秽物品牟利罪,同时又与拒不履行网络安全管理义务罪存在两个不作为犯罪之间的想象竞合关系。与此同时,作为他人传播淫秽物品行为的帮助,它又与传播淫秽物品罪之间存在想象竞合关系。这是三重的想象竞合,最终只能以重罪即不作为的传播淫秽物品牟利罪定罪处罚。

五、增补

《刑法修正案(九)》第 28 条增设了拒不履行信息网络安全管理义务罪,本罪设立以后,对于网络平台责任予以犯罪化处理,因而对网络平台的定罪带来相应的影响,对此值得研究。

根据刑法第 286 条之一〔《刑法修正案(九)》第 28 条〕的规定,拒不履行信息网络安全管理义务罪是指网络服务提供者不履行法律、行政法规规定的信息网络安全管理义务,经监管部门责令采取改正措施而拒不改正,情节严重的行为。

拒不履行信息网络安全管理义务罪的主体是网络服务提供者。根据 2019 年 10月 21 日最高人民法院、最高人民检察院《关于办理非法利用信息网络、帮助信息网络犯罪活动等刑事案件适用法律若干问题的解释》第 1 条的规定,提供下列服务的单位和个人,应当认定为网络服务提供者:(1)网络接入、域名注册解析等信息网络接入、计算、存储、传输服务;(2)信息发布、搜索引擎、即时通讯、网络支付、网络预约、网络购物、网络游戏、网络直播、网站建设、安全防护、广告推广、应用商店等信息网络应用服务；（3）利用信息网络提供的电子政务、通信、能源、交通、水利、金融、教育、医疗等公共服务。

拒不履行信息网络安全管理义务罪的行为是网络服务提供者不履行法律、行政法规规定的信息网络安全管理义务。本罪是典型的义务犯。在刑法教义学中，所谓义务犯是指违反构成要件之前的、刑法之外的特别义务而构成的犯罪。①义务犯的理论是德国著名刑法学家罗克辛创造的，在罗克辛的观念中，义务犯是区别于支配犯的，支配犯要求实施具体构成要件的行为，并且对行为及其结果具有事实支配关系。而义务犯则只是单纯违反某种特别义务，并不要求对行为及其结果的事实支配。就拒不履行网络信息安全义务罪而言，网络安全义务是刑法之外的有关网络安全的法律、行政法规设定的，是与网络服务提供者的主体身份相关联的。网络服务提供者具有信息网络安全的管理义务。如果拒不履行这一义务，并且具备两个附加条件：第一，经监管部门责令采取改正措施而拒不改正；第二，造成严重后果或者情节严重的，即构成本罪。拒不履行信息网络安全管理义务罪的设立对于维护信息网络安全具有重要意义，可以说，本罪是纯正的网络犯罪。在本罪设立之前，此种行为是按照相关犯罪的不作为进行处理的。快播公司对网络上的淫秽信息没有起到监管义务，因而被认定为传播淫秽物品罪。对此，当时在刑法理论上争议较大。在快播案中，行为人实施了两种行为，一种是缓存淫秽信息，另一种是没有删除淫秽信息。这里的缓存就不能简单地说是不作为，而是具有一定的作为成分。至于没有删除淫秽信息，则具有没有履行监管义务的性质。对于将快播公司以及责任人员认定为传播淫秽物品罪，存在这样一种见解：传播只能是作为，不可能是不作为。其实，这是对不作为的错误理解所致。传播是指在一定范围内扩散，通常都是作为形式构成。但如果具有阻止扩散义务的人不予阻止，这就是不作为的传播。现在，刑法直接将不履行监管义务的不作为设立为独立罪名，能够避免将这种不履行监管义务行为按照其所监管内容分别定罪带来的难题，具有其合理性。

---

① 关于义务犯的进一步论述，参见何庆仁：《义务犯理论研究》，北京，中国人民大学出版社，2010。

第6章

貪污賄賂罪

第1节　利用企业改制侵吞公共财物行为之定性研究

案名：王一兵贪污案

主题：贪污罪　国家工作人员　犯罪数额

　　企业改制是指对国有或者集体企业进行股份制改造，这是经济体制改革的重要方式之一。在企业改制，尤其是国有企业改革的过程中，如何防止国有资产流失，是一个重大的政治问题和法律问题。从刑法上来说，如何区分企业改制中的罪与非罪的界限，也是一个值得研究的问题。本节通过王一兵贪污案①，对国有企业改革中贪污罪的认定问题进行理论上的探讨。

---

　　① 本案刊载于《经济犯罪审判指导与参考》，2003 年第 4 卷，北京，人民法院出版社，2004。

一、案情及诉讼过程

1992 年 7 月，上海十三冶金建设有限公司（全民所有制企业，以下简称十三冶）与上海耀华水泥厂（集体企业，以下简称耀华厂）共同投资成立国家、集体联营企业上海宝耀建材工业工程公司（以下简称宝耀公司），其中十三冶投资人民币 375 万元（占 75%），耀华厂投资 125 万元（占 25%）。十三冶根据联营合同，委派王一兵任宝耀公司法定代表人、总经理。同年 11 月 9 日，宝耀公司董事会根据章程规定，颁发了聘用王一兵为总经理的聘任书。

1993 年 6 月，王一兵以宝耀公司生产商品砼需进行试验为名，经董事会同意，由宝耀公司出资 30 万元成立下属集体所有制企业上海宝耀建材工业设计研究试验所（以下简称宝耀试验所）。1994 年 7 月 25 日，上海浦东新区工商行政管理局批准宝耀试验所正式成立并核发企业法人营业执照，试验所由王一兵负责经营。宝耀试验所取得营业执照前后，在王一兵的授意下，宝耀公司开出支票共计 780 万元，用于宝耀试验所购买搅拌车 12 辆及支付其他费用。

1994 年年底，王一兵得知宝耀公司 1994 年度利润总额达 1 800 万余元，遂指使兼任宝耀试验所会计职务的宝耀公司会计主管宋某，篡改宝耀公司原先账目，抽出部分单位支付给宝耀公司的货款原始凭证，作入宝耀试验所账册，从而在账册中结平宝耀公司为宝耀试验所支付中的购买搅拌车等款项，并将用宝耀公司资金 780 万元购买的 12 辆搅拌车计作宝耀试验所的固定资产。

1995 年 1 月 3 日，宝耀试验所吸收职工个人股金 120 万元（其中王及其亲属集资计 69 万元），将宝耀公司原投入折算为 30 万元，经浦东新区工商行政管理局批准，变更为集体与自然人投资的股份合作制企业，王一兵为该试验所法定代表人、董事长。

1997 年 10 月，宝耀公司转让原宝耀试验所的 30 万元股权，由宝耀试验所职工个人集资充抵，经浦东新区工商行政管理局批准，变更为自然人投资的股份合作制企业，其中王一兵个人及其妻、母、女、弟、妹等亲属共计投资 410 万元，占总投资的 69％，王一兵担任法定代表人、董事长。至此，王一兵利用担任宝耀公司总经理的职务之便，将用宝耀公司资金 780 万元为宝耀试验所购买并计入宝耀试验所固定资产的 12 辆搅拌车隐匿并不予收回，非法转归王及其亲属绝对控股的宝耀试验所占有。

上海市人民检察院第二分院以被告人王一兵犯贪污罪向上海市第二中级人民法院提起公诉。

被告人王一兵及其辩护人认为，王一兵不具有贪污罪的主体身份，又无非法占有公款的故意和行为，不构成贪污罪。

上海市第二中级人民法院经审理认为：王一兵受国有企业十三冶委派到非国有企业宝耀公司担任法定代表人兼总经理，具体负责宝耀公司的生产经营，代表国有投资主体行使管理权，属于受国有企业委派至非国有企业从事公务的人员，应以国家工作人员论。王一兵利用兼任宝耀公司与宝耀试验所法人代表并负责两单位经营的职务便利，唆使会计人员虚假做账，将宝耀公司的公款转移至宝耀试验所，致使宝耀公司对上述公款完全丧失所有权。虽然宝耀试验所并非王一兵一人出资，也没有证据证明王一兵个人直接非法占有上述公款，但上述公款已归全部由个人出资的宝耀试验所所有，并由王一兵实际控制和支配，王一兵个人是否直接占有公款，并不影响其非法占有行为的性质。被告人王一兵利用职务上的便利，通过唆使他人做假账的方法侵吞公款，数额特别巨大，其行为已构成贪污罪。公诉机关指控被告人王一兵犯贪污罪罪名成立。被告人王一兵及其辩护人的辩解、辩护意见均不能成立。鉴于其将侵吞的公款主要用于其个人及其亲属为主投资的宝耀试验所的生产经营活动，并未大肆挥霍赃款，且用赃款购置的车辆被追缴，对王一兵可酌情从轻处罚。依照《刑法》第 12 条、第 383 条第 1 款第（1）项、第 93 条第 2 款、第 64 条之规定，判决如下：

（1）被告人王一兵犯贪污罪，判处有期徒刑 15 年，并处没收个人财产人民币 20 万元。（2）非法所得应予追缴，发还被害单位，不足部分继续追缴。

一审宣判后，被告人王一兵以其行为不构成贪污罪为由提起上诉。

上海市高级人民法院经审理认为：宝耀公司系国有企业十三冶和集体企业耀华厂共同投资组成的国家、集体联营性质企业，王一兵作为国有企业十三冶的国家工作人员被委派到非国有企业宝耀公司从事公务，无论根据全国人民代表大会常务委员会《关于惩治贪污罪贿赂罪的补充规定》《关于惩治违反公司法的犯罪的决定》（均已失效——引者注），还是根据《刑法》第 93 条第 2 款的规定，王一兵都具备贪污犯罪的主体身份。1994年间，宝耀试验所尚属宝耀公司全资下属单位，上诉人王一兵将宝耀公司财产转到宝耀试验所不如实记账，尚不能以贪污罪论处。1997 年宝耀试验所转制为自然人股份合作制企业，王一兵利用担任宝耀公司总经理的职务便利，放弃公司对宝耀试验所 12 辆搅拌车资产的所有权，使该部分本属宝耀公司所有的公共财物被王及其亲属绝对控股的宝耀试验所非法占有，其行为应以贪污罪论处。依照《中华人民共和国刑事诉讼法》（1996年——引者注）第 189 条第（1）项的规定，裁定如下：驳回上诉，维持原判。

二、主体分析

在本案中，被告人王一兵的行为是否构成贪污罪，首先涉及其是否具备贪污罪的主体身份，即是否属于国家工作人员的问题。从案情叙述中可以看到，王一兵不具备贪污罪的主体身份是辩护理由之一。尽管未见辩护人对这一辩护理由的详细论证，但这仍然说明主体身份是本案控辩双方争论的焦点问题之一。

被告人王一兵的主体身份与其所担任职务的企业性质密切相关。从案情来看，王一兵系上海宝耀公司的法定代表人、总经理，而宝耀公司系国有企业十三冶和集体企业耀华水泥厂共同投资组建而成的联营企业。王一兵受国有企业十三冶的委派到宝耀公司行使管理职权。因此,一审法院认定王一兵系受委派从事公务的人员,属于刑法第 93 条规定的国家工作人员。对此,裁判理由指出:

> 宝耀公司系国有企业十三冶和集体企业耀华厂共同投资组成的国家、集体联营性质企业,根据联营合同,十三冶委派王一兵为宝耀公司法定代表人兼总经理,具体负责宝耀公司的生产经营。因此,王一兵是受国有企业委派在非国有企业从事公务的人员,依法应以国家工作人员论,具备贪污犯罪的主体身份要件。

应该说,上述认定是正确的。在此,我想对受委派从事公务的国家工作人员加以简要的论述。在 1979 年刑法关于国家工作人员的规定中,并不包含受委派从事公务的人员。例如 1979 年刑法第 83 条规定:"本法所说的国家工作人员是指一切国家机关、企业、事业单位和其他依照法律从事公务的人员。"值得强调的是,当时在刑法中并没有国家工作人员与国家机关工作人员之分。此外,在 1979 年刑法第 155 条关于贪污罪主体的规定中,除国家工作人员以外,还规定受国家机关、企业、事业单位、人民团体委托从事公务的人员也可以成为贪污罪的主体。高铭暄教授在论及贪污罪主体的立法过程时指出:

> 贪污罪的主体问题是一个关系重大的问题,因为不具备贪污罪特定主体的条件,就不能构成贪污罪。二十二稿规定贪污罪的主体是国家工作人员;修订中考虑到,有的人员非国家工作人员(如一般工人、汽车司机、管理员等),但受委托从事公务后,也可以成为贪污罪的主体,实践中也是这样做的。因此三十三稿增加一款:"受国家机关、企业、事业单位、人民团体委托从事公务的人员"犯贪污罪的,也依照国家工作人员犯贪污罪的规定处罚。对三十三稿修订时维持了这款的规定,这就是现在刑法第一百五十五条第三款。[①]

应当指出,上述对受委托人员的规定,是以国家工作人员是一种身份为前提

---

① 高铭暄:《中华人民共和国刑法的孕育和诞生》,211 页,北京,法律出版社,1981。

的。这里所谓国家工作人员是一种身份，指的是国家干部的身份。因此，1979 年刑法关于国家工作人员的规定体现了身份论的观点，这与当时我国的干部管理体制是吻合的。在当时的政治体制之下，干部与工人之间存在身份上的明确区分，从工人身份转变为干部身份，要经过严格的审批程序。在当时的现实生活中，存在以工代干的情形，即以工人的身份从事干部的工作，这也就是所谓受委托从事公务。对此，1979 年刑法第 155 条规定，这些人员可以成为贪污罪的主体。但这里的委托不是民事上的委托，而具有行政委托的性质。这一点，与 1997 年刑法第 382 条第 2款的规定是有所不同的。1997 年刑法第 382 条第 2 款规定："受国家机关、国有公司、企业、事业单位、人民团体委托管理、经营国有财产的人员，利用职务上的便利，侵吞、窃取、骗取或者以其他手段非法占有国有财物的，以贪污论。"关于这里的委托，2003 年 11 月 13 日最高人民法院《全国法院审理经济犯罪案件工作座谈会纪要》（以下简称 2003 年《纪要》）解释为承包、租赁、临时聘用等管理、经营国有财产。承包与租赁是一种民事法律关系，因此因承包与租赁而管理国有财产，是一种民事上的委托。对此没有疑问。它与 1979 年刑法第 155 条第 3 款中的"受委托从事公务"的区分也是显而易见的。但将临时聘用也作为受委托的情形之一，则在法理上不无争议。聘用，无论是长期聘用还是临时聘用，经过聘用应聘者以后就成为聘用单位的人员。如果聘用单位是国家机关、国有公司、企业和人民团体，并且被聘用人员在这些国有单位从事公务活动，则该被聘用人员就取得了国家工作人员的身份，而不再是受委托从事公务的人员。因此，将临时聘用人员作为受委托人员，其背后还是受到身份论的影响。

　　身份论还是职能论，是在 1997 年刑法修订中曾经存在较大争议的问题。1995年 12 月 25 日最高人民法院《关于办理违反公司法受贿、侵占、挪用等刑事案件适用法律若干问题的解释》（已失效）在界定公司、企业中的国家工作人员时指出：公司、企业中的国家工作人员是指在国有公司、企业或者其他公司、企业中行使管理职权，并且具有国家工作人员身份的人员，包括受国有公司、国有企业委派或者聘请，作为国有公司、国有企业代表，在中外合资、合作、股份制公司、企业中，行使管理职权，并具有国家工作人员身份的人员。在这一界定中，强调了国家工作人员的身份。这里的国家工作人员身份，是指经组织人事部门审批，并填写过干部履历表的国家干部。因此，最高人民法院关于国家工作人员的解释被称为身份论。而最高人民检察院 1995 年 11 月 7 日《关于办理公司、企业人员受贿、侵占和挪用公司、企业资金犯罪案件适用法律的几个问题的通知》（已失效）则明确指出，公司、企业中的国家工作人员包括：国有公司、企业中的管理人员，公司、企业中由政府主管部门任命或者委派的管理人员，国有企业委派到参股、合营公司、企业中行使管理职能的人员。最高人民检察院关于国家工作人员的这一解释，被称为职能论。① 身份论与职能论相比，后者所界定的国家工作人员范围要比前者更为宽泛。这里当然涉及检察机关对职务犯罪的管辖范围问题，因此检察机关倾向于对国家工作人员作较为宽泛的解释也是可以理解的。撇开这个因素不说，仅就国家工作人员这个概念而言，按照职能论而非身份论加以理解是更为合理的。尤其是在我国实行国家公务员制度以后，国家干部的身份已经逐渐消失。刑法中的国家工作人员已经不再作为一种身份，而是以其所从事的职能活动是否属于公务来加以界定。这是一种较为科学的解释方法。在 1997 年刑法中，对国家工作人员的界定，除国家机关工作人员以外，基本上采纳了职能论。即使是对于国家机关工作人员，2002 年 12 月 28 日全国人大常委会通过《关于〈中华人民共和国刑法〉第九章渎职罪主体适用问题的解释》，就是根据职能论加以扩大解释的，即把那些虽然不具有国家机关工作人员的身份，但代表国家机关行使职权的人员解释为国家机关工作人员。

　　受委派从事公务的人员这一概念，是经济体制改革以后出现的。在经济体制改革以前，我国实行的是一元的公有制经济，经济成分主要是国营和集体这两种形态，在经济体制改革以后，出现了三资企业。这里的"三资"，是指中外合资、中外合作与外商独资。在三资企业中，除外商独资企业以外，中外合资企业、中外合作企业的中方一般都是当时的国营企业。受中方委派到中外合资企业、中外合作企业中行使管理职权的人员，是否属于国家工作人员，是否可以成为贪污罪的主体

---

　　①　参见敬大力主编：《刑法修订要论》，142 页，北京，法律出版社，1997。

呢？关于这个问题，当时是存在较大争议的。^①在 1989 年 11 月 6 日最高人民法院、最高人民检察院《关于执行〈关于惩治贪污罪贿赂罪的补充规定〉若干问题的解答》（已失效）中，明确地将中方是全民所有制或者集体所有制企业性质的中外合资经营企业、中外合作经营企业中经手、管理财物的人员解释为国家工作人员；此外，还将全民所有制企业、集体所有制企业的承包经营者，以及以全民所有制和集体所有制企业为基础的股份制企业中经手、管理财物的人员，也解释为国家工作人员。这当然是对国家工作人员的一种扩大解释，是为了应对当时经济体制改革以后出现的多种经济成分并存格局下的贪污罪主体的变化。及至 1997 年刑法修订，在刑法关于国家工作人员的界定中，正式确认了受委派从事公务的国家工作人员这一种类型。

受委派从事公务的国家工作人员与受委托经营、管理国有财产的人员，在性质上是不同的。这种不同，主要体现在委派与委托之间的区别上。对于这种不同，我国学者指出：

　　委派，是单位派出，实质是任命，带有行政性，被委派者就委派事项是否接受委派问题上与委派方不是处于平等地位，而是具有行政隶属性、服从性。同时，被委派者接受委派是获得一定授权，在授权范围内独立从事公务，公务行为的结果具有独立的法律意义。委托，则是国有单位以平等者身份就国有资产的管理经营与被委托者达成的协议，本质上是民事委托关系。当然，委托人可以根据委托协议对被委托人的活动进行监督，但是，被委托人与委托者不属于行政隶属关系。^②

委派的行政性与委托的民事性，是对两者不同性质的最好诠释。当然，在司法实践中对于如何正确地理解委派，也存在一些疑难问题。对此，2003 年《纪要》作出了以下规定：

---

　　①　参见王作富主编：《经济活动中罪与非罪的界限》（增订本），444 页，北京，中国政法大学出版社，1996。

　　②　唐世月：《贪污罪研究》，121～122 页，北京，人民法院出版社，2002。

所谓委派，即委任、派遣，其形式多种多样，如任命、指派、提名、批准等。不论被委派的人身份如何，只要是接受国家机关、国有公司、企业、事业单位委派，代表国家机关、国有公司、企业、事业单位在非国有公司、企业、事业单位、社会团体中从事组织、领导、监督、管理等工作，都可以认定为国家机关、国有公司、企业、事业单位委派到非国有公司、企业、事业单位、社会团体从事公务的人员。如国家机关、国有公司、企业、事业单位委派在国有控股或者参股的股份有限公司从事组织、领导、监督、管理等工作的人员，应当以国家工作人员论。国有公司、企业改制为股份有限公司后，原国有公司、企业的工作人员和股份有限公司新任命的人员中，除代表国有投资主体行使监督、管理职权的人外，不以国家工作人员论。

这一规定，为在司法实践中正确地认定受委派从事公务的国家工作人员提供了较为明确的法律根据。尤其是关于委派的形式，包括提名，这里的提名是指由国有单位提名而被非国有单位聘请或者任命行使管理职权的人员。在王一兵贪污案中，十三冶与耀华厂共同投资成立的宝耀公司，属于国有经济与集体经济的联营企业。王一兵是受十三冶的委派到宝耀公司，虽然王一兵是宝耀公司董事会根据章程规定聘任为总经理的，但其受委派的关系是完全成立的。王一兵除担任宝耀公司总经理以外，还负责宝耀试验所的经营。宝耀试验所是宝耀公司下属的集体所有制企业，是一个独立的企业法人。王一兵在宝耀试验所的任职，是受宝耀公司的委派，这种委派在刑法理论上称为二次委派。我认为，二次委派不属于刑法第93条所规定的委派，因而不能对受委派人员以受委派的国家工作人员论，因为受委派人员的性质是由委派单位的性质所决定的。受国有单位委派的人员，其权力来源于国有单位。尽管其是在非国有单位从事职权活动，也应当视为代表国家从事公务活动，因而属于国家工作人员。但在二次委派的情况下，委派单位已经不是国有单位，而是非国有单位，因此受委派人员的职权活动不再具有公务活动的性质，当然就不能以国家工作人员论。因此，如果在本案中王一兵是利用其担任宝耀试验所的管理职权，则不具备贪污罪的主体身份。

在司法实践中，一个人因同时担任两个职务而具有两种身份的情形时有发生。在本案中，王一兵既担任宝耀公司的领导职务，又担任宝耀试验所的领导职务。如果两个单位都是国有单位或者都是非国有单位，其犯罪主体一般不难认定。但如果在两种身份中，一种属于国有单位的身份，另一种属于非国有单位的身份，则其犯罪主体如何认定就成为一个复杂的问题。我认为，在同时具有两种身份的情况下，究竟以何种身份确认其犯罪主体，应当根据其利用哪一种职务便利而确定：如果是利用国有单位的职务便利，则应认定为国家工作人员；如果是利用非国有单位的职务便利，则应认定为非国家工作人员。因此，在本案中，王一兵利用职务便利侵吞公共财物，要看他是利用哪一个职务便利实施的：如果是利用宝耀公司的职务便利，则其因在宝耀公司属于受委派从事公务的国家工作人员而符合贪污罪的主体身份；如果是利用宝耀试验所的职务便利，则其因在宝耀试验所不属于国家工作人员，而不符合贪污罪的主体身份。因此，王一兵是否构成贪污罪，还要进一步地考察其利用职务便利侵吞公共财物的行为。

三、主体演变

国家工作人员是我国刑法中所特有的一个概念。随着我国社会管理体制和经济管理体制的改革，国家工作人员的含义处于不断的变动之中。因此，国家工作人员的认定也就成为我国刑法中职务类犯罪的定罪量刑中的一个难点问题。值得注意的是，2008 年《企业国有资产法》颁布以后，2010 年 10 月最高人民法院、最高人民检察院《关于办理国家出资企业中职务犯罪案件具体应用法律若干问题的意见》（以下简称 2010 年《意见》），对国家出资企业国家工作人员的范围以及其认定问题作了规定，在一定程度上调整了国家工作人员的范围。

在 2008 年 10 月 28 日全国人大常委会通过《企业国有资产法》之前，我国并无国家出资企业这个概念。此前的《公司法》只有关于国有独资公司的规定，2005 年《公司法》第 65 条第 2 款规定："本法所称国有独资公司，是指国家单独出资、由国务院或者地方人民政府授权本级人民政府国有资产监督管理机构履行出资人职责的有限责任公司。"在国有独资公司中从事管理活动的人员，当然属于国家工作人员，对此并无争议。除了国有独资公司，还有其他国有企业，也属于国有单位，在其中从事管理活动的人员也是国家工作人员。以上国有独资公司和国有企业都是指国家全资的公司或者企业。此外，在现实生活中还存在国家占有一定股份的合资公司或者企业，这些公司、企业被称为国有资本控股、参股的公司、企业，对于在其中从事管理活动的人员能否被认定为国家工作人员，刑法并没有规定。对此，相关司法解释作了规定。根据颁布时间的顺序，规范这种国家工作人员的司法解释主要有以下三个：

（1）2001 年 5 月 23 日最高人民法院《关于在国有资本控股、参股的股份有限公司中从事管理工作的人员利用职务便利非法占有本公司财物如何定罪问题的批复》（以下简称 2001 年《批复》）。该批复规定："在国有资本控股、参股的股份有限公司中从事管理工作的人员，除受国家机关、国有公司、企业、事业单位委派从事公务的以外，不属于国家工作人员。"由此可见，该批复将是否受委派作为认定国有资本控股、参股的股份有限公司中国家工作人员的标准。

（2）2003 年 11 月 13 日最高人民法院《全国法院审理经济犯罪案件工作座谈会纪要》（以下简称 2003 年《纪要》）。该纪要对国家机关、国有公司、企业、事业单位委派到非国有公司、企业、事业单位、社会团体从事公务的人员的认定问题作了以下规定："所谓委派，即委任、派遣，其形式多种多样，如任命、指派、提名、批准等。不论被委派的人身份如何，只要接受国家机关、国有公司、企业、事业单位委派，代表国家机关、国有公司、企业、事业单位在非国有公司、企业、事业单位、社会团体中从事组织、领导、监督、管理等工作，都可以认定为国家机关、国有公司、企业、事业单位委派到非国有公司、企业、事业单位、社会团体从事公务的人员。如国家机关、国有公司、企业、事业单位委派在国有控股或者参股的股份有限公司从事组织、领导、监督、管理等工作的人员，应当以国家工作人员论……"上述规定明确地界定了委派的概念，即委派是指委任和派遣。无论是委任还是派遣，都是从国有单位委派到非国有单位，而这里的非国有单位包括国有控股或者参股的股份有限公司。

（3）2005 年 8 月 1 日最高人民法院《关于如何认定国有控股、参股股份有限公司中的国有公司、企业人员的解释》（以下简称 2005 年《解释》）。该解释规定："国有公司、企业委派到国有控股、参股公司从事公务的人员，以国有公司、企业人员论。"这一规定的精神与 2003 年《纪要》是完全一致的。

根据以上三个司法解释的规定，国有控股、参股的公司属于非国有公司、企业，只有受委派从事公务的人员是国家工作人员，其他人员均属非国家工作人员，即公司、企业工作人员。

及至 2008 年全国人大常委会颁布《企业国有资产法》，该法首次提出国家出资企业的概念，其第 5 条规定："本法所称国家出资企业，是指国家出资的国有独资企业、国有独资公司，以及国有资本控股公司、国有资本参股公司。"在此，《企业国有资产法》将国有独资的公司、企业和国有资本控股、参股的公司、企业相提并论、同等对待。值得注意的是，《企业国有资产法》还对履行出资人职责的机构作了专门规定。这里的履行出资人职责机构，根据该法第 11 条的规定，是指代表各级人民政府履行出资人职责的机构、部门，主要是指国有资产监督管理机构。

在《企业国有资产法》颁布以后，最高人民法院、最高人民检察院颁布了 2010 年《意见》。该司法解释的制定，是为了与《企业国有资产法》相衔接，进一步对国家出资企业国家工作人员职务犯罪的法律适用问题加以规定。该意见所涉及的国家出资企业国家工作人员的规定，主要有以下两项：

（1）经国家机关、国有公司、企业、事业单位提名、推荐、任命、批准等，在国有控股、参股公司及其分支机构中从事公务的人员，应当认定为国家工作人员。具体的任命机构和程序，不影响国家工作人员的认定。

（2）经国家出资企业中负有管理、监督国有资产职责的组织批准或者研究决定，代表其在国有控股、参股公司及其分支机构中从事组织、领导、监督、经营、管理工作的人员，应当认定为国家工作人员。

上述第（1）项是对受委派到国家出资企业从事公务的国家工作人员的规定。应该说，这一规定的内容甚至表述都与以往的司法解释相同。在这个意义上可以说，这是对以往司法解释规定的一种重复，并没有新意。因此，对此也不存在争议。

关键在于第（2）项，该项规定，经国家出资企业中负有管理、监督国有资产职责的组织批准或者研究决定的人员，只要代表组织在国有控股、参股公司及其分支机构中从事组织、领导、监督、经营、管理工作，就应当认定为国家工作人员。显然，这种人员并非受国家机关、国有公司、企业、事业单位的委派，而是由国家出资企业中负有管理、监督国有资产职责的组织批准或者研究决定。因此，这种人员难以说是受委派的国家工作人员。当然，这一规定也没有完全将国有控股、参股公司等国家出资企业等同于国有单位，否则，国有控股、参股公司等国家出资企业中从事管理活动的人员将一概被认定为国家工作人员。2010 年《意见》将国有控股、参股公司等国家出资企业中从事管理活动的人员分为两部分：一部分是国家出资企业中负有管理、监督国有资产职责的组织批准或者研究决定的人员，另一部分是国家出资企业其他机构任命的人员。前者属于国家工作人员，后者属于非国家工作人员。

2010 年《意见》关于国家出资企业中负有管理、监督国有资产职责的组织批准或者研究决定的人员属于国家工作人员的规定，明显扩大了国家出资企业中国家工作人员的范围。我们可以对比 2001 年《批复》对国家出资企业中国家工作人员的规定："在国有资本控股、参股的股份有限公司中从事管理工作的人员，除受国家机关、国有公司、企业、事业单位委派从事公务的以外，不属于国家工作人员。"根据 2001 年《批复》的规定，在国家出资企业中，只有受委派从事公务的人员才是国家工作人员。但是，按照 2010 年《意见》的规定，在国家出资企业中，除受委派从事公务的人员是国家工作人员以外，经国家出资企业中负有管理、监督国有资产职责的组织批准或者研究决定，代表组织在国有控股、参股公司及其分支机构中从事组织、领导、监督、经营、管理工作的人员，也被认定为国家工作人员。

在这种情况下，为了使经国家出资企业中负有管理、监督国有资产职责的组织批准或者研究决定，代表其在国有控股、参股公司及其分支机构中从事组织、领导、监督、经营、管理工作的人员获得国家工作人员身份具有法条上的根据，参与2010 年《意见》研究讨论并起草的有关人员（以下简称有关人员）提出了间接委派的概念，据此将过去通常认为不属于国家工作人员的部分间接委派的人员，有条件地纳入委派人员的认定范畴。[1] 所谓间接委派是相对于直接委派而言的，直接委派是指国家机关、国有公司、企业、事业单位向非国有公司、企业、事业单位的委派，包括向国家出资企业的委派。本来在刑法当中并没有间接委派的说法，严格来说，间接委派的概念并不科学。因为委派是从外部派遣有关人员到内部，因此，站在被委派单位的角度来说，被委派人员来自外部的委派单位。在此，存在委派单位与被委派单位的内外之别，这是两个单位之间的关系。但是，间接委派实际上是把内部的任命也理解为委派，突破了委派存在于两个单位之间这一基本特征。因此，与其说是对委派的扩大解释，不如说是对国家出资企业中的国家工作人员作了超出原先范围的重新规定。

应该指出，在 2010 年《意见》颁布之前，虽然没有间接委派的概念，但存在所谓二次委派的概念。二次委派是指被国有公司、企业委派到非国有公司、企业工作后，又被非国有公司、企业委派到由该非国有公司、企业出资的其他非国有公司、企业工作。例如，国有公司、企业委派到国家出资企业，这是一次委派。如果该人员又被国家出资企业委派到其出资的企业从事管理活动，就是所谓二次委派。二次委派不同于一次委派的地方在于：一次委派的委派主体是国有公司、企业，而二次委派的主体则是国家出资企业。在 2010 年《意见》颁布之前，对于二次委派人员是否属于国家工作人员，存在着争议。其中，一种观点认为，二次委派的委派主体是非国有公司、企业，因此，不得将这种受委派的人员认定为国家工作人员。另一种观点认为，如果二次委派是经过原国有单位批准或者同意的，应视为原国有单位的委派；如果原国有单位对第二次委派并不知情或者根本不同意，则被委派人员的身份应视为已经改变，对其不能再以国家工作人员论。在我国司法实践中一般认为：虽然被委派单位具有国有财产成分，但若国有资本未直接持有公司股份，不能认定为国有控股、参股公司。若将被二次委派人员视为国家工作人员，则打击面

---

[1] 参见刘为波：《〈关于办理国家出资企业中职务犯罪案件具体应用法律若干问题的意见〉的理解与适用》，载最高人民法院编：《刑事审判参考》，第 77 集，133 页，北京，法律出版社，2010。

过大，因此不予以认定。① 由此可见，二次委派是指受国有控股或者参股的股份有限公司的委派，而到国有控股或者参股的股份有限公司控股、参股的公司从事管理活动。在二次委派的情况下，委派主体不是国家机关、国有公司、企业、事业单位等国有单位，因此，二次委派的人员也就不得被视为国家工作人员。基于前引三个司法解释所确定的国家工作人员的范围，二次委派人员不属于国家工作人员应该说是通说。但在 2010 年《意见》颁布以后，这种所谓二次委派的人员也被纳入国家出资企业国家工作人员的范围。2010 年《意见》第 6 条明确地把国家出资企业的分支机构包含在内。相关人员指出："在公司、企业还是在其分支机构，在法律意义上对于国家工作人员的认定并无必然关联，鉴于国家出资企业中普遍存在分支机构，故《意见》特别加以说明"②。因此，只要是经国家出资企业中负有管理、监督国有资产职责的组织批准或者研究决定，无论是否在分支机构，都被认为是获得国家工作人员身份的根据。

应该说，2010 年《意见》在相当程度上扩张了国家出资企业中的国家工作人员的范围。其实，国家出资企业包括两种情况：一种是国有独资公司上市以后，国有独资公司单独从事经营、管理活动的情形。例如，目前的国有银行都已经上市，成为上市公司。在这种情况下，银行就不再是国有独资公司，而是国有资本控股公司。但从经营、管理体制来看，并没有发生变化，仍然是原先的国有独资公司中的国家工作人员在从事经营、管理活动。对于这种国家出资企业来说，将经国家出资企业中负有管理、监督国有资产职责的组织批准或者研究决定，代表其在国有控股、参股公司及其分支机构中从事组织、领导、监督、经营、管理工作的人员认定为国家工作人员，是具有一定合理性的。即使是这种国家出资企业委派到下属单位从事经营、管理活动的人员，即所谓二次委派的人员，也应当认定为国家工作人员。另一种是国家出资企业的国有方与非国有方共同进行经营、管理的国家出资企

---

① 参见朱晓玉：《"受委派"国家工作人员的认定》，载《人民法院报》，2013-07-17。

② 刘为波：《〈关于办理国家出资企业中职务犯罪案件具体应用法律若干问题的意见〉的理解与适用》，载最高人民法院编：《刑事审判参考》，第 77 集，138 页，北京，法律出版社，2010。

业。对于这种国家出资企业来说，将国家工作人员限制在受国有单位尤其是履行国有出资人职责的机构的委派，更为合理。

（一）国家出资企业中负有管理、监督国有资产职责的组织的认定

根据 2010 年《意见》第 6 条的规定，国家出资企业中负有管理、监督国有资产职责的组织也可以成为委派的主体，即经国家出资企业中负有管理、监督国有资产职责的组织批准或者研究决定，就可以成为国家工作人员。那么，如何理解这里的负有管理、监督国有资产职责的组织呢？对于这个问题法院内部讨论的时候，也存在分歧意见。关于负有管理、监督国有资产职责的组织的范围，存在三种不同的意见①：第一种意见认为，负有管理、监督国有资产职责的组织仅指国家出资企业中的党委和党政联席会。第二种意见认为负有管理、监督国有资产职责的组织，不仅包括国家出资企业中的党委和党政联席会，还包括公司股东会、董事会、监事会。第三种意见即多数意见认为，负有管理、监督国有资产职责的组织，除国有资产监督管理机构和国有公司、企业、事业单位外，主要是指上级或者本级国家出资企业内部的党委、党政联席会。国家出资企业中的董事会、监事会不能被认定为适格的委派主体。以上争议主要涉及在国家出资企业中，究竟哪个机构对国有资产负有管理、监督职责这个问题。其中，董事会、监事会对整个国家出资企业的资产负有管理、监督的职责，而不是仅对国有资产负有管理、监督的职责，因此，将国家出资企业中的董事会、监事会排除在负有管理、监督国有资产职责的组织的范围之外，是合理的。除了国有资产监督管理机构对国家出资企业中的国有资产负有专门的监督职责，党委在我国也被认为是代表国家在国家出资企业中行使管理、监督的职责，这是我国目前的国家出资企业实际情况所决定的。正如相关人员指出：这里所谓组织，除国有资产监督管理机构和国有公司、企业、事业单位之外，主要是指上级或者本级国家出资企业内部的党委、党政联席会。② 因此，经党委或者党政联

---

① 参见宋国蕾、张宁：《国家出资企业人员职务犯罪研讨会综述》，载最高人民法院编：《刑事审判参考》，第 89 集，238～239 页，北京，法律出版社，2012。

② 参见刘为波：《〈关于办理国家出资企业中职务犯罪案件具体应用法律若干问题的意见〉的理解与适用》，载最高人民法院编：《刑事审判参考》，第 77 集，137 页，北京，法律出版社，2010。

席会批准或者研究决定，就成为认定国家出资企业国家工作人员的形式要件。

以下我们通过宋涛非国家工作人员受贿案①（以下简称宋涛案），对国家出资企业中负有管理、监督国有资产职责的组织的理解与认定问题进行论述。

2009 年年底至 2012 年 8 月，被告人宋涛担任上海国际港务（集团）股份有限公司（以下简称上港集团）生产业务部生产调度室副经理、经理期间，利用负责上港集团下属港区码头货物装卸、船舶到港、浮吊作业计划分配、调度和管理等职务便利，先后多次收受上海铨兴物流有限公司负责人丁某给予的价值人民币（以下币种相同）1.5 万元的联华 OK 消费积点卡及 LV 皮包 1 只，收受上海顶晟国际货物运输代理有限公司负责人陈某给予的现金 20 万元。上述收受的消费积点卡、贿赂款共计价值 21.5 万元，均被宋用于个人消费。

另查明，上港集团于 2005 年改制为国有控股、中外合资的股份有限公司，并于 2006 年 10 月在上海市证券交易所上市。上港集团的高层领导，列入上级领导部门管理范围；集团总部部门领导的任命，由集团人事组织部根据相关规定，向集团领导部门提出任用人选，经集团领导部门扩大会议讨论同意，然后发文任命。同时，按照上港集团的公司章程，公司员工的聘用和解聘，由公司总裁决定。宋涛在上港集团生产业务部下设的生产调度室从主管到担任副经理、经理的职务变动，均由其上级部门领导个人提出聘任意见，由人事组织部审核后，由公司总裁在总部机关职工岗位变动审批表上签署同意意见即成，无须经过人事组织部提名、领导部门扩大会议讨论决定的程序。

上海市虹口区人民法院认为，被告人宋涛身为上港集团公司工作人员，利用职务上的便利，非法收受他人财物，为他人谋取利益，数额巨大，其行为构成非国家工作人员受贿罪。上海市虹口区人民检察院指控宋涛犯罪的事实清楚，但是指控的罪名不当，应予纠正。宋涛具有自首情

---

① 该案刊载于最高人民法院编：《刑事审判参考》，第 97 集，北京，法律出版社，2014。

节，且在家属帮助下退缴全部赃款，确有悔罪表现，可以减轻处罚并适用缓刑。关于宋涛提出的系非国家工作人员的辩解以及其辩护人提出的宋涛不构成受贿罪、请求从宽处罚并适用缓刑的辩护意见，有事实及法律依据，应予采纳。据此，依照《中华人民共和国刑法》第163条第1款，第67条第1款，第72条第1款、第3款，第64条之规定，上海市虹口区人民法院以被告人宋涛犯非国家工作人员受贿罪，判处有期徒刑3年，缓刑4年，并处没收财产人民币3万元；退缴的赃款予以没收。

一审宣判后，被告人宋涛未提起上诉，检察机关亦未抗诉，该判决已发生法律效力。

在宋涛案的定性上，检察机关指控的罪名是受贿罪，法院却以非国家工作人员受贿罪定罪。由此可见，检法两家在该案的定罪上存在分歧，这种分歧主要缘于对宋涛的身份的认定，即宋涛到底是否属于国家工作人员。

在宋涛案中，其所任职的上港集团属于国家出资企业，这是没有问题的。在2010年《意见》颁布之前，上港集团可以定性为非国有公司。对于非国有公司的国家工作人员的认定，就在于是否属于受委派从事公务的人员。从宋涛任职的具体情况来看，并不存在委派关系，这也是明确的。因此，宋涛极为容易被认定为非国家工作人员。但在2010年《意见》颁布以后，宋涛是否属于国家工作人员这个问题就变得比较复杂。检察机关将宋涛认定为国家工作人员，其实是在一定程度上把国家出资企业等同于国有企业，因此，只要是在国家出资企业中任职的人员，都属于国家工作人员。显然，这种理解不适当地扩大了国家出资企业中的国家工作人员的范围。这样理解的话，国家出资企业中的管理人员基本上都会被认定为国家工作人员，因为，除经国家机关、国有公司、企业、事业单位提名、推荐、任命、批准等，在国有控股、参股公司及其分支机构中从事公务的人员以外，其他人员都是国家出资企业的股东会、董事会、监事会任命的。但是，2010年《意见》并没有把所有在国家出资企业任职的人员都界定为国家工作人员，而是以是否经国家出资企业中负有管理、监督国有资产职责的组织批准或者研究决定而在国家出资企业中担任职务，作为国家出资企业中国家工作人员与非国家工作人员区分的标准：凡是经国家出资企业中负有管理、监督国有资产职责的组织批准或者研究决定而在国家出资企业中担任职务的，就是国家工作人员，否则，就是非国家工作人员。在国家出资企业中，股东会、董事会、监事会作为国家出资企业中的决策部门、执行部门和监督部门，要对整个企业的资产承担经营责任，并不只是对国有资产负有管理、监督职责，因此，其所任命的人员，如果未经国家出资企业中负有管理、监督国有资产职责的组织批准或者研究决定，不能被认定为国家工作人员。宋涛案的裁判理由在论及宋涛不具有国家工作人员的身份时指出：股东会、董事会、监事会等都不是负有管理、监督国有资产职责的组织，总裁更不能被认定为上述组织，其对宋涛的任命是基于其代表股份公司行使的总裁职权，而非代表负有管理、监督国有资产职责的组织行使职权。因此，就宋涛而言，其职务的任命并不具有"经国家出资企业中负有管理、监督国有资产职责的组织批准或者研究决定"的形式要件。①

对国家出资企业中负有管理、监督国有资产职责的组织产生误解，与 2010 年《意见》对这一概念的表述本身存在密切关联。因为在以往的法律、法规和司法解释中，从来都没有国家出资企业中负有管理、监督国有资产职责的组织这个概念，它是 2010 年《意见》所独创的。在这种情况下，对这个概念发生误解是十分正常的现象。即使是宋涛案的裁判理由，也还是认为这里的负有管理、监督国有资产职责的组织一般是指上级或者本级国家出资企业领导部门和联席会议。根据有关组织原则，改制后的国家出资企业一般仍设有领导部门，并由本级或者上级领导部门决定人事任免。由其任命并代表其从事公务的人员，应当认定为国家工作人员。② 这里以领导部门解释国家出资企业中负有管理、监督国有资产职责的组织，仍然让人不得要领。其实，这里的领导部门就是指党委，而联席会是指党政联席会。对此，相关人员在有关论述中已经表述得十分清楚。③

既然所谓国家出资企业中负有管理、监督国有资产职责的组织就是指国家出资

---

① 参见最高人民法院编：《刑事审判参考》，第 97 集，17 页，北京，法律出版社，2014。

② 参见最高人民法院编：《刑事审判参考》，第 97 集，16 页，北京，法律出版社，2014。

③ 参见刘为波：《〈关于办理国家出资企业中职务犯罪案件具体应用法律若干问题的意见〉的理解与适用》，载上书，137 页。

企业中的党委，并且将党委任命的人员认定为国家工作人员是党管干部这一组织原则的体现，那么为什么在司法解释中不能明确地加以表述，而变得扭扭捏捏呢？这还是反映出法律规定与现实状况之间的脱节。在《企业国有资产法》中并没有关于国家出资企业中党委的权责的相关规定，只是规定了股东会、董事会、监事会的权责。但在国家出资企业的实际运作中，党委除了主管思想工作、政治工作，还主管组织人事工作，这就势必涉及国家出资企业内部干部的任免问题。基于这一现实状态，将党委或者党政联席会批准或者研究决定的人员认定为国家工作人员，具有其现实合理性。

（二）代表其在国有控股、参股公司及其分支机构中从事组织、领导、监督、经营、管理工作的认定

国家出资企业国家工作人员的认定，除了必须具备"经国家出资企业中负有管理、监督国有资产职责的组织批准或者研究决定"这一形式要件，还必须具备"代表其在国有控股、参股公司及其分支机构中从事组织、领导、监督、经营、管理工作"这一实质要件。因此，正确理解"代表其在国有控股、参股公司及其分支机构中从事组织、领导、监督、经营、管理工作"，对于国家出资企业国家工作人员的认定具有十分重要的意义。以下，我们通过章国钧案[①]讨论"代表其在国有控股、参股公司及其分支机构中从事组织、领导、监督、经营、管理工作"的认定问题。

　　交通银行股份有限公司（以下简称交通银行）是国有参股的股份制银行。2003 年 7 月至 2012 年 2 月 26 日，被告人章国钧系交通银行湖州分行的合同制职工。经交通银行湖州分行党委研究决定，2008 年 8 月至 2011年 3 月，章国钧担任交通银行湖州新天地支行公司（以下简称新天地支行）的业务管理经理。2011 年 3 月至 2012 年 2 月，章国钧担任新天地支行行长助理，主要负责公司类客户的营销和日常管理工作，及公司类客户经理队伍的日常管理。2011 年 2 月至 9 月，章国钧利用担任新天地支行业务管理

经理、行长助理职务上的便利，为李某谋取利益，先后多次非法收受李某贿送的现金，共计人民币（以下未特别注明的均为人民币）49 200 元。

湖州市吴兴区人民法院认为：被告人章国钧身为国家工作人员，利用职务上的便利，非法收受他人财物，为他人谋取利益，其行为构成受贿罪。公诉机关指控的罪名成立，依法应予惩处。章国钧到案后，能如实供述犯罪事实，且当庭认罪，依法可以从轻处罚。章国钧已退缴全部赃款，酌情可以从轻处罚。据此，依照《中华人民共和国刑法》第 385 条第 1 款、第 386 条、第 383 条第 1 款第 3 项、第 93 条第 2 款、第 67 条第 3 款、第 64 条之规定，吴兴区人民法院以被告人章国钧犯受贿罪，判处有期徒刑 2 年 6 月，扣押在案的赃款，予以追缴，上缴国库。

一审宣判后，被告人章国钧未提出上诉，公诉机关亦未抗诉，该判决已发生法律效力。

在该案审理过程中，对被告人章国钧的行为定性，存在两种不同意见：

第一种意见认为，章国钧的行为构成非国家工作人员受贿罪。根据刑法第 93 条、2001 年《批复》以及 2005 年《解释》的规定，交通银行系国有资本参股的股份有限公司，不属于国有公司，而且章国钧与交通银行湖州分行签订的是聘用合同，二者之间系劳动合同关系，故章国钧既不属于国家机关中从事公务的人员，亦不属于受委派的人员，不能认定为国家工作人员。章国钧利用职务之便收受他人财物，为他人谋取利益的行为，构成非国家工作人员受贿罪。

第二种意见认为，章国钧的行为构成受贿罪。2010 年《意见》规定："经国家出资企业中负有管理、监督国有资产职责的组织批准或者研究决定，代表其在国有控股、参股公司及其分支机构中从事组织、领导、监督、经营、管理工作的人员，应当认定为国家工作人员。"章国钧经交通银行湖州分行党委研究决定，先后担任新天地支行的业务管理经理、行长助理的职务，其工作内容主要是通过对贷款客户的调查、贷款的申报，以及贷款发放后的监控与实地查访，对国有财产进行监督、经营、管理。被告人章国钧属于国家工作人员，其利用职务之便，收受他人财物，为他人谋取利益的行为，构成受贿罪。

以上两种意见的争议，其实是新旧司法解释之争。因此，严格来说，无所谓对错。因为，在 2010 年《意见》颁布之前，按照 2001 年《批复》和 2005 年《解释》的规定，章国钧确实应当被认定为非国家工作人员。但在 2010 年《意见》颁布以后，根据《意见》第 6 条的规定，是否属于国家出资企业中的国家工作人员，就应当重新界定。

这里首先涉及一个 2010 年《意见》的时效问题。从本案被告人章国钧的行为来看，都发生在《意见》颁布以后，适用《意见》当然没有问题。但对于发生在《意见》颁布之前的行为，是否也适用《意见》呢？这个问题是值得讨论的。对于这个问题，法院内部在业务探讨时，曾经进行过讨论，并且形成了三种意见[①]：第一种意见认为，2010 年《意见》是一个准司法解释文件，是否具有溯及力，应当参照相关司法解释的规定予以认定。最高人民法院、最高人民检察院《关于适用刑事司法解释时间效力问题的规定》（以下简称《司法解释时效规定》）第 1 条明确规定："司法解释是……具有法律效力的解释，自发布或者规定之日起施行，效力适用于法律的施行期间。"参照该规定，2010 年《意见》与被解释法律条款同步生效，应当认定具有溯及既往的效力。第二种意见认为，2010 年《意见》既涵盖了之前相关司法解释的部分内容，又与之前相关司法解释的部分条款相矛盾。根据《司法解释时效规定》第 3 条的规定，对于新的司法解释实施前发生的行为，行为时已有相关司法解释，依行为时的司法解释办理，但适用新的司法解释对犯罪嫌疑人、被告人有利的，适用新的司法解释。2010 年《意见》对"委派"主体作了扩大化的规定，因此，不具有溯及既往的效力。第三种意见即多数意见认为，2010 年《意见》将"国家出资企业中负有管理、监督国有资产职责的组织"有条件地纳入了委派主体，与之前司法解释并不矛盾。虽然 2010 年《意见》不是正式意义上的司法解释，但其是在结合近年来反腐工作实践，根据相关政策精神和特定历史条件，并充分考虑国家出资企业人员职务犯罪新情况、新问题的前提下，制定的一个

---

① 参见宋国蕾、张宁：《国家出资企业人员职务犯罪研讨会综述》，载最高人民法院编：《刑事审判参考》，第 89 集，236～237 页，北京，法律出版社，2012。

司法文件，司法实践中应当原则上遵照执行。我认为，在以上三种意见中，只有第二种意见是正确的。第一种意见只看到了《司法解释时效规定》第 1 条的原则性规定，而没有看到《司法解释时效规定》第 3 条的例外规定，并不是对《司法解释时效规定》全面、准确的理解。在目前法官知识水平和专业素养的情况下，是否还存在这种对司法解释的断章取义的解读，都是十分可疑的。至于第三种意见，虽然看到了《司法解释时效规定》第 3 条的规定，但又认为不具备适用该条的条件，因为《司法解释时效规定》与先前的司法实践并不矛盾。那么，关于国家出资企业国家工作人员的新旧司法解释之间是否存在矛盾呢？在章国钧案中，根据旧的司法解释得出了其不属于国家工作人员的结论，而根据新的司法解释得出了其属于国家工作人员的结论，怎么能说没有矛盾呢？

当然，在章国钧案中，其行为发生在 2010 年《意见》颁布之后，所以不存在适用旧的司法解释的问题。不过，这个问题对于行为发生在 2010 年《意见》颁布之前的案件，还是具有重要意义的。我认为，《司法解释时效规定》对于对同一事项前后存在不同司法解释的行为，确立了从旧兼从轻的原则。因此，2010 年《意见》关于国家出资企业国家工作人员的重新界定不具有溯及既往的效力。

对于章国钧案，需要讨论的还是根据 2010 年《意见》第 6 条的规定，章国钧是否属于国家工作人员的问题。从该案的实际情况来看，虽然章国钧系合同制聘用的人员，但其担任经理、行长助理的管理职务，是经党委研究决定的，因此，其具备了国家出资企业国家工作人员的第一个要件，即经国家出资企业中负有管理、监督国有资产职责的组织批准或者研究决定。这是没有疑问的。现在的问题是：是否符合国家出资企业国家工作人员的第二个要件，即代表其在国有控股、参股公司及其分支机构中从事组织、领导、监督、经营、管理工作？相关人员将这个要件分解为代表性和公务性两个要素。关于代表性，相关人员指出：有无代表性是认定委派来源的一个内含要件。虽经有关组织研究决定，但任职与该组织没有必然联系，被委派人对该组织亦无职责义务关系的，不应认定为国家工作人员。关于公务性，相关人员指出：国家出资企业的公务活动主要体现为国有资产的组织、领导、监督、经营、管理活动，企业中的具体事务活动一般不应当认定为公务。① 应该说，这个界定还是十分严格的。但是，在具体案件中，所谓代表性和公务性能否起到界分作用，还是值得讨论的。

就代表性而言，是指代表党委在国家出资企业中对国有资产进行管理、监督，使之增值、保值。这种代表性，主要表现为其所担任的职务。因此，只要是经国家出资企业党委或者党政联席会研究决定或者批准担任某项职务的，一般来说都会被认定为国家出资企业国家工作人员。因此，代表性这一要素的界分功能其实是极弱的，甚至根本就没有这种功能。

就公务性而言，是指在国家出资企业中从事公务活动。公务本来不仅是与劳务相区分的一个概念，而且是与国家管理活动相联系的一个概念。国家工作人员不仅在从事工作的内容上具有非劳务性，而且在从事工作的性质上具有国家性。因此，公务的概念对于定义国家工作人员的主体身份具有一定的意义。但是，随着 1997 年刑法关于国家工作人员的概念中出现了受委派从事公务的内容，更强调的是委派的形式，而从事公务这一内容只是保留了与劳务的区别性，其国家性则被虚化了。例如，国家机关、国有公司、企业、事业单位、人民团体委派到非国有公司、企业、事业单位、社会团体从事公务的人员中的所谓从事公务，只是指非劳务的管理活动，包括会计出纳等。同样是会计出纳，如果是受委派的人员，其会计出纳工作就被认为是公务；如果不是受委派的人员，而是非国有单位自身聘任的会计出纳，就会被认为不是从事公务。因此，对于这种情况下的受委派从事公务的国家工作人员的认定而言，根本标志在于受委派而不是从事活动的性质。

在章国钧案中，其担任交通银行湖州新天地支行业务管理经理、行长助理，职责是负责公司类客户的营销和日常管理工作，及对公司类客户经理队伍的日常管理。这些业务活动可以说是银行的普通业务。不仅在国有出资银行存在这种业务，而且在其他任何银行都存在这种业务。在宋涛案的裁判理由中，将所谓公务活动区

---

① 参见刘为波：《〈关于办理国家出资企业中职务犯罪案件具体应用法律若干问题的意见〉的理解与适用》，载最高人民法院编：《刑事审判参考》，第 77 集，138 页，北京，法律出版社，2010。

分为公司性公务和国家性公务，并且认为："行为人的身份如果符合形式要件，即经国家出资企业中负有管理、监督职责的组织批准或者研究决定，即使从事的是公司性的公务，也应以国家工作人员从事公务论"①。因此，只要符合形式要件，对于公务性这一要件来说，是不需要专门加以考察的，只要区别于劳务性活动即可。但在章国钧案中，其裁判理由对其从事管理活动与公务的相关性进行了以下论述："实践中，国家出资企业中的受委派人员本质上往往存在两种身份的融合，即国家工作人员身份和公司管理人员身份，身份的融合也随之导致工作性质的融合，换言之，受委派人员在国家出资企业中不仅要从事最本质的公务性工作，也要从事一般的事务性工作。本案中，章国钧作为新天地支行的业务管理经理和行长助理，其工作职责可以分为两部分：一部分是对客户经理的日常考核和管理，以及协助行长从事一般的管理工作，该部分工作可以理解为一般的事务性工作。而另一部分则是其工作的重点，即对贷款的审查和监督，通过对贷款客户进行评估和初审等贷前审查，确定贷款客户的经济状况和信誉度，再将贷款申报到授信部和审贷会进行最终的贷款审批。章国钧在供述中也提到，通常情况下，只要贷款客户能够通过其负责的贷前审查，基本上都是可以通过贷款审批取得贷款的，而如果贷款客户经济状况较差，其也会在调查报告中帮助企业作出相应的调整，使企业能够贷到款。行贿人之所以送予其财物主要是为了得到其关照和帮助，能够顺利取得贷款。章国钧在贷款客户审批通过之后，再根据贷款通知书具体和企业进行放贷操作，并在贷款发放后，通过对贷款的贷后监控与实地查访，考察贷款客户的经济状况是否正常、稳定，以确保国有资产的保值增值。章国钧对贷款审查和监管的工作职责属于对国有资产的管理、监督，属于'从事公务'，系代表委派组织从事监督、经营、管理工作，符合国家工作人员的本质要求。"② 在以上论证中，将章国钧的工作分为两部分：一是日常管理活动，认为这是事务性的活动；二是对贷款审查和监管活动，认为这是公务性的活动。但就活动的内容来说，不仅国家出资银行存在对贷款审查和

---

① 最高人民法院编：《刑事审判参考》，第97集，18页，北京，法律出版社，2014。
② 最高人民法院编：《刑事审判参考》，第97集，116页，北京，法律出版社，2014。

监管的活动，而且其他具有发放贷款业务的银行都存在这种对贷款审查和监管的活动。只是在与劳务活动相区分的意义上，可以视其为公务活动。决定其具有确保国有资产的保值增值这一性质的，不是这种活动本身，而是国家出资银行这一性质。由此可见，所谓代表性是从国家出资企业这一单位性质获得的，而不是从管理活动的性质获得的。

综上所述，在国家出资企业国家工作人员的认定中，2010年《意见》虽然确定了两个标准——（1）经国家出资企业中负有管理、监督国有资产职责的组织批准或者研究决定；（2）代表其在国有控股、参股公司及其分支机构中从事组织、领导、监督、经营、管理工作——但在实际案件的认定中，真正起作用的是前者，而后者在很大程度上被虚置。

应当指出，王一兵案发生在2010年《意见》颁布之前，并不适用该司法解释。如果王一兵案发生在2010年《意见》颁布以后，适用该司法解释，则其属于国家出资企业中的国家工作人员。

四、行为定性

贪污罪的行为是利用职务上的便利，侵吞、窃取、骗取或者以其他手段非法占有公共财物。在本案中，被告人王一兵的行为属于侵吞公共财物，对此并无异议。在本案中，王一兵先是将宝耀公司的款项打入宝耀试验所，然后利用改制之机，将该款项非法占有。那么，到底哪一阶段的行为是贪污行为呢？对于这个问题，一审法院与二审法院的认定显然是有所不同的。一审法院认定的贪污行为是：

> 王一兵利用兼任宝耀公司与宝耀试验所法人代表并负责两单位经营的职务便利，唆使会计人员虚假做账，将宝耀公司的公款转移至宝耀试验所，致使宝耀公司对上述公款完全丧失所有权。被告人王一兵利用职务上的便利，通过唆使他人做假账的方法侵吞公款，数额特别巨大，其行为已构成贪污罪。

由此可见，一审法院是把王一兵利用职务便利将宝耀公司的公款移至宝耀试验所认定为本案的贪污行为。二审法院认为：

　　1994 年间，宝耀试验所尚属宝耀公司全资下属单位，上诉人王一兵将宝耀公司财产转到宝耀试验所不如实记账，尚不能以贪污罪论处。1997 年宝耀试验所转制为自然人股份合作制企业，王一兵利用担任宝耀公司总经理的职务便利，放弃公司对宝耀试验所 12 辆搅拌车资产的所有权，使该部分本属宝耀公司所有的公共财物被王及亲属绝对控股的宝耀试验所非法占有，其行为应以贪污罪论处。

　　由此可见，二审法院是把在宝耀试验所改制过程中王一兵放弃宝耀公司对 12 辆搅拌车资产的所有权认定为贪污行为。对此，裁判理由作出以下阐述：

　　1994 年间，王一兵利用担任宝耀公司总经理的职务便利，通过指使财务人员做假账的方法，将宝耀公司 12 辆价值 780 万元的搅拌车转移到宝耀试验所名下之后，在宝耀公司的账面上已经无法反映出其对宝耀试验所享有的 780 万元债权。但因当时宝耀试验所尚为宝耀公司的全资下属单位，虽有独立的法人资格，但宝耀公司作为宝耀试验所唯一的股东，对宝耀试验所全部财产当然地享有出资人的所有权利。因此，王一兵利用职务便利将宝耀公司财产转到宝耀试验所不如实记账的行为，尚不能认定其具有非法占有目的。但在宝耀试验所转制为自然人股份合作制企业的过程中，王一兵明知宝耀公司价值 780 万元的搅拌车已被其利用职务便利以宝耀试验所固定资产的形式予以隐匿，不但不予收回，反而利用担任宝耀公司总经理的职务便利非法将该部分财物转归其本人及亲属绝对控股的宝耀试验所占有。对此，王一兵既未向宝耀公司董事会汇报，又未向改制后的宝耀试验所的股东讲明。因此，这些公共财物名义上虽归宝耀试验所所有，但其使用、分配等权利均由作为改制后的宝耀试验所最大股东的法定代表人兼董事长王一兵行使，处在王一兵绝对控制之下，应认定为王一兵非法占有。

在此，对先后两次的定性有必要展开讨论。

（一）王一兵将宝耀公司的财物转移到宝耀试验所的行为性质

如前所述，一审法院认为，王一兵将宝耀公司的财物转移到宝耀试验所的行为本身是贪污。十分凑巧，在有关书籍中我发现了以一审法院有关人员为作者的《王某贪污案——受国有公司委派从事公务的人员将巨额国有资产非法转移至个人投资的股份合作制企业构成贪污罪》[①] 一文，论文中的王某就是王一兵，因为两案的案情除个别细节表述稍有出入外，基本案情相同。虽然不能断定论文撰稿人蔡安康、王潮就是本案一审的承办人，但由于该书是上海市第二中级人民法院"判案论法丛书"的一种，该书后记载明蔡安康是该院法官，王潮系华东政法大学研究生，因此，撰稿人之一蔡安康应与本案承办有着密切关系。论文的分析仍然坚持王一兵非法转移宝耀公司利润的行为是贪污行为，并作了以下论证：

1. 被告人王某符合国家工作人员的主体身份（略）。

2. 被告人王某主观上具有非法占有公款的故意。被告人王某（指王一兵，下同——引者注）利用职务便利将建材公司（指宝耀公司，下同——引者注）的资金划给建材试验所（指宝耀试验所，下同——引者注）。这种将公共财物转到个人控股的公司享有的行为，能否认定为行为人非法占有，一种观点持肯定的态度；另一种观点认为，王某将该资产转为建材试验所享有，主观目的是为建材试验所谋取利益，不宜认定为贪污罪。上述观点的分歧焦点在于，对成立贪污罪所必须具有的非法占有目的应当如何理解，换言之，非法占有是否就是指非法据为己有。

我们认为，刑法之所以强调惩处非法占有，主要在于通过刑法的强制力来保障公共财物不受侵犯。这明显是侧重于保护公共财产的利益归属权，也即维持国家所有的状态不受侵害。与此相对的是，国家丧失对公共财物的占有后，该财物最终被谁占有并不是刑法特别关注的。因此，对于非法占有不能狭义地理解为占为己有，而应作广义的解释，即只要是国家工作人员利用职务便利，采取各种非法手段将公共财物控制在个人手中，

---

① 参见卢方主编：《经济、财产犯罪案例精选》，204～210 页，上海，上海人民出版社，2008。

使财产所有权事实上发生转移的，无论是据为己有还是转送他人，均应视为对公共财产进行了非法处分，因为行为人的行为已经对公共财物所有权造成了实质性侵犯。

本案中，王某从建材公司转出 694 万余元的利润款至建材试验所的企业账上运作，从形式上看，似未直接被王某个人占有，但一个无法改变的事实是：当王某将这笔公款从建材公司划到建材试验所的账上时，其已经取得了对这笔款项的占有支配权，同时意味着建材公司的这笔公款的所有权受到了侵犯，因而应认定此时王某已经非法占有了该笔公款，由此足以确定王某具有非法占有的犯罪故意。

3. 王某客观上实施了非法占有公款的行为。王某得知建材公司 1994 年度的利润总额为 1 800 万余元后，即要求会计人员重新做账，将利润改为 423 万元，设法将其余利润转移至建材试验所。在这一行为的具体实施过程中，尽管王某本人没有直接做假账，但王某是利用自己兼任建材公司和建材试验所法定代表人并负责两家单位经营的职务便利，在其侵吞公款的故意支配下指使财务人员实施具体的侵吞建材公司公款的行为，有关财务人员在领会王某的这一意图后，通过虚假做账并将账面做平的方法来达到王某要求将建材公司利润转移至建材试验所的目的。由此可见，王某有明确的犯罪目的并授意他人实施，其应对他人根据其授意而实施的犯罪行为所产生的全部后果承担法律责任。

另从建材试验所的角度看，建材试验所从一开始系集体所有制企业，后经两次变更投资主体，转变为全部由个人出资的股份合作制企业。当上述公款全部归个人出资的建材试验所所有，并由作为法定代表人的王某实际控制和支配，这使得建材公司对上述公款失去所有权，结合王某主观上具有非法占有的目的，应当认定此时王某已经完成贪污犯罪的全部过程，其贪污行为已经既遂。

在以上论证中，先论述主观上具有贪污故意，然后论述客观上具有贪污行为。这种主观先于客观的判断方法，是存在较大缺陷的。从犯罪成立的关系上说，贪污故意是行为人实施贪污行为时的主观心理状态，因而贪污行为的判断应当先于贪污故意的判断。如果没有贪污行为就不可能有贪污故意，因而，贪污罪构成的客观要素具有对其主观要素的规制机能。将贪污故意放在贪污行为之前加以判断，使这种规制机制不复存在。如果说，对于本案是先作主观判断还是先作客观判断是一个判断方法问题，那么，以下这个判断就涉及对案件事实的认定。在对王一兵的主观故意的论述中，作者有这样的表述：

> 被告人王某利用职务便利将建材公司的资金划给建材试验所，这种将公共财物转为个人控股的公司享有的行为，能否认定为行为人非法占有……

从案情来看，王一兵指使财务主管篡改宝耀公司原先账目，以开具转账支票或提取现金的办法将其中的694万余元转入宝耀试验所的账户，用于宝耀试验所购买搅拌车，并将购买的12辆搅拌车计入宝耀试验所的固定资产，是在1994年年底。而第一次股权变更是在1995年1月3日，第二次股权变更是在1997年10月。从这一时间表来看，怎么能够得出将宝耀公司的公共财物转为个人控股的公司这一结论？对此，裁判理由表述为：

> 当时宝耀试验所尚为宝耀公司的全资下属单位，具有独立的法人资格，但宝耀公司作为宝耀试验所唯一的股东，对宝耀试验所全部财产当然地享有出资人的所有权利。因此，王一兵利用职务便利将宝耀公司财产转到宝耀试验所不如实记账的行为，尚不能认定其具有非法占有目的。

因此，被告人王一兵在1994年年底将宝耀公司的公共财物转入其全资下属企业，只是一种违反财经制度的行为。这时，该财物尚记在宝耀试验所账下，因此，不能得出王一兵已经非法占有该财物的结论。这与其说是一个主观上是否具有非法占有的目的的问题，不如说是一个在客观上是否具有贪污行为的问题。

（二）王一兵放弃宝耀公司12辆搅拌车资产的所有权的行为性质

一审法院认定王一兵将宝耀公司的780万元款项转入宝耀试验所的行为是贪污，因此，贪污的对象是780万元公款。但二审法院则认定王一兵放弃宝耀公司对12辆搅拌车资产的所有权的行为是贪污，因此贪污的对象是12辆搅拌车。上述两种结论当然是不同的。但王一兵是如何非法占有 12 辆搅拌车的呢？从案情来看，宝耀试验所是由宝耀公司出资 30 万元成立的集体所有制企业。在成立以后，王一兵用宝耀公司的 780 万元为宝耀试验所购买搅拌车 12 辆及支付其他费用，后又采用篡改账目的方法在账册中结平宝耀公司为宝耀试验所支付购买搅拌车的款项，并将用宝耀公司 780 万元资金购买的 12 辆搅拌车计作宝耀试验所的固定资产。也就是说，12 辆搅拌车是记在宝耀试验所账上的。问题出在 1995 年第一次股份制改造，宝耀试验所吸收职工个人股金 120 万元（其中王一兵及其亲属集资计 69 万元），将宝耀公司原投入折算为 30 万元。事实上，宝耀公司除出资 30 万元之外，仅记在账上的固定资产即 12 辆搅拌车就价值 780 万元，为什么股金仅计为 150 万元呢？及至 1997 年 10 月第二次股份制改造，宝耀公司转让原在宝耀试验所的 30 万元股权，由宝耀试验所职工个人集资充抵，宝耀试验所变更为自然人投资的股份合作制企业。在这一过程中，宝耀试验所的 780 万元固定资产转变为自然人所有的财产，作为宝耀试验所出资人的宝耀公司的财产所有权受到侵犯。

那么，被告人王一兵的贪污行为能否表述为放弃宝耀公司对 12 辆搅拌车资产的所有权呢？事实上，当这 12 辆搅拌车作为固定资产记在宝耀试验所的账上时，宝耀公司已经丧失了对该资产的产权。王一兵贪污案是在"利用企业改制侵吞公共财物构成贪污罪"这一题目下来讨论的，既然将其行为与企业改制挂钩，那么王一兵是如何利用企业改制将 12 辆搅拌车非法占有的？按照企业改制的一般程序，首先要对公司进行资产评估。例如徐华、罗永德贪污案[①]，就是在国有企业改制中隐瞒资产真实情况造成巨额国有资产损失，被认定为贪污罪。但在王一兵贪污案中，有关案情并未涉及这部分内容。因此，王一兵是否采取隐瞒宝耀试验所的固定资产的方法，使其未计入宝耀公司的资产，从而予以非法占有？对于这些具体情形我们不得而知。这与本案一审法院，包括指控的检察机关，都认定被告人王一兵将宝耀公司的 780 万元款项转至宝耀试验所的行为构成贪污罪有关。在二审法院的判决中，虽然对贪污行为的认定进行了调整，但对其事实根据没有明确地加以描述。

---

① 参见最高人民法院编：《刑事审判参考》，第 19 辑，北京，法律出版社，2002。

被告人王一兵是如何利用企业改制侵吞公司财物的问题，直接关系到本案的定性。如前所述，被告人王一兵具有宝耀公司和宝耀试验所法定代表人两种身份以及与之相对应的两种职务。将宝耀公司的 780 万元款项转至宝耀试验所，是利用负责宝耀公司的职务便利，那么，利用宝耀试验所改制将公共财产非法占有，到底是利用负责宝耀试验所的职务便利还是利用负责宝耀公司的职务便利，就与其具体行为直接相关。如果是利用负责宝耀试验所的职务便利侵吞公共财物的，那就是职务侵占罪而非贪污罪。由于王一兵是如何利用企业改制而将公共财产予以侵吞的具体情节不清，所以对于这一问题的法律性质难以作出正确认定。

五、数额认定

无论是贪污罪还是职务侵占罪，都存在一个数额如何认定的问题。这里的数额认定，是指在宝耀试验所的股权中，王一兵及其亲属占总投资的 69%，其他职工占 31%。那么，能否将 780 万元全部计算为王一兵的贪污数额？从实际占有股权来看，王一兵所占股权是 780 万元的 69%，而非全部。关于这个问题，裁判理由指出：

> 尽管王一兵非法占有的宝耀公司的公共财物在形式上仍然属于宝耀试验所的固定资产，但由于财产所有权事实上已经发生了转移，财产的公共性质已经受到实质性侵犯，且处于王一兵的永久控制之下，因此，王一兵将部分公共财物处置给宝耀试验所其他股东的行为应当视为其非法占有公共财物后的一种处置方法，不影响对其行为性质的认定。

根据裁判理由，王一兵虽然只占有宝耀试验所的 69% 的股权，但仍对全部数额承担刑事责任，其他部分被视为其非法占有公共财物后的一种处置方法。值得注意的是，关于国有单位改制中贪污犯罪的数额计算问题，在束兆龙贪污案[①]中，被告

[①]　本案刊载于最高人民法院编：《中华人民共和国最高人民法院公报》（2005 年卷），404~407 页，北京，人民法院出版社，2006。又见最高人民法院刑二庭：《国有改制中贪污罪的认定与处理》，载《人民法院报》，2005 - 07 - 25，8 版。

人束兆龙利用担任国有事业单位法定代表人的职务便利，在国有事业单位改制中隐瞒国有资产，净资产值为 39 万余元，并将其转入被告人束兆龙占有 25％投资份额的嘉德公司。对于该案，检察机关指控被告人束兆龙的贪污数额是 39 万余元。法院判决认为，公诉机关指控被告人束兆龙的罪名成立，但认定束兆龙的贪污数额不当，贪污数额应当按照束兆龙在嘉德公司的投资比例 25％计算，即束兆龙贪污 9 万余元，其余财产应当视为给国有资产造成的损失。由此，束兆龙贪污案确认了以下规则：

> 根据刑法第 382 条第 1 款的规定，被告人在国有事业单位改制中，利用职务便利隐瞒国有资产，并将其转移到改制后自己占有投资份额的公司中，构成了贪污罪，但贪污数额应按照被告人在改制后的公司中所占投资份额的比例认定。

由此可见，束兆龙案确认的数额认定规则与王一兵案的数额计算方法是不同的，其差别就在于：除个人实际占有的部分以外，其他部分到底是像在王一兵案中那样被视为其非法占有公共财物后的一种处置方法，因此计算在贪污数额内；还是像在束兆龙案中那样被视为造成的损失，只在量刑时予以考虑，不计算在贪污数额内？对此，束兆龙案的裁判理由指出：

> 被告人束兆龙在国有企业改制过程中具有非法占有国有资产的目的，但其隐瞒的全部合同应收款项均在资产评估基准日后相继进入企业的账目，这些瞒报的合同应收款仅逃避了资产评估机构的审核和国家职能部门的监管，仍然处于改制后的股份企业即嘉德公司所有股东的监控之下，其对上述瞒报的全部资产不可能全部占为己有。就国家而言，在原设计所改制过程中，国家对上述被隐瞒的资产中的 90％失去了控制（因另外的 10％仍然被国有企业无锡市市政工程设计研究院控制），而被告人束兆龙个人实际控制了上述被隐瞒资产中的 25％。因此，以被告人束兆龙在改制后的股份企业中所持的股份比例，来确定其非法占有的犯罪数额是比较合理的。同时，应将其余 65％的被隐瞒的国有资产，作为束兆龙为实现个人非法占有的目的而给国家造成的其他财产损失，在量刑时一并予以

考虑。①

上述国有单位改制中贪污数额认定问题的解决，是与刑法关于贪污数额规定的演变有关的，因而有必要历史地考察：

1979年刑法第155条对贪污数额只规定了数额巨大，对于共同贪污犯罪数额如何计算未作规定。及至1988年全国人大常委会《关于惩治贪污罪贿赂罪的补充规定》（已失效，以下简称1988年《补充规定》），将贪污数额表述为个人贪污数额。这里的个人，在单独犯罪的情况下当然是指本人。在共同犯罪的情况下贪污数额如何认定，1988年《补充规定》未作规定。但1988年《补充规定》还指出："二人以上共同贪污的，按照个人所得数额及其在犯罪中的作用，分别处罚。对贪污集团的首要分子，按照集团贪污的总数额处罚；对其他共同贪污犯罪中的主犯，情节严重的，按照共同贪污的总数额处罚。"按照这一规定推论，贪污数额分为个人所得数额与总数额。只对贪污集团的首要分子和情节严重的主犯，才按照贪污总数额处罚。对其他共同贪污犯罪分子，只按照个人贪污所得数额处罚。在这种情况下，贪污数额就被理解为个人所得数额，也就是自己所有的数额。

1997年刑法关于贪污罪的规定虽然保留了个人贪污数额的表述，但2003年《纪要》对共同贪污犯罪中个人贪污数额的认定作出了以下规定：

> 刑法第三百八十三条第一款规定的"个人贪污数额"，在共同贪污犯罪案件中应理解为个人所参与或者组织、指挥共同贪污的数额，不能只按个人实际分得的赃款数额来认定。对共同贪污犯罪中的从犯，应当按照其所参与的共同贪污的数额确定量刑幅度，并依照刑法第二十七条第二款的规定，从轻、减轻处罚或者免除处罚。

按照这一规定，在共同贪污犯罪中，无论是主犯还是从犯，都应对共同贪污的总数额承担刑事责任，个人所得数额只是量刑考虑的因素。因此，贪污数额不再以个人实际占有计算，而是根据贪污总数额来确定。这一原理是共同贪污犯罪的处罚原则。因此，在国有单位改制中，如果属于共同犯罪，数个被告人分别在改制后的

---

① 最高人民法院刑二庭：《国企改制中贪污罪的认定及处理》，载《人民法院报》，2005-07-25，8版。

企业中占有股份的，不能按照个人占有的股份所对应数额认定，而是应当按照共同占有股份所对应的数额认定。但在一个被告人或者数个被告人只占有部分股份，其他股份被单位或者个人所占有的情况下，其他单位或者个人占有的股份所对应的数额确实与贪污行为有关，可以说是贪污行为所造成的结果，那么能否计入贪污数额呢？对此，较为实事求是的观点还是不计入贪污数额，而作为贪污行为造成的其他财产损失数额，在量刑时予以考虑。因此，我认为束兆龙案所确认的按照股份比例确定贪污数额的原则是可以成立的。

　　当然，如果在犯罪所得数额中包含本人所有或者应有部分，则应将该部分从数额中予以扣除。在王一兵贪污案中，被告人王一兵利用职务便利从宝耀公司转移到宝耀试验所的 683 万余元利润中包括按照董事会事先有关规定王一兵还可获得的奖励 20 万余元，这 20 万余元是否应当从贪污数额中予以扣除呢？对此存在两种观点：一种观点认为，贪污犯罪数额应按被转移的 683 万余元全额计算；另一种观点认为应扣除王一兵尚未实际获得的全部奖金后认定。对于这个问题，一审法院的裁判理由正确地提出：

　　　　被告人王一兵的贪污数额应扣除其可得的奖金。贪污犯罪行为指向的对象是应当归属国家所有的国有财产，而被告人王一兵应获得的奖金不属于国有财产，因而在认定被告人王一兵贪污罪的数额时，应将其可获得的奖金予以扣除。①

　　当然，从被告人所贪污的财产数额中扣除其所应得部分，是需要具备一定前提的，即其所应得部分被其所贪污的财产数额所包含，在贪污以后不可能再另行获得利益。例如，在王一兵贪污案中，被告人王一兵应获奖金是以宝耀公司赢利为前提的。而在王一兵将赢利贪污以后，获得奖金的前提不存在，因而应将奖金从贪污的财产数额中减去。如果应得部分与贪污的财产无关，则不能从贪污的财产数额中减去应得部分。由此可见，如何确定贪污数额是一个十分复杂的问题，应当根据案件的具体情况实事求是地加以认定。

---

　　① 卢方主编：《经济、财产犯罪案例精选》，209 页，上海，上海人民出版社，2008。

第 2 节　承包租赁经营中挪用公款行为之定性研究

案名：仲宏斌挪用公款案
主题：挪用公款罪

挪用公款罪是一种侵犯公款使用权的犯罪，在现实生活中较为常见。在承包租赁经营活动中的挪用公款行为如何认定，是一个较为疑难的问题。本节以仲宏斌挪用公款案①为例，对承包租赁经营中的挪用公款行为之定性问题进行研究。

一、案情及诉讼过程

（一）一审情况

1. 公诉机关指控称

被告人仲宏斌于 2002 年 11 月至 2003 年 6 月间，利用担任扬州市公路管理处高等级建设养护中心、扬州市交通产业投资有限公司高等级公路建设养护中心（以下简称建养中心）总经理的职务之便，擅自挪用建养中心和扬州市公路管理处拌和场（以下简称拌和场）公款计 548 万元存入银行，向银行质押贷款，用于个人进行营利性活动。

2. 被告人的答辩及其辩护人的辩护意见

被告人仲宏斌于 2001 年至 2004 年间，与陈某、徐某（均另案处理）共同策划，由陈某先后将从本单位小金库支付给业务单位和个人的工程回扣款及违规报销的费用支出的原始凭证及大量的量方记录销毁，销毁的原

---

① 本案刊载于国家法官学院、中国人民大学法学院编：《中国审判案例要览（2007 年刑事审判案例卷）》，北京，人民法院出版社、中国人民大学出版社，2008。

始凭证金额达 75 万余元。

被告人仲宏斌及其辩护人辩称：被告人仲宏斌不具备国家工作人员的身份，其作为总承包人与扬州市公路管理处签订了设备租赁协议，并已按协议缴足了设备租赁费用，按照协议约定，由总承包人安排，盈余的 60% 用于扩大再生产，40% 用于奖励。被告人仲宏斌有权支配盈余，其动用的款项并非公款，不能认定被告人仲宏斌构成挪用公款罪。

仲宏斌的辩护人还提出辩护意见：被告人仲宏斌销毁的小金库账上的白纸条及部分发票并非法律规定应当保存的会计资料，不能认定被告人仲宏斌构成销毁会计凭证罪。

3. 一审判案理由

江苏省扬州市广陵区人民法院经审理认为：对于被告人仲宏斌及其辩护人提出的被告人仲宏斌不具备国家工作人员的身份，其作为总承包人与扬州市公路管理处签订了设备租赁协议，并已按协议缴足了设备租赁费用，按照协议约定，由总承包人安排，盈余的 60% 用于扩大再生产，40% 用于奖励，被告人仲宏斌有权支配盈余，其动用的款项并非公款，不能认定被告人仲宏斌构成挪用公款罪的辩护意见，经查，高邮公路站、拌和场和建养中心都是扬州市公路管理处的下属单位和机构，扬州市公路管理处将仲宏斌从高邮公路站抽调到拌和场是工作正常变动，被告人仲宏斌在拌和场仍然从事公务。建养中心成立后，扬州市公路管理处正式行文任命仲宏斌为建养中心总经理，建养中心整体移交给市交通产业投资有限公司后，建养中心的国有事业单位性质和被告人仲宏斌的事业编制身份并未改变，被告人仲宏斌继续担任建养中心的总经理，直至市交通产业投资有限公司行文免去其总经理职务。被告人仲宏斌系国有事业单位中从事公务人员，具备国家工作人员身份。拌和场和建养中心系扬州市公路管理处投资设立，所使用的设备由扬州市公路管理处出资购买，拌和场和建养中心的人员部分系扬州市公路管理处下属单位高邮站的正式人员。根据扬州市公路管理处会议纪要精神，建养中心以原拌和场设备为基础，原有人员为班底组建，扬州市公路管理处负责财务监督、组织机构、人事任免和国有资产管理。被告人仲宏斌个人在拌和场和建养中心成立时未投入任何资金，其代表拌和场与扬州市公路管理处签订的承包协议是国有资产所有权与使用权剥离的一种管理模式，是一种国有资产内部承包经营的方式，被告人仲宏斌承租设备的同时也承包了经营管理权，其与扬州市公路管理处签订的协议并非平等主体之间的设备租赁合同。扬州市公路管理处每年与建养中心签订目标责任书，对建养中心进行管理监督。协议中 40％的奖励比例是按照省公路系统六二二惯例约定，40％的奖励是给拌和场和建养中心全体职工，并非给被告人仲宏斌个人。拌和场和建养中心使用扬州市公路管理处购买的设备产生的盈利属国有资产的增值，在进行奖励再分配之前，该增值部分理应属国有资产，任何个人无权擅自动用。被告人仲宏斌挪用 548 万元用于个人进行营利活动的行为完全符合挪用公款罪的构成要件，该辩护意见不能成立，不予采纳。

对于被告人仲宏斌的辩护人提出的被告人仲宏斌销毁的小金库账上的白纸条及部分发票并非法律规定应当保存的会计资料，不能认定被告人仲宏斌构成销毁会计凭证罪的辩护意见，经查，建养中心小金库是通过收款不入账和将虚假发票从大账上报支的手段设立，这些款项的支出用途等具体情况在大账上不能准确反映，会计徐某所记载的流水账也没有资金的用途和明细，只有实际支出的原始凭证才能真实完整地反映。透过小金库本身的违法外表，这些款项的性质归根到底仍属公款，这部分公款仍应受到有效的监管，建养中心理应将该部分公款的有关原始凭证依法保存，故该辩护意见不能成立。

被告人仲宏斌身为国家工作人员，利用职务之便，挪用公款 548 万元归个人进行营利活动，情节严重，其行为已构成挪用公款罪。被告人仲宏斌销毁依法应当保存的会计凭证，情节严重，其行为已构成故意销毁会计凭证罪。被告人仲宏斌犯数罪，依法应数罪并罚。被告人仲宏斌归案后检举他人犯罪行为，经查证属实，有立功表现，依法可从轻处罚。案发前崔某归还挪用款 300 万元，对被告人仲宏斌可酌情从轻处罚。公诉机关指控被告人仲宏斌犯挪用公款罪、故意销毁会计凭证罪的基本事实清楚，证据确实、充分，指控的罪名成立，提请数罪并罚的理由成立，予以采信。

4. 一审定案结论

江苏省扬州市广陵区人民法院依照《中华人民共和国刑法修正案》第 1 条，《中华人民共和国刑法》第 384 条第 1 款、第 162 条之一第 1 款、第 69 条、第 68 条第 1 款、第 52 条、第 53 条之规定，作出如下判决：

被告人仲宏斌犯挪用公款罪，判处有期徒刑 8 年，犯故意销毁会计凭证罪，判处有期徒刑 6 月，并处罚金人民币 3 万元，决定执行有期徒刑 8 年，并处罚金人民币 3 万元。

（二）二审情况

1. 二审诉辩主张

上诉人（原审被告人）仲宏斌上诉称：一审法院判决上诉人犯挪用公款罪，无事实及法律依据；一审法院认定上诉人犯故意销毁会计凭证罪，证据不足。

上诉人（原审被告人）仲宏斌的辩护人所提辩护意见是：一审认定缺乏法律依据，定性不准。仲宏斌不具备国家工作人员的身份。上诉人所经营的是没有实际成立的单位，不属于法律规定的必须规范建账的主体，所销毁的白纸条也不是符合法律规定及有关财务管理规定的财务凭证，白纸条不能被认定为依法应当保存的财务资料。

2. 二审判案理由

江苏省扬州市中级人民法院经审理认为：上诉人（原审被告人）仲宏斌及其辩护人提出的上诉人（原审被告人）仲宏斌不具备国家工作人员的身份，其作为总承包人与扬州市公路管理处签订的设备租赁协议是平等主体之间的法律关系，公路处已按约定取得了每年设备总额 25% 的租赁费，其实际已收取 2 857 万元租金，已实现国有资产的增值，所产生的盈余是上诉人的经营利益而非国有资产的增值，该部分利益不属于国有资产，上诉人不具有挪用公款的主观故意，不能认定上诉人犯挪用公款罪的意见，经查，扬州市公路管理处属国有事业单位性质，高邮公路站、拌和场和建养中心都是扬州市公路管理处的下属单位和内部机构，建养中心整体移交给扬州市交通产业投资有限公司后，国有性质并未改变，上诉人（原审被告人）仲宏斌经任命等法定程序，在上述单位和机构中依法从事经营管理活动，属于在国有事业单位中从事公务人员，具备国家工作人员的主体身份。其代表拌和场与扬州市公路管理处签订的承包协议是国有资产内部承包的经营方式，并非平等主体之间的设备租赁合同，所产生盈余资金的公款性质仍未改变，上诉人（原审被告人）仲宏斌挪用 548 万元用于个人进行营利活动，主观故意明显，其行为符合挪用公款罪的构成要件，故对其上诉、辩护意见本院不予采纳。

关于原审法院认定上诉人（原审被告人）仲宏斌故意销毁小金库账目的行为，本院认为，小金库的资金本身就是违法的，其所销毁的白纸条不属于故意销毁会计凭证罪所规定的依法应当保存的会计凭证，上诉人的行为不符合故意销毁会计凭证罪的犯罪构成，故原审认定上诉人犯故意销毁会计凭证罪不当，应予纠正。上诉人及其辩护人的此点辩护意见本院予以采纳。

上诉人（原审被告人）仲宏斌作为国有事业单位中从事公务的人员，利用职务之便，挪用公款归个人进行营利活动，情节严重，其行为已构成挪用公款罪。其归案后检举他人犯罪行为，经查证属实，有立功表现，依法可从轻处罚。案发前崔某归还 300 万元，案发后 248 万元已追回，对上诉人（原审被告人）仲宏斌可酌情从轻处罚。原审法院认定上诉人（原审被告人）仲宏斌犯挪用公款罪的基本事实清楚，证据确实、充分，定罪量刑并无不当，应予维持。关于原审法院认定上诉人（原审被告人）仲宏斌故意销毁小金库账目的行为，本院认为，小金库的资金本身就是违法的，其所销毁的白纸条不属于故意销毁会计凭证罪所规定的依法应当保存的会计凭证，上诉人的行为不符合故意销毁会计凭证罪的犯罪构成，故原审认定上诉人犯故意销毁会计凭证罪不当，应予纠正。

3. 二审定案结论

江苏省扬州市中级人民法院依照《中华人民共和国刑事诉讼法》（1996——引者注）第189条第（2）项，《中华人民共和国刑法》第384条第1款、第68条第1款之规定，作出如下判决：（1）撤销扬州市广陵区人民法院（2005）扬广刑初字第45号刑事判决主文，即被告人仲宏斌犯挪用公款罪，判处有期徒刑8年，犯故意销毁会计凭证罪，判处有期徒刑6月，并处罚金人民币3万元。决定执行有期徒刑8年，并处罚金人民币3万元。（2）上诉人仲宏斌犯挪用公款罪，判处有期徒刑8年。

二、挪用公款罪的法理分析

挪用公款罪是指国家工作人员利用职务上的便利，挪用公款归个人使用，进行非法活动的，或者挪用公款数额较大、进行营利活动的，或者挪用公款数额较大、超过3个月未还的行为。

在挪用公款罪的认定中，存在以下三个值得研究的问题。

（一）挪用公款罪的主体

挪用公款罪的主体是国家工作人员。这里的国家工作人员是指依法从事公务的人员。这里的从事公务是指代表国家机关、国有公司、企业、事业单位、人民团体等单位履行组织、领导、监督、具体负责某项工作等职责。履行组织、领导、监督职责的人员通常担任一定职务，主管本单位或者本部门的工作，例如国有公司的董事、经理、监事等。履行具体负责某项工作职责的人员通常就某一方面或者某一项事务行使法律赋予或者国有单位授予的职权，例如国有公司、企业的会计、出纳、保管员等。根据刑法第93条的规定，国家工作人员是指国家机关中从事公务的人员；国有公司、企业、事业单位、人民团体中从事公务的人员和国家机关、国有公司、企业、事业单位委派到非国有公司、企业、事业单位、社会团体从事公务的人员，以及其他依照法律从事公务的人员，以国家工作人员论。由此可见，我国刑法中的国家工作人员又可以分为以下四种人员：

(1) 国家机关工作人员。这里的国家机关工作人员是指各级国家权力机关、行政机关、审判机关、检察机关和军事机关中从事公务的人员。其他根据有关规定，参照国家公务员法进行管理的人员，应当以国家机关工作人员论。例如，根据中央和国务院有关规定，参照国家公务员法管理的各级党委、政协机关中从事公务的人员，应视为国家机关工作人员。此外，根据 2002 年 12 月 28 日全国人大常委会《关于〈中华人民共和国刑法〉第九章渎职罪主体适用问题的解释》，以下人员也视为国家机关工作人员：在依照法律、法规规定行使国家行政管理职权的组织中从事公务的人员，或者在受国家机关委托代表国家机关行使职权的组织中从事公务的人员，或者虽未列入国家机关人员编制但在国家机关中从事公务的人员。

(2) 国有公司、企业、事业单位、人民团体中从事公务的人员。这里的国有公司，是指依照公司法成立，财产全部属于国家所有的公司。国有资本控股及参股的股份有限公司不属于国有公司。国有企业，是指财产全部属于国家所有，从事生产、经营活动的营利性的非公司化的经济组织。国有事业单位，是指受国家机关领导，财产属于国家所有的非生产、经营性的单位，包括国有医院、科研机构、体育、广播电视等单位。人民团体，是指由国家组织成立的、财产属于国家所有的各种群众性组织，包括乡级以上工会、共青团、妇联等组织。因此，这里的国有公司、企业、事业单位、人民团体中从事公务的人员，是指在上述国有单位中从事公务的人员。

(3) 国家机关、国有公司、企业、事业单位委派到非国有公司、企业、事业单位、社会团体从事公务的人员。这里的委派是指受有关国有单位委任而被派往非国有单位从事公务。被委派的人员，在被委派以前可以是国家工作人员，也可以是非国家工作人员。不论被委派以前具有何种身份，只要被有关国有单位委派到非国有单位从事公务，就应被视为国家工作人员。应当指出，委派的形式是多种多样的，包括任命、指派、提名、批准等。因此，认定是否属于委派，不能仅看形式，必须具体结合案情，充分把握是否代表国家机关、国有公司、企业、事业单位行使公权力的实质准确地加以界定。同时，这里的委派，都是指直接委派，不包括二次委派。二次委派是指在一些特殊行业的非国有单位中，其高层管理决策人员（例如董事会成员）由行业主管部门委派，而具体的执行人员（例如经理人员）又由管理决策层决定任命。这些具体的执行人员因非行政主管部门决定任命，非国有单位享有任命与否的自由决定权，故不应被认定为委派从事公务的人员。因此，这里的国家机关、国有公司、企业、事业单位委派到非国有公司、企业、事业单位、社会团体从事公务的人员，是指通过上述委派的方式，从国有单位到非国有单位从事公务的人员。

（4）其他依照法律从事公务的人员。这类人员的特征是，在一定条件下代国家行使国家管理职能。根据 2000 年 4 月 29 日全国人大常委会《关于〈中华人民共和国刑法〉第九十三条第二款的解释》，村民委员会等村基层组织人员协助人民政府从事下列行政管理工作，属于刑法第 93 条第 2 款规定的"其他依照法律从事公务的人员"：救灾、抢险、防汛、优抚、扶贫、移民、救济款物的管理；社会捐助公益事业款物的管理；国有土地的经营和管理；土地征用补偿费用的管理；代征、代缴税款；有关计划生育、户籍、征兵工作；协助人民政府从事的其他行政管理工作。除上述立法解释确定的人员以外，其他依照法律从事公务的人员，还包括：依法履行职责的各级人民代表大会代表；依法履行职责的各级人民政协委员；依法履行审判职责的人民陪审员；协助人民政府从事行政管理工作的居民委员会等基层组织人员；其他由法律授权从事公务的人员。

（二）挪用公款的行为

挪用公款罪的行为是利用职务上的便利，挪用公款归个人使用。利用职务上的便利是挪用公款行为成立的前提条件。利用职务上的便利，是指利用主管或者保管公款的便利。这里的挪用是指无权动用而不经批准或许可，违反财经制度，擅自将公款挪作私用；或者虽有权动用，但违反财经制度，私自将公款挪作私用。

根据刑法规定，挪用公款罪必须是挪用公款归个人使用。这里的归个人使用既包括本人使用，也包括给他人使用。关于是否包括给单位使用，1998 年 5 月 9 日最高人民法院《关于审理挪用公款案件具体应用法律若干问题的解释》（以下简称《挪用公款案件解释》）规定："挪用公款给私有公司、私有企业使用的，属于挪用公款归个人使用。"根据这一司法解释，挪用公款给国有公司、企业使用以及集体公司、企业使用的，不属于归个人使用。但 2001 年 11 月 17 日最高人民法院又颁布了《关于如何认定挪用公款归个人使用有关问题的解释》（已失效），就如何认定挪用公款归个人使用的有关问题作出以下解释：（1）国家工作人员利用职务上的便利，以个人名义将公款借给其他自然人或者不具有法人资格的私营独资企业、私营合伙企业等使用的，属于挪用公款归个人使用。（2）国家工作人员利用职务上的便利为谋取个人利益，以个人名义将公款借给其他单位使用的，属于挪用公款归个人使用。这一司法解释对于挪用公款归其他单位使用属于归个人使用的情形，又从私有公司、企业扩大到所有公司、企业，即包括国有公司、企业以及其他国有单位，但规定：只有在为谋取个人利益、以个人名义的情况下将公款借给其他单位使用的，才属于挪用公款归个人使用。这里规定的以个人名义是指单位的法定代表人、负责人或者一般工作人员，超出职权范围或者未超出职权范围，但逃避财务监管，或者明确与使用人约定以个人名义，擅自将公款借给其他单位或者个人使用的情形。因此，单位的法定代表人或者负责人，在单位的授权范围内或者经过批准、许可，以单位的名义将公款借给其他自然人或者单位使用的，属于单位与单位、单位与个人之间的资金拆借行为，不属于挪用公款归个人使用。2002 年 4 月 28 日全国人大常委会对挪用公款归个人使用的含义作出了立法解释，规定：有下列情形之一的，属于挪用公款归个人使用：（1）将公款供本人、亲友或者其他自然人使用的；（2）以个人名义将公款供其他单位使用的；（3）个人决定以单位名义将公款供其他单位使用，谋取个人利益的。这一立法解释的精神是：将公款给其他自然人使用的，都属于归个人使用，而无须以个人名义与谋取个人利益。以个人名义将公款供其他单位使用的，属于归个人使用，而无须谋取个人利益。个人决定以单位名义将公款供其他单位使用的，只有谋取个人利益的才属于归个人使用。应当指出，这里的单位，既包括私有公司、企业，也包括国有公司、企业以及集体公司、企业。

在理解上述司法解释时，根据 2003 年《纪要》的规定，应当注意以下三个问题：（1）对于立法解释中的以个人名义，在司法认定中不能只看形式，要从实质上把握。对于行为人超越权限逃避财务监管，或者与使用人约定以个人名义进行，或者虽然通过单位集体研究决定，但借款、还款都是以个人名义进行的，应认定为以个人名义。（2）立法解释中的个人决定，既包括行为人在职权范围内决定，也包括超越职权决定。（3）立法解释中的谋取个人利益，既包括行为人与使用人事先约定谋取个人利益、实际尚未获取的情况，也包括虽未事先约定但实际上已获取了个人利益的情况。其中的个人利益，既包括不正当利益，也包括正当利益；既包括财产性利益，也包括非财产性利益，但这种非财产性利益是指具体的可以用证据证明的利益，如升学、就业等。

（三）挪用公款的用途

刑法根据挪用公款的三种用途规定了构成犯罪的不同条件，这三种用途是：

（1）进行非法活动。这里的非法活动是指赌博、吸毒、嫖娼和非法经营、发放高利贷等为国家法律、行政法规所禁止的行为。对于挪用公款进行非法活动构成挪用公款罪，刑法第 384 条并未规定数额起点。但考虑到贪污罪尚且有法律规定的定罪处刑的数额标准，而贪污公款后进行违法犯罪活动的，也只能以贪污罪定罪处罚，如果挪用公款进行非法活动没有数额起点，则只要挪用公款，无论数额大小，一概定罪处罚，而这显然不是立法本意。因此，司法解释规定，挪用公款进行非法活动的，以挪用公款 5 000 元至 1 万元作为追究刑事责任的数额起点。

（2）进行营利活动。这里的营利活动是指存入银行，用于集资、购买股票、国债等。将挪用的公款用于归还个人在经营活动中的欠款，属于进行营利活动。此外，将挪用的公款用于公司出资等营利的预备活动的，也属于进行经营活动。根据司法解释的规定，挪用公款数额较大，归个人进行营利活动的，构成挪用公款罪，不受挪用时间和是否归还的限制。在案发前部分或者全部归还本息的，可以从轻处罚；情节轻微的，可以免除处罚。根据刑法第 384 条的规定，挪用公款进行营利活动，数额较大的才构成犯罪。根据司法解释，挪用公款 1 万元至 3 万元为数额较大的起点。

（3）个人使用。这里的个人使用是指挪用公款用于自己或者其他个人的合法生活、非经营性支出等合法用途。根据刑法第 384 条的规定，挪用公款归个人使用，数额较大，超过 3 个月未还的才构成犯罪。这里的数额较大是指 1 万元至 3 万元。这里的超过 3 个月未还是指自挪用公款之日起至案发之日，超过 3 个月未还。根据司法解释规定，挪用正在生息或者需要支付利息的公款归个人使用，数额较大，超过 3 个月但在案发前全部归还本金的，可以从轻处罚或者免除处罚；给国家、集体造成的利息损失应予追缴。挪用公款数额巨大、超过 3 个月，案发前全部归还的，可以酌情从轻处罚。

在刑法理论上，对于挪用公款的三种用途到底是属于客观要件还是主观要件，并未展开深入讨论。但我国学者对所谓挪而未用的情形曾经进行过讨论。这里的挪而未用，是指行为人将公款挪出以后，公款尚未被实际使用即案发的情形。关于对挪而未用如何定性，在刑法理论上存在以下三种观点[①]：

第一种观点认为不成立犯罪，理由是挪用公款罪以归个人使用为客观构成要件，这说明挪用公款罪的构成不仅要求行为人具有"挪"公款的行为，而且还要求个人——行为人——和他人有实际使用公款的行为，否则，就不成立挪用公款罪。第二种观点认为挪而未用的情形属于挪用公款未遂，理由是行为人在挪用公款的主观故意支配下已经实施了"挪"的实行行为，具备挪用公款罪成立所必需的主客观要件。但是，在这种情形下，毕竟公款没有被实际使用，故不完全符合挪用公款罪成立的挪用要件。第三种观点认为成立犯罪既遂，理由是虽然行为人或者其他欲使用公款的人没有使用公款，但既然公款被挪出，就侵犯了刑法设立挪用公款罪所要保护的法益，完全地侵犯了公款的使用权和收益权，亵渎了国家工作人员职务行为的廉洁性。

对挪而未用行为的定性，关系到如何理解挪用一词。对此，人们往往把"挪"与"用"相并列，认为存在挪的行为与用的行为这两种行为。在这个意义上说，挪用行为成为复合行为。因此，如果只有"挪"的行为而没有"用"的行为，属于构成要件不齐备，就构成未遂。显然，这种理解是错误的。我认为，"挪"和"用"

[①]　参见肖中华：《贪污贿赂罪疑难解析》，127～128 页，上海，上海人民出版社，2006。

并不是并列的关系,"用"不是一种客观行为。挪用应当理解为为"用"而"挪",因此,"用"是"挪"的目的,属于主观要素。正如我国学者游伟教授指出:

> 行为人"挪"后决定怎么使用,对挪用公款罪的构成起着关键作用。怎么使用当然最后会以具体的行为方式表现出来,除非在使用之前案发,从而导致无法使用,但不能否定的是:它首先是行为人的一种内心追求,其实施的具体使用行为是行为人这种内心追求的外化。

> "挪"属于挪用公款罪中客观构成要件要素,而"用"则属于该犯罪中主观构成要件要素。这样理解,从我国现行刑法规定挪用公款罪的实质上来看也是合理的。刑法规定挪用公款罪的用意,就在于保护公款所有权的完整性及特定职务人员的职务行为的廉洁性。只要行为人挪动了公款并使公款脱离了单位的控制,那就侵犯了单位对该款项的占有权,并直接影响到单位对该款项的收益、使用权,也即侵犯了公款所有权的完整性。很明显,这也同时侵犯了行为人职务行为的廉洁性,并不需要等行为人再将挪出的款项使用之后,才会造成这种侵害。因此,有了国家工作人员利用职务之便的"挪"的行为,就具备了构成该犯罪的实行行为。事实上,这也从另一个侧面说明了把"挪"当作挪用公款罪的客观构成要件要素,把"用"视为挪用公款罪的主观构成要件要素的可行性和科学性。据此,笔者认为,如果行为人"挪"了公款,即使未加以实际使用,只要具备了法律规定的其他构罪要件的,都是可以认定构成挪用公款罪的。①

把使用当作行为人的主观构成要件,在已经实际使用的情况下,用途是可以判明的。如果没有实际使用,则应当认定其使用的意图是为营利而挪动公款的,认定为营利用途;是为非法活动而挪动公款的,认定为非法活动用途;其他的,都认定为个人使用用途。在行为人的主观意图无法查清的情况下,根据有利于被告的原则,认定为个人使用用途。

---

① 游伟:《挪而未用行为的刑事认定》,载《人民法院报》,2008-12-10,6版。

三、裁判理由的评判

在仲宏斌挪用公款案中，涉及被告人的行为是否构成挪用公款罪，主要围绕以下三个问题展开讨论。

（一）主体身份问题

被告人仲宏斌是否具备国家工作人员的身份是本案涉及的第一个问题。辩护律师认为被告人不具有国家工作人员的身份，而检察机关则认为被告人具有国家工作人员的身份。对此，裁判理由指出：

> 挪用公款罪作为一种重要的身份犯罪，其犯罪主体是特殊的，即严格限定于国家工作人员。《刑法》第 93 条对国家工作人员的范围予以了界定，包括国家机关中从事公务的人员等四大类。而其中国家机关、国有公司、企业、事业单位委派到非国有公司、企业、事业单位、社会团体从事公务的人员最容易与最高人民法院于 2000 年 2 月 16 日发布的《关于对受委托管理、经营国有财产人员挪用国有资金行为如何定罪问题的批复》（以下简称《批复》）引起理解上的偏差，《批复》明确指出：对于受国家机关、国有公司、企业、事业单位、人民团体委托，管理、经营国有财产的非国家工作人员，利用职务上的便利，挪用国有资金归个人使用构成犯罪的，应当依照刑法第 272 条第 1 款的规定定罪处罚，即定性为挪用资金罪。由此，我们首先必须厘清委托与委派两个不同的概念。市公路管理处系国有事业单位，拌和场属于其内部生产单位，仲某原任养护股股长，继而经法定程序调任拌和场负责人，在上述单位和机构中依法从事经营管理活动，属于在国有事业单位中从事公务的人员，具有国家工作人员的主体身份。其实际上构成一种国有单位内部工作委派关系，2003 年 11 月《全国法院审理经济犯罪案件工作座谈会纪要》明确指出：委派，即委任、派遣，其形式多样，如任命、指派、提名、批准等，是一种不改变身份性质的内部行为。在承包协议签订与履行期间没有发生任何导致仲某脱离其所

属国有单位即市公路管理处的事实。

从本案的情况来看，被告人仲宏斌原先是市公路管理处养护股股长，后经法定程序担任下属企业拌和场负责人。公路管理处属于国有事业单位，下属企业属于国有单位。从主体身份来看，认定其为国家工作人员并没有问题。当然，对于挪用公款罪的认定来说，只看是否具有某种国家工作人员的身份是不够的，关键是要看是否具有挪用公款的行为。

（二）挪用行为问题

本案被告人仲宏斌的行为是否构成挪用公款罪，关键问题还是在于是否存在挪用公款的行为。而挪用行为的认定，又与"承包协议"之间存在紧密关系。关于"承包协议"能否被认定为平等主体之间的民事合同，裁判理由指出：

> 国有单位与受委派管理经营人之间订立的承包协议，是国有资产所有权与经营使用权剥离的一种管理模式，并不属于平等主体之间合同的范畴，而是一种国有单位内部的经营性承包。所谓经营性承包，是指个人以经营管理经验、技术或投入一定的资金，在承包期内，享有经营、人事、资金流向等自主权，按规定上缴一定的利润，并获取报酬的承包。通常将经营性承包人视为经济组织的主管人员或管理财物的人员，可以作为挪用公款罪的主体。针对本案，仲某代表拌和场与市公路管理处签订的承包协议属于国有单位内部设备租赁及经营性责任制承包，具有明确的隶属关系，从承包协议及其运行实践可以看出，该协议的目的是保证国有资产的保值增值，仲某个人在拌和场未投入任何资金，仲某在承租设备的同时也承包了经营管理权，市公路管理处每年与拌和场签订目标责任书，对其进行管理监督。因此，不能认定该"承包协议"是平等主体之间的民事合同。

应该说，承包存在两种情形——内部承包和外部承包，无论是哪种，都是一种经营性承包，即通过签订承包合同而获得对国有财产的经营管理权。在改革开放初期，推行承包责任制以后，通过承包而获得对国有财产经营管理权的人，无论其是否具有国家工作人员的身份，都可以成为贪污罪、挪用公款罪的主体。但在 1997

年刑法以后，情况有所变化。刑法第 382 条第 2 款关于贪污罪的主体规定：受国家机关、国有公司、企业、事业单位、人民团体委托管理、经营国有财产的非国家工作人员，可以成为贪污罪的主体。这里的委托，主要是指承包、租赁等形式。那么，这一规定是否适用于挪用公款罪的主体认定呢？对此，我国学者指出：

> 刑法第 382 条第 2 款的规定属于特殊规定，刑法第 384 条规定的挪用公款罪的主体仅限于国家工作人员，对于受国家机关、国有公司、企业、事业单位、人民团体委托管理、经营国有财产的非国家工作人员挪用公款的行为按挪用公款罪定罪处罚，有悖罪刑法定原则。而且将挪用公款罪的主体随意扩大的话，受贿罪的主体也会出现相应扩大的问题，会导致司法实践更大的混乱，最终破坏社会主义法制。因此，对于受委托管理、经营国有财产的非国家工作人员，利用职务上的便利，挪用国有资金归个人使用，构成犯罪的，应当依照刑法第 272 条第 1 款的规定，以挪用资金罪定罪处罚。[①]

我认为，以上观点是正确的，体现了对挪用公款罪主体的严格解释。这一观点，也为司法解释所确认。2000 年 2 月 16 日最高人民法院《关于对受委托管理、经营国有财产人员挪用国有资金行为如何定罪问题的批复》指出：对于受国家机关、国有公司、企业、事业单位、人民团体委托，管理、经营国有财产的非国家工作人员，利用职务上的便利，挪用国有资金归个人使用构成犯罪的，应当依照刑法第 272 条第 1 款的规定定罪处罚，即以挪用资金罪论处。

当然，如果行为人本身就是国家工作人员，其采取承包经营方式管理、经营国有财产，则具备挪用公款罪的主体。因此，在本案中，承包性质不能否定被告人仲宏斌的国家工作人员的身份。当然，承包的内容对于挪用行为的认定具有重要意义。对此，我国学者指出：

> 承包企业的特点是，经营权与所有权分离。国有企业以承包的方式将企业交给非国家工作人员承包，承包人只取得经营权，所有权为国有的性

---

① 熊选国：《刑法刑事诉讼法实施中的疑难问题》，319 页，北京，中国人民公安大学出版社，2005。

质不变。国家推行承包制的目的，是搞活企业，发展社会生产力。因此，从原则上讲，承包人取得经营权，只能把企业的资金用于企业的经营，而无权把企业的资金随意供个人使用。但是，承包企业的情况比较复杂，收益分配的方法多种多样，因此，处理上述问题也要具体情况具体分析，关键是看行为人是否损害发包单位的经济利益。例如，承包合同规定的是"活包"，即承包人与发包单位双方每年按比例分配企业的利润，企业获利越多，发包单位收益也越多。如果允许承包人随意把企业资金挪作个人使用，势必影响到企业的正常经营，使利润下降，发包单位的收益也相应减少，经济利益受到损害。因此，承包人挪用企业资金归个人使用符合挪用公款罪其他要件的，应当以挪用公款罪论处。如果是承包合同规定，承包人每年向发包单位上缴固定金额的管理费，无论企业盈亏，上缴金额不变，也就是常说的"死包"，那么，在承包期间，承包人把一部分资金归个人或者他人使用，虽然形式上也是挪用了公款，但是，从合同履行看，年终他没有少缴一分管理费，因而发包单位的经济利益没有受到损害，不宜按挪用公款罪追究其刑事责任。当然，不定本罪不等于其行为合理、正当，至少是违反财经纪律的，并且，如果因为挪用企业资金而使企业遭受重大损失，例如，将资金借给他人使用，无法追回，本人也无力偿还，构成什么罪按什么罪处理。①

虽然以上论述是针对非国家工作人员承包而言的，但其原理同样适用于国家工作人员承包的情形。在承包内容上，"活包"与"死包"对于行为定性具有十分重要的意义。"活包"是指非定额承包，承包金一般都采取比例制确定。而"死包"是指定额承包，承包人上缴一定数额的承包金，剩余由承包人支配。"活包"与"死包"之所以影响行为之定性，主要原因就在于涉及是否侵犯国有单位利益的问题。在"死包"的情况下，承包金是固定的，发包单位与承包人之间形成债权债务关系，因而不存在挪用以及贪污犯罪。在"活包"的情况下，承包金是不固定的，

____

① 王作富主编：《刑法分则实务研究》，3版，下册，1782页，北京，中国方正出版社，2007。

一般按照利润比例计算。如果行为人挪用或者侵吞，就会侵犯国有单位利益，因而存在挪用以及贪污犯罪。例如，在肖元华贪污、挪用公款案[1]中，涉及定额承包者占有或支付本人上缴定额利润后的营利部分是否构成贪污罪的问题。对此，该案的裁判理由明确指出：

> 被告人肖元华与司法局签订承包协议，约定实行定额上缴利润承包，即所谓大包干。当所在单位清理整顿所办实体时，肖按承包协议足额上缴了利润。免税部分虽然没有用于发展基金购置资产，但也足额上缴了。对剩余的所创收利润 14 万元，按承包协议规定，应由承包人肖元华自主分配，被告人肖元华有权处分。这一最基本的事实，决定了这笔款项不是公共财产。因此，不论行为人以什么方式，公开的、秘密的或合法的、非法的方式占有，均不构成贪污罪。也就是说，被告人肖元华并没有非法占有公共财物的行为。[2]

我认为，上述原理也适用于挪用公款罪。那么，本案"承包协议"中确定的分配关系是什么性质呢？按照"承包协议"，盈余的 60% 用于扩大再生产，40% 用于奖励，由此可见，这一承包并非"死包"而具有"活包"的性质。在这种情况下将承包单位款项用于个人经营活动，具有挪用性质。

（三）公款性质问题

在本案中，按照"承包协议"，60% 用于扩大再生产，这 60% 的款项属于国有单位的公款是没有问题的。余下的 40% 用于奖励，那么，对于这部分用于奖励的款项如何认定其性质呢？对此，本案的裁判理由指出：

> 承包人挪用其经营所得供个人使用，能否认定挪用公款罪，一般从两个方面入手：一是看其承包的经济实体是否属于国有性质，二是看其挪用的是否为公共财物。在司法实践中，通常将承包体内的下列财产视为国有财产：（1）属于国家机关、国有公司、企业、事业单位和人民团体或国有

---

① 本案刊载于最高人民法院编：《刑事审判参考》，第 8 辑，北京，法律出版社，2000。
② 本案刊载于最高人民法院编：《刑事审判参考》，第 8 辑，45 页，北京，法律出版社，2000。

单位投入的生产资料和资金；（2）承包人应交给发包方的定额利润和超利分成部分；（3）应上缴国家的现金和按规定应缴纳的能源、交通基金、教育基金以及依法提留的公积金、公益金；（4）按合同规定应付给职工的工资和奖金；（5）承包方承包经营的各类物资和购销货款；（6）承包方在外贸活动中，按照国际惯例收取的回扣或在对外交往中接受的依照国家规定应当交公的礼品等。针对本案，该承包经营实体无疑系国有性质。而协议中40％的奖励比例是按照该江苏省公路系统"六二二"惯例约定的，况且奖励也应当是给拌和场全体职工的，并非给仲某个人。拌和场使用市公路管理处购买的设备产生的赢利属国有资产的增值，在进行奖励再分配之前，该增值部分理应属国有资产，任何个人无权擅自动用。仲某在其经营所得未作任何奖励或福利分配之前即挪用548万元用于个人进行营利活动，该548万元当属公款性质。

裁判理由强调，40％的奖励是给拌和场全体职工的，在分配之前属于公款。应该说，这一认定还是具有一定道理的。当然，在计算挪用公款数额的时候，能否将应当归被告人个人所有的数额从犯罪数额中减去？我认为是可以考虑的。

第3节　以与请托人合办公司获取利润
名义收受贿赂行为之定性研究

案名：潘玉梅、陈宁受贿案
主题：受贿罪　变相受贿

潘玉梅、陈宁受贿案是最高人民法院颁布的一个指导性案例，该案对于变相受贿行为的司法认定问题具有指导意义。变相受贿认定的司法规则为此后处理类似案件提供了法律根据，因而具有重要的指导意义。本节拟对潘玉梅、陈宁受贿案进行分析，重点研究裁判要点，以加深我们对该案所确立的司法规则的正确理解。

一、案情及诉讼过程

指导案例 3 号　潘玉梅、陈宁受贿案

（最高人民法院审判委员会讨论通过　2011 年 12 月 20 日发布）

关键词

刑事　受贿罪　"合办"公司受贿　低价购房受贿　承诺谋利　受贿数额计算　掩饰受贿退赃

裁判要点

（1）国家工作人员利用职务上的便利为请托人谋取利益，并与请托人以"合办"公司的名义获取"利润"，没有实际出资和参与经营管理的，以受贿论处。

（2）国家工作人员明知他人有请托事项而收受其财物，视为承诺"为他人谋取利益"，是否已实际为他人谋取利益或谋取到利益，不影响受贿的认定。

（3）国家工作人员利用职务上的便利为请托人谋取利益，以明显低于市场的价格向请托人购买房屋等物品的，以受贿论处，受贿数额按照交易时当地市场价格与实际支付价格的差额计算。

（4）国家工作人员收受财物后，因与其受贿有关联的人、事被查处，为掩饰犯罪而退还的，不影响认定受贿罪。

相关法条

《中华人民共和国刑法》第三百八十五条第一款

基本案情

2003 年 8、9 月间，被告人潘玉梅、陈宁分别利用担任江苏省南京市栖霞区迈皋桥街道工委书记、迈皋桥办事处主任的职务便利，为南京某房地产开发有限公司总经理陈某在迈皋桥创业园区低价获取 100 亩土地等提供帮助，并于 9 月 3 日分别以其亲属名义与陈某共同注册成立南京多贺工

631

贸有限责任公司（以下简称多贺公司），以"开发"上述土地。潘玉梅、陈宁既未实际出资，也未参与该公司经营管理。2004 年 6 月，陈某以多贺公司的名义将该公司及其土地转让给南京某体育用品有限公司，潘玉梅、陈宁以参与利润分配名义，分别收受陈某给予的 480 万元。2007 年 3 月，陈宁因潘玉梅被调查，在美国出差期间安排其驾驶员退给陈某 80 万元。案发后，潘玉梅、陈宁所得赃款及赃款收益均被依法追缴。

2004 年 2 月至 10 月，被告人潘玉梅、陈宁分别利用担任迈皋桥街道工委书记、迈皋桥办事处主任的职务之便，为南京某置业发展有限公司在迈皋桥创业园购买土地提供帮助，并先后 4 次各收受该公司总经理吴某某给予的 50 万元。

2004 年上半年，被告人潘玉梅利用担任迈皋桥街道工委书记的职务便利，为南京某发展有限公司受让金桥大厦项目减免 100 万元费用提供帮助，并在购买对方开发的一处房产时接受该公司总经理许某某为其支付的房屋差价款和相关税费 61 万余元（房价含税费为 121.081 7 万元，潘支付 60 万元）。2006 年 4 月，潘玉梅因检察机关从许某某的公司账上已掌握其购房仅支付部分款项的情况而补还给许某某 55 万元。

此外，2000 年春节前至 2006 年 12 月，被告人潘玉梅利用职务便利，先后收受迈皋桥办事处党支部书记兼南京某商贸有限责任公司总经理高某某人民币 201 万元和美元 49 万元、浙江某房地产集团南京置业有限公司范某某美元 1 万元。2002 年至 2005 年间，被告人陈宁利用职务便利，先后收受迈皋桥办事处党支部书记高某某 21 万元、迈皋桥办事处副主任刘某 8 万元。

综上，被告人潘玉梅收受贿赂人民币 792 万余元、美元 50 万元（折合人民币 398.123 4 万元），共计收受贿赂 1 190.2 万余元；被告人陈宁收受贿赂 559 万元。

裁判结果

江苏省南京市中级人民法院于 2009 年 2 月 25 日以（2008）宁刑初字第 49 号刑事判决，认定被告人潘玉梅犯受贿罪，判处死刑，缓期二年执行，剥夺政治权利终身，并处没收个人全部财产；被告人陈宁犯受贿罪，判处无期徒刑，剥夺政治权利终身，并处没收个人全部财产。宣判后，潘玉梅、陈宁提出上诉。江苏省高级人民法院于 2009 年 11 月 30 日以同样的事实和理由作出（2009）苏刑二终字第 0028 号刑事裁定，驳回上诉，维持原判，并核准一审以受贿罪判处被告人潘玉梅死刑，缓期二年执行，剥夺政治权利终身，并处没收个人全部财产的刑事判决。

裁判理由

法院生效裁判认为：关于被告人潘玉梅、陈宁及其辩护人提出二被告人与陈某共同开办多贺公司开发土地获取"利润"480 万元不应认定为受贿的辩护意见：经查，潘玉梅时任迈皋桥街道工委书记，陈宁时任迈皋桥街道办事处主任，对迈皋桥创业园区的招商工作、土地转让负有领导或协调职责，二人分别利用各自职务便利，为陈某低价取得创业园区的土地等提供了帮助，属于利用职务上的便利为他人谋取利益；在此期间，潘玉梅、陈宁与陈某商议合作成立多贺公司用于开发上述土地，公司注册资金全部来源于陈某，潘玉梅、陈宁既未实际出资，也未参与公司的经营管理。因此，潘玉梅、陈宁利用职务便利为陈某谋取利益，以与陈某合办公司开发该土地的名义而分别获取的 480 万元，并非所谓的公司利润，而是利用职务便利使陈某低价获取土地并转卖后获利的一部分，体现了受贿罪权钱交易的本质，属于以合办公司为名的变相受贿，应以受贿论处。

关于被告人潘玉梅及其辩护人提出潘玉梅没有为许某某实际谋取利益的辩护意见：经查，请托人许某某向潘玉梅行贿时，要求在受让金桥大厦项目中减免 100 万元的费用，潘玉梅明知许某某有请托事项而收受贿赂；虽然该请托事项没有实现，但"为他人谋取利益"包括承诺、实施和实现不同阶段的行为，只要具有其中一项，就属于为他人谋取利益。承诺"为他人谋取利益"，可以从为他人谋取利益的明示或默示的意思表示予以认定。潘玉梅明知他人有请托事项而收受其财物，应视为承诺为他人谋取利益，至于是否已实际为他人谋取利益或谋取到利益，只是受贿的情节问题，不影响受贿的认定。

关于被告人潘玉梅及其辩护人提出潘玉梅购买许某某的房产不应认定为受贿的辩护意见：经查，潘玉梅购买的房产，市场价格含税费共计应为 121 万余元，潘玉梅仅支付 60 万元，明显低于该房产交易时当地市场价格。潘玉梅利用职务之便为请托人谋取利益，以明显低于市场的价格向请托人购买房产的行为，是以形式上支付一定数额的价款来掩盖其受贿权钱交易本质的一种手段，应以受贿论处，受贿数额按照涉案房产交易时当地市场价格与实际支付价格的差额计算。

关于被告人潘玉梅及其辩护人提出潘玉梅购买许某某开发的房产，在案发前已将房产差价款给付了许某某，不应认定为受贿的辩护意见：经查，2006 年 4 月，潘玉梅在案发前将购买许某某开发房产的差价款中的 55 万元补给许某某，相距 2004 年上半年其低价购房有近两年时间，没有及时补还巨额差价；潘玉梅的补还行为，是由于许某某因其他案件被检察机关找去谈话，检察机关从许某某的公司账上已掌握潘玉梅购房仅支付部分款项的情况后，出于掩盖罪行目的而采取的退赃行为。因此，潘玉梅为掩饰犯罪而补还房屋差价款，不影响对其受贿罪的认定。

综上所述，被告人潘玉梅、陈宁及其辩护人提出的上述辩护意见不能成立，不予采纳。潘玉梅、陈宁作为国家工作人员，分别利用各自的职务便利，为他人谋取利益，收受他人财物的行为均已构成受贿罪，且受贿数额特别巨大，但同时鉴于二被告人均具有归案后如实供述犯罪、认罪态度好，主动交代司法机关尚未掌握的同种余罪，案发前退出部分赃款，案发后配合追缴涉案全部赃款等从轻处罚情节，故一、二审法院依法作出如上裁判。

二、变相受贿行为的司法解释

受贿罪是刑法中的一个重要罪名，也是在司法实践中认定时较为复杂的一个罪名。尤其是在现实生活中出现了一些新类型的受贿犯罪，为对受贿罪的定罪量刑都带来一定的困难。为此，2007 年 7 月 8 日最高人民法院、最高人民检察院颁布了《关于办理受贿刑事案件适用法律若干问题的意见》（以下简称《办理受贿案件意见》），对于新类型的受贿案件中的法律适用问题提出了具体的处理意见。根据该意见的规定，变相受贿行为具有以下八种情形：

（一）交易型受贿

《办理受贿案件意见》第 1 条第 1 款规定：国家工作人员利用职务上的便利为请托人谋取利益，以下列交易形式收受请托人财物的，以受贿论处：（1）以明显低于市场的价格向请托人购买房屋、汽车等物品的；（2）以明显低于市场的价格向请托人出售房屋、汽车等物品的；（3）以其他交易形式非法收受请托人财物的。受贿数额按照交易时当地市场价格与实际支付价格的差额计算。

以房地产交易的方式收受贿赂，由此而涉及其受贿数额的计算问题。根据《办理受贿案件意见》的规定，对于交易型受贿的，其受贿数额应当按照交易时该房产的市场价格与实际支付价格的差额计算。在交易型受贿的情况下，最为复杂的问题是如何认定"明显低于或者明显高于市场价"，这个问题既关系到交易型受贿罪的定罪，又关系到交易型受贿罪的量刑。这里涉及的是基准价的确定问题。在《办理受贿案件意见》制定过程中，曾经存在将成本价或者象征性价格作为计算基准的观点，但因为这种观点抬高了交易型受贿罪的入罪门槛而没有予以采纳。但在司法实践中，当地市场价格与实际支付价格之间的差价在认定上还是存在一定难度的。在受贿案件中，实际支付价格都是明确的，关键是如何确定当地市场价格。当地市场价格应当根据不同情形，分别加以确定。例如我国学者提出，对于以低价购买房屋的案件，就要区分新房、二手房和特价房等情形，考虑各种因素加以确定。我认为，这些计算方法都具有合理性，可以在处理低价购买房屋的受贿案件时作为参考。

（二）干股分红型受贿

《办理受贿案件意见》第 2 条中规定，国家工作人员利用职务上的便利为请托人谋取利益，收受请托人提供的干股的，以受贿论处。这里的干股，是指未出资而获得的股份。关于干股分红型受贿的数额的计算，该意见根据股权是否转让区分为以下两种情形：（1）进行了股权转让登记，或者相关证据证明股份发生了实际转让的，受贿数额按转让时股份价值计算，所分红利按受贿孳息处理。（2）股份未实际转让，以股份分红名义获取利益的，实际获利数额应当认定为受贿数额。根据该意见的上述规定，已转让股权的，按转让时股权价值计算受贿数额，未实际转让股权的，受贿数额按照所分红利计算。

（三）合作投资型受贿

《办理受贿案件意见》第3条规定：国家工作人员利用职务上的便利为请托人谋取利益，由请托人出资，"合作"开办公司或者进行其他"合作"投资的，以受贿论处。受贿数额为请托人给国家工作人员的出资额。国家工作人员利用职务上的便利为请托人谋取利益，以合作开办公司或者其他合作投资的名义获取"利润"，没有实际出资和参与管理、经营的，以受贿论处。

（四）受托理财型受贿

《办理受贿案件意见》第4条规定，受托理财型受贿根据是否实际出资分为以下两种情形：（1）国家工作人员利用职务上的便利为请托人谋取利益，以委托请托人投资证券、期货或者其他委托理财的名义，未实际出资而获取"收益"的，以受贿论处。这种情况下，受贿数额以"收益"额计算。（2）国家工作人员利用职务上的便利为请托人谋取利益，以委托请托人投资证券、期货或者其他委托理财的名义，虽然实际出资，但获取的"收益"明显高于出资应得收益的，以受贿论处。在这种情况下，受贿数额以"收益"额与出资应得收益额的差额计算。

（五）赌博型受贿

《办理受贿案件意见》第5条规定，国家工作人员利用职务上的便利为请托人谋取利益，通过赌博方式收受请托人财物的，构成受贿。这种受贿款是以赌博赢钱的方式获取的，它以赌博为掩护，是一种变相的受贿行为，应以受贿罪论处。赌博型受贿和那种以赌博为名向他人索取财物的行为是有所不同的。以收受赌资为名实施的受贿行为，就是普通受贿。将贿赂款用于赌博，只是对赃款的处置问题。而赌博型受贿，则是指采用赌博赢钱的方式收取贿赂款。其名为赌博，实为受贿。根据前引意见的规定，司法实践中认定赌博型受贿的时候，应当结合以下因素进行判断：（1）赌博的背景、场合、时间、次数；（2）赌资来源；（3）其他赌博参与者有无事先通谋；（4）输赢钱物的具体情况和金额大小。

（六）干薪型受贿

《办理受贿案件意见》第6条规定，国家工作人员利用职务上的便利为请托人谋取利益，要求或者接受请托人以给特定关系人安排工作为名，使特定关系人不实际工作却获取所谓薪酬的，以受贿罪论处。在这种干薪型受贿的情况下，国家工作人员不劳而获，是一种变相的受贿行为。在认定干薪型受贿的时候，必须注意，只有在特定关系人只是挂名、没有实际参加工作的情况下才能成立。如果特定关系人实际参加了工作，即使在聘任和薪酬支付上存在一定的瑕疵，国家工作人员也不构成干薪型受贿。

（七）特定关系人收受型受贿

《办理受贿案件意见》第7条规定，国家工作人员利用职务上的便利为请托人谋取利益，授意请托人以上述所列形式，将有关财物给予特定关系人的，以受贿论处。

（八）权属未变更型受贿

《办理受贿案件意见》第8条规定，国家工作人员利用职务上的便利为请托人谋取利益，收受请托人房屋、汽车等物品，未变更权属登记或者借用他人名义办理权属变更登记的，不影响受贿的认定。

三、潘玉梅、陈宁受贿案的法理分析

潘玉梅、陈宁受贿案就是在《办理受贿案件意见》颁布以后，适用该意见形成裁判要旨的一个案例。该案的裁判要点在该意见中大都已经作了规定，该案的裁判要点在一定程度上是该意见的适用结果。在这个意义上说，该案并没有创制新的司法规则。尽管如此，该案还是对于司法机关正确地认定新类型的受贿罪具有指导意义。以下对该案涉及的四个裁判要点进行法理的分析。

1. 国家工作人员利用职务上的便利为请托人谋取利益，并与请托人以"合办"公司的名义获取"利润"，没有实际出资和参与经营管理的，以受贿论处

受贿罪的客观行为是收受财物，这里的收受财物是指无对价地取得他人的财物。然而，在现实生活中，出现了各种较为隐蔽的收受财物的行为方式，其中之一就是以合作经营获取利润的名义无偿地取得他人财物。对此，《办理受贿案件意见》第 3 条对于以开办公司等合作投资名义收受贿赂问题作了以下明文规定："国家工作人员利用职务上的便利为请托人谋取利益，由请托人出资，'合作'开办公司或者进行其他'合作'投资的，以受贿论处。受贿数额为请托人给国家工作人员的出资额。""国家工作人员利用职务上的便利为请托人谋取利益，以合作开办公司或者其他合作投资的名义获取'利润'，没有实际出资和参与管理、经营的，以受贿论处。"以上规定涉及两种情形：一是在合作开办公司或者进行其他合作投资活动中，国家工作人员没有实际出资，而是请托人出资，国家工作人员由此获得所谓合办公司的股权或者其他合作投资的份额。在这种情况下，出资额即为受贿数额。这是一种无偿取得公司股权或者其他投资份额的受贿方式，相当于收受干股。二是在合作开办公司或者进行其他合作投资活动中，没有实际出资，也未参与管理、经营，而获取利润。在这种情况下，对于获取利润行为应以受贿论处。这是一种名为获取利润的变相受贿行为。由此可见，以上两种合作经营型的受贿行为，在性质上存在一定的区分：前者是以出资名义受贿，其受贿数额就是出资额；后者是以获取利润的名义受贿，其受贿数额就是获取的利润数额。这里尤其需要指出，在前一种情况下，以出资名义受贿，国家工作人员既可能参与了公司的管理、经营活动，也可能没有参与公司的管理、经营活动。但是，无论是否参与了管理、经营活动，国家工作人员从公司获取利润的，则该利润都不能再被视为受贿数额。而在后一种情况下，以获取利润的名义受贿，国家工作人员不仅没有出资，而且没有参与管理、经营，其所获取的利润完全是一种无对价取得的财物。在这种情况下，为什么该国家工作人员在公司的出资也是虚假的，却不是像前一种情形那样将出资额认定为受贿数额，而是将获取的利润认定为受贿数额？关于这个问题，如果仅从文字表述来看是不太容易理解的，即：前后两种情形都获取了利润，为什么第一种情形下按照出

资额计算受贿数额,第二种情形下却按照所获取的利润计算受贿数额?通过潘玉梅、陈宁受贿案,对于上述问题就获得了较为明确的认识。潘玉梅、陈宁受贿案涉及的是以上第二种情形,其裁判要点与《办理受贿案件意见》的表述也是极为近似的。从潘玉梅、陈宁受贿案的案情来看,2003 年 8、9 月间,被告人潘玉梅、陈宁分别利用担任江苏省南京市栖霞区迈皋桥街道工委书记、迈皋桥办事处主任的职务便利,为南京某房地产开发有限公司总经理陈某在迈皋桥创业园区低价获取 100 亩土地等提供帮助,并于 9 月 3 日分别以其亲属名义与陈某共同注册成立多贺公司,以"开发"上述土地。潘玉梅、陈宁既未实际出资,也未参与该公司经营管理。2004 年 6 月,陈某以多贺公司的名义将该公司及其土地转让给南京某体育用品有限公司,潘玉梅、陈宁以参与利润分配名义,分别收受陈某给予的 480 万元。由此可见,在该案中,所谓利润并非经营所获取的分红性质的利润,而是将公司以及资产转让以后的收益。潘玉梅、陈宁是以参与利润分配的名义获取收益的,这与获取具有分红性质的利润是两个不同的概念。如果在该案中,潘玉梅、陈宁仅名义出资,也没有参与管理、经营,却以利润的名义获取分红,则其行为属于前一种性质的受贿,其受贿数额应以出资数额计算。

　　根据《办理受贿案件意见》的规定,上述两种以合作开办公司或者进行其他合作投资名义进行的受贿,在成立条件上存在一定的差异:前者只要求没有出资,后者则不仅要求没有出资,而且要求没有参与管理、经营活动。在这之间到底存在何种区别呢?因为前述意见对于前者没有要求没有参与管理、经营活动,所以,即使参与了管理、经营活动,也构成受贿罪。之所以如此理解,是因为受贿对象是出资额,与此后的是否参与管理、经营活动无关,只要公司成立,其受贿犯罪就已经既遂。根据出资所获取的利润,是其所收受的出资的衍生物,不能再次认定为受贿数额,正如挪用公款罪中,挪用人将所挪用的公款存入银行的利息收入,不能被计算为犯罪数额一样。更何况,前述意见第 2 条关于收受干股型的受贿罪,对于转让干股获取的红利,是按照贿赂款的孳息处理的。对此,我国学者指出:"对于国家工作人员收受请托人出资后又按照该出资额比例收受利润的,情况与根据股份获得分红类似,也应该按照《意见》第 2 条规定的上述认定原则办理,即将所收利润按照受贿孳息办理，这也是为了保持《意见》内部相似情况认定精神的一致性。"①这一观点，我认为是正确的。但在后者的情况下，没有出资并且没有参与管理、经营活动，以利润的名义获取的公司整体转让以后的收益，被认定为受贿数额。如果虽然没有出资但参与了管理、经营活动，无论是以利润的名义收取分红，还是获取公司整体转让以后的收益，我认为都应当将其出资额认定为受贿数额。只有在既没有出资也没有参与公司管理、经营活动的情况下，其以利润的名义获取的公司整体转让以后的收益才能被认定为受贿数额。

2. 国家工作人员明知他人有请托事项而收受其财物，视为承诺"为他人谋取利益"，是否已实际为他人谋取利益或谋取到利益不影响受贿的认定

这一裁判要点涉及受贿罪的为他人谋取利益这一要件的司法认定问题。根据我国刑法第385条的规定，受贿可以分为收受财物与索取财物这两种情形：前者要求为他人谋取利益，后者则不要求为他人谋取利益。在要求为他人谋取利益的情况下，如何理解这里的为他人谋取利益呢？对此，我国刑法学界始终是存在争议的，我国学者把这种争议归纳为旧客观要件说、主观要件说与新客观要件说。② 这是颇为形象的。旧客观要件说认为：为他人谋取利益是受贿罪的客观要件，即行为人必须实施为他人谋取利益的行为。如果国家工作人员收受财物但事实上并没有为他人谋取利益，就不成立受贿罪。该说同时认为，为他人谋取利益是否已经实现，并不影响受贿罪的成立。主观要件说认为，为他人谋取利益是受贿罪的主观要件，即构成受贿罪以行为人主观上具有为他人谋取利益的心理态度就够了，并不要求具体实施为他人谋取利益的行为。新客观要件说认为，为他人谋取利益是受贿罪的客观要件，只是其内容是许诺为他人谋取利益。在以上三种观点中，其实主观要件说也是将许诺为他人谋取利益作为其内容的，只不过认为许诺是主观要件而已。例如，我和王作富教授较早提出了主观要件说，并且把其内容归结为许诺或者答应，指出："为他人谋取利益，只是行贿人与受贿人之间货币与权力互相交换达成的一种默契。

---

① 郭竹梅：《受贿罪新型暨疑难问题研究》，305页，北京，中国检察出版社，2009。
② 参见黎宏：《刑法学》，955页，北京，法律出版社，2012。

就行贿人来说，是对受贿人的一种要求；就受贿人来说，是对行贿人的一种许诺或者答应。因此，为他人谋取利益只是受贿人的一种心理状态，属于主观要件的范畴，而不像通行观点所说的那样是受贿罪的客观要件。"① 新客观要件说是认为许诺或者答应本身都是客观要件的内容而非主观要件。相对于要求实施为他人谋取利益之行为的客观要件说，这是一种新客观要件说。在这个意义上，主观要件说与新客观要件说在对为他人谋取利益的内容的理解上其实已经没有区别。这种所谓新客观要件说仍为某些学者所主张，例如张明楷教授指出："'为他人谋取利益'仍然是受贿罪的客观构成要件要素，其内容的最低要求是许诺为他人谋取利益。国家工作人员在非法收受他人财物之前或者之后许诺为他人谋取利益，就在客观上形成了以权换利的约定，同时使人们产生以下认识：国家工作人员的职务行为是可以收买的，只要给予财物，就可以使国家工作人员为自己谋取各种利益。这本身就使职务行为的不可收买性受到了侵害。这样理解，也符合刑法的规定：为他人谋取利益的行为本身是一种行为，故符合刑法将其规定为客观构成要件要素的表述。"② 从以上论述可以看出，符合刑法条文的规定是主张为他人谋取利益属于客观要件的主要理由之一，也是新客观要件说批驳主观要件说的根据。例如我国学者黎宏教授指出："'主观要件说'的缺陷也是极为明显的。从为他人谋取利益这句话本身来讲，应该说，它是受贿罪的客观要件，因为，很明显，它所描述的是一种行为。'为他人'是用来说明'谋取利益'这种行为是为谁实施的。因此，从法律规定上来看，为他人谋取利益应当是受贿罪的客观要件。"③ 但是，如果把为他人谋取利益视为客观要件，也是受贿罪构成要件中的行为，那么它与收受财物行为之间究竟是一种什么关系？是否意味着受贿罪的构成要件中存在双重行为？这些问题在刑法理论上是难以解决的。当然，将许诺或者答应视为主观要件的内容，也确实存在瑕疵，因为在一定意义上说，许诺或者答应的确是一种行为。因此，应该把为他人谋取利益理解为行为

① 王作富、陈兴良：《受贿罪构成新论》，载《政法论坛》，1991（1）。
② 张明楷：《刑法学》，4 版，1068 页，北京，法律出版社，2011。
③ 黎宏：《刑法学》，955 页，北京，法律出版社，2012。

人的主观要素，而许诺或者答应只不过是这一主观要素的客观显现而已，而且，为他人谋取利益的实现行为也是这一主观要素的客观显现，它们的作用在于印证主观要素的存在，而在法律上并不要求。此后，我采用目的犯理论来解释为他人谋取利益，指出："为他人谋取利益，在受贿罪中只是一种主观上的'意图'。受贿罪由为他人谋取利益之意图而构成，是短缩的二行为犯。这里的二行为，一是指受贿行为，二是指为他人谋取利益的行为。为他人谋取利益并不能由受贿行为本身实现，而有赖于将这一意图付诸实施。但为他人谋取利益这一行为又不是受贿罪本身的行为，因而称为短缩的二行为犯，以与纯正的二行为犯相区别。立法者之所以规定短缩的二行为犯，是为了防止其他违法犯罪的发生。也就是说，根据法律的规定，不待其他违法犯罪发生（即只有其他违法犯罪之意图），就足以构成本罪。在受贿罪中，为他人谋取利益之意图，对于受贿行为来说是动机，而对于为他人谋取利益的行为来说则是目的。"[1] 在这个意义上，我们可以把原先的主观要件说称为旧主观要件说，而把目的犯意义上的主观要件说称为新主观要件说。关于对刑法规定的解释，我认为不能机械地拘泥于字面，而是要根据刑法教义学的理论对其加以塑造。从刑法的文字来看，确实应当将为他人谋取利益理解为客观行为，但刑法规定的是为他人谋取利益这一主观意图的实现行为，真正应当纳入受贿罪的构成要件的是主观要素。在这个意义上，我认为我国刑法规定的受贿罪是一种隐性的目的犯，可以从为他人谋取利益这一主观目的的实现行为推导出行为人主观上的目的。

尽管在刑法学界对于为他人谋取利益这一要件的性质存在争议，但在司法解释中对于为他人谋取利益的解释逐渐明确。例如 2003 年《纪要》对为他人谋取利益作了以下解释："为他人谋取利益包括承诺、实施和实现三个阶段的行为。只要具有其中一个阶段的行为，如国家工作人员收受他人财物时，根据他人提出的具体请托事项，承诺为他人谋取利益的，就具备了为他人谋取利益的要件。明知他人有具体请托事项而收受其财物的，视为承诺为他人谋取利益。"在这一规定中，承诺、

---

[1] 陈兴良：《贿赂罪谋取利益之探讨》，载《法学与实践》，1993（5）。

实施和实现当然都是客观行为，但在明知他人有具体请托事项而收受其财物的情况下，客观上并无行为，司法解释规定视为承诺为他人谋取利益。对此，我认为可以解释为"为他人谋取利益"是一种主观要件，因为在没有客观行为的情况下，仅仅明知他人有具体请托事项就视为具备了为他人谋取利益这一要件。在这种情况下，还把为他人谋取利益解释为客观要件就十分勉强。

在司法实践中对于"明知他人有具体请托事项而收受其财物的，视为承诺为他人谋取利益"这一规定如何认定的问题上，我认为还是存在一些值得探讨的问题，主要问题在于：对于上述规定中的"具体请托事项"如何理解？从目前有些案例来看，对这里的"具体请托事项"作了较为宽泛的理解，从而使为他人谋取利益这一要件所具有的规范功能几乎丧失殆尽。例如成都市人民检察院诉刘爱东贪污、受贿案（载《中华人民共和国最高人民法院公报》2004 年卷）提炼的裁判摘要指出："根据《刑法》第三百八十五条第一款的规定，国家工作人员明知他人有具体请托事项，仍利用职务之便收受其财物的，虽尚未为他人谋取实际利益，其行为亦构成受贿罪。"这一裁判摘要当然是正确的，但该案中涉及的案情是："王志明、张映松是一建公司、市政公司的负责人，二人给当时分管建委和城建工作的刘爱东分别送钱时请刘多关照，送钱的意图是明显的，即想在项目承建上得到刘爱东的照顾。刘爱东在供述中承认其明白二人送钱的这一意图，但仍收取了这 10 万元现金，是以收钱的行为向送钱人承诺，要为送钱人谋取利益。刘爱东后来虽未实际给王志明、张映松谋取利益，但其收取二人钱财的行为，符合受贿罪中权钱交易的本质特征。"[①] 在这一案情中，只是一般性地请求在项目承建上得到照顾，这是否就是司法解释所规定的"具体请托事项"呢？这是值得质疑的。而在潘玉梅、陈宁受贿案中，请托人许某某向潘玉梅行贿时，要求在受让金桥大厦项目中减免 100 万元的费用，潘玉梅明知许某某有请托事项而收受贿赂。虽然该请托事项没有实现，但"为他人谋取利益"这一要件已经具备。在这一认定中，存在着"在受让金桥大厦项目中减免 100 万元的费用"这一具体请托事项，因而可以认定为具备为他人谋取利益

---

① 《中华人民共和国最高人民法院公报》（2004 年卷），334 页，北京，人民法院出版社，2005。

的要件。因此，在为他人谋取利益的"具体请托事项"的认定中，如何理解请托事项的具体性，关系到受贿罪的成立与否。从目前司法实践的情况来看，往往是只要请托人与受财人之间具有职务上的相关性，例如属于行政上的相对人，提出"予以照顾"等这样十分笼统的请求，就视为明知有具体请托事项而收受，认定其收受行为具备了为他人谋取利益的要件。这样一种对具体请托事项的理解，无形之间消解了为他人谋取利益这一受贿罪的构成要件，因而有所不妥。我们将潘玉梅、陈宁受贿案与刘爱东受贿案相比可以看出，前者的请托事项是具体的，而后者的请托事项并不具体。潘玉梅、陈宁受贿案作为指导性案例，虽然在裁判要旨的表述上与刘爱东受贿案似乎相同，都是在一定程度上重复了司法解释的规定，但在请托事项具体细节上的差异，对于司法机关正确认定受贿罪的"为他人谋取利益"这一要件仍然具有重要的参考价值。

3. 国家工作人员利用职务上的便利为请托人谋取利益，以明显低于市场的价格向请托人购买房屋等物品的，以受贿论处，受贿数额按照交易时当地市场价格与实际支付价格的差额计算

以低于市场价格购买房屋等物品的形式受贿，也是受贿罪的一种新类型，司法解释称为以交易形式收受贿赂。对此，《办理受贿案件意见》第 1 条第 1 款规定："国家工作人员利用职务上的便利为请托人谋取利益，以下列交易形式收受请托人财物的，以受贿论处：（1）以明显低于市场的价格向请托人购买房屋、汽车等物品的；（2）以明显高于市场的价格向请托人出售房屋、汽车等物品的；（3）以其他交易形式非法收受请托人财物的。"该条第 2 款规定："受贿数额按照交易时当地市场价格与实际支付价格的差额计算。"这种以交易形式构成的受贿罪的认定，难点在于：（1）如何确定这里的市场价格？（2）如何确定这里的交易时点？（3）如何确定这里的"明显"低于或者高于市场价格？

关于以上第一点，这里的市场价格是差价的基准价，其如何确定对于以交易形式构成的受贿罪的认定具有重要意义。应当说，由于交易对象的差别，其市场价格也是有所不同的。尤其是各类房屋等商品，存在程度不等的优惠价。在这种情况下，以最低优惠价作为市场价格，我认为是较为合理的。关于这一点，《办理受贿

案件意见》第 1 条第 3 款规定："前款所列市场价格包括商品经营者事先设定的不针对特定人的最低优惠价格。根据商品经营者事先设定的各种优惠交易条件，以优惠价格购买商品的，不属于受贿。"在这一规定中，在作为以交易形式受贿的数额计算的基准价的确定上，强调了两个条件，这就是：（1）事先设定；（2）不针对特定人。据此，可以把以交易形式构成的受贿与以优惠价格购买商品的界限予以划清，因而是可取的。

关于以上第二点，市场价格的确定应该以交易时及交易地作为工具。在一般情况下，交易的时间与地点是单一的，因此也是容易确定的。但是，在某些情况下，交易的时间与地点可能是较为复杂的。例如购买商品房，其价格是以口头约定时计算，还是以合同签订时计算，或者以房屋交付时计算？这就是一个较为复杂的问题，因为在这几个时点，房屋的市场价格是波动的，按照不同的时点，其市场价格是有所不同的。对此，我认为应该按照合同签订时确定市场价格才是较为合理的。

关于以上第三点，即明显低于或者高于市场价格的问题，具有一定的裁量性。在以往的司法实践中，关于明显低于市场价格的认定曾经以成本价作为基准，也就是说，只有在低于成本价的情况下，才能认定为低于市场价格。我认为，按照成本价计算显然是不合适的。只要低于或者高于市场价格的幅度较大，就应当将差额认定为以交易形式构成的受贿罪的犯罪数额。

在潘玉梅、陈宁受贿案中，潘玉梅购买的房产，市场价格含税费共计应为 121 万余元，潘玉梅仅支付 60 万元，明显低于该房产交易时当地市场价格。尽管这里的房屋的市场价格是如何计算出来的，案例没有说明，但从市场价格为 121 万元而潘玉梅仅支付 60 万元的这一差距而言，可以说是明显低于市场价格，将其差价认定为受贿数额是完全正确的。

4. 国家工作人员收受财物后，因与其受贿有关联的人、事被查处，为掩饰犯罪而退还的，不影响认定受贿罪

在一般情况下，国家工作人员利用职务便利为他人谋取利益以后，收受他人财物，其受贿罪即为既遂。既遂以后如何处置财物，并不影响受贿罪的成立。当然，也有一些例外的情况，在对行为人定罪或者量刑时是应当考虑的。例如，收受财物

以后上交的，是否构成受贿罪，就是一个较为复杂的问题。其实，除上交的问题以外，还有一个退还的问题。如果及时退还，就不能认为是受贿既遂以后的行为，而是应当视为拒贿的行为，其行为不构成受贿罪。同样，收受他人财物以后及时上交，也是一种拒贿行为，其行为不构成受贿罪。对此，《办理受贿案件意见》第 9 条第 1 款规定："国家工作人员收受请托人财物后及时退还或者上交的，不是受贿。"我认为，这一规定是完全正确的。但是，这里的退还与上交必须是及时。这里的及时，是指立即或者马上的意思。如果国家工作人员在收受他人财物以后，不是立即退还或者马上上交，而是在行将案发之际或者案发以后，为掩盖受贿罪行而退还或者上交，则仍然构成受贿罪。对此，《办理受贿案件意见》第 9 条第 2 款规定："国家工作人员受贿后，因自身或者与其受贿有关联的人、事被查处，为掩饰犯罪而退还或者上交的，不影响认定受贿罪。"应该说，这一规定是正确的，对于区分受贿犯罪的罪与非罪界限具有重要意义。

在潘玉梅、陈宁受贿案中，潘玉梅购买许某某开发的房产，在案发前已将房产差价款给付了许某某，是否认定为受贿罪？这是在控、辩方之间存在争议的问题。法院认定，2006 年 4 月，潘玉梅在案发前将购买许某某开发房产的差价款中的 55 万元补给许某某，相距 2004 年上半年其低价购房有近两年时间，没有及时补还巨额差价；潘玉梅的补还行为，是由于许某某因其他案件被检察机关找去谈话，检察机关从许某某的公司账上已掌握潘玉梅购房仅支付部分款项的情况后，出于掩盖罪行目的而采取的退赃行为。因此，潘玉梅为掩饰犯罪而补还房屋差价款，不影响对其受贿罪的认定。从以上叙述尚不能完全看出：潘玉梅购买房屋的差价款在 2004 年购买房屋时是否在房屋开发商那里，是已经平账还是仍然挂账？我认为，只有在已经平账的情况下，其两年后因许某某被查而补交差价的行为，才不影响受贿罪的认定。但如果没有平账，在开发商的账目上显示只是交了一部分购房款，其余的购房款没有交齐，则应当视为欠账，是一种债务关系。其行为是否构成受贿罪，要根据是否属于名为欠账、实为受贿来确定。因此，其补交房款的行为不能被一概视为受贿以后为掩盖罪行而实施的退还行为。

四、结语

案例指导制度是我国建立的一种通过发布案例、提炼裁判要旨以指导司法活动的制度，对于我国法律体系的完善具有重要意义。潘玉梅、陈宁受贿案是最高人民法院颁布的第一批指导性案例，从本案的裁判要点来看，基本上是最高人民法院颁布的《办理受贿案件意见》中有关规定的重复。因此，在规则的创制上有所不足。这是不可否认的。当然，考虑到案例指导制度建立伊始，没有更多的经验可供借鉴。在这种情况下，采取一种较为稳妥的方法，也是可以理解的。但是，这里必须指出，案例指导制度存在的意义就在于创制规则，从而成为司法解释以外，满足司法活动对于规则的需求的另一种途径。因此，如果指导性案例不去创制规则，而仅仅是重复现有的司法解释，那么，案例指导制度的设立初衷就可能无法实现。尽管如此，我们还是可以通过本案，发现一些在阅读条文化的司法解释时不能得到的收获，尤其是具体的案情为我们理解司法解释提供了一个全新的视角。当然，我们期待着指导性案例创制更多的司法规则。

第 4 节　没有事前约定的事后受财行为之定性研究

案名：陈晓受贿案
主题：受贿罪　事后受财　主观的超过要素

受贿罪是我国刑法中的一种疑难复杂犯罪，在司法认定中经常引发争议，其中，没有事前约定的事后受财行为是否构成受贿罪就是一个争议的焦点问题。本节从陈晓受贿案①切入，以期对这一问题进行深入研究。

---

① 本案刊载于最高人民法院编：《刑事审判参考》，第 8 辑，北京，法律出版社，2000。

一、案情及诉讼过程

陈晓受贿案是一个曾经引发激烈争论的案件，不仅控辩双方，而且检法两家对本案都存在分歧意见。现在，本案已经尘埃落定，经最高人民法院《刑事审判参考》第 8 辑刊登，几乎具有判例的性质。在这种情况下，对其探讨尤为必要。

安徽省合肥市中级人民法院认定的陈晓的受贿事实如下：

被告人陈晓自 1986 年至 1996 年间任中国电子物资总公司安徽公司总经理。1992 年年初，安徽公司下达公司各部门承包经营方案。同年 4 月，能源化工处处长兼庐海公司经理李某向陈晓递交书面报告，提出新的承包经营方案，建议超额利润实行三七分成。陈晓在没有通知公司其他领导的情况下，与公司党委书记、副总经理徐某（另案处理）、财务处长吴某及李某四人研究李剑峰提出的建议，决定对李某承包经营的能源化工处、庐海公司实行新的奖励办法，由陈晓亲笔草拟，并会同徐某签发《关于能源化工处、庐海实业有限公司试行新的奖励办法的通知》，规定超额利润 70％作为公司利润上缴，30％作为业务活动经费和奖金分成，并由承包人支配，发文范围仅限财务处、能源处、徐某及陈晓个人。1993 年年初，陈晓在公司办公会上提出在全公司实行新的承包方案，主持制订《业务处室六项费用承包核算办法实施细则》。依据《关于能源化工处、庐海实业有限公司试行新的奖励办法的通知》《业务处室六项费用承包核算办法实施细则》的规定，李某于 1992 年提取超额利润提成 21 万余元，1993 年提取超额利润提成 160 万余元。在李某承包经营期间，被告人陈晓以公司总经理身份及公司名义于 1992 年 11 月、1993 年 5 月先后两次向安徽省计划委员会申请拨要进口原油配额 6.5 万吨，交给李某以解决其进口加工销售业务所需，并多次协调李某与公司财务部门之间就资金流通、使用等方面的矛盾。李某为感谢陈晓为其制订的优惠政策及承包经营业务中给予的关照，于 1993 年春节前送给陈晓人民币 3 万元，1994 年春节前后又两次送给陈晓人民币 30 万元、港币 15 万元。

对于上述事实，安徽省合肥市中级人民法院 1998 年 10 月 8 日判决认为：

被告人陈晓系由中国电子物资总公司任命的安徽公司总经理，是领导和管理国有企业相关事务的工作人员，其主持制定《关于能源化工处、庐海实业有限公司试行新的奖励办法的通知》，出发点是为了公司利益，不是为他人谋取利益。此文件的出台，没有经过由公司所有领导参加的经理办公会的讨论，且控制发文范围，在制定程序上不完备，但安徽省公司实行总经理负责制，被告人陈晓曾于 1992 年 5 月就此文件向原中国电子物资总公司总经理赵某汇报，赵表示可以试试，同意承包三七分成，故不能完全否定《关于能源化工处、庐海实业有限公司试行新的奖励办法的通知》的合法有效性。被告人陈晓主持制定《关于试行业务人员六项费用承包经营核算办法的报告》，帮助李某承包的能源化工处向省计委申请并获得进口原油配额，是其正当的职务行为，不是为李某谋取利益。现有证据无法证实被告人陈晓主观上具有权钱交易的受贿故意。陈晓的行为在客观上给李某带来一定的个人利益，李某在事后给付陈晓钱财表示感谢而陈晓予以收受，这是一种事后收受财物的行为。故认定被告人陈晓的行为构成受贿罪的证据不足，起诉书指控的罪名不能成立，判决被告人陈晓无罪。

一审宣判后，安徽省合肥市人民检察院认为，一审判决认定事实错误，适用法律不当，显系错判，遂提起抗诉。安徽省高级人民法院经审理认为，原判认定事实不清，遂依照《中华人民共和国刑事诉讼法》（1996年——引者注）第 189 条第 3 项的规定，于 1999 年 12 月 10 日裁定发回重审。合肥市中级人民法院依法重新组成合议庭，经公开审理，于 2001 年 1 月 10 日重新作出判决认为：被告人陈晓身为国家工作人员，利用职务便利，根据下属部门承包经营人李某建议，制订新的承包经营政策，协调、帮助李某承包经营，在李某获取巨额利润后，非法收受李某所送 33 万元人民币、15 万元港币。其行为侵害了国家工作人员公务活动的廉洁性，已构成受贿罪，依法应予惩处。遂判处被告人陈晓有期徒刑十年。

二、争议及其理由

本案涉及的争议问题是：没有事先约定的事后受财行为是否构成受贿罪？对此存在以下两种观点：

（一）肯定说

肯定说认为，只要行为人认识到他人交付的财物是对自己职务行为的不正当报酬，就完全可能成立受贿罪。换言之，当国家工作人员事前实施某种职务行为（不管是否正当合法），客观上为他人谋取了利益时，他人向国家工作人员交付的财物，就是对国家工作人员职务行为的不正当报酬；国家工作人员明知该财物是对自己职务行为的不正当报酬而收受，就具有了受贿罪的故意。理由在于：就故意的认识因素而言，核心的内容是认识到行为的危害结果，而受贿罪的本质是侵犯了职务行为的不可收买性，危害结果表现为职务行为的不可收买性受到了损害；如果形成了职务行为与财物的相互交换，就表明产生了危害结果；而职务行为与财物的交换，意味着财物成为职务行为的不正当报酬；所以，只要国家工作人员认识到他人交付的财物是自己职务行为的不正当报酬，就意味着认识到了自己行为的危害结果。由于索取或收受职务行为的不正当报酬的行为，侵害了职务行为的不可收买性，故当国家工作人员认识到他人交付的财物是自己职务行为的不正当报酬而仍然索取或者收受时，就表明行为人希望或者放任职务行为的不可收买性受到侵害。①

（二）否定说

否定说认为，事前没有贿赂的约定，由于行为人正当行使职务行为在客观上对他人形成利益；为此受益人在事后向行为人交付财物表示感谢而行为人予以收受的所谓事后受财行为，由于行为人主观上虽有收受财物的故意但没有为他人谋取利益

---

① 参见张明楷：《刑法学》，3 版，881～882 页，北京，法律出版社，2007。

作为交换条件而收取他人财物的故意，因此不构成受贿罪。①

在上述两种观点中，对于事前约定事后收受财物或者事前虽无约定事后索要财物以及事前违背职责为他人谋取利益事后收受财物，均应以受贿罪论处，并无异议。争议问题在于：没有事前约定的事后收受他人财物行为是否构成受贿罪？

三、理论分析

没有事前约定的事后受财行为是否构成受贿罪，是一个刑法解释论的问题，应从法条出发进行理论上的分析。我主张没有事前约定的事后受财行为不构成受贿罪的观点，以下是对这一观点的论证：

我国刑法第 385 条规定，受贿罪是指国家工作人员利用职务上的便利，索取他人财物的，或者非法收受他人财物为他人谋取利益的行为。在这一规定中，涉及以下受贿罪的构成要素：（1）国家工作人员。这是行为人的主体身份，为受贿罪所必备，表明受贿罪是刑法理论上的所谓身份犯。（2）利用职务上的便利。这是由行为主体的特定身份而产生的行为前提，表明受贿罪是职务犯罪。（3）索取他人财物。这是受贿行为的表现形式之一，只要具有这一行为即可构成受贿罪。（4）收受他人财物为他人谋取利益。这是受贿行为的另一种表现形式。在此，我所要分析的是收受他人财物为他人谋取利益这一规定。

收受他人财物为他人谋取利益，涉及两部分内容：一是收受他人财物，二是为他人谋取利益。从这一规定来看，我国刑法中的受贿罪②，是以为他人谋取利益作为条件的，并非只要基于职务而收受财物的行为均构成受贿罪。因此，在我国刑法中，收受财物构成的受贿罪应以为他人谋取利益为要件。

那么，为他人谋取利益到底是受贿罪的客观要件还是主观要件？从刑法条文的表述来看，为他人谋取利益似乎是客观行为。在以往相当长的一个时期内，我国刑

---

① 参见陈兴良：《刑法疏议》，629 页，北京，中国人民公安大学出版社，1997。
② 这里的受贿罪是指以收受他人财物构成的受贿罪，而不包括索取他人财物构成的受贿罪。

法学界也都是将为他人谋取利益作为客观行为加以理解的。因此，收受他人财物只有在实施了为他人谋取利益的行为的情况下才构成受贿罪，如果只是收受他人财物而没有实施为他人谋取利益的行为，就不构成受贿罪，至多构成受贿罪的未遂。这种解释实际上是把受贿罪视为刑法理论上的复行为犯，将收受财物的行为与为他人谋取利益的行为并列为受贿罪的双重实行行为。我认为，这一理解存在明显的不当之处。此后，在我国刑法理论上又将为他人谋取利益解释为承诺为他人谋取利益，并将其理解为主观要件。然而，承诺本身仍然是一种客观要件。因此，虽然这一理解在一定程度上解决了受贿罪司法认定中的问题，但为他人谋取利益在受贿罪构成中的体系性地位问题仍然没有得到解决。从司法解释的规定来看，对于他人谋取利益这一要件的理解也存在一个逐渐变化过程。1989 年最高人民法院、最高人民检察院《关于执行〈关于惩治贪污罪贿赂罪的补充规定〉若干问题的解答》（已失效，以下简称《补充规定解答》）第 3 条第 4 项"关于构成受贿罪的行为如何掌握的问题"规定：根据《补充规定》第 4 条第 1 款的规定，认定受贿罪的行为应当掌握：（1）索取他人财物的，不论是否为他人谋取利益，均可构成受贿罪。（2）非法收受他人财物，同时具备为他人谋取利益的，才能构成受贿罪。为他人谋取的利益是否正当，为他人谋取的利益是否实现，不影响受贿罪的成立。在上述司法解释中，涉及为他人谋取利益这一要件的，作出了以下三点解释：一是为他人谋取利益是收受他人财物构成受贿罪的要件；二是这里的为他人谋取利益，既包括为他人谋取不正当利益，也包括为他人谋取正当利益；三是这里的为他人谋取利益，既包括谋取的利益已经实现，也包括谋取的利益没有实现。在此，谋取的利益已经实现当然是容易理解的，但谋取的利益没有实现如何理解就有些费思量。从文字上分析，这种谋取的利益没有实现而又必须具备为他人谋取利益的要件，我们应当理解为至少须已经实施为他人谋取利益的行为。因此，从这一司法解释推定，在很大程度上还是将为他人谋取利益理解为一种客观行为，只是不要求这种行为的结果而已。目前在司法实践中，通常将刑法规定的为他人谋取利益理解为包括承诺、实施和实现三个阶段的行为，认为只要具有其中一个阶段的行为，就具备了为他人谋取利益的要件。对于国家工作人员收受了他人财物，虽没有利用职务便利为他人谋取利益，但国家工作人员在收受他人财物时，根据他人提出的请托事项，承诺为他人谋取利益的，或者明知他人有具体的请托事项而收受他人财物的，应当认定为受贿。① 在此，也是将为他人谋取利益理解为客观行为，只是进一步明确了这一行为可以分为承诺、实施和实现三个阶段。此外，就明知他人有具体的请托事项而收受他人财物的也理解为具备了为他人谋取利益的要件，这明显是在将为他人谋取利益理解为客观行为的基础上对此的一种更为扩大的解释，因为这里的明知，已经不是客观要件而是主观要件。由此可见，在司法实践中，对为他人谋取利益的理解存在着从客观要件向主观要件转变的迹象。但是，为他人谋取利益是一种什么性质的主观要件，以及它与谋取利益行为之间的关系，仍然是一个需要从刑法理论上加以界定的问题。

我赞同为他人谋取利益是受贿罪的主观要件的观点，主张将刑法规定的为他人谋取利益理解为意图为他人谋取利益。这里的意图，对于收受财物的行为来说，是一种超过的主观要素或者超越的内心倾向，由此构成的犯罪，在大陆法系刑法理论上称为目的犯或者意图犯。② 在刑法中，明确规定以一定的目的作为犯罪构成要件的是显形的目的犯。例如刑法第 152 条规定，构成走私淫秽物品罪须以牟利或者传播为目的。除此以外，还存在隐形的目的犯，甚至非法定的目的犯。隐形的目的犯是指刑法没有规定以一定的目的作为犯罪成立条件，但规定了这一目的的实现行为，受贿罪的为他人谋取利益就是适例。至于非法定的目的犯，是指虽然刑法未规定构成某罪必须具备某种特定的犯罪目的，但在司法实践中和刑法理论上，必须具备某种特定犯罪目的才能构成该犯罪，即所谓不成文的目的犯。在大陆法系刑法理论中，目的犯可以分为两种：一是断绝的结果犯，这种目的根据行为本身，或者作

---

① 参见《准确理解和适用刑事法律，惩治贪污贿赂和渎职犯罪——全国法院审理经济犯罪案件工作座谈会讨论办理贪污贿赂和渎职刑事案件适用法解问题意见综述》，载最高人民法院编：《刑事审判参考》，第 27 辑，北京，法律出版社，2002。

② 目的犯的称谓更为普及，参见［日］小野清一郎：《犯罪构成要件理论》，王泰译，35 页，北京，中国人民公安大学出版社，1991。意图犯的称谓，参见柯耀程：《变动中的刑法思想》，240 页，北京，中国政法大学出版社，2003。在本节中，目的犯与意图犯可以通用。

为附带现象，由自己来实现，特别是在其实现上，不需要新的其他行为。例如阴谋犯之意图，就是断绝的结果犯的适例。二是短缩的二行为犯，根据这个构成要件的行为本身，不能达到目的，于是，行为者又要通过第三者的其他行为才能实现其目的。例如伪造货币罪之供使用之意图，就是短缩的二行为犯的适例。[1] 显然，在受贿罪的构成要件中具有为他人谋取利益之意图，是短缩的二行为犯。这里的二行为，一是指收受他人财物的行为，二是指为他人谋取利益的行为。为他人谋取利益并不能由收受财物行为本身实现，而有赖于将这一意图付诸实施。但为他人谋取利益这一行为又不是受贿罪本身的构成要件的行为，因而称为短缩的二行为犯，以区别于纯正的二行为犯。受贿罪作为目的犯，为他人谋取利益的意图是在受贿故意以外的罪责要素，尽管为他人谋取利益的意图并不一定要付诸实施，但这种意图本身是受贿罪成立所必要的。那么，这一意图与收受财物之间是一种什么样的关系呢？根据目的犯的一般原理，对于意图犯的整体构成要件，如不能确定意图的存在，则虽行为该当所有的客观事实情状，亦不能认为该意图犯的整体构成要件已实现，即并未有构成要件该当的情况。[2] 因此，在收受他人财物的情况下，如果不具有为他人谋取利益的意图，就不构成受贿罪。这是从受贿罪是目的犯这一命题中引申出来的必然结论，也是没有事前约定的事后受财行为根据我国刑法规定不构成受贿罪的主要理论根据。

四、观点辩驳

在肯定没有事前约定的事后受财行为构成受贿罪的观点中，存在以下理由，这些理由需要加以辩驳。

（一）事后故意说

在论证没有事前约定的事后受财行为构成受贿罪的时候，往往存在一种事后故

---

① 参见柯耀程：《变动中的刑法思想》，253 页，北京，中国政法大学出版社，2003。
② 参见柯耀程：《变动中的刑法思想》，253 页，北京，中国政法大学出版社，2003。

意的观点。这种观点认为：

> 受贿的故意可以是产生在为他人谋取利益之前，也可以产生于其后。在司法实践中，有的行为人在为他人谋取利益时，并没有与他人约定贿赂，甚至并没有想到对方会在事后送给他财物，而在他为对方谋取利益之后，对方以感谢的名义送给他财物，他明知这种财物是对其已实施的职务行为的答谢，完全符合受贿罪的主客观特征。不应把事后的故意排除在受贿罪的故意之外。应当说，任何凭借履行职务之机而收取非法报酬的行为，均为我国法律所不允许的，其中情节严重达到应罚程度的应追究其刑事责任。①

在论及陈晓受贿案时，同样涉及事后故意。例如，我国学者认为，在大多数情况下，行为人是因为收受了他人财物，或者是为了得到他人的财物而利用职务为他人谋取利益的，其受贿的故意产生于为他人谋利益之前。但是，在为他人谋利益之时没有受贿的故意，事后面对他人送来的财物，并且明知这是对其职务行为的不正当酬谢的情况下，如果接受，就在事实上形成了权钱交易，有损职务行为的廉洁性，行为人置此于不顾而仍然予以接受，就不能说这不是受贿的故意。② 事后故意的观点，已经不是把受贿故意简单地等同于收受财物的故意，这是值得赞许的。如果将受贿故意理解为收受财物的故意，当然也就不存在事后故意之说。但在刑法理论上，事后故意是相对于事前故意而言的。所谓事前故意，是指事先对犯罪事实的整体有认识，而后实施行为的场合；所谓事后故意，是指已经实施了会侵犯一定法益的行为之后才产生的犯罪的故意，并按照已有行为的发展势头，放任结果发生的状况。例如，医生合法地将病人的胸部打开之后，产生杀人念头，将病人放置不管，让其死去就属于这种情况。这种情形实际上只是在不作为犯的场合才成为问题，但是，并不妨碍成立故意。③ 实际上，任何故意都是支配着实行行为的主观心

---

① 张穹主编：《职务犯罪概论》，167 页，北京，中国检察出版社，1991。

② 参见王作富主编：《刑法分则实务研究》，3 版，下册，1817 页，北京，中国方正出版社，2007。

③ 参见 ［日］ 大谷实：《刑法讲义总论（新版第 2 版）》，黎宏译，131 页，北京，中国人民大学出版社，2008。

理态度，除原因上的自由行为等个别例外的情形以外，故意与实行行为具有时间上的对应性。因此，犯罪故意都是事中故意而无所谓事前故意或者事后故意。事前故意，是指预谋性犯罪的主观心理态度，因为其预谋本身不是实行行为，行为止于预谋的就是预谋故意而非实行故意。犯罪故意，一般情况下都是指实行故意。而事后故意，在这种故意产生时不存在作为，却存在不作为，应理解为具有不作为故意。就不作为而言，这种故意是事中故意。犯罪故意不具有溯及力，因而事后故意的概念不能成立。

在没有事前约定而事后受财的情况下，存在收受财物的故意，但收受财物的故意并非受贿故意。这已如前所述。受贿故意是指明知是利用职务上的便利索取他人财物或者收受他人财物为他人谋取利益的行为而有意实施的主观心理状态。因此，在受贿故意内容中，除收受财物的故意以外，还应包括为他人谋取利益的意图。在没有事前约定而事后受财的情况下，收受财物的故意是存在的，但不存在为他人谋取利益的意图，因而不具备受贿罪的主观要素。由此可见，没有事前约定的事后受财行为能否以受贿罪论处与受贿故意无关，事后故意说不能成为将没有事前约定的事后受财行为认定为受贿罪的理论根据。

（二）职务行为的不可收买性说

在论证没有事前约定的事后受财行为构成受贿罪时，我国学者从受贿罪侵害的法益——职务行为的不可收买性——出发加以阐述。在我国刑法理论上，对于受贿罪的客体存在一个从国家机关的正常活动到职务行为的廉洁性的认识转变过程。[①]职务行为的廉洁性较之国家机关的正常活动更为明确，更能说明受贿罪的性质。但是，职务行为的廉洁性仍然具有过于宽泛的特点。在这个意义上说，职务行为的不可收买性作为受贿罪的客体是更为科学的。基于职务行为的不可收买性，我国学者指出：

只要行为人认识到他人交付的财物是对自己（所许诺的）职务行为的不正当报酬，就完全可能成立受贿罪。换言之，当国家工作人员事前实施

———————————

① 参见肖扬主编：《贿赂犯罪研究》，163 页以下，北京，法律出版社，1994。

某种职务行为，客观上为他人谋取了利益时，他人向国家工作人员交付的财物，就是对国家工作人员职务行为的不正当报酬；国家工作人员明知该财物是对自己的职务行为的不正当报酬而收受，就具有了受贿罪的故意。①

这一观点将职务行为的不可收买性纳入受贿故意的概念之中，这是正确的。在这种没有事前约定而事后受财的情况下，职务行为的不可收买性即使确实受到了侵害，也不足以说明没有事前约定而事后受财的行为构成受贿罪，关键在于：如何理解为他人谋取利益这一要件？我国学者根据职务行为的不可收买性解释为他人谋取利益的要件，认为为他人谋取利益仍然是受贿罪的客观要件，但它只是受贿人的一种许诺，而不要求客观上有为他人谋取利益的实际行为与结果。只要许诺为他人谋取利益，即可构成受贿罪。因为受贿罪的法益是职务行为的不可收买性，国家工作人员在非法收受财物之前或者之后许诺为他人谋取利益，不仅在客观上形成了职务行为与财物相互交换的约定，同时使人们产生以下认识：国家工作人员的职务行为是可以收买的，只要给予财物，就可以使其为自己谋取利益。这本身就使职务行为的不可收买性受到了侵犯。② 在这一观点中，将为他人谋取利益理解为客观要件而非主观要件，其理由是从刑法的规定来看，为他人谋取利益显然是作为客观要件规定的，而不是主观要件的表述方式。我认为，对刑法规定可以根据法理作出合理化解释。目的犯在一般情况下直接规定一定的目的，但也不排除在个别情况下没有规定目的，而是规定了目的的实施行为。例如为他人谋取利益，理解为客观行为显然不当。作为构成要件，只能理解为这一行为的实施意图，而这一行为只不过是该意图的表征而已。即使理解为客观行为，即所谓许诺，在存在这种许诺的情况下也当然可以认为具备了为他人谋取利益的法定要件。但在没有事前约定而事后受财的情况下，行为人不存在这种许诺，又怎么认定为他人谋取利益的要件呢？我国学者对此并未作出明确回答，而是将之归结为受贿故意，认为只要行为人认识到他人交付

---

① 张明楷：《法益初论》，639～640 页，北京，中国政法大学出版社，2000。
② 参见张明楷：《法益初论》，637～638 页，北京，中国政法大学出版社，2000。

的财物是对自己职务行为的不正当报酬，就完全可能成立受贿罪。① 应该指出，这种主观认识只是收受财物的故意，既没有论者所主张的客观要件说所要求的为他人谋取利益的许诺，也没有主观要件说所要求的为他人谋取利益的意图，仅仅是职务行为的不可收买性受到侵犯，怎么可以构成我国刑法中的受贿罪？ 更何况，在没有事前约定的事后受财的情况下，职务行为的不可收买性是否受到侵害本身就是一个值得商讨的问题。买与卖之间存在对应关系，收买对应于出卖。受贿与行贿是对合犯，彼此俱罪：受贿罪是出卖权力以获得财物，而行贿是支付财物而收买权力，这就是所谓权钱交易。正是在权钱交易中，职务行为的不可收买性受到侵害。在没有事前约定而事后受财的情况下，财物交付者已经通过国家工作人员的正常职务行为获得一定利益，不存在需要收买国家工作人员的职务行为的问题，因此，交付财物是单纯酬谢，而不同于具有事先约定的酬谢性贿赂。对于国家工作人员来说，在正常实施职务行为的时候，没有约定收受财物，即使事后受财，并且明知是对事前职务行为的报答，也不能认为是在出卖权力，因为在职务行为实施时并无此意图。

（三）事与财客观联系说

事后受财与事前受财是相对应的。这里的事，是指为他人谋取利益；这里的财则是指作为为他人谋取利益的报酬的财物。我国刑法规定，受贿罪是收受他人财物为他人谋取利益。我同意以下观点：刑法中表述的收受他人财物为他人谋取利益，将收受行为置于谋取利益行为之前，只是表述问题，也是典型的受贿方式，并不意味着只有先收受财物后谋取利益才是受贿，而先谋取利益后收受财物就不是受贿。② 我认为，由此并不能直接得出事前没有约定的事后受财行为构成受贿罪的结论，尚需对事与财的关系进一步加以分析。事前受财，是指先收受财物，然后为他人谋取利益。在这种情况下，权钱交易性质是极为明显的。事后受财，可以分为事前约定

---

① 参见张明楷：《刑法学》，3 版，882 页，北京，法律出版社，2007。同一句话，在《法益初论》中作者表述为：只要行为人认识到他人交付的财物是对自己（所许诺的）职务行为的不正当报酬，就完全可能成立受贿罪。参见该书第 639 页。注意括弧中的话，有与没有含义全然不同。

② 参见王锦亚：《陈晓受贿案——事后收受财物能否构成受贿罪》，载最高人民法院编：《刑事审判案例》，604 页，北京，法律出版社，2000。

的事后受财行为与事前没有约定的事后受财行为。显然，事前约定的事后受财行为是先为他人谋取利益而后收受作为报酬的财物，其性质与事前受财无异，同样具有权钱交易的性质。但事前没有约定的事后受财行为则与此不同，不能因为客观上存在事与财的对应关系即认为具有权钱交易的性质。我国学者指出：

> 受贿罪的本质是以公权谋私利，即权钱交易。先取得利后使用权，属权钱交易；先使用权后取得利，也是权钱交易。公权与私利，孰先孰后，均不影响交易的成立。这是常识。①

尽管这是常识，但其实并不那么简单，关键在于：除了考虑事与财之间客观上的关联性，是否还应当考虑事与财之间主观上的关联性？那种认为既然是事后受财，就表明"事"与"财"之间具有某种联系，而所谓的"事"正是职务行为，所谓的"财"正是职务行为的不正当报酬，既然如此，就没有理由否认受贿罪成立的观点②，也恰恰只看到了事与财之间的客观联系而没有考虑事与财之间的主观联系。这不能不说是一种简单化的做法。③ 事实上，除陈晓受贿案以外，尚没有明文的司法解释规定这种没有事前约定的事后受财行为构成受贿罪。我注意到，在最高人民法院刑二庭、最高人民检察院公诉厅《关于贪污贿赂、渎职犯罪适用法律问题座谈会纪要（稿）》中存在以下表述：

> 国家工作人员依法正常履行职务，使他人得到了某种利益，接受"感谢"而收受他人财物，这种情况也具备了他人谋取利益的要件。

这是对没有事前约定的事后受财行为构成受贿罪的直接规定，但这是并未正式施行的草案。在此后的全国法院审理经济犯罪案件工作座谈会讨论办理贪污贿赂和渎职刑事案件适用法律问题意见综述（以下简称《意见综述》）中，关于为他人谋

---

① 储槐植、杨健民：《事后受贿能否构成受贿罪——析陈晓受贿案和徐德臣受贿罪》，载姜伟主编：《刑事司法指南》，2000 年第 3 辑，北京，法律出版社，2000。应当指出，该文标题中的事后受贿与事后受财，尤其是事前没有约定的事后受财是有区别的。事后受贿已经属于受贿，当然就不存在能否构成受贿罪的问题。
② 参见张明楷：《刑法学》，2 版，929 页，北京，法律出版社，2003。
③ 值得注意的是，张明楷教授在《刑法学》第三版中，增加了关于"事"与"财"之间主观上的关联性的论述。参见张明楷：《刑法学》，3 版，882 页，北京，法律出版社，2007。

取利益的规定中已经不见这一内容。尤其是 2000 年 6 月 30 日最高人民法院《关于国家工作人员利用职务上的便利为他人谋取利益离退休后收受财物行为如何处理问题的批复》规定："国家工作人员利用职务上的便利为请托人谋取利益，并与请托人事先约定，在其离退休后收受请托人财物，构成犯罪的，以受贿罪定罪处罚。"根据这一规定，如果没有事前约定，则不构成受贿罪。在《意见综述》中还进一步指出：

> 根据最高人民法院《关于国家工作人员利用职务上的便利为他人谋取利益离退休后收受财物行为如何处理问题的批复》规定的精神，国家工作人员利用职务上的便利为请托人谋取利益，并与请托人事先约定，在其离职、辞职后收受请托人财物，构成犯罪的，也应以受贿罪定罪处罚。

根据这一规定，不仅离退休人员，而且离职、辞职人员，在职时为他人谋取利益，没有事前约定，而在离职、辞职以后收受他人财物的，也不构成受贿罪。而如果将即使没有事前约定的事后受财行为也构成受贿罪的观点贯彻到底，上述情形就应当构成犯罪。

（四）立法本意推定说

在肯定没有事前约定的事后受财行为构成受贿罪的观点中，都存在这样一种逻辑：否定没有事前约定的事后受财行为构成受贿罪，就会导致事前受财的有罪、事后受财的无罪的局面。[1] 更为详尽的论证如下：

> 如果对于事后收受财物，且在行使权力为行贿方谋利时双方无暗示、约定以后给予好处，就属于受贿证据不足，不能认定犯罪，那么，刑法规定的受贿罪将会被稍有智慧的行为人予以规避，受贿将大行其道地、光明磊落地进行。这显然不是立法的本意。也就是说，对某一类行为是否应依法追究刑事责任，在充分论证其犯罪构成的基础上，还必须考虑裁判的后果：是促进了社会正常秩序的维护，还是敞开了大门，使稍做手脚者均可绕过法律规定，使立法的某一条文实际上被废止。本案的处理就是这样：

---

[1] 参见张明楷：《法益初论》，639 页，北京，中国政法大学出版社，2000。

如果陈晓的行为可不受追究，作为一个案例，社会广为知晓后，哪一个潜在的受贿人还会事前、事中受贿？原本廉洁的国家工作人员怎么不可以事后得到好处、报答，从而规避刑罚处罚呢？这样，受贿罪将不复存在。因此，对所谓的事后受贿，也应当依法定罪处刑。[①]

上述这一论证已经超出法律范围，涉及一些重大的理论问题。对此，我认为有必要在一定的理论层次上展开讨论。

规避法律是否等同于违反法律？刑法中的规避法律，是指行为人为了不法目的，利用刑法规定中的漏洞，实施不正当行为，从而规避刑事法律，避免承担刑事责任的行为。[②] 由此可见，规避法律是以法律存在漏洞为前提的，它不同于违反法律：违法是以存在法律规定为前提的。对于法律漏洞如何处理，是司法中的一个难题。就刑法而言，如果这种法律漏洞属于法无明文规定的情形，根据罪刑法定原则是不能认定被告人有罪的。

那么，我国刑法关于受贿罪的规定是否存在漏洞呢？答案是肯定的。在 1979 年刑法中，我国刑法中只有一个受贿罪，及至 1997 年刑法，设立了三个受贿罪的罪名，这就是公司、企业人员受贿罪（第 163 条）、受贿罪（第 385 条）和单位受贿罪（第 387 条）。这三个受贿罪是以主体划分的，并且都以为他人谋取利益为要件，没有涉及受贿的主观与客观情节，因而不能形成一个有机的受贿罪的罪名体系。而在外国刑法中，大多存在数个互相衔接的受贿罪的罪名体系。例如《日本刑法典》设立了以下罪名：受贿罪、受托受贿罪和事前受贿罪（第 197 条）、向第三者提供受贿罪（第 197 条之二）、加重受贿罪和事后受贿罪（第 197 条之三）、斡旋受贿罪（第 197 条之四）。在上述罪名中，值得我们注意的是：日本刑法中的受贿罪，又称为单纯受贿罪，是指公务员或仲裁人，在其职务上，收受、要求或约定贿赂的行为。因此，这里的受贿罪是指基于职务而收受、要求或约定贿赂，并无为他

---

① 王锦亚：《陈晓受贿案——事后收受财物能否构成受贿罪》，载最高人民法院编：《刑事审判案例》，605 页，北京，法律出版社，2002。

② 参见卢宇蓉：《刑事法律规避对策研究》，载陈兴良主编：《刑事法判解》，第 3 卷，506 页，北京，法律出版社，2001。

人谋取利益的要求。而受托受贿罪是指在其职务上，接受请托，收受、索要或约定贿赂的行为。根据日本学者的解释，这里的请托，是指对公务员、仲裁人，请求其实施一定职务行为。① 我国学者对日本刑法中的接受请托与中国刑法中的为他人谋取利益这两个要件进行了比较，认为为他人谋取利益在理解上存在客观说、主观说和承诺说之分歧，承诺说使得为他人谋取利益之规定与日本刑法中接受请托的含义相差无几。② 至于日本刑法中的事后受贿罪，是指曾为公务员或仲裁人的人，就其在职时接受请托而在职务上曾经实施的不正当行为或没有实施的适当行为，收受、索要或约定收受贿赂的行为。通过比较，我们可以得出以下结论：（1）日本刑法中的受托受贿罪与我国刑法中的受贿罪在构成要件上相当。（2）日本刑法中的受贿罪或称单纯受贿罪，不以为他人谋取利益为要件，与本节所讨论的没有事前约定的事后受财相当，还包括没有具体请托事由的财物给予或者赠与，也就是通常所说的感情投资。这些行为在日本刑法中构成受贿罪，在我国刑法中由于须具备为他人谋取利益的要件，因而不构成犯罪。（3）日本刑法中的事后受贿与本节所讨论的事后受财是两个不同的概念，是指曾为公务员或仲裁人的人的单纯受贿罪。显然，日本刑法中的受贿罪法网是十分严密的，尤其是单纯受贿罪与受托受贿罪之间形成低度犯罪与高度犯罪的协调关系：公务员或仲裁人只要收受财物就构成犯罪，如果能够证明是接受请托而受贿的，就构成作为高度犯罪的受托受贿罪，否则，就构成作为低度犯罪的单纯受贿罪。而在我国刑法中，只有受贿罪之罪名，除索贿以外，收受财物构成的受贿罪以为他人谋取利益为要件，因而使那些不具有为他人谋取利益意图的收受财物行为，包括本节所称没有事前约定的事后受财行为，不能被认定为受贿罪。为此，我国刑法学界提出以下两种方案解决这个问题：一是取消受贿罪的为他人谋取利益；二是在受贿罪之外再设一个不以为他人谋取利益为要件的单纯受贿罪，或者将为他人谋取利益作为受贿罪的加重处罚的事由。这样，就可以填补受贿罪的法律

---

① 参见［日］大谷实：《刑法讲义各论（新版第 2 版）》，黎宏译，457 页，北京，中国人民大学出版社，2008。

② 参见陈泽宪：《中日受贿罪》，载《中日公务员贿赂犯罪研究》，39 页，北京，中国社会科学出版社，1995。

漏洞。

值得注意的是，2009 年 2 月 28 日全国人大常委会通过的《刑法修正案（七）》在刑法第 388 条之后增加一条作为第 388 条之一："国家工作人员的近亲属或者其他与该国家工作人员关系密切的人，通过该国家工作人员职务上的行为，或者利用该国家工作人员职权或者地位形成的便利条件，通过其他国家工作人员职务上的行为，为请托人谋取不正当利益，索取请托人财物或者收受请托人财物，数额较大或者有其他较重情节的，处三年以下有期徒刑或者拘役，并处罚金；数额巨大或者有其他严重情节的，处三年以上七年以下有期徒刑，并处罚金；数额特别巨大或者有其他特别严重情节的，处七年以上有期徒刑，并处罚金或者没收财产。"（第 1 款）"离职的国家工作人员或者其近亲属以及其他与其关系密切的人，利用该离职的国家工作人员原职权或者地位形成的便利条件实施前款行为的，依照前款的规定定罪处罚。"（第 2 款）上述规定，主要是从主体上扩大了受贿犯罪的范围，是对受贿罪的罪名体系的重要补充。当然，这一规定并没有从根本上解决普通受贿罪，即国家工作人员受贿罪中为他人谋取利益的问题。因而，没有事前约定的事后受财行为的定性问题，在刑法上仍然没有得到解决。

那么，在刑法没有修改、补充以前，司法机关是否可以通过法律解释将没有事前约定的事后受财行为确认为犯罪呢？这里就涉及对立法本意的推定问题，即立法本意是否可以推定？对于没有事前约定的事后受财行为不以受贿罪论处，确实会在一定程度上削弱对腐败的惩治力度，但绝不能由此推定立法本意是要对这一行为追究刑事责任的。关键问题在于：这一行为是否在逻辑上能够被刑法规定所包摄？如果回答是否定的，那么就是立法的疏漏所造成的，而立法疏漏所造成的不利后果不应由被告人承担，否则必然有悖于罪刑法定原则。

五、裁判理由的评判

陈晓受贿案首先涉及的一个问题是：是否属于没有事前约定的事后受财行为？这里的关键是如何理解"事"以及"事后"。在这一问题的认定上似乎存在分歧。

第一种意见认为：如果把事后理解为行为人利用职务之便为他人谋取了利益之后，那么是指其谋利行为完成之后还是所谓利益实现之后？按照事情全部完成之后来理解事后的概念，显然应指为他人谋取的利益实现后。拿本案来说，陈晓利用职务之便为李某制定第一个倾斜政策是在 1992 年 5 月，但李某因此获利，即全部兑现完 1992 年的提成是在 1993 年 8 月，全部兑现完 1993 年提成是在 1994 年 7 月。李某第一次给陈晓送钱的时间是在 1993 年 1 月（春节前），第二次和第三次送钱是在 1994 年 2 月（春节前后），均是在陈晓为其谋取的利益完全兑现之前所为的。显然，不能把这种情况说成是事后给付钱财。[①] 第二种意见认为：被告人陈晓利用其职务便利为李某谋取了利益，并在事后收受了李某所送财物。被告人陈晓在利用职务便利为李某谋取利益之时或者之前，没有收受李某的财物，李某送给陈晓的钱都来自提成款，这些提成款主要源于陈晓制定《关于能源化工处、庐海实业有限公司试行新的奖励办法的通知》这一职务行为。相对于陈晓的上述职务行为，陈晓三次收受李某财物的行为均在其后。[②] 我认为，事后受财的"事"，应当是指为他人谋取利益的职务行为，只要职务行为实施完毕就属于事后。具体到陈晓受贿案，"事"是指 1992 年 5 月制定《关于能源化工处、庐海实业有限公司试行新的奖励办法的通知》和 1993 年年初制定《业务处室六项费用承包核算办法实施细则》。而陈晓收受财物是在 1993 年春节前和 1994 年春节前后。由此可见，陈晓收受财物的情况是较为复杂的，不是一事一受，而是二事三受。如果是一事一受，事后受财的性质容易认定。而在多事多受的情况下，如果多受都在多事之后，事后受财的性质也不难认定。但如果在事与受之间存在时间上的交叉，则这些存在时间上交叉的受财行为就不是事后受财。因为在第一次事后受财以后，行为人对于受财已经存在心理预期，将为他人谋取利益作为收受他人财物的交换条件的意图可以认定，因而对其行为应以受贿罪论处。对于陈晓受贿案也应如此分析，关键在于其 1993 年春节第一次收

①　参见储槐植、杨健民：《"事后受贿"能否构成受贿罪——析陈晓受贿案和徐德臣受贿罪》，载姜伟主编：《刑事司法指南》，2000 年第 2 辑，174～175 页，北京，法律出版社，2000。
②　参见王锦亚：《陈晓受贿案——事后收受财物能否构成受贿罪》，载最高人民法院编：《刑事审判案例》，603～604 页，北京，法律出版社，2002。

受财物是否在两个文件制定以后：如果是在此以后，那么陈晓的行为属于事后受财，否则就不是事后受财。

第 5 节　私分国有资产行为之定性研究

案名：刘忠伟私分国有资产案　杨代芳贪污案　李祖清私分国有资产案
主题：私分国有资产罪　国有资产

私分国有资产罪是我国 1997 年刑法新增的一个罪名。在司法实践中，私分国有资产罪与贪污罪如何区分，是一个较为疑难的问题。本节通过对三个相关案例的研究，对私分国有资产行为的定性问题进行法理上的探讨。

一、私分国有资产罪的一般性论述

私分国有资产罪，是指国家机关、国有公司、企业、事业单位、人民团体，违反国家规定，以单位名义将国有资产集体私分给个人，数额较大的行为。如前所述，私分国有资产罪是 1997 年刑法新增的罪名，在此以前，对于集体私分的案件处理起来较为困难，尤其是贪污罪与滥发奖金、补助费等行为的界限往往容易混淆。在当时的情况下，对于类似集体私分的案件，一般都以共同贪污论处。然而，在集体私分与共同贪污之间是存在一些性质上差别的，两者在行为方式、侵害客体等方面也不完全相同。在这种情况下，1997 年刑法新增了私分国有资产罪。在私分国有资产罪设立以后，如何区分贪污罪与私分国有资产罪还是存在困难。例如，在国有企业改制中侵吞国有资产的行为，到底是构成贪污罪还是构成私分国有资产罪，仍然莫衷一是。在 2008 年国家司法考试中，卷四有一道涉及贪污罪与私分国有资产罪之间区分的案例分析题：

徐某系某市国有黄河商贸公司的经理，顾某系该公司的副经理。2005

年，黄河商贸公司进行产权制度改革，将国有公司改制为管理层控股的股份有限公司。其中，徐某、顾某及其他 15 名干部职工分别占 40%、30%、30% 的股份。在改制过程中，国有资产管理部门委托某资产评估所对黄河商贸公司的资产进行评估，资产评估所指派周某具体参与评估。在评估时，徐某与顾某明知在公司的应付款账户中有 100 万元债务系上一年度为少交利润而虚设的。徐某与顾某经和公司其他领导班子成员商量，决定予以隐瞒，转入改制后的公司，按照股份分配给个人。当周某发现了该 100 万元应付款的问题时，公司领导班子决定以辛苦费的名义，从公司的其他公款中取出 1 万元送给周某。周某收下该款后，出具了隐瞒该 100 万元虚假的应付款的评估报告。随后，国有资产管理部门经研究批准了公司的改制方案。在尚未办理产权过户手续时，徐某等人因被举报而案发。①

该题设有 6 问，其中第一问就是：徐某与顾某构成贪污罪还是私分国有资产罪？为什么？该问的参考答案是：徐某与顾某构成贪污罪，而不构成私分国有资产罪。本案不符合以单位名义集体私分的特征，而是采取隐瞒的方式将公款予以非法占有，符合贪污罪的特征。但从阅卷情况来看，大多数考生都答成私分国有资产罪。这些考生被案情叙述中的"徐某与顾某经和公司其他领导班子成员商量"，以及"按照股份分配给个人"等情节所迷惑，没有抓住本案的行为方式是隐瞒国有资产而予以非法占有这一根本特征，从而得出了错误的结论。尽管这是一道司法考试题，但它确实反映了我国司法实践中在贪污罪与私分国有资产罪之间区分上的疑难性。

二、刘忠伟私分国有资产案②：从贪污罪到私分国有资产罪

被告人刘忠伟于 1994 年被无锡市石油化学工业局任命为无锡市惠山

---

① 司法部国家司法考试中心：《2008 年国家司法考试试题解析》，362 页，北京，法律出版社，2008。
② 本案刊载于最高人民法院编：《刑事审判参考》，第 8 辑，北京，法律出版社，2001。

农药厂（以下简称惠山农药厂）厂长及其下属无锡市珠光颜料厂（后更名为无锡市惠丰精细化工厂，以下简称惠丰化工厂）厂长，两企业均为全民所有制企业法人。自 1995 年起，惠山农药厂经上级批准实行公有民营，刘忠伟作为经营者与出租方无锡市石油化学工业局分别签订了两轮公有民营合同，经营期限为 1995 年 1 月 1 日至 2000 年 12 月 31 日。合同主要内容为：（1）承租经营者每年向出租方缴纳租赁费 30 万元。（2）承租方向出租方缴纳风险抵押金 10 万元，经营期达不到增值指标，以承租经营者缴纳的风险抵押金抵补，直至补完为止。（3）承租经营者的收入分为工资性收入和经营性收入，工资性收入为职工当年实得平均工资，经营性收入为税后利润中分得的 30% 部分，经出租方核准后兑现。合同签订后，惠山农药厂内部每年均组成公有民营承租集团，刘忠伟等厂级领导及部分部门负责人 10 余人为承租集团成员，共同承担经营责任。在惠山农药厂实行公有民营期间，无锡市石油化学工业局根据惠山农药厂的经营状况，每年核定企业经营者（承租集团）的经营性收入，由惠山农药厂发放给承租集团成员。1995 年至 1999 年的核定总额为 93.961 1 万元。1995 年 1 月至 2000 年 5 月，惠山农药厂从财务账上发放给承租集团 1995 年度至 1999 年度的经营性收入总额为 100.038 007 万元，已超额发放 6.076 907 万元。

惠山农药厂将旧设备回收款、氧气费收入等，在财务账外另设小金库。自 1995 年 8 月至 2000 年 2 月，经被告人刘忠伟提议，与惠山农药厂的其他负责人共同决定，从小金库中支出资金以预发承租集团奖金等名义，在账外先后 17 次给承租集团成员发放奖金，发放奖金合计人民币 34.11 万元。其中，刘忠伟个人发得 3.98 万元。1996 年 6 月，被告人刘忠伟伙同许某（已死亡）等人，通过虚开发票将本单位公款结算给业务单位，再从业务单位提取现金的手法，套取本单位公款 10 万元，以预发承租集团奖金名义分发给承租集团所有成员，刘忠伟个人分得 1.55 万元。

1999 年 3 月，被告人刘忠伟利用职务之便，收取上海全龙化工有限公司支付给惠山农药厂的花木款 2 万元不入账，占为己有。

1999 年 12 月，被告人刘忠伟将个人消费发票通过惠丰化工厂副厂长黄某在该厂报销，得款 5 809 元。

1996 年 3 月，被告人刘忠伟在购买职工工作鞋的业务往来中，利用职务之便，收受曹某通过楚某送给的人民币 1 万元。

1996 年年初至 2000 年春节期间，被告人刘忠伟利用职务之便，先后 6 次收受下属分厂厂长胥某人民币 6.6 万元。其中，1999 年春节，刘忠伟在收到胥某送的钱后，将消费发票金额计 1.2 万元交给胥某。

1998 年年初至 2000 年春节期间，被告人刘忠伟利用职务之便，先后 4 次收受下属惠丰化工厂副厂长黄某人民币 4.2 万元。其中，1999 年春节，刘忠伟在收到黄某送的钱后，将消费发票 1 万余元交给黄某。

1999 年 3 月至 2000 年 4 月，被告人刘忠伟利用职务之便，收受业务单位上海全龙化工有限公司经理周某人民币 1 万元，并在该单位报销其购买的手机、按摩器发票，得款 8 195 元。

无锡市北塘区人民法院认为：被告人刘忠伟身为国家工作人员，利用职务便利，单独或伙同他人侵吞、骗取本单位公款；同时非法收受他人钱财，为他人谋取利益，已分别构成贪污罪和受贿罪。被告人刘忠伟在共同贪污犯罪中提出犯意并决定侵吞数额，起主要作用，系主犯，遂按照其所参与的全部犯罪处罚。被告人刘忠伟因涉嫌贪污被采取强制措施后，如实供述了司法机关尚未掌握的本人受贿的罪行，属于自首，依法予以减轻处罚。刘忠伟在案发前退还部分赃款，案发后退缴了全部赃款，酌情予以从轻处罚。遂依照《中华人民共和国刑法》第 382 条第 1 款，第 383 条第 1 款第（1）项，第 385 条第 1 款，第 386 条，第 25 条第 1 款，第 26 条第 1、4 款，第 67 条，第 56 条第 1 款，第 55 条第 1 款，第 69 条的规定，于 2000 年 12 月 13 日判决如下：被告人刘忠伟犯贪污罪，判处有期徒刑 12 年，剥夺政治权利 3 年，并处没收财产人民币 1 万元；犯受贿罪，判处有期徒刑 8 年，并处没收财产人民币 1 万元。决定执行有期徒刑 18 年，剥夺政治权利 3 年，并处没收财产人民币 2 万元。

一审宣判后，刘忠伟不服，以原判定性有误、侵吞公款不成立、认定的受贿中有部分不属于犯罪等为由，提起上诉。

无锡市中级人民法院经审理认为：上诉人刘忠伟作为国有企业中从事公务的人员，应以国家工作人员论，其利用职务上的便利，侵吞、骗取公共财物，还非法收受他人财物，为他人谋取利益，其行为已分别构成贪污罪和受贿罪。惠山农药厂系国有企业，刘忠伟作为该厂直接负责的主管人员，违反国家规定，以单位名义将国有资产集体私分给个人，数额较大，其行为已构成私分国有资产罪。刘忠伟私分国有资产的犯罪行为有部分虽发生在 1997 年 9 月 30 日前，但根据《中华人民共和国刑法》第 12 条第 1 款的规定，1997 年刑法处刑较轻的，适用该法。刘忠伟因涉嫌贪污犯罪被采取强制措施后，如实供述了司法机关尚未掌握的本人受贿罪行，对其受贿犯罪应以自首论，可予减轻处罚。刘忠伟于案发后退缴了全部赃款，可酌情从轻处罚。刘忠伟一人犯有数罪，依法应实行数罪并罚。

原审判决将上诉人刘忠伟违反国家规定，以单位名义将国有资产集体私分给个人这一行为认定为贪污。二审法院经审查认为，惠山农药厂系国有企业，其经过厂领导讨论决定，违反有关规定，在上级核定的奖金数额之外，又以单位名义，从小金库中支出资金，账外发放承租集团奖金，将国有资产集体私分给个人，其发放范围是承租集团的所有成员，系一定规模、一定范围内的所有人，刘忠伟及其他厂领导仅分得一小部分，上述特征符合私分国有资产罪的特征，构成私分国有资产罪。原审判决对该项事实以贪污罪定性不当，应予纠正。

在认定的受贿事实中，刘忠伟购买手机后将发票到业务单位报销，因手机主要用于单位公务，不应以受贿论；刘忠伟收受胥某、黄某送的钱后，将消费发票 1.2 万元和 1 万元分别交给胥、黄二人，刘忠伟辩称上述发票系单位的业务开支。经查，从现有证据无法排除上诉人的此项辩解，认定该两笔受贿的证据不足，原审判决以不属正常报销为由认定为受贿不符合法律，应予纠正。上诉人及其辩护人提出对违规发放奖金以贪污定性错误；报销手机发票及给胥某、黄某报销发票 2 万余元，不应以受贿认定的意见予以采纳。

无锡市中级人民法院依照《中华人民共和国刑事诉讼法》（1996——引者注）第 189 条第（3）项和《中华人民共和国刑法》第 93 条第 2 款、第 382 条第 1 款、第 383 条第 1 款第（3）项、第 385 条第 1 款、第 386 条、第 396 条第 1 款、第 67 条、第 69 条的规定，于 2001 年 2 月 8 日判决如下：（1）撤销无锡市北塘区人民法院的刑事判决；（2）上诉人刘忠伟犯受贿罪，判处有期徒刑 7 年，并处没收财产 1 万元；犯私分国有资产罪，判处有期徒刑 3 年，并处罚金 1 万元；犯贪污罪，判处有期徒刑 2 年 6 月。决定执行有期徒刑 12 年，并处罚金 1 万元，没收财产 1 万元。

在本案中，对于受贿罪与将报销个人发票的行为认定为贪污罪并不存在争议，有争议的是刘忠伟经集体研究决定，以单位名义从小金库中支出资金，账外发放承租集团奖金的行为到底构成何种犯罪：一审法院认为构成贪污罪，二审法院改判为私分国有资产罪。在本案的裁判理由中，提出了"以单位名义集体私分是私分国有资产罪区别于贪污罪最本质的特征"这一命题，并作了以下论述：

要正确处理私分国有资产案件，须对处理集体私分单位财产行为的立法和司法实践有一了解。自改革开放以来，由于新旧体制转换等诸多因素，出现了一些以集体名义私分公共财物的现象。一些单位，在政策规定的正常工资、报酬外，由单位领导经过集体讨论决定，或者经单位负责人决定，将单位财产以发奖金、红包等名义，发给单位的所有人，或大部分人，或一定领导层次以上的（如中层干部以上）多人，而且数额较大，有的甚至特别巨大，使国家、集体财产受到严重的损失，社会危害性极大。由于修订前的刑法中没有明确规定，司法实践中对这种行为的处理也是不同的：有的以贪污罪定性处理，有的按违反财经纪律或者财政法规处理。这样处理带来的问题是：一方面，因私分而占有公共财物的人员比较广泛，且其中绝大多数人都不是私分财产的决策者，对所有参与私分的人员均以贪污犯罪论处，显然不符合主客观相一致的犯罪构成原则。另一方面，因决定私分单位财产的人员实际占有的公共财物数额在私分的总额中所占比例较小，如仅对私分单位财物直接负责的主管人员和其他直接责任人员以贪污罪定罪处罚，根据全国人大常委会《关于惩治贪污罪贿赂罪的补充规定》（已失效——引者注）第二条第二款的规定，行为人应对全部私分的数额承担刑事责任，也显然不符合罪、责、刑相一致的原则。因此，为加强对国有资产的保护，1997 年刑法增设了私分国有资产罪。

根据刑法第 396 条第 1 款的规定，私分国有资产罪，是指国家机关、国有公司、企业、事业单位、人民团体，违反国家规定，以单位名义将国有资产集体私分给个人，数额较大的行为。其在构成上有如下特征：一是犯罪对象仅限于国有资产。私分集体所有制财产或其他混合所有制单位财产的行为，不能构成私分国有资产罪。这体现了刑法对国有资产的特殊保护。二是客观上表现为违反国家规定，以单位名义将国有资产私分给个人。违反国家规定，是构成本罪的前提条件，在这里是指违反国家有关国有资产管理方面的法律、法规。以单位名义，是指由单位的决策机构按照单位的决策程序实施，即以"合法"的方式进行，如单位领导集体决定，或者由单位负责人决定的，以发奖金、发红包的方式发放。集体私分，是指参与私分的是单位的所有人或是大部分人，或者是一个部门的所有人或大多数人。三是私分国有资产罪是单位犯罪，依法只处罚对私分国有资产直接负责的主管人员和其他直接责任人员，不仅不能追究被动分得国有资产人员的刑事责任，也不能追究单位的刑事责任。

尽管私分国有资产罪与共同贪污国有资产犯罪有许多相同之处，如都侵犯了国有资产的所有权，损害了公务人员公务活动的廉洁性，都是利用职务上的便利实施的犯罪，但二者仍有重大的区别：

1. 行为方式不同。共同贪污国有资产通常表现为非法占有国有资产的人共同利用职务上的便利，共同实施，一般是秘密进行的，并且想方设法将有关账目抹平，以掩盖非法占有国有资产的事实。而私分国有资产行为则表现为在单位意志的支配下，集体共同私分，而大多数分得财产的人对是否私分没有决定权，并且在单位内部往往是公开的，有的还作了详细的财务记录。

2. 承担刑事责任的主体范围不同。参与共同贪污的人，均应依法承担刑事责任。而私分国有资产罪只能由对私分国有资产直接负责的主管人员和其他直接责任人员构成，被动分得国有资产的人依法不构成犯罪，只承担返还所分得财产的民事责任。

本案对于到底是定贪污罪还是定私分国有资产罪的争议，我认为主要涉及的还是私分人员的范围问题。在本案中，以单位名义、经集体研究决定等特征都符合私分国有资产罪的构成要件。如果本案是在所在企业的全体人员中分配，对于本案应当认定为私分国有资产罪我想就不会存在争议。但由于本案私分人员的范围是承租集团，即企业的管理层，因而容易被认定为共同贪污。

那么，到底如何确定私分人员的范围呢？对此，我国刑法教科书一般认为：集体私分给个人，是指将国有资产擅自分给单位中的每一个成员或者绝大多数成员。如果在少数负责人或员工中私分，应属贪污行为，不构成私分国有资产罪。[①] 私分给每一个成员构成私分国有资产罪当然没有问题，那么，私分给绝大多数成员是否构成私分国有资产罪？此外，这里的绝大多数如何确定？它与在少数负责人或员工中私分又如何区分？这些都是值得推敲的。我过去也将是否分给全体或者绝大多数职工作为贪污罪与私分国有资产罪相区分的特征之一，指出：

　　私分国有资产罪与贪污罪相比，在非法获取公共财物的人员范围上存在明显区分。一般来说，私分国有资产是在单位内部全体职工或者绝大多数职工中进行集体私分，而共同贪污则只是在少数人之间对公共财物进行瓜分。[②]

现在看来，私分人员的范围对于区分贪污罪与私分国有资产罪来说，并不是一个本质性的问题。上述两罪的区分还是在于行为方式：贪污是采取隐蔽手段将公共

① 参见高铭暄、马克昌主编：《刑法学》，644 页，北京，北京大学出版社、高等教育出版社，2000。
② 陈兴良：《规范刑法学》，2 版，下册，1025 页，北京，中国人民大学出版社，2008。

财物非法地予以占有，而私分国有资产是采取公开的手段、经集体研究决定将国有资产以各种名义私分给个人。如果是采取贪污手段非法获得公共财物，即使在单位所有人员中进行分配，也构成贪污罪。如果是采取私分国有资产手段非法获得国有资产，即使在领导层或者少数人中进行分配，也构成私分国有资产罪。之所以作这样的区分，是因为虽然上述两种犯罪在使国有资产受到损失上是相同的，但在行为方式上还是存在区分：贪污由于采取隐蔽方式更难以被发现；私分国有资产由于采取公开的方式，往往是账上有记载的，相比较而言更容易被发现。对于这个问题，本案的裁判理由进一步指出：

如前所述，以单位名义集体私分给个人，是私分国有资产罪最本质的特征。不能仅根据参与私分国有资产的人数多少来区分共同贪污与私分国有资产。私分国有资产的范围是单位的所有人或大多数人，这是构成本罪的一个重要条件。但是不能机械地将此处的单位理解为本单位的全体或者大多数职工。他们也可以是一个单位内部某一层次的所有人或者大多数人。只要其行为符合私分国有资产罪的构成特征，即使私分的范围是单位全体职工中的相对少数人，亦应以私分国有资产罪追究刑事责任。理由如下：

第一，由于单位的领导层、管理层的意志、行为所起的决定作用，单位领导集体作出决定或者由负责人决定，违反国家规定给本单位集体或者一定层次以上的领导、管理层发奖金、发红包，与共同贪污犯罪在犯意的形成、行为特征上有明显不同。这种行为的社会危害性与单位少数人暗中非法占有公款的贪污行为也有区别。将这种行为以贪污罪处理，不仅扩大了打击面，社会效果也不好。

第二，单位违反国家规定，经领导集体或负责人决定，在一定层次的所有人或者大多数人范围内发奖金、发红包，决策者不仅仅是为了个人的利益，因此，符合单位犯罪的特征。

综上，违反国家规定，以单位名义，在一定规模、一定层次以上的多人（如中层干部或者某一管理层的层面上）范围内集体私分国有资产的，应以私分国有资产罪定罪处罚。本案中，惠山农药厂实行公有民营的经营体制，根据公有民营合同，承租集团成员的奖金只能从经出租方核准后的经营性收入税后利润中的30％部分支出，但是，被告人刘忠伟等人违反国家规定，将在账外另设的小金库资金、非法套取的现金计44.11万元，以预发承租集团奖金名义分发给承租集团所有成员。虽然分发的范围只限于承租集团成员，但由于决定分发是按照惠山农药厂的决策程序进行的，占有该笔资金的不是决策层内的少数人，而是承租集团的全体成员，因此，对惠山农药厂直接负责的主管人员被告人刘忠伟应当以私分国有资产罪追究刑事责任。

以上裁判理由把私分国有资产的范围是单位的所有人或大多数人当作私分国有资产罪的一个重要条件，把它与私分国有资产罪的构成特征加以区分。对于这一观点我完全赞同。在单位的所有人或大多数人中分配，对于私分国有资产罪来说，是一种常见的现象，可以作为认定私分国有资产罪的参考要素，但它不能成为私分国有资产罪的构成特征。

三、杨代芳贪污案[①]：从私分国有资产罪到贪污罪

2000年6月6日，中共太白县委办公室和县政府办公室联合下发《关于成立太白县姜眉公路建设协调领导小组的通知》（太办字〔2000〕19号），成立了太白县姜眉公路建设协调领导小组，组长由时任太白县县委副书记、县长的杨瑞霞兼任，领导小组成员由太白县交通局、土地局、计经局、财政局、林业局、水利局等有关政府部门领导组成。领导小组下设协调办公室，时任太白县交通局局长的被告人杨代芳任协调办主任，太白县财政局干部乔拥军和土地局干部谢正平任协调办副主任（均另案处理）。同年8月，被告人杨代芳与乔拥军、谢正平在得知太白县广电局有5套在

---

① 本案刊载于最高人民法院编：《刑事审判参考》，第39集，北京，法律出版社，2005。

建的职工集资住宅单元房向外出售时，三人商议以协调办的名义购买这 5 套房。后被告人杨代芳指使协调办出纳向某于同年 9 月 25 日、10 月 25 日、11 月 20 日，3 次从协调办账户上向县广电局各转款 10 万元共 30 万元作为购房首付款，广电局给协调办开具了购房集资款的收款收据。2001 年 6 月，在广电局催要购房款的情况下，被告人杨代芳又与乔、谢二人商议，指使向某将协调办在姜眉公路征地拆迁补偿费中以虚构补偿人和补偿项目、签订虚假补偿协议方式套出的 84 015 元中的 5 万元再次付给县广电局作为购房付款，广电局开具了 5 万元收据。同年 11 月，为了应付财务审计，被告人杨代芳与乔、谢商议，以与广电局签订虚假广电杆线迁改协议的形式，以支付广电局广电杆线修复款的名义将 30 万元的集资购房款做账处理。后与广电局签订广电杆线再次迁改协议，并将该虚假协议的签订日期提前为 2000 年 9 月 15 日，由广电局给协调办出具了 3 张各 10 万元的姜眉公路广电线路修复款收款收据，换回原开具的 30 万元的集资购房款的收款收据。后该收据由杨代芳报太白县姜眉公路建设协调领导小组副组长、太白县人民政府副县长宫某签字核报后，杨代芳交协调办出纳向某做账处理。同年年底，被告人杨代芳与乔、谢商议，将 5 套住房除每人一套外，其余 2 套分给太白县交通局纪检委书记苟某和向某各 1 套，并具体确定了房屋。2002 年 2 月，广电局催交剩余房款，杨代芳经与乔拥军、谢正平商议，明确了已付 35 万元购房款的各自份额，杨代芳、乔拥军、谢正军、向某为 7.75 万元，苟某 4 万元。后在房屋交付前，5 人分别自缴了余款。同年 4 月，5 人与广电局补签了"出售集资房的协议"，并出具由广电局盖章的个人向广电局交纳全部集资购房款的收款收据，向房屋管理机关申请办理房屋产权登记，领取了个人房屋产权证。此外，被告人杨代芳还利用职务上的便利，为他人谋取利益，先后 16 次收受他人财物，共计 61 230 元。案发后，被告人杨代芳全部退回了上述私分款和受贿款。

宝鸡市中级人民法院认为：被告人杨代芳身为太白县姜眉公路建设协调领导小组办公室直接负责的主管人员，违反国家规定，以单位名义将国有资产集体变相私分给个人，数额较大，其行为已构成私分国有资产罪。公诉机关指控杨代芳犯贪污罪罪名不当。被告人杨代芳身为国家工作人员，利用职务上的便利，非法收受他人财物，为他人谋取利益，其行为又构成受贿罪，应数罪并罚。鉴于被告人杨代芳有自首、立功情节，并且全部退赃，认罪态度好，应减轻处罚。遂依照《中华人民共和国刑法》第 93 条第 1 款、第 385 条、第 386 条、第 396 条第 1 款、第 67 条、第 68 条第 1 款、第 69 条之规定，判决如下：被告人杨代芳犯私分国有资产罪，判处有期徒刑 1 年，并处罚金 1 万元；犯受贿罪，判处有期徒刑 4 年，并处没收财产 1 万元，决定执行有期徒刑 4 年，并处罚金 1 万元，没收财产 1 万元。

一审宣判后，宝鸡市人民检察院以被告人杨代芳利用职务之便与他人共谋，采取伪造虚假补偿协议套取国家建设资金予以侵吞的行为构成贪污罪，有关私分国有资产罪判决部分定罪错误、适用法律不当为由，向陕西省高级人民法院提出抗诉。被告人杨代芳及其辩护人提出，原审判决认定杨代芳犯私分国有资产罪的定罪并无不妥，要求二审法院维持原判。

陕西省高级人民法院经开庭审理认为：被告人杨代芳身为国家工作人员，伙同他人，利用其管理国家建设专项资金职务上的便利，采取虚构事实的方法，将国家公路建设专项资金用于为自己和少数人谋取私利，非法占有国家公路建设资金，其行为构成贪污罪，且贪污数额巨大，情节严重，依法应予严惩。对于抗诉机关提出的意见和被告人杨代芳及其辩护人提出的理由和意见，经查：（1）协调办只是太白县委、县政府为姜眉公路建设而成立的协调领导小组的内设办事机构，其虽代表政府管理着国家用于征地、拆迁、安置的国有资产，但其只是在姜眉公路建设领导小组领导下开展工作，它的一切活动应以姜眉公路建设领导小组的名义进行，其不能直接支配所管理的国有资金。协调办人员均抽调于县政府各职能部门，没有独立的财政拨款和经费预算，其人员工资待遇由原单位负责，不能因其受委托代表政府行使职能而将其扩大或上升为独立的国家机关。故协调办与私分国有资产罪的主体要件不符。（2）杨代芳等人在作案过程中采取虚构事实，虚列支出，以正常支出名义骗得主管领导同意，将购房款在协调办账目上以拆迁补偿费用核报，从而使该笔非法支出在单位账目上以合法支出反映，符合贪污罪客观方面的特征。（3）杨代芳等人主要是为给自己和少数人购买住房，且杨代芳等人在分房后隐瞒协调办支出大部分购房款的事实，捏造其个人全部出资的事实，向房屋管理部门办理了个人房屋所有权证，具有非法占有公共财物的主观故意。故抗诉机关的抗诉意见正确，应予采纳；杨代芳及其辩护人的理由和意见不能成立，不予采纳。另外，被告人杨代芳身为国家工作人员，利用职务上的便利，非法收受他人财物，为他人谋取利益，其行为又构成受贿罪，应数罪并罚。鉴于被告人杨代芳有自首、立功情节，且能全部退赃，认罪态度好，可从轻处罚。一审判决认定杨代芳犯受贿罪，定罪准确，量刑适当，审判程序合法，但认定杨代芳犯私分国有资产罪定罪、量刑不当，应予更正。

陕西省高级人民法院依照《中华人民共和国刑事诉讼法》（1996 年——引者注）第 189 条第 1、2 项，《中华人民共和国刑法》第 382 条第 1 款，第 383 条第 1、2 项，第 385 条第 1 款，第 386 条，第 67 条，第 68 条第 1 款，第 69 条之规定，判决如下：（1）维持宝鸡市中级人民法院（2003）宝市中法刑二初字第 028 号刑事判决对被告人杨代芳犯受贿罪的刑事判决，即被告人杨代芳犯受贿罪，判处有期徒刑 4 年，并处没收财产 1 万元。（2）撤销宝鸡市中级人民法院（2003）宝市中法刑二初字第 028 号刑事判决对被告人杨代芳犯私分国有资产罪的刑事判决，即被告人杨代芳犯私分国有资产罪，判处有期徒刑 1 年，并处罚金 1 万元。（3）被告人杨代芳犯贪污罪，判处有期徒刑 11 年，并处罚金 1 万元，与受贿罪判处有期徒刑 4 年、并处没收财产 1 万元合并，决定执行有期徒刑 12 年，并处罚金 1 万元，没收财产 1 万元。

在本案中，控方以贪污罪起诉，一审法院以私分国有资产罪判处，在检察机关抗诉以后，二审法院又认定为贪污罪。由此可见，对于被告人杨代芳的行为究竟如何定罪，存在较大的意见分歧。对此，本案的裁判理由作了以下论证：

我们认为，根据贪污罪与私分国有资产罪的区分界限，结合本案具体事实，对被告人杨代芳应以贪污罪定罪处罚。理由说明如下：

作为侵占类职务犯罪，贪污罪与私分国有资产罪的行为构成具有一定的相同之处，如对于国有财产或者公共财产的侵害，利用职务便利化公为私等。但是，根据1997年刑法的规定，私分国有资产罪应为独立于贪污罪之外的一个新设罪名，两者之间不属于特殊与一般的关系，更不存在私分国有资产罪优先适用的问题。两者的界限是清楚的，司法实践中应注意加以区分，做到准确定罪量刑，尤其应注意避免因理解上的不当，错误地将共同贪污犯罪作为私分国有资产罪处理。

根据刑法第396条的规定，私分国有资产罪是指国家机关、国有公司、企业、事业单位、人民团体，违反国家规定，以单位名义将国有资产集体私分给个人，数额较大的行为。较之于贪污罪，两者在以下几个构成方面的差别是明显的：第一，实施主体方面。私分国有资产罪是单位犯罪，贪污罪则是自然人犯罪。不能因为刑法规定仅处罚相关责任人员以及非为单位谋取利益，而否认私分国有资产罪是单位犯罪，认定是否单位犯罪的关键在于行为的实施是否以单位的名义、代表单位的意志。这一点，最高人民法院《全国法院审理金融犯罪案件工作座谈会纪要》已有明确规定。第二，行为方式方面。私分国有资产罪一般表现为本单位领导集体研究决定并由单位统一组织实施，尽管往往需要采取一定的欺骗手段以逃避有关部门的监管，但就本单位内部而言是相对公开的，因而具有较大程度和较大范围的公开性；贪污罪表现为行为人利用职务便利，以侵吞、窃取、骗取等不为人所知或者他人不知实情的方式实施，除了行为人或者共同行为人之外，其他人并不知情，因而具有相当的秘密性和隐蔽性。第三，受益人员的数量、构成方面。私分国有资产属于集体私分行为，表现为单位多数员工甚至所有员工均实际分取了财物，在受益人员的数量上具有多数性特征，而且，一般不以某一特定层面为限，在受益人员的构成上具有广泛性特征。在私分国有资产行为当中，决策和具体执行的人员可以不是实际受益人，但是，实际受益人员不能仅仅局限在决策和具体执行等少数人员。贪污罪属于个人侵占行为，分取赃物人与贪污行为人是直接对应的，具有一致性。在共同贪污犯罪中，分取赃物人仅限于参与决策、具体实施贪污行为以及为贪污行为提供帮助等共同犯罪人。实践中也存在部分共同贪污犯罪人未分取赃物或者将赃物交给共同犯罪人之外的其他人的情形，但这属于赃物的事后分割和处理问题。

在本案中，被告人杨代芳等人套取国家建设专项资金，向其他单位购买集资住房的整个行为表面上都是以协调办的名义作出的，分取住房得到好处的人数达 5 人之多，且其中一人未实际参与该行为。这是对本案以贪污罪定性存在疑虑的地方，也是主张本案应认定为私分国有资产罪的主要理由所在。我们认为，根据上述三点关于贪污罪与私分国有资产罪区分界限的说明，本案不符合私分国有资产罪的行为构成，有关以贪污罪定性的疑虑也完全可以消除：首先，本行为不具有单位意志的代表性，不属于单位行为。私分国有资产行为必须是代表单位意志的行为，否则，假借单位名义谋个人之私利的个人侵占行为将不能得到排除。在本案中，一方面，作为协调办主任，被告人杨代芳对国家建设资金并无自主支配、使用权，无权决定资金的具体用途。这一点，从其虚构事由骗取协调领导小组负责领导的签字同意可以得到证明。另一方面，将套取出来的资金用于购买住房也非为多数人谋利，除了具体主管人员和出纳之外，协调领导小组和协调办的其他人并没有分取任何利益。所以，即便考虑到本案所涉协调办的特殊性，将其连同协调领导小组一并视为国家机关，本案也不具备以单位名义的法定要件。其次，本行为不具有相对的公开性。一方面，协调领导小组对此不知实情，相关领导是在被告人杨代芳虚构事实，误认为正常支出的情况下签字同意的；另一方面，在协调办内部，除了具体参与人员外，其他人员并不知情。此外，被告人杨代芳等事后以个人名义补签购房协议，有意隐瞒实情，谎称全部购房款系个人支付，进一步佐证了非公开性。再次，实际分取财物人员不具有多数性和广泛性特点。如前所述，对多数性和广泛性的判断，不能单纯地以人数的多寡为依据，应当结合决策、执行人员与其他人员的比例关系加以具体分析，从而区分出究竟是为了个人利益还是为了单位多数人利益。在本案中，尽管受益人员有 5 人，但协调办内部实际分取财物的人员仅为协调办主任、副主任及出纳等作出决定和具体执行的 4 人，明显不具有集体私分所要求的为多数人谋取利益的特点。至于本案存在 1 人未参与实施任何行为却分取了房屋的情形，因其非单位人员，故不能说明其具有广泛性，相反，这种财物处分上体现出来的随意性更进一步佐证了本案行为属于个人行为。

对杨代芳的行为到底是定贪污罪还是定私分国有资产罪，关键还在于行为方式。在本案中，确实存在被告人杨代芳作为协调办主任，与副主任乔拥军、谢正平集体研究决定这一情节，它与私分国有资产罪的特点较为接近。从本案的情况来看，被告人杨代芳伙同他人采取欺骗手段套取其所管理的部分国家建设专项资金，这一套取行为本身已经构成贪污罪。至于在套取国有资产以后用于少数人购买住房，只是对于贪污犯罪所得赃款的一种处分，不能以此认定为私分国有资产罪。由此可见，贪污罪与私分国有资产罪的重要区别之一就是，在私分国有资产罪中，国有资产本来就处于行为人的控制之中，因而经集体研究决定以单位名义私分给个人的行为是本罪的犯罪实行行为；但在贪污罪中，其取得财物的行为构成犯罪，这种取得财物的贪污方式，包括了窃取、骗取、侵吞或者其他方法。在财物取得行为已经构成贪污罪的情况下，应以取得行为定罪。因此，本案认定为贪污罪，我认为是完全正确的，它符合贪污罪的构成特征。

四、李祖清私分国有资产案①：国有资产的界定

1998 年 12 月 30 日，大悟县教育局人事科 1998 年中、高级职称评审

---

① 本案刊载于最高人民法院编：《刑事审判参考》，第 47 集，北京，法律出版社，2006。

材料费余款 9 000 元，被告人李祖清、张杰军、刘玉梅以下乡补助、节假日加班补助的名义，每人分得 3 000 元。1999 年 2 月 11 日，人事科 1997 年度公务员考核工本费余款 6 000 元，被告人李祖清、张杰军、刘玉梅以春节补助的名义，每人分得 2 000 元。2000 年 1 月 27 日，被告人李祖清在人事科购置档案柜报账时，从教育局计财科虚报 4 340 元，其中 3 300 元被李祖清、张杰军、刘玉梅以年终福利的名义每人分得 1 100 元。2001 年 1 月 10 日，人事科 1999—2000 年教师年度考核、教师资格证书、聘书、教师资格换证、教师考核收费余款 51 000 元，被告人李祖清、张杰军、刘玉梅以春节补助名义，每人分得 17 000 元。2002 年 2 月 1 日，人事科 2000 年教师考核、2001 年教师考核、聘书等收费余款 42 000 元，被告人李祖清、张杰军、刘玉梅以 2001 年年终福利名义，每人分得 14 000元。2003 年 5 月 8 日，人事科教师资格认定收费余款 12 000 元，被告人李祖清、张杰军、刘玉梅各分得 3 000 元，雷某分得 3 000 元。

大悟县人民法院认为：被告人李祖清、张杰军、刘玉梅身为国家工作人员，利用教育局、人事科的职权和职务上的便利，在代收费过程中，每人贪污公款 40 100 元，其行为已构成贪污罪。被告人李祖清作为人事科主要负责人在共同犯罪中居主犯地位，被告人张杰军、刘玉梅居从犯地位。遂依照《中华人民共和国刑法》第 382 条、第 383 条、第 25 条、第 26 条、第 27 条、第 72 条、第 73 条的规定，作出判决：（1）被告人李祖清犯贪污罪，判处有期徒刑 3 年；（2）被告人张杰军犯贪污罪，判处有期徒刑 3 年，缓刑 5 年；（3）被告人刘玉梅犯贪污罪，判处有期徒刑 3 年，缓刑 5 年。

一审宣判后，被告人李祖清、刘玉梅不服，向孝感市中级人民法院提出上诉。

大悟县人民检察院亦提起抗诉，提出：（1）起诉书指控的 14 笔犯罪事实，除第 9 笔和第 12 笔外，其余 12 笔相互关联，在时间上具有连续性，在构成上一笔的结余款又进入下一笔，承上启下，环环相扣。（2）本案被告人张杰军、刘玉梅在庭审中，拒不认罪，二被告人的辩护人亦作无罪辩护，不符合适用缓刑的条件，故一审法院对二人适用缓刑不当。

孝感市人民检察院出庭检察员提出：（1）本案事实清楚，证据确实充分，被告人李祖清、张杰军、刘玉梅的行为构成贪污罪。（2）一审判决片面采信证据，认定事实错误，导致量刑明显不当。

上诉人李祖清提出：（1）一审判决认定的事实不清，证据不足。（2）上诉人没有采取贪污的手段，也没有贪污的故意。第一，人事科在收费过程中确实有超标准收费和搭车收费的情况，但这都是为了完成教育局下达的任务和上级主管部门（如市教育局）和职能部门（如县人事局）的要求，上诉人收费不是为了贪污，虽然采取了超标准收费和搭车收费的方式，但不是为了贪污而采取的手段。第二，人事科因为人手少、任务重，工作忙、费用大，经常加班加点，科里的部分结余作为加班费、奖金、电话费、下乡补助分发给了个人是事实，但每次分配都是经张、刘提议后充分讨论分发的，在此以前和以后只要是人事科的人都是平均发放，在人事科是公开讨论、公开发放，人人有份，上诉人也认为心安理得。虽然违反了财经纪律，但上诉人在主观上没有贪污的直接故意，在客观上也没有采取任何手段贪污公款。（3）侦查机关程序违法。（4）一审判决认定上诉人属主犯不符合事实，三被告人不存在主、从之分。

其辩护人提出：（1）上诉人李祖清的行为不符合贪污罪的构成要件，一审判决定性错误。第一，一审判决将涉案财产定性为公共财物没有法律依据。根据刑法第九十一条的规定，本案大悟县教育局人事科在代收费过程中留存的款项显然不是劳动群众集体所有的财产，不是用于扶贫和其他公益事业的社会捐助或者专项基金的财产，也不是在国家机关、国有公司、企业、集体企业和人民团体管理、使用或者运输中的私人财产，根据现有法律规定，该款项不应属于国有财产。第二，上诉人主观方面没有贪污的故意，客观方面没有实施贪污行为。（2）一审判决上诉人李祖清构成贪污罪事实不清，证据不足。

上诉人刘玉梅提出：原审判决认定事实不清、证据不足，案件定性错误。其辩护人提出：本案事实不清、证据不足，被告人刘玉梅没有贪污的主观故意和客观行为，请求二审法院改判刘玉梅无罪。

原审被告人张杰军在二审庭审中提出：这些钱有几笔是领的，但属于什么性质，自己不清楚，请合议庭公正判处。

孝感市中级人民法院经审理查明：1998 年 12 月至 2003 年 5 月期间，大悟县教育局人事科利用办理全县教师职称评审、教师年度考核、公务员年度考评、职称聘书、教师资格换证等业务代收费之机，采取抬高收费标准、搭车收费、截留应缴资金的手段，筹集资金，设立小金库。小金库资金除用于科里公务开支外，每年春节前后，由科长李祖清组织科里人员将小金库账目进行对账后，以科室补助、年终福利等名义 6 次私分给人事科工作人员，并记录入账，私分款总额为 120 300 元，上诉人李祖清、刘玉梅、原审被告人张杰军各分得 40 100 元。分述如下：

1998 年 12 月 30 日，上诉人李祖清、刘玉梅、原审被告人张杰军以下乡补助、节假日加班补助的名义，将人事科收取的 1998 年中、高级职称评审材料费余款 9 000 元予以私分，每人分得 3 000 元。

1999 年 2 月 11 日，上诉人李祖清、刘玉梅、原审被告人张杰军以年终福利的名义，将人事科收取的 1997 年度公务员考核工本费余款 6 000 元予以私分，每人分得 2 000 元。

2000 年 1 月 27 日，上诉人李祖清、刘玉梅、原审被告人张杰军以年终福利名义，将虚报后进入小金库的档案柜购置款 3 340 元予以私分，每人分得 1 100 元。

2001 年 1 月 10 日，上诉人李祖清、刘玉梅、原审被告人张杰军以春节补助名义，将人事科收取的 1999 年教师年度考核、教师资格证书费余款 51 000 元予以私分，每人分得 17 000 元。

2002 年 2 月 1 日，上诉人李祖清、刘玉梅、原审被告人张杰军以年终福利名义，将人事科收取的 2000 年教师考核、2001 年教师考核、聘书等费用余款 42 000 元予以私分, 每人分得 14 000 元。

2003 年 5 月 8 日, 上诉人李祖清、刘玉梅、原审被告人张杰军及雷某 (系借用人员) 以福利、补助名义, 将人事科教师资格认定费余款 12 000 元予以私分, 每人分得 3 000 元。另查明, 1998 年 12 月至 2003 年 5 月期间, 大悟县教育局人事科正式工作人员为李祖清、张杰军、刘玉梅三人。

以上事实有上诉人李祖清保留的现金账, 上诉人李祖清、刘玉梅笔记本记录, 三人领款签名条, 三人的供述材料及李某恒、朱某、谈某等证人的证言和有关文件证明。上述证据经过一、二审开庭质证, 三人未提出异议, 予以确认。上诉人李祖清、刘玉梅及其辩护人提出原判认定的事实不清、证据不足的上诉理由和辩护意见不能成立, 不予采纳。

对于原判没有认定的 7 笔指控事实, 抗诉机关认为证据充分, 应当认定, 并当庭出示了证据。对此, 经审理查明, 原起诉指控的第 1、2、3 笔事实的主要证据是上诉人李祖清的笔记本记载, 第 4、7、8、13 笔事实的主要证据是上诉人李祖清的笔记本记载和上诉人刘玉梅的笔记本记载, 以及原审被告人在侦查机关的供述。从上述证据看, 存在记录内容比较模糊, 笔记本之间不能相互吻合, 口供不稳定、证明力低等问题, 没有达到刑事诉讼法规定的案件事实清楚, 证据确实、充分的定案标准。抗诉机关的第一项抗诉意见不能成立, 不予支持。

孝感市中级人民法院认为: 上诉人李祖清、刘玉梅、原审被告人张杰军主观上不具有贪污的共同故意, 客观方面不符合共同贪污的行为特征, 不构成贪污罪。上诉人李祖清作为大悟县教育局人事科的负责人, 违反国家规定, 擅自决定将单位违规收费的部分资金以单位补助、年终福利等名义私分给个人, 数额较大, 其行为构成私分国有资产罪。原审被告人张杰军、上诉人刘玉梅积极参与私分, 起较大作用, 属于单位犯罪的直接责任人, 其行为亦构成私分国有资产罪。原判对三人定罪不当, 应予纠正。上诉人李祖清、刘玉梅的辩护人提出上诉人李祖清、刘玉梅不构成贪污罪的意见成立, 但其要求改判上诉人李祖清、刘玉梅无罪的意见, 不能成立,不予采纳。对于上诉人李祖清及其辩护人提出侦查机关程序违法、起诉书指控 1—5 笔事实超过追诉期限的意见，经查，均不能成立，不予采纳。鉴于三人在二审开庭审理时能如实供述自己的犯罪事实，积极配合检察机关查清案件，且退出全部赃款，依法可对其适用缓刑。抗诉机关的第 2 项抗诉意见，与法律规定不符，不能成立。据此，依照《中华人民共和国刑法》第 396 条第 1 款、第 25 条、第 72 条和《中华人民共和国刑事诉讼法》（1996 年——引者注）第 189 条第（3）项的规定，判决如下：（1）撤销大悟县人民法院（2004）悟刑初字第 21 号刑事判决；（2）上诉人李祖清犯私分国有资产罪，判处有期徒刑 2 年，缓刑 2 年，并处罚金 20 000元；（3）原审被告人张杰军犯私分国有资产罪，判处有期徒刑 1 年，缓刑 1 年，并处罚金 10 000 元；（4）上诉人刘玉梅犯私分国有资产罪，判处有期徒刑 1 年，缓刑 1 年，并处罚金 10 000 元。

在本案中，从行为方式来看，被告人是以各种名义在科室内将违法收取的财物进行私分。就此而言，本案符合私分国有资产罪的构成特征。在本案中，存在争议的是如何正确界定私分国有资产罪中的国有资产。换言之，违法收取的费用是否属于国有资产？对此，本案的裁判理由作了以下论述：

国有资产的范围，一般认为，广义的国有资产分为经营性资产、行政事业性资产和资源性资产。狭义的国有资产就是指经营性的国有资产，即国家作为出资者在企业依法拥有的资本及其收益。1993 年《国家国有资产管理局国有资产产权界定和产权纠纷处理暂行办法》第二条对国有资产作了明确定义，即国有资产是指国家依法取得和认定的，或者国家以各种形式对企业投资和投资收益、国家向行政事业单位拨款等形成的财产。1999 年 8 月最高人民检察院《关于人民检察院直接受理立案侦查案件立案标准的规定（试行）》附则部分将国有资产界定为"国家依法取得和认定的，或者国家以各种形式对企业投资和投资收益、国家向行政事业单位拨款等形成的资产"。可见，私分国有资产罪中的国有资产，是指广义的国有资产。根据上述规定，国有资产主要有三大类：一是国家依法取得和认定的国有资产，二是国家以各种形式对国有公司、企业投资形成的财产和投资收益，三是国家向行政事业单位拨款等形成的财产。其中第一类主要指：国家依法赋予各行政管理机关强制收取的各种税费，国家通过刑事处罚、行政处罚等取得的财产，国家通过强制征收取得的其他财产。

　　根据上述规定，行政事业单位违反行政法规，滥用职权而乱收费、乱摊派、乱罚款所得的款项，应认定为国有资产，构成私分国有资产罪的犯罪对象。其理由是：第一，从所有权的取得方式看。国家从社会的公共利益出发，凭借其依法享有的公共权力，采用征税、国有化、没收、征收等强制手段取得的财产所有权。这是国家财产取得的主要来源。"三乱"收入从表现形式上符合国有资产取得的法定形式，其法律效力在有关部门查处之前是毋庸置疑的。因此，行政机关各种违法收取的费用符合国有资产取得的规定，属于国有资产。第二，根据我国法律规定，一切违法所得都应没收上缴国库，收款单位根本没有支配、处分权。同时，这些款项都是收款单位以国家名义强制收取的，被收款方也认为是国有单位收取的，如要举报控告也是控告国有单位，最终由国家负责清退和赔偿。同时，根据刑法第 91 条第 2 款规定的精神，对于国家实际上占有、使用、处分的资产，应视为国有资产。第三，财产犯罪的对象范围不以合法所有或者持有的财物为限。正如陈兴良教授指出：物的法律性质并不妨害其成为行为客体，犯罪所生之物与犯罪所得之物，在大多数情况下都应当是行为客体。以所得之物而言，在财产犯罪中行为人以非法占有他人财物为目的，该财物是所有人所失之物，同时又是行为人所得之物，当然应当承认其为行为客体。因此，刑法上的财产，更多强调的是财产的经济价值性，而非合法性。即便是不受民法保护或者为相关行政法规所明文禁止的财物，如赌资、赃物、违禁品等，只要具有一定的经济价值，并且与刑法的基本保护精神不相违背，则同样可以成为财产犯罪的对象，并应当受到刑法的保护。

　　本案大悟县教育局人事科小金库中绝大部分款项都是该科违反国家规

定、超标准、超范围收取的，属于违法收入，因此，可以认定为国有资产。

以上裁判理由对国有资产进行了论述，从中可以看出，对国有资产是作较为广义的理解的，由此将违法收入纳入国有资产的范畴。我们注意到，私分国有资产罪中的国有资产与贪污罪中的公共财产这两个概念的含义是有所不同的，前者要比后者更为窄一些。我国刑法第 91 条对公共财产的含义作了规定：

　　本法所称公共财产，是指下列财产：

　　（一）国有财产；

　　（二）劳动群众集体所有的财产；

　　（三）用于扶贫和其他公益事业的社会捐助或者专项基金的财产。

　　在国家机关、国有公司、企业、集体企业和人民团体管理、使用或者运输中的私人财产，以公共财产论。

从以上规定可以看出，在公共财产中，只有上述第一项国有财产才是国有资产，其他公共财产均非国有资产。有关司法解释对国有资产作了界定，但这种界定还是较为抽象的。对此，我国学者指出：司法实践中在具体认定某项资产是否属于国有资产的过程中还会遇到这样那样的问题，对于性质有争议的资产，可以商请有关国有资产管理部门协助界定。[①] 我认为，这一方式对于界定国有资产是可取的。当然，从理论上，仍然需要就某些特定财物是否属于国有资产作出说明。从司法实践情况来看，对于下述财物是否属于国有资产存在较大争议，应当加以研究。

　　（一）国有单位的创收收入

创收收入是指以单位名义通过投入国有资产或者资金而获取的收益，或者通过提供服务或者劳务而收取的费用。对于一个单位来说，创收收入都是计划外的，因此往往与小金库问题联系在一起。我国国家国有资产管理局 1991 年 2 月 19 日制定的《关于国家事业行政单位在创收活动中加强国有资产管理工作的暂行规定》第 5 条指出："各有创收活动的事业行政单位的主管部门，要指定必要的机构，在国有

---

① 参见张穹主编：《解读最高人民检察院司法解释》，206 页，北京，人民法院出版社，2003。

资产管理部门的授权下，对投入创收活动的国有资产进行统一管理，并建立健全管理制度，防止资产的流失，促进提高资产的经营使用效益。创收所取得的收入要严格按财政部门的规定纳入财务管理，不得私设'小金库'。国有资产管理部门对事业行政单位投入创收活动的国有资产管理和国有资产经营收益分配使用情况有权监督检查，并商同有关部门及时纠正存在的问题。"以上规定，为我们理解国有单位的创收收入的性质提供了法律根据。对于私分创收收入是否构成私分国有资产罪，我国学者指出：

> 以出租出借国有资产开展创收活动的事业行政单位，其取得的租借收益，属于国有资产，而且绝对不能用于本单位职工福利、奖励支出。如果这些单位以发福利或奖金的名义或其他名义，将这些创收款全部或部分发给职工，数额较大的，就构成私分国有资产罪。对于其他创收款，在按照规定提取一定比例的资金用于固定资产的维修和更新改造后，其纯收益不是不可以按照财政部门的规定用于发放一定的福利和奖金，只是不得任意提高职工福利和奖励基金比例，否则，也同样可以构成私分国有资产罪。①

对于创收收入，应当区分不同情况界定其性质。对此我是赞同的。对于通过投入国有资产或资金而获取的收益，应当界定为国有资产，是没有问题的。但对于通过提供服务或者劳务而收取的费用，在按照规定的比例提取一定的费用以后，其他资金就不应认为是国有资产。对于这些创收收入可以按照财政部门的规定用于发放一定的福利和奖金。任意提高职工福利和奖励标准进行发放的，也只是违反财经制度的行为，不能构成私分国有资产罪。

（二）罚没财物

罚没财物是指司法机关在办理刑事案件过程中追缴、没收犯罪嫌疑人、被告人的财物，对犯罪分子判处的罚金、没收财产，以及行政执法机关在执法活动中没收的和处罚收缴的财物、罚款。应当指出，罚没财物也属于国有资产，因此，我国刑法规定的私分罚没财物罪与私分国有资产罪之间，存在特别法与普通法的法条竞合

---

① 王作富主编：《刑法分则实务研究》，3 版，下册，1876 页，北京，中国方正出版社，2007。

关系。

（三）非法收入

非法收入是指国有单位违反法律规定收取的各项费用。非法收入是国家法律明文禁止的收费，可以说是乱收费。既然非法收入其来源是没有法律根据的，而且是违法的，那么它能否成为国有资产呢？对于这个问题，本案的裁判理由作了肯定性的论证，主要是从违法所得应没收上缴国库或者清退和赔偿有关当事人的角度说明非法收入应当属于国有资产。我认为，这一论证还是能够成立的。因此，被告人李祖清等人的行为构成私分国有资产罪。

第7章
渎职罪

第1节　超越职权出具鉴证书造成财产损失行为之定性研究

案名：包智安滥用职权案
主题：滥用职权罪　罪过形式　因果关系

滥用职权罪是 1997 年刑法新增的一种国家机关工作人员渎职犯罪。在刑法理论上与司法实践中，对于滥用职权罪的构成要件及其认定都存在分歧意见。本节以包智安滥用职权案①为例，对滥用职权罪的相关疑难问题进行探讨。

一、案情及诉讼过程

江苏省南京市人民检察院以被告人包智安犯受贿罪、滥用职权罪，向

①　本案刊载于最高人民法院编：《刑事审判参考》，第 41 集，北京，法律出版社，2005。

江苏省南京市中级人民法院提起公诉。

起诉书指控：1996 年 10 月至 2003 年 5 月，被告人包智安利用职务上的便利，为王某等人谋取利益，先后 22 次非法收受王某等人的财物共计人民币 28.04 万元；1997 年 3 月至 1998 年 1 月，被告人包智安在担任南京市劳动局局长期间，未经集体研究，擅自决定以南京市劳动局名义为下属企业出具鉴证书，造成有关企业损失人民币 3 440 余万元。被告人包智安的行为构成受贿罪、滥用职权罪，受贿罪系自首。

被告人包智安辩称：收受 28 万余元属实，但大部分不是受贿，滥用职权罪名不成立。其辩护人提出：被告人包智安收受虞某、蒋某、贾某、赵某、黄某的财物时未利用职务上的便利；指控包智安收受虞某、赵某、郭某、迟某和金某、张某贿赂证据不足；包智安受贿数额应为人民币 6.04 万元；包智安没有滥用职权的行为，其出具鉴证书与造成损失无因果关系，且行为大部分发生于新刑法实施之前，不应追诉。

江苏省南京市中级人民法院经公开审理查明：

（一）受贿

······ ······

（二）滥用职权

1997 年 3 月至 1998 年 1 月，被告人包智安在担任南京市劳动局局长期间，未经集体研究，擅自决定以南京市劳动局的名义，为下属企业南京正大金泰企业（集团）有限公司（以下简称正大公司）出具鉴证书，致使该公司以假联营协议的形式，先后向南京计时器厂、南京钟厂、南京长乐玻璃厂借款人民币 3 700 万元，造成三家企业共计人民币 3 440 余万元的损失。1999 年至今，经南京市人民政府协调，由南京市劳动局陆续"借"给上述 3 家企业共计人民币 1 700 余万元。

对于被告人包智安及其辩护人就上述事实提出的辩解、辩护意见，经查：

［（1）（2）（3）（4）属于受贿罪的内容，略。］

（5）关于包智安行为的不法性和因果关系的问题。包智安明知国家机关不能提供担保，且企业间不允许相互拆借资金，仍擅自同意出具具有担保意义的所谓鉴证书，为有关企业以联营名义相互拆借资金提供条件，其行为具有不法性；正因为包智安以劳动局名义出具了鉴证书，使得相关企业间非法拆借资金行为得以实行，也同时产生了巨大的资金使用风险，且造成有关企业实际损失人民币 3 400 余万元的客观后果，该后果与包智安的不法行为间具有因果关系。

（6）关于包智安部分行为的追诉时效问题。包智安滥用职权的部分行为发生在 1997 年《中华人民共和国刑法》实施之前，虽然 1979 年《中华人民共和国刑法》没有滥用职权罪的罪名，但将滥用职权的行为规定为玩忽职守罪的罪名。在新、旧刑法均规定为犯罪的情况下，犯罪行为延续到 1997 年《中华人民共和国刑法》实施之后的，依照有关法律解释的精神，应当依照 1997 年《中华人民共和国刑法》追究其刑事责任。故被告人及其辩护人对于滥用职权罪提出的辩解、辩护意见不能成立，不予采纳。

江苏省南京市中级人民法院认为：被告人包智安身为国家工作人员，利用职务上的便利，非法收受他人财物，为他人谋取利益，其行为已构成受贿罪；包智安身为国家机关工作人员，滥用职权，致使国家和人民利益遭受重大损失，情节特别严重，其行为还构成滥用职权罪。包智安犯有两罪，应予数罪并罚。南京市人民检察院指控被告人包智安构成受贿罪、滥用职权罪的事实清楚，证据确实充分，予以采纳。包智安受贿罪系自首，且退清全部赃款，依法对其所犯受贿罪予以减轻处罚。遂依照《中华人民共和国刑法》第 93 条、第 385 条第 1 款、第 386 条、第 383 条第 1 款第（2）项、第 397 第 1 款、第 69 条、第 67 条、第 59 条、第 64 条的规定，于 2004 年 10 月 13 日判决如下：（1）被告人包智安犯受贿罪，判处有期徒刑 8 年，没收财产人民币 10 万元；犯滥用职权罪，判处有期徒刑 4 年，决定执行有期徒刑 10 年，没收财产人民币 10 万元。（2）犯罪所得人民币

280 400 元予以没收，上缴国库。

一审宣判后，被告人包智安不服，向江苏省高级人民法院提起上诉。被告人包智安的上诉理由和其辩护人的辩护意见与一审时的辩解、辩护意见相同。

江苏省高级人民法院经审理认为：被告人包智安身为国家工作人员，利用职务上的便利，非法收受他人财物，为他人谋取利益，其行为已构成受贿罪，应依法惩处。包智安受贿罪系自首，且退清全部赃款，依法对其所犯受贿罪予以减轻处罚。包智安违反规定同意鉴证的行为是一种超越职权行为，但尚构不成犯罪。故对包智安及其辩护人所提滥用职权罪名不成立的辩解、辩护意见予以采纳。原审判决认定包智安犯受贿罪的事实清楚，证据充分，定性准确，量刑在法律规定范围内；但认定犯滥用职权罪不当，依法应予改判。遂依照《中华人民共和国刑事诉讼法》（1996 年——引者注）第 189 条第（1）（2）项的规定，于 2005 年 4 月 11 日判决如下：（1）维持江苏省南京市中级人民法院刑事判决第 1 项中关于包智安犯受贿罪的判决部分和第 2 项，即被告人包智安犯受贿罪，判处有期徒刑 8 年，没收财产人民币 10 万元；犯罪所得人民币 400 元予以没收，上缴国库。（2）撤销江苏省南京市中级人民法院刑事判决第 1 项关于包智安犯滥用职权罪的判决部分，即被告人包智安犯滥用职权罪，判处有期徒刑 4 年，数罪并罚，决定执行有期徒刑 10 年，没收财产人民币 10 万元。

二、罪名分析

根据我国刑法第 397 条第 1 款的规定，滥用职权罪是指国家机关工作人员超越职权，违法决定、处理其无权决定、处理的事项，或违反规定处理公务，致使公共财产、国家和人民利益遭受重大损失的行为。在司法实践中，关于滥用职权罪的认定存在的主要争议是其罪过形式问题。

关于滥用职权罪的罪过形式，在我国刑法理论上存在以下三种观点的聚讼：一是过失说，二是故意说，三是复合罪过说。因为在刑法理论上，对于玩忽职守罪的罪过形式，在1997年刑法修订以后，我国刑法学界一般认为只能是过失而不包括故意。因此，在讨论滥用职权罪的罪过形式的时候，一般都是在与玩忽职守罪的比较中展开的。在这个意义上说，滥用职权罪的罪过形式的讨论，具有以玩忽职守罪为背景的罪名对比的性质。

我国刑法规定的犯罪故意，是指对于危害结果的希望或者放任的主观心理态度，而不是对行为的主观心理态度。就此而言，我国刑法中的犯罪故意是一种结果故意而非行为故意。结果故意，对于结果犯当然是适用的，但对于行为犯如何适用？这是一个值得研究的问题。从我国刑法第14条关于犯罪故意的字面规定来理解，结果故意似乎是能够成立的。在这种情况下，过失说对故意说进行了以下批评：

> 在滥用职权的场合，滥用职权的行为只是表明行为人对其行为的故意，并不必然意味着对行为可能产生的危害结果的故意。但是主张滥用职权罪是故意犯罪的学者，通常都是用对行为的故意来论证该罪的罪过形式的。这种以对行为的态度来代替对结果的态度的论证方式，在法理上是违背刑法中区分故意与过失的基本原理的。①

确实，滥用职权的行为都是故意的，如果行为故意即等于犯罪故意，滥用职权罪是故意犯罪这一命题是能够成立的。我国学者还对滥用职权罪与玩忽职守罪作了比较以支持过失说，指出：

> 滥用职权和玩忽职守，都是因为渎职而导致公共财产、国家和人民利益遭受重大损失的结果的行为，前者主要表现为积极作为的渎职，后者主要表现为消极不作为的渎职。如果认为为了徇私舞弊而用积极作为的方式渎职造成严重后果的构成故意犯罪，而同样是为了徇私舞弊，以消极不作为的方式渎职造成严重后果的，就是过失犯罪，这显然是把作为与不作为

---

① 张智辉：《论滥用职权罪的罪过形式》，载赵秉志主编：《刑法评论》，第1卷，143页，北京，法律出版社，2002。

当作区分故意与过失的依据。这与作为与不作为决定罪过形式的刑法原理
是相悖的。①

在上述论证中，把滥用职权罪与玩忽职守罪的区分视为客观上的作为与不作为
的区分，显然是错误的。实际上，无论是滥用职权罪还是玩忽职守罪，都存在作为
与不作为两种形式。以滥用职权罪而言，超越职权，当然是作为；故意不行使职
权，则是不作为。例如在《俄罗斯联邦刑法典》中也规定了滥用职权罪，俄罗斯学
者认为：滥用职权的具体形式可能是各种各样的（公职人员活动的领域是各种各样
的），既可以是作为，也可以是不作为（公职人员故意不实施某种有义务实施并有
现实可能实施的职务行为）。② 在此，故意不行使职权，是一种以不作为方式实施的
滥用职权罪。就玩忽职守罪而言，不履行职责，当然是不作为，还应当指出的是，
这里的不履行职责是指过失地不履行职责，如果是故意，那就不是不履行职责，而
是不行使职权，因此就属于滥用职权而不是玩忽职守。此外，玩忽职守罪也可以采
用作为方式实施，这就是不认真履行职责，这也是玩忽其职守的题中之意。由此可
见，不能简单地认为滥用职权是作为而玩忽职守是不作为。在滥用职权行为表现为
逾越职权与玩忽职守行为表现为不认真履行职责这两种情况下，可以从客观上加以
区分。但在滥用职权行为表现为不行使职权和玩忽职守行为表现为不履行职责的情
况下，在客观上都是不作为，难以从客观要素上加以区分。值得注意的是，我国学
者试图从职权与职责上加以区分，指出：

> 滥用职权者滥用的是职权。职权享有者的职权不但可以决定自身职责
> 的完成，同时也意味着可以要求他人对职责的履行或者不履行。在职权者
> 利用职权要求他人不履行职责时，虽然从客观表现上看有不履行职责，但
> 要求他人不履行无疑是职权的行使；玩忽职守者玩忽的才是职责，职责是
> 从行为人本人的义务出发的，不存在滥用的可能。因此，认为滥用职权罪

---

① 张智辉：《论滥用职权罪的罪过形式》，载赵秉志主编：《刑法评论》，第 1 卷，146～147 页，北京，
法律出版社，2002。
② 参见［俄］斯库拉托夫、列别捷夫主编：《俄罗斯联邦刑法典释义》，下册，黄道秀译，790 页，北
京，中国政法大学出版社，2000。

与玩忽职守罪的不履行职责是共同的观点是不够准确的。①

当然,职权与职责这两个行政法上的概念能否作上述区分,还是需要商榷的。实际上,职权与职责之间是紧密联系的,只不过是从不同角度对同一事物的描述而已。例如,在行政法中,职责要素是公务行为的基本要素之一:公务人员的行为属于其职责范围内的,被认为是公务行为;而不属于职责范围内的,被认为是个人行为。但是,属于职责范围以外的行为可能是超越职权的违法公务行为。② 由此可见,职责在一定意义上是区分公务行为与个人行为的标志,也是行使职权的前提。职权正是职责范围内的权力,是职责的核心内容之所在,没有职权的职责是不可想象的;同样,不以职责为前提的职权也是不存在的。例如,对在押人员进行监管,是一种职权,这对于负责监管的司法工作人员来说是一种职责。司法工作人员不履行监管职责,致使在押人员脱逃的,到底是滥用职权还是玩忽职守呢?从客观上难以区分,只能从主观上界定:故意不履行监管职责致使在押人员脱逃的,属于滥用职权行为,根据我国刑法规定应定私放在押人员罪。过失不履行监管职责致使在押人员脱逃的,属于玩忽职守行为,根据我国刑法规定,应定失职致使在押人员脱逃罪。因此,在职务上的不作为,即不履行职责的情况下,区分是滥用职权行为还是玩忽职守行为,唯一的根据就是行为人的主观心理状态:如果是故意地不履行职责,就是滥用职权。如果是过失地不履行职责,则是玩忽职守。在这种情况下,玩忽职守行为本身就不可能是故意的,其构造是:过失行为造成过失结果。由此可见,玩忽职守罪的罪过形式是过失。例如,在《俄罗斯联邦刑法典》中,在规定滥用职权罪的同时也规定了玩忽职守罪,其主观罪过就是过失。③

既然滥用职权行为只能由故意构成,那么,行为人对于该罪所要求的致使公共财产、国家和人民利益遭受重大损失这一结果,是故意还是过失呢?如果根据结果

---

① 杨开江、胡陆生:《玩忽职守与滥用职权罪罪过形式与客观行为的认定》,载张仲芳主编:《刑事司法指南》,53～54 页,北京,法律出版社,2006。

② 参见周佑勇:《行政法原论》,132 页,北京,中国方正出版社,2000。

③ 参见[俄]斯库拉托夫、列别捷夫主编:《俄罗斯联邦刑法典释义》,下册,黄道秀译,810 页,北京,中国政法大学出版社,2000。

故意的观点，滥用职权罪的罪过是故意还是过失，并不取决于对行为的主观心理态度，而是取决于对结果的主观心理态度。过失说认为，滥用职权者对于致使公共财产、国家和人民利益遭受重大损失这一结果不可能是故意，只能是过失。其法理正如重大责任事故罪：对违章行为是故意的，对于事故后果则是过失的，应以过失犯罪论处。关于这个问题，故意说提出以下解决方式作为因应之策：

第一种方式是根本不承认致使公共财产、国家和人民利益遭受重大损失是滥用职权行为的结果，而是将其认定为客观的超过要素或者类似于客观处罚条件的罪量要素。客观的超过要素说为张明楷教授所主张，张明楷教授指出：

> 滥用职权罪的责任形式应为故意，包括直接故意与间接故意。另一方面也应承认，要求滥用职权的行为人主观上对致使公共财产、国家和人民利益遭受重大损失的结果持希望或者放任的态度，同样不合适。所以，一方面承认本罪是故意犯罪，另一方面将上述结果视为客观的超过要素，不要求行为人认识（但应有认识的可能性）、希望与放任，则可以避免理论与实践上的困惑。①

客观的超过要素是相对于主观的超过要素而言的，不要求行为人主观上认识，当然也就不能以此作为区分故意还是过失的标准。罪量要素说是我所主张的，我曾经指出：

> 致使公共财产、国家和人民利益遭受重大损失，并非滥用职权罪的结果，而是滥用职权罪的罪量。也就是说，滥用职权行为本身是故意的，但并非只要实施了滥用职权罪行为就构成犯罪，而是只有在致使公共财产、国家和人民利益遭受重大损失的情况下才以致使公共财产、国家和人民利益遭受重大损失的主观心理状态来确定本罪的罪责形式。②

在我构造的罪体—罪责—罪量的犯罪构成体系中，罪量是独立于罪体的构成要件，不要求行为人对罪量的认识，因而它类似于大陆法系刑法理论中的客观处罚

---

① 张明楷：《刑法学》，3 版，898 页，北京，法律出版社，2007。
② 陈兴良：《规范刑法学》，2 版，下册，1031 页，北京，中国人民大学出版社，2008。

条件。

第二种方式是虽然承认致使公共财产、国家和人民利益遭受重大损失是滥用职权罪的结果，然而在解释犯罪故意时又分为结果发生与结果程度，行为人的故意是针对结果发生而言的。这种观点指出：

> 犯罪故意的成立，要求行为人对危害结果的发生有认识，而不是对危害结果的程度有认识。例如，故意伤害他人致人重伤，即使其未想到会造成重伤，仍然构成故意伤害罪，按致人重伤处罚，而不构成过失重伤罪。对于滥用职权来说，行为人明知自己是违反法律、法规或规章的规定，逾越职权或者不正当地行使权力，也不可能不知道会由此产生什么后果。至于实际损失的大小是否超出其预料，并不能改变其犯罪的故意性质。如果行为人确实不知自己的行为会造成危害结果，例如，因不明确自己的职权范围而逾越了职权，以致造成重大损失，显然缺乏犯罪的故意，当然不能构成滥用职权罪。①

这种观点将结果的发生与结果的程度加以区分，故意是对结果的发生具有希望或者放任的心理态度，至于结果大小并非故意所要求。应该说，这种观点在解释上具有一定的合理性。

至于复合罪过形式说，其突破一个罪名一种罪过形式的单一罪过形式理论，提出同一法条规定的同一个具体罪名的罪过形式既有故意又有过失的命题，并将滥用职权罪作为一个例证。② 此外，玩忽职守罪也往往被认为是复合罪过形式。根据这种观点，滥用职权罪与玩忽职权罪只是客观要件不同，主观罪过形式是相同的，既可以是故意又可以是过失。对于这一观点，我是不赞同的。刑法以处罚故意为原则，对于过失犯罪法律有规定的才处罚。由于我国关于过失犯罪未作明示规定，结果导致故意与过失相混淆。无论如何，一种犯罪，在行为相同的情况下，对于结果要么是故意要么是过失。刑法对故意犯罪与过失犯罪的罪名设置具有以下三种情

---

① 高铭暄主编：《刑法专论》，下篇，893 页，北京，高等教育出版社，2002。
② 参见杨书文：《复合罪过形式论纲》，105 页，北京，中国法制出版社，2004。

形：一是只处罚故意犯罪，对于过失犯罪不处罚。例如我国刑法只规定了故意毁坏财物罪，对于过失毁坏财物行为不予刑事处罚。二是既处罚故意犯罪又处罚过失犯罪。例如，我国刑法对放火行为与失火行为都予以刑事处罚，分别规定为不同罪名。三是处罚过失犯罪，并不存在与之相对应的故意犯罪。例如重大责任事故罪，如果故意造成事故，就属于危害公共安全的故意犯罪，责任事故罪本身就是过失犯罪。就滥用职权罪与玩忽职守罪的关系而言，在客观行为上存在重合性，例如不履行职责实质上就是不行使职权。在这种情况下，只能根据故意与过失加以区分：故意不行使职权是滥用职权，过失不履行职责是玩忽职守。因此，滥用职权罪与玩忽职守罪，是故意犯罪与过失犯罪之别，正如故意泄露国家秘密罪与过失泄露国家秘密罪规定在同一法条，具有相同法理。在这种情况下，故意犯罪与过失犯罪之间应该明确区分，不能承认复合罪过形式的存在，否则就会混淆故意与过失之间的界限。

三、裁判理由的评判

本案涉及受贿罪与滥用职权罪两个罪名，受贿罪不在本节讨论范围之内，在此我们主要讨论滥用职权罪。关于本案的滥用职权行为，一审法院认定有罪，二审法院则认定无罪，两种判决结果是截然不同的。尽管如此，对于被告人包智安的行为属于滥用职权行为并无争议，所争议者，在于该滥用职权行为与重大损失之间是否存在因果关系。一审判决认为，损害后果与包智安的不法行为之间具有因果关系，而二审判决则作出了相反的认定。二审判决的裁判理由指出：

　　本案中，包智安在担任南京市劳动局局长期间，未经集体研究，擅自决定以该局的名义，为正大公司出具鉴证书的行为是一种超越职权的滥用职权行为，在客观上也发生了重大损失，但根据刑法第三百九十七条的规定，是否构成滥用职权罪，还要求滥用职权行为与危害后果之间存在刑法上的因果关系。而本案中，不存在这种因果关系，故对于包智安滥用职权以南京市劳动局的名义，为正大公司出具鉴证书的行为，不能以滥用职权罪定罪处罚。理由如下：

第一，被告人包智安的滥用职权行为与南京计时器厂、南京钟厂、南京长乐玻璃厂将资金拆借给正大公司而造成重大损失没有必然的因果关系。本案中，正大公司是南京市劳动局下属企业控股的公司，为解决资金运转困难，经与南京计时器厂、南京钟厂、南京长乐玻璃厂协商，拟从三家企业借用资金 3 700 万元。借贷双方均明知企业间相互拆借资金违反了财经纪律，为规避财经管理制度，采取以假联营的形式拆借。出借方为了保证资金的安全要求正大公司出具劳动局鉴证的鉴证书，包智安为了帮助下属公司解决资金困难而擅自决定以南京市劳动局名义出具了鉴证书，但鉴证不是借款合同成立的必经程序，也不对合同的履行起法律上的保证作用。三家企业作为市场经济的主体，对此应当是明知的。没有证据证实包智安在企业拆借过程中起决定性的作用，三家企业将资金拆借给正大公司是三家企业决策机构作出的一种企业行为，非法拆借与遭受经济损失之间存在直接的因果关系，所造成的重大损失与包智安的滥用职权行为之间没有刑法上的因果关系。

第二，正大公司破产是南京计时器厂、南京钟厂、南京长乐玻璃厂不能收回借款的直接原因，但正大公司破产、无力偿还所拆借资金系由正大公司经营管理不善、资金周转困难等多种原因造成的，不是包智安帮助促成借款造成的。直接责任人应是该公司的负责人，而不是该公司的上级主管部门领导包智安，况且资金借来后亦用于正大公司的正常经营活动，与该公司的破产无必然的因果关系。

第三，鉴证不具有担保性质，南京市劳动局不需要对南京计时器厂、南京钟厂、南京长乐玻璃厂的资金拆借损失承担赔偿责任。根据 1997 年 11 月 3 日国家工商行政管理局发布的《合同鉴证办法》的规定，鉴证是工商行政管理机关审查合同的真实性、合法性的一种监督管理制度。本案鉴证书内容为："我局将督促正大金泰公司切实履行协议中的各项条款，如其违约，我局将负责追究其经济责任，并确保其补偿一切损失。"南京市劳动局并未承诺当正大公司不能偿还借款时，由劳动局承担偿还责任或承担连带赔偿责任，而仅是承诺承担督促正大公司切实履行协议的行政管理责任。该鉴证书的内容没有超出鉴证的范围。同时，根据担保法（已失效——引者注）第八条的规定，国家机关不得为保证人。南京计时器厂、南京钟厂、南京长乐玻璃厂对此应当是明知的，在没有担保的情况下将资金拆借给正大公司，也应当知道当正大公司无力偿还所拆借资金时必然会自己承担所遭受损失，而无法向南京市劳动局追偿。虽然在正大公司破产后，经过南京市政府协调，南京市劳动局陆续借给上述三家企业 1 700 余万元，但该款在法律属性上是借款，而不是代为偿还，不能认为是该局履行担保责任的行为。上述三家企业和正大公司的相关负责人对本案所造成的重大经济损失，负有重要责任。

综上，包智安出具鉴证书的行为与造成重大经济损失之间不具有刑法上的因果关系，其行为不符合滥用职权罪的构成要件，其对超越职权行为最终发生的结果，只能承担行政领导责任，而不是刑事责任，故二审法院依法撤销一审刑事判决中对被告人包智安犯滥用职权罪的定罪量刑部分是适当的。

如前所述，对于被告人包智安越权且违法出具鉴证书的行为属于滥用职权行为并无异议，但在这一滥用职权行为是否具备致使公共财产、国家和人民利益遭受重大损失的后果的问题上，存在争议。

从一审判决来看，其是把有关企业拆借给劳动局下属企业的 3 400 余万元作为本案的实际损失。在此存在一个值得研究的问题：滥用职权的重大损失如何确定？我认为，在一般情况下，滥用职权造成的损失是本单位的损失，只有在特殊情况下，滥用职权造成的损失是国家和人民利益的损失。这主要根据行为人所滥用的职权的性质来确定：如果滥用的是本部门的某一具体职权，则应以本部门的损失作为滥用职权罪的损失。如果滥用的是公共职权，则应以其他单位的损失作为滥用职权的损失。在一般案件中，滥用职权造成的重大损失是较为容易认定的。但在本案中，由于被告人越权出具鉴证书，使有关企业拆借给劳动局下属企业 3 400 余万元，最终不能归还。一审判决以此作为滥用职权罪的重大损失,二审判决则认为被告人出具鉴证书与这一拆借以及不能归还的结果之间没有因果关系。在本案裁判理由中,提及在正大公司破产后,经过南京市政府协调,南京市劳动局陆续借给相关企业 1 700 余万元。裁判理由认为:"该款在法律属性上是借款,而不是代为偿还,不能认为是该局履行担保责任的行为。"按照裁判理由,该 1 700 余万元不能被认定为滥用职权造成的重大损失。我认为,这一裁判理由值得商榷:1 700 余万元是以借款名义支付的,存在债权,但能否因为债权存在,就不能认定为损失?关于这个问题,最高人民法院 2003 年 11 月 13 日《全国法院审理经济犯罪工作座谈会纪要》明确规定:在司法实践中,有下列情形之一的,虽然公共财产作为债权存在,但已无法实现债权的,可以认定为已经造成了经济损失:(1)债务人已经法定程序被宣告破产;(2)债务人潜逃,去向不明;(3)因行为人责任,致使超过诉讼时效;(4)有证据证明债权无法实现的其他情况。由此可见,并非只要存在债权,就不能认定为损失,关键是要看债权能否实现。在本案中,1 700 余万元虽然是在南京市政府的协调下,以借款名义付出,但到底能否偿还,还要根据实际情况判断,不能仅仅根据借款的名义而否认其为重大损失。

如果将这 1 700 余万元认定为重大损失,则被告人不能以其滥用职权行为与 3 700 余万元的拆借没有因果关系为由而否认其行为构成滥用职权罪。其实,在滥用职权罪的因果关系问题上,同样具有不同于一般因果关系的特殊性。就滥用职权等渎职犯罪的因果关系而言,除少数渎职犯罪行为与损害结果之间存在直接因果关系以外,在大多数情况下都不是渎职行为直接、单独地造成损害结果的发生,而是间接、共同地造成损害结果发生。在这种情况下,渎职犯罪包括滥用职权罪的因果关系具有间接因果关系和共同因果关系的特点。所谓间接因果关系,是相对于直接因果关系而言的,是指在行为与结果之间存在两个以上的因果链条。这是一种双重(以上)的因果关系:其中第一个因果链条是直接因果关系,第二个因果链条就是间接因果关系。而所谓共同因果关系,是相对于单独因果关系而言的:单独因果关系是一因一果的关系,而共同因果关系是多因一果的关系。在本案中,二审判决认定非法拆借的 3 700 万元中不能归还的 3 400 余万元是损失,然后认为,非法拆借与遭受损失之间存在直接的因果关系，所造成的重大损失则与滥用职权行为之间没有刑法上的因果关系。我认为，对因果关系的这一认定过于简单化。越权出具鉴证书在非法拆借中到底起到了什么作用？如果劳动局不出具鉴证书，非法拆借还是否可能进行？如果存在这种"若无前者，即无后者"的关系，则越权出具鉴证书的行为与非法拆借之间存在事实因果关系。当然，是否存在法律因果关系，还需要进行相当性判断，即在当时情况下，根据社会一般观念，是否能够预见到非法拆借的风险以及出具鉴证书所应当承担的责任？对此，一审判决是持肯定见解的。而二审判决的裁判理由认为，非法拆借是一种企业行为，鉴证书不是借款合同成立的必经程序，也不对合同的履行起法律上的保证作用，从而以此否认越权出具鉴证书的行为与损失之间具有因果关系。但这一理由是十分牵强的：鉴证书不是借款合同成立的必经程序，那么为什么还要出具鉴证书？显然，没有劳动局出具鉴证书就不可能成立借款合同。在本案中，鉴证书在事实上已经成为借款合同成立的一个客观条件，实际上就是起到了保证作用，否则，劳动局在事后为什么"借款"给相关企业呢？这一借款是在政府协调下进行的。如果对于出具鉴证书造成损害后果引发的纠纷不是按照行政方法解决，而是通过民事诉讼程序解决，劳动局难道不应承担相应的民事责任吗？对此，我们应当作事实的、实质的判断，而不是拘泥于名义的、形式的东西。当然，如果非法拆借以后，借贷方能够按时还款，则被告人的滥用职权行为可以说没有发生损害后果。在本案中由于借款企业破产，致使 3 700 万元不能归还，为此劳动局以借款名义支付相关企业 1 700 余万元，这 1 700 余万元应当被视为滥用职权行为所造成的损失。

在这种情况下，如何来判断被告人的主观罪过呢？这是在滥用职权罪的司法认定中的一个重要问题。过失说以被告人对这 1 700 余万元的损失后果是过失的而非故意的为由，认为滥用职权罪是过失犯罪。被告人在越权出具鉴证书的时候，确实没有具体预见到会造成 1 700 余万元的损失，但被告人在出具鉴证书的时候明知这一行为是违反法律规定的，对于由此带来的风险也是具有一定认识的。由在这种情况下仍然实施这一越权的出具鉴证书行为，可推定对于由此带来的风险是持放任态度的。就此而言，本案被告人的滥用职权罪是故意犯罪。至于最后实际造成损失数额大小，并不要求行为人对其有认识，那只是决定是否按照犯罪处理的一个条件。

第 2 节　工程监管失职造成桥梁垮塌行为之定性研究

案名：林世元玩忽职守案
主题：玩忽职守罪　徇私舞弊　跨法犯

玩忽职守罪是渎职罪的一种基本犯罪，在司法实践中玩忽职守罪的认定存在一些疑难问题。本节以林世元玩忽职守案①为例，对工程监管失职造成桥梁垮塌行为的定性问题进行法理上的探讨。

一、案情及诉讼过程

1994 年 8 月，綦江县人民政府决定在綦河上架设一座人行桥，由綦江县城乡建设管理委员会（以下简称城建委）负责组织实施。时任城建委主任的被告人林世元邀约重庆市市政勘察设计研究院的段浩（另案处理）设计方案。段浩找到本单位的退休工程师赵国勋（另案处理）等人设计出两套方案，经城建委研究，选定中承式钢管混凝土提篮式人行拱桥（以下简称虹桥）方案。同年 9 月，綦江县人民政府决定成立县城重点工程指挥部，下设重点建设工程办公室（以下简称重点办），由时任副县长、分管城建委工作的被告人贺际慎任指挥长，林世元任常务副指挥长兼重点办主任。虹桥工程被列为县重点工程，由指挥部和重点办直接管理。

林世元作为该工程的具体负责人，在虹桥建设初期，违反国家有关建设法规，对虹桥工程建设项目没有办理立项、报建手续，不审查设计、施

---

① 本案刊载于最高人民法院编：《刑事审判参考》，第 6 辑，北京，法律出版社，2000。

工单位的资质，在未进行招投标的情况下先后与不具备承包虹桥资质的重庆华庆设计工程公司（以下简称华庆公司）和华庆公司富华分公司签订了设计、施工总承包合同书。随后，段浩找到本单位的刘某等人进行勘察测量，并以华庆公司的名义与挂靠重庆市桥梁总公司川东南经理部的李某、费某（均另案处理）签订了虹桥工程施工分包合同书。时任城建委副主任的被告人张基碧明知虹桥工程未进行立项，未办理报建手续，未审查和选择设计、施工单位的资质，未进行招投标，未发放施工许可证等，而不予监督。

　　1994 年 11 月，李某、费某组织不具备施工员资质和技工资质的施工队伍进场施工后，林世元安排重点办工作人员赵某到施工现场进行监督。1995 年 3 月，林世元将赵某调离虹桥工地后，未再安排其他人负责质量监督工作，致使虹桥工程施工中存在的质量问题得不到及时发现和纠正。1996 年 2 月 15 日，已升任綦江县副县长、分管城建委工作和负责县城重点工程的林世元，在虹桥工程尚未竣工验收的情况下，指派时任城建委副主任的张基碧和时任城建委主任助理的孙立与费某等人办理虹桥接收手续并随即将虹桥交付使用。尔后，林世元又授意孙立代表城建委与费某进行工程结算。贺际慎对虹桥工程未办理立项、报建手续，未审查设计、施工单位资质，未进行招投标等违规建设问题，严重失察；明知虹桥系违规接收、使用及结算，而不管不问。

　　1996 年 6 月 19 日上午 11 时许，虹桥突然发生异响。中共重庆市綦江县委、綦江县政府主要领导召集林世元、贺际慎等人到虹桥现场查看，研究虹桥能否继续使用。林世元、贺际慎明知虹桥尚未进行质量等级评定和验收，系违规接收并交付使用，在未经有关技术人员对虹桥作出技术检查、分析的情况下，均草率表态虹桥可以继续使用。同月 25 日，林世元召集张基碧和虹桥工程设计方的赵国勋、施工方的李某等人分析虹桥发生异响原因。赵、李二人认为响声系虹桥应力重新调整引起，属正常现象，但建议尽快对虹桥进行荷载试验和全面检查、验收。事后，林世元虽安排孙立负责联系对虹桥进行荷载试验,但在孙立联系未果后,未采取有效措施。1996年8月15日,綦江县开展建筑市场整顿活动并成立整顿领导小组。林世元担任整顿领导小组组长,张基碧担任整顿领导小组办公室主任,负责对全县所有在建工程和1995年1月以来竣工的工程是否符合建设项目审批程序进行查处。虹桥本属重点查处的工程,但林、张却未提出任何整顿查处意见,终未能排除虹桥工程安全隐患。

1994年年底,被告人林世元应虹桥施工承包人费某的要求,未通过总承包方华庆公司富华分公司,安排重点办工作人员李某将虹桥工程款直接划给费某,直接与费某进行工程结算。费某为感谢林世元在虹桥建设过程中划款、结算等方面给予的关照,并希望在虹桥工程中继续得到关照及在綦江县继续承接其他工程,于1995年8月至1997年8月先后四次为林世元女儿支付入学、赴美夏令营、转学等费用共计人民币111 675.09元。

1999年1月4日18时50分,虹桥突然发生整体垮塌,造成40人死亡、14人受伤,直接经济损失628万余元。

重庆市第一中级人民法院认为:被告人林世元身为国家机关工作人员,在担任城建委主任、县城重点工程指挥部常务副指挥长兼重点办主任、副县长等职务期间,不履行或者不正确履行职责,对虹桥工程违规发包、接收、结算;在虹桥工程施工中长期不派员进行质量监督;虹桥发生异响后又草率表态可以继续使用,不督促落实荷载试验工作;在建筑市场整顿中,对虹桥工程不提出整顿查处意见,放弃对虹桥工程的质量监督管理;其间,又徇私舞弊,在虹桥工程中放任费某等人降低工程质量,对虹桥垮塌的严重后果负有重要的直接责任和主要的领导责任,其行为已构成玩忽职守罪,情节特别严重,应依法从重处罚。其利用职务上的便利,在负责虹桥工程建设期间,收受虹桥工程承包人费某11万余元的贿赂,为费某谋取利益,直接影响了工程质量,为虹桥垮塌留下巨大隐患,其行为已构成受贿罪,情节特别严重,应依法从重处罚。被告人张基碧在担任城建委副主任、主任期间,违反国家建设法规,在虹桥工程的建设、接收、结算和投入使用过程中，未履行应尽的监督管理职责，对虹桥的垮塌负有重要的直接责任和一定的管理责任，其行为已构成玩忽职守罪，犯罪情节特别严重，本应依法从重处罚，鉴于其确有认罪、悔罪表现，可酌情从轻处罚。被告人孙立在担任城建委主任助理和副主任期间，违反国家建设法规，在虹桥工程施工、接收、结算过程中和发生异响后，不履行和不正确履行监督管理职责，对虹桥垮塌负有重要的直接责任和一定的管理责任，其行为已构成玩忽职守罪，犯罪情节特别严重，本应依法从重处罚，鉴于其尚能认罪，可酌情从轻处罚。被告人贺际慎在担任分管城建委工作的副县长并兼任县城重点建设工程指挥部指挥长期间，对虹桥工程的违规建设问题，严重失察；虹桥发生异响后，轻率表态可以继续使用，对虹桥的垮塌负有一定的直接责任和管理责任，其行为已构成玩忽职守罪，犯罪情节特别严重，本应依法从重处罚，鉴于其犯罪情节相对较轻，可酌情从轻处罚。

重庆市第一中级人民法院依照《中华人民共和国刑法》第12条第1款、第385条第1款、第386条、第383条第1款第（1）项和第2款、第57条第1款、第64条、第397条第1款和第2款、第69条第1款和第2款、第52条、第53条的规定，于1999年4月3日判决如下：（1）被告人林世元犯受贿罪，判处死刑，剥夺政治权利终身，并处没收财产5万元，追缴犯罪所得赃款11.167 509万元及违法所得23 490元；犯玩忽职守罪，判处有期徒刑10年。决定执行死刑，剥夺政治权利终身，并处没收财产5万元，追缴犯罪所得赃款11.167 509万元及违法所得23 490元。（2）被告人张基碧犯玩忽职守罪，判处有期徒刑6年。（3）被告人孙立犯玩忽职守罪，判处有期徒刑5年。（4）被告人贺际慎犯玩忽职守罪，判处有期徒刑3年。

一审宣判后，被告人孙立服判；被告人林世元、张基碧、贺际慎不服，向重庆市高级人民法院提起上诉。林世元及其辩护人提出：原审判决认定林犯玩忽职守罪成立，但认定其有徇私舞弊情节不当，不应适用刑法

第 397 条第 2 款；费某为林的女儿支付的入学、赴美夏令营、转学费用系垫付款，绝大部分已经归还，未归还的 32 000 元亦属垫付款，其行为不构成受贿罪。张基碧及其辩护人提出：原审判决认定张犯玩忽职守罪成立，但量刑过重。贺际慎上诉称：原审判决对其判处实刑，量刑过重，请求从轻处罚。其辩护人提出，一审认定贺犯玩忽职守罪不当。

重庆市高级人民法院经审理认为：原审判决认定的事实清楚，证据确实、充分，定罪准确，量刑适当，审判程序合法。上诉人林世元、张基碧、贺际慎的上诉理由及他们的辩护人的辩护意见均不能成立。但一审判决认定林世元违法所得 23 490 元证据不足，应予撤销；林世元受贿 11 万余元，犯罪情节特别严重，论罪应当判处死刑，但鉴于其在二审期间，检举揭发原中共綦江县县委书记张开科受贿 31 万余元的犯罪线索，经查证属实，构成重大立功，依法可予以从轻处罚，对其判处死刑，可不立即执行。

重庆市高级人民法院依照《中华人民共和国刑事诉讼法》（1996年——引者注）第 189 条第（1）（2）项，《中华人民共和国刑法》第 385 条第 1 款、第 386 条、第 383 条第 1 款第（1）项、第 397 条、第 137 条、第 68 条、第 48 条第 1 款、第 57 条判决如下：（1）维持重庆市第一中级人民法院刑事判决第 2 项、第 3 项、第 4 项，即被告人张基碧、孙立、贺际慎犯玩忽职守罪，分别判处有期徒刑 6 年、5 年、3 年。（2）上诉人林世元犯受贿罪，判处死刑，缓期二年执行，剥夺政治权利终身，没收财产 5 万元，追缴犯罪所得赃款11.675 09万元；犯玩忽职守罪，判处有期徒刑 10 年。决定执行死刑，缓期二年执行，剥夺政治权利终身，没收财产 5 万元，追缴犯罪所得赃款 11.675 09 万元。

二、罪名分析

玩忽职守罪是指国家机关工作人员严重不负责任，不履行或者不认真履行职责，致使公共财产、国家和人民利益遭受重大损失的行为。

（一）主体

玩忽职守罪的主体是国家机关工作人员。国家机关工作人员以外的国家工作人员，包括国有公司、企业、事业单位、人民团体中从事公务的人员，国有公司、企业、事业单位、人民团体委派到非国有公司、企业、事业单位、社会团体中从事公务的人员，以及其他依照法律从事公务的人员，都不能成为玩忽职守罪的主体。如果这些国家工作人员在工作过程中玩忽职守，致使公共财产、国家和人民利益遭受重大损失的，应按照刑法其他章节规定的玩忽职守行为的具体规定定罪处罚。例如，国有公司、企业、事业单位直接负责的主管人员在签订、履行合同过程中，因严重不负责任被诈骗，致使国家利益遭受重大损失的，应以刑法第 167 条规定的签订、履行合同失职被骗罪定罪处罚。

根据刑法第 93 条的规定，国家机关工作人员是指在国家各级权力机关、各级行政机关、各级司法机关以及军事机关中从事公务的人员。此外，其他根据法律规定参照《公务员法》进行管理的人员，也应当以国家机关工作人员论。例如，在乡镇以上中国共产党机关和政协机关从事公务的人员，也属于国家机关工作人员。

在司法实践中，对于如何认定国家机关工作人员的问题，还存在一些争议。这主要是指某些人员虽然在国家机关从事公务，但并没有列入国家编制，例如合同制民警，能不能成为玩忽职守罪的主体。合同制民警在公安机关行使一定的职权，从其所行使职权的性质来看属于国家公务，但这种民警是合同制的民警，并没有列入国家编制，没有正式取得国家机关工作人员的身份。在这种情况下，国家机关工作人员到底是根据其身份认定还是根据其所从事的职权认定，就是一个存在争议的问题。还有些单位本身不是国家机关，但受国家机关委托代表国家机关行使职权，例如中国证券监督管理委员会等，这些机构本身并不是国家机关，但这些机构的人员实际上是在行使某些国家管理职权。那么，这些在非国家机关行使国家职权的人员能否成为玩忽职守罪的主体呢？针对这些问题，2002 年 12 月 28 日全国人大常委会作出了《关于〈中华人民共和国刑法〉第九章渎职罪主体适用问题的解释》。根据这一立法解释的规定，在依照法律、法规规定行使国家行政管理职权的组织中从事公务的人员，或者在受国家机关委托代表国家机关行使职权的组织中从事公务的人员，或者虽未列入国家机关人员编制但在国家机关中从事公务的人员，在代表国家行使职权时，有渎职行为，构成犯罪的，依照刑法关于渎职罪的规定追究刑事责任。这个立法解释实际上是在一定程度上扩大了渎职罪的主体范围，将渎职罪的主体从国家机关工作人员扩大到以下三种人：第一种是在依照法律、法规规定行使国家行政管理职权的组织中从事公务的人员。也就是说，这种组织本身并不是国家机关，但可以行使某种国家机关行政管理职权，这些机关的人员可以成为渎职罪的主体，当然也可以成为玩忽职守罪的主体。第二种是在受国家机关委托代表国家机关行使职权的组织中从事公务的人员。也就是说，这个组织本身并不是国家机关，但它受国家机关委托行使某种行政管理职权。第三种是虽未列入国家机关人员编制但在国家机关从事公务的人员，如合同制民警等。上述三种人在履行职务中有玩忽职守行为的，都应当定玩忽职守罪。

（二）行为

根据刑法规定，玩忽职守罪在客观上表现为严重不负责任，不履行职责，或者不认真履行职责。在此，严重不负责任是玩忽职守的前提条件，而不履行职责或者不认真履行职责是玩忽职守行为的两种表现方式。

1. 严重不负责任

严重不负责任，是国家机关工作人员对其职责的一种态度，是玩忽职守的前提条件。也就是说，国家机关工作人员不履行职责或者不认真履行职责的原因，就是严重不负责任。责任是国家机关工作人员从其职权中产生的某种法律义务，它主要表现为依据其职务应为一定行为或者不为一定行为。不负责任，是指国家机关工作人员对其职责的一种消极态度。而严重不负责任，则是对不负责任程度的一种描述。只有达到严重不负责任的程度，才构成玩忽职守罪，否则，就只能按照职务上的失职行为处理。

2. 不履行职责

不履行职责是一种职务上的不作为。也就是说，某一国家机关工作人员依照其职责，应当实施某种行为，但由于严重不负责任而没有履行职责。在这种情况下，这个国家机关工作人员的行为就属于玩忽职守。我国学者认为，不履行职责主要有以下两种情形：（1）擅离职守，即违反职守中关于时间和空间的明确要求，在特定时间里擅自离开特定场所，以致没有能够履行其职务，如在抢险、救灾中擅自离开现场。（2）未履行职守，即虽然在工作岗位上，但没有按照法律、法规和规章所规定的职守要求行事，以致没有履行其职务。如拒绝履行职守、放弃履行职守或者不及时履行职守。① 我认为，上述两种不履行职责的表现只是现实生活中较为常见的情形，它主要描述了具体岗位不履行职责的表现。但大多数国家机关工作人员在从事公务的时候，并不都具有像值班、值勤这样的具体岗位，因此，不履行职责主要应当根据其职责加以认定。职责是由有关法律、法规或者规章制度等规范性文件加以规定的，因此，在判断国家机关工作人员是否履行了职责的时候，应当以这些规范性文件为根据。

3. 不认真履行职责

不认真履行职责是指没有正确地履行职责。因此，不认真履行职责是以履行职责为前提的，这与不履行职责是有所不同的。只不过，不履行职责是国家机关工作人员的职责根本未履行，它主要反映的是主观玩忽职守的"忽"字的内容，即对职责的不注意、不重视。而不认真履行职责是虽然国家机关工作人员履行了职责，但职责没有得到正确履行，它主要反映的是玩忽职守的"玩"字的内容，即用不严肃的态度来对待职责。根据法律对国家机关工作人员的要求，不仅要履行职责，而且要按照法律规定认真履行。因此，某一个国家机关工作人员即使履行了职责，但是没有认真履行职责，造成危害后果的，仍然应当按照玩忽职守罪论处。

（三）结果

玩忽职守罪的结果是致使公共财产、国家和人民利益遭受重大损失。这里的致使公共财产、国家和人民利益遭受重大损失，参照最高人民检察院《关于渎职侵权犯罪案件立案标准的规定》，主要是指具有下列情形之一：（1）造成死亡1人以上，或者重伤3人以上，或者重伤2人、轻伤4人以上，或者重伤1人、轻伤7人以上，

---

① 参见周道鸾、张军主编：《刑法罪名精释》，3版，853页，北京，人民法院出版社，2007。

或者轻伤 10 人以上；（2）导致 20 人以上严重中毒；（3）造成个人财产直接经济损失 15 万元以上，或者直接经济损失不满 15 万元，但间接经济损失 75 万元以上；（4）造成公共财产或者法人、其他组织财产直接经济损失 30 万元以上，或者直接经济损失不满 30 万元，但间接经济损失 150 万元以上；（5）虽未达到第（3）（4）两项数额标准，但（3）（4）两项合计直接经济损失 30 万元以上，或者合计直接经济损失不满 30 万元，但合计间接经济损失 150 万元以上；（6）造成公司、企业等单位停业、停产 1 年以上或者破产；（7）海关、外汇管理部门的工作人员严重不负责任，造成 100 万美元以上外汇被骗购或者逃汇 1 000 万美元以上；（8）严重损害国家声誉，或者造成恶劣社会影响；（9）其他致使公共财产、国家和人民利益遭受重大损失的情形。

在以上玩忽职守罪的结果中主要涉及两个方面：一是人员伤亡，二是财产损失。一般来说，人员伤亡较易认定，而财产损失有时不易认定。在财产损失中，可以分为直接经济损失和间接经济损失。直接经济损失是指与行为有直接因果关系而造成的财产损毁、减少的实际价值。间接经济损失是指由直接经济损失引起和牵连的其他损失，包括失去的在正常情况下可以获得的利益和为恢复正常的管理活动或者挽回所造成的损失所支付的各种开支、费用等。间接经济损失不是由玩忽职守行为直接造成的，而是直接经济损失所附带的，因此，在司法实践中，正确地区分与认定直接经济损失和间接经济损失具有重要意义。

在司法实践中还存在一个问题，也就是玩忽职守行为并没有造成财产的直接损毁、减少，而是形成债权，那么，这种债权存在的情形能否被视为经济损失呢？我认为，对此不可一概而论，而是应当将债权区分为能够实现的债权与无法实现的债权。如果是能够实现的债权，则不能认为是经济损失。但如果是无法实现的债权，则应当视为经济损失。根据最高人民法院 2003 年 11 月 13 日《全国法院经济犯罪工作座谈会纪要》第 6 条第 1 项的规定，这里的重大损失，通常是指渎职行为造成的重大经济损失。在司法实践中，有下列情形之一的，虽然公共财产作为债权存在，但已无法实现债权的，可以认定为已经造成了经济损失：（1）债务人已经法定程序被宣告破产；（2）债务人潜逃，去向不明；（3）因行为人责任，致使超过诉讼时效；（4）有证据证明债权无法实现的其他情况。

此外，玩忽职守罪的经济损失还存在一个时间确定问题。对此，在刑法理论上存在以下三种观点：第一种观点认为，在人民检察院立案侦查时，行为人确实无法挽回的、由其行为造成的那部分经济损失，只要达到了立案标准，就可以认定为造成重大损失。第二种观点认为，在案件起诉后，法院开庭审理前，由行为人造成的经济损失仍无法挽回，并且达到了立案标准，可以认定为造成重大损失。第三种观点认为，行为人的行为造成了危害结果后，只有在采取了一切手段，包括行为人本人、行政执法手段甚至司法手段等，仍无法挽回经济损失的情况下，才能认定为造成重大损失。① 按照上述第一种观点，应以立案的时间作为认定经济损失的时间；按照第二种观点，则应以起诉的时间作为认定经济损失的时间；按照第三种观点，对经济损失的认定不受时间限制。第三种观点的不妥之处显而易见，因为经济损失是玩忽职守罪构成的一个要件，如果经济损失的时间不能确定，则司法程序就难以继续。如果在一审判决以后二审审理期间，经济损失被挽回了，这时是否应当撤销一审判决，改判被告人无罪呢？如果可以的话，那么在二审终审以后，经济损失又挽回了，这时是否应当通过再审撤销二审判决，改判被告人无罪呢？这显然不妥，它会造成司法判决的不确定，从而损害司法权威。根据有关司法解释的规定，这里的经济损失是立案时已造成的经济损失。移送审查起诉前，犯罪嫌疑人及其亲友自行挽回的经济损失以及由司法机关或者犯罪嫌疑人所在单位以及上级主管部门挽回的经济损失，不予扣减，但可以作为对犯罪嫌疑人从轻处理的情节考虑。

（四）过失

玩忽职守罪是过失犯罪，对此在刑法理论上并不存在争议。在 1997 年刑法修订以前，因为附属刑法或者司法解释规定对某些滥用职权的行为比照玩忽职守罪定罪处罚，因而在刑法理论上提出了玩忽职守罪的主观罪过形式包括故意至少是间接故意的主张。然而在 1997 年刑法修订中专门设立了滥用职权罪，虽然在刑法理论上对滥用职权罪的罪过形式存在较大争议，但一致认为玩忽职守罪的罪过形式是过

---

① 参见赵宝安：《简论渎职罪中的遭受重大损失》，载《中国刑事法杂志》，1998（6），35 页。

失，只是个别学者论及玩忽职守罪属于复合罪过。[①] 这里的复合罪过是指既包括故意犯罪又包括过失犯罪的罪过形式。我认为，一种犯罪要么是故意犯罪，要么是过失犯罪，不可能同时包含故意与过失两种罪过形式。因此，我对复合罪过是持否定态度的，亦不承认玩忽职守罪主观方面是复合罪过。

玩忽职守罪的过失，是指应当预见自己的玩忽职守行为可能致使公共财产、国家和人民利益遭受重大损失，因为疏忽大意而没有预见，或者已经预见而轻信可以避免，以致发生这种结果的主观心理状态。这里应当指出，玩忽职守的过失是以行为人没有履行或者没有认真履行职责为前提的。如果行为人已经认真履行了职责，即使造成了一定的损害结果也不存在玩忽职守的问题。而在行为人没有履行或者没有认真履行职责致使公共财产、国家和人民利益遭受重大损失的情况下，是否构成玩忽职守罪，还要看行为人对于损害后果主观上是否存在过失。

玩忽职守罪的过失是针对损害结果而言的，但玩忽职守行为本身既可能是故意的，也可能是过失的，甚至在更多的情况下是故意的。例如以不履行职责而构成的玩忽职守罪而言，不履行职责的最常见的表现就是擅离职守。对于擅离职守，行为人当然是故意的，但对于损害结果行为人是没有预见到的，以为值班脱岗不会有事，但恰恰在脱岗期间发生了重大事故。在这种情况下，行为人虽然擅离职守是故意的，但是对于这种擅离职守所可能造成的危害结果主观上仍然是过失的，属于应当预见而没有预见。就不认真履行职责而言，在很多情况下也是故意的，例如对于如何正确履行职责，行为人是明知的，但就是不加重视，马马虎虎，以致造成损害后果。在这种情况下，尽管不认真履行职责是故意的，但是对于损害后果行为人主观上仍然是过失的。当然，在少数情况下，这种不履行职责或者不认真履行职责的玩忽职守行为本身也可能是过失的。因此，玩忽职守罪的过失，主要体现在行为人对于玩忽职守行为所造成的损害后果上。

在刑法理论上，过失存在普通过失与业务过失之分。普通过失是指行为人在日常生活、社会交往中，违反基于日常生活、交往需要所要求的注意义务，造成危害

[①]　参见杨书文：《复合罪过形式论纲》，123 页，北京，中国法制出版社，2004。

事实的过失心理态度。而业务过失是指行为人在业务活动过程中，违反基于业务活动需要所要求的注意义务，造成危害事实的过失心理态度。[①] 这两种过失有所不同，主要体现在违反的注意义务不同：普通过失违反的是一般注意义务，即国家为维护正常社会生活秩序的需要，对社会上一般人在从事日常生活、社会交往中提出的注意义务。而业务过失违反的是特别注意义务，即国家为维护社会正常的生活秩序、生产秩序以及发展的需要，对从事某种特别业务活动的人提出的特别注意义务。业务过失存在于从事业务过程中，那么如何理解这里的业务呢？日本学者认为：

> 所谓业务，是指反复、继续实施的，或者出于反复、继续实施的意思而实施的，作为社会生活上的事务。在这个意义上，监督过失是一种间接过失，并且与被监督者之间存在过失竞合。所谓过失的竞合，是指一个构成要件结果的发生是由数个过失竞合而引起的情况。过失的竞合可以分为：（1）一个行为人的数个过失并存的场合成立的过失竞合。（2）数个行为人的过失并存的场合成立的过失竞合。而在数个行为人的场合，过失的竞合又可以分为两种情形：一是对等的共同加害者的过失相竞合的场合，二是直接过失和管理、监督过失相竞合的场合。[②]

监督过失或者管理过失都存在于数个行为人过失竞合的场合。日本学者大塚仁曾经举例说明监督过失：

> 例如现场的工作人员错误地操作管道，使某个工厂含有毒物的废液流入海里，住在附近的多数居民不知道鱼贝类已经被污染，食用后健康受到损害。在这种情况下，要考虑工作人员的过失，还要考虑没有使工作人员充分注意其行为的直接上司即排水监督员的过失。根据情况，也要考虑更为上级的人即工厂厂长等对存在错误操作管道的危险状态置之不管的过

---

①　参见林亚刚：《犯罪过失研究》，237 页，武汉，武汉大学出版社，2000。
②　［日］大谷实：《刑法讲义总论（新版第 2 版）》，黎宏译，187～188 页，北京，中国人民大学出版社，2008。

失。在事故起因于公司管理体制的不完备时，甚至要考虑公司最高领导层即经理等的过失。①

这里所谓公司最高领导层的过失，就属于管理过失。如果说，监督过失是监督不力的过失，那么，管理过失就是管理不善的过失，即管理者自身对物力、人力、设备、机械、人员体制等在管理上有不善而构成的过失。所以，管理过失距离直接过失更远，它与监督过失存在某些微妙的差别。监督过失和管理过失的概念，对于玩忽职守罪的认定具有一定意义。

三、裁判理由的评判

綦江虹桥垮塌案是引起全国关注的一个案件，被告人林世元作为主管领导，被依法追究刑事责任。在本案的司法认定中，存在以下三个问题。

（一）玩忽职守罪的构成

从本案判决认定的被告人林世元玩忽职守的犯罪事实来看，主要表现为客观与主观这两个方面。

从客观上考察，被告人林世元的玩忽职守行为主要表现为不履行职务。这是一种典型的不作为。这种不履行职责，可以分为三个环节：第一个环节，在筹建阶段，被告人林世元违反国家有关建筑法规，存在一系列的失职行为：对虹桥工程建设项目没有办理立项、报建手续，不审查设计、施工单位的资质，在未进行招投标的情况下先后与不具备承包资质的单位签订设计、施工总承包合同书。第二个环节，在施工阶段，被告人林世元未安排人员负责质量监督工作，致使虹桥工程施工中存在的质量问题得不到及时发现和纠正。第三个环节，在交付使用阶段，未按照规定进行验收，违规接收并交付使用。最终由于工程质量问题，虹桥突然发生整体垮塌，造成重大人员伤亡和财产损失。

从主观上分析，被告人林世元对于虹桥垮塌具有过失，这种过失是监督过失与

---

① 〔日〕大塚仁：《刑法概说（总论）（第三版）》，冯军译，211页，北京，中国人民大学出版社，2003。

管理过失。从本案情况来看，虹桥垮塌，主要是由于建筑质量没有达到安全标准，对此有关建设单位与监理单位应当承担过失责任，这是一种直接过失。例如在虹桥垮塌案件中，对负责虹桥监理工作的重庆市市政工程质量监督站站长赵祥忠被以工程重大安全事故罪追究刑事责任。[①] 被告人林世元作为虹桥工程项目的具体负责人，对虹桥建设与质量管理都负有监督管理的职责，对其主观上的过失采用监督、管理过失的理论加以描述，是较为科学的。

（二）徇私舞弊的情节

我国刑法第397条第1款规定了滥用职权罪和玩忽职守罪，第2款中规定："国家机关工作人员徇私舞弊，犯前款罪的，处五年以下有期徒刑或者拘役；情节特别严重的，处五年以上十年以下有期徒刑。"这是关于徇私舞弊犯滥用职权罪和玩忽职守罪的加重处罚的规定。

关于这里的徇私舞弊的含义，2003年11月13日最高人民法院《全国法院审理经济犯罪案件工作座谈会纪要》规定：

> 徇私舞弊型渎职犯罪的"徇私"应理解为徇个人私情、私利。国家机关工作人员为了本单位的利益，实施滥用职权、玩忽职守行为，构成犯罪的，依照刑法第三百九十七条第一款的规定定罪处罚。

上述规定主要是把徇私限定为徇个人之私，不包括徇单位之私。2006年7月26日最高人民检察院《关于渎职侵权犯罪案件立案标准的规定》指出：

> 本规定中的"徇私舞弊"，是指国家机关工作人员为徇私情、私利，故意违背事实和法律，伪造材料，隐瞒情况，弄虚作假的行为。

我国学者张明楷教授还对徇私舞弊的法律属性作了分析，认为徇私属于犯罪动机，是主观构成要素，而舞弊属于客观的构成要素。[②] 我个人赞同这一观点。如果这一观点成立，则因为滥用职权罪是故意犯罪，徇私舞弊这一加重事由无疑是可以适用于滥用职权罪的。但玩忽职守罪是过失犯罪，过失犯罪不可能存在犯罪动机，

---

① 该案刊载于最高人民法院编：《刑事审判参考》，第6辑，1~5页，北京，法律出版社，2000。
② 参见张明楷：《刑法学》，3版，894页，北京，法律出版社，2007。

因此，徇私舞弊这一加重事由能否适用于玩忽职守罪，是一个值得研究的问题。从我国司法解释的规定来看，无论是滥用职权罪还是玩忽职守罪，都存在徇私舞弊这一加重事由。我国刑法学界通说也是这一观点，但也存在个别不同观点，例如有的刑法教科书在滥用职权罪的刑事责任中引用了徇私舞弊这一加重事由，但在玩忽职守罪的刑事责任中并未引用徇私舞弊这一加重事由。① 我赞同只有滥用职权罪存在徇私舞弊情节而玩忽职守罪不存在徇私舞弊情节的观点，我曾经指出：

> 刑法第 397 条第 2 款规定了国家机关工作人员徇私舞弊犯前款罪的法定刑。我认为，因徇私舞弊只能由故意构成，所以这里规定的犯前款罪，应当理解为犯滥用职权罪而不包括犯玩忽职守罪。②

从林世元玩忽职守案来看，一审判决认定林世元是徇私舞弊犯玩忽职守罪，被告人及其辩护人对此提出上诉，二审判决予以驳回。裁判理由指出：

> 国家机关工作人员徇私舞弊犯玩忽职守罪的，依照刑法第三百九十七条第二款的规定，应加重处罚。这里的徇私舞弊，是指国家机关工作人员在公务活动中基于私情，为了谋取私利，而故意弄虚作假或者故意不履行自己应尽的职责，致使公共财产、国家和人民利益遭受重大损失的行为。本案中，被告人林世元作为虹桥工程的主要负责人，本应依法履行对虹桥工程的监督管理职责，但却出于私情，将虹桥工程发包给不具备资格的单位设计、施工；在收受费某的贿赂后，为了私利，明知虹桥工程尚未验收，却指使张基碧、孙立对虹桥工程违规接收，指派孙立直接与费某结算工程款；同时，在綦江县开展整顿建筑市场秩序的活动中，对明知应列入整顿对象的虹桥工程继续不予查处。林世元这种故意不履行、不正确履行职责，放任费某等人降低工程质量的行为，徇私舞弊情节十分明显，完全符合刑法第 397 条第 2 款的规定。林世元及其辩护人关于林没有徇私舞弊

---

① 参见高铭暄、马克昌主编：《刑法学》，649、651 页，北京，北京大学出版社、高等教育出版社，2000。

② 陈兴良：《规范刑法学》，2 版，下册，1033 页，北京，中国人民大学出版社，2008。

情节的上诉理由和辩护意见，不能成立。

从裁判理由来看，之所以认定被告人林世元是徇私舞弊，主要是因为林世元在工程管理过程中收受他人贿赂。对于这一受贿行为，已经另行定罪处罚。在这种情况下，将受贿作为玩忽职守罪的加重事由，存在重复评价之嫌。

（三）跨法犯的法律适用

对于一般的犯罪，应当适用行为时法。但对于跨法犯如何确定行为时，是一个值得研究的问题。所谓跨法犯，是指危害行为发生在旧法生效期间，而危害结果发生在新法生效以后。在本案中，被告人林世元的玩忽职守行为发生在 1997 年刑法修订以前，但危害结果发生在 1997 年刑法修订、实施以后。对于本案是适用 1979 年刑法还是适用 1997 年刑法？对此，裁判理由进行了较为充分的法理阐述：

"无行为即无犯罪"，适用犯罪行为时法追究行为人的刑事责任，是刑法适用的基本原则。要求行为人不实施将来法律禁止的行为是不可能的，适用行为人行为时还不存在的法律追究行为人的刑事责任是不合理的。因此，当代各国的立法机关普遍采用从旧兼从轻的刑法适用原则，我国刑法也不例外。对于刑法修订前实施、危害结果发生在修订后的刑法实施以后的玩忽职守行为，应当适用修订前的刑法还是适用修订后的刑法，理论界的认识不一致。有人认为，应当适用行为时的法律，即修订前的刑法；也有人认为，应当适用结果发生时的法律，即修订后的刑法。我们认为，适用犯罪行为时法的观点是正确的，但如果据此认为本案因此就应适用修订前的刑法，则是错误的。

其一，玩忽职守罪是不作为犯罪，适用结果发生时的法律追究行为人的刑事责任，符合适用行为时法的法律适用原则。

玩忽职守罪是不作为犯，在客观上表现为国家机关工作人员不履行或者不正确履行其应尽的职责，在犯罪成立之前即危害结果发生之前，行为人的这种不作为的玩忽职守行为一直处于持续状态。因此，适用结果发生时的法律追究行为人的刑事责任与适用行为时法是一致的。

其二，玩忽职守罪是过失犯罪，应当适用结果发生时即犯罪成立时的法律。

从我国刑法的规定来看，有的犯罪，只要行为人实施了刑法分则规定的危害行为，犯罪就成立；而有的犯罪，不仅要求行为人实施了刑法分则规定的危害行为，而且必须有法定的危害结果，犯罪才能成立。后者在刑法理论上被称为结果犯。所有的过失犯罪都是结果犯，但这种结果犯不同于故意犯罪中的结果犯。故意犯罪中的结果犯是以危害结果的发生与否作为犯罪既遂与未遂的标志，而过失犯罪是以危害结果的发生与否作为犯罪是否成立的标志，没有法定危害结果的，不构成犯罪。因此，在适用法律问题上，对待结果犯，应注意区分故意犯罪与过失犯罪。对于故意犯罪中的结果犯，适用行为时法是没有疑义的，而对于过失犯罪，并非完全如此。因为在有些情况下，行为人在实施行为时，犯罪还没有成立，也就不涉及法律适用问题。玩忽职守罪是过失犯罪，以发生刑法所规定的危害结果——致使公共财产、国家和人民利益遭受重大损失——作为犯罪构成的必要条件。在客观上，构成该罪不仅要求行为人在开始履行法定职责时就实施了玩忽职守行为，即不履行或者不正确履行职责，还要求最终发生了给公共财产、国家和人民利益造成重大损失的危害后果，并且玩忽职守行为与危害后果之间具有直接的、必然的因果关系。因此，并非所有的玩忽职守行为都构成犯罪，例如，在危害结果发生之前，行为人发现了工作失误，及时纠正，采取必要的补救措施，或者其他人采取了有效措施，防止了危害结果的发生，或者没有发生危害结果的，都不构成犯罪。本案中被告人林世元等人不仅在虹桥的施工过程中不履行、不正确履行应尽的监督管理职责，致使虹桥工程质量低劣，而且此后一直对已形成严重隐患的虹桥工程，不采取任何有效补救措施，继续玩忽职守，终致在修订后的刑法实施以后，发生了严重危害结果。因此，对于本案的玩忽职守罪，应当适用犯罪成立时即结果发生时的法律，亦即应当适用修订后的刑法，追究被告人林世元、张基碧、孙立、贺际慎的刑事责任。

对于上述关于跨法犯的法律适用原则，我是完全赞成的。除法律适用以外，玩忽职守罪的行为时的认定，对于追诉时效的计算也具有重要意义。2003 年 11 月 13 日最高人民法院《全国法院审理经济犯罪案件工作座谈会纪要》规定：

> 玩忽职守行为造成的重大损失当时没有发生，而是玩忽职守行为之后一定时间发生的，应从危害结果发生之日起计算玩忽职守罪的追诉期限。

四、补记

綦江虹桥垮塌案，是发生在 20 世纪 90 年代轰动全国的大案，也是 1997 年刑法实施以后处理的第一个具有全国影响的渎职犯罪案件。在本案审理过程中，涉及一些疑难复杂问题。1999 年 5 月，我受重庆市高级人民法院的邀请，参与了对綦江虹桥垮塌案的专家咨询活动，对该案的司法适用发表了个人见解。转眼之间，这已成多年前的旧事，令人感慨系之。

附录 I
案名索引

附录 II

主题索引

附录 Ⅲ
案名与主题复合索引

序号	案名	主题	行为
1—1	叶朝红放火案	放火罪 过失损坏交通工具罪	以盗窃为目的放火烧毁货物列车行为
1—2	赖贵勇爆炸案	爆炸罪 故意杀人罪 公共危险	以报复特定人为目的的爆炸行为
1—3	韩正连故意杀人案 倪庆国交通肇事案	交通肇事罪 遗弃致人死亡	交通肇事转化为故意杀人罪之行为
2—1	中科创业操纵证券市场案	操纵证券市场罪 证券犯罪	利用资金优势等方式操纵证券市场行为
2—2	吴晓丽贷款诈骗案	贷款诈骗罪 拒不还贷行为	合法贷款后采用欺诈手段拒不还贷行为
2—3	朱成芳金融凭证诈骗案	金融凭证诈骗罪 贷款诈骗罪	使用伪造的银行存单作抵押骗取贷款行为
2—4	谈文明非法经营案	非法经营罪	擅自制作网络游戏外挂出售牟利行为
2—5	王力军非法经营案	非法经营罪 兜底条款	未办理粮食收购许可证收购玉米行为

续表

序号	案名	主题	行为
2—6	汪照洗钱案	洗钱罪 明知 赃物犯罪	协助他人掩饰毒品犯罪所得行为
3—1	邵建国故意杀人案	故意杀人罪 自杀相关行为	教唆或者帮助他人自杀行为
3—2	计永欣故意杀人案	故意杀人罪 杀人取财 死者的占有	故意杀人后取财行为
3—3	白俊峰强奸案 王卫明强奸案	强奸罪 婚内强奸	婚内强奸行为
3—4	王建平绑架案 吴德桥绑架案	绑架罪 杀害被绑架人	杀害被绑架人行为
3—5	蔡世祥故意伤害案	故意伤害罪与虐待罪的区分	虐待过程中故意伤害致死行为
4—1	杨保营抢劫案	抢劫罪 抢劫性勒索	拘禁他人并向其勒索财物行为
4—2	孟动盗窃案	盗窃罪 虚拟财产	盗窃虚拟财产行为
4—3	陆惠忠非法处置扣押的财产案 王彬故意伤害案 叶文言盗窃案	盗窃罪 本权说 占有说 非法处置扣押的财产罪	窃取被司法机关扣押的本人财物行为
4—4	许霆盗窃案	盗窃罪 侵占罪 诈骗罪 不当得利	利用柜员机故障恶意取款行为
4—5	程剑诈骗案	诈骗罪 盗窃罪 侵占罪	捡拾存折后猜配密码冒名取款行为
4—6	何起明诈骗案 陈平盗窃案 刘勤记盗窃案	抢夺罪 诈骗罪 犯罪的掩盖行为与掩护行为	犯罪的掩盖行为与掩护行为
4—7	朱建勇故意毁坏财物案 孙静故意毁坏财物案 李焕强故意毁坏财物案	故意毁坏财物罪 占有行为 非法占有目的	故意毁坏财物行为
4—8	王国清抢劫案	事后抢劫 转化型准犯	事后抢劫行为
4—9	张珍贵职务侵占案 赵某盗窃案 贺豫松职务侵占案	职务侵占罪	侵占基于业务活动而管理的单位财物行为

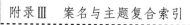

续表

序号	案名	主题	行为
4—10	刘必仲挪用资金案	挪用资金罪	彩票销售人员不交纳投注金购买彩票行为
5—1	冉儒超包庇案	包庇罪 帮助毁灭证据罪	明知他人杀人后帮助毁灭证据行为
5—2	张耀喜辩护人妨害作证案	辩护人妨害作证罪 引诱行为	辩护人妨害作证罪之引诱行为
5—3	倪以刚聚众斗殴案	聚众斗殴罪 首要分子 犯罪转化	聚集多人进行斗殴造成重伤行为
5—4	快播公司传播淫秽物品牟利案	网络安全监管义务 传播淫秽物品牟利罪	网络传播淫秽物品牟利行为
6—1	王一兵贪污案	贪污罪 国家工作人员 犯罪数额	利用企业改制侵吞公共财物行为
6—2	仲宏斌挪用公款案	挪用公款罪	承包租赁经营中挪用公款行为
6—3	潘玉梅、陈宁受贿案	受贿罪 变相受贿	以与请托人合办公司获取利润名义收受贿赂行为
6—4	陈晓受贿案	受贿罪 事后受财 主观的超过要素	没有事前约定的事后受财行为
6—5	刘忠伟私分国有资产案 杨代芳贪污案 李祖清私分国有资产案	私分国有资产罪 国有资产	私分国有资产行为
7—1	包智安滥用职权案	滥用职权罪 罪过形式 因果关系	超越职权出具鉴证书造成财产损失行为
7—2	林世元玩忽职守案	玩忽职守罪 徇私舞弊 跨法犯	工程监管失职造成桥梁垮塌行为